Inhaltsübersicht

	Seite
Allgemeines Gleichbehandlungsgesetz (AGG)	6
Arbeitsgerichtsgesetz (ArbGG) – Auszug	17
Arbeitsschutzgesetz (ArbSchG)	18
Arbeitssicherheitsgesetz (ArbSichG)	30
Arbeitsstättenverordnung (ArbStättV)	37
Arbeitszeitgesetz (ArbZG)	56
Baustellenverordnung (BaustellV)	69
Betriebssicherheitsverordnung (BetrSichV)	73
Biostoffverordnung (BioStoffV)	95
Bürgerliches Gesetzbuch (BGB) – Auszug	115
Bundesdatenschutzgesetz (BDSG) – Auszug	117
Bundeselterngeld- und Elternzeitgesetz (BEEG)	119
Bundesurlaubsgesetz (BUrlG)	139
Datenschutz-Grundverordnung (DSGVO) – Auszug	143
Druckluftverordnung (DruckluftVO)	172
Entgelttransparenzgesetz (EntgTranspG)	181
Fahrpersonalgesetz (FPersG)	189
Familienpflegezeitgesetz (FPfZG)	199
Gefahrstoffverordnung (GefStoffV)	206
Gendiagnostikgesetz (GenDG)	260
Heimarbeitsgesetz (HAG)	274
Jugendarbeitsschutzgesetz (JArbSchG)	288
Jugendarbeitsschutzuntersuchungs-Verordnung (JarbSchUV)	310
Kündigungsschutzgesetz (KSchG)	312
Ladenschlussgesetz (LSchlG)	322
Lastenhandhabungsverordnung (LasthandhabV)	330
Mindestlohnaufzeichnungsverordnung (MiLoAufzV)	332
Mindestlohndokumentationspflichtenverordnung (MiLoDokV)	333
Mindestlohngesetz (MiLoG)	334
Mindestlohngesetz (MiLoG) – Anpassung	344
Mutterschutzgesetz (MuSchG)	345
Nachweisgesetz (NachwG)	363
Pflegezeitgesetz (PflegeZG)	365
PSA-Benutzungsverordnung (PSA-BenutzungsVO)	369
Sozialgesetzbuch Neuntes Buch (SGB IX) – Auszug	371
Teilzeit- und Befristungsgesetz (TzBfG)	416
Unfallverhütungsvorschriften (DGUV Vorschrift 1)	424
Verordnung über den Verkauf bestimmter Waren an Sonn- und Feiertagen (SonntVerkV)	434
Verordnung zur arbeitsmedizinischen Vorsorge (ArbMedVV)	435

Besondere Vorschriften für den öffentlichen Dienst

Seite

1. Gesetz zur Gleichstellung von Frauen und Männern in der Bundesverwaltung und in den Gerichten des Bundes (Bundesgleichstellungsgesetz – BGleiG) 441
2. Gesetz zur Verwirklichung der Chancengleichheit von Frauen und Männern im öffentlichen Dienst des Landes Baden-Württemberg (Chancengleichheitsgesetz – ChancenG) 459
3. Bayerisches Gesetz zur Gleichstellung von Frauen und Männern (Bayerisches Gleichstellungsgesetz – BayGlG) 473
4. Landesgleichstellungsgesetz (LGG) Berlin 481
5. Gesetz zur Gleichstellung von Frauen und Männern im öffentlichen Dienst im Land Brandenburg (Landesgleichstellungsgesetz – LGG) 495
6. Gesetz zur Gleichstellung von Frau und Mann im öffentlichen Dienst des Landes Bremen (Landesgleichstellungsgesetz) 506
7. Gesetz zur Gleichstellung von Frauen und Männern im hamburgischen öffentlichen Dienst (Gleichstellungsgesetz) 513
8. Hessisches Gesetz über die Gleichberechtigung von Frauen und Männern und zum Abbau von Diskriminierungen von Frauen in der öffentlichen Verwaltung (Hessisches Gleichberechtigungsgesetz – HGlG) 521
9. Gesetz zur Gleichstellung von Frau und Mann im öffentlichen Dienst des Landes Mecklenburg-Vorpommern (Gleichstellungsgesetz – GlG M-V) 536
10. Niedersächsisches Gleichberechtigungsgesetz (NGG) 547
11. Gesetz zur Gleichstellung von Frauen und Männern für das Land Nordrhein-Westfalen (Landesgleichstellungsgesetz – LGG) 557
12. Landesgleichstellungsgesetz (LGG) Rheinland-Pfalz 571
13. Landesgleichstellungsgesetz – LGG Saarland 584
14. Gesetz zur Förderung und der Vereinbarkeit von Familie und Beruf im öffentlichen Dienst im Freistaat Sachsen (Sächsisches Frauenförderungsgesetz – SächsFFG) . 599
15. Frauenfördergesetz (FrFG) Sachsen-Anhalt 607
16. Gesetz zur Gleichstellung der Frauen im öffentlichen Dienst Schleswig-Holstein (Gleichstellungsgesetz – GstG) 615
17. Thüringer Gleichstellungsgesetz (ThürGleichG) 624
18. Gesetz über die förmliche Verpflichtung nichtbeamteter Personen 638

Einführung

1. Aushangpflichtige Gesetze

Um den Arbeitnehmern Gelegenheit zu geben, sich über wichtige, ihnen zustehende Rechte sowie ihnen obliegende Pflichten zu informieren, ist der Arbeitgeber aufgrund verschiedener gesetzlicher Vorschriften gehalten, den Wortlaut der betreffenden Gesetze oder Verordnungen an geeigneter Stelle im Betrieb auszulegen oder auszuhängen.

Die wichtigsten Aushangverpflichtungen ergeben sich dabei aus folgenden Bestimmungen:

Allgemeines Gleichbehandlungsgesetz

Nach § 12 Abs. 5 AGG muss das Allgemeine Gleichbehandlungsgesetz sowie Informationen über die Behandlung von Beschwerden nach § 13 AGG an den dafür zuständigen Stellen im Betrieb oder der Dienststelle bekannt gemacht werden. Weiterhin müssen die nach § 13 AGG zuständigen Stellen, die für die Entgegennahme und Behandlung von Beschwerden über Benachteiligungen einzurichten sind, bekannt gemacht werden.

Arbeitszeitgesetz

Der Arbeitgeber hat einen Abdruck dieses Gesetzes, der einschlägigen Rechtsverordnungen sowie der Tarifverträge und Betriebsvereinbarungen mit abweichenden Regelungen an geeigneter Stelle im Betrieb zur Einsichtnahme auszulegen oder auszuhängen (§ 16 ArbZG).

Arbeitsschutzvorschriften

Verordnungen über Ausnahmen von Sonn- und Feiertagsarbeit in der Eisen und Stahlindustrie und in der Papierindustrie, Strahlenschutz-VO, Röntgen-VO, BergVO zum Schutz der Gesundheit gegen Klimaeinwirkungen und zum gesundheitlichen Schutz der Beschäftigten, GentechnikSicherheitsVO, Flucht- und Rettungsplan nach Arbeitsstätten-VO, Betriebsanweisungen über gefährliche Arbeitsstoffe gemäß GefahrstoffVO, Arzt-Anschrift und -Telefon gemäß DruckluftVO.

Betriebsratswahlen

Hierbei sind zahlreiche Auslegungspflichten zu beachten, die im Wesentlichen in der Wahlordnung geregelt sind.

Betriebsvereinbarungen

Diese sind vom Arbeitgeber an geeigneter Stelle auszulegen (§ 77 Abs. 2 BetrVG).

Heimarbeit

Das Heimarbeitsgesetz enthält Vorschriften über Aushänge für Personen, die Heimarbeit ausgeben, weitergeben oder abnehmen (§§ 6, 9 HAG).

Einführung

Jugendarbeitsschutzgesetz

Das Jugendarbeitsschutzgesetz und die Anschrift der zuständigen Aufsichtsbehörde sind an geeigneter Stelle im Betrieb zur Einsicht auszuhängen oder auszulegen, wenn regelmäßig mindestens ein Jugendlicher beschäftigt wird (§ 47 JArbSchG). Ferner ist ein Aushang über Beginn und Ende der regelmäßigen täglichen Arbeitszeit und der Pausen der Jugendlichen an sichtbarer Stelle im Betrieb anzubringen, wenn regelmäßig mindestens drei Jugendliche beschäftigt werden (§ 48 JArbSchG). Ferner sind Ausnahmebewilligungen der Aufsichtsbehörde auszuhängen (§ 54 JArbSchG).

Ladenschlussgesetz

Ein Abdruck des Gesetzes nebst Rechtsverordnung, mit Ausnahme der Vorschriften, die Verkaufsstellen anderer Art betreffen, sind in Verkaufsstellen, in denen regelmäßig mindestens ein Arbeitnehmer beschäftigt wird, an geeigneter Stelle auszulegen oder auszuhängen (§ 21 LSchlG).

Mutterschutzgesetz

Es ist im Betrieb mit regelmäßig mehr als drei Arbeitnehmerinnen an geeigneter Stelle zur Einsicht auszulegen oder auszuhängen (§ 26 MuSchG).

Schwerbehindertenvertretung

Nach der Wahlordnung gelten vergleichbare Auslegungspflichten wie bei Betriebsratswahlen.

Sprecherausschusswahlen

Die Wahlordnung sieht ähnliche Auslegungspflichten wie bei Betriebsratswahlen vor.

Tarifverträge

Der Arbeitgeber ist verpflichtet, die für den Betrieb maßgebenden Tarifverträge an geeigneter Stelle im Betrieb auszuhängen (§ 8 TVG). Diese Vorschrift gilt bei nicht für allgemeinverbindlich erklärten Tarifverträgen nur für die tarifgebundenen Arbeitgeber, bei allgemeinverbindlichen Tarifverträgen auch für Arbeitgeber, die nicht Tarifvertragspartei und nicht Verbandsmitglied sind. Sie können die erforderliche Abschrift des allgemeinverbindlichen Tarifvertrags von einer der Tarifvertragsparteien gegen Erstattung der Selbstkosten verlangen (§ 9 DVO zum TVG).

Unfallverhütung

Der Unternehmer hat die einschlägigen Unfallverhütungsvorschriften (§ 15 SGB VII) auszuhängen und seine Arbeitnehmer darüber zu unterrichten (in der Regel durch Aushang), welcher Berufsgenossenschaft und Bezirksverwaltung das Unternehmen angehört, wo deren Geschäftsstellen sind und innerhalb welcher Frist Ansprüche anzumelden sind.

Was ist bei der Aushangpflicht zu beachten?

- Der auszulegende oder auszuhängende Text muss **leicht lesbar** sein; in gewissen Zeitabständen ist eine Erneuerung unerlässlich.

- Bekanntzumachen ist die **jeweils geltende Fassung** des Textes. Der Arbeitgeber muss daher laufend auf etwaige Gesetzesänderungen achten.
- Grundsätzlich genügt es, den Text in **deutscher Sprache** zu bringen. Bei Beschäftigung zahlreicher ausländischer Arbeitnehmer kann es jedoch die Fürsorgepflicht des Arbeitgebers gebieten, sie auch in ihrer Landessprache zu informieren. Soweit fremdsprachige Texte bei Behörden, Verbänden oder im Handel erhältlich sind, ist es dem Arbeitgeber i.d.R. zuzumuten, diese Fassungen bei den Aushängen im Betrieb zu verwenden.

Was ist Pflicht?

Verstößt der Arbeitgeber schuldhaft gegen seine Aushangpflichten, kann unter Umständen eine Vernachlässigung seiner Fürsorgepflicht vorliegen und daraus ein Schadensersatzanspruch des Arbeitnehmers erwachsen, soweit dieser Verstoß einen Schaden des Arbeitnehmers verursacht hat. Unkenntnis des Arbeitgebers ist in der Regel als Fahrlässigkeit zu werten. In den Aushanggesetzen ist zudem überwiegend geregelt, dass ein Verstoß gegen die Verpflichtung zum Aushang als Ordnungswidrigkeit mit einer Geldbuße geahndet werden kann.

2. Arbeitsschutzgesetze

Der Begriff Arbeitsschutz ist umfassend zu verstehen; als alle Maßnahmen, die dazu beitragen, Leben und Gesundheit der arbeitenden Menschen zu schützen, ihre Arbeitskraft zu erhalten und die Arbeit menschengerecht zu gestalten. Die Arbeitsschutzgesetze sind Normen in Form von öffentlich-rechtlichen Pflichten, die der Arbeitgeber beachten muss.
Arbeitszeitschutz und Arbeitssicherheit sind wichtige Säulen des betrieblichen Arbeitsschutzes. Ziel ist die Vermeidung von Arbeitsunfällen und das Geringhalten von Unfallfolgen. Darüber hinaus sind der Gesundheitsschutz und der Schutz besonderer Personengruppen Bestandteil des Arbeitsschutzes (z. B. Bundeselterngeld- und Elternzeitgesetz, Mutterschutzgesetz). Neben diesem allgemeinen Arbeitsschutz gibt es auch den sozialen Arbeitsschutz. In diesem Zusammenhang sind zu nennen das Kündigungsschutzgesetz oder das Arbeitszeitgesetz. Viele der Arbeitsschutzvorschriften sind aus den sog. Aushangpflichtigen Gesetzen abzuleiten.

Allgemeines Gleichbehandlungsgesetz (AGG)

vom 14. August 2006 (BGBl. I 2006, S. 1897)
- zuletzt geändert durch „SEPA-Begleitgesetz" vom 3. April 2013 (BGBl. I 2013, S. 610)

Abschnitt 1: Allgemeiner Teil

§ 1 Ziel des Gesetzes

Ziel des Gesetzes ist, Benachteiligungen aus Gründen der Rasse oder wegen der ethnischen Herkunft, des Geschlechts, der Religion oder Weltanschauung, einer Behinderung, des Alters oder der sexuellen Identität zu verhindern oder zu beseitigen.

§ 2 Anwendungsbereich

(1) Benachteiligungen aus einem in § 1 genannten Grund sind nach Maßgabe dieses Gesetzes unzulässig in Bezug auf:
1. die Bedingungen, einschließlich Auswahlkriterien und Einstellungsbedingungen, für den Zugang zu unselbstständiger und selbstständiger Erwerbstätigkeit, unabhängig von Tätigkeitsfeld und beruflicher Position, sowie für den beruflichen Aufstieg,
2. die Beschäftigungs- und Arbeitsbedingungen einschließlich Arbeitsentgelt und Entlassungsbedingungen, insbesondere in individual- und kollektivrechtlichen Vereinbarungen und Maßnahmen bei der Durchführung und Beendigung eines Beschäftigungsverhältnisses sowie beim beruflichen Aufstieg,
3. den Zugang zu allen Formen und allen Ebenen der Berufsberatung, der Berufsbildung einschließlich der Berufsausbildung, der beruflichen Weiterbildung und der Umschulung sowie der praktischen Berufserfahrung,
4. die Mitgliedschaft und Mitwirkung in einer Beschäftigten- oder Arbeitgebervereinigung oder einer Vereinigung, deren Mitglieder einer bestimmten Berufsgruppe angehören, einschließlich der Inanspruchnahme der Leistungen solcher Vereinigungen,
5. den Sozialschutz, einschließlich der sozialen Sicherheit und der Gesundheitsdienste,
6. die sozialen Vergünstigungen,
7. die Bildung,
8. den Zugang zu und die Versorgung mit Gütern und Dienstleistungen, die der Öffentlichkeit zur Verfügung stehen, einschließlich von Wohnraum.

(2) Für Leistungen nach dem Sozialgesetzbuch gelten § 33c des Ersten Buches Sozialgesetzbuch und § 19a des Vierten Buches Sozialgesetzbuch. Für die betriebliche Altersvorsorge gilt das Betriebsrentengesetz.

(3) Die Geltung sonstiger Benachteiligungsverbote oder Gebote der Gleichbehandlung wird durch dieses Gesetz nicht berührt. Dies gilt auch für öffentlich-rechtliche Vorschriften, die dem Schutz bestimmter Personengruppen dienen.

(4) Für Kündigungen gelten ausschließlich die Bestimmungen zum allgemeinen und besonderen Kündigungsschutz.

§ 3 Begriffsbestimmungen

(1) Eine unmittelbare Benachteiligung liegt vor, wenn eine Person wegen eines in § 1 genannten Grundes eine weniger günstige Behandlung erfährt, als eine andere Person in einer vergleichbaren Situation erfährt, erfahren hat oder erfahren würde. Eine unmittelbare Benachteiligung wegen des Geschlechts liegt in Bezug auf § 2 Abs. 1 Nr. 1 bis 4 auch im Falle einer ungünstigeren Behandlung einer Frau wegen Schwangerschaft oder Mutterschaft vor.

(2) Eine mittelbare Benachteiligung liegt vor, wenn dem Anschein nach neutrale Vorschriften, Kriterien oder Verfahren Personen wegen eines in § 1 genannten Grundes gegenüber anderen Personen in besonderer Weise benachteiligen können, es sei denn, die betreffenden Vorschriften, Kriterien oder Verfahren sind durch ein rechtmäßiges Ziel sachlich gerechtfertigt und die Mittel sind zur Erreichung dieses Ziels angemessen und erforderlich.
(3) Eine Belästigung ist eine Benachteiligung, wenn unerwünschte Verhaltensweisen, die mit einem in § 1 genannten Grund in Zusammenhang stehen, bezwecken oder bewirken, dass die Würde der betreffenden Person verletzt und ein von Einschüchterungen, Anfeindungen, Erniedrigungen, Entwürdigungen oder Beleidigungen gekennzeichnetes Umfeld geschaffen wird.
(4) Eine sexuelle Belästigung ist eine Benachteiligung in Bezug auf § 2 Abs. 1 Nr. 1 bis 4, wenn ein unerwünschtes, sexuell bestimmtes Verhalten, wozu auch unerwünschte sexuelle Handlungen und Aufforderungen zu diesen, sexuell bestimmte körperliche Berührungen, Bemerkungen sexuellen Inhalts sowie unerwünschtes Zeigen und sichtbares Anbringen von pornographischen Darstellungen gehören, bezweckt oder bewirkt, dass die Würde der betreffenden Person verletzt wird, insbesondere wenn ein von Einschüchterungen, Anfeindungen, Erniedrigungen, Entwürdigungen oder Beleidigungen gekennzeichnetes Umfeld geschaffen wird.
(5) Die Anweisung zur Benachteiligung einer Person aus einem in § 1 genannten Grund gilt als Benachteiligung. Eine solche Anweisung liegt in Bezug auf § 2 Abs. 1 Nr. 1 bis 4 insbesondere vor, wenn jemand eine Person zu einem Verhalten bestimmt, das einen Beschäftigten oder eine Beschäftigte wegen eines in § 1 genannten Grundes benachteiligt oder benachteiligen kann.

§ 4 Unterschiedliche Behandlung wegen mehrerer Gründe
Erfolgt eine unterschiedliche Behandlung wegen mehrerer der in § 1 genannten Gründe, so kann diese unterschiedliche Behandlung nach den §§ 8 bis 10 und 20 nur gerechtfertigt werden, wenn sich die Rechtfertigung auf alle diese Gründe erstreckt, derentwegen die unterschiedliche Behandlung erfolgt.

§ 5 Positive Maßnahmen
Ungeachtet der in den §§ 8 bis 10 sowie in § 20 benannten Gründe ist eine unterschiedliche Behandlung auch zulässig, wenn durch geeignete und angemessene Maßnahmen bestehende Nachteile wegen eines in § 1 genannten Grundes verhindert oder ausgeglichen werden sollen.

Abschnitt 2: Schutz der Beschäftigten vor Benachteiligung
Unterabschnitt 1: Verbot der Benachteiligung
§ 6 Persönlicher Anwendungsbereich
(1) Beschäftigte im Sinne dieses Gesetzes sind
1. Arbeitnehmerinnen und Arbeitnehmer,
2. die zu ihrer Berufsbildung Beschäftigten,
3. Personen, die wegen ihrer wirtschaftlichen Unselbstständigkeit als arbeitnehmerähnliche Personen anzusehen sind; zu diesen gehören auch die in Heimarbeit Beschäftigten und die ihnen Gleichgestellten.

Als Beschäftigte gelten auch die Bewerberinnen und Bewerber für ein Beschäftigungsverhältnis sowie die Personen, deren Beschäftigungsverhältnis beendet ist.
(2) Arbeitgeber (Arbeitgeber und Arbeitgeberinnen) im Sinne dieses Abschnitts sind natürliche und juristische Personen sowie rechtsfähige Personengesellschaften, die Personen nach Absatz 1 beschäftigen. Werden Beschäftigte einem Dritten zur Arbeitsleistung überlassen, so gilt auch dieser als Arbeitgeber im Sinne dieses Abschnitts. Für die in Heimarbeit Beschäftigten und die ihnen Gleichgestellten tritt an die Stelle des Arbeitgebers der Auftraggeber oder Zwischenmeister.
(3) Soweit es die Bedingungen für den Zugang zur Erwerbstätigkeit sowie den beruflichen Aufstieg betrifft, gelten die Vorschriften dieses Abschnitts für Selbstständige und Organmitglieder, insbesondere Geschäftsführer oder Geschäftsführerinnen und Vorstände, entsprechend.

§ 7 Benachteiligungsverbot
(1) Beschäftigte dürfen nicht wegen eines in § 1 genannten Grundes benachteiligt werden; dies gilt auch, wenn die Person, die die Benachteiligung begeht, das Vorliegen eines in § 1 genannten Grundes bei der Benachteiligung nur annimmt.
(2) Bestimmungen in Vereinbarungen, die gegen das Benachteiligungsverbot des Absatzes 1 verstoßen, sind unwirksam.
(3) Eine Benachteiligung nach Absatz 1 durch Arbeitgeber oder Beschäftigte ist eine Verletzung vertraglicher Pflichten.

§ 8 Zulässige unterschiedliche Behandlung wegen beruflicher Anforderungen
(1) Eine unterschiedliche Behandlung wegen eines in § 1 genannten Grundes ist zulässig, wenn dieser Grund wegen der Art der auszuübenden Tätigkeit oder der Bedingungen ihrer Ausübung eine wesentliche und entscheidende berufliche Anforderung darstellt, sofern der Zweck rechtmäßig und die Anforderung angemessen ist.
(2) Die Vereinbarung einer geringeren Vergütung für gleiche oder gleichwertige Arbeit wegen eines in § 1 genannten Grundes wird nicht dadurch gerechtfertigt, dass wegen eines in § 1 genannten Grundes besondere Schutzvorschriften gelten.

§ 9 Zulässige unterschiedliche Behandlung wegen der Religion oder Weltanschauung
(1) Ungeachtet des § 8 ist eine unterschiedliche Behandlung wegen der Religion oder der Weltanschauung bei der Beschäftigung durch Religionsgemeinschaften, die ihnen zugeordneten Einrichtungen ohne Rücksicht auf ihre Rechtsform oder durch Vereinigungen, die sich die gemeinschaftliche Pflege einer Religion oder Weltanschauung zur Aufgabe machen, auch zulässig, wenn eine bestimmte Religion oder Weltanschauung unter Beachtung des Selbstverständnisses der jeweiligen Religionsgemeinschaft oder Vereinigung im Hinblick auf ihr Selbstbestimmungsrecht oder nach der Art der Tätigkeit eine gerechtfertigte berufliche Anforderung darstellt.
(2) Das Verbot unterschiedlicher Behandlung wegen der Religion oder der Weltanschauung berührt nicht das Recht der in Absatz 1 genannten Religionsgemeinschaften, der ihnen zugeordneten Einrichtungen ohne Rücksicht auf ihre Rechtsform oder der Vereinigungen, die sich die gemeinschaftliche Pflege einer Religion oder Weltanschauung zur Aufgabe machen, von ihren Beschäftigten ein loyales und aufrichtiges Verhalten im Sinne ihres jeweiligen Selbstverständnisses verlangen zu können.

§ 10 Zulässige unterschiedliche Behandlung wegen des Alters

Ungeachtet des § 8 ist eine unterschiedliche Behandlung wegen des Alters auch zulässig, wenn sie objektiv und angemessen und durch ein legitimes Ziel gerechtfertigt ist. Die Mittel zur Erreichung dieses Ziels müssen angemessen und erforderlich sein. Derartige unterschiedliche Behandlungen können insbesondere Folgendes einschließen:

1. die Festlegung besonderer Bedingungen für den Zugang zur Beschäftigung und zur beruflichen Bildung sowie besonderer Beschäftigungs- und Arbeitsbedingungen, einschließlich der Bedingungen für Entlohnung und Beendigung des Beschäftigungsverhältnisses, um die berufliche Eingliederung von Jugendlichen, älteren Beschäftigten und Personen mit Fürsorgepflichten zu fördern oder ihren Schutz sicherzustellen,
2. die Festlegung von Mindestanforderungen an das Alter, die Berufserfahrung oder das Dienstalter für den Zugang zur Beschäftigung oder für bestimmte mit der Beschäftigung verbundene Vorteile,
3. die Festsetzung eines Höchstalters für die Einstellung auf Grund der spezifischen Ausbildungsanforderungen eines bestimmten Arbeitsplatzes oder auf Grund der Notwendigkeit einer angemessenen Beschäftigungszeit vor dem Eintritt in den Ruhestand,
4. die Festsetzung von Altersgrenzen bei den betrieblichen Systemen der sozialen Sicherheit als Voraussetzung für die Mitgliedschaft oder den Bezug von Altersrente oder von Leistungen bei Invalidität einschließlich der Festsetzung unterschiedlicher Altersgrenzen im Rahmen dieser Systeme für bestimmte Beschäftigte oder Gruppen von Beschäftigten und die Verwendung von Alterskriterien im Rahmen dieser Systeme für versicherungsmathematische Berechnungen,
5. eine Vereinbarung, die die Beendigung des Beschäftigungsverhältnisses ohne Kündigung zu einem Zeitpunkt vorsieht, zu dem der oder die Beschäftigte eine Rente wegen Alters beantragen kann; § 41 des Sechsten Buches Sozialgesetzbuch bleibt unberührt,
6. Differenzierungen von Leistungen in Sozialplänen im Sinne des Betriebsverfassungsgesetzes, wenn die Parteien eine nach Alter oder Betriebszugehörigkeit gestaffelte Abfindungsregelung geschaffen haben, in der die wesentlich vom Alter abhängenden Chancen auf dem Arbeitsmarkt durch eine verhältnismäßig starke Betonung des Lebensalters erkennbar berücksichtigt worden sind, oder Beschäftigte von den Leistungen des Sozialplans ausgeschlossen haben, die wirtschaftlich abgesichert sind, weil sie, gegebenenfalls nach Bezug von Arbeitslosengeld, rentenberechtigt sind.

Unterabschnitt 2: Organisationspflichten des Arbeitgebers

§ 11 Ausschreibung

Ein Arbeitsplatz darf nicht unter Verstoß gegen § 7 Abs. 1 ausgeschrieben werden.

§ 12 Maßnahmen und Pflichten des Arbeitgebers

(1) Der Arbeitgeber ist verpflichtet, die erforderlichen Maßnahmen zum Schutz vor Benachteiligungen wegen eines in § 1 genannten Grundes zu treffen. Dieser Schutz umfasst auch vorbeugende Maßnahmen.

(2) Der Arbeitgeber soll in geeigneter Art und Weise, insbesondere im Rahmen der beruflichen Aus- und Fortbildung, auf die Unzulässigkeit solcher Benachteiligungen hinweisen und darauf hinwirken, dass diese unterbleiben. Hat der Arbeitgeber seine Beschäftigten in geeigneter Weise zum Zwecke der Verhinderung von Benachteiligung geschult, gilt dies als Erfüllung seiner Pflichten nach Absatz 1.

(3) Verstoßen Beschäftigte gegen das Benachteiligungsverbot des § 7 Abs. 1, so hat der Arbeitgeber die im Einzelfall geeigneten, erforderlichen und angemessenen Maßnahmen zur Unterbindung der Benachteiligung wie Abmahnung, Umsetzung, Versetzung oder Kündigung zu ergreifen.
(4) Werden Beschäftigte bei der Ausübung ihrer Tätigkeit durch Dritte nach § 7 Abs. 1 benachteiligt, so hat der Arbeitgeber die im Einzelfall geeigneten, erforderlichen und angemessenen Maßnahmen zum Schutz der Beschäftigten zu ergreifen.
(5) Dieses Gesetz und § 61b des Arbeitsgerichtsgesetzes sowie Informationen über die für die Behandlung von Beschwerden nach § 13 zuständigen Stellen sind im Betrieb oder in der Dienststelle bekannt zu machen. Die Bekanntmachung kann durch Aushang oder Auslegung an geeigneter Stelle oder den Einsatz der im Betrieb oder der Dienststelle üblichen Informations- und Kommunikationstechnik erfolgen.

Unterabschnitt 3: Rechte der Beschäftigten

§ 13 Beschwerderecht
(1) Die Beschäftigten haben das Recht, sich bei den zuständigen Stellen des Betriebs, des Unternehmens oder der Dienststelle zu beschweren, wenn sie sich im Zusammenhang mit ihrem Beschäftigungsverhältnis vom Arbeitgeber, von Vorgesetzten, anderen Beschäftigten oder Dritten wegen eines in § 1 genannten Grundes benachteiligt fühlen. Die Beschwerde ist zu prüfen und das Ergebnis der oder dem beschwerdeführenden Beschäftigten mitzuteilen.
(2) Die Rechte der Arbeitnehmervertretungen bleiben unberührt.

§ 14 Leistungsverweigerungsrecht
Ergreift der Arbeitgeber keine oder offensichtlich ungeeignete Maßnahmen zur Unterbindung einer Belästigung oder sexuellen Belästigung am Arbeitsplatz, sind die betroffenen Beschäftigten berechtigt, ihre Tätigkeit ohne Verlust des Arbeitsentgelts einzustellen, soweit dies zu ihrem Schutz erforderlich ist. § 273 des Bürgerlichen Gesetzbuchs bleibt unberührt.

§ 15 Entschädigung und Schadensersatz
(1) Bei einem Verstoß gegen das Benachteiligungsverbot ist der Arbeitgeber verpflichtet, den hierdurch entstandenen Schaden zu ersetzen. Dies gilt nicht, wenn der Arbeitgeber die Pflichtverletzung nicht zu vertreten hat.
(2) Wegen eines Schadens, der nicht Vermögensschaden ist, kann der oder die Beschäftigte eine angemessene Entschädigung in Geld verlangen. Die Entschädigung darf bei einer Nichteinstellung drei Monatsgehälter nicht übersteigen, wenn der oder die Beschäftigte auch bei benachteiligungsfreier Auswahl nicht eingestellt worden wäre.
(3) Der Arbeitgeber ist bei der Anwendung kollektivrechtlicher Vereinbarungen nur dann zur Entschädigung verpflichtet, wenn er vorsätzlich oder grob fahrlässig handelt.
(4) Ein Anspruch nach den Absätzen 1 oder 2 muss innerhalb einer Frist von zwei Monaten schriftlich geltend gemacht werden, es sei denn, die Tarifvertragsparteien haben etwas anderes vereinbart. Die Frist beginnt im Falle einer Bewerbung oder eines beruflichen Aufstiegs mit dem Zugang der Ablehnung und in den sonstigen Fällen mit dem Zeitpunkt, in dem der oder die Beschäftigte von der Benachteiligung Kenntnis erlangt.
(5) Im Übrigen bleiben Ansprüche gegen den Arbeitgeber, die sich aus anderen Rechtsvorschriften ergeben, unberührt.
(6) Ein Verstoß des Arbeitgebers gegen das Benachteiligungsverbot des § 7 Abs. 1 begründet keinen Anspruch auf Begründung eines Beschäftigungsverhältnisses, Berufsausbildungs-

verhältnisses oder einen beruflichen Aufstieg, es sei denn, ein solcher ergibt sich aus einem anderen Rechtsgrund.

§ 16 Maßregelungsverbot
(1) Der Arbeitgeber darf Beschäftigte nicht wegen der Inanspruchnahme von Rechten nach diesem Abschnitt oder wegen der Weigerung, eine gegen diesen Abschnitt verstoßende Anweisung auszuführen, benachteiligen. Gleiches gilt für Personen, die den Beschäftigten hierbei unterstützen oder als Zeuginnen oder Zeugen aussagen.
(2) Die Zurückweisung oder Duldung benachteiligender Verhaltensweisen durch betroffene Beschäftigte darf nicht als Grundlage für eine Entscheidung herangezogen werden, die diese Beschäftigten berührt. Absatz 1 Satz 2 gilt entsprechend.
(3) § 22 gilt entsprechend.

Unterabschnitt 4: Ergänzende Vorschriften

§ 17 Soziale Verantwortung der Beteiligten
(1) Tarifvertragsparteien, Arbeitgeber, Beschäftigte und deren Vertretungen sind aufgefordert, im Rahmen ihrer Aufgaben und Handlungsmöglichkeiten an der Verwirklichung des in § 1 genannten Ziels mitzuwirken.
(2) In Betrieben, in denen die Voraussetzungen des § 1 Abs. 1 Satz 1 des Betriebsverfassungsgesetzes vorliegen, können bei einem groben Verstoß des Arbeitgebers gegen Vorschriften aus diesem Abschnitt der Betriebsrat oder eine im Betrieb vertretene Gewerkschaft unter der Voraussetzung des § 23 Abs. 3 Satz 1 des Betriebsverfassungsgesetzes die dort genannten Rechte gerichtlich geltend machen; § 23 Abs. 3 Satz 2 bis 5 des Betriebsverfassungsgesetzes gilt entsprechend. Mit dem Antrag dürfen nicht Ansprüche des Benachteiligten geltend gemacht werden.

§ 18 Mitgliedschaft in Vereinigungen
(1) Die Vorschriften dieses Abschnitts gelten entsprechend für die Mitgliedschaft oder die Mitwirkung in einer
1. Tarifvertragspartei,
2. Vereinigung, deren Mitglieder einer bestimmten Berufsgruppe angehören oder die eine überragende Machtstellung im wirtschaftlichen oder sozialen Bereich innehat, wenn ein grundlegendes Interesse am Erwerb der Mitgliedschaft besteht,

sowie deren jeweiligen Zusammenschlüssen.
(2) Wenn die Ablehnung einen Verstoß gegen das Benachteiligungsverbot des § 7 Abs. 1 darstellt, besteht ein Anspruch auf Mitgliedschaft oder Mitwirkung in den in Absatz 1 genannten Vereinigungen.

Abschnitt 3: Schutz vor Benachteiligung im Zivilrechtsverkehr

§ 19 Zivilrechtliches Benachteiligungsverbot
(1) Eine Benachteiligung aus Gründen der Rasse oder wegen der ethnischen Herkunft, wegen des Geschlechts, der Religion, einer Behinderung, des Alters oder der sexuellen Identität bei der Begründung, Durchführung und Beendigung zivilrechtlicher Schuldverhältnisse, die
1. typischerweise ohne Ansehen der Person zu vergleichbaren Bedingungen in einer Vielzahl von Fällen zustande kommen (Massengeschäfte) oder bei denen das Ansehen der

Person nach der Art des Schuldverhältnisses eine nachrangige Bedeutung hat und die zu vergleichbaren Bedingungen in einer Vielzahl von Fällen zustande kommen oder
2. eine privatrechtliche Versicherung zum Gegenstand haben,
ist unzulässig.
(2) Eine Benachteiligung aus Gründen der Rasse oder wegen der ethnischen Herkunft ist darüber hinaus auch bei der Begründung, Durchführung und Beendigung sonstiger zivilrechtlicher Schuldverhältnisse im Sinne des § 2 Abs. 1 Nr. 5 bis 8 unzulässig.
(3) Bei der Vermietung von Wohnraum ist eine unterschiedliche Behandlung im Hinblick auf die Schaffung und Erhaltung sozial stabiler Bewohnerstrukturen und ausgewogener Siedlungsstrukturen sowie ausgeglichener wirtschaftlicher, sozialer und kultureller Verhältnisse zulässig.
(4) Die Vorschriften dieses Abschnitts finden keine Anwendung auf familien- und erbrechtliche Schuldverhältnisse.
(5) Die Vorschriften dieses Abschnitts finden keine Anwendung auf zivilrechtliche Schuldverhältnisse, bei denen ein besonderes Nähe- oder Vertrauensverhältnis der Parteien oder ihrer Angehörigen begründet wird. Bei Mietverhältnissen kann dies insbesondere der Fall sein, wenn die Parteien oder ihre Angehörigen Wohnraum auf demselben Grundstück nutzen. Die Vermietung von Wohnraum zum nicht nur vorübergehenden Gebrauch ist in der Regel kein Geschäft im Sinne des Absatzes 1 Nr. 1, wenn der Vermieter insgesamt nicht mehr als 50 Wohnungen vermietet.

§ 20 Zulässige unterschiedliche Behandlung

(1) Eine Verletzung des Benachteiligungsverbots ist nicht gegeben, wenn für eine unterschiedliche Behandlung wegen der Religion, einer Behinderung, des Alters, der sexuellen Identität oder des Geschlechts ein sachlicher Grund vorliegt. Das kann insbesondere der Fall sein, wenn die unterschiedliche Behandlung
1. der Vermeidung von Gefahren, der Verhütung von Schäden oder anderen Zwecken vergleichbarer Art dient,
2. dem Bedürfnis nach Schutz der Intimsphäre oder der persönlichen Sicherheit Rechnung trägt,
3. besondere Vorteile gewährt und ein Interesse an der Durchsetzung der Gleichbehandlung fehlt,
4. an die Religion eines Menschen anknüpft und im Hinblick auf die Ausübung der Religionsfreiheit oder auf das Selbstbestimmungsrecht der Religionsgemeinschaften, der ihnen zugeordneten Einrichtungen ohne Rücksicht auf ihre Rechtsform sowie der Vereinigungen, die sich die gemeinschaftliche Pflege einer Religion zur Aufgabe machen, unter Beachtung des jeweiligen Selbstverständnisses gerechtfertigt ist.
(2) Kosten im Zusammenhang mit Schwangerschaft und Mutterschaft dürfen auf keinen Fall zu unterschiedlichen Prämien oder Leistungen führen. Eine unterschiedliche Behandlung wegen der Religion, einer Behinderung, des Alters oder der sexuellen Identität ist im Falle des § 19 Abs. 1 Nr. 2 nur zulässig, wenn diese auf anerkannten Prinzipien risikoadäquater Kalkulation beruht, insbesondere auf einer versicherungsmathematisch ermittelten Risikobewertung unter Heranziehung statistischer Erhebungen.

§ 21 Ansprüche

(1) Der Benachteiligte kann bei einem Verstoß gegen das Benachteiligungsverbot unbeschadet weiterer Ansprüche die Beseitigung der Beeinträchtigung verlangen. Sind weitere Beeinträchtigungen zu besorgen, so kann er auf Unterlassung klagen.

(2) Bei einer Verletzung des Benachteiligungsverbots ist der Benachteiligende verpflichtet, den hierdurch entstandenen Schaden zu ersetzen. Dies gilt nicht, wenn der Benachteiligende die Pflichtverletzung nicht zu vertreten hat. Wegen eines Schadens, der nicht Vermögensschaden ist, kann der Benachteiligte eine angemessene Entschädigung in Geld verlangen.
(3) Ansprüche aus unerlaubter Handlung bleiben unberührt.
(4) Auf eine Vereinbarung, die von dem Benachteiligungsverbot abweicht, kann sich der Benachteiligende nicht berufen.
(5) Ein Anspruch nach den Absätzen 1 und 2 muss innerhalb einer Frist von zwei Monaten geltend gemacht werden. Nach Ablauf der Frist kann der Anspruch nur geltend gemacht werden, wenn der Benachteiligte ohne Verschulden an der Einhaltung der Frist verhindert war.

Abschnitt 4: Rechtsschutz

§ 22 Beweislast
Wenn im Streitfall die eine Partei Indizien beweist, die eine Benachteiligung wegen eines in § 1 genannten Grundes vermuten lassen, trägt die andere Partei die Beweislast dafür, dass kein Verstoß gegen die Bestimmungen zum Schutz vor Benachteiligung vorgelegen hat.

§ 23 Unterstützung durch Antidiskriminierungsverbände
(1) Antidiskriminierungsverbände sind Personenzusammenschlüsse, die nicht gewerbsmäßig und nicht nur vorübergehend entsprechend ihrer Satzung die besonderen Interessen von benachteiligten Personen oder Personengruppen nach Maßgabe von § 1 wahrnehmen. Die Befugnisse nach den Absätzen 2 bis 4 stehen ihnen zu, wenn sie mindestens 75 Mitglieder haben oder einen Zusammenschluss aus mindestens sieben Verbänden bilden.
(2) Antidiskriminierungsverbände sind befugt, im Rahmen ihres Satzungszwecks in gerichtlichen Verfahren als Beistände Benachteiligter in der Verhandlung aufzutreten. Im Übrigen bleiben die Vorschriften der Verfahrensordnungen, insbesondere diejenigen, nach denen Beiständen weiterer Vortrag untersagt werden kann, unberührt.
(3) Antidiskriminierungsverbänden ist im Rahmen ihres Satzungszwecks die Besorgung von Rechtsangelegenheiten Benachteiligter gestattet.
(4) Besondere Klagerechte und Vertretungsbefugnisse von Verbänden zu Gunsten von behinderten Menschen bleiben unberührt.

Abschnitt 5: Sonderregelungen für öffentlich-rechtliche Dienstverhältnisse

§ 24 Sonderregelung für öffentlich-rechtliche Dienstverhältnisse
Die Vorschriften dieses Gesetzes gelten unter Berücksichtigung ihrer besonderen Rechtsstellung entsprechend für
1. Beamtinnen und Beamte des Bundes, der Länder, der Gemeinden, der Gemeindeverbände sowie der sonstigen der Aufsicht des Bundes oder eines Landes unterstehenden Körperschaften, Anstalten und Stiftungen des öffentlichen Rechts,
2. Richterinnen und Richter des Bundes und der Länder,
3. Zivildienstleistende sowie anerkannte Kriegsdienstverweigerer, soweit ihre Heranziehung zum Zivildienst betroffen ist.

Abschnitt 6: Antidiskriminierungsstelle

§ 25 Antidiskriminierungsstelle des Bundes

(1) Beim Bundesministerium für Familie, Senioren, Frauen und Jugend wird unbeschadet der Zuständigkeit der Beauftragten des Deutschen Bundestages oder der Bundesregierung die Stelle des Bundes zum Schutz vor Benachteiligungen wegen eines in § 1 genannten Grundes (Antidiskriminierungsstelle des Bundes) errichtet.

(2) Der Antidiskriminierungsstelle des Bundes ist die für die Erfüllung ihrer Aufgaben notwendige Personal- und Sachausstattung zur Verfügung zu stellen. Sie ist im Einzelplan des Bundesministeriums für Familie, Senioren, Frauen und Jugend in einem eigenen Kapitel auszuweisen.

§ 26 Rechtsstellung der Leitung der Antidiskriminierungsstelle des Bundes

(1) Die Bundesministerin oder der Bundesminister für Familie, Senioren, Frauen und Jugend ernennt auf Vorschlag der Bundesregierung eine Person zur Leitung der Antidiskriminierungsstelle des Bundes. Sie steht nach Maßgabe dieses Gesetzes in einem öffentlich-rechtlichen Amtsverhältnis zum Bund. Sie ist in Ausübung ihres Amtes unabhängig und nur dem Gesetz unterworfen.

(2) Das Amtsverhältnis beginnt mit der Aushändigung der Urkunde über die Ernennung durch die Bundesministerin oder den Bundesminister für Familie, Senioren, Frauen und Jugend.

(3) Das Amtsverhältnis endet außer durch Tod
1. mit dem Zusammentreten eines neuen Bundestages,
2. durch Ablauf der Amtszeit mit Erreichen der Altersgrenze nach § 51 Abs. 1 und 2 des Bundesbeamtengesetzes,
3. mit der Entlassung.

Die Bundesministerin oder der Bundesminister für Familie, Senioren, Frauen und Jugend entlässt die Leiterin oder den Leiter der Antidiskriminierungsstelle des Bundes auf deren Verlangen oder wenn Gründe vorliegen, die bei einer Richterin oder einem Richter auf Lebenszeit die Entlassung aus dem Dienst rechtfertigen. Im Falle der Beendigung des Amtsverhältnisses erhält die Leiterin oder der Leiter der Antidiskriminierungsstelle des Bundes eine von der Bundesministerin oder dem Bundesminister für Familie, Senioren, Frauen und Jugend vollzogene Urkunde. Die Entlassung wird mit der Aushändigung der Urkunde wirksam.

(4) Das Rechtsverhältnis der Leitung der Antidiskriminierungsstelle des Bundes gegenüber dem Bund wird durch Vertrag mit dem Bundesministerium für Familie, Senioren, Frauen und Jugend geregelt. Der Vertrag bedarf der Zustimmung der Bundesregierung.

(5) Wird eine Bundesbeamtin oder ein Bundesbeamter zur Leitung der Antidiskriminierungsstelle des Bundes bestellt, scheidet er oder sie mit Beginn des Amtsverhältnisses aus dem bisherigen Amt aus. Für die Dauer des Amtsverhältnisses ruhen die aus dem Beamtenverhältnis begründeten Rechte und Pflichten mit Ausnahme der Pflicht zur Amtsverschwiegenheit und des Verbots der Annahme von Belohnungen oder Geschenken. Bei unfallverletzten Beamtinnen oder Beamten bleiben die gesetzlichen Ansprüche auf das Heilverfahren und einen Unfallausgleich unberührt.

§ 27 Aufgaben

(1) Wer der Ansicht ist, wegen eines in § 1 genannten Grundes benachteiligt worden zu sein, kann sich an die Antidiskriminierungsstelle des Bundes wenden.

(2) Die Antidiskriminierungsstelle des Bundes unterstützt auf unabhängige Weise Personen, die sich nach Absatz 1 an sie wenden, bei der Durchsetzung ihrer Rechte zum Schutz vor Benachteiligungen. Hierbei kann sie insbesondere
1. über Ansprüche und die Möglichkeiten des rechtlichen Vorgehens im Rahmen gesetzlicher Regelungen zum Schutz vor Benachteiligungen informieren,
2. Beratung durch andere Stellen vermitteln,
3. eine gütliche Beilegung zwischen den Beteiligten anstreben.
Soweit Beauftragte des Deutschen Bundestages oder der Bundesregierung zuständig sind, leitet die Antidiskriminierungsstelle des Bundes die Anliegen der in Absatz 1 genannten Personen mit deren Einverständnis unverzüglich an diese weiter.
(3) Die Antidiskriminierungsstelle des Bundes nimmt auf unabhängige Weise folgende Aufgaben wahr, soweit nicht die Zuständigkeit der Beauftragten der Bundesregierung oder des Deutschen Bundestages berührt ist:
1. Öffentlichkeitsarbeit,
2. Maßnahmen zur Verhinderung von Benachteiligungen aus den in § 1 genannten Gründen,
3. Durchführung wissenschaftlicher Untersuchungen zu diesen Benachteiligungen.
(4) Die Antidiskriminierungsstelle des Bundes und die in ihrem Zuständigkeitsbereich betroffenen Beauftragten der Bundesregierung und des Deutschen Bundestages legen gemeinsam dem Deutschen Bundestag alle vier Jahre Berichte über Benachteiligungen aus den in § 1 genannten Gründen vor und geben Empfehlungen zur Beseitigung und Vermeidung dieser Benachteiligungen. Sie können gemeinsam wissenschaftliche Untersuchungen zu Benachteiligungen durchführen.
(5) Die Antidiskriminierungsstelle des Bundes und die in ihrem Zuständigkeitsbereich betroffenen Beauftragten der Bundesregierung und des Deutschen Bundestages sollen bei Benachteiligungen aus mehreren der in § 1 genannten Gründe zusammenarbeiten.

§ 28 Befugnisse

(1) Die Antidiskriminierungsstelle des Bundes kann in Fällen des § 27 Abs. 2 Satz 2 Nr. 3 Beteiligte um Stellungnahmen ersuchen, soweit die Person, die sich nach § 27 Abs. 1 an sie gewandt hat, hierzu ihr Einverständnis erklärt.
(2) Alle Bundesbehörden und sonstigen öffentlichen Stellen im Bereich des Bundes sind verpflichtet, die Antidiskriminierungsstelle des Bundes bei der Erfüllung ihrer Aufgaben zu unterstützen, insbesondere die erforderlichen Auskünfte zu erteilen. Die Bestimmungen zum Schutz personenbezogener Daten bleiben unberührt.

§ 29 Zusammenarbeit mit Nichtregierungsorganisationen und anderen Einrichtungen

Die Antidiskriminierungsstelle des Bundes soll bei ihrer Tätigkeit Nichtregierungsorganisationen sowie Einrichtungen, die auf europäischer, Bundes-, Landes- oder regionaler Ebene zum Schutz vor Benachteiligungen wegen eines in § 1 genannten Grundes tätig sind, in geeigneter Form einbeziehen.

§ 30 Beirat

(1) Zur Förderung des Dialogs mit gesellschaftlichen Gruppen und Organisationen, die sich den Schutz vor Benachteiligungen wegen eines in § 1 genannten Grundes zum Ziel gesetzt haben, wird der Antidiskriminierungsstelle des Bundes ein Beirat beigeordnet. Der Beirat berät die Antidiskriminierungsstelle des Bundes bei der Vorlage von Berichten und Empfehlungen an den Deutschen Bundestag nach § 27 Abs. 4 und kann hierzu sowie zu wissenschaftlichen Untersuchungen nach § 27 Abs. 3 Nr. 3 eigene Vorschläge unterbreiten.

(2) Das Bundesministerium für Familie, Senioren, Frauen und Jugend beruft im Einvernehmen mit der Leitung der Antidiskriminierungsstelle des Bundes sowie den entsprechend zuständigen Beauftragten der Bundesregierung oder des Deutschen Bundestages die Mitglieder dieses Beirats und für jedes Mitglied eine Stellvertretung. In den Beirat sollen Vertreterinnen und Vertreter gesellschaftlicher Gruppen und Organisationen sowie Expertinnen und Experten in Benachteiligungsfragen berufen werden. Die Gesamtzahl der Mitglieder des Beirats soll 16 Personen nicht überschreiten. Der Beirat soll zu gleichen Teilen mit Frauen und Männern besetzt sein.
(3) Der Beirat gibt sich eine Geschäftsordnung, die der Zustimmung des Bundesministeriums für Familie, Senioren, Frauen und Jugend bedarf.
(4) Die Mitglieder des Beirats üben die Tätigkeit nach diesem Gesetz ehrenamtlich aus. Sie haben Anspruch auf Aufwandsentschädigung sowie Reisekostenvergütung, Tagegelder und Übernachtungsgelder. Näheres regelt die Geschäftsordnung.

Abschnitt 7: Schlussvorschriften

§ 31 Unabdingbarkeit
Von den Vorschriften dieses Gesetzes kann nicht zu Ungunsten der geschützten Personen abgewichen werden.

§ 32 Schlussbestimmung
Soweit in diesem Gesetz nicht Abweichendes bestimmt ist, gelten die allgemeinen Bestimmungen.

§ 33 Übergangsbestimmungen
(1) Bei Benachteiligungen nach den §§ 611a, 611b und 612 Abs. 3 des Bürgerlichen Gesetzbuchs oder sexuellen Belästigungen nach dem Beschäftigtenschutzgesetz ist das vor dem 18. August 2006 maßgebliche Recht anzuwenden.
(2) Bei Benachteiligungen aus Gründen der Rasse oder wegen der ethnischen Herkunft sind die §§ 19 bis 21 nicht auf Schuldverhältnisse anzuwenden, die vor dem 18. August 2006 begründet worden sind. Satz 1 gilt nicht für spätere Änderungen von Dauerschuldverhältnissen.
(3) Bei Benachteiligungen wegen des Geschlechts, der Religion, einer Behinderung, des Alters oder der sexuellen Identität sind die §§ 19 bis 21 nicht auf Schuldverhältnisse anzuwenden, die vor dem 1. Dezember 2006 begründet worden sind. Satz 1 gilt nicht für spätere Änderungen von Dauerschuldverhältnissen.
(4) Auf Schuldverhältnisse, die eine privatrechtliche Versicherung zum Gegenstand haben, ist § 19 Abs. 1 nicht anzuwenden, wenn diese vor dem 22. Dezember 2007 begründet worden sind. Satz 1 gilt nicht für spätere Änderungen solcher Schuldverhältnisse.
(5) Bei Versicherungsverhältnissen, die vor dem 21. Dezember 2012 begründet werden, ist eine unterschiedliche Behandlung wegen des Geschlechts im Falle des § 19 Absatz 1 Nummer 2 bei den Prämien oder Leistungen nur zulässig, wenn dessen Berücksichtigung bei einer auf relevanten und genauen versicherungsmathematischen und statistischen Daten beruhenden Risikobewertung ein bestimmender Faktor ist. Kosten in Zusammenhang mit Schwangerschaft und Mutterschutz dürfen auf keinen Fall zu unterschiedlichen Prämien oder Leistungen führen.

Arbeitsgerichtsgesetz (ArbGG) – Auszug

vom 2. Juli 1979 (BGBl. I 1979, S. 853; Ber. S. 1036)
– zuletzt geändert durch Gesetz zur Einführung einer zivilprozessualen Musterfeststellungsklage vom 12. Juli 2018 (BGBl. I 2018, S. 1151)

§ 61b Klage wegen Benachteiligung
(1) Eine Klage auf Entschädigung nach § 15 des Allgemeinen Gleichbehandlungsgesetzes muss innerhalb von drei Monaten, nachdem der Anspruch schriftlich geltend gemacht worden ist, erhoben werden.
(2) Machen mehrere Bewerber wegen Benachteiligung bei der Begründung eines Arbeitsverhältnisses oder beim beruflichen Aufstieg eine Entschädigung nach § 15 des Allgemeinen Gleichbehandlungsgesetzes gerichtlich geltend, so wird auf Antrag des Arbeitgebers das Arbeitsgericht, bei dem die erste Klage erhoben ist, auch für die übrigen Klagen ausschließlich zuständig. Die Rechtsstreitigkeiten sind von Amts wegen an dieses Arbeitsgericht zu verweisen; die Prozesse sind zur gleichzeitigen Verhandlung und Entscheidung zu verbinden.
(3) Auf Antrag des Arbeitgebers findet die mündliche Verhandlung nicht vor Ablauf von sechs Monaten seit Erhebung der ersten Klage statt.

Gesetz über die Durchführung von Maßnahmen des Arbeitsschutzes zur Verbesserung der Sicherheit und des Gesundheitsschutzes der Beschäftigten bei der Arbeit (Arbeitsschutzgesetz – ArbSchG)

vom 7. August 1996 (BGBl. I 1996, S. 1246)
– zuletzt geändert durch Zehnte Zuständigkeitsanpassungsverordnung vom 31. August 2015 (BGBl. I 2015, S. 1474)

Erster Abschnitt: Allgemeine Vorschriften

§ 1 Zielsetzung und Anwendungsbereich

(1) Dieses Gesetz dient dazu, Sicherheit und Gesundheitsschutz der Beschäftigten bei der Arbeit durch Maßnahmen des Arbeitsschutzes zu sichern und zu verbessern. Es gilt in allen Tätigkeitsbereichen und findet im Rahmen der Vorgaben des Seerechtsübereinkommens der Vereinten Nationen vom 10. Dezember 1982 (BGBl. 1994 II S. 1799) auch in der ausschließlichen Wirtschaftszone Anwendung.

(2) Dieses Gesetz gilt nicht für den Arbeitsschutz von Hausangestellten in privaten Haushalten. Es gilt nicht für den Arbeitsschutz von Beschäftigten auf Seeschiffen und in Betrieben, die dem Bundesberggesetz unterliegen, soweit dafür entsprechende Rechtsvorschriften bestehen.

(3) Pflichten, die die Arbeitgeber zur Gewährleistung von Sicherheit und Gesundheitsschutz der Beschäftigten bei der Arbeit nach sonstigen Rechtsvorschriften haben, bleiben unberührt. Satz 1 gilt entsprechend für Pflichten und Rechte der Beschäftigten. Unberührt bleiben Gesetze, die andere Personen als Arbeitgeber zu Maßnahmen des Arbeitsschutzes verpflichten.

(4) Bei öffentlich-rechtlichen Religionsgemeinschaften treten an die Stelle der Betriebs- oder Personalräte die Mitarbeitervertretungen entsprechend dem kirchlichen Recht.

§ 2 Begriffsbestimmungen

(1) Maßnahmen des Arbeitsschutzes im Sinne dieses Gesetzes sind Maßnahmen zur Verhütung von Unfällen bei der Arbeit und arbeitsbedingten Gesundheitsgefahren einschließlich Maßnahmen der menschengerechten Gestaltung der Arbeit.

(2) Beschäftigte im Sinne dieses Gesetzes sind:
1. Arbeitnehmerinnen und Arbeitnehmer,
2. die zu ihrer Berufsbildung Beschäftigten,
3. arbeitnehmerähnliche Personen im Sinne des § 5 Abs. 1 des Arbeitsgerichtsgesetzes, ausgenommen die in Heimarbeit Beschäftigten und die ihnen Gleichgestellten,
4. Beamtinnen und Beamte,
5. Richterinnen und Richter,
6. Soldatinnen und Soldaten,
7. die in Werkstätten für Behinderte Beschäftigten.

(3) Arbeitgeber im Sinne dieses Gesetzes sind natürliche und juristische Personen und rechtsfähige Personengesellschaften, die Personen nach Absatz 2 beschäftigen.

(4) Sonstige Rechtsvorschriften im Sinne dieses Gesetzes sind Regelungen über Maßnahmen des Arbeitsschutzes in anderen Gesetzen, in Rechtsverordnungen und Unfallverhütungsvorschriften.

(5) Als Betriebe im Sinne dieses Gesetzes gelten für den Bereich des Öffentlichen Dienstes die Dienststellen. Dienststellen sind die einzelnen Behörden, Verwaltungsstellen und Betriebe der Verwaltungen des Bundes, der Länder, der Gemeinden und der sonstigen Körperschaften, Anstalten und Stiftungen des öffentlichen Rechts, die Gerichte des Bundes und der Länder sowie die entsprechenden Einrichtungen der Streitkräfte.

Zweiter Abschnitt: Pflichten des Arbeitgebers

§ 3 Grundpflichten des Arbeitgebers

(1) Der Arbeitgeber ist verpflichtet, die erforderlichen Maßnahmen des Arbeitsschutzes unter Berücksichtigung der Umstände zu treffen, die Sicherheit und Gesundheit der Beschäftigten bei der Arbeit beeinflussen. Er hat die Maßnahmen auf ihre Wirksamkeit zu überprüfen und erforderlichenfalls sich Ändernden Gegebenheiten anzupassen. Dabei hat er eine Verbesserung von Sicherheit und Gesundheitsschutz der Beschäftigten anzustreben.

(2) Zur Planung und Durchführung der Maßnahmen nach Absatz 1 hat der Arbeitgeber unter Berücksichtigung der Art der Tätigkeiten und der Zahl der Beschäftigten
1. für eine geeignete Organisation zu sorgen und die erforderlichen Mittel bereitzustellen sowie
2. Vorkehrungen zu treffen, dass die Maßnahmen erforderlichenfalls bei allen Tätigkeiten und eingebunden in die betrieblichen Führungsstrukturen beachtet werden und die Beschäftigten ihren Mitwirkungspflichten nachkommen können.

(3) Kosten für Maßnahmen nach diesem Gesetz darf der Arbeitgeber nicht den Beschäftigten auferlegen.

§ 4 Allgemeine Grundsätze

Der Arbeitgeber hat bei Maßnahmen des Arbeitsschutzes von folgenden allgemeinen Grundsätzen auszugehen:
1. Die Arbeit ist so zu gestalten, dass eine Gefährdung für das Leben sowie die physische und die psychische Gesundheit möglichst vermieden und die verbleibende Gefährdung möglichst gering gehalten wird;
2. Gefahren sind an ihrer Quelle zu bekämpfen;
3. bei den Maßnahmen sind der Stand von Technik, Arbeitsmedizin und Hygiene sowie sonstige gesicherte arbeitswissenschaftliche Erkenntnisse zu berücksichtigen;
4. Maßnahmen sind mit dem Ziel zu planen, Technik, Arbeitsorganisation, sonstige Arbeitsbedingungen, soziale Beziehungen und Einfluss der Umwelt auf den Arbeitsplatz sachgerecht zu verknüpfen;
5. individuelle Schutzmaßnahmen sind nachrangig zu anderen Maßnahmen;
6. spezielle Gefahren für besonders schutzbedürftige Beschäftigtengruppen sind zu berücksichtigen;
7. den Beschäftigten sind geeignete Anweisungen zu erteilen;
8. mittelbar oder unmittelbar geschlechtsspezifisch wirkende Regelungen sind nur zulässig, wenn dies aus biologischen Gründen zwingend geboten ist.

§ 5 Beurteilung der Arbeitsbedingungen

(1) Der Arbeitgeber hat durch eine Beurteilung der für die Beschäftigten mit ihrer Arbeit verbundenen Gefährdung zu ermitteln, welche Maßnahmen des Arbeitsschutzes erforderlich sind.

(2) Der Arbeitgeber hat die Beurteilung je nach Art der Tätigkeiten vorzunehmen. Bei gleichartigen Abeitsbedingungen ist die Beurteilung eines Arbeitsplatzes oder einer Tätigkeit ausreichend.
(3) Eine Gefährdung kann sich insbesondere ergeben durch
1. die Gestaltung und die Einrichtung der Arbeitsstätte und des Arbeitsplatzes,
2. physikalische, chemische und biologische Einwirkungen,
3. die Gestaltung, die Auswahl und den Einsatz von Arbeitsmitteln, insbesondere von Arbeitsstoffen, Maschinen, Geräten und Anlagen sowie den Umgang damit,
4. die Gestaltung von Arbeits- und Fertigungsverfahren, Arbeitsabläufen und Arbeitszeit und deren Zusammenwirken,
5. unzureichende Qualifikation und Unterweisung der Beschäftigten,
6. psychische Belastungen bei der Arbeit.

§ 6 Dokumentation
(1) Der Arbeitgeber muss über die je nach Art der Tätigkeiten und der Zahl der Beschäftigten erforderlichen Unterlagen verfügen, aus denen das Ergebnis der Gefährdungsbeurteilung, die von ihm festgelegten Maßnahmen des Arbeitsschutzes und das Ergebnis ihrer überprüfung ersichtlich sind. Bei gleichartiger Gefährdungssituation ist es ausreichend, wenn die Unterlagen zusammengefasste Angaben enthalten.
(2) Unfälle in seinem Betrieb, bei denen ein Beschäftigter getötet oder so verletzt wird, dass er stirbt oder für mehr als drei Tage völlig oder teilweise arbeits- oder dienstunfähig wird, hat der Arbeitgeber zu erfassen.

§ 7 Übertragung von Aufgaben
Bei der Übertragung von Aufgaben auf Beschäftigte hat der Arbeitgeber je nach Art der Tätigkeiten zu berücksichtigen, ob die Beschäftigten befähigt sind, die für die Sicherheit und den Gesundheitsschutz bei der Aufgabenerfüllung zu beachtenden Bestimmungen und Maßnahmen einzuhalten.

§ 8 Zusammenarbeit mehrerer Arbeitgeber
(1) Werden Beschäftigte mehrerer Arbeitgeber an einem Arbeitsplatz tätig, sind die Arbeitgeber verpflichtet, bei der Durchführung der Sicherheits- und Gesundheitsschutzbestimmungen zusammenzuarbeiten. Soweit dies für die Sicherheit und den Gesundheitsschutz der Beschäftigten bei der Arbeit erforderlich ist, haben die Arbeitgeber je nach Art der Tätigkeiten insbesondere sich gegenseitig und ihre Beschäftigten über die mit den Arbeiten verbundenen Gefahren für Sicherheit und Gesundheit der Beschäftigten zu unterrichten und Maßnahmen zur Verhütung dieser Gefahren abzustimmen.
(2) Der Arbeitgeber muss sich je nach Art der Tätigkeit vergewissern, dass die Beschäftigten anderer Arbeitgeber, die in seinem Betrieb tätig werden, hinsichtlich der Gefahren für ihre Sicherheit und Gesundheit während ihrer Tätigkeit in seinem Betrieb angemessene Anweisungen erhalten haben.

§ 9 Besondere Gefahren
(1) Der Arbeitgeber hat Maßnahmen zu treffen, damit nur Beschäftigte Zugang zu besonders gefährlichen Arbeitsbereichen haben, die zuvor geeignete Anweisungen erhalten haben.
(2) Der Arbeitgeber hat Vorkehrungen zu treffen, dass alle Beschäftigten, die einer unmittelbaren erheblichen Gefahr ausgesetzt sind oder sein können, möglichst frühzeitig über diese

Gefahr und die getroffenen oder zu treffenden Schutzmaßnahmen unterrichtet sind. Bei unmittelbarer erheblicher Gefahr für die eigene Sicherheit oder die Sicherheit anderer Personen müssen die Beschäftigten die geeigneten Maßnahmen zur Gefahrenabwehr und Schadensbegrenzung selbst treffen können, wenn der zuständige Vorgesetzte nicht erreichbar ist; dabei sind die Kenntnisse der Beschäftigten und die vorhandenen technischen Mittel zu berücksichtigen. Den Beschäftigten dürfen aus ihrem Handeln keine Nachteile entstehen, es sei denn, sie haben vorsätzlich oder grob fahrlässig ungeeignete Maßnahmen getroffen.
(3) Der Arbeitgeber hat Maßnahmen zu treffen, die es den Beschäftigten bei unmittelbarer erheblicher Gefahr ermöglichen, sich durch sofortiges Verlassen der Arbeitsplätze in Sicherheit zu bringen. Den Beschäftigten dürfen hierdurch keine Nachteile entstehen. Hält die unmittelbare erhebliche Gefahr an, darf der Arbeitgeber die Beschäftigten nur in besonders begründeten Ausnahmefällen auffordern, ihre Tätigkeit wieder aufzunehmen. Gesetzliche Pflichten der Beschäftigten zur Abwehr von Gefahren für die öffentliche Sicherheit sowie die §§ 7 und 11 des Soldatengesetzes bleiben unberührt.

§ 10 Erste Hilfe und sonstige Notfallmaßnahmen
(1) Der Arbeitgeber hat entsprechend der Art der Arbeitsstätte und der Tätigkeiten sowie der Zahl der Beschäftigten die Maßnahmen zu treffen, die zur Ersten Hilfe, Brandbekämpfung und Evakuierung der Beschäftigten erforderlich sind. Dabei hat er der Anwesenheit anderer Personen Rechnung zu tragen. Er hat auch dafür zu sorgen, dass im Notfall die erforderlichen Verbindungen zu außerbetrieblichen Stellen, insbesondere in den Bereichen der Ersten Hilfe, der medizinischen Notversorgung, der Bergung und der Brandbekämpfung eingerichtet sind.
(2) Der Arbeitgeber hat diejenigen Beschäftigten zu benennen, die Aufgaben der Ersten Hilfe, Brandbekämpfung und Evakuierung der Beschäftigten übernehmen. Anzahl, Ausbildung und Ausrüstung der nach Satz 1 benannten Beschäftigten müssen in einem angemessenen Verhältnis zur Zahl der Beschäftigten und zu den bestehenden besonderen Gefahren stehen. Vor der Benennung hat der Arbeitgeber den Betriebs- oder Personalrat zu hören. Weitergehende Beteiligungsrechte bleiben unberührt. Der Arbeitgeber kann die in Satz 1 genannten Aufgaben auch selbst wahrnehmen, wenn er über die nach Satz 2 erforderliche Ausbildung und Ausrüstung verfügt.

§ 11 Arbeitsmedizinische Vorsorge
Der Arbeitgeber hat den Beschäftigten auf ihren Wunsch unbeschadet der Pflichten aus anderen Rechtsvorschriften zu ermöglichen, sich je nach den Gefahren für ihre Sicherheit und Gesundheit bei der Arbeit regelmäßig arbeitsmedizinisch untersuchen zu lassen, es sei denn, auf Grund der Beurteilung der Arbeitsbedingungen und der getroffenen Schutzmaßnahmen ist nicht mit einem Gesundheitsschaden zu rechnen.

§ 12 Unterweisung
(1) Der Arbeitgeber hat die Beschäftigten über Sicherheit und Gesundheitsschutz bei der Arbeit während ihrer Arbeitszeit ausreichend und angemessen zu unterweisen. Die Unterweisung umfasst Anweisungen und Erläuterungen, die eigens auf den Arbeitsplatz oder den Aufgabenbereich der Beschäftigten ausgerichtet sind. Die Unterweisung muss bei der Einstellung, bei Veränderungen im Aufgabenbereich, der Einführung neuer Arbeitsmittel oder einer neuen Technologie vor Aufnahme der Tätigkeit der Beschäftigten erfolgen. Die Unterweisung muss an die Gefährdungsentwicklung angepasst sein und erforderlichenfalls regelmäßig wiederholt werden.

(2) Bei einer Arbeitnehmerüberlassung trifft die Pflicht zur Unterweisung nach Absatz 1 den Entleiher. Er hat die Unterweisung unter Berücksichtigung der Qualifikation und der Erfahrung der Personen, die ihm zur Arbeitsleistung überlassen werden, vorzunehmen. Die sonstigen Arbeitsschutzpflichten des Verleihers bleiben unberührt.

§ 13 Verantwortliche Personen

(1) Verantwortlich für die Erfüllung der sich aus diesem Abschnitt ergebenden Pflichten sind neben dem Arbeitgeber
1. sein gesetzlicher Vertreter,
2. das vertretungsberechtigte Organ einer juristischen Person,
3. der vertretungsberechtigte Gesellschafter einer Personenhandelsgesellschaft,
4. Personen, die mit der Leitung eines Unternehmens oder eines Betriebes beauftragt sind, im Rahmen der ihnen übertragenen Aufgaben und Befugnisse,
5. sonstige nach Absatz 2 oder nach einer auf Grund dieses Gesetzes erlassenen Rechtsverordnung oder nach einer Unfallverhütungsvorschrift verpflichtete Personen im Rahmen ihrer Aufgaben und Befugnisse.

(2) Der Arbeitgeber kann zuverlässige und fachkundige Personen schriftlich damit beauftragen, ihm obliegende Aufgaben nach diesem Gesetz in eigener Verantwortung wahrzunehmen.

§ 14 Unterrichtung und Anhörung der Beschäftigten des öffentlichen Dienstes

(1) Die Beschäftigten des öffentlichen Dienstes sind vor Beginn der Beschäftigung und bei Veränderungen in ihren Arbeitsbereichen über Gefahren für Sicherheit und Gesundheit, denen sie bei der Arbeit ausgesetzt sein können, sowie über die Maßnahmen und Einrichtungen zur Verhütung dieser Gefahren und die nach § 10 Abs. 2 getroffenen Maßnahmen zu unterrichten.

(2) Soweit in Betrieben des öffentlichen Dienstes keine Vertretung der Beschäftigten besteht, hat der Arbeitgeber die Beschäftigten zu allen Maßnahmen zu hören, die Auswirkungen auf Sicherheit und Gesundheit der Beschäftigten haben können.

Dritter Abschnitt: Pflichten und Rechte der Beschäftigten

§ 15 Pflichten der Beschäftigten

(1) Die Beschäftigten sind verpflichtet, nach ihren Möglichkeiten sowie gemäß der Unterweisung und Weisung des Arbeitgebers für ihre Sicherheit und Gesundheit bei der Arbeit Sorge zu tragen. Entsprechend Satz 1 haben die Beschäftigten auch für die Sicherheit und Gesundheit der Personen zu sorgen, die von ihren Handlungen oder Unterlassungen bei der Arbeit betroffen sind.

(2) Im Rahmen des Absatzes 1 haben die Beschäftigten insbesondere Maschinen, Geräte, Werkzeuge, Arbeitsstoffe, Transportmittel und sonstige Arbeitsmittel sowie Schutzvorrichtungen und die ihnen zur Verfügung gestellte persönliche Schutzausrüstung bestimmungsgemäß zu verwenden.

§ 16 Besondere Unterstützungspflichten

(1) Die Beschäftigten haben dem Arbeitgeber oder dem zuständigen Vorgesetzten jede von ihnen festgestellte unmittelbare erhebliche Gefahr für die Sicherheit und Gesundheit sowie jeden an den Schutzsystemen festgestellten Defekt unverzüglich zu melden.

(2) Die Beschäftigten haben gemeinsam mit dem Betriebsarzt und der Fachkraft für Arbeitssicherheit den Arbeitgeber darin zu unterstützen, die Sicherheit und den Gesundheitsschutz der Beschäftigten bei der Arbeit zu gewährleisten und seine Pflichten entsprechend den behördlichen Auflagen zu erfüllen. Unbeschadet ihrer Pflicht nach Absatz 1 sollen die Beschäftigten von ihnen festgestellte Gefahren für Sicherheit und Gesundheit und Mängel an den Schutzsystemen auch der Fachkraft für Arbeitssicherheit, dem Betriebsarzt oder dem Sicherheitsbeauftragten nach § 22 des Siebten Buches Sozialgesetzbuch mitteilen.

§ 17 Rechte der Beschäftigten

(1) Die Beschäftigten sind berechtigt, dem Arbeitgeber Vorschläge zu allen Fragen der Sicherheit und des Gesundheitsschutzes bei der Arbeit zu machen. Für Beamtinnen und Beamte des Bundes ist § 125 des Bundesbeamtengesetzes anzuwenden. § 60 des Beamtenrechtsrahmengesetzes und entsprechendes Landesrecht bleibt unberührt.

(2) Sind Beschäftigte auf Grund konkreter Anhaltspunkte der Auffassung, dass die vom Arbeitgeber getroffenen Maßnahmen und bereitgestellten Mittel nicht ausreichen, um die Sicherheit und den Gesundheitsschutz bei der Arbeit zu gewährleisten, und hilft der Arbeitgeber darauf gerichteten Beschwerden von Beschäftigten nicht ab, können sich diese an die zuständige Behörde wenden. Hierdurch dürfen den Beschäftigten keine Nachteile entstehen. Die in Absatz 1 Satz 2 und 3 genannten Vorschriften sowie die Vorschriften der Wehrbeschwerdeordnung und des Gesetzes über den Wehrbeauftragten des Deutschen Bundestages bleiben unberührt.

Vierter Abschnitt: Verordnungsermächtigungen

§ 18 Verordnungsermächtigungen

(1) Die Bundesregierung wird ermächtigt, durch Rechtsverordnung mit Zustimmung des Bundesrates vorzuschreiben, welche Maßnahmen der Arbeitgeber und die sonstigen verantwortlichen Personen zu treffen haben und wie sich die Beschäftigten zu verhalten haben, um ihre jeweiligen Pflichten, die sich aus diesem Gesetz ergeben, zu erfüllen. In diesen Rechtsverordnungen kann auch bestimmt werden, dass bestimmte Vorschriften des Gesetzes zum Schutz anderer als in § 2 Abs. 2 genannter Personen anzuwenden sind.

(2) Durch Rechtsverordnungen nach Absatz 1 kann insbesondere bestimmt werden,
1. dass und wie zur Abwehr bestimmter Gefahren Dauer oder Lage der Beschäftigung oder die Zahl der Beschäftigten begrenzt werden muss,
2. dass der Einsatz bestimmter Arbeitsmittel oder -verfahren mit besonderen Gefahren für die Beschäftigten verboten ist oder der zuständigen Behörde angezeigt oder von ihr erlaubt sein muss oder besonders gefährdete Personen dabei nicht beschäftigt werden dürfen,
3. dass bestimmte, besonders gefährliche Betriebsanlagen einschließlich der Arbeits- und Fertigungsverfahren vor Inbetriebnahme, in regelmäßigen Abständen oder auf behördliche Anordnung fachkundig geprüft werden müssen,
4. dass Beschäftigte, bevor sie eine bestimmte gefährdende Tätigkeit aufnehmen oder fortsetzen oder nachdem sie sie beendet haben, arbeitsmedizinisch zu untersuchen sind und welche besonderen Pflichten der Arzt dabei zu beachten hat,
5. dass Ausschüsse zu bilden sind, denen die Aufgabe übertragen wird, die Bundesregierung oder das zuständige Bundesministerium zur Anwendung der Rechtsverordnungen zu beraten, dem Stand der Technik, Arbeitsmedizin und Hygiene entsprechende Regeln und sonstige gesicherte arbeitswissenschaftliche Erkenntnisse zu ermitteln sowie Regeln zu

ermitteln, wie die in den Rechtsverordnungen gestellte Anforderungen erfüllt werden können. Das Bundesministerium für Arbeit und Soziales kann die Regeln und Erkenntnisse amtlich bekannt machen.

§ 19 Rechtsakte der Europäischen Gemeinschaften und zwischenstaatliche Vereinbarungen

Rechtsverordnungen nach § 18 können auch erlassen werden, soweit dies zur Durchführung von Rechtsakten des Rates oder der Kommission der Europäischen Gemeinschaften oder von Beschlüssen internationaler Organisationen oder von zwischenstaatlichen Vereinbarungen, die Sachbereiche diese Gesetzes betreffen, erforderlich ist, insbesondere um Arbeitsschutzpflichten für andere als in § 2 Abs. 3 genannte Personen zu regeln.

§ 20 Regelungen für den öffentlichen Dienst

(1) Für die Beamten der Länder, Gemeinden und sonstigen Körperschaften, Anstalten und Stiftungen des öffentlichen Rechts regelt das Landesrecht, ob und inwieweit die nach § 18 erlassenen Rechtsverordnungen gelten.

(2) Für bestimmte Tätigkeiten im öffentlichen Dienst des Bundes, insbesondere bei der Bundeswehr, der Polizei, den Zivil- und Katastrophenschutzdiensten, dem Zoll oder den Nachrichtendiensten, können das Bundeskanzleramt, das Bundesministerium des Innern, das Bundesministerium für Verkehr und digitale Infrastruktur, das Bundesministerium der Verteidigung oder das Bundesministerium der Finanzen, soweit sie hierfür jeweils zuständig sind, durch Rechtsverordnung ohne Zustimmung des Bundesrates bestimmen, dass Vorschriften dieses Gesetzes ganz oder zum Teil nicht anzuwenden sind, soweit öffentliche Belange dies zwingend erfordern, insbesondere zur Aufrechterhaltung oder Wiederherstellung der öffentlichen Sicherheit. Rechtsverordnungen nach Satz 1 werden im Einvernehmen mit dem Bundesministerium für Arbeit und Soziales und, soweit nicht das Bundesministerium des Innern selbst ermächtigt ist, im Einvernehmen mit diesem Ministerium erlassen. In den Rechtsverordnungen ist gleichzeitig festzulegen, wie die Sicherheit und der Gesundheitsschutz bei der Arbeit unter Berücksichtigung der Ziele dieses Gesetzes auf andere Weise gewährleistet werden. Für Tätigkeiten im öffentlichen Dienst der Länder, Gemeinden und sonstigen landesunmittelbaren Körperschaften, Anstalten und Stiftungen des öffentlichen Rechts können den Sätzen 1 und 3 entsprechende Regelungen durch Landesrecht getroffen werden.

Fünfter Abschnitt: Gemeinsame deutsche Arbeitsschutzstrategie

§ 20a Gemeinsame deutsche Arbeitsschutzstrategie

(1) Nach den Bestimmungen dieses Abschnitts entwickeln Bund, Länder und Unfallversicherungsträger im Interesse eines wirksamen Arbeitsschutzes eine gemeinsame deutsche Arbeitsschutzstrategie und gewährleisten ihre Umsetzung und Fortschreibung. Mit der Wahrnehmung der ihnen gesetzlich zugewiesenen Aufgaben zur Verhütung von Arbeitsunfällen, Berufskrankheiten und arbeitsbedingten Gesundheitsgefahren sowie zur menschengerechten Gestaltung der Arbeit tragen Bund, Länder und Unfallversicherungsträger dazu bei, die Ziele der gemeinsamen deutschen Arbeitsschutzstrategie zu erreichen.

(2) Die gemeinsame deutsche Arbeitsschutzstrategie umfasst
1. die Entwicklung gemeinsamer Arbeitsschutzziele,
2. die Festlegung vorrangiger Handlungsfelder und von Eckpunkten für Arbeitsprogramme sowie deren Ausführung nach einheitlichen Grundsätzen,

3. die Evaluierung der Arbeitsschutzziele, Handlungsfelder und Arbeitsprogramme mit geeigneten Kennziffern,
4. die Festlegung eines abgestimmten Vorgehens der für den Arbeitsschutz zuständigen Landesbehörden und der Unfallversicherungsträger bei der Beratung und Überwachung der Betriebe,
5. die Herstellung eines verständlichen, überschaubaren und abgestimmten Vorschriften- und Regelwerks.

§ 20b Nationale Arbeitsschutzkonferenz

(1) Die Aufgabe der Entwicklung, Steuerung und Fortschreibung der gemeinsamen deutschen Arbeitsschutzstrategie nach § 20a Abs. 1 Satz 1 wird von der Nationalen Arbeitsschutzkonferenz wahrgenommen. Sie setzt sich aus jeweils drei stimmberechtigten Vertretern von Bund, Ländern und den Unfallversicherungsträgern zusammen und bestimmt für jede Gruppe drei Stellvertreter. Außerdem entsenden die Spitzenorganisationen der Arbeitgeber und Arbeitnehmer für die Behandlung von Angelegenheiten nach § 20a Abs. 2 Nr. 1 bis 3 und 5 jeweils bis zu drei Vertreter in die Nationale Arbeitsschutzkonferenz; sie nehmen mit beratender Stimme an den Sitzungen teil. Die Nationale Arbeitsschutzkonferenz gibt sich eine Geschäftsordnung; darin werden insbesondere die Arbeitsweise und das Beschlussverfahren festgelegt. Die Geschäftsordnung muss einstimmig angenommen werden.

(2) Alle Einrichtungen, die mit Sicherheit und Gesundheit bei der Arbeit befasst sind, können der Nationalen Arbeitsschutzkonferenz Vorschläge für Arbeitsschutzziele, Handlungsfelder und Arbeitsprogramme unterbreiten.

(3) Die Nationale Arbeitsschutzkonferenz wird durch ein Arbeitsschutzforum unterstützt, das in der Regel einmal jährlich stattfindet. Am Arbeitsschutzforum sollen sachverständige Vertreter der Spitzenorganisationen der Arbeitgeber und Arbeitnehmer, der Berufs- und Wirtschaftsverbände, der Wissenschaft, der Kranken- und Rentenversicherungsträger, von Einrichtungen im Bereich Sicherheit und Gesundheit bei der Arbeit sowie von Einrichtungen, die der Förderung der Beschäftigungsfähigkeit dienen, teilnehmen. Das Arbeitsschutzforum hat die Aufgabe, eine frühzeitige und aktive Teilhabe der sachverständigen Fachöffentlichkeit an der Entwicklung und Fortschreibung der gemeinsamen deutschen Arbeitsschutzstrategie sicherzustellen und die Nationale Arbeitsschutzkonferenz entsprechend zu beraten.

(4) Einzelheiten zum Verfahren der Einreichung von Vorschlägen nach Absatz 2 und zur Durchführung des Arbeitsschutzforums nach Absatz 3 werden in der Geschäftsordnung der Nationalen Arbeitsschutzkonferenz geregelt.

(5) Die Geschäfte der Nationalen Arbeitsschutzkonferenz und des Arbeitsschutzforums führt die Bundesanstalt für Arbeitsschutz und Arbeitsmedizin. Einzelheiten zu Arbeitsweise und Verfahren werden in der Geschäftsordnung der Nationalen Arbeitsschutzkonferenz festgelegt.

Sechster Abschnitt: Schlussvorschriften

§ 21 Zuständige Behörden; Zusammenwirken mit den Trägern der gesetzlichen Unfallversicherung

(1) Die Überwachung des Arbeitsschutzes nach diesem Gesetz ist staatliche Aufgabe. Die zuständigen Behörden haben die Einhaltung dieses Gesetzes und der auf Grund dieses Gesetzes erlassenen Rechtsverordnungen zu überwachen und die Arbeitgeber bei der Erfüllung ihrer Pflichten zu beraten.

(2) Die Aufgaben und Befugnisse der Träger der gesetzlichen Unfallversicherung richten sich, soweit nichts anderes bestimmt ist, nach den Vorschriften des Sozialgesetzbuchs. Soweit die Träger der gesetzlichen Unfallversicherung nach dem Sozialgesetzbuch im Rahmen ihres Präventionsauftrags auch Aufgaben zur Gewährleistung von Sicherheit und Gesundheitsschutz der Beschäftigten wahrnehmen, werden sie ausschließlich im Rahmen ihrer autonomen Befugnisse tätig.

(3) Die zuständigen Landesbehörden und die Unfallversicherungsträger wirken auf der Grundlage einer gemeinsamen Beratungs- und Überwachungsstrategie nach § 20a Abs. 2 Nr. 4 eng zusammen und stellen den Erfahrungsaustausch sicher. Diese Strategie umfasst die Abstimmung allgemeiner Grundsätze zur methodischen Vorgehensweise bei
1. der Beratung und Überwachung der Betriebe,
2. der Festlegung inhaltlicher Beratungs- und Überwachungsschwerpunkte, aufeinander abgestimmter oder gemeinsamer Schwerpunktaktionen und Arbeitsprogramme und
3. der Förderung eines Daten- und sonstigen Informationsaustausches, insbesondere über Betriebsbesichtigungen und deren wesentliche Ergebnisse.
Die zuständigen Landesbehörden vereinbaren mit den Unfallversicherungsträgern nach § 20 Abs. 2 Satz 3 des Siebten Buches Sozialgesetzbuch die Maßnahmen, die zur Umsetzung der gemeinsamen Arbeitsprogramme nach § 20a Abs. 2 Nr. 2 und der gemeinsamen Beratungs- und Überwachungsstrategie notwendig sind; sie evaluieren deren Zielerreichung mit den von der Nationalen Arbeitsschutzkonferenz nach § 20a Abs. 2 Nr. 3 bestimmten Kennziffern.

(4) Die für den Arbeitsschutz zuständige oberste Landesbehörde kann mit Trägern der gesetzlichen Unfallversicherung vereinbaren, dass diese in näher zu bestimmenden Tätigkeitsbereichen die Einhaltung dieses Gesetzes, bestimmter Vorschriften dieses Gesetzes oder der auf Grund dieses Gesetzes erlassenen Rechtsverordnungen überwachen. In der Vereinbarung sind Art und Umfang der Überwachung sowie die Zusammenarbeit mit den staatlichen Arbeitsschutzbehörden festzulegen.

(5) Soweit nachfolgend nichts anderes bestimmt ist, ist zuständige Behörde für die Durchführung dieses Gesetzes und der auf dieses Gesetz gestützten Rechtsverordnungen in den Betrieben und Verwaltungen des Bundes die Zentralstelle für Arbeitsschutz beim Bundesministerium des Innern. Im Auftrag der Zentralstelle handelt, soweit nichts anderes bestimmt ist, die Unfallversicherung Bund und Bahn, die insoweit der Aufsicht des Bundesministeriums des Innern unterliegt; Aufwendungen werden nicht erstattet. Im öffentlichen Dienst im Geschäftsbereich des Bundesministeriums für Verkehr, Bau und Stadtentwicklung führt die Unfallversicherung Bund und Bahn, soweit die Eisenbahn-Unfallkasse bis zum 31. Dezember 2014 Träger der Unfallversicherung war, dieses Gesetz durch. Für Betriebe und Verwaltungen in den Geschäftsbereichen des Bundesministeriums der Verteidigung und des Auswärtigen Amtes hinsichtlich seiner Auslandsvertretungen führt das jeweilige Bundesministerium, soweit es jeweils zuständig ist, oder die von ihm jeweils bestimmte Stelle dieses Gesetz durch. Im Geschäftsbereich des Bundesministeriums der Finanzen führt die Berufsgenossenschaft Verkehrswirtschaft Post-Logistik Telekommunikation dieses Gesetz durch, soweit der Geschäftsbereich des ehemaligen Bundesministeriums für Post und Telekommunikation betroffen ist. Die Sätze 1 bis 4 gelten auch für Betriebe und Verwaltungen, die zur Bundesverwaltung gehören, für die aber eine Berufsgenossenschaft Träger der Unfallversicherung ist. Die zuständigen Bundesministerien können mit den Berufsgenossenschaften für diese Betriebe und Verwaltungen vereinbaren, dass das Gesetz von den Berufsgenossenschaften durchgeführt wird; Aufwendungen werden nicht erstattet.

§ 22 Befugnisse der zuständigen Behörden

(1) Die zuständige Behörde kann vom Arbeitgeber oder von den verantwortlichen Personen die zur Durchführung ihrer Überwachungsaufgabe erforderlichen Auskünfte und die Überlassung von entsprechenden Unterlagen verlangen. Die auskunftspflichtige Person kann die Auskunft auf solche Fragen oder die Vorlage derjenigen Unterlagen verweigern, deren Beantwortung oder Vorlage sie selbst oder einen ihrer in § 383 Abs. 1 Nr. 1 bis 3 der Zivilprozessordnung bezeichneten Angehörigen der Gefahr der Verfolgung wegen einer Straftat oder Ordnungswidrigkeit aussetzen würde. Die auskunftspflichtige Person ist darauf hinzuweisen.

(2) Die mit der Überwachung beauftragten Personen sind befugt, zu den Betriebs- und Arbeitszeiten Betriebsstätten, Geschäfts- und Betriebsräume zu betreten, zu besichtigen und zu prüfen sowie in die geschäftlichen Unterlagen der auskunftspflichtigen Person Einsicht zu nehmen, soweit dies zur Erfüllung ihrer Aufgaben erforderlich ist. Außerdem sind sie befugt, Betriebsanlagen, Arbeitsmittel und persönliche Schutzausrüstungen zu prüfen, Arbeitsverfahren und Arbeitsabläufe zu untersuchen, Messungen vorzunehmen und insbesondere arbeitsbedingte Gesundheitsgefahren festzustellen und zu untersuchen, auf welche Ursachen ein Arbeitsunfall, eine arbeitsbedingte Erkrankung oder ein Schadensfall zurückzuführen ist. Sie sind berechtigt, die Begleitung durch den Arbeitgeber oder eine von ihm beauftragte Person zu verlangen. Der Arbeitgeber oder die verantwortlichen Personen haben die mit der Überwachung beauftragten Personen bei der Wahrnehmung ihrer Befugnisse nach den Sätzen 1 und 2 zu unterstützen. Außerhalb der in Satz 1 genannten Zeiten, oder wenn die Arbeitsstätte sich in einer Wohnung befindet, dürfen die mit der Überwachung beauftragten Personen ohne Einverständnis des Arbeitgebers die Maßnahmen nach den Sätzen 1 und 2 nur zur Verhütung dringender Gefahren für die öffentliche Sicherheit oder Ordnung treffen. Die auskunftspflichtige Person hat die Maßnahmen nach den Sätzen 1, 2 und 5 zu dulden. Die Sätze 1 und 5 gelten entsprechend, wenn nicht feststeht, ob in der Arbeitsstätte Personen beschäftigt werden, jedoch Tatsachen gegeben sind, die diese Annahme rechtfertigen. Das Grundrecht der Unverletzlichkeit der Wohnung (Artikel 13 des Grundgesetzes) wird insoweit eingeschränkt.

(3) Die zuständige Behörde kann im Einzelfall anordnen,
1. welche Maßnahmen der Arbeitgeber und die verantwortlichen Personen oder die Beschäftigten zur Erfüllung der Pflichten zu treffen haben, die sich aus diesem Gesetz und den auf Grund dieses Gesetzes erlassenen Rechtsverordnungen ergeben,
2. welche Maßnahmen der Arbeitgeber und die verantwortlichen Personen zur Abwendung einer besonderen Gefahr für Leben und Gesundheit der Beschäftigten zu treffen haben.

Die zuständige Behörde hat, wenn nicht Gefahr im Verzug ist, zur Ausführung der Anordnung eine angemessene Frist zu setzen. Wird eine Anordnung nach Satz 1 nicht innerhalb einer gesetzten Frist oder eine für sofort vollziehbar erklärte Anordnung nicht sofort ausgeführt, kann die zuständige Behörde die von der Anordnung betroffene Arbeit oder die Verwendung oder den Betrieb der von der Anordnung betroffenen Arbeitsmittel untersagen. Maßnahmen der zuständigen Behörde im Bereich des öffentlichen Dienstes, die den Dienstbetrieb wesentlich beeinträchtigen, sollen im Einvernehmen mit der obersten Bundes- oder Landesbehörde oder dem Hauptverwaltungsbeamten der Gemeinde getroffen werden.

§ 23 Betriebliche Daten; Zusammenarbeit mit anderen Behörden; Jahresbericht

(1) Der Arbeitgeber hat der zuständigen Behörde zu einem von ihr bestimmten Zeitpunkt Mitteilungen über

§ 23 Arbeitsschutzgesetz

1. die Zahl der Beschäftigten und derer, an die er Heimarbeit vergibt, aufgegliedert nach Geschlecht, Alter und Staatsangehörigkeit,
2. den Namen oder die Bezeichnung und Anschrift des Betriebs, in dem er sie beschäftigt,
3. seinen Namen, seine Firma und seine Anschrift sowie
4. den Wirtschaftszweig, dem sein Betrieb angehört,

zu machen. Das Bundesministerium für Arbeit und Soziales wird ermächtigt, durch Rechtsverordnung mit Zustimmung des Bundesrates zu bestimmen, dass die Stellen der Bundesverwaltung, denen der Arbeitgeber die in Satz 1 genannten Mitteilungen bereits auf Grund einer Rechtsvorschrift mitgeteilt hat, diese Angaben an die für die Behörden nach Satz 1 zuständigen obersten Landesbehörden als Schreiben oder auf maschinell verwertbaren Datenträgern oder durch Datenübertragung weiterzuleiten haben. In der Rechtsverordnung können das Nähere über die Form der weiterzuleitenden Angaben sowie die Frist für die Weiterleitung bestimmt werden. Die weitergeleiteten Angaben dürfen nur zur Erfüllung der in der Zuständigkeit der Behörden nach § 21 Abs. 1 liegenden Arbeitsschutzaufgaben verwendet sowie in Datenverarbeitungssystemen gespeichert oder verarbeitet werden.

(2) Die mit der Überwachung beauftragten Personen dürfen die ihnen bei ihrer Überwachungstätigkeit zur Kenntnis gelangenden Geschäfts- und Betriebsgeheimnisse nur in den gesetzlich geregelten Fällen oder zur Verfolgung von Gesetzwidrigkeiten oder zur Erfüllung von gesetzlich geregelten Aufgaben zum Schutz der Versicherten dem Träger der gesetzlichen Unfallversicherung oder zum Schutz der Umwelt den dafür zuständigen Behörden offenbaren. Soweit es sich bei Geschäfts- und Betriebsgeheimnissen um Informationen über die Umwelt im Sinne des Umweltinformationsgesetzes handelt, richtet sich die Befugnis zu ihrer Offenbarung nach dem Umweltinformationsgesetz.

(3) Ergeben sich im Einzelfall für die zuständigen Behörden konkrete Anhaltspunkte für
1. eine Beschäftigung oder Tätigkeit von Ausländern ohne den erforderlichen Aufenthaltstitel nach 4 Abs. 3 des Aufenthaltsgesetzes, eine Aufenthaltsgestattung oder eine Duldung, die zur Ausübung der Beschäftigung berechtigen, oder eine Genehmigung nach 284 Abs. 1 des Dritten Buches Sozialgesetzbuch,
2. Verstöße gegen die Mitwirkungspflicht nach § 60 Abs. 1 Nr. 2 des Ersten Buches Sozialgesetzbuch gegenüber einer Dienststelle der Bundesagentur für Arbeit, einem Träger der gesetzlichen Kranken-, Pflege-, Unfall- oder Rentenversicherung oder einem Träger der Sozialhilfe oder gegen die Meldepflicht nach § 8a des Asylbewerberleistungsgesetzes,
3. Verstöße gegen das Gesetz zur Bekämpfung der Schwarzarbeit,
4. Verstöße gegen das Arbeitnehmerüberlassungsgesetz,
5. Verstöße gegen die Vorschriften des Vierten und Siebten Buches Sozialgesetzbuch über die Verpflichtung zur Zahlung von Sozialversicherungsbeiträgen,
6. Verstöße gegen das Aufenthaltsgesetz
7. Verstöße gegen die Steuergesetze,

unterrichten sie die für die Verfolgung und Ahndung der Verstöße nach den Nummern 1 bis 7 zuständigen Behörden, die Träger der Sozialhilfe sowie die Behörden nach § 63 des Ausländergesetzes. In den Fällen des Satzes 1 arbeiten die zuständigen Behörden insbesondere mit den Agenturen für Arbeit, den Hauptzollämtern, den Rentenversicherungsträgern, den Krankenkassen als Einzugsstellen für die Sozialversicherungsbeiträge, den Trägern der gesetzlichen Unfallversicherung, den nach Landesrecht für die Verfolgung und Ahndung von Verstößen gegen das Gesetz zur Bekämpfung der Schwarzarbeit zuständigen Behörden, den Trägern der Sozialhilfe, den in § 71 des Aufenthaltsgesetzes genannten Behörden und den Finanzbehörden zusammen.

(4) Die zuständigen obersten Landesbehörden haben über die Überwachungstätigkeit der ihnen unterstellten Behörden einen Jahresbericht zu veröffentlichen. Der Jahresbericht umfasst auch Angaben zur Erfüllung von Unterrichtungspflichten aus internationalen Übereinkommen oder Rechtsakten der Europäischen Gemeinschaften, soweit sie den Arbeitsschutz betreffen.

§ 24 Ermächtigung zum Erlass von allgemeinen Verwaltungsvorschriften
Das Bundesministerium für Arbeit und Soziales kann mit Zustimmung des Bundesrates allgemeine Verwaltungsvorschriften erlassen
1. zur Durchführung dieses Gesetzes und der auf Grund dieses Gesetzes erlassenen Rechtsverordnungen, soweit die Bundesregierung zu ihrem Erlass ermächtigt ist,
2. über die Gestaltung der Jahresberichte nach § 23 Abs. 4 und
3. über die Angaben, die die zuständigen obersten Landesbehörden dem Bundesministerium für Wirtschaft und Arbeit für den Unfallverhütungsbericht nach § 25 Abs. 2 des Siebten Buches Sozialgesetzbuch bis zu einem bestimmten Zeitpunkt mitzuteilen haben.

Verwaltungsvorschriften, die Bereiche des öffentlichen Dienstes einbeziehen, werden im Einvernehmen mit dem Bundesministerium des Innern erlassen.

§ 25 Bußgeldvorschriften
(1) Ordnungswidrig handelt, wer vorsätzlich oder fahrlässig
1. einer Rechtsverordnung nach § 18 Abs. 1 oder § 19 zuwiderhandelt, soweit sie für einen bestimmten Tatbestand auf diese Bußgeldvorschrift verweist, oder
2. a) als Arbeitgeber oder als verantwortliche Person einer vollziehbaren Anordnung nach § 22 Abs. 3 oder
   b) als Beschäftigter einer vollziehbaren Anordnung nach § 22 Abs. 3 Satz 1 Nr. 1
   zuwiderhandelt.

(2) Die Ordnungswidrigkeit kann in den Fällen des Absatzes 1 Nr. 1 und 2 Buchstabe b mit einer Geldbuße bis zu fünftausend Euro, in den Fällen des Absatzes 1 Nr. 2 Buchstabe a mit einer Geldbuße bis zu fünfundzwanzigtausend Euro geahndet werden.

§ 26 Strafvorschriften
Mit Freiheitsstrafe bis zu einem Jahr oder mit Geldstrafe wird bestraft, wer
1. eine in § 25 Abs. 1 Nr. 2 Buchstabe a bezeichnete Handlung beharrlich wiederholt oder
2. durch eine in § 25 Abs. 1 Nr. 1 oder Nr. 2 Buchstabe a bezeichnete vorsätzliche Handlung Leben oder Gesundheit eines Beschäftigten gefährdet.

Gesetz über Betriebsärzte, Sicherheitsingenieure und andere Fachkräfte für Arbeitssicherheit (Arbeitssicherheitsgesetz – ArbSichG)

vom 12. Dezember 1973 (BGBl. I 1973, S. 1885)
– zuletzt geändert durch Gesetz zur Umsetzung des Seearbeitsübereinkommens 2006 der Internationalen Arbeitsorganisation vom 20. April 2013 (BGBl. I 2013, S. 868)

Erster Abschnitt

§ 1 Grundsatz

Der Arbeitgeber hat nach Maßgabe dieses Gesetzes Betriebsärzte und Fachkräfte für Arbeitssicherheit zu bestellen. Diese sollen ihn beim Arbeitsschutz und bei der Unfallverhütung unterstützen. Damit soll erreicht werden, dass
1. die dem Arbeitsschutz und der Unfallverhütung dienenden Vorschriften den besonderen Betriebsverhältnissen entsprechend angewandt werden,
2. gesicherte arbeitsmedizinische und sicherheitstechnische Erkenntnisse zur Verbesserung des Arbeitsschutzes und der Unfallverhütung verwirklicht werden können,
3. die dem Arbeitsschutz und der Unfallverhütung dienenden Maßnahmen einen möglichst hohen Wirkungsgrad erreichen.

Zweiter Abschnitt: Betriebsärzte

§ 2 Bestellung von Betriebsärzten

(1) Der Arbeitgeber hat Betriebsärzte schriftlich zu bestellen und ihnen die in § 3 genannten Aufgaben zu übertragen, soweit dies erforderlich ist im Hinblick auf
1. die Betriebsart und die damit für die Arbeitnehmer verbundenen Unfall- und Gesundheitsgefahren,
2. die Zahl der beschäftigten Arbeitnehmer und die Zusammensetzung der Arbeitnehmerschaft und
3. die Betriebsorganisation, insbesondere im Hinblick auf die Zahl und die Art der für den Arbeitsschutz und die Unfallverhütung verantwortlichen Personen.

(2) Der Arbeitgeber hat dafür zu sorgen, dass die von ihm bestellten Betriebsärzte ihre Aufgaben erfüllen. Er hat sie bei der Erfüllung ihrer Aufgaben zu unterstützen; insbesondere ist er verpflichtet, ihnen, soweit dies zur Erfüllung ihrer Aufgaben erforderlich ist, Hilfspersonal sowie Räume, Einrichtungen, Geräte und Mittel zur Verfügung zu stellen. Er hat sie über den Einsatz von Personen zu unterrichten, die mit einem befristeten Arbeitsvertrag beschäftigt oder ihm zur Arbeitsleistung überlassen sind.

(3) Der Arbeitgeber hat den Betriebsärzten die zur Erfüllung ihrer Aufgaben erforderliche Fortbildung unter Berücksichtigung der betrieblichen Belange zu ermöglichen. Ist der Betriebsarzt als Arbeitnehmer eingestellt, so ist er für die Zeit der Fortbildung unter Fortentrichtung der Arbeitsvergütung von der Arbeit freizustellen. Die Kosten der Fortbildung trägt der Arbeitgeber. Ist der Betriebsarzt nicht als Arbeitnehmer eingestellt, so ist er für die Zeit der Fortbildung von der Erfüllung der ihm übertragenen Aufgaben freizustellen.

§ 3 Aufgaben der Betriebsärzte

(1) Die Betriebsärzte haben die Aufgabe, den Arbeitgeber beim Arbeitsschutz und bei der Unfallverhütung in allen Fragen des Gesundheitsschutzes zu unterstützen. Sie haben insbesondere
1. den Arbeitgeber und die sonst für den Arbeitsschutz und die Unfallverhütung verantwortlichen Personen zu beraten, insbesondere bei
    a) der Planung, Ausführung und Unterhaltung von Betriebsanlagen und von sozialen und sanitären Einrichtungen,
    b) der Beschaffung von technischen Arbeitsmitteln und der Einführung von Arbeitsverfahren und Arbeitsstoffen,
    c) der Auswahl und Erprobung von Körperschutzmitteln,
    d) arbeitsphysiologischen, arbeitspsychologischen und sonstigen ergonomischen sowie arbeitshygienischen Fragen, insbesondere
    des Arbeitsrhythmus, der Arbeitszeit und der Pausenregelung,
    der Gestaltung der Arbeitsplätze, des Arbeitsablaufs und der Arbeitsumgebung,
    e) der Organisation der „Ersten Hilfe" im Betrieb,
    f) Fragen des Arbeitsplatzwechsels sowie der Eingliederung und Wiedereingliederung Behinderter in den Arbeitsprozess,
    g) der Beurteilung der Arbeitsbedingungen,
2. die Arbeitnehmer zu untersuchen, arbeitsmedizinisch zu beurteilen und zu beraten sowie die Untersuchungsergebnisse zu erfassen und auszuwerten,
3. die Durchführung des Arbeitsschutzes und der Unfallverhütung zu beobachten und im Zusammenhang damit
    a) die Arbeitsstätten in regelmäßigen Abständen zu begehen und festgestellte Mängel dem Arbeitgeber oder der sonst für den Arbeitsschutz und die Unfallverhütung verantwortlichen Person mitzuteilen, Maßnahmen zur Beseitigung dieser Mängel vorzuschlagen und auf deren Durchführung hinzuwirken,
    b) auf die Benutzung der Körperschutzmittel zu achten,
    c) Ursachen von arbeitsbedingten Erkrankungen zu untersuchen, die Untersuchungsergebnisse zu erfassen und auszuwerten und dem Arbeitgeber Maßnahmen zur Verhütung dieser Erkrankungen vorzuschlagen,
4. darauf hinzuwirken, dass sich alle im Betrieb Beschäftigten den Anforderungen des Arbeitsschutzes und der Unfallverhütung entsprechend verhalten, insbesondere sie über die Unfall- und Gesundheitsgefahren, denen sie bei der Arbeit ausgesetzt sind, sowie über die Einrichtungen und Maßnahmen zur Abwendung dieser Gefahren zu belehren und bei der Einsatzplanung und Schulung der Helfer in „Erster Hilfe" und des medizinischen Hilfspersonals mitzuwirken.

(2) Die Betriebsärzte haben auf Wunsch des Arbeitnehmers diesem das Ergebnis arbeitsmedizinischer Untersuchungen mitzuteilen; § 8 Abs. 1 Satz 3 bleibt unberührt.

(3) Zu den Aufgaben der Betriebsärzte gehört es nicht, Krankmeldungen der Arbeitnehmer auf ihre Berechtigung zu überprüfen.

§ 4 Anforderungen an Betriebsärzte

Der Arbeitgeber darf als Betriebsärzte nur Personen bestellen, die berechtigt sind, den ärztlichen Beruf auszuüben, und die über die zur Erfüllung der ihnen übertragenen Aufgaben erforderliche arbeitsmedizinische Fachkunde verfügen.

Dritter Abschnitt: Fachkräfte für Arbeitssicherheit

§ 5 Bestellung von Fachkräften für Arbeitssicherheit

(1) Der Arbeitgeber hat Fachkräfte für Arbeitssicherheit (Sicherheitsingenieure, -techniker, -meister) schriftlich zu bestellen und ihnen die in § 6 genannten Aufgaben zu übertragen, soweit dies erforderlich ist im Hinblick auf
1. die Betriebsart und die damit für die Arbeitnehmer verbundenen Unfall- und Gesundheitsgefahren,
2. die Zahl der beschäftigten Arbeitnehmer und die Zusammensetzung der Arbeitnehmerschaft,
3. die Betriebsorganisation, insbesondere im Hinblick auf die Zahl und Art der für den Arbeitsschutz und die Unfallverhütung verantwortlichen Personen,
4. die Kenntnisse und die Schulung des Arbeitgebers oder der nach § 13 Abs. 1 Nr. 1, 2 oder 3 des Arbeitsschutzgesetzes verantwortlichen Personen in Fragen des Arbeitsschutzes.

(2) Der Arbeitgeber hat dafür zu sorgen, dass die von ihm bestellten Fachkräfte für Arbeitssicherheit ihre Aufgaben erfüllen. Er hat sie bei der Erfüllung ihrer Aufgaben zu unterstützen; insbesondere ist er verpflichtet, ihnen, soweit dies zur Erfüllung ihrer Aufgaben erforderlich ist, Hilfspersonal sowie Räume, Einrichtungen, Geräte und Mittel zur Verfügung zu stellen. Er hat sie über den Einsatz von Personen zu unterrichten, die mit einem befristeten Arbeitsvertrag beschäftigt oder ihm zur Arbeitsleistung überlassen sind.

(3) Der Arbeitgeber hat den Fachkräften für Arbeitssicherheit die zur Erfüllung ihrer Aufgaben erforderliche Fortbildung unter Berücksichtigung der betrieblichen Belange zu ermöglichen. Ist die Fachkraft für Arbeitssicherheit als Arbeitnehmer eingestellt, so ist sie für die Zeit der Fortbildung unter Fortentrichtung der Arbeitsvergütung von der Arbeit freizustellen. Die Kosten der Fortbildung trägt der Arbeitgeber. Ist die Fachkraft für Arbeitssicherheit nicht als Arbeitnehmer eingestellt, so ist sie für die Zeit der Fortbildung von der Erfüllung der ihr übertragenen Aufgaben freizustellen.

§ 6 Aufgaben der Fachkräfte für Arbeitssicherheit

Die Fachkräfte für Arbeitssicherheit haben die Aufgabe, den Arbeitgeber beim Arbeitsschutz und bei der Unfallverhütung, in allen Fragen der Arbeitssicherheit einschließlich der menschengerechten Gestaltung der Arbeit zu unterstützen. Sie haben insbesondere
1. den Arbeitgeber und die sonst für den Arbeitsschutz und die Unfallverhütung verantwortlichen Personen zu beraten, insbesondere bei
    a) der Planung, Ausführung und Unterhaltung von Betriebsanlagen und von sozialen und sanitären Einrichtungen,
    b) der Beschaffung von technischen Arbeitsmitteln und der Einführung von Arbeitsverfahren und Arbeitsstoffen,
    c) der Auswahl und Erprobung von Körperschutzmitteln,
    d) der Gestaltung der Arbeitsplätze, des Arbeitsablaufs, der Arbeitsumgebung und in sonstigen Fragen der Ergonomie,
    e) der Beurteilung der Arbeitsbedingungen,
2. die Betriebsanlagen und die technischen Arbeitsmittel insbesondere vor der Inbetriebnahme und Arbeitsverfahren insbesondere vor ihrer Einführung sicherheitstechnisch zu überprüfen,
3. die Durchführung des Arbeitsschutzes und der Unfallverhütung zu beobachten und im Zusammenhang damit

Arbeitssicherheitsgesetz §§ 7–8

   a) die Arbeitsstätten in regelmäßigen Abständen zu begehen und festgestellte Mängel dem Arbeitgeber oder der sonst für den Arbeitsschutz und die Unfallverhütung verantwortlichen Person mitzuteilen, Maßnahmen zur Beseitigung dieser Mängel vorzuschlagen und auf deren Durchführung hinzuwirken,
   b) auf die Benutzung der Körperschutzmittel zu achten,
   c) Ursachen von Arbeitsunfällen zu untersuchen, die Untersuchungsergebnisse zu erfassen und auszuwerten und dem Arbeitgeber Maßnahmen zur Verhütung dieser Arbeitsunfälle vorzuschlagen,
4. darauf hinzuwirken, dass sich alle im Betrieb Beschäftigten den Anforderungen des Arbeitsschutzes und der Unfallverhütung entsprechend verhalten, insbesondere sie über die Unfall- und Gesundheitsgefahren, denen sie bei der Arbeit ausgesetzt sind, sowie über die Einrichtungen und Maßnahmen zur Abwendung dieser Gefahren zu belehren und bei der Schulung der Sicherheitsbeauftragten mitzuwirken.

§ 7 Anforderungen an Fachkräfte für Arbeitssicherheit

(1) Der Arbeitgeber darf als Fachkräfte für Arbeitssicherheit nur Personen bestellen, die den nachstehenden Anforderungen genügen: Der Sicherheitsingenieur muss berechtigt sein, die Berufsbezeichnung Ingenieur zu führen, und über die zur Erfüllung der ihm übertragenen Aufgaben erforderliche sicherheitstechnische Fachkunde verfügen. Der Sicherheitstechniker oder -meister muss über die zur Erfüllung der ihm übertragenen Aufgaben erforderliche sicherheitstechische Fachkunde verfügen.

(2) Die zuständige Behörde kann es im Einzelfall zulassen, dass an Stelle eines Sicherheitsingenieurs, der berechtigt ist, die Berufsbezeichnung Ingenieur zu führen, jemand bestellt werden darf, der zur Erfüllung der sich aus § 6 ergebenden Aufgaben über entsprechende Fachkenntnisse verfügt.

Vierter Abschnitt: Gemeinsame Vorschriften

§ 8 Unabhängigkeit bei der Anwendung der Fachkunde

(1) Betriebsärzte und Fachkräfte für Arbeitssicherheit sind bei der Anwendung ihrer arbeitsmedizinischen und sicherheitstechnischen Fachkunde weisungsfrei. Sie dürfen wegen der Erfüllung der ihnen übertragenen Aufgaben nicht benachteiligt werden. Betriebsärzte sind nur ihrem ärztlichen Gewissen unterworfen und haben die Regeln der ärztlichen Schweigepflicht zu beachten.

(2) Betriebsärzte und Fachkräfte für Arbeitssicherheit oder, wenn für einen Betrieb mehrere Betriebsärzte oder Fachkräfte für Arbeitssicherheit bestellt sind, der leitende Betriebsarzt und die leitende Fachkraft für Arbeitssicherheit, unterstehen unmittelbar dem Leiter des Betriebs.

(3) Können sich Betriebsärzte oder Fachkräfte für Arbeitssicherheit über eine von ihnen vorgeschlagene arbeitsmedizinische oder sicherheitstechnische Maßnahme mit dem Leiter des Betriebs nicht verständigen, so können sie ihren Vorschlag unmittelbar dem Arbeitgeber und, wenn dieser eine juristische Person ist, dem zuständigen Mitglied des zur gesetzlichen Vertretung berufenen Organs unterbreiten. Ist für einen Betrieb oder ein Unternehmen ein leitender Betriebsarzt oder eine leitende Fachkraft für Arbeitssicherheit bestellt, steht diesen das Vorschlagsrecht nach Satz 1 zu. Lehnt der Arbeitgeber oder das zuständige Mitglied des zur gesetzlichen Vertretung berufenen Organs den Vorschlag ab, so ist dies den Vorschlagenden schriftlich mitzuteilen und zu begründen; der Betriebsrat erhält eine Abschrift.

§ 9 Zusammenarbeit mit dem Betriebsrat

(1) Die Betriebsärzte und die Fachkräfte für Arbeitssicherheit haben bei der Erfüllung ihrer Aufgaben mit dem Betriebsrat zusammenzuarbeiten.

(2) Die Betriebsärzte und die Fachkräfte für Arbeitssicherheit haben den Betriebsrat über wichtige Angelegenheiten des Arbeitsschutzes und der Unfallverhütung zu unterrichten; sie haben ihm den Inhalt eines Vorschlages mitzuteilen, den sie nach § 8 Abs. 3 dem Arbeitgeber machen. Sie haben den Betriebsrat auf sein Verlangen in Angelegenheiten des Arbeitsschutzes und der Unfallverhütung zu beraten.

(3) Die Betriebsärzte und Fachkräfte für Arbeitssicherheit sind mit Zustimmung des Betriebsrats zu bestellen und abzuberufen. Das Gleiche gilt, wenn deren Aufgaben erweitert oder eingeschränkt werden sollen; im Übrigen gilt § 87 in Verbindung mit § 76 des Betriebsverfassungsgesetzes. Vor der Verpflichtung oder Entpflichtung eines freiberuflich tätigen Arztes, einer freiberuflich tätigen Fachkraft für Arbeitssicherheit oder eines überbetrieblichen Dienstes ist der Betriebsrat zu hören.

§ 10 Zusammenarbeit der Betriebsärzte und der Fachkräfte für Arbeitssicherheit

Die Betriebsärzte und die Fachkräfte für Arbeitssicherheit haben bei der Erfüllung ihrer Aufgaben zusammenzuarbeiten. Dazu gehört es insbesondere, gemeinsame Betriebsbegehungen vorzunehmen. Die Betriebsärzte und die Fachkräfte für Arbeitssicherheit arbeiten bei der Erfüllung ihrer Aufgaben mit den anderen im Betrieb für Angelegenheiten der technischen Sicherheit, des Gesundheits- und Umweltschutzes beauftragten Personen zusammen.

§ 11 Arbeitsschutzausschuss

Soweit in einer sonstigen Rechtsvorschrift nichts anderes bestimmt ist, hat der Arbeitgeber in Betrieben mit mehr als zwanzig Beschäftigten einen Arbeitsschutzausschuss zu bilden; bei der Feststellung der Zahl der Beschäftigten sind Teilzeitbeschäftigte mit einer regelmäßigen wöchentlichen Arbeitszeit von nicht mehr als 20 Stunden mit 0,5 und nicht mehr als 30 Stunden mit 0,75 zu berücksichtigen. Dieser Ausschuss setzt sich zusammen aus:
dem Arbeitgeber oder einem von ihm Beauftragten,
zwei vom Betriebsrat bestimmten Betriebsratsmitgliedern,
Betriebsärzten,
Fachkräften für Arbeitssicherheit und
Sicherheitsbeauftragten nach § 22 des Siebten Buches Sozialgesetzbuch.
Der Arbeitsschutzausschuss hat die Aufgabe, Anliegen des Arbeitsschutzes und der Unfallverhütung zu beraten. Der Arbeitsschutzausschuss tritt mindestens einmal vierteljährlich zusammen.

§ 12 Behördliche Anordnungen

(1) Die zuständige Behörde kann im Einzelfall anordnen, welche Maßnahmen der Arbeitgeber zur Erfüllung der sich aus diesem Gesetz und den die gesetzlichen Pflichten näher bestimmenden Rechtsverordnungen und Unfallverhütungsvorschriften ergebenden Pflichten, insbesondere hinsichtlich der Bestellung von Betriebsärzten und Fachkräften für Arbeitssicherheit, zu treffen hat.

(2) Die zuständige Behörde hat, bevor sie eine Anordnung trifft,
1. den Arbeitgeber und den Betriebsrat zu hören und mit ihnen zu erörtern, welche Maßnahmen angebracht erscheinen, und

Arbeitssicherheitsgesetz §§ 13–17

2. dem zuständigen Träger der gesetzlichen Unfallversicherung Gelegenheit zu geben, an der Erörterung mit dem Arbeitgeber teilzunehmen und zu der von der Behörde in Aussicht genommenen Anordnung Stellung zu nehmen.

(3) Die zuständige Behörde hat dem Arbeitgeber zur Ausführung der Anordnung eine angemessene Frist zu setzen.

(4) Die zuständige Behörde hat den Betriebsrat über eine gegenüber dem Arbeitgeber getroffene Anordnung schriftlich in Kenntnis zu setzen.

§ 13 Auskunfts- und Besichtigungsrechte

(1) Der Arbeitgeber hat der zuständigen Behörde auf deren Verlangen die zur Durchführung des Gesetzes erforderlichen Auskünfte zu erteilen. Er kann die Auskunft auf solche Fragen verweigern, deren Beantwortung ihn selbst oder einen der in § 383 Abs. 1 Nr. 1 bis 3 der Zivilprozessordnung bezeichneten Angehörigen der Gefahr strafgerichtlicher Verfolgung oder eines Verfahrens nach dem Gesetz über Ordnungswidrigkeiten aussetzen würde.

(2) Die Beauftragten der zuständigen Behörde sind berechtigt, die Arbeitsstätten während der üblichen Betriebs- und Arbeitszeit zu betreten und zu besichtigen; außerhalb dieser Zeit oder wenn sich die Arbeitsstätten in einer Wohnung befinden, dürfen sie nur zur Verhütung von dringenden Gefahren für die öffentliche Sicherheit und Ordnung betreten und besichtigt werden. Das Grundrecht der Unverletzlichkeit der Wohnung (Artikel 13 des Grundgesetzes) wird insoweit eingeschränkt.

§ 14 Ermächtigung zum Erlass von Rechtsverordnungen

(1) Das Bundesministerium für Arbeit und Soziales kann mit Zustimmung des Bundesrates durch Rechtsverordnung bestimmen, welche Maßnahmen der Arbeitgeber zur Erfüllung der sich aus diesem Gesetz ergebenden Pflichten zu treffen hat. Soweit die Träger der gesetzlichen Unfallversicherung ermächtigt sind, die gesetzlichen Pflichten durch Unfallverhütungsvorschriften näher zu bestimmen, macht das Bundesministerium für Arbeit und Soziales von der Ermächtigung erst Gebrauch, nachdem innerhalb einer von ihm gesetzten angemessenen Frist der Träger der gesetzlichen Unfallversicherung eine entsprechende Unfallverhütungsvorschrift nicht erlassen hat oder eine unzureichend gewordene Unfallverhütungsvorschrift nicht ändert.

§ 15 Ermächtigung zum Erlass von allgemeinen Verwaltungsvorschriften

Das Bundesministerium für Arbeit und Soziales erlässt mit Zustimmung des Bundesrates allgemeine Verwaltungsvorschriften zu diesem Gesetz und den auf Grund des Gesetzes erlassenen Rechtsverordnungen.

§ 16 Öffentliche Verwaltung

In Verwaltungen und Betrieben des Bundes, der Länder, der Gemeinden und der sonstigen Körperschaften, Anstalten und Stiftungen des öffentlichen Rechts ist ein den Grundsätzen dieses Gesetzes gleichwertiger arbeitsmedizinischer und sicherheitstechnischer Arbeitsschutz zu gewährleisten.

§ 17 Nichtanwendung des Gesetzes

(1) Dieses Gesetz ist nicht anzuwenden, soweit Arbeitnehmer im Haushalt beschäftigt werden.

(2) Soweit im Seearbeitsgesetz und in anderen Vorschriften im Bereich der Seeschifffahrt gleichwertige Regelungen enthalten sind, gelten diese Regelungen für die Besatzungsmitglieder auf Kauffahrteischiffen unter deutscher Flagge.

(3) Soweit das Bergrecht diesem Gesetz gleichwertige Regelungen enthält, gelten diese Regelungen. Im übrigen gilt dieses Gesetz.

§ 18 Ausnahmen

Die zuständige Behörde kann dem Arbeitgeber gestatten, auch solche Betriebsärzte und Fachkräfte für Arbeitssicherheit zu bestellen, die noch nicht über die erforderliche Fachkunde im Sinne des § 4 oder § 7 verfügen, wenn der Arbeitgeber sich verpflichtet, in einer festzulegenden Frist den Betriebsarzt oder die Fachkraft für Arbeitssicherheit entsprechend fortbilden zu lassen.

§ 19 Überbetriebliche Dienste

Die Verpflichtung des Arbeitgebers, Betriebsärzte und Fachkräfte für Arbeitssicherheit zu bestellen, kann auch dadurch erfüllt werden, dass der Arbeitgeber einen überbetrieblichen Dienst von Betriebsärzten oder Fachkräften für Arbeitssicherheit zur Wahrnehmung der Aufgaben nach § 3 oder § 6 verpflichtet.

§ 20 Ordnungswidrigkeiten

(1) Ordnungswidrig handelt, wer vorsätzlich oder fahrlässig
1. einer vollziehbaren Anordnung nach § 12 Abs. 1 zuwiderhandelt,
2. entgegen § 13 Abs. 1 Satz 1 eine Auskunft nicht, nicht richtig oder nicht vollständig erteilt oder
3. entgegen § 13 Abs. 2 Satz 1 eine Besichtigung nicht duldet.

(2) Eine Ordnungswidrigkeit nach Absatz 1 Nr. 1 kann mit einer Geldbuße bis zu fünfundzwanzigtausend Euro, eine Ordnungswidrigkeit nach Absatz 1 Nr. 2 und 3 mit einer Geldbuße bis zu 500 Euro geahndet werden.

§§ 21–22 (weggefallen)

§ 23 Inkrafttreten

(1) Dieses Gesetz, ausgenommen § 14 und § 21, tritt am ersten Tage des auf die Verkündung folgenden zwölften Kalendermonats in Kraft. § 14 und § 21 treten am Tage nach der Verkündung des Gesetzes in Kraft.

(2) § 6 Abs. 3 Satz 2 und § 7 des Berliner Gesetzes über die Durchführung des Arbeitsschutzes vom 9. August 1949 (VOBl. I S. 265), zuletzt geändert durch Artikel LVIII des Gesetzes vom 6. März 1970 (GVBl. S. 474), treten außer Kraft. Im Übrigen bleibt das Gesetz unberührt.

Arbeitsstättenverordnung § 1

Verordnung über Arbeitsstätten (Arbeitsstättenverordnung – ArbStättV)

vom 12. August 2004 (BGBl. I 2004, S. 2179)
Amtl. Gliederungsnummer: 7108-35
– zuletzt geändert durch Verordnung zur Änderung der Gesundheitsschutz-Bergverordnung sowie weiterer berg- und arbeitsschutzrechtlicher Verordnungen vom 18. Oktober 2017 (BGBl. I 2017, S. 3584)

Vorbemerkung
Diese Verordnung dient der Umsetzung
1. der EG-Richtlinie 89/654/EWG des Rates vom 30. November 1989 über Mindestvorschriften für Sicherheit und Gesundheitsschutz in Arbeitsstätten (Erste Einzelrichtlinie im Sinne des Artikels 16 Absatz 1 der Richtlinie 89/391/EWG) (ABl. EG Nr. L 393 S. 1) und
2. der Richtlinie 92/58/EWG des Rates vom 24. Juni 1992 über Mindestvorschriften für die Sicherheits- und/oder Gesundheitsschutzkennzeichnung am Arbeitsplatz (Neunte Einzelrichtlinie im Sinne des Artikels 16 Absatz 1 der Richtlinie 89/391/EWG) (ABl. EG Nr. L 245 S. 23) und
3. des Anhangs IV (Mindestvorschriften für Sicherheit und Gesundheitsschutz auf Baustellen) der Richtlinie 92/57/EWG des Rates vom 24. Juni 1992 über die auf zeitlich begrenzte oder ortsveränderliche Baustellen anzuwendenden Mindestvorschriften für die Sicherheit und den Gesundheitsschutz (Achte Einzelrichtlinie im Sinne des Artikels 16 Absatz 1 der Richtlinie 89/391/EWG) (ABl. EG Nr. L 245 S. 6).

§ 1 Ziel, Anwendungsbereich
(1) Diese Verordnung dient der Sicherheit und dem Schutz der Gesundheit der Beschäftigten beim Einrichten und Betreiben von Arbeitsstätten.
(2) Für folgende Arbeitsstätten gelten nur § 5 und der Anhang Nummer 1.3:
1. Arbeitsstätten im Reisegewerbe und im Marktverkehr,
2. Transportmittel, die im öffentlichen Verkehr eingesetzt werden,
3. Felder, Wälder und sonstige Flächen, die zu einem land- oder forstwirtschaftlichen Betrieb gehören, aber außerhalb der von ihm bebauten Fläche liegen.
(3) Für Telearbeitsplätze gelten nur
1. § 3 bei der erstmaligen Beurteilung der Arbeitsbedingungen und des Arbeitsplatzes,
2. § 6 und der Anhang Nummer 6,
soweit der Arbeitsplatz von dem im Betrieb abweicht. Die in Satz 1 genannten Vorschriften gelten, soweit Anforderungen unter Beachtung der Eigenart von Telearbeitsplätzen auf diese anwendbar sind.
(4) Der Anhang Nummer 6 gilt nicht für
1. Bedienerplätze von Maschinen oder Fahrerplätze von Fahrzeugen mit Bildschirmgeräten,
2. tragbare Bildschirmgeräte für die ortsveränderliche Verwendung, die nicht regelmäßig an einem Arbeitsplatz verwendet werden,
3. Rechenmaschinen, Registrierkassen oder andere Arbeitsmittel mit einer kleinen Daten- oder Messwertanzeigevorrichtung, die zur unmittelbaren Benutzung des Arbeitsmittels erforderlich ist und
4. Schreibmaschinen klassischer Bauart mit einem Display.

(5) Diese Verordnung ist für Arbeitsstätten in Betrieben, die dem Bundesberggesetz unterliegen, nur für Bildschirmarbeitsplätze einschließlich Telearbeitsplätze anzuwenden.
(6) Das Bundeskanzleramt, das Bundesministerium des Innern, das Bundesministerium für Verkehr und digitale Infrastruktur, das Bundesministerium für Umwelt, Naturschutz, Bau und Reaktorsicherheit, das Bundesministerium der Verteidigung oder das Bundesministerium der Finanzen können, soweit sie hierfür jeweils zuständig sind, im Einvernehmen mit dem Bundesministerium für Arbeit und Soziales und, soweit nicht das Bundesministerium des Innern selbst zuständig ist, im Einvernehmen mit dem Bundesministerium des Innern Ausnahmen von den Vorschriften dieser Verordnung zulassen, soweit öffentliche Belange dies zwingend erfordern, insbesondere zur Aufrechterhaltung oder Wiederherstellung der öffentlichen Sicherheit. In diesem Fall ist gleichzeitig festzulegen, wie die Sicherheit und der Schutz der Gesundheit der Beschäftigten nach dieser Verordnung auf andere Weise gewährleistet werden.

§ 2 Begriffsbestimmungen
(1) Arbeitsstätten sind:
1. Arbeitsräume oder andere Orte in Gebäuden auf dem Gelände eines Betriebes,
2. Orte im Freien auf dem Gelände eines Betriebes,
3. Orte auf Baustellen,
sofern sie zur Nutzung für Arbeitsplätze vorgesehen sind.
(2) Zur Arbeitsstätte gehören insbesondere auch:
1. Orte auf dem Gelände eines Betriebes oder einer Baustelle, zu denen Beschäftigte im Rahmen ihrer Arbeit Zugang haben,
2. Verkehrswege, Fluchtwege, Notausgänge, Lager-, Maschinen- und Nebenräume, Sanitärräume, Kantinen, Pausen- und Bereitschaftsräume, Erste- Hilfe-Räume, Unterkünfte sowie
3. Einrichtungen, die dem Betreiben der Arbeitsstätte dienen, insbesondere Sicherheitsbeleuchtungen, Feuerlöscheinrichtungen, Versorgungseinrichtungen, Beleuchtungsanlagen, raumlufttechnische Anlagen, Signalanlagen, Energieverteilungsanlagen, Türen und Tore, Fahrsteige, Fahrtreppen, Laderampen und Steigleitern.
(3) Arbeitsräume sind die Räume, in denen Arbeitsplätze innerhalb von Gebäuden dauerhaft eingerichtet sind.
(4) Arbeitsplätze sind Bereiche, in denen Beschäftigte im Rahmen ihrer Arbeit tätig sind.
(5) Bildschirmarbeitsplätze sind Arbeitsplätze, die sich in Arbeitsräumen befinden und die mit Bildschirmgeräten und sonstigen Arbeitsmitteln ausgestattet sind.
(6) Bildschirmgeräte sind Funktionseinheiten, zu denen insbesondere Bildschirme zur Darstellung von visuellen Informationen, Einrichtungen zur Datenein- und -ausgabe, sonstige Steuerungs- und Kommunikationseinheiten (Rechner) sowie eine Software zur Steuerung und Umsetzung der Arbeitsaufgabe gehören.
(7) Telearbeitsplätze sind vom Arbeitgeber fest eingerichtete Bildschirmarbeitsplätze im Privatbereich der Beschäftigten, für die der Arbeitgeber eine mit den Beschäftigten vereinbarte wöchentliche Arbeitszeit und die Dauer der Einrichtung festgelegt hat. Ein Telearbeitsplatz ist vom Arbeitgeber erst dann eingerichtet, wenn Arbeitgeber und Beschäftigte die Bedingungen der Telearbeit arbeitsvertraglich oder im Rahmen einer Vereinbarung festgelegt haben und die benötigte Ausstattung des Telearbeitsplatzes mit Mobiliar, Arbeitsmitteln einschließlich der Kommunikationseinrichtungen durch den Arbeitgeber oder eine von ihm beauftragte Person im Privatbereich des Beschäftigten bereitgestellt und installiert ist.
(8) Einrichten ist das Bereitstellen und Ausgestalten der Arbeitsstätte. Das Einrichten umfasst insbesondere:

1. bauliche Maßnahmen oder Veränderungen,
2. das Ausstatten mit Maschinen, Anlagen, anderen Arbeitsmitteln und Mobiliar sowie mit Beleuchtungs-, Lüftungs-, Heizungs-, Feuerlösch- und Versorgungseinrichtungen,
3. das Anlegen und Kennzeichnen von Verkehrsund Fluchtwegen sowie das Kennzeichnen von Gefahrenstellen und brandschutztechnischen Ausrüstungen und
4. das Festlegen von Arbeitsplätzen.

(9) Das Betreiben von Arbeitsstätten umfasst das Benutzen, Instandhalten und Optimieren der Arbeitsstätten sowie die Organisation und Gestaltung der Arbeit einschließlich der Arbeitsabläufe in Arbeitsstätten.

(10) Instandhalten ist die Wartung, Inspektion, Instandsetzung oder Verbesserung der Arbeitsstätten zum Erhalt des baulichen und technischen Zustandes.

(11) Stand der Technik ist der Entwicklungsstand fortschrittlicher Verfahren, Einrichtungen oder Betriebsweisen, der die praktische Eignung einer Maßnahme zur Gewährleistung der Sicherheit und zum Schutz der Gesundheit der Beschäftigten gesichert erscheinen lässt. Bei der Bestimmung des Stands der Technik sind insbesondere vergleichbare Verfahren, Einrichtungen oder Betriebsweisen heranzuziehen, die mit Erfolg in der Praxis erprobt worden sind. Gleiches gilt für die Anforderungen an die Arbeitsmedizin und die Hygiene.

(12) Fachkundig ist, wer über die zur Ausübung einer in dieser Verordnung bestimmten Aufgabe erforderlichen Fachkenntnisse verfügt. Die Anforderungen an die Fachkunde sind abhängig von der jeweiligen Art der Aufgabe. Zu den Anforderungen zählen eine entsprechende Berufsausbildung, Berufserfahrung oder eine zeitnah ausgeübte entsprechende berufliche Tätigkeit. Die Fachkenntnisse sind durch Teilnahme an Schulungen auf aktuellem Stand zu halten.

§ 3 Gefährdungsbeurteilung

(1) Bei der Beurteilung der Arbeitsbedingungen nach § 5 des Arbeitsschutzgesetzes hat der Arbeitgeber zunächst festzustellen, ob die Beschäftigten Gefährdungen beim Einrichten und Betreiben von Arbeitsstätten ausgesetzt sind oder ausgesetzt sein können. Ist dies der Fall, hat er alle möglichen Gefährdungen der Sicherheit und der Gesundheit der Beschäftigten zu beurteilen und dabei die Auswirkungen der Arbeitsorganisation und der Arbeitsabläufe in der Arbeitsstätte zu berücksichtigen. Bei der Gefährdungsbeurteilung hat er die physischen und psychischen Belastungen sowie bei Bildschirmarbeitsplätzen insbesondere die Belastungen der Augen oder die Gefährdung des Sehvermögens der Beschäftigten zu berücksichtigen. Entsprechend dem Ergebnis der Gefährdungsbeurteilung hat der Arbeitgeber Maßnahmen zum Schutz der Beschäftigten gemäß den Vorschriften dieser Verordnung einschließlich ihres Anhangs nach dem Stand der Technik, Arbeitsmedizin und Hygiene festzulegen. Sonstige gesicherte arbeitswissenschaftliche Erkenntnisse sind zu berücksichtigen.

(2) Der Arbeitgeber hat sicherzustellen, dass die Gefährdungsbeurteilung fachkundig durchgeführt wird. Verfügt der Arbeitgeber nicht selbst über die entsprechenden Kenntnisse, hat er sich fachkundig beraten zu lassen.

(3) Der Arbeitgeber hat die Gefährdungsbeurteilung vor Aufnahme der Tätigkeiten zu dokumentieren. In der Dokumentation ist anzugeben, welche Gefährdungen am Arbeitsplatz auftreten können und welche Maßnahmen nach Absatz 1 Satz 4 durchgeführt werden müssen.

§ 3a Einrichten und Betreiben von Arbeitsstätten

(1) Der Arbeitgeber hat dafür zu sorgen, dass Arbeitsstätten so eingerichtet und betrieben werden, dass Gefährdungen für die Sicherheit und die Gesundheit der Beschäftigten möglichst vermieden und verbleibende Gefährdungen möglichst gering gehalten werden. Beim

Einrichten und Betreiben der Arbeitsstätten hat der Arbeitgeber die Maßnahmen nach § 3 Absatz 1 durchzuführen und dabei den Stand der Technik, Arbeitsmedizin und Hygiene, die ergonomischen Anforderungen sowie insbesondere die vom Bundesministerium für Arbeit und Soziales nach § 7 Absatz 4 bekannt gemachten Regeln und Erkenntnisse zu berücksichtigen. Bei Einhaltung der bekannt gemachten Regeln ist davon auszugehen, dass die in dieser Verordnung gestellten Anforderungen diesbezüglich erfüllt sind. Wendet der Arbeitgeber diese Regeln nicht an, so muss er durch andere Maßnahmen die gleiche Sicherheit und den gleichen Schutz der Gesundheit der Beschäftigten erreichen.
(2) Beschäftigt der Arbeitgeber Menschen mit Behinderungen, hat er die Arbeitsstätte so einzurichten und zu betreiben, dass die besonderen Belange dieser Beschäftigten im Hinblick auf die Sicherheit und den Schutz der Gesundheit berücksichtigt werden. Dies gilt insbesondere für die barrierefreie Gestaltung von Arbeitsplätzen, Sanitär-, Pausen- und Bereitschaftsräumen, Kantinen, Erste-Hilfe-Räumen und Unterkünften sowie den zugehörigen Türen, Verkehrswegen, Fluchtwegen, Notausgängen, Treppen und Orientierungssystemen, die von den Beschäftigten mit Behinderungen benutzt werden.
(3) Die zuständige Behörde kann auf schriftlichen Antrag des Arbeitgebers Ausnahmen von den Vorschriften dieser Verordnung einschließlich ihres Anhanges zulassen, wenn
1. der Arbeitgeber andere, ebenso wirksame Maßnahmen trifft oder
2. die Durchführung der Vorschrift im Einzelfall zu einer unverhältnismäßigen Härte führen würde und die Abweichung mit dem Schutz der Beschäftigten vereinbar ist.
Der Antrag des Arbeitgebers kann in Papierform oder elektronisch übermittelt werden. Bei der Beurteilung sind die Belange der kleineren Betriebe besonders zu berücksichtigen.
(4) Anforderungen in anderen Rechtsvorschriften, insbesondere im Bauordnungsrecht der Länder, gelten vorrangig, soweit sie über die Anforderungen dieser Verordnung hinausgehen.

§ 4 Besondere Anforderungen an das Betreiben von Arbeitsstätten

(1) Der Arbeitgeber hat die Arbeitsstätte instand zu halten und dafür zu sorgen, dass festgestellte Mängel unverzüglich beseitigt werden. Können Mängel, mit denen eine unmittelbare erhebliche Gefahr verbunden ist, nicht sofort beseitigt werden, hat er dafür zu sorgen, dass die gefährdeten Beschäftigten ihre Tätigkeit unverzüglich einstellen.
(2) Der Arbeitgeber hat dafür zu sorgen, dass Arbeitsstätten den hygienischen Erfordernissen entsprechend gereinigt werden. Verunreinigungen und Ablagerungen, die zu Gefährdungen führen können, sind unverzüglich zu beseitigen.
(3) Der Arbeitgeber hat die Sicherheitseinrichtungen, insbesondere Sicherheitsbeleuchtung, Brandmelde- und Feuerlöscheinrichtungen, Signalanlagen, Notaggregate und Notschalter sowie raumlufttechnische Anlagen instand zu halten und in regelmäßigen Abständen auf ihre Funktionsfähigkeit prüfen zu lassen.
(4) Der Arbeitgeber hat dafür zu sorgen, dass Verkehrswege, Fluchtwege und Notausgänge ständig freigehalten werden, damit sie jederzeit benutzbar sind. Der Arbeitgeber hat Vorkehrungen so zu treffen, dass die Beschäftigten bei Gefahr sich unverzüglich in Sicherheit bringen und schnell gerettet werden können. Der Arbeitgeber hat einen Flucht- und Rettungsplan aufzustellen, wenn Lage, Ausdehnung und Art der Benutzung der Arbeitsstätte dies erfordern. Der Plan ist an geeigneten Stellen in der Arbeitsstätte auszulegen oder auszuhängen. In angemessenen Zeitabständen ist entsprechend diesem Plan zu üben.
(5) Der Arbeitgeber hat beim Einrichten und Betreiben von Arbeitsstätten Mittel und Einrichtungen zur Ersten Hilfe zur Verfügung zu stellen und regelmäßig auf ihre Vollständigkeit und Verwendungsfähigkeit prüfen zu lassen.

§ 5 Nichtraucherschutz

(1) Der Arbeitgeber hat die erforderlichen Maßnahmen zu treffen, damit die nicht rauchenden Beschäftigten in Arbeitsstätten wirksam vor den Gesundheitsgefahren durch Tabakrauch geschützt sind. Soweit erforderlich, hat der Arbeitgeber ein allgemeines oder auf einzelne Bereiche der Arbeitsstätte beschränktes Rauchverbot zu erlassen.

(2) In Arbeitsstätten mit Publikumsverkehr hat der Arbeitgeber beim Einrichten und Betreiben von Arbeitsräumen der Natur des Betriebes entsprechende und der Art der Beschäftigung angepasste technische oder organisatorische Maßnahmen nach Absatz 1 zum Schutz der nicht rauchenden Beschäftigten zu treffen.

§ 6 Unterweisung der Beschäftigten

(1) Der Arbeitgeber hat den Beschäftigten ausreichende und angemessene Informationen anhand der Gefährdungsbeurteilung in einer für die Beschäftigten verständlichen Form und Sprache zur Verfügung zu stellen über
1. das bestimmungsgemäße Betreiben der Arbeitsstätte,
2. alle gesundheits- und sicherheitsrelevanten Fragen im Zusammenhang mit ihrer Tätigkeit,
3. Maßnahmen, die zur Gewährleistung der Sicherheit und zum Schutz der Gesundheit der Beschäftigten durchgeführt werden müssen, und
4. arbeitsplatzspezifische Maßnahmen, insbesondere bei Tätigkeiten auf Baustellen oder an Bildschirmgeräten,
und sie anhand dieser Informationen zu unterweisen.

(2) Die Unterweisung nach Absatz 1 muss sich auf Maßnahmen im Gefahrenfall erstrecken, insbesondere auf
1. die Bedienung von Sicherheits- und Warneinrichtungen,
2. die Erste Hilfe und die dazu vorgehaltenen Mittel und Einrichtungen und
3. den innerbetrieblichen Verkehr.

(3) Die Unterweisung nach Absatz 1 muss sich auf Maßnahmen der Brandverhütung und Verhaltensmaßnahmen im Brandfall erstrecken, insbesondere auf die Nutzung der Fluchtwege und Notausgänge. Diejenigen Beschäftigten, die Aufgaben der Brandbekämpfung übernehmen, hat der Arbeitgeber in der Bedienung der Feuerlöscheinrichtungen zu unterweisen.

(4) Die Unterweisungen müssen vor Aufnahme der Tätigkeit stattfinden. Danach sind sie mindestens jährlich zu wiederholen. Sie haben in einer für die Beschäftigten verständlichen Form und Sprache zu erfolgen. Unterweisungen sind unverzüglich zu wiederholen, wenn sich die Tätigkeiten der Beschäftigten, die Arbeitsorganisation, die Arbeits- und Fertigungsverfahren oder die Einrichtungen und Betriebsweisen in der Arbeitsstätte wesentlich verändern und die Veränderung mit zusätzlichen Gefährdungen verbunden ist.

§ 7 Ausschuss für Arbeitsstätten

(1) Beim Bundesministerium für Arbeit und Soziales wird ein Ausschuss für Arbeitsstätten gebildet, in dem fachkundige Vertreter der Arbeitgeber, der Gewerkschaften, der Länderbehörden, der gesetzlichen Unfallversicherung und weitere fachkundige Personen, insbesondere der Wissenschaft, in angemessener Zahl vertreten sein sollen. Die Gesamtzahl der Mitglieder soll 16 Personen nicht überschreiten. Für jedes Mitglied ist ein stellvertretendes Mitglied zu benennen. Die Mitgliedschaft im Ausschuss für Arbeitsstätten ist ehrenamtlich.

(2) Das Bundesministerium für Arbeit und Soziales beruft die Mitglieder des Ausschusses und die stellvertretenden Mitglieder. Der Ausschuss gibt sich eine Geschäftsordnung und wählt den Vorsitzenden aus seiner Mitte. Die Geschäftsordnung und die Wahl des Vorsitzenden bedürfen der Zustimmung des Bundesministeriums für Arbeit und Soziales.

(3) Zu den Aufgaben des Ausschusses gehört es,
1. dem Stand der Technik, Arbeitsmedizin und Hygiene entsprechende Regeln und sonstige gesicherte wissenschaftliche Erkenntnisse für die Sicherheit und Gesundheit der Beschäftigten in Arbeitsstätten zu ermitteln,
2. Regeln und Erkenntnisse zu ermitteln, wie die Anforderungen dieser Verordnung erfüllt werden können, sowie Empfehlungen für weitere Maßnahmen zur Gewährleistung der Sicherheit und zum Schutz der Gesundheit der Beschäftigten auszuarbeiten und
3. das Bundesministerium für Arbeit und Soziales in allen Fragen der Sicherheit und der Gesundheit der Beschäftigten in Arbeitsstätten zu beraten.

Bei der Wahrnehmung seiner Aufgaben soll der Ausschuss die allgemeinen Grundsätze des Arbeitsschutzes nach § 4 des Arbeitsschutzgesetzes berücksichtigen. Das Arbeitsprogramm des Ausschusses für Arbeitsstätten wird mit dem Bundesministerium für Arbeit und Soziales abgestimmt. Der Ausschuss arbeitet eng mit den anderen Ausschüssen beim Bundesministerium für Arbeit und Soziales zusammen. Die Sitzungen des Ausschusses sind nicht öffentlich. Beratungs- und Abstimmungsergebnisse des Ausschusses sowie Niederschriften der Untergremien sind vertraulich zu behandeln, soweit die Erfüllung der Aufgaben, die den Untergremien oder den Mitgliedern des Ausschusses obliegen, dem nicht entgegenstehen.

(4) Das Bundesministerium für Arbeit und Soziales kann die vom Ausschuss nach Absatz 3 ermittelten Regeln und Erkenntnisse sowie Empfehlungen im Gemeinsamen Ministerialblatt bekannt machen.

(5) Die Bundesministerien sowie die zuständigen obersten Landesbehörden können zu den Sitzungen des Ausschusses Vertreter entsenden. Diesen ist auf Verlangen in der Sitzung das Wort zu erteilen.

(6) Die Geschäfte des Ausschusses führt die Bundesanstalt für Arbeitsschutz und Arbeitsmedizin.

§ 8 Übergangsvorschriften

(1) Soweit für Arbeitsstätten,
1. die am 1. Mai 1976 eingerichtet waren oder mit deren Einrichtung vor diesem Zeitpunkt begonnen worden war oder
2. die am 20. Dezember 1996 eingerichtet waren oder mit deren Einrichtung vor diesem Zeitpunkt begonnen worden war und für die zum Zeitpunkt der Einrichtung die Gewerbeordnung keine Anwendung fand,

in dieser Verordnung Anforderungen gestellt werden, die umfangreiche Änderungen der Arbeitsstätte, der Betriebseinrichtungen, Arbeitsverfahren oder Arbeitsabläufe notwendig machen, gelten hierfür bis zum 31. Dezember 2020 mindestens die entsprechenden Anforderungen des Anhangs II der Richtlinie 89/654/EWG des Rates vom 30. November 1989 über Mindestvorschriften für Sicherheit und Gesundheitsschutz in Arbeitsstätten (ABl. EG Nr. L 393 S. 1). Soweit diese Arbeitsstätten oder ihre Betriebseinrichtungen wesentlich erweitert oder umgebaut oder die Arbeitsverfahren oder Arbeitsabläufe wesentlich umgestaltet werden, hat der Arbeitgeber die erforderlichen Maßnahmen zu treffen, damit diese Änderungen, Erweiterungen oder Umgestaltungen mit den Anforderungen dieser Verordnung übereinstimmen.

(2) Bestimmungen in den vom Ausschuss für Arbeitsstätten ermittelten und vom Bundesministerium für Arbeit und Soziales im Gemeinsamen Ministerialblatt bekannt gemachten Regeln für Arbeitsstätten, die Anforderungen an den Arbeitsplatz enthalten, gelten unter Berücksichtigung der Begriffsbestimmung des Arbeitsplatzes in § 2 Absatz 2 der Arbeitsstättenverordnung vom 12. August 2004 (BGBl. I S. 2179), die zuletzt durch Artikel 282 der Verordnung

vom 31. August 2015 (BGBl. I S. 1474) geändert worden ist, solange fort, bis sie vom Ausschuss für Arbeitsstätten überprüft und erforderlichenfalls vom Bundesministerium für Arbeit und Soziales im Gemeinsamen Ministerialblatt neu bekannt gemacht worden sind.

§ 9 Straftaten und Ordnungswidrigkeiten

(1) Ordnungswidrig im Sinne des § 25 Absatz 1 Nummer 1 des Arbeitsschutzgesetzes handelt, wer vorsätzlich oder fahrlässig
1. entgegen § 3 Absatz 3 eine Gefährdungsbeurteilung nicht richtig, nicht vollständig oder nicht rechtzeitig dokumentiert,
2. entgegen § 3a Absatz 1 Satz 1 nicht dafür sorgt, dass eine Arbeitsstätte in der dort vorgeschriebenen Weise eingerichtet ist oder betrieben wird,
3. entgegen § 3a Absatz 1 Satz 2 in Verbindung mit Nummer 4.1 Absatz 1 des Anhangs einen dort genannten Toilettenraum oder eine dort genannte mobile, anschlussfreie Toilettenkabine nicht oder nicht in der vorgeschriebenen Weise zur Verfügung stellt,
4. entgegen § 3a Absatz 1 Satz 2 in Verbindung mit Nummer 4.2 Absatz 1 des Anhangs einen dort genannten Pausenraum oder einen dort genannten Pausenbereich nicht oder nicht in der vorgeschriebenen Weise zur Verfügung stellt,
5. entgegen § 3a Absatz 2 eine Arbeitsstätte nicht in der dort vorgeschriebenen Weise einrichtet oder betreibt,
6. entgegen § 4 Absatz 1 Satz 2 nicht dafür sorgt, dass die gefährdeten Beschäftigten ihre Tätigkeit unverzüglich einstellen,
7. entgegen § 4 Absatz 4 Satz 1 nicht dafür sorgt, dass Verkehrswege, Fluchtwege und Notausgänge freigehalten werden,
8. entgegen § 4 Absatz 5 ein Mittel oder eine Einrichtung zur Ersten Hilfe nicht zur Verfügung stellt,
9. entgegen § 6 Absatz 4 Satz 1 nicht sicherstellt, dass die Beschäftigten vor Aufnahme der Tätigkeit unterwiesen werden.

(2) Wer durch eine in Absatz 1 bezeichnete vorsätzliche Handlung das Leben oder die Gesundheit von Beschäftigten gefährdet, ist nach § 26 Nummer 2 des Arbeitsschutzgesetzes strafbar.

Anhang Anforderungen und Maßnahmen für Arbeitsstätten nach § 3 Absatz 1

1. Allgemeine Anforderungen

1.1 Anforderungen an Konstruktion und Festigkeit von Gebäuden

Gebäude für Arbeitsstätten müssen eine der Nutzungsart entsprechende Konstruktion und Festigkeit aufweisen.

1.2 Abmessungen von Räumen, Luftraum

(1) Arbeitsräume, Sanitär-, Pausen- und Bereitschaftsräume, Kantinen, Erste-Hilfe-Räume und Unterkünfte Anforderungen an Konstruktion und Festigkeit von Gebäudenmüssen eine ausreichende Grundfläche und eine, in Abhängigkeit von der Größe der Grundfläche der Räume, ausreichende lichte Höhe aufweisen, so dass die Beschäftigten ohne Beeinträchtigung ihrer Sicherheit, ihrer Gesundheit oder ihres Wohlbefindens die Räume nutzen oder ihre Arbeit verrichten können.

(2) Die Abmessungen der Räume richten sich nach der Art ihrer Nutzung.

(3) Die Größe des notwendigen Luftraumes ist in Abhängigkeit von der Art der physischen Belastung und der Anzahl der Beschäftigten sowie der sonstigen anwesenden Personen zu bemessen.

1.3 Sicherheits- und Gesundheitsschutzkennzeichnung
(1) Unberührt von den nachfolgenden Anforderungen sind Sicherheits- und Gesundheitsschutzkennzeichnungen einzusetzen, wenn Gefährdungen der Sicherheit und Gesundheit der Beschäftigten nicht durch technische oder organisatorische Maßnahmen vermieden oder ausreichend begrenzt werden können. Das Ergebnis der Gefährdungsbeurteilung und die Maßnahmen nach § 3 Absatz 1 sind dabei zu berücksichtigen.
(2) Die Kennzeichnung ist nach der Art der Gefährdung dauerhaft oder vorübergehend nach den Vorgaben der Richtlinie 92/58/EWG des Rates vom 24. Juni 1992 über Mindestvorschriften für die Sicherheits- und/oder Gesundheitsschutzkennzeichnung am Arbeitsplatz (Neunte Einzelrichtlinie im Sinne des Artikels 16 Absatz 1 der Richtlinie 89/391/EWG) (ABl. EG Nr. L 245 S. 23) auszuführen. Diese Richtlinie gilt in der jeweils aktuellen Fassung. Wird diese Richtlinie geändert oder nach den in dieser Richtlinie vorgesehenen Verfahren an den technischen Fortschritt angepasst, gilt sie in der geänderten im Amtsblatt der Europäischen Gemeinschaften veröffentlichten Fassung nach Ablauf der in der Änderungs- oder Anpassungsrichtlinie festgelegten Umsetzungsfrist. Die geänderte Fassung kann bereits ab Inkrafttreten der Änderungsoder Anpassungsrichtlinie angewendet werden.

1.4 Energieverteilungsanlagen
Anlagen, die der Versorgung der Arbeitsstätte mit Energie dienen, müssen so ausgewählt, installiert und betrieben werden, dass die Beschäftigten vor dem direkten oder indirekten Berühren spannungsführender Teile geschützt sind und dass von den Anlagen keine Brand- oder Explosionsgefahren ausgehen. Bei der Konzeption und der Ausführung sowie der Wahl des Materials und der Schutzvorrichtungen sind Art und Stärke der verteilten Energie, die äußeren Einwirkbedingungen und die Fachkenntnisse der Personen zu berücksichtigen, die zu Teilen der Anlage Zugang haben.

1.5 Fußböden, Wände, Decken, Dächer
(1) Die Oberflächen der Fußböden, Wände und Decken der Räume müssen so gestaltet sein, dass sie den Erfordernissen des sicheren Betreibens entsprechen sowie leicht und sicher zu reinigen sind. Arbeitsräume müssen unter Berücksichtigung der Art des Betriebes und der physischen Belastungen eine angemessene Dämmung gegen Wärme und Kälte sowie eine ausreichende Isolierung gegen Feuchtigkeit aufweisen. Auch Sanitär-, Pausen- und Bereitschaftsräume, Kantinen, Erste-Hilfe-Räume und Unterkünfte müssen über eine angemessene Dämmung gegen Wärme und Kälte sowie eine ausreichende Isolierung gegen Feuchtigkeit verfügen.
(2) Die Fußböden der Räume dürfen keine Unebenheiten, Löcher, Stolperstellen oder gefährlichen Schrägen aufweisen. Sie müssen gegen Verrutschen gesichert, tragfähig, trittsicher und rutschhemmend sein.
(3) Durchsichtige oder lichtdurchlässige Wände, insbesondere Ganzglaswände in Arbeitsräumen oder im Bereich von Verkehrswegen, müssen deutlich gekennzeichnet sein. Sie müssen entweder aus bruchsicherem Werkstoff bestehen oder so gegen die Arbeitsplätze in Arbeitsräumen oder die Verkehrswege abgeschirmt sein, dass die Beschäftigten nicht mit den Wänden in Berührung kommen und beim Zersplittern der Wände nicht verletzt werden können.

(4) Dächer aus nicht durchtrittsicherem Material dürfen nur betreten werden, wenn Ausrüstungen benutzt werden, die ein sicheres Arbeiten ermöglichen.

1.6 Fenster, Oberlichter

(1) Fenster, Oberlichter und Lüftungsvorrichtungen müssen sich von den Beschäftigten sicher öffnen, schließen, verstellen und arretieren lassen. Sie dürfen nicht so angeordnet sein, dass sie in geöffnetem Zustand eine Gefahr für die Beschäftigten darstellen.

(2) Fenster und Oberlichter müssen so ausgewählt oder ausgerüstet und eingebaut sein, dass sie ohne Gefährdung der Ausführenden und anderer Personen gereinigt werden können.

1.7 Türen, Tore

(1) Die Lage, Anzahl, Abmessungen und Ausführung insbesondere hinsichtlich der verwendeten Werkstoffe von Türen und Toren müssen sich nach der Art und Nutzung der Räume oder Bereiche richten.

(2) Durchsichtige Türen müssen in Augenhöhe gekennzeichnet sein.

(3) Pendeltüren und -tore müssen durchsichtig sein oder ein Sichtfenster haben.

(4) Bestehen durchsichtige oder lichtdurchlässige Flächen von Türen und Toren nicht aus bruchsicherem Werkstoff und ist zu befürchten, dass sich die Beschäftigten beim Zersplittern verletzen können, sind diese Flächen gegen Eindrücken zu schützen.

(5) Schiebetüren und -tore müssen gegen Ausheben und Herausfallen gesichert sein. Türen und Tore, die sich nach oben öffnen, müssen gegen Herabfallen gesichert sein.

(6) In unmittelbarer Nähe von Toren, die vorwiegend für den Fahrzeugverkehr bestimmt sind, müssen gut sichtbar gekennzeichnete, stets zugängliche Türen für Fußgänger vorhanden sein. Diese Türen sind nicht erforderlich, wenn der Durchgang durch die Tore für Fußgänger gefahrlos möglich ist.

(7) Kraftbetätigte Türen und Tore müssen sicher benutzbar sein. Dazu gehört, dass sie
a) ohne Gefährdung der Beschäftigten bewegt werden oder zum Stillstand kommen können,
b) mit selbsttätig wirkenden Sicherungen ausgestattet sind,
c) auch von Hand zu öffnen sind, sofern sie sich bei Stromausfall nicht automatisch öffnen.

(8) Besondere Anforderungen gelten für Türen im Verlauf von Fluchtwegen (Nummer 2.3).

1.8 Verkehrswege

(1) Verkehrswege, einschließlich Treppen, fest angebrachte Steigleitern und Laderampen müssen so angelegt und bemessen sein, dass sie je nach ihrem Bestimmungszweck leicht und sicher begangen oder befahren werden können und in der Nähe Beschäftigte nicht gefährdet werden.

(2) Die Bemessung der Verkehrswege, die dem Personenverkehr, Güterverkehr oder Personen- und Güterverkehr dienen, muss sich nach der Anzahl der möglichen Benutzer und der Art des Betriebes richten.

(3) Werden Transportmittel auf Verkehrswegen eingesetzt, muss für Fußgänger ein ausreichender Sicherheitsabstand gewahrt werden.

(4) Verkehrswege für Fahrzeuge müssen an Türen und Toren, Durchgängen, Fußgängerwegen und Treppenaustritten in ausreichendem Abstand vorbeiführen.

(5) Soweit Nutzung und Einrichtung der Räume es zum Schutz der Beschäftigten erfordern, müssen die Begrenzungen der Verkehrswege gekennzeichnet sein.

(6) Besondere Anforderungen gelten für Fluchtwege (Nummer 2.3).

1.9 Fahrtreppen, Fahrsteige
Fahrtreppen und Fahrsteige müssen so ausgewählt und installiert sein, dass sie sicher funktionieren und sicher benutzbar sind. Dazu gehört, dass die Notbefehlseinrichtungen gut erkennbar und leicht zugänglich sind und nur solche Fahrtreppen und Fahrsteige eingesetzt werden, die mit den notwendigen Sicherheitsvorrichtungen ausgestattet sind.

1.10 Laderampen
(1) Laderampen sind entsprechend den Abmessungen der Transportmittel und der Ladung auszulegen.
(2) Sie müssen mindestens einen Abgang haben; lange Laderampen müssen, soweit betriebstechnisch möglich, an jedem Endbereich einen Abgang haben.
(3) Sie müssen einfach und sicher benutzbar sein. Dazu gehört, dass sie nach Möglichkeit mit Schutzvorrichtungen gegen Absturz auszurüsten sind; das gilt insbesondere in Bereichen von Laderampen, die keine ständigen Be- und Entladestellen sind.

1.11 Steigleitern, Steigeisengänge
Steigleitern und Steigeisengänge müssen sicher benutzbar sein. Dazu gehört, dass sie
a) nach Notwendigkeit über Schutzvorrichtungen gegen Absturz, vorzugsweise über Steigschutzeinrichtungen verfügen,
b) an ihren Austrittsstellen eine Haltevorrichtung haben,
c) nach Notwendigkeit in angemessenen Abständen mit Ruhebühnen ausgerüstet sind.

2. Maßnahmen zum Schutz vor besonderen Gefahren

2.1 Schutz vor Absturz und herabfallenden Gegenständen, Betreten von Gefahrenbereichen
(1) Arbeitsplätze und Verkehrswege, bei denen eine Absturzgefahr für Beschäftigte oder die Gefahr des Herabfallens von Gegenständen besteht, müssen mit Schutzvorrichtungen versehen sein, die verhindern, dass Beschäftigte abstürzen oder durch herabfallende Gegenstände verletzt werden können. Sind aufgrund der Eigenart des Arbeitsplatzes oder der durchzuführenden Arbeiten Schutzvorrichtungen gegen Absturz nicht geeignet, muss der Arbeitgeber die Sicherheit der Beschäftigten durch andere wirksame Maßnahmen gewährleisten. Eine Absturzgefahr besteht bei einer Absturzhöhe von mehr als 1 Meter.
(2) Arbeitsplätze und Verkehrswege, die an Gefahrenbereiche grenzen, müssen mit Schutzvorrichtungen versehen sein, die verhindern, dass Beschäftigte in die Gefahrenbereiche gelangen.
(3) Die Arbeitsplätze und Verkehrswege nach den Absätzen 1 und 2 müssen gegen unbefugtes Betreten gesichert und gut sichtbar als Gefahrenbereiche gekennzeichnet sein. Zum Schutz derjenigen, die diese Bereiche betreten müssen, sind geeignete Maßnahmen zu treffen.

2.2 Maßnahmen gegen Brände
(1) Arbeitsstätten müssen je nach
a) Abmessung und Nutzung,
b) der Brandgefährdung vorhandener Einrichtungen und Materialien,
c) der größtmöglichen Anzahl anwesender Personen mit einer ausreichenden Anzahl geeigneter Feuerlöscheinrichtungen und erforderlichenfalls Brandmeldern und Alarmanlagen ausgestattet sein.

(2) Nicht selbsttätige Feuerlöscheinrichtungen müssen als solche dauerhaft gekennzeichnet, leicht zu erreichen und zu handhaben sein.
(3) Selbsttätig wirkende Feuerlöscheinrichtungen müssen mit Warneinrichtungen ausgerüstet sein, wenn bei ihrem Einsatz Gefahren für die Beschäftigten auftreten können.

2.3 Fluchtwege und Notausgänge
(1) Fluchtwege und Notausgänge müssen
a) sich in Anzahl, Anordnung und Abmessung nach der Nutzung, der Einrichtung und den Abmessungen der Arbeitsstätte sowie nach der höchstmöglichen Anzahl der dort anwesenden Personen richten,
b) auf möglichst kurzem Weg ins Freie oder, falls dies nicht möglich ist, in einen gesicherten Bereich führen,
c) in angemessener Form und dauerhaft gekennzeichnet sein.
Sie sind mit einer Sicherheitsbeleuchtung auszurüsten, wenn das gefahrlose Verlassen der Arbeitsstätte für die Beschäftigten, insbesondere bei Ausfall der allgemeinen Beleuchtung, nicht gewährleistet ist.
(2) Türen im Verlauf von Fluchtwegen oder Türen von Notausgängen müssen
a) sich von innen ohne besondere Hilfsmittel jederzeit leicht öffnen lassen, solange sich Beschäftigte in der Arbeitsstätte befinden,
b) in angemessener Form und dauerhaft gekennzeichnet sein.
Türen von Notausgängen müssen sich nach außen öffnen lassen. In Notausgängen, die ausschließlich für den Notfall konzipiert und ausschließlich im Notfall benutzt werden, sind Karussell- und Schiebetüren nicht zulässig.

3. Arbeitsbedingungen

3.1 Bewegungsfläche
(1) Die freie unverstellte Fläche am Arbeitsplatz muss so bemessen sein, dass sich die Beschäftigten bei ihrer Tätigkeit ungehindert bewegen können.
(2) Ist dies nicht möglich, muss den Beschäftigten in der Nähe des Arbeitsplatzes eine andere ausreichend große Bewegungsfläche zur Verfügung stehen.

3.2 Anordnung der Arbeitsplätze
Arbeitsplätze sind in der Arbeitsstätte so anzuordnen, dass Beschäftigte
a) sie sicher erreichen und verlassen können,
b) sich bei Gefahr schnell in Sicherheit bringen können,
c) durch benachbarte Arbeitsplätze, Transporte oder Einwirkungen von außerhalb nicht gefährdet werden.

3.3 Ausstattung
(1) Jedem Beschäftigten muss mindestens eine Kleiderablage zur Verfügung stehen, sofern keine Umkleideräume vorhanden sind.
(2) Kann die Arbeit ganz oder teilweise sitzend verrichtet werden oder lässt es der Arbeitsablauf zu, sich zeitweise zu setzen, sind den Beschäftigten am Arbeitsplatz Sitzgelegenheiten zur Verfügung zu stellen. Können aus betriebstechnischen Gründen keine Sitzgelegenheiten unmittelbar am Arbeitsplatz aufgestellt werden, obwohl es der Arbeitsablauf zulässt, sich zeitweise zu setzen, müssen den Beschäftigten in der Nähe der Arbeitsplätze Sitzgelegenheiten bereitgestellt werden.

3.4 Beleuchtung und Sichtverbindung

(1) Der Arbeitgeber darf als Arbeitsräume nur solche Räume betreiben, die möglichst ausreichend Tageslicht erhalten und die eine Sichtverbindung nach außen haben.
Dies gilt nicht für
1. Räume, bei denen betriebs-, produktions- oder bautechnische Gründe Tageslicht oder einer Sichtverbindung nach außen entgegenstehen,
2. Räume, in denen sich Beschäftigte zur Verrichtung ihrer Tätigkeit regelmäßig nicht über einen längeren Zeitraum oder im Verlauf der täglichen Arbeitszeit nur kurzzeitig aufhalten müssen, insbesondere Archive, Lager-, Maschinen- und Nebenräume, Teeküchen,
3. Räume, die vollständig unter Erdgleiche liegen, soweit es sich dabei um Tiefgaragen oder ähnliche Einrichtungen, um kulturelle Einrichtungen, um Verkaufsräume oder um Schank- und Speiseräume handelt,
4. Räume in Bahnhofs- oder Flughafenhallen, Passagen oder innerhalb von Kaufhäusern und Einkaufszentren,
5. Räume mit einer Grundfläche von mindestens 2000 Quadratmetern, sofern Oberlichter oder andere bauliche Vorrichtungen vorhanden sind, die Tageslicht in den Arbeitsraum lenken.

(2) Pausen- und Bereitschaftsräume sowie Unterkünfte müssen möglichst ausreichend mit Tageslicht beleuchtet sein und eine Sichtverbindung nach außen haben. Kantinen sollen möglichst ausreichend Tageslicht erhalten und eine Sichtverbindung nach außen haben.

(3) Räume, die bis zum 3. Dezember 2016 eingerichtet worden sind oder mit deren Einrichtung begonnen worden war und die die Anforderungen nach Absatz 1 Satz 1 oder Absatz 2 nicht erfüllen, dürfen ohne eine Sichtverbindung nach außen weiter betrieben werden, bis sie wesentlich erweitert oder umgebaut werden.

(4) In Arbeitsräumen muss die Stärke des Tageslichteinfalls am Arbeitsplatz je nach Art der Tätigkeit reguliert werden können.

(5) Arbeitsstätten müssen mit Einrichtungen ausgestattet sein, die eine angemessene künstliche Beleuchtung ermöglichen, so dass die Sicherheit und der Schutz der Gesundheit der Beschäftigten gewährleistet sind.

(6) Die Beleuchtungsanlagen sind so auszuwählen und anzuordnen, dass dadurch die Sicherheit und die Gesundheit der Beschäftigten nicht gefährdet werden.

(7) Arbeitsstätten, in denen bei Ausfall der Allgemeinbeleuchtung die Sicherheit der Beschäftigten gefährdet werden kann, müssen eine ausreichende Sicherheitsbeleuchtung haben.

3.5 Raumtemperatur

(1) Arbeitsräume, in denen aus betriebstechnischer Sicht keine spezifischen Anforderungen an die Raumtemperatur gestellt werden, müssen während der Nutzungsdauer unter Berücksichtigung der Arbeitsverfahren und der physischen Belastungen der Beschäftigten eine gesundheitlich zuträgliche Raumtemperatur haben.

(2) Sanitär-, Pausen- und Bereitschaftsräume, Kantinen, Erste-Hilfe-Räume und Unterkünfte müssen während der Nutzungsdauer unter Berücksichtigung des spezifischen Nutzungszwecks eine gesundheitlich zuträgliche Raumtemperatur haben.

(3) Fenster, Oberlichter und Glaswände müssen unter Berücksichtigung der Arbeitsverfahren und der Art der Arbeitsstätte eine Abschirmung gegen übermäßige Sonneneinstrahlung ermöglichen.

3.6 Lüftung

(1) In Arbeitsräumen, Sanitär-, Pausen- und Bereitschaftsräumen, Kantinen, Erste-Hilfe-Räumen und Unterkünften muss unter Berücksichtigung des spezifischen Nutzungszwecks, der Arbeitsverfahren, der physischen Belastungen und der Anzahl der Beschäftigten sowie der sonstigen anwesenden Personen während der Nutzungsdauer ausreichend gesundheitlich zuträgliche Atemluft vorhanden sein.
(2) Ist für das Betreiben von Arbeitsstätten eine raumlufttechnische Anlage erforderlich, muss diese jederzeit funktionsfähig sein. Bei raumlufttechnischen Anlagen muss eine Störung durch eine selbsttätige Warneinrichtung angezeigt werden. Es müssen Vorkehrungen getroffen sein, durch die die Beschäftigten im Fall einer Störung gegen Gesundheitsgefahren geschützt sind.
(3) Werden raumlufttechnische Anlagen verwendet, ist sicherzustellen, dass die Beschäftigten keinem störenden Luftzug ausgesetzt sind.
(4) Ablagerungen und Verunreinigungen in raumlufttechnischen Anlagen, die zu einer unmittelbaren Gesundheitsgefährdung durch die Raumluft führen können, müssen umgehend beseitigt werden.

3.7 Lärm

In Arbeitsstätten ist der Schalldruckpegel so niedrig zu halten, wie es nach der Art des Betriebes möglich ist. Der Schalldruckpegel am Arbeitsplatz in Arbeitsräumen ist in Abhängigkeit von der Nutzung und den zu verrichtenden Tätigkeiten so weit zu reduzieren, dass keine Beeinträchtigungen der Gesundheit der Beschäftigten entstehen.

4. Sanitär-, Pausen- und Bereitschaftsräume, Kantinen, Erste-Hilfe-Räume und Unterkünfte

4.1 Sanitärräume

(1) Der Arbeitgeber hat Toilettenräume zur Verfügung zu stellen. Toilettenräume sind für Männer und Frauen getrennt einzurichten oder es ist eine getrennte Nutzung zu ermöglichen. Toilettenräume sind mit verschließbaren Zugängen, einer ausreichenden Anzahl von Toilettenbecken und Handwaschgelegenheiten zur Verfügung zu stellen. Sie müssen sich sowohl in der Nähe der Arbeitsräume als auch in der Nähe von Kantinen, Pausen- und Bereitschaftsräumen, Wasch- und Umkleideräumen befinden. Bei Arbeiten im Freien und auf Baustellen mit wenigen Beschäftigten sind mobile, anschlussfreie Toilettenkabinen in der Nähe der Arbeitsplätze ausreichend.
(2) Der Arbeitgeber hat – wenn es die Art der Tätigkeit oder gesundheitliche Gründe erfordern – Waschräume zur Verfügung zu stellen. Diese sind für Männer und Frauen getrennt einzurichten oder es ist eine getrennte Nutzung zu ermöglichen. Bei Arbeiten im Freien und auf Baustellen mit wenigen Beschäftigten sind Waschgelegenheiten ausreichend. Waschräume sind
   a) in der Nähe von Arbeitsräumen und sichtgeschützt einzurichten,
   b) so zu bemessen, dass die Beschäftigten sich den hygienischen Erfordernissen entsprechend und ungehindert reinigen können; dazu müssen fließendes warmes und kaltes Wasser, Mittel zum Reinigen und gegebenenfalls zum Desinfizieren sowie zum Abtrocknen der Hände vorhanden sein,
   c) mit einer ausreichenden Anzahl geeigneter Duschen zur Verfügung zu stellen, wenn es die Art der Tätigkeit oder gesundheitliche Gründe erfordern.

Sind Waschräume nicht erforderlich, müssen in der Nähe des Arbeitsplatzes und der Umkleideräume ausreichende und angemessene Waschgelegenheiten mit fließendem Wasser (erforderlichenfalls mit warmem Wasser), Mitteln zum Reinigen und zum Abtrocknen der Hände zur Verfügung stehen.

(3) Der Arbeitgeber hat geeignete Umkleideräume zur Verfügung zu stellen, wenn die Beschäftigten bei ihrer Tätigkeit besondere Arbeitskleidung tragen müssen und es ihnen nicht zuzumuten ist, sich in einem anderen Raum umzukleiden. Umkleideräume sind für Männer und Frauen getrennt einzurichten oder es ist eine getrennte Nutzung zu ermöglichen. Umkleideräume müssen

a) leicht zugänglich und von ausreichender Größe und sichtgeschützt eingerichtet werden; entsprechend der Anzahl gleichzeitiger Benutzer muss genügend freie Bodenfläche für ungehindertes Umkleiden vorhanden sein,

b) mit Sitzgelegenheiten sowie mit verschließbaren Einrichtungen ausgestattet sein, in denen jeder Beschäftigte seine Kleidung aufbewahren kann.

Kleiderschränke für Arbeitskleidung und Schutzkleidung sind von Kleiderschränken für persönliche Kleidung und Gegenstände zu trennen, wenn die Umstände dies erfordern.

(4) Wasch- und Umkleideräume, die voneinander räumlich getrennt sind, müssen untereinander leicht erreichbar sein.

4.2 Pausen- und Bereitschaftsräume

(1) Bei mehr als zehn Beschäftigten oder wenn die Sicherheit und der Schutz der Gesundheit es erfordern, ist den Beschäftigten ein Pausenraum oder ein entsprechender Pausenbereich zur Verfügung zu stellen. Dies gilt nicht, wenn die Beschäftigten in Büroräumen oder vergleichbaren Arbeitsräumen beschäftigt sind und dort gleichwertige Voraussetzungen für eine Erholung während der Pause gegeben sind. Fallen in die Arbeitszeit regelmäßig und häufig Arbeitsbereitschaftszeiten oder Arbeitsunterbrechungen und sind keine Pausenräume vorhanden, so sind für die Beschäftigten Räume für Bereitschaftszeiten einzurichten. Schwangere Frauen und stillende Mütter müssen sich während der Pausen und, soweit es erforderlich ist, auch während der Arbeitszeit unter geeigneten Bedingungen hinlegen und ausruhen können.

(2) Pausenräume oder entsprechende Pausenbereiche sind

a) für die Beschäftigten leicht erreichbar an ungefährdeter Stelle und in ausreichender Größe bereitzustellen,

b) entsprechend der Anzahl der gleichzeitigen Benutzer mit leicht zu reinigenden Tischen und Sitzgelegenheiten mit Rückenlehne auszustatten,

c) als separate Räume zu gestalten, wenn die Beurteilung der Arbeitsbedingungen und der Arbeitsstätte dies erfordern.

(3) Bereitschaftsräume und Pausenräume, die als Bereitschaftsräume genutzt werden, müssen dem Zweck entsprechend ausgestattet sein.

4.3 Erste-Hilfe-Räume

(1) Erste-Hilfe-Räume oder vergleichbare Bereiche sind entsprechend der Art der Gefährdungen in der Arbeitsstätte oder der Anzahl der Beschäftigten, der Art der auszuübenden Tätigkeiten sowie der räumlichen Größe der Betriebe zur Verfügung zu stellen.

(2) Erste-Hilfe-Räume müssen an ihren Zugängen als solche gekennzeichnet und für Personen mit Rettungstransportmitteln leicht zugänglich sein.

(3) Sie sind mit den erforderlichen Mitteln und Einrichtungen zur Ersten Hilfe auszustatten. An einer deutlich gekennzeichneten Stelle müssen Anschrift und Telefonnummer der örtlichen Rettungsdienste angegeben sein.

(4) Darüber hinaus sind überall dort, wo es die Arbeitsbedingungen erfordern, Mittel und Einrichtungen zur Ersten Hilfe aufzubewahren. Sie müssen leicht zugänglich und einsatzbereit sein. Die Aufbewahrungsstellen müssen als solche gekennzeichnet und gut erreichbar sein.

4.4 Unterkünfte

(1) Der Arbeitgeber hat angemessene Unterkünfte für Beschäftigte zur Verfügung zu stellen, gegebenenfalls auch außerhalb der Arbeitsstätte, wenn es aus Gründen der Sicherheit und zum Schutz der Gesundheit erforderlich ist. Die Bereitstellung angemessener Unterkünfte kann insbesondere wegen der Abgelegenheit der Arbeitsstätte, der Art der auszuübenden Tätigkeiten oder der Anzahl der im Betrieb beschäftigten Personen erforderlich sein. Kann der Arbeitgeber erforderliche Unterkünfte nicht zur Verfügung stellen, hat er für eine andere angemessene Unterbringung der Beschäftigten zu sorgen.

(2) Unterkünfte müssen entsprechend ihrer Belegungszahl ausgestattet sein mit:
a) Wohn- und Schlafbereich (Betten, Schränken, Tischen, Stühlen),
b) Essbereich,
c) Sanitäreinrichtungen.

(3) Wird die Unterkunft von Männern und Frauen gemeinsam genutzt, ist dies bei der Zuteilung der Räume zu berücksichtigen.

5. Ergänzende Anforderungen und Maßnahmen für besondere Arbeitsstätten und Arbeitsplätze

5.1 Arbeitsplätze in nicht allseits umschlossenen Arbeitsstätten und Arbeitsplätze im Freien

Arbeitsplätze in nicht allseits umschlossenen Arbeitsstätten und Arbeitsplätze im Freien sind so einzurichten und zu betreiben, dass sie von den Beschäftigten bei jeder Witterung sicher und ohne Gesundheitsgefährdung erreicht, benutzt und wieder verlassen werden können. Dazu gehört, dass diese Arbeitsplätze gegen Witterungseinflüsse geschützt sind oder den Beschäftigten geeignete persönliche Schutzausrüstungen zur Verfügung gestellt werden. Werden die Beschäftigten auf Arbeitsplätzen im Freien beschäftigt, so sind die Arbeitsplätze nach Möglichkeit so einzurichten, dass die Beschäftigten nicht gesundheitsgefährdenden äußeren Einwirkungen ausgesetzt sind.

5.2 Baustellen

(1) Die Beschäftigten müssen
a) sich gegen Witterungseinflüsse geschützt umkleiden, waschen und wärmen können,
b) über Einrichtungen verfügen, um ihre Mahlzeiten einnehmen und gegebenenfalls auch zubereiten zu können,
c) in der Nähe der Arbeitsplätze über Trinkwasser oder ein anderes alkoholfreies Getränk verfügen können.

Weiterhin sind auf Baustellen folgende Anforderungen umzusetzen:
d) Sind Umkleideräume nicht erforderlich, muss für jeden regelmäßig auf der Baustelle anwesenden Beschäftigten eine Kleiderablage und ein abschließbares Fach vorhanden sein, damit persönliche Gegenstände unter Verschluss aufbewahrt werden können.

e) Unter Berücksichtigung der Arbeitsverfahren und der physischen Belastungen der Beschäftigten ist dafür zu sorgen, dass ausreichend gesundheitlich zuträgliche Atemluft vorhanden ist.
f) Beschäftigte müssen die Möglichkeit haben, Arbeitskleidung und Schutzkleidung außerhalb der Arbeitszeit zu lüften und zu trocknen.
g) In regelmäßigen Abständen sind geeignete Versuche und Übungen an Feuerlöscheinrichtungen und Brandmelde- und Alarmanlagen durchzuführen.

(2) Schutzvorrichtungen, die ein Abstürzen von Beschäftigten an Arbeitsplätzen und Verkehrswegen auf Baustellen verhindern, müssen vorhanden sein:
1. unabhängig von der Absturzhöhe bei
   a) Arbeitsplätzen am und über Wasser oder an und über anderen festen oder flüssigen Stoffen, in denen man versinken kann,
   b) Verkehrswegen über Wasser oder anderen festen oder flüssigen Stoffen, in denen man versinken kann,
2. bei mehr als 1 Meter Absturzhöhe an Wandöffnungen, an freiliegenden Treppenläufen und -absätzen sowie
3. bei mehr als 2 Meter Absturzhöhe an allen übrigen Arbeitsplätzen.

Bei einer Absturzhöhe bis zu 3 Metern ist eine Schutzvorrichtung entbehrlich an Arbeitsplätzen und Verkehrswegen auf Dächern und Geschossdecken von baulichen Anlagen mit bis zu 22,5 Grad Neigung und nicht mehr als 50 Quadratmeter Grundfläche, sofern die Arbeiten von hierfür fachlich qualifizierten und körperlich geeigneten Beschäftigten ausgeführt werden und diese Beschäftigten besonders unterwiesen sind. Die Absturzkante muss für die Beschäftigten deutlich erkennbar sein.

(3) Räumliche Begrenzungen der Arbeitsplätze, Materialien, Ausrüstungen und ganz allgemein alle Elemente, die durch Ortsveränderung die Sicherheit und die Gesundheit der Beschäftigten beeinträchtigen können, müssen auf geeignete Weise stabilisiert werden. Hierzu zählen auch Maßnahmen, die verhindern, dass Fahrzeuge, Erdbaumaschinen und Förderzeuge abstürzen, umstürzen, abrutschen oder einbrechen.

(4) Werden Beförderungsmittel auf Verkehrswegen verwendet, so müssen für andere, den Verkehrsweg nutzende Personen ein ausreichender Sicherheitsabstand oder geeignete Schutzvorrichtungen vorgesehen werden. Die Wege müssen regelmäßig überprüft und gewartet werden.

(5) Bei Arbeiten, aus denen sich im besonderen Maße Gefährdungen für die Beschäftigten ergeben können, müssen geeignete Sicherheitsvorkehrungen getroffen werden. Dies gilt insbesondere für Abbrucharbeiten sowie Montage- oder Demontagearbeiten. Zur Erfüllung der Schutzmaßnahmen des Satzes 1 sind
   a) bei Arbeiten an erhöhten oder tiefer gelegenen Standorten Standsicherheit und Stabilität der Arbeitsplätze und ihrer Zugänge auf geeignete Weise zu gewährleisten und zu überprüfen, insbesondere nach einer Veränderung der Höhe oder Tiefe des Arbeitsplatzes,
   b) bei Aushubarbeiten, Brunnenbauarbeiten, unterirdischen oder Tunnelarbeiten die Erd- oder Felswände so abzuböschen, zu verbauen oder anderweitig so zu sichern, dass sie während der einzelnen Bauzustände standsicher sind; vor Beginn von Erdarbeiten sind geeignete Maßnahmen durchzuführen, um die Gefährdung durch unterirdisch verlegte Kabel und andere Versorgungsleitungen festzustellen und auf ein Mindestmaß zu verringern,
   c) bei Arbeiten, bei denen Sauerstoffmangel auftreten kann, geeignete Maßnahmen zu treffen, um einer Gefahr vorzubeugen und eine wirksame und sofortige Hilfeleistung zu er-

möglichen; Einzelarbeitsplätze in Bereichen, in denen erhöhte Gefährdung durch Sauerstoffmangel besteht, sind nur zulässig, wenn diese ständig von außen überwacht werden und alle geeigneten Vorkehrungen getroffen sind, um eine wirksame und sofortige Hilfeleistung zu ermöglichen,
d) beim Auf-, Um- sowie Abbau von Spundwänden und Senkkästen angemessene Vorrichtungen vorzusehen, damit sich die Beschäftigten beim Eindringen von Wasser und Material retten können,
e) bei Laderampen Absturzsicherungen vorzusehen,
f) bei Arbeiten, bei denen mit Gefährdungen aus dem Verkehr von Land-, Wasser- oder Luftfahrzeugen zu rechnen ist, geeignete Vorkehrungen zu treffen.

Abbrucharbeiten, Montage- oder Demontagearbeiten, insbesondere der Auf- oder Abbau von Stahl- oder Betonkonstruktionen, die Montage oder Demontage von Verbau zur Sicherung von Erd- oder Felswänden oder Senkkästen sind fachkundig zu planen und nur unter fachkundiger Aufsicht sowie nach schriftlicher Abbruch-, Montage- oder Demontageanweisung durchzuführen; die Abbruch-, Montage- oder Demontageanweisung muss die erforderlichen sicherheitstechnischen Angaben enthalten; auf die Schriftform kann verzichtet werden, wenn für die jeweiligen Abbruch-, Montage- oder Demontagearbeiten besondere sicherheitstechnische Angaben nicht erforderlich sind.

(6) Vorhandene elektrische Freileitungen müssen nach Möglichkeit außerhalb des Baustellengeländes verlegt oder freigeschaltet werden. Wenn dies nicht möglich ist, sind geeignete Abschrankungen, Abschirmungen oder Hinweise anzubringen, um Fahrzeuge und Einrichtungen von diesen Leitungen fern zu halten.

6. Maßnahmen zur Gestaltung von Bildschirmarbeitsplätzen

6.1 Allgemeine Anforderungen an Bildschirmarbeitsplätze

(1) Bildschirmarbeitsplätze sind so einzurichten und zu betreiben, dass die Sicherheit und der Schutz der Gesundheit der Beschäftigten gewährleistet sind. Die Grundsätze der Ergonomie sind auf die Bildschirmarbeitsplätze und die erforderlichen Arbeitsmittel sowie die für die Informationsverarbeitung durch die Beschäftigten erforderlichen Bildschirmgeräte entsprechend anzuwenden.

(2) Der Arbeitgeber hat dafür zu sorgen, dass die Tätigkeiten der Beschäftigten an Bildschirmgeräten insbesondere durch andere Tätigkeiten oder regelmäßige Erholungszeiten unterbrochen werden.

(3) Für die Beschäftigten ist ausreichend Raum für wechselnde Arbeitshaltungen und -bewegungen vorzusehen.

(4) Die Bildschirmgeräte sind so aufzustellen und zu betreiben, dass die Oberflächen frei von störenden Reflexionen und Blendungen sind.

(5) Die Arbeitstische oder Arbeitsflächen müssen eine reflexionsarme Oberfläche haben und so aufgestellt werden, dass die Oberflächen bei der Arbeit frei von störenden Reflexionen und Blendungen sind.

(6) Die Arbeitsflächen sind entsprechend der Arbeitsaufgabe so zu bemessen, dass alle Eingabemittel auf der Arbeitsfläche variabel angeordnet werden können und eine flexible Anordnung des Bildschirms, des Schriftguts und der sonstigen Arbeitsmittel möglich ist. Die Arbeitsfläche vor der Tastatur muss ein Auflegen der Handballen ermöglichen.

(7) Auf Wunsch der Beschäftigten hat der Arbeitgeber eine Fußstütze und einen Manuskripthalter zur Verfügung zu stellen, wenn eine ergonomisch günstige Arbeitshaltung auf andere Art und Weise nicht erreicht werden kann.

(8) Die Beleuchtung muss der Art der Arbeitsaufgabe entsprechen und an das Sehvermögen der Beschäftigten angepasst sein; ein angemessener Kontrast zwischen Bildschirm und Arbeitsumgebung ist zu gewährleisten. Durch die Gestaltung des Bildschirmarbeitsplatzes sowie der Auslegung und der Anordnung der Beleuchtung sind störende Blendungen, Reflexionen oder Spiegelungen auf dem Bildschirm und den sonstigen Arbeitsmitteln zu vermeiden.
(9) Werden an einem Arbeitsplatz mehrere Bildschirmgeräte oder Bildschirme betrieben, müssen diese ergonomisch angeordnet sein. Die Eingabegeräte müssen sich eindeutig dem jeweiligen Bildschirmgerät zuordnen lassen.
(10) Die Arbeitsmittel dürfen nicht zu einer erhöhten, gesundheitlich unzuträglichen Wärmebelastung am Arbeitsplatz führen.

6.2 Allgemeine Anforderungen an Bildschirme und Bildschirmgeräte

(1) Die Text- und Grafikdarstellungen auf dem Bildschirm müssen entsprechend der Arbeitsaufgabe und dem Sehabstand scharf und deutlich sowie ausreichend groß sein. Der Zeichen- und der Zeilenabstand müssen angemessen sein. Die Zeichengröße und der Zeilenabstand müssen auf dem Bildschirm individuell eingestellt werden können.
(2) Das auf dem Bildschirm dargestellte Bild muss flimmerfrei sein. Das Bild darf keine Verzerrungen aufweisen.
(3) Die Helligkeit der Bildschirmanzeige und der Kontrast der Text- und Grafikdarstellungen auf dem Bildschirm müssen von den Beschäftigten einfach eingestellt werden können. Sie müssen den Verhältnissen der Arbeitsumgebung individuell angepasst werden können.
(4) Die Bildschirmgröße und -form müssen der Arbeitsaufgabe angemessen sein.
(5) Die von den Bildschirmgeräten ausgehende elektromagnetische Strahlung muss so niedrig gehalten werden, dass die Sicherheit und die Gesundheit der Beschäftigten nicht gefährdet werden.

6.3 Anforderungen an Bildschirmgeräte und Arbeitsmittel für die ortsgebundene Verwendung an Arbeitsplätzen

(1) Bildschirme müssen frei und leicht dreh- und neigbar sein sowie über reflexionsarme Oberflächen verfügen. Bildschirme, die über reflektierende Oberflächen verfügen, dürfen nur dann betrieben werden, wenn dies aus zwingenden aufgabenbezogenen Gründen erforderlich ist.
(2) Tastaturen müssen die folgenden Eigenschaften aufweisen:
1. sie müssen vom Bildschirm getrennte Einheiten sein,
2. sie müssen neigbar sein,
3. die Oberflächen müssen reflexionsarm sein,
4. die Form und der Anschlag der Tasten müssen den Arbeitsaufgaben angemessen sein und eine ergonomische Bedienung ermöglichen,
5. die Beschriftung der Tasten muss sich vom Untergrund deutlich abheben und bei normaler Arbeitshaltung gut lesbar sein.
(3) Alternative Eingabemittel (zum Beispiel Eingabe über den Bildschirm, Spracheingabe, Scanner) dürfen nur eingesetzt werden, wenn dadurch die Arbeitsaufgaben leichter ausgeführt werden können und keine zusätzlichen Belastungen für die Beschäftigten entstehen.

6.4 Anforderungen an tragbare Bildschirmgeräte für die ortsveränderliche Verwendung an Arbeitsplätzen

(1) Größe, Form und Gewicht tragbarer Bildschirmgeräte müssen der Arbeitsaufgabe entsprechend angemessen sein.

(2) Tragbare Bildschirmgeräte müssen
1. über Bildschirme mit reflexionsarmen Oberflächen verfügen und
2. so betrieben werden, dass der Bildschirm frei von störenden Reflexionen und Blendungen ist.

(3) Tragbare Bildschirmgeräte ohne Trennung zwischen Bildschirm und externem Eingabemittel (insbesondere Geräte ohne Tastatur) dürfen nur an Arbeitsplätzen betrieben werden, an denen die Geräte nur kurzzeitig verwendet werden oder an denen die Arbeitsaufgaben mit keinen anderen Bildschirmgeräten ausgeführt werden können.

(4) Tragbare Bildschirmgeräte mit alternativen Eingabemitteln sind den Arbeitsaufgaben angemessen und mit dem Ziel einer optimalen Entlastung der Beschäftigten zu betreiben.

(5) Werden tragbare Bildschirmgeräte ortsgebunden an Arbeitsplätzen verwendet, gelten zusätzlich die Anforderungen nach Nummer 6.1.

6.5 Anforderungen an die Benutzerfreundlichkeit von Bildschirmarbeitsplätzen

(1) Beim Betreiben der Bildschirmarbeitsplätze hat der Arbeitgeber dafür zu sorgen, dass der Arbeitsplatz den Arbeitsaufgaben angemessen gestaltet ist. Er hat insbesondere geeignete Softwaresysteme bereitzustellen.

(2) Die Bildschirmgeräte und die Software müssen entsprechend den Kenntnissen und Erfahrungen der Beschäftigten im Hinblick auf die jeweilige Arbeitsaufgabe angepasst werden können.

(3) Das Softwaresystem muss den Beschäftigten Angaben über die jeweiligen Dialogabläufe machen.

(4) Die Bildschirmgeräte und die Software müssen es den Beschäftigten ermöglichen, die Dialogabläufe zu beeinflussen. Sie müssen eventuelle Fehler bei der Handhabung beschreiben und eine Fehlerbeseitigung mit begrenztem Arbeitsaufwand erlauben.

(5) Eine Kontrolle der Arbeit hinsichtlich der qualitativen oder quantitativen Ergebnisse darf ohne Wissen der Beschäftigten nicht durchgeführt werden.

Arbeitszeitgesetz (ArbZG)

vom 6. Juni 1994 (BGBl. I 1994, S. 1170)
- zuletzt geändert durch Sechstes Gesetz zur Änderung des Vierten Buches Sozialgesetzbuch und anderer Gesetze (6. SGB IV-Änderungsgesetz – 6. SGB IV-ÄndG) vom 11. November 2016 (BGBl. I 2016, S. 2500)

Erster Abschnitt: Allgemeine Vorschriften

§ 1 Zweck des Gesetzes

Zweck des Gesetzes ist es,
1. die Sicherheit und den Gesundheitsschutz der Arbeitnehmer in der Bundesrepublik Deutschland und in der ausschließlichen Wirtschaftszone bei der Arbeitszeitgestaltung zu gewährleisten und die Rahmenbedingungen für flexible Arbeitszeiten zu verbessern sowie
2. den Sonntag und die staatlich anerkannten Feiertage als Tage der Arbeitsruhe und der seelischen Erhebung der Arbeitnehmer zu schützen.

§ 2 Begriffsbestimmungen

(1) Arbeitszeit im Sinne dieses Gesetzes ist die Zeit vom Beginn bis zum Ende der Arbeit ohne die Ruhepausen; Arbeitszeiten bei mehreren Arbeitgebern sind zusammenzurechnen. Im Bergbau unter Tage zählen die Ruhepausen zur Arbeitszeit.
(2) Arbeitnehmer im Sinne dieses Gesetzes sind Arbeiter und Angestellte sowie die zu ihrer Berufsbildung Beschäftigten.
(3) Nachtzeit im Sinne dieses Gesetzes ist die Zeit von 23 bis 6 Uhr, in Bäckereien und Konditoreien die Zeit von 22 bis 5 Uhr.
(4) Nachtarbeit im Sinne dieses Gesetzes ist jede Arbeit, die mehr als zwei Stunden der Nachtzeit umfasst.
(5) Nachtarbeitnehmer im Sinne dieses Gesetzes sind Arbeitnehmer, die
1. auf Grund ihrer Arbeitszeitgestaltung normalerweise Nachtarbeit in Wechselschicht zu leisten haben oder
2. Nachtarbeit an mindestens 48 Tagen im Kalenderjahr leisten.

Zweiter Abschnitt: Werktägliche Arbeitszeit und arbeitsfreie Zeiten

§ 3 Arbeitszeit der Arbeitnehmer

Die werktägliche Arbeitszeit der Arbeitnehmer darf acht Stunden nicht überschreiten. Sie kann auf bis zu zehn Stunden nur verlängert werden, wenn innerhalb von sechs Kalendermonaten oder innerhalb von 24 Wochen im Durchschnitt acht Stunden werktäglich nicht überschritten werden.

§ 4 Ruhepausen

Die Arbeit ist durch im Voraus feststehende Ruhepausen von mindestens 30 Minuten bei einer Arbeitszeit von mehr als sechs bis zu neun Stunden und 45 Minuten bei einer Arbeitszeit von mehr als neun Stunden insgesamt zu unterbrechen. Die Ruhepausen nach Satz 1 können in Zeitabschnitte von jeweils mindestens 15 Minuten aufgeteilt werden. Länger als sechs Stunden hintereinander dürfen Arbeitnehmer nicht ohne Ruhepause beschäftigt werden.

§ 5 Ruhezeit

(1) Die Arbeitnehmer müssen nach Beendigung der täglichen Arbeitszeit eine ununterbrochene Ruhezeit von mindestens elf Stunden haben.

(2) Die Dauer der Ruhezeit des Absatzes 1 kann in Krankenhäusern und anderen Einrichtungen zur Behandlung, Pflege und Betreuung von Personen, in Gaststätten und anderen Einrichtungen zur Bewirtung und Beherbergung, in Verkehrsbetrieben, beim Rundfunk sowie in der Landwirtschaft und in der Tierhaltung um bis zu eine Stunde verkürzt werden, wenn jede Verkürzung der Ruhezeit innerhalb eines Kalendermonats oder innerhalb von vier Wochen durch Verlängerung einer anderen Ruhezeit auf mindestens zwölf Stunden ausgeglichen wird.

(3) Abweichend von Absatz 1 können in Krankenhäusern und anderen Einrichtungen zur Behandlung, Pflege und Betreuung von Personen Kürzungen der Ruhezeit durch Inanspruchnahmen während der Rufbereitschaft, die nicht mehr als die Hälfte der Ruhezeit betragen, zu anderen Zeiten ausgeglichen werden.

§ 6 Nacht- und Schichtarbeit

(1) Die Arbeitszeit der Nacht- und Schichtarbeitnehmer ist nach den gesicherten arbeitswissenschaftlichen Erkenntnissen über die menschengerechte Gestaltung der Arbeit festzulegen.

(2) Die werktägliche Arbeitszeit der Nachtarbeitnehmer darf acht Stunden nicht überschreiten. Sie kann auf bis zu zehn Stunden nur verlängert werden, wenn abweichend von § 3 innerhalb von einem Kalendermonat oder innerhalb von vier Wochen im Durchschnitt acht Stunden werktäglich nicht überschritten werden. Für Zeiträume, in denen Nachtarbeitnehmer im Sinne des § 2 Abs. 5 Nr. 2 nicht zur Nachtarbeit herangezogen werden, findet § 3 Satz 2 Anwendung.

(3) Nachtarbeitnehmer sind berechtigt, sich vor Beginn der Beschäftigung und danach in regelmäßigen Zeitabständen von nicht weniger als drei Jahren arbeitsmedizinisch untersuchen zu lassen. Nach Vollendung des 50. Lebensjahres steht Nachtarbeitnehmern dieses Recht in Zeitabständen von einem Jahr zu. Die Kosten der Untersuchungen hat der Arbeitgeber zu tragen, sofern er die Untersuchungen den Nachtarbeitnehmern nicht kostenlos durch einen Betriebsarzt oder einen überbetrieblichen Dienst von Betriebsärzten anbietet.

(4) Der Arbeitgeber hat den Nachtarbeitnehmer auf dessen Verlangen auf einen für ihn geeigneten Tagesarbeitsplatz umzusetzen, wenn
a) nach arbeitsmedizinischer Feststellung die weitere Verrichtung von Nachtarbeit den Arbeitnehmer in seiner Gesundheit gefährdet oder
b) im Haushalt des Arbeitnehmers ein Kind unter zwölf Jahren lebt, das nicht von einer anderen im Haushalt lebenden Person betreut werden kann, oder
c) der Arbeitnehmer einen schwerpflegebedürftigen Angehörigen zu versorgen hat, der nicht von einem anderen im Haushalt lebenden Angehörigen versorgt werden kann,
sofern dem nicht dringende betriebliche Erfordernisse entgegenstehen. Stehen der Umsetzung des Nachtarbeitnehmers auf einen für ihn geeigneten Tagesarbeitsplatz nach Auffassung des Arbeitgebers dringende betriebliche Erfordernisse entgegen, so ist der Betriebs- oder Personalrat zu hören. Der Betriebs- oder Personalrat kann dem Arbeitgeber Vorschläge für eine Umsetzung unterbreiten.

(5) Soweit keine tarifvertraglichen Ausgleichsregelungen bestehen, hat der Arbeitgeber dem Nachtarbeitnehmer für die während der Nachtzeit geleisteten Arbeitsstunden eine angemessene Zahl bezahlter freier Tage oder einen angemessenen Zuschlag auf das ihm hierfür zustehende Bruttoarbeitsentgelt zu gewähren.

(6) Es ist sicherzustellen, dass Nachtarbeitnehmer den gleichen Zugang zur betrieblichen Weiterbildung und zu aufstiegsfördernden Maßnahmen haben wie die übrigen Arbeitnehmer.

§ 7 Abweichende Regelungen

(1) In einem Tarifvertrag oder auf Grund eines Tarifvertrags in einer Betriebs- oder Dienstvereinbarung kann zugelassen werden,
1. abweichend von § 3
   a) die Arbeitszeit über zehn Stunden werktäglich zu verlängern, wenn in die Arbeitszeit regelmäßig und in erheblichem Umfang Arbeitsbereitschaft oder Bereitschaftsdienst fällt,
   b) einen anderen Ausgleichszeitraum festzulegen,
2. abweichend von § 4 Satz 2 die Gesamtdauer der Ruhepausen in Schichtbetrieben und Verkehrsbetrieben auf Kurzpausen von angemessener Dauer aufzuteilen,
3. abweichend von § 5 Abs. 1 die Ruhezeit um bis zu zwei Stunden zu kürzen, wenn die Art der Arbeit dies erfordert und die Kürzung der Ruhezeit innerhalb eines festzulegenden Ausgleichszeitraums ausgeglichen wird,
4. abweichend von § 6
   a) die Arbeitszeit über zehn Stunden werktäglich hinaus zu verlängern, wenn in die Arbeitszeit regelmäßig und in erheblichem Umfang Arbeitsbereitschaft oder Bereitschaftsdienst fällt,
   b) einen anderen Ausgleichszeitraum festzulegen,
5. den Beginn des siebenstündigen Nachtzeitraums des § 2 Abs. 3 auf die Zeit zwischen 22 und 24 Uhr festzulegen.

(2) Sofern der Gesundheitsschutz der Arbeitnehmer durch einen entsprechenden Zeitausgleich gewährleistet wird, kann in einem Tarifvertrag oder auf Grund eines Tarifvertrags in einer Betriebs- oder Dienstvereinbarung ferner zugelassen werden,
1. abweichend von § 5 Abs. 1 die Ruhezeiten bei Rufbereitschaft den Besonderheiten dieser Dienste anzupassen, insbesondere Kürzungen der Ruhezeit infolge von Inanspruchnahmen während dieses Dienstes zu anderen Zeiten auszugleichen,
2. die Regelungen der §§ 3, 5 Abs. 1 und § 6 Abs. 2 in der Landwirtschaft der Bestellungs- und Erntezeit sowie den Witterungseinflüssen anzupassen,
3. die Regelungen der §§ 3, 4, 5 Abs. 1 und § 6 Abs. 2 bei der Behandlung, Pflege und Betreuung von Personen der Eigenart dieser Tätigkeit und dem Wohl dieser Personen entsprechend anzupassen,
4. die Regelungen der §§ 3, 4, 5 Abs. 1 und § 6 Abs. 2 bei Verwaltungen und Betrieben des Bundes, der Länder, der Gemeinden und sonstigen Körperschaften, Anstalten und Stiftungen des öffentlichen Rechts sowie bei anderen Arbeitgebern, die der Tarifbindung eines für den öffentlichen Dienst geltenden oder eines im Wesentlichen inhaltsgleichen Tarifvertrages unterliegen, der Eigenart der Tätigkeit bei diesen Stellen anzupassen.

(2a) In einem Tarifvertrag oder auf Grund eines Tarifvertrages in einer Betriebs- oder Dienstvereinbarung kann abweichend von den §§ 3, 5 Abs. 1 und § 6 Abs. 2 zugelassen werden, die werktägliche Arbeitszeit auch ohne Ausgleich über acht Stunden zu verlängern, wenn in die Arbeitszeit regelmäßig und in erheblichem Umfang Arbeitsbereitschaft oder Bereitschaftsdienst fällt und durch besondere Regelungen sichergestellt wird, dass die Gesundheit der Arbeitnehmer nicht gefährdet wird.

(3) Im Geltungsbereich eines Tarifvertrags nach Absatz 1, 2 oder 2a können abweichende tarifvertragliche Regelungen im Betrieb eines nicht tarifgebundenen Arbeitgebers durch Be-

triebs- oder Dienstvereinbarung oder, wenn ein Betriebs- oder Personalrat nicht besteht, durch schriftliche Vereinbarung zwischen dem Arbeitgeber und dem Arbeitnehmer übernommen werden. Können auf Grund eines solchen Tarifvertrags abweichende Regelungen in einer Betriebs- oder Dienstvereinbarung getroffen werden, kann auch in Betrieben eines nicht tarifgebundenen Arbeitgebers davon Gebrauch gemacht werden. Eine nach Absatz 2 Nr. 4 getroffene abweichende tarifvertragliche Regelung hat zwischen nicht tarifgebundenen Arbeitgebern und Arbeitnehmern Geltung, wenn zwischen ihnen die Anwendung der für den öffentlichen Dienst geltenden tarifvertraglichen Bestimmungen vereinbart ist und die Arbeitgeber die Kosten des Betriebs überwiegend mit Zuwendungen im Sinne des Haushaltsrechts decken.
(4) Die Kirchen und die öffentlich-rechtlichen Religionsgesellschaften können die in Absatz 1, 2 oder 2a genannten Abweichungen in ihren Regelungen vorsehen.
(5) In einem Bereich, in dem Regelungen durch Tarifvertrag üblicherweise nicht getroffen werden, können Ausnahmen des Absatzes 1, 2 oder 2a durch die Aufsichtsbehörde bewilligt werden, wenn dies aus betrieblichen Gründen erforderlich ist und die Gesundheit der Arbeitnehmer nicht gefährdet wird.
(6) Die Bundesregierung kann durch Rechtsverordnung mit Zustimmung des Bundesrates Ausnahmen im Rahmen der Absätze 1 oder 2 zulassen, sofern dies aus betrieblichen Gründen erforderlich ist und die Gesundheit der Arbeitnehmer nicht gefährdet wird.
(7) Auf Grund einer Regelung nach Absatz 2a oder den Absätzen 3 bis 5 jeweils in Verbindung mit Absatz 2a darf die Arbeitszeit nur verlängert werden, wenn der Arbeitnehmer schriftlich eingewilligt hat. Der Arbeitnehmer kann die Einwilligung mit einer Frist von sechs Monaten schriftlich widerrufen. Der Arbeitgeber darf einen Arbeitnehmer nicht benachteiligen, weil dieser die Einwilligung zur Verlängerung der Arbeitszeit nicht erklärt oder die Einwilligung widerrufen hat.
(8) Werden Regelungen nach Absatz 1 Nr. 1 und 4, Absatz 2 Nr. 2 bis 4 oder solche Regelungen auf Grund der Absätze 3 und 4 zugelassen, darf die Arbeitszeit 48 Stunden wöchentlich im Durchschnitt von zwölf Kalendermonaten nicht überschreiten. Erfolgt die Zulassung auf Grund des Absatzes 5, darf die Arbeitszeit 48 Stunden wöchentlich im Durchschnitt von seches Kalendermonaten oder 24 Stunden nicht überschreiten.
(9) Wird die werktägliche Arbeitszeit über zwölf Stunden hinaus verlängert, muss im unmittelbaren Anschluss an die Beendigung der Arbeitszeit eine Ruhezeit von mindestens elf Stunden gewährt werden.

§ 8 Gefährliche Arbeiten
Die Bundesregierung kann durch Rechtsverordnung mit Zustimmung des Bundesrates für einzelne Beschäftigungsbereiche, für bestimmte Arbeiten oder für bestimmte Arbeitnehmergruppen, bei denen besondere Gefahren für die Gesundheit der Arbeitnehmer zu erwarten sind, die Arbeitszeit über § 3 hinaus beschränken, die Ruhepausen und Ruhezeiten über §§ 4 und 5 hinaus ausdehnen, die Regelungen zum Schutz der Nacht- und Schichtarbeitnehmer in § 6 erweitern und die Abweichungsmöglichkeiten nach § 7 beschränken, soweit dies zum Schutz der Gesundheit der Arbeitnehmer erforderlich ist. Satz 1 gilt nicht für Beschäftigungsbereiche und Arbeiten in Betrieben, die der Bergaufsicht unterliegen.

Dritter Abschnitt: Sonn- und Feiertagsruhe

§ 9 Sonn- und Feiertagsruhe
(1) Arbeitnehmer dürfen an Sonn- und gesetzlichen Feiertagen von 0 bis 24 Uhr nicht beschäftigt werden.

(2) In mehrschichtigen Betrieben mit regelmäßiger Tag- und Nachtschicht kann Beginn oder Ende der Sonn- und Feiertagsruhe um bis zu sechs Stunden vor- oder zurückverlegt werden, wenn für die auf den Beginn der Ruhezeit folgenden 24 Stunden der Betrieb ruht.

(3) Für Kraftfahrer und Beifahrer kann der Beginn der 24-stündigen Sonn- und Feiertagsruhe um bis zu zwei Stunden vorverlegt werden.

§ 10 Sonn- und Feiertagsbeschäftigung

(1) Sofern die Arbeiten nicht an Werktagen vorgenommen werden können, dürfen Arbeitnehmer an Sonn- und Feiertagen abweichend von § 9 beschäftigt werden
1. in Not- und Rettungsdiensten sowie bei der Feuerwehr,
2. zur Aufrechterhaltung der öffentlichen Sicherheit und Ordnung sowie der Funktionsfähigkeit von Gerichten und Behörden und für Zwecke der Verteidigung,
3. in Krankenhäusern und anderen Einrichtungen zur Behandlung, Pflege und Betreuung von Personen,
4. in Gaststätten und anderen Einrichtungen zur Bewirtung und Beherbergung sowie im Haushalt,
5. bei Musikaufführungen, Theatervorstellungen, Filmvorführungen, Schaustellungen, Darbietungen und anderen ähnlichen Veranstaltungen,
6. bei nichtgewerblichen Aktionen und Veranstaltungen der Kirchen, Religionsgesellschaften, Verbände, Vereine, Parteien und anderer ähnlicher Vereinigungen,
7. beim Sport und in Freizeit-, Erholungs- und Vergnügungseinrichtungen, beim Fremdenverkehr sowie in Museen und wissenschaftlichen Präsenzbibliotheken,
8. beim Rundfunk, bei der Tages- und Sportpresse, bei Nachrichtenagenturen sowie bei den der Tagesaktualität dienenden Tätigkeiten für andere Presseerzeugnisse einschließlich des Austragens, bei der Herstellung von Satz, Filmen und Druckformen für tagesaktuelle Nachrichten und Bilder, bei tagesaktuellen Aufnahmen auf Ton- und Bildträger sowie beim Transport und Kommissionieren von Presseerzeugnissen, deren Ersterscheinungstag am Montag oder am Tag nach einem Feiertag liegt,
9. bei Messen, Ausstellungen und Märkten im Sinne des Titels IV der Gewerbeordnung sowie bei Volksfesten,
10. in Verkehrsbetrieben sowie beim Transport und Kommissionieren von leichtverderblichen Waren im Sinne von § 30 Abs. 3 Nr. 2 Straßenverkehrsordnung,
11. in den Energie- und Wasserversorgungsbetrieben sowie in Abfall- und Abwasserentsorgungsbetrieben,
12. in der Landwirtschaft und in der Tierhaltung sowie in Einrichtungen zur Behandlung und Pflege von Tieren,
13. im Bewachungsgewerbe und bei der Bewachung von Betriebsanlagen,
14. bei der Reinigung und Instandhaltung von Betriebseinrichtungen, soweit hierdurch der regelmäßige Fortgang des eigenen oder eines fremden Betriebs bedingt ist, bei der Vorbereitung der Wiederaufnahme des vollen werktägigen Betriebs sowie bei der Aufrechterhaltung der Funktionsfähigkeit von Datennetzen und Rechnersystemen,
15. zur Verhütung des Verderbens von Naturerzeugnissen oder Rohstoffen oder des Misslingens von Arbeitsergebnissen sowie bei kontinuierlich durchzuführenden Forschungsarbeiten,
16. zur Vermeidung einer Zerstörung oder erheblichen Beschädigung der Produktionseinrichtungen.

(2) Abweichend von § 9 dürfen Arbeitnehmer an Sonn- und Feiertagen mit den Produktionsarbeiten beschäftigt werden, wenn die infolge der Unterbrechung der Produktion nach Ab-

satz 1 Nr. 14 zulässigen Arbeiten den Einsatz von mehr Arbeitnehmern als bei durchgehender Produktion erfordern.

(3) Abweichend von § 9 dürfen Arbeitnehmer an Sonn- und Feiertagen in Bäckereien und Konditoreien für bis zu drei Stunden mit der Herstellung und dem Austragen oder Ausfahren von Konditorwaren und an diesem Tag zum Verkauf kommenden Bäckerwaren beschäftigt werden.

(4) Sofern die Arbeiten nicht an Werktagen vorgenommen werden können, dürfen Arbeitnehmer zur Durchführung des Eil- und Großbetragszahlungsverkehrs und des Geld-, Devisen-, Wertpapier- und Derivatehandels abweichend von § 9 Abs. 1 an den auf einen Werktag fallenden Feiertagen beschäftigt werden, die nicht in allen Mitgliedstaaten der Europäischen Union Feiertage sind.

§ 11 Ausgleich für Sonn- und Feiertagsbeschäftigung

(1) Mindestens 15 Sonntage im Jahr müssen beschäftigungsfrei bleiben.

(2) Für die Beschäftigung an Sonn- und Feiertagen gelten die §§ 3 bis 8 entsprechend, jedoch dürfen durch die Arbeitszeit an Sonn- und Feiertagen die in §§ 3, 6 Abs. 2 und §§ 7 und 21a Abs. 4 bestimmten Höchstarbeitszeiten und Ausgleichszeiträume nicht überschritten werden.

(3) Werden Arbeitnehmer an einem Sonntag beschäftigt, müssen sie einen Ersatzruhetag haben, der innerhalb eines den Beschäftigungstag einschließenden Zeitraums von zwei Wochen zu gewähren ist. Werden Arbeitnehmer an einem auf einen Werktag fallenden Feiertag beschäftigt, müssen sie einen Ersatzruhetag haben, der innerhalb eines den Beschäftigungstag einschließenden Zeitraums von acht Wochen zu gewähren ist.

(4) Die Sonn- oder Feiertagsruhe des § 9 oder der Ersatzruhetag des Absatzes 3 ist den Arbeitnehmern unmittelbar in Verbindung mit einer Ruhezeit nach § 5 zu gewähren, soweit dem technische oder arbeitsorganisatorische Gründe nicht entgegenstehen.

§ 12 Abweichende Regelungen

In einem Tarifvertrag oder auf Grund eines Tarifvertrages in einer Betriebs- oder Dienstvereinbarung kann zugelassen werden,
1. abweichend von § 11 Abs. 1 die Anzahl der beschäftigungsfreien Sonntage in den Einrichtungen des § 10 Abs. 1 Nr. 2, 3, 4 und 10 auf mindestens zehn Sonntage, im Rundfunk, in Theaterbetrieben, Orchestern sowie bei Schaustellungen auf mindestens acht Sonntage, in Filmtheatern und in der Tierhaltung auf mindestens sechs Sonntage im Jahr zu verringern,
2. abweichend von § 11 Abs. 3 den Wegfall von Ersatzruhetagen für auf Werktage fallende Feiertage zu vereinbaren oder Arbeitnehmer innerhalb eines festzulegenden Ausgleichszeitraums beschäftigungsfrei zu stellen,
3. abweichend von § 11 Abs. 1 bis 3 in der Seeschifffahrt die den Arbeitnehmern nach diesen Vorschriften zustehenden freien Tage zusammenhängend zu geben,
4. abweichend von § 11 Abs. 2 die Arbeitszeit in vollkontinuierlichen Schichtbetrieben an Sonn- und Feiertagen auf bis zu zwölf Stunden zu verlängern, wenn dadurch zusätzliche freie Schichten an Sonn- und Feiertagen erreicht werden. § 7 Abs. 3 bis 6 findet Anwendung.

§ 13 Ermächtigung, Anordnung, Bewilligung

(1) Die Bundesregierung kann durch Rechtsverordnung mit Zustimmung des Bundesrates zur Vermeidung erheblicher Schäden unter Berücksichtigung des Schutzes der Arbeitnehmer und der Sonn- und Feiertagsruhe

1. die Bereiche mit Sonn- und Feiertagsbeschäftigung nach § 10 Abs. 1 und 2 sowie die dort zugelassenen Arbeiten näher bestimmen,
2. über die Ausnahmen nach § 10 Abs. 1 und 2 hinaus weitere Ausnahmen abweichend von § 9
   a) für Betriebe, in denen die Beschäftigung von Arbeitnehmern an Sonn- oder Feiertagen zur Befriedigung täglicher oder an diesen Tagen besonders hervortretender Bedürfnisse der Bevölkerung erforderlich ist,
   b) für Betriebe, in denen Arbeiten vorkommen, deren Unterbrechung oder Aufschub
      aa) nach dem Stand der Technik ihrer Art nach nicht oder nur mit erheblichen Schwierigkeiten möglich ist,
      bb) besondere Gefahren für Leben oder Gesundheit der Arbeitnehmer zur Folge hätte,
      cc) zu erheblichen Belastungen der Umwelt oder der Energie- oder Wasserversorgung führen würde,
   c) aus Gründen des Gemeinwohls, insbesondere auch zur Sicherung der Beschäftigung, zulassen und die zum Schutz der Arbeitnehmer und der Sonn- und Feiertagsruhe notwendigen Bedingungen bestimmen.

(2) Soweit die Bundesregierung von der Ermächtigung des Absatzes 1 Nr. 2 Buchstabe a keinen Gebrauch gemacht hat, können die Landesregierungen durch Rechtsverordnung entsprechende Bestimmungen erlassen. Die Landesregierungen können diese Ermächtigung durch Rechtsverordnung auf oberste Landesbehörden übertragen.

(3) Die Aufsichtsbehörde kann
1. feststellen, ob eine Beschäftigung nach § 10 Abs. 1 und 2 zulässig ist,
2. abweichend von § 9 bewilligen, Arbeitnehmer zu beschäftigen
   a) im Handelsgewerbe an bis zu zehn Sonn- und Feiertagen im Jahr, an denen besondere Verhältnisse einen erweiterten Geschäftsverkehr erforderlich machen,
   b) an bis zu fünf Sonn- und Feiertagen im Jahr, wenn besondere Verhältnisse zur Verhütung eines unverhältnismäßigen Schadens dies erfordern,
   c) an einem Sonntag im Jahr zur Durchführung einer gesetzlich vorgeschriebenen Inventur,
und Anordnungen über die Beschäftigungszeit unter Berücksichtigung der für den öffentlichen Gottesdienst bestimmten Zeit treffen.

(4) Die Aufsichtsbehörde soll abweichend von § 9 bewilligen, dass Arbeitnehmer an Sonn- und Feiertagen mit Arbeiten beschäftigt werden, die aus chemischen, biologischen, technischen oder physikalischen Gründen einen ununterbrochenen Fortgang auch an Sonn- und Feiertagen erfordern.

(5) Die Aufsichtsbehörde hat abweichend von § 9 die Beschäftigung von Arbeitnehmern an Sonn- und Feiertagen zu bewilligen, wenn bei einer weitgehenden Ausnutzung der gesetzlich zulässigen wöchentlichen Betriebszeiten und bei längeren Betriebszeiten im Ausland die Konkurrenzfähigkeit unzumutbar beeinträchtigt ist und durch die Genehmigung von Sonn- und Feiertagsarbeit die Beschäftigung gesichert werden kann.

Vierter Abschnitt: Ausnahmen in besonderen Fällen

§ 14 Außergewöhnliche Fälle

(1) Von den §§ 3 bis 5, 6 Abs. 2, §§ 7, 9 bis 11 darf abgewichen werden bei vorübergehenden Arbeiten in Notfällen und in außergewöhnlichen Fällen, die unabhängig vom Willen der Betroffenen eintreten und deren Folgen nicht auf andere Weise zu beseitigen sind, besonders wenn Rohstoffe oder Lebensmittel zu verderben oder Arbeitsergebnisse zu misslingen drohen.

Arbeitszeitgesetz § 15

(2) Von den §§ 3 bis 5, 6 Abs. 2, §§ 7, 11 Abs. 1 bis 3 und § 12 darf ferner abgewichen werden,
1. wenn eine verhältnismäßig geringe Zahl von Arbeitnehmern vorübergehend mit Arbeiten beschäftigt wird, deren Nichterledigung das Ergebnis der Arbeiten gefährden oder einen unverhältnismäßigen Schaden zur Folge haben würde,
2. bei Forschung und Lehre, bei unaufschiebbaren Vor- und Abschlussarbeiten sowie bei unaufschiebbaren Arbeiten zur Behandlung, Pflege und Betreuung von Personen oder zur Behandlung und Pflege von Tieren an einzelnen Tagen, wenn dem Arbeitgeber andere Vorkehrungen nicht zugemutet werden können.

(3) Wird von den Befugnissen nach Absatz 1 oder 2 Gebrauch gemacht, darf die Arbeitszeit 48 Stunden wöchentlich im Durchschnitt von sechs Kalendermonaten oder 24 Wochen nicht überschreiten.

§ 15 Bewilligung, Ermächtigung
(1) Die Aufsichtsbehörde kann
1. eine von den §§ 3, 6 Abs. 2 und § 11 Abs. 2 abweichende längere tägliche Arbeitszeit bewilligen
   a) für kontinuierliche Schichtbetriebe zur Erreichung zusätzlicher Freischichten,
   b) für Bau- und Montagestellen,
2. eine von den §§ 3, 6 Abs. 2 und § 11 Abs. 2 abweichende längere tägliche Arbeitszeit für Saison- und Kampagnebetriebe für die Zeit der Saison oder Kampagne bewilligen, wenn die Verlängerung der Arbeitszeit über acht Stunden werktäglich durch eine entsprechende Verkürzung der Arbeitszeit zu anderen Zeiten ausgeglichen wird,
3. eine von den §§ 5 und 11 Abs. 2 abweichende Dauer und Lage der Ruhezeit bei Arbeitsbereitschaft, Bereitschaftsdienst und Rufbereitschaft den Besonderheiten dieser Inanspruchnahmen im öffentlichen Dienst entsprechend bewilligen,
4. eine von den §§ 5 und 11 Abs. 2 abweichende Ruhezeit zur Herbeiführung eines regelmäßigen wöchentlichen Schichtwechsels zweimal innerhalb eines Zeitraums von drei Wochen bewilligen.

(2) Die Aufsichtsbehörde kann über die in diesem Gesetz vorgesehenen Ausnahmen hinaus weitergehende Ausnahmen zulassen, soweit sie im öffentlichen Interesse dringend nötig werden.

(2a) Die Bundesregierung kann durch Rechtsverordnung mit Zustimmung des Bundesrates
1. Ausnahmen von den §§ 3, 4, 5 und 6 Absatz 2 sowie von den §§ 9 und 11 für Arbeitnehmer, die besondere Tätigkeiten zur Errichtung, zur Änderung oder zum Betrieb von Bauwerken, künstlichen Inseln oder sonstigen Anlagen auf See (Offshore-Tätigkeiten) durchführen, zulassen und
2. die zum Schutz der in Nummer 1 genannten Arbeitnehmer sowie der Sonn- und Feiertagsruhe notwendigen Bedingungen bestimmen.

(3) Das Bundesministerium der Verteidigung kann in seinem Geschäftsbereich durch Rechtsverordnung mit Zustimmung des Bundesministeriums für Arbeit und Soziales aus zwingenden Gründen der Verteidigung Arbeitnehmer verpflichten, über die in diesem Gesetz und in den auf Grund dieses Gesetzes erlassenen Rechtsverordnungen und Tarifverträgen festgelegten Arbeitszeitgrenzen und -beschränkungen hinaus Arbeit zu leisten.

(3a) Das Bundesministerium der Verteidigung kann in seinem Geschäftsbereich durch Rechtsverordnung im Einvernehmen mit dem Bundesministerium für Arbeit und Soziales für besondere Tätigkeiten der Arbeitnehmer bei den Streitkräften Abweichungen von in diesem Gesetz sowie von in den aufgrund dieses Gesetzes erlassenen Rechtsverordnungen be-

stimmte Arbeitszeitgrenzen und -beschränkungen zulassen, soweit die Abweichungen aus zwingenden Gründen erforderlich sind und die größtmögliche Sicherheit und der bestmögliche Gesundheitsschutz der Arbeitnehmer gewährleistet werden.
(4) Werden Ausnahmen nach Absatz 1 oder 2 zugelassen, darf die Arbeitszeit 48 Stunden wöchentlich im Durchschnitt von sechs Kalendermonaten oder 24 Wochen nicht überschreiten.

Fünfter Abschnitt: Durchführung des Gesetzes

§ 16 Aushang und Arbeitszeitnachweise

(1) Der Arbeitgeber ist verpflichtet, einen Abdruck dieses Gesetzes, der auf Grund dieses Gesetzes erlassenen, für den Betrieb geltenden Rechtsverordnungen und der für den Betrieb geltenden Tarifverträge und Betriebs- oder Dienstvereinbarungen im Sinne des § 7 Abs. 1 bis 3, §§ 12 und 21a Abs. 6 an geeigneter Stelle im Betrieb zur Einsichtnahme auszulegen oder auszuhängen.
(2) Der Arbeitgeber ist verpflichtet, die über die werktägliche Arbeitszeit des § 3 Satz 1 hinausgehende Arbeitszeit der Arbeitnehmer aufzuzeichnen und ein Verzeichnis der Arbeitnehmer führen, die in eine Verlängerung der Arbeitszeit gemäß § 7 Abs. 7 eingewilligt haben. Die Nachweise sind mindestens zwei Jahre aufzubewahren.

§ 17 Aufsichtsbehörde

(1) Die Einhaltung dieses Gesetzes und der auf Grund dieses Gesetzes erlassenen Rechtsverordnungen wird von den nach Landesrecht zuständigen Behörden (Aufsichtsbehörden) überwacht.
(2) Die Aufsichtsbehörde kann die erforderlichen Maßnahmen anordnen, die der Arbeitgeber zur Erfüllung der sich aus diesem Gesetz und den auf Grund dieses Gesetzes erlassenen Rechtsverordnungen ergebenden Pflichten zu treffen hat.
(3) Für den öffentlichen Dienst des Bundes sowie für die bundesunmittelbaren Körperschaften, Anstalten und Stiftungen des öffentlichen Rechts werden die Aufgaben und Befugnisse der Aufsichtsbehörde vom zuständigen Bundesministerium oder den von ihm bestimmten Stellen wahrgenommen; das Gleiche gilt für die Befugnisse nach § 15 Abs. 1 und 2.
(4) Die Aufsichtsbehörde kann vom Arbeitgeber die für die Durchführung dieses Gesetzes und der auf Grund dieses Gesetzes erlassenen Rechtsverordnungen erforderlichen Auskünfte verlangen. Sie kann ferner vom Arbeitgeber verlangen, die Arbeitszeitnachweise und Tarifverträge oder Betriebs- oder Dienstvereinbarungen im Sinne des § 7 Abs. 1 bis 3, §§ 12 und 21a Abs. 6 vorzulegen oder zur Einsicht einzusenden.
(5) Die Beauftragten der Aufsichtsbehörde sind berechtigt, die Arbeitsstätten während der Betriebs- und Arbeitszeit zu betreten und zu besichtigen; außerhalb dieser Zeit oder wenn sich die Arbeitsstätten in einer Wohnung befinden, dürfen sie ohne Einverständnis des Inhabers nur zur Verhütung von dringenden Gefahren für die öffentliche Sicherheit und Ordnung betreten und besichtigt werden. Der Arbeitgeber hat das Betreten und Besichtigen der Arbeitsstätten zu gestatten. Das Grundrecht der Unverletzlichkeit der Wohnung (Artikel 13 des Grundgesetzes) wird insoweit eingeschränkt.
(6) Der zur Auskunft Verpflichtete kann die Auskunft auf solche Fragen verweigern, deren Beantwortung ihn selbst oder einen der in § 383 Abs. 1 Nr. 1 bis 3 der Zivilprozessordnung bezeichneten Angehörigen der Gefahr strafgerichtlicher Verfolgung oder eines Verfahrens nach dem Gesetz über Ordnungswidrigkeiten aussetzen würde.

Sechster Abschnitt: Sonderregelungen

§ 18 Nichtanwendung des Gesetzes
(1) Dieses Gesetz ist nicht anzuwenden auf
1. leitende Angestellte im Sinne des § 5 Abs. 3 des Betriebsverfassungsgesetzes sowie Chefärzte,
2. Leiter von öffentlichen Dienststellen und deren Vertreter sowie Arbeitnehmer im öffentlichen Dienst, die zu selbstständigen Entscheidungen in Personalangelegenheiten befugt sind,
3. Arbeitnehmer, die in häuslicher Gemeinschaft mit den ihnen anvertrauten Personen zusammenleben und sie eigenverantwortlich erziehen, pflegen oder betreuen,
4. den liturgischen Bereich der Kirchen und der Religionsgemeinschaften.

(2) Für die Beschäftigung von Personen unter 18 Jahren gilt anstelle dieses Gesetzes das Jugendarbeitsschutzgesetz.

(3) Für die Beschäftigung von Arbeitnehmern als Besatzungsmitglieder auf Kauffahrteischiffen im Sinne des § 3 des Seemannsgesetzes gilt anstelle dieses Gesetzes das Seemannsgesetz.

(4) *(außer Kraft)*

§ 19 Beschäftigung im öffentlichen Dienst
Bei der Wahrung hoheitlicher Aufgaben im öffentlichen Dienst können, soweit keine tarifvertragliche Regelung besteht, durch die zuständige Dienstbehörde die für Beamte geltenden Bestimmungen über die Arbeitszeit auf die Arbeitnehmer übertragen werden; insoweit finden die §§ 3 bis 13 keine Anwendung.

§ 20 Beschäftigung in der Luftfahrt
Für die Beschäftigung von Arbeitnehmern als Besatzungsmitglieder von Luftfahrzeugen gelten anstelle der Vorschriften dieses Gesetzes über Arbeits- und Ruhezeiten die Vorschriften über Flug-, Flugdienst- und Ruhezeiten der Zweiten Durchführungsverordnung zur Betriebsordnung für Luftfahrtgerät in der jeweils geltenden Fassung.

§ 21 Beschäftigung in der Binnenschifffahrt
(1) Die Bundesregierung kann durch Rechtsverordnung mit Zustimmung des Bundesrates, auch zur Umsetzung zwischenstaatlicher Vereinbarungen oder Rechtsakten der Europäischen Union, abweichend von den Vorschriften dieses Gesetzes die Bedingungen für die Arbeitszeitgestaltung von Arbeitnehmern, die als Mitglied der Besatzung oder des Bordpersonals an Bord eines Fahrzeugs in der Binnenschifffahrt beschäftigt sind, regeln, soweit dies erforderlich ist, um den besonderen Bedingungen an Bord von Binnenschiffen Rechnung zu tragen. Insbesondere können in diesen Rechtsverordnungen die notwendigen Bedingungen für die Sicherheit und den Gesundheitsschutz im Sinne des § 1, einschließlich gesundheitlicher Untersuchungen hinsichtlich der Auswirkungen der Arbeitszeitbedingungen auf einem Schiff in der Binnenschifffahrt, sowie die notwendigen Bedingungen für den Schutz der Sonn- und Feiertagsruhe bestimmt werden. In Rechtsverordnungen nach Satz 1 kann ferner bestimmt werden, dass von den Vorschriften der Rechtsverordnung durch Tarifvertrag abgewichen werden kann.

(2) Soweit die Bundesregierung von der Ermächtigung des Absatzes Vorschriften dieses Gesetzes für das Fahrpersonal auf Binnenschiffen, es sei denn, binnenschifffahrtsrechtliche Vorschriften über Ruhezeiten stehen dem entgegen. Bei Anwendung des Satzes 1 kann durch

Tarifvertrag von den Vorschriften dieses Gesetzes abgewichen werden, um der Eigenart der Binnenschifffahrt Rechnung zu tragen.

§ 21a Beschäftigung im Straßentransport

(1) Für die Beschäftigung von Arbeitnehmern als Fahrer oder Beifahrer bei Straßenverkehrstätigkeiten im Sinne der Verordnung (EWG) Nr. 3820/85 des Rates vom 20. Dezember 1985 über die Harmonisierung bestimmter Sozialvorschriften im Straßenverkehr (ABl. EG Nr. L 370 S. 1, 1986 Nr. L 206 S. 36) oder des Europäischen Übereinkommens über die Arbeit des im internationalen Straßenverkehr beschäftigten Fahrpersonals (AETR) vom 1. Juli 1970 (BGBl. II 1974 S. 1473) in ihren jeweiligen Fassungen gelten die Vorschriften dieses Gesetzes, soweit nicht die folgenden Absätze abweichende Regelungen enthalten. Die Vorschriften der Verordnung (EWG) Nr. 3820/85 und des AETR bleiben unberührt.

(2) Eine Woche im Sinne dieser Vorschriften ist der Zeitraum von Montag 0 Uhr bis Sonntag 24 Uhr.

(3) Abweichend von § 2 Abs. 1 ist keine Arbeitszeit:
1. die Zeit, während derer sich ein Arbeitnehmer am Arbeitsplatz bereithalten muss, um seine Tätigkeit aufzunehmen,
2. die Zeit, während derer sich ein Arbeitnehmer bereithalten muss, um seine Tätigkeit auf Anweisung aufnehmen zu können, ohne sich an seinem Arbeitsplatz aufhalten zu müssen;
3. für Arbeitnehmer, die sich beim Fahren abwechseln, die während der Fahrt neben dem Fahrer oder in einer Schlafkabine verbrachte Zeit.

Für die Zeiten nach Satz 1 Nr. 1 und 2 gilt dies nur, wenn der Zeitraum und dessen voraussichtliche Dauer im Voraus, spätestens unmittelbar vor Beginn des betreffenden Zeitraums bekannt ist. Die in Satz 1 genannten Zeiten sind keine Ruhezeiten. Die in Satz 1 Nr. 1 und 2 genannten Zeiten sind keine Ruhepausen.

(4) Die Arbeitszeit darf 48 Stunden wöchentlich nicht überschreiten. Sie kann auf bis zu 60 Stunden verlängert werden, wenn innerhalb von vier Kalendermonaten oder 16 Wochen im Durchschnitt 48 Stunden wöchentlich nicht überschritten werden.

(5) Die Ruhezeiten bestimmen sich nach den Vorschriften der Europäischen Gemeinschaften für Kraftfahrer und Beifahrer sowie nach dem AETR. Dies gilt auch für Auszubildende und Praktikanten.

(6) In einem Tarifvertrag oder auf Grund eines Tarifvertrags in einer Betriebs- oder Dienstvereinbarung kann zugelassen werden,
1. nähere Einzelheiten zu den in Absatz 3 Satz 1 Nr. 1, 2 und Satz 2 genannten Voraussetzungen zu regeln,
2. abweichend von Absatz 4 sowie den §§ 3 und 6 Abs. 2 die Arbeitszeit festzulegen, wenn objektive, technische oder arbeitszeitorganisatorische Gründe vorliegen. Dabei darf die Arbeitszeit 48 Stunden wöchentlich im Durchschnitt von sechs Kalendermonaten nicht überschreiten.

§ 7 Abs. 1 Nr. 2 und Abs. 2a gilt nicht. § 7 Abs. 3 gilt entsprechend.

(7) Der Arbeitgeber ist verpflichtet, die Arbeitszeit der Arbeitnehmer aufzuzeichnen. Die Aufzeichnungen sind mindestens zwei Jahre aufzubewahren. Der Arbeitgeber hat dem Arbeitnehmer auf Verlangen eine Kopie der Aufzeichnungen seiner Arbeitszeit auszuhändigen.

(8) Zur Berechnung der Arbeitszeit fordert der Arbeitgeber den Arbeitnehmer schriftlich auf, ihm eine Aufstellung der bei einem anderen Arbeitgeber geleisteten Arbeitszeit vorzulegen. Der Arbeitnehmer legt diese Angaben schriftlich vor.

Siebter Abschnitt: Straf- und Bußgeldvorschriften

§ 22 Bußgeldvorschriften

(1) Ordnungswidrig handelt, wer als Arbeitgeber vorsätzlich oder fahrlässig
1. entgegen §§ 3, 6 Abs. 2 oder § 21a Abs. 4, jeweils auch in Verbindung mit § 11 Abs. 2, einen Arbeitnehmer über die Grenzen der Arbeitszeit hinaus beschäftigt,
2. entgegen § 4 Ruhepausen nicht, nicht mit der vorgeschriebenen Mindestdauer oder nicht rechtzeitig gewährt,
3. entgegen § 5 Abs. 1 die Mindestruhezeit nicht gewährt oder entgegen § 5 Abs. 2 die Verkürzung der Ruhezeit durch Verlängerung einer anderen Ruhezeit nicht oder nicht rechtzeitig ausgleicht,
4. einer Rechtsverordnung nach § 8 Satz 1, § 13 Abs. 1 oder 2, § 15 Absatz 2a Nummer 2 oder § 24 zuwiderhandelt, soweit sie für einen bestimmten Tatbestand auf diese Bußgeldvorschrift verweist,
5. entgegen § 9 Abs. 1 einen Arbeitnehmer an Sonn- oder Feiertagen beschäftigt,
6. entgegen § 11 Abs. 1 einen Arbeitnehmer an allen Sonntagen beschäftigt oder entgegen § 11 Abs. 3 einen Ersatzruhetag nicht oder nicht rechtzeitig gewährt,
7. einer vollziehbaren Anordnung nach § 13 Abs. 3 Nr. 2 zuwiderhandelt,
8. entgegen § 16 Abs. 1 die dort bezeichnete Auslage oder den dort bezeichneten Aushang nicht vornimmt,
9. entgegen § 16 Abs. 2 oder § 21a Abs. 7 Aufzeichnungen nicht oder nicht richtig erstellt oder nicht für die vorgeschriebene Dauer aufbewahrt oder
10. entgegen § 17 Abs. 4 eine Auskunft nicht, nicht richtig oder nicht vollständig erteilt, Unterlagen nicht oder nicht vollständig vorlegt oder nicht einsendet oder entgegen § 17 Abs. 5 Satz 2 eine Maßnahme nicht gestattet.

(2) Die Ordnungswidrigkeit kann in den Fällen des Absatzes 1 Nr. 1 bis 7, 9 und 10 mit einer Geldbuße bis zu fünfzehntausend Euro, in den Fällen des Absatzes 1 Nr. 8 mit einer Geldbuße bis zu zweitausendfünfhundert Euro geahndet werden.

§ 23 Strafvorschriften

(1) Wer eine der in § 22 Abs. 1 Nr. 1 bis 3, 5 bis 7 bezeichneten Handlungen
1. vorsätzlich begeht und dadurch Gesundheit oder Arbeitskraft eines Arbeitnehmers gefährdet oder
2. beharrlich wiederholt wird mit Freiheitsstrafe bis zu einem Jahr oder mit Geldstrafe bestraft.

(2) Wer in den Fällen des Absatzes 1 Nr. 1 die Gefahr fahrlässig verursacht, wird mit Freiheitsstrafe bis zu sechs Monaten oder mit Geldstrafe bis zu 180 Tagessätzen bestraft.

Achter Abschnitt: Schlussvorschriften

§ 24 Umsetzung von zwischenstaatlichen Vereinbarungen und Rechtsakten der EG

Die Bundesregierung kann mit Zustimmung des Bundesrates zur Erfüllung von Verpflichtungen aus zwischenstaatlichen Vereinbarungen oder zur Umsetzung von Rechtsakten des Rates oder der Kommission der Europäischen Gemeinschaften, die Sachbereiche dieses Gesetzes betreffen, Rechtsverordnungen nach diesem Gesetz erlassen.

§ 25 Übergangsregelungen für Tarifverträge
Enthält ein am 1. Januar 2004 bestehender oder nachwirkender Tarifvertrag abweichende Regelungen nach § 7 Abs. 1 oder 2 oder § 12 Satz 1, die den in diesen Vorschriften festgelegten Höchstrahmen überschreiten, bleiben diese tarifvertraglichen Bestimmungen bis zum 31. Dezember 2006 unberührt. Tarifverträgen nach Satz 1 stehen durch Tarifvertrag zugelassene Betriebsvereinbarungen sowie Regelungen nach § 7 Abs. 4 gleich.

§ 26 *(aufgehoben)*

Verordnung über Sicherheit und Gesundheitsschutz auf Baustellen (BaustellV)

vom 10. Juni 1998 (BGBl. I 1998, S. 1283)
- zuletzt geändert durch Gesetz zur Neuordnung des Rechts zum Schutz vor der schädlichen Wirkung ionisierender Strahlung vom 27. Juni 2017 (BGBl. I 2017, S. 1966)

Auf Grund des § 19 des Arbeitsschutzgesetzes vom 7. August 1996 (BGBl. I S. 1246) verordnet die Bundesregierung:

§ 1 Ziele; Begriffe
(1) Diese Verordnung dient der wesentlichen Verbesserung von Sicherheit und Gesundheitsschutz der Beschäftigten auf Baustellen.
(2) Die Verordnung gilt nicht für Tätigkeiten und Einrichtungen im Sinne des § 2 des Bundesberggesetzes.
(3) Baustelle im Sinne dieser Verordnung ist der Ort, an dem ein Bauvorhaben ausgeführt wird. 2Ein Bauvorhaben ist das Vorhaben, eine oder mehrere bauliche Anlagen zu errichten, zu ändern oder abzubrechen.

§ 2 Planung der Ausführung des Bauvorhabens
(1) Bei der Planung der Ausführung eines Bauvorhabens, insbesondere bei der Einteilung der Arbeiten, die gleichzeitig oder nacheinander durchgeführt werden, und bei der Bemessung der Ausführungszeiten für diese Arbeiten, sind die allgemeinen Grundsätze nach § 4 des Arbeitsschutzgesetzes zu berücksichtigen.
(2) Für jede Baustelle, bei der
1. die voraussichtliche Dauer der Arbeiten mehr als 30 Arbeitstage beträgt und auf der mehr als 20 Beschäftigte gleichzeitig tätig werden, oder
2. der Umfang der Arbeiten voraussichtlich 500 Personentage überschreitet,

ist der zuständigen Behörde spätestens zwei Wochen vor Einrichtung der Baustelle eine Vorankündigung zu übermitteln, die mindestens die Angaben nach Anhang I enthält. Die Vorankündigung ist sichtbar auf der Baustelle auszuhängen und bei erheblichen Änderungen anzupassen.
(3) Ist für eine Baustelle, auf der Beschäftigte mehrerer Arbeitgeber tätig werden, eine Vorankündigung zu übermitteln, oder werden auf einer Baustelle, auf der Beschäftigte mehrerer Arbeitgeber tätig werden, besonders gefährliche Arbeiten nach Anhang II ausgeführt, so ist dafür zu sorgen, dass vor Einrichtung der Baustelle ein Sicherheits- und Gesundheitsschutzplan erstellt wird. Der Plan muss die für die betreffende Baustelle anzuwendenden Arbeitsschutzbestimmungen erkennen lassen und besondere Maßnahmen für die besonders gefährlichen Arbeiten nach Anhang II enthalten. Erforderlichenfalls sind bei Erstellung des Planes betriebliche Tätigkeiten auf dem Gelände zu berücksichtigen.

§ 3 Koordinierung
(1) Für Baustellen, auf denen Beschäftigte mehrerer Arbeitgeber tätig werden, sind ein oder mehrere geeignete Koordinatoren zu bestellen. Der Bauherr oder der von ihm nach § 4 beauftragte Dritte kann die Aufgaben des Koordinators selbst wahrnehmen.
(1a) Der Bauherr oder der von ihm beauftragte Dritte wird durch die Beauftragung geeigneter Koordinatoren nicht von seiner Verantwortung entbunden.

(2) Während der Planung der Ausführung des Bauvorhabens hat der Koordinator
1. die in § 2 Abs. 1 vorgesehenen Maßnahmen zu koordinieren,
2. den Sicherheits- und Gesundheitsschutzplan auszuarbeiten oder ausarbeiten zu lassen und
3. eine Unterlage mit den erforderlichen, bei möglichen späteren Arbeiten an der baulichen Anlage zu berücksichtigenden Angaben zu Sicherheit und Gesundheitsschutz zusammenzustellen.

(3) Während der Ausführung des Bauvorhabens hat der Koordinator
1. die Anwendung der allgemeinen Grundsätze nach § 4 des Arbeitsschutzgesetzes zu koordinieren,
2. darauf zu achten, dass die Arbeitgeber und die Unternehmer ohne Beschäftigte ihre Pflichten nach dieser Verordnung erfüllen,
3. den Sicherheits- und Gesundheitsschutzplan bei erheblichen Änderungen in der Ausführung des Bauvorhabens anzupassen oder anpassen zu lassen,
4. die Zusammenarbeit der Arbeitgeber zu organisieren und
5. die Überwachung der ordnungsgemäßen Anwendung der Arbeitsverfahren durch die Arbeitgeber zu koordinieren.

§ 4 Beauftragung

Die Maßnahmen nach § 2 und § 3 Abs. 1 Satz 1 hat der Bauherr zu treffen, es sei denn, er beauftragt einen Dritten, diese Maßnahmen in eigener Verantwortung zu treffen.

§ 5 Pflichten der Arbeitgeber

(1) Die Arbeitgeber haben bei der Ausführung der Arbeiten die erforderlichen Maßnahmen des Arbeitsschutzes insbesondere in bezug auf die
1. Instandhaltung der Arbeitsmittel,
2. Vorkehrungen zur Lagerung und Entsorgung der Arbeitsstoffe und Abfälle, insbesondere der Gefahrstoffe,
3. Anpassung der Ausführungszeiten für die Arbeiten unter Berücksichtigung der Gegebenheiten auf der Baustelle,
4. Zusammenarbeit zwischen Arbeitgebern und Unternehmern ohne Beschäftigte,
5. Wechselwirkungen zwischen den Arbeiten auf der Baustelle und anderen betrieblichen Tätigkeiten auf dem Gelände, auf dem oder in dessen Nähe die erstgenannten Arbeiten ausgeführt werden,

zu treffen sowie die Hinweise des Koordinators und den Sicherheits- und Gesundheitsschutzplan zu berücksichtigen.

(2) Die Arbeitgeber haben die Beschäftigten in verständlicher Form und Sprache über die sie betreffenden Schutzmaßnahmen zu informieren.

(3) Die Verantwortlichkeit der Arbeitgeber für die Erfüllung ihrer Arbeitsschutzpflichten wird durch die Maßnahmen nach den §§ 2 und 3 nicht berührt.

§ 6 Pflichten sonstiger Personen

Zur Gewährleistung von Sicherheit und Gesundheitsschutz der Beschäftigten haben auch die auf einer Baustelle tätigen Unternehmer ohne Beschäftigte die bei den Arbeiten anzuwendenden Arbeitsschutzvorschriften einzuhalten. Sie haben die Hinweise des Koordinators sowie den Sicherheits- und Gesundheitsschutzplan zu berücksichtigen. Die Sätze 1 und 2 gelten auch für Arbeitgeber, die selbst auf der Baustelle tätig sind.

§ 7 Ordnungswidrigkeiten und Strafvorschriften

(1) Ordnungswidrig im Sinne des § 25 Abs. 1 Nr. 1 des Arbeitsschutzgesetzes handelt, wer vorsätzlich oder fahrlässig
1. entgegen § 2 Abs. 2 Satz 1 in Verbindung mit § 4 der zuständigen Behörde eine Vorankündigung nicht, nicht richtig, nicht vollständig oder nicht rechtzeitig übermittelt oder,
2. entgegen § 2 Abs. 3 Satz 1 in Verbindung mit § 4 nicht dafür sorgt, dass vor Einrichtung der Baustelle ein Sicherheits- und Gesundheitsschutzplan erstellt wird.

(2) Wer durch eine im Absatz 1 bezeichnete vorsätzliche Handlung Leben oder Gesundheit eines Beschäftigten gefährdet, ist nach § 26 Nr. 2 des Arbeitsschutzgesetzes strafbar.

§ 8 Inkrafttreten

(1) Diese Verordnung tritt am ersten Tage des auf die Verkündung folgenden Kalendermonats in Kraft.
(2) Für Bauvorhaben, mit deren Ausführung bereits vor dem 1. Juli 1998 begonnen worden ist, bleiben die bisherigen Vorschriften maßgebend.

Anhang I: Pflichtangaben

1. Ort der Baustelle,
2. Name und Anschrift des Bauherrn,
3. Art des Bauvorhabens,
4. Name und Anschrift des anstelle des Bauherrn verantwortlichen Dritten,
5. Name und Anschrift des Koordinators,
6. voraussichtlicher Beginn und voraussichtliche Dauer der Arbeiten,
7. voraussichtliche Höchstzahl der Beschäftigten auf der Baustelle,
8. Zahl der Arbeitgeber und Unternehmer ohne Beschäftigte, die voraussichtlich auf der Baustelle tätig werden,
9. Angabe der bereits ausgewählten Arbeitgeber und Unternehmer ohne Beschäftigte.

Anhang II: Gefährliche Arbeiten

Besonders gefährliche Arbeiten im Sinne des § 2 Abs. 3 sind:
1. Arbeiten, bei denen die Beschäftigten der Gefahr des Versinkens, des Verschüttetwerdens in Baugruben oder in Gräben mit einer Tiefe von mehr als 5 m oder des Absturzes aus einer Höhe von mehr als 7 m ausgesetzt sind,
2. Arbeiten, bei denen Beschäftigte ausgesetzt sind gegenüber
    a) biologischen Arbeitsstoffen der Risikogruppe 3 oder 4 im Sinne der Biostoffverordnung oder
    b) Stoffen oder Gemischen im Sinne der Gefahrstoffverordnung, die eingestuft sind als
        aa) akut toxisch Kategorie 1 oder 2,
        bb) krebserzeugend, keimzellmutagen oder reproduktionstoxisch jeweils in Kategorie 1A oder 1B,
        cc) entzündbare Flüssigkeit Kategorie 1 oder 2,
        dd) explosiv oder
        ee) Erzeugnis mit Explosivstoff,
3. Arbeiten mit ionisierenden Strahlungen, die die Festlegung von Kontroll- oder Überwachungsbereichen im Sinne der Strahlenschutz- sowie im Sinne der Röntgenverordnung erfordern,

4. Arbeiten in einem geringeren Abstand als 5 m von Hochspannungsleitungen,
5. Arbeiten, bei denen die unmittelbare Gefahr des Ertrinkens besteht,
6. Brunnenbau, unterirdische Erdarbeiten und Tunnelbau,
7. Arbeiten mit Tauchgeräten,
8. Arbeiten in Druckluft,
9. Arbeiten, bei denen Sprengstoff oder Sprengschnüre eingesetzt werden,
10. Aufbau oder Abbau von Massivbauelementen mit mehr als 10 t Einzelgewicht.

Verordnung über Sicherheit und Gesundheitsschutz bei der Verwendung von Arbeitsmitteln (BetrSichV)

vom 03. Februar 2015 (BGBl. I 2015, S. 49)

– zuletzt geändert durch Verordnung der Änderung der Gesundheitsschutz-Bergverordnung sowie weiterer berg- und arbeitsschutzrechtlicher Verordnungen vom 18. Oktober 2017 (BGBl. I 2017, S. 3584)

Abschnitt 1: Anwendungsbereich und Begriffsbestimmungen

§ 1 Anwendungsbereich und Zielsetzung

(1) Diese Verordnung gilt für die Verwendung von Arbeitsmitteln. Ziel dieser Verordnung ist es, die Sicherheit und den Schutz der Gesundheit von Beschäftigten bei der Verwendung von Arbeitsmitteln zu gewährleisten. Dies soll insbesondere erreicht werden durch
1. die Auswahl geeigneter Arbeitsmittel und deren sichere Verwendung,
2. die für den vorgesehenen Verwendungszweck geeignete Gestaltung von Arbeits- und Fertigungsverfahren sowie
3. die Qualifikation und Unterweisung der Beschäftigten.
Diese Verordnung regelt hinsichtlich der in § 18 und in Anhang 2 genannten überwachungsbedürftigen Anlagen zugleich Maßnahmen zum Schutz anderer Personen im Gefahrenbereich, soweit diese aufgrund der Verwendung dieser Anlagen durch Arbeitgeber im Sinne des § 2 Absatz 3 gefährdet werden können.
(2) Diese Verordnung gilt nicht in Betrieben, die dem Bundesberggesetz unterliegen, soweit dafür entsprechende Rechtsvorschriften bestehen. Abweichend von Satz 1 gilt sie jedoch für überwachungsbedürftige Anlagen in Tagesanlagen, mit Ausnahme von Rohrleitungen nach Anhang 2 Abschnitt 4 Nummer 2.1 Satz 1 Buchstabe d.
(3) Diese Verordnung gilt nicht auf Seeschiffen unter fremder Flagge und auf Seeschiffen, für die das Bundesministerium für Verkehr und digitale Infrastruktur nach § 10 des Flaggenrechtsgesetzes die Befugnis zur Führung der Bundesflagge lediglich für die erste Überführungsreise in einen anderen Hafen verliehen hat.
(4) Abschnitt 3 gilt nicht für Energieanlagen im Sinne des § 3 Nummer 15 des Energiewirtschaftsgesetzes, soweit sie Druckanlagen im Sinne des Anhangs 2 Abschnitt 4 Nummer 2.1 Buchstabe b, c oder d dieser Verordnung sind. Satz 1 gilt nicht für Gasfüllanlagen, die Energieanlagen im Sinne des § 3 Nummer 15 des Energiewirtschaftsgesetzes sind und nicht auf dem Betriebsgelände von Unternehmen der öffentlichen Gasversorgung von diesen errichtet und betrieben werden.
(5) Das Bundesministerium der Verteidigung kann Ausnahmen von den Vorschriften dieser Verordnung zulassen, wenn zwingende Gründe der Verteidigung oder die Erfüllung zwischenstaatlicher Verpflichtungen der Bundesrepublik Deutschland dies erfordern und die Sicherheit auf andere Weise gewährleistet ist.

§ 2 Begriffsbestimmungen

(1) Arbeitsmittel sind Werkzeuge, Geräte, Maschinen oder Anlagen, die für die Arbeit verwendet werden, sowie überwachungsbedürftige Anlagen.
(2) Die Verwendung von Arbeitsmitteln umfasst jegliche Tätigkeit mit diesen. Hierzu gehören insbesondere das Montieren und Installieren, Bedienen, An- oder Abschalten oder Einstel-

len, Gebrauchen, Betreiben, Instandhalten, Reinigen, Prüfen, Umbauen, Erproben, Demontieren, Transportieren und Überwachen.
(3) Arbeitgeber ist, wer nach § 2 Absatz 3 des Arbeitsschutzgesetzes als solcher bestimmt ist. Dem Arbeitgeber steht gleich
1. wer, ohne Arbeitgeber zu sein, zu gewerblichen oder wirtschaftlichen Zwecken eine überwachungsbedürftige Anlage verwendet, sowie
2. der Auftraggeber und der Zwischenmeister im Sinne des Heimarbeitsgesetzes.
(4) Beschäftigte sind Personen, die nach § 2 Absatz 2 des Arbeitsschutzgesetzes als solche bestimmt sind. Den Beschäftigten stehen folgende Personen gleich, sofern sie Arbeitsmittel verwenden:
1. Schülerinnen und Schüler sowie Studierende,
2. in Heimarbeit Beschäftigte nach § 1 Absatz 1 des Heimarbeitsgesetzes sowie
3. sonstige Personen, insbesondere Personen, die in wissenschaftlichen Einrichtungen tätig sind.
(5) Fachkundig ist, wer zur Ausübung einer in dieser Verordnung bestimmten Aufgabe über die erforderlichen Fachkenntnisse verfügt. Die Anforderungen an die Fachkunde sind abhängig von der jeweiligen Art der Aufgabe. Zu den Anforderungen zählen eine entsprechende Berufsausbildung, Berufserfahrung oder eine zeitnah ausgeübte entsprechende berufliche Tätigkeit. Die Fachkenntnisse sind durch Teilnahme an Schulungen auf aktuellem Stand zu halten.
(6) Zur Prüfung befähigte Person ist eine Person, die durch ihre Berufsausbildung, ihre Berufserfahrung und ihre zeitnahe berufliche Tätigkeit über die erforderlichen Kenntnisse zur Prüfung von Arbeitsmitteln verfügt; soweit hinsichtlich der Prüfung von Arbeitsmitteln in den Anhängen 2 und 3 weitergehende Anforderungen festgelegt sind, sind diese zu erfüllen.
(7) Instandhaltung ist die Gesamtheit aller Maßnahmen zur Erhaltung des sicheren Zustands oder der Rückführung in diesen. Instandhaltung umfasst insbesondere Inspektion, Wartung und Instandsetzung.
(8) Prüfung ist die Ermittlung des Istzustands, der Vergleich des Istzustands mit dem Sollzustand sowie die Bewertung der Abweichung des Istzustands vom Sollzustand.
(9) Prüfpflichtige Änderung ist jede Maßnahme, durch welche die Sicherheit eines Arbeitsmittels beeinflusst wird. Auch Instandsetzungsarbeiten können solche Maßnahmen sein.
(10) Stand der Technik ist der Entwicklungsstand fortschrittlicher Verfahren, Einrichtungen oder Betriebsweisen, der die praktische Eignung einer Maßnahme oder Vorgehensweise zum Schutz der Gesundheit und zur Sicherheit der Beschäftigten oder anderer Personen gesichert erscheinen lässt. Bei der Bestimmung des Stands der Technik sind insbesondere vergleichbare Verfahren, Einrichtungen oder Betriebsweisen heranzuziehen, die mit Erfolg in der Praxis erprobt worden sind.
(11) Gefahrenbereich ist der Bereich innerhalb oder im Umkreis eines Arbeitsmittels, in dem die Sicherheit oder die Gesundheit von Beschäftigten und anderen Personen durch die Verwendung des Arbeitsmittels gefährdet ist.
(12) Errichtung umfasst die Montage und Installation am Verwendungsort.
(13) Überwachungsbedürftige Anlagen sind Anlagen nach § 2 Nummer 30 Satz 1 des Produktsicherheitsgesetzes, soweit sie nach dieser Verordnung in Anhang 2 genannt oder nach § 18 Absatz 1 erlaubnispflichtig sind. Zu den überwachungsbedürftigen Anlagen gehören auch Mess-, Steuer- und Regeleinrichtungen, die dem sicheren Betrieb dieser überwachungsbedürftigen Anlagen dienen.
(14) Zugelassene Überwachungsstellen sind die in Anhang 2 Abschnitt 1 genannten Stellen.

(15) Andere Personen sind Personen, die nicht Beschäftigte oder Gleichgestellte nach Absatz 4 sind und sich im Gefahrenbereich einer überwachungsbedürftigen Anlage innerhalb oder außerhalb eines Betriebsgeländes befinden.

Abschnitt 2: Gefährdungsbeurteilung und Schutzmaßnahmen

§ 3 Gefährdungsbeurteilung

(1) Der Arbeitgeber hat vor der Verwendung von Arbeitsmitteln die auftretenden Gefährdungen zu beurteilen (Gefährdungsbeurteilung) und daraus notwendige und geeignete Schutzmaßnahmen abzuleiten. Das Vorhandensein einer CE-Kennzeichnung am Arbeitsmittel entbindet nicht von der Pflicht zur Durchführung einer Gefährdungsbeurteilung. Für Aufzugsanlagen gilt Satz 1 nur, wenn sie von einem Arbeitgeber im Sinne des § 2 Absatz 3 Satz 1 verwendet werden.
(2) In die Beurteilung sind alle Gefährdungen einzubeziehen, die bei der Verwendung von Arbeitsmitteln ausgehen, und zwar von
1. den Arbeitsmitteln selbst,
2. der Arbeitsumgebung und
3. den Arbeitsgegenständen, an denen Tätigkeiten mit Arbeitsmitteln durchgeführt werden.
Bei der Gefährdungsbeurteilung ist insbesondere Folgendes zu berücksichtigen:
1. die Gebrauchstauglichkeit von Arbeitsmitteln einschließlich der ergonomischen, alters- und alternsgerechten Gestaltung,
2. die sicherheitsrelevanten einschließlich der ergonomischen Zusammenhänge zwischen Arbeitsplatz, Arbeitsmittel, Arbeitsverfahren, Arbeitsorganisation, Arbeitsablauf, Arbeitszeit und Arbeitsaufgabe,
3. die physischen und psychischen Belastungen der Beschäftigten, die bei der Verwendung von Arbeitsmitteln auftreten,
4. vorhersehbare Betriebsstörungen und die Gefährdung bei Maßnahmen zu deren Beseitigung.
(3) Die Gefährdungsbeurteilung soll bereits vor der Auswahl und der Beschaffung der Arbeitsmittel begonnen werden. Dabei sind insbesondere die Eignung des Arbeitsmittels für die geplante Verwendung, die Arbeitsabläufe und die Arbeitsorganisation zu berücksichtigen. Die Gefährdungsbeurteilung darf nur von fachkundigen Personen durchgeführt werden. Verfügt der Arbeitgeber nicht selbst über die entsprechenden Kenntnisse, so hat er sich fachkundig beraten zu lassen.
(4) Der Arbeitgeber hat sich die Informationen zu beschaffen, die für die Gefährdungsbeurteilung notwendig sind. Dies sind insbesondere die nach § 21 Absatz 6 Nummer 1 bekannt gegebenen Regeln und Erkenntnisse, Gebrauchs- und Betriebsanleitungen sowie die ihm zugänglichen Erkenntnisse aus der arbeitsmedizinischen Vorsorge. Der Arbeitgeber darf diese Informationen übernehmen, sofern sie auf die Arbeitsmittel, Arbeitsbedingungen und Verfahren in seinem Betrieb anwendbar sind. Bei der Informationsbeschaffung kann der Arbeitgeber davon ausgehen, dass die vom Hersteller des Arbeitsmittels mitgelieferten Informationen zutreffend sind, es sei denn, dass er über andere Erkenntnisse verfügt.
(5) Der Arbeitgeber kann bei der Festlegung der Schutzmaßnahmen bereits vorhandene Gefährdungsbeurteilungen, hierzu gehören auch gleichwertige Unterlagen, die ihm der Hersteller oder Inverkehrbringer mitgeliefert hat, übernehmen, sofern die Angaben und Festlegungen in dieser Gefährdungsbeurteilung den Arbeitsmitteln einschließlich der Arbeitsbedingungen und -verfahren, im eigenen Betrieb entsprechen.

(6) Der Arbeitgeber hat Art und Umfang erforderlicher Prüfungen von Arbeitsmitteln sowie die Fristen von wiederkehrenden Prüfungen nach den §§ 14 und 16 zu ermitteln und festzulegen, soweit diese Verordnung nicht bereits entsprechende Vorgaben enthält. Satz 1 gilt auch für Aufzugsanlagen. Die Fristen für die wiederkehrenden Prüfungen sind so festzulegen, dass die Arbeitsmittel bis zur nächsten festgelegten Prüfung sicher verwendet werden können. Bei der Festlegung der Fristen für die wiederkehrenden Prüfungen nach § 14 Absatz 2 Satz 1 für die in Anhang 3 genannten Arbeitsmittel dürfen die dort genannten Prüffristen nicht überschritten werden. Bei der Festlegung der Fristen für die wiederkehrenden Prüfungen nach § 16 dürfen die in Anhang 2 Abschnitt 2 Nummer 4.1 und 4.3, Abschnitt 3 Nummer 5.1 bis 5.3 und Abschnitt 4 Nummer 5.8 in Verbindung mit Tabelle 1 genannten Höchstfristen nicht überschritten werden, es sei denn, dass in den genannten Anhängen etwas anderes bestimmt ist. Ferner hat der Arbeitgeber zu ermitteln und festzulegen, welche Voraussetzungen die zur Prüfung befähigten Personen erfüllen müssen, die von ihm mit den Prüfungen von Arbeitsmitteln nach §§ 14, 15 und 16 zu beauftragen sind.
(7) Die Gefährdungsbeurteilung ist regelmäßig zu überprüfen. Dabei ist der Stand der Technik zu berücksichtigen. Soweit erforderlich, sind die Schutzmaßnahmen bei der Verwendung von Arbeitsmitteln entsprechend anzupassen. Der Arbeitgeber hat die Gefährdungsbeurteilung unverzüglich zu aktualisieren, wenn
1. sicherheitsrelevante Veränderungen der Arbeitsbedingungen einschließlich der Änderung von Arbeitsmitteln dies erfordern,
2. neue Informationen, insbesondere Erkenntnisse aus dem Unfallgeschehen oder aus der arbeitsmedizinischen Vorsorge, vorliegen oder
3. die Prüfung der Wirksamkeit der Schutzmaßnahmen nach § 4 Absatz 5 ergeben hat, dass die festgelegten Schutzmaßnahmen nicht wirksam oder nicht ausreichend sind.
Ergibt die Überprüfung der Gefährdungsbeurteilung, dass keine Aktualisierung erforderlich ist, so hat der Arbeitgeber dies unter Angabe des Datums der Überprüfung in der Dokumentation nach Absatz 8 zu vermerken.
(8) Der Arbeitgeber hat das Ergebnis seiner Gefährdungsbeurteilung vor der erstmaligen Verwendung der Arbeitsmittel zu dokumentieren. Dabei sind mindestens anzugeben
1. die Gefährdungen, die bei der Verwendung der Arbeitsmittel auftreten,
2. die zu ergreifenden Schutzmaßnahmen,
3. wie die Anforderungen dieser Verordnung eingehalten werden, wenn von den nach § 21 Absatz 6 Nummer 1 bekannt gegebenen Regeln und Erkenntnissen abgewichen wird,
4. Art und Umfang der erforderlichen Prüfungen sowie die Fristen der wiederkehrenden Prüfungen (Absatz 6 Satz 1) und
5. das Ergebnis der Überprüfung der Wirksamkeit der Schutzmaßnahmen nach § 4 Absatz 5.
Die Dokumentation kann auch in elektronischer Form vorgenommen werden.
(9) Sofern der Arbeitgeber von § 7 Absatz 1 Gebrauch macht und die Gefährdungsbeurteilung ergibt, dass die Voraussetzungen nach § 7 Absatz 1 vorliegen, ist eine Dokumentation dieser Voraussetzungen und der gegebenenfalls getroffenen Schutzmaßnahmen ausreichend.

§ 4 Grundpflichten des Arbeitgebers

(1) Arbeitsmittel dürfen erst verwendet werden, nachdem der Arbeitgeber
1. eine Gefährdungsbeurteilung durchgeführt hat,
2. die dabei ermittelten Schutzmaßnahmen nach dem Stand der Technik getroffen hat und
3. festgestellt hat, dass die Verwendung der Arbeitsmittel nach dem Stand der Technik sicher ist.

(2) Ergibt sich aus der Gefährdungsbeurteilung, dass Gefährdungen durch technische Schutzmaßnahmen nach dem Stand der Technik nicht oder nur unzureichend vermieden werden können, hat der Arbeitgeber geeignete organisatorische und personenbezogene Schutzmaßnahmen zu treffen. Technische Schutzmaßnahmen haben Vorrang vor organisatorischen, diese haben wiederum Vorrang vor personenbezogenen Schutzmaßnahmen. Die Verwendung persönlicher Schutzausrüstung ist für jeden Beschäftigten auf das erforderliche Minimum zu beschränken.

(3) Bei der Festlegung der Schutzmaßnahmen hat der Arbeitgeber die Vorschriften dieser Verordnung einschließlich der Anhänge zu beachten und die nach § 21 Absatz 6 Nummer 1 bekannt gegebenen Regeln und Erkenntnisse zu berücksichtigen. Bei Einhaltung dieser Regeln und Erkenntnisse ist davon auszugehen, dass die in dieser Verordnung gestellten Anforderungen erfüllt sind. Von den Regeln und Erkenntnissen kann abgewichen werden, wenn Sicherheit und Gesundheit durch andere Maßnahmen zumindest in vergleichbarer Weise gewährleistet werden.

(4) Der Arbeitgeber hat dafür zu sorgen, dass Arbeitsmittel, für die in § 14 und im Abschnitt 3 dieser Verordnung Prüfungen vorgeschrieben sind, nur verwendet werden, wenn diese Prüfungen durchgeführt und dokumentiert wurden.

(5) Der Arbeitgeber hat die Wirksamkeit der Schutzmaßnahmen vor der erstmaligen Verwendung der Arbeitsmittel zu überprüfen. Satz 1 gilt nicht, soweit entsprechende Prüfungen nach § 14 oder § 15 durchgeführt wurden. Der Arbeitgeber hat weiterhin dafür zu sorgen, dass Arbeitsmittel vor ihrer jeweiligen Verwendung durch Inaugenscheinnahme und erforderlichenfalls durch eine Funktionskontrolle auf offensichtliche Mängel kontrolliert werden und Schutz- und Sicherheitseinrichtungen einer regelmäßigen Funktionskontrolle unterzogen werden. Satz 3 gilt auch bei Arbeitsmitteln, für die wiederkehrende Prüfungen nach § 14 oder § 16 vorgeschrieben sind.

(6) Der Arbeitgeber hat die Belange des Arbeitsschutzes in Bezug auf die Verwendung von Arbeitsmitteln angemessen in seine betriebliche Organisation einzubinden und hierfür die erforderlichen personellen, finanziellen und organisatorischen Voraussetzungen zu schaffen. Insbesondere hat er dafür zu sorgen, dass bei der Gestaltung der Arbeitsorganisation, des Arbeitsverfahrens und des Arbeitsplatzes sowie bei der Auswahl und beim Zur-Verfügung-Stellen der Arbeitsmittel alle mit der Sicherheit und Gesundheit der Beschäftigten zusammenhängenden Faktoren, einschließlich der psychischen, ausreichend berücksichtigt werden.

§ 5 Anforderungen an die zur Verfügung gestellten Arbeitsmittel

(1) Der Arbeitgeber darf nur solche Arbeitsmittel zur Verfügung stellen und verwenden lassen, die unter Berücksichtigung der vorgesehenen Einsatzbedingungen bei der Verwendung sicher sind. Die Arbeitsmittel müssen
1. für die Art der auszuführenden Arbeiten geeignet sein,
2. den gegebenen Einsatzbedingungen und den vorhersehbaren Beanspruchungen angepasst sein und
3. über die erforderlichen sicherheitsrelevanten Ausrüstungen verfügen,

sodass eine Gefährdung durch ihre Verwendung so gering wie möglich gehalten wird. Kann durch Maßnahmen nach den Sätzen 1 und 2 die Sicherheit und Gesundheit nicht gewährleistet werden, so hat der Arbeitgeber andere geeignete Schutzmaßnahmen zu treffen, um die Gefährdung so weit wie möglich zu reduzieren.

(2) Der Arbeitgeber darf Arbeitsmittel nicht zur Verfügung stellen und verwenden lassen, wenn sie Mängel aufweisen, welche die sichere Verwendung beeinträchtigen.

(3) Der Arbeitgeber darf nur solche Arbeitsmittel zur Verfügung stellen und verwenden lassen, die den für sie geltenden Rechtsvorschriften über Sicherheit und Gesundheitsschutz entsprechen. Zu diesen Rechtsvorschriften gehören neben den Vorschriften dieser Verordnung insbesondere Rechtsvorschriften, mit denen Gemeinschaftsrichtlinien in deutsches Recht umgesetzt wurden und die für die Arbeitsmittel zum Zeitpunkt des Bereitstellens auf dem Markt gelten. Arbeitsmittel, die der Arbeitgeber für eigene Zwecke selbst hergestellt hat, müssen den grundlegenden Sicherheitsanforderungen der anzuwendenden Gemeinschaftsrichtlinien entsprechen. Den formalen Anforderungen dieser Richtlinien brauchen sie nicht zu entsprechen, es sei denn, es ist in der jeweiligen Richtlinie ausdrücklich anders bestimmt.
(4) Der Arbeitgeber hat dafür zu sorgen, dass Beschäftigte nur die Arbeitsmittel verwenden, die er ihnen zur Verfügung gestellt hat oder deren Verwendung er ihnen ausdrücklich gestattet hat.

§ 6 Grundlegende Schutzmaßnahmen bei der Verwendung von Arbeitsmitteln

(1) Der Arbeitgeber hat dafür zu sorgen, dass die Arbeitsmittel sicher verwendet und dabei die Grundsätze der Ergonomie beachtet werden. Dabei ist Anhang 1 zu beachten. Die Verwendung der Arbeitsmittel ist so zu gestalten und zu organisieren, dass Belastungen und Fehlbeanspruchungen, die die Gesundheit und die Sicherheit der Beschäftigten gefährden können, vermieden oder, wenn dies nicht möglich ist, auf ein Mindestmaß reduziert werden. Der Arbeitgeber hat darauf zu achten, dass die Beschäftigten in der Lage sind, die Arbeitsmittel zu verwenden, ohne sich oder andere Personen zu gefährden. Insbesondere sind folgende Grundsätze einer menschengerechten Gestaltung der Arbeit zu berücksichtigen:
1. die Arbeitsmittel einschließlich ihrer Schnittstelle zum Menschen müssen an die körperlichen Eigenschaften und die Kompetenz der Beschäftigten angepasst sein sowie biomechanische Belastungen bei der Verwendung vermieden sein. Zu berücksichtigen sind hierbei die Arbeitsumgebung, die Lage der Zugriffstellen und des Schwerpunktes des Arbeitsmittels, die erforderliche Körperhaltung, die Körperbewegung, die Entfernung zum Körper, die benötigte persönliche Schutzausrüstung sowie die psychische Belastung der Beschäftigten,
2. die Beschäftigten müssen über einen ausreichenden Bewegungsfreiraum verfügen,
3. es sind ein Arbeitstempo und ein Arbeitsrhythmus zu vermeiden, die zu Gefährdungen der Beschäftigten führen können,
4. es sind Bedien- und Überwachungstätigkeiten zu vermeiden, die eine uneingeschränkte und dauernde Aufmerksamkeit erfordern.
(2) Der Arbeitgeber hat dafür zu sorgen, dass vorhandene Schutzeinrichtungen und zur Verfügung gestellte persönliche Schutzausrüstungen verwendet werden, dass erforderliche Schutz- oder Sicherheitseinrichtungen funktionsfähig sind und nicht auf einfache Weise manipuliert oder umgangen werden. Der Arbeitgeber hat ferner durch geeignete Maßnahmen dafür zu sorgen, dass Beschäftigte bei der Verwendung der Arbeitsmittel die nach § 12 erhaltenen Informationen sowie Kennzeichnungen und Gefahrenhinweise beachten.
(3) Der Arbeitgeber hat dafür zu sorgen, dass
1. die Errichtung von Arbeitsmitteln, der Auf- und Abbau, die Erprobung sowie die Instandhaltung und Prüfung von Arbeitsmitteln unter Berücksichtigung der sicherheitsrelevanten Aufstellungs- und Umgebungsbedingungen nach dem Stand der Technik erfolgen und sicher durchgeführt werden,
2. erforderliche Sicherheits- und Schutzabstände eingehalten werden und
3. alle verwendeten oder erzeugten Energieformen und Materialien sicher zu- und abgeführt werden können.

Werden Arbeitsmittel im Freien verwendet, hat der Arbeitgeber dafür zu sorgen, dass die sichere Verwendung der Arbeitsmittel ungeachtet der Witterungsverhältnisse stets gewährleistet ist.

§ 7 Vereinfachte Vorgehensweise bei der Verwendung von Arbeitsmitteln

(1) Der Arbeitgeber kann auf weitere Maßnahmen nach den §§ 8 und 9 verzichten, wenn sich aus der Gefährdungsbeurteilung ergibt, dass
1. die Arbeitsmittel mindestens den sicherheitstechnischen Anforderungen der für sie zum Zeitpunkt der Verwendung geltenden Rechtsvorschriften zum Bereitstellen von Arbeitsmitteln auf dem Markt entsprechen,
2. die Arbeitsmittel ausschließlich bestimmungsgemäß entsprechend den Vorgaben des Herstellers verwendet werden,
3. keine zusätzlichen Gefährdungen der Beschäftigten unter Berücksichtigung der Arbeitsumgebung, der Arbeitsgegenstände, der Arbeitsabläufe sowie der Dauer und der zeitlichen Lage der Arbeitszeit auftreten und
4. Instandhaltungsmaßnahmen nach § 10 getroffen und Prüfungen nach § 14 durchgeführt werden.

(2) Absatz 1 gilt nicht für überwachungsbedürftige Anlagen und die in Anhang 3 genannten Arbeitsmittel.

§ 8 Schutzmaßnahmen bei Gefährdungen durch Energien, Ingangsetzen und Stillsetzen

(1) Der Arbeitgeber darf nur solche Arbeitsmittel verwenden lassen, die gegen Gefährdungen ausgelegt sind durch
1. die von ihnen ausgehenden oder verwendeten Energien,
2. direktes oder indirektes Berühren von Teilen, die unter elektrischer Spannung stehen, oder
3. Störungen ihrer Energieversorgung.

Die Arbeitsmittel müssen ferner so gestaltet sein, dass eine gefährliche elektrostatische Aufladung vermieden oder begrenzt wird. Ist dies nicht möglich, müssen sie mit Einrichtungen zum Ableiten solcher Aufladungen ausgestattet sein.

(2) Der Arbeitgeber hat dafür zu sorgen, dass Arbeitsmittel mit den sicherheitstechnisch erforderlichen Mess-, Steuer- und Regeleinrichtungen ausgestattet sind, damit sie sicher und zuverlässig verwendet werden können.

(3) Befehlseinrichtungen, die Einfluss auf die sichere Verwendung der Arbeitsmittel haben, müssen insbesondere
1. als solche deutlich erkennbar, außerhalb des Gefahrenbereichs angeordnet und leicht und ohne Gefährdung erreichbar sein; ihre Betätigung darf zu keiner zusätzlichen Gefährdung führen,
2. sicher beschaffen und auf vorhersehbare Störungen, Beanspruchungen und Zwänge ausgelegt sein,
3. gegen unbeabsichtigtes oder unbefugtes Betätigen gesichert sein.

(4) Arbeitsmittel dürfen nur absichtlich in Gang gesetzt werden können. Soweit erforderlich, muss das Ingangsetzen sicher verhindert werden können oder müssen sich die Beschäftigten Gefährdungen durch das in Gang gesetzte Arbeitsmittel rechtzeitig entziehen können. Hierbei und bei Änderungen des Betriebszustands muss auch die Sicherheit im Gefahrenbereich durch geeignete Maßnahmen gewährleistet werden.

(5) Vom Standort der Bedienung des Arbeitsmittels aus muss dieses als Ganzes oder in Teilen so stillgesetzt und von jeder einzelnen Energiequelle dauerhaft sicher getrennt werden können, dass ein sicherer Zustand gewährleistet ist. Die hierfür vorgesehenen Befehlseinrichtungen müssen leicht und ungehindert erreichbar und deutlich erkennbar gekennzeichnet sein. Der Befehl zum Stillsetzen eines Arbeitsmittels muss gegenüber dem Befehl zum Ingangsetzen Vorrang haben. Können bei Arbeitsmitteln, die über Systeme mit Speicherwirkung verfügen, nach dem Trennen von jeder Energiequelle nach Satz 1 noch Energien gespeichert sein, so müssen Einrichtungen vorhanden sein, mit denen diese Systeme energiefrei gemacht werden können. Diese Einrichtungen müssen gekennzeichnet sein. Ist ein vollständiges Energiefreimachen nicht möglich, müssen an den Arbeitsmitteln entsprechende Gefahrenhinweise vorhanden sein.

(6) Kraftbetriebene Arbeitsmittel müssen mit einer schnell erreichbaren und auffällig gekennzeichneten Notbefehlseinrichtung zum sicheren Stillsetzen des gesamten Arbeitsmittels ausgerüstet sein, mit der Gefahr bringende Bewegungen oder Prozesse ohne zusätzliche Gefährdungen unverzüglich stillgesetzt werden können. Auf eine Notbefehlseinrichtung kann verzichtet werden, wenn sie die Gefährdung nicht mindern würde; in diesem Fall ist die Sicherheit auf andere Weise zu gewährleisten. Vom jeweiligen Bedienungsort des Arbeitsmittels aus muss feststellbar sein, ob sich Personen oder Hindernisse im Gefahrenbereich befinden oder dem Ingangsetzen muss ein automatisch ansprechendes Sicherheitssystem vorgeschaltet sein, das das Ingangsetzen verhindert, solange sich Beschäftigte im Gefahrenbereich aufhalten. Ist dies nicht möglich, müssen ausreichende Möglichkeiten zur Verständigung und Warnung vor dem Ingangsetzen vorhanden sein. Soweit erforderlich, muss das Ingangsetzen sicher verhindert werden können, oder die Beschäftigten müssen sich Gefährdungen durch das in Gang gesetzte Arbeitsmittel rechtzeitig entziehen können.

§ 9 Weitere Schutzmaßnahmen bei der Verwendung von Arbeitsmitteln

(1) Der Arbeitgeber hat dafür zu sorgen, dass Arbeitsmittel unter Berücksichtigung der zu erwartenden Betriebsbedingungen so verwendet werden, dass Beschäftigte gegen vorhersehbare Gefährdungen ausreichend geschützt sind. Insbesondere müssen

1. Arbeitsmittel ausreichend standsicher sein und, falls erforderlich, gegen unbeabsichtigte Positions- und Lageänderungen stabilisiert werden,
2. Arbeitsmittel mit den erforderlichen sicherheitstechnischen Ausrüstungen versehen sein,
3. Arbeitsmittel, ihre Teile und die Verbindungen untereinander den Belastungen aus inneren und äußeren Kräften standhalten,
4. Schutzeinrichtungen bei Splitter- oder Bruchgefahr sowie gegen herabfallende oder herausschleudernde Gegenstände vorhanden sein,
5. sichere Zugänge zu Arbeitsplätzen an und in Arbeitsmitteln gewährleistet und ein gefahrloser Aufenthalt dort möglich sein,
6. Schutzmaßnahmen getroffen werden, die sowohl einen Absturz von Beschäftigten als auch von Arbeitsmitteln sicher verhindern,
7. Maßnahmen getroffen werden, damit Personen nicht unbeabsichtigt in Arbeitsmitteln eingeschlossen werden; im Notfall müssen eingeschlossene Personen aus Arbeitsmitteln in angemessener Zeit befreit werden können,
8. Schutzmaßnahmen gegen Gefährdungen durch bewegliche Teile von Arbeitsmitteln und gegen Blockaden solcher Teile getroffen werden; hierzu gehören auch Maßnahmen, die den unbeabsichtigten Zugang zum Gefahrenbereich von beweglichen Teilen von Arbeitsmitteln verhindern oder die bewegliche Teile vor dem Erreichen des Gefahrenbereichs stillsetzen,

9. Maßnahmen getroffen werden, die verhindern, dass die sichere Verwendung der Arbeitsmittel durch äußere Einwirkungen beeinträchtigt wird,
10. Leitungen so verlegt sein, dass Gefährdungen vermieden werden, und
11. Maßnahmen getroffen werden, die verhindern, dass außer Betrieb gesetzte Arbeitsmittel zu Gefährdungen führen.

(2) Der Arbeitgeber hat Schutzmaßnahmen gegen Gefährdungen durch heiße oder kalte Teile, scharfe Ecken und Kanten und raue Oberflächen von Arbeitsmitteln zu treffen.

(3) Der Arbeitgeber hat weiterhin dafür zu sorgen, dass Schutzeinrichtungen
1. einen ausreichenden Schutz gegen Gefährdungen bieten,
2. stabil gebaut sind,
3. sicher in Position gehalten werden,
4. die Eingriffe, die für den Einbau oder den Austausch von Teilen sowie für Instandhaltungsarbeiten erforderlich sind, möglichst ohne Demontage der Schutzeinrichtungen zulassen,
5. keine zusätzlichen Gefährdungen verursachen,
6. nicht auf einfache Weise umgangen oder unwirksam gemacht werden können und
7. die Beobachtung und Durchführung des Arbeitszyklus nicht mehr als notwendig einschränken.

(4) Werden Arbeitsmittel in Bereichen mit gefährlicher explosionsfähiger Atmosphäre verwendet oder kommt es durch deren Verwendung zur Bildung gefährlicher explosionsfähiger Atmosphäre, müssen unter Beachtung der Gefahrstoffverordnung die erforderlichen Schutzmaßnahmen getroffen werden, insbesondere sind die für die jeweilige Zone geeigneten Geräte und Schutzsysteme im Sinne der Richtlinie 2014/34/EU des Europäischen Parlaments und des Rates vom 26. Februar 2014 zur Harmonisierung der Rechtsvorschriften der Mitgliedstaaten für Geräte und Schutzsysteme zur bestimmungsgemäßen Verwendung in explosionsgefährdeten Bereichen (ABl. L 96 vom 29.3.2014, S. 309) einzusetzen. Diese Schutzmaßnahmen sind vor der erstmaligen Verwendung der Arbeitsmittel im Explosionsschutzdokument nach § 6 Absatz 9 der Gefahrstoffverordnung zu dokumentieren.

(5) Soweit nach der Gefährdungsbeurteilung erforderlich, müssen an Arbeitsmitteln oder in deren Gefahrenbereich ausreichende, verständliche und gut wahrnehmbare Sicherheitskennzeichnungen und Gefahrenhinweise sowie Einrichtungen zur angemessenen, unmissverständlichen und leicht wahrnehmbaren Warnung im Gefahrenfall vorhanden sein.

§ 10 Instandhaltung und Änderung von Arbeitsmitteln

(1) Der Arbeitgeber hat Instandhaltungsmaßnahmen zu treffen, damit die Arbeitsmittel während der gesamten Verwendungsdauer den für sie geltenden Sicherheits- und Gesundheitsschutzanforderungen entsprechen und in einem sicheren Zustand erhalten werden. Dabei sind die Angaben des Herstellers zu berücksichtigen. Notwendige Instandhaltungsmaßnahmen nach Satz 1 sind unverzüglich durchzuführen und die dabei erforderlichen Schutzmaßnahmen zu treffen.

(2) Der Arbeitgeber hat Instandhaltungsmaßnahmen auf der Grundlage einer Gefährdungsbeurteilung sicher durchführen zu lassen und dabei die Betriebsanleitung des Herstellers zu berücksichtigen. Instandhaltungsmaßnahmen dürfen nur von fachkundigen, beauftragten und unterwiesenen Beschäftigten oder von sonstigen für die Durchführung der Instandhaltungsarbeiten geeigneten Auftragnehmern mit vergleichbarer Qualifikation durchgeführt werden.

(3) Der Arbeitgeber hat alle erforderlichen Maßnahmen zu treffen, damit Instandhaltungsarbeiten sicher durchgeführt werden können. Dabei hat er insbesondere

1. die Verantwortlichkeiten für die Durchführung der erforderlichen Sicherungsmaßnahmen festzulegen,
2. eine ausreichende Kommunikation zwischen Bedien- und Instandhaltungspersonal sicherzustellen,
3. den Arbeitsbereich während der Instandhaltungsarbeiten abzusichern,
4. das Betreten des Arbeitsbereichs durch Unbefugte zu verhindern, soweit das nach der Gefährdungsbeurteilung erforderlich ist,
5. sichere Zugänge für das Instandhaltungspersonal vorzusehen,
6. Gefährdungen durch bewegte oder angehobene Arbeitsmittel oder deren Teile sowie durch gefährliche Energien oder Stoffe zu vermeiden,
7. dafür zu sorgen, dass Einrichtungen vorhanden sind, mit denen Energien beseitigt werden können, die nach einer Trennung des instand zu haltenden Arbeitsmittels von Energiequellen noch gespeichert sind; diese Einrichtungen sind entsprechend zu kennzeichnen,
8. sichere Arbeitsverfahren für solche Arbeitsbedingungen festzulegen, die vom Normalzustand abweichen,
9. erforderliche Warn- und Gefahrenhinweise bezogen auf Instandhaltungsarbeiten an den Arbeitsmitteln zur Verfügung zu stellen,
10. dafür zu sorgen, dass nur geeignete Geräte und Werkzeuge und eine geeignete persönliche Schutzausrüstung verwendet werden,
11. bei Auftreten oder Bildung gefährlicher explosionsfähiger Atmosphäre Schutzmaßnahmen entsprechend § 9 Absatz 4 Satz 1 zu treffen.
12. Systeme für die Freigabe bestimmter Arbeiten anzuwenden.

(4) Werden bei Instandhaltungsmaßnahmen an Arbeitsmitteln die für den Normalbetrieb getroffenen technischen Schutzmaßnahmen ganz oder teilweise außer Betrieb gesetzt oder müssen solche Arbeiten unter Gefährdung durch Energie durchgeführt werden, so ist die Sicherheit der Beschäftigten während der Dauer dieser Arbeiten durch andere geeignete Maßnahmen zu gewährleisten.

(5) Werden Änderungen an Arbeitsmitteln durchgeführt, gelten die Absätze 1 bis 3 entsprechend. Der Arbeitgeber hat sicherzustellen, dass die geänderten Arbeitsmittel die Sicherheits- und Gesundheitsschutzanforderungen nach § 5 Absatz 1 und 2 erfüllen. Bei Änderungen von Arbeitsmitteln hat der Arbeitgeber zu beurteilen, ob es sich um prüfpflichtige Änderungen handelt. Er hat auch zu beurteilen, ob er bei den Änderungen von Arbeitsmitteln Herstellerpflichten zu beachten hat, die sich aus anderen Rechtsvorschriften, insbesondere dem Produktsicherheitsgesetz oder einer Verordnung nach § 8 Absatz 1 des Produktsicherheitsgesetzes ergeben.

§ 11 Besondere Betriebszustände, Betriebsstörungen und Unfälle

(1) Der Arbeitgeber hat Maßnahmen zu ergreifen, durch die unzulässige oder instabile Betriebszustände von Arbeitsmitteln verhindert werden. Können instabile Zustände nicht sicher verhindert werden, hat der Arbeitgeber Maßnahmen zu ihrer Beherrschung zu treffen. Die Sätze 1 und 2 gelten insbesondere für An- und Abfahr- sowie Erprobungsvorgänge.

(2) Der Arbeitgeber hat dafür zu sorgen, dass Beschäftigte und andere Personen bei einem Unfall oder bei einem Notfall unverzüglich gerettet und ärztlich versorgt werden können. Dies schließt die Bereitstellung geeigneter Zugänge zu den Arbeitsmitteln und in diese sowie die Bereitstellung erforderlicher Befestigungsmöglichkeiten für Rettungseinrichtungen an und in den Arbeitsmitteln ein. Im Notfall müssen Zugangssperren gefahrlos selbsttätig in einen sicheren Bereich öffnen. Ist dies nicht möglich, müssen Zugangssperren über eine No-

tentriegelung leicht zu öffnen sein, wobei an der Notentriegelung und an der Zugangssperre auf die noch bestehenden Gefahren besonders hingewiesen werden muss. Besteht die Möglichkeit, in ein Arbeitsmittel eingezogen zu werden, muss die Rettung eingezogener Personen möglich sein.
(3) Der Arbeitgeber hat dafür zu sorgen, dass die notwendigen Informationen über Maßnahmen bei Notfällen zur Verfügung stehen. Die Informationen müssen auch Rettungsdiensten zur Verfügung stehen, soweit sie für Rettungseinsätze benötigt werden. Zu den Informationen zählen:
1. eine Vorabmitteilung über einschlägige Gefährdungen bei der Arbeit, über Maßnahmen zur Feststellung von Gefährdungen sowie über Vorsichtsmaßregeln und Verfahren, damit die Rettungsdienste ihre eigenen Abhilfe- und Sicherheitsmaßnahmen vorbereiten können,
2. Informationen über einschlägige und spezifische Gefährdungen, die bei einem Unfall oder Notfall auftreten können, einschließlich der Informationen über die Maßnahmen nach den Absätzen 1 und 2.

Treten durch besondere Betriebszustände oder Betriebsstörungen Gefährdungen auf, hat der Arbeitgeber dafür zu sorgen, dass dies durch Warneinrichtungen angezeigt wird.
(4) Werden bei Rüst-, Einrichtungs- und Erprobungsarbeiten oder vergleichbaren Arbeiten an Arbeitsmitteln die für den Normalbetrieb getroffenen technischen Schutzmaßnahmen ganz oder teilweise außer Betrieb gesetzt oder müssen solche Arbeiten unter Gefährdung durch Energie durchgeführt werden, so ist die Sicherheit der Beschäftigten während der Dauer dieser Arbeiten durch andere geeignete Maßnahmen zu gewährleisten. Die Arbeiten nach Satz 1 dürfen nur von fachkundigen Personen durchgeführt werden.
(5) Insbesondere bei Rüst- und Einrichtungsarbeiten, der Erprobung und der Prüfung von Arbeitsmitteln sowie bei der Fehlersuche sind Gefahrenbereiche festzulegen. Ist ein Aufenthalt im Gefahrenbereich von Arbeitsmitteln erforderlich, sind auf der Grundlage der Gefährdungsbeurteilung weitere Maßnahmen zu treffen, welche die Sicherheit der Beschäftigten gewährleisten.

§ 12 Unterweisung und besondere Beauftragung von Beschäftigten

(1) Bevor Beschäftigte Arbeitsmittel erstmalig verwenden, hat der Arbeitgeber ihnen ausreichende und angemessene Informationen anhand der Gefährdungsbeurteilung in einer für die Beschäftigten verständlichen Form und Sprache zur Verfügung zu stellen über
1. vorhandene Gefährdungen bei der Verwendung von Arbeitsmitteln einschließlich damit verbundener Gefährdungen durch die Arbeitsumgebung,
2. erforderliche Schutzmaßnahmen und Verhaltensregelungen und
3. Maßnahmen bei Betriebsstörungen, Unfällen und zur Ersten Hilfe bei Notfällen.

Der Arbeitgeber hat die Beschäftigten vor Aufnahme der Verwendung von Arbeitsmitteln tätigkeitsbezogen anhand der Informationen nach Satz 1 zu unterweisen. Danach hat er in regelmäßigen Abständen, mindestens jedoch einmal jährlich, weitere Unterweisungen durchzuführen. Das Datum einer jeden Unterweisung und die Namen der Unterwiesenen hat er schriftlich festzuhalten.
(2) Bevor Beschäftigte Arbeitsmittel erstmalig verwenden, hat der Arbeitgeber ihnen eine schriftliche Betriebsanweisung für die Verwendung des Arbeitsmittels in einer für die Beschäftigten verständlichen Form und Sprache an geeigneter Stelle zur Verfügung zu stellen. Satz 1 gilt nicht für Arbeitsmittel, für die keine Gebrauchsanleitung nach § 3 Absatz 4 des Produktsicherheitsgesetzes mitgeliefert werden muss. Anstelle einer Betriebsanweisung kann der Arbeitgeber auch eine bei der Bereitstellung des Arbeitsmittels auf dem Markt mitgelieferte Ge-

brauchsanleitung oder Betriebsanleitung zur Verfügung stellen, wenn diese Informationen enthalten, die einer Betriebsanweisung entsprechen. Die Betriebsanweisung ist bei sicherheitsrelevanten Änderungen der Arbeitsbedingungen zu aktualisieren und bei der regelmäßig wiederkehrenden Unterweisung nach § 12 des Arbeitsschutzgesetzes in Bezug zu nehmen.

(3) Ist die Verwendung von Arbeitsmitteln mit besonderen Gefährdungen verbunden, hat der Arbeitgeber dafür zu sorgen, dass diese nur von hierzu beauftragten Beschäftigten verwendet werden.

§ 13 Zusammenarbeit verschiedener Arbeitgeber

(1) Beabsichtigt der Arbeitgeber, in seinem Betrieb Arbeiten durch eine betriebsfremde Person (Auftragnehmer) durchführen zu lassen, so darf er dafür nur solche Auftragnehmer heranziehen, die über die für die geplanten Arbeiten erforderliche Fachkunde verfügen. Der Arbeitgeber als Auftraggeber hat die Auftragnehmer, die ihrerseits Arbeitgeber sind, über die von seinen Arbeitsmitteln ausgehenden Gefährdungen und über spezifische Verhaltensregeln zu informieren. Der Auftragnehmer hat den Auftraggeber und andere Arbeitgeber über Gefährdungen durch seine Arbeiten für Beschäftigte des Auftraggebers und anderer Arbeitgeber zu informieren.

(2) Kann eine Gefährdung von Beschäftigten anderer Arbeitgeber nicht ausgeschlossen werden, so haben alle betroffenen Arbeitgeber bei ihren Gefährdungsbeurteilungen zusammenzuwirken und die Schutzmaßnahmen so abzustimmen und durchzuführen, dass diese wirksam sind. Jeder Arbeitgeber ist dafür verantwortlich, dass seine Beschäftigten die gemeinsam festgelegten Schutzmaßnahmen anwenden.

(3) Besteht bei der Verwendung von Arbeitsmitteln eine erhöhte Gefährdung von Beschäftigten anderer Arbeitgeber, ist für die Abstimmung der jeweils erforderlichen Schutzmaßnahmen durch die beteiligten Arbeitgeber ein Koordinator/eine Koordinatorin schriftlich zu bestellen. Sofern aufgrund anderer Arbeitsschutzvorschriften bereits ein Koordinator/eine Koordinatorin bestellt ist, kann dieser/diese auch die Koordinationsaufgaben nach dieser Verordnung übernehmen. Dem Koordinator/der Koordinatorin sind von den beteiligten Arbeitgebern alle erforderlichen sicherheitsrelevanten Informationen sowie Informationen zu den festgelegten Schutzmaßnahmen zur Verfügung zu stellen. Die Bestellung eines Koordinators/einer Koordinatorin entbindet die Arbeitgeber nicht von ihrer Verantwortung nach dieser Verordnung.

§ 14 Prüfung von Arbeitsmitteln

(1) Der Arbeitgeber hat Arbeitsmittel, deren Sicherheit von den Montagebedingungen abhängt, vor der erstmaligen Verwendung von einer zur Prüfung befähigten Person prüfen zu lassen. Die Prüfung umfasst Folgendes:
1. die Kontrolle der vorschriftsmäßigen Montage oder Installation und der sicheren Funktion dieser Arbeitsmittel,
2. die rechtzeitige Feststellung von Schäden,
3. die Feststellung, ob die getroffenen sicherheitstechnischen Maßnahmen wirksam sind.

Prüfinhalte, die im Rahmen eines Konformitätsbewertungsverfahrens geprüft und dokumentiert wurden, müssen nicht erneut geprüft werden. Die Prüfung muss vor jeder Inbetriebnahme nach einer Montage stattfinden.

(2) Arbeitsmittel, die Schäden verursachenden Einflüssen ausgesetzt sind, die zu Gefährdungen der Beschäftigten führen können, hat der Arbeitgeber wiederkehrend von einer zur Prüfung befähigten Person prüfen zu lassen. Die Prüfung muss entsprechend den nach § 3 Absatz 6 ermittelten Fristen stattfinden. Ergibt die Prüfung, dass ein Arbeitsmittel nicht bis zu

der nach § 3 Absatz 6 ermittelten nächsten wiederkehrenden Prüfung sicher betrieben werden kann, ist die Prüffrist neu festzulegen.
(3) Arbeitsmittel sind nach prüfpflichtigen Änderungen vor ihrer nächsten Verwendung durch eine zur Prüfung befähigte Person prüfen zu lassen. Arbeitsmittel, die von außergewöhnlichen Ereignissen betroffen sind, die schädigende Auswirkungen auf ihre Sicherheit haben können, durch die Beschäftigte gefährdet werden können, sind vor ihrer weiteren Verwendung einer außerordentlichen Prüfung durch eine zur Prüfung befähigte Person unterziehen zu lassen. Außergewöhnliche Ereignisse können insbesondere Unfälle, längere Zeiträume der Nichtverwendung der Arbeitsmittel oder Naturereignisse sein.
(4) Bei der Prüfung der in Anhang 3 genannten Arbeitsmittel gelten die dort genannten Vorgaben zusätzlich zu den Vorgaben der Absätze 1 bis 3.
(5) Der Fälligkeitstermin von wiederkehrenden Prüfungen wird jeweils mit dem Monat und dem Jahr angegeben. Die Frist für die nächste wiederkehrende Prüfung beginnt mit dem Fälligkeitstermin der letzten Prüfung. Wird eine Prüfung vor dem Fälligkeitstermin durchgeführt, beginnt die Frist für die nächste Prüfung mit dem Monat und Jahr der Durchführung. Für Arbeitsmittel mit einer Prüffrist von mehr als zwei Jahren gilt Satz 3 nur, wenn die Prüfung mehr als zwei Monate vor dem Fälligkeitstermin durchgeführt wird. Ist ein Arbeitsmittel zum Fälligkeitstermin der wiederkehrenden Prüfung außer Betrieb gesetzt, so darf es erst wieder in Betrieb genommen werden, nachdem diese Prüfung durchgeführt worden ist; in diesem Fall beginnt die Frist für die nächste wiederkehrende Prüfung mit dem Termin der Prüfung. Eine wiederkehrende Prüfung gilt als fristgerecht durchgeführt, wenn sie spätestens zwei Monate nach dem Fälligkeitstermin durchgeführt wurde. Dieser Absatz ist nur anzuwenden, soweit es sich um Arbeitsmittel nach Anhang 2 Abschnitt 2 bis 4 und Anhang 3 handelt.
(6) Zur Prüfung befähigte Personen nach § 2 Absatz 6 unterliegen bei der Durchführung der nach dieser Verordnung vorgeschriebenen Prüfungen keinen fachlichen Weisungen durch den Arbeitgeber. Zur Prüfung befähigte Personen dürfen vom Arbeitgeber wegen ihrer Prüftätigkeit nicht benachteiligt werden.
(7) Der Arbeitgeber hat dafür zu sorgen, dass das Ergebnis der Prüfung nach den Absätzen 1 bis 4 aufgezeichnet und mindestens bis zur nächsten Prüfung aufbewahrt wird. Dabei hat er dafür zu sorgen, dass die Aufzeichnungen nach Satz 1 mindestens Auskunft geben über:
1. Art der Prüfung,
2. Prüfumfang,
3. Ergebnis der Prüfung und
4. Name und Unterschrift der zur Prüfung befähigten Person; bei ausschließlich elektronisch übermittelten Dokumenten elektronische Signatur.
Aufzeichnungen können auch in elektronischer Form aufbewahrt werden. Werden Arbeitsmittel nach den Absätzen 1 und 2 sowie Anhang 3 an unterschiedlichen Betriebsorten verwendet, ist am Einsatzort ein Nachweis über die Durchführung der letzten Prüfung vorzuhalten.
(8) Die Absätze 1 bis 3 gelten nicht für überwachungsbedürftige Anlagen, soweit entsprechende Prüfungen in den §§ 15 und 16 vorgeschrieben sind. Absatz 7 gilt nicht für überwachungsbedürftige Anlagen, soweit entsprechende Aufzeichnungen in § 17 vorgeschrieben sind.

Abschnitt 3: Zusätzliche Vorschriften für überwachungsbedürftige Anlagen

§ 15 Prüfung vor Inbetriebnahme und vor Wiederinbetriebnahme nach prüfpflichtigen Änderungen

(1) Der Arbeitgeber hat sicherzustellen, dass überwachungsbedürftige Anlagen vor erstmaliger Inbetriebnahme und vor Wiederinbetriebnahme nach prüfpflichtigen Änderungen geprüft werden. Bei der Prüfung ist festzustellen,
1. ob die für die Prüfung benötigten technischen Unterlagen, wie beispielsweise eine EG-Konformitätserklärung, vorhanden sind und ihr Inhalt plausibel ist und
2. ob die Anlage einschließlich der Anlagenteile entsprechend dieser Verordnung errichtet oder geändert worden ist und sich auch unter Berücksichtigung der Aufstellbedingungen in einem sicheren Zustand befindet.

Die Prüfung ist nach Maßgabe der in Anhang 2 genannten Vorgaben durchzuführen. Prüfinhalte, die im Rahmen von Konformitätsbewertungsverfahren geprüft und dokumentiert wurden, müssen nicht erneut geprüft werden.

(2) Bei den Prüfungen nach Absatz 1 ist auch festzustellen, ob die getroffenen sicherheitstechnischen Maßnahmen geeignet und funktionsfähig sind und ob die Frist für die nächste wiederkehrende Prüfung nach § 3 Absatz 6 zutreffend festgelegt wurde. Abweichend von Satz 1 ist die Feststellung der zutreffenden Prüffrist für Druckanlagen, deren Prüffrist nach Anhang 2 Abschnitt 4 Nummer 5.4 ermittelt wird, unmittelbar nach deren Ermittlung durchzuführen. Über die in den Sätzen 1 und 2 festgelegten Prüffristen entscheidet im Streitfall die zuständige Behörde. Satz 1 gilt ferner nicht für die Eignung der sicherheitstechnischen Maßnahmen, die Gegenstand einer Erlaubnis nach § 18 oder einer Genehmigung nach anderen Rechtsvorschriften sind.

(3) Die Prüfungen nach Absatz 1 sind von einer zugelassenen Überwachungsstelle nach Anhang 2 Abschnitt 1 durchzuführen. Sofern dies in Anhang 2 Abschnitt 2, 3 oder 4 vorgesehen ist, können die Prüfungen nach Satz 1 auch von einer zur Prüfung befähigten Person durchgeführt werden. Darüber hinaus können alle Prüfungen nach prüfpflichtigen Änderungen, die nicht die Bauart oder die Betriebsweise einer überwachungsbedürftigen Anlage betreffen, von einer zur Prüfung befähigten Person durchgeführt werden. Bei überwachungsbedürftigen Anlagen, die für einen ortsveränderlichen Einsatz vorgesehen sind und nach der ersten Inbetriebnahme an einem neuen Standort aufgestellt werden, können die Prüfungen nach Absatz 1 durch eine zur Prüfung befähigte Person durchgeführt werden.

§ 16 Wiederkehrende Prüfung

(1) Der Arbeitgeber hat sicherzustellen, dass überwachungsbedürftige Anlagen nach Maßgabe der in Anhang 2 genannten Vorgaben wiederkehrend auf ihren sicheren Zustand hinsichtlich des Betriebs geprüft werden.

(2) Bei der wiederkehrenden Prüfung ist auch zu überprüfen, ob die Frist für die nächste wiederkehrende Prüfung nach § 3 Absatz 6 zutreffend festgelegt wurde. Im Streitfall entscheidet die zuständige Behörde.

(3) § 14 Absatz 5 gilt entsprechend. Ist eine behördlich angeordnete Prüfung durchgeführt worden, so beginnt die Frist für eine wiederkehrende Prüfung mit Monat und Jahr der Durchführung dieser Prüfung, wenn diese der wiederkehrenden Prüfung entspricht.

(4) § 15 Absatz 3 gilt entsprechend.

Betriebssicherheitsverordnung §§ 17–18

§ 17 Prüfaufzeichnungen und -bescheinigungen

(1) Der Arbeitgeber hat dafür zu sorgen, dass das Ergebnis der Prüfung nach den §§ 15 und 16 aufgezeichnet wird. Sofern die Prüfung von einer zugelassenen Überwachungsstelle durchzuführen ist, ist von dieser eine Prüfbescheinigung über das Ergebnis der Prüfung zu fordern. Aufzeichnungen und Prüfbescheinigungen müssen mindestens Auskunft geben über
1. Anlagenidentifikation,
2. Prüfdatum
3. Art der Prüfung,
4. Prüfungsgrundlagen,
5. Prüfumfang,
6. Eignung und Funktion der technischen Schutzmaßnahmen sowie Eignung der organisatorischen Schutzmaßnahmen,
7. Ergebnis der Prüfung,
8. Frist bis zur nächsten wiederkehrenden Prüfung nach § 16 Absatz 2 und
9. Name und Unterschrift des Prüfers, bei Prüfung durch zugelassene Überwachungsstellen zusätzlich Name der zugelassenen Überwachungsstelle; bei ausschließlich elektronisch übermittelten Dokumenten die elektronische Signatur.

Aufzeichnungen und Prüfbescheinigungen sind während der gesamten Verwendungsdauer am Betriebsort der überwachungsbedürftigen Anlage aufzubewahren und der zuständigen Behörde auf Verlangen vorzulegen. Sie können auch in elektronischer Form aufbewahrt werden.

(2) Unbeschadet der Aufzeichnungen und Prüfbescheinigungen nach Absatz 1 muss in der Kabine von Aufzugsanlagen eine Kennzeichnung, zum Beispiel in Form einer Prüfplakette, deutlich sichtbar und dauerhaft angebracht sein, aus der sich Monat und Jahr der nächsten wiederkehrenden Prüfung sowie der prüfenden Stelle ergibt.

§ 18 Erlaubnispflicht

(1) Die Errichtung und der Betrieb sowie die Änderungen der Bauart oder Betriebsweise, welche die Sicherheit der Anlage beeinflussen, folgender Anlagen bedürfen der Erlaubnis der zuständigen Behörde:
1. Dampfkesselanlagen nach Anhang 2 Abschnitt 4 Nummer 2.1 Satz 1 Buchstabe a, die nach Artikel 13 in Verbindung mit Anhang II Diagramm 5 der Richtlinie 2014/68/EU des Europäischen Parlaments und des Rates vom 15. Mai 2014 zur Harmonisierung der Rechtsvorschriften der Mitgliedstaaten über die Bereitstellung von Druckgeräten auf dem Markt (ABl. Nr. L 189 vom 27.6.2014, S. 164) in die Kategorie IV einzustufen sind,
2. Anlagen mit Druckgeräten nach Anhang 2 Abschnitt 4 Nummer 2.1 Satz 1 Buchstabe c, in denen mit einer Füllkapazität von mehr als 10 Kilogramm je Stunde ortsbewegliche Druckgeräte im Sinne von Anhang 2 Abschnitt 4 Nummer 2.1 Satz 2 Buchstabe b mit Druckgasen zur Abgabe an Andere befüllt werden,
3. Anlagen einschließlich der Lager- und Vorratsbehälter zum Befüllen von Land-, Wasser- und Luftfahrzeugen mit entzündbaren Gasen im Sinne von Anhang 1 Nummer 2.2 der Verordnung (EG) Nr. 1272/2008 des Europäischen Parlaments und des Rates vom 16. Dezember 2008 über die Einstufung, Kennzeichnung und Verpackung von Stoffen und Gemischen, zur Änderung und Aufhebung der Richtlinien 67/548/EWG und 1999/45/EG und zur Änderung der Verordnung (EG) Nr. 1907/2006 (ABl. L 353 vom 31.12.2008, S. 1) zur Verwendung als Treib- oder Brennstoff (Gasfüllanlagen),
4. Räume oder Bereiche einschließlich der in ihnen vorgesehenen ortsfesten Behälter und sonstiger Lagereinrichtungen, die dazu bestimmt sind, dass in ihnen entzündbare Flüssig-

§ 18 Betriebssicherheitsverordnung

keiten mit einem Gesamtrauminhalt von mehr als 10 000 Litern gelagert werden (Lageranlagen), soweit Räume oder Bereiche nicht zu Anlagen nach den Nummern 5 bis 7 gehören,

5. ortsfest errichtete oder dauerhaft am gleichen Ort verwendete Anlagen mit einer Umschlagkapazität von mehr als 1 000 Litern je Stunde, die dazu bestimmt sind, dass in ihnen Transportbehälter mit entzündbaren Flüssigkeiten befüllt werden (Füllstellen),
6. ortsfeste Anlagen für die Betankung von Land-, Wasser- und Luftfahrzeugen mit entzündbaren Flüssigkeiten (Tankstellen),
7. ortsfeste Anlagen oder Bereiche auf Flugfeldern, in denen Kraftstoffbehälter von Luftfahrzeugen aus Hydrantenanlagen mit entzündbaren Flüssigkeiten befüllt werden (Flugfeldbetankungsanlagen),
8. (weggefallen)

Entzündbare Flüssigkeiten nach Satz 1 Nummer 4 bis 6 sind solche mit Stoffeigenschaften nach Anhang 1 Nummer 2.6 der Verordnung (EG) Nr. 1272/2008, sofern sie einen Flammpunkt von weniger als 23 Grad Celsius haben. Zu einer Anlage im Sinne des Satzes 1 gehören auch Mess-, Steuer- und Regeleinrichtungen, die dem sicheren Betrieb dieser Anlage dienen.

(2) Absatz 1 findet keine Anwendung auf

1. Anlagen, in denen Wasserdampf oder Heißwasser in einem Herstellungsverfahren durch Wärmerückgewinnung entsteht, es sei denn, Rauchgase werden gekühlt und der entstehende Wasserdampf oder das entstehende Heißwasser werden nicht überwiegend der Verfahrensanlage zugeführt, und
2. Anlagen zum Entsorgen von Kältemitteln, die einem Wärmetauscher entnommen und in ein ortsbewegliches Druckgerät gefüllt werden.

(3) Die Erlaubnis ist schriftlich oder elektronisch zu beantragen. Ein Antrag auf eine Teilerlaubnis ist möglich. Dem Antrag sind alle Unterlagen beizufügen, die für die Beurteilung des Antrages notwendig sind. Erfolgt die Antragstellung elektronisch, kann die zuständige Behörde Mehrfertigungen sowie die Übermittlung der dem Antrag beizufügenden Unterlagen auch in schriftlicher Form verlangen. Aus den Unterlagen muss hervorgehen, dass Aufstellung, Bauart und Betriebsweise den Anforderungen dieser Verordnung und hinsichtlich des Brand- und Explosionsschutzes auch der Gefahrstoffverordnung entsprechen und dass die vorgesehenen sicherheitstechnischen Maßnahmen geeignet sind. Aus den Unterlagen muss weiterhin hervorgehen, dass

1. auch die möglichen Gefährdungen, die sich aus der Arbeitsumgebung und durch Wechselwirkungen mit anderen Arbeitsmitteln, insbesondere anderen überwachungsbedürftigen Anlagen, die in einem räumlichen oder betriebstechnischen Zusammenhang mit der beantragten Anlage verwendet werden, betrachtet wurden und die Anforderungen und die vorgesehenen Schutzmaßnahmen geeignet sind, und
2. die sich aus der Zusammenarbeit verschiedener Arbeitgeber ergebenden Maßnahmen nach § 13 berücksichtigt wurden.

Den Unterlagen ist ein Prüfbericht einer zugelassenen Überwachungsstelle beizufügen, in dem bestätigt wird, dass die Anlage bei Einhaltung der in den Unterlagen genannten Maßnahmen einschließlich der Prüfungen nach Anhang 2 Abschnitt 3 und 4 sicher betrieben werden kann.

(4) Die zuständige Behörde hat die Erlaubnis zu erteilen, wenn die vorgesehene Aufstellung, Bauart und Betriebsweise den sicherheitstechnischen Anforderungen dieser Verordnung und hinsichtlich des Brand- und Explosionsschutzes auch der Gefahrstoffverordnung entsprechen. Die Erlaubnis kann beschränkt, befristet, unter Bedingungen erteilt sowie mit

Auflagen verbunden werden. Die nachträgliche Aufnahme, Änderung oder Ergänzung von Auflagen ist zulässig.
(5) Die zuständige Behörde hat über den Antrag innerhalb von drei Monaten, nachdem er bei ihr eingegangen ist, zu entscheiden. Die Frist kann in begründeten Fällen verlängert werden. Die verlängerte Frist ist zusammen mit den Gründen für die Verlängerung dem Antragsteller mitzuteilen.

Abschnitt 4: Vollzugsregelungen und Ausschuss für Betriebssicherheit

§ 19 Mitteilungspflichten, behördliche Ausnahmen

(1) Der Arbeitgeber hat bei Arbeitsmitteln nach den Anhängen 2 und 3 der zuständigen Behörde folgende Ereignisse unverzüglich anzuzeigen:
1. jeden Unfall, bei dem ein Mensch getötet oder erheblich verletzt worden ist, und
2. jeden Schadensfall, bei dem Bauteile oder sicherheitstechnische Einrichtungen versagt haben.

(2) Die zuständige Behörde kann bei überwachungsbedürftigen Anlagen vom Arbeitgeber verlangen, dass dieser das nach Absatz 1 anzuzeigende Ereignis auf seine Kosten durch eine möglichst im gegenseitigen Einvernehmen bestimmte zugelassene Überwachungsstelle sicherheitstechnisch beurteilen lässt und ihr die Beurteilung schriftlich vorlegt. Die sicherheitstechnische Beurteilung hat sich insbesondere auf die Feststellung zu erstrecken,
1. worauf das Ereignis zurückzuführen ist,
2. ob sich die überwachungsbedürftige Anlage in einem nicht sicheren Zustand befand und ob nach Behebung des Mangels eine Gefährdung nicht mehr besteht und
3. ob neue Erkenntnisse gewonnen worden sind, die andere oder zusätzliche Schutzvorkehrungen erfordern.

(3) Unbeschadet des § 22 des Arbeitsschutzgesetzes hat der Arbeitgeber der zuständigen Behörde auf Verlangen Folgendes zu übermitteln:
1. die Dokumentation der Gefährdungsbeurteilung nach § 3 Absatz 8 und die ihr zugrunde liegenden Informationen,
2. einen Nachweis, dass die Gefährdungsbeurteilung entsprechend den Anforderungen nach § 3 Absatz 2 Satz 2 erstellt wurde,
3. Angaben zu den nach § 13 des Arbeitsschutzgesetzes verantwortlichen Personen,
4. Angaben zu den getroffenen Schutzmaßnahmen, einschließlich der Betriebsanweisung.

(4) Die zuständige Behörde kann auf schriftlichen Antrag des Arbeitgebers Ausnahmen von den §§ 8 bis 11 und Anhang 1 zulassen, wenn die Anwendung dieser Vorschriften für den Arbeitgeber im Einzelfall zu einer unverhältnismäßigen Härte führen würde, die Ausnahme sicherheitstechnisch vertretbar und mit dem Schutz der Beschäftigten und, soweit überwachungsbedürftige Anlagen betroffen sind, auch mit dem Schutz anderer Personen vereinbar ist. Der Arbeitgeber hat der zuständigen Behörde im Antrag Folgendes darzulegen:
1. den Grund für die Beantragung der Ausnahme,
2. die betroffenen Tätigkeiten und Verfahren,
3. die Zahl der voraussichtlich betroffenen Beschäftigten,
4. die technischen und organisatorischen Maßnahmen, die zur Gewährleistung der Sicherheit und zur Vermeidung von Gefährdungen getroffen werden sollen.
Für ihre Entscheidung kann die Behörde ein Sachverständigengutachten verlangen, dessen Kosten der Arbeitgeber zu tragen hat.
(5) Die zuständige Behörde kann bei überwachungsbedürftigen Anlagen im Einzelfall eine außerordentliche Prüfung anordnen, wenn hierfür ein besonderer Anlass besteht. Ein solcher

Anlass besteht insbesondere dann, wenn ein Schadensfall eingetreten ist. Der Arbeitgeber hat eine angeordnete Prüfung unverzüglich zu veranlassen.
(6) Die zuständige Behörde kann die in Anhang 2 Abschnitt 2 bis 4 und Anhang 3 genannten Fristen im Einzelfall verkürzen, soweit es zur Gewährleistung der Sicherheit der Anlagen erforderlich ist. Die zuständige Behörde kann die in Anhang 2 Abschnitt 2 bis 4 und Anhang 3 genannten Fristen im Einzelfall verlängern, soweit die Sicherheit auf andere Weise gewährleistet ist.

§ 20 Sonderbestimmungen für überwachungsbedürftige Anlagen des Bundes
(1) Aufsichtsbehörde für die in Anhang 2 Abschnitt 2 bis 4 genannten überwachungsbedürftigen Anlagen der Wasserstraßen- und Schifffahrtsverwaltung des Bundes, der Bundeswehr und der Bundespolizei ist das zuständige Bundesministerium oder die von ihm bestimmte Behörde. Dies gilt auch für alle in Anhang 2 Abschnitt 2 bis 4 genannten überwachungsbedürftigen Anlagen auf den von der Wasserstraßen- und Schifffahrtsverwaltung des Bundes, der Bundeswehr und der Bundespolizei genutzten Dienstliegenschaften. Für andere der Aufsicht der Bundesverwaltung unterliegende überwachungsbedürftige Anlagen nach Anhang 2 Abschnitt 2 bis 4 bestimmt sich die zuständige Aufsichtsbehörde nach § 38 Absatz 1 des Produktsicherheitsgesetzes.
(2) § 18 findet keine Anwendung auf die in Anhang 2 Abschnitt 2 bis 4 genannten überwachungsbedürftigen Anlagen der Wasserstraßen- und Schifffahrtsverwaltung des Bundes, der Bundeswehr und der Bundespolizei.

§ 21 Ausschuss für Betriebssicherheit
(1) Beim Bundesministerium für Arbeit und Soziales wird ein Ausschuss für Betriebssicherheit gebildet. Dieser Ausschuss soll aus fachkundigen Vertretern der Arbeitgeber, der Gewerkschaften, der Länderbehörden, der gesetzlichen Unfallversicherung und der zugelassenen Überwachungsstellen bestehen sowie aus weiteren fachkundigen Personen, insbesondere aus der Wissenschaft. Die Gesamtzahl der Mitglieder soll 21 Personen nicht überschreiten. Für jedes Mitglied ist ein stellvertretendes Mitglied zu benennen. Die Mitgliedschaft im Ausschuss für Betriebssicherheit ist ehrenamtlich.
(2) Das Bundesministerium für Arbeit und Soziales beruft die Mitglieder des Ausschusses und die stellvertretenden Mitglieder. Der Ausschuss gibt sich eine Geschäftsordnung und wählt die Vorsitzende oder den Vorsitzenden aus seiner Mitte. Die Geschäftsordnung und die Wahl der oder des Vorsitzenden bedürfen der Zustimmung des Bundesministeriums für Arbeit und Soziales.
(3) Das Arbeitsprogramm des Ausschusses für Betriebssicherheit wird mit dem Bundesministerium für Arbeit und Soziales abgestimmt. Der Ausschuss arbeitet eng mit den anderen Ausschüssen beim Bundesministerium für Arbeit und Soziales zusammen.
(4) Die Sitzungen des Ausschusses sind nicht öffentlich. Beratungs- und Abstimmungsergebnisse des Ausschusses sowie Niederschriften der Untergremien sind vertraulich zu behandeln, soweit die Erfüllung der Aufgaben, die den Untergremien oder den Mitgliedern des Ausschusses obliegen, dem nicht entgegenstehen.
(5) Zu den Aufgaben des Ausschusses gehört es,
1. den Stand von Wissenschaft und Technik, Arbeitsmedizin und Arbeitshygiene sowie sonstiger gesicherter arbeitswissenschaftlicher Erkenntnisse bei der Verwendung von Arbeitsmitteln zu ermitteln und dazu Empfehlungen auszusprechen,

Betriebssicherheitsverordnung § 22

2. zu ermitteln, wie die in dieser Verordnung gestellten Anforderungen erfüllt werden können, und dazu die dem jeweiligen Stand der Technik und der Arbeitsmedizin entsprechenden Regeln und Erkenntnisse zu erarbeiten,
3. das Bundesministerium für Arbeit und Soziales in Fragen von Sicherheit und Gesundheitsschutz bei der Verwendung von Arbeitsmitteln zu beraten und
4. die von den zugelassenen Überwachungsstellen nach § 37 Absatz 5 Nummer 8 des Produktsicherheitsgesetzes gewonnenen Erkenntnisse auszuwerten und bei den Aufgaben nach den Nummern 1 bis 3 zu berücksichtigen.

(6) Nach Prüfung kann das Bundesministerium für Arbeit und Soziales
1. die vom Ausschuss für Betriebssicherheit ermittelten Regeln und Erkenntnisse nach Absatz 5 Nummer 2 im Gemeinsamen Ministerialblatt bekannt geben und
2. die Empfehlungen nach Absatz 5 Nummer 1 sowie die Beratungsergebnisse nach Absatz 5 Nummer 3 in geeigneter Weise veröffentlichen.

(7) Die Bundesministerien sowie die zuständigen obersten Landesbehörden können zu den Sitzungen des Ausschusses Vertreter entsenden. Diesen ist auf Verlangen in der Sitzung das Wort zu erteilen.

(8) Die Geschäfte des Ausschusses führt die Bundesanstalt für Arbeitsschutz und Arbeitsmedizin.

Abschnitt 5: Ordnungswidrigkeiten und Straftaten, Schlussvorschriften

§ 22 Ordnungswidrigkeiten

(1) Ordnungswidrig im Sinne des § 25 Absatz 1 Nummer 1 des Arbeitsschutzgesetzes handelt, wer vorsätzlich oder fahrlässig
1. entgegen § 3 Absatz 1 Satz 1 eine Gefährdung nicht, nicht richtig oder nicht rechtzeitig beurteilt,
2. entgegen § 3 Absatz 3 Satz 3 eine Gefährdungsbeurteilung durchführt,
3. bis 4. (weggefallen)
5. entgegen § 3 Absatz 7 Satz 4 eine Gefährdungsbeurteilung nicht oder nicht rechtzeitig aktualisiert,
6. entgegen § 3 Absatz 8 Satz 1 ein dort genanntes Ergebnis nicht oder nicht rechtzeitig dokumentiert,
7. entgegen § 4 Absatz 1 ein Arbeitsmittel verwendet,
8. entgegen § 4 Absatz 4 nicht dafür sorgt, dass Arbeitsmittel, für die in § 14 oder in Abschnitt 3 dieser Verordnung Prüfungen vorgeschrieben sind, nur verwendet werden, wenn diese Prüfungen durchgeführt und dokumentiert wurden,
9. entgegen § 5 Absatz 2 ein Arbeitsmittel verwenden lässt,
10. entgegen § 5 Absatz 4 nicht dafür sorgt, dass ein Beschäftigter nur ein dort genanntes Arbeitsmittel verwendet,
11. entgegen § 6 Absatz 1 Satz 2 in Verbindung mit Anhang 1 Nummer 1.3 Satz 1 nicht dafür sorgt, dass ein Beschäftigter nur auf einem dort genannten Platz mitfährt,
12. entgegen § 6 Absatz 1 Satz 2 in Verbindung mit Anhang 1 Nummer 1.4 Satz 1 nicht dafür sorgt, dass eine dort genannte Einrichtung vorhanden ist,
13. entgegen § 6 Absatz 1 Satz 2 in Verbindung mit Anhang 1 Nummer 1.5 eine dort genannte Maßnahme nicht oder nicht rechtzeitig trifft,
14. entgegen § 6 Absatz 1 Satz 2 in Verbindung mit Anhang 1 Nummer 1.7 Satz 1 nicht dafür sorgt, dass die dort genannte Geschwindigkeit angepasst werden kann,

15. entgegen § 6 Absatz 1 Satz 2 in Verbindung mit Anhang 1 Nummer 1.8 Satz 1 Buchstabe a nicht dafür sorgt, dass eine Verbindungseinrichtung gesichert ist,
16. entgegen § 6 Absatz 1 Satz 2 in Verbindung mit Anhang 1 Nummer 2.1 Satz 1 nicht dafür sorgt, dass die Standsicherheit oder die Festigkeit eines dort genannten Arbeitsmittels sichergestellt ist,
17. entgegen § 6 Absatz 1 Satz 2 in Verbindung mit Anhang 1 Nummer 2.1 Satz 5 ein dort genanntes Arbeitsmittel nicht richtig aufstellt oder nicht richtig verwendet,
18. entgegen § 6 Absatz 1 Satz 2 in Verbindung mit Anhang 1 Nummer 2.2 Satz 1 nicht dafür sorgt, dass ein Arbeitsmittel mit einem dort genannten Hinweis versehen ist,
19. entgegen § 6 Absatz 1 Satz 2 in Verbindung mit Anhang 1 Nummer 2.3.2 nicht dafür sorgt, dass ein dort genanntes Arbeitsmittel abgebremst und eine ungewollte Bewegung verhindert werden kann,
20. entgegen § 6 Absatz 1 Satz 2 in Verbindung mit Anhang 1 Nummer 2.4 Satz 2 nicht dafür sorgt, dass das Heben eines Beschäftigten nur mit einem dort genannten Arbeitsmittel erfolgt,
21. entgegen § 6 Absatz 1 Satz 2 in Verbindung mit Anhang 1 Nummer 2.5 Buchstabe b oder Buchstabe c nicht dafür sorgt, dass Lasten sicher angeschlagen werden oder Lasten oder Lastaufnahme- oder Anschlagmittel sich nicht unbeabsichtigt lösen oder verschieben können,
22. entgegen § 6 Absatz 1 Satz 2 in Verbindung mit Anhang 1 Nummer 3.2.3 Satz 2 nicht dafür sorgt, dass ein dort genanntes Gerüst verankert wird,
23. entgegen § 6 Absatz 1 Satz 2 in Verbindung mit Anhang 1 Nummer 3.2.6 Satz 1 nicht dafür sorgt, dass ein Gerüst nur in der dort genannten Weise auf-, ab- oder umgebaut wird,
24. entgegen § 6 Absatz 2 Satz 1 nicht dafür sorgt, dass eine Schutzeinrichtung verwendet wird,
25. entgegen § 12 Absatz 1 Satz 1 eine Information nicht, nicht richtig, nicht vollständig oder nicht rechtzeitig zur Verfügung stellt,
26. entgegen § 12 Absatz 1 Satz 2 einen Beschäftigten nicht, nicht richtig, nicht vollständig oder nicht rechtzeitig unterweist,
27. entgegen § 12 Absatz 2 Satz 1 eine Betriebsanweisung nicht, nicht richtig, nicht vollständig oder nicht rechtzeitig zur Verfügung stellt,
28. entgegen § 14 Absatz 1 Satz 1 oder Absatz 4 Satz 1 ein Arbeitsmittel nicht oder nicht rechtzeitig prüfen lässt,
29. entgegen § 14 Absatz 3 Satz 2 ein Arbeitsmittel einer außerordentlichen Überprüfung nicht oder nicht rechtzeitig unterziehen lässt,
30. entgegen § 14 Absatz 7 Satz 1 nicht dafür sorgt, dass ein Ergebnis aufgezeichnet und aufbewahrt wird,
31. entgegen § 14 Absatz 7 Satz 2 nicht dafür sorgt, dass eine Aufzeichnung eine dort genannte Auskunft gibt,
32. entgegen § 19 Absatz 1 bei einem Arbeitsmittel nach Anhang 3 Abschnitt 1 Nummer 1.1, Abschnitt 2 Nummer 1.1 Satz 1 oder Abschnitt 3 Nummer 1.1 Satz 1 eine Anzeige nicht, nicht richtig, nicht vollständig oder nicht rechtzeitig erstattet oder
33. entgegen § 19 Absatz 3 eine Dokumentation, eine Information, einen Nachweis oder eine Angabe nicht, nicht richtig, nicht vollständig oder nicht rechtzeitig übermittelt.

(2) Ordnungswidrig im Sinne des § 39 Absatz 1 Nummer 7 Buchstabe a des Produktsicherheitsgesetzes handelt, wer vorsätzlich oder fahrlässig
1. entgegen § 6 Absatz 1 Satz 2 in Verbindung mit Anhang 1 Nummer 4.1 Satz 1 nicht dafür sorgt, dass ein Kommunikationssystem wirksam ist,
2. entgegen § 6 Absatz 1 Satz 2 in Verbindung mit Anhang 1 Nummer 4.1 Satz 2 einen Notfallplan nicht oder nicht rechtzeitig zur Verfügung stellt,
3. entgegen § 6 Absatz 1 Satz 2 in Verbindung mit Anhang 1 Nummer 4.1 Satz 5 eine dort genannte Einrichtung nicht oder nicht rechtzeitig bereitstellt,
4. entgegen § 6 Absatz 1 Satz 2 in Verbindung mit Anhang 1 Nummer 4.1 Satz 6 nicht dafür sorgt, dass eine Person Hilfe herbeirufen kann,
5. entgegen § 6 Absatz 1 Satz 2 in Verbindung mit Anhang 1 Nummer 4.4 Satz 1 nicht dafür sorgt, dass ein Personenumlaufaufzug nur von Beschäftigten verwendet wird,
5a. entgegen § 6 Absatz 1 Satz 2 in Verbindung mit Anhang 1 Nummer 4.4 Satz 2 einen Personenumlaufaufzug durch eine andere Person verwenden lässt,
6. entgegen § 15 Absatz 1 Satz 1 nicht sicherstellt, dass eine überwachungsbedürftige Anlage geprüft wird,
7. entgegen § 16 Absatz 1 in Verbindung mit Anhang 2 Abschnitt 2 Nummer 4.1 oder 4.3, Abschnitt 3 Nummer 5.1 Satz 1 bis 3 oder 4, Nummer 5.2 Satz 1 oder Nummer 5.3 Satz 1 oder Abschnitt 4 Nummer 5.1 Satz 1, 2 oder 3, Nummer 5.2 bis 5.4 oder 5.5, Nummer 5.7 Satz 3, Nummer 5.8 oder Nummer 5.9 Satz 1 nicht sicherstellt, dass eine überwachungsbedürftige Anlage geprüft wird,
8. ohne Erlaubnis nach § 18 Absatz 1 Satz 1 eine dort genannte Anlage errichtet, betreibt oder ändert,
9. einer vollziehbaren Anordnung nach § 19 Absatz 5 Satz 1 zuwiderhandelt oder
10. eine in Absatz 1 Nummer 9 oder Nummer 24 bezeichnete Handlung in Bezug auf eine überwachungsbedürftige Anlage nach § 2 Nummer 30 des Produktsicherheitsgesetzes begeht.

(3) Ordnungswidrig im Sinne des § 39 Absatz 1 Nummer 7 Buchstabe b des Produktsicherheitsgesetzes handelt, wer vorsätzlich oder fahrlässig entgegen § 19 Absatz 1 bei einem Arbeitsmittel nach Anhang 2 Abschnitt 2 Nummer 2 Buchstabe a oder b Satz 1, Abschnitt 3 Nummer 2 oder Abschnitt 4 Nummer 2.1, 2.2 oder 2.3 eine Anzeige nicht, nicht richtig, nicht vollständig oder nicht rechtzeitig erstattet.

§ 23 Straftaten

(1) Wer durch eine in § 22 Absatz 1 bezeichnete vorsätzliche Handlung Leben oder Gesundheit eines Beschäftigten gefährdet, ist nach § 26 Nummer 2 des Arbeitsschutzgesetzes strafbar.

(2) Wer eine in § 22 Absatz 2 bezeichnete vorsätzliche Handlung beharrlich wiederholt oder durch eine solche vorsätzliche Handlung Leben oder Gesundheit eines anderen oder fremde Sachen von bedeutendem Wert gefährdet, ist nach § 40 des Produktsicherheitsgesetzes strafbar.

§ 24 Übergangsvorschriften

(1) Der Weiterbetrieb einer erlaubnisbedürftigen Anlage, die vor dem 1. Juni 2015 befugt errichtet und verwendet wurde, ist zulässig. Eine Erlaubnis, die nach dem bis dahin geltenden Recht erteilt wurde, gilt als Erlaubnis im Sinne dieser Verordnung. § 18 Absatz 4 Satz 3 ist auf Anlagen nach den Sätzen 1 und 2 anwendbar.

(2) Aufzugsanlagen nach Anhang 2 Abschnitt 2 Nummer 2 Buchstabe a, die vor dem 30. Juni 1999 erstmals zur Verfügung gestellt wurden, sowie Aufzugsanlagen nach Anhang 2 Abschnitt 2 Nummer 2 Buchstabe b, die vor dem 31. Dezember 1996 erstmals zur Verfügung gestellt wurden, müssen den Anforderungen des Anhangs 1 Nummer 4.1 spätestens am 31. Dezember 2020 entsprechen. Satz 1 gilt nicht für den Notfallplan gemäß Anhang 1 Nummer 4.1 Satz 2.

(3) Bei Aufzugsanlagen nach Anhang 2 Abschnitt 2 Nummer 2 Buchstabe b, die vor dem Inkrafttreten dieser Verordnung nach den Vorschriften der bis zum 31. Mai 2015 geltenden Betriebssicherheitsverordnung erstmalig oder wiederkehrend geprüft worden sind, ist die wiederkehrende Prüfung nach Anhang 2 Abschnitt 2 Nummer 4.1 und Nummer 4.3 dieser Verordnung erstmalig nach Ablauf der nach der Prüffrist nach der bis zum 31. Mai 2015 geltenden Betriebssicherheitsverordnung durchzuführen.

(4) Die Prüfung nach Anhang 2 Abschnitt 3 Nummer 5.1 Satz 1 ist erstmals 6 Jahre nach der Prüfung vor der erstmaligen Inbetriebnahme durchzuführen. Bei Anlagen, die vor dem 1. Juni 2012 erstmals in Betrieb genommen wurden, ist die Prüfung nach Satz 1 spätestens bis zum 1. Juni 2018 durchzuführen. Die Prüfung nach Anhang 2 Abschnitt 3 Nummer 5.2 Satz 1 ist erstmals drei Jahre nach der Prüfung vor der Inbetriebnahme oder nach der Prüfung nach § 15 Absatz 15 der bis zum 31. Mai 2015 geltenden Betriebssicherheitsverordnung durchzuführen.

(5) Abweichend von Anhang 2 Abschnitt 3 Nummer 3.1 Buchstabe b und Abschnitt 4 Nummer 3 Buchstabe b dürfen zur Prüfung befähigte Personen auch ohne die dort vorgeschriebene Erfahrung Prüfungen durchführen, wenn sie nach der bis zum 31. Mai 2015 geltenden Betriebssicherheitsverordnung entsprechende Prüfungen befugt durchgeführt haben.

(6) Die Prüfung nach Anhang 2 Abschnitt 4 Nummer 5.3 ist spätestens zehn Jahre nach der letzten Prüfung der Anlage durchzuführen. Bei Anlagen nach Satz 1, die nur aus einem Anlagenteil gemäß Anhang 2 Abschnitt 4 Nummer 2.2 und zugehörigen Sicherheitseinrichtungen bestehen, kann für die Festlegung der Prüffrist nach Satz 1 die letzte Prüfung des Anlagenteils zu Grunde gelegt werden, sofern die Prüfinhalte der Prüfung des Anlagenteils den Prüfinhalten der Anlagenprüfung gleichwertig sind. Bei Anlagen, die zuletzt vor dem 1. Juni 2008 geprüft wurden, ist die Prüfung nach Satz 1 spätestens bis zum 1. Juni 2018 durchzuführen.

(7) Die Prüfung nach Anhang 2 Abschnitt 4 Nummer 6.2.1 ist erstmals fünf Jahre nach der letzten Prüfung der Anlage durchzuführen. Bei Anlagen, die zuletzt vor dem 1. Juni 2012 geprüft wurden, ist die Prüfung nach Satz 1 spätestens bis zum 1. Juni 2017 durchzuführen.

Anmerkung der Redaktion:
Auf den Abdruck der Anhänge zur Verordnung wurde verzichtet.

Verordnung über Sicherheit und Gesundheitsschutz bei Tätigkeiten mit Biologischen Arbeitsstoffen (Biostoff-Verordnung – BioStoffV)

vom 15. Juli 2013 (BGBl. I 2013, S. 2514)
– geändert durch Gesetz zum Abbau verzichtbarer Anordnungen der Schriftform im Verwaltungsrecht des Bundes vom 29. März 2017 (BGBl. I 2017, S. 626)

Abschnitt 1: Anwendungsbereich, Begriffsbestimmungen und Risikogruppeneinstufung

§ 1 Anwendungsbereich

(1) Diese Verordnung gilt für Tätigkeiten mit Biologischen Arbeitsstoffen (Biostoffen). Sie regelt Maßnahmen zum Schutz von Sicherheit und Gesundheit der Beschäftigten vor Gefährdungen durch diese Tätigkeiten. Sie regelt zugleich auch Maßnahmen zum Schutz anderer Personen, soweit diese aufgrund des Verwendens von Biostoffen durch Beschäftigte oder durch Unternehmer ohne Beschäftigte gefährdet werden können.
(2) Die Verordnung gilt auch für Tätigkeiten, die dem Gentechnikrecht unterliegen, sofern dort keine gleichwertigen oder strengeren Regelungen zum Schutz der Beschäftigten bestehen.

§ 2 Begriffsbestimmungen

(1) Biostoffe sind
1. Mikroorganismen, Zellkulturen und Endoparasiten einschließlich ihrer gentechnisch veränderten Formen,
2. mit Transmissibler Spongiformer Enzephalopathie (TSE) assoziierte Agenzien,
die den Menschen durch Infektionen, übertragbare Krankheiten, Toxinbildung, sensibilisierende oder sonstige, die Gesundheit schädigende Wirkungen gefährden können.
(2) Den Biostoffen gleichgestellt sind
1. Ektoparasiten, die beim Menschen eigenständige Erkrankungen verursachen oder sensibilisierende oder toxische Wirkungen hervorrufen können,
2. technisch hergestellte biologische Einheiten mit neuen Eigenschaften, die den Menschen in gleicher Weise gefährden können wie Biostoffe.
(3) Mikroorganismen sind alle zellulären oder nichtzellulären mikroskopisch oder submikroskopisch kleinen biologischen Einheiten, die zur Vermehrung oder zur Weitergabe von genetischem Material fähig sind, insbesondere Bakterien, Viren, Protozoen und Pilze.
(4) Zellkulturen sind in-vitro-vermehrte Zellen, die aus vielzelligen Organismen isoliert worden sind.
(5) Toxine im Sinne von Absatz 1 sind Stoffwechselprodukte oder Zellbestandteile von Biostoffen, die infolge von Einatmen, Verschlucken oder Aufnahme über die Haut beim Menschen toxische Wirkungen hervorrufen und dadurch akute oder chronische Gesundheitsschäden oder den Tod bewirken können.
(6) Biostoffe der Risikogruppe 3, die mit (**) gekennzeichnet sind, sind solche Biostoffe, bei denen das Infektionsrisiko für Beschäftigte begrenzt ist, weil eine Übertragung über den Luftweg normalerweise nicht erfolgen kann. Diese Biostoffe sind in Anhang III der Richtlinie 2000/54/EG des Europäischen Parlaments und des Rates vom 18. September 2000 über den Schutz der Arbeitnehmer gegen Gefährdung durch biologische Arbeitsstoffe bei der Arbeit

(ABl. L 262 vom 17.10.2000, S. 21) sowie in den Bekanntmachungen nach § 19 Absatz 4 Nummer 1 entsprechend aufgeführt.
(7) Tätigkeiten sind
1. das Verwenden von Biostoffen, insbesondere das Isolieren, Erzeugen und Vermehren, das Aufschließen, das Ge- und Verbrauchen, das Be- und Verarbeiten, das Ab- und Umfüllen, das Mischen und Abtrennen sowie das innerbetriebliche Befördern, das Aufbewahren einschließlich des Lagerns, das Inaktivieren und das Entsorgen sowie
2. die berufliche Arbeit mit Menschen, Tieren, Pflanzen, Produkten, Gegenständen oder Materialien, wenn aufgrund dieser Arbeiten Biostoffe auftreten oder freigesetzt werden und Beschäftigte damit in Kontakt kommen können.
(8) Gezielte Tätigkeiten liegen vor, wenn
1. die Tätigkeiten auf einen oder mehrere Biostoffe unmittelbar ausgerichtet sind,
2. der Biostoff oder die Biostoffe mindestens der Spezies nach bekannt sind und
3. die Exposition der Beschäftigten im Normalbetrieb hinreichend bekannt oder abschätzbar ist.
Nicht gezielte Tätigkeiten liegen vor, wenn mindestens eine Voraussetzung nach Satz 1 nicht vorliegt. Dies ist insbesondere bei Tätigkeiten nach Absatz 7 Nummer 2 gegeben.
(9) Beschäftigte sind Personen, die nach § 2 Absatz 2 des Arbeitsschutzgesetzes als solche bestimmt sind. Den Beschäftigten stehen folgende Personen gleich, sofern sie Tätigkeiten mit Biostoffen durchführen:
1. Schülerinnen und Schüler,
2. Studierende,
3. sonstige Personen, insbesondere in wissenschaftlichen Einrichtungen und in Einrichtungen des Gesundheitsdienstes Tätige,
4. in Heimarbeit Beschäftigte nach § 1 Absatz 1 des Heimarbeitsgesetzes.
 Auf Schülerinnen und Schüler, Studierende sowie sonstige Personen nach Nummer 3 finden die Regelungen dieser Verordnung über die Beteiligung der Vertretungen keine Anwendung.
(10) Arbeitgeber ist, wer nach § 2 Absatz 3 des Arbeitsschutzgesetzes als solcher bestimmt ist. Dem Arbeitgeber stehen gleich
1. der Unternehmer ohne Beschäftigte,
2. der Auftraggeber und der Zwischenmeister im Sinne des Heimarbeitsgesetzes.
(11) Fachkundig im Sinne dieser Verordnung ist, wer zur Ausübung einer in dieser Verordnung bestimmten Aufgabe befähigt ist. Die Anforderungen an die Fachkunde sind abhängig von der jeweiligen Art der Aufgabe und der Höhe der Gefährdung. Die für die Fachkunde erforderlichen Kenntnisse sind durch eine geeignete Berufsausbildung und eine zeitnahe einschlägige berufliche Tätigkeit nachzuweisen. In Abhängigkeit von der Aufgabe und der Höhe der Gefährdung kann zusätzlich die Teilnahme an spezifischen Fortbildungsmaßnahmen erforderlich sein.
(12) Stand der Technik ist der Entwicklungsstand fortschrittlicher Verfahren, Einrichtungen oder Betriebsweisen, der die praktische Eignung einer Maßnahme zum Schutz von Sicherheit und Gesundheit der Beschäftigten gesichert erscheinen lässt. Bei der Bestimmung des Standes der Technik sind insbesondere vergleichbare Verfahren, Einrichtungen oder Betriebsweisen heranzuziehen, die mit Erfolg in der Praxis erprobt worden sind.
(13) Schutzstufen orientieren sich an der Risikogruppe des jeweiligen Biostoffs und sind ein Maßstab für die Höhe der Infektionsgefährdung einer Tätigkeit. Entsprechend den Risikogruppen nach § 3 werden vier Schutzstufen unterschieden. Die Schutzstufen umfassen die zusätzlichen Schutzmaßnahmen, die in den Anhängen II und III festgelegt oder empfohlen sind.

(14) Einrichtungen des Gesundheitsdienstes nach dieser Verordnung sind Arbeitsstätten, in denen Menschen stationär medizinisch untersucht, behandelt oder gepflegt werden oder ambulant medizinisch untersucht oder behandelt werden.
(15) Biotechnologie im Sinne dieser Verordnung umfasst die biotechnologische Produktion sowie die biotechnologische Forschung unter gezieltem Einsatz definierter Biostoffe.

§ 3 Einstufung von Biostoffen in Risikogruppen

(1) Biostoffe werden entsprechend dem von ihnen ausgehenden Infektionsrisiko nach dem Stand der Wissenschaft in eine der folgenden Risikogruppen eingestuft:
1. Risikogruppe 1: Biostoffe, bei denen es unwahrscheinlich ist, dass sie beim Menschen eine Krankheit hervorrufen,
2. Risikogruppe 2: Biostoffe, die eine Krankheit beim Menschen hervorrufen können und eine Gefahr für Beschäftigte darstellen könnten; eine Verbreitung in der Bevölkerung ist unwahrscheinlich; eine wirksame Vorbeugung oder Behandlung ist normalerweise möglich,
3. Risikogruppe 3: Biostoffe, die eine schwere Krankheit beim Menschen hervorrufen und eine ernste Gefahr für Beschäftigte darstellen können; die Gefahr einer Verbreitung in der Bevölkerung kann bestehen, doch ist normalerweise eine wirksame Vorbeugung oder Behandlung möglich,
4. Risikogruppe 4: Biostoffe, die eine schwere Krankheit beim Menschen hervorrufen und eine ernste Gefahr für Beschäftigte darstellen; die Gefahr einer Verbreitung in der Bevölkerung ist unter Umständen groß; normalerweise ist eine wirksame Vorbeugung oder Behandlung nicht möglich.

(2) Für die Einstufung der Biostoffe in die Risikogruppen 2 bis 4 gilt Anhang III der Richtlinie 2000/54/EG des Europäischen Parlaments und des Rates vom 18. September 2000 über den Schutz der Arbeitnehmer gegen Gefährdung durch biologische Arbeitsstoffe bei der Arbeit (ABl. L 262 vom 17.10.2000, S. 21). Wird dieser Anhang im Verfahren nach Artikel 19 dieser Richtlinie an den technischen Fortschritt angepasst, so kann die geänderte Fassung bereits ab ihrem Inkrafttreten angewendet werden. Sie ist nach Ablauf der festgelegten Umsetzungsfrist anzuwenden.

(3) Ist ein Biostoff nicht nach Absatz 2 eingestuft, kann das Bundesministerium für Arbeit und Soziales nach Beratung durch den Ausschuss nach § 19 die Einstufung in eine Risikogruppe nach Absatz 1 vornehmen. Die Einstufungen werden im Gemeinsamen Ministerialblatt bekannt gegeben. Der Arbeitgeber hat diese Einstufungen zu beachten.

(4) Liegt für einen Biostoff weder eine Einstufung nach Absatz 2 noch eine nach Absatz 3 vor, hat der Arbeitgeber, der eine gezielte Tätigkeit mit diesem Biostoff beabsichtigt, diesen in eine der Risikogruppen nach Absatz 1 einzustufen. Dabei hat der Arbeitgeber Folgendes zu beachten:
1. kommen für die Einstufung mehrere Risikogruppen in Betracht, ist der Biostoff in die höchste infrage kommende Risikogruppe einzustufen,
2. Viren, die bereits beim Menschen isoliert wurden, sind mindestens in die Risikogruppe 2 einzustufen, es sei denn, es ist unwahrscheinlich, dass diese Viren beim Menschen eine Krankheit verursachen,
3. Stämme, die abgeschwächt sind oder bekannte Virulenzgene verloren haben, können vorbehaltlich einer angemessenen Ermittlung und Bewertung in eine niedrigere Risikogruppe eingestuft werden als der Elternstamm (parentaler Stamm); ist der Elternstamm in die Risikogruppe 3 oder 4 eingestuft, kann eine Herabstufung nur auf der Grundlage einer wissenschaftlichen Bewertung erfolgen, die insbesondere der Ausschuss nach § 19 vornehmen kann.

Abschnitt 2: Gefährdungsbeurteilung, Schutzstufenzuordnung, Dokumentations- und Aufzeichnungspflichten

§ 4 Gefährdungsbeurteilung

(1) Im Rahmen der Gefährdungsbeurteilung nach § 5 des Arbeitsschutzgesetzes hat der Arbeitgeber die Gefährdung der Beschäftigten durch die Tätigkeiten mit Biostoffen vor Aufnahme der Tätigkeit zu beurteilen. Die Gefährdungsbeurteilung ist fachkundig durchzuführen. Verfügt der Arbeitgeber nicht selbst über die entsprechenden Kenntnisse, so hat er sich fachkundig beraten zu lassen.

(2) Der Arbeitgeber hat die Gefährdungsbeurteilung unverzüglich zu aktualisieren, wenn
1. maßgebliche Veränderungen der Arbeitsbedingungen oder neue Informationen, zum Beispiel Unfallberichte oder Erkenntnisse aus arbeitsmedizinischen Vorsorgeuntersuchungen, dies erfordern oder
2. die Prüfung von Funktion und Wirksamkeit der Schutzmaßnahmen ergeben hat, dass die festgelegten Schutzmaßnahmen nicht wirksam sind.

Ansonsten hat der Arbeitgeber die Gefährdungsbeurteilung mindestens jedes zweite Jahr zu überprüfen und bei Bedarf zu aktualisieren. Ergibt die Überprüfung, dass eine Aktualisierung der Gefährdungsbeurteilung nicht erforderlich ist, so hat der Arbeitgeber dies unter Angabe des Datums der Überprüfung in der Dokumentation nach § 7 zu vermerken.

(3) Für die Gefährdungsbeurteilung hat der Arbeitgeber insbesondere Folgendes zu ermitteln:
1. Identität, Risikogruppeneinstufung und Übertragungswege der Biostoffe, deren mögliche sensibilisierende und toxische Wirkungen und Aufnahmepfade, soweit diese Informationen für den Arbeitgeber zugänglich sind; dabei hat er sich auch darüber zu informieren, ob durch die Biostoffe sonstige die Gesundheit schädigende Wirkungen hervorgerufen werden können,
2. Art der Tätigkeit unter Berücksichtigung der Betriebsabläufe, Arbeitsverfahren und verwendeten Arbeitsmittel einschließlich der Betriebsanlagen,
3. Art, Dauer und Häufigkeit der Exposition der Beschäftigten, soweit diese Informationen für den Arbeitgeber zugänglich sind,
4. Möglichkeit des Einsatzes von Biostoffen, Arbeitsverfahren oder Arbeitsmitteln, die zu keiner oder einer geringeren Gefährdung der Beschäftigten führen würden (Substitutionsprüfung),
5. tätigkeitsbezogene Erkenntnisse
   a) über Belastungs- und Expositionssituationen, einschließlich psychischer Belastungen,
   b) über bekannte Erkrankungen und die zu ergreifenden Gegenmaßnahmen,
   c) aus der arbeitsmedizinischen Vorsorge.

(4) Der Arbeitgeber hat auf der Grundlage der nach Absatz 3 ermittelten Informationen die Infektionsgefährdung und die Gefährdungen durch sensibilisierende, toxische oder sonstige die Gesundheit schädigende Wirkungen unabhängig voneinander zu beurteilen. Diese Einzelbeurteilungen sind zu einer Gesamtbeurteilung zusammenzuführen, auf deren Grundlage die Schutzmaßnahmen festzulegen und zu ergreifen sind. Dies gilt auch, wenn bei einer Tätigkeit mehrere Biostoffe gleichzeitig auftreten oder verwendet werden.

(5) Sind bei Tätigkeiten mit Produkten, die Biostoffe enthalten, die erforderlichen Informationen zur Gefährdungsbeurteilung wie zum Beispiel die Risikogruppeneinstufung nicht zu ermitteln, so muss der Arbeitgeber diese beim Hersteller, Einführer oder Inverkehrbringer einholen. Satz 1 gilt nicht für Lebensmittel in Form von Fertigerzeugnissen, die für den Endverbrauch bestimmt sind.

§ 5 Tätigkeiten mit Schutzstufenzuordnung

(1) Bei Tätigkeiten in Laboratorien, in der Versuchstierhaltung, in der Biotechnologie sowie in Einrichtungen des Gesundheitsdienstes hat der Arbeitgeber ergänzend zu § 4 Absatz 3 zu ermitteln, ob gezielte oder nicht gezielte Tätigkeiten ausgeübt werden. Er hat diese Tätigkeiten hinsichtlich ihrer Infektionsgefährdung einer Schutzstufe zuzuordnen.

(2) Die Schutzstufenzuordnung richtet sich
1. bei gezielten Tätigkeiten nach der Risikogruppe des ermittelten Biostoffs; werden Tätigkeiten mit mehreren Biostoffen ausgeübt, so richtet sich die Schutzstufenzuordnung nach dem Biostoff mit der höchsten Risikogruppe,
2. bei nicht gezielten Tätigkeiten nach der Risikogruppe des Biostoffs, der aufgrund
   a) der Wahrscheinlichkeit seines Auftretens,
   b) der Art der Tätigkeit,
   c) der Art, Dauer, Höhe und Häufigkeit der ermittelten Exposition
   den Grad der Infektionsgefährdung der Beschäftigten bestimmt.

§ 6 Tätigkeiten ohne Schutzstufenzuordnung

(1) Tätigkeiten, die nicht unter § 5 Absatz 1 fallen, müssen keiner Schutzstufe zugeordnet werden. Dabei handelt es sich um Tätigkeiten im Sinne von § 2 Absatz 7 Nummer 2. Zu diesen Tätigkeiten gehören beispielsweise Reinigungs- und Sanierungsarbeiten, Tätigkeiten in der Veterinärmedizin, der Land-, Forst-, Abwasser- und Abfallwirtschaft sowie in Biogasanlagen und Schlachtbetrieben.

(2) Kann bei diesen Tätigkeiten eine der in § 4 Absatz 3 Nummer 1 und 3 genannten Informationen nicht ermittelt werden, weil das Spektrum der auftretenden Biostoffe Schwankungen unterliegt oder Art, Dauer, Höhe oder Häufigkeit der Exposition wechseln können, so hat der Arbeitgeber die für die Gefährdungsbeurteilung und Festlegung der Schutzmaßnahmen erforderlichen Informationen insbesondere zu ermitteln auf der Grundlage von
1. Bekanntmachungen nach § 19 Absatz 4,
2. Erfahrungen aus vergleichbaren Tätigkeiten oder
3. sonstigen gesicherten arbeitswissenschaftlichen Erkenntnissen.

§ 7 Dokumentation der Gefährdungsbeurteilung und Aufzeichnungspflichten

(1) Der Arbeitgeber hat die Gefährdungsbeurteilung unabhängig von der Zahl der Beschäftigten erstmals vor Aufnahme der Tätigkeit sowie danach jede Aktualisierung gemäß Satz 2 zu dokumentieren. Die Dokumentation der Gefährdungsbeurteilung umfasst insbesondere folgende Angaben:
1. die Art der Tätigkeit einschließlich der Expositionsbedingungen,
2. das Ergebnis der Substitutionsprüfung nach § 4 Absatz 3 Nummer 4,
3. die nach § 5 Absatz 2 festgelegten Schutzstufen,
4. die zu ergreifenden Schutzmaßnahmen,
5. eine Begründung, wenn von den nach § 19 Absatz 4 Nummer 1 bekannt gegebenen Regeln und Erkenntnissen abgewichen wird.

(2) Als Bestandteil der Dokumentation hat der Arbeitgeber ein Verzeichnis der verwendeten oder auftretenden Biostoffe zu erstellen (Biostoffverzeichnis), soweit diese bekannt und für die Gefährdungsbeurteilung nach § 4 maßgeblich sind. Das Verzeichnis muss Angaben zur Einstufung der Biostoffe in eine Risikogruppe nach § 3 und zu ihren sensibilisierenden, toxischen und sonstigen die Gesundheit schädigenden Wirkungen beinhalten. Die Angaben müssen allen betroffenen Beschäftigten und ihren Vertretungen zugänglich sein.

(3) Bei Tätigkeiten der Schutzstufe 3 oder 4 hat der Arbeitgeber zusätzlich ein Verzeichnis über die Beschäftigten zu führen, die diese Tätigkeiten ausüben. In dem Verzeichnis sind die Art der Tätigkeiten und die vorkommenden Biostoffe sowie aufgetretene Unfälle und Betriebsstörungen anzugeben. Es ist personenbezogen für den Zeitraum von mindestens zehn Jahren nach Beendigung der Tätigkeit aufzubewahren. Der Arbeitgeber hat
1. den Beschäftigten die sie betreffenden Angaben in dem Verzeichnis zugänglich zu machen; der Schutz der personenbezogenen Daten ist zu gewährleisten,
2. bei Beendigung des Beschäftigungsverhältnisses dem Beschäftigten einen Auszug über die ihn betreffenden Angaben des Verzeichnisses auszuhändigen; der Nachweis über die Aushändigung ist vom Arbeitgeber wie Personalunterlagen aufzubewahren.

Das Verzeichnis über die Beschäftigten kann zusammen mit dem Biostoffverzeichnis nach Absatz 2 geführt werden.

(4) Auf die Dokumentation der Angaben nach Absatz 1 Satz 2 Nummer 2 und 5 sowie auf das Verzeichnis nach Absatz 2 kann verzichtet werden, wenn ausschließlich Tätigkeiten mit Biostoffen der Risikogruppe 1 ohne sensibilisierende oder toxische Wirkungen durchgeführt werden.

Abschnitt 3: Grundpflichten und Schutzmaßnahmen

§ 8 Grundpflichten

(1) Der Arbeitgeber hat die Belange des Arbeitsschutzes in Bezug auf Tätigkeiten mit Biostoffen in seine betriebliche Organisation einzubinden und hierfür die erforderlichen personellen, finanziellen und organisatorischen Voraussetzungen zu schaffen. Dabei hat er die Vertretungen der Beschäftigten in geeigneter Form zu beteiligen. Insbesondere hat er sicherzustellen, dass
1. bei der Gestaltung der Arbeitsorganisation, des Arbeitsverfahrens und des Arbeitsplatzes sowie bei der Auswahl und Bereitstellung der Arbeitsmittel alle mit der Sicherheit und Gesundheit der Beschäftigten zusammenhängenden Faktoren, einschließlich der psychischen, ausreichend berücksichtigt werden,
2. die Beschäftigten oder ihre Vertretungen im Rahmen der betrieblichen Möglichkeiten beteiligt werden, wenn neue Arbeitsmittel eingeführt werden sollen, die Einfluss auf die Sicherheit und Gesundheit der Beschäftigten haben.

(2) Der Arbeitgeber hat geeignete Maßnahmen zu ergreifen, um bei den Beschäftigten ein Sicherheitsbewusstsein zu schaffen und den innerbetrieblichen Arbeitsschutz bei Tätigkeiten mit Biostoffen fortzuentwickeln.

(3) Der Arbeitgeber darf eine Tätigkeit mit Biostoffen erst aufnehmen lassen, nachdem die Gefährdungsbeurteilung nach § 4 durchgeführt und die erforderlichen Maßnahmen ergriffen wurden.

(4) Der Arbeitgeber hat vor Aufnahme der Tätigkeit
1. gefährliche Biostoffe vorrangig durch solche zu ersetzen, die nicht oder weniger gefährlich sind, soweit dies nach der Art der Tätigkeit oder nach dem Stand der Technik möglich ist,
2. Arbeitsverfahren und Arbeitsmittel so auszuwählen oder zu gestalten, dass Biostoffe am Arbeitsplatz nicht frei werden, wenn die Gefährdung der Beschäftigten nicht durch eine Maßnahme nach Nummer 1 ausgeschlossen werden kann,
3. die Exposition der Beschäftigten durch geeignete bauliche, technische und organisatorische Maßnahmen auf ein Minimum zu reduzieren, wenn eine Gefährdung der Beschäftig-

Biostoffverordnung §9

ten nicht durch eine Maßnahme nach Nummer 1 oder Nummer 2 verhindert werden kann oder die Biostoffe bestimmungsgemäß freigesetzt werden,
4. zusätzlich persönliche Schutzausrüstung zur Verfügung zu stellen, wenn die Maßnahmen nach den Nummern 1 bis 3 nicht ausreichen, um die Gefährdung auszuschließen oder ausreichend zu verringern; der Arbeitgeber hat den Einsatz belastender persönlicher Schutzausrüstung auf das unbedingt erforderliche Maß zu beschränken und darf sie nicht als Dauermaßnahme vorsehen.

(5) Der Arbeitgeber hat die Schutzmaßnahmen auf der Grundlage der Gefährdungsbeurteilung nach dem Stand der Technik sowie nach gesicherten wissenschaftlichen Erkenntnissen festzulegen und zu ergreifen. Dazu hat er die Vorschriften dieser Verordnung einschließlich der Anhänge zu beachten und die nach § 19 Absatz 4 Nummer 1 bekannt gegebenen Regeln und Erkenntnisse zu berücksichtigen. Bei Einhaltung der Regeln und Erkenntnisse ist davon auszugehen, dass die gestellten Anforderungen erfüllt sind (Vermutungswirkung). Von diesen Regeln und Erkenntnissen kann abgewichen werden, wenn durch andere Maßnahmen zumindest in vergleichbarer Weise der Schutz von Sicherheit und Gesundheit der Beschäftigten gewährleistet wird. Haben sich der Stand der Technik oder gesicherte wissenschaftliche Erkenntnisse fortentwickelt und erhöht sich die Arbeitssicherheit durch diese Fortentwicklung erheblich, sind die Schutzmaßnahmen innerhalb einer angemessenen Frist anzupassen.

(6) Der Arbeitgeber hat die Funktion der technischen Schutzmaßnahmen regelmäßig und deren Wirksamkeit mindestens jedes zweite Jahr zu überprüfen. Die Ergebnisse und das Datum der Wirksamkeitsprüfung sind in der Dokumentation nach § 7 zu vermerken. Wurde für einen Arbeitsbereich, ein Arbeitsverfahren oder einen Anlagetyp in einer Bekanntmachung nach § 19 Absatz 4 ein Wert festgelegt, der die nach dem Stand der Technik erreichbare Konzentration der Biostoffe in der Luft am Arbeitsplatz beschreibt (Technischer Kontrollwert), so ist dieser Wert für die Wirksamkeitsüberprüfung der entsprechenden Schutzmaßnahmen heranzuziehen.

(7) Der Arbeitgeber darf in Heimarbeit nur Tätigkeiten mit Biostoffen der Risikogruppe 1 ohne sensibilisierende oder toxische Wirkung ausüben lassen.

§ 9 Allgemeine Schutzmaßnahmen

(1) Bei allen Tätigkeiten mit Biostoffen müssen mindestens die allgemeinen Hygienemaßnahmen eingehalten werden. Insbesondere hat der Arbeitgeber dafür zu sorgen, dass
1. Arbeitsplätze und Arbeitsmittel in einem dem Arbeitsablauf entsprechenden sauberen Zustand gehalten und regelmäßig gereinigt werden,
2. Fußböden und Oberflächen von Arbeitsmitteln und Arbeitsflächen leicht zu reinigen sind,
3. Waschgelegenheiten zur Verfügung stehen,
4. vom Arbeitsplatz getrennte Umkleidemöglichkeiten vorhanden sind, sofern Arbeitskleidung erforderlich ist; die Arbeitskleidung ist regelmäßig sowie bei Bedarf zu wechseln und zu reinigen.

(2) Bei Tätigkeiten in Laboratorien, in der Versuchstierhaltung, in der Biotechnologie und in Einrichtungen des Gesundheitsdienstes hat der Arbeitgeber für die Schutzstufe 1 über die Maßnahmen des Absatzes 1 hinaus spezielle Hygienemaßnahmen entsprechend den nach § 19 Absatz 4 Nummer 1 bekannt gegebenen Regeln und Erkenntnissen zu berücksichtigen.

(3) Werden nicht ausschließlich Tätigkeiten mit Biostoffen der Risikogruppe 1 ohne sensibilisierende und toxische Wirkungen ausgeübt, hat der Arbeitgeber in Abhängigkeit von der Gefährdungsbeurteilung weitergehende Schutzmaßnahmen zu ergreifen. Dabei hat er insbesondere

§ 10 Biostoffverordnung

1. Arbeitsverfahren und Arbeitsmittel so zu gestalten oder auszuwählen, dass die Exposition der Beschäftigten gegenüber Biostoffen und die Gefahr durch Stich- und Schnittverletzungen verhindert oder minimiert werden, soweit dies technisch möglich ist,
2. Tätigkeiten und Arbeitsverfahren mit Staub- oder Aerosolbildung, einschließlich Reinigungsverfahren, durch solche ohne oder mit geringerer Staub- oder Aerosolbildung zu ersetzen, soweit dies nach dem Stand der Technik möglich ist; ist dies nicht möglich, hat der Arbeitgeber geeignete Maßnahmen zur Minimierung der Exposition zu ergreifen,
3. die Zahl der exponierten Beschäftigten auf das für die Durchführung der Tätigkeit erforderliche Maß zu begrenzen,
4. die erforderlichen Maßnahmen zur Desinfektion, Inaktivierung oder Dekontamination sowie zur sachgerechten und sicheren Entsorgung von Biostoffen, kontaminierten Gegenständen, Materialien und Arbeitsmitteln zu ergreifen,
5. zur Verfügung gestellte persönliche Schutzausrüstung einschließlich Schutzkleidung zu reinigen, zu warten, instand zu halten und sachgerecht zu entsorgen; Beschäftigte müssen die bereitgestellte persönliche Schutzausrüstung verwenden, solange eine Gefährdung besteht,
6. die Voraussetzungen dafür zu schaffen, dass persönliche Schutzausrüstung einschließlich Schutzkleidung beim Verlassen des Arbeitsplatzes sicher abgelegt und getrennt von anderen Kleidungsstücken aufbewahrt werden kann,
7. sicherzustellen, dass die Beschäftigten in Arbeitsbereichen, in denen Biostoffe auftreten können, keine Nahrungs- und Genussmittel zu sich nehmen; hierzu hat der Arbeitgeber vor Aufnahme der Tätigkeiten gesonderte Bereiche einzurichten, die nicht mit persönlicher Schutzausrüstung einschließlich Schutzkleidung betreten werden dürfen.

(4) Der Arbeitgeber hat Biostoffe sicher zu lagern, innerbetrieblich sicher zu befördern und Vorkehrungen zu treffen, um Missbrauch oder Fehlgebrauch zu verhindern. Dabei hat er sicherzustellen, dass nur Behälter verwendet werden, die
1. hinsichtlich ihrer Beschaffenheit geeignet sind, den Inhalt sicher zu umschließen,
2. so gekennzeichnet sind, dass die davon ausgehenden Gefahren in geeigneter Weise deutlich erkennbar sind,
3. hinsichtlich Form und Kennzeichnung so gestaltet sind, dass der Inhalt nicht mit Lebensmitteln verwechselt werden kann.

(5) Bei der medizinischen Untersuchung, Behandlung und Pflege von Patienten außerhalb von Einrichtungen des Gesundheitsdienstes findet § 11 Absatz 2 bis 5 Anwendung. Bei diesen Tätigkeiten hat der Arbeitgeber in Arbeitsanweisungen den Umgang mit persönlicher Schutzausrüstung und Arbeitskleidung sowie die erforderlichen Maßnahmen zur Hygiene und zur Desinfektion festzulegen.

§ 10 Zusätzliche Schutzmaßnahmen und Anforderungen bei Tätigkeiten der Schutzstufe 2, 3 oder 4 in Laboratorien, in der Versuchstierhaltung sowie in der Biotechnologie

(1) Zusätzlich zu den Schutzmaßnahmen nach § 9 hat der Arbeitgeber vor Aufnahme der Tätigkeiten der Schutzstufe 2, 3 oder 4 in Laboratorien, in der Versuchstierhaltung oder in der Biotechnologie
1. entsprechend der Schutzstufenzuordnung
   a) geeignete räumliche Schutzstufenbereiche festzulegen und mit der Schutzstufenbezeichnung sowie mit dem Symbol für Biogefährdung nach Anhang I zu kennzeichnen,

Biostoffverordnung § 11

  b) die Schutzmaßnahmen nach Anhang II oder III zu ergreifen; die als empfohlen bezeichneten Schutzmaßnahmen sind zu ergreifen, wenn dadurch die Gefährdung der Beschäftigten verringert werden kann,
2. gebrauchte spitze und scharfe Arbeitsmittel entsprechend der Anforderung nach § 11 Absatz 4 sicher zu entsorgen,
3. den Zugang zu Biostoffen der Risikogruppe 3 oder 4 auf dazu berechtigte, fachkundige und zuverlässige Beschäftigte zu beschränken; Tätigkeiten der Schutzstufe 3 oder 4 dürfen diesen Beschäftigten nur übertragen werden, wenn sie anhand von Arbeitsanweisungen eingewiesen und geschult sind.

(2) Der Arbeitgeber hat vor Aufnahme von Tätigkeiten der Schutzstufe 3 oder 4 eine Person zu benennen, die zuverlässig ist und über eine Fachkunde verfügt, die der hohen Gefährdung entspricht. Er hat diese Person mit folgenden Aufgaben zu beauftragen:
1. Beratung bei
   a) der Gefährdungsbeurteilung nach § 4,
   b) sonstigen sicherheitstechnisch relevanten Fragestellungen,
2. Unterstützung bei der
   a) Kontrolle der Wirksamkeit der Schutzmaßnahmen,
   b) Durchführung der Unterweisung nach § 14 Absatz 2,
3. Überprüfung der Einhaltung der Schutzmaßnahmen.
Der Arbeitgeber hat die Aufgaben und die Befugnisse dieser Person schriftlich festzulegen. Sie darf wegen der Erfüllung der ihr übertragenen Aufgaben nicht benachteiligt werden. Ihr ist für die Durchführung der Aufgaben ausreichend Zeit zur Verfügung zu stellen. Satz 1 gilt nicht für Tätigkeiten mit Biostoffen der Risikogruppe 3, die mit (**) gekennzeichnet sind.

§ 11 Zusätzliche Schutzmaßnahmen und Anforderungen bei Tätigkeiten der Schutzstufe 2, 3 oder 4 in Einrichtungen des Gesundheitsdienstes

(1) Zusätzlich zu den Schutzmaßnahmen nach § 9 hat der Arbeitgeber vor Aufnahme der Tätigkeiten der Schutzstufe 2, 3 oder 4 in Einrichtungen des Gesundheitsdienstes in Abhängigkeit von der Gefährdungsbeurteilung
1. wirksame Desinfektions- und Inaktivierungsverfahren festzulegen,
2. Oberflächen, die desinfiziert werden müssen, so zu gestalten, dass sie leicht zu reinigen und beständig gegen die verwendeten Desinfektionsmittel sind; für Tätigkeiten der Schutzstufe 4 gelten zusätzlich die Anforderungen des Anhangs II an Oberflächen.

(2) Der Arbeitgeber hat entsprechend § 9 Absatz 3 Satz 2 Nummer 1 spitze und scharfe medizinische Instrumente vor Aufnahme der Tätigkeit durch solche zu ersetzen, bei denen keine oder eine geringere Gefahr von Stich- und Schnittverletzungen besteht, soweit dies technisch möglich und zur Vermeidung einer Infektionsgefährdung erforderlich ist.

(3) Der Arbeitgeber hat sicherzustellen, dass gebrauchte Kanülen nicht in die Schutzkappen zurückgesteckt werden. Werden Tätigkeiten ausgeübt, die nach dem Stand der Technik eine Mehrfachverwendung des medizinischen Instruments erforderlich machen, und muss dabei die Kanüle in die Schutzkappe zurückgesteckt werden, ist dies zulässig, wenn ein Verfahren angewendet wird, das ein sicheres Zurückstecken der Kanüle in die Schutzkappe mit einer Hand erlaubt.

(4) Spitze und scharfe medizinische Instrumente sind nach Gebrauch sicher zu entsorgen. Hierzu hat der Arbeitgeber vor Aufnahme der Tätigkeiten Abfallbehältnisse bereitzustellen, die stich- und bruchfest sind und den Abfall sicher umschließen. Er hat dafür zu sorgen, dass diese Abfallbehältnisse durch Farbe, Form und Beschriftung eindeutig als Abfallbehältnisse

erkennbar sind. Satz 1 und 2 gelten auch für gebrauchte medizinische Instrumente mit Schutzeinrichtungen gegen Stich- und Schnittverletzungen.
(5) Der Arbeitgeber hat die Beschäftigten und ihre Vertretungen über Verletzungen durch gebrauchte spitze oder scharfe medizinische Instrumente, die organisatorische oder technische Ursachen haben, zeitnah zu unterrichten. Er hat die Vorgehensweise hierfür festzulegen.
(6) Tätigkeiten der Schutzstufe 3 oder 4 dürfen nur fachkundigen Beschäftigten übertragen werden, die anhand von Arbeitseinweisungen eingewiesen und geschult sind.
(7) Vor Aufnahme von Tätigkeiten der Schutzstufe 4 hat der Arbeitgeber
1. geeignete räumliche Schutzstufenbereiche festzulegen und mit der Schutzstufenbezeichnung sowie mit dem Symbol für Biogefährdung nach Anhang I zu kennzeichnen,
2. die Maßnahmen der Schutzstufe 4 aus Anhang II auszuwählen und zu ergreifen, die erforderlich und geeignet sind, die Gefährdung der Beschäftigten und anderer Personen zu verringern,
3. eine Person im Sinne von § 10 Absatz 2 Satz 1 zu benennen und mit den Aufgaben nach § 10 Absatz 2 Satz 2 zu beauftragen.

§ 12 Arbeitsmedizinische Vorsorge

Die Verordnung zur arbeitsmedizinischen Vorsorge in der jeweils geltenden Fassung gilt auch für den in § 2 Absatz 9 Satz 2 genannten Personenkreis.

§ 13 Betriebsstörungen, Unfälle

(1) Der Arbeitgeber hat vor Aufnahme einer Tätigkeit der Schutzstufen 2 bis 4 die erforderlichen Maßnahmen festzulegen, die bei Betriebsstörungen oder Unfällen notwendig sind, um die Auswirkungen auf die Sicherheit und Gesundheit der Beschäftigten und anderer Personen zu minimieren und den normalen Betriebsablauf wiederherzustellen. In Abhängigkeit von der Art möglicher Ereignisse und verwendeter oder vorkommender Biostoffe ist insbesondere Folgendes festzulegen:
1. Maßnahmen zur Ersten Hilfe und weitergehende Hilfsmaßnahmen für Beschäftigte bei unfallbedingter Übertragung von Biostoffen einschließlich der Möglichkeit zur postexpositionellen Prophylaxe,
2. Maßnahmen, um eine Verschleppung von Biostoffen zu verhindern,
3. Desinfektions-, Inaktivierungs- oder Dekontaminationsmaßnahmen,
4. dass getestet wird, ob bei Betriebsstörungen oder Unfällen die verwendeten Biostoffe in die Arbeitsumgebung gelangt sind, soweit dies technisch möglich ist und validierte Testverfahren bestehen.

Die Festlegungen sind gemäß § 14 Absatz 1 Satz 4 Nummer 3 ein Bestandteil der Betriebsanweisung.
(2) Der Arbeitgeber hat die Beschäftigten über die festgelegten Maßnahmen und ihre Anwendung zu informieren. Tritt eine Betriebsstörung oder ein Unfall im Sinne von Absatz 1 Satz 1 ein, so hat der Arbeitgeber unverzüglich die gemäß Absatz 1 Satz 2 festgelegten Maßnahmen zu ergreifen. Dabei dürfen im Gefahrenbereich nur die Personen verbleiben, die erforderlich sind, um die in Absatz 1 genannten Ziele zu erreichen.
(3) Vor Aufnahme von Tätigkeiten der Schutzstufe 3 oder 4 in Laboratorien, in der Versuchstierhaltung, in der Biotechnologie sowie vor Aufnahme von Tätigkeiten der Schutzstufe 4 in Einrichtungen des Gesundheitsdienstes hat der Arbeitgeber ergänzend zu den Festlegungen nach Absatz 1 einen innerbetrieblichen Plan darüber zu erstellen, wie Gefahren abzuwehren sind, die beim Versagen einer Einschließungsmaßnahme durch eine Freisetzung von Bio-

stoffen auftreten können. Darin hat er die spezifischen Gefahren und die Namen der für die innerbetrieblichen Rettungsmaßnahmen zuständigen Personen festzulegen. Die Festlegungen sind regelmäßig zu aktualisieren. Satz 1 gilt nicht für Tätigkeiten mit Biostoffen der Risikogruppe 3, die mit (**) gekennzeichnet sind.

(4) Bei Tätigkeiten der Schutzstufe 4 hat der Plan nach Absatz 3 Angaben über den Umfang von Sicherheitsübungen und deren regelmäßige Durchführung zu enthalten, sofern solche Sicherheitsübungen aufgrund der Gefährdungsbeurteilung erforderlich sind. Die Maßnahmen nach Absatz 3 sind mit den zuständigen Rettungs- und Sicherheitsdiensten abzustimmen. Darüber hinaus hat der Arbeitgeber Warnsysteme einzurichten und Kommunikationsmöglichkeiten zu schaffen, durch die alle betroffenen Beschäftigten unverzüglich gewarnt und der Rettungs- und Sicherheitsdienst alarmiert werden können. Der Arbeitgeber hat sicherzustellen, dass diese Systeme funktionstüchtig sind.

(5) Der Arbeitgeber hat vor Aufnahme der Tätigkeiten ein Verfahren für Unfallmeldungen und -untersuchungen sowie die Vorgehensweise zur Unterrichtung der Beschäftigten und ihrer Vertretungen festzulegen. Das Verfahren ist so zu gestalten, dass bei schweren Unfällen sowie bei Nadelstichverletzungen mögliche organisatorische und technische Unfallursachen erkannt werden können und individuelle Schuldzuweisungen vermieden werden. Die Beschäftigten und ihre Vertretungen sind über Betriebsstörungen und Unfälle mit Biostoffen, die die Sicherheit oder Gesundheit der Beschäftigten gefährden können, unverzüglich zu unterrichten.

§ 14 Betriebsanweisung und Unterweisung der Beschäftigten

(1) Der Arbeitgeber hat auf der Grundlage der Gefährdungsbeurteilung nach § 4 vor Aufnahme der Tätigkeit eine schriftliche Betriebsanweisung arbeitsbereichs- und biostoffbezogen zu erstellen. Satz 1 gilt nicht, wenn ausschließlich Tätigkeiten mit Biostoffen der Risikogruppe 1 ohne sensibilisierende oder toxische Wirkungen ausgeübt werden. Die Betriebsanweisung ist den Beschäftigten zur Verfügung zu stellen. Sie muss in einer für die Beschäftigten verständlichen Form und Sprache verfasst sein und insbesondere folgende Informationen enthalten:
1. die mit den vorgesehenen Tätigkeiten verbundenen Gefahren für die Beschäftigten, insbesondere zu
   a) der Art der Tätigkeit,
   b) den am Arbeitsplatz verwendeten oder auftretenden, tätigkeitsrelevanten Biostoffen einschließlich der Risikogruppe, Übertragungswege und gesundheitlichen Wirkungen,
2. Informationen über Schutzmaßnahmen und Verhaltensregeln, die die Beschäftigten zu ihrem eigenen Schutz und zum Schutz anderer Beschäftigter am Arbeitsplatz durchzuführen oder einzuhalten haben; dazu gehören insbesondere
   a) innerbetriebliche Hygienevorgaben,
   b) Informationen über Maßnahmen, die zur Verhütung einer Exposition zu ergreifen sind, einschließlich der richtigen Verwendung scharfer oder spitzer medizinischer Instrumente,
   c) Informationen zum Tragen, Verwenden und Ablegen persönlicher Schutzausrüstung einschließlich Schutzkleidung,
3. Anweisungen zum Verhalten und zu Maßnahmen bei Verletzungen, bei Unfällen und Betriebsstörungen sowie zu deren innerbetrieblicher Meldung und zur Ersten Hilfe,
4. Informationen zur sachgerechten Inaktivierung oder Entsorgung von Biostoffen und kontaminierten Gegenständen, Materialien oder Arbeitsmitteln.

Die Betriebsanweisung muss bei jeder maßgeblichen Veränderung der Arbeitsbedingungen aktualisiert werden.
(2) Der Arbeitgeber hat sicherzustellen, dass die Beschäftigten auf der Grundlage der jeweils aktuellen Betriebsanweisung nach Absatz 1 Satz 1 über alle auftretenden Gefährdungen und erforderlichen Schutzmaßnahmen mündlich unterwiesen werden. Die Unterweisung ist so durchzuführen, dass bei den Beschäftigten ein Sicherheitsbewusstsein geschaffen wird. Die Beschäftigten sind auch über die Voraussetzungen zu informieren, unter denen sie Anspruch auf arbeitsmedizinische Vorsorge nach der Verordnung zur arbeitsmedizinischen Vorsorge haben. Im Rahmen der Unterweisung ist auch eine allgemeine arbeitsmedizinische Beratung durchzuführen mit Hinweisen zu besonderen Gefährdungen zum Beispiel bei verminderter Immunabwehr. Soweit erforderlich ist bei der Beratung die Ärztin oder der Arzt nach § 7 Absatz 1 der Verordnung zur arbeitsmedizinischen Vorsorge zu beteiligen.
(3) Die Unterweisung muss vor Aufnahme der Beschäftigung und danach mindestens jährlich arbeitsplatzbezogen durchgeführt werden sowie in einer für die Beschäftigten verständlichen Form und Sprache erfolgen. Inhalt und Zeitpunkt der Unterweisung hat der Arbeitgeber schriftlich festzuhalten und sich von den unterwiesenen Beschäftigten durch Unterschrift bestätigen zu lassen.
(4) Für Tätigkeiten der Schutzstufen 3 und 4 sind zusätzlich zur Betriebsanweisung Arbeitsanweisungen zu erstellen, die am Arbeitsplatz vorliegen müssen. Arbeitsanweisungen sind auch erforderlich für folgende Tätigkeiten mit erhöhter Infektionsgefährdung:
1. Instandhaltungs-, Reinigungs-, Änderungs- oder Abbrucharbeiten in oder an kontaminierten Arbeitsmitteln,
2. Tätigkeiten, bei denen erfahrungsgemäß eine erhöhte Unfallgefahr besteht,
3. Tätigkeiten, bei denen bei einem Unfall mit schweren Infektionen zu rechnen ist; dies kann bei der Entnahme von Proben menschlichen oder tierischen Ursprungs der Fall sein.

Abschnitt 4: Erlaubnis- und Anzeigepflichten

§ 15 Erlaubnispflicht

(1) Der Arbeitgeber bedarf der Erlaubnis der zuständigen Behörde, bevor Tätigkeiten der Schutzstufe 3 oder 4 in Laboratorien, in der Versuchstierhaltung oder in der Biotechnologie erstmals aufgenommen werden. Die Erlaubnis umfasst die baulichen, technischen und organisatorischen Voraussetzungen nach dieser Verordnung zum Schutz der Beschäftigten und anderer Personen vor den Gefährdungen durch diese Tätigkeiten. Satz 1 gilt auch für Einrichtungen des Gesundheitsdienstes, die für Tätigkeiten der Schutzstufe 4 vorgesehen sind. Tätigkeiten mit Biostoffen der Risikogruppe 3, die mit (**) gekennzeichnet sind, bedürfen keiner Erlaubnis.
(2) Schließt eine andere behördliche Entscheidung, insbesondere eine öffentlich-rechtliche Genehmigung oder Erlaubnis, die Erlaubnis nach Absatz 1 ein, so wird die Anforderung nach Absatz 1 durch Übersendung einer Kopie dieser behördlichen Entscheidung an die zuständige Behörde erfüllt. Bei Bedarf kann die zuständige Behörde weitere Unterlagen anfordern.
(3) Die Erlaubnis nach Absatz 1 ist schriftlich oder elektronisch zu beantragen. Dem Antrag sind folgende Unterlagen beizufügen:
1. Name und Anschrift des Arbeitgebers,
2. Name und Befähigung der nach § 10 Absatz 2 oder § 11 Absatz 7 Nummer 3 benannten Person,

Biostoffverordnung § 16

3. Name des Erlaubnisinhabers nach § 44 des Infektionsschutzgesetzes,
4. Lageplan, Grundriss und Bezeichnung der Räumlichkeiten einschließlich Flucht- und Rettungswege,
5. Beschreibung der vorgesehenen Tätigkeiten,
5. Ergebnis der Gefährdungsbeurteilung unter Angabe
   a) der eingesetzten oder vorkommenden Biostoffe und der Schutzstufe der Tätigkeit,
   b) der baulichen, technischen, organisatorischen und persönlichen Schutzmaßnahmen einschließlich der Angaben zur geplanten Wartung und Instandhaltung der baulichen und technischen Maßnahmen,
7. Plan nach § 13 Absatz 3,
8. Informationen über die Abfall- und Abwasserentsorgung.
Bei Bedarf kann die zuständige Behörde weitere Unterlagen anfordern. Erfolgt die Antragstellung elektronisch, kann die zuständige Behörde Mehranfertigungen sowie die Übermittlung der dem Antrag beizufügenden Unterlagen auch in schriftlicher Form verlangen.
(4) Die Erlaubnis ist zu erteilen, wenn die Anforderungen dieser Verordnung erfüllt werden, die erforderlich sind, um den Schutz der Beschäftigten und anderer Personen vor den Gefährdungen durch Biostoffe sicherzustellen.

§ 16 Anzeigepflicht
(1) Der Arbeitgeber hat der zuständigen Behörde nach Maßgabe der Absätze 2 und 3 anzuzeigen:
1. die erstmalige Aufnahme
   a) einer gezielten Tätigkeit mit Biostoffen der Risikogruppe 2,
   b) einer Tätigkeit mit Biostoffen der Risikogruppe 3, soweit die Tätigkeiten keiner Erlaubnispflicht nach § 15 unterliegen,
   in Laboratorien, in der Versuchstierhaltung und in der Biotechnologie,
2. jede Änderung der erlaubten oder angezeigten Tätigkeiten, wenn diese für die Sicherheit und den Gesundheitsschutz bedeutsam sind, zum Beispiel Tätigkeiten, die darauf abzielen, die Virulenz des Biostoffs zu erhöhen oder die Aufnahme von Tätigkeiten mit weiteren Biostoffen der Risikogruppe 3 oder 4,
3. die Aufnahme eines infizierten Patienten in eine Patientenstation der Schutzstufe 4,
4. das Einstellen einer nach § 15 erlaubnispflichtigen Tätigkeit.
(2) Die Anzeige hat folgende Angaben zu umfassen:
1. Name und Anschrift des Arbeitgebers,
2. Beschreibung der vorgesehenen Tätigkeiten,
3. das Ergebnis der Gefährdungsbeurteilung nach § 4,
4. die Art des Biostoffs,
5. die vorgesehenen Maßnahmen zum Schutz der Sicherheit und Gesundheit der Beschäftigten.
(3) Die Anzeige nach Absatz 1 Nummer 1, 2 oder Nummer 4 hat spätestens 30 Tage vor Aufnahme oder Einstellung der Tätigkeiten, die Anzeige nach Absatz 1 Nummer 3 unverzüglich zu erfolgen.
(4) Die Anzeigepflicht kann auch dadurch erfüllt werden, dass der zuständigen Behörde innerhalb der in Absatz 3 bestimmten Frist die Kopie einer Anzeige, Genehmigung oder Erlaubnis nach einer anderen Rechtsvorschrift übermittelt wird, wenn diese gleichwertige Angaben beinhaltet.

Abschnitt 5: Vollzugsregelungen und Ausschuss für Biologische Arbeitsstoffe

§ 17 Unterrichtung der Behörde

(1) Der Arbeitgeber hat die zuständige Behörde unverzüglich zu unterrichten über
1. jeden Unfall und jede Betriebsstörung bei Tätigkeiten mit Biostoffen der Risikogruppe 3 oder 4, die zu einer Gesundheitsgefahr der Beschäftigten führen können,
2. Krankheits- und Todesfälle Beschäftigter, die auf Tätigkeiten mit Biostoffen zurückzuführen sind, unter genauer Angabe der Tätigkeit.

(2) Unbeschadet des § 22 des Arbeitsschutzgesetzes hat der Arbeitgeber der zuständigen Behörde auf ihr Verlangen Folgendes zu übermitteln:
1. die Dokumentation der Gefährdungsbeurteilung,
2. das Verzeichnis nach § 7 Absatz 3 Satz 1 sowie den Nachweis nach § 7 Absatz 3 Satz 4 Nummer 2,
3. die Tätigkeiten, bei denen Beschäftigte tatsächlich oder möglicherweise gegenüber Biostoffen exponiert worden sind, und die Anzahl dieser Beschäftigten,
4. die ergriffenen Schutz- und Vorsorgemaßnahmen einschließlich der Betriebs- und Arbeitsanweisungen,
5. die nach § 13 Absatz 1 und 2 festgelegten oder ergriffenen Maßnahmen und den nach § 13 Absatz 3 erstellten Plan.

§ 18 Behördliche Ausnahmen

Die zuständige Behörde kann auf schriftlichen oder elektronischen Antrag des Arbeitgebers Ausnahmen von den Vorschriften der §§ 9, 10, 11 und 13 einschließlich der Anhänge II und III erteilen, wenn die Durchführung der Vorschrift im Einzelfall zu einer unverhältnismäßigen Härte führen würde und die beantragte Abweichung mit dem Schutz der betroffenen Beschäftigten vereinbar ist.

§ 19 Ausschuss für Biologische Arbeitsstoffe

(1) Beim Bundesministerium für Arbeit und Soziales wird ein Ausschuss für Biologische Arbeitsstoffe (ABAS) gebildet, in dem fachlich geeignete Personen vonseiten der Arbeitgeber, der Gewerkschaften, der Länderbehörden, der gesetzlichen Unfallversicherung und weitere fachlich geeignete Personen, insbesondere der Wissenschaft, vertreten sein sollen. Die Gesamtzahl der Mitglieder soll 16 Personen nicht überschreiten. Für jedes Mitglied ist ein stellvertretendes Mitglied zu benennen. Die Mitgliedschaft im Ausschuss ist ehrenamtlich.

(2) Das Bundesministerium für Arbeit und Soziales beruft die Mitglieder des Ausschusses und die stellvertretenden Mitglieder. Der Ausschuss gibt sich eine Geschäftsordnung und wählt die Vorsitzende oder den Vorsitzenden aus seiner Mitte. Die Geschäftsordnung und die Wahl des oder der Vorsitzenden bedürfen der Zustimmung des Bundesministeriums für Arbeit und Soziales.

(3) Zu den Aufgaben des Ausschusses gehört es,
1. den Stand der Wissenschaft, Technik, Arbeitsmedizin und Arbeitshygiene sowie sonstige gesicherte Erkenntnisse für Tätigkeiten mit Biostoffen zu ermitteln und entsprechende Empfehlungen auszusprechen einschließlich solcher Beiträge, die in öffentlich nutzbaren Informationssystemen über Biostoffe genutzt werden können,
2. zu ermitteln, wie die in dieser Verordnung gestellten Anforderungen erfüllt werden können und dazu dem jeweiligen Stand von Technik und Medizin entsprechenden Regeln und Erkenntnisse zu erarbeiten,

3. wissenschaftliche Bewertungen von Biostoffen vorzunehmen und deren Einstufung in Risikogruppen vorzuschlagen,
4. das Bundesministerium für Arbeit und Soziales in Fragen der biologischen Sicherheit zu beraten.

Das Arbeitsprogramm des Ausschusses wird mit dem Bundesministerium für Arbeit und Soziales abgestimmt. Der Ausschuss arbeitet eng mit den anderen Ausschüssen beim Bundesministerium für Arbeit und Soziales zusammen.

(4) Nach Prüfung kann das Bundesministerium für Arbeit und Soziales
1. die vom Ausschuss ermittelten Regeln und Erkenntnisse nach Absatz 3 Satz 1 Nummer 2 sowie die Einstufungen nach § 3 Absatz 3 im Gemeinsamen Ministerialblatt bekannt geben,
2. die Empfehlungen nach Absatz 3 Satz 1 Nummer 1 sowie die Beratungsergebnisse nach Absatz 3 Satz 1 Nummer 4 in geeigneter Weise veröffentlichen.

(5) Die Bundesministerien sowie die zuständigen obersten Landesbehörden können zu den Sitzungen des Ausschusses Vertreter entsenden. Diesen ist auf Verlangen in der Sitzung das Wort zu erteilen.

(6) Die Bundesanstalt für Arbeitsschutz und Arbeitsmedizin führt die Geschäfte des Ausschusses.

Abschnitt 6: Ordnungswidrigkeiten, Straftaten und Übergangsvorschriften

§ 20 Ordnungswidrigkeiten

(1) Ordnungswidrig im Sinne des § 25 Absatz 1 Nummer 1 des Arbeitsschutzgesetzes handelt, wer vorsätzlich oder fahrlässig
1. entgegen § 4 Absatz 1 Satz 1 die Gefährdung der Beschäftigten nicht, nicht richtig, nicht vollständig oder nicht rechtzeitig beurteilt,
2. entgegen § 4 Absatz 2 Satz 1 eine Gefährdungsbeurteilung nicht oder nicht rechtzeitig aktualisiert,
3. entgegen § 4 Absatz 2 Satz 2 eine Gefährdungsbeurteilung nicht oder nicht rechtzeitig überprüft,
4. entgegen § 7 Absatz 1 Satz 1 eine Gefährdungsbeurteilung nicht, nicht richtig, nicht vollständig oder nicht rechtzeitig dokumentiert,
5. entgegen § 7 Absatz 3 Satz 1 ein dort genanntes Verzeichnis nicht, nicht richtig oder nicht vollständig führt,
6. entgegen § 7 Absatz 3 Satz 3 ein dort genanntes Verzeichnis nicht oder nicht mindestens zehn Jahre aufbewahrt,
7. entgegen § 8 Absatz 4 Nummer 4 erster Halbsatz persönliche Schutzausrüstung nicht oder nicht rechtzeitig zur Verfügung stellt,
8. entgegen § 9 Absatz 1 Satz 2 Nummer 3 nicht dafür sorgt, dass eine Waschgelegenheit zur Verfügung steht,
9. entgegen § 9 Absatz 1 Satz 2 Nummer 4 erster Halbsatz nicht dafür sorgt, dass eine Umkleidemöglichkeit vorhanden ist,
10. entgegen § 9 Absatz 3 Satz 2 Nummer 5 erster Halbsatz zur Verfügung gestellte persönliche Schutzausrüstung nicht instand hält,
11. entgegen § 9 Absatz 3 Satz 2 Nummer 7 zweiter Halbsatz dort genannte Bereiche nicht oder nicht rechtzeitig einrichtet,

12. entgegen § 9 Absatz 4 Satz 2 nicht sicherstellt, dass nur dort genannte Behälter verwendet werden,
13. entgegen § 10 Absatz 1 Nummer 1 Buchstabe a oder § 11 Absatz 7 Nummer 1 einen Schutzstufenbereich nicht oder nicht rechtzeitig festlegt oder nicht, nicht richtig oder nicht rechtzeitig kennzeichnet,
14. entgegen § 10 Absatz 2 Satz 1 oder § 11 Absatz 7 Nummer 3 eine Person nicht oder nicht rechtzeitig benennt,
15. entgegen § 11 Absatz 1 Nummer 1 ein dort genanntes Verfahren nicht oder nicht rechtzeitig festlegt,
16. entgegen § 11 Absatz 2 ein dort genanntes Instrument nicht oder nicht rechtzeitig ersetzt,
17. entgegen § 11 Absatz 3 Satz 1 nicht sicherstellt, dass eine gebrauchte Kanüle nicht in die Schutzkappe zurückgesteckt wird,
18. entgegen § 11 Absatz 4 Satz 1, auch in Verbindung mit Satz 4, ein dort genanntes Instrument nicht oder nicht rechtzeitig entsorgt,
19. entgegen § 13 Absatz 1 Satz 2 Nummer 1, 2 oder 3 eine dort genannte Maßnahme nicht oder nicht rechtzeitig festlegt,
20. entgegen § 13 Absatz 3 Satz 1 einen innerbetrieblichen Plan nicht, nicht richtig, nicht vollständig oder nicht rechtzeitig erstellt,
21. entgegen § 13 Absatz 5 Satz 1 ein Verfahren für Unfallmeldungen und -untersuchungen nicht oder nicht rechtzeitig festlegt,
22. entgegen § 14 Absatz 1 Satz 1 eine schriftliche Betriebsanweisung nicht, nicht richtig, nicht vollständig oder nicht rechtzeitig erstellt,
23. entgegen § 14 Absatz 2 Satz 1 nicht sicherstellt, dass ein Beschäftigter unterwiesen wird,
24. ohne Erlaubnis nach § 15 Absatz 1 Satz 1 eine dort genannte Tätigkeit aufnimmt,
25. entgegen § 16 Absatz 1 eine Anzeige nicht, nicht richtig, nicht vollständig oder nicht rechtzeitig erstattet oder
26. entgegen § 17 Absatz 1 die zuständige Behörde nicht, nicht richtig, nicht vollständig oder nicht rechtzeitig unterrichtet.

(2) Ordnungswidrig im Sinne des § 32 Absatz 1 Nummer 1 des Heimarbeitsgesetzes handelt, wer vorsätzlich oder fahrlässig entgegen § 8 Absatz 7 eine dort genannte Tätigkeit ausüben lässt.

§ 21 Straftaten

(1) Wer durch eine in § 20 Absatz 1 bezeichnete vorsätzliche Handlung Leben oder Gesundheit eines Beschäftigten gefährdet, ist nach § 26 Nummer 2 des Arbeitsschutzgesetzes strafbar.

(2) Wer durch eine in § 20 Absatz 2 bezeichnete vorsätzliche Handlung in Heimarbeit Beschäftigte in ihrer Arbeitskraft oder Gesundheit gefährdet, ist nach § 32 Absatz 3 oder Absatz 4 des Heimarbeitsgesetzes strafbar.

§ 22 Übergangsvorschriften

Bei Tätigkeiten, die vor Inkrafttreten dieser Verordnung aufgenommen worden sind,
1. ist entsprechend § 10 Absatz 2 oder § 11 Absatz 7 Nummer 3 eine fachkundige Person bis zum 30. Juni 2014 zu benennen,
2. besteht keine Erlaubnispflicht gemäß § 15 Absatz 1, sofern diese Tätigkeiten der zuständigen Behörde angezeigt wurden.

Anhang I: Symbol für Biogefährdung

Anhang II: Zusätzliche Schutzmaßnahmen bei Tätigkeiten in Laboratorien und vergleichbaren Einrichtungen sowie in der Versuchstierhaltung

A	B Schutzstufen		
Sicherheitsmaßnahmen	2	3	4
1. Der Schutzstufenbereich ist von anderen Schutzstufen- oder Arbeitsbereichen in demselben Gebäude abzugrenzen.	empfohlen	verbindlich	verbindlich
2. Der Schutzstufenbereich muss als Zugang eine Schleuse mit gegeneinander verriegelbaren Türen haben.	nein	verbindlich, wenn die Übertragung über die Luft erfolgen kann	verbindlich
3. Der Zugang zum Schutzstufenbereich ist auf benannte Beschäftigte zu beschränken.	verbindlich bei gelisteten humanpathogenen Biostoffen* mit Zugangskontrolle	verbindlich mit Zugangskontrolle	verbindlich mit Zugangskontrolle
4. Im Schutzstufenbereich muss ein ständiger Unterdruck aufrechterhalten werden.	nein	verbindlich alarmüberwacht, wenn die Übertragung über die Luft erfolgen kann	verbindlich alarmüberwacht
5. Zu- und Abluft müssen durch Hochleistungsschwebstoff-Filter oder eine vergleichbare Vorrichtung geführt werden.	nein	verbindlich für Abluft, wenn die Übertragung über die Luft erfolgen kann	verbindlich für Zu- und Abluft
6. Der Schutzstufenbereich muss zum Zweck der Begasung abdichtbar sein.	nein	verbindlich, wenn die Übertragung über die Luft erfolgen kann	verbindlich

A	B Schutzstufen		
Sicherheitsmaßnahmen	2	3	4
7. Eine mikrobiologische Sicherheitswerkbank oder eine technische Einrichtung mit gleichwertigem Schutzniveau muss verwendet werden.	verbindlich für Tätigkeiten mit Aerosolbildung	verbindlich	verbindlich
8. Jeder Schutzstufenbereich muss über eine eigene Ausrüstung verfügen.	empfohlen	verbindlich	verbindlich
9. Jeder Schutzstufenbereich muss über einen Autoklaven oder eine gleichwertige Sterilisationseinheit verfügen.	empfohlen	verbindlich, wenn die Übertragung über die Luft erfolgen kann	verbindlich
10. Kontaminierte Prozessabluft darf nicht in den Arbeitsbereich abgegeben werden.	verbindlich	verbindlich	verbindlich
11. Wirksame Desinfektions- und Inaktivierungsverfahren sind festzulegen.	verbindlich	verbindlich	verbindlich
12. Die jeweils genannten Flächen müssen wasserundurchlässig und leicht zu reinigen sein.	Werkbänke	Werkbänke und Fußböden	Werkbänke, Wände, Fußböden und Decken
13. Oberflächen müssen beständig gegen die verwendeten Chemikalien und Desinfektionsmittel sein.	verbindlich	verbindlich	verbindlich
14. Dekontaminations- und Wascheinrichtungen für die Beschäftigten müssen vorhanden sein.	verbindlich	verbindlich	verbindlich
15. Beschäftigte müssen vor dem Verlassen des Schutzstufenbereichs duschen.	nein	empfohlen	verbindlich
16. Kontaminierte feste und flüssige Abfälle sind vor der endgültigen Entsorgung mittels erprobter physikalischer oder chemischer Verfahren zu inaktivieren.	verbindlich, wenn keine sachgerechte Auftragsentsorgung erfolgt	verbindlich, wenn die Übertragung über die Luft erfolgen kann; ansonsten grundsätzlich verbindlich, nur in ausreichend begründeten Einzelfällen ist eine sachgerechte Auftragsentsorgung möglich	verbindlich

A	B Schutzstufen		
Sicherheitsmaßnahmen	2	3	4
17. Abwässer sind mittels erprobter physikalischer oder chemischer Verfahren vor der endgültigen Entsorgung zu inaktivieren.	nein für Handwasch- und Duschwasser oder vergleichbare Abwässer	empfohlen für Handwasch- und Duschwasser	verbindlich
18. Ein Sichtfenster oder eine vergleichbare Vorrichtung zur Einsicht in den Arbeitsbereich ist vorzusehen.	verbindlich	verbindlich	verbindlich
19. Bei Alleinarbeit ist eine Notrufmöglichkeit vorzusehen.	empfohlen	verbindlich	verbindlich
20. Fenster dürfen nicht zu öffnen sein.	nein; Fenster müssen während der Tätigkeit geschlossen sein	verbindlich	verbindlich
21. Für sicherheitsrelevante Einrichtungen ist eine Notstromversorgung vorzusehen.	empfohlen	verbindlich	verbindlich
22. Biostoffe sind unter Verschluss aufzubewahren.	verbindlich bei gelisteten humanpathogenen Biostoffen*	verbindlich bei gelisteten humanpathogenen Biostoffen*	verbindlich
23. Eine wirksame Kontrolle von Vektoren (zum Beispiel von Nagetieren und Insekten) ist durchzuführen.	empfohlen	verbindlich	verbindlich
24. Sichere Entsorgung von infizierten Tierkörpern, zum Beispiel durch thermische Inaktivierung, Verbrennungsanlagen für Tierkörper oder andere geeignete Einrichtungen zur Sterilisation/ Inaktivierung.	verbindlich	verbindlich	verbindlich vor Ort

Anmerkung:
Gemäß § 10 Absatz 1 sind die als empfohlen bezeichneten Schutzmaßnahmen dann zu ergreifen, wenn dadurch die Gefährdung der Beschäftigten verringert werden kann.

* Im Anhang I der Verordnung (EU) Nr. 388/2012 des Europäischen Parlaments und des Rates vom 19. April 2012 zur Änderung der Verordnung (EG) Nr. 428/2009 des Rates über eine Gemeinschaftsregelung für die Kontrolle der Ausfuhr, der Verbringung, der Vermittlung und der Durchfuhr von Gütern mit doppeltem Verwendungszweck (ABl. L 129 vom 16.5.2012, S. 12) unter 1C351 gelistete humanpathogene Erreger sowie unter 1C353 aufgeführte genetisch89 modifizierte Organismen.

Anhang III: Zusätzliche Schutzmaßnahmen bei Tätigkeiten in der Biotechnologie

Es gelten die Anforderungen nach Anhang II. Für Tätigkeiten mit Biostoffen in bioverfahrenstechnischen Apparaturen, zum Beispiel Bioreaktoren und Separatoren, gilt darüber hinaus:

A	B Schutzstufen		
Sicherheitsmaßnahmen	2	3	4
1. Die Apparatur muss den Prozess physisch von der Umwelt trennen.	verbindlich	verbindlich	verbindlich
2. Die Apparatur oder eine vergleichbare Anlage muss innerhalb eines entsprechenden Schutzstufenbereichs liegen.	verbindlich	verbindlich	verbindlich
3. Die Prozessabluft der Apparatur muss so behandelt werden, dass ein Freisetzen von Biostoffen	minimiert wird.	verhindert wird.	zuverlässig verhindert wird.
4. Das Öffnen der Apparatur zum Beispiel zur Probenahme, zum Hinzufügen von Substanzen oder zur Übertragung von Biostoffen muss so durchgeführt werden, dass ein Freisetzen von Biostoffen	minimiert wird.	verhindert wird.	zuverlässig verhindert wird.
5. Kulturflüssigkeiten dürfen zur Weiterverarbeitung nur aus der Apparatur entnommen werden, wenn die Entnahme in einem geschlossenen System erfolgt oder die Biostoffe durch wirksame physikalische oder chemische Verfahren inaktiviert worden sind.	empfohlen	verbindlich	verbindlich
6. Dichtungen an der Apparatur müssen so beschaffen sein, dass ein unbeabsichtigtes Freisetzen von Biostoffen	minimiert wird.	verhindert wird.	zuverlässig verhindert wird.
7. Der gesamte Inhalt der Apparatur muss aufgefangen werden können.	verbindlich	verbindlich	verbindlich

Anmerkung:
Gemäß § 10 Absatz 1 sind die als empfohlen bezeichneten Schutzmaßnahmen dann zu ergreifen, wenn dadurch die Gefährdung der Beschäftigten verringert werden kann.

Bürgerliches Gesetzbuch (BGB) – Auszug

vom 02. Januar 2002 (BGBl. I 2002, S. 42)

- zuletzt geändert durch Gesetz zur Stärkung der Chancen für Qualifizierung und für mehr Schutz in der Arbeitslosenversicherung (Qualifizierungschancengesetz) vom 18. Dezember 2018 (BGBl. I 2018, S. 2651)

Buch 2 Recht der Schuldverhältnisse
Abschnitt 8 Einzelne Schuldverhältnisse
Titel 8 Dienstvertrag und ähnliche Verträge
Untertitel 1 Dienstvertrag

§ 612 Vergütung

(1) Eine Vergütung gilt als stillschweigend vereinbart, wenn die Dienstleistung den Umständen nach nur gegen eine Vergütung zu erwarten ist.

(2) Ist die Höhe der Vergütung nicht bestimmt, so ist bei dem Bestehen einer Taxe die taxmäßige Vergütung, in Ermangelung einer Taxe die übliche Vergütung als vereinbart anzusehen.

(3) (weggefallen)

§ 612a Maßregelungsverbot

Der Arbeitgeber darf einen Arbeitnehmer bei einer Vereinbarung oder einer Maßnahme nicht benachteiligen, weil der Arbeitnehmer in zulässiger Weise seine Rechte ausübt.

§ 613 Unübertragbarkeit

Der zur Dienstleistung Verpflichtete hat die Dienste im Zweifel in Person zu leisten. Der Anspruch auf die Dienste ist im Zweifel nicht übertragbar.

§ 613a Rechte und Pflichten bei Betriebsübergang

(1) Geht ein Betrieb oder Betriebsteil durch Rechtsgeschäft auf einen anderen Inhaber über, so tritt dieser in die Rechte und Pflichten aus den im Zeitpunkt des Übergangs bestehenden Arbeitsverhältnissen ein. Sind diese Rechte und Pflichten durch Rechtsnormen eines Tarifvertrags oder durch eine Betriebsvereinbarung geregelt, so werden sie Inhalt des Arbeitsverhältnisses zwischen dem neuen Inhaber und dem Arbeitnehmer und dürfen nicht vor Ablauf eines Jahres nach dem Zeitpunkt des Übergangs zum Nachteil des Arbeitnehmers geändert werden. Satz 2 gilt nicht, wenn die Rechte und Pflichten bei dem neuen Inhaber durch Rechtsnormen eines anderen Tarifvertrags oder durch eine andere Betriebsvereinbarung geregelt werden. Vor Ablauf der Frist nach Satz 2 können die Rechte und Pflichten geändert werden, wenn der Tarifvertrag oder die Betriebsvereinbarung nicht mehr gilt oder bei fehlender beiderseitiger Tarifgebundenheit im Geltungsbereich eines anderen Tarifvertrags dessen Anwendung zwischen dem neuen Inhaber und dem Arbeitnehmer vereinbart wird.

(2) Der bisherige Arbeitgeber haftet neben dem neuen Inhaber für Verpflichtungen nach Absatz 1, soweit sie vor dem Zeitpunkt des Übergangs entstanden sind und vor Ablauf von einem Jahr nach diesem Zeitpunkt fällig werden, als Gesamtschuldner. Werden solche Verpflichtungen nach dem Zeitpunkt des Übergangs fällig, so haftet der bisherige Arbeitgeber für sie jedoch nur in dem Umfang, der dem im Zeitpunkt des Übergangs abgelaufenen Teil ihres Bemessungszeitraums entspricht.

(3) Absatz 2 gilt nicht, wenn eine juristische Person oder eine Personenhandelsgesellschaft durch Umwandlung erlischt.

(4) Die Kündigung des Arbeitsverhältnisses eines Arbeitnehmers durch den bisherigen Arbeitgeber oder durch den neuen Inhaber wegen des Übergangs eines Betriebs oder eines Betriebsteils ist unwirksam. Das Recht zur Kündigung des Arbeitsverhältnisses aus anderen Gründen bleibt unberührt.

(5) Der bisherige Arbeitgeber oder der neue Inhaber hat die von einem Übergang betroffenen Arbeitnehmer vor dem Übergang in Textform zu unterrichten über:
1. den Zeitpunkt oder den geplanten Zeitpunkt des Übergangs,
2. den Grund für den Übergang,
3. die rechtlichen, wirtschaftlichen und sozialen Folgen des Übergangs für die Arbeitnehmer und
4. die hinsichtlich der Arbeitnehmer in Aussicht genommenen Maßnahmen.

(6) Der Arbeitnehmer kann dem Übergang des Arbeitsverhältnisses innerhalb eines Monats nach Zugang der Unterrichtung nach Absatz 5 schriftlich widersprechen. Der Widerspruch kann gegenüber dem bisherigen Arbeitgeber oder dem neuen Inhaber erklärt werden.

§ 614 Fälligkeit der Vergütung

Die Vergütung ist nach der Leistung der Dienste zu entrichten. Ist die Vergütung nach Zeitabschnitten bemessen, so ist sie nach dem Ablauf der einzelnen Zeitabschnitte zu entrichten.

§ 615 Vergütung bei Annahmeverzug und bei Betriebsrisiko

Kommt der Dienstberechtigte mit der Annahme der Dienste in Verzug, so kann der Verpflichtete für die infolge des Verzugs nicht geleisteten Dienste die vereinbarte Vergütung verlangen, ohne zur Nachleistung verpflichtet zu sein. Er muss sich jedoch den Wert desjenigen anrechnen lassen, was er infolge des Unterbleibens der Dienstleistung erspart oder durch anderweitige Verwendung seiner Dienste erwirbt oder zu erwerben böswillig unterlässt. Die Sätze 1 und 2 gelten entsprechend in den Fällen, in denen der Arbeitgeber das Risiko des Arbeitsausfalls trägt.

Bundesdatenschutzgesetz (BDSG) – Auszug

vom 30. Juni 2017 (BGBl. I 2017, S. 2097)

Teil 2 Durchführungsbestimmungen für Verarbeitungen zu Zwecken gemäß Artikel 2 der Verordnung (EU) 2016/679

Kapitel 1 Rechtsgrundlagen der Verarbeitung personenbezogener Daten

Abschnitt 2 Besondere Verarbeitungssituationen

§ 26 Datenverarbeitung für Zwecke des Beschäftigungsverhältnisses

(1) Personenbezogene Daten von Beschäftigten dürfen für Zwecke des Beschäftigungsverhältnisses verarbeitet werden, wenn dies für die Entscheidung über die Begründung eines Beschäftigungsverhältnisses oder nach Begründung des Beschäftigungsverhältnisses für dessen Durchführung oder Beendigung oder zur Ausübung oder Erfüllung der sich aus einem Gesetz oder einem Tarifvertrag, einer Betriebs- oder Dienstvereinbarung (Kollektivvereinbarung) ergebenden Rechte und Pflichten der Interessenvertretung der Beschäftigten erforderlich ist. Zur Aufdeckung von Straftaten dürfen personenbezogene Daten von Beschäftigten nur dann verarbeitet werden, wenn zu dokumentierende tatsächliche Anhaltspunkte den Verdacht begründen, dass die betroffene Person im Beschäftigungsverhältnis eine Straftat begangen hat, die Verarbeitung zur Aufdeckung erforderlich ist und das schutzwürdige Interesse der oder des Beschäftigten an dem Ausschluss der Verarbeitung nicht überwiegt, insbesondere Art und Ausmaß im Hinblick auf den Anlass nicht unverhältnismäßig sind.

(2) Erfolgt die Verarbeitung personenbezogener Daten von Beschäftigten auf der Grundlage einer Einwilligung, so sind für die Beurteilung der Freiwilligkeit der Einwilligung insbesondere die im Beschäftigungsverhältnis bestehende Abhängigkeit der beschäftigten Person sowie die Umstände, unter denen die Einwilligung erteilt worden ist, zu berücksichtigen. Freiwilligkeit kann insbesondere vorliegen, wenn für die beschäftigte Person ein rechtlicher oder wirtschaftlicher Vorteil erreicht wird oder Arbeitgeber und beschäftigte Person gleichgelagerte Interessen verfolgen. Die Einwilligung bedarf der Schriftform, soweit nicht wegen besonderer Umstände eine andere Form angemessen ist. Der Arbeitgeber hat die beschäftigte Person über den Zweck der Datenverarbeitung und über ihr Widerrufsrecht nach Artikel 7 Absatz 3 der Verordnung (EU) 2016/679 in Textform aufzuklären.

(3) Abweichend von Artikel 9 Absatz 1 der Verordnung (EU) 2016/679 ist die Verarbeitung besonderer Kategorien personenbezogener Daten im Sinne des Artikels 9 Absatz 1 der Verordnung (EU) 2016/679 für Zwecke des Beschäftigungsverhältnisses zulässig, wenn sie zur Ausübung von Rechten oder zur Erfüllung rechtlicher Pflichten aus dem Arbeitsrecht, dem Recht der sozialen Sicherheit und des Sozialschutzes erforderlich ist und kein Grund zu der Annahme besteht, dass das schutzwürdige Interesse der betroffenen Person an dem Ausschluss der Verarbeitung überwiegt. Absatz 2 gilt auch für die Einwilligung in die Verarbeitung besonderer Kategorien personenbezogener Daten; die Einwilligung muss sich dabei ausdrücklich auf diese Daten beziehen. § 22 Absatz 2 gilt entsprechend.

(4) Die Verarbeitung personenbezogener Daten, einschließlich besonderer Kategorien personenbezogener Daten von Beschäftigten für Zwecke des Beschäftigungsverhältnisses, ist auf der Grundlage von Kollektivvereinbarungen zulässig. Dabei haben die Verhandlungspartner Artikel 88 Absatz 2 der Verordnung (EU) 2016/679 zu beachten.

(5) Der Verantwortliche muss geeignete Maßnahmen ergreifen, um sicherzustellen, dass insbesondere die in Artikel 5 der Verordnung (EU) 2016/679 dargelegten Grundsätze für die Verarbeitung personenbezogener Daten eingehalten werden.
(6) Die Beteiligungsrechte der Interessenvertretungen der Beschäftigten bleiben unberührt.
(7) Die Absätze 1 bis 6 sind auch anzuwenden, wenn personenbezogene Daten, einschließlich besonderer Kategorien personenbezogener Daten, von Beschäftigten verarbeitet werden, ohne dass sie in einem Dateisystem gespeichert sind oder gespeichert werden sollen.
(8) Beschäftigte im Sinne dieses Gesetzes sind:
1. Arbeitnehmerinnen und Arbeitnehmer, einschließlich der Leiharbeitnehmerinnen und Leiharbeitnehmer im Verhältnis zum Entleiher,
2. zu ihrer Berufsbildung Beschäftigte,
3. Teilnehmerinnen und Teilnehmer an Leistungen zur Teilhabe am Arbeitsleben sowie an Abklärungen der beruflichen Eignung oder Arbeitserprobung (Rehabilitandinnen und Rehabilitanden),
4. in anerkannten Werkstätten für behinderte Menschen Beschäftigte,
5. Freiwillige, die einen Dienst nach dem Jugendfreiwilligendienstegesetz oder dem Bundesfreiwilligendienstgesetz leisten,
6. Personen, die wegen ihrer wirtschaftlichen Unselbstständigkeit als arbeitnehmerähnliche Personen anzusehen sind; zu diesen gehören auch die in Heimarbeit Beschäftigten und die ihnen Gleichgestellten,
7. Beamtinnen und Beamte des Bundes, Richterinnen und Richter des Bundes, Soldatinnen und Soldaten sowie Zivildienstleistende.
Bewerberinnen und Bewerber für ein Beschäftigungsverhältnis sowie Personen, deren Beschäftigungsverhältnis beendet ist, gelten als Beschäftigte.

Bundeselterngeld- und Elternzeitgesetz (BEEG)
Gesetz zum Elterngeld und zur Elternzeit

vom 05. Dezember 2006 (BGBl. I 2006, S. 2748)
- zuletzt geändert durch Gesetz zur Stärkung der Heil- und Hilfsmittelversorgung (Heil- und Hilfsmittelversorgungsgesetz – HHVG) vom 04. April 2017 (BGBl. I 2017, S. 778)

Abschnitt 1: Elterngeld

§ 1 Berechtigte

(1) Anspruch auf Elterngeld hat, wer
1. einen Wohnsitz oder seinen gewöhnlichen Aufenthalt in Deutschland hat,
2. mit seinem Kind in einem Haushalt lebt,
3. dieses Kind selbst betreut und erzieht und
4. keine oder keine volle Erwerbstätigkeit ausübt.

Bei Mehrlingsgeburten besteht nur ein Anspruch auf Elterngeld.
(2) Anspruch auf Elterngeld hat auch, wer, ohne eine der Voraussetzungen des Absatzes 1 Satz 1 Nummer 1 zu erfüllen,
1. nach § 4 des Vierten Buches Sozialgesetzbuch dem deutschen Sozialversicherungsrecht unterliegt oder im Rahmen seines in Deutschland bestehenden öffentlich-rechtlichen Dienst- oder Amtsverhältnisses vorübergehend ins Ausland abgeordnet, versetzt oder kommandiert ist,
2. Entwicklungshelfer oder Entwicklungshelferin im Sinne des § 1 des Entwicklungshelfer-Gesetzes ist oder als Missionar oder Missionarin der Missionswerke und -gesellschaften, die Mitglieder oder Vereinbarungspartner des Evangelischen Missionswerkes Hamburg, der Arbeitsgemeinschaft Evangelikaler Missionen e.V., des Deutschen katholischen Missionsrates oder der Arbeitsgemeinschaft pfingstlich-charismatischer Missionen sind, tätig ist oder
3. die deutsche Staatsangehörigkeit besitzt und nur vorübergehend bei einer zwischen- oder überstaatlichen Einrichtung tätig ist, insbesondere nach den Entsenderichtlinien des Bundes beurlaubte Beamte und Beamtinnen, oder wer vorübergehend eine nach § 123a des Beamtenrechtsrahmengesetzes oder § 29 des Bundesbeamtengesetzes zugewiesene Tätigkeit im Ausland wahrnimmt.

Dies gilt auch für mit der nach Satz 1 berechtigten Person in einem Haushalt lebende Ehegatten, Ehegattinnen, Lebenspartner oder Lebenspartnerinnen.
(3) Anspruch auf Elterngeld hat abweichend von Absatz 1 Satz 1 Nummer 2 auch, wer
1. mit einem Kind in einem Haushalt lebt, das er mit dem Ziel der Annahme als Kind aufgenommen hat,
2. ein Kind des Ehegatten, der Ehegattin, des Lebenspartners oder der Lebenspartnerin in seinen Haushalt aufgenommen hat oder
3. mit einem Kind in einem Haushalt lebt und die von ihm erklärte Anerkennung der Vaterschaft nach § 1594 Absatz 2 des Bürgerlichen Gesetzbuchs noch nicht wirksam oder über die von ihm beantragte Vaterschaftsfeststellung nach § 1600d des Bürgerlichen Gesetzbuchs noch nicht entschieden ist.

Für angenommene Kinder und Kinder im Sinne des Satzes 1 Nummer 1 sind die Vorschriften dieses Gesetzes mit der Maßgabe anzuwenden, dass statt des Zeitpunktes der Geburt der Zeitpunkt der Aufnahme des Kindes bei der berechtigten Person maßgeblich ist.

§ 2 Bundeselterngeld- und Elternzeitgesetz

(4) Können die Eltern wegen einer schweren Krankheit, Schwerbehinderung oder Tod der Eltern ihr Kind nicht betreuen, haben Verwandte bis zum dritten Grad und ihre Ehegatten, Ehegattinnen, Lebenspartner oder Lebenspartnerinnen Anspruch auf Elterngeld, wenn sie die übrigen Voraussetzungen nach Absatz 1 erfüllen und von anderen Berechtigten Elterngeld nicht in Anspruch genommen wird.
(5) Der Anspruch auf Elterngeld bleibt unberührt, wenn die Betreuung und Erziehung des Kindes aus einem wichtigen Grund nicht sofort aufgenommen werden kann oder wenn sie unterbrochen werden muss.
(6) Eine Person ist nicht voll erwerbstätig, wenn ihre Arbeitszeit 30 Wochenstunden im Durchschnitt des Monats nicht übersteigt, sie eine Beschäftigung zur Berufsbildung ausübt oder sie eine geeignete Tagespflegeperson im Sinne des § 23 des Achten Buches Sozialgesetzbuch ist und nicht mehr als fünf Kinder in Tagespflege betreut.
(7) Ein nicht freizügigkeitsberechtigter Ausländer oder eine nicht freizügigkeitsberechtigte Ausländerin ist nur anspruchsberechtigt, wenn diese Person
1. eine Niederlassungserlaubnis besitzt,
2. eine Aufenthaltserlaubnis besitzt, die zur Ausübung einer Erwerbstätigkeit berechtigt oder berechtigt hat, es sei denn, die Aufenthaltserlaubnis wurde
    a) nach § 16 oder § 17 des Aufenthaltsgesetzes erteilt,
    b) nach § 18 Absatz 2 des Aufenthaltsgesetzes erteilt und die Zustimmung der Bundesagentur für Arbeit darf nach der Beschäftigungsverordnung nur für einen bestimmten Höchstzeitraum erteilt werden
    c) nach § 23 Absatz 1 des Aufenthaltsgesetzes wegen eines Krieges in ihrem Heimatland oder nach den §§ 23a, 24, 25 Absatz 3 bis 5 des Aufenthaltsgesetzes erteilt,
    d) nach § 104a des Aufenthaltsgesetzes erteilt oder
3. eine in Nummer 2 Buchstabe c genannte Aufenthaltserlaubnis besitzt und
    a) sich seit mindestens drei Jahren rechtmäßig, gestattet oder geduldet im Bundesgebiet aufhält und
    b) im Bundesgebiet berechtigt erwerbstätig ist, laufende Geldleistungen nach dem Dritten Buch Sozialgesetzbuch bezieht oder Elternzeit in Anspruch nimmt.
(8) Ein Anspruch entfällt, wenn die berechtigte Person im letzten abgeschlossenen Veranlagungszeitraum vor der Geburt des Kindes ein zu versteuerndes Einkommen nach § 2 Absatz 5 des Einkommensteuergesetzes in Höhe von mehr als 250 000 Euro erzielt hat. Erfüllt auch eine andere Person die Voraussetzungen des Absatzes 1 Satz 1 Nummer 2 oder der Absätze 3 oder 4, entfällt abweichend von Satz 1 der Anspruch, wenn die Summe des zu versteuernden Einkommens beider Personen mehr als 500 000 Euro beträgt.

§ 2 Höhe des Elterngeldes

(1) Elterngeld wird in Höhe von 67 Prozent des Einkommens aus Erwerbstätigkeit vor der Geburt des Kindes gewährt. Es wird bis zu einem Höchstbetrag von 1 800 Euro monatlich für volle Monate gezahlt, in denen die berechtigte Person kein Einkommen aus Erwerbstätigkeit hat. Das Einkommen aus Erwerbstätigkeit errechnet sich nach Maßgabe der §§ 2c bis 2f aus der um die Abzüge für Steuern und Sozialabgaben verminderten Summe der positiven Einkünfte aus
1. nichtselbstständiger Arbeit nach § 2 Absatz 1 Satz 1 Nummer 4 des Einkommensteuergesetzes sowie
2. Land- und Forstwirtschaft, Gewerbebetrieb und selbstständiger Arbeit nach § 2 Absatz 1 Satz 1 Nummer 1 bis 3 des Einkommensteuergesetzes,

die im Inland zu versteuern sind und die die berechtigte Person durchschnittlich monatlich im Bemessungszeitraum nach § 2b oder in Monaten der Bezugszeit nach § 2 Absatz 3 hat.
(2) In den Fällen, in denen das Einkommen aus Erwerbstätigkeit vor der Geburt geringer als 1 000 Euro war, erhöht sich der Prozentsatz von 67 Prozent um 0,1 Prozentpunkte für je 2 Euro, um die dieses Einkommen den Betrag von 1 000 Euro unterschreitet, auf bis zu 100 Prozent. In den Fällen, in denen das Einkommen aus Erwerbstätigkeit vor der Geburt höher als 1 200 Euro war, sinkt der Prozentsatz von 67 Prozent um 0,1 Prozentpunkte für je 2 Euro, um die dieses Einkommen den Betrag von 1 200 Euro überschreitet, auf bis zu 65 Prozent.
(3) Für Monate nach der Geburt des Kindes, in denen die berechtigte Person ein Einkommen aus Erwerbstätigkeit hat, das durchschnittlich geringer ist als das Einkommen aus Erwerbstätigkeit vor der Geburt, wird Elterngeld in Höhe des nach Absatz 1 oder 2 maßgeblichen Prozentsatzes des Unterschiedsbetrages dieser Einkommen aus Erwerbstätigkeit gezahlt. Als Einkommen aus Erwerbstätigkeit vor der Geburt ist dabei höchstens der Betrag von 2 770 Euro anzusetzen. Der Unterschiedsbetrag nach Satz 1 ist für das Einkommen aus Erwerbstätigkeit in Monaten, in denen die berechtigte Person Elterngeld im Sinne des § 4 Absatz 2 Satz 2 in Anspruch nimmt, und in Monaten, in denen sie Elterngeld Plus im Sinne des § 4 Absatz 3 Satz 1 in Anspruch nimmt, getrennt zu berechnen.
(4) Elterngeld wird mindestens in Höhe von 300 Euro gezahlt. Dies gilt auch, wenn die berechtigte Person vor der Geburt des Kindes kein Einkommen aus Erwerbstätigkeit hat.

§ 2a Geschwisterbonus und Mehrlingszuschlag
(1) Lebt die berechtigte Person in einem Haushalt mit
1. zwei Kindern, die noch nicht drei Jahre alt sind, oder
2. drei oder mehr Kindern, die noch nicht sechs Jahre alt sind,

wird das Elterngeld um 10 Prozent, mindestens jedoch um 75 Euro erhöht (Geschwisterbonus). Zu berücksichtigen sind alle Kinder, für die die berechtigte Person die Voraussetzungen des § 1 Absatz 1 und 3 erfüllt und für die sich das Elterngeld nicht nach Absatz 4 erhöht.
(2) Für angenommene Kinder, die noch nicht 14 Jahre alt sind, gilt als Alter des Kindes der Zeitraum seit der Aufnahme des Kindes in den Haushalt der berechtigten Person. Dies gilt auch für Kinder, die die berechtigte Person entsprechend § 1 Absatz 3 Satz 1 Nummer 1 mit dem Ziel der Annahme als Kind in ihren Haushalt aufgenommen hat. Für Kinder mit Behinderung im Sinne von § 2 Absatz 1 Satz 1 des Neunten Buches Sozialgesetzbuch liegt die Altersgrenze nach Absatz 1 Satz 1 bei 14 Jahren.
(3) Der Anspruch auf den Geschwisterbonus endet mit Ablauf des Monats, in dem eine der in Absatz 1 genannten Anspruchsvoraussetzungen entfällt.
(4) Bei Mehrlingsgeburten erhöht sich das Elterngeld um je 300 Euro für das zweite und jedes weitere Kind (Mehrlingszuschlag). Dies gilt auch, wenn ein Geschwisterbonus nach Absatz 1 gezahlt wird.

§ 2b Bemessungszeitraum
(1) Für die Ermittlung des Einkommens aus nichtselbstständiger Erwerbstätigkeit im Sinne von § 2c vor der Geburt sind die zwölf Kalendermonate vor dem Monat der Geburt des Kindes maßgeblich. Bei der Bestimmung des Bemessungszeitraums nach Satz 1 bleiben Kalendermonate unberücksichtigt, in denen die berechtigte Person
1. im Zeitraum nach § 4 Absatz 1 Satz 1 Elterngeld für ein älteres Kind bezogen hat,

2. während der Schutzfristen nach § 3 Absatz 2 oder § 6 Absatz 1 des Mutterschutzgesetzes nicht beschäftigt werden durfte oder Mutterschaftsgeld nach dem Fünften Buch Sozialgesetzbuch oder nach dem Zweiten Gesetz über die Krankenversicherung der Landwirte bezogen hat,
3. eine Krankheit hatte, die maßgeblich durch eine Schwangerschaft bedingt war, oder
4. Wehrdienst nach dem Wehrpflichtgesetz in der bis zum 31. Mai 2011 geltenden Fassung oder nach dem Vierten Abschnitt des Soldatengesetzes oder Zivildienst nach dem Zivildienstgesetz geleistet hat
und in den Fällen der Nummern 3 und 4 dadurch ein geringeres Einkommen aus Erwerbstätigkeit hatte.
(2) Für die Ermittlung des Einkommens aus selbstständiger Erwerbstätigkeit im Sinne von § 2d vor der Geburt sind die jeweiligen steuerlichen Gewinnermittlungszeiträume maßgeblich, die dem letzten abgeschlossenen steuerlichen Veranlagungszeitraum vor der Geburt des Kindes zugrunde liegen. Haben in einem Gewinnermittlungszeitraum die Voraussetzungen des Absatzes 1 Satz 2 vorgelegen, sind auf Antrag die Gewinnermittlungszeiträume maßgeblich, die dem diesen Ereignissen vorangegangenen abgeschlossenen steuerlichen Veranlagungszeitraum zugrunde liegen.
(3) Abweichend von Absatz 1 ist für die Ermittlung des Einkommens aus nichtselbstständiger Erwerbstätigkeit vor der Geburt der steuerliche Veranlagungszeitraum maßgeblich, der den Gewinnermittlungszeiträumen nach Absatz 2 zugrunde liegt, wenn die berechtigte Person in den Zeiträumen nach Absatz 1 oder Absatz 2 Einkommen aus selbstständiger Erwerbstätigkeit hatte. Haben im Bemessungszeitraum nach Satz 1 die Voraussetzungen des Absatzes 1 Satz 2 vorgelegen, ist Absatz 2 Satz 2 mit der zusätzlichen Maßgabe anzuwenden, dass für die Ermittlung des Einkommens aus nichtselbstständiger Erwerbstätigkeit vor der Geburt der vorangegangene steuerliche Veranlagungszeitraum maßgeblich ist.

§ 2c Einkommen aus nichtselbstständiger Erwerbstätigkeit

(1) Der monatlich durchschnittlich zu berücksichtigende Überschuss der Einnahmen aus nichtselbstständiger Arbeit in Geld oder Geldeswert über ein Zwölftel des Arbeitnehmer-Pauschbetrags, vermindert um die Abzüge für Steuern und Sozialabgaben nach den §§ 2e und 2f, ergibt das Einkommen aus nichtselbstständiger Erwerbstätigkeit. Nicht berücksichtigt werden Einnahmen, die im Lohnsteuerabzugsverfahren nach den lohnsteuerlichen Vorgaben als sonstige Bezüge zu behandeln sind. Maßgeblich ist der Arbeitnehmer-Pauschbetrag nach § 9a Satz 1 Nummer 1 Buchstabe a des Einkommensteuergesetzes in der am 1. Januar des Kalenderjahres vor der Geburt des Kindes für dieses Jahr geltenden Fassung.
(2) Grundlage der Ermittlung der Einnahmen sind die Angaben in den für die maßgeblichen Monate erstellten Lohn- und Gehaltsbescheinigungen des Arbeitgebers. Die Richtigkeit und Vollständigkeit der Angaben in den maßgeblichen Lohn- und Gehaltsbescheinigungen wird vermutet.
(3) Grundlage der Ermittlung der nach den §§ 2e und 2f erforderlichen Abzugsmerkmale für Steuern und Sozialabgaben sind die Angaben in der Lohn- und Gehaltsbescheinigung, die für den letzten Monat im Bemessungszeitraum mit Einnahmen nach Absatz 1 erstellt wurde. Soweit sich in den Lohn- und Gehaltsbescheinigungen des Bemessungszeitraums eine Angabe zu einem Abzugsmerkmal geändert hat, ist die von der Angabe nach Satz 1 abweichende Angabe maßgeblich, wenn sie in der überwiegenden Zahl der Monate des Bemessungszeitraums gegolten hat. § 2c Absatz 2 Satz 2 gilt entsprechend.

§ 2d Einkommen aus selbstständiger Erwerbstätigkeit

(1) Die monatlich durchschnittlich zu berücksichtigende Summe der positiven Einkünfte aus Land- und Forstwirtschaft, Gewerbebetrieb und selbstständiger Arbeit (Gewinneinkünfte), vermindert um die Abzüge für Steuern und Sozialabgaben nach den §§ 2e und 2f, ergibt das Einkommen aus selbstständiger Erwerbstätigkeit.

(2) Bei der Ermittlung der im Bemessungszeitraum zu berücksichtigenden Gewinneinkünfte sind die entsprechenden im Einkommensteuerbescheid ausgewiesenen Gewinne anzusetzen. Ist kein Einkommensteuerbescheid zu erstellen, werden die Gewinneinkünfte in entsprechender Anwendung des Absatzes 3 ermittelt.

(3) Grundlage der Ermittlung der in den Bezugsmonaten zu berücksichtigenden Gewinneinkünfte ist eine Gewinnermittlung, die mindestens den Anforderungen des § 4 Absatz 3 des Einkommensteuergesetzes entspricht. Als Betriebsausgaben sind 25 Prozent der zugrunde gelegten Einnahmen oder auf Antrag die damit zusammenhängenden tatsächlichen Betriebsausgaben anzusetzen.

(4) Soweit nicht in § 2c Absatz 3 etwas anderes bestimmt ist, sind bei der Ermittlung der nach § 2e erforderlichen Abzugsmerkmale für Steuern die Angaben im Einkommensteuerbescheid maßgeblich. § 2c Absatz 3 Satz 2 gilt entsprechend.

§ 2e Abzüge für Steuern

(1) Als Abzüge für Steuern sind Beträge für die Einkommensteuer, den Solidaritätszuschlag und, wenn die berechtigte Person kirchensteuerpflichtig ist, die Kirchensteuer zu berücksichtigen. Die Abzüge für Steuern werden einheitlich für Einkommen aus nichtselbstständiger und selbstständiger Erwerbstätigkeit auf Grundlage einer Berechnung anhand des am 1. Januar des Kalenderjahres vor der Geburt des Kindes für dieses Jahr geltenden Programmablaufplans für die maschinelle Berechnung der vom Arbeitslohn einzubehaltenden Lohnsteuer, des Solidaritätszuschlags und der Maßstabsteuer für die Kirchenlohnsteuer im Sinne von § 39b Absatz 6 des Einkommensteuergesetzes nach den Maßgaben der Absätze 2 bis 5 ermittelt.

(2) Bemessungsgrundlage für die Ermittlung der Abzüge für Steuern ist die monatlich durchschnittlich zu berücksichtigende Summe der Einnahmen nach § 2c, soweit sie von der berechtigten Person zu versteuern sind, und der Gewinneinkünfte nach § 2d. Bei der Ermittlung der Abzüge für Steuern nach Absatz 1 werden folgende Pauschalen berücksichtigt:
1. der Arbeitnehmer-Pauschbetrag nach § 9a Satz 1 Nummer 1 Buchstabe a des Einkommensteuergesetzes, wenn die berechtigte Person von ihr zu versteuernde Einnahmen hat, die unter § 2c fallen, und
2. eine Vorsorgepauschale
   a) mit den Teilbeträgen nach § 39b Absatz 2 Satz 5 Nummer 3 Buchstabe b und c des Einkommensteuergesetzes, falls die berechtigte Person von ihr zu versteuernde Einnahmen nach § 2c hat, ohne in der gesetzlichen Rentenversicherung oder einer vergleichbaren Einrichtung versicherungspflichtig gewesen zu sein, oder
   b) mit den Teilbeträgen nach § 39b Absatz 2 Satz 5 Nummer 3 Buchstabe a bis c des Einkommensteuergesetzes in allen übrigen Fällen,
   wobei die Höhe der Teilbeträge ohne Berücksichtigung der besonderen Regelungen zur Berechnung der Beiträge nach § 55 Absatz 3 und § 58 Absatz 3 des Elften Buches Sozialgesetzbuch bestimmt wird.

(3) Als Abzug für die Einkommensteuer ist der Betrag anzusetzen, der sich unter Berücksichtigung der Steuerklasse und des Faktors nach § 39f des Einkommensteuergesetzes nach § 2c Absatz 3 ergibt; die Steuerklasse VI bleibt unberücksichtigt. War die berechtigte Person im

Bemessungszeitraum nach § 2b in keine Steuerklasse eingereiht oder ist ihr nach § 2d zu berücksichtigender Gewinn höher als ihr nach § 2c zu berücksichtigender Überschuss der Einnahmen über ein Zwölftel des Arbeitnehmer-Pauschbetrags, ist als Abzug für die Einkommensteuer der Betrag anzusetzen, der sich unter Berücksichtigung der Steuerklasse IV ohne Berücksichtigung eines Faktors nach § 39f des Einkommensteuergesetzes ergibt.

(4) Als Abzug für den Solidaritätszuschlag ist der Betrag anzusetzen, der sich nach den Maßgaben des Solidaritätszuschlagsgesetzes 1995 für die Einkommensteuer nach Absatz 3 ergibt. Freibeträge für Kinder werden nach den Maßgaben des § 3 Absatz 2a des Solidaritätszuschlagsgesetzes 1995 berücksichtigt.

(5) Als Abzug für die Kirchensteuer ist der Betrag anzusetzen, der sich unter Anwendung eines Kirchensteuersatzes von 8 Prozent für die Einkommensteuer nach Absatz 3 ergibt. Freibeträge für Kinder werden nach den Maßgaben des § 51a Absatz 2a des Einkommensteuergesetzes berücksichtigt.

(6) Vorbehaltlich der Absätze 2 bis 5 werden Freibeträge und Pauschalen nur berücksichtigt, wenn sie ohne weitere Voraussetzung jeder berechtigten Person zustehen.

§ 2f Abzüge für Sozialabgaben

(1) Als Abzüge für Sozialabgaben sind Beträge für die gesetzliche Sozialversicherung oder für eine vergleichbare Einrichtung sowie für die Arbeitsförderung zu berücksichtigen. Die Abzüge für Sozialabgaben werden einheitlich für Einkommen aus nichtselbstständiger und selbstständiger Erwerbstätigkeit anhand folgender Beitragssatzpauschalen ermittelt:
1. 9 Prozent für die Kranken- und Pflegeversicherung, falls die berechtigte Person in der gesetzlichen Krankenversicherung nach § 5 Absatz 1 Nummer 1 bis 12 des Fünften Buches Sozialgesetzbuch versicherungspflichtig gewesen ist,
2. 10 Prozent für die Rentenversicherung, falls die berechtigte Person in der gesetzlichen Rentenversicherung oder einer vergleichbaren Einrichtung versicherungspflichtig gewesen ist, und
3. 2 Prozent für die Arbeitsförderung, falls die berechtigte Person nach dem Dritten Buch Sozialgesetzbuch versicherungspflichtig gewesen ist.

(2) Bemessungsgrundlage für die Ermittlung der Abzüge für Sozialabgaben ist die monatlich durchschnittlich zu berücksichtigende Summe der Einnahmen nach § 2c und der Gewinneinkünfte nach § 2d. Einnahmen aus Beschäftigungen im Sinne des § 8, des § 8a oder des § 20 Absatz 3 Satz 1 des Vierten Buches Sozialgesetzbuch werden nicht berücksichtigt. Für Einnahmen aus Beschäftigungsverhältnissen im Sinne des § 20 Absatz 2 des Vierten Buches Sozialgesetzbuch ist der Betrag anzusetzen, der sich nach § 344 Absatz 4 des Dritten Buches Sozialgesetzbuch für diese Einnahmen ergibt, wobei der Faktor im Sinne des § 163 Absatz 10 Satz 2 des Sechsten Buches Sozialgesetzbuch unter Zugrundelegung der Beitragssatzpauschalen nach Absatz 1 bestimmt wird.

(3) Andere Maßgaben zur Bestimmung der sozialversicherungsrechtlichen Beitragsbemessungsgrundlagen werden nicht berücksichtigt.

§ 3 Anrechnung von anderen Einnahmen

(1) Auf das der berechtigten Person nach § 2 oder nach § 2 in Verbindung mit § 2a zustehende Elterngeld werden folgende Einnahmen angerechnet:
1. Mutterschaftsleistungen
   a) in Form des Mutterschaftsgeldes nach dem Fünften Buch Sozialgesetzbuch oder nach dem Zweiten Gesetz über die Krankenversicherung der Landwirte mit Ausnahme des Mutterschaftsgeldes nach § 13 Absatz 2 des Mutterschutzgesetzes oder

b) in Form des Zuschusses zum Mutterschaftsgeld nach § 14 des Mutterschutzgesetzes, die der berechtigten Person für die Zeit ab dem Tag der Geburt des Kindes zustehen,
2. Dienst- und Anwärterbezüge sowie Zuschüsse, die der berechtigten Person nach beamten- oder soldatenrechtlichen Vorschriften für die Zeit eines Beschäftigungsverbots ab dem Tag der Geburt des Kindes zustehen,
3. dem Elterngeld oder dem Betreuungsgeld vergleichbare Leistungen, auf die eine nach § 1 berechtigte Person außerhalb Deutschlands oder gegenüber einer über- oder zwischenstaatlichen Einrichtung Anspruch hat,
4. Elterngeld, das der berechtigten Person für ein älteres Kind zusteht, sowie
5. Einnahmen, die der berechtigten Person als Ersatz für Erwerbseinkommen zustehen und
   a) die nicht bereits für die Berechnung des Elterngeldes nach § 2 berücksichtigt werden oder
   b) bei deren Berechnung das Elterngeld nicht berücksichtigt wird.

Stehen der berechtigten Person die Einnahmen nur für einen Teil des Lebensmonats des Kindes zu, sind sie nur auf den entsprechenden Teil des Elterngeldes anzurechnen. Für jeden Kalendermonat, in dem Einnahmen nach Satz 1 Nummer 4 oder Nummer 5 im Bemessungszeitraum bezogen worden sind, wird der Anrechnungsbetrag um ein Zwölftel gemindert.

(2) Bis zu einem Betrag von 300 Euro ist das Elterngeld von der Anrechnung nach Absatz 1 frei, soweit nicht Einnahmen nach Absatz 1 Satz 1 Nummer 1 bis 3 auf das Elterngeld anzurechnen sind. Dieser Betrag erhöht sich bei Mehrlingsgeburten um je 300 Euro für das zweite und jedes weitere Kind.

(3) Solange kein Antrag auf die in Absatz 1 Satz 1 Nummer 3 genannten vergleichbaren Leistungen gestellt wird, ruht der Anspruch auf Elterngeld bis zur möglichen Höhe der vergleichbaren Leistung.

§ 4 Art und Dauer des Bezugs

(1) Elterngeld kann in der Zeit vom Tag der Geburt bis zur Vollendung des 14. Lebensmonats des Kindes bezogen werden. Abweichend von Satz 1 kann Elterngeld Plus nach Absatz 3 auch nach dem 14. Lebensmonat bezogen werden, solange es ab dem 15. Lebensmonat in aufeinander folgenden Lebensmonaten von zumindest einem Elternteil in Anspruch genommen wird. Für angenommene Kinder und Kinder im Sinne des § 1 Absatz 3 Satz 1 Nummer 1 kann Elterngeld ab Aufnahme bei der berechtigten Person, längstens bis zur Vollendung des achten Lebensjahres des Kindes bezogen werden.

(2) Elterngeld wird in Monatsbeträgen für Lebensmonate des Kindes gezahlt. Es wird allein nach den Vorgaben der §§ 2 bis 3 ermittelt (Basiselterngeld), soweit nicht Elterngeld nach Absatz 3 in Anspruch genommen wird. Der Anspruch endet mit dem Ablauf des Monats, in dem eine Anspruchsvoraussetzung entfallen ist. Die Eltern können die jeweiligen Monatsbeträge abwechselnd oder gleichzeitig beziehen.

(3) Statt für einen Monat Elterngeld im Sinne des Absatzes 2 Satz 2 zu beanspruchen, kann die berechtigte Person jeweils zwei Monate lang ein Elterngeld beziehen, das nach den §§ 2 bis 3 und den zusätzlichen Vorgaben der Sätze 2 und 3 ermittelt wird (Elterngeld Plus). Das Elterngeld Plus beträgt monatlich höchstens die Hälfte des Elterngeldes nach Absatz 2 Satz 2, das der berechtigten Person zustünde, wenn sie während des Elterngeldbezugs keine Einnahmen im Sinne des § 2 oder des § 3 hätte oder hat. Für die Berechnung des Elterngeld Plus halbieren sich:
1. der Mindestbetrag für das Elterngeld nach § 2 Absatz 4 Satz 1,
2. der Mindestgeschwisterbonus nach § 2a Absatz 1 Satz 1,

3. der Mehrlingszuschlag nach § 2a Absatz 4 sowie
4. die von der Anrechnung freigestellten Elterngeldbeträge nach § 3 Absatz 2.

(4) Die Eltern haben gemeinsam Anspruch auf zwölf Monatsbeträge Elterngeld im Sinne des Absatzes 2 Satz 2. Erfolgt für zwei Monate eine Minderung des Einkommens aus Erwerbstätigkeit, können sie für zwei weitere Monate Elterngeld im Sinne des Absatzes 2 Satz 2 beanspruchen (Partnermonate). Wenn beide Elternteile in vier aufeinander folgenden Lebensmonaten gleichzeitig
1. nicht weniger als 25 und nicht mehr als 30 Wochenstunden im Durchschnitt des Monats erwerbstätig sind und
2. die Voraussetzungen des § 1 erfüllen,

hat jeder Elternteil für diese Monate Anspruch auf vier weitere Monatsbeträge Elterngeld Plus (Partnerschaftsbonus).

(5) Ein Elternteil kann höchstens zwölf Monatsbeträge Elterngeld im Sinne des Absatzes 2 Satz 2 zuzüglich der vier nach Absatz 4 Satz 3 zustehenden Monatsbeträge Elterngeld Plus beziehen. Er kann Elterngeld nur beziehen, wenn er es mindestens für zwei Monate in Anspruch nimmt. Lebensmonate des Kindes, in denen einem Elternteil nach § 3 Absatz 1 Satz 1 Nummer 1 bis 3 anzurechnende Leistungen oder nach § 192 Absatz 5 Satz 2 des Versicherungsvertragsgesetzes Versicherungsleistungen zustehen, gelten als Monate, für die dieser Elternteil Elterngeld im Sinne des Absatzes 2 Satz 2 bezieht.

(6) Ein Elternteil kann abweichend von Absatz 5 Satz 1 zusätzlich auch die weiteren Monatsbeträge Elterngeld nach Absatz 4 Satz 2 beziehen, wenn für zwei Monate eine Minderung des Einkommens aus Erwerbstätigkeit erfolgt und wenn
1. bei ihm die Voraussetzungen für den Entlastungsbetrag für Alleinerziehende nach § 24b Absatz 1 und 2 des Einkommensteuergesetzes vorliegen und der andere Elternteil weder mit ihm noch mit dem Kind in einer Wohnung lebt,
2. mit der Betreuung durch den anderen Elternteil eine Gefährdung des Kindeswohls im Sinne von § 1666 Absatz 1 und 2 des Bürgerlichen Gesetzbuchs verbunden wäre oder
3. die Betreuung durch den anderen Elternteil unmöglich ist, insbesondere weil er wegen einer schweren Krankheit oder Schwerbehinderung sein Kind nicht betreuen kann; für die Feststellung der Unmöglichkeit der Betreuung bleiben wirtschaftliche Gründe und Gründe einer Verhinderung wegen anderweitiger Tätigkeiten außer Betracht.

Ist ein Elternteil im Sinne des Satzes 1 Nummer 1 bis 3 in vier aufeinander folgenden Lebensmonaten nicht weniger als 25 und nicht mehr als 30 Wochenstunden im Durchschnitt des Monats erwerbstätig, kann er für diese Monate abweichend von Absatz 5 Satz 1 vier weitere Monatsbeträge Elterngeld Plus beziehen.

(7) Die Absätze 1 bis 6 gelten in den Fällen des § 1 Absatz 3 und 4 entsprechend. Nicht sorgeberechtigte Elternteile und Personen, die nach § 1 Absatz 3 Satz 1 Nummer 2 und 3 Elterngeld beziehen können, bedürfen der Zustimmung des sorgeberechtigten Elternteils.

Abschnitt 2: Betreuungsgeld

§ 4a Berechtigte

(1) Anspruch auf Betreuungsgeld hat, wer
1. die Voraussetzungen des § 1 Absatz 1 Nummer 1 bis 3, Absatz 2 bis 5, 7 und 8 erfüllt und
2. für das Kind keine Leistungen nach § 24 Absatz 2 in Verbindung mit den §§ 22 bis 23 des Achten Buches Sozialgesetzbuch in Anspruch nimmt.

(2) Können die Eltern ihr Kind wegen einer schweren Krankheit, Schwerbehinderung oder Tod der Eltern nicht betreuen, haben Berechtigte im Sinne von Absatz 1 Nummer 1 in Verbindung mit § 1 Absatz 4 einen Anspruch auf Betreuungsgeld abweichend von Absatz 1 Nummer 2, wenn für das Kind nicht mehr als 20 Wochenstunden im Durchschnitt des Monats Leistungen nach § 24 Absatz 2 in Verbindung mit den §§ 22 bis 23 des Achten Buches Sozialgesetzbuch in Anspruch genommen werden.

§ 4b Höhe des Betreuungsgeldes
Das Betreuungsgeld beträgt für jedes Kind 150 Euro pro Monat.

§ 4c Anrechnung von anderen Leistungen
Dem Betreuungsgeld oder dem Elterngeld vergleichbare Leistungen, auf die eine nach § 4a berechtigte Person außerhalb Deutschlands oder gegenüber einer über- oder zwischenstaatlichen Einrichtung Anspruch hat, werden auf das Betreuungsgeld angerechnet, soweit sie den Betrag übersteigen, der für denselben Zeitraum nach § 3 Absatz 1 Satz 1 Nummer 3 auf das Elterngeld anzurechnen ist. Stehen der berechtigten Person die Leistungen nur für einen Teil des Lebensmonats des Kindes zu, sind sie nur auf den entsprechenden Teil des Betreuungsgeldes anzurechnen. Solange kein Antrag auf die in Satz 1 genannten vergleichbaren Leistungen gestellt wird, ruht der Anspruch auf Betreuungsgeld bis zur möglichen Höhe der vergleichbaren Leistung.

§ 4d Bezugszeitraum
(1) Betreuungsgeld kann in der Zeit vom ersten Tag des 15. Lebensmonats bis zur Vollendung des 36. Lebensmonats des Kindes bezogen werden. Vor dem 15. Lebensmonat wird Betreuungsgeld nur gewährt, wenn die Eltern die Monatsbeträge des Elterngeldes, die ihnen für ihr Kind nach § 4 Absatz 4 Satz 1 und 2 und nach § 4 Absatz 6 Satz 1 zustehen, bereits bezogen haben. Für jedes Kind wird höchstens für 22 Lebensmonate Betreuungsgeld gezahlt.
(2) Für angenommene Kinder und Kinder im Sinne des § 1 Absatz 3 Satz 1 Nummer 1 kann Betreuungsgeld ab dem ersten Tag des 15. Monats nach Aufnahme bei der berechtigten Person längstens bis zur Vollendung des dritten Lebensjahres des Kindes bezogen werden. Absatz 1 Satz 2 und 3 ist entsprechend anzuwenden.
(3) Für einen Lebensmonat eines Kindes kann nur ein Elternteil Betreuungsgeld beziehen. Lebensmonate des Kindes, in denen einem Elternteil nach § 4c anzurechnende Leistungen zustehen, gelten als Monate, für die dieser Elternteil Betreuungsgeld bezieht.
(4) Der Anspruch endet mit dem Ablauf des Monats, in dem eine Anspruchsvoraussetzung entfallen ist.
(5) Absatz 1 Satz 2 und Absatz 3 gelten in den Fällen des § 4a Absatz 1 Nummer 1 in Verbindung mit § 1 Absatz 3 und 4 entsprechend. Nicht sorgeberechtigte Elternteile und Personen, die nach § 4a Absatz 1 Nummer 1 in Verbindung mit § 1 Absatz 3 Satz 1 Nummer 2 und 3 Betreuungsgeld beziehen können, bedürfen der Zustimmung des sorgeberechtigten Elternteils.

Abschnitt 3:   Verfahren und Organisation

§ 5 Zusammentreffen von Ansprüchen
(1) Erfüllen beide Elternteile die Anspruchsvoraussetzungen für Elterngeld oder Betreuungsgeld, bestimmen sie, wer von ihnen welche Monatsbeträge der jeweiligen Leistung in Anspruch nimmt.

(2) Beanspruchen beide Elternteile zusammen mehr als die ihnen nach § 4 Absatz 4 oder nach § 4 Absatz 4 in Verbindung mit § 4 Absatz 7 zustehenden Monatsbeträge Elterngeld oder mehr als die ihnen zustehenden 22 Monatsbeträge Betreuungsgeld, besteht der Anspruch eines Elternteils auf die jeweilige Leistung, der nicht über die Hälfte der Monatsbeträge hinausgeht, ungekürzt; der Anspruch des anderen Elternteils wird gekürzt auf die verbleibenden Monatsbeträge. Beanspruchen beide Elternteile mehr als die Hälfte der Monatsbeträge Elterngeld oder Betreuungsgeld , steht ihnen jeweils die Hälfte der Monatsbeträge der jeweiligen Leistung zu.
(3) Die Absätze 1 und 2 gelten in den Fällen des § 1 Absatz 3 und 4 oder des § 4a Absatz 1 Nummer 1 in Verbindung mit § 1 Absatz 3 und 4 entsprechend. Wird eine Einigung mit einem nicht sorgeberechtigten Elternteil oder einer Person, die nach § 1 Absatz 3 Satz 1 Nummer 2 und 3 Elterngeld oder nach § 4a Absatz 1 Nummer 1 in Verbindung mit § 1 Absatz 3 Satz 1 Nummer 2 und 3 Betreuungsgeld beziehen kann, nicht erzielt, kommt es abweichend von Absatz 2 allein auf die Entscheidung des sorgeberechtigten Elternteils an.

§ 6 Auszahlung
Elterngeld und Betreuungsgeld werden im Laufe des Monats gezahlt, für den sie bestimmt sind.

§ 7 Antragstellung
(1) Elterngeld oder Betreuungsgeld ist schriftlich zu beantragen. Sie werden rückwirkend nur für die letzten drei Monate vor Beginn des Monats geleistet, in dem der Antrag auf die jeweilige Leistung eingegangen ist. In dem Antrag auf Elterngeld oder Betreuungsgeld ist anzugeben, für welche Monate Elterngeld im Sinne des § 4 Absatz 2 Satz 2, für welche Monate Elterngeld Plus oder für welche Monate Betreuungsgeld beantragt wird.
(2) Die im Antrag getroffenen Entscheidungen können bis zum Ende des Bezugszeitraums geändert werden. Eine Änderung kann rückwirkend nur für die letzten drei Monate vor Beginn des Monats verlangt werden, in dem der Änderungsantrag eingegangen ist. Sie ist außer in den Fällen besonderer Härte unzulässig, soweit Monatsbeträge bereits ausgezahlt sind. Abweichend von den Sätzen 2 und 3 kann für einen Monat, in dem bereits Elterngeld Plus bezogen wurde, nachträglich Elterngeld nach § 4 Absatz 2 Satz 2 beantragt werden. Im Übrigen finden die für die Antragstellung geltenden Vorschriften auch auf den Änderungsantrag Anwendung.
(3) Der Antrag ist außer in den Fällen des § 4 Absatz 6 und der Antragstellung durch eine allein sorgeberechtigte Person von der Person, die ihn stellt, und zur Bestätigung der Kenntnisnahme auch von der anderen berechtigten Person zu unterschreiben. Die andere berechtigte Person kann gleichzeitig einen Antrag auf das von ihr beanspruchte Elterngeld oder Betreuungsgeld stellen oder der Behörde anzeigen, wie viele Monatsbeträge sie für die jeweilige Leistung beansprucht, wenn mit ihrem Anspruch die Höchstgrenzen nach § 4 Absatz 4 überschritten würden. Liegt der Behörde weder ein Antrag auf Elterngeld oder Betreuungsgeld noch eine Anzeige der anderen berechtigten Person nach Satz 2 vor, erhält der Antragsteller oder die Antragstellerin die Monatsbeträge der jeweiligen Leistung ausgezahlt; die andere berechtigte Person kann bei einem späteren Antrag abweichend von § 5 Absatz 2 nur die unter Berücksichtigung von § 4 Absatz 4 oder § 4d Absatz 1 Satz 3 verbleibenden Monatsbeträge der jeweiligen Leistung erhalten.

§ 8 Auskunftspflicht, Nebenbestimmungen

(1) Soweit im Antrag auf Elterngeld Angaben zum voraussichtlichen Einkommen aus Erwerbstätigkeit gemacht wurden, sind nach Ablauf des Bezugszeitraums für diese Zeit das tatsächliche Einkommen aus Erwerbstätigkeit und die Arbeitszeit nachzuweisen.

(1a) Die Mitwirkungspflichten nach § 60 des Ersten Buches Sozialgesetzbuch gelten
1. im Falle des § 1 Absatz 8 Satz 2 auch für die andere Person im Sinne des § 1 Absatz 8 Satz 2 und
2. im Falle des § 4 Absatz 4 Satz 3 oder des § 4 Absatz 4 Satz 3 in Verbindung mit § 4 Absatz 7 Satz 1 für beide Personen, die den Partnerschaftsbonus beantragt haben.

§ 65 Absatz 1 und 3 des Ersten Buches Sozialgesetzbuch gilt entsprechend.

(2) Elterngeld wird in den Fällen, in denen die berechtigte Person nach ihren Angaben im Antrag im Bezugszeitraum voraussichtlich kein Einkommen aus Erwerbstätigkeit haben wird, unter dem Vorbehalt des Widerrufs für den Fall gezahlt, dass sie entgegen ihren Angaben im Antrag Einkommen aus Erwerbstätigkeit hat. In den Fällen, in denen zum Zeitpunkt der Antragstellung der Steuerbescheid für den letzten abgeschlossenen Veranlagungszeitraum vor der Geburt des Kindes nicht vorliegt und nach den Angaben im Antrag auf Elterngeld oder Betreuungsgeld die Beträge nach § 1 Absatz 8 oder nach § 4a Absatz 1 Nummer 1 in Verbindung mit § 1 Absatz 8 voraussichtlich nicht überschritten werden, wird die jeweilige Leistung unter dem Vorbehalt des Widerrufs für den Fall gezahlt, dass entgegen den Angaben im Antrag auf die jeweilige Leistung die Beträge nach § 1 Absatz 8 oder nach § 4a Absatz 1 Nummer 1 in Verbindung mit § 1 Absatz 8 überschritten werden.

(3) Das Elterngeld wird bis zum Nachweis der jeweils erforderlichen Angaben vorläufig unter Berücksichtigung der glaubhaft gemachten Angaben gezahlt, wenn
1. zum Zeitpunkt der Antragstellung der Steuerbescheid für den letzten abgeschlossenen Veranlagungszeitraum vor der Geburt des Kindes nicht vorliegt und noch nicht angegeben werden kann, ob die Beträge nach § 1 Absatz 8 oder nach § 4a Absatz 1 Nummer 1 in Verbindung mit § 1 Absatz 8 überschritten werden,
2. das Einkommen aus Erwerbstätigkeit vor der Geburt nicht ermittelt werden kann,
3. die berechtigte Person nach den Angaben im Antrag auf Elterngeld im Bezugszeitraum voraussichtlich Einkommen aus Erwerbstätigkeit hat oder
4. die berechtigte Person weitere Monatsbeträge Elterngeld Plus nach § 4 Absatz 4 Satz 3 oder nach § 4 Absatz 6 Satz 2 beantragt.

Satz 1 Nummer 1 gilt entsprechend bei der Beantragung von Betreuungsgeld.

§ 9 Einkommens- und Arbeitszeitnachweis, Auskunftspflicht des Arbeitgebers

Soweit es zum Nachweis des Einkommens aus Erwerbstätigkeit oder der wöchentlichen Arbeitszeit erforderlich ist, hat der Arbeitgeber der nach § 12 zuständigen Behörde für bei ihm Beschäftigte das Arbeitsentgelt, die für die Ermittlung der nach den §§ 2e und 2f erforderlichen Abzugsmerkmale für Steuern und Sozialabgaben sowie die Arbeitszeit auf Verlangen zu bescheinigen; das Gleiche gilt für ehemalige Arbeitgeber. Für die in Heimarbeit Beschäftigten und die ihnen Gleichgestellten (§ 1 Absatz 1 und 2 des Heimarbeitsgesetzes) tritt an die Stelle des Arbeitgebers der Auftraggeber oder Zwischenmeister.

§ 10 Verhältnis zu anderen Sozialleistungen

(1) Das Elterngeld, das Betreuungsgeld und jeweils vergleichbare Leistungen der Länder sowie die nach § 3 oder § 4c auf die jeweilige Leistung angerechneten Einnahmen oder Leis-

tungen bleiben bei Sozialleistungen, deren Zahlung von anderen Einkommen abhängig ist, bis zu einer Höhe von insgesamt 300 Euro im Monat als Einkommen unberücksichtigt.
(2) Das Elterngeld, das Betreuungsgeld und jeweils vergleichbare Leistungen der Länder sowie die nach § 3 oder § 4c auf die jeweilige Leistung angerechneten Einnahmen oder Leistungen dürfen bis zu einer Höhe von insgesamt 300 Euro nicht dafür herangezogen werden, um auf Rechtsvorschriften beruhende Leistungen anderer, auf die kein Anspruch besteht, zu versagen.
(3) Soweit die berechtigte Person Elterngeld Plus bezieht, bleibt das Elterngeld nur bis zur Hälfte des Anrechnungsfreibetrags, der nach Abzug der anderen nach Absatz 1 nicht zu berücksichtigenden Einnahmen für das Elterngeld verbleibt, als Einkommen unberücksichtigt und darf nur bis zu dieser Höhe nicht dafür herangezogen werden, um auf Rechtsvorschriften beruhende Leistungen anderer, auf die kein Anspruch besteht, zu versagen.
(4) Die nach den Absätzen 1 bis 3 nicht zu berücksichtigenden oder nicht heranzuziehenden Beträge vervielfachen sich bei Mehrlingsgeburten mit der Zahl der geborenen Kinder.
(5) Die Absätze 1 bis 4 gelten nicht bei Leistungen nach dem Zweiten Buch Sozialgesetzbuch, dem Zwölften Buch Sozialgesetzbuch und § 6a des Bundeskindergeldgesetzes. Bei den in Satz 1 bezeichneten Leistungen bleiben das Elterngeld und vergleichbare Leistungen der Länder sowie die nach § 3 auf das Elterngeld angerechneten Einnahmen in Höhe des nach § 2 Absatz 1 berücksichtigten Einkommens aus Erwerbstätigkeit vor der Geburt bis zu 300 Euro im Monat als Einkommen unberücksichtigt. Soweit die berechtigte Person Elterngeld Plus bezieht, verringern sich die Beträge nach Satz 2 um die Hälfte.
(6) Die Absätze 1 bis 4 gelten entsprechend, soweit für eine Sozialleistung ein Kostenbeitrag erhoben werden kann, der einkommensabhängig ist.

§ 11 Unterhaltspflichten

Unterhaltsverpflichtungen werden durch die Zahlung des Elterngeldes, des Betreuungsgeldes und jeweils vergleichbarer Leistungen der Länder nur insoweit berührt, als die Zahlung 300 Euro monatlich übersteigt. Soweit die berechtigte Person Elterngeld Plus bezieht, werden die Unterhaltspflichten insoweit berührt, als die Zahlung 150 Euro übersteigt. Die in den Sätzen 1 und 2 genannten Beträge vervielfachen sich bei Mehrlingsgeburten mit der Zahl der geborenen Kinder. Die Sätze 1 bis 3 gelten nicht in den Fällen des § 1361 Absatz 3, der §§ 1579, 1603 Absatz 2 und des § 1611 Absatz 1 des Bürgerlichen Gesetzbuchs.

§ 12 Zuständigkeit; Aufbringung der Mittel

(1) Die Landesregierungen oder die von ihnen beauftragten Stellen bestimmen die für die Ausführung dieses Gesetzes zuständigen Behörden. Diesen Behörden obliegt auch die Beratung zur Elternzeit. In den Fällen des § 1 Absatz 2 oder des § 4a Absatz 1 Nummer 1 in Verbindung mit § 1 Absatz 2 ist die von den Ländern für die Durchführung dieses Gesetzes bestimmte Behörde des Bezirks zuständig, in dem die berechtigte Person ihren letzten inländischen Wohnsitz hatte; hilfsweise ist die Behörde des Bezirks zuständig, in dem der entsendende Dienstherr oder Arbeitgeber der berechtigten Person oder der Arbeitgeber des Ehegatten, der Ehegattin, des Lebenspartners oder der Lebenspartnerin der berechtigten Person den inländischen Sitz hat.
(2) Der Bund trägt die Ausgaben für das Elterngeld und das Betreuungsgeld.

§ 13 Rechtsweg

(1) Über öffentlich-rechtliche Streitigkeiten in Angelegenheiten der §§ 1 bis 12 entscheiden die Gerichte der Sozialgerichtsbarkeit. § 85 Absatz 2 Nummer 2 des Sozialgerichtsgesetzes gilt mit der Maßgabe, dass die zuständige Stelle nach § 12 bestimmt wird.
(2) Widerspruch und Anfechtungsklage haben keine aufschiebende Wirkung.

§ 14 Bußgeldvorschriften

(1) Ordnungswidrig handelt, wer vorsätzlich oder fahrlässig
1. entgegen § 8 Absatz 1 einen Nachweis nicht, nicht richtig, nicht vollständig oder nicht rechtzeitig erbringt,
2. entgegen § 9 eine dort genannte Angabe nicht, nicht richtig, nicht vollständig oder nicht rechtzeitig bescheinigt,
3. entgegen § 60 Absatz 1 Satz 1 Nummer 1 des Ersten Buches Sozialgesetzbuch, auch in Verbindung mit § 8 Absatz 1a Satz 1, eine Angabe nicht, nicht richtig, nicht vollständig oder nicht rechtzeitig macht,
4. entgegen § 60 Absatz 1 Satz 1 Nummer 2 des Ersten Buches Sozialgesetzbuch, auch in Verbindung mit § 8 Absatz 1a Satz 1, eine Mitteilung nicht, nicht richtig, nicht vollständig oder nicht rechtzeitig macht, oder
5. entgegen § 60 Absatz 1 Satz 1 Nummer 3 des Ersten Buches Sozialgesetzbuch, auch in Verbindung mit § 8 Absatz 1a Satz 1, eine Beweisurkunde nicht, nicht richtig, nicht vollständig oder nicht rechtzeitig vorlegt.
(2) Die Ordnungswidrigkeit kann mit einer Geldbuße von bis zu zweitausend Euro geahndet werden.
(3) Verwaltungsbehörden im Sinne des § 36 Absatz 1 Nummer 1 des Gesetzes über Ordnungswidrigkeiten sind die in § 12 Absatz 1 Satz 1 und 3 genannten Behörden.

Abschnitt 4: Elternzeit für Arbeitnehmerinnen und Arbeitnehmer

§ 15 Anspruch auf Elternzeit

(1) Arbeitnehmerinnen und Arbeitnehmer haben Anspruch auf Elternzeit, wenn sie
1. a) mit ihrem Kind,
   b) mit einem Kind, für das sie die Anspruchsvoraussetzungen nach § 1 Absatz 3 oder 4 erfüllen, oder
   c) mit einem Kind, das sie in Vollzeitpflege nach § 33 des Achten Buches Sozialgesetzbuch aufgenommen haben,
   in einem Haushalt leben und
2. dieses Kind selbst betreuen und erziehen.

Nicht sorgeberechtigte Elternteile und Personen, die nach Satz 1 Nummer 1 Buchstabe b und c Elternzeit nehmen können, bedürfen der Zustimmung des sorgeberechtigten Elternteils.
(1a) Anspruch auf Elternzeit haben Arbeitnehmerinnen und Arbeitnehmer auch, wenn sie mit ihrem Enkelkind in einem Haushalt leben und dieses Kind selbst betreuen und erziehen und
1. ein Elternteil des Kindes minderjährig ist oder
2. ein Elternteil des Kindes sich in einer Ausbildung befindet, die vor Vollendung des 18. Lebensjahres begonnen wurde und die Arbeitskraft des Elternteils im Allgemeinen voll in Anspruch nimmt.

Der Anspruch besteht nur für Zeiten, in denen keiner der Elternteile des Kindes selbst Elternzeit beansprucht.

§ 15 Bundeselterngeld- und Elternzeitgesetz

(2) Der Anspruch auf Elternzeit besteht bis zur Vollendung des dritten Lebensjahres eines Kindes. Ein Anteil von bis zu 24 Monaten kann zwischen dem dritten Geburtstag und dem vollendeten achten Lebensjahr des Kindes in Anspruch genommen werden. Die Zeit der Mutterschutzfrist nach § 6 Absatz 1 des Mutterschutzgesetzes wird für die Elternzeit der Mutter auf die Begrenzung nach den Sätzen 1 und 2 angerechnet. Bei mehreren Kindern besteht der Anspruch auf Elternzeit für jedes Kind, auch wenn sich die Zeiträume im Sinne der Sätze 1 und 2 überschneiden. Bei einem angenommenen Kind und bei einem Kind in Vollzeit- oder Adoptionspflege kann Elternzeit von insgesamt bis zu drei Jahren ab der Aufnahme bei der berechtigten Person, längstens bis zur Vollendung des achten Lebensjahres des Kindes genommen werden; die Sätze 2 und 4 sind entsprechend anwendbar, soweit sie die zeitliche Aufteilung regeln. Der Anspruch kann nicht durch Vertrag ausgeschlossen oder beschränkt werden.

(3) Die Elternzeit kann, auch anteilig, von jedem Elternteil allein oder von beiden Elternteilen gemeinsam genommen werden. Satz 1 gilt in den Fällen des Absatzes 1 Satz 1 Nummer 1 Buchstabe b und c entsprechend.

(4) Der Arbeitnehmer oder die Arbeitnehmerin darf während der Elternzeit nicht mehr als 30 Wochenstunden im Durchschnitt des Monats erwerbstätig sein. Eine im Sinne des § 23 des Achten Buches Sozialgesetzbuch geeignete Tagespflegeperson kann bis zu fünf Kinder in Tagespflege betreuen, auch wenn die wöchentliche Betreuungszeit 30 Stunden übersteigt. Teilzeitarbeit bei einem anderen Arbeitgeber oder selbstständige Tätigkeit nach Satz 1 bedürfen der Zustimmung des Arbeitgebers. Dieser kann sie nur innerhalb von vier Wochen aus dringenden betrieblichen Gründen schriftlich ablehnen.

(5) Der Arbeitnehmer oder die Arbeitnehmerin kann eine Verringerung der Arbeitszeit und ihre Verteilung beantragen. Über den Antrag sollen sich der Arbeitgeber und der Arbeitnehmer oder die Arbeitnehmerin innerhalb von vier Wochen einigen. Der Antrag kann mit der schriftlichen Mitteilung nach Absatz 7 Satz 1 Nummer 5 verbunden werden. Unberührt bleibt das Recht, sowohl die vor der Elternzeit bestehende Teilzeitarbeit unverändert während der Elternzeit fortzusetzen, soweit Absatz 4 beachtet ist, als auch nach der Elternzeit zu der Arbeitszeit zurückzukehren, die vor Beginn der Elternzeit vereinbart war.

(6) Der Arbeitnehmer oder die Arbeitnehmerin kann gegenüber dem Arbeitgeber, soweit eine Einigung nach Absatz 5 nicht möglich ist, unter den Voraussetzungen des Absatzes 7 während der Gesamtdauer der Elternzeit zweimal eine Verringerung seiner oder ihrer Arbeitszeit beanspruchen.

(7) Für den Anspruch auf Verringerung der Arbeitszeit gelten folgende Voraussetzungen:
1. Der Arbeitgeber beschäftigt, unabhängig von der Anzahl der Personen in Berufsbildung, in der Regel mehr als 15 Arbeitnehmer und Arbeitnehmerinnen,
2. das Arbeitsverhältnis in demselben Betrieb oder Unternehmen besteht ohne Unterbrechung länger als sechs Monate,
3. die vertraglich vereinbarte regelmäßige Arbeitszeit soll für mindestens zwei Monate auf einen Umfang von nicht weniger als 15 und nicht mehr als 30 Wochenstunden im Durchschnitt des Monats verringert werden,
4. dem Anspruch stehen keine dringenden betrieblichen Gründe entgegen und
5. der Anspruch auf Teilzeit wurde dem Arbeitgeber
    a) für den Zeitraum bis zum vollendeten dritten Lebensjahr des Kindes sieben Wochen und
    b) für den Zeitraum zwischen dem dritten Geburtstag und dem vollendeten achten Lebensjahr des Kindes 13 Wochen
    vor Beginn der Teilzeittätigkeit schriftlich mitgeteilt.

Bundeselterngeld- und Elternzeitgesetz § 16

Der Antrag muss den Beginn und den Umfang der verringerten Arbeitszeit enthalten. Die gewünschte Verteilung der verringerten Arbeitszeit soll im Antrag angegeben werden. Falls der Arbeitgeber die beanspruchte Verringerung oder Verteilung der Arbeitszeit ablehnen will, muss er dies innerhalb von vier Wochen mit schriftlicher Begründung tun. Hat ein Arbeitgeber die Verringerung der Arbeitszeit
1. in einer Elternzeit zwischen der Geburt und dem vollendeten dritten Lebensjahr des Kindes nicht spätestens vier Wochen nach Zugang des Antrags oder
2. in einer Elternzeit zwischen dem dritten Geburtstag und dem vollendeten achten Lebensjahr des Kindes nicht spätestens acht Wochen nach Zugang des Antrags
schriftlich abgelehnt, gilt die Zustimmung als erteilt und die Verringerung der Arbeitszeit entsprechend den Wünschen der Arbeitnehmerin oder des Arbeitnehmers als festgelegt. Haben Arbeitgeber und Arbeitnehmerin oder Arbeitnehmer über die Verteilung der Arbeitszeit kein Einvernehmen nach Absatz 5 Satz 2 erzielt und hat der Arbeitgeber nicht innerhalb der in Satz 5 genannten Fristen die gewünschte Verteilung schriftlich abgelehnt, gilt die Verteilung der Arbeitszeit entsprechend den Wünschen der Arbeitnehmerin oder des Arbeitnehmers als festgelegt. Soweit der Arbeitgeber den Antrag auf Verringerung oder Verteilung der Arbeitszeit rechtzeitig ablehnt, kann die Arbeitnehmerin oder der Arbeitnehmer Klage vor dem Gericht für Arbeitssachen erheben.

§ 16 Inanspruchnahme der Elternzeit
(1) Wer Elternzeit beanspruchen will, muss sie
1. für den Zeitraum bis zum vollendeten dritten Lebensjahr des Kindes spätestens sieben Wochen und
2. für den Zeitraum zwischen dem dritten Geburtstag und dem vollendeten achten Lebensjahr des Kindes spätestens 13 Wochen
vor Beginn der Elternzeit schriftlich vom Arbeitgeber verlangen. Verlangt die Arbeitnehmerin oder der Arbeitnehmer Elternzeit nach Satz 1 Nummer 1, muss sie oder er gleichzeitig erklären, für welche Zeiten innerhalb von zwei Jahren Elternzeit genommen werden soll. Bei dringenden Gründen ist ausnahmsweise eine angemessene kürzere Frist möglich. Nimmt die Mutter die Elternzeit im Anschluss an die Mutterschutzfrist, wird die Zeit der Mutterschutzfrist nach § 6 Absatz 1 des Mutterschutzgesetzes auf den Zeitraum nach Satz 2 angerechnet. Nimmt die Mutter die Elternzeit im Anschluss an einen auf die Mutterschutzfrist folgenden Erholungsurlaub, werden die Zeit der Mutterschutzfrist nach § 6 Absatz 1 des Mutterschutzgesetzes und die Zeit des Erholungsurlaubs auf den Zweijahreszeitraum nach Satz 2 angerechnet. Jeder Elternteil kann seine Elternzeit auf drei Zeitabschnitte verteilen; eine Verteilung auf weitere Zeitabschnitte ist nur mit der Zustimmung des Arbeitgebers möglich. Der Arbeitgeber kann die Inanspruchnahme eines dritten Abschnitts einer Elternzeit innerhalb von acht Wochen nach Zugang des Antrags aus dringenden betrieblichen Gründen ablehnen, wenn dieser Abschnitt im Zeitraum zwischen dem dritten Geburtstag und dem vollendeten achten Lebensjahr des Kindes liegen soll. Der Arbeitgeber hat dem Arbeitnehmer oder der Arbeitnehmerin die Elternzeit zu bescheinigen. Bei einem Arbeitgeberwechsel ist bei der Anmeldung der Elternzeit auf Verlangen des neuen Arbeitgebers eine Bescheinigung des früheren Arbeitgebers über bereits genommene Elternzeit durch die Arbeitnehmerin oder den Arbeitnehmer vorzulegen.
(2) Können Arbeitnehmerinnen aus einem von ihnen nicht zu vertretenden Grund eine sich unmittelbar an die Mutterschutzfrist des § 6 Absatz 1 des Mutterschutzgesetzes anschließende Elternzeit nicht rechtzeitig verlangen, können sie dies innerhalb einer Woche nach Wegfall des Grundes nachholen.

(3) Die Elternzeit kann vorzeitig beendet oder im Rahmen des § 15 Absatz 2 verlängert werden, wenn der Arbeitgeber zustimmt. Die vorzeitige Beendigung wegen der Geburt eines weiteren Kindes oder in Fällen besonderer Härte, insbesondere bei Eintritt einer schweren Krankheit, Schwerbehinderung oder Tod eines Elternteils oder eines Kindes der berechtigten Person oder bei erheblich gefährdeter wirtschaftlicher Existenz der Eltern nach Inanspruchnahme der Elternzeit, kann der Arbeitgeber unbeschadet von Satz 3 nur innerhalb von vier Wochen aus dringenden betrieblichen Gründen schriftlich ablehnen. Die Elternzeit kann zur Inanspruchnahme der Schutzfristen des § 3 Absatz 2 und des § 6 Absatz 1 des Mutterschutzgesetzes auch ohne Zustimmung des Arbeitgebers vorzeitig beendet werden; in diesen Fällen soll die Arbeitnehmerin dem Arbeitgeber die Beendigung der Elternzeit rechtzeitig mitteilen. Eine Verlängerung der Elternzeit kann verlangt werden, wenn ein vorgesehener Wechsel der Anspruchsberechtigten aus einem wichtigen Grund nicht erfolgen kann.
(4) Stirbt das Kind während der Elternzeit, endet diese spätestens drei Wochen nach dem Tod des Kindes.
(5) Eine Änderung in der Anspruchsberechtigung hat der Arbeitnehmer oder die Arbeitnehmerin dem Arbeitgeber unverzüglich mitzuteilen.

§ 17 Urlaub

(1) Der Arbeitgeber kann den Erholungsurlaub, der dem Arbeitnehmer oder der Arbeitnehmerin für das Urlaubsjahr zusteht, für jeden vollen Kalendermonat der Elternzeit um ein Zwölftel kürzen. Dies gilt nicht, wenn der Arbeitnehmer oder die Arbeitnehmerin während der Elternzeit bei seinem oder ihrem Arbeitgeber Teilzeitarbeit leistet.
(2) Hat der Arbeitnehmer oder die Arbeitnehmerin den ihm oder ihr zustehenden Urlaub vor dem Beginn der Elternzeit nicht oder nicht vollständig erhalten, hat der Arbeitgeber den Resturlaub nach der Elternzeit im laufenden oder im nächsten Urlaubsjahr zu gewähren.
(3) Endet das Arbeitsverhältnis während der Elternzeit oder wird es im Anschluss an die Elternzeit nicht fortgesetzt, so hat der Arbeitgeber den noch nicht gewährten Urlaub abzugelten.
(4) Hat der Arbeitnehmer oder die Arbeitnehmerin vor Beginn der Elternzeit mehr Urlaub erhalten, als ihm oder ihr nach Absatz 1 zusteht, kann der Arbeitgeber den Urlaub, der dem Arbeitnehmer oder der Arbeitnehmerin nach dem Ende der Elternzeit zusteht, um die zu viel gewährten Urlaubstage kürzen.

§ 18 Kündigungsschutz

(1) Der Arbeitgeber darf das Arbeitsverhältnis ab dem Zeitpunkt, von dem an Elternzeit verlangt worden ist, nicht kündigen. Der Kündigungsschutz nach Satz 1 beginnt
1. frühestens acht Wochen vor Beginn einer Elternzeit bis zum vollendeten dritten Lebensjahr des Kindes und
2. frühestens 14 Wochen vor Beginn einer Elternzeit zwischen dem dritten Geburtstag und dem vollendeten achten Lebensjahr des Kindes.
Während der Elternzeit darf der Arbeitgeber das Arbeitsverhältnis nicht kündigen. In besonderen Fällen kann ausnahmsweise eine Kündigung für zulässig erklärt werden. Die Zulässigkeitserklärung erfolgt durch die für den Arbeitsschutz zuständige oberste Landesbehörde oder die von ihr bestimmte Stelle. Die Bundesregierung kann mit Zustimmung des Bundesrates allgemeine Verwaltungsvorschriften zur Durchführung des Satzes 4 erlassen.
(2) Absatz 1 gilt entsprechend, wenn Arbeitnehmer oder Arbeitnehmerinnen

1. während der Elternzeit bei demselben Arbeitgeber Teilzeitarbeit leisten oder
2. ohne Elternzeit in Anspruch zu nehmen, Teilzeitarbeit leisten und Anspruch auf Elterngeld nach § 1 während des Zeitraums nach § 4 Absatz 1 Satz 1 und 3 haben.

§ 19 Kündigung zum Ende der Elternzeit
Der Arbeitnehmer oder die Arbeitnehmerin kann das Arbeitsverhältnis zum Ende der Elternzeit nur unter Einhaltung einer Kündigungsfrist von drei Monaten kündigen.

§ 20 Zur Berufsbildung Beschäftigte, in Heimarbeit Beschäftigte
(1) Die zu ihrer Berufsbildung Beschäftigten gelten als Arbeitnehmer oder Arbeitnehmerinnen im Sinne dieses Gesetzes. Die Elternzeit wird auf Berufsbildungszeiten nicht angerechnet.
(2) Anspruch auf Elternzeit haben auch die in Heimarbeit Beschäftigten und die ihnen Gleichgestellten (§ 1 Absatz 1 und 2 des Heimarbeitsgesetzes), soweit sie am Stück mitarbeiten. Für sie tritt an die Stelle des Arbeitgebers der Auftraggeber oder Zwischenmeister und an die Stelle des Arbeitsverhältnisses das Beschäftigungsverhältnis.

§ 21 Befristete Arbeitsverträge
(1) Ein sachlicher Grund, der die Befristung eines Arbeitsverhältnisses rechtfertigt, liegt vor, wenn ein Arbeitnehmer oder eine Arbeitnehmerin zur Vertretung eines anderen Arbeitnehmers oder einer anderen Arbeitnehmerin für die Dauer eines Beschäftigungsverbotes nach dem Mutterschutzgesetz, einer Elternzeit, einer auf Tarifvertrag, Betriebsvereinbarung oder einzelvertraglicher Vereinbarung beruhenden Arbeitsfreistellung zur Betreuung eines Kindes oder für diese Zeiten zusammen oder für Teile davon eingestellt wird.
(2) Über die Dauer der Vertretung nach Absatz 1 hinaus ist die Befristung für notwendige Zeiten einer Einarbeitung zulässig.
(3) Die Dauer der Befristung des Arbeitsvertrags muss kalendermäßig bestimmt oder bestimmbar oder den in den Absätzen 1 und 2 genannten Zwecken zu entnehmen sein.
(4) Der Arbeitgeber kann den befristeten Arbeitsvertrag unter Einhaltung einer Frist von mindestens drei Wochen, jedoch frühestens zum Ende der Elternzeit, kündigen, wenn die Elternzeit ohne Zustimmung des Arbeitgebers vorzeitig endet und der Arbeitnehmer oder die Arbeitnehmerin die vorzeitige Beendigung der Elternzeit mitgeteilt hat. Satz 1 gilt entsprechend, wenn der Arbeitgeber die vorzeitige Beendigung der Elternzeit in den Fällen des § 16 Absatz 3 Satz 2 nicht ablehnen darf.
(5) Das Kündigungsschutzgesetz ist im Falle des Absatzes 4 nicht anzuwenden.
(6) Absatz 4 gilt nicht, soweit seine Anwendung vertraglich ausgeschlossen ist.
(7) Wird im Rahmen arbeitsrechtlicher Gesetze oder Verordnungen auf die Zahl der beschäftigten Arbeitnehmer und Arbeitnehmerinnen abgestellt, so sind bei der Ermittlung dieser Zahl Arbeitnehmer und Arbeitnehmerinnen, die sich in der Elternzeit befinden oder zur Betreuung eines Kindes freigestellt sind, nicht mitzuzählen, solange für sie aufgrund von Absatz 1 ein Vertreter oder eine Vertreterin eingestellt ist. Dies gilt nicht, wenn der Vertreter oder die Vertreterin nicht mitzuzählen ist. Die Sätze 1 und 2 gelten entsprechend, wenn im Rahmen arbeitsrechtlicher Gesetze oder Verordnungen auf die Zahl der Arbeitsplätze abgestellt wird.

Abschnitt 5: Statistik und Schlussvorschriften

§ 22 Bundesstatistik

(1) Zur Beurteilung der Auswirkungen dieses Gesetzes sowie zu seiner Fortentwicklung sind laufende Erhebungen zum Bezug von Elterngeld und Betreuungsgeld als Bundesstatistiken durchzuführen. Die Erhebungen erfolgen zentral beim Statistischen Bundesamt.

(2) Die Statistik zum Bezug von Elterngeld erfasst vierteljährlich zum jeweils letzten Tag des aktuellen und der vorangegangenen zwei Kalendermonate für Personen, die in einem dieser Kalendermonate Elterngeld bezogen haben, für jedes den Anspruch auslösende Kind folgende Erhebungsmerkmale:
1. Art der Berechtigung nach § 1,
2. Grundlagen der Berechnung des zustehenden Monatsbetrags nach Art und Höhe (§ 2 Absatz 1, 2, 3 oder 4, § 2a Absatz 1 oder 4, § 2c, die §§ 2d, 2e oder § 2f),
3. Höhe und Art des zustehenden Monatsbetrags (§ 4 Absatz 2 Satz 2 und Absatz 3 Satz 1) ohne die Berücksichtigung der Einnahmen nach § 3,
4. Art und Höhe der Einnahmen nach § 3,
5. Inanspruchnahme der als Partnerschaftsbonus gewährten Monatsbeträge nach § 4 Absatz 4 Satz 3 und der weiteren Monatsbeträge Elterngeld Plus nach § 4 Absatz 6 Satz 2,
6. Höhe des monatlichen Auszahlungsbetrags,
7. Geburtstag des Kindes,
8. für die Elterngeld beziehende Person:
   a) Geschlecht, Geburtsjahr und -monat,
   b) Staatsangehörigkeit,
   c) Wohnsitz oder gewöhnlicher Aufenthalt,
   d) Familienstand und unverheiratetes Zusammenleben mit dem anderen Elternteil und
   e) Anzahl der im Haushalt lebenden Kinder.

Die Angaben nach den Nummern 2, 3, 5 und 6 sind für jeden Lebensmonat des Kindes bezogen auf den nach § 4 Absatz 1 möglichen Zeitraum des Leistungsbezugs zu melden.

(3) Die Statistik zum Bezug von Betreuungsgeld erfasst vierteljährlich zum jeweils letzten Tag des aktuellen und der vorangegangenen zwei Kalendermonate erstmalig zum 30. September 2013 für Personen, die in einem dieser Kalendermonate Betreuungsgeld bezogen haben, für jedes den Anspruch auslösende Kind folgende Erhebungsmerkmale:
1. Art der Berechtigung nach § 4a,
2. Höhe des monatlichen Auszahlungsbetrags,
3. Geburtstag des Kindes,
4. für die Betreuungsgeld beziehende Person:
   a) Geschlecht, Geburtsjahr und -monat,
   b) Staatsangehörigkeit,
   c) Wohnsitz oder gewöhnlicher Aufenthalt,
   d) Familienstand und unverheiratetes Zusammenleben mit dem anderen Elternteil und
   e) Anzahl der im Haushalt lebenden Kinder.

Die Angaben nach Nummer 2 sind für jeden Lebensmonat des Kindes bezogen auf den nach § 4d Absatz 1 möglichen Zeitraum des Leistungsbezugs zu melden.

(4) Hilfsmerkmale sind:
1. Name und Anschrift der zuständigen Behörde,
2. Name und Telefonnummer sowie Adresse für elektronische Post der für eventuelle Rückfragen zur Verfügung stehenden Person und
3. Kennnummer des Antragstellers oder der Antragstellerin.

§ 23 Auskunftspflicht; Datenübermittlung an das Statistische Bundesamt

(1) Für die Erhebung nach § 22 besteht Auskunftspflicht. Die Angaben nach § 22 Absatz 4 Nummer 2 sind freiwillig. Auskunftspflichtig sind die nach § 12 Absatz 1 zuständigen Stellen.
(2) Der Antragsteller oder die Antragstellerin ist gegenüber den nach § 12 Absatz 1 zuständigen Stellen zu den Erhebungsmerkmalen nach § 22 Absatz 2 und 3 auskunftspflichtig. Die zuständigen Stellen nach § 12 Absatz 1 dürfen die Angaben nach § 22 Absatz 2 Satz 1 Nummer 8 und Absatz 3 Satz 1 Nummer 4, soweit sie für den Vollzug dieses Gesetzes nicht erforderlich sind, nur durch technische und organisatorische Maßnahmen getrennt von den übrigen Daten nach § 22 Absatz 2 und 3 und nur für die Übermittlung an das Statistische Bundesamt verwenden und haben diese unverzüglich nach Übermittlung an das Statistische Bundesamt zu löschen.
(3) Die in sich schlüssigen Angaben sind als Einzeldatensätze elektronisch bis zum Ablauf von 30 Arbeitstagen nach Ablauf des Berichtszeitraums an das Statistische Bundesamt zu übermitteln.

§ 24 Übermittlung von Tabellen mit statistischen Ergebnissen durch das Statistische Bundesamt

Zur Verwendung gegenüber den gesetzgebenden Körperschaften und zu Zwecken der Planung, jedoch nicht zur Regelung von Einzelfällen, übermittelt das Statistische Bundesamt Tabellen mit statistischen Ergebnissen, auch soweit Tabellenfelder nur einen einzigen Fall ausweisen, an die fachlich zuständigen obersten Bundes- oder Landesbehörden. Tabellen, deren Tabellenfelder nur einen einzigen Fall ausweisen, dürfen nur dann übermittelt werden, wenn sie nicht differenzierter als auf Regierungsbezirksebene, im Falle der Stadtstaaten auf Bezirksebene, aufbereitet sind.

§ 24a Übermittlung von Einzelangaben durch das Statistische Bundesamt

(1) Zur Abschätzung von Auswirkungen der Änderungen dieses Gesetzes im Rahmen der Zwecke nach § 24 übermittelt das Statistische Bundesamt auf Anforderung des fachlich zuständigen Bundesministeriums diesem oder von ihm beauftragten Forschungseinrichtungen Einzelangaben ab dem Jahr 2007 ohne Hilfsmerkmale mit Ausnahme des Merkmals nach § 22 Absatz 4 Nummer 3 für die Entwicklung und den Betrieb von Mikrosimulationsmodellen. Die Einzelangaben dürfen nur im hierfür erforderlichen Umfang und mittels eines sicheren Datentransfers übermittelt werden.
(2) Bei der Verarbeitung und Nutzung der Daten nach Absatz 1 ist das Statistikgeheimnis nach § 16 des Bundesstatistikgesetzes zu wahren. Dafür ist die Trennung von statistischen und nichtstatistischen Aufgaben durch Organisation und Verfahren zu gewährleisten. Die nach Absatz 1 übermittelten Daten dürfen nur für die Zwecke verwendet werden, für die sie übermittelt wurden. Die übermittelten Einzeldaten sind nach dem Erreichen des Zweckes zu löschen, zu dem sie übermittelt wurden.
(3) Personen, die Empfängerinnen und Empfänger von Einzelangaben nach Absatz 1 Satz 1 sind, unterliegen der Pflicht zur Geheimhaltung nach § 16 Absatz 1 und 10 des Bundesstatistikgesetzes. Personen, die Einzelangaben nach Absatz 1 Satz 1 erhalten sollen, müssen Amtsträger oder für den öffentlichen Dienst besonders Verpflichtete sein. Personen, die Einzelangaben erhalten sollen und die nicht Amtsträger oder für den öffentlichen Dienst besonders Verpflichtete sind, sind vor der Übermittlung zur Geheimhaltung zu verpflichten. § 1 Absatz 2, 3 und 4 Nummer 2 des Verpflichtungsgesetzes vom 2. März 1974 (BGBl. I S. 469, 547), das durch § 1 Nummer 4 des Gesetzes vom 15. August 1974 (BGBl. I S. 1942) geändert worden ist, gilt in der jeweils geltenden Fassung entsprechend. Die Empfängerinnen und

Empfänger von Einzelangaben dürfen aus ihrer Tätigkeit gewonnene Erkenntnisse nur für die in Absatz 1 genannten Zwecke verwenden.

§ 25 Bericht

Die Bundesregierung legt dem Deutschen Bundestag bis zum 31. Dezember 2015 einen Bericht über die Auswirkungen des Betreuungsgeldes vor. Bis zum 31. Dezember 2017 legt sie einen Bericht über die Auswirkungen der Regelungen zum Elterngeld Plus und zum Partnerschaftsbonus sowie zur Elternzeit vor. Die Berichte dürfen keine personenbezogenen Daten enthalten.

§ 26 Anwendung der Bücher des Sozialgesetzbuches

(1) Soweit dieses Gesetz zum Elterngeld oder Betreuungsgeld keine ausdrückliche Regelung trifft, ist bei der Ausführung des Ersten, Zweiten und Dritten Abschnitts das Erste Kapitel des Zehnten Buches Sozialgesetzbuch anzuwenden.
(2) § 328 Absatz 3 und § 331 des Dritten Buches Sozialgesetzbuch gelten entsprechend.

§ 27 Übergangsvorschrift

(1) Für die vor dem 1. Januar 2015 geborenen oder mit dem Ziel der Adoption aufgenommenen Kinder ist § 1 in der bis zum 31. Dezember 2014 geltenden Fassung weiter anzuwenden. Für die vor dem 1. Juli 2015 geborenen oder mit dem Ziel der Adoption aufgenommenen Kinder sind die §§ 2 bis 22 in der bis zum 31. Dezember 2014 geltenden Fassung weiter anzuwenden. Satz 2 gilt nicht für § 2c Absatz 1 Satz 2 und § 22 Absatz 2 Satz 1 Nummer 2.
(1a) Soweit dieses Gesetz Mutterschaftsgeld nach dem Fünften Buch Sozialgesetzbuch oder nach dem Zweiten Gesetz über die Krankenversicherung der Landwirte in Bezug nimmt, gelten die betreffenden Regelungen für Mutterschaftsgeld nach der Reichsversicherungsordnung oder nach dem Gesetz über die Krankenversicherung der Landwirte entsprechend.
(2) Für die dem Erziehungsgeld vergleichbaren Leistungen der Länder sind § 8 Absatz 1 und § 9 des Bundeserziehungsgeldgesetzes in der bis zum 31. Dezember 2006 geltenden Fassung weiter anzuwenden.
(3) Betreuungsgeld wird nicht für vor dem 1. August 2012 geborene Kinder gezahlt. Bis zum 31. Juli 2014 beträgt das Betreuungsgeld abweichend von § 4b 100 Euro pro Monat.

Mindesturlaubsgesetz für Arbeitnehmer (Bundesurlaubsgesetz – BUrlG)

vom 8. Januar 1963 (BGBl. I 1963, S. 2)
– zuletzt geändert durch Gesetz zur Umsetzung des Seearbeitsübereinkommens 2006 der Internationalen Arbeitsorganisation vom 20. April 2013 (BGBl. I 2013, S. 868)

§ 1 Urlaubsanspruch
Jeder Arbeitnehmer hat in jedem Kalenderjahr Anspruch auf bezahlten Erholungsurlaub.

§ 2 Geltungsbereich
Arbeitnehmer im Sinne des Gesetzes sind Arbeiter und Angestellte sowie die zu ihrer Berufsausbildung Beschäftigten. Als Arbeitnehmer gelten auch Personen, die wegen ihrer wirtschaftlichen Unselbstständigkeit als arbeitnehmerähnliche Personen anzusehen sind; für den Bereich der Heimarbeit gilt § 12.

§ 3 Dauer des Urlaubs
(1) Der Urlaub beträgt jährlich mindestens 24 Werktage.
(2) Als Werktage gelten alle Kalendertage, die nicht Sonn- oder gesetzliche Feiertage sind.

§ 4 Wartezeit
Der volle Urlaubsanspruch wird erstmalig nach sechsmonatigem Bestehen des Arbeitsverhältnisses erworben.

§ 5 Teilurlaub
(1) Anspruch auf ein Zwölftel des Jahresurlaubs für jeden vollen Monat des Bestehens des Arbeitsverhältnisses hat der Arbeitnehmer
a) für Zeiten eines Kalenderjahres, für die er wegen Nichterfüllung der Wartezeit in diesem Kalenderjahr keinen vollen Urlaubsanspruch erwirbt;
b) wenn er vor erfüllter Wartezeit aus dem Arbeitsverhältnis ausscheidet;
c) wenn er nach erfüllter Wartezeit in der ersten Hälfte eines Kalenderjahres aus dem Arbeitsverhältnis ausscheidet.
(2) Bruchteile von Urlaubstagen, die mindestens einen halben Tag ergeben, sind auf volle Urlaubstage aufzurunden.
(3) Hat der Arbeitnehmer im Falle des Absatzes 1 Buchstabe c bereits Urlaub über den ihm zustehenden Umfang hinaus erhalten, so kann das dafür gezahlte Urlaubsentgelt nicht zurückgefordert werden.

§ 6 Ausschluss von Doppelansprüchen
(1) Der Anspruch auf Urlaub besteht nicht, soweit dem Arbeitnehmer für das laufende Kalenderjahr bereits von einem früheren Arbeitgeber Urlaub gewährt worden ist.
(2) Der Arbeitgeber ist verpflichtet, bei Beendigung des Arbeitsverhältnisses dem Arbeitnehmer eine Bescheinigung über den im laufenden Kalenderjahr gewährten oder abgegoltenen Urlaub auszuhändigen.

§ 7 Zeitpunkt, Übertragbarkeit und Abgeltung des Urlaubs

(1) Bei der zeitlichen Festlegung des Urlaubs sind die Urlaubswünsche des Arbeitnehmers zu berücksichtigen, es sei denn, dass ihrer Berücksichtigung dringende betriebliche Belange oder Urlaubswünsche anderer Arbeitnehmer, die unter sozialen Gesichtspunkten den Vorrang verdienen, entgegenstehen. Der Urlaub ist zu gewähren, wenn der Arbeitnehmer dies im Anschluss an eine Maßnahme der medizinischen Vorsorge oder Rehabilitation verlangt.
(2) Der Urlaub ist zusammenhängend zu gewähren, es sei denn, dass dringende betriebliche oder in der Person des Arbeitnehmers liegende Gründe eine Teilung des Urlaubs erforderlich machen. Kann der Urlaub aus diesen Gründen nicht zusammenhängend gewährt werden und hat der Arbeitnehmer Anspruch auf Urlaub von mehr als zwölf Werktagen, so muss einer der Urlaubsteile mindestens zwölf aufeinanderfolgende Werktage umfassen.
(3) Der Urlaub muss im laufenden Kalenderjahr gewährt und genommen werden. Eine Übertragung des Urlaubs auf das nächste Kalenderjahr ist nur statthaft, wenn dringende betriebliche oder in der Person des Arbeitnehmers liegende Gründe dies rechtfertigen. Im Fall der Übertragung muss der Urlaub in den ersten drei Monaten des folgenden Kalenderjahres gewährt und genommen werden. Auf Verlangen des Arbeitnehmers ist ein nach § 5 Abs. 1 Buchstabe a entstehender Teilurlaub jedoch auf das nächste Kalenderjahr zu übertragen.
(4) Kann der Urlaub wegen Beendigung des Arbeitsverhältnisses ganz oder teilweise nicht mehr gewährt werden, so ist er abzugelten.

§ 8 Erwerbstätigkeit während des Urlaubs
Während des Urlaubs darf der Arbeitnehmer keine dem Urlaubszweck widersprechende Erwerbstätigkeit leisten.

§ 9 Erkrankung während des Urlaubs
Erkrankt ein Arbeitnehmer während des Urlaubs, so werden die durch ärztliches Zeugnis nachgewiesenen Tage der Arbeitsunfähigkeit auf den Jahresurlaub nicht angerechnet.

§ 10 Maßnahmen der medizinischen Vorsorge oder Rehabilitation
Maßnahmen der medizinischen Vorsorge oder Rehabilitation dürfen nicht auf den Urlaub angerechnet werden, soweit ein Anspruch auf Fortzahlung des Arbeitsentgelts nach den gesetzlichen Vorschriften über die Entgeltfortzahlung im Krankheitsfall besteht.

§ 11 Urlaubsentgelt
(1) Das Urlaubsentgelt bemisst sich nach dem durchschnittlichen Arbeitsverdienst, das der Arbeitnehmer in den letzten dreizehn Wochen vor dem Beginn des Urlaubs erhalten hat, mit Ausnahme des zusätzlich für Überstunden gezahlten Arbeitsverdienstes. Bei Verdiensterhöhungen nicht nur vorübergehender Natur, die während des Berechnungszeitraums oder des Urlaubs eintreten, ist von dem erhöhten Verdienst auszugehen. Verdienstkürzungen, die im Berechnungszeitraum infolge von Kurzarbeit, Arbeitsausfällen oder unverschuldeter Arbeitsversäumnis eintreten, bleiben für die Berechnung des Urlaubsentgelts außer Betracht. Zum Arbeitsentgelt gehörende Sachbezüge, die während des Urlaubs nicht weitergewährt werden, sind für die Dauer des Urlaubs angemessen in bar abzugelten.
(2) Das Urlaubsentgelt ist vor Antritt des Urlaubs auszuzahlen.

§ 12 Urlaub im Bereich der Heimarbeit
Für die in Heimarbeit Beschäftigten und die ihnen nach § 1 Abs. 2 Buchstaben a bis c des Heimarbeitsgesetzes Gleichgestellten, für die die Urlaubsregelung nicht ausdrücklich von

Bundesurlaubsgesetzs § 13

der Gleichstellung ausgenommen ist, gelten die vorstehenden Bestimmungen mit Ausnahme der §§ 4 bis 6, 7 Abs. 3 und 4 und § 11 nach Maßgabe der folgenden Bestimmungen:
1. Heimarbeiter (§ 1 Abs. 1 Buchstabe a des Heimarbeitsgesetzes) und nach § 1 Abs. 2 Buchstabe a des Heimarbeitsgesetzes Gleichgestellte erhalten von ihrem Auftraggeber oder, falls sie von einem Zwischenmeister beschäftigt werden, von diesem bei einem Anspruch auf 24 Werktage ein Urlaubsentgelt von 9,1 vom Hundert des in der Zeit vom 1. Mai bis zum 30. April des folgenden Jahres oder bis zur Beendigung des Beschäftigungsverhältnisses verdienten Arbeitsentgelts vor Abzug der Steuern und Sozialversicherungsbeiträge ohne Unkostenzuschlag und ohne die für den Lohnausfall an Feiertagen, den Arbeitsausfall infolge Krankheit und den Urlaub zu leistenden Zahlungen.
2. War der Anspruchsberechtigte im Berechnungszeitraum nicht ständig beschäftigt, so brauchen unbeschadet des Anspruches auf Urlaubsentgelt nach Nummer 1 nur so viele Urlaubstage gegeben zu werden, wie durchschnittliche Tagesverdienste, die er in der Regel erzielt hat, in dem Urlaubsentgelt nach Nummer 1 enthalten sind.
3. Das Urlaubsentgelt für die in Nummer 1 bezeichneten Personen soll erst bei der letzten Entgeltzahlung vor Antritt des Urlaubs ausgezahlt werden.
4. Hausgewerbetreibende (§ 1 Abs. 1 Buchstabe b des Heimarbeitsgesetzes) und nach § 1 Abs. 2 Buchstaben b und c des Heimarbeitsgesetzes Gleichgestellte erhalten von ihrem Auftraggeber oder, falls sie von einem Zwischenmeister beschäftigt werden, von diesem als eigenes Urlaubsentgelt und zur Sicherung der Urlaubsansprüche der von ihnen Beschäftigten einen Betrag von 9,1 vom Hundert des an sie ausgezahlten Arbeitsentgelts vor Abzug der Steuern und Sozialversicherungsbeiträge ohne Unkostenzuschlag und ohne die für den Lohnausfall an Feiertagen, den Arbeitsausfall infolge Krankheit und den Urlaub zu leistenden Zahlungen.
5. Zwischenmeister, die den in Heimarbeit Beschäftigten nach § 1 Abs. 2 Buchstabe d des Heimarbeitsgesetzes gleichgestellt sind, haben gegen ihren Auftraggeber Anspruch auf die von ihnen nach den Nummern 1 und 4 nachweislich zu zahlenden Beträge.
6. Die Beträge nach den Nummern 1, 4 und 5 sind gesondert im Entgeltbeleg auszuweisen.
7. Durch Tarifvertrag kann bestimmt werden, dass Heimarbeiter (§ 1 Abs. 1 Buchstabe a des Heimarbeitsgesetzes), die nur für einen Auftraggeber tätig sind und tariflich allgemein wie Betriebsarbeiter behandelt werden, Urlaub nach den allgemeinen Urlaubsbestimmungen erhalten.
8. Auf die in den Nummern 1, 4 und 5 vorgesehenen Beträge finden die §§ 23 bis 25, 27 und 28 und auf die in den Nummern 1 und 4 vorgesehenen Beträge außerdem § 21 Abs. 2c des Heimarbeitsgesetzes entsprechende Anwendung. Für die Urlaubsansprüche der fremden Hilfskräfte der in Nummer 4 genannten Personen gilt § 26 des Heimarbeitsgesetzes entsprechend.

§ 13 Unabdingbarkeit

(1) Von den vorstehenden Vorschriften mit Ausnahme der §§ 1, 2 und 3 Abs. 1 kann in Tarifverträgen abgewichen werden. Die abweichenden Bestimmungen haben zwischen nichttarifgebundenen Arbeitgebern und Arbeitnehmern Geltung, wenn zwischen diesen die Anwendung der einschlägigen tariflichen Urlaubsregelung vereinbart ist. Im Übrigen kann, abgesehen von § 7 Abs. 2 Satz 2, von den Bestimmungen dieses Gesetzes nicht zuungunsten des Arbeitnehmers abgewichen werden.
(2) Für das Baugewerbe oder sonstige Wirtschaftszweige, in denen als Folge häufigen Ortswechsels der von den Betrieben zu leistenden Arbeit Arbeitsverhältnisse von kürzerer Dauer als einem Jahr in erheblichem Umfange üblich sind, kann durch Tarifvertrag von den vorste-

henden Vorschriften über die in Absatz 1 Satz 1 vorgesehene Grenze hinaus abgewichen werden, soweit dies zur Sicherung eines zusammenhängenden Jahresurlaubs für alle Arbeitnehmer erforderlich ist. Absatz 1 Satz 2 findet entsprechende Anwendung.
(3) Für den Bereich der Deutschen Bahn Aktiengesellschaft sowie einer gemäß § 2 Abs. 1 und § 3 Abs. 3 des Deutsche Bahn Gründungsgesetzes vom 27. Dezember 1993 (BGBl. I S. 2378, 2386) ausgegliederten Gesellschaft und für den Bereich der Nachfolgeunternehmen der Deutschen Bundespost kann von der Vorschrift über das Kalenderjahr als Urlaubsjahr (§ 1) in Tarifverträgen abgewichen werden.

§ 14 (gegenstandslos)

§ 15 Änderungen und Aufhebung von Gesetzen

(1) Unberührt bleiben die urlaubsrechtlichen Bestimmungen des Arbeitsplatzschutzgesetzes vom 30. März 1957 (Bundesgesetzbl. I S. 293), geändert durch Gesetz vom 22. März 1962 (Bundesgesetzbl. I S. 169), des Neunten Buches Sozialgesetzbuch, des Jugendarbeitsschutzgesetzes vom 9. August 1960 (Bundesgesetzbl. I S. 665), geändert durch Gesetz vom 20. Juli 1962 (Bundesgesetzbl. I S. 449), und des Seearbeitsgesetzes vom 20. April 2013 (BGBl. I S. 868), jedoch wird
a) in § 19 Abs. 6 Satz 2 des Jugendarbeitsschutzgesetzes der Punkt hinter dem letzten Wort durch ein Komma ersetzt und folgender Satzteil angefügt:
„und in diesen Fällen eine grobe Verletzung der Treuepflicht aus dem Beschäftigungsverhältnis vorliegt.";
b) § 53 Abs. 2 des Seemannsgesetzes durch folgende Bestimmung ersetzt:
Das Bundesurlaubsgesetz vom 8. Januar 1963 (Bundesgesetzbl. I S. 2) findet auf den Urlaubsanspruch des Besatzungsmitglieds nur insoweit Anwendung, als es Vorschriften über die Mindestdauer des Urlaubs enthält.
(2) Mit dem Inkrafttreten dieses Gesetzes treten die landesrechtlichen Vorschriften über den Erholungsurlaub außer Kraft. In Kraft bleiben jedoch die landesrechtlichen Bestimmungen über den Urlaub für Opfer des Nationalsozialismus und für solche Arbeitnehmer, die geistig oder körperlich in ihrer Erwerbsfähigkeit behindert sind.

§ 15a Übergangsvorschrift

Befindet sich der Arbeitnehmer von einem Tag nach dem 9. Dezember 1998 bis zum 1. Januar 1999 oder darüber hinaus in einer Maßnahme der medizinischen Vorsorge oder Rehabilitation, sind für diesen Zeitraum die seit dem 1. Januar 1999 geltenden Vorschriften maßgebend, es sei denn, dass diese für den Arbeitnehmer ungünstiger sind.

§ 16 Inkrafttreten

Dieses Gesetz tritt mit Wirkung vom 1. Januar 1963 in Kraft.

Verordnung (EU) 2016/679 des Europäischen Parlaments und des Rates vom 27. April 2016 zum Schutz natürlicher Personen bei der Verarbeitung personenbezogener Daten, zum freien Datenverkehr und zur Aufhebung der Richtlinie 95/46/EG (Datenschutz-Grundverordnung) – Auszug

Vom 27. April 2016 (ABl. Nummer L 119 2016, S. 1)

- zuletzt berichtigt durch Berichtigung der Verordnung (EU) 2016/679 des Europäischen Parlaments und des Rates vom 27. April 2016 zum Schutz natürlicher Personen bei der Verarbeitung personenbezogener Daten, zum freien Datenverkehr und zur Aufhebung der Richtlinie 95/46/EG (Datenschutz-Grundverordnung) vom 23. Mai 2018 (ABl. Nummer L 127 2018, S. 2)

Art. 1 Gegenstand und Ziele

(1) Diese Verordnung enthält Vorschriften zum Schutz natürlicher Personen bei der Verarbeitung personenbezogener Daten und zum freien Verkehr solcher Daten.
(2) Diese Verordnung schützt die Grundrechte und Grundfreiheiten natürlicher Personen und insbesondere deren Recht auf Schutz personenbezogener Daten.
(3) Der freie Verkehr personenbezogener Daten in der Union darf aus Gründen des Schutzes natürlicher Personen bei der Verarbeitung personenbezogener Daten weder eingeschränkt noch verboten werden.

Art. 2 Sachlicher Anwendungsbereich

(1) Diese Verordnung gilt für die ganz oder teilweise automatisierte Verarbeitung personenbezogener Daten sowie für die nichtautomatisierte Verarbeitung personenbezogener Daten, die in einem Dateisystem gespeichert sind oder gespeichert werden sollen.
(2) Diese Verordnung findet keine Anwendung auf die Verarbeitung personenbezogener Daten
a) im Rahmen einer Tätigkeit, die nicht in den Anwendungsbereich des Unionsrechts fällt,
b) durch die Mitgliedstaaten im Rahmen von Tätigkeiten, die in den Anwendungsbereich von Titel V Kapitel 2 EUV fallen,
c) durch natürliche Personen zur Ausübung ausschließlich persönlicher oder familiärer Tätigkeiten,
d) durch die zuständigen Behörden zum Zwecke der Verhütung, Ermittlung, Aufdeckung oder Verfolgung von Straftaten oder der Strafvollstreckung, einschließlich des Schutzes vor und der Abwehr von Gefahren für die öffentliche Sicherheit.
(3) Für die Verarbeitung personenbezogener Daten durch die Organe, Einrichtungen, Ämter und Agenturen der Union gilt die Verordnung (EG) Nr. 45/2001. Die Verordnung (EG) Nr. 45/2001 und sonstige Rechtsakte der Union, die diese Verarbeitung personenbezogener Daten regeln, werden im Einklang mit Artikel 98 an die Grundsätze und Vorschriften der vorliegenden Verordnung angepasst.
(4) Die vorliegende Verordnung lässt die Anwendung der Richtlinie 2000/31/EG und speziell die Vorschriften der Artikel 12 bis 15 dieser Richtlinie zur Verantwortlichkeit der Vermittler unberührt.

Art. 3 Räumlicher Anwendungsbereich

(1) Diese Verordnung findet Anwendung auf die Verarbeitung personenbezogener Daten, soweit diese im Rahmen der Tätigkeiten einer Niederlassung eines Verantwortlichen oder eines Auftragsverarbeiters in der Union erfolgt, unabhängig davon, ob die Verarbeitung in der Union stattfindet.

(2) Diese Verordnung findet Anwendung auf die Verarbeitung personenbezogener Daten von betroffenen Personen, die sich in der Union befinden, durch einen nicht in der Union niedergelassenen Verantwortlichen oder Auftragsverarbeiter, wenn die Datenverarbeitung im Zusammenhang damit steht
a) betroffenen Personen in der Union Waren oder Dienstleistungen anzubieten, unabhängig davon, ob von diesen betroffenen Personen eine Zahlung zu leisten ist;
b) das Verhalten betroffener Personen zu beobachten, soweit ihr Verhalten in der Union erfolgt.

(3) Diese Verordnung findet Anwendung auf die Verarbeitung personenbezogener Daten durch einen nicht in der Union niedergelassenen Verantwortlichen an einem Ort, der aufgrund Völkerrechts dem Recht eines Mitgliedstaats unterliegt.

Art. 4 Begriffsbestimmungen

Im Sinne dieser Verordnung bezeichnet der Ausdruck:
1. „personenbezogene Daten" alle Informationen, die sich auf eine identifizierte oder identifizierbare natürliche Person (im Folgenden „betroffene Person") beziehen; als identifizierbar wird eine natürliche Person angesehen, die direkt oder indirekt, insbesondere mittels Zuordnung zu einer Kennung wie einem Namen, zu einer Kennnummer, zu Standortdaten, zu einer Online-Kennung oder zu einem oder mehreren besonderen Merkmalen, die Ausdruck der physischen, physiologischen, genetischen, psychischen, wirtschaftlichen, kulturellen oder sozialen Identität dieser natürlichen Person sind, identifiziert werden kann;
2. „Verarbeitung" jeden mit oder ohne Hilfe automatisierter Verfahren ausgeführten Vorgang oder jede solche Vorgangsreihe im Zusammenhang mit personenbezogenen Daten wie das Erheben, das Erfassen, die Organisation, das Ordnen, die Speicherung, die Anpassung oder Veränderung, das Auslesen, das Abfragen, die Verwendung, die Offenlegung durch Übermittlung, Verbreitung oder eine andere Form der Bereitstellung, den Abgleich oder die Verknüpfung, die Einschränkung, das Löschen oder die Vernichtung;
3. „Einschränkung der Verarbeitung" die Markierung gespeicherter personenbezogener Daten mit dem Ziel, ihre künftige Verarbeitung einzuschränken;
4. „Profiling" jede Art der automatisierten Verarbeitung personenbezogener Daten, die darin besteht, dass diese personenbezogenen Daten verwendet werden, um bestimmte persönliche Aspekte, die sich auf eine natürliche Person beziehen, zu bewerten, insbesondere um Aspekte bezüglich Arbeitsleistung, wirtschaftliche Lage, Gesundheit, persönliche Vorlieben, Interessen, Zuverlässigkeit, Verhalten, Aufenthaltsort oder Ortswechsel dieser natürlichen Person zu analysieren oder vorherzusagen;
5. „Pseudonymisierung" die Verarbeitung personenbezogener Daten in einer Weise, dass die personenbezogenen Daten ohne Hinzuziehung zusätzlicher Informationen nicht mehr einer spezifischen betroffenen Person zugeordnet werden können, sofern diese zusätzlichen Informationen gesondert aufbewahrt werden und technischen und organisatorischen Maßnahmen unterliegen, die gewährleisten, dass die personenbezogenen Daten nicht einer identifizierten oder identifizierbaren natürlichen Person zugewiesen werden;

6. „Dateisystem" jede strukturierte Sammlung personenbezogener Daten, die nach bestimmten Kriterien zugänglich sind, unabhängig davon, ob diese Sammlung zentral, dezentral oder nach funktionalen oder geografischen Gesichtspunkten geordnet geführt wird;
7. „Verantwortlicher" die natürliche oder juristische Person, Behörde, Einrichtung oder andere Stelle, die allein oder gemeinsam mit anderen über die Zwecke und Mittel der Verarbeitung von personenbezogenen Daten entscheidet; sind die Zwecke und Mittel dieser Verarbeitung durch das Unionsrecht oder das Recht der Mitgliedstaaten vorgegeben, so kann der Verantwortliche beziehungsweise können die bestimmten Kriterien seiner Benennung nach dem Unionsrecht oder dem Recht der Mitgliedstaaten vorgesehen werden;
8. „Auftragsverarbeiter" eine natürliche oder juristische Person, Behörde, Einrichtung oder andere Stelle, die personenbezogene Daten im Auftrag des Verantwortlichen verarbeitet;
9. „Empfänger" eine natürliche oder juristische Person, Behörde, Einrichtung oder andere Stelle, der personenbezogene Daten offengelegt werden, unabhängig davon, ob es sich bei ihr um einen Dritten handelt oder nicht. Behörden, die im Rahmen eines bestimmten Untersuchungsauftrags nach dem Unionsrecht oder dem Recht der Mitgliedstaaten möglicherweise personenbezogene Daten erhalten, gelten jedoch nicht als Empfänger; die Verarbeitung dieser Daten durch die genannten Behörden erfolgt im Einklang mit den geltenden Datenschutzvorschriften gemäß den Zwecken der Verarbeitung;
10. „Dritter" eine natürliche oder juristische Person, Behörde, Einrichtung oder andere Stelle, außer der betroffenen Person, dem Verantwortlichen, dem Auftragsverarbeiter und den Personen, die unter der unmittelbaren Verantwortung des Verantwortlichen oder des Auftragsverarbeiters befugt sind, die personenbezogenen Daten zu verarbeiten;
11. „Einwilligung" der betroffenen Person jede freiwillig für den bestimmten Fall, in informierter Weise und unmissverständlich abgegebene Willensbekundung in Form einer Erklärung oder einer sonstigen eindeutigen bestätigenden Handlung, mit der die betroffene Person zu verstehen gibt, dass sie mit der Verarbeitung der sie betreffenden personenbezogenen Daten einverstanden ist;
12 „Verletzung des Schutzes personenbezogener Daten" eine Verletzung der Sicherheit, die, ob unbeabsichtigt oder unrechtmäßig, zur Vernichtung, zum Verlust, zur Veränderung, oder zur unbefugten Offenlegung von beziehungsweise zum unbefugten Zugang zu personenbezogenen Daten führt, die übermittelt, gespeichert oder auf sonstige Weise verarbeitet wurden;
13. „genetische Daten" personenbezogene Daten zu den ererbten oder erworbenen genetischen Eigenschaften einer natürlichen Person, die eindeutige Informationen über die Physiologie oder die Gesundheit dieser natürlichen Person liefern und insbesondere aus der Analyse einer biologischen Probe der betreffenden natürlichen Person gewonnen wurden;
14. „biometrische Daten" mit speziellen technischen Verfahren gewonnene personenbezogene Daten zu den physischen, physiologischen oder verhaltenstypischen Merkmalen einer natürlichen Person, die die eindeutige Identifizierung dieser natürlichen Person ermöglichen oder bestätigen, wie Gesichtsbilder oder daktyloskopische Daten;
15. „Gesundheitsdaten" personenbezogene Daten, die sich auf die körperliche oder geistige Gesundheit einer natürlichen Person, einschließlich der Erbringung von Gesundheitsdienstleistungen, beziehen und aus denen Informationen über deren Gesundheitszustand hervorgehen;

16. „Hauptniederlassung"
    a) im Falle eines Verantwortlichen mit Niederlassungen in mehr als einem Mitgliedstaat den Ort seiner Hauptverwaltung in der Union, es sei denn, die Entscheidungen hinsichtlich der Zwecke und Mittel der Verarbeitung personenbezogener Daten werden in einer anderen Niederlassung des Verantwortlichen in der Union getroffen und diese Niederlassung ist befugt, diese Entscheidungen umsetzen zu lassen; in diesem Fall gilt die Niederlassung, die derartige Entscheidungen trifft, als Hauptniederlassung;
    b) im Falle eines Auftragsverarbeiters mit Niederlassungen in mehr als einem Mitgliedstaat den Ort seiner Hauptverwaltung in der Union oder, sofern der Auftragsverarbeiter keine Hauptverwaltung in der Union hat, die Niederlassung des Auftragsverarbeiters in der Union, in der die Verarbeitungstätigkeiten im Rahmen der Tätigkeiten einer Niederlassung eines Auftragsverarbeiters hauptsächlich stattfinden, soweit der Auftragsverarbeiter spezifischen Pflichten aus dieser Verordnung unterliegt;
17. „Vertreter" eine in der Union niedergelassene natürliche oder juristische Person, die von dem Verantwortlichen oder Auftragsverarbeiter schriftlich gemäß Artikel 27 bestellt wurde und den Verantwortlichen oder Auftragsverarbeiter in Bezug auf die ihnen jeweils nach dieser Verordnung obliegenden Pflichten vertritt;
18. „Unternehmen" eine natürliche oder juristische Person, die eine wirtschaftliche Tätigkeit ausübt, unabhängig von ihrer Rechtsform, einschließlich Personengesellschaften oder Vereinigungen, die regelmäßig einer wirtschaftlichen Tätigkeit nachgehen;
19. „Unternehmensgruppe" eine Gruppe, die aus einem herrschenden Unternehmen und den von diesem abhängigen Unternehmen besteht;
20. „verbindliche interne Datenschutzvorschriften" Maßnahmen zum Schutz personenbezogener Daten, zu deren Einhaltung sich ein im Hoheitsgebiet eines Mitgliedstaats niedergelassener Verantwortlicher oder Auftragsverarbeiter verpflichtet im Hinblick auf Datenübermittlungen oder eine Kategorie von Datenübermittlungen personenbezogener Daten an einen Verantwortlichen oder Auftragsverarbeiter derselben Unternehmensgruppe oder derselben Gruppe von Unternehmen, die eine gemeinsame Wirtschaftstätigkeit ausüben, in einem oder mehreren Drittländern;
21. „Aufsichtsbehörde" eine von einem Mitgliedstaat gemäß Artikel 51 eingerichtete unabhängige staatliche Stelle;
22. „betroffene Aufsichtsbehörde" eine Aufsichtsbehörde, die von der Verarbeitung personenbezogener Daten betroffen ist, weil
    a) der Verantwortliche oder der Auftragsverarbeiter im Hoheitsgebiet des Mitgliedstaats dieser Aufsichtsbehörde niedergelassen ist,
    b) diese Verarbeitung erhebliche Auswirkungen auf betroffene Personen mit Wohnsitz im Mitgliedstaat dieser Aufsichtsbehörde hat oder haben kann oder
    c) eine Beschwerde bei dieser Aufsichtsbehörde eingereicht wurde;
23. „grenzüberschreitende Verarbeitung" entweder
    a) eine Verarbeitung personenbezogener Daten, die im Rahmen der Tätigkeiten von Niederlassungen eines Verantwortlichen oder eines Auftragsverarbeiters in der Union in mehr als einem Mitgliedstaat erfolgt, wenn der Verantwortliche oder Auftragsverarbeiter in mehr als einem Mitgliedstaat niedergelassen ist, oder
    b) eine Verarbeitung personenbezogener Daten, die im Rahmen der Tätigkeiten einer einzelnen Niederlassung eines Verantwortlichen oder eines Auftragsverarbeiters in der Union erfolgt, die jedoch erhebliche Auswirkungen auf betroffene Personen in mehr als einem Mitgliedstaat hat oder haben kann;

24. „maßgeblicher und begründeter Einspruch" einen Einspruch gegen einen Beschlussentwurf im Hinblick darauf, ob ein Verstoß gegen diese Verordnung vorliegt oder ob beabsichtigte Maßnahmen gegen den Verantwortlichen oder den Auftragsverarbeiter im Einklang mit dieser Verordnung steht, wobei aus diesem Einspruch die Tragweite der Risiken klar hervorgeht, die von dem Beschlussentwurf in Bezug auf die Grundrechte und Grundfreiheiten der betroffenen Personen und gegebenenfalls den freien Verkehr personenbezogener Daten in der Union ausgehen;
25. „Dienst der Informationsgesellschaft" eine Dienstleistung im Sinne des Artikels 1 Nummer 1 Buchstabe b der Richtlinie (EU) 2015/1535 des Europäischen Parlaments und des Rates;
26. „internationale Organisation" eine völkerrechtliche Organisation und ihre nachgeordneten Stellen oder jede sonstige Einrichtung, die durch eine zwischen zwei oder mehr Ländern geschlossene Übereinkunft oder auf der Grundlage einer solchen Übereinkunft geschaffen wurde.

Art. 5 – 11   KAPITEL II Grundsätze

Art. 5   Grundsätze für die Verarbeitung personenbezogener Daten

(1) Personenbezogene Daten müssen
a) auf rechtmäßige Weise, nach Treu und Glauben und in einer für die betroffene Person nachvollziehbaren Weise verarbeitet werden („Rechtmäßigkeit, Verarbeitung nach Treu und Glauben, Transparenz");
b) für festgelegte, eindeutige und legitime Zwecke erhoben werden und dürfen nicht in einer mit diesen Zwecken nicht zu vereinbarenden Weise weiterverarbeitet werden; eine Weiterverarbeitung für im öffentlichen Interesse liegende Archivzwecke, für wissenschaftliche oder historische Forschungszwecke oder für statistische Zwecke gilt gemäß Artikel 89 Absatz 1 nicht als unvereinbar mit den ursprünglichen Zwecken („Zweckbindung");
c) dem Zweck angemessen und erheblich sowie auf das für die Zwecke der Verarbeitung notwendige Maß beschränkt sein („Datenminimierung");
d) sachlich richtig und erforderlichenfalls auf dem neuesten Stand sein; es sind alle angemessenen Maßnahmen zu treffen, damit personenbezogene Daten, die im Hinblick auf die Zwecke ihrer Verarbeitung unrichtig sind, unverzüglich gelöscht oder berichtigt werden („Richtigkeit");
e) in einer Form gespeichert werden, die die Identifizierung der betroffenen Personen nur so lange ermöglicht, wie es für die Zwecke, für die sie verarbeitet werden, erforderlich ist; personenbezogene Daten dürfen länger gespeichert werden, soweit die personenbezogenen Daten vorbehaltlich der Durchführung geeigneter technischer und organisatorischer Maßnahmen, die von dieser Verordnung zum Schutz der Rechte und Freiheiten der betroffenen Person gefordert werden, ausschließlich für im öffentlichen Interesse liegende Archivzwecke oder für wissenschaftliche und historische Forschungszwecke oder für statistische Zwecke gemäß Artikel 89 Absatz 1 verarbeitet werden („Speicherbegrenzung");
f) in einer Weise verarbeitet werden, die eine angemessene Sicherheit der personenbezogenen Daten gewährleistet, einschließlich Schutz vor unbefugter oder unrechtmäßiger Verarbeitung und vor unbeabsichtigtem Verlust, unbeabsichtigter Zerstörung oder unbeabsichtigter Schädigung durch geeignete technische und organisatorische Maßnahmen („Integrität und Vertraulichkeit");

(2) Der Verantwortliche ist für die Einhaltung des Absatzes 1 verantwortlich und muss dessen Einhaltung nachweisen können („Rechenschaftspflicht").

Art. 6 Rechtmäßigkeit der Verarbeitung

(1) Die Verarbeitung ist nur rechtmäßig, wenn mindestens eine der nachstehenden Bedingungen erfüllt ist:
a) Die betroffene Person hat ihre Einwilligung zu der Verarbeitung der sie betreffenden personenbezogenen Daten für einen oder mehrere bestimmte Zwecke gegeben;
b) die Verarbeitung ist für die Erfüllung eines Vertrags, dessen Vertragspartei die betroffene Person ist, oder zur Durchführung vorvertraglicher Maßnahmen erforderlich, die auf Anfrage der betroffenen Person erfolgen;
c) die Verarbeitung ist zur Erfüllung einer rechtlichen Verpflichtung erforderlich, der der Verantwortliche unterliegt;
d) die Verarbeitung ist erforderlich, um lebenswichtige Interessen der betroffenen Person oder einer anderen natürlichen Person zu schützen;
e) die Verarbeitung ist für die Wahrnehmung einer Aufgabe erforderlich, die im öffentlichen Interesse liegt oder in Ausübung öffentlicher Gewalt erfolgt, die dem Verantwortlichen übertragen wurde;
f) die Verarbeitung ist zur Wahrung der berechtigten Interessen des Verantwortlichen oder eines Dritten erforderlich, sofern nicht die Interessen oder Grundrechte und Grundfreiheiten der betroffenen Person, die den Schutz personenbezogener Daten erfordern, überwiegen, insbesondere dann, wenn es sich bei der betroffenen Person um ein Kind handelt.

Unterabsatz 1 Buchstabe f gilt nicht für die von Behörden in Erfüllung ihrer Aufgaben vorgenommene Verarbeitung.

(2) Die Mitgliedstaaten können spezifischere Bestimmungen zur Anpassung der Anwendung der Vorschriften dieser Verordnung in Bezug auf die Verarbeitung zur Erfüllung von Absatz 1 Buchstaben c und e beibehalten oder einführen, indem sie spezifische Anforderungen für die Verarbeitung sowie sonstige Maßnahmen präziser bestimmen, um eine rechtmäßig und nach Treu und Glauben erfolgende Verarbeitung zu gewährleisten, einschließlich für andere besondere Verarbeitungssituationen gemäß Kapitel IX.

(3) Die Rechtsgrundlage für die Verarbeitungen gemäß Absatz 1 Buchstaben c und e wird festgelegt durch
a) Unionsrecht oder
b) das Recht der Mitgliedstaaten, dem der Verantwortliche unterliegt.

Der Zweck der Verarbeitung muss in dieser Rechtsgrundlage festgelegt oder hinsichtlich der Verarbeitung gemäß Absatz 1 Buchstabe e für die Erfüllung einer Aufgabe erforderlich sein, die im öffentlichen Interesse liegt oder in Ausübung öffentlicher Gewalt erfolgt, die dem Verantwortlichen übertragen wurde. Diese Rechtsgrundlage kann spezifische Bestimmungen zur Anpassung der Anwendung der Vorschriften dieser Verordnung enthalten, unter anderem Bestimmungen darüber, welche allgemeinen Bedingungen für die Regelung der Rechtmäßigkeit der Verarbeitung durch den Verantwortlichen gelten, welche Arten von Daten verarbeitet werden, welche Personen betroffen sind, an welche Einrichtungen und für welche Zwecke die personenbezogenen Daten offengelegt werden dürfen, welcher Zweckbindung sie unterliegen, wie lange sie gespeichert werden dürfen und welche Verarbeitungsvorgänge und -verfahren angewandt werden dürfen, einschließlich Maßnahmen zur Gewährleistung einer rechtmäßig und nach Treu und Glauben erfolgenden Verarbeitung, wie solche für sonstige besondere Verarbeitungssituationen gemäß Kapitel IX. Das Unionsrecht oder das Recht der

Mitgliedstaaten müssen ein im öffentlichen Interesse liegendes Ziel verfolgen und in einem angemessenen Verhältnis zu dem verfolgten legitimen Zweck stehen.
(4) Beruht die Verarbeitung zu einem anderen Zweck als zu demjenigen, zu dem die personenbezogenen Daten erhoben wurden, nicht auf der Einwilligung der betroffenen Person oder auf einer Rechtsvorschrift der Union oder der Mitgliedstaaten, die in einer demokratischen Gesellschaft eine notwendige und verhältnismäßige Maßnahme zum Schutz der in Artikel 23 Absatz 1 genannten Ziele darstellt, so berücksichtigt der Verantwortliche – um festzustellen, ob die Verarbeitung zu einem anderen Zweck mit demjenigen, zu dem die personenbezogenen Daten ursprünglich erhoben wurden, vereinbar ist – unter anderem
a) jede Verbindung zwischen den Zwecken, für die die personenbezogenen Daten erhoben wurden, und den Zwecken der beabsichtigten Weiterverarbeitung,
b) den Zusammenhang, in dem die personenbezogenen Daten erhoben wurden, insbesondere hinsichtlich des Verhältnisses zwischen den betroffenen Personen und dem Verantwortlichen,
c) die Art der personenbezogenen Daten, insbesondere ob besondere Kategorien personenbezogener Daten gemäß Artikel 9 verarbeitet werden oder ob personenbezogene Daten über strafrechtliche Verurteilungen und Straftaten gemäß Artikel 10 verarbeitet werden,
d) die möglichen Folgen der beabsichtigten Weiterverarbeitung für die betroffenen Personen,
e) das Vorhandensein geeigneter Garantien, wozu Verschlüsselung oder Pseudonymisierung gehören kann.

Art. 7 Bedingungen für die Einwilligung

(1) Beruht die Verarbeitung auf einer Einwilligung, muss der Verantwortliche nachweisen können, dass die betroffene Person in die Verarbeitung ihrer personenbezogenen Daten eingewilligt hat.
(2) Erfolgt die Einwilligung der betroffenen Person durch eine schriftliche Erklärung, die noch andere Sachverhalte betrifft, so muss das Ersuchen um Einwilligung in verständlicher und leicht zugänglicher Form in einer klaren und einfachen Sprache so erfolgen, dass es von den anderen Sachverhalten klar zu unterscheiden ist. Teile der Erklärung sind dann nicht verbindlich, wenn sie einen Verstoß gegen diese Verordnung darstellen.
(3) Die betroffene Person hat das Recht, ihre Einwilligung jederzeit zu widerrufen. Durch den Widerruf der Einwilligung wird die Rechtmäßigkeit der aufgrund der Einwilligung bis zum Widerruf erfolgten Verarbeitung nicht berührt. Die betroffene Person wird vor Abgabe der Einwilligung hiervon in Kenntnis gesetzt. Der Widerruf der Einwilligung muss so einfach wie die Erteilung der Einwilligung sein.
(4) Bei der Beurteilung, ob die Einwilligung freiwillig erteilt wurde, muss dem Umstand in größtmöglichem Umfang Rechnung getragen werden, ob unter anderem die Erfüllung eines Vertrags, einschließlich der Erbringung einer Dienstleistung, von der Einwilligung zu einer Verarbeitung von personenbezogenen Daten abhängig ist, die für die Erfüllung des Vertrags nicht erforderlich sind.

Art. 8 Bedingungen für die Einwilligung eines Kindes in Bezug auf Dienste der Informationsgesellschaft

(1) Gilt Artikel 6 Absatz 1 Buchstabe a bei einem Angebot von Diensten der Informationsgesellschaft, das einem Kind direkt gemacht wird, so ist die Verarbeitung der personenbezogenen Daten des Kindes rechtmäßig, wenn das Kind das sechzehnte Lebensjahr vollendet hat. Hat das Kind noch nicht das sechzehnte Lebensjahr vollendet, so ist diese Verarbeitung nur

rechtmäßig, sofern und soweit diese Einwilligung durch den Träger der elterlichen Verantwortung für das Kind oder mit dessen Zustimmung erteilt wird.

Die Mitgliedstaaten können durch Rechtsvorschriften zu diesen Zwecken eine niedrigere Altersgrenze vorsehen, die jedoch nicht unter dem vollendeten dreizehnten Lebensjahr liegen darf.

(2) Der Verantwortliche unternimmt unter Berücksichtigung der verfügbaren Technik angemessene Anstrengungen, um sich in solchen Fällen zu vergewissern, dass die Einwilligung durch den Träger der elterlichen Verantwortung für das Kind oder mit dessen Zustimmung erteilt wurde.

(3) Absatz 1 lässt das allgemeine Vertragsrecht der Mitgliedstaaten, wie etwa die Vorschriften zur Gültigkeit, zum Zustandekommen oder zu den Rechtsfolgen eines Vertrags in Bezug auf ein Kind, unberührt.

Art. 9 Verarbeitung besonderer Kategorien personenbezogener Daten

(1) Die Verarbeitung personenbezogener Daten, aus denen die rassische und ethnische Herkunft, politische Meinungen, religiöse oder weltanschauliche Überzeugungen oder die Gewerkschaftszugehörigkeit hervorgehen, sowie die Verarbeitung von genetischen Daten, biometrischen Daten zur eindeutigen Identifizierung einer natürlichen Person, Gesundheitsdaten oder Daten zum Sexualleben oder der sexuellen Orientierung einer natürlichen Person ist untersagt.

(2) Absatz 1 gilt nicht in folgenden Fällen:
a) Die betroffene Person hat in die Verarbeitung der genannten personenbezogenen Daten für einen oder mehrere festgelegte Zwecke ausdrücklich eingewilligt, es sei denn, nach Unionsrecht oder dem Recht der Mitgliedstaaten kann das Verbot nach Absatz 1 durch die Einwilligung der betroffenen Person nicht aufgehoben werden,
b) die Verarbeitung ist erforderlich, damit der Verantwortliche oder die betroffene Person die ihm bzw. ihr aus dem Arbeitsrecht und dem Recht der sozialen Sicherheit und des Sozialschutzes erwachsenden Rechte ausüben und seinen bzw. ihren diesbezüglichen Pflichten nachkommen kann, soweit dies nach Unionsrecht oder dem Recht der Mitgliedstaaten oder einer Kollektivvereinbarung nach dem Recht der Mitgliedstaaten, das geeignete Garantien für die Grundrechte und die Interessen der betroffenen Person vorsieht, zulässig ist,
c) die Verarbeitung ist zum Schutz lebenswichtiger Interessen der betroffenen Person oder einer anderen natürlichen Person erforderlich und die betroffene Person ist aus körperlichen oder rechtlichen Gründen außerstande, ihre Einwilligung zu geben,
d) die Verarbeitung erfolgt auf der Grundlage geeigneter Garantien durch eine politisch, weltanschaulich, religiös oder gewerkschaftlich ausgerichtete Stiftung, Vereinigung oder sonstige Organisation ohne Gewinnerzielungsabsicht im Rahmen ihrer rechtmäßigen Tätigkeiten und unter der Voraussetzung, dass sich die Verarbeitung ausschließlich auf die Mitglieder oder ehemalige Mitglieder der Organisation oder auf Personen, die im Zusammenhang mit deren Tätigkeitszweck regelmäßige Kontakte mit ihr unterhalten, bezieht und die personenbezogenen Daten nicht ohne Einwilligung der betroffenen Personen nach außen offengelegt werden,
e) die Verarbeitung bezieht sich auf personenbezogene Daten, die die betroffene Person offensichtlich öffentlich gemacht hat,
f) die Verarbeitung ist zur Geltendmachung, Ausübung oder Verteidigung von Rechtsansprüchen oder bei Handlungen der Gerichte im Rahmen ihrer justiziellen Tätigkeit erforderlich,

g) die Verarbeitung ist auf der Grundlage des Unionsrechts oder des Rechts eines Mitgliedstaats, das in angemessenem Verhältnis zu dem verfolgten Ziel steht, den Wesensgehalt des Rechts auf Datenschutz wahrt und angemessene und spezifische Maßnahmen zur Wahrung der Grundrechte und Interessen der betroffenen Person vorsieht, aus Gründen eines erheblichen öffentlichen Interesses erforderlich,

h) die Verarbeitung ist für Zwecke der Gesundheitsvorsorge oder der Arbeitsmedizin, für die Beurteilung der Arbeitsfähigkeit des Beschäftigten, für die medizinische Diagnostik, die Versorgung oder Behandlung im Gesundheitsoder Sozialbereich oder für die Verwaltung von Systemen und Diensten im Gesundheits- oder Sozialbereich auf der Grundlage des Unionsrechts oder des Rechts eines Mitgliedstaats oder aufgrund eines Vertrags mit einem Angehörigen eines Gesundheitsberufs und vorbehaltlich der in Absatz 3 genannten Bedingungen und Garantien erforderlich,

i) die Verarbeitung ist aus Gründen des öffentlichen Interesses im Bereich der öffentlichen Gesundheit, wie dem Schutz vor schwerwiegenden grenzüberschreitenden Gesundheitsgefahren oder zur Gewährleistung hoher Qualitäts- und Sicherheitsstandards bei der Gesundheitsversorgung und bei Arzneimitteln und Medizinprodukten, auf der Grundlage des Unionsrechts oder des Rechts eines Mitgliedstaats, das angemessene und spezifische Maßnahmen zur Wahrung der Rechte und Freiheiten der betroffenen Person, insbesondere des Berufsgeheimnisses, vorsieht, erforderlich, oder

j) die Verarbeitung ist auf der Grundlage des Unionsrechts oder des Rechts eines Mitgliedstaats, das in angemessenem Verhältnis zu dem verfolgten Ziel steht, den Wesensgehalt des Rechts auf Datenschutz wahrt und angemessene und spezifische Maßnahmen zur Wahrung der Grundrechte und Interessen der betroffenen Person vorsieht, für im öffentlichen Interesse liegende Archivzwecke, für wissenschaftliche oder historische Forschungszwecke oder für statistische Zwecke gemäß Artikel 89 Absatz 1 erforderlich.

(3) Die in Absatz 1 genannten personenbezogenen Daten dürfen zu den in Absatz 2 Buchstabe h genannten Zwecken verarbeitet werden, wenn diese Daten von Fachpersonal oder unter dessen Verantwortung verarbeitet werden und dieses Fachpersonal nach dem Unionsrecht oder dem Recht eines Mitgliedstaats oder den Vorschriften nationaler zuständiger Stellen dem Berufsgeheimnis unterliegt, oder wenn die Verarbeitung durch eine andere Person erfolgt, die ebenfalls nach dem Unionsrecht oder dem Recht eines Mitgliedstaats oder den Vorschriften nationaler zuständiger Stellen einer Geheimhaltungspflicht unterliegt.

(4) Die Mitgliedstaaten können zusätzliche Bedingungen, einschließlich Beschränkungen, einführen oder aufrechterhalten, soweit die Verarbeitung von genetischen, biometrischen oder Gesundheitsdaten betroffen ist.

Art. 10 Verarbeitung von personenbezogenen Daten über strafrechtliche Verurteilungen und Straftaten

Die Verarbeitung personenbezogener Daten über strafrechtliche Verurteilungen und Straftaten oder damit zusammenhängende Sicherungsmaßregeln aufgrund von Artikel 6 Absatz 1 darf nur unter behördlicher Aufsicht vorgenommen werden oder wenn dies nach dem Unionsrecht oder dem Recht der Mitgliedstaaten, das geeignete Garantien für die Rechte und Freiheiten der betroffenen Personen vorsieht, zulässig ist. Ein umfassendes Register der strafrechtlichen Verurteilungen darf nur unter behördlicher Aufsicht geführt werden.

Art. 11 Verarbeitung, für die eine Identifizierung der betroffenen Person nicht erforderlich ist

(1) Ist für die Zwecke, für die ein Verantwortlicher personenbezogene Daten verarbeitet, die Identifizierung der betroffenen Person durch den Verantwortlichen nicht oder nicht mehr erforderlich, so ist dieser nicht verpflichtet, zur bloßen Einhaltung dieser Verordnung zusätzliche Informationen aufzubewahren, einzuholen oder zu verarbeiten, um die betroffene Person zu identifizieren.

(2) Kann der Verantwortliche in Fällen gemäß Absatz 1 des vorliegenden Artikels nachweisen, dass er nicht in der Lage ist, die betroffene Person zu identifizieren, so unterrichtet er die betroffene Person hierüber, sofern möglich. In diesen Fällen finden die Artikel 15 bis 20 keine Anwendung, es sei denn, die betroffene Person stellt zur Ausübung ihrer in diesen Artikeln niedergelegten Rechte zusätzliche Informationen bereit, die ihre Identifizierung ermöglichen.

Art. 12 – 23 KAPITEL III Rechte der betroffenen Person

Art. 12 Abschnitt 1 Transparenz und Modalitäten

Art. 12 Transparente Information, Kommunikation und Modalitäten für die Ausübung der Rechte der betroffenen Person

(1) Der Verantwortliche trifft geeignete Maßnahmen, um der betroffenen Person alle Informationen gemäß den Artikeln 13 und 14 und alle Mitteilungen gemäß den Artikeln 15 bis 22 und Artikel 34, die sich auf die Verarbeitung beziehen, in präziser, transparenter, verständlicher und leicht zugänglicher Form in einer klaren und einfachen Sprache zu übermitteln; dies gilt insbesondere für Informationen, die sich speziell an Kinder richten. Die Übermittlung der Informationen erfolgt schriftlich oder in anderer Form, gegebenenfalls auch elektronisch. Falls von der betroffenen Person verlangt, kann die Information mündlich erteilt werden, sofern die Identität der betroffenen Person in anderer Form nachgewiesen wurde.

(2) Der Verantwortliche erleichtert der betroffenen Person die Ausübung ihrer Rechte gemäß den Artikeln 15 bis 22. In den in Artikel 11 Absatz 2 genannten Fällen darf sich der Verantwortliche nur dann weigern, aufgrund des Antrags der betroffenen Person auf Wahrnehmung ihrer Rechte gemäß den Artikeln 15 bis 22 tätig zu werden, wenn er glaubhaft macht, dass er nicht in der Lage ist, die betroffene Person zu identifizieren.

(3) Der Verantwortliche stellt der betroffenen Person Informationen über die auf Antrag gemäß den Artikeln 15 bis 22 ergriffenen Maßnahmen unverzüglich, in jedem Fall aber innerhalb eines Monats nach Eingang des Antrags zur Verfügung. Diese Frist kann um weitere zwei Monate verlängert werden, wenn dies unter Berücksichtigung der Komplexität und der Anzahl von Anträgen erforderlich ist. Der Verantwortliche unterrichtet die betroffene Person innerhalb eines Monats nach Eingang des Antrags über eine Fristverlängerung, zusammen mit den Gründen für die Verzögerung. Stellt die betroffene Person den Antrag elektronisch, so ist sie nach Möglichkeit auf elektronischem Weg zu unterrichten, sofern sie nichts anderes angibt.

(4) Wird der Verantwortliche auf den Antrag der betroffenen Person hin nicht tätig, so unterrichtet er die betroffene Person ohne Verzögerung, spätestens aber innerhalb eines Monats nach Eingang des Antrags über die Gründe hierfür und über die Möglichkeit, bei einer Aufsichtsbehörde Beschwerde einzulegen oder einen gerichtlichen Rechtsbehelf einzulegen.

(5) Informationen gemäß den Artikeln 13 und 14 sowie alle Mitteilungen und Maßnahmen gemäß den Artikeln 15 bis 22 und Artikel 34 werden unentgeltlich zur Verfügung gestellt. Bei

offenkundig unbegründeten oder – insbesondere im Fall von häufiger Wiederholung – exzessiven Anträgen einer betroffenen Person kann der Verantwortliche entweder
a) ein angemessenes Entgelt verlangen, bei dem die Verwaltungskosten für die Unterrichtung oder die Mitteilung oder die Durchführung der beantragten Maßnahme berücksichtigt werden, oder
b) sich weigern, aufgrund des Antrags tätig zu werden.

Der Verantwortliche hat den Nachweis für den offenkundig unbegründeten oder exzessiven Charakter des Antrags zu erbringen.

(6) Hat der Verantwortliche begründete Zweifel an der Identität der natürlichen Person, die den Antrag gemäß den Artikeln 15 bis 21 stellt, so kann er unbeschadet des Artikels 11 zusätzliche Informationen anfordern, die zur Bestätigung der Identität der betroffenen Person erforderlich sind.

(7) Die Informationen, die den betroffenen Personen gemäß den Artikeln 13 und 14 bereitzustellen sind, können in Kombination mit standardisierten Bildsymbolen bereitgestellt werden, um in leicht wahrnehmbarer, verständlicher und klar nachvollziehbarer Form einen aussagekräftigen Überblick über die beabsichtigte Verarbeitung zu vermitteln. Werden die Bildsymbole in elektronischer Form dargestellt, müssen sie maschinenlesbar sein.

(8) Der Kommission wird die Befugnis übertragen, gemäß Artikel 92 delegierte Rechtsakte zur Bestimmung der Informationen, die durch Bildsymbole darzustellen sind, und der Verfahren für die Bereitstellung standardisierter Bildsymbole zu erlassen.

Art. 13 – 15 Abschnitt 2 Informationspflicht und Recht auf Auskunft zu personenbezogenen Daten

Art. 13 Informationspflicht bei Erhebung von personenbezogenen Daten bei der betroffenen Person

(1) Werden personenbezogene Daten bei der betroffenen Person erhoben, so teilt der Verantwortliche der betroffenen Person zum Zeitpunkt der Erhebung dieser Daten Folgendes mit:
a) den Namen und die Kontaktdaten des Verantwortlichen sowie gegebenenfalls seines Vertreters;
b) gegebenenfalls die Kontaktdaten des Datenschutzbeauftragten;
c) die Zwecke, für die die personenbezogenen Daten verarbeitet werden sollen, sowie die Rechtsgrundlage für die Verarbeitung;
d) wenn die Verarbeitung auf Artikel 6 Absatz 1 Buchstabe f beruht, die berechtigten Interessen, die von dem Verantwortlichen oder einem Dritten verfolgt werden;
e) gegebenenfalls die Empfänger oder Kategorien von Empfängern der personenbezogenen Daten und
f) gegebenenfalls die Absicht des Verantwortlichen, die personenbezogenen Daten an ein Drittland oder eine internationale Organisation zu übermitteln, sowie das Vorhandensein oder das Fehlen eines Angemessenheitsbeschlusses der Kommission oder im Falle von Übermittlungen gemäß Artikel 46 oder Artikel 47 oder Artikel 49 Absatz 1 Unterabsatz 2 einen Verweis auf die geeigneten oder angemessenen Garantien und die Möglichkeit, wie eine Kopie von ihnen zu erhalten ist, oder wo sie verfügbar sind.

(2) Zusätzlich zu den Informationen gemäß Absatz 1 stellt der Verantwortliche der betroffenen Person zum Zeitpunkt der Erhebung dieser Daten folgende weitere Informationen zur Verfügung, die notwendig sind, um eine faire und transparente Verarbeitung zu gewährleisten:

a) die Dauer, für die die personenbezogenen Daten gespeichert werden oder, falls dies nicht möglich ist, die Kriterien für die Festlegung dieser Dauer;
b) das Bestehen eines Rechts auf Auskunft seitens des Verantwortlichen über die betreffenden personenbezogenen Daten sowie auf Berichtigung oder Löschung oder auf Einschränkung der Verarbeitung oder eines Widerspruchsrechts gegen die Verarbeitung sowie des Rechts auf Datenübertragbarkeit;
c) wenn die Verarbeitung auf Artikel 6 Absatz 1 Buchstabe a oder Artikel 9 Absatz 2 Buchstabe a beruht, das Bestehen eines Rechts, die Einwilligung jederzeit zu widerrufen, ohne dass die Rechtmäßigkeit der aufgrund der Einwilligung bis zum Widerruf erfolgten Verarbeitung berührt wird;
d) das Bestehen eines Beschwerderechts bei einer Aufsichtsbehörde;
e) ob die Bereitstellung der personenbezogenen Daten gesetzlich oder vertraglich vorgeschrieben oder für einen Vertragsabschluss erforderlich ist, ob die betroffene Person verpflichtet ist, die personenbezogenen Daten bereitzustellen, und welche mögliche Folgen die Nichtbereitstellung hätte und
f) das Bestehen einer automatisierten Entscheidungsfindung einschließlich Profiling gemäß Artikel 22 Absätze 1 und 4 und – zumindest in diesen Fällen – aussagekräftige Informationen über die involvierte Logik sowie die Tragweite und die angestrebten Auswirkungen einer derartigen Verarbeitung für die betroffene Person.

(3) Beabsichtigt der Verantwortliche, die personenbezogenen Daten für einen anderen Zweck weiterzuverarbeiten als den, für den die personenbezogenen Daten erhoben wurden, so stellt er der betroffenen Person vor dieser Weiterverarbeitung Informationen über diesen anderen Zweck und alle anderen maßgeblichen Informationen gemäß Absatz 2 zur Verfügung.

(4) Die Absätze 1, 2 und 3 finden keine Anwendung, wenn und soweit die betroffene Person bereits über die Informationen verfügt.

Art. 14 Informationspflicht, wenn die personenbezogenen Daten nicht bei der betroffenen Person erhoben wurden

(1) Werden personenbezogene Daten nicht bei der betroffenen Person erhoben, so teilt der Verantwortliche der betroffenen Person Folgendes mit:
a) den Namen und die Kontaktdaten des Verantwortlichen sowie gegebenenfalls seines Vertreters;
b) zusätzlich die Kontaktdaten des Datenschutzbeauftragten;
c) die Zwecke, für die die personenbezogenen Daten verarbeitet werden sollen, sowie die Rechtsgrundlage für die Verarbeitung;
d) die Kategorien personenbezogener Daten, die verarbeitet werden;
e) gegebenenfalls die Empfänger oder Kategorien von Empfängern der personenbezogenen Daten;
f) gegebenenfalls die Absicht des Verantwortlichen, die personenbezogenen Daten an einen Empfänger in einem Drittland oder einer internationalen Organisation zu übermitteln, sowie das Vorhandensein oder das Fehlen eines Angemessenheitsbeschlusses der Kommission oder im Falle von Übermittlungen gemäß Artikel 46 oder Artikel 47 oder Artikel 49 Absatz 1 Unterabsatz 2 einen Verweis auf die geeigneten oder angemessenen Garantien und die Möglichkeit, eine Kopie von ihnen zu erhalten, oder wo sie verfügbar sind.

(2) Zusätzlich zu den Informationen gemäß Absatz 1 stellt der Verantwortliche der betroffenen Person die folgenden Informationen zur Verfügung, die erforderlich sind, um der betroffenen Person gegenüber eine faire und transparente Verarbeitung zu gewährleisten:

a) die Dauer, für die die personenbezogenen Daten gespeichert werden oder, falls dies nicht möglich ist, die Kriterien für die Festlegung dieser Dauer;
b) wenn die Verarbeitung auf Artikel 6 Absatz 1 Buchstabe f beruht, die berechtigten Interessen, die von dem Verantwortlichen oder einem Dritten verfolgt werden;
c) das Bestehen eines Rechts auf Auskunft seitens des Verantwortlichen über die betreffenden personenbezogenen Daten sowie auf Berichtigung oder Löschung oder auf Einschränkung der Verarbeitung und eines Widerspruchsrechts gegen die Verarbeitung sowie des Rechts auf Datenübertragbarkeit;
d) wenn die Verarbeitung auf Artikel 6 Absatz 1 Buchstabe a oder Artikel 9 Absatz 2 Buchstabe a beruht, das Bestehen eines Rechts, die Einwilligung jederzeit zu widerrufen, ohne dass die Rechtmäßigkeit der aufgrund der Einwilligung bis zum Widerruf erfolgten Verarbeitung berührt wird;
e) das Bestehen eines Beschwerderechts bei einer Aufsichtsbehörde;
f) aus welcher Quelle die personenbezogenen Daten stammen und gegebenenfalls ob sie aus öffentlich zugänglichen Quellen stammen;
g) das Bestehen einer automatisierten Entscheidungsfindung einschließlich Profiling gemäß Artikel 22 Absätze 1 und 4 und – zumindest in diesen Fällen – aussagekräftige Informationen über die involvierte Logik sowie die Tragweite und die angestrebten Auswirkungen einer derartigen Verarbeitung für die betroffene Person.

(3) Der Verantwortliche erteilt die Informationen gemäß den Absätzen 1 und 2
a) unter Berücksichtigung der spezifischen Umstände der Verarbeitung der personenbezogenen Daten innerhalb einer angemessenen Frist nach Erlangung der personenbezogenen Daten, längstens jedoch innerhalb eines Monats,
b) falls die personenbezogenen Daten zur Kommunikation mit der betroffenen Person verwendet werden sollen, spätestens zum Zeitpunkt der ersten Mitteilung an sie, oder,
c) falls die Offenlegung an einen anderen Empfänger beabsichtigt ist, spätestens zum Zeitpunkt der ersten Offenlegung.

(4) Beabsichtigt der Verantwortliche, die personenbezogenen Daten für einen anderen Zweck weiterzuverarbeiten als den, für den die personenbezogenen Daten erlangt wurden, so stellt er der betroffenen Person vor dieser Weiterverarbeitung Informationen über diesen anderen Zweck und alle anderen maßgeblichen Informationen gemäß Absatz 2 zur Verfügung.

(5) Die Absätze 1 bis 4 finden keine Anwendung, wenn und soweit
a) die betroffene Person bereits über die Informationen verfügt,
b) die Erteilung dieser Informationen sich als unmöglich erweist oder einen unverhältnismäßigen Aufwand erfordern würde; dies gilt insbesondere für die Verarbeitung für im öffentlichen Interesse liegende Archivzwecke, für wissenschaftliche oder historische Forschungszwecke oder für statistische Zwecke vorbehaltlich der in Artikel 89 Absatz 1 genannten Bedingungen und Garantien oder soweit die in Absatz 1 des vorliegenden Artikels genannte Pflicht voraussichtlich die Verwirklichung der Ziele dieser Verarbeitung unmöglich macht oder ernsthaft beeinträchtigt In diesen Fällen ergreift der Verantwortliche geeignete Maßnahmen zum Schutz der Rechte und Freiheiten sowie der berechtigten Interessen der betroffenen Person, einschließlich der Bereitstellung dieser Informationen für die Öffentlichkeit,
c) die Erlangung oder Offenlegung durch Rechtsvorschriften der Union oder der Mitgliedstaaten, denen der Verantwortliche unterliegt und die geeignete Maßnahmen zum Schutz der berechtigten Interessen der betroffenen Person vorsehen, ausdrücklich geregelt ist oder

d) die personenbezogenen Daten gemäß dem Unionsrecht oder dem Recht der Mitgliedstaaten dem Berufsgeheimnis, einschließlich einer satzungsmäßigen Geheimhaltungspflicht, unterliegen und daher vertraulich behandelt werden müssen.

Art. 15 Auskunftsrecht der betroffenen Person

(1) Die betroffene Person hat das Recht, von dem Verantwortlichen eine Bestätigung darüber zu verlangen, ob sie betreffende personenbezogene Daten verarbeitet werden; ist dies der Fall, so hat sie ein Recht auf Auskunft über diese personenbezogenen Daten und auf folgende Informationen:
a) die Verarbeitungszwecke;
b) die Kategorien personenbezogener Daten, die verarbeitet werden;
c) die Empfänger oder Kategorien von Empfängern, gegenüber denen die personenbezogenen Daten offengelegt worden sind oder noch offengelegt werden, insbesondere bei Empfängern in Drittländern oder bei internationalen Organisationen;
d) falls möglich die geplante Dauer, für die die personenbezogenen Daten gespeichert werden, oder, falls dies nicht möglich ist, die Kriterien für die Festlegung dieser Dauer;
e) das Bestehen eines Rechts auf Berichtigung oder Löschung der sie betreffenden personenbezogenen Daten oder auf Einschränkung der Verarbeitung durch den Verantwortlichen oder eines Widerspruchsrechts gegen diese Verarbeitung;
f) das Bestehen eines Beschwerderechts bei einer Aufsichtsbehörde;
g) wenn die personenbezogenen Daten nicht bei der betroffenen Person erhoben werden, alle verfügbaren Informationen über die Herkunft der Daten;
h) das Bestehen einer automatisierten Entscheidungsfindung einschließlich Profiling gemäß Artikel 22 Absätze 1 und 4 und – zumindest in diesen Fällen – aussagekräftige Informationen über die involvierte Logik sowie die Tragweite und die angestrebten Auswirkungen einer derartigen Verarbeitung für die betroffene Person.
(2) Werden personenbezogene Daten an ein Drittland oder an eine internationale Organisation übermittelt, so hat die betroffene Person das Recht, über die geeigneten Garantien gemäß Artikel 46 im Zusammenhang mit der Übermittlung unterrichtet zu werden.
(3) Der Verantwortliche stellt eine Kopie der personenbezogenen Daten, die Gegenstand der Verarbeitung sind, zur Verfügung. Für alle weiteren Kopien, die die betroffene Person beantragt, kann der Verantwortliche ein angemessenes Entgelt auf der Grundlage der Verwaltungskosten verlangen. Stellt die betroffene Person den Antrag elektronisch, so sind die Informationen in einem gängigen elektronischen Format zur Verfügung zu stellen, sofern sie nichts anderes angibt.
(4) Das Recht auf Erhalt einer Kopie gemäß Absatz 3 darf die Rechte und Freiheiten anderer Personen nicht beeinträchtigen.

Art. 16 – 20 Abschnitt 3 Berichtigung und Löschung

Art. 16 Recht auf Berichtigung

Die betroffene Person hat das Recht, von dem Verantwortlichen unverzüglich die Berichtigung sie betreffender unrichtiger personenbezogener Daten zu verlangen. Unter Berücksichtigung der Zwecke der Verarbeitung hat die betroffene Person das Recht, die Vervollständigung unvollständiger personenbezogener Daten – auch mittels einer ergänzenden Erklärung – zu verlangen.

Art. 17 Recht auf Löschung („Recht auf Vergessenwerden")

(1) Die betroffene Person hat das Recht, von dem Verantwortlichen zu verlangen, dass sie betreffende personenbezogene Daten unverzüglich gelöscht werden, und der Verantwortliche ist verpflichtet, personenbezogene Daten unverzüglich zu löschen, sofern einer der folgenden Gründe zutrifft:
a) Die personenbezogenen Daten sind für die Zwecke, für die sie erhoben oder auf sonstige Weise verarbeitet wurden, nicht mehr notwendig.
b) Die betroffene Person widerruft ihre Einwilligung, auf die sich die Verarbeitung gemäß Artikel 6 Absatz 1 Buchstabe a oder Artikel 9 Absatz 2 Buchstabe a stützte, und es fehlt an einer anderweitigen Rechtsgrundlage für die Verarbeitung.
c) Die betroffene Person legt gemäß Artikel 21 Absatz 1 Widerspruch gegen die Verarbeitung ein und es liegen keine vorrangigen berechtigten Gründe für die Verarbeitung vor, oder die betroffene Person legt gemäß Artikel 21 Absatz 2 Widerspruch gegen die Verarbeitung ein.
d) Die personenbezogenen Daten wurden unrechtmäßig verarbeitet.
e) Die Löschung der personenbezogenen Daten ist zur Erfüllung einer rechtlichen Verpflichtung nach dem Unionsrecht oder dem Recht der Mitgliedstaaten erforderlich, dem der Verantwortliche unterliegt.
f) Die personenbezogenen Daten wurden in Bezug auf angebotene Dienste der Informationsgesellschaft gemäß Artikel 8 Absatz 1 erhoben.

(2) Hat der Verantwortliche die personenbezogenen Daten öffentlich gemacht und ist er gemäß Absatz 1 zu deren Löschung verpflichtet, so trifft er unter Berücksichtigung der verfügbaren Technologie und der Implementierungskosten angemessene Maßnahmen, auch technischer Art, um für die Datenverarbeitung Verantwortliche, die die personenbezogenen Daten verarbeiten, darüber zu informieren, dass eine betroffene Person von ihnen die Löschung aller Links zu diesen personenbezogenen Daten oder von Kopien oder Replikationen dieser personenbezogenen Daten verlangt hat.

(3) Die Absätze 1 und 2 gelten nicht, soweit die Verarbeitung erforderlich ist
a) zur Ausübung des Rechts auf freie Meinungsäußerung und Information;
b) zur Erfüllung einer rechtlichen Verpflichtung, die die Verarbeitung nach dem Recht der Union oder der Mitgliedstaaten, dem der Verantwortliche unterliegt, erfordert, oder zur Wahrnehmung einer Aufgabe, die im öffentlichen Interesse liegt oder in Ausübung öffentlicher Gewalt erfolgt, die dem Verantwortlichen übertragen wurde;
c) aus Gründen des öffentlichen Interesses im Bereich der öffentlichen Gesundheit gemäß Artikel 9 Absatz 2 Buchstaben h und i sowie Artikel 9 Absatz 3;
d) für im öffentlichen Interesse liegende Archivzwecke, wissenschaftliche oder historische Forschungszwecke oder für statistische Zwecke gemäß Artikel 89 Absatz 1, soweit das in Absatz 1 genannte Recht voraussichtlich die Verwirklichung der Ziele dieser Verarbeitung unmöglich macht oder ernsthaft beeinträchtigt, oder
e) zur Geltendmachung, Ausübung oder Verteidigung von Rechtsansprüchen.

Art. 18 Recht auf Einschränkung der Verarbeitung

(1) Die betroffene Person hat das Recht, von dem Verantwortlichen die Einschränkung der Verarbeitung zu verlangen, wenn eine der folgenden Voraussetzungen gegeben ist:
a) die Richtigkeit der personenbezogenen Daten von der betroffenen Person bestritten wird, und zwar für eine Dauer, die es dem Verantwortlichen ermöglicht, die Richtigkeit der personenbezogenen Daten zu überprüfen,

b) die Verarbeitung unrechtmäßig ist und die betroffene Person die Löschung der personenbezogenen Daten ablehnt und stattdessen die Einschränkung der Nutzung der personenbezogenen Daten verlangt;
c) der Verantwortliche die personenbezogenen Daten für die Zwecke der Verarbeitung nicht länger benötigt, die betroffene Person sie jedoch zur Geltendmachung, Ausübung oder Verteidigung von Rechtsansprüchen benötigt, oder
d) die betroffene Person Widerspruch gegen die Verarbeitung gemäß Artikel 21 Absatz 1 eingelegt hat, solange noch nicht feststeht, ob die berechtigten Gründe des Verantwortlichen gegenüber denen der betroffenen Person überwiegen.
(2) Wurde die Verarbeitung gemäß Absatz 1 eingeschränkt, so dürfen diese personenbezogenen Daten – von ihrer Speicherung abgesehen – nur mit Einwilligung der betroffenen Person oder zur Geltendmachung, Ausübung oder Verteidigung von Rechtsansprüchen oder zum Schutz der Rechte einer anderen natürlichen oder juristischen Person oder aus Gründen eines wichtigen öffentlichen Interesses der Union oder eines Mitgliedstaats verarbeitet werden.
(3) Eine betroffene Person, die eine Einschränkung der Verarbeitung gemäß Absatz 1 erwirkt hat, wird von dem Verantwortlichen unterrichtet, bevor die Einschränkung aufgehoben wird.

Art. 19 Mitteilungspflicht im Zusammenhang mit der Berichtigung oder Löschung personenbezogener Daten oder der Einschränkung der Verarbeitung

Der Verantwortliche teilt allen Empfängern, denen personenbezogenen Daten offengelegt wurden, jede Berichtigung oder Löschung der personenbezogenen Daten oder eine Einschränkung der Verarbeitung nach Artikel 16, Artikel 17 Absatz 1 und Artikel 18 mit, es sei denn, dies erweist sich als unmöglich oder ist mit einem unverhältnismäßigen Aufwand verbunden. Der Verantwortliche unterrichtet die betroffene Person über diese Empfänger, wenn die betroffene Person dies verlangt.

Art. 20 Recht auf Datenübertragbarkeit

(1) Die betroffene Person hat das Recht, die sie betreffenden personenbezogenen Daten, die sie einem Verantwortlichen bereitgestellt hat, in einem strukturierten, gängigen und maschinenlesbaren Format zu erhalten, und sie hat das Recht, diese Daten einem anderen Verantwortlichen ohne Behinderung durch den Verantwortlichen, dem die personenbezogenen Daten bereitgestellt wurden, zu übermitteln, sofern
a) die Verarbeitung auf einer Einwilligung gemäß Artikel 6 Absatz 1 Buchstabe a oder Artikel 9 Absatz 2 Buchstabe a oder auf einem Vertrag gemäß Artikel 6 Absatz 1 Buchstabe b beruht und
b) die Verarbeitung mithilfe automatisierter Verfahren erfolgt.
(2) Bei der Ausübung ihres Rechts auf Datenübertragbarkeit gemäß Absatz 1 hat die betroffene Person das Recht, zu erwirken, dass die personenbezogenen Daten direkt von einem Verantwortlichen einem anderen Verantwortlichen übermittelt werden, soweit dies technisch machbar ist.
(3) Die Ausübung des Rechts nach Absatz 1 des vorliegenden Artikels lässt Artikel 17 unberührt. Dieses Recht gilt nicht für eine Verarbeitung, die für die Wahrnehmung einer Aufgabe erforderlich ist, die im öffentlichen Interesse liegt oder in Ausübung öffentlicher Gewalt erfolgt, die dem Verantwortlichen übertragen wurde.
(4) Das Recht gemäß Absatz 1 darf die Rechte und Freiheiten anderer Personen nicht beeinträchtigen.

Art. 21 – 22 Abschnitt 4 Widerspruchsrecht und automatisierte Entscheidungsfindung im Einzelfall

Art. 21 Widerspruchsrecht

(1) Die betroffene Person hat das Recht, aus Gründen, die sich aus ihrer besonderen Situation ergeben, jederzeit gegen die Verarbeitung sie betreffender personenbezogener Daten, die aufgrund von Artikel 6 Absatz 1 Buchstaben e oder f erfolgt, Widerspruch einzulegen; dies gilt auch für ein auf diese Bestimmungen gestütztes Profiling. Der Verantwortliche verarbeitet die personenbezogenen Daten nicht mehr, es sei denn, er kann zwingende schutzwürdige Gründe für die Verarbeitung nachweisen, die die Interessen, Rechte und Freiheiten der betroffenen Person überwiegen, oder die Verarbeitung dient der Geltendmachung, Ausübung oder Verteidigung von Rechtsansprüchen.

(2) Werden personenbezogene Daten verarbeitet, um Direktwerbung zu betreiben, so hat die betroffene Person das Recht, jederzeit Widerspruch gegen die Verarbeitung sie betreffender personenbezogener Daten zum Zwecke derartiger Werbung einzulegen; dies gilt auch für das Profiling, soweit es mit solcher Direktwerbung in Verbindung steht.

(3) Widerspricht die betroffene Person der Verarbeitung für Zwecke der Direktwerbung, so werden die personenbezogenen Daten nicht mehr für diese Zwecke verarbeitet.

(4) Die betroffene Person muss spätestens zum Zeitpunkt der ersten Kommunikation mit ihr ausdrücklich auf das in den Absätzen 1 und 2 genannte Recht hingewiesen werden; dieser Hinweis hat in einer verständlichen und von anderen Informationen getrennten Form zu erfolgen.

(5) Im Zusammenhang mit der Nutzung von Diensten der Informationsgesellschaft kann die betroffene Person ungeachtet der Richtlinie 2002/58/EG ihr Widerspruchsrecht mittels automatisierter Verfahren ausüben, bei denen technische Spezifikationen verwendet werden.

(6) Die betroffene Person hat das Recht, aus Gründen, die sich aus ihrer besonderen Situation ergeben, gegen die sie betreffende Verarbeitung sie betreffender personenbezogener Daten, die zu wissenschaftlichen oder historischen Forschungszwecken oder zu statistischen Zwecken gemäß Artikel 89 Absatz 1 erfolgt, Widerspruch einzulegen, es sei denn, die Verarbeitung ist zur Erfüllung einer im öffentlichen Interesse liegenden Aufgabe erforderlich.

Art. 22 Automatisierte Entscheidungen im Einzelfall einschließlich Profiling

(1) Die betroffene Person hat das Recht, nicht einer ausschließlich auf einer automatisierten Verarbeitung – einschließlich Profiling – beruhenden Entscheidung unterworfen zu werden, die ihr gegenüber rechtliche Wirkung entfaltet oder sie in ähnlicher Weise erheblich beeinträchtigt.

(2) Absatz 1 gilt nicht, wenn die Entscheidung
a) für den Abschluss oder die Erfüllung eines Vertrags zwischen der betroffenen Person und dem Verantwortlichen erforderlich ist,
b) aufgrund von Rechtsvorschriften der Union oder der Mitgliedstaaten, denen der Verantwortliche unterliegt, zulässig ist und diese Rechtsvorschriften angemessene Maßnahmen zur Wahrung der Rechte und Freiheiten sowie der berechtigten Interessen der betroffenen Person enthalten oder
c) mit ausdrücklicher Einwilligung der betroffenen Person erfolgt.

(3) In den in Absatz 2 Buchstaben a und c genannten Fällen trifft der Verantwortliche angemessene Maßnahmen, um die Rechte und Freiheiten sowie die berechtigten Interessen der betroffenen Person zu wahren, wozu mindestens das Recht auf Erwirkung des Eingreifens ei-

ner Person seitens des Verantwortlichen, auf Darlegung des eigenen Standpunkts und auf Anfechtung der Entscheidung gehört.

(4) Entscheidungen nach Absatz 2 dürfen nicht auf besonderen Kategorien personenbezogener Daten nach Artikel 9 Absatz 1 beruhen, sofern nicht Artikel 9 Absatz 2 Buchstabe a oder g gilt und angemessene Maßnahmen zum Schutz der Rechte und Freiheiten sowie der berechtigten Interessen der betroffenen Person getroffen wurden.

Art. 23 Abschnitt 5 Beschränkungen

Art. 23 Beschränkungen

(1) Durch Rechtsvorschriften der Union oder der Mitgliedstaaten, denen der Verantwortliche oder der Auftragsverarbeiter unterliegt, können die Pflichten und Rechte gemäß den Artikeln 12 bis 22 und Artikel 34 sowie Artikel 5, insofern dessen Bestimmungen den in den Artikeln 12 bis 22 vorgesehenen Rechten und Pflichten entsprechen, im Wege von Gesetzgebungsmaßnahmen beschränkt werden, sofern eine solche Beschränkung den Wesensgehalt der Grundrechte und Grundfreiheiten achtet und in einer demokratischen Gesellschaft eine notwendige und verhältnismäßige Maßnahme darstellt, die Folgendes sicherstellt:
a) die nationale Sicherheit;
b) die Landesverteidigung;
c) die öffentliche Sicherheit;
d) die Verhütung, Ermittlung, Aufdeckung oder Verfolgung von Straftaten oder die Strafvollstreckung, einschließlich des Schutzes vor und der Abwehr von Gefahren für die öffentliche Sicherheit;
e) den Schutz sonstiger wichtiger Ziele des allgemeinen öffentlichen Interesses der Union oder eines Mitgliedstaats, insbesondere eines wichtigen wirtschaftlichen oder finanziellen Interesses der Union oder eines Mitgliedstaats, etwa im Währungs-, Haushalts- und Steuerbereich sowie im Bereich der öffentlichen Gesundheit und der sozialen Sicherheit;
f) den Schutz der Unabhängigkeit der Justiz und den Schutz von Gerichtsverfahren;
g) die Verhütung, Aufdeckung, Ermittlung und Verfolgung von Verstößen gegen die berufsständischen Regeln reglementierter Berufe;
h) Kontroll-, Überwachungs- und Ordnungsfunktionen, die dauernd oder zeitweise mit der Ausübung öffentlicher Gewalt für die unter den Buchstaben a bis e und g genannten Zwecke verbunden sind;
i) den Schutz der betroffenen Person oder der Rechte und Freiheiten anderer Personen;
j) die Durchsetzung zivilrechtlicher Ansprüche.

(2) Jede Gesetzgebungsmaßnahme im Sinne des Absatzes 1 muss insbesondere gegebenenfalls spezifische Vorschriften enthalten zumindest in Bezug auf
a) die Zwecke der Verarbeitung oder die Verarbeitungskategorien,
b) die Kategorien personenbezogener Daten,
c) den Umfang der vorgenommenen Beschränkungen,
d) die Garantien gegen Missbrauch oder unrechtmäßigen Zugang oder unrechtmäßige Übermittlung;
e) die Angaben zu dem Verantwortlichen oder den Kategorien von Verantwortlichen,
f) die jeweiligen Speicherfristen sowie die geltenden Garantien unter Berücksichtigung von Art, Umfang und Zwecken der Verarbeitung oder der Verarbeitungskategorien,
g) die Risiken für die Rechte und Freiheiten der betroffenen Personen und
h) das Recht der betroffenen Personen auf Unterrichtung über die Beschränkung, sofern dies nicht dem Zweck der Beschränkung abträglich ist.

Art. 24 – 43 KAPITEL IV Verantwortlicher und Auftragsverarbeiter

Art. 24 – 31 Abschnitt 1 Allgemeine Pflichten

Art. 24 Verantwortung des für die Verarbeitung Verantwortlichen

(1) Der Verantwortliche setzt unter Berücksichtigung der Art, des Umfangs, der Umstände und der Zwecke der Verarbeitung sowie der unterschiedlichen Eintrittswahrscheinlichkeit und Schwere der Risiken für die Rechte und Freiheiten natürlicher Personen geeignete technische und organisatorische Maßnahmen um, um sicherzustellen und den Nachweis dafür erbringen zu können, dass die Verarbeitung gemäß dieser Verordnung erfolgt. Diese Maßnahmen werden erforderlichenfalls überprüft und aktualisiert.

(2) Sofern dies in einem angemessenen Verhältnis zu den Verarbeitungstätigkeiten steht, müssen die Maßnahmen gemäß Absatz 1 die Anwendung geeigneter Datenschutzvorkehrungen durch den Verantwortlichen umfassen.

(3) Die Einhaltung der genehmigten Verhaltensregeln gemäß Artikel 40 oder eines genehmigten Zertifizierungsverfahrens gemäß Artikel 42 kann als Gesichtspunkt herangezogen werden, um die Erfüllung der Pflichten des Verantwortlichen nachzuweisen.

Art. 25 Datenschutz durch Technikgestaltung und durch datenschutzfreundliche Voreinstellungen

(1) Unter Berücksichtigung des Stands der Technik, der Implementierungskosten und der Art, des Umfangs, der Umstände und der Zwecke der Verarbeitung sowie der unterschiedlichen Eintrittswahrscheinlichkeit und Schwere der mit der Verarbeitung verbundenen Risiken für die Rechte und Freiheiten natürlicher Personen trifft der Verantwortliche sowohl zum Zeitpunkt der Festlegung der Mittel für die Verarbeitung als auch zum Zeitpunkt der eigentlichen Verarbeitung geeignete technische und organisatorische Maßnahmen – wie z. B. Pseudonymisierung –, die dafür ausgelegt sind, die Datenschutzgrundsätze wie etwa Datenminimierung wirksam umzusetzen und die notwendigen Garantien in die Verarbeitung aufzunehmen, um den Anforderungen dieser Verordnung zu genügen und die Rechte der betroffenen Personen zu schützen.

(2) Der Verantwortliche trifft geeignete technische und organisatorische Maßnahmen, die sicherstellen, dass durch Voreinstellung nur personenbezogene Daten, deren Verarbeitung für den jeweiligen bestimmten Verarbeitungszweck erforderlich ist, verarbeitet werden. Diese Verpflichtung gilt für die Menge der erhobenen personenbezogenen Daten, den Umfang ihrer Verarbeitung, ihre Speicherfrist und ihre Zugänglichkeit. Solche Maßnahmen müssen insbesondere sicherstellen, dass personenbezogene Daten durch Voreinstellungen nicht ohne Eingreifen der Person einer unbestimmten Zahl von natürlichen Personen zugänglich gemacht werden.

(3) Ein genehmigtes Zertifizierungsverfahren gemäß Artikel 42 kann als Faktor herangezogen werden, um die Erfüllung der in den Absätzen 1 und 2 des vorliegenden Artikels genannten Anforderungen nachzuweisen.

Art. 26 Gemeinsam Verantwortliche

(1) Legen zwei oder mehr Verantwortliche gemeinsam die Zwecke der und die Mittel zur Verarbeitung fest, so sind sie gemeinsam Verantwortliche. Sie legen in einer Vereinbarung in transparenter Form fest, wer von ihnen welche Verpflichtung gemäß dieser Verordnung erfüllt, insbesondere was die Wahrnehmung der Rechte der betroffenen Person angeht, und wer welchen Informationspflichten gemäß den Artikeln 13 und 14 nachkommt, sofern und so-

weit die jeweiligen Aufgaben der Verantwortlichen nicht durch Rechtsvorschriften der Union oder der Mitgliedstaaten, denen die Verantwortlichen unterliegen, festgelegt sind. In der Vereinbarung kann eine Anlaufstelle für die betroffenen Personen angegeben werden.

(2) Die Vereinbarung gemäß Absatz 1 muss die jeweiligen tatsächlichen Funktionen und Beziehungen der gemeinsam Verantwortlichen gegenüber betroffenen Personen gebührend widerspiegeln. Das wesentliche der Vereinbarung wird der betroffenen Person zur Verfügung gestellt.

(3) Ungeachtet der Einzelheiten der Vereinbarung gemäß Absatz 1 kann die betroffene Person ihre Rechte im Rahmen dieser Verordnung bei und gegenüber jedem einzelnen der Verantwortlichen geltend machen.

Art. 27 Vertreter von nicht in der Union niedergelassenen Verantwortlichen oder Auftragsverarbeitern

(1) In den Fällen gemäß Artikel 3 Absatz 2 benennt der Verantwortliche oder der Auftragsverarbeiter schriftlich einen Vertreter in der Union.

(2) Die Pflicht gemäß Absatz 1 des vorliegenden Artikels gilt nicht für
a) eine Verarbeitung, die gelegentlich erfolgt, nicht die umfangreiche Verarbeitung besonderer Datenkategorien im Sinne des Artikels 9 Absatz 1 oder die umfangreiche Verarbeitung von personenbezogenen Daten über strafrechtliche Verurteilungen und Straftaten im Sinne des Artikels 10 einschließt und unter Berücksichtigung der Art, der Umstände, des Umfangs und der Zwecke der Verarbeitung voraussichtlich nicht zu einem Risiko für die Rechte und Freiheiten natürlicher Personen führt, oder
b) Behörden oder öffentliche Stellen.

(3) Der Vertreter muss in einem der Mitgliedstaaten niedergelassen sein, in denen die betroffenen Personen, deren personenbezogene Daten im Zusammenhang mit den ihnen angebotenen Waren oder Dienstleistungen verarbeitet werden oder deren Verhalten beobachtet wird, sich befinden.

(4) Der Vertreter wird durch den Verantwortlichen oder den Auftragsverarbeiter beauftragt, zusätzlich zu diesem oder an seiner Stelle insbesondere für Aufsichtsbehörden und betroffene Personen bei sämtlichen Fragen im Zusammenhang mit der Verarbeitung zur Gewährleistung der Einhaltung dieser Verordnung als Anlaufstelle zu dienen.

(5) Die Benennung eines Vertreters durch den Verantwortlichen oder den Auftragsverarbeiter erfolgt unbeschadet etwaiger rechtlicher Schritte gegen den Verantwortlichen oder den Auftragsverarbeiter selbst.

Art. 28 Auftragsverarbeiter

(1) Erfolgt eine Verarbeitung im Auftrag eines Verantwortlichen, so arbeitet dieser nur mit Auftragsverarbeitern, die hinreichend Garantien dafür bieten, dass geeignete technische und organisatorische Maßnahmen so durchgeführt werden, dass die Verarbeitung im Einklang mit den Anforderungen dieser Verordnung erfolgt und den Schutz der Rechte der betroffenen Person gewährleistet.

(2) Der Auftragsverarbeiter nimmt keinen weiteren Auftragsverarbeiter ohne vorherige gesonderte oder allgemeine schriftliche Genehmigung des Verantwortlichen in Anspruch. Im Fall einer allgemeinen schriftlichen Genehmigung informiert der Auftragsverarbeiter den Verantwortlichen immer über jede beabsichtigte Änderung in Bezug auf die Hinzuziehung oder die Ersetzung anderer Auftragsverarbeiter, wodurch der Verantwortliche die Möglichkeit erhält, gegen derartige Änderungen Einspruch zu erheben.

(3) Die Verarbeitung durch einen Auftragsverarbeiter erfolgt auf der Grundlage eines Vertrags oder eines anderen Rechtsinstruments nach dem Unionsrecht oder dem Recht der Mitgliedstaaten, der bzw. das den Auftragsverarbeiter in Bezug auf den Verantwortlichen bindet und in dem Gegenstand und Dauer der Verarbeitung, Art und Zweck der Verarbeitung, die Art der personenbezogenen Daten, die Kategorien betroffener Personen und die Pflichten und Rechte des Verantwortlichen festgelegt sind. Dieser Vertrag bzw. dieses andere Rechtsinstrument sieht insbesondere vor, dass der Auftragsverarbeiter

a) die personenbezogenen Daten nur auf dokumentierte Weisung des Verantwortlichen – auch in Bezug auf die Übermittlung personenbezogener Daten an ein Drittland oder eine internationale Organisation – verarbeitet, sofern er nicht durch das Recht der Union oder der Mitgliedstaaten, dem der Auftragsverarbeiter unterliegt, hierzu verpflichtet ist; in einem solchen Fall teilt der Auftragsverarbeiter dem Verantwortlichen diese rechtlichen Anforderungen vor der Verarbeitung mit, sofern das betreffende Recht eine solche Mitteilung nicht wegen eines wichtigen öffentlichen Interesses verbietet;

b) gewährleistet, dass sich die zur Verarbeitung der personenbezogenen Daten befugten Personen zur Vertraulichkeit verpflichtet haben oder einer angemessenen gesetzlichen Verschwiegenheitspflicht unterliegen;

c) alle gemäß Artikel 32 erforderlichen Maßnahmen ergreift;

d) die in den Absätzen 2 und 4 genannten Bedingungen für die Inanspruchnahme der Dienste eines weiteren Auftragsverarbeiters einhält;

e) angesichts der Art der Verarbeitung den Verantwortlichen nach Möglichkeit mit geeigneten technischen und organisatorischen Maßnahmen dabei unterstützt, seiner Pflicht zur Beantwortung von Anträgen auf Wahrnehmung der in Kapitel III genannten Rechte der betroffenen Person nachzukommen;

f) unter Berücksichtigung der Art der Verarbeitung und der ihm zur Verfügung stehenden Informationen den Verantwortlichen bei der Einhaltung der in den Artikeln 32 bis 36 genannten Pflichten unterstützt;

g) nach Abschluss der Erbringung der Verarbeitungsleistungen alle personenbezogenen Daten nach Wahl des Verantwortlichen entweder löscht oder zurückgibt und die vorhandenen Kopien löscht, sofern nicht nach dem Unionsrecht oder dem Recht der Mitgliedstaaten eine Verpflichtung zur Speicherung der personenbezogenen Daten besteht;

h) dem Verantwortlichen alle erforderlichen Informationen zum Nachweis der Einhaltung der in diesem Artikel niedergelegten Pflichten zur Verfügung stellt und Überprüfungen – einschließlich Inspektionen –, die vom Verantwortlichen oder einem anderen von diesem beauftragten Prüfer durchgeführt werden, ermöglicht und dazu beiträgt.

Mit Blick auf Unterabsatz 1 Buchstabe h informiert der Auftragsverarbeiter den Verantwortlichen unverzüglich, falls er der Auffassung ist, dass eine Weisung gegen diese Verordnung oder gegen andere Datenschutzbestimmungen der Union oder der Mitgliedstaaten verstößt.

(4) Nimmt der Auftragsverarbeiter die Dienste eines weiteren Auftragsverarbeiters in Anspruch, um bestimmte Verarbeitungstätigkeiten im Namen des Verantwortlichen auszuführen, so werden diesem weiteren Auftragsverarbeiter im Wege eines Vertrags oder eines anderen Rechtsinstruments nach dem Unionsrecht oder dem Recht des betreffenden Mitgliedstaats dieselben Datenschutzpflichten auferlegt, die in dem Vertrag oder anderen Rechtsinstrument zwischen dem Verantwortlichen und dem Auftragsverarbeiter gemäß Absatz 3 festgelegt sind, wobei insbesondere hinreichende Garantien dafür geboten werden muss, dass die geeigneten technischen und organisatorischen Maßnahmen so durchgeführt werden, dass die Verarbeitung entsprechend den Anforderungen dieser Verordnung erfolgt. Kommt der weitere Auftragsverarbeiter seinen Datenschutzpflichten nicht nach, so haftet der erste

Auftragsverarbeiter gegenüber dem Verantwortlichen für die Einhaltung der Pflichten jenes anderen Auftragsverarbeiters.

(5) Die Einhaltung genehmigter Verhaltensregeln gemäß Artikel 40 oder eines genehmigten Zertifizierungsverfahrens gemäß Artikel 42 durch einen Auftragsverarbeiter kann als Faktor herangezogen werden, um hinreichende Garantien im Sinne der Absätze 1 und 4 des vorliegenden Artikels nachzuweisen.

(6) Unbeschadet eines individuellen Vertrags zwischen dem Verantwortlichen und dem Auftragsverarbeiter kann der Vertrag oder das andere Rechtsinstrument im Sinne der Absätze 3 und 4 des vorliegenden Artikels ganz oder teilweise auf den in den Absätzen 7 und 8 des vorliegenden Artikels genannten Standardvertragsklauseln beruhen, auch wenn diese Bestandteil einer dem Verantwortlichen oder dem Auftragsverarbeiter gemäß den Artikeln 42 und 43 erteilten Zertifizierung sind.

(7) Die Kommission kann im Einklang mit dem Prüfverfahren gemäß Artikel 93 Absatz 2 Standardvertragsklauseln zur Regelung der in den Absätzen 3 und 4 des vorliegenden Artikels genannten Fragen festlegen.

(8) Eine Aufsichtsbehörde kann im Einklang mit dem Kohärenzverfahren gemäß Artikel 63 Standardvertragsklauseln zur Regelung der in den Absätzen 3 und 4 des vorliegenden Artikels genannten Fragen festlegen.

(9) Der Vertrag oder das andere Rechtsinstrument im Sinne der Absätze 3 und 4 ist schriftlich abzufassen, was auch in einem elektronischen Format erfolgen kann.

(10) Unbeschadet der Artikel 82, 83 und 84 gilt ein Auftragsverarbeiter, der unter Verstoß gegen diese Verordnung die Zwecke und Mittel der Verarbeitung bestimmt, in Bezug auf diese Verarbeitung als Verantwortlicher.

Art. 29 Verarbeitung unter der Aufsicht des Verantwortlichen oder des Auftragsverarbeiters

Der Auftragsverarbeiter und jede dem Verantwortlichen oder dem Auftragsverarbeiter unterstellte Person, die Zugang zu personenbezogenen Daten hat, dürfen diese Daten ausschließlich auf Weisung des Verantwortlichen verarbeiten, es sei denn, dass sie nach dem Unionsrecht oder dem Recht der Mitgliedstaaten zur Verarbeitung verpflichtet sind.

Art. 30 Verzeichnis von Verarbeitungstätigkeiten

(1) Jeder Verantwortliche und gegebenenfalls sein Vertreter führen ein Verzeichnis aller Verarbeitungstätigkeiten, die ihrer Zuständigkeit unterliegen. Dieses Verzeichnis enthält sämtliche folgenden Angaben:
a) den Namen und die Kontaktdaten des Verantwortlichen und gegebenenfalls des gemeinsam mit ihm Verantwortlichen, des Vertreters des Verantwortlichen sowie eines etwaigen Datenschutzbeauftragten;
b) die Zwecke der Verarbeitung;
c) eine Beschreibung der Kategorien betroffener Personen und der Kategorien personenbezogener Daten;
d) die Kategorien von Empfängern, gegenüber denen die personenbezogenen Daten offengelegt worden sind oder noch offengelegt werden, einschließlich Empfänger in Drittländern oder internationalen Organisationen;
e) gegebenenfalls Übermittlungen von personenbezogenen Daten an ein Drittland oder an eine internationale Organisation, einschließlich der Angabe des betreffenden Drittlands oder der betreffenden internationalen Organisation, sowie bei den in Artikel 49 Absatz 1

Unterabsatz 2 genannten Datenübermittlungen die Dokumentierung geeigneter Garantien;
f) wenn möglich, die vorgesehenen Fristen für die Löschung der verschiedenen Datenkategorien;
g) wenn möglich, eine allgemeine Beschreibung der technischen und organisatorischen Maßnahmen gemäß Artikel 32 Absatz 1.

(2) Jeder Auftragsverarbeiter und gegebenenfalls sein Vertreter führen ein Verzeichnis zu allen Kategorien von im Auftrag eines Verantwortlichen durchgeführten Tätigkeiten der Verarbeitung, die Folgendes enthält:
a) den Namen und die Kontaktdaten des Auftragsverarbeiters oder der Auftragsverarbeiter und jedes Verantwortlichen, in dessen Auftrag der Auftragsverarbeiter tätig ist, sowie gegebenenfalls des Vertreters des Verantwortlichen oder des Auftragsverarbeiters und eines etwaigen Datenschutzbeauftragten;
b) die Kategorien von Verarbeitungen, die im Auftrag jedes Verantwortlichen durchgeführt werden;
c) gegebenenfalls Übermittlungen von personenbezogenen Daten an ein Drittland oder an eine internationale Organisation, einschließlich der Angabe des betreffenden Drittlands oder der betreffenden internationalen Organisation, sowie bei den in Artikel 49 Absatz 1 Unterabsatz 2 genannten Datenübermittlungen die Dokumentierung geeigneter Garantien;
d) wenn möglich, eine allgemeine Beschreibung der technischen und organisatorischen Maßnahmen gemäß Artikel 32 Absatz 1.

(3) Das in den Absätzen 1 und 2 genannte Verzeichnis ist schriftlich zu führen, was auch in einem elektronischen Format erfolgen kann.

(4) Der Verantwortliche oder der Auftragsverarbeiter sowie gegebenenfalls der Vertreter des Verantwortlichen oder des Auftragsverarbeiters stellen der Aufsichtsbehörde das Verzeichnis auf Anfrage zur Verfügung.

(5) Die in den Absätzen 1 und 2 genannten Pflichten gelten nicht für Unternehmen oder Einrichtungen, die weniger als 250 Mitarbeiter beschäftigen, es sei denn, die von ihnen vorgenommene Verarbeitung birgt ein Risiko für die Rechte und Freiheiten der betroffenen Personen, die Verarbeitung erfolgt nicht nur gelegentlich oder es erfolgt eine Verarbeitung besonderer Datenkategorien gemäß Artikel 9 Absatz 1 bzw. die Verarbeitung von personenbezogenen Daten über strafrechtliche Verurteilungen und Straftaten im Sinne des Artikels 10.

Art. 31 Zusammenarbeit mit der Aufsichtsbehörde

Der Verantwortliche und der Auftragsverarbeiter und gegebenenfalls deren Vertreter arbeiten auf Anfrage mit der Aufsichtsbehörde bei der Erfüllung ihrer Aufgaben zusammen.

Art. 32 – 34 Abschnitt 2 Sicherheit personenbezogener Daten

Art. 32 Sicherheit der Verarbeitung

(1) Unter Berücksichtigung des Stands der Technik, der Implementierungskosten und der Art, des Umfangs, der Umstände und der Zwecke der Verarbeitung sowie der unterschiedlichen Eintrittswahrscheinlichkeit und Schwere des Risikos für die Rechte und Freiheiten natürlicher Personen treffen der Verantwortliche und der Auftragsverarbeiter geeignete technische und organisatorische Maßnahmen, um ein dem Risiko angemessenes Schutzniveau zu gewährleisten; diese Maßnahmen schließen gegebenenfalls unter anderem Folgendes ein:
a) die Pseudonymisierung und Verschlüsselung personenbezogener Daten;

b) die Fähigkeit, die Vertraulichkeit, Integrität, Verfügbarkeit und Belastbarkeit der Systeme und Dienste im Zusammenhang mit der Verarbeitung auf Dauer sicherzustellen;
c) die Fähigkeit, die Verfügbarkeit der personenbezogenen Daten und den Zugang zu ihnen bei einem physischen oder technischen Zwischenfall rasch wiederherzustellen;
d) ein Verfahren zur regelmäßigen Überprüfung, Bewertung und Evaluierung der Wirksamkeit der technischen und organisatorischen Maßnahmen zur Gewährleistung der Sicherheit der Verarbeitung.

(2) Bei der Beurteilung des angemessenen Schutzniveaus sind insbesondere die Risiken zu berücksichtigen, die mit der Verarbeitung verbunden sind, insbesondere durch – ob unbeabsichtigt oder unrechtmäßig – Vernichtung, Verlust, Veränderung oder unbefugte Offenlegung von beziehungsweise unbefugten Zugang zu personenbezogenen Daten, die übermittelt, gespeichert oder auf andere Weise verarbeitet wurden.

(3) Die Einhaltung genehmigter Verhaltensregeln gemäß Artikel 40 oder eines genehmigten Zertifizierungsverfahrens gemäß Artikel 42 kann als Faktor herangezogen werden, um die Erfüllung der in Absatz 1 des vorliegenden Artikels genannten Anforderungen nachzuweisen.

(4) Der Verantwortliche und der Auftragsverarbeiter unternehmen Schritte, um sicherzustellen, dass ihnen unterstellte natürliche Personen, die Zugang zu personenbezogenen Daten haben, diese nur auf Anweisung des Verantwortlichen verarbeiten, es sei denn, sie sind nach dem Recht der Union oder der Mitgliedstaaten zur Verarbeitung verpflichtet.

Art. 33 Meldung von Verletzungen des Schutzes personenbezogener Daten an die Aufsichtsbehörde

(1) Im Falle einer Verletzung des Schutzes personenbezogener Daten meldet der Verantwortliche unverzüglich und möglichst binnen 72 Stunden, nachdem ihm die Verletzung bekannt wurde, diese der gemäß Artikel 55 zuständigen Aufsichtsbehörde, es sei denn, dass die Verletzung des Schutzes personenbezogener Daten voraussichtlich nicht zu einem Risiko für die Rechte und Freiheiten natürlicher Personen führt. Erfolgt die Meldung an die Aufsichtsbehörde nicht binnen 72 Stunden, so ist ihr eine Begründung für die Verzögerung beizufügen.

(2) Wenn dem Auftragsverarbeiter eine Verletzung des Schutzes personenbezogener Daten bekannt wird, meldet er diese dem Verantwortlichen unverzüglich.

(3) Die Meldung gemäß Absatz 1 enthält zumindest folgende Informationen:
a) eine Beschreibung der Art der Verletzung des Schutzes personenbezogener Daten, soweit möglich mit Angabe der Kategorien und der ungefähren Zahl der betroffenen Personen, der betroffenen Kategorien und der ungefähren Zahl der betroffenen personenbezogenen Datensätze;
b) den Namen und die Kontaktdaten des Datenschutzbeauftragten oder einer sonstigen Anlaufstelle für weitere Informationen;
c) eine Beschreibung der wahrscheinlichen Folgen der Verletzung des Schutzes personenbezogener Daten;
d) eine Beschreibung der von dem Verantwortlichen ergriffenen oder vorgeschlagenen Maßnahmen zur Behebung der Verletzung des Schutzes personenbezogener Daten und gegebenenfalls Maßnahmen zur Abmilderung ihrer möglichen nachteiligen Auswirkungen.

(4) Wenn und soweit die Informationen nicht zur gleichen Zeit bereitgestellt werden können, kann der Verantwortliche diese Informationen ohne unangemessene weitere Verzögerung schrittweise zur Verfügung stellen.

(5) Der Verantwortliche dokumentiert Verletzungen des Schutzes personenbezogener Daten einschließlich aller im Zusammenhang mit der Verletzung des Schutzes personenbezogener Daten stehenden Fakten, von deren Auswirkungen und der ergriffenen Abhilfemaßnahmen. Diese Dokumentation muss der Aufsichtsbehörde die Überprüfung der Einhaltung der Bestimmungen dieses Artikels ermöglichen.

Art. 34 Benachrichtigung der von einer Verletzung des Schutzes personenbezogener Daten betroffenen Person

(1) Hat die Verletzung des Schutzes personenbezogener Daten voraussichtlich ein hohes Risiko für die persönlichen Rechte und Freiheiten natürlicher Personen zur Folge, so benachrichtigt der Verantwortliche die betroffene Person unverzüglich von der Verletzung.
(2) Die in Absatz 1 genannte Benachrichtigung der betroffenen Person beschreibt in klarer und einfacher Sprache die Art der Verletzung des Schutzes personenbezogener Daten und enthält zumindest die in Artikel 33 Absatz 3 Buchstaben b, c und d genannten Informationen und Maßnahmen.
(3) Die Benachrichtigung der betroffenen Person gemäß Absatz 1 ist nicht erforderlich, wenn eine der folgenden Bedingungen erfüllt ist:
a) der Verantwortliche geeignete technische und organisatorische Sicherheitsvorkehrungen getroffen hat und diese Vorkehrungen auf die von der Verletzung betroffenen personenbezogenen Daten angewandt wurden, insbesondere solche, durch die die personenbezogenen Daten für alle Personen, die nicht zum Zugang zu den personenbezogenen Daten befugt sind, unzugänglich gemacht werden, etwa durch Verschlüsselung;
b) der Verantwortliche durch nachfolgende Maßnahmen sichergestellt hat, dass das hohe Risiko für die Rechte und Freiheiten der betroffenen Personen gemäß Absatz 1 aller Wahrscheinlichkeit nach nicht mehr besteht;
c) dies mit einem unverhältnismäßigen Aufwand verbunden wäre. In diesem Fall hat stattdessen eine öffentliche Bekanntmachung oder eine ähnliche Maßnahme zu erfolgen, durch die die betroffenen Personen vergleichbar wirksam informiert werden.
(4) Wenn der Verantwortliche die betroffene Person nicht bereits über die Verletzung des Schutzes personenbezogener Daten benachrichtigt hat, kann die Aufsichtsbehörde unter Berücksichtigung der Wahrscheinlichkeit, mit der die Verletzung des Schutzes personenbezogener Daten zu einem hohen Risiko führt, von dem Verantwortlichen verlangen, dies nachzuholen, oder sie kann mit einem Beschluss feststellen, dass bestimmte der in Absatz 3 genannten Voraussetzungen erfüllt sind.

Art. 35 – 36 Abschnitt 3 Datenschutz-Folgenabschätzung und vorherig Konsultation

Art. 35 Datenschutz-Folgenabschätzung

(1) Hat eine Form der Verarbeitung, insbesondere bei Verwendung neuer Technologien, aufgrund der Art, des Umfangs, der Umstände und der Zwecke der Verarbeitung voraussichtlich ein hohes Risiko für die Rechte und Freiheiten natürlicher Personen zur Folge, so führt der Verantwortliche vorab eine Abschätzung der Folgen der vorgesehenen Verarbeitungsvorgänge für den Schutz personenbezogener Daten durch. Für die Untersuchung mehrerer ähnlicher Verarbeitungsvorgänge mit ähnlich hohen Risiken kann eine einzige Abschätzung vorgenommen werden.
(2) Der Verantwortliche holt bei der Durchführung einer Datenschutz-Folgenabschätzung den Rat des Datenschutzbeauftragten, sofern ein solcher benannt wurde, ein.

(3) Eine Datenschutz-Folgenabschätzung gemäß Absatz 1 ist insbesondere in folgenden Fällen erforderlich:
a) systematische und umfassende Bewertung persönlicher Aspekte natürlicher Personen, die sich auf automatisierte Verarbeitung einschließlich Profiling gründet und die ihrerseits als Grundlage für Entscheidungen dient, die Rechtswirkung gegenüber natürlichen Personen entfalten oder diese in ähnlich erheblicher Weise beeinträchtigen;
b) umfangreiche Verarbeitung besonderer Kategorien von personenbezogenen Daten gemäß Artikel 9 Absatz 1 oder von personenbezogenen Daten über strafrechtliche Verurteilungen und Straftaten gemäß Artikel 10 oder
c) systematische umfangreiche Überwachung öffentlich zugänglicher Bereiche.

(4) Die Aufsichtsbehörde erstellt eine Liste der Verarbeitungsvorgänge, für die gemäß Absatz 1 eine Datenschutz-Folgenabschätzung durchzuführen ist, und veröffentlicht diese. Die Aufsichtsbehörde übermittelt diese Listen dem in Artikel 68 genannten Ausschuss.

(5) Die Aufsichtsbehörde kann des Weiteren eine Liste der Arten von Verarbeitungsvorgängen erstellen und veröffentlichen, für die keine Datenschutz-Folgenabschätzung erforderlich ist. Die Aufsichtsbehörde übermittelt diese Listen dem Ausschuss.

(6) Vor Festlegung der in den Absätzen 4 und 5 genannten Listen wendet die zuständige Aufsichtsbehörde das Kohärenzverfahren gemäß Artikel 63 an, wenn solche Listen Verarbeitungstätigkeiten umfassen, die mit dem Angebot von Waren oder Dienstleistungen für betroffene Personen oder der Beobachtung des Verhaltens dieser Personen in mehreren Mitgliedstaaten im Zusammenhang stehen oder die den freien Verkehr personenbezogener Daten innerhalb der Union erheblich beeinträchtigen könnten.

(7) Die Folgenabschätzung enthält zumindest Folgendes:
a) eine systematische Beschreibung der geplanten Verarbeitungsvorgänge und der Zwecke der Verarbeitung, gegebenenfalls einschließlich der von dem Verantwortlichen verfolgten berechtigten Interessen;
b) eine Bewertung der Notwendigkeit und Verhältnismäßigkeit der Verarbeitungsvorgänge in Bezug auf den Zweck;
c) eine Bewertung der Risiken für die Rechte und Freiheiten der betroffenen Personen gemäß Absatz 1 und
d) die zur Bewältigung der Risiken geplanten Abhilfemaßnahmen, einschließlich Garantien, Sicherheitsvorkehrungen und Verfahren, durch die der Schutz personenbezogener Daten sichergestellt und der Nachweis dafür erbracht wird, dass diese Verordnung eingehalten wird, wobei den Rechten und berechtigten Interessen der betroffenen Personen und sonstiger Betroffener Rechnung getragen wird.

(8) Die Einhaltung genehmigter Verhaltensregeln gemäß Artikel 40 durch die zuständigen Verantwortlichen oder die zuständigen Auftragsverarbeiter ist bei der Beurteilung der Auswirkungen der von diesen durchgeführten Verarbeitungsvorgänge, insbesondere für die Zwecke einer Datenschutz-Folgenabschätzung, gebührend zu berücksichtigen.

(9) Der Verantwortliche holt gegebenenfalls den Standpunkt der betroffenen Personen oder ihrer Vertreter zu der beabsichtigten Verarbeitung unbeschadet des Schutzes gewerblicher oder öffentlicher Interessen oder der Sicherheit der Verarbeitungsvorgänge ein.

(10) Falls die Verarbeitung gemäß Artikel 6 Absatz 1 Buchstabe c oder e auf einer Rechtsgrundlage im Unionsrecht oder im Recht des Mitgliedstaats, dem der Verantwortliche unterliegt, beruht und falls diese Rechtsvorschriften den konkreten Verarbeitungsvorgang oder die konkreten Verarbeitungsvorgänge regeln und bereits im Rahmen der allgemeinen Folgenabschätzung im Zusammenhang mit dem Erlass dieser Rechtsgrundlage eine Datenschutz-Folgenabschätzung erfolgte, gelten die Absätze 1 bis 7 nur, wenn es nach dem Er-

messen der Mitgliedstaaten erforderlich ist, vor den betreffenden Verarbeitungstätigkeiten eine solche Folgenabschätzung durchzuführen.
(11) Erforderlichenfalls führt der Verantwortliche eine Überprüfung durch, um zu bewerten, ob die Verarbeitung gemäß der Datenschutz-Folgenabschätzung durchgeführt wird; dies gilt zumindest, wenn hinsichtlich des mit den Verarbeitungsvorgängen verbundenen Risikos Änderungen eingetreten sind.

Art. 36 Vorherige Konsultation

(1) Der Verantwortliche konsultiert vor der Verarbeitung die Aufsichtsbehörde, wenn aus einer Datenschutz-Folgenabschätzung gemäß Artikel 35 hervorgeht, dass die Verarbeitung ein hohes Risiko zur Folge hätte, sofern der Verantwortliche keine Maßnahmen zur Eindämmung des Risikos trifft.
(2) Falls die Aufsichtsbehörde der Auffassung ist, dass die geplante Verarbeitung gemäß Absatz 1 nicht im Einklang mit dieser Verordnung stünde, insbesondere weil der Verantwortliche das Risiko nicht ausreichend ermittelt oder nicht ausreichend eingedämmt hat, unterbreitet sie dem Verantwortlichen und gegebenenfalls dem Auftragsverarbeiter innerhalb eines Zeitraums von bis zu acht Wochen nach Erhalt des Ersuchens um Konsultation entsprechende schriftliche Empfehlungen und kann ihre in Artikel 58 genannten Befugnisse ausüben. Diese Frist kann unter Berücksichtigung der Komplexität der geplanten Verarbeitung um sechs Wochen verlängert werden. Die Aufsichtsbehörde unterrichtet den Verantwortlichen oder gegebenenfalls den Auftragsverarbeiter über eine solche Fristverlängerung innerhalb eines Monats nach Eingang des Antrags auf Konsultation zusammen mit den Gründen für die Verzögerung. Diese Fristen können ausgesetzt werden, bis die Aufsichtsbehörde die für die Zwecke der Konsultation angeforderten Informationen erhalten hat.
(3) Der Verantwortliche stellt der Aufsichtsbehörde bei einer Konsultation gemäß Absatz 1 folgende Informationen zur Verfügung:
a) gegebenenfalls Angaben zu den jeweiligen Zuständigkeiten des Verantwortlichen, der gemeinsam Verantwortlichen und der an der Verarbeitung beteiligten Auftragsverarbeiter, insbesondere bei einer Verarbeitung innerhalb einer Gruppe von Unternehmen;
b) die Zwecke und die Mittel der beabsichtigten Verarbeitung;
c) die zum Schutz der Rechte und Freiheiten der betroffenen Personen gemäß dieser Verordnung vorgesehenen Maßnahmen und Garantien;
d) gegebenenfalls die Kontaktdaten des Datenschutzbeauftragten;
e) die Datenschutz-Folgenabschätzung gemäß Artikel 35 und
f) alle sonstigen von der Aufsichtsbehörde angeforderten Informationen.
(4) Die Mitgliedstaaten konsultieren die Aufsichtsbehörde bei der Ausarbeitung eines Vorschlags für von einem nationalen Parlament zu erlassende Gesetzgebungsmaßnahmen oder von auf solchen Gesetzgebungsmaßnahmen basierenden Regelungsmaßnahmen, die die Verarbeitung betreffen.
(5) Ungeachtet des Absatzes 1 können Verantwortliche durch das Recht der Mitgliedstaaten verpflichtet werden, bei der Verarbeitung zur Erfüllung einer im öffentlichen Interesse liegenden Aufgabe, einschließlich der Verarbeitung zu Zwecken der sozialen Sicherheit und der öffentlichen Gesundheit, die Aufsichtsbehörde zu konsultieren und deren vorherige Genehmigung einzuholen.

Art. 37 – 39   Abschnitt 4 Datenschutzbeauftragter

Art. 37   Benennung eines Datenschutzbeauftragten

(1) Der Verantwortliche und der Auftragsverarbeiter benennen auf jeden Fall einen Datenschutzbeauftragten, wenn
a) die Verarbeitung von einer Behörde oder öffentlichen Stelle durchgeführt wird, mit Ausnahme von Gerichten, soweit sie im Rahmen ihrer justiziellen Tätigkeit handeln,
b) die Kerntätigkeit des Verantwortlichen oder des Auftragsverarbeiters in der Durchführung von Verarbeitungsvorgängen besteht, welche aufgrund ihrer Art, ihres Umfangs und/oder ihrer Zwecke eine umfangreiche regelmäßige und systematische Überwachung von betroffenen Personen erforderlich machen, oder
c) die Kerntätigkeit des Verantwortlichen oder des Auftragsverarbeiters in der umfangreichen Verarbeitung besonderer Kategorien von Daten gemäß Artikel 9 oder von personenbezogenen Daten über strafrechtliche Verurteilungen und Straftaten gemäß Artikel 10 besteht.

(2) Eine Unternehmensgruppe darf einen gemeinsamen Datenschutzbeauftragten ernennen, sofern von jeder Niederlassung aus der Datenschutzbeauftragte leicht erreicht werden kann.

(3) Falls es sich bei dem Verantwortlichen oder dem Auftragsverarbeiter um eine Behörde oder öffentliche Stelle handelt, kann für mehrere solcher Behörden oder Stellen unter Berücksichtigung ihrer Organisationsstruktur und ihrer Größe ein gemeinsamer Datenschutzbeauftragter benannt werden.

(4) In anderen als den in Absatz 1 genannten Fällen können der Verantwortliche oder der Auftragsverarbeiter oder Verbände und andere Vereinigungen, die Kategorien von Verantwortlichen oder Auftragsverarbeitern vertreten, einen Datenschutzbeauftragten benennen; falls dies nach dem Recht der Union oder der Mitgliedstaaten vorgeschrieben ist, müssen sie einen solchen benennen. Der Datenschutzbeauftragte kann für derartige Verbände und andere Vereinigungen, die Verantwortliche oder Auftragsverarbeiter vertreten, handeln.

(5) Der Datenschutzbeauftragte wird auf der Grundlage seiner beruflichen Qualifikation und insbesondere des Fachwissens benannt, das er auf dem Gebiet des Datenschutzrechts und der Datenschutzpraxis besitzt, sowie auf der Grundlage seiner Fähigkeit zur Erfüllung der in Artikel 39 genannten Aufgaben.

(6) Der Datenschutzbeauftragte kann Beschäftigter des Verantwortlichen oder des Auftragsverarbeiters sein oder seine Aufgaben auf der Grundlage eines Dienstleistungsvertrags erfüllen.

(7) Der Verantwortliche oder der Auftragsverarbeiter veröffentlicht die Kontaktdaten des Datenschutzbeauftragten und teilt diese Daten der Aufsichtsbehörde mit.

Art. 38   Stellung des Datenschutzbeauftragten

(1) Der Verantwortliche und der Auftragsverarbeiter stellen sicher, dass der Datenschutzbeauftragte ordnungsgemäß und frühzeitig in alle mit dem Schutz personenbezogener Daten zusammenhängenden Fragen eingebunden wird.

(2) Der Verantwortliche und der Auftragsverarbeiter unterstützen den Datenschutzbeauftragten bei der Erfüllung seiner Aufgaben gemäß Artikel 39, indem sie die für die Erfüllung dieser Aufgaben erforderlichen Ressourcen und den Zugang zu personenbezogenen Daten und Verarbeitungsvorgängen sowie die zur Erhaltung seines Fachwissens erforderlichen Ressourcen zur Verfügung stellen.

(3) Der Verantwortliche und der Auftragsverarbeiter stellen sicher, dass der Datenschutzbeauftragte bei der Erfüllung seiner Aufgaben keine Anweisungen bezüglich der Ausübung dieser Aufgaben erhält. Der Datenschutzbeauftragte darf von dem Verantwortlichen oder dem Auftragsverarbeiter wegen der Erfüllung seiner Aufgaben nicht abberufen oder benachteiligt werden. Der Datenschutzbeauftragte berichtet unmittelbar der höchsten Managementebene des Verantwortlichen oder des Auftragsverarbeiters.

(4) Betroffene Personen können den Datenschutzbeauftragten zu allen mit der Verarbeitung ihrer personenbezogenen Daten und mit der Wahrnehmung ihrer Rechte gemäß dieser Verordnung im Zusammenhang stehenden Fragen zu Rate ziehen.

(5) Der Datenschutzbeauftragte ist nach dem Recht der Union oder der Mitgliedstaaten bei der Erfüllung seiner Aufgaben an die Wahrung der Geheimhaltung oder der Vertraulichkeit gebunden.

(6) Der Datenschutzbeauftragte kann andere Aufgaben und Pflichten wahrnehmen. Der Verantwortliche oder der Auftragsverarbeiter stellt sicher, dass derartige Aufgaben und Pflichten nicht zu einem Interessenkonflikt führen.

Art. 39 Aufgaben des Datenschutzbeauftragten

(1) Dem Datenschutzbeauftragten obliegen zumindest folgende Aufgaben:
a) Unterrichtung und Beratung des Verantwortlichen oder des Auftragsverarbeiters und der Beschäftigten, die Verarbeitungen durchführen, hinsichtlich ihrer Pflichten nach dieser Verordnung sowie nach sonstigen Datenschutzvorschriften der Union bzw. der Mitgliedstaaten;
b) Überwachung der Einhaltung dieser Verordnung, anderer Datenschutzvorschriften der Union bzw. der Mitgliedstaaten sowie der Strategien des Verantwortlichen oder des Auftragsverarbeiters für den Schutz personenbezogener Daten einschließlich der Zuweisung von Zuständigkeiten, der Sensibilisierung und Schulung der an den Verarbeitungsvorgängen beteiligten Mitarbeiter und der diesbezüglichen Überprüfungen;
c) Beratung – auf Anfrage – im Zusammenhang mit der Datenschutz-Folgenabschätzung und Überwachung ihrer Durchführung gemäß Artikel 35;
d) Zusammenarbeit mit der Aufsichtsbehörde;
e) Tätigkeit als Anlaufstelle für die Aufsichtsbehörde in mit der Verarbeitung zusammenhängenden Fragen, einschließlich der vorherigen Konsultation gemäß Artikel 36, und gegebenenfalls Beratung zu allen sonstigen Fragen.

(2) Der Datenschutzbeauftragte trägt bei der Erfüllung seiner Aufgaben dem mit den Verarbeitungsvorgängen verbundenen Risiko gebührend Rechnung, wobei er die Art, den Umfang, die Umstände und die Zwecke der Verarbeitung berücksichtigt.

Verordnung über Arbeiten in Druckluft (Druckluftverordnung – DruckluftVO)

vom 04. Oktober 1972 (BGBl. I 1972, S. 1909)
- zuletzt geändert durch Gesetz zum Abbau verzichtbarer Anordnungen der Schriftform im Verwaltungsrecht des Bundes vom 29. März 2017 (BGBl. I 2017, S. 626)

Auf Grund
1. des § 120 e der Gewerbeordnung,
2. des § 9 Abs. 2 der Arbeitszeitordnung vom 30. April 1938 (Reichsgesetzbl. I S. 447), zuletzt geändert durch Artikel 150 des Einführungsgesetzes zum Gesetz über Ordnungswidrigkeiten vom 24. Mai 1968 (Bundesgesetzbl. I S. 503),
3. des § 37 Abs. 2 des Jugendarbeitsschutzgesetzes vom 9. August 1960 (Bundesgesetzbl. I S. 665), zuletzt geändert durch Artikel 75 des Ersten Gesetzes zur Reform des Strafrechts vom 25. Juni 1969 (Bundesgesetzbl. I S. 645),
4. des § 4 Abs. 4 des Mutterschutzgesetzes in der Fassung der Bekanntmachung vom 18. April 1968 (Bundesgesetzbl. I S. 315), geändert durch Artikel 127 des Einführungsgesetzes zum Gesetz über Ordnungswidrigkeiten vom 24. Mai 1968 (Bundesgesetzbl. I S. 503),

in Verbindung mit Artikel 129 Abs. 1 des Grundgesetzes wird mit Zustimmung des Bundesrates verordnet:

§ 1 Geltungsbereich

(1) Diese Verordnung gilt für Arbeiten in Druckluft, soweit diese von einem Arbeitgeber gewerbsmäßig ausgeführt werden.

(2) Diese Verordnung gilt nicht für Arbeiten in Taucherglocken ohne Schleusen und für Taucherarbeiten.

§ 2 Begriffsbestimmungen

(1) Im Sinne dieser Verordnung sind
1. Arbeitskammern Räume, in denen Arbeiten in Druckluft ausgeführt werden,
2. Personenschleusen Zugänge, durch die ausschließlich Personen in die Arbeitskammern ein- oder aus diesen ausgeschleust werden,
3. Materialschleusen Zugänge, durch die ausschließlich Material in die Arbeitskammern ein- oder aus diesen ausgeschleust wird,
4. kombinierte Schleusen Zugänge, durch die Arbeitnehmer und Material in die Arbeitskammern ein- oder aus diesen ausgeschleust werden,
5. Krankendruckluftkammern Räume, die unabhängig vom Arbeitsdruck einer Arbeitskammer zur Behandlung drucklufterkrankter Personen sowie zur Probeschleusung nach ärztlicher Anweisung dienen.

(2) Druckluft im Sinne dieser Verordnung ist Luft mit einem Überdruck von mehr als 0,1 bar. Der Arbeitsdruck ist der über den atmosphärischen Druck hinausgehende Überdruck.

§ 3 Anzeige

(1) Will ein Arbeitgeber Arbeiten in Druckluft ausführen, so hat er dies spätestens 2 Wochen vorher der zuständigen Behörde anzuzeigen.

(2) In der Anzeige nach Absatz 1 sind anzugeben:
1. der Name oder die Firma und die Anschrift des Arbeitgebers und, wenn sich mehrere Arbeitgeber zur Durchführung eines bestimmten Bauvorhabens zu einer Gesellschaft des bürgerlichen Rechts zusammengeschlossen haben (Arbeitsgemeinschaft) und die Geschäfte nicht gemeinschaftlich führen, der Name und die Anschrift des Arbeitgebers, dem die Geschäftsführung übertragen ist,
2. der Name dessen, der die Arbeiten in Druckluft leitet, und seines Vertreters (§ 18 Abs. 1 Nr. 1),
3. der Name und die Anschrift des nach § 12 Abs. 1 beauftragten Arztes,
4. die Zahl der Arbeitnehmer, die voraussichtlich mit Arbeiten in Druckluft beschäftigt werden,
5. die voraussichtliche Dauer der Arbeiten in Druckluft,
6. der voraussichtlich höchste Arbeitsdruck,
7. die zu erwartenden Bodenverhältnisse.
Ihr sind als Unterlagen beizufügen:
1. eine behördlich beglaubigte Abschrift der Befähigungsscheine nach § 18 Abs. 2 und des nach § 20 Abs. 2 vorgesehenen Merkblattes,
2. einen Lageplan der Arbeitsstelle,
3. eine Beschreibung der Arbeitsweise bei den Arbeiten in Druckluft,
4. Beschreibung und Übersichtszeichnungen der Arbeitskammer, der Schleusen und der Verdichteranlagen,
5. Angaben über die Einrichtungen nach § 17 Abs. 1.
(3) Sind nach Erstattung der Anzeige Veränderungen gegenüber dem Inhalt der Anzeige oder der Unterlagen eingetreten oder vorgesehen, ist dies der zuständigen Behörde unverzüglich schriftlich oder elektronisch anzuzeigen.
(4) Erfolgt die Anzeige nach Absatz 1 oder nach Absatz 3 elektronisch, kann die zuständige Behörde Mehrfertigungen sowie die Übermittlung der beizufügenden Unterlagen auch in schriftlicher Form verlangen.

§ 4 Allgemeine Anforderungen

(1) Die Arbeitskammern und die ihrem Betrieb dienenden Einrichtungen müssen den Nummern 1 und 2 des Anhanges 1 zu dieser Verordnung und im übrigen den allgemein anerkannten Regeln der Technik entsprechend beschaffen sein und betrieben werden.
(2) Soweit Arbeitskammern und die ihrem Betrieb dienenden Einrichtungen auch Rechtsvorschriften, die Gemeinschaftsrichtlinien in deutsches Recht umsetzen, unterliegen, gelten hinsichtlich ihrer Beschaffenheit die Anforderungen nach diesen Rechtsvorschriften; die Übereinstimmung mit diesen Anforderungen muss gemäß den in diesen Rechtsvorschriften festgelegten Verfahren festgestellt und bestätigt sein. Insoweit entfällt im Rahmen der Anzeige nach § 3 sowie der Prüfungen vor Inbetriebnahme nach § 7 eine Prüfung der Einhaltung dieser Beschaffenheitsanforderungen.
(3) Bei Arbeitskammern und ihrem Betrieb dienende Einrichtungen, die nach den in einem anderen Mitgliedstaat der Europäischen Gemeinschaften oder in einem anderen Vertragsstaat des Abkommens über den Europäischen Wirtschaftsraum geltenden Regelungen oder Anforderungen rechtmäßig hergestellt und in den Verkehr gebracht werden und die gleiche Sicherheit gewährleisten, ist davon auszugehen, dass die die sicherheitstechnische Beschaffenheit betreffenden Anforderungen nach Absatz 1 erfüllt sind. In begründeten Einzelfällen ist auf Verlangen der zuständigen Behörde nachzuweisen, dass die Anforderungen nach Satz 1 erfüllt sind. Normen des Deutschen Instituts für Normung oder andere technische Re-

gelungen gelten beispielhaft und schließen andere, mindestens ebenso sichere Lösungen nicht aus, die insbesondere auch in Normen oder technischen Regelungen oder Anforderungen anderer Mitgliedstaaten der Europäischen Gemeinschaften oder anderer Vertragsstaaten des Abkommens über den Europäischen Wirtschaftsraum ihren Niederschlag gefunden haben. Soweit in dieser Verordnung zum Nachweis dafür, dass die die sicherheitstechnische Beschaffenheit betreffenden Anforderungen im Sinne des Absatzes 1 erfüllt sind, die Vorlage von Gutachten oder Prüfbescheinigungen deutscher Stellen vorgesehen ist, werden auch Prüfberichte von in anderen Mitgliedstaaten der Europäischen Gemeinschaften oder in anderen Vertragsstaaten des Abkommens über den Europäischen Wirtschaftsraum zugelassenen Stellen berücksichtigt, wenn die den Prüfberichten dieser Stellen zugrunde liegenden technischen Anforderungen, Prüfungen, Prüfverfahren denen der deutschen Stellen gleichwertig sind. Um derartige Stellen handelt es sich vor allem dann, wenn diese die an sie zu stellenden Anforderungen erfüllen, die insbesondere in den harmonisierten europäischen Normen niedergelegt sind, deren Fundstelle der Bundesminister für Arbeit und Sozialordnung im Bundesarbeitsblatt bekanntgemacht hat. Vorschriften dieser Verordnung zur Umsetzung von Rechtsakten des Rates der Europäischen Union oder der Kommission der Europäischen Gemeinschaften bleiben unberührt.

§ 5 Weitergehende Anforderungen
Die Arbeitskammern und die ihrem Betrieb dienenden Einrichtungen müssen den über die Vorschriften des § 4 Abs. 1 hinausgehenden Anforderungen entsprechen, die von der zuständigen Behörde im Einzelfall zur Abwendung besonderer Gefahren für die Arbeitnehmer gestellt werden.

§ 6 Ausnahmebewilligung
Die zuständige Behörde kann von den Vorschriften des § 4 Abs. 1, § 9 Abs. 1, § 21 Abs. 4 und von dem Beschäftigungsverbot für Arbeitnehmer, die das 50. Lebensjahr vollendet haben (§ 9 Abs. 2), Ausnahmen zulassen, wenn hierfür besondere Gründe vorliegen und der Schutz der Arbeitnehmer auf andere Weise gewährleistet ist. Die Ausnahmezulassung ist schriftlich oder elektronisch zu beantragen. Dem Antrag ist bei einer Abweichung von den Regelungen des § 4 Abs. 1 ein Gutachten eines behördlich anerkannten Sachverständigen und bei einer Abweichung von den Regelungen des § 9 Abs. 1, 2 oder § 21 Abs. 4 ein Gutachten eine ermächtigten Arztes beizufügen, das jeweils dokumentiert, ob der Schutz der Arbeitnehmer gewährleistet ist. Erfolgt die Antragstellung elektronisch, kann die zuständige Behörde Mehrfertigungen sowie die Übermittlung der dem Antrag beizufügenden Unterlagen auch in schriftlicher Form verlangen. Über den Antrag ist innerhalb einer Frist von vier Wochen nach Eingang bei der zuständigen Behörde zu entscheiden. Die Frist kann in begründeten Fällen verlängert werden. Die Zulassung gilt als erteilt, wenn die zuständige Behörde nicht innerhalb der genannten Frist die Beschäftigung der Arbeitnehmer untersagt.

§ 7 Prüfung durch Sachverständige
(1) Die Arbeitskammern dürfen nur betrieben werden, wenn
1. die Schleusen und Schachtrohre einer Kammer, in der ein höherer Arbeitsdruck als 0,5 bar herrschen darf,
2. die elektrischen Anlagen
von einem behördlich anerkannten Sachverständigen nach Maßgabe der Absätze 2 und 3 geprüft worden sind und dieser festgestellt hat, dass sie den Anforderungen der Verordnung entsprechen, und er darüber eine Prüfbescheinigung erteilt hat.

(2) Es müssen geprüft werden
1. Schleusen und Schachtrohre
   a) vor ihrer ersten Inbetriebnahme,
   b) wiederkehrend vor ihrer Inbetriebnahme, nachdem sie zum dritten Mal neu installiert worden sind, zumindest aber vor Ablauf von 3 Jahren seit Abschluß der letzten Prüfung durch einen behördlich anerkannten Sachverständigen,
   c) nach wesentlichen Änderungen,
2. die elektrischen Anlagen vor der Inbetriebnahme der Arbeitskammer und nach wesentlichen Änderungen.

(3) Die Prüfung der Schleusen und Schachtrohre besteht
1. vor der ersten Inbetriebnahme aus
   a) einer Bauprüfung,
   b) einer Wasserdruckprüfung mit einem Prüfdruck, der das 1,5fache des höchstzulässigen Arbeitsdruckes betragen muss,
   c) einer Abnahmeprüfung,
2. bei den wiederkehrenden Prüfungen vor der Inbetriebnahme aus
   a) einer inneren Prüfung,
   b) einer Wasserdruckprüfung mit einem Prüfdruck, der das 1,5fache des höchstzulässigen Arbeitsdruckes betragen muss,
   c) einer äußeren Prüfung.

Ist die Schleusenanlage Teil des Baukörpers und eine Wasserdruckprüfung nach der Nummer 1 Buchstabe b und der Nummer 2 Buchstabe b deshalb technisch nicht möglich, so ist eine andere gleichwertige Prüfung vorzunehmen. Die Wasserdruckprüfung nach Nummer 2 Buchstabe b entfällt, wenn zu besorgen ist, dass dabei fest eingebaute Geräte und Installationsteile beschädigt werden und wenn eine Luftdruckprüfung mit dem 1,1fachen des höchstzulässigen Arbeitsdruckes vorgenommen wird.

(4) Die zuständige Behörde kann bei Schadensfällen oder aus besonderem Anlass im Einzelfall außerordentliche Prüfungen anordnen. Dies gilt auch bei Arbeitskammern mit einem höchstzulässigen Arbeitsdruck von weniger als 0,5 bar.

§ 8 *(weggefallen)*

§ 9 Beschäftigungsverbot

(1) In Druckluft von mehr als 3,6 bar Überdruck dürfen Arbeitnehmer nicht beschäftigt werden.

(2) In Druckluft dürfen Arbeitnehmer unter 18 oder über 50 Jahren nicht beschäftigt werden.

§ 10 Ärztliche Untersuchung

(1) Der Arbeitgeber darf einen Arbeitnehmer in Druckluft nur beschäftigen, wenn der Arbeitnehmer
1. vor der ersten Beschäftigung,
2. vor Ablauf von einem Jahr seit der letzten Untersuchung
von einem nach § 13 ermächtigten Arzt oder einer nach § 13 ermächtigten Ärztin untersucht worden ist und eine von diesem Arzt oder dieser Ärztin ausgestellte Bescheinigung darüber vorliegt, dass keine gesundheitlichen Bedenken gegen die Beschäftigung oder Weiterbeschäftigung bestehen.

(2) Die ärztliche Untersuchung muss vorgenommen worden sein
1. innerhalb von zwölf Wochen vor Beginn der Beschäftigung und
2. innerhalb von sechs Wochen vor Ablauf der Nachuntersuchungsfrist nach Absatz 1 Nummer 2.

§ 11 Weitere ärztliche Maßnahmen
(1) Arbeitnehmer, die
1. durch Arbeiten in Druckluft erkrankt waren (Drucklufterkrankung),
2. ihre Arbeit wegen anderer Erkrankungen länger als einen Tag unterbrochen haben oder
3. erkältet sind oder sich sonst nicht wohl fühlen,

dürfen in Druckluft erst weiterbeschäftigt werden, nachdem sie dem ermächtigten Arzt vorgestellt worden sind und dieser festgestellt hat, dass gesundheitliche Bedenken gegen die Weiterbeschäftigung nicht bestehen.
(2) Der Arzt hat auf Verlangen des Arbeitgebers oder Arbeitnehmers eine Bescheinigung über seine Feststellung nach Absatz 1 auszustellen. Halten der untersuchte Arbeitnehmer oder der Arbeitgeber das Untersuchungsergebnis für unzutreffend, so entscheidet auf Antrag die zuständige Behörde.

§ 12 Allgemeine Aufgaben und Erreichbarkeit des ermächtigten Arztes
(1) Der Arbeitgeber hat einem nach § 13 ermächtigten Arzt, der drucklufttauglich ist, die Aufgabe zu übertragen, die notwendigen Maßnahmen zur Verhütung von Gesundheitsgefahren für Arbeitnehmer, die in Druckluft beschäftigt werden, zu veranlassen, die Arbeitnehmer arbeitsmedizinisch zu beraten und drucklufterkrankte Arbeitnehmer zu behandeln. Der Arbeitgeber hat dafür zu sorgen, dass dieser Arzt während der Arbeits- und Wartezeiten jederzeit erreichbar ist und in angemessener Zeit, bei Arbeiten bei einem Arbeitsdruck von mehr als 2,0 bar ständig, an der Arbeitsstelle zur Verfügung steht. Der Arbeitgeber hat den Arzt zu verpflichten, sich bei dem nach § 18 Abs. 1 Nr. 1 bestellten Fachkundigen über die arbeitsspezifischen und örtlichen Gegebenheiten der Arbeitsstelle zu informieren und sich mit diesen durch regelmäßige Begehungen vertraut zu machen. Die zuständige Behörde kann von der Verpflichtung, dass bei einem Arbeitsdruck von mehr als 2,0 bar ständig ein Arzt an der Arbeitsstelle zur Verfügung steht, in begründeten Fällen Ausnahmen zulassen. Der Antrag auf Zulassung soll Angaben darüber enthalten, durch welche anderen Maßnahmen die Erstversorgung drucklufterkrankter Arbeitnehmer gewährleistet wird. Über den Antrag ist innerhalb einer Frist von vier Wochen nach Eingang bei der zuständigen Behörde zu entscheiden. Die Frist kann in begründeten Fällen verlängert werden. Die Zulassung gilt als erteilt, wenn die zuständige Behörde nicht innerhalb der genannten Frist die Beschäftigung der Arbeitnehmer untersagt.
(2) Der Arbeitgeber hat Name, Anschrift und Fernsprechnummer des ermächtigten Arztes an der Arbeitsstelle an geeigneter, allen Arbeitnehmern zugänglicher Stelle, insbesondere in der Personenschleuse und im Erholungsraum auszuhängen und den Aushang in gut lesbarem Zustand zu erhalten.

§ 13 Ermächtigte Ärzte
Ärzte, die nach dieser Verordnung tätig werden, müssen die erforderliche arbeitsmedizinische Fachkunde sowie Fachkenntnisse bezüglich der Arbeiten in Druckluft besitzen und von der zuständigen Behörde ermächtigt sein.

§ 14 Veranlassung der ärztlichen Maßnahmen

(1) Der Arbeitgeber hat die ärztlichen Maßnahmen nach den §§ 11 und 12 Abs. 1 auf seine Kosten zu veranlassen.

(2) Er hat dem Arzt mitzuteilen, unter welchem höchsten Arbeitsdruck der Arbeitnehmer beschäftigt wird und welche Arbeiten er zu verrichten hat.

§§ 15 bis 16 (weggefallen)

§ 17 Krankendruckluftkammern, Erholungsräume und sanitäre Einrichtungen

(1) Der Arbeitgeber hat dafür zu sorgen, dass dort, wo die Arbeitskammer betrieben wird, die nachstehenden Einrichtungen vorhanden sind:
1. bei einem Arbeitsdruck von 0,7 bar oder mehr eine Krankendruckluftkammer, die für einen Arbeitsdruck von mindestens 5,5 bar ausgelegt sein muss,
2. ein Raum für ärztliche Untersuchungen und Behandlungen,
3. ein Erholungsraum,
4. ein Umkleideraum,
5. ein Trockenraum,
6. die erforderlichen sanitären Einrichtungen, insbesondere Waschräume und Aborte,
7. Rettungseinrichtungen zur Bergung Verletzter oder Kranker aus der Arbeitskammer.

Ist die Zahl der Arbeitnehmer gering, so kann die zuständige Behörde zulassen, dass ein Raum zugleich als Erholungs- und Umkleideraum verwendet wird.

(2) Die in Absatz 1 aufgeführten Einrichtungen müssen der Nummer 3 des Anhangs 1 und im übrigen den allgemein anerkannten Regeln der Technik entsprechend beschaffen sein. § 4 Abs. 2 und 3 sowie die §§ 5 und 6 sind entsprechend anzuwenden.

(3) Der Arbeitgeber hat dafür zu sorgen, dass die Krankendruckluftkammer von einem behördlich anerkannten Sachverständigen daraufhin geprüft wird, ob sie den Anforderungen des Absatzes 2 entspricht, und zwar
1. bevor er sie an der Arbeitsstelle bereitstellt,
2. jeweils vor Ablauf von 3 Jahren seit der letzten Prüfung durch einen Sachverständigen und
3. nach wesentlichen Änderungen.

Er hat den Sachverständigen zu veranlassen, hierüber Prüfbescheinigungen zu erteilen. § 7 Abs. 3 ist entsprechend anzuwenden.

§ 18 Bestellung von Fachkräften

(1) Der Arbeitgeber hat zu bestellen
1. einen Fachkundigen, der die Arbeiten in Druckluft leitet und den Betrieb der Arbeitskammer ständig überwacht, sowie dessen ständigen Vertreter,
2. einen Sachkundigen, der das Druckleitungsnetz, die Personen- und Materialschleusen und die Krankendruckluftkammern vor dem Beginn einer jeden Arbeitsschicht unter einem dem Arbeitsdruck entsprechenden Luftdruck daraufhin prüft, ob sie dicht sind,
3. einen Sachkundigen, der die elektrischen Anlagen beim Betrieb der Arbeitskammer und der Krankendruckluftkammer ständig überwacht,
4. einen Schleusenwärter, der den Schleusenbetrieb nach Maßgabe der Anweisung des Anhanges 3 ständig überwacht,
5. zwei Sachkundige, die sich ständig an der Arbeitsstelle aufhalten, davon einer in der Arbeitskammer, und die ständig in der Lage sind, einen auftretenden Brand zu bekämpfen,

6. zwei Betriebshelfer, die sich an der Arbeitsstelle ständig aufhalten, davon einer in der Arbeitskammer, und die ständig in der Lage sind, bei Unfällen und Drucklufterkrankungen Erste Hilfe zu leisten.

(2) Zum Fachkundigen oder dessen ständigen Vertreter im Sinne des Absatzes 1 Nr. 1 darf nur bestellt werden, wer einen behördlichen Befähigungsschein für die Ausübung dieser Tätigkeit besitzt. Die zuständige Behörde erteilt auf Antrag demjenigen einen Befähigungsschein, der
1. eine ausreichende praktische Erfahrung bei Arbeiten in Druckluft besitzt und
2. über ausreichende Kenntnisse der bei Arbeiten in Druckluft auftretenden Gefahren und der zur Abwendung solcher Gefahren zu treffenden Maßnahmen verfügt.
Der Befähigungsschein ist in der Regel für die Dauer von drei Jahren zu erteilen.

(3) Es ist zulässig, dass mehrere Aufgaben nach Absatz 1 von einer Person wahrgenommen werden; jedoch dürfen der Fachkundige und sein ständiger Vertreter (Abs. 1 Nr. 1) nicht für Aufgaben nach Absatz 1 Nr. 4, 5 oder 6, der Schleusenwärter (Abs. 1 Nr. 4) nicht für Aufgaben nach den Nummern 5 oder 6 bestellt werden.

(4) Zum Sachkundigen im Sinne des Absatzes 1 Nr. 2 darf nur bestellt werden, wer die zur Prüfung des Druckleitungsnetzes und der Schleusen notwendige Sachkunde besitzt.

(5) Zum Sachkundigen im Sinne des Absatzes 1 Nr. 3 darf nur bestellt werden, wer die zur Überwachung der elektrischen Anlagen notwendige Sachkunde besitzt.

(6) Zum Schleusenwärter im Sinne des Absatzes 1 Nr. 4 darf nur bestellt werden, wer zuverlässig ist und über ausreichende praktische Erfahrungen mit der Überwachung des Schleusenbetriebs verfügt.

(7) Zum Sachkundigen im Sinne des Absatzes 1 Nr. 5 darf nur bestellt werden, wer über die zur Brandbekämpfung in Druckluft erforderlichen Kenntnisse verfügt.

(8) Zum Betriebshelfer im Sinne des Absatzes 1 Nr. 6 darf nur bestellt werden, wer eine Bescheinigung darüber vorgelegt hat, dass er
1. erfolgreich an einem Erste-Hilfe-Lehrgang teilgenommen hat und
2. von einem ermächtigten Arzt in der Ersten Hilfe für Drucklufkranke unterwiesen worden ist.

(9) Der Arbeitgeber hat dafür zu sorgen, dass die von ihm nach Absatz 1 bestellten Personen die ihnen übertragenen Aufgaben ordnungsgemäß erfüllen.

(10) Für die in Absatz 1 genannten Personen gelten die Bestimmungen der §§ 9 bis 11 entsprechend.

§ 19 Nachweise

Der Arbeitgeber hat auf der Arbeitsstelle bereitzuhalten
1. ein Verzeichnis der auf der Arbeitsstelle eingesetzten Personen-, Material- und kombinierten Schleusen, Schachtrohre und Krankendruckluftkammern unter Angabe der bisherigen Einsätze und die sich hierauf beziehenden Prüfbescheinigungen nach den §§ 7 und 17 Abs. 3,
2. die Vorsorgekartei nach § 4 Abs. 3 der Verordnung zur arbeitsmedizinischen Vorsorge für die auf der Arbeitsstelle in Druckluft Beschäftigten und
3. ein Verzeichnis der nach § 18 bestellten Fachkräfte unter Angabe von Name und Anschrift.

§ 20 Belehrung der Arbeitnehmer

(1) Der Arbeitgeber hat dafür zu sorgen, dass der Fachkundige, der die Arbeiten in Druckluft leitet (§ 18 Abs. 1 Nr. 1), und der nach § 12 Abs. 1 beauftragte Arzt die beim Betrieb der Ar-

beitskammer Beschäftigten vor Beginn der Beschäftigung über die Unfall- und Gesundheitsgefahren, denen sie bei der Beschäftigung ausgesetzt sind, sowie über die Einrichtungen und Maßnahmen zur Abwendung dieser Gefahren belehren. Die Belehrungen sind in angemessenen Zeitabständen, mindestens in Abständen von sechs Monaten, zu wiederholen.
(2) Der Arbeitgeber hat jedem Arbeitnehmer außerdem vor Beginn der Beschäftigung mit Arbeiten in Druckluft ein Merkblatt auszuhändigen, in dem der Inhalt der Unterrichtung nach Absatz 1 enthalten ist. Das Merkblatt muss in der Sprache des Beschäftigten abgefasst sein.

§ 21 Ausschleusungs- und Wartezeiten

(1) Der Arbeitgeber hat dafür zu sorgen, dass die Vorschriften des Anhanges 2 eingehalten werden.
(2) Für Arbeitseinsätze, deren Dauer 50 Prozent der maximalen Aufenthaltszeit überschreiten, darf während einer Schicht nur eine Einschleusung vorgenommen werden; im übrigen muss zwischen Aus- und Einschleusung eine Pause in Normalatmosphäre von mindestens einer Stunde eingehalten werden. Die zulässige Gesamtaufenthaltszeit darf nicht überschritten und die Ausschleusungszeit muss jeweils auf die Summe der Aufenthaltszeiten und den maximalen Arbeitsdruck bezogen werden.
(3) Zwischen 2 Arbeitsschichten muss eine arbeitsfreie Zeit von mindestens 12 Stunden liegen.
(4) Arbeitnehmer dürfen täglich höchstens 8 und wöchentlich höchstens 40 Stunden einschließlich Ein- und Ausschleusungszeiten in Druckluft beschäftigt werden.
(5) Wenn die Zeit des Aufenthalts in der Arbeitskammer 4 Stunden überschreitet, sind den Beschäftigten Pausen in der Gesamtdauer von mindestens einer halben Stunde zu gewähren.

§ 22 Straftaten und Ordnungswidrigkeiten nach dem Arbeitsschutzgesetz

(1) Ordnungswidrig im Sinne des § 25 Abs. 1 Nr. 1 des Arbeitsschutzgesetzes handelt, wer vorsätzlich oder fahrlässig
1. entgegen § 3 Absatz 1, 2 Satz 1, Absatz 3 oder 4 eine Anzeige nicht, nicht richtig, nicht vollständig, nicht in der vorgeschriebenen Weise oder nicht rechtzeitig erstattet.

Bis 04.04.2017:
1. entgegen § 3 Abs. 1, 2 Satz 1 oder Abs. 3 eine Anzeige nicht, nicht richtig, nicht vollständig, nicht in der vorgeschriebenen Weise oder nicht rechtzeitig erstattet,
2. entgegen § 3 Absatz 2 Satz 2 oder Absatz 4 eine Unterlage nicht, nicht richtig, nicht vollständig, nicht in der vorgeschriebenen Weise oder nicht rechtzeitig beifügt.

Bis 04.04.2017:
2. entgegen § 3 Abs. 2 Satz 2 eine Unterlage nicht, nicht richtig, nicht vollständig oder nicht rechtzeitig beifügt,
3. entgegen § 7 Abs. 1 eine Arbeitskammer betreibt,
4. entgegen § 9 Abs. 1 einen Arbeitnehmer beschäftigt,
5. entgegen § 9 Abs. 2 einen Arbeitnehmer, der das 50. Lebensjahr vollendet hat, in Druckluft beschäftigt,
6. (weggefallen)
7. entgegen § 11 Abs. 1 einen Arbeitnehmer weiterbeschäftigt,
8. entgegen § 12 Abs. 1 Satz 2 nicht dafür sorgt, dass ein ermächtigter Arzt erreichbar ist,

9. entgegen § 12 Abs. 2 Name, Anschrift und Fernsprechnummer des ermächtigten Arztes nicht aushängt,
10. (weggefallen)
11. entgegen § 17 Abs. 1 Satz 1 nicht dafür sorgt, dass die dort genannten Einrichtungen am Betriebsort vorhanden sind,
12. entgegen § 17 Abs. 3 Satz 1 nicht dafür sorgt, dass die Krankendruckluftkammer von einem Sachverständigen geprüft wird,
13. entgegen § 18 Abs. 1 einen Fachkundigen oder dessen Vertreter, die dort genannten Sachkundigen, einen Schleusenwärter oder die dort genannten Betriebshelfer nicht oder nicht rechtzeitig bestellt,
14. entgegen § 19 die dort genannten Nachweise nicht bereithält,
15. entgegen § 20 Abs. 1 Satz 1 nicht dafür sorgt, dass der Fachkundige und der Arzt die Beschäftigten belehren,
16. entgegen § 20 Abs. 2 ein dort genanntes Merkblatt nicht oder nicht rechtzeitig aushändigt oder
17. entgegen § 21 Abs. 1 nicht dafür sorgt, dass die dort genannten Vorschriften eingehalten werden.

(2) Wer durch eine in Absatz 1 bezeichnete vorsätzliche Handlung Leben oder Gesundheit eines Beschäftigten gefährdet, ist nach § 26 Nr. 2 des Arbeitsschutzgesetzes strafbar.

§ 22a Ordnungswidrigkeit nach dem Jugendarbeitsschutzgesetz

Ordnungswidrig im Sinne des § 58 Abs. 1 Nr. 26 Buchstabe a des Jugendarbeitsschutzgesetzes handelt, wer als Arbeitgeber vorsätzlich oder fahrlässig entgegen § 9 Abs. 2 einen Arbeitnehmer, der das 18. Lebensjahr noch nicht vollendet hat, in Druckluft beschäftigt.

§ 23 Ordnungswidrigkeiten nach dem Arbeitszeitgesetz

Ordnungswidrig im Sinne des § 22 Abs. 1 Nr. 4 des Arbeitszeitgesetzes handelt, wer als Arbeitgeber vorsätzlich oder fahrlässig
1. entgegen § 21 Abs. 4 einen Arbeitnehmer in Druckluft beschäftigt oder
2. entgegen § 21 Abs. 5 Pausen nicht, nicht mit der vorgeschriebenen Mindestdauer oder nicht rechtzeitig gewährt.

§§ 24 bis 25 (weggefallen)

§ 26 Inkrafttreten

(1) Diese Verordnung tritt am ersten Tage des auf die Verkündung folgenden 6. Kalendermonats in Kraft.
(2) Mit dem Inkrafttreten dieser Verordnung tritt die Verordnung für Arbeiten in Druckluft vom 29. Mai 1935 (Reichsgesetzbl. I S. 725) außer Kraft.

Anmerkung der Redaktion:
Auf den Abdruck der Anlagen zur Verordnung wurde verzichtet.

Gesetz zur Förderung der Entgelttransparenz zwischen Frauen und Männern (Entgelttransparenzgesetz – EntgTranspG)

vom 30. Juni 2017 (BGBl. I 2017, S. 2152)

Abschnitt 1: Allgemeine Bestimmungen

§ 1 Ziel des Gesetzes

Ziel des Gesetzes ist es, das Gebot des gleichen Entgelts für Frauen und Männer bei gleicher oder gleichwertiger Arbeit durchzusetzen.

§ 2 Anwendungsbereich

(1) Dieses Gesetz gilt für das Entgelt von Beschäftigten nach § 5 Absatz 2, die bei Arbeitgebern nach § 5 Absatz 3 beschäftigt sind, soweit durch dieses Gesetz nichts anderes bestimmt wird.
(2) Das Allgemeine Gleichbehandlungsgesetz bleibt unberührt. Ebenfalls unberührt bleiben sonstige Benachteiligungsverbote und Gebote der Gleichbehandlung sowie öffentlich-rechtliche Vorschriften, die dem Schutz oder der Förderung bestimmter Personengruppen dienen.

§ 3 Verbot der unmittelbaren und mittelbaren Entgeltbenachteiligung wegen des Geschlechts

(1) Bei gleicher oder gleichwertiger Arbeit ist eine unmittelbare oder mittelbare Benachteiligung wegen des Geschlechts im Hinblick auf sämtliche Entgeltbestandteile und Entgeltbedingungen verboten.
(2) Eine unmittelbare Entgeltbenachteiligung liegt vor, wenn eine Beschäftigte oder ein Beschäftigter wegen des Geschlechts bei gleicher oder gleichwertiger Arbeit ein geringeres Entgelt erhält, als eine Beschäftigte oder ein Beschäftigter des jeweils anderen Geschlechts erhält, erhalten hat oder erhalten würde. Eine unmittelbare Benachteiligung liegt auch im Falle eines geringeren Entgelts einer Frau wegen Schwangerschaft oder Mutterschaft vor.
(3) Eine mittelbare Entgeltbenachteiligung liegt vor, wenn dem Anschein nach neutrale Vorschriften, Kriterien oder Verfahren Beschäftigte wegen des Geschlechts gegenüber Beschäftigten des jeweils anderen Geschlechts in Bezug auf das Entgelt in besonderer Weise benachteiligen können, es sei denn, die betreffenden Vorschriften, Kriterien oder Verfahren sind durch ein rechtmäßiges Ziel sachlich gerechtfertigt und die Mittel sind zur Erreichung dieses Ziels angemessen und erforderlich. Insbesondere arbeitsmarkt-, leistungs- und arbeitsergebnisbezogene Kriterien können ein unterschiedliches Entgelt rechtfertigen, sofern der Grundsatz der Verhältnismäßigkeit beachtet wurde.
(4) Die §§ 5 und 8 des Allgemeinen Gleichbehandlungsgesetzes bleiben unberührt.

§ 4 Feststellung von gleicher oder gleichwertiger Arbeit, benachteiligungsfreie Entgeltsysteme

(1) Weibliche und männliche Beschäftigte üben eine gleiche Arbeit aus, wenn sie an verschiedenen Arbeitsplätzen oder nacheinander an demselben Arbeitsplatz eine identische oder gleichartige Tätigkeit ausführen.
(2) Weibliche und männliche Beschäftigte üben eine gleichwertige Arbeit im Sinne dieses Gesetzes aus, wenn sie unter Zugrundelegung einer Gesamtheit von Faktoren als in einer

vergleichbaren Situation befindlich angesehen werden können. Zu den zu berücksichtigenden Faktoren gehören unter anderem die Art der Arbeit, die Ausbildungsanforderungen und die Arbeitsbedingungen. Es ist von den tatsächlichen, für die jeweilige Tätigkeit wesentlichen Anforderungen auszugehen, die von den ausübenden Beschäftigten und deren Leistungen unabhängig sind.

(3) Beschäftigte in unterschiedlichen Rechtsverhältnissen nach § 5 Absatz 2 können untereinander nicht als vergleichbar nach Absatz 1 oder als in einer vergleichbaren Situation nach Absatz 2 befindlich angesehen werden.

(4) Verwendet der Arbeitgeber für das Entgelt, das den Beschäftigten zusteht, ein Entgeltsystem, müssen dieses Entgeltsystem als Ganzes und auch die einzelnen Entgeltbestandteile so ausgestaltet sein, dass eine Benachteiligung wegen des Geschlechts ausgeschlossen ist. Dazu muss es insbesondere
1. die Art der zu verrichtenden Tätigkeit objektiv berücksichtigen,
2. auf für weibliche und männliche Beschäftigte gemeinsamen Kriterien beruhen,
3. die einzelnen Differenzierungskriterien diskriminierungsfrei gewichten sowie
4. insgesamt durchschaubar sein.

(5) Für tarifvertragliche Entgeltregelungen sowie für Entgeltregelungen, die auf einer bindenden Festsetzung nach § 19 Absatz 3 des Heimarbeitsgesetzes beruhen, gilt eine Angemessenheitsvermutung. Tätigkeiten, die aufgrund dieser Regelungen unterschiedlichen Entgeltgruppen zugewiesen werden, werden als nicht gleichwertig angesehen, sofern die Regelungen nicht gegen höherrangiges Recht verstoßen.

(6) Absatz 5 ist sinngemäß auch auf gesetzliche Entgeltregelungen anzuwenden.

§ 5 Allgemeine Begriffsbestimmungen

(1) Entgelt im Sinne dieses Gesetzes sind alle Grund- oder Mindestarbeitsentgelte sowie alle sonstigen Vergütungen, die unmittelbar oder mittelbar in bar oder in Sachleistungen aufgrund eines Beschäftigungsverhältnisses gewährt werden.

(2) Beschäftigte im Sinne dieses Gesetzes sind
1. Arbeitnehmerinnen und Arbeitnehmer,
2. Beamtinnen und Beamte des Bundes sowie der sonstigen der Aufsicht des Bundes unterstehenden Körperschaften, Anstalten und Stiftungen des öffentlichen Rechts,
3. Richterinnen und Richter des Bundes,
4. Soldatinnen und Soldaten,
5. die zu ihrer Berufsbildung Beschäftigten sowie
6. die in Heimarbeit Beschäftigten sowie die ihnen Gleichgestellten.

(3) Arbeitgeber im Sinne dieses Gesetzes sind natürliche und juristische Personen sowie rechtsfähige Personengesellschaften, die Personen nach Absatz 2 beschäftigen, soweit durch dieses Gesetz nichts anderes bestimmt wird. Für die in Heimarbeit Beschäftigten und die ihnen Gleichgestellten tritt an die Stelle des Arbeitgebers der Auftraggeber oder Zwischenmeister.

(4) Tarifgebundene Arbeitgeber im Sinne dieses Gesetzes sind Arbeitgeber, die einen Entgelttarifvertrag oder Entgeltrahmentarifvertrag aufgrund von § 3 Absatz 1 des Tarifvertragsgesetzes anwenden. Von Satz 1 erfasst werden auch Arbeitgeber, die einen Entgelttarifvertrag aufgrund der Tarifgeltung einer Allgemeinverbindlichkeitserklärung nach § 5 des Tarifvertragsgesetzes oder Entgeltregelungen aufgrund einer bindenden Festsetzung nach § 19 Absatz 3 des Heimarbeitsgesetzes anwenden.

(5) Tarifanwendende Arbeitgeber im Sinne dieses Gesetzes sind Arbeitgeber, die im Geltungsbereich eines Entgelttarifvertrages oder Entgeltrahmentarifvertrages die tariflichen Re-

gelungen zum Entgelt durch schriftliche Vereinbarung zwischen Arbeitgeber und Beschäftigten verbindlich und inhaltsgleich für alle Tätigkeiten und Beschäftigten übernommen haben, für die diese tariflichen Regelungen zum Entgelt angewendet werden.

§ 6 Aufgaben von Arbeitgebern, Tarifvertragsparteien und betrieblichen Interessenvertretungen

(1) Arbeitgeber, Tarifvertragsparteien und die betrieblichen Interessenvertretungen sind aufgefordert, im Rahmen ihrer Aufgaben und Handlungsmöglichkeiten an der Verwirklichung der Entgeltgleichheit zwischen Frauen und Männern mitzuwirken. Die zuständigen Tarifvertragsparteien benennen Vertreterinnen und Vertreter zur Einhaltung des Entgeltgleichheitsgebots im Sinne dieses Gesetzes und zur Wahrnehmung der Aufgaben nach § 14 Absatz 3.
(2) Arbeitgeber sind verpflichtet, die erforderlichen Maßnahmen zu treffen, um die Beschäftigten vor Benachteiligungen wegen des Geschlechts in Bezug auf das Entgelt zu schützen. Dieser Schutz umfasst auch vorbeugende Maßnahmen.

§ 7 Entgeltgleichheitsgebot
Bei Beschäftigungsverhältnissen darf für gleiche oder für gleichwertige Arbeit nicht wegen des Geschlechts der oder des Beschäftigten ein geringeres Entgelt vereinbart oder gezahlt werden als bei einer oder einem Beschäftigten des anderen Geschlechts.

§ 8 Unwirksamkeit von Vereinbarungen
(1) Bestimmungen in Vereinbarungen, die gegen § 3 oder § 7 verstoßen, sind unwirksam.
(2) Die Nutzung der in einem Auskunftsverlangen erlangten Informationen ist auf die Geltendmachung von Rechten im Sinne dieses Gesetzes beschränkt. Die Veröffentlichung personenbezogener Gehaltsangaben und die Weitergabe an Dritte sind von dem Nutzungsrecht nicht umfasst.

§ 9 Maßregelungsverbot
Der Arbeitgeber darf Beschäftigte nicht wegen der Inanspruchnahme von Rechten nach diesem Gesetz benachteiligen. Gleiches gilt für Personen, welche die Beschäftigten hierbei unterstützen oder als Zeuginnen oder Zeugen aussagen. § 16 des Allgemeinen Gleichbehandlungsgesetzes bleibt unberührt.

Abschnitt 2: Individuelle Verfahren zur Überprüfung von Entgeltgleichheit
§ 10 Individueller Auskunftsanspruch
(1) Zur Überprüfung der Einhaltung des Entgeltgleichheitsgebots im Sinne dieses Gesetzes haben Beschäftigte einen Auskunftsanspruch nach Maßgabe der §§ 11 bis 16. Dazu haben die Beschäftigten in zumutbarer Weise eine gleiche oder gleichwertige Tätigkeit (Vergleichstätigkeit) zu benennen. Sie können Auskunft zu dem durchschnittlichen monatlichen Bruttoentgelt nach § 5 Absatz 1 und zu bis zu zwei einzelnen Entgeltbestandteilen verlangen.
(2) Das Auskunftsverlangen hat in Textform zu erfolgen. Vor Ablauf von zwei Jahren nach Einreichen des letzten Auskunftsverlangens können Beschäftigte nur dann erneut Auskunft verlangen, wenn sie darlegen, dass sich die Voraussetzungen wesentlich verändert haben.
(3) Das Auskunftsverlangen ist mit der Antwort nach Maßgabe der §§ 11 bis 16 erfüllt.
(4) Sonstige Auskunftsansprüche bleiben von diesem Gesetz unberührt.

§ 11 Angabe zu Vergleichstätigkeit und Vergleichsentgelt

(1) Die Auskunftsverpflichtung erstreckt sich auf die Angabe zu den Kriterien und Verfahren der Entgeltfindung nach Absatz 2 und auf die Angabe zum Vergleichsentgelt nach Absatz 3.

(2) Die Auskunftsverpflichtung zu den Kriterien und Verfahren der Entgeltfindung erstreckt sich auf die Information über die Festlegung des eigenen Entgelts sowie des Entgelts für die Vergleichstätigkeit. Soweit die Kriterien und Verfahren der Entgeltfindung auf gesetzlichen Regelungen, auf tarifvertraglichen Entgeltregelungen oder auf einer bindenden Festsetzung nach § 19 Absatz 3 des Heimarbeitsgesetzes beruhen, sind als Antwort auf das Auskunftsverlangen die Nennung dieser Regelungen und die Angabe, wo die Regelungen einzusehen sind, ausreichend.

(3) Die Auskunftsverpflichtung in Bezug auf das Vergleichsentgelt erstreckt sich auf die Angabe des Entgelts für die Vergleichstätigkeit (Vergleichsentgelt). Das Vergleichsentgelt ist anzugeben als auf Vollzeitäquivalente hochgerechneter statistischer Median des durchschnittlichen monatlichen Bruttoentgelts sowie der benannten Entgeltbestandteile, jeweils bezogen auf ein Kalenderjahr, nach folgenden Vorgaben:
1. in den Fällen des § 14 sowie in den Fällen einer gesetzlichen Entgeltregelung ist das Vergleichsentgelt der Beschäftigten des jeweils anderen Geschlechts anzugeben, die in die gleiche Entgelt- oder Besoldungsgruppe eingruppiert sind wie der oder die auskunftverlangende Beschäftigte;
2. in den Fällen des § 15 ist das Vergleichsentgelt aller Beschäftigten des jeweils anderen Geschlechts anzugeben, die die erfragte Vergleichstätigkeit oder die nach § 15 Absatz 4 ermittelte Vergleichstätigkeit ausüben.

(4) Auf kollektiv-rechtliche Entgeltregelungen der Kirchen oder der öffentlich-rechtlichen Religionsgesellschaften ist Absatz 2 Satz 2 und Absatz 3 Nummer 1 entsprechend anzuwenden.

§ 12 Reichweite

(1) Der Anspruch nach § 10 besteht für Beschäftigte nach § 5 Absatz 2 in Betrieben mit in der Regelmehr als 200 Beschäftigten bei demselben Arbeitgeber.

(2) Die Auskunftspflicht nach § 10 umfasst
1. nur Entgeltregelungen, die in demselben Betrieb und bei demselben Arbeitgeber angewendet werden,
2. keine regional unterschiedlichen Entgeltregelungen bei demselben Arbeitgeber und
3. keinen Vergleich der Beschäftigtengruppen nach § 5 Absatz 2 untereinander.

(3) Bei der Beantwortung eines Auskunftsverlangens ist der Schutz personenbezogener Daten der auskunftverlangenden Beschäftigten sowie der vom Auskunftsverlangen betroffenen Beschäftigten zu wahren. Insbesondere ist das Vergleichsentgelt nicht anzugeben, wenn die Vergleichstätigkeit von weniger als sechs Beschäftigten des jeweils anderen Geschlechts ausgeübt wird. Es ist sicherzustellen, dass nur die mit der Beantwortung betrauten Personen Kenntnis von den hierfür notwendigen Daten erlangen.

§ 13 Aufgaben und Rechte des Betriebsrates

(1) Im Rahmen seiner Aufgabe nach § 80 Absatz 1 Nummer 2a des Betriebsverfassungsgesetzes fördert der Betriebsrat die Durchsetzung der Entgeltgleichheit von Frauen und Männern im Betrieb. Dabei nimmt der Betriebsrat insbesondere die Aufgaben nach § 14 Absatz 1 und § 15 Absatz 2 wahr. Betriebsverfassungsrechtliche, tarifrechtliche oder betrieblich geregelte Verfahren bleiben unberührt.

Entgelttransparenz § 14

(2) Der Betriebsausschuss nach § 27 des Betriebsverfassungsgesetzes oder ein nach § 28 Absatz 1 Satz 3 des Betriebsverfassungsgesetzes beauftragter Ausschuss hat für die Erfüllung seiner Aufgaben nach Absatz 1 das Recht, die Listen über die Bruttolöhne und -gehälter im Sinne des § 80 Absatz 2 Satz 2 des Betriebsverfassungsgesetzes einzusehen und auszuwerten. Er kann mehrere Auskunftsverlangen bündeln und gemeinsam behandeln.

(3) Der Arbeitgeber hat dem Betriebsausschuss Einblick in die Listen über die Bruttolöhne und -gehälter der Beschäftigten zu gewähren und diese aufzuschlüsseln. Die Entgeltlisten müssen nach Geschlecht aufgeschlüsselt alle Entgeltbestandteile enthalten einschließlich übertariflicher Zulagen und solcher Zahlungen, die individuell ausgehandelt und gezahlt werden. Die Entgeltlisten sind so aufzubereiten, dass der Betriebsausschuss im Rahmen seines Einblicksrechts die Auskunft ordnungsgemäß erfüllen kann.

(4) Leitende Angestellte wenden sich für ihr Auskunftsverlangen nach § 10, abweichend von den §§ 14 und 15, an den Arbeitgeber.

(5) Der Arbeitgeber erklärt schriftlich oder in Textform gegenüber dem Betriebsrat für dessen Beantwortung des Auskunftsverlangens, ob eine § 5 Absatz 5 entsprechende Anwendung der tariflichen Regelungen zum Entgelt erfolgt. Der Betriebsrat bestätigt gegenüber den Beschäftigten schriftlich oder in Textform die Abgabe dieser Erklärung. Die Sätze 1 und 2 gelten in den Fällen des § 14 Absatz 3 Satz 3 entsprechend.

(6) Gesetzliche und sonstige kollektiv-rechtlich geregelte Beteiligungsrechte des Betriebsrates bleiben von diesem Gesetz unberührt.

§ 14 Verfahren bei tarifgebundenen und tarifanwendenden Arbeitgebern

(1) Beschäftigte tarifgebundener und tarifanwendender Arbeitgeber wenden sich für ihr Auskunftsverlangen nach § 10 an den Betriebsrat. Die Vorgaben bestimmen sich nach § 13. Der Betriebsrat hat den Arbeitgeber über eingehende Auskunftsverlangen in anonymisierter Form umfassend zu informieren. Abweichend von Satz 1 kann der Betriebsrat verlangen, dass der Arbeitgeber die Auskunftsverpflichtung übernimmt.

(2) Abweichend von Absatz 1 Satz 1 kann der Arbeitgeber die Erfüllung der Auskunftsverpflichtung generell oder in bestimmten Fällen übernehmen, wenn er dies zuvor gegenüber dem Betriebsrat erläutert hat. Die Übernahme kann jeweils längstens für die Dauer der Amtszeit des jeweils amtierenden Betriebsrates erfolgen. Übernimmt der Arbeitgeber die Erfüllung der Auskunftsverpflichtung, hat er den Betriebsrat umfassend und rechtzeitig über eingehende Auskunftsverlangen sowie über seine Antwort zu informieren. Die Beschäftigten sind jeweils darüber zu informieren, wer die Auskunft erteilt.

(3) Besteht kein Betriebsrat, wenden sich die Beschäftigten an den Arbeitgeber. Der Arbeitgeber informiert die Vertreterinnen und Vertreter der zuständigen Tarifvertragsparteien nach § 6 Absatz 1 Satz 2 über seine Antwort zu eingegangenen Auskunftsverlangen. Der Arbeitgeber sowie die Vertreterinnen und Vertreter der zuständigen Tarifvertragsparteien können vereinbaren, dass die Vertreterinnen und Vertreter der zuständigen Tarifvertragsparteien die Beantwortung von Auskunftsverlangen übernehmen. In diesem Fall informiert der Arbeitgeber diese umfassend und rechtzeitig über eingehende Auskunftsverlangen. Die Beschäftigten sind jeweils darüber zu informieren, wer die Auskunft erteilt.

(4) Soweit die Vertreterinnen und Vertreter der zuständigen Tarifvertragsparteien nach Absatz 3 Satz 3 das Auskunftsverlangen beantworten, hat der Arbeitgeber diesen auf Verlangen die zur Erfüllung ihrer Aufgaben erforderlichen Informationen bereitzustellen. Diese unterliegen im Rahmen ihrer Aufgaben der Verschwiegenheitspflicht.

§ 15 Verfahren bei nicht tarifgebundenen und nicht tarifanwendenden Arbeitgebern

(1) Beschäftigte nicht tarifgebundener und nicht tarifanwendender Arbeitgeber wenden sich für ihr Auskunftsverlangen nach § 10 an den Arbeitgeber.
(2) Besteht ein Betriebsrat, gilt § 14 Absatz 1 und 2 entsprechend.
(3) Der Arbeitgeber oder der Betriebsrat ist verpflichtet, die nach § 10 verlangten Auskünfte innerhalb von drei Monaten nach Zugang des Auskunftsverlangens in Textform zu erteilen. Droht Fristversäumnis, hat der Arbeitgeber oder der Betriebsrat die auskunftverlangende Beschäftigte oder den auskunftverlangenden Beschäftigten darüber zu informieren und die Antwort ohne weiteres Verzögern zu erteilen.
(4) Der Arbeitgeber oder der Betriebsrat gibt an, inwiefern die benannte Vergleichstätigkeit überwiegend von Beschäftigten des jeweils anderen Geschlechts ausgeübt wird. Hält der Arbeitgeber oder der Betriebsrat die erfragte Vergleichstätigkeit nach den im Betrieb angewendeten Maßstäben für nicht gleich oder nicht gleichwertig, hat er dies anhand dieser Maßstäbe nachvollziehbar zu begründen. Dabei sind die in § 4 genannten Kriterien zu berücksichtigen. Der Arbeitgeber oder der Betriebsrat hat in diesem Fall seine Auskunft auf eine seines Erachtens nach gleiche oder gleichwertige Tätigkeit zu beziehen. Soweit der Betriebsrat für die Beantwortung des Auskunftsverlangens zuständig ist, hat der Arbeitgeber dem Betriebsrat auf Verlangen die zur Erfüllung seiner Aufgaben erforderlichen Informationen bereitzustellen.
(5) Unterlässt der Arbeitgeber die Erfüllung seiner Auskunftspflicht, trägt er im Streitfall die Beweislast dafür, dass kein Verstoß gegen das Entgeltgleichheitsgebot im Sinne dieses Gesetzes vorliegt. Dies gilt auch, wenn der Betriebsrat aus Gründen, die der Arbeitgeber zu vertreten hat, die Auskunft nicht erteilen konnte.

§ 16 Öffentlicher Dienst

Der Anspruch nach § 10 besteht auch für Beschäftigte des öffentlichen Dienstes nach § 5 Absatz 2 Nummer 1 bis 5 in Dienststellen mit in der Regel mehr als 200 Beschäftigten. Die §§ 11 bis 14 sind sinngemäß anzuwenden.

Abschnitt 3: Betriebliche Verfahren zur Überprüfung und Herstellung von Entgeltgleichheit

§ 17 Betriebliche Prüfverfahren

(1) Private Arbeitgeber mit in der Regel mehr als 500 Beschäftigten sind aufgefordert, mithilfe betrieblicher Prüfverfahren ihre Entgeltregelungen und die verschiedenen gezahlten Entgeltbestandteile sowie deren Anwendung regelmäßig auf die Einhaltung des Entgeltgleichheitsgebots im Sinne dieses Gesetzes zu überprüfen. Nimmt in einem Konzern das herrschende Unternehmen auf die Entgeltbedingungen mindestens eines Konzernunternehmens entscheidenden Einfluss, kann das herrschende Unternehmen das betriebliche Prüfverfahren nach Satz 1 für alle Konzernunternehmen durchführen.
(2) Wird ein betriebliches Prüfverfahren durchgeführt, hat dies in eigener Verantwortung der Arbeitgeber mithilfe der Verfahren nach § 18 und unter Beteiligung der betrieblichen Interessenvertretungen zu erfolgen.

§ 18 Durchführung betrieblicher Prüfverfahren

(1) In das betriebliche Prüfverfahren sind die Tätigkeiten einzubeziehen, die demselben Entgeltsystem unterliegen, unabhängig davon, welche individualrechtlichen, tarifvertraglichen und betrieblichen Rechtsgrundlagen zusammenwirken.

(2) Betriebliche Prüfverfahren haben aus Bestandsaufnahme, Analyse und Ergebnisbericht zu bestehen. Der Arbeitgeber ist unter Berücksichtigung betrieblicher Mitwirkungsrechte frei in der Wahl von Analysemethoden und Arbeitsbewertungsverfahren. Es sind valide statistische Methoden zu verwenden. Die Daten sind nach Geschlecht aufzuschlüsseln. Dabei ist der Schutz personenbezogener Daten zu wahren.

(3) Bestandsaufnahme und Analyse haben die aktuellen Entgeltregelungen, Entgeltbestandteile und Arbeitsbewertungsverfahren zu erfassen und diese und deren Anwendung im Hinblick auf die Einhaltung des Entgeltgleichheitsgebots im Sinne dieses Gesetzes auszuwerten. Dabei ist § 4 zu beachten. § 12 Absatz 1 und 2 ist sinngemäß anzuwenden. Bei gesetzlichen, bei tarifvertraglichen Entgeltregelungen und bei Entgeltregelungen, die auf einer bindenden Festsetzung nach § 19 Absatz 3 des Heimarbeitsgesetzes beruhen, besteht keine Verpflichtung zur Überprüfung der Gleichwertigkeit von Tätigkeiten. Auf kollektiv-rechtliche Entgeltregelungen der Kirchen oder der öffentlich-rechtlichen Religionsgesellschaften ist Satz 4 entsprechend anzuwenden.

(4) Die Ergebnisse von Bestandsaufnahme und Analyse werden zusammengefasst und können betriebsintern veröffentlicht werden.

§ 19 Beseitigung von Entgeltbenachteiligungen

Ergeben sich aus einem betrieblichen Prüfverfahren Benachteiligungen wegen des Geschlechts in Bezug auf das Entgelt, ergreift der Arbeitgeber die geeigneten Maßnahmen zur Beseitigung der Benachteiligung.

§ 20 Mitwirkung und Information

(1) Der Arbeitgeber hat den Betriebsrat über die Planung des betrieblichen Prüfverfahrens rechtzeitig unter Vorlage der erforderlichen Unterlagen zu unterrichten.

(2) Die Beschäftigten sind über die Ergebnisse des betrieblichen Prüfverfahrens zu informieren. § 43 Absatz 2 und § 53 Absatz 2 des Betriebsverfassungsgesetzes sind zu beachten.

Abschnitt 4: Berichtspflichten für Arbeitgeber

§ 21 Bericht zur Gleichstellung und Entgeltgleichheit

(1) Arbeitgeber mit in der Regel mehr als 500 Beschäftigten, die zur Erstellung eines Lageberichts nach den §§ 264 und 289 des Handelsgesetzbuches verpflichtet sind, erstellen einen Bericht zur Gleichstellung und Entgeltgleichheit, in dem sie Folgendes darstellen:
1. ihre Maßnahmen zur Förderung der Gleichstellung von Frauen und Männern und deren Wirkungen sowie
2. ihre Maßnahmen zur Herstellung von Entgeltgleichheit für Frauen und Männer.

Arbeitgeber, die keine Maßnahmen im Sinne des Satzes 1 Nummer 1 oder 2 durchführen, haben dies in ihrem Bericht zu begründen.

(2) Der Bericht enthält außerdem nach Geschlecht aufgeschlüsselte Angaben
1. zu der durchschnittlichen Gesamtzahl der Beschäftigten sowie
2. zu der durchschnittlichen Zahl der Vollzeit- und Teilzeitbeschäftigten.

§ 22 Berichtszeitraum und Veröffentlichung

(1) Arbeitgeber nach § 21 Absatz 1, die tarifgebunden nach § 5 Absatz 4 sind oder die tarifanwendend nach § 5 Absatz 5 sind und die gemäß § 13 Absatz 5 erklärt haben, tarifliche Regelungen zum Entgelt nach § 5 Absatz 5 anzuwenden, erstellen den Bericht alle fünf Jahre. Der Berichtszeitraum umfasst die vergangenen fünf Jahre.

(2) Alle anderen Arbeitgeber nach § 21 Absatz 1 erstellen den Bericht alle drei Jahre. Der Berichtszeitraum umfasst die vergangenen drei Jahre.
(3) Die Angaben nach § 21 Absatz 2 beziehen sich nur auf das jeweils letzte Kalenderjahr im Berichtszeitraum. Ab dem zweiten Bericht sind für die genannten Angaben die Veränderungen im Vergleich zum letzten Bericht anzugeben.
(4) Der Bericht nach § 21 ist dem nächsten Lagebericht nach § 289 des Handelsgesetzbuches, der dem jeweiligen Berichtszeitraum folgt, als Anlage beizufügen und im Bundesanzeiger zu veröffentlichen.

Abschnitt 5: Evaluation, Aufgabe der Gleichstellungsbeauftragten, Übergangsbestimmungen

§ 23 Evaluation und Berichterst

(1) Die Bundesregierung evaluiert nach Inkrafttreten dieses Gesetzes laufend die Wirksamkeit dieses Gesetzes und informiert alle vier Jahre, erstmals zwei Jahre nach Inkrafttreten, über die Ergebnisse. Die Evaluation hat die Umsetzung des Gebots des gleichen Entgelts für Frauen und Männer bei gleicher oder gleichwertiger Arbeit in allen Betriebs- und Unternehmensformen und -größen darzustellen, die unter den Anwendungsbereich des Abschnittes 2 dieses Gesetzes unterfallen.
(2) Über die Entwicklung des Gebots des gleichen Entgelts für Frauen und Männer bei gleicher oder gleichwertiger Arbeit in Betrieben mit in der Regel weniger als 200 Beschäftigten berichtet die Bundesregierung alle vier Jahre, erstmals zwei Jahre nach Inkrafttreten dieses Gesetzes.
(3) Die Bundesregierung hat in die Evaluation nach Absatz 1 und in die Berichterstattung nach Absatz 2 die Stellungnahme der Sozialpartner miteinzubeziehen.

§ 24 Aufgabe der Gleichstellungsbeauftragten

Die Gleichstellungsbeauftragten in der Bundesverwaltung und in den Unternehmen und den Gerichten des Bundes sowie die Beauftragten, die in Unternehmen für die Gleichstellung von Frauen und Männern zuständig sind, haben die Aufgabe, den Vollzug dieses Gesetzes in Bezug auf die Durchsetzung des Gebots des gleichen Entgelts bei gleicher oder gleichwertiger Arbeit für Frauen und Männer zu fördern.

§ 25 Übergangsbestimmungen

(1) Der Auskunftsanspruch nach § 10 kann erstmals sechs Kalendermonate nach dem 6. Juli 2017 geltend gemacht werden. Soweit der Auskunftsanspruch nach Satz 1 dann innerhalb von drei Kalenderjahren erstmals geltend gemacht wird, können Beschäftigte abweichend von § 10 Absatz 2 Satz 2 erst nach Ablauf von drei Kalenderjahren erneut Auskunft verlangen. Satz 2 gilt nicht, soweit die Beschäftigten darlegen, dass sich die Voraussetzungen we

Gesetz über das Fahrpersonal von Kraftfahrzeugen und Straßenbahnen (Fahrpersonalgesetz – FPersG)

Vom 30. März 1971 (BGBl. I 1971, S. 640)

– zuletzt geändert durch Gesetz zur Änderung des Güterkraftverkehrsgesetzes, des Fahrpersonalgesetzes, des Gesetzes zur Regelung der Arbeitszeit von selbstständigen Kraftfahrern, des Straßenverkehrsgesetzes und des Gesetzes über die Errichtung eines Kraftfahrt-Bundesamtes vom 16. Mai 2017 (BGBl. I 2017, S. 1214)

§ 1 Anwendungsbereich

(1) Dieses Gesetz gilt für die Beschäftigung und für die Tätigkeit des Fahrpersonals von Kraftfahrzeugen sowie von Straßenbahnen, soweit sie am Verkehr auf öffentlichen Straßen teilnehmen. Mitglieder des Fahrpersonals sind Fahrer, Beifahrer und Schaffner. Sofern dieses Gesetz und die auf der Grundlage von § 2 Nr. 3 erlassenen Rechtsverordnungen Regelungen zur Arbeitszeitgestaltung treffen, gehen diese dem Arbeitszeitgesetz vor.
(2) Dieses Gesetz gilt nicht für die Mitglieder des Fahrpersonals
1. von Dienstfahrzeugen der Bundeswehr, der Feuerwehr und der anderen Einheiten und Einrichtungen des Katastrophenschutzes, der Polizei und des Zolldienstes,
2. von Kraftfahrzeugen mit einem zulässigen Gesamtgewicht, einschließlich Anhänger und Sattelanhänger, bis zu 2,8 t, es sei denn, dass sie als Fahrpersonal in einem unter den Geltungsbereich des Arbeitszeitgesetzes fallenden Arbeitsverhältnis stehen.

§ 2 Rechtsverordnungen

Das Bundesministerium für Verkehr und digitale Infrastruktur wird ermächtigt, im Einvernehmen mit dem Bundesministerium für Arbeit und Soziales mit Zustimmung des Bundesrates
1. zur Durchführung der Verordnung (EG) Nr. 2135/98 des Rates vom 24. September 1998 zur Änderung der Verordnung (EWG) Nr. 3821/85 und der Richtlinie 88/599/EWG (ABl. EG Nr. L 274 S. 1), der Verordnung (EG) Nr. 561/2006 des Europäischen Parlaments und des Rates vom 15. März 2006 zur Harmonisierung bestimmter Sozialvorschriften im Straßenverkehr und zur Änderung der Verordnungen (EWG) Nr. 3821/85 und (EG) Nr. 2135/98 des Rates sowie zur Aufhebung der Verordnung (EWG) Nr. 3820/85 des Rates (ABl. EU Nr. L 102 S. 1), der der Verordnung (EU) Nr. 165/2014 des Europäischen Parlaments und des Rates vom 4. Februar 2014 über Fahrtenschreiber im Straßenverkehr, zur Aufhebung der Verordnung (EWG) Nr. 3821/85 des Rates über das Kontrollgerät im Straßenverkehr und zur Änderung der Verordnung (EG) Nr. 561/2006 des Europäischen Parlaments und des Rates zur Harmonisierung bestimmter Sozialvorschriften im Straßenverkehr (ABl. L 60 vom 28.2.2014, S. 1) sowie der Richtlinie 2006/22/EG des Europäischen Parlaments und des Rates vom 15. März 2006 über Mindestbedingungen für die Durchführung der Verordnungen (EWG) Nr. 3820/85 und (EWG) Nr. 3821/85 des Rates über Sozialvorschriften für Tätigkeiten im Kraftverkehr sowie zur Aufhebung der Richtlinie 88/599/EWG des Rates (ABl. EU Nr. L 102 S. 35), in der jeweils geltenden Fassung, Rechtsverordnungen
    a) über die Organisation, das Verfahren und die Mittel der Überwachung der Durchführung dieser Verordnungen,
    b) über die Gestaltung und Behandlung der Tätigkeitsnachweise und Fahrtenschreiber,
    c) über Ausnahmen von den Mindestaltersgrenzen für das Fahrpersonal sowie Ausnahmen von den Vorschriften über die ununterbrochene Lenkzeit, Fahrtunterbrechungen und Ruhezeiten,

d) über die Benutzung von Fahrzeugen und,
e) soweit es zur Durchsetzung der Rechtsakte der Europäischen Gemeinschaft oder der Europäischen Union erforderlich ist, zur Bezeichnung der Tatbestände, die als Ordnungswidrigkeiten nach § 8 Abs. 1 Nr. 1 Buchstabe b, Nr. 2 Buchstabe b und Nr. 4 Buchstabe b geahndet werden können,
zu erlassen, soweit der Bundesrepublik Deutschland eine Regelung in den Artikeln 5, 6, 7, 8, 10, 11, 12, 13, 14, 15, 16, 17, 18, 19, 21 und 22 der Verordnung (EG) Nr. 561/2006, in den Artikeln 3, 21 bis 24, 26, 27, 29 und 32 bis 41 der Verordnung (EU) Nr. 165/2014 und in deren Anhängen anheimgestellt oder auferlegt wird,
1a. (weggefallen)
2. zur Durchführung des Europäischen Übereinkommens vom 1. Juli 1970 über die Arbeit des im internationalen Straßenverkehr beschäftigten Fahrpersonals (AETR) (BGBl. 1974 II S. 1473), in der jeweils geltenden Fassung, Rechtsverordnungen
   a) über die Organisation, das Verfahren und die Mittel der Überwachung der Durchführung dieses Abkommens,
   b) über die Ausrüstung mit Kontrollgeräten und ihre Benutzung sowie über die Gestaltung und Behandlung der Tätigkeitsnachweise,
   c) über Ausnahmen von den Mindestaltersgrenzen für das Fahrpersonal,
   d) über die Nichtanwendung des AETR und anderweitige Vereinbarungen und,
   e) soweit es zur Durchsetzung des AETR erforderlich ist, zur Bezeichnung der Tatbestände, die als Ordnungswidrigkeiten nach § 8 Abs. 1 Nr. 1 Buchstabe b, Nr. 2 Buchstabe b und Nr. 4 Buchstabe b geahndet werden können,
zu erlassen, soweit der Bundesrepublik Deutschland eine Regelung in Artikel 2 Abs. 2, Artikel 3, 4 und 10 Abs. 1 sowie Artikel 12 Abs. 1 des AETR und in dessen Anhängen anheimgestellt oder auferlegt wird,
3. zur Gewährleistung der Sicherheit im Straßenverkehr oder zum Schutz von Leben und Gesundheit der Mitglieder des Fahrpersonals, Rechtsverordnungen
   a) über Arbeitszeiten, Lenkzeiten, Fahrtunterbrechungen und Schichtzeiten,
   b) über Ruhezeiten und Ruhepausen,
   c) über die Ausrüstung mit Fahrtenschreibern und ihre Benutzung sowie über die Gestaltung und Behandlung der Tätigkeitsnachweise und
   d) über die Organisation, das Verfahren und die Mittel der Überwachung der Durchführung dieser Rechtsverordnungen,
   e) über die Zulässigkeit tarifvertraglicher Regelungen über Arbeits-, Lenk-, Schicht- und Ruhezeiten sowie Ruhepausen und Fahrtunterbrechungen
zu erlassen,
4. zur Führung eines zentralen Registers zum Nachweis der ausgestellten, abhanden gekommenen und beschädigten Fahrer-, Werkstatt-, Unternehmens- und Kontrollkarten (Zentrales Fahrtenschreiberkartenregister) eine Rechtsverordnung zu erlassen über
   a) die Speicherung der Identifizierungsdaten der Fahrer, Techniker, Unternehmen und Behörden, denen Fahrer-, Werkstatt-, Unternehmens- oder Kontrollkarten ausgestellt worden sind, und die Speicherung der Identifizierungsdaten der ausgestellten, verlorenen und defekten Fahrer-, Werkstatt-, Unternehmens- und Kontrollkarten,
   b) die Übermittlung der Identifizierungsdaten, mit Ausnahme biometrischer Daten, an die öffentlichen Stellen, die für Verwaltungsmaßnahmen auf Grund der Verordnung (EU) Nr. 165/2014 oder darauf beruhender Rechtsvorschriften oder für die Verfolgung von Straftaten oder Ordnungswidrigkeiten zuständig sind,

Fahrpersonalgesetz §§ 3–4

c) den automatisierten Abruf der Identifizierungsdaten, mit Ausnahme biometrischer Daten, durch die vorgenannten Stellen und zur Gewährleistung des Datenschutzes, insbesondere einer Kontrolle der Zulässigkeit der Abrufe, und der Datensicherheit,
d) die Löschung der Daten spätestens fünf Jahre nach Ablauf der Gültigkeit der jeweiligen Karte.

§ 3 Verbot bestimmter Akkordlöhne, Prämien und Zuschläge

Mitglieder des Fahrpersonals dürfen als Arbeitnehmer nicht nach den zurückgelegten Fahrstrecken oder der Menge der beförderten Güter entlohnt werden, auch nicht in Form von Prämien oder Zuschlägen für diese Fahrstrecken oder Gütermengen. Ausgenommen sind Vergütungen, die nicht geeignet sind, die Sicherheit im Straßenverkehr zu beeinträchtigen.

§ 4 Aufsicht

(1) Die Aufsicht über die Ausführung der Verordnungen (EG) Nr. 561/ 2006, (EU) Nr. 165/2014 und der Verordnung (EG) Nr. 2135/98, des AETR sowie dieses Gesetzes und der auf Grund dieses Gesetzes erlassenen Rechtsverordnungen obliegt den von den Landesregierungen bestimmten Behörden (Aufsichtsbehörden), soweit in diesem Gesetz nichts anderes bestimmt ist.

(1a) Die Aufsichtsbehörde kann die erforderlichen Maßnahmen anordnen, die der Arbeitgeber, der Verlader, der Spediteur, der Reiseveranstalter, der Hauptauftragnehmer, der Unterauftragnehmer und die Fahrervermittlungsagentur zur Erfüllung der sich aus diesem Gesetz und den auf Grund dieses Gesetzes erlassenen Rechtsverordnungen ergebenden Pflichten zu treffen haben.

(2) Unberührt bleibt die Zuständigkeit des Bundesamtes für Güterverkehr nach § 9 Abs. 2 dieses Gesetzes und nach § 11 Abs. 2 Nr. 3 Buchstabe a, § 12 Abs. 6 des Güterkraftverkehrsgesetzes.

(3) Der Unternehmer, der Fahrzeughalter und die Mitglieder des Fahrpersonals sind verpflichtet, der zuständigen Behörde innerhalb einer von ihr festzusetzenden Frist
1. die Auskünfte, die zur Ausführung der in Absatz 1 genannten Vorschriften erforderlich sind, wahrheitsgemäß und vollständig zu erteilen,
2. die Unterlagen, die sich auf diese Angaben beziehen oder aus denen die Lohn- oder Gehaltszahlungen ersichtlich sind, zur Prüfung auszuhändigen oder einzusenden; werden die Unterlagen automatisiert gespeichert, sind sie den zuständigen Behörden auf deren Verlangen nach Maßgabe von Satz 12 durch Datenfernübertragung oder auf einem von der jeweiligen Behörde zu bestimmenden Datenträger nach Satz 12 zur Verfügung zu stellen.

Mitglieder des Fahrpersonals haben die Schaublätter und andere Tätigkeitsnachweise der Vortage, die nicht mehr mitzuführen sind, unverzüglich dem Unternehmer auszuhändigen. Bei Einsatz eines digitalen Fahrtenschreibers nach der Verordnung (EU) Nr. 165/2014 hat der Unternehmer die auf der Fahrerkarte gespeicherten Daten in regelmäßigen Abständen zu kopieren. Hierzu haben ihm die Mitglieder des Fahrpersonals die jeweiligen Fahrerkarten zur Verfügung zu stellen. Der Unternehmer hat ferner die im Massenspeicher des Fahrtenschreibers gespeicherten Daten in regelmäßigen Abständen zu kopieren. Der Unternehmer hat die von den Fahrerkarten und den Massenspeichern kopierten Daten unter Berücksichtigung der Grundsätze des Satzes 12 ein Jahr ab dem Zeitpunkt des Kopierens zu speichern. Der Unternehmer hat die Schaublätter im Sinne des Artikels 33 Absatz 2 der Verordnung (EU) Nr. 165/2014 und die gemäß Artikel 35 Absatz 2 und Artikel 37 Absatz 2 der Verordnung (EU) Nr. 165/2014 sowie § 2 Abs. 3 Satz 1 und 2 der Fahrpersonalverordnung zu fertigenden

§ 4a Fahrpersonalgesetz

Ausdrucke und handschriftlichen Aufzeichnungen ein Jahr nach dem Ablauf der Mitführpflicht nach Artikel 36 Absatz 1 und 2 der Verordnung (EU) Nr. 165/2014 aufzubewahren. Danach sind bis zum 31. März des auf das Kalenderjahr, in dem die Aufbewahrungsfrist endet, folgenden Kalenderjahres die Daten zu löschen und die Schaublätter und die gemäß Artikel 35 Absatz 2 und Artikel 37 Absatz 2 der Verordnung (EU) Nr. 165/2014 und § 2 Abs. 3 Satz 1 und 2 der Fahrpersonalverordnung zu fertigenden Ausdrucke und handschriftlichen Aufzeichnungen zu vernichten, soweit sie nicht zur Erfüllung der Aufbewahrungspflichten nach § 16 Abs. 2 und § 21a Abs. 7 des Arbeitszeitgesetzes, § 147 Abs. 1 Nr. 5 in Verbindung mit Abs. 3 der Abgabenordnung , § 28f Abs. 1 Satz 1 des Vierten Buches Sozialgesetzbuch nach § 17 Absatz 2 des Gesetzes zur Regelung eines allgemeinen Mindestlohns, nach § 19 Absatz 2 des Arbeitnehmer-Entsendegesetzes oder nach § 17c Absatz 2 des Arbeitnehmerüberlassungsgesetzes benötigt werden. Der Unternehmer hat dabei dafür Sorge zu tragen, dass eine lückenlose Dokumentation der Lenk- und Ruhezeiten gewährleistet ist und die Daten sowie die Schaublätter und die gemäß Artikel 35 Absatz 2, Artikel 37 Absatz 2 der Verordnung (EU) Nr. 165/2014 und § 2 Abs. 3 Satz 1 und 2 der Fahrpersonalverordnung zu fertigenden Ausdrucke und handschriftlichen Aufzeichnungen gegen Verlust und Beschädigung zu sichern. Er stellt den Mitgliedern des Fahrpersonals auf Verlangen eine Kopie der von ihrer Fahrerkarte kopierten Daten zur Verfügung. Artikel 10 Abs. 2 der Verordnung (EG) Nr. 561/2006 bleibt unberührt. Im Falle der Datenfernübertragung sind dem jeweiligen Stand der Technik entsprechende Maßnahmen zur Sicherstellung von Datenschutz und Datensicherheit zu treffen, die insbesondere die Vertraulichkeit, Unversehrtheit und Zurechenbarkeit der Daten gewährleisten; im Falle der Nutzung allgemein zugänglicher Netze sind dem jeweiligen Stand der Technik entsprechende Verschlüsselungsverfahren anzuwenden.
(4) Der zur Auskunft Verpflichtete kann die Auskunft auf solche Fragen verweigern, deren Beantwortung ihn selbst oder einen der in § 383 Abs. 1 Nr. 1 bis 3 der Zivilprozessordnung bezeichneten Angehörigen der Gefahr strafgerichtlicher Verfolgung oder eines Verfahrens nach dem Gesetz über Ordnungswidrigkeiten aussetzen würde.
(5) Während der Betriebs- und Arbeitszeit ist den Beauftragten der Aufsichtsbehörden, soweit dies zur Wahrnehmung ihrer Aufgaben erforderlich ist, das Betreten und Besichtigen der Grundstücke, Betriebsanlagen, Geschäftsräume und Beförderungsmittel gestattet. Das Betreten und Besichtigen außerhalb dieser Zeit oder wenn die Betriebsanlagen oder Geschäftsräume sich in einer Wohnung befinden, ist ohne Einverständnis nur zur Verhütung von dringenden Gefahren für die öffentliche Sicherheit und Ordnung zulässig. Das Grundrecht der Unverletzlichkeit der Wohnung (Artikel 13 des Grundgesetzes) wird insoweit eingeschränkt. Soweit dies zur Erfüllung der Aufgaben den Beauftragten der Aufsichtsbehörden erforderlich ist, können Prüfungen und Untersuchungen durchgeführt und die Einsicht in geschäftliche Unterlagen des Auskunftspflichtigen vorgenommen werden. Die Maßnahmen nach den Sätzen 1, 2 und 4 sind von den zu überwachenden Unternehmen und ihren Angestellten, einschließlich der Fahrer, zu dulden.
(6) (weggefallen)
(7) Zuständige Behörde im Sinne des Artikels 4 des Anhangs zum AETR und der Artikel 15, 22 Absatz 3 und Artikel 24 Absatz 5 der Verordnung (EU) Nr. 165/2014 ist das Kraftfahrt-Bundesamt.

§ 4a Zuständigkeiten
Anträge auf Erteilung von Fahrer-, Werkstatt- oder Unternehmenskarten sind an die nach Landesrecht zuständigen Behörden oder Stellen zu richten. Die Länder können Dritte mit dieser Aufgabe betrauen.

§ 4b Fahrerlaubnisrechtliche Auskünfte

Durch Abruf im automatisierten Verfahren dürfen aus dem Zentralen Fahrerlaubnisregister die nach § 49 Absatz 1 Nummer 1 bis 3, 7 bis 13 und 17 der Fahrerlaubnis-Verordnung gespeicherten Daten für Maßnahmen im Zusammenhang mit der Ausgabe und Kontrolle von Fahrerkarten nach der Verordnung (EU) Nr. 165/2014 an die hierfür zuständigen Stellen im Inland sowie in einem Mitgliedstaat der Europäischen Union oder einem Vertragsstaat des Abkommens über den Europäischen Wirtschaftsraum übermittelt werden.

§ 4c Auskünfte aus dem Fahrtenschreiberkartenregister

(1) Durch Abruf im automatisierten Verfahren dürfen aus dem Fahrtenschreiberkartenregister die nach § 12 der Fahrpersonalverordnung gespeicherten Daten für Maßnahmen im Zusammenhang mit der Ausgabe und Kontrolle von Fahrerkarten nach der Verordnung (EU) Nr. 165/2014 an die hierfür zuständigen Behörden und Stellen im Inland, in einem Mitgliedstaat der Europäischen Union, in einem Vertragsstaat des Abkommens über den Europäischen Wirtschaftsraum und in der Schweiz übermittelt werden.

(2) Die zuständigen Behörden und Stellen dürfen die nach § 12 der Fahrpersonalverordnung gespeicherten Daten im automatisierten Verfahren abrufen, soweit die Kenntnis dieser Daten für Maßnahmen im Zusammenhang mit der Ausgabe und Kontrolle von Fahrerkarten nach der Verordnung (EU) Nr. 165/2014 erforderlich ist. Die Daten dürfen nur für diese Zwecke verwendet werden. Die Daten sind zu löschen, soweit sie zur Aufgabenerfüllung nicht mehr erforderlich sind.

(3) Die für das Fahrtenschreiberkartenregister zuständige Stelle hat zu gewährleisten, dass die Übermittlung der Daten zumindest durch geeignete Stichprobenverfahren festgestellt und überprüft werden kann.

§ 5 Anordnungsbefugnis, Sicherungsmaßnahmen, Zurückweisung an der Grenze

(1) Werden bei einer Kontrolle auf Verlangen keine oder nicht vorschriftsmäßig geführte Tätigkeitsnachweise vorgelegt oder wird festgestellt, dass vorgeschriebene Unterbrechungen der Lenkzeit nicht eingelegt oder die höchstzulässige Tageslenkzeit überschritten oder einzuhaltende Mindestruhezeiten nicht genommen worden sind, können die zuständigen Behörden die Fortsetzung der Fahrt untersagen, bis die Voraussetzungen zur Weiterfahrt erfüllt sind. Tätigkeitsnachweise oder Fahrtenschreiber, aus denen sich der Regelverstoß ergibt oder mit denen er begangen wurde, können zur Beweissicherung eingezogen werden; die Fahrerkarte darf während ihrer Gültigkeitsdauer nicht entzogen oder ihre Gültigkeit ausgesetzt werden, es sei denn, es wird festgestellt, dass die Karte gefälscht worden ist, der Fahrer eine Karte verwendet, deren Inhaber er nicht ist, oder die Ausstellung der Karte auf der Grundlage falscher Erklärungen oder gefälschter Dokumente erwirkt wurde.

(1a) Ergeben sich bei einer Kontrolle konkrete Anhaltspunkte dafür, dass der Fahrtenschreiber nicht ordnungsgemäß funktioniert, kann die zuständige Behörde eine Prüfung des Fahrtenschreibers nach Maßgabe des § 57b Absatz 1 und 3 der Straßenverkehrs-Zulassungs-Ordnung anordnen. Abweichend von § 57b Absatz 1 Satz 1 der Straßenverkehrs-Zulassungs-Ordnung fallen dem Halter die Kosten der Prüfung nur zu Last, wenn festgestellt wird, dass Einbau, Zustand, Messgenauigkeit und Arbeitsweise des Fahrtenschreibers nicht vorschriftsmäßig sind.

(2) Im grenzüberschreitenden Verkehr können Kraftfahrzeuge, die nicht in einem Mitgliedstaat der Europäischen Union oder einem anderen Vertragsstaat des Abkommens über den Europäischen Wirtschaftsraum zugelassen sind und in das Hoheitsgebiet der Bundesre-

publik Deutschland einfahren wollen, in Fällen des Absatzes 1 an den Außengrenzen der Mitgliedstaaten der Europäischen Union zurückgewiesen werden.

(3) Rechtsbehelfe gegen Anordnungen nach den Absätzen 1, 1a und 2 sowie zur Durchsetzung der in § 4 Abs. 3 Satz 1 und Abs. 5 geregelten Pflichten haben keine aufschiebende Wirkung.

§ 6 Allgemeine Verwaltungsvorschriften

Das Bundesministerium für Verkehr und digitale Infrastruktur kann im Einvernehmen mit dem Bundesministerium für Arbeit und Soziales mit Zustimmung des Bundesrates zur Durchführung der in § 2 genannten oder auf § 2 beruhenden Vorschriften allgemeine Verwaltungsvorschriften erlassen, insbesondere über die Erteilung einer Verwarnung (§§ 56, 58 Abs. 2 des Gesetzes über Ordnungswidrigkeiten) wegen einer Ordnungswidrigkeit nach § 8 und darüber, in welchen Fällen eine solche Verwarnung nicht erteilt werden soll.

§ 7 Sicherheitsleistung

Wird eine angeordnete Sicherheitsleistung nicht sofort erbracht, so kann die zuständige Behörde die Weiterfahrt bis zur vollständigen Erbringung untersagen.

§§ 7a bis 7c (weggefallen)

§ 8 Bußgeldvorschriften

(1) Ordnungswidrig handelt, wer vorsätzlich oder fahrlässig
1. als Unternehmer
   a) einer Rechtsverordnung nach § 2 Nr. 2 Buchstabe b oder Nr. 3 oder einer vollziehbaren Anordnung auf Grund einer solchen Rechtsverordnung zuwiderhandelt, soweit die Rechtsverordnung für einen bestimmten Tatbestand auf diese Bußgeldvorschrift verweist,
   b) einer Vorschrift der Verordnung (EG) Nr. 2135/ 98, der Verordnung (EU) Nr. 165/2014 oder des AETR zuwiderhandelt, soweit eine Rechtsverordnung nach § 2 Nr. 1 Buchstabe e oder Nr. 2 Buchstabe e für einen bestimmten Tatbestand auf diese Bußgeldvorschrift verweist,
   c) entgegen § 3 Satz 1 ein Mitglied des Fahrpersonals nach der zurückgelegten Fahrstrecke oder der Menge der beförderten Güter entlohnt,
   d) entgegen § 4 Abs. 3 Satz 1 eine Auskunft nicht, nicht richtig, nicht vollständig oder nicht rechtzeitig erteilt oder eine Unterlage nicht oder nicht rechtzeitig aushändigt, nicht oder nicht rechtzeitig einsendet oder nicht oder nicht rechtzeitig zur Verfügung stellt,
   e) entgegen § 4 Abs. 3 Satz 6 dort genannte Daten nicht, nicht richtig oder nicht für die vorgeschriebene Dauer speichert,
   f) entgegen § 4 Abs. 3 Satz 7 ein Schaublatt oder einen Ausdruck nicht oder nicht für die vorgeschriebene Dauer aufbewahrt,
   g) entgegen § 4 Abs. 3 Satz 8 dort genannte Daten nicht oder nicht rechtzeitig löscht oder ein Schaublatt oder einen Ausdruck nicht oder nicht rechtzeitig vernichtet,
   h) entgegen § 4 Abs. 3 Satz 9 nicht dafür Sorge trägt, dass eine lückenlose Dokumentation oder Datensicherung erfolgt,
   i) entgegen § 4 Abs. 5 Satz 5 eine Maßnahme nicht duldet oder
   j) einer vollziehbaren Anordnung nach § 5 Absatz 1 Satz 1 oder Absatz 1a Satz 1 oder § 7 zuwiderhandelt,

2. als Fahrer
   a) einer Rechtsverordnung nach § 2 Nr. 2 Buchstabe b oder Nr. 3 oder einer vollziehbaren Anordnung auf Grund einer solchen Rechtsverordnung zuwiderhandelt, soweit die Rechtsverordnung für einen bestimmten Tatbestand auf diese Bußgeldvorschrift verweist,
   b) einer Vorschrift der Verordnung (EG) Nr. 2135/ 98, der Verordnung (EU) Nr. 165/2014 oder des AETR zuwiderhandelt, soweit eine Rechtsverordnung nach § 2 Nr. 1 Buchstabe e oder Nr. 2 Buchstabe e für einen bestimmten Tatbestand auf diese Bußgeldvorschrift verweist,
   c) entgegen § 4 Abs. 3 Satz 1 eine Auskunft nicht, nicht richtig, nicht vollständig oder nicht rechtzeitig erteilt oder eine Unterlage nicht aushändigt,
   d) entgegen § 4 Abs. 3 Satz 2 einen Tätigkeitsnachweis nicht oder nicht rechtzeitig aushändigt,
   e) entgegen § 4 Abs. 3 Satz 4 die Fahrerkarte zum Kopieren nicht oder nicht rechtzeitig zur Verfügung stellt,
   f) entgegen § 4 Abs. 5 Satz 5 eine Maßnahme nicht duldet oder
   g) einer vollziehbaren Anordnung nach § 5 Absatz 1 Satz 1 oder Absatz 1a Satz 1 oder § 7 zuwiderhandelt oder
3. als Fahrzeughalter entgegen § 4 Abs. 3 Satz 1 eine Auskunft nicht, nicht richtig, nicht vollständig oder nicht rechtzeitig erteilt oder eine Unterlage nicht oder nicht rechtzeitig aushändigt, nicht oder nicht rechtzeitig einsendet oder nicht oder nicht rechtzeitig zur Verfügung stellt oder
4. als Werkstattinhaber oder Installateur
   a) einer Rechtsverordnung nach § 2 Nr. 2 Buchstabe b oder Nr. 3 Buchstabe c oder einer vollziehbaren Anordnung auf Grund einer solchen Rechtsverordnung zuwiderhandelt, soweit die Rechtsverordnung für einen bestimmten Tatbestand auf diese Bußgeldvorschrift verweist, oder
   b) einer Vorschrift der Verordnung (EU) Nr. 165/2014 oder des AETR zuwiderhandelt, soweit eine Rechtsverordnung nach § 2 Nr. 1 Buchstabe e oder Nr. 2 Buchstabe e für einen bestimmten Tatbestand auf diese Bußgeldvorschrift verweist.

(2) Die Ordnungswidrigkeit kann in den Fällen des Absatzes 1 Nr. 1 und 3 mit einer Geldbuße bis zu dreißigtausend Euro, in den übrigen Fällen mit einer Geldbuße bis zu fünftausend Euro geahndet werden.

(3) Ordnungswidrigkeiten nach Absatz 1 Nummer 1 Buchstabe b, Nummer 2 Buchstabe b oder Nummer 4 Buchstabe b, die bis zum 1. März 2016 unter Geltung der Verordnung (EWG) Nr. 3821/85 begangen wurden, können abweichend von § 4 Absatz 3 des Gesetzes über Ordnungswidrigkeiten nach den zum Zeitpunkt der Tat geltenden Bestimmungen geahndet werden.

(4) In den Fällen des Absatzes 1 Nummer 1 Buchstabe b, Nummer 2 Buchstabe b und Nummer 4 Buchstabe b kann eine Ordnungswidrigkeit wegen einer Zuwiderhandlung gegen das AETR auch dann geahndet werden, wenn die Ordnungswidrigkeit nicht im Geltungsbereich dieses Gesetzes begangen wurde.

§ 8a Bußgeldvorschriften

(1) Ordnungswidrig handelt, wer als Unternehmer gegen die Verordnung (EG) Nr. 561/2006 des Europäischen Parlaments und des Rates vom 15. März 2006 zur Harmonisierung bestimmter Sozialvorschriften im Straßenverkehr und zur Änderung der Verordnungen (EWG) Nr. 3821/85 und (EG) Nr. 2135/98 des Rates sowie zur Aufhebung der Verord-

nung (EWG) Nr. 3820/85 des Rates (ABl. EU Nr. L 102 S. 1), die zuletzt durch die Verordnung (EG) Nr. 1073/2009 (ABl. L 300 vom 14.11.2009, S. 88) geändert worden ist, verstößt, indem er vorsätzlich oder fahrlässig
1. einen Schaffner oder Beifahrer einsetzt, der das in Artikel 5 genannte Mindestalter nicht erreicht hat,
2. nicht dafür sorgt, dass die in Artikel 6 Abs. 1 Satz 1, Abs. 2 und 3 genannten Lenkzeiten, die in Artikel 7 Satz 1 genannte Fahrtunterbrechung oder die in Artikel 8 Abs. 2 Satz 1, Abs. 4 bis 7 genannten Ruhezeiten vom Fahrer eingehalten werden,
3. entgegen Artikel 16 Abs. 2 Satz 1 in Verbindung mit Abs. 3 Buchstabe a Halbsatz 1 einen Fahrplan oder einen Arbeitszeitplan nicht, nicht richtig oder nicht vollständig erstellt oder
4. entgegen Artikel 16 Abs. 3 Buchstabe c einen Arbeitszeitplan nicht oder nicht mindestens ein Jahr aufbewahrt.

Im Fall von Satz 1 Nummer 2 sorgt der Unternehmer auch dann nicht dafür, dass die regelmäßige wöchentliche Ruhezeit nach Artikel 8 Absatz 6 eingehalten wird, wenn diese im Fahrzeug oder an einem Ort ohne geeignete Schlafmöglichkeit verbracht wird.

(2) Ordnungswidrig handelt, wer als Fahrer gegen die Verordnung (EG) Nr. 561/2006 verstößt, indem er vorsätzlich oder fahrlässig
1. eine in Artikel 6 Abs. 1 Satz 1, Abs. 2 oder 3 genannte Lenkzeit, die in Artikel 7 Satz 1 genannte Fahrtunterbrechung oder eine in Artikel 8 Abs. 2 Satz 1, Absatz 4, 5, 6, 6a Satz 1 oder Absatz 7 genannte Ruhezeit oder Ruhepause nicht einhält,
2. entgegen Artikel 6 Abs. 5 eine andere Arbeit oder eine Bereitschaftszeit nicht, nicht richtig oder nicht in der vorgeschriebenen Weise festhält,
3. entgegen Artikel 12 Satz 2 Art oder Grund einer Abweichung nicht, nicht richtig, nicht in der vorgeschriebenen Weise oder nicht rechtzeitig vermerkt oder
4. entgegen Artikel 16 Abs. 2 Unterabs. 2 einen Auszug auf dem Arbeitszeitplan oder eine Ausfertigung des Linienfahrplans nicht mit sich führt.

Im Fall von Satz 1 Nummer 1 wird die regelmäßige wöchentliche Ruhezeit nach Artikel 8 Absatz 6 auch dann nicht eingehalten, wenn diese im Fahrzeug oder an einem Ort ohne geeignete Schlafmöglichkeit verbracht wird.

(3) Ordnungswidrig handelt, wer als Unternehmer, Verlader, Spediteur, Reiseveranstalter oder Fahrervermittler einen Beförderungszeitplan vertraglich vereinbart und nicht sicherstellt, dass dieser Beförderungszeitplan nicht gegen eine in Absatz 2 Nr. 1 genannte Vorschrift verstößt.

(4) Die Ordnungswidrigkeit kann in den Fällen der Absätze 1 und 3 mit einer Geldbuße bis zu dreißigtausend Euro, in den übrigen Fällen mit einer Geldbuße bis zu fünftausend Euro geahndet werden.

(5) In den Fällen der Absätze 1 und 2 kann die Ordnungswidrigkeit auch dann geahndet werden, wenn sie nicht im Geltungsbereich dieses Gesetzes begangen wurde.

§ 9 Zuständigkeit für die Verfolgung und Ahndung von Ordnungswidrigkeiten

(1) Wird ein Verstoß in einem Unternehmen begangen, das im Geltungsbereich dieses Gesetzes seinen Sitz oder eine geschäftliche Niederlassung hat, ist nur die Verwaltungsbehörde örtlich zuständig, in deren Bezirk die geschäftliche Niederlassung oder der Hauptsitz des Betriebes liegt, bei dem der Betroffene tätig ist. Die §§ 38 und 39 des Gesetzes über Ordnungswidrigkeiten gelten entsprechend. Soweit nach Satz 1 oder Satz 2 eine Verwaltungsbehörde zuständig ist, die nicht auch für die Kontrolle der Bestimmungen dieses Gesetzes auf dem Betriebsgelände zuständig ist, unterrichtet diese Verwaltungsbehörde die für

Fahrpersonalgesetz § 10

die Kontrollen der Bestimmungen dieses Gesetzes auf dem Betriebsgelände zuständige Behörde über begangene Ordnungswidrigkeiten.

(2) Wird ein Verstoß in einem Unternehmen begangen, das im Geltungsbereich des Gesetzes weder seinen Sitz noch eine geschäftliche Niederlassung hat, und hat auch der Betroffene im Geltungsbereich des Gesetzes keinen Wohnsitz, so ist Verwaltungsbehörde im Sinne des § 36 Abs. 1 Nr. 1 des Gesetzes über Ordnungswidrigkeiten das Bundesamt für Güterverkehr.

(3) bis (4) (weggefallen)

§ 10 Datenschutzbestimmungen

(1) Die nach § 9 für die Durchführung von Bußgeldverfahren zuständigen Behörden dürfen folgende personenbezogene Daten über laufende und abgeschlossene Bußgeldverfahren wegen der in § 8 Absatz 1 und der in § 8a Absatz 1 bis 3 genannten Ordnungswidrigkeiten speichern, verändern und nutzen, soweit dies für die Erfüllung ihrer Aufgaben oder für Zwecke der Beurteilung der Zuverlässigkeit des Unternehmens, bei dem der Betroffene angestellt ist, erforderlich ist:
1. Name, Anschrift, Geburtsdatum und Geburtsort des Betroffenen, Name und Anschrift des Unternehmens,
2. Zeit und Ort der Begehung der Ordnungswidrigkeit,
3. die gesetzlichen Merkmale der Ordnungswidrigkeit,
4. Bußgeldbescheide mit dem Datum ihres Erlasses und dem Datum des Eintritts ihrer Rechtskraft sowie
5. die Höhe der Geldbuße und
6. das Datum der Verwarnung oder des Erlasses des Verwarnungsgeldes.

(2) Die in Absatz 1 genannten Behörden übermitteln die Daten nach Absatz 1 für die dort genannten Zwecke
1. an öffentliche Stellen, soweit die Daten für die Entscheidung über den Zugang zum Beruf des Güter- und Personenkraftverkehrsunternehmers erforderlich sind,
2. auf Ersuchen an Gerichte und die Behörden, die in bezug auf die Aufgaben nach diesem Gesetz Verwaltungsbehörde nach § 36 Abs. 1 Nr. 1 des Gesetzes über Ordnungswidrigkeiten sind oder
3. in den Fällen des § 9 Absatz 1 Satz 3 an die für die Kontrollen der Bestimmungen dieses Gesetzes auf dem Betriebsgelände zuständigen Verwaltungsbehörden.

(2a) Die in Absatz 1 genannten Behörden haben Zuwiderhandlungen, die Anlass geben, an der Zuverlässigkeit des Unternehmers oder des Verkehrsleiters zu zweifeln, dem Unternehmen und der für das Unternehmen zuständigen Erlaubnisbehörde nach § 3 Abs. 7 des Güterkraftverkehrsgesetzes oder der Genehmigungsbehörde nach § 11 Abs. 1 des Personenbeförderungsgesetzes mitzuteilen. Zur Feststellung von Wiederholungsfällen haben sie die Zuwiderhandlungen der Angehörigen desselben Unternehmens zusammenzuführen.

(3) Eine Übermittlung unterbleibt, soweit hierdurch schutzwürdige Interessen des Betroffenen beeinträchtigt würden und nicht das öffentliche Interesse das Geheimhaltungsinteresse des Betroffenen überwiegt.

(4) Der Empfänger darf die nach Absatz 2 übermittelten Daten nur für den Zweck verarbeiten oder nutzen, zu dessen Erfüllung sie ihm übermittelt werden.

(5) Erweisen sich übermittelte Daten als unrichtig, so ist der Empfänger unverzüglich zu unterrichten, wenn dies zur Wahrung schutzwürdiger Interessen des Betroffenen erforderlich ist.

(6) Die nach den Absätzen 1 und 2 gespeicherten Daten sind zwei Jahre nach dem Eintritt der Rechtskraft des Bußgeldbescheides zu löschen. Wurde das Bußgeld zwei Jahre nach Rechtskraft des Bußgeldbescheides noch nicht oder nicht vollständig gezahlt, so sind die nach den Absätzen 1 und 2 gespeicherten Daten erst bei Eintritt der Vollstreckungsverjährung zu löschen. Wurde der Betroffene schriftlich verwarnt oder das Verfahren eingestellt, so sind die Daten zwei Jahre nach dem Erlass der Verwarnung zu löschen. Daten eingestellter Verfahren sind unverzüglich zu löschen.

(7) § 15 Abs. 1 in Verbindung mit § 14 Abs. 2 Nr. 6 und 7 des Bundesdatenschutzgesetzes sowie die entsprechenden Vorschriften der Landesdatenschutzgesetze bleiben unberührt.

§ 11 (Inkrafttreten)

Gesetz über die Familienpflegezeit (Familienpflegezeitgesetz – FPfZG)

vom 6. Dezember 2011 (BGBl. I 2011, S. 2564)

– zuletzt geändert durch Gesetz zur besseren Vereinbarkeit von Familie, Pflege und Beruf vom 23.12.2014 (BGBl. I 2014, S. 2462)

§ 1 Ziel des Gesetzes
Durch die Einführung der Familienpflegezeit werden die Möglichkeiten zur Vereinbarkeit von Beruf und familiärer Pflege verbessert.

§ 2 Familienpflegezeit
(1) Beschäftigte sind von der Arbeitsleistung für längstens 24 Monate (Höchstdauer) teilweise freizustellen, wenn sie einen pflegebedürftigen nahen Angehörigen in häuslicher Umgebung pflegen (Familienpflegezeit). Während der Familienpflegezeit muss die verringerte Arbeitszeit wöchentlich mindestens 15 Stunden betragen. Bei unterschiedlichen wöchentlichen Arbeitszeiten oder einer unterschiedlichen Verteilung der wöchentlichen Arbeitszeit darf die wöchentliche Arbeitszeit im Durchschnitt eines Zeitraums von bis zu einem Jahr 15 Stunden nicht unterschreiten (Mindestarbeitszeit). ⁴Der Anspruch nach Satz 1 besteht nicht gegenüber Arbeitgebern mit in der Regel 25 oder weniger Beschäftigten ausschließlich der zu ihrer Berufsbildung Beschäftigten.
(2) Pflegezeit und Familienpflegezeit dürfen gemeinsam 24 Monate je pflegebedürftigem nahen Angehörigen nicht überschreiten (Gesamtdauer).
(3) Die §§ 5 bis 8 des Pflegezeitgesetzes gelten entsprechend.
(4) Die Familienpflegezeit wird auf Berufsbildungszeiten nicht angerechnet.
(5) Beschäftigte sind von der Arbeitsleistung für längstens 24 Monate (Höchstdauer) teilweise freizustellen, wenn sie einen minderjährigen pflegebedürftigen nahen Angehörigen in häuslicher oder außerhäuslicher Umgebung betreuen. Die Inanspruchnahme dieser Freistellung ist jederzeit im Wechsel mit der Freistellung nach Absatz 1 im Rahmen der Gesamtdauer nach Absatz 2 möglich. Absatz 1 Satz 2 bis 4 und die Absätze 2 bis 4 gelten entsprechend. Beschäftigte können diesen Anspruch wahlweise statt des Anspruchs auf Familienpflegezeit nach Absatz 1 geltend machen.

§ 2a Inanspruchnahme der Familienpflegezeit
(1) Wer Familienpflegezeit nach § 2 beanspruchen will, muss dies dem Arbeitgeber spätestens acht Wochen vor dem gewünschten Beginn schriftlich ankündigen und gleichzeitig erklären, für welchen Zeitraum und in welchem Umfang innerhalb der Gesamtdauer nach § 2 Absatz 2 die Freistellung von der Arbeitsleistung in Anspruch genommen werden soll. Dabei ist auch die gewünschte Verteilung der Arbeitszeit anzugeben. Enthält die Ankündigung keine eindeutige Festlegung, ob die oder der Beschäftigte Pflegezeit nach § 3 des Pflegezeitgesetzes oder Familienpflegezeit in Anspruch nehmen will, und liegen die Voraussetzungen beider Freistellungsansprüche vor, gilt die Erklärung als Ankündigung von Pflegezeit. Wird die Familienpflegezeit nach einer Freistellung nach § 3 Absatz 1 oder Absatz 5 des Pflegezeitgesetzes zur Pflege oder Betreuung desselben pflegebedürftigen Angehörigen in Anspruch genommen, muss sich die Familienpflegezeit unmittelbar an die Freistellung nach § 3 Absatz 1 oder Absatz 5 des Pflegezeitgesetzes anschließen. In diesem Fall soll die oder der Beschäftigte möglichst frühzeitig erklären, ob sie oder er Familienpflegezeit in Anspruch

nehmen wird; abweichend von Satz 1 muss die Ankündigung spätestens drei Monate vor Beginn der Familienpflegezeit erfolgen. Wird eine Freistellung nach § 3 Absatz 1 oder Absatz 5 des Pflegezeitgesetzes nach einer Familienpflegezeit in Anspruch genommen, ist die Freistellung nach § 3 Absatz 1 oder Absatz 5 des Pflegezeitgesetzes in unmittelbarem Anschluss an die Familienpflegezeit zu beanspruchen und dem Arbeitgeber spätestens acht Wochen vor Beginn der Freistellung nach § 3 Absatz 1 oder Absatz 5 des Pflegezeitgesetzes schriftlich anzukündigen.

(2) Arbeitgeber und Beschäftigte haben über die Verringerung und Verteilung der Arbeitszeit eine schriftliche Vereinbarung zu treffen. Hierbei hat der Arbeitgeber den Wünschen der Beschäftigten zu entsprechen, es sei denn, dass dringende betriebliche Gründe entgegenstehen.

(3) Für einen kürzeren Zeitraum in Anspruch genommene Familienpflegezeit kann bis zur Gesamtdauer nach § 2 Absatz 2 verlängert werden, wenn der Arbeitgeber zustimmt. Eine Verlängerung bis zur Gesamtdauer kann verlangt werden, wenn ein vorgesehener Wechsel in der Person der oder des Pflegenden aus einem wichtigen Grund nicht erfolgen kann.

(4) Die Beschäftigten haben die Pflegebedürftigkeit der oder des nahen Angehörigen durch Vorlage einer Bescheinigung der Pflegekasse oder des Medizinischen Dienstes der Krankenversicherung nachzuweisen. Bei in der privaten Pflege-Pflichtversicherung versicherten Pflegebedürftigen ist ein entsprechender Nachweis zu erbringen.

(5) Ist die oder der nahe Angehörige nicht mehr pflegebedürftig oder die häusliche Pflege der oder des nahen Angehörigen unmöglich oder unzumutbar, endet die Familienpflegezeit vier Wochen nach Eintritt der veränderten Umstände. Der Arbeitgeber ist hierüber unverzüglich zu unterrichten. Im Übrigen kann die Familienpflegezeit nur vorzeitig beendet werden, wenn der Arbeitgeber zustimmt.

(6) Die Absätze 1 bis 5 gelten entsprechend für die Freistellung von der Arbeitsleistung nach § 2 Absatz 5.

§ 3 Förderung der pflegebedingten Freistellung von der Arbeitsleistung

(1) Für die Dauer der Freistellungen nach § 2 dieses Gesetzes oder nach § 3 des Pflegezeitgesetzes gewährt das Bundesamt für Familie und zivilgesellschaftliche Aufgaben Beschäftigten auf Antrag ein in monatlichen Raten zu zahlendes zinsloses Darlehen nach Maßgabe der Absätze 2 bis 5. Der Anspruch gilt auch für alle Vereinbarungen über Freistellungen von der Arbeitsleistung, die die Voraussetzungen von § 2 Absatz 1 Satz 1 bis 3 dieses Gesetzes oder des § 3 Absatz 1 Satz 1, Absatz 5 Satz 1 oder Absatz 6 Satz 1 des Pflegezeitgesetzes erfüllen.

(2) Die monatlichen Darlehensraten werden in Höhe der Hälfte der Differenz zwischen den pauschalierten monatlichen Nettoentgelten vor und während der Freistellung nach Absatz 1 gewährt.

(3) Das pauschalierte monatliche Nettoentgelt vor der Freistellung nach Absatz 1 ist das nach der im jeweiligen Kalenderjahr geltenden Verordnung über die pauschalierten Nettoentgelte für das Kurzarbeitergeld maßgebliche Entgelt, bezogen auf das auf den nächsten durch zwanzig teilbaren Eurobetrag gerundete regelmäßige durchschnittliche monatliche Bruttoarbeitsentgelt ausschließlich der Sachbezüge der letzten zwölf Kalendermonate vor Beginn der Freistellung. Das pauschalierte monatliche Nettoentgelt während der Freistellung ist das nach der im jeweiligen Kalenderjahr geltenden Verordnung über die pauschalierten Nettoentgelte für das Kurzarbeitergeld maßgebliche Entgelt, bezogen auf das auf den nächsten durch zwanzig teilbaren Eurobetrag gerundete Produkt aus der vereinbarten durchschnittlichen monatlichen Stundenzahl während der Freistellung und dem durch-

schnittlichen Entgelt je Arbeitsstunde. Durchschnittliches Entgelt je Arbeitsstunde ist das Verhältnis des regelmäßigen gesamten Bruttoarbeitsentgelts ausschließlich der Sachbezüge der letzten zwölf Kalendermonate vor Beginn der Freistellung zur arbeitsvertraglichen Gesamtstundenzahl der letzten zwölf Kalendermonate vor Beginn der Freistellung. Bei einem weniger als zwölf Monate vor Beginn der Freistellung bestehenden Beschäftigungsverhältnis verkürzt sich der der Berechnung zugrunde zu legende Zeitraum entsprechend. Für die Berechnung des durchschnittlichen Entgelts je Arbeitsstunde bleiben Mutterschutzfristen, kurzzeitige Arbeitsverhinderungen nach § 2 des Pflegezeitgesetzes und Freistellungen nach § 3 des Pflegezeitgesetzes sowie die Einbringung von Arbeitsentgelt in und die Entnahme von Arbeitsentgelt aus Wertguthaben nach § 7b des Vierten Buches Sozialgesetzbuch außer Betracht.
(4) In den Fällen der Freistellung nach § 3 des Pflegezeitgesetzes ist die monatliche Darlehensrate auf den Betrag begrenzt, der bei einer durchschnittlichen Arbeitszeit während der Familienpflegezeit von 15 Wochenstunden zu gewähren ist.
(5) Abweichend von Absatz 2 können Beschäftigte auch einen geringeren Darlehensbetrag in Anspruch nehmen, wobei die monatliche Darlehensrate mindestens 50 Euro betragen muss.
(6) Das Darlehen ist in der in Absatz 2 genannten Höhe, in den Fällen der Pflegezeit in der in Absatz 4 genannten Höhe, vorrangig vor dem Bezug von bedürftigkeitsabhängigen Sozialleistungen in Anspruch zu nehmen und von den Beschäftigten zu beantragen; Absatz 5 ist insoweit nicht anzuwenden. Bei der Berechnung von Sozialleistungen nach Satz 1 sind die Zuflüsse aus dem Darlehen als Einkommen zu berücksichtigen.

§ 4 Mitwirkungspflicht des Arbeitgebers
Der Arbeitgeber hat dem Bundesamt für Familie und zivilgesellschaftliche Aufgaben für bei ihm Beschäftigte den Arbeitsumfang sowie das Arbeitsentgelt vor der Freistellung nach § 3 Absatz 1 zu bescheinigen, soweit dies zum Nachweis des Einkommens aus Erwerbstätigkeit oder der wöchentlichen Arbeitszeit der die Förderung beantragenden Beschäftigten erforderlich ist. Für die in Heimarbeit Beschäftigten und die ihnen Gleichgestellten tritt an die Stelle des Arbeitgebers der Auftraggeber oder Zwischenmeister.

§ 5 Ende der Förderfähigkeit
(1) Die Förderfähigkeit endet mit dem Ende der Freistellung nach § 3 Absatz 1. Die Förderfähigkeit endet auch dann, wenn die oder der Beschäftigte während der Freistellung nach § 2 den Mindestumfang der wöchentlichen Arbeitszeit aufgrund gesetzlicher oder kollektivvertraglicher Bestimmungen oder aufgrund von Bestimmungen, die in Arbeitsrechtsregelungen der Kirchen enthalten sind, unterschreitet. Die Unterschreitung der Mindestarbeitszeit aufgrund von Kurzarbeit oder eines Beschäftigungsverbotes lässt die Förderfähigkeit unberührt.
(2) Die Darlehensnehmerin oder der Darlehensnehmer hat dem Bundesamt für Familie und zivilgesellschaftliche Aufgaben unverzüglich jede Änderung in den Verhältnissen, die für den Anspruch nach § 3 Absatz 1 erheblich sind, mitzuteilen, insbesondere die Beendigung der häuslichen Pflege der oder des nahen Angehörigen, die Beendigung der Betreuung nach § 2 Absatz 5 dieses Gesetzes oder § 3 Absatz 5 des Pflegezeitgesetzes, die Beendigung der Freistellung nach § 3 Absatz 6 des Pflegezeitgesetzes, die vorzeitige Beendigung der Freistellung nach § 3 Absatz 1 sowie die Unterschreitung des Mindestumfangs der wöchentlichen Arbeitszeit während der Freistellung nach § 2 aus anderen als den in Absatz 1 Satz 2 genannten Gründen.

§ 6 Rückzahlung des Darlehens

(1) Im Anschluss an die Freistellung nach § 3 Absatz 1 ist die Darlehensnehmerin oder der Darlehensnehmer verpflichtet, das Darlehen innerhalb von 48 Monaten nach Beginn der Freistellung nach § 3 Absatz 1 zurückzuzahlen. Die Rückzahlung erfolgt in möglichst gleichbleibenden monatlichen Raten in Höhe des im Bescheid nach § 9 festgesetzten monatlichen Betrags jeweils spätestens zum letzten Bankarbeitstag des laufenden Monats. Für die Rückzahlung gelten alle nach § 3 an die Darlehensnehmerin oder den Darlehensnehmer geleisteten Darlehensbeträge als ein Darlehen.
(2) Die Rückzahlung beginnt in dem Monat, der auf das Ende der Förderung der Freistellung nach § 3 Absatz 1 folgt. Das Bundesamt für Familie und zivilgesellschaftliche Aufgaben kann auf Antrag der Darlehensnehmerin oder des Darlehensnehmers den Beginn der Rückzahlung auf einen späteren Zeitpunkt, spätestens jedoch auf den 25. Monat nach Beginn der Förderung festsetzen, wenn die übrigen Voraussetzungen für den Anspruch nach den §§ 2 und 3 weiterhin vorliegen. Befindet sich die Darlehensnehmerin oder der Darlehensnehmer während des Rückzahlungszeitraums in einer Freistellung nach § 3 Absatz 1, setzt das Bundesamt für Familie und zivilgesellschaftliche Aufgaben auf Antrag der oder des Beschäftigten die monatlichen Rückzahlungsraten bis zur Beendigung der Freistellung von der Arbeitsleistung aus. Der Rückzahlungszeitraum verlängert sich um den Zeitraum der Aussetzung.

§ 7 Härtefallregelung

(1) Zur Vermeidung einer besonderen Härte stundet das Bundesamt für Familie und zivilgesellschaftliche Aufgaben der Darlehensnehmerin oder dem Darlehensnehmer auf Antrag die Rückzahlung des Darlehens, ohne dass hierfür Zinsen anfallen. Als besondere Härte gelten insbesondere der Bezug von Entgeltersatzleistungen nach dem Dritten und dem Fünften Buch Sozialgesetzbuch, Leistungen zur Sicherung des Lebensunterhalts nach dem Zweiten Buch Sozialgesetzbuch und Leistungen nach dem Dritten und Vierten Kapitel des Zwölften Buches Sozialgesetzbuch oder eine mehr als 180 Tage ununterbrochene Arbeitsunfähigkeit. Eine besondere Härte liegt auch vor, wenn sich die Darlehensnehmerin oder der Darlehensnehmer wegen unverschuldeter finanzieller Belastungen vorübergehend in ernsthaften Zahlungsschwierigkeiten befindet oder zu erwarten ist, dass sie oder er durch die Rückzahlung des Darlehens in der vorgesehenen Form in solche Schwierigkeiten gerät.
(2) Für den über die Gesamtdauer der Freistellungen nach § 2 dieses Gesetzes oder nach § 3 Absatz 1 oder 5 des Pflegezeitgesetzes hinausgehenden Zeitraum, in dem die Pflegebedürftigkeit desselben nahen Angehörigen fortbesteht, die Pflege durch die oder den Beschäftigten in häuslicher Umgebung andauert und die Freistellung von der Arbeitsleistung fortgeführt wird, sind auf Antrag die fälligen Rückzahlungsraten zu einem Viertel zu erlassen (Teildarlehenserlass) und die restliche Darlehensschuld für diesen Zeitraum bis zur Beendigung der häuslichen Pflege auf Antrag zu stunden, ohne dass hierfür Zinsen anfallen, sofern eine besondere Härte im Sinne von Absatz 1 Satz 3 vorliegt.
(3) Die Darlehensschuld erlischt, soweit sie noch nicht fällig ist, wenn die Darlehensnehmerin oder der Darlehensnehmer
1. Leistungen nach dem Dritten und Vierten Kapitel des Zwölften Buches Sozialgesetzbuch oder Leistungen zur Sicherung des Lebensunterhalts nach dem Zweiten Buch Sozialgesetzbuch ununterbrochen seit mindestens zwei Jahren nach dem Ende der Freistellung bezieht oder
2. verstirbt.

(4) Der Abschluss von Vergleichen sowie die Stundung, Niederschlagung und der Erlass von Ansprüchen richten sich, sofern in diesem Gesetz nicht abweichende Regelungen getroffen werden, nach den §§ 58 und 59 der Bundeshaushaltsordnung.

§ 8 Antrag auf Förderung

(1) Das Bundesamt für Familie und zivilgesellschaftliche Aufgaben entscheidet auf schriftlichen Antrag über das Darlehen nach § 3 und dessen Rückzahlung nach § 6.

(2) Der Antrag wirkt vom Zeitpunkt des Vorliegens der Anspruchsvoraussetzungen, wenn er innerhalb von drei Monaten nach deren Vorliegen gestellt wird, andernfalls wirkt er vom Beginn des Monats der Antragstellung.

(3) Der Antrag muss enthalten:
1. Name und Anschrift der oder des das Darlehen beantragenden Beschäftigten,
2. Name, Anschrift und Angehörigenstatus der gepflegten Person,
3. Bescheinigung über die Pflegebedürftigkeit oder im Fall des § 3 Absatz 6 des Pflegezeitgesetzes das dort genannte ärztliche Zeugnis über die Erkrankung des oder der nahen Angehörigen,
4. Dauer der Freistellung nach § 3 Absatz 1 sowie Mitteilung, ob zuvor eine Freistellung nach § 3 Absatz 1 in Anspruch genommen wurde, sowie
5. Höhe, Dauer und Angabe der Zeitabschnitte des beantragten Darlehens.

(4) Dem Antrag sind beizufügen:
1. Entgeltbescheinigungen mit Angabe der arbeitsvertraglichen Wochenstunden der letzten zwölf Monate vor Beginn der Freistellung nach § 3 Absatz 1,
2. in den Fällen der vollständigen Freistellung nach § 3 des Pflegezeitgesetzes eine Bescheinigung des Arbeitgebers über die Freistellung und in den Fällen der teilweisen Freistellung die hierüber getroffene schriftliche Vereinbarung zwischen dem Arbeitgeber und der oder dem Beschäftigten.

§ 9 Darlehensbescheid und Zahlweise

(1) In dem Bescheid nach § 8 Absatz 1 sind anzugeben:
1. Höhe des Darlehens,
2. Höhe der monatlichen Darlehensraten sowie Dauer der Leistung der Darlehensraten,
3. Höhe und Dauer der Rückzahlungsraten und
4. Fälligkeit der ersten Rückzahlungsrate.

Wurde dem Antragsteller für eine vor dem Antrag liegende Freistellung nach § 3 Absatz 1 ein Darlehen gewährt, sind für die Ermittlung der Beträge nach Satz 1 Nummer 3 und 4 das zurückliegende und das aktuell gewährte Darlehen wie ein Darlehen zu behandeln. Der das erste Darlehen betreffende Bescheid nach Satz 1 wird hinsichtlich Höhe, Dauer und Fälligkeit der Rückzahlungsraten geändert.

(2) Die Höhe der Darlehensraten wird zu Beginn der Leistungsgewährung in monatlichen Festbeträgen für die gesamte Förderdauer festgelegt.

(3) Die Darlehensraten werden unbar zu Beginn jeweils für den Kalendermonat ausgezahlt, in dem die Anspruchsvoraussetzungen vorliegen. Monatliche Förderungsbeträge, die nicht volle Euro ergeben, sind bei Restbeträgen bis zu 0,49 Euro abzurunden und von 0,50 Euro an aufzurunden.

§ 10 Antrag und Nachweis in weiteren Fällen

(1) Das Bundesamt für Familie und zivilgesellschaftliche Aufgaben entscheidet auch in den Fällen des § 7 auf schriftlichen Antrag, der Name und Anschrift der Darlehensnehmerin oder des Darlehensnehmers enthalten muss.

(2) Die Voraussetzungen des § 7 sind nachzuweisen
1. in den Fällen des Absatzes 1 durch Glaubhaftmachung der dort genannten Voraussetzungen, insbesondere durch Darlegung der persönlichen wirtschaftlichen Verhältnisse oder bei Arbeitsunfähigkeit durch Vorlage einer Arbeitsunfähigkeitsbescheinigung der Darlehensnehmerin oder des Darlehensnehmers,
2. in den Fällen des Absatzes 2 durch Vorlage einer Bescheinigung über die fortbestehende Pflegebedürftigkeit der oder des nahen Angehörigen und die Fortdauer der Freistellung von der Arbeitsleistung sowie Glaubhaftmachung der dort genannten Voraussetzungen, insbesondere durch Darlegung der persönlichen wirtschaftlichen Verhältnisse,
3. in den Fällen des Absatzes 3 durch Vorlage der entsprechenden Leistungsbescheide der Darlehensnehmerin oder des Darlehensnehmers oder durch Vorlage einer Sterbeurkunde durch die Rechtsnachfolger.

(3) Anträge auf Teildarlehenserlass nach § 7 Absatz 2 sind bis spätestens 48 Monate nach Beginn der Freistellungen nach § 2 dieses Gesetzes oder nach § 3 Absatz 1 oder 5 des Pflegezeitgesetzes zu stellen.

§ 11 Allgemeine Verwaltungsvorschriften

Zur Durchführung des Verfahrens nach den §§ 8 und 10 kann das Bundesministerium für Familie, Senioren, Frauen und Jugend allgemeine Verwaltungsvorschriften erlassen.

§ 12 Bußgeldvorschriften

(1) Ordnungswidrig handelt, wer vorsätzlich oder fahrlässig
1. entgegen § 4 Satz 1 eine dort genannte Bescheinigung nicht, nicht richtig, nicht vollständig oder nicht rechtzeitig erstellt,
2. entgegen § 5 Absatz 2 eine Mitteilung nicht, nicht richtig, nicht vollständig oder nicht rechtzeitig macht oder
3. entgegen § 8 Absatz 3 Nummer 4 eine Mitteilung nicht, nicht richtig, nicht vollständig oder nicht rechtzeitig macht.

(2) Verwaltungsbehörde im Sinne des § 36 Absatz 1 Nummer 1 des Gesetzes über Ordnungswidrigkeiten ist das Bundesamt für Familie und zivilgesellschaftliche Aufgaben.

(3) Die Ordnungswidrigkeit kann in den Fällen des Absatzes 1 Nummer 1 mit einer Geldbuße bis zu fünftausend Euro und in den Fällen des Absatzes 1 Nummer 2 mit einer Geldbuße bis zu tausend Euro geahndet werden.

(4) Die Geldbußen fließen in die Kasse des Bundesamtes für Familie und zivilgesellschaftliche Aufgaben. Diese trägt abweichend von § 105 Absatz 2 des Gesetzes über Ordnungswidrigkeiten die notwendigen Auslagen. Sie ist auch ersatzpflichtig im Sinne des § 110 Absatz 4 des Gesetzes über Ordnungswidrigkeiten.

§ 13 Aufbringung der Mittel

Die für die Ausführung dieses Gesetzes erforderlichen Mittel trägt der Bund.

§ 14 Beirat

(1) Das Bundesministerium für Familie, Senioren, Frauen und Jugend setzt einen unabhängigen Beirat für die Vereinbarkeit von Pflege und Beruf ein.

(2) Der Beirat befasst sich mit Fragen zur Vereinbarkeit von Pflege und Beruf, er begleitet die Umsetzung der einschlägigen gesetzlichen Regelungen und berät über deren Auswirkungen. Das Bundesministerium für Familie, Senioren, Frauen und Jugend kann dem Beirat Themenstellungen zur Beratung vorgeben.
(3) Der Beirat legt dem Bundesministerium für Familie, Senioren, Frauen und Jugend alle vier Jahre, erstmals zum 1. Juni 2019, einen Bericht vor und kann hierin Handlungsempfehlungen aussprechen.
(4) Der Beirat besteht aus einundzwanzig Mitgliedern, die vom Bundesministerium für Familie, Senioren, Frauen und Jugend im Einvernehmen mit dem Bundesministerium für Arbeit und Soziales und dem Bundesministerium für Gesundheit berufen werden. Stellvertretung ist zulässig. Die oder der Vorsitzende und die oder der stellvertretende Vorsitzende werden vom Bundesministerium für Familie, Senioren, Frauen und Jugend ernannt. Der Beirat setzt sich zusammen aus sechs Vertreterinnen oder Vertretern von fachlich betroffenen Interessenverbänden, je zwei Vertreterinnen oder Vertretern der Gewerkschaften, der Arbeitgeber, der Wohlfahrtsverbände und der Seniorenorganisationen sowie aus je einer Vertreterin oder einem Vertreter der sozialen und der privaten Pflege-Pflichtversicherung. Des Weiteren gehören dem Beirat zwei Wissenschaftlerinnen oder Wissenschaftler mit Schwerpunkt in der Forschung der Vereinbarkeit von Pflege und Beruf sowie je eine Vertreterin oder ein Vertreter der Konferenz der Ministerinnen und Minister, Senatorinnen der Ministerinnen und Minister, Senatorinnen und Senatoren für Arbeit und Soziales sowie der kommunalen Spitzenverbände an. Die Besetzung des Beirats muss geschlechterparitätisch erfolgen.
(5) Die Amtszeit der Mitglieder des Beirats und ihrer Stellvertreterinnen oder Stellvertreter beträgt fünf Jahre und kann einmalig um fünf Jahre verlängert werden. Scheidet ein Mitglied oder dessen Stellvertreterin oder Stellvertreter vorzeitig aus, wird für den Rest der Amtszeit eine Nachfolgerin oder ein Nachfolger berufen.
(6) Die Mitglieder des Beirats sind ehrenamtlich tätig. Sie haben Anspruch auf Erstattung ihrer notwendigen Auslagen.
(7) Der Beirat arbeitet auf der Grundlage einer durch das Bundesministerium für Familie, Senioren, Frauen und Jugend zu erlassenden Geschäftsordnung.

§ 15 Übergangsvorschrift

Die Vorschriften des Familienpflegezeitgesetzes in der Fassung vom 6. Dezember 2011 gelten in den Fällen fort, in denen die Voraussetzungen für die Gewährung eines Darlehens nach § 3 Absatz 1 in Verbindung mit § 12 Absatz 1 Satz 1 bis einschließlich 31. Dezember 2014 vorlagen.

Verordnung zum Schutz vor Gefahrstoffen (Gefahrstoffverordnung – GefStoffV)

Vom 26. November 2010 (BGBl. I 2010, S. 1643)
– zuletzt geändert durch Gesetz zum Abbau verzichtbarer Anordnungen der Schriftform im Verwaltungsrecht des Bundes vom 29. März 2017 (BGBl. I 2017, S. 626)

Abschnitt 1: Zielsetzung, Anwendungsbereich und Begriffsbestimmungen

§ 1 Zielsetzung und Anwendungsbereich

(1) Ziel dieser Verordnung ist es, den Menschen und die Umwelt vor stoffbedingten Schädigungen zu schützen durch
1. Regelungen zur Einstufung, Kennzeichnung und Verpackung gefährlicher Stoffe und Gemische,
2. Maßnahmen zum Schutz der Beschäftigten und anderer Personen bei Tätigkeiten mit Gefahrstoffen und
3. Beschränkungen für das Herstellen und Verwenden bestimmter gefährlicher Stoffe, Gemische und Erzeugnisse.

(2) Abschnitt 2 gilt für das Inverkehrbringen von
1. gefährlichen Stoffen und Gemischen,
2. bestimmten Stoffen, Gemischen und Erzeugnissen, die mit zusätzlichen Kennzeichnungen zu versehen sind, nach Maßgabe der Richtlinie 96/59/EG des Rates vom 16. September 1996 über die Beseitigung polychlorierter Biphenyle und polychlorierter Terphenyle (PCB/PCT) (ABl. L 243 vom 24.9.1996, S. 31), die durch die Verordnung (EG) Nr. 596/2009 (ABl. L 188 vom 18.7.2009, S. 14) geändert worden ist,
3. Biozid-Produkten im Sinne des § 3 Nummer 11 des Chemikaliengesetzes, die keine gefährlichen Stoffe oder Gemische sind, sowie
4. Biozid-Wirkstoffen im Sinne des § 3 Nummer 12 des Chemikaliengesetzes, die biologische Arbeitsstoffe im Sinne der Biostoffverordnung sind, und Biozid-Produkten im Sinne des § 3 Nummer 11 des Chemikaliengesetzes, die als Wirkstoffe solche biologischen Arbeitsstoffe enthalten.

Abschnitt 2 gilt nicht für Lebensmittel oder Futtermittel in Form von Fertigerzeugnissen, die für den Endverbrauch bestimmt sind.

(3) Die Abschnitte 3 bis 6 gelten für Tätigkeiten, bei denen Beschäftigte Gefährdungen ihrer Gesundheit und Sicherheit durch Stoffe, Gemische oder Erzeugnisse ausgesetzt sein können. Sie gelten auch, wenn die Sicherheit und Gesundheit anderer Personen aufgrund von Tätigkeiten im Sinne von § 2 Absatz 5 gefährdet sein können, die durch Beschäftigte oder Unternehmer ohne Beschäftigte ausgeübt werden. Die Sätze 1 und 2 finden auch Anwendung auf Tätigkeiten, die im Zusammenhang mit der Beförderung von Stoffen, Gemischen und Erzeugnissen ausgeübt werden. Die Vorschriften des Gefahrgutbeförderungsgesetzes und der darauf gestützten Rechtsverordnungen bleiben unberührt.

(4) Sofern nicht ausdrücklich etwas anderes bestimmt ist, gilt diese Verordnung nicht für
1. biologische Arbeitsstoffe im Sinne der Biostoffverordnung und
2. private Haushalte.

Diese Verordnung gilt ferner nicht für Betriebe, die dem Bundesberggesetz unterliegen, soweit dort oder in Rechtsverordnungen, die auf Grund dieses Gesetzes erlassen worden sind, entsprechende Rechtsvorschriften bestehen.

§ 2 Begriffsbestimmungen

(1) Gefahrstoffe im Sinne dieser Verordnung sind
1. gefährliche Stoffe und Gemische nach § 3,
2. Stoffe, Gemische und Erzeugnisse, die explosionsfähig sind,
3. Stoffe, Gemische und Erzeugnisse, aus denen bei der Herstellung oder Verwendung Stoffe nach Nummer 1 oder Nummer 2 entstehen oder freigesetzt werden,
4. Stoffe und Gemische, die die Kriterien nach den Nummern 1 bis 3 nicht erfüllen, aber auf Grund ihrer physikalisch-chemischen, chemischen oder toxischen Eigenschaften und der Art und Weise, wie sie am Arbeitsplatz vorhanden sind oder verwendet werden, die Gesundheit und die Sicherheit der Beschäftigten gefährden können,
5. alle Stoffe, denen ein Arbeitsplatzgrenzwert zugewiesen worden ist.

(2) Für die Begriffe Stoff, Gemisch, Erzeugnis, Lieferant, nachgeschalteter Anwender und Hersteller gelten die Begriffsbestimmungen nach Artikel 2 der Verordnung (EG) Nr. 1272/2008 des Europäischen Parlaments und des Rates vom 16. Dezember 2008 über die Einstufung, Kennzeichnung und Verpackung von Stoffen und Gemischen, zur Änderung und Aufhebung der Richtlinien 67/548/EWG und 1999/45/EG und zur Änderung der Verordnung (EG) Nr. 1907/2006 (ABl. L 353 vom 31.12.2008, S. 1), die zuletzt durch die Verordnung (EU) 2015/1221 (ABl. L 197 vom 25.7.2015, S. 10) geändert worden ist.

(2a) Umweltgefährlich sind, über die Gefahrenklasse gewässergefährdend nach der Verordnung (EG) Nr. 1272/2008 hinaus, Stoffe oder Gemische, wenn sie selbst oder ihre Umwandlungsprodukte geeignet sind, die Beschaffenheit von Naturhaushalt, Boden oder Luft, Klima, Tieren, Pflanzen oder Mikroorganismen derart zu verändern, dass dadurch sofort oder später Gefahren für die Umwelt herbeigeführt werden können.

(3) Krebserzeugend, keimzellmutagen oder reproduktionstoxisch sind
1. Stoffe, die in Anhang VI der Verordnung (EG) Nr. 1272/2008 in der jeweils geltenden Fassung als karzinogen, keimzellmutagen oder reproduktionstoxisch eingestuft sind,
2. Stoffe, welche die Kriterien für die Einstufung als karzinogen, keimzellmutagen oder reproduktionstoxisch nach Anhang I der Verordnung (EG) Nr. 1272/2008 in der jeweils geltenden Fassung erfüllen,
3. Gemische, die einen oder mehrere der in § 2 Absatz 3 Nummer 1 oder 2 genannten Stoffe enthalten, wenn die Konzentration dieses Stoffs oder dieser Stoffe die stoffspezifischen oder die allgemeinen Konzentrationsgrenzen nach der Verordnung (EG) Nr. 1272/2008 in der jeweils geltenden Fassung erreicht oder übersteigt, die für die Einstufung eines Gemischs als karzinogen, keimzellmutagen oder reproduktionstoxisch festgelegt sind,
4. Stoffe, Gemische oder Verfahren, die in den nach § 20 Absatz 4 bekannt gegebenen Regeln und Erkenntnissen als krebserzeugend, keimzellmutagen oder reproduktionstoxisch bezeichnet werden.

(4) Organische Peroxide im Sinne des § 11 Absatz 4 und des Anhangs III sind Stoffe, die sich vom Wasserstoffperoxid dadurch ableiten, dass ein oder beide Wasserstoffatome durch organische Gruppen ersetzt sind, sowie Gemische, die diese Stoffe enthalten.

(5) Eine Tätigkeit ist jede Arbeit mit Stoffen, Gemischen oder Erzeugnissen, einschließlich Herstellung, Mischung, Ge- und Verbrauch, Lagerung, Aufbewahrung, Be- und Verarbeitung, Ab- und Umfüllung, Entfernung, Entsorgung und Vernichtung. Zu den Tätigkeiten zählen auch das innerbetriebliche Befördern sowie Bedien- und Überwachungsarbeiten.

(6) Lagern ist das Aufbewahren zur späteren Verwendung sowie zur Abgabe an andere. Es schließt die Bereitstellung zur Beförderung ein, wenn die Beförderung nicht innerhalb von 24 Stunden nach der Bereitstellung oder am darauf folgenden Werktag erfolgt. Ist dieser Werktag ein Samstag, so endet die Frist mit Ablauf des nächsten Werktags.

(7) Es stehen gleich
1. den Beschäftigten die in Heimarbeit beschäftigten Personen sowie Schülerinnen und Schüler, Studierende und sonstige, insbesondere an wissenschaftlichen Einrichtungen tätige Personen, die Tätigkeiten mit Gefahrstoffen ausüben; für Schülerinnen und Schüler und Studierende gelten jedoch nicht die Regelungen dieser Verordnung über die Beteiligung der Personalvertretungen,
2. dem Arbeitgeber der Unternehmer ohne Beschäftigte sowie der Auftraggeber und der Zwischenmeister im Sinne des Heimarbeitsgesetzes in der im Bundesgesetzblatt Teil III, Gliederungsnummer 804-1, veröffentlichten bereinigten Fassung, das zuletzt durch Artikel 225 der Verordnung vom 31. Oktober 2006 (BGBl. I S. 2407) geändert worden ist.

(8) Der Arbeitsplatzgrenzwert ist der Grenzwert für die zeitlich gewichtete durchschnittliche Konzentration eines Stoffs in der Luft am Arbeitsplatz in Bezug auf einen gegebenen Referenzzeitraum. Er gibt an, bis zu welcher Konzentration eines Stoffs akute oder chronische schädliche Auswirkungen auf die Gesundheit von Beschäftigten im Allgemeinen nicht zu erwarten sind.

(9) Der biologische Grenzwert ist der Grenzwert für die toxikologisch-arbeitsmedizinisch abgeleitete Konzentration eines Stoffs, seines Metaboliten oder eines Beanspruchungsindikators im entsprechenden biologischen Material. Er gibt an, bis zu welcher Konzentration die Gesundheit von Beschäftigten im Allgemeinen nicht beeinträchtigt wird.

(9a) Physikalisch-chemische Einwirkungen umfassen Gefährdungen, die hervorgerufen werden können durch Tätigkeiten mit
1. Stoffen, Gemischen oder Erzeugnissen mit einer physikalischen Gefahr nach der Verordnung (EG) Nr. 1272/2008 oder
2. weiteren Gefahrstoffen, die nach der Verordnung (EG) Nr. 1272/2008 nicht mit einer physikalischen Gefahr eingestuft sind, die aber miteinander oder aufgrund anderer Wechselwirkungen so reagieren können, dass Brände oder Explosionen entstehen können.

(10) Ein explosionsfähiges Gemisch ist ein Gemisch aus brennbaren Gasen, Dämpfen, Nebeln oder aufgewirbelten Stäuben und Luft oder einem anderen Oxidationsmittel, das nach Wirksamwerden einer Zündquelle in einer sich selbsttätig fortpflanzenden Flammenausbreitung reagiert, sodass im Allgemeinen ein sprunghafter Temperatur- und Druckanstieg hervorgerufen wird.

(11) Chemisch instabile Gase, die auch ohne ein Oxidationsmittel nach Wirksamwerden einer Zündquelle in einer sich selbsttätig fortpflanzenden Flammenausbreitung reagieren können, sodass ein sprunghafter Temperatur- und Druckanstieg hervorgerufen wird, stehen explosionsfähigen Gemischen nach Absatz 10 gleich.

(12) Ein gefährliches explosionsfähiges Gemisch ist ein explosionsfähiges Gemisch, das in solcher Menge auftritt, dass besondere Schutzmaßnahmen für die Aufrechterhaltung der Gesundheit und Sicherheit der Beschäftigten oder anderer Personen erforderlich werden.

(13) Gefährliche explosionsfähige Atmosphäre ist ein gefährliches explosionsfähiges Gemisch mit Luft als Oxidationsmittel unter atmosphärischen Bedingungen (Umgebungstemperatur von –20 °C bis +60 °C und Druck von 0,8 Bar bis 1,1 Bar).

(14) Explosionsgefährdeter Bereich ist der Gefahrenbereich, in dem gefährliche explosionsfähige Atmosphäre auftreten kann.

(15) Der Stand der Technik ist der Entwicklungsstand fortschrittlicher Verfahren, Einrichtungen oder Betriebsweisen, der die praktische Eignung einer Maßnahme zum Schutz der Gesundheit und zur Sicherheit der Beschäftigten gesichert erscheinen lässt. Bei der Bestimmung des Stands der Technik sind insbesondere vergleichbare Verfahren, Einrichtungen oder Be-

Gefahrstoffverordnung § 3

triebsweisen heranzuziehen, die mit Erfolg in der Praxis erprobt worden sind. Gleiches gilt für die Anforderungen an die Arbeitsmedizin und die Arbeitsplatzhygiene.

(16) Fachkundig ist, wer zur Ausübung einer in dieser Verordnung bestimmten Aufgabe über die erforderlichen Fachkenntnisse verfügt. Die Anforderungen an die Fachkunde sind abhängig von der jeweiligen Art der Aufgabe. Zu den Anforderungen zählen eine entsprechende Berufsausbildung, Berufserfahrung oder eine zeitnah ausgeübte entsprechende berufliche Tätigkeit sowie die Teilnahme an spezifischen Fortbildungsmaßnahmen.

(17) Sachkundig ist, wer seine bestehende Fachkunde durch Teilnahme an einem behördlich anerkannten Sachkundelehrgang erweitert hat. In Abhängigkeit vom Aufgabengebiet kann es zum Erwerb der Sachkunde auch erforderlich sein, den Lehrgang mit einer erfolgreichen Prüfung abzuschließen. Sachkundig ist ferner, wer über eine von der zuständigen Behörde als gleichwertig anerkannte oder in dieser Verordnung als gleichwertig bestimmte Qualifikation verfügt.

Abschnitt 2: Gefahrstoffinformation
§ 3 Gefahrenklassen

(1) Gefährlich im Sinne dieser Verordnung sind Stoffe, Gemische und bestimmte Erzeugnisse, die den in Anhang I der Verordnung (EG) Nr. 1272/2008 dargelegten Kriterien entsprechen.

(2) Die folgenden Gefahrenklassen geben die Art der Gefährdung wieder und werden unter Angabe der Nummerierung des Anhangs I der Verordnung (EG) Nr. 1272/2008 aufgelistet:

		Nummerierung nach Anhang I der Verordnung (EG) Nr. 1272/2008
1.	Physikalische Gefahren	2
a)	Explosive Stoffe/Gemische und Erzeugnisse mit Explosivstoff	2.1
b)	Entzündbare Gase	2.2
c)	Aerosole	2.3
d)	Oxidierende Gase	2.4
e)	Gase unter Druck	2.5
f)	Entzündbare Flüssigkeiten	2.6
g)	Entzündbare Feststoffe	2.7
h)	Selbstzersetzliche Stoffe und Gemische	2.8
i)	Pyrophore Flüssigkeiten	2.9
j)	Pyrophore Feststoffe	2.10
k)	Selbsterhitzungsfähige Stoffe und Gemische	2.11
l)	Stoffe und Gemische, die in Berührung mit Wasser entzündbare Gase entwickeln	2.12
m)	Oxidierende Flüssigkeiten	2.13
n)	Oxidierende Feststoffe	2.14
o)	Organische Peroxide	2.15
p)	Korrosiv gegenüber Metallen	2.16

2. Gesundheitsgefahren 3
   a) Akute Toxizität (oral, dermal und inhalativ) 3.1
   b) Ätz-/Reizwirkung auf die Haut 3.2
   c) Schwere Augenschädigung/ Augenreizung 3.3
   d) Sensibilisierung der Atemwege oder der Haut 3.4
   e) Keimzellmutagenität 3.5
   f) Karzinogenität 3.6
   g) Reproduktionstoxizität 3.7
   h) Spezifische Zielorgan-Toxizität, einmalige Exposition 3.8
      (STOT SE)
   i) Spezifische Zielorgan-Toxizität, wiederholte Exposition 3.9
      (STOT RE)
   j) Aspirationsgefahr 3.10
3. Umweltgefahren 4
   Gewässergefährdend (akut und langfristig) 4.1
4. Weitere Gefahren 5
   Die Ozonschicht schädigend 5.1

§ 4 Einstufung, Kennzeichnung, Verpackung

(1) Die Einstufung, Kennzeichnung und Verpackung von Stoffen und Gemischen sowie von Erzeugnissen mit Explosivstoff richten sich nach den Bestimmungen der Verordnung (EG) Nr. 1272/2008. Gemische, die bereits vor dem 1. Juni 2015 in Verkehr gebracht worden sind und die nach den Bestimmungen der Richtlinie 1999/45/EG gekennzeichnet und verpackt sind, müssen bis 31. Mai 2017 nicht nach der Verordnung (EG) Nr. 1272/2008 eingestuft, gekennzeichnet und verpackt werden.

(2) Bei der Einstufung von Stoffen und Gemischen sind die nach § 20 Absatz 4 bekannt gegebenen Regeln und Erkenntnisse zu beachten.

(3) Die Kennzeichnung von Stoffen und Gemischen, die in Deutschland in Verkehr gebracht werden, muss in deutscher Sprache erfolgen.

(4) Werden gefährliche Stoffe oder gefährliche Gemische unverpackt in Verkehr gebracht, sind jeder Liefereinheit geeignete Sicherheitsinformationen oder ein Sicherheitsdatenblatt in deutscher Sprache beizufügen.

(5) Lieferanten eines Biozid-Produkts, für das ein Dritter der Zulassungsinhaber ist, haben über die in Absatz 1 erwähnten Kennzeichnungspflichten hinaus sicherzustellen, dass die vom Zulassungsinhaber nach Artikel 69 Absatz 2 Satz 2 der Verordnung (EU) Nr. 528/2012 anzubringende Zusatzkennzeichnung bei der Abgabe an Dritte erhalten oder neu angebracht ist. Biozid-Produkte, die aufgrund des § 28 Absatz 8 des Chemikaliengesetzes ohne Zulassung auf dem Markt bereitgestellt werden, sind zusätzlich zu der in Absatz 1 erwähnten Kennzeichnung entsprechend Artikel 69 Absatz 2 Satz 2 und 3 der Verordnung (EU) Nr. 528/2012 zu kennzeichnen, wobei die dort in Satz 2 Buchstabe c und d aufgeführten Angaben entfallen und die Angaben nach Satz 2 Buchstabe f und g auf die vorgesehenen Anwendungen zu beziehen sind.

(6) Biozid-Wirkstoffe, die biologische Arbeitsstoffe nach § 2 Absatz 1 der Biostoffverordnung sind, sind zusätzlich nach § 3 der Biostoffverordnung einzustufen. Biozid-Wirkstoffe nach Satz 1 sowie Biozid-Produkte, bei denen der Wirkstoff ein biologischer Arbeitsstoff ist, sind zusätzlich mit den folgenden Elementen zu kennzeichnen:
1. Identität des Organismus nach Anhang II Titel 2 Nummer 2.1 und 2.2 der Verordnung (EU) Nr. 528/2012,

2. Einstufung der Mikroorganismen in Risikogruppen nach § 3 der Biostoffverordnung und
3. im Falle einer Einstufung in die Risikogruppe 2 und höher nach § 3 der Biostoffverordnung Hinzufügung des Symbols für Biogefährdung nach Anhang I der Biostoffverordnung.

(7) Dekontaminierte PCB-haltige Geräte im Sinne der Richtlinie 96/59/EG müssen nach dem Anhang dieser Richtlinie gekennzeichnet werden.

(8) Die Kennzeichnung bestimmter, beschränkter Stoffe, Gemische und Erzeugnisse richtet sich zusätzlich nach Artikel 67 in Verbindung mit Anhang XVII der Verordnung (EG) Nr. 1907/2006 in ihrer jeweils geltenden Fassung.

(9) Der Lieferant eines Gemischs oder eines Stoffs hat einem nachgeschalteten Anwender auf Anfrage unverzüglich alle Informationen zur Verfügung zu stellen, die dieser für eine ordnungsgemäße Einstufung neuer Gemische benötigt, wenn
1. der Informationsgehalt der Kennzeichnung oder des Sicherheitsdatenblatts des Gemischs oder
2. die Information über eine Verunreinigung oder Beimengung auf dem Kennzeichnungsetikett oder im Sicherheitsdatenblatt des Stoffs
dafür nicht ausreicht.

§ 5 Sicherheitsdatenblatt und sonstige Informationspflichten

(1) Die vom Lieferanten hinsichtlich des Sicherheitsdatenblatts beim Inverkehrbringen von Stoffen und Gemischen zu beachtenden Anforderungen ergeben sich aus Artikel 31 in Verbindung mit Anhang II der Verordnung (EG) Nr. 1907/2006. Ist nach diesen Vorschriften die Übermittlung eines Sicherheitsdatenblatts nicht erforderlich, richten sich die Informationspflichten nach Artikel 32 der Verordnung (EG) Nr. 1907/2006.

(2) Bei den Angaben, die nach den Nummern 15 und 16 des Anhangs II der Verordnung (EG) Nr. 1907/2006 zu machen sind, sind insbesondere die nach § 20 Absatz 4 bekannt gegebenen Regeln und Erkenntnisse zu berücksichtigen, nach denen Stoffe oder Tätigkeiten als krebserzeugend, keimzellmutagen oder reproduktionstoxisch bezeichnet werden.

(3) (weggefallen)

Abschnitt 3: Gefährdungsbeurteilung und Grundpflichten

§ 6 Informationsermittlung und Gefährdungsbeurteilung

(1) Im Rahmen einer Gefährdungsbeurteilung als Bestandteil der Beurteilung der Arbeitsbedingungen nach § 5 des Arbeitsschutzgesetzes hat der Arbeitgeber festzustellen, ob die Beschäftigten Tätigkeiten mit Gefahrstoffen ausüben oder ob bei Tätigkeiten Gefahrstoffe entstehen oder freigesetzt werden können. Ist dies der Fall, so hat er alle hiervon ausgehenden Gefährdungen der Gesundheit und Sicherheit der Beschäftigten unter folgenden Gesichtspunkten zu beurteilen:
1. gefährliche Eigenschaften der Stoffe oder Gemische, einschließlich ihrer physikalisch-chemischen Wirkungen,
2. Informationen des Lieferanten zum Gesundheitsschutz und zur Sicherheit insbesondere im Sicherheitsdatenblatt,
3. Art und Ausmaß der Exposition unter Berücksichtigung aller Expositionswege; dabei sind die Ergebnisse der Messungen und Ermittlungen nach § 7 Absatz 8 zu berücksichtigen,
4. Möglichkeiten einer Substitution,
5. Arbeitsbedingungen und Verfahren, einschließlich der Arbeitsmittel und der Gefahrstoffmenge,
6. Arbeitsplatzgrenzwerte und biologische Grenzwerte,

7. Wirksamkeit der ergriffenen oder zu ergreifenden Schutzmaßnahmen,
8. Erkenntnisse aus arbeitsmedizinischen Vorsorgeuntersuchungen nach der Verordnung zur arbeitsmedizinischen Vorsorge.

(2) Der Arbeitgeber hat sich die für die Gefährdungsbeurteilung notwendigen Informationen beim Lieferanten oder aus anderen, ihm mit zumutbarem Aufwand zugänglichen Quellen zu beschaffen. Insbesondere hat der Arbeitgeber die Informationen zu beachten, die ihm nach Titel IV der Verordnung (EG) Nr. 1907/2006 zur Verfügung gestellt werden; dazu gehören Sicherheitsdatenblätter und die Informationen zu Stoffen oder Gemischen, für die kein Sicherheitsdatenblatt zu erstellen ist. Sofern die Verordnung (EG) Nr. 1907/2006 keine Informationspflicht vorsieht, hat der Lieferanten dem Arbeitgeber auf Anfrage die für die Gefährdungsbeurteilung notwendigen Informationen über die Gefahrstoffe zur Verfügung zu stellen.

(3) Stoffe und Gemische, die nicht von einem Lieferanten nach § 4 Absatz 1 eingestuft und gekennzeichnet worden sind, beispielsweise innerbetrieblich hergestellte Stoffe oder Gemische, hat der Arbeitgeber selbst einzustufen. Zumindest aber hat er die von den Stoffen oder Gemischen ausgehenden Gefährdungen der Beschäftigten zu ermitteln; dies gilt auch für Gefahrstoffe nach § 2 Absatz 1 Nummer 4.

(4) Der Arbeitgeber hat festzustellen, ob die verwendeten Stoffe, Gemische und Erzeugnisse bei Tätigkeiten, auch unter Berücksichtigung verwendeter Arbeitsmittel, Verfahren und der Arbeitsumgebung sowie ihrer möglichen Wechselwirkungen, zu Brand- oder Explosionsgefährdungen führen können. Dabei hat er zu beurteilen,
1. ob gefährliche Mengen oder Konzentrationen von Gefahrstoffen, die zu Brand- und Explosionsgefährdungen führen können, auftreten; dabei sind sowohl Stoffe und Gemische mit physikalischen Gefährdungen nach der Verordnung (EG) Nr. 1272/2008 wie auch andere Gefahrstoffe, die zu Brand- und Explosionsgefährdungen führen können, sowie Stoffe, die in gefährlicher Weise miteinander reagieren können, zu berücksichtigen,
2. ob Zündquellen oder Bedingungen, die Brände oder Explosionen auslösen können, vorhanden sind und
3. ob schädliche Auswirkungen von Bränden oder Explosionen auf die Gesundheit und Sicherheit der Beschäftigten möglich sind.

Insbesondere hat er zu ermitteln, ob die Stoffe, Gemische und Erzeugnisse auf Grund ihrer Eigenschaften und der Art und Weise, wie sie am Arbeitsplatz vorhanden sind oder verwendet werden, explosionsfähige Gemische bilden können. Im Fall von nicht atmosphärischen Bedingungen sind auch die möglichen Veränderungen der für den Explosionsschutz relevanten sicherheitstechnischen Kenngrößen zu ermitteln und zu berücksichtigen.

(5) Bei der Gefährdungsbeurteilung sind ferner Tätigkeiten zu berücksichtigen, bei denen auch nach Ausschöpfung sämtlicher technischer Schutzmaßnahmen die Möglichkeit einer Gefährdung besteht. Dies gilt insbesondere für Instandhaltungsarbeiten, einschließlich Wartungsarbeiten. Darüber hinaus sind auch andere Tätigkeiten wie Bedien- und Überwachungsarbeiten zu berücksichtigen, wenn diese zu einer Gefährdung von Beschäftigten durch Gefahrstoffe führen können.

(6) Die mit den Tätigkeiten verbundenen inhalativen, dermalen und physikalisch-chemischen Gefährdungen sind unabhängig voneinander zu beurteilen und in der Gefährdungsbeurteilung zusammenzuführen. Treten bei einer Tätigkeit mehrere Gefahrstoffe gleichzeitig auf, sind Wechsel- oder Kombinationswirkungen der Gefahrstoffe, die Einfluss auf die Gesundheit und Sicherheit der Beschäftigten haben, bei der Gefährdungsbeurteilung zu berücksichtigen, soweit solche Wirkungen bekannt sind.

Gefahrstoffverordnung § 6

(7) Der Arbeitgeber kann bei der Festlegung der Schutzmaßnahmen eine Gefährdungsbeurteilung übernehmen, die ihm der Lieferant mitgeliefert hat, sofern die Angaben und Festlegungen in dieser Gefährdungsbeurteilung den Arbeitsbedingungen und Verfahren, einschließlich der Arbeitsmittel und der Gefahrstoffmenge, im eigenen Betrieb entsprechen.

(8) Der Arbeitgeber hat die Gefährdungsbeurteilung unabhängig von der Zahl der Beschäftigten erstmals vor Aufnahme der Tätigkeit zu dokumentieren. Dabei ist Folgendes anzugeben:
1. die Gefährdungen bei Tätigkeiten mit Gefahrstoffen,
2. das Ergebnis der Prüfung auf Möglichkeiten einer Substitution nach Absatz 1 Satz 2 Nummer 4,
3. eine Begründung für einen Verzicht auf eine technisch mögliche Substitution, sofern Schutzmaßnahmen nach § 9 oder § 10 zu ergreifen sind,
4. die durchzuführenden Schutzmaßnahmen einschließlich derer,
   a) die wegen der Überschreitung eines Arbeitsplatzgrenzwerts zusätzlich ergriffen wurden sowie der geplanten Schutzmaßnahmen, die zukünftig ergriffen werden sollen, um den Arbeitsplatzgrenzwert einzuhalten, oder
   b) die unter Berücksichtigung eines Beurteilungsmaßstabs für krebserzeugende Gefahrstoffe, der nach § 20 Absatz 4 bekannt gegeben worden ist, zusätzlich getroffen worden sind oder zukünftig getroffen werden sollen (Maßnahmenplan),
5. eine Begründung, wenn von den nach § 20 Absatz 4 bekannt gegebenen Regeln und Erkenntnissen abgewichen wird, und
6. die Ermittlungsergebnisse, die belegen, dass der Arbeitsplatzgrenzwert eingehalten wird oder, bei Stoffen ohne Arbeitsplatzgrenzwert, die ergriffenen technischen Schutzmaßnahmen wirksam sind.

Im Rahmen der Dokumentation der Gefährdungsbeurteilung können auch vorhandene Gefährdungsbeurteilungen, Dokumente oder andere gleichwertige Berichte verwendet werden, die auf Grund von Verpflichtungen nach anderen Rechtsvorschriften erstellt worden sind.

(9) Bei der Dokumentation nach Absatz 8 hat der Arbeitgeber in Abhängigkeit der Feststellungen nach Absatz 4 die Gefährdungen durch gefährliche explosionsfähige Gemische besonders auszuweisen (Explosionsschutzdokument). Daraus muss insbesondere hervorgehen,
1. dass die Explosionsgefährdungen ermittelt und einer Bewertung unterzogen worden sind,
2. dass angemessene Vorkehrungen getroffen werden, um die Ziele des Explosionsschutzes zu erreichen (Darlegung eines Explosionsschutzkonzeptes),
3. ob und welche Bereiche entsprechend Anhang I Nummer 1.7 in Zonen eingeteilt wurden,
4. für welche Bereiche Explosionsschutzmaßnahmen nach § 11 und Anhang I Nummer 1 getroffen wurden,
5. wie die Vorgaben nach § 15 umgesetzt werden und
6. welche Überprüfungen nach § 7 Absatz 7 und welche Prüfungen zum Explosionsschutz nach Anhang 2 Abschnitt 3 der Betriebssicherheitsverordnung durchzuführen sind.

(10) Bei Tätigkeiten mit geringer Gefährdung nach Absatz 13 kann auf eine detaillierte Dokumentation verzichtet werden. Falls in anderen Fällen auf eine detaillierte Dokumentation verzichtet wird, ist dies nachvollziehbar zu begründen. Die Gefährdungsbeurteilung ist regelmäßig zu überprüfen und bei Bedarf zu aktualisieren. Sie ist umgehend zu aktualisieren, wenn maßgebliche Veränderungen oder neue Informationen dies erfordern oder wenn sich eine Aktualisierung auf Grund der Ergebnisse der arbeitsmedizinischen Vorsorge nach der Verordnung zur arbeitsmedizinischen Vorsorge als notwendig erweist.

(11) Die Gefährdungsbeurteilung darf nur von fachkundigen Personen durchgeführt werden. Verfügt der Arbeitgeber nicht selbst über die entsprechenden Kenntnisse, so hat er sich

fachkundig beraten zu lassen. Fachkundig können insbesondere die Fachkraft für Arbeitssicherheit und die Betriebsärztin oder der Betriebsarzt sein.
(12) Der Arbeitgeber hat nach Satz 2 ein Verzeichnis der im Betrieb verwendeten Gefahrstoffe zu führen, in dem auf die entsprechenden Sicherheitsdatenblätter verwiesen wird. Das Verzeichnis muss mindestens folgende Angaben enthalten:
1. Bezeichnung des Gefahrstoffs,
2. Einstufung des Gefahrstoffs oder Angaben zu den gefährlichen Eigenschaften,
3. Angaben zu den im Betrieb verwendeten Mengenbereichen,
4. Bezeichnung der Arbeitsbereiche, in denen Beschäftigte dem Gefahrstoff ausgesetzt sein können.
Die Sätze 1 und 2 gelten nicht, wenn nur Tätigkeiten mit geringer Gefährdung nach Absatz 13 ausgeübt werden. Die Angaben nach Satz 2 Nummer 1, 2 und 4 müssen allen betroffenen Beschäftigten und ihrer Vertretung zugänglich sein.
(13) Ergibt sich aus der Gefährdungsbeurteilung für bestimmte Tätigkeiten auf Grund
1. der gefährlichen Eigenschaften des Gefahrstoffs,
2. einer geringen verwendeten Stoffmenge,
3. einer nach Höhe und Dauer niedrigen Exposition und
4. der Arbeitsbedingungen
insgesamt eine nur geringe Gefährdung der Beschäftigten und reichen die nach § 8 zu ergreifenden Maßnahmen zum Schutz der Beschäftigten aus, so müssen keine weiteren Maßnahmen des Abschnitts 4 ergriffen werden.
(14) Liegen für Stoffe oder Gemische keine Prüfdaten oder entsprechende aussagekräftige Informationen zur akut toxischen, reizenden, hautsensibilisierenden oder keimzellmutagenen Wirkung oder zur spezifischen Zielorgan-Toxizität bei wiederholter Exposition vor, sind die Stoffe oder Gemische bei der Gefährdungsbeurteilung wie Stoffe der Gefahrenklasse Akute Toxizität (oral, dermal und inhalativ) Kategorie 3, Ätz-/Reizwirkung auf die Haut Kategorie 2, Sensibilisierung der Haut Kategorie 1, Keimzellmutagenität Kategorie 2 oder Spezifische Zielorgan-Toxizität, wiederholte Exposition (STOT RE) Kategorie 2 zu behandeln. Hinsichtlich der Spezifizierung der anzuwendenden Einstufungskategorien sind die entsprechenden nach § 20 Absatz 4 Nummer 1 bekannt gegebenen Regeln und Erkenntnisse zu berücksichtigen.

§ 7 Grundpflichten

(1) Der Arbeitgeber darf eine Tätigkeit mit Gefahrstoffen erst aufnehmen lassen, nachdem eine Gefährdungsbeurteilung nach § 6 durchgeführt und die erforderlichen Schutzmaßnahmen nach Abschnitt 4 ergriffen worden sind.
(2) Um die Gesundheit und die Sicherheit der Beschäftigten bei allen Tätigkeiten mit Gefahrstoffen zu gewährleisten, hat der Arbeitgeber die erforderlichen Maßnahmen nach dem Arbeitsschutzgesetz und zusätzlich die nach dieser Verordnung erforderlichen Maßnahmen zu ergreifen. Dabei hat er die nach § 20 Absatz 4 bekannt gegebenen Regeln und Erkenntnisse zu berücksichtigen. Bei Einhaltung dieser Regeln und Erkenntnisse ist in der Regel davon auszugehen, dass die Anforderungen dieser Verordnung erfüllt sind. Von diesen Regeln und Erkenntnissen kann abgewichen werden, wenn durch andere Maßnahmen zumindest in vergleichbarer Weise der Schutz der Gesundheit und die Sicherheit der Beschäftigten gewährleistet werden.
(3) Der Arbeitgeber hat auf der Grundlage des Ergebnisses der Substitutionsprüfung nach § 6 Absatz 1 Satz 2 Nummer 4 vorrangig eine Substitution durchzuführen. Er hat Gefahrstoffe oder Verfahren durch Stoffe, Gemische oder Erzeugnisse oder Verfahren zu ersetzen, die

Gefahrstoffverordnung § 7

unter den jeweiligen Verwendungsbedingungen für die Gesundheit und Sicherheit der Beschäftigten nicht oder weniger gefährlich sind.

(4) Der Arbeitgeber hat Gefährdungen der Gesundheit und der Sicherheit der Beschäftigten bei Tätigkeiten mit Gefahrstoffen auszuschließen. Ist dies nicht möglich, hat er sie auf ein Minimum zu reduzieren. Diesen Geboten hat der Arbeitgeber durch die Festlegung und Anwendung geeigneter Schutzmaßnahmen Rechnung zu tragen. Dabei hat er folgende Rangfolge zu beachten:
1. Gestaltung geeigneter Verfahren und technischer Steuerungseinrichtungen von Verfahren, den Einsatz emissionsfreier oder emissionsarmer Verwendungsformen sowie Verwendung geeigneter Arbeitsmittel und Materialien nach dem Stand der Technik,
2. Anwendung kollektiver Schutzmaßnahmen technischer Art an der Gefahrenquelle, wie angemessene Be- und Entlüftung, und Anwendung geeigneter organisatorischer Maßnahmen,
3. sofern eine Gefährdung nicht durch Maßnahmen nach den Nummern 1 und 2 verhütet werden kann, Anwendung von individuellen Schutzmaßnahmen, die auch die Bereitstellung und Verwendung von persönlicher Schutzausrüstung umfassen.

(5) Beschäftigte müssen die bereitgestellte persönliche Schutzausrüstung verwenden, solange eine Gefährdung besteht. Die Verwendung von belastender persönlicher Schutzausrüstung darf keine Dauermaßnahme sein. Sie ist für jeden Beschäftigten auf das unbedingt erforderliche Minimum zu beschränken.

(6) Der Arbeitgeber stellt sicher, dass
1. die persönliche Schutzausrüstung an einem dafür vorgesehenen Ort sachgerecht aufbewahrt wird,
2. die persönliche Schutzausrüstung vor Gebrauch geprüft und nach Gebrauch gereinigt wird und
3. schadhafte persönliche Schutzausrüstung vor erneutem Gebrauch ausgebessert oder ausgetauscht wird.

(7) Der Arbeitgeber hat die Funktion und die Wirksamkeit der technischen Schutzmaßnahmen regelmäßig, mindestens jedoch jedes dritte Jahr, zu überprüfen. Das Ergebnis der Prüfungen ist aufzuzeichnen und vorzugsweise zusammen mit der Dokumentation nach § 6 Absatz 8 aufzubewahren.

(8) Der Arbeitgeber stellt sicher, dass die Arbeitsplatzgrenzwerte eingehalten werden. Er hat die Einhaltung durch Arbeitsplatzmessungen oder durch andere geeignete Methoden zur Ermittlung der Exposition zu überprüfen. Ermittlungen sind auch durchzuführen, wenn sich die Bedingungen ändern, welche die Exposition der Beschäftigten beeinflussen können. Die Ermittlungsergebnisse sind aufzuzeichnen, aufzubewahren und den Beschäftigten und ihrer Vertretung zugänglich zu machen. Werden Tätigkeiten entsprechend einem verfahrens- und stoffspezifischen Kriterium ausgeübt, das nach § 20 Absatz 4 bekannt gegeben worden ist, kann der Arbeitgeber in der Regel davon ausgehen, dass die Arbeitsplatzgrenzwerte eingehalten werden; in diesem Fall findet Satz 2 keine Anwendung.

(9) Sofern Tätigkeiten mit Gefahrstoffen ausgeübt werden, für die kein Arbeitsplatzgrenzwert vorliegt, hat der Arbeitgeber regelmäßig die Wirksamkeit der ergriffenen technischen Schutzmaßnahmen durch geeignete Ermittlungsmethoden zu überprüfen, zu denen auch Arbeitsplatzmessungen gehören können.

(10) Wer Arbeitsplatzmessungen von Gefahrstoffen durchführt, muss fachkundig sein und über die erforderlichen Einrichtungen verfügen. Wenn ein Arbeitgeber eine für Messungen von Gefahrstoffen an Arbeitsplätzen akkreditierte Messstelle beauftragt, kann der Arbeitge-

ber in der Regel davon ausgehen, dass die von dieser Messstelle gewonnenen Erkenntnisse zutreffend sind.

(11) Der Arbeitgeber hat bei allen Ermittlungen und Messungen die nach § 20 Absatz 4 bekannt gegebenen Verfahren, Messregeln und Grenzwerte zu berücksichtigen, bei denen die entsprechenden Bestimmungen der folgenden Richtlinien berücksichtigt worden sind:
1. der Richtlinie 98/24/EG des Rates vom 7. April 1998 zum Schutz von Gesundheit und Sicherheit der Arbeitnehmer vor der Gefährdung durch chemische Arbeitsstoffe bei der Arbeit (vierzehnte Einzelrichtlinie im Sinne des Artikels 16 Absatz 1 der Richtlinie 89/391/EWG) (ABl. L 131 vom 5.5.1998, S. 11), die zuletzt durch die Richtlinie 2014/27/EU (ABl. L 65 vom 5.3.2014, S. 1) geändert worden ist, einschließlich der Richtlinien über Arbeitsplatzgrenzwerte, die nach Artikel 3 Absatz 2 der Richtlinie 98/24/EG erlassen wurden,
2. der Richtlinie 2004/37/EG des Europäischen Parlaments und des Rates vom 29. April 2004 über den Schutz der Arbeitnehmer gegen Gefährdung durch Karzinogene oder Mutagene bei der Arbeit (Sechste Einzelrichtlinie im Sinne von Artikel 16 Absatz 1 der Richtlinie 89/391/EWG des Rates) (kodifizierte Fassung) (ABl. L 158 vom 30.4.2004, S. 50, L 229 vom 29.6.2004, S. 23, L 204 vom 4.8.2007, S. 28), die zuletzt durch die Richtlinie 2014/27/EU geändert worden ist, sowie
3. der Richtlinie 2009/148/EG des Europäischen Parlaments und des Rates vom 30. November 2009 über den Schutz der Arbeitnehmer gegen Gefährdung durch Asbest am Arbeitsplatz (ABl. L 330 vom 16.12.2009, S. 28).

Abschnitt 4: Schutzmaßnahmen

§ 8 Allgemeine Schutzmaßnahmen

(1) Der Arbeitgeber hat bei Tätigkeiten mit Gefahrstoffen die folgenden Schutzmaßnahmen zu ergreifen:
1. geeignete Gestaltung des Arbeitsplatzes und geeignete Arbeitsorganisation,
2. Bereitstellung geeigneter Arbeitsmittel für Tätigkeiten mit Gefahrstoffen und geeignete Wartungsverfahren zur Gewährleistung der Gesundheit und Sicherheit der Beschäftigten bei der Arbeit,
3. Begrenzung der Anzahl der Beschäftigten, die Gefahrstoffen ausgesetzt sind oder ausgesetzt sein können,
4. Begrenzung der Dauer und der Höhe der Exposition,
5. angemessene Hygienemaßnahmen, insbesondere zur Vermeidung von Kontaminationen, und die regelmäßige Reinigung des Arbeitsplatzes,
6. Begrenzung der am Arbeitsplatz vorhandenen Gefahrstoffe auf die Menge, die für den Fortgang der Tätigkeiten erforderlich ist,
7. geeignete Arbeitsmethoden und Verfahren, welche die Gesundheit und Sicherheit der Beschäftigten nicht beeinträchtigen oder die Gefährdung so gering wie möglich halten, einschließlich Vorkehrungen für die sichere Handhabung, Lagerung und Beförderung von Gefahrstoffen und von Abfällen, die Gefahrstoffe enthalten, am Arbeitsplatz.

(2) Der Arbeitgeber hat sicherzustellen, dass
1. alle verwendeten Stoffe und Gemische identifizierbar sind,
2. gefährliche Stoffe und Gemische innerbetrieblich mit einer Kennzeichnung versehen sind, die ausreichende Informationen über die Einstufung, über die Gefahren bei der Handhabung und über die zu beachtenden Sicherheitsmaßnahmen enthält; vorzugsweise ist eine Kennzeichnung zu wählen, die der Verordnung (EG) Nr. 1272/2008 entspricht,

3. Apparaturen und Rohrleitungen so gekennzeichnet sind, dass mindestens die enthaltenen Gefahrstoffe sowie die davon ausgehenden Gefahren eindeutig identifizierbar sind. Kennzeichnungspflichten nach anderen Rechtsvorschriften bleiben unberührt. Solange der Arbeitgeber den Verpflichtungen nach Satz 1 nicht nachgekommen ist, darf er Tätigkeiten mit den dort genannten Stoffen und Gemischen nicht ausüben lassen. Satz 1 Nummer 2 gilt nicht für Stoffe, die für Forschungs- und Entwicklungszwecke oder für wissenschaftliche Lehrzwecke neu hergestellt worden sind und noch nicht geprüft werden konnten. Eine Exposition der Beschäftigten bei Tätigkeiten mit diesen Stoffen ist zu vermeiden.

(3) Der Arbeitgeber hat gemäß den Ergebnissen der Gefährdungsbeurteilung nach § 6 sicherzustellen, dass die Beschäftigten in Arbeitsbereichen, in denen sie Gefahrstoffen ausgesetzt sein können, keine Nahrungs- oder Genussmittel zu sich nehmen. Der Arbeitgeber hat hierfür vor Aufnahme der Tätigkeiten geeignete Bereiche einzurichten.

(4) Der Arbeitgeber hat sicherzustellen, dass durch Verwendung verschließbarer Behälter eine sichere Lagerung, Handhabung und Beförderung von Gefahrstoffen auch bei der Abfallentsorgung gewährleistet ist.

(5) Der Arbeitgeber hat sicherzustellen, dass Gefahrstoffe so aufbewahrt oder gelagert werden, dass sie weder die menschliche Gesundheit noch die Umwelt gefährden. Er hat dabei wirksame Vorkehrungen zu treffen, um Missbrauch oder Fehlgebrauch zu verhindern. Insbesondere dürfen Gefahrstoffe nicht in solchen Behältern aufbewahrt oder gelagert werden, durch deren Form oder Bezeichnung der Inhalt mit Lebensmitteln verwechselt werden kann. Sie dürfen nur übersichtlich geordnet und nicht in unmittelbarer Nähe von Arznei-, Lebens- oder Futtermitteln, einschließlich deren Zusatzstoffe, aufbewahrt oder gelagert werden. Bei der Aufbewahrung zur Abgabe oder zur sofortigen Verwendung muss eine Kennzeichnung nach Absatz 2 deutlich sichtbar und lesbar angebracht sein.

(6) Der Arbeitgeber hat sicherzustellen, dass Gefahrstoffe, die nicht mehr benötigt werden, und entleerte Behälter, die noch Reste von Gefahrstoffen enthalten können, sicher gehandhabt, vom Arbeitsplatz entfernt und sachgerecht gelagert oder entsorgt werden.

(7) Der Arbeitgeber hat sicherzustellen, dass Stoffe und Gemische, die als akut toxisch Kategorie 1, 2 oder 3, spezifisch zielorgantoxisch Kategorie 1, krebserzeugend Kategorie 1A oder 1B oder keimzellmutagen Kategorie 1A oder 1B eingestuft sind, unter Verschluss oder so aufbewahrt oder gelagert werden, dass nur fachkundige und zuverlässige Personen Zugang haben. Tätigkeiten mit diesen Stoffen und Gemischen dürfen nur von fachkundigen oder besonders unterwiesenen Personen ausgeführt werden. Satz 2 gilt auch für Tätigkeiten mit Stoffen und Gemischen, die als reproduktionstoxisch Kategorie 1A oder 1B oder als atemwegssensibilisierend eingestuft sind. Die Sätze 1 und 2 gelten nicht für Kraftstoffe an Tankstellen oder sonstigen Betankungseinrichtungen sowie für Stoffe und Gemische, die als akut toxisch Kategorie 3 eingestuft sind, sofern diese vormals nach der Richtlinie 67/548/EWG oder der Richtlinie 1999/45/EG als gesundheitsschädlich bewertet wurden. Hinsichtlich der Bewertung als gesundheitsschädlich sind die entsprechenden nach § 20 Absatz 4 Nummer 1 bekannt gegebenen Regeln und Erkenntnisse zu berücksichtigen.

(8) Der Arbeitgeber hat bei Tätigkeiten mit Gefahrstoffen nach Anhang I Nummer 2 bis 5 sowohl die §§ 6 bis 18 als auch die betreffenden Vorschriften des Anhangs I Nummer 2 bis 5 zu beachten.

§ 9 Zusätzliche Schutzmaßnahmen

(1) Sind die allgemeinen Schutzmaßnahmen nach § 8 nicht ausreichend, um Gefährdungen durch Einatmen, Aufnahme über die Haut oder Verschlucken entgegenzuwirken, hat der Arbeitgeber zusätzlich diejenigen Maßnahmen nach den Absätzen 2 bis 7 zu ergreifen, die

auf Grund der Gefährdungsbeurteilung nach § 6 erforderlich sind. Dies gilt insbesondere, wenn
1. Arbeitsplatzgrenzwerte oder biologische Grenzwerte überschritten werden,
2. bei hautresorptiven oder haut- oder augenschädigenden Gefahrstoffen eine Gefährdung durch Haut- oder Augenkontakt besteht oder
3. bei Gefahrstoffen ohne Arbeitsplatzgrenzwert und ohne biologischen Grenzwert eine Gefährdung auf Grund der ihnen zugeordneten Gefahrenklasse nach § 3 und der inhalativen Exposition angenommen werden kann.

(2) Der Arbeitgeber hat sicherzustellen, dass Gefahrstoffe in einem geschlossenen System hergestellt und verwendet werden, wenn
1. die Substitution der Gefahrstoffe nach § 7 Absatz 3 durch solche Stoffe, Gemische, Erzeugnisse oder Verfahren, die bei ihrer Verwendung nicht oder weniger gefährlich für die Gesundheit und Sicherheit sind, technisch nicht möglich ist und
2. eine erhöhte Gefährdung der Beschäftigten durch inhalative Exposition gegenüber diesen Gefahrstoffen besteht.

Ist die Anwendung eines geschlossenen Systems technisch nicht möglich, so hat der Arbeitgeber dafür zu sorgen, dass die Exposition der Beschäftigten nach dem Stand der Technik und unter Beachtung von § 7 Absatz 4 so weit wie möglich verringert wird.

(3) Bei Überschreitung eines Arbeitsplatzgrenzwerts muss der Arbeitgeber unverzüglich die Gefährdungsbeurteilung nach § 6 erneut durchführen und geeignete zusätzliche Schutzmaßnahmen ergreifen, um den Arbeitsplatzgrenzwert einzuhalten. Wird trotz Ausschöpfung aller technischen und organisatorischen Schutzmaßnahmen der Arbeitsplatzgrenzwert nicht eingehalten, hat der Arbeitgeber unverzüglich persönliche Schutzausrüstung bereitzustellen. Dies gilt insbesondere für Abbruch-, Sanierungs- und Instandhaltungsarbeiten.

(4) Besteht trotz Ausschöpfung aller technischen und organisatorischen Schutzmaßnahmen bei hautresorptiven, haut- oder augenschädigenden Gefahrstoffen eine Gefährdung durch Haut- oder Augenkontakt, hat der Arbeitgeber unverzüglich persönliche Schutzausrüstung bereitzustellen.

(5) Der Arbeitgeber hat getrennte Aufbewahrungsmöglichkeiten für die Arbeits- oder Schutzkleidung einerseits und die Straßenkleidung andererseits zur Verfügung zu stellen. Der Arbeitgeber hat die durch Gefahrstoffe verunreinigte Arbeitskleidung zu reinigen.

(6) Der Arbeitgeber hat geeignete Maßnahmen zu ergreifen, die gewährleisten, dass Arbeitsbereiche, in denen eine erhöhte Gefährdung der Beschäftigten besteht, nur den Beschäftigten zugänglich sind, die sie zur Ausübung ihrer Arbeit oder zur Durchführung bestimmter Aufgaben betreten müssen.

(7) Wenn Tätigkeiten mit Gefahrstoffen von einer oder einem Beschäftigten allein ausgeübt werden, hat der Arbeitgeber zusätzliche Schutzmaßnahmen zu ergreifen oder eine angemessene Aufsicht zu gewährleisten. Dies kann auch durch den Einsatz technischer Mittel sichergestellt werden.

§ 10 Besondere Schutzmaßnahmen bei Tätigkeiten mit krebserzeugenden, keimzellmutagenen und reproduktionstoxischen Gefahrstoffen der Kategorie 1A und 1B

(1) Bei Tätigkeiten mit krebserzeugenden Gefahrstoffen der Kategorie 1A oder 1B, für die kein Arbeitsplatzgrenzwert nach § 20 Absatz 4 bekannt gegeben worden ist, hat der Arbeitgeber ein geeignetes, risikobezogenes Maßnahmenkonzept anzuwenden, um das Minimierungsgebot nach § 7 Absatz 4 umzusetzen. Hierbei sind die nach § 20 Absatz 4 bekannt gegebenen Regeln, Erkenntnisse und Beurteilungsmaßstäbe zu berücksichtigen. Bei Tätigkeiten mit krebserzeugenden, keimzellmutagenen oder reproduktionstoxischen Gefahrstoffen der

Kategorie 1A oder 1B hat der Arbeitgeber, unbeschadet des Absatzes 2, zusätzlich die Bestimmungen nach den Absätzen 3 bis 5 zu erfüllen. Die besonderen Bestimmungen des Anhangs II Nummer 6 sind zu beachten.

(2) Die Absätze 3 bis 5 gelten nicht, wenn
1. ein Arbeitsplatzgrenzwert nach § 20 Absatz 4 bekannt gegeben worden ist, dieser eingehalten und dies durch Arbeitsplatzmessung oder durch andere geeignete Methoden zur Ermittlung der Exposition belegt wird oder
2. Tätigkeiten entsprechend einem nach § 20 Absatz 4 bekannt gegebenen verfahrens- und stoffspezifischen Kriterium ausgeübt werden.

(3) Wenn Tätigkeiten mit krebserzeugenden, keimzellmutagenen oder reproduktionstoxischen Gefahrstoffen der Kategorie 1A oder 1B ausgeübt werden, hat der Arbeitgeber
1. die Exposition der Beschäftigten durch Arbeitsplatzmessungen oder durch andere geeignete Ermittlungsmethoden zu bestimmen, auch um erhöhte Expositionen infolge eines unvorhersehbaren Ereignisses oder eines Unfalls schnell erkennen zu können,
2. Gefahrenbereiche abzugrenzen, in denen Beschäftigte diesen Gefahrstoffen ausgesetzt sind oder ausgesetzt sein können, und Warn- und Sicherheitszeichen anzubringen, einschließlich der Verbotszeichen „Zutritt für Unbefugte verboten" und „Rauchen verboten" nach Anhang II Nummer 3.1 der Richtlinie 92/58/EWG des Rates vom 24. Juni 1992 über Mindestvorschriften für die Sicherheits- und/oder Gesundheitsschutzkennzeichnung am Arbeitsplatz (ABl. L 245 vom 26.8.1992, S. 23), die zuletzt durch die Richtlinie 2014/27/EU (ABl. L 65 vom 5.3.2014, S. 1) geändert worden ist.

(4) Bei Tätigkeiten, bei denen eine beträchtliche Erhöhung der Exposition der Beschäftigten durch krebserzeugende, keimzellmutagene oder reproduktionstoxische Gefahrstoffe der Kategorie 1A oder 1B zu erwarten ist und bei denen jede Möglichkeit weiterer technischer Schutzmaßnahmen zur Begrenzung dieser Exposition bereits ausgeschöpft wurde, hat der Arbeitgeber nach Beratung mit den Beschäftigten oder mit ihrer Vertretung Maßnahmen zu ergreifen, um die Dauer der Exposition der Beschäftigten so weit wie möglich zu verkürzen und den Schutz der Beschäftigten während dieser Tätigkeiten zu gewährleisten. Er hat den betreffenden Beschäftigten persönliche Schutzausrüstung zur Verfügung zu stellen, die sie während der gesamten Dauer der erhöhten Exposition tragen müssen.

(5) Werden in einem Arbeitsbereich Tätigkeiten mit krebserzeugenden, keimzellmutagenen oder reproduktionstoxischen Gefahrstoffen der Kategorie 1A oder 1B ausgeübt, darf die dort abgesaugte Luft nicht in den Arbeitsbereich zurückgeführt werden. Dies gilt nicht, wenn die Luft unter Anwendung von behördlich oder von den Trägern der gesetzlichen Unfallversicherung anerkannten Verfahren oder Geräte ausreichend von solchen Stoffen gereinigt ist. Die Luft muss dann so geführt oder gereinigt werden, dass krebserzeugende, keimzellmutagene oder reproduktionstoxische Stoffe nicht in die Atemluft anderer Beschäftigter gelangen.

§ 11 Besondere Schutzmaßnahmen gegen physikalisch-chemische Einwirkungen, insbesondere gegen Brand- und Explosionsgefährdungen

(1) Der Arbeitgeber hat auf der Grundlage der Gefährdungsbeurteilung Maßnahmen zum Schutz der Beschäftigten und anderer Personen vor physikalisch-chemischen Einwirkungen zu ergreifen. Er hat die Maßnahmen so festzulegen, dass die Gefährdungen vermieden oder so weit wie möglich verringert werden. Dies gilt insbesondere bei Tätigkeiten einschließlich Lagerung, bei denen es zu Brand- und Explosionsgefährdungen kommen kann. Dabei hat der Arbeitgeber Anhang I Nummer 1 und 5 zu beachten. Die Vorschriften des Sprengstoffgesetzes und der darauf gestützten Rechtsvorschriften bleiben unberührt.

(2) Zur Vermeidung von Brand- und Explosionsgefährdungen hat der Arbeitgeber Maßnahmen nach folgender Rangfolge zu ergreifen:
1. gefährliche Mengen oder Konzentrationen von Gefahrstoffen, die zu Brand- oder Explosionsgefährdungen führen können, sind zu vermeiden,
2. Zündquellen oder Bedingungen, die Brände oder Explosionen auslösen können, sind zu vermeiden,
3. schädliche Auswirkungen von Bränden oder Explosionen auf die Gesundheit und Sicherheit der Beschäftigten und anderer Personen sind so weit wie möglich zu verringern.

(3) Arbeitsbereiche, Arbeitsplätze, Arbeitsmittel und deren Verbindungen untereinander müssen so konstruiert, errichtet, zusammengebaut, installiert, verwendet und instand gehalten werden, dass keine Brand- und Explosionsgefährdungen auftreten.

(4) Bei Tätigkeiten mit organischen Peroxiden hat der Arbeitgeber über die Bestimmungen der Absätze 1 und 2 sowie des Anhangs I Nummer 1 hinaus insbesondere Maßnahmen zu treffen, die die
1. Gefahr einer unbeabsichtigten Explosion minimieren und
2. Auswirkungen von Bränden und Explosionen beschränken.
Dabei hat der Arbeitgeber Anhang III zu beachten.

§ 12 (weggefallen)

§ 13 Betriebsstörungen, Unfälle und Notfälle

(1) Um die Gesundheit und die Sicherheit der Beschäftigten bei Betriebsstörungen, Unfällen oder Notfällen zu schützen, hat der Arbeitgeber rechtzeitig die Notfallmaßnahmen festzulegen, die beim Eintreten eines derartigen Ereignisses zu ergreifen sind. Dies schließt die Bereitstellung angemessener Erste-Hilfe-Einrichtungen und die Durchführung von Sicherheitsübungen in regelmäßigen Abständen ein.

(2) Tritt eines der in Absatz 1 Satz 1 genannten Ereignisse ein, so hat der Arbeitgeber unverzüglich die gemäß Absatz 1 festgelegten Maßnahmen zu ergreifen, um
1. betroffene Beschäftigte über die durch das Ereignis hervorgerufene Gefahrensituation im Betrieb zu informieren,
2. die Auswirkungen des Ereignisses zu mindern und
3. wieder einen normalen Betriebsablauf herbeizuführen.
Neben den Rettungskräften dürfen nur die Beschäftigten im Gefahrenbereich verbleiben, die Tätigkeiten zur Erreichung der Ziele nach Satz 1 Nummer 2 und 3 ausüben.

(3) Der Arbeitgeber hat Beschäftigten, die im Gefahrenbereich tätig werden, vor Aufnahme ihrer Tätigkeit geeignete Schutzkleidung und persönliche Schutzausrüstung sowie gegebenenfalls erforderliche spezielle Sicherheitseinrichtungen und besondere Arbeitsmittel zur Verfügung zu stellen. Im Gefahrenbereich müssen die Beschäftigten die Schutzkleidung und die persönliche Schutzausrüstung für die Dauer des nicht bestimmungsgemäßen Betriebsablaufs verwenden. Die Verwendung belastender persönlicher Schutzausrüstung muss für die einzelnen Beschäftigten zeitlich begrenzt sein. Ungeschützte und unbefugte Personen dürfen sich nicht im festzulegenden Gefahrenbereich aufhalten.

(4) Der Arbeitgeber hat Warn- und sonstige Kommunikationssysteme, die eine erhöhte Gefährdung der Gesundheit und Sicherheit anzeigen, zur Verfügung zu stellen, so dass eine angemessene Reaktion möglich ist und unverzüglich Abhilfemaßnahmen sowie Hilfs-, Evakuierungs- und Rettungsmaßnahmen eingeleitet werden können.

(5) Der Arbeitgeber hat sicherzustellen, dass Informationen über Maßnahmen bei Notfällen mit Gefahrstoffen zur Verfügung stehen. Die zuständigen innerbetrieblichen und betriebs-

Gefahrstoffverordnung § 14

fremden Unfall- und Notfalldienste müssen Zugang zu diesen Informationen erhalten. Zu diesen Informationen zählen:
1. eine Vorabmitteilung über einschlägige Gefahren bei der Arbeit, über Maßnahmen zur Feststellung von Gefahren sowie über Vorsichtsmaßregeln und Verfahren, damit die Notfalldienste ihre eigenen Abhilfe- und Sicherheitsmaßnahmen vorbereiten können,
2. alle verfügbaren Informationen über spezifische Gefahren, die bei einem Unfall oder Notfall auftreten oder auftreten können, einschließlich der Informationen über die Verfahren nach den Absätzen 1 bis 4.

§ 14 Unterrichtung und Unterweisung der Beschäftigten

(1) Der Arbeitgeber hat sicherzustellen, dass den Beschäftigten eine schriftliche Betriebsanweisung, die der Gefährdungsbeurteilung nach § 6 Rechnung trägt, in einer für die Beschäftigten verständlichen Form und Sprache zugänglich gemacht wird. Die Betriebsanweisung muss mindestens Folgendes enthalten:
1. Informationen über die am Arbeitsplatz vorhandenen oder entstehenden Gefahrstoffe, wie beispielsweise die Bezeichnung der Gefahrstoffe, ihre Kennzeichnung sowie mögliche Gefährdungen der Gesundheit und der Sicherheit,
2. Informationen über angemessene Vorsichtsmaßregeln und Maßnahmen, die die Beschäftigten zu ihrem eigenen Schutz und zum Schutz der anderen Beschäftigten am Arbeitsplatz durchzuführen haben; dazu gehören insbesondere
   a) Hygienevorschriften,
   b) Informationen über Maßnahmen, die zur Verhütung einer Exposition zu ergreifen sind,
   c) Informationen zum Tragen und Verwenden von persönlicher Schutzausrüstung und Schutzkleidung,
3. Informationen über Maßnahmen, die bei Betriebsstörungen, Unfällen und Notfällen und zur Verhütung dieser von den Beschäftigten, insbesondere von Rettungsmannschaften, durchzuführen sind.

Die Betriebsanweisung muss bei jeder maßgeblichen Veränderung der Arbeitsbedingungen aktualisiert werden. Der Arbeitgeber hat ferner sicherzustellen, dass die Beschäftigten
1. Zugang haben zu allen Informationen nach Artikel 35 der Verordnung (EG) Nr. 1907/2006 über die Stoffe und Gemische, mit denen sie Tätigkeiten ausüben, insbesondere zu Sicherheitsdatenblättern, und
2. über Methoden und Verfahren unterrichtet werden, die bei der Verwendung von Gefahrstoffen zum Schutz der Beschäftigten angewendet werden müssen.

(2) Der Arbeitgeber hat sicherzustellen, dass die Beschäftigten anhand der Betriebsanweisung nach Absatz 1 über alle auftretenden Gefährdungen und entsprechende Schutzmaßnahmen mündlich unterwiesen werden. Teil dieser Unterweisung ist ferner eine allgemeine arbeitsmedizinisch-toxikologische Beratung. Diese dient auch zur Information der Beschäftigten über die Voraussetzungen, unter denen sie Anspruch auf arbeitsmedizinische Vorsorgeuntersuchungen nach der Verordnung zur arbeitsmedizinischen Vorsorge haben, und über den Zweck dieser Vorsorgeuntersuchungen. Die Beratung ist unter Beteiligung der Ärztin oder des Arztes nach § 7 Absatz 1 der Verordnung zur arbeitsmedizinischen Vorsorge durchzuführen, falls dies erforderlich sein sollte. Die Unterweisung muss vor Aufnahme der Beschäftigung und danach mindestens jährlich arbeitsplatzbezogen durchgeführt werden. Sie muss in für die Beschäftigten verständlicher Form und Sprache erfolgen. Inhalt und Zeitpunkt der Unterweisung sind schriftlich festzuhalten und von den Unterwiesenen durch Unterschrift zu bestätigen.

(3) Der Arbeitgeber hat bei Tätigkeiten mit krebserzeugenden, keimzellmutagenen oder reproduktionstoxischen Gefahrstoffen der Kategorie 1A oder 1B sicherzustellen, dass
1. die Beschäftigten und ihre Vertretung nachprüfen können, ob die Bestimmungen dieser Verordnung eingehalten werden, und zwar insbesondere in Bezug auf
   a) die Auswahl und Verwendung der persönlichen Schutzausrüstung und die damit verbundenen Belastungen der Beschäftigten,
   b) durchzuführende Maßnahmen im Sinne des § 10 Absatz 4 Satz 1,
2. die Beschäftigten und ihre Vertretung bei einer erhöhten Exposition, einschließlich der in § 10 Absatz 4 Satz 1 genannten Fälle, unverzüglich unterrichtet und über die Ursachen sowie über die bereits ergriffenen oder noch zu ergreifenden Gegenmaßnahmen informiert werden,
3. ein aktualisiertes Verzeichnis über die Beschäftigten geführt wird, die Tätigkeiten mit krebserzeugenden oder keimzellmutagenen Gefahrstoffen der Kategorie 1A oder 1B ausüben, bei denen die Gefährdungsbeurteilung nach § 6 eine Gefährdung der Gesundheit oder der Sicherheit der Beschäftigten ergibt; in dem Verzeichnis ist auch die Höhe und die Dauer der Exposition anzugeben, der die Beschäftigten ausgesetzt waren,
4. das Verzeichnis nach Nummer 3 mit allen Aktualisierungen, 40 Jahre nach Ende der Exposition aufbewahrt wird; bei Beendigung von Beschäftigungsverhältnissen hat der Arbeitgeber den Beschäftigen einen Auszug über die sie betreffenden Angaben des Verzeichnisses auszuhändigen und einen Nachweis hierüber wie Personalunterlagen aufzubewahren,
5. die Ärztin oder der Arzt nach § 7 Absatz 1 der Verordnung zur arbeitsmedizinischen Vorsorge, die zuständige Behörde sowie jede für die Gesundheit und die Sicherheit am Arbeitsplatz verantwortliche Person Zugang zu dem Verzeichnis nach Nummer 3 haben,
6. alle Beschäftigten Zugang zu den sie persönlich betreffenden Angaben in dem Verzeichnis haben,
7. die Beschäftigten und ihre Vertretung Zugang zu den nicht personenbezogenen Informationen allgemeiner Art in dem Verzeichnis haben.

(4) Der Arbeitgeber kann mit Einwilligung des betroffenen Beschäftigten die Aufbewahrungs- einschließlich der Aushändigungspflicht nach Absatz 3 Nummer 4 auf den zuständigen gesetzlichen Unfallversicherungsträger übertragen. Dafür übergibt der Arbeitgeber dem Unfallversicherungsträger die erforderlichen Unterlagen in einer für die elektronische Datenverarbeitung geeigneten Form. Der Unfallversicherungsträger händigt der betroffenen Person auf Anforderung einen Auszug des Verzeichnisses mit den sie betreffenden Angaben aus.

§ 15 Zusammenarbeit verschiedener Firmen

(1) Sollen in einem Betrieb Fremdfirmen Tätigkeiten mit Gefahrstoffen ausüben, hat der Arbeitgeber als Auftraggeber sicherzustellen, dass nur solche Fremdfirmen herangezogen werden, die über die Fachkenntnisse und Erfahrungen verfügen, die für diese Tätigkeiten erforderlich sind. Der Arbeitgeber als Auftraggeber hat die Fremdfirmen über Gefahrenquellen und spezifische Verhaltensregeln zu informieren.

(2) Kann bei Tätigkeiten von Beschäftigten eines Arbeitgebers eine Gefährdung von Beschäftigten anderer Arbeitgeber durch Gefahrstoffe nicht ausgeschlossen werden, so haben alle betroffenen Arbeitgeber bei der Durchführung ihrer Gefährdungsbeurteilungen nach § 6 zusammenzuwirken und die Schutzmaßnahmen abzustimmen. Dies ist zu dokumentieren. Die Arbeitgeber haben dabei sicherzustellen, dass Gefährdungen der Beschäftigten aller beteiligten Unternehmen durch Gefahrstoffe wirksam begegnet wird.

Gefahrstoffverordnung §§ 16–17

(3) Jeder Arbeitgeber ist dafür verantwortlich, dass seine Beschäftigten die gemeinsam festgelegten Schutzmaßnahmen anwenden.

(4) Besteht bei Tätigkeiten von Beschäftigten eines Arbeitgebers eine erhöhte Gefährdung von Beschäftigten anderer Arbeitgeber durch Gefahrstoffe, ist durch die beteiligten Arbeitgeber ein Koordinator zu bestellen. Wurde ein Koordinator nach den Bestimmungen der Baustellenverordnung vom 10. Juni 1998 (BGBl. I S. 1283), die durch Artikel 15 der Verordnung vom 23. Dezember 2004 (BGBl. I S. 3758) geändert worden ist, bestellt, gilt die Pflicht nach Satz 1 als erfüllt. Dem Koordinator sind von den beteiligten Arbeitgebern alle erforderlichen sicherheitsrelevanten Informationen sowie Informationen zu den festgelegten Schutzmaßnahmen zur Verfügung zu stellen. Die Bestellung eines Koordinators entbindet die Arbeitgeber nicht von ihrer Verantwortung nach dieser Verordnung.

(5) Vor dem Beginn von Abbruch-, Sanierungs- und Instandhaltungsarbeiten oder Bauarbeiten muss der Arbeitgeber für die Gefährdungsbeurteilung nach § 6 Informationen, insbesondere vom Auftraggeber oder Bauherrn, darüber einholen, ob entsprechend der Nutzungs- oder Baugeschichte des Objekts Gefahrstoffe, insbesondere Asbest, vorhanden oder zu erwarten sind. Weiter reichende Informations-, Schutz- und Überwachungspflichten, die sich für den Auftraggeber oder Bauherrn nach anderen Rechtsvorschriften ergeben, bleiben unberührt.

Abschnitt 5: Verbote und Beschränkungen

§ 16 Herstellungs- und Verwendungsbeschränkungen

(1) Herstellungs- und Verwendungsbeschränkungen für bestimmte Stoffe, Gemische und Erzeugnisse ergeben sich aus Artikel 67 in Verbindung mit Anhang XVII der Verordnung (EG) Nr. 1907/2006.

(2) Nach Maßgabe des Anhangs II bestehen weitere Herstellungs- und Verwendungsbeschränkungen für dort genannte Stoffe, Gemische und Erzeugnisse.

(3) Biozid-Produkte dürfen nicht verwendet werden, soweit damit zu rechnen ist, dass ihre Verwendung im einzelnen Anwendungsfall schädliche Auswirkungen auf die Gesundheit von Menschen, Nicht-Zielorganismen oder auf die Umwelt hat. Wer Biozid-Produkte verwendet, hat dies ordnungsgemäß zu tun. Zur ordnungsgemäßen Verwendung gehört es insbesondere, dass

1. ein Biozid-Produkt nur für die in der Kennzeichnung ausgewiesenen Verwendungszwecke eingesetzt wird,
2. die sich aus der Kennzeichnung und der Zulassung ergebenden Verwendungsbedingungen eingehalten werden und
3. der Einsatz von Biozid-Produkten durch eine sachgerechte Berücksichtigung physikalischer, biologischer, chemischer und sonstiger Alternativen auf das Minimum begrenzt wird.

Die Sätze 1 bis 3 gelten auch für private Haushalte.

(4) Der Arbeitgeber darf in Heimarbeit beschäftigten Personen nur Tätigkeiten mit geringer Gefährdung im Sinne des § 6 Absatz 11 ausüben lassen.

§ 17 Nationale Ausnahmen von Beschränkungsregelungen nach der Verordnung (EG) Nr. 1907/2006

(1) Für am 1. Dezember 2010 bestehende Anlagen gelten die Beschränkungen nach Artikel 67 in Verbindung mit Anhang XVII Nummer 6 der Verordnung (EG) Nr. 1907/2006 bis zum 1.

Juli 2025 nicht für das Verwenden chrysotilhaltiger Diaphragmen für die Chloralkalielektrolyse oder für das Verwenden von Chrysotil, das ausschließlich zur Wartung dieser Diaphragmen eingesetzt wird, wenn
1. keine asbestfreien Ersatzstoffe, Gemische oder Erzeugnisse auf dem Markt angeboten werden oder
2. die Verwendung der asbestfreien Ersatzstoffe, Gemische oder Erzeugnisse zu einer unzumutbaren Härte führen würde

und die Konzentration der Asbestfasern in der Luft am Arbeitsplatz unterhalb von 1 000 Fasern je Kubikmeter liegt. Betreiber von Anlagen, die von der Regelung nach Satz 1 Gebrauch machen, übermitteln der Bundesstelle für Chemikalien bis zum 31. Januar eines jeden Kalenderjahres einen Bericht, aus dem die Menge an Chrysotil hervorgeht, die in Diaphragmen, die unter diese Ausnahmeregelung fallen, im Vorjahr verwendet wurde. Die Ergebnisse der Arbeitsplatzmessungen sind in den Bericht aufzunehmen. Die Bundesstelle für Chemikalien übermittelt der Europäischen Kommission eine Kopie des Berichts.
(2) Das Verwendungsverbot nach Artikel 67 in Verbindung mit Anhang XVII Nummer 16 und 17 der Verordnung (EG) Nr. 1907/2006 gilt nicht für die Verwendung der dort genannten Bleiverbindungen in Farben, die zur Erhaltung oder originalgetreuen Wiederherstellung von Kunstwerken und historischen Bestandteilen oder von Einrichtungen denkmalgeschützter Gebäude bestimmt sind, wenn die Verwendung von Ersatzstoffen nicht möglich ist.

Abschnitt 6: Vollzugsregelungen und Ausschuss für Gefahrstoffe

§ 18 Unterrichtung der Behörde

(1) Der Arbeitgeber hat der zuständigen Behörde unverzüglich anzuzeigen
1. jeden Unfall und jede Betriebsstörung, die bei Tätigkeiten mit Gefahrstoffen zu einer ernsten Gesundheitsschädigung von Beschäftigten geführt haben,

2. Krankheits- und Todesfälle, bei denen konkrete Anhaltspunkte dafür bestehen, dass sie durch die Tätigkeit mit Gefahrstoffen verursacht worden sind, mit der genauen Angabe der Tätigkeit und der Gefährdungsbeurteilung nach § 6.

Lassen sich die für die Anzeige nach Satz 1 erforderlichen Angaben gleichwertig aus Anzeigen nach anderen Rechtsvorschriften entnehmen, kann die Anzeigepflicht auch durch Übermittlung von Kopien dieser Anzeigen an die zuständige Behörde erfüllt werden. Der Arbeitgeber hat den betroffenen Beschäftigten oder ihrer Vertretung Kopien der Anzeigen nach Satz 1 oder Satz 2 zur Kenntnis zu geben.
(2) Unbeschadet des § 22 des Arbeitsschutzgesetzes hat der Arbeitgeber der zuständigen Behörde auf Verlangen Folgendes mitzuteilen:
1. das Ergebnis der Gefährdungsbeurteilung nach § 6 und die ihr zugrunde liegenden Informationen, einschließlich der Dokumentation der Gefährdungsbeurteilung,
2. die Tätigkeiten, bei denen Beschäftigte tatsächlich oder möglicherweise gegenüber Gefahrstoffen exponiert worden sind, und die Anzahl dieser Beschäftigten,
3. die nach § 13 des Arbeitsschutzgesetzes verantwortlichen Personen,
4. die durchgeführten Schutz- und Vorsorgemaßnahmen, einschließlich der Betriebsanweisungen.

(3) Der Arbeitgeber hat der zuständigen Behörde bei Tätigkeiten mit krebserzeugenden, keimzellmutagenen oder reproduktionstoxischen Gefahrstoffen der Kategorie 1A oder 1B zusätzlich auf Verlangen Folgendes mitzuteilen:

1. das Ergebnis der Substitutionsprüfung,
2. Informationen über
   a) ausgeübte Tätigkeiten und angewandte industrielle Verfahren und die Gründe für die Verwendung dieser Gefahrstoffe,
   b) die Menge der hergestellten oder verwendeten Gefahrstoffe,
   c) die Art der zu verwendenden Schutzausrüstung,
   d) Art und Ausmaß der Exposition,
   e) durchgeführte Substitutionen.

(4) Auf Verlangen der zuständigen Behörde ist die nach Anhang II der Verordnung (EG) Nr. 1907/2006 geforderte Fachkunde für die Erstellung von Sicherheitsdatenblättern nachzuweisen.

§ 19 Behördliche Ausnahmen, Anordnungen und Befugnisse

(1) Die zuständige Behörde kann auf schriftlichen oder elektronischen Antrag des Arbeitgebers Ausnahmen von den §§ 6 bis 15 zulassen, wenn die Anwendung dieser Vorschriften im Einzelfall zu einer unverhältnismäßigen Härte führen würde und die Abweichung mit dem Schutz der Beschäftigten vereinbar ist. Der Arbeitgeber hat der zuständigen Behörde im Antrag darzulegen:
1. den Grund für die Beantragung der Ausnahme,
2. die jährlich zu verwendende Menge des Gefahrstoffs,
3. die betroffenen Tätigkeiten und Verfahren,
4. die Zahl der voraussichtlich betroffenen Beschäftigten,
5. die geplanten Maßnahmen zur Gewährleistung des Gesundheitsschutzes und der Sicherheit der betroffenen Beschäftigten,
6. die technischen und organisatorischen Maßnahmen, die zur Verringerung oder Vermeidung einer Exposition der Beschäftigten ergriffen werden sollen.

(2) Eine Ausnahme nach Absatz 1 kann auch im Zusammenhang mit Verwaltungsverfahren nach anderen Rechtsvorschriften beantragt werden.

(3) Die zuständige Behörde kann unbeschadet des § 23 des Chemikaliengesetzes im Einzelfall Maßnahmen anordnen, die der Hersteller, Lieferant oder Arbeitgeber zu ergreifen hat, um die Pflichten nach den Abschnitten 2 bis 5 dieser Verordnung zu erfüllen; dabei kann sie insbesondere anordnen, dass der Arbeitgeber
1. die zur Bekämpfung besonderer Gefahren notwendigen Maßnahmen ergreifen muss,
2. festzustellen hat, ob und in welchem Umfang eine vermutete Gefahr tatsächlich besteht und welche Maßnahmen zur Bekämpfung der Gefahr ergriffen werden müssen,
3. die Arbeit, bei der die Beschäftigten gefährdet sind, einstellen zu lassen hat, wenn der Arbeitgeber die zur Bekämpfung der Gefahr angeordneten notwendigen Maßnahmen nicht unverzüglich oder nicht innerhalb der gesetzten Frist ergreift.

Bei Gefahr im Verzug können die Anordnungen auch gegenüber weisungsberechtigten Personen im Betrieb erlassen werden.

(4) Der zuständigen Behörde ist auf Verlangen ein Nachweis vorzulegen, dass die Gefährdungsbeurteilung fachkundig nach § 6 Absatz 9 erstellt wurde.

(5) Die zuständige Behörde kann dem Arbeitgeber untersagen, Tätigkeiten mit Gefahrstoffen auszuüben oder ausüben zu lassen, und insbesondere eine Stilllegung der betroffenen Arbeitsbereiche anordnen, wenn der Arbeitgeber der Mitteilungspflicht nach § 18 Absatz 2 Nummer 1 nicht nachkommt.

§ 20 Ausschuss für Gefahrstoffe

(1) Beim Bundesministerium für Arbeit und Soziales wird ein Ausschuss für Gefahrstoffe (AGS) gebildet, in dem geeignete Personen vonseiten der Arbeitgeber, der Gewerkschaften, der Landesbehörden, der gesetzlichen Unfallversicherung und weitere geeignete Personen, insbesondere aus der Wissenschaft, vertreten sein sollen. Die Gesamtzahl der Mitglieder soll 21 Personen nicht überschreiten. Für jedes Mitglied ist ein stellvertretendes Mitglied zu benennen. Die Mitgliedschaft im Ausschuss für Gefahrstoffe ist ehrenamtlich.

(2) Das Bundesministerium für Arbeit und Soziales beruft die Mitglieder des Ausschusses und die stellvertretenden Mitglieder. Der Ausschuss gibt sich eine Geschäftsordnung und wählt die Vorsitzende oder den Vorsitzenden aus seiner Mitte. Die Geschäftsordnung und die Wahl der oder des Vorsitzenden bedürfen der Zustimmung des Bundesministeriums für Arbeit und Soziales.

(3) Zu den Aufgaben des Ausschusses gehört es:
1. den Stand der Wissenschaft, Technik, Arbeitsmedizin und Arbeitshygiene sowie sonstige gesicherte Erkenntnisse für Tätigkeiten mit Gefahrstoffen einschließlich deren Einstufung und Kennzeichnung zu ermitteln und entsprechende Empfehlungen auszusprechen,
2. zu ermitteln, wie die in dieser Verordnung gestellten Anforderungen erfüllt werden können und dazu die dem jeweiligen Stand von Technik und Medizin entsprechenden Regeln und Erkenntnisse zu erarbeiten,
3. das Bundesministerium für Arbeit und Soziales in allen Fragen zu Gefahrstoffen und zur Chemikaliensicherheit zu beraten und
4. Arbeitsplatzgrenzwerte, biologische Grenzwerte und andere Beurteilungsmaßstäbe für Gefahrstoffe vorzuschlagen und regelmäßig zu überprüfen, wobei Folgendes zu berücksichtigen ist:
   a) bei der Festlegung der Grenzwerte und Beurteilungsmaßstäbe ist sicherzustellen, dass der Schutz der Gesundheit der Beschäftigten gewahrt ist,
   b) für jeden Stoff, für den ein Arbeitsplatzgrenzwert oder ein biologischer Grenzwert in Rechtsakten der Europäischen Union festgelegt worden ist, ist unter Berücksichtigung dieses Grenzwerts ein nationaler Grenzwert vorzuschlagen.

Das Arbeitsprogramm des Ausschusses für Gefahrstoffe wird mit dem Bundesministerium für Arbeit und Soziales abgestimmt, wobei die Letztentscheidungsbefugnis beim Bundesministerium für Arbeit und Soziales liegt.Der Ausschuss arbeitet eng mit den anderen Ausschüssen beim Bundesministerium für Arbeit und Soziales zusammen.

(4) Nach Prüfung kann das Bundesministerium für Arbeit und Soziales
1. die vom Ausschuss für Gefahrstoffe ermittelten Regeln und Erkenntnisse nach Absatz 3 Satz 1 Nummer 2 sowie die Arbeitsplatzgrenzwerte und Beurteilungsmaßstäbe nach Absatz 3 Satz 1 Nummer 4 im Gemeinsamen Ministerialblatt bekannt geben und
2. die Empfehlungen nach Absatz 3 Satz 1 Nummer 1 sowie die Beratungsergebnisse nach Absatz 3 Satz 1 Nummer 3 in geeigneter Weise veröffentlichen.

(5) Die Bundesministerien sowie die obersten Landesbehörden können zu den Sitzungen des Ausschusses Vertreterinnen oder Vertreter entsenden. Auf Verlangen ist diesen in der Sitzung das Wort zu erteilen.

(6) Die Bundesanstalt für Arbeitsschutz und Arbeitsmedizin führt die Geschäfte des Ausschusses.

Abschnitt 7: Ordnungswidrigkeiten und Straftaten
§ 21 Chemikaliengesetz – Anzeigen
Ordnungswidrig im Sinne des § 26 Absatz 1 Nummer 8 Buchstabe b des Chemikaliengesetzes handelt, wer vorsätzlich oder fahrlässig
1. entgegen § 8 Absatz 8 in Verbindung mit Anhang I Nummer 2.4.2 Absatz 1 Satz 1 oder Absatz 2 eine Anzeige nicht, nicht richtig, nicht vollständig oder nicht rechtzeitig erstattet,
2. entgegen § 8 Absatz 8 in Verbindung mit Anhang I Nummer 3.4 Absatz 1 oder Absatz 2 eine Anzeige nicht, nicht richtig, nicht vollständig oder nicht rechtzeitig erstattet,
3. entgegen § 8 Absatz 8 in Verbindung mit Anhang I Nummer 3.4 Absatz 3 eine Änderung nicht oder nicht rechtzeitig anzeigt,
4. entgegen § 8 Absatz 8 in Verbindung mit Anhang I Nummer 3.6 eine Anzeige nicht, nicht richtig, nicht vollständig oder nicht rechtzeitig erstattet,
5. entgegen § 8 Absatz 8 in Verbindung mit Anhang I Nummer 4.3.2 Absatz 1 Satz 1 oder Absatz 2 in Verbindung mit Absatz 3 eine Anzeige nicht, nicht richtig, nicht vollständig oder nicht rechtzeitig erstattet,
6. entgegen § 8 Absatz 8 in Verbindung mit Anhang I Nummer 4.3.2 Absatz 4 eine Anzeige nicht oder nicht rechtzeitig erstattet,
7. entgegen § 8 Absatz 8 in Verbindung mit Anhang I Nummer 5.4.2.3 Absatz 1 oder Absatz 2 eine Anzeige nicht, nicht richtig, nicht vollständig oder nicht rechtzeitig erstattet,
8. entgegen § 8 Absatz 8 in Verbindung mit Anhang I Nummer 5.4.2.3 Absatz 3 eine Änderung nicht oder nicht rechtzeitig anzeigt,
9. entgegen § 18 Absatz 1 eine Anzeige nicht, nicht richtig, nicht vollständig oder nicht rechtzeitig erstattet oder
10. entgegen § 18 Absatz 2 eine Mitteilung nicht, nicht richtig, nicht vollständig oder nicht rechtzeitig macht.

§ 22 Chemikaliengesetz – Tätigkeiten
(1) Ordnungswidrig im Sinne des § 26 Absatz 1 Nummer 8 Buchstabe b des Chemikaliengesetzes handelt, wer vorsätzlich oder fahrlässig
1. entgegen § 6 Absatz 8 Satz 1 eine Gefährdungsbeurteilung nicht, nicht richtig, nicht vollständig oder nicht rechtzeitig dokumentiert,
2. entgegen § 6 Absatz 12 Satz 1 ein Gefahrstoffverzeichnis nicht, nicht richtig oder nicht vollständig führt,
3. entgegen § 7 Absatz 1 eine Tätigkeit aufnehmen lässt,
3a. entgegen § 7 Absatz 5 Satz 2 das Verwenden von belastender persönlicher Schutzausrüstung als Dauermaßnahme anwendet,
4. entgegen § 7 Absatz 7 Satz 1 die Funktion und die Wirksamkeit der technischen Schutzmaßnahmen nicht oder nicht rechtzeitig überprüft,
5. entgegen § 8 Absatz 2 Satz 3 eine Tätigkeit ausüben lässt,
6. entgegen § 8 Absatz 3 Satz 2 einen Bereich nicht oder nicht rechtzeitig einrichtet,
7. entgegen § 8 Absatz 5 Satz 3 Gefahrstoffe aufbewahrt oder lagert,
8. entgegen § 8 Absatz 8 in Verbindung mit Anhang I Nummer 2.4.2 Absatz 3 Satz 2 nicht dafür sorgt, dass eine weisungsbefugte sachkundige Person vor Ort tätig ist,
9. entgegen § 8 Absatz 8 in Verbindung mit Anhang I Nummer 2.4.4 Satz 1 einen Arbeitsplan nicht oder nicht rechtzeitig aufstellt,
10. entgegen § 8 Absatz 8 in Verbindung mit Anhang I Nummer 3.3 Satz 2 eine Schädlingsbekämpfung durchführt,

11. entgegen § 8 Absatz 8 in Verbindung mit Anhang I Nummer 5.4.2.1 Absatz 2 Stoffe oder Gemische der Gruppe A lagert oder befördert,
12. entgegen § 8 Absatz 8 in Verbindung mit Anhang I Nummer 5.4.2.1 Absatz 3 brennbare Materialien lagert,
13. entgegen § 8 Absatz 8 in Verbindung mit Anhang I Nummer 5.4.2.2 Absatz 3 Stoffe oder Gemische nicht oder nicht rechtzeitig in Teilmengen unterteilt,
14. entgegen § 8 Absatz 8 in Verbindung mit Anhang I Nummer 5.4.2.3 Absatz 5 Stoffe oder Gemische lagert,
15. entgegen § 9 Absatz 3 Satz 2 oder § 9 Absatz 4 eine persönliche Schutzausrüstung nicht oder nicht rechtzeitig bereitstellt,
15a. entgegen § 9 Absatz 5 nicht gewährleistet, dass getrennte Aufbewahrungsmöglichkeiten zur Verfügung stehen,
16. entgegen § 10 Absatz 4 Satz 2 Schutzkleidung oder ein Atemschutzgerät nicht zur Verfügung stellt,
17. entgegen § 10 Absatz 5 Satz 1 abgesaugte Luft in einen Arbeitsbereich zurückführt,
18. entgegen § 11 Absatz 1 Satz 3 in Verbindung mit Anhang I Nummer 1.3 Absatz 2 Satz 1 das Rauchen oder die Verwendung von offenem Feuer oder offenem Licht nicht verbietet,
19. entgegen § 11 Absatz 1 Satz 3 in Verbindung mit Anhang I Nummer 1.5 Absatz 4 oder Nummer 1.6 Absatz 5 einen dort genannten Bereich nicht oder nicht richtig kennzeichnet,
19a. entgegen § 11 Absatz 4 Satz 2 in Verbindung mit Anhang III Nummer 2.3 Absatz 1 Satz 1 eine Tätigkeit mit einem organischen Peroxid ausüben lässt,
19b. entgegen § 11 Absatz 4 Satz 2 in Verbindung mit Anhang III Nummer 2.6 Satz 2 Buchstabe a nicht sicherstellt, dass ein dort genanntes Gebäude oder ein dort genannter Raum in Sicherheitsbauweise errichtet wird,
19c. entgegen § 11 Absatz 4 Satz 2 in Verbindung mit Anhang III Nummer 2.7 einen dort genannten Bereich nicht oder nicht rechtzeitig festlegt,
20. entgegen § 13 Absatz 2 Satz 1 eine dort genannte Maßnahme nicht oder nicht rechtzeitig ergreift,
21. entgegen § 13 Absatz 3 Satz 1 einen Beschäftigten nicht oder nicht rechtzeitig ausstattet,
22. entgegen § 13 Absatz 4 Warn- und sonstige Kommunikationseinrichtungen nicht zur Verfügung stellt,
23. entgegen § 13 Absatz 5 Satz 1 nicht sicherstellt, dass Informationen über Notfallmaßnahmen zur Verfügung stehen,
24. entgegen § 14 Absatz 1 Satz 1 nicht sicherstellt, dass den Beschäftigten eine schriftliche Betriebsanweisung in der vorgeschriebenen Weise zugänglich gemacht wird,
25. entgegen § 14 Absatz 2 Satz 1 nicht sicherstellt, dass die Beschäftigten über auftretende Gefährdungen und entsprechende Schutzmaßnahmen mündlich unterwiesen werden,
26. entgegen § 14 Absatz 3 Nummer 2 nicht oder nicht rechtzeitig sicherstellt, dass die Beschäftigten und ihre Vertretung unterrichtet und informiert werden,
27. entgegen § 14 Absatz 3 Nummer 3 nicht sicherstellt, dass ein aktualisiertes Verzeichnis geführt wird oder
28. entgegen § 14 Absatz 3 Nummer 4 nicht sicherstellt, dass ein aktualisiertes Verzeichnis 40 Jahre nach Ende der Exposition aufbewahrt wird.

(2) Wer durch eine in Absatz 1 bezeichnete Handlung das Leben oder die Gesundheit eines anderen oder fremde Sachen von bedeutendem Wert gefährdet, ist nach § 27 Absatz 2 bis 4 des Chemikaliengesetzes strafbar.

§ 23 (weggefallen)

§ 24 Chemikaliengesetz – Herstellungs- und Verwendungsbeschränkungen

(1) Ordnungswidrig im Sinne des § 26 Absatz 1 Nummer 7 Buchstabe a des Chemikaliengesetzes handelt, wer vorsätzlich oder fahrlässig
1. entgegen § 16 Absatz 2 in Verbindung mit Anhang II Nummer 6 Absatz 1 einen dort aufgeführten Stoff verwendet,
2. entgegen § 16 Absatz 3 Satz 2 in Verbindung mit Satz 3 Nummer 1, auch in Verbindung mit Satz 4, ein Biozid-Produkt für einen nicht in der Kennzeichnung ausgewiesenen Verwendungszweck einsetzt oder
3. entgegen § 16 Absatz 3 Satz 2 in Verbindung mit Satz 3 Nummer 2, auch in Verbindung mit Satz 4, eine sich aus der Kennzeichnung oder der Zulassung ergebende Verwendungsbedingung nicht einhält.

(2) Nach § 27 Absatz 1 Nummer 1, Absatz 2 bis 4 des Chemikaliengesetzes wird bestraft, wer vorsätzlich oder fahrlässig
1. entgegen § 8 Absatz 8 in Verbindung mit Anhang I Nummer 2.4.2 Absatz 3 Satz 1 oder Absatz 4 Satz 1 Abbruch-, Sanierungs- oder Instandhaltungsarbeiten durchführt,
2. entgegen § 8 Absatz 8 in Verbindung mit Anhang I Nummer 3.5 Satz 1 Schädlingsbekämpfungen durchführt,
3. ohne Erlaubnis nach § 8 Absatz 8 in Verbindung mit Anhang I Nummer 4.2 Absatz 1 Begasungen durchführt,
4. entgegen § 8 Absatz 8 in Verbindung mit Anhang I Nummer 4.2 Absatz 7 Satz 1 Begasungen durchführt,
5. entgegen § 16 Absatz 2 in Verbindung mit Anhang II Nummer 1 Absatz 1 Satz 1 auch in Verbindung mit Satz 3 Arbeiten durchführt,
6. entgegen § 16 Absatz 2 in Verbindung mit Anhang II Nummer 1 Absatz 1 Satz 4 Überdeckungs-, Überbauungs-, Aufständerungs-, Reinigungs- oder Beschichtungsarbeiten durchführt,
7. entgegen § 16 Absatz 2 in Verbindung mit Anhang II Nummer 1 Absatz 1 Satz 5 asbesthaltige Gegenstände oder Materialien zu anderen Zwecken weiterverwendet,
8. entgegen § 16 Absatz 2 in Verbindung mit Anhang II Nummer 2 Absatz 1 die dort aufgeführten Stoffe oder Gemische herstellt,
9. entgegen § 16 Absatz 2 in Verbindung mit Anhang II Nummer 3 Absatz 1 die dort aufgeführten Erzeugnisse verwendet,
10. entgegen § 16 Absatz 2 in Verbindung mit Anhang II Nummer 4 Absatz 1, Absatz 3 Satz 1 oder Absatz 4 die dort aufgeführten Kühlschmierstoffe oder Korrosionsschutzmittel verwendet oder
11. entgegen § 16 Absatz 2 in Verbindung mit Anhang II Nummer 5 Absatz 1 die dort aufgeführten Stoffe, Gemische oder Erzeugnisse herstellt oder verwendet.
12. (weggefallen)

§ 25 Übergangsvorschrift

§ 10 Absatz 5 findet hinsichtlich der fruchtschädigenden Wirkungen von reproduktionstoxischen Stoffen oder Gemischen ab dem 1. Januar 2019 Anwendung.

Anhang I: (zu § 8 Absatz 8, § 11 Absatz 3) Besondere Vorschriften für bestimmte Gefahrstoffe und Tätigkeiten

Inhaltsübersicht
Nummer 1 Brand- und Explosionsgefährdungen
Nummer 2 Partikelförmige Gefahrstoffe
Nummer 3 Schädlingsbekämpfung
Nummer 4 Begasungen
Nummer 5 Ammoniumnitrat

Nummer 1 Brand- und Explosionsgefährdungen

1.1 Anwendungsbereich
Nummer 1 gilt für Maßnahmen nach § 11 bei Tätigkeiten mit Gefahrstoffen, die zu Brand- und Explosionsgefährdungen führen können.

1.2 Grundlegende Anforderungen zum Schutz vor Brand- und Explosionsgefährdungen
(1) Der Arbeitgeber hat auf der Grundlage der Gefährdungsbeurteilung nach § 6 die organisatorischen und technischen Schutzmaßnahmen nach dem Stand der Technik festzulegen, die zum Schutz von Gesundheit und Sicherheit der Beschäftigten oder anderer Personen vor Brand- und Explosionsgefährdungen erforderlich sind.
(2) Die Mengen an Gefahrstoffen sind im Hinblick auf die Brandbelastung, die Brandausbreitung und Explosionsgefährdungen so zu begrenzen, dass die Gefährdung durch Brände und Explosionen so gering wie möglich ist.
(3) Zum Schutz gegen das unbeabsichtigte Freisetzen von Gefahrstoffen, die zu Brand- oder Explosionsgefährdungen führen können, sind geeignete Maßnahmen zu ergreifen. Insbesondere müssen
1. Gefahrstoffe in Arbeitsmitteln und Anlagen sicher zurückgehalten werden und Zustände wie gefährliche Temperaturen, Über- und Unterdrücke, Überfüllungen, Korrosionen sowie andere gefährliche Zustände vermieden werden,
2. Gefahrstoffströme von einem schnell und ungehindert erreichbaren Ort aus durch Stillsetzen der Förderung unterbrochen werden können,
3. gefährliche Vermischungen von Gefahrstoffen vermieden werden.
Soweit nach der Gefährdungsbeurteilung erforderlich, müssen Gefahrstoffströme automatisch begrenzt oder unterbrochen werden können.
(4) Frei werdende Gefahrstoffe, die zu Brand- oder Explosionsgefährdungen führen können, sind an ihrer Austritts- oder Entstehungsstelle gefahrlos zu beseitigen, soweit dies nach dem Stand der Technik möglich ist. Ausgetretene flüssige Gefahrstoffe sind aufzufangen. Flüssigkeitslachen und Staubablagerungen sind gefahrlos zu beseitigen.

1.3 Schutzmaßnahmen in Arbeitsbereichen mit Brand- und Explosionsgefährdungen
(1) Arbeitsbereiche mit Brand- oder Explosionsgefährdungen sind
1. mit Flucht- und Rettungswegen sowie Ausgängen in ausreichender Zahl so auszustatten, dass die Beschäftigten die Arbeitsbereiche im Gefahrenfall schnell, ungehindert und sicher verlassen und Verunglückte jederzeit gerettet werden können,
2. so zu gestalten und auszulegen, dass die Übertragung von Bränden und Explosionen sowie die Auswirkungen von Bränden und Explosionen auf benachbarte Bereiche vermieden werden,

3. mit ausreichenden Feuerlöscheinrichtungen auszustatten; die Feuerlöscheinrichtungen müssen, sofern sie nicht selbsttätig wirken, gekennzeichnet, leicht zugänglich und leicht zu handhaben sein,
4. mit Angriffswegen zur Brandbekämpfung zu versehen, die so angelegt und gekennzeichnet sind, dass sie mit Lösch- und Arbeitsgeräten schnell und ungehindert zu erreichen sind.

(2) In Arbeitsbereichen mit Brand- oder Explosionsgefährdungen sind das Rauchen und das Verwenden von offenem Feuer und offenem Licht zu verbieten. Unbefugten ist das Betreten von Bereichen mit Brand- oder Explosionsgefährdungen zu verbieten. Auf die Verbote muss deutlich erkennbar und dauerhaft hingewiesen werden.

(3) Durch geeignete Maßnahmen ist zu gewährleisten, dass Personen im Gefahrenfall rechtzeitig, angemessen, leicht wahrnehmbar und unmissverständlich gewarnt werden können.

(4) Soweit nach der Gefährdungsbeurteilung erforderlich,
1. muss es bei Energieausfall möglich sein, die Geräte und Schutzsysteme unabhängig vom übrigen Betriebssystem in einem sicheren Betriebszustand zu halten,
2. müssen im Automatikbetrieb laufende Geräte und Schutzsysteme, die vom bestimmungsgemäßen Betrieb abweichen, unter sicheren Bedingungen von Hand abgeschaltet werden können und
3. müssen gespeicherte Energien beim Betätigen der Notabschalteinrichtungen so schnell und sicher wie möglich abgebaut oder isoliert werden.

1.4 Organisatorische Maßnahmen

(1) Der Arbeitgeber darf Tätigkeiten mit Gefahrstoffen, die zu Brand- oder Explosionsgefährdungen führen können, nur zuverlässigen, mit den Tätigkeiten, den dabei auftretenden Gefährdungen und den erforderlichen Schutzmaßnahmen vertrauten und entsprechend unterwiesenen Beschäftigten übertragen.

(2) In Arbeitsbereichen mit Gefahrstoffen, die zu Brand- oder Explosionsgefährdungen führen können, ist bei besonders gefährlichen Tätigkeiten und bei Tätigkeiten, die durch eine Wechselwirkung mit anderen Tätigkeiten Gefährdungen verursachen können, ein Arbeitsfreigabesystem mit besonderen schriftlichen Anweisungen des Arbeitgebers anzuwenden. Die Arbeitsfreigabe ist vor Beginn der Tätigkeiten von einer hierfür verantwortlichen Person zu erteilen.

(3) Werden in Arbeitsbereichen, in denen Tätigkeiten mit Gefahrstoffen ausgeübt werden, die zu Brand- oder Explosionsgefährdungen führen können, Beschäftigte tätig und kommt es dabei zu einer besonderen Gefährdung, sind zuverlässige, mit den Tätigkeiten, den dabei auftretenden Gefährdungen und den erforderlichen Schutzmaßnahmen vertraute Personen mit der Aufsichtsführung zu beauftragen. Die Aufsicht führende Person hat insbesondere dafür zu sorgen, dass
1. mit den Tätigkeiten erst begonnen wird, wenn die in der Gefährdungsbeurteilung nach § 6 festgelegten Maßnahmen ergriffen sind und ihre Wirksamkeit nachgewiesen ist, und
2. ein schnelles Verlassen des Arbeitsbereichs jederzeit möglich ist.

1.5 Schutzmaßnahmen für die Lagerung

(1) Gefahrstoffe dürfen nur an dafür geeigneten Orten und in geeigneten Einrichtungen gelagert werden. Sie dürfen nicht an oder in der Nähe von Orten gelagert werden, an denen dies zu einer Gefährdung der Beschäftigten oder anderer Personen führen kann.

(2) In Arbeitsräumen dürfen Gefahrstoffe nur gelagert werden, wenn die Lagerung mit dem Schutz der Beschäftigten vereinbar ist und in besonderen Einrichtungen erfolgt, die dem Stand der Technik entsprechen.

(3) Gefahrstoffe dürfen nicht zusammen gelagert werden, wenn dies zu einer Erhöhung der Brand- oder Explosionsgefährdung führen kann, insbesondere durch gefährliche Vermischungen, oder wenn die gelagerten Gefahrstoffe in gefährlicher Weise miteinander reagieren können. Gefahrstoffe dürfen ferner nicht zusammen gelagert werden, wenn dies bei einem Brand oder einer Explosion zu zusätzlichen Gefährdungen von Beschäftigten oder von anderen Personen führen kann.

(4) Bereiche, in denen brennbare Gefahrstoffe in solchen Mengen gelagert werden, dass eine erhöhte Brandgefährdung besteht, sind mit dem Warnzeichen „Warnung vor feuergefährlichen Stoffen oder hoher Temperatur" nach Anhang II Nummer 3.2 der Richtlinie 92/58/EWG des Rates vom 24. Juni 1992 über Mindestvorschriften für die Sicherheits- und/oder Gesundheitsschutzkennzeichnung am Arbeitsplatz (Neunte Einzelrichtlinie im Sinne von Artikel 16 Absatz 1 der Richtlinie 89/391/EWG) (ABl. L 245 vom 26.8.1992, S. 23) zu kennzeichnen.

(5) Soweit nach der Gefährdungsbeurteilung erforderlich, sind zu Lagerorten von Gefahrstoffen Schutz- und Sicherheitsabstände einzuhalten. Dabei ist ein Sicherheitsabstand der erforderliche Abstand zwischen Lagerorten und zu schützenden Personen, ein Schutzabstand ist der erforderliche Abstand zum Schutz des Lagers gegen gefährliche Einwirkungen von außen.

1.6 Mindestvorschriften für den Explosionsschutz bei Tätigkeiten in Bereichen mit gefährlichen explosionsfähigen Gemischen

(1) Bei der Festlegung von Schutzmaßnahmen nach § 11 Absatz 2 Nummer 1 sind insbesondere Maßnahmen nach folgender Rangfolge zu ergreifen:
1. es sind Stoffe und Gemische einzusetzen, die keine explosionsfähigen Gemische bilden können, soweit dies nach dem Stand der Technik möglich ist,
2. ist dies nicht möglich, ist die Bildung von gefährlichen explosionsfähigen Gemischen zu verhindern oder einzuschränken, soweit dies nach dem Stand der Technik möglich ist,
3. gefährliche explosionsfähige Gemische sind gefahrlos nach dem Stand der Technik zu beseitigen.

Soweit nach der Gefährdungsbeurteilung erforderlich, sind die Maßnahmen zur Vermeidung gefährlicher explosionsfähiger Gemische durch geeignete technische Einrichtungen zu überwachen.

(2) Kann nach Durchführung der Maßnahmen nach Absatz 1 die Bildung gefährlicher explosionsfähiger Gemische nicht sicher verhindert werden, hat der Arbeitgeber zu beurteilen
1. die Wahrscheinlichkeit und die Dauer des Auftretens gefährlicher explosionsfähiger Gemische,
2. die Wahrscheinlichkeit des Vorhandenseins, der Entstehung und des Wirksamwerdens von Zündquellen einschließlich elektrostatischer Entladungen und
3. das Ausmaß der zu erwartenden Auswirkungen von Explosionen.

Treten bei explosionsfähigen Gemischen mehrere Arten von brennbaren Gasen, Dämpfen, Nebeln oder Stäuben gleichzeitig auf, so müssen die Schutzmaßnahmen auf die größte Gefährdung ausgerichtet sein.

(3) Kann das Auftreten gefährlicher explosionsfähiger Gemische nicht sicher verhindert werden, sind Schutzmaßnahmen zu ergreifen, um eine Zündung zu vermeiden. Für die Festlegung von Maßnahmen und die Auswahl der Arbeitsmittel kann der Arbeitgeber explosionsgefährdete Bereiche nach Nummer 1.7 in Zonen einteilen und entsprechende Zuordnungen nach Nummer 1.8 vornehmen.

(4) Kann eine Explosion nicht sicher verhindert werden, sind Maßnahmen des konstruktiven Explosionsschutzes zu ergreifen, um die Ausbreitung der Explosion zu begrenzen und die Auswirkungen der Explosion auf die Beschäftigten so gering wie möglich zu halten.

(5) Arbeitsbereiche, in denen gefährliche explosionsfähige Atmosphäre auftreten kann, sind an ihren Zugängen zu kennzeichnen mit dem Warnzeichen nach Anhang III der Richtlinie 1999/92/EG des Europäischen Parlaments und des Rates vom 16. Dezember 1999 über Mindestvorschriften zur Verbesserung des Gesundheitsschutzes und der Sicherheit der Arbeitnehmer, die durch explosionsfähige Atmosphären gefährdet werden können (Fünfzehnte Einzelrichtlinie im Sinne von Artikel 16 Absatz 1 der Richtlinie 89/391/EWG) (ABl. L 23 vom 28.1.2000, S. 57, L 134 vom 7.6.2000, S. 36), die durch die Richtlinie 2007/30/EG (ABl. L 165 vom 27.6.2007, S. 21) geändert worden ist.

1.7 Zoneneinteilung explosionsgefährdeter Bereiche

Zone 0

ist ein Bereich, in dem gefährliche explosionsfähige Atmosphäre als Gemisch aus Luft und brennbaren Gasen, Dämpfen oder Nebeln ständig, über lange Zeiträume oder häufig vorhanden ist.

Zone 1

ist ein Bereich, in dem sich im Normalbetrieb gelegentlich eine gefährliche explosionsfähige Atmosphäre als Gemisch aus Luft und brennbaren Gasen, Dämpfen oder Nebeln bilden kann.

Zone 2

ist ein Bereich, in dem im Normalbetrieb eine gefährliche explosionsfähige Atmosphäre als Gemisch aus Luft und brennbaren Gasen, Dämpfen oder Nebeln normalerweise nicht auftritt, und wenn doch, dann nur selten und für kurze Zeit.

Zone 20

ist ein Bereich, in dem gefährliche explosionsfähige Atmosphäre in Form einer Wolke aus brennbarem Staub, der in der Luft enthalten ist, ständig, über lange Zeiträume oder häufig vorhanden ist.

Zone 21

ist ein Bereich, in dem sich im Normalbetrieb gelegentlich eine gefährliche explosionsfähige Atmosphäre in Form einer Wolke aus in der Luft enthaltenem brennbaren Staub bilden kann.

Zone 22

ist ein Bereich, in dem im Normalbetrieb eine gefährliche explosionsfähige Atmosphäre in Form einer Wolke aus in der Luft enthaltenem brennbaren Staub normalerweise nicht auftritt, und wenn doch, dann nur selten und für kurze Zeit. Als Normalbetrieb gilt der Zustand, in dem Anlagen innerhalb ihrer Auslegungsparameter verwendet werden. Im Zweifelsfall ist die strengere Zone zu wählen. Schichten, Ablagerungen und Aufhäufungen von brennbarem Staub sind wie jede andere Ursache, die zur Bildung einer gefährlichen explosionsfähigen Atmosphäre führen kann, zu berücksichtigen. Die Zoneneinteilung ist in der Dokumentation der Gefährdungsbeurteilung (Explosionsschutzdokument) zu dokumentieren.

1.8 Mindestvorschriften für Einrichtungen in explosionsgefährdeten Bereichen sowie für Einrichtungen in nichtexplosionsgefährdeten Bereichen, die für den Explosionsschutz in explosionsgefährdeten Bereichen von Bedeutung sind

(1) Arbeitsmittel einschließlich Anlagen und Geräte, Schutzsysteme und den dazugehörigen Verbindungsvorrichtungen dürfen nur in Betrieb genommen werden, wenn aus der Dokumentation der Gefährdungsbeurteilung hervorgeht, dass sie in explosionsgefährdeten Bereichen sicher verwendet werden können. Dies gilt auch für Arbeitsmittel und die dazugehörigen Verbindungsvorrichtungen, die nicht Geräte oder Schutzsysteme im Sinne der Richtlinie 2014/34/EU des Europäischen Parlaments und des Rates vom 26. Februar 2014 zur Harmonisierung der Rechtsvorschriften der Mitgliedstaaten für Geräte und Schutzsysteme zur bestimmungsgemäßen Verwendung in explosionsgefährdeten Bereichen (ABl. L 96 vom 29.3.2014, S. 309) sind, wenn ihre Verwendung in einer Einrichtung an sich eine potenzielle Zündquelle darstellt. Verbindungsvorrichtungen dürfen nicht verwechselt werden können; hierfür sind die erforderlichen Maßnahmen zu ergreifen.

(2) Sofern in der Gefährdungsbeurteilung nichts anderes vorgesehen ist, sind in explosionsgefährdeten Bereichen Geräte und Schutzsysteme entsprechend den Kategorien der Richtlinie 2014/34/EU auszuwählen.

(3) Insbesondere sind in explosionsgefährdeten Bereichen, die in Zonen eingeteilt sind, folgende Kategorien von Geräten zu verwenden:
– in Zone 0 oder Zone 20: Geräte der Kategorie 1,
– in Zone 1 oder Zone 21: Geräte der Kategorie 1 oder der Kategorie 2,
– in Zone 2 oder Zone 22: Geräte der Kategorie 1, der Kategorie 2 oder der Kategorie 3.

(4) Für explosionsgefährdete Bereiche, die nicht nach Nummer 1.7 in Zonen eingeteilt sind, sind die Maßnahmen auf der Grundlage der Gefährdungsbeurteilung festzulegen und durchzuführen. Dies gilt insbesondere für
1. zeitlich und örtlich begrenzte Tätigkeiten, bei denen nur für die Dauer dieser Tätigkeiten mit dem Auftreten gefährlicher explosionsfähiger Atmosphäre gerechnet werden muss,
2. An- und Abfahrprozesse in Anlagen, die nur sehr selten oder ausnahmsweise durchgeführt werden müssen und
3. Errichtungs- oder Instandhaltungsarbeiten.

Nummer 2 Partikelförmige Gefahrstoffe

2.1 Anwendungsbereich

Nummer 2 gilt für Tätigkeiten mit Exposition gegenüber allen alveolengängigen und einatembaren Stäuben. Nummer 2.4 gilt ergänzend für Tätigkeiten, bei denen Asbeststaub oder Staub von asbesthaltigen Materialien freigesetzt wird oder freigesetzt werden kann. Abweichungen von den Nummern 2.4.2 bis 2.4.5 sind möglich, sofern es sich um Tätigkeiten handelt, die nur zu einer geringen Exposition führen.

2.2 Begriffsbestimmungen

(1) Stäube, einschließlich Rauche, sind disperse Verteilungen fester Stoffe in der Luft, die insbesondere durch mechanische, thermische oder chemische Prozesse oder durch Aufwirbelung entstehen.
(2) Einatembar ist derjenige Anteil von Stäuben im Atembereich von Beschäftigten, der über die Atemwege aufgenommen werden kann. Alveolengängig ist derjenige Anteil von einatembaren Stäuben, der die Alveolen und Bronchiolen erreichen kann.

(3) Asbest im Sinne von Nummer 2 und Anhang II Nummer 1 sind folgende Silikate mit Faserstruktur:
1. Aktinolith, CAS-Nummer 77536-66-4,
2. Amosit, CAS-Nummer 12172-73-5,
3. Anthophyllit, CAS-Nummer 77536-67-5,
4. Chrysotil, CAS-Nummer 12001-29-5 und CAS-Nummer 132207-32-0,
5. Krokydolith, CAS-Nummer 12001-28-4,
6. Tremolit, CAS-Nummer 77536-68-6.

2.3 Ergänzende Schutzmaßnahmen für Tätigkeiten mit Exposition gegenüber einatembaren Stäuben

(1) Die Gefährdungsbeurteilung nach § 6 bei Tätigkeiten mit Stoffen, Gemischen und Erzeugnissen, die Stäube freisetzen können, ist unter Beachtung ihres Staubungsverhaltens vorzunehmen.
(2) Bei Tätigkeiten mit Exposition gegenüber einatembaren Stäuben, für die kein stoffbezogener Arbeitsplatzgrenzwert festgelegt ist, sind die Schutzmaßnahmen entsprechend der Gefährdungsbeurteilung nach § 6 so festzulegen, dass mindestens die Arbeitsplatzgrenzwerte für den einatembaren Staubanteil und für den alveolengängigen Staubanteil eingehalten werden.
(3) Maschinen und Geräte sind so auszuwählen und zu betreiben, dass möglichst wenig Staub freigesetzt wird. Staubemittierende Anlagen, Maschinen und Geräte müssen mit einer wirksamen Absaugung versehen sein, soweit dies nach dem Stand der Technik möglich ist und die Staubfreisetzung nicht durch andere Maßnahmen verhindert wird.
(4) Bei Tätigkeiten mit Staubexposition ist eine Ausbreitung des Staubs auf unbelastete Arbeitsbereiche zu verhindern, soweit dies nach dem Stand der Technik möglich ist.
(5) Stäube sind an der Austritts- oder Entstehungsstelle möglichst vollständig zu erfassen und gefahrlos zu entsorgen. Die abgesaugte Luft ist so zu führen, dass so wenig Staub wie möglich in die Atemluft der Beschäftigten gelangt. Die abgesaugte Luft darf nur in den Arbeitsbereich zurückgeführt werden, wenn sie ausreichend gereinigt worden ist.
(6) Ablagerungen von Stäuben sind zu vermeiden. Ist dies nicht möglich, so sind die Staubablagerungen durch Feucht- oder Nassverfahren nach dem Stand der Technik oder durch saugende Verfahren unter Verwendung geeigneter Staubsauger oder Entstauber zu beseitigen. Das Reinigen des Arbeitsbereichs durch Kehren ohne Staub bindende Maßnahmen oder Abblasen von Staubablagerungen mit Druckluft ist grundsätzlich nicht zulässig.
(7) Einrichtungen zum Abscheiden, Erfassen und Niederschlagen von Stäuben müssen dem Stand der Technik entsprechen. Bei der ersten Inbetriebnahme dieser Einrichtungen ist deren ausreichende Wirksamkeit zu überprüfen. Die Einrichtungen sind mindestens jährlich auf ihre Funktionsfähigkeit zu prüfen, zu warten und gegebenenfalls in Stand zu setzen. Die niedergelegten Ergebnisse der Prüfungen nach den Sätzen 2 und 3 sind aufzubewahren.
(8) Für staubintensive Tätigkeiten sind geeignete organisatorische Maßnahmen zu ergreifen, um die Dauer der Exposition so weit wie möglich zu verkürzen. Ergibt die Gefährdungsbeurteilung nach § 6, dass die in Absatz 2 in Bezug genommenen Arbeitsplatzgrenzwerte nicht eingehalten werden können, hat der Arbeitgeber geeignete persönliche Schutzausrüstung, insbesondere zum Atemschutz, zur Verfügung zu stellen. Diese ist von den Beschäftigten zu tragen. Den Beschäftigten sind getrennte Aufbewahrungsmöglichkeiten für die Arbeitskleidung und für die Straßenkleidung sowie Wachräume zur Verfügung zu stellen.

2.4 Ergänzende Vorschriften zum Schutz gegen Gefährdung durch Asbest

2.4.1 Ermittlung und Beurteilung der Gefährdung durch Asbest

Der Arbeitgeber hat bei der Gefährdungsbeurteilung nach § 6 festzustellen, ob Beschäftigte bei Tätigkeiten Asbeststaub oder Staub von asbesthaltigen Materialien ausgesetzt sind oder ausgesetzt sein können. Dies gilt insbesondere für Abbruch-, Sanierungs- und Instandhaltungsarbeiten mit asbesthaltigen Erzeugnissen oder Materialien. Vor allem hat der Arbeitgeber zu ermitteln, ob Asbest in schwach gebundener Form vorliegt.

2.4.2 Anzeige an die Behörde

(1) Tätigkeiten nach Nummer 2.1 Satz 2 müssen der zuständigen Behörde angezeigt werden. Der Arbeitgeber hat den Beschäftigten und ihrer Vertretung Einsicht in die Anzeige zu gewähren.
(2) Die Anzeige muss spätestens sieben Tage vor Beginn der Tätigkeiten durch den Arbeitgeber erfolgen und mindestens folgende Angaben enthalten:
1. Lage der Arbeitsstätte,
2. verwendete oder gehandhabte Asbestarten und -mengen,
3. ausgeübte Tätigkeiten und angewendete Verfahren,
4. Anzahl der beteiligten Beschäftigten,
5. Beginn und Dauer der Tätigkeiten,
6. Maßnahmen zur Begrenzung der Asbestfreisetzung und zur Begrenzung der Asbestexposition der Beschäftigten.

(3) Abbruch-, Sanierungs- und Instandhaltungsarbeiten mit Asbest dürfen nur von Fachbetrieben durchgeführt werden, deren personelle und sicherheitstechnische Ausstattung für diese Tätigkeiten geeignet ist. Bei den Arbeiten ist dafür zu sorgen, dass mindestens eine weisungsbefugte sachkundige Person vor Ort tätig ist. Die Sachkunde wird durch die erfolgreiche Teilnahme an einem von der zuständigen Behörde anerkannten Sachkundelehrgang nachgewiesen. Sachkundenachweise gelten für den Zeitraum von sechs Jahren. Abweichend von Satz 4 behalten Sachkundenachweise, die vor dem 1. Juli 2010 erworben wurden, bis zum 30. Juni 2016 ihre Gültigkeit. Wird während der Geltungsdauer des Sachkundenachweises ein behördlich anerkannter Fortbildungslehrgang besucht, verlängert sich die Geltungsdauer um sechs Jahre, gerechnet ab dem Datum des Nachweises über den Abschluss des Fortbildungslehrgangs.
(4) Abbruch- und Sanierungsarbeiten bei Vorhandensein von Asbest in schwach gebundener Form dürfen nur von Fachbetrieben durchgeführt werden, die von der zuständigen Behörde zur Ausführung dieser Tätigkeiten zugelassen worden sind. Die Zulassung ist auf schriftlichen oder elektronischen Antrag des Arbeitgebers zu erteilen, wenn dieser nachgewiesen hat, dass die für diese Tätigkeiten notwendige personelle und sicherheitstechnische Ausstattung im notwendigen Umfang gegeben ist.

2.4.3 Ergänzende Schutzmaßnahmen bei Tätigkeiten mit Asbestexposition

(1) Die Ausbreitung von Asbeststaub ist durch eine staubdichte Abtrennung des Arbeitsbereichs oder durch geeignete Schutzmaßnahmen, die einen gleichartigen Sicherheitsstandard gewährleisten, zu verhindern.
(2) Durch eine ausreichend dimensionierte raumlufttechnische Anlage ist sicherzustellen, dass der Arbeitsbereich durchlüftet und ein ausreichender Unterdruck gehalten wird.
(3) Der Arbeitsbereich ist mit einer Personenschleuse mit Dusche und einer Materialschleuse auszustatten.

(4) Den Beschäftigten sind geeignete Atemschutzgeräte, Schutzanzüge und, soweit erforderlich, weitere persönliche Schutzausrüstung zur Verfügung zu stellen. Der Arbeitgeber hat sicherzustellen, dass die Beschäftigten die persönliche Schutzausrüstung verwenden.
(5) Kontaminierte persönliche Schutzausrüstung und die Arbeitskleidung müssen entweder gereinigt oder entsorgt werden. Sie können auch in geeigneten Einrichtungen außerhalb des Betriebs gereinigt werden. Die Reinigung ist so durchzuführen, dass Beschäftigte Asbeststaub nicht ausgesetzt werden. Das Reinigungsgut ist in geschlossenen, gekennzeichneten Behältnissen aufzubewahren und zu transportieren.
(6) Den Beschäftigten müssen geeignete Waschräume mit Duschen zur Verfügung gestellt werden.
(7) Vor Anwendung von Abbruchtechniken sind asbesthaltige Materialien zu entfernen, soweit dies möglich ist.

2.4.4 Arbeitsplan
Vor Aufnahme von Tätigkeiten mit Asbest, insbesondere von Abbruch-, Sanierungs- und Instandhaltungsarbeiten, hat der Arbeitgeber einen Arbeitsplan aufzustellen. Der Arbeitsplan muss Folgendes vorsehen:
1. eine Beschreibung des Arbeitsverfahrens und der verwendeten Arbeitsmittel zum Entfernen und Beseitigen von Asbest und asbesthaltigen Materialien,
2. Angaben zur persönlichen Schutzausrüstung,
3. eine Beschreibung, wie überprüft wird, dass im Arbeitsbereich nach Abschluss der Abbruch- oder Sanierungsarbeiten keine Gefährdung durch Asbest mehr besteht.

2.4.5 Ergänzende Bestimmungen zur Unterweisung der Beschäftigten
(1) Die Beschäftigten sind regelmäßig bezogen auf die konkrete Tätigkeit zu unterweisen. Hierbei ist der Arbeitsplan nach Nummer 2.4.4 zu berücksichtigen.
(2) Gegenstand der Unterweisung sind insbesondere folgende Punkte:
1. Eigenschaften von Asbest und seine Wirkungen auf die Gesundheit, einschließlich der verstärkenden Wirkung durch das Rauchen,
2. Arten von Erzeugnissen und Materialien, die Asbest enthalten können,
3. Tätigkeiten, bei denen eine Asbestexposition auftreten kann, und die Bedeutung von Maßnahmen zur Expositionsminderung,
4. sachgerechte Anwendung sicherer Verfahren und der persönlichen Schutzausrüstung,
5. Maßnahmen bei Störungen des Betriebsablaufs,
6. sachgerechte Abfallbeseitigung,
7. arbeitsmedizinische Vorsorgeuntersuchungen nach der Verordnung zur arbeitsmedizinischen Vorsorge.

Nummer 3 Schädlingsbekämpfung

3.1 Anwendungsbereich
Nummer 3 gilt für die Schädlingsbekämpfung mit als akut toxisch Kategorie 1 bis 4 oder spezifisch zielorgantoxisch Kategorie 1 oder 2 eingestuften Stoffen und Gemischen sowie Gemischen, bei denen die genannten Stoffe freigesetzt werden, soweit die Bekämpfung nicht bereits durch andere Rechtsvorschriften geregelt ist. Nummer 3 gilt für jeden, der Schädlingsbekämpfung
1. berufsmäßig bei anderen durchführt oder

2. nicht nur gelegentlich und nicht nur in geringem Umfang im eigenen Betrieb, in dem Lebensmittel hergestellt, behandelt oder in Verkehr gebracht werden, oder in einer Einrichtung durchführt, die in § 23 Absatz 5 oder § 36 des Infektionsschutzgesetzes genannt ist. Von einer Freisetzung ist auch auszugehen, wenn Wirkstoffe nach Satz 1 erst beim bestimmungsgemäßen Gebrauch entstehen. Nummer 3 gilt nicht, wenn eine Schädlingsbekämpfung in deutschen Flugzeugen oder auf deutschen Schiffen außerhalb des Staatsgebiets der Bundesrepublik Deutschland auf der Grundlage internationaler Gesundheitsvorschriften durchgeführt wird.

3.2 Begriffsbestimmung
Schädlingsbekämpfungsmittel sind Stoffe und Gemische, die dazu bestimmt sind, Schädlinge und Schadorganismen oder lästige Organismen unschädlich zu machen oder zu vernichten.

3.3 Allgemeine Anforderungen
Die Schädlingsbekämpfung ist so durchzuführen, dass Mensch und Umwelt nicht gefährdet werden. Sie darf nur mit Schädlingsbekämpfungsmitteln durchgeführt werden, die verkehrsfähig sind
1. als Biozid-Produkte nach Abschnitt IIa des Chemikaliengesetzes oder
2. als Pflanzenschutzmittel nach dem Pflanzenschutzgesetz.

3.4 Anzeigepflicht
(1) Wer Schädlingsbekämpfungen nach Nummer 3.1 erstmals durchführen oder nach mehr als einjähriger Unterbrechung wieder aufnehmen will, hat dies mindestens sechs Wochen vor Aufnahme der ersten Tätigkeit der zuständigen Behörde anzuzeigen.
(2) Die Anzeige muss insbesondere folgende Angaben enthalten:
1. den Nachweis, dass die personelle, räumliche und sicherheitstechnische Ausstattung des Unternehmens für diese Arbeiten ausreichend geeignet ist,
2. die Zahl der Beschäftigten, die mit den Schädlingsbekämpfungsmitteln umgehen,
3. zu den zur Schädlingsbekämpfung vorgesehenen Schädlingsbekämpfungsmitteln die
   a) Bezeichnungen,
   b) Eigenschaften,
   c) Wirkungsmechanismen,
   d) Anwendungsverfahren und
   e) Dekontaminationsverfahren,
4. die Bereiche der vorgesehenen Schädlingsbekämpfung sowie Zielorganismen, gegen die die Schädlingsbekämpfung durchgeführt werden soll, und
5. das Ergebnis der Substitutionsprüfung nach § 6 Absatz 1 Satz 2 Nummer 4.
(3) Änderungen bezüglich der Angaben nach Absatz 2 Ziffer 1 bis 5 sind vom Arbeitgeber der zuständigen Behörde unverzüglich anzuzeigen.
(4) Eine ausreichend geeignete personelle Ausstattung ist gegeben, wenn geeignete und sachkundige Personen beschäftigt werden.
(5) Geeignet im Sinne von Absatz 4 ist, wer
1. mindestens 18 Jahre alt ist,
2. die für den Umgang mit Schädlingsbekämpfungsmitteln erforderliche Zuverlässigkeit besitzt und
3. durch das Zeugnis einer Ärztin oder eines Arztes nach § 7 Absatz 1 der Verordnung zur arbeitsmedizinischen Vorsorge nachweist, dass keine Anhaltspunkte vorliegen, die ihn für

Gefahrstoffverordnung — Anhang I

den Umgang mit Schädlingsbekämpfungsmitteln körperlich oder geistig ungeeignet erscheinen lassen; das Zeugnis darf nicht älter als fünf Jahre sein.
(6) Sachkundig im Sinne von Absatz 4 ist, wer sich regelmäßig fortbildet und
1. die Prüfung nach der Verordnung über die Berufsausbildung zum Schädlingsbekämpfer/zur Schädlingsbekämpferin vom 15. Juli 2004 (BGBl. I S. 1638) abgelegt hat,
2. die Prüfung nach der Verordnung über die Prüfung zum anerkannten Abschluss Geprüfter Schädlingsbekämpfer/Geprüfte Schädlingsbekämpferin vom 19. März 1984 (BGBl. I S. 468) abgelegt hat oder
3. die Prüfung zum Gehilfen oder Meister für Schädlingsbekämpfung nach nicht mehr geltendem Recht in der Bundesrepublik Deutschland oder nach dem Recht der Deutschen Demokratischen Republik abgelegt hat.

Sachkundig ist auch, wer eine Prüfung abgelegt oder eine Ausbildung erfolgreich abgeschlossen hat, die von der zuständigen Behörde als den Prüfungen nach Satz 1 gleichwertig anerkannt worden ist. Beschränkt sich die vorgesehene Schädlingsbekämpfung auf bestimmte Anwendungsbereiche, ist sachkundig auch, wer eine Prüfung abgelegt oder eine Ausbildung erfolgreich abgeschlossen hat, die von der zuständigen Behörde für diese Tätigkeiten als geeignet anerkannt worden ist.

3.5 Einsatz von Hilfskräften
Schädlingsbekämpfungen nach Nummer 3.1 dürfen nur solche Personen durchführen, die die Anforderungen nach Nummer 3.4 Absatz 5 und 6 erfüllen. Hilfskräfte dürfen nur unter der unmittelbaren und ständigen Aufsicht einer sachkundigen Person eingesetzt werden und müssen entsprechend ihrer Tätigkeit nachweislich regelmäßig unterwiesen werden.

3.6 Schädlingsbekämpfung in Gemeinschaftseinrichtungen
Die Anwendung von Schädlingsbekämpfungsmitteln in Gemeinschaftseinrichtungen, insbesondere in Schulen, Kindertagesstätten und Krankenhäusern, ist der zuständigen Behörde schriftlich oder elektronisch, in der Regel mindestens 14 Tage im Voraus, anzuzeigen. Erfolgt die Anzeige elektronisch, kann die zuständige Behörde Mehrfertigungen sowie die Übermittlung der der Anzeige beizufügenden Unterlagen auch in schriftlicher Form verlangen. Dabei sind der Umfang, die Anwendung, die verwendeten Mittel, das Ausbringungsverfahren und die vorgesehenen Schutzmaßnahmen anzugeben.

3.7 Dokumentation
Die Anwendung von Schädlingsbekämpfungsmitteln ist ausreichend zu dokumentieren. Die Aufzeichnungen sind mindestens fünf Jahre aufzubewahren und der zuständigen Behörde auf Verlangen vorzulegen.

Nummer 4   Begasungen

4.1 Anwendungsbereich
(1) Nummer 4 gilt für Tätigkeiten mit folgenden Stoffen und Gemischen, sofern sie als Begasungsmittel zugelassen sind und als solche eingesetzt werden:
1. Hydrogencyanid (Cyanwasserstoff, Blausäure) sowie Stoffe und Gemische, die zum Entwickeln oder Verdampfen von Hydrogencyanid oder leicht flüchtigen Hydrogencyanidverbindungen dienen,
2. Phosphorwasserstoff sowie Stoffe und Gemische, die Phosphorwasserstoff entwickeln,
3. Ethylenoxid und Gemische, die Ethylenoxid enthalten,

4. Sulfuryldifluorid (Sulfurylfluorid).

(2) Nummer 4 gilt auch für Tätigkeiten bei Raumdesinfektionen mit Formaldehydlösungen, einschließlich Stoffen und Gemischen, aus denen sich Formaldehyd entwickelt oder verdampft oder bei denen Formaldehyd sich gasförmig oder in Form schwebfähiger Flüssigkeitströpfchen verteilt, um die Desinfektion sämtlicher Flächen eines Raumes zu erreichen.

(3) Nummer 4 gilt auch für Begasungstätigkeiten mit anderen Stoffen oder Gemischen, die als akut toxisch Kategorie 1, 2 oder 3 oder spezifisch zielorgantoxisch Kategorie 1 einzustufen und für diese Tätigkeiten zugelassen sind. Dies gilt auch für Biozid-Produkte, auf die die Übergangsbestimmungen des § 28 Absatz 8 des Chemikaliengesetzes anzuwenden sind.

(4) Nummer 4 gilt auch für Tätigkeiten an begasten Transporteinheiten jeder Art wie Fahrzeugen, Waggons, Schiffen, Tanks und Containern, die mit Begasungsmitteln behandelt worden sind, die als akut toxisch Kategorie 1, 2 oder 3 oder spezifisch zielorgantoxisch Kategorie 1 einzustufen sind. Satz 1 gilt auch für Tätigkeiten an Transporteinheiten, die im Ausland begast worden sind und in den Geltungsbereich dieser Verordnung gelangen.

(5) Nummer 4 gilt nicht für Tätigkeiten mit Begasungsmitteln in vollautomatisch programmgesteuerten Sterilisatoren im medizinischen Bereich, soweit die Tätigkeiten entsprechend einem verfahrens- und stoffspezifischen Kriterium ausgeübt werden, das nach § 20 Absatz 4 bekannt gegeben worden ist.

4.2 Verwendungsbeschränkung

(1) Wer Tätigkeiten mit Begasungsmitteln nach Nummer 4.1 Absatz 1 bis 3 ausüben will, bedarf der Erlaubnis der zuständigen Behörde.

(2) Absatz 1 gilt nicht
1. für Tätigkeiten, die ausschließlich der Forschung und Entwicklung oder der institutionellen Eignungsprüfung von Begasungsmitteln oder -verfahren dienen,
2. für gelegentliche Tätigkeiten mit portionsweise verpackten Stoffen und Gemischen, die bei bestimmungsgemäßer Verwendung nicht mehr als 15 Gramm Phosphorwasserstoff entwickeln und zur Schädlingsbekämpfung im Erdreich eingesetzt werden.

(3) Abweichend von Absatz 1 bedarf es keiner Erlaubnis jedoch eines Befähigungsscheins nach Nummer 4.3.1 Absatz 2
1. bei nicht nur gelegentlichen Tätigkeiten mit portionsweise verpackten Stoffen und Gemischen, die bei bestimmungsgemäßer Verwendung nicht mehr als 15 Gramm Phosphorwasserstoff entwickeln und zur Schädlingsbekämpfung im Erdreich eingesetzt werden, sowie
2. für das Öffnen, Lüften und die Freigabe begaster Transporteinheiten.

(4) Während der Beförderung dürfen Schiffe und Transportbehälter nur mit Phosphorwasserstoff oder einem anderen Mittel begast werden, das nach Nummer 4.1 Absatz 3 für diesen Zweck zugelassen ist.

(5) Ethylenoxid und Gemische, die Ethylenoxid enthalten, dürfen nur in vollautomatisch programmgesteuerten Sterilisatoren und in vollautomatischen Sterilisationskammern verwendet werden.

(6) Genehmigungs- und Zulassungserfordernisse sowie Verwendungsbeschränkungen nach anderen Rechtsvorschriften bleiben unberührt.

(7) Begasungen mit anderen als akut toxisch Kategorie 1, 2 oder 3 oder spezifisch zielorgantoxisch Kategorie 1 eingestuften Stoffen und Gemischen als den in Nummer 4.1 Absatz 1 bis 3 bezeichneten, dürfen nicht durchgeführt werden. In den Fällen der Nummer 4.1 Absatz 3 ist mit der Anzeige nach Nummer 4.3.2 ein Nachweis für die Zulässigkeit der Verwendung als Begasungsmittel vorzulegen.

4.3 Allgemeine Vorschriften für Begasungstätigkeiten

4.3.1 Erlaubnis und Befähigungsschein

(1) Die Erlaubnis nach Nummer 4.2 Absatz 1 wird erteilt, wenn der Antragsteller
1. die erforderliche Zuverlässigkeit und, soweit er Tätigkeiten mit den in der Erlaubnis benannten Begasungsmitteln selbst zu leiten beabsichtigt, einen Befähigungsschein nach Absatz 2 besitzt sowie
2. in ausreichender Zahl über Befähigungsschein-Inhaber nach Absatz 2 verfügt; diese Befähigungsschein-Inhaber sind der zuständigen Behörde zu benennen.

(2) Einen Befähigungsschein erhält von der zuständigen Behörde, wer
1. die erforderliche Zuverlässigkeit für Tätigkeiten mit Begasungsmitteln besitzt, die von Nummer 4.1 erfasst werden,
2. durch das Zeugnis einer Ärztin oder eines Arztes nach § 7 Absatz 1 der Verordnung zur arbeitsmedizinischen Vorsorge nachweist, dass keine Anhaltspunkte vorliegen, die ihn für Tätigkeiten mit Begasungsmitteln körperlich oder geistig ungeeignet erscheinen lassen,
3. die erforderliche Sachkunde und ausreichende Erfahrung für Begasungen nachweist sowie
4. mindestens 18 Jahre alt ist.

Den Nachweis der Sachkunde nach Satz 1 Ziffer 3 hat erbracht, wer ein Zeugnis über die Teilnahme an einem von der zuständigen Behörde anerkannten Lehrgang für die beabsichtigte Tätigkeit und über die bestandene Prüfung vorlegt. Die Prüfung ist vor einer Vertreterin oder einem Vertreter der zuständigen Behörde abzulegen. Der Befähigungsschein ist entsprechend dem geführten Nachweis der Sachkunde zu beschränken.

(3) Die Erlaubnis nach Absatz 1 und der Befähigungsschein nach Absatz 2 können befristet und unter Auflagen sowie beschränkt auf bestimmte Begasungstätigkeiten erteilt werden. Auflagen können auch nachträglich angeordnet werden. Die Erlaubnis nach Absatz 1 und der Befähigungsschein nach Absatz 2 können widerrufen werden, wenn auf Grund wiederholter oder besonders schwerwiegender Verstöße gegen diese Verordnung begründete Zweifel an der Zuverlässigkeit des Inhabers bestehen.

(4) Ein Befähigungsschein erlischt, wenn der zuständigen Behörde nicht spätestens sechs Jahre nach der Ausstellung des Zeugnisses nach Absatz 2 Satz 1 Ziffer 2 ein neues Zeugnis vorgelegt wird.

4.3.2 Anzeigen

(1) Wer außerhalb einer ortsfesten Sterilisationskammer Begasungen mit Begasungsmitteln nach Nummer 4.1 durchführen will, hat dies der zuständigen Behörde spätestens eine Woche vorher schriftlich oder elektronisch anzuzeigen. Die zuständige Behörde kann in begründeten Fällen Ausnahmen hiervon zulassen. Erfolgt die Anzeige elektronisch, kann die zuständige Behörde Mehrfertigungen sowie die Übermittlung der der Anzeige beizufügenden Unterlagen auch in schriftlicher Form verlangen. Die Anzeigefrist verkürzt sich auf 24 Stunden bei Schiffs- und Containerbegasungen in Häfen sowie bei infektionshygienischen Desinfektionen. Bei Begasungen im medizinischen Bereich ist eine Anzeige nicht erforderlich.

(2) In der Anzeige sind anzugeben:
1. die verantwortliche Person,
2. der Tag der Begasung,
3. ein Lageplan zum Ort der Begasung und das zu begasende Objekt mit Angabe der zu begasenden Güter,

4. das für den Einsatz vorgesehene Begasungsmittel und die vorgesehenen Mengen,
5. der voraussichtliche Beginn der Begasung,
6. das voraussichtliche Ende der Begasung,
7. der voraussichtliche Termin der Freigabe sowie
8. der Zeitpunkt der Dichtheitsprüfung, falls diese erforderlich ist.

(3) Absatz 1 gilt nicht für Erdreichbegasungen im Freien mit Phosphorwasserstoff.

(4) Das Ausscheiden, der Wechsel und das Hinzutreten von Befähigungsschein-Inhabern sind der zuständigen Behörde unverzüglich anzuzeigen, sofern die Tätigkeiten unter dem Erlaubnisvorbehalt nach Nummer 4.2 Absatz 1 stehen.

4.3.3 Niederschrift

(1) Über Begasungen mit Begasungsmitteln nach Nummer 4.1 ist eine Niederschrift anzufertigen. Aus der Niederschrift müssen insbesondere hervorgehen:
1. Art und Menge der Begasungsmittel,
2. Ort, Beginn und Ende der Verwendung und
3. der Zeitpunkt der Freigabe.

Auf Verlangen ist der zuständigen Behörde eine Kopie der Niederschrift vorzulegen.

(2) Werden Fahrzeuge, Waggons, Container, Tanks oder andere Transportbehälter begast, sind in die Niederschrift zusätzliche Anweisungen über die Beseitigung von Rückständen des Begasungsmittels sowie Angaben über die verwendeten Begasungsgeräte aufzunehmen. Die Niederschrift ist dem Auftraggeber zu übergeben.

(3) Absatz 1 gilt nicht für Erdreichbegasungen im Freien mit Phosphorwasserstoff.

4.4 Anforderungen bei Begasungen

4.4.1 Allgemeine Anforderungen

(1) Begasungen sind so durchzuführen, dass Personen nicht gefährdet werden. Objekte, die begast werden sollen, wie beispielsweise Gebäude, Räume oder Transporteinheiten, sind hierfür nach dem jeweiligen Stand der Technik hinreichend abzudichten.

(2) Für jede Begasung ist eine verantwortliche Person zu bestellen. Diese muss einen für die vorgesehene Begasung ausreichenden Befähigungsschein nach Nummer 4.3.1 Absatz 2 besitzen. Sofern mehrere vollautomatisch programmgesteuerte Sterilisatoren in einem räumlich zusammenhängenden Bereich betrieben werden, genügt die Bestellung einer verantwortlichen Person.

4.4.2 Organisatorische Maßnahmen

(1) Für Begasungen dürfen nur Personen eingesetzt werden, die sachkundig sind. Satz 1 gilt nicht für Hilfskräfte,
1. die ausschließlich Tätigkeiten ohne oder mit nur geringem Gefährdungspotenzial nach Einweisung durch eine sachkundige Person ausführen,
2. die bei Begasungen nach Absatz 5 eingesetzt werden oder
3. deren Anwesenheit und Mitwirkung dazu dient, im Rahmen einer Sachkundeausbildung unter Aufsicht einer verantwortlichen Person die nach Nummer 4.3.1 Absatz 2 Satz 1 Ziffer 3 erforderliche Erfahrung zu erlangen.

(2) Bei Begasungen müssen während der Tätigkeiten, bei denen durch das Begasungsmittel nach der Gefährdungsbeurteilung nach § 6 eine erhöhte Gefährdung von Beschäftigten oder anderen Personen besteht, mindestens die verantwortliche Person und eine weitere Person anwesend sein, die die Voraussetzungen nach Nummer 4.3.1 Absatz 2 Satz 1 Ziffer 3 erfüllt.

Erfolgt die Begasung in vollautomatisch programmgesteuerten Sterilisatoren, auf die Nummer 4.1 Absatz 5 nicht anwendbar ist, ist die Anwesenheit einer Person mit Befähigungsschein während der Tätigkeiten nach Satz 1 ausreichend, wenn eine zweite Person kurzfristig verfügbar ist, die die Voraussetzungen nach Nummer 4.3.1 Absatz 2 Satz 1 Ziffer 3 erfüllt.
(3) Bei Raumdesinfektionen nach Nummer 4.1 Absatz 2 ist die Anwesenheit einer Person mit Befähigungsschein während der Tätigkeiten nach Absatz 2 Satz 1 ausreichend, wenn eine zweite Person anwesend ist, die in der Lage ist, Notfallmaßnahmen nach § 13 Absatz 1 zu ergreifen.
(4) Bei Begasungen mit Hydrogencyanid oder Sulfuryldifluorid dürfen nur Befähigungsschein-Inhaber eingesetzt werden, soweit die Teilnahme nicht der Sachkundeausbildung oder dem Nachweis ausreichender Erfahrung nach Nummer 4.3.1 Absatz 2 Satz 1 Ziffer 3 dient und die Aufsicht durch eine ausreichende Zahl von Befähigungsschein-Inhabern gewährleistet ist.
(5) Werden für Begasungen gebrauchsfertig portionierte Gemische verwendet, die Phosphorwasserstoff entwickeln, dürfen Hilfskräfte eingesetzt werden, wenn diese
1. von Befähigungsschein-Inhabern in ausreichender Zahl beaufsichtigt werden,
2. vorher unterwiesen worden sind und
3. gesundheitlich geeignet sind.

4.4.3 Begasung von Räumen und ortsbeweglichen Transporteinheiten und Gütern in Räumen

(1) Die Benutzer angrenzender Räume und Gebäude sind spätestens 24 Stunden vor Beginn der Begasung mit Begasungsmitteln nach Nummer 4.1 schriftlich unter Hinweis auf die Gefahren der Begasungsmittel zu warnen. Satz 1 gilt nicht bei Begasungen in ortsfesten Sterilisatoren und Sterilisationskammern.
(2) An den Zugängen zu Räumen, die begast werden sollen, sind vor Beginn der Begasung Warnzeichen nach Nummer 4.4.4 Absatz 1 und 2 anzubringen. Zusätzlich sind die Zugänge zu den Räumen mit dem Namen, der Anschrift und der Telefonnummer des Begasungsunternehmens zu versehen.
(3) Nach der Einbringung des Begasungsmittels bis zur Freigabe der begasten Räume muss die verantwortliche Person für den Bedarfsfall verfügbar sein.
(4) Die verantwortliche Person darf Räume, begaste Güter oder die Nutzung von Einrichtungsgegenständen erst freigeben, wenn durch geeignete Nachweisverfahren sichergestellt ist, dass keine Gefährdung mehr durch Begasungsmittelreste besteht.

4.4.4 Begasung ortsbeweglicher Transporteinheiten im Freien

(1) Transporteinheiten wie Fahrzeuge, Waggons, Container, Tanks oder andere Transportbehälter dürfen im Freien nur mit einem allseitigen Sicherheitsabstand von mindestens 10 Metern zu Gebäuden begast werden. Sie sind von der verantwortlichen Person auf ihre Gasdichtheit zu prüfen, abzudichten sowie für die Dauer der Begasung abzuschließen, zu verplomben und allseitig sichtbar mit Warnzeichen nach Absatz 2 zu kennzeichnen. Zusätzlich sind sie mit dem Namen, der Anschrift und der Telefonnummer des Begasungsunternehmens zu versehen. Das Warnzeichen muss rechteckig, mindestens 300 Millimeter breit und mindestens 250 Millimeter hoch sein. Die Aufschriften müssen schwarz auf weißem Grund sein.

(2) Das Warnzeichen muss mindestens folgende Angaben tragen:
1. das Signalwort „GEFAHR",
2. das Symbol „Totenkopf mit gekreuzten Knochen" entsprechend akut toxisch Kategorie 1 bis 3,
3. die Aufschrift „DIESE EINHEIT IST BEGAST",
4. die Bezeichnung des Begasungsmittels,
5. das Datum und die Uhrzeit der Begasung,
6. das Datum der Belüftung, sofern eine solche erfolgt ist, und
7. die Aufschrift „ZUTRITT VERBOTEN".

Eine Abbildung des Warnzeichens ist nachstehend dargestellt:

* entsprechende Angaben einfügen

(3) Auf Schiffen dürfen unter Gas stehende Transportbehälter nur transportiert werden, wenn die Laderäume mit einer mechanischen Lüftung ausgerüstet sind, die verhindert, dass sich Gaskonzentrationen oberhalb der Arbeitsplatzgrenzwerte entwickeln.
(4) Steht für die erforderliche Öffnung begaster Fahrzeuge, Waggons, Container, Tanks oder anderer begaster Transportbehälter keine sachkundige Person zur Verfügung, so dürfen sie nur unter Aufsicht einer fachkundigen Person geöffnet werden, die in der Lage ist, mögliche Gefährdungen von Beschäftigten oder anderen Personen zu ermitteln und zu beurteilen sowie die erforderlichen Schutzmaßnahmen zu veranlassen.

4.4.5 Begasung auf Schiffen im Hafen und während der Beförderung
(1) Begasungen auf Schiffen sind nur zulässig, wenn die Sicherheit der Besatzung und anderer Personen während der Liegezeit im Hafen und auch während eines Transits hinreichend gewährleistet ist. Neben den begasungsspezifischen Regelungen dieses Anhangs sind hierzu die international geltenden Empfehlungen der Internationalen Seeschifffahrtsorganisation (IMO) für die Anwendung von Schädlingsbekämpfungsmitteln auf Schiffen zu beachten.

(2) Die verantwortliche Person hat der Kapitänin oder dem Kapitän des Schiffs nach angemessener Begasungszeit und vor Verlassen des Hafens schriftlich mitzuteilen,
1. welche Räume begast wurden und welche weiteren Räume während der Beförderung nicht betreten werden dürfen,
2. welche zur Durchführung der Begasung erforderlichen technischen Änderungen am Schiff vorgenommen wurden,
3. dass die begasten Räume hinreichend gasdicht sind und
4. dass die an die begasten Räume angrenzenden Räume von Begasungsmitteln frei sind.
(3) Nummer 4.4.4 Absatz 1 und 2 ist entsprechend anzuwenden.
(4) Während der gesamten Beförderungsdauer muss die Gasdichtheit der begasten Räume mindestens alle acht Stunden geprüft werden. Die Ergebnisse sind in das Schiffstagebuch einzutragen.
(5) Die Hafenbehörden sind spätestens 24 Stunden vor Ankunft eines begasten Schiffs über die Art und den Zeitpunkt der Begasung zu unterrichten sowie darüber, welche Räume und Transportbehälter begast worden sind.

4.4.6 Sterilisatoren und Sterilisationskammern
(1) Begasungen in Sterilisatoren und Sterilisationskammern sind nur zulässig, wenn diese
1. in Räumen errichtet sind, die nicht zum ständigen Aufenthalt von Menschen dienen, ausgenommen Begasungen in vollautomatischen Sterilisatoren in Arbeitsbereichen der Sterilgutversorgung,
2. auf ihre Gasdichtheit vor jeder Begasung überprüft werden und die Gasdichtheit überwacht wird und
3. für Mensch und Umwelt gefahrlos entlüftet werden können.
(2) Wenn keine vollautomatische Drucksteuerung und Drucküberwachung sichergestellt ist, dürfen Sterilisatoren und Sterilisationskammern nur mit Normal- oder Unterdruck betrieben werden.
(3) Die Überprüfung und Überwachung der Gasdichtheit von Sterilisationskammern ist zu dokumentieren.

Nummer 5   Ammoniumnitrat

5.1 Anwendungsbereich
(1) Nummer 5 gilt für das Lagern, Abfüllen und innerbetriebliche Befördern von
1. Ammoniumnitrat,
2. ammoniumnitrathaltigen Gemischen.
(2) Nummer 5 gilt nicht für
1. Gemische mit einem Massengehalt an Ammoniumnitrat bis zu 10 Prozent,
2. Ammoniumnitrat und ammoniumnitrathaltige Gemische der Gruppen A und E in Mengen bis zu 100 Kilogramm,
3. ammoniumnitrathaltige Gemische der Gruppen B, C und D in Mengen bis zu 1 Tonne,
4. Ammoniumnitrat und ammoniumnitrathaltige Gemische, die auf Grund ihrer Eigenschaften dem Sprengstoffgesetz unterliegen.

5.2 Begriffsbestimmungen

Ammoniumnitrat und die Gemische werden in folgende Gruppen eingeteilt:
1. Gruppe A:
Ammoniumnitrat und ammoniumnitrathaltige Gemische, die zur detonativen Reaktion fähig sind oder die nach Nummer 5.3 Absatz 7 Tabelle 1 hinsichtlich des Ammoniumnitratgehalts den Untergruppen A I, A II, A III oder A IV zugeordnet sind;
2. Gruppe B:
ammoniumnitrathaltige Gemische, die zur selbstunterhaltenden fortschreitenden thermischen Zersetzung fähig sind;
3. Gruppe C:
ammoniumnitrathaltige Gemische, die weder zur selbstunterhaltenden fortschreitenden thermischen Zersetzung noch zur detonativen Reaktion fähig sind, jedoch beim Erhitzen Stickoxide entwickeln;
4. Gruppe D:
ammoniumnitrathaltige Gemische, die in wässriger Lösung oder Suspension ungefährlich, in kristallisiertem Zustand unter Reduktion des ursprünglichen Wassergehalts jedoch zur detonativen Reaktion fähig sind;
5. Gruppe E:
ammoniumnitrathaltige Gemische, die als Wasser-in-Öl-Emulsionen vorliegen und als Vorprodukte für die Herstellung von Sprengstoffen dienen.

5.3 Allgemeine Bestimmungen

(1) Für Ammoniumnitrat und ammoniumnitrathaltige Gemische der in Nummer 5.2 genannten Gruppen gilt Nummer 5.4.

(2) Ammoniumnitrat und ammoniumnitrathaltige Gemische der Gruppen A, B, C oder E müssen in ihren Bestandteilen fein verteilt und innig gemischt sein und dürfen sich während der Lagerung, Beförderung oder Abfüllung nicht entmischen.

(3) Ammoniumnitrathaltige Gemische in Abmischungen als Stickstoff-Kalium- oder Stickstoff-Phosphor-Kalium-Düngemittel (NK- oder NPK-Bulk Blends) müssen nach den Vorschriften der Gruppe B oder nur nach Maßgabe der festgestellten Gefährlichkeit gelagert werden. Werden bei der Abmischung Düngemittel der Gruppe A verwendet, muss die Lagerung nach den Vorschriften der Gruppe A oder ebenfalls nach Maßgabe der festgestellten Gefährlichkeit erfolgen.

(4) Als Ammoniumnitrat gelten alle Nitrationen, für die ein Äquivalent Ammoniumionen vorhanden ist.

(5) Der Massenanteil an verbrennlichen Bestandteilen ist bei ammoniumnitrathaltigen Gemischen der Untergruppe B II aus Absatz 7 Tabelle 1 unbeschränkt, bei Ammoniumnitrat und ammoniumnitrathaltigen Gemischen der Untergruppe A I nach Absatz 7 Tabelle 1 auf bis zu 0,2 Prozent und bei ammoniumnitrathaltigen Gemischen aller übrigen Untergruppen nach Absatz 7 Tabelle 1 der Gruppen A, B, C und D auf bis zu 0,4 Prozent beschränkt.

(6) Als verbrennlicher Bestandteil bei Ammoniumnitrat und ammoniumnitrathaltigen Gemischen der Untergruppe A I nach Absatz 7 Tabelle 1 gilt der Kohlenstoff, soweit es sich um organische Stoffe handelt.

(7) Inerte Stoffe im Sinne von Nummer 5 sind Stoffe, die die thermische Sensibilität und die Sensibilität gegen eine einwirkende Detonation nicht erhöhen. Im Zweifelsfall ist dies durch ein Gutachten der Bundesanstalt für Materialforschung und -prüfung nachzuweisen.

Tabelle 1:

Rahmenzusammensetzungen und Grenzen für Ammoniumnitrat und ammoniumnitrathaltige Gemische für die Zuordnung zu einer der Gruppen nach Nummer 5.2

Untergruppen	Massenanteil an Ammoniumnitrat in Prozent (%)	Andere Bestandteile	Besondere Bestimmungen
A I	≥ 90	Chloridgehalt ≤ 0,02 % Inerte Stoffe ≤ 10 %	Keine weiteren Ammoniumsalze sind erlaubt.
A II	> 80 bis < 90	Kalkstein, Dolomit oder Calciumcarbonat < 20 %	
A III	> 45 bis < 70	Ammoniumsulfat	Inerte Stoffe sind erlaubt.
A IV	> 70 bis < 90	Kaliumsalze, Phosphate in NP-, NK- oder NPK-Düngern, Sulfate in N-Düngern; innerte Stoffe	
B I	≤ 70	Kaliumsalze, Phosphate, inerte Stoffe und andere Ammoniumsalze in NK- oder NPK-Düngern	Bei einem Massenanteil von mehr als 45 % Ammoniumnitrat darf der Massenanteil von Ammoniumnitrat und anderen Ammoniumsalzen zusammen nicht mehr als 70 % betragen.
B II	≤ 45	Überschüssige Nitrate ≤ 10 %	Unbeschränkter Gehalt an verbrennlichen Bestandteilen; über den Gehalt an Ammoniumnitrat hinausgehende überschüssige Nitrate werden als Kaliumnitrat berechnet.
C I	≤ 80	Kalkstein, Dolomit oder Calciumcarbonat ≥ 20 %	Kalkstein, Dolomit oder Calciumcarbonat mit minimaler Reinheit von 90 %.
C II	≥ 70	Inerte Stoffe	
C III	≥ 45	Phosphate und andere Ammoniumsalze in NP-Düngern	
	> 45 bis < 70	Phosphate und andere Ammoniumsalze in NP-Düngern	Der Massenanteil an Ammoniumnitrat und anderen Ammoniumsalzen darf zusammen 70 % nicht übersteigen.
C IV	≤ 45	Ammoniumsulfat	Inerte Stoffe sind erlaubt.

D I	≤ 45	Harnstoff, Wasser	In wässriger Lösung.
D II	≤ 45	Überschüssige Nitrate ≤ 10 %, Kaliumsalze, Phosphate und andere Ammoniumsalze in NP-, NK- oder NPK-Düngern; Wasser	In wässriger Lösung oder Suspension. Überschüssige Nitrate werden als Kaliumnitrat berechnet. Der Grenzgehalt aus Spalte 2 darf sowohl in der flüssigen als auch bei Suspensionen in der festen Phase nicht überschritten werden.
D III	≤ 70	Ammoniak, Wasser	In wässriger Lösung.
D IV	> 70 bis ≤ 93	Wasser	In wässriger Lösung.
E	> 60 bis ≤ 85	≥ 5 % bis ≤ 30 % Wasser, ≥ 2 % bis ≤ 8 % verbrennliche Bestandteile, ≥ 0,5 % bis ≤ 4 % Emulgator	Anorganische Salze; Zusätze.

(8) Ammoniumnitrat und ammoniumnitrathaltige Gemische, die den in Absatz 7 Tabelle 1 festgelegten Rahmenzusammensetzungen und Grenzen innerhalb der Gruppen A, B, C, D oder E nicht zuzuordnen sind oder den Voraussetzungen der Absätze 2 und 5 nicht entsprechen, dürfen nur nach Vorliegen eines Gutachtens der Bundesanstalt für Materialforschung und -prüfung über ihre Gefährlichkeit und nach Maßgabe der darin festgelegten Anforderungen gelagert, abgefüllt oder innerbetrieblich befördert werden.
(9) Ammoniumnitrathaltige Gemische der Gruppe B können nach den für die Gruppe C geltenden Vorschriften gelagert, abgefüllt oder innerbetrieblich befördert werden, wenn diese Gemische nach einem Gutachten der Bundesanstalt für Materialforschung und -prüfung frei von den Gefahren einer selbstunterhaltenden fortschreitenden thermischen Zersetzung sind.
(10) Bei Zuordnung von Ammoniumnitrat und ammoniumnitrathaltigen Gemischen nach den Absätzen 3, 8 oder 9 ist die Kennzeichnung der Gruppe entsprechend dem Gutachten der Bundesanstalt für Materialforschung und -prüfung vorzunehmen.

5.4 Vorsorgemaßnahmen

5.4.1 Grundmaßnahmen bei der Lagerung von Stoffen und Gemischen der in Nummer 5.2 genannten Gruppen

Bei der Lagerung von Stoffen und Gemischen der Gruppen A, B, C, D und E sind folgende Schutzmaßnahmen zu ergreifen:
1. Schutz gegen Witterungseinflüsse,
2. Schutz gegen Verunreinigungen und gefährliche Zusammenlagerung,
3. Schutz vor unbefugtem Zugang,
4. Brandschutz,
5. Schutz vor unzulässiger Beanspruchung.

5.4.2 Zusätzliche Maßnahmen für Stoffe und Gemische der Gruppen und Untergruppen A, D IV und E

5.4.2.1 Allgemeine Maßnahmen

(1) Ausgelaufene oder verschüttete Stoffe und Gemische und verunreinigte Stoffe und Gemische müssen unmittelbar verbraucht oder gefahrlos beseitigt werden.
(2) Die Stoffe und Gemische der Gruppe A dürfen nur verpackt gelagert und befördert werden.
(3) Im Lagerraum oder in einem Umkreis von 10 Metern um den Ort der Lagerung von Stoffen und Gemischen der Gruppe A dürfen keine brennbaren Materialien gelagert werden.
(4) Gemische der Gruppen und Untergruppen D IV und E sind vor thermischer Zersetzung zu schützen.

5.4.2.2 Zusätzliche Maßnahmen für die Lagerung von Mengen über 1 Tonne

(1) Stoffe und Gemische der Gruppe A in Mengen von mehr als 1 Tonne dürfen nur in geeigneten Gebäuden mit entsprechenden Schutzmaßnahmen und nach dem Stand der Technik gelagert werden.
(2) Gemische der Gruppen und Untergruppen D IV und E in Mengen von mehr als 1 Tonne dürfen nur in geeigneten Lagerbehältern mit entsprechenden Schutzmaßnahmen und nach dem Stand der Technik gelagert werden.
(3) Die Stoffe und Gemische der Gruppe A und Gemische der Gruppe E sind vor der Lagerung in Teilmengen von bis zu 25 Tonnen zu unterteilen.
(4) Teilmengen bis zu 25 Tonnen von Stoffen und Gemischen der Gruppe A dürfen nur gelagert werden, wenn sie
1. voneinander durch Wände aus Mauerziegeln oder Wandbausteinen ähnlicher Festigkeit oder aus Beton getrennt werden, deren Zwischenraum mit nicht brennbaren Stoffen voll ausgefüllt ist und wenn die Wände einschließlich des Zwischenraums eine Mindestdicke d aufweisen, die sich aus der jeweils größten Teilmenge M nach folgender Beziehung errechnet:
$d = 0{,}1\, M^{1/3}$ mit d in „Meter" und M in „Kilogramm",
2. in Fällen, in denen die Trennwände nicht bis zur Decke reichen, nur bis zu einer Höhe von 1 Meter unterhalb der Wandhöhe gelagert werden.
(5) Der Ort der Lagerung muss zu Gebäuden, die dem dauernden Aufenthalt von Menschen dienen, einen Mindestabstand (Schutzabstand) E haben, der sich aus der jeweils größten Teilmenge M nach folgender Beziehung errechnet:
$E = 11\, M^{1/3}$ mit E in „Meter" und M in „Kilogramm".
Für Betriebsgebäude gilt dies nur, wenn sie auch Wohnzwecken dienen.
(6) Der Schutzabstand zu öffentlichen Verkehrswegen beträgt zwei Drittel des Abstands nach Absatz 5.
(7) Abweichend von den Absätzen 5 und 6 beträgt für Lagermengen bis zu 3 Tonnen der Schutzabstand zu bewohnten Gebäuden und zu öffentlichen Verkehrswegen mindestens 50 Meter.

5.4.2.3 Zusätzliche Maßnahmen für die Lagerung von mehr als 25 Tonnen

(1) Wer beabsichtigt, Stoffe und Gemische der Gruppen und Untergruppen A, D IV und E in Mengen von mehr als 25 Tonnen zu lagern, hat dies spätestens zwei Wochen vorher der zuständigen Behörde schriftlich oder elektronisch anzuzeigen. Erfolgt die Anzeige elektronisch, kann die zuständige Behörde Mehrfertigungen sowie die Übermittlung der der Anzeige beizufügenden Unterlagen auch in schriftlicher Form verlangen.

Bis 04.04.2017:
(1) Wer beabsichtigt, Stoffe und Gemische der Gruppen und Untergruppen A, D IV und E in Mengen von mehr als 25 Tonnen zu lagern, hat dies spätestens zwei Wochen vorher der zuständigen Behörde schriftlich anzuzeigen.
(2) Die Anzeige muss folgende Angaben enthalten:
1. Name und Anschrift des Anzeigepflichtigen,
2. Art und Höchstmenge der zu lagernden Stoffe oder Gemische,
3. eine Beschreibung der Bauart und Einrichtung des Lagers mit Grundrissen und Schnitten,
4. einen Lageplan, aus dem die Lage zu Gebäuden und öffentlichen Verkehrswegen im Umkreis von 350 Metern ersichtlich ist,
5. welche der im Lageplan nach Ziffer 4 eingezeichneten Gebäude zum dauernden Aufenthalt von Menschen oder zu Wohnzwecken dienen.
(3) Änderungen bezüglich der Angaben nach Absatz 2 sind vom Arbeitgeber der zuständigen Behörde unverzüglich anzuzeigen.
(4) In Lagergebäuden für Stoffe und Gemische der Gruppe A dürfen Räume nicht zum dauernden Aufenthalt von Personen, ausgenommen von Aufsichts- und Bedienungspersonal, dienen.
(5) Stoffe und Gemische der Gruppe A dürfen nur in eingeschossigen Gebäuden gelagert werden.

5.4.3 Zusätzliche Maßnahmen für Gemische der Gruppe B

5.4.3.1 Allgemeine Maßnahmen
Feuerstätten und sonstige Zündquellen dürfen in Lagerräumen nicht vorhanden sein.

5.4.3.2 Zusätzliche Maßnahmen für die Lagerung von mehr als 100 Tonnen
(1) Die Temperatur der Gemische darf bei der Einlagerung 70 Grad Celsius nicht überschreiten.
(2) Fördermittel und ihre baulichen Einrichtungen müssen so beschaffen sein oder so betrieben werden, dass entstehende Wärme keine Zersetzung des Lagerguts einleiten kann.

5.4.3.3 Zusätzliche Maßnahmen für unverpackte Gemische über 1 500 Tonnen oder für ausschließlich verpackte Gemische über 3 000 Tonnen
(1) Die Gemische sind in Teilmengen von jeweils höchstens 3 000 Tonnen zu unterteilen. Die Unterteilung kann durch feuerbeständige Zwischenwände, durch Haufwerke aus nicht brennbarem Lagergut oder durch einen jederzeit freizuhaltenden Zwischenraum von mindestens 2,50 Metern Breite vorgenommen werden. Reichen die Zwischenwände nicht bis zur Decke, so darf das Lagergut nur bis zu einer Höhe von 1 Meter unterhalb der Wandhöhe aufgeschüttet werden.
(2) Absatz 1 ist nicht anzuwenden, wenn gleichzeitig
1. geeignete Löscheinrichtungen vorhanden sind,
2. Löschwasser in ausreichender Menge zur Verfügung steht,
3. eine jederzeit einsatzbereite Werkfeuerwehr vorhanden ist,
4. das ins Lager gelangende Lagergut abgesiebt wird und
5. die Luft im Lagerraum und in den unterhalb der Lagerfläche befindlichen Ausspeicherkanälen fortlaufend überwacht wird.

5.4.4 Sicherheitstechnische Maßnahmen für Gemische der Gruppe D
Die Gemische sind vor Austrocknung zu bewahren.

5.5 Erleichternde Bestimmungen

5.5.1 Erleichternde Bestimmungen für bestimmte Stoffe und Gemische
Stoffe und Gemische der Untergruppen A I und A II sowie Gemische mit inerten Stoffen der Untergruppe A IV und der Gruppe E können
1. abweichend von Nummer 5.4.2.2 Absatz 3 in Teilmengen (Stapel) von höchstens 100 Tonnen unterteilt werden und
2. abweichend von Nummer 5.4.2.2 Absatz 5 und 6 mit einem Schutzabstand, der der Hälfte des dort geforderten Werts entspricht, gelagert werden.

Voraussetzung hierfür ist der Nachweis durch ein Gutachten der Bundesanstalt für Materialforschung und -prüfung, dass die Stoffe und Gemische der Untergruppen A I, A II und A IV die Beschaffenheitsanforderungen des Anhangs III der Verordnung (EG) Nr. 2003/2003 des Europäischen Parlaments und des Rates vom 13. Oktober 2003 über Düngemittel (ABl. L 304 vom 21.11.2003, S. 1), die zuletzt durch die Verordnung (EG) Nr. 1020/2009 (ABl. L 282 vom 29.10.2009, S. 7) geändert worden ist, erfüllen und Stoffe und Gemische der Gruppe E nicht detonationsfähig sind.

5.5.2 Erleichternde Bestimmungen für ammoniumnitrat- und sprengstoffherstellende Betriebe
Für ammoniumnitrat- und sprengstoffherstellende Betriebe
1. sind Nummer 5.4.2.1 Absatz 2 und Nummer 5.4.2.3 Absatz 1 bis 3 für Stoffe und Gemische der Gruppe A nicht anzuwenden;
2. gilt ein um die Hälfte verminderter Schutzabstand nach Nummer 5.4.2.2 Absatz 5 und 6.

5.6 Ausnahmen
Ausnahmen nach § 19 Absatz 1 durch die zuständige Behörde von den in den in Nummer 5.4.2 genannten Maßnahmen für Stoffe und Gemische der Gruppen und Untergruppen A, D IV und E ergehen im Benehmen mit der Bundesanstalt für Materialforschung und -prüfung.

Anhang II (zu § 16 Absatz 2) Besondere Herstellungs- und Verwendungsbeschränkungen für bestimmte Stoffe, Gemische und Erzeugnisse

Inhaltsübersicht
Nummer 1 Asbest
Nummer 2 2-Naphthylamin, 4-Aminobiphenyl, Benzidin, 4-Nitrobiphenyl
Nummer 3 Pentachlorphenol und seine Verbindungen
Nummer 4 Kühlschmierstoffe und Korrosionsschutzmittel
Nummer 5 Biopersistente Fasern
Nummer 6 Besonders gefährliche krebserzeugende Stoffe

Nummer 1 Asbest

(1) Arbeiten an asbesthaltigen Teilen von Gebäuden, Geräten, Maschinen, Anlagen, Fahrzeugen und sonstigen Erzeugnissen sind verboten. Satz 1 gilt nicht für
1. Abbrucharbeiten,
2. Sanierungs- und Instandhaltungsarbeiten mit Ausnahme von Arbeiten, die zu einem Abtrag der Oberfläche von Asbestprodukten führen, es sei denn, es handelt sich um emissionsarme Verfahren, die behördlich oder von den Trägern der gesetzlichen Unfallversicherung anerkannt sind. Zu den Verfahren, die zum verbotenen Abtrag von asbesthaltigen Oberflächen führen, zählen insbesondere Abschleifen, Druckreinigen, Abbürsten und Bohren,
3. Tätigkeiten mit messtechnischer Begleitung, die zu einem Abtrag der Oberfläche von Asbestprodukten führen und die notwendigerweise durchgeführt werden müssen, um eine Anerkennung als emissionsarmes Verfahren zu erhalten.

Zu den nach Satz 1 verbotenen Arbeiten zählen auch Überdeckungs-, Überbauungs- und Aufständerungsarbeiten an Asbestzementdächern und -wandverkleidungen sowie Reinigungs- und Beschichtungsarbeiten an unbeschichteten Asbestzementdächern und -wandverkleidungen. Die weitere Verwendung von bei Arbeiten anfallenden asbesthaltigen Gegenständen und Materialien zu anderen Zwecken als der Abfallbeseitigung oder Abfallverwertung ist verboten.

(2) Die Gewinnung, Aufbereitung, Weiterverarbeitung und Wiederverwendung von natürlich vorkommenden mineralischen Rohstoffen und daraus hergestellten Gemischen und Erzeugnissen, die Asbest mit einem Massengehalt von mehr als 0,1 Prozent enthalten, ist verboten.

(3) Asbesthaltige Abfälle sind zu versehen mit der genannten Kennzeichnung in Artikel 67 in Verbindung mit Anhang XVII Nummer 6 Spalte 2 Ziffer 3 sowie Anlage 7 dieses Anhangs der Verordnung (EG) Nr. 1907/2006.

(4) Die Absätze 1 und 3 gelten auch für private Haushalte.

Nummer 2 2-Naphthylamin, 4-Aminobiphenyl, Benzidin, 4-Nitrobiphenyl

(1) Folgende Stoffe sowie Gemische, die diese Stoffe mit einem Massengehalt von mehr als 0,1 Prozent enthalten, dürfen nicht hergestellt werden:
1. 2-Naphthylamin und seine Salze,
2. 4-Aminobiphenyl und seine Salze,
3. Benzidin und seine Salze und
4. 4-Nitrobiphenyl.

(2) Das Herstellungsverbot nach Absatz 1 gilt nicht für Forschungs- und Analysezwecke sowie für wissenschaftliche Lehrzwecke in den dafür erforderlichen Mengen.

Nummer 3   Pentachlorphenol und seine Verbindungen

(1) Über das Verwendungsverbot nach Artikel 67 in Verbindung mit Anhang XVII Nummer 22 der Verordnung (EG) Nr. 1907/2006 hinaus dürfen solche Erzeugnisse nicht verwendet werden, die mit einem Gemisch behandelt worden sind, die Pentachlorphenol, Pentachlorphenolnatrium oder eine der übrigen Pentachlorphenolverbindungen enthält und deren von der Behandlung erfasste Teile mehr als 5 Milligramm pro Kilogramm dieser Stoffe enthalten.
(2) Absatz 1 gilt nicht für Holzbestandteile von Gebäuden und Möbeln sowie für Textilien, die vor dem 23. Dezember 1989 mit Gemischen behandelt wurden, die Pentachlorphenol, Pentachlorphenolnatrium oder eine der übrigen Pentachlorphenolverbindungen enthalten. Für das in Artikel 3 des Einigungsvertrags genannte Gebiet tritt an die Stelle des 23. Dezember 1989 der 3. Oktober 1990.
(3) Absatz 1 gilt nicht für Altholz, welches nach der Altholzverordnung vom 15. August 2002 (BGBl. I S. 3302), die zuletzt durch Artikel 2a der Verordnung vom 20. Oktober 2006 (BGBl. I S. 2298) geändert worden ist, verwertet wird.
(4) Die Absätze 1 bis 3 gelten auch für private Haushalte.

Nummer 4   Kühlschmierstoffe und Korrosionsschutzmittel

(1) Kühlschmierstoffe, denen nitrosierende Agenzien als Komponenten zugesetzt worden sind, dürfen nicht verwendet werden.
(2) Der Arbeitgeber hat im Rahmen der Gefährdungsbeurteilung nach § 6 sicherzustellen, dass den verwendeten Kühlschmierstoffen keine nitrosierenden Stoffe zugesetzt worden sind.
(3) Korrosionsschutzmittel, die gleichzeitig nitrosierende Agenzien oder deren Vorstufen, beispielsweise Nitrit, und sekundäre Amine, einschließlich verkappter sekundärer Amine, enthalten, dürfen nicht verwendet werden. Ausgenommen sind sekundäre Amine, deren zugehörige N-Nitrosamine nachweislich keine krebserzeugenden Stoffe der Kategorie 1 oder 2 sind.
(4) Wassermischbare und wassergemischte Korrosionsschutzmittel, die im Anlieferzustand nitrosierende Agenzien oder deren Vorstufen, beispielsweise Nitrit, enthalten, dürfen nicht verwendet werden.
(5) Der Arbeitgeber hat im Rahmen der Gefährdungsbeurteilung nach § 6 sicherzustellen, dass die eingesetzten Korrosionsschutzmittel den Anforderungen der Absätze 3 und 4 entsprechen.

Nummer 5   Biopersistente Fasern

(1) Folgende mineralfaserhaltige Gefahrstoffe dürfen weder für die Wärme- und Schalldämmung im Hochbau, einschließlich technischer Isolierungen, noch für Lüftungsanlagen hergestellt oder verwendet werden:
1. künstliche Mineralfasern (künstlich hergestellte ungerichtete glasige [Silikat-]Fasern mit einem Massengehalt von in der Summe über 18 Prozent der Oxide von Natrium, Kalium, Calcium, Magnesium und Barium),
2. Gemische und Erzeugnisse, die künstliche Mineralfasern mit einem Massengehalt von insgesamt mehr als 0,1 Prozent enthalten.

(2) Absatz 1 gilt nicht, wenn die künstlichen Mineralfasern eines der folgenden Kriterien erfüllen:
1. ein geeigneter Intraperitonealtest hat keine Anzeichen von übermäßiger Kanzerogenität ergeben,
2. die Halbwertzeit nach intratrachealer Instillation von 2 Milligramm einer Fasersuspension für Fasern mit einer Länge von mehr als 5 Mikrometer, einem Durchmesser von weniger als 3 Mikrometer und einem Länge-zu-Durchmesser-Verhältnis von größer als 3 zu 1 (WHO-Fasern) beträgt höchstens 40 Tage,
3. der Kanzerogenitätsindex KI, der sich aus der Differenz zwischen der Summe der Massengehalte (in Prozent) der Oxide von Natrium, Kalium, Bor, Calcium, Magnesium, Barium und dem doppelten Massengehalt (in Prozent) von Aluminiumoxid ergibt, ist bei künstlichen Mineralfasern mindestens 40,
4. Glasfasern, die für Hochtemperaturanwendungen bestimmt sind, die
    a) eine Klassifikationstemperatur von 1 000 Grad Celsius bis zu 1 200 Grad Celsius erfordern, besitzen eine Halbwertzeit nach den unter Ziffer 2 genannten Kriterien von höchstens 65 Tagen oder
    b) eine Klassifikationstemperatur von über 1 200 Grad Celsius erfordern, besitzen eine Halbwertzeit nach den unter Ziffer 2 genannten Kriterien von höchstens 100 Tagen.
(3) Spritzverfahren, bei denen krebserzeugende Mineralfasern verwendet werden, sind verboten.
(4) Die Absätze 1 bis 3 gelten auch für private Haushalte.

Nummer 6   Besonders gefährliche krebserzeugende Stoffe

(1) Die folgenden besonders gefährlichen krebserzeugenden Stoffe dürfen nur in geschlossenen Anlagen hergestellt oder verwendet werden:
1. 6-Amino-2-ethoxynaphthalin,
2. Bis(chlormethyl)ether,
3. Cadmiumchlorid (in einatembarer Form),
4. Chlormethyl-methylether,
5. Dimethylcarbamoylchlorid,
6. Hexamethylphosphorsäuretriamid,
7. 1,3-Propansulton,
8. N-Nitrosaminverbindungen, ausgenommen solche N-Nitrosaminverbindungen, bei denen sich in entsprechenden Prüfungen kein Hinweis auf krebserzeugende Wirkungen ergeben hat,
9. Tetranitromethan,
10. 1,2,3-Trichlorpropan sowie
11. Dimethyl- und Diethylsulfat.
Die Herstellungs- und Verwendungsbeschränkung nach Satz 1 gilt auch für o-Toluidin.
(2) Die Herstellungs- und Verwendungsbeschränkung nach Absatz 1 gilt nicht für Forschungs- und Analysezwecke sowie für wissenschaftliche Lehrzwecke in den dafür erforderlichen Mengen.

Gefahrstoffverordnung   Anhang III

Anhang III (zu § 11 Absatz 4)
Spezielle Anforderungen an Tätigkeiten mit organischen Peroxiden

Inhaltsübersicht
Nummer 1 Anwendungsbereich und Begriffsbestimmungen
Nummer 2 Tätigkeiten mit organischen Peroxiden

1 Nummer 1   Anwendungsbereich und Begriffsbestimmungen

(1) Der Anhang III legt nur Anforderungen fest zum Schutz von Beschäftigten und Personen nach § 1 Absatz 3 Satz 2 (andere Personen) vor
a) Brand- und Explosionsgefährdungen sowie
b) den Auswirkungen von Bränden oder Explosionen.
Gesundheitsschädigende Wirkungen, die bei Tätigkeiten mit organischen Peroxiden auftreten können, werden von Anhang III nicht erfasst.
(2) Folgende Begriffsbestimmungen gelten für Anhang III:
a) Gefahrgruppe ist eine Einteilung von organischen Peroxiden in Abhängigkeit von ihrem Abbrandverhalten im verpackten Zustand,
b) Gefährliche Objekte sind Betriebsgebäude, Räume oder Plätze in oder auf denen Tätigkeiten mit organischen Peroxiden durchgeführt werden,
c) Schutzabstände sind die zwischen gefährlichen Objekten und der Nachbarschaft, insbesondere Wohnbereichen und Verkehrswegen, einzuhaltenden Abstände,
d) Sicherheitsabstände sind die innerhalb eines Betriebsgeländes einzuhaltenden Abstände,
e) Verkehrswege sind Straßen, Schienen- und Schifffahrtswege, die uneingeschränkt dem öffentlichen Verkehr zugänglich sind, ausgenommen solche mit geringer Verkehrsdichte,
f) Wohnbereich ist ein Bereich, in dem sich bewohnte Gebäude befinden und der nicht mit dem Betrieb in Zusammenhang steht; zu den bewohnten Gebäuden zählen auch Gebäude und Anlagen mit Räumen, die nicht nur zum vorübergehenden Aufenthalt von Personen bestimmt und geeignet sind.

Nummer 2   Tätigkeiten mit organischen Peroxiden

2.1 Anwendungsbereich
(1) Nummer 2 gilt für Tätigkeiten mit organischen Peroxiden.
(2) Nummer 2 gilt nicht für
a) Tätigkeiten mit organischen Peroxiden in Form von Gemischen, wenn
   aa) das Gemisch nicht mehr als 1,0 Prozent Aktivsauerstoff aus den organischen Peroxiden bei höchstens 1,0 Prozent Wasserstoffperoxid enthält oder
   bb) das Gemisch nicht mehr als 0,5 Prozent Aktivsauerstoff aus den organischen Peroxiden bei mehr als 1,0 Prozent, jedoch höchstens 7,0 Prozent Wasserstoffperoxid enthält,
b) Tätigkeiten mit organischen Peroxiden in Kleinpackungen mit einem Inhalt von bis zu 100 Gramm festem oder bis zu 25 Milliliter flüssigem organischen Peroxid, sofern
   aa) die organischen Peroxide nicht dem Sprengstoffgesetz unterfallen,
   bb) die Kleinpackungen handelsfertig in Verkehr gebracht worden sind und die im Betrieb vorhandene Gesamtmasse der organischen Peroxide in den Kleinpackungen einen Inhalt von insgesamt 100 Kilogramm nicht übersteigt,

c) das Aufbewahren explosionsgefährlicher organischer Peroxide, sofern diese den Bestimmungen der Zweiten Verordnung zum Sprengstoffgesetz in der Fassung der Bekanntmachung vom 10. September 2002 (BGBl. I S. 3543), die zuletzt durch Artikel 2 der Verordnung vom 26. November 2010 (BGBl. I S. 1643) geändert worden ist, unterliegen.

2.2 Begriffsbestimmungen
Folgende Begriffsbestimmungen gelten für Nummer 2:
a) Aktivsauerstoff ist der für Oxidationsreaktionen verfügbare abspaltbare Sauerstoff der Peroxidgruppe (pro Peroxogruppe jeweils ein Sauerstoffatom),
b) der korrigierte Stoffdurchsatz Ak (angegeben in Kilogramm/Minute) charakterisiert das Abbrandverhalten eines organischen Peroxids in seiner Verpackung bezogen auf eine Menge von 10 000 Kilogramm. Darin sind das Maß der Vollständigkeit und Gleichmäßigkeit des Abbrandes sowie das Wärmestrahlungsvermögen der Flammen berücksichtigt.

2.3 Zuordnung organischer Peroxide zu Gefahrgruppen
(1) Der Arbeitgeber darf eine Tätigkeit mit einem organischen Peroxid nur ausüben lassen, wenn die Bundesanstalt für Materialforschung und -prüfung für dieses organische Peroxid eine Gefahrgruppe nach Absatz 2 bekannt gegeben hat. Hat die Bundesanstalt für Materialforschung und -prüfung für explosionsgefährliche organische Peroxide die Lagergruppenzuordnung I, II oder III nach der Zweiten Verordnung zum Sprengstoffgesetz in der Fassung der Bekanntmachung vom 10. September 2002 (BGBl. I S. 3543), die zuletzt durch Artikel 2 der Verordnung vom 26. November 2010 (BGBl. I S. 1643) geändert worden ist, bekannt gegeben, gilt für diese organischen Peroxide entsprechend die Gefahrgruppe OP I, OP II oder OP III als bekannt gegeben. Satz 1 findet keine Anwendung auf organische Peroxide in Form von Gemischen, die organische Peroxide mit einem Massengehalt unter 10 Prozent und Wasserstoffperoxid mit einem Massengehalt unter 5 Prozent enthalten.
(2) Für die Einteilung in Gefahrgruppen gelten folgende Kriterien:
a) Gefahrgruppe OP I: organische Peroxide dieser Gruppe brennen sehr heftig unter starker Wärmeentwicklung ab; der Brand breitet sich rasch aus; Packungen organischer Peroxide können auch vereinzelt mit geringer Druckwirkung explodieren; dabei kann sich der gesamte Inhalt einer Packung umsetzen; einzelne brennende Packungen können fortgeschleudert werden; die Gefährdung der Umgebung durch Wurfstücke ist gering; Gebäude in der Umgebung sind im Allgemeinen durch Druckwirkung nicht gefährdet; diese Gefahrgruppe wird in die Untergruppen Ia und Ib unterteilt; die Gefahrgruppe OP Ia umfasst die organischen Peroxide mit einem korrigierten Stoffdurchsatz Ak größer oder gleich 300 Kilogramm/Minute; die Gefahrgruppe OP Ib umfasst die organischen Peroxide mit einem korrigierten Stoffdurchsatz Ak größer oder gleich 140 Kilogramm/Minute, jedoch kleiner 300 Kilogramm/Minute,
b) Gefahrgruppe OP II: organische Peroxide dieser Gruppe brennen heftig unter starker Wärmeentwicklung ab; der Brand breitet sich rasch aus; die Packungen organischer Peroxide können auch vereinzelt mit geringer Druckwirkung explodieren; dabei setzt sich jedoch nicht der gesamte Inhalt einer Packung um; die Umgebung ist hauptsächlich durch Flammen und Wärmestrahlung gefährdet; Bauten in der Umgebung sind durch Druckwirkung nicht gefährdet; die Gefahrgruppe OP II umfasst die organischen Peroxide mit einem korrigierten Stoffdurchsatz Ak größer oder gleich 60 Kilogramm/Minute, jedoch kleiner 140 Kilogramm/Minute,
c) Gefahrgruppe OP III: organische Peroxide dieser Gruppe brennen ab, wobei die Auswirkungen des Brandes denen brennbarer Stoffe vergleichbar sind; die Gefahrgruppe OP III

umfasst die organischen Peroxide mit einem korrigierten Stoffdurchsatz Ak kleiner 60 Kilogramm/Minute,

d) Gefahrgruppe OP IV: organische Peroxide dieser Gruppe sind schwer entzündbar und brennen so langsam ab, dass die Umgebung durch Flammen und Wärmestrahlung praktisch nicht gefährdet ist; die Angabe eines korrigierten Stoffdurchsatzes Ak ist für diese Gefahrgruppe nicht möglich.

(3) Liegt für ein organisches Peroxid keine Gefahrgruppenzuordnung vor, hat der Arbeitgeber eine solche bei der Bundesanstalt für Materialforschung und -prüfung schriftlich oder elektronisch zu beantragen. Dem Antrag sind die erforderlichen Unterlagen beizufügen. Die Bundesanstalt für Materialforschung und -prüfung gibt die Gefahrgruppenzuordnung bekannt.

(4) Abweichend von Absatz 3 kann der Arbeitgeber auch von einer anderen geeigneten Stelle prüfen lassen, welche Gefahrgruppenzuordnung vorzunehmen ist. In diesem Fall hat der Arbeitgeber das Prüfergebnis mit den erforderlichen Unterlagen der Bundesanstalt für Materialforschung und -prüfung vorzulegen. Die Bundesanstalt für Materialforschung und -prüfung gibt die Gefahrgruppenzuordnung bekannt, wenn diese als zutreffend bewertet worden ist.

(5) Bis zur Bekanntgabe der Gefahrgruppenzuordnung durch die Bundesanstalt für Materialforschung und -prüfung müssen organische Peroxide mit einer Peroxidkonzentration

a) größer oder gleich 57 Prozent wie organische Peroxide der Gefahrgruppe OP Ib,
b) größer oder gleich 32 Prozent, aber kleiner 57 Prozent wie organische Peroxide der Gefahrgruppe OP II,
c) größer oder gleich 10 Prozent, aber kleiner 32 Prozent wie organische Peroxide der Gefahrgruppe OP III

behandelt werden.

(6) Nicht brennbare organische Peroxide mit einer Peroxidkonzentration größer oder gleich 10 Prozent können wie organische Peroxide der Gefahrgruppe OP IV behandelt werden, wenn hierzu die Zustimmung der zuständigen Behörde vorliegt. Die vorläufige Gefahrgruppenzuordnung darf nicht länger als zwei Jahre genutzt werden.

2.4 Informationsermittlung und Gefährdungsbeurteilung

(1) Bei Tätigkeiten mit einem organischen Peroxid hat der Arbeitgeber im Rahmen der Gefährdungsbeurteilung nach § 6 fachkundig zu ermitteln, ob die von der Bundesanstalt für Materialforschung und -prüfung bekannt gegebene Gefahrgruppenzuordnung des organischen Peroxids für die Tätigkeiten anwendbar ist. Stimmen die Kriterien der Zuordnung mit den Bedingungen der Tätigkeiten überein, hat er die aus der Gefahrgruppenzuordnung resultierenden Schutzmaßnahmen zu ergreifen. Stellt der Arbeitgeber fest, dass die bekannt gegebene Gefahrgruppenzuordnung für einzelne Tätigkeiten nicht übernommen werden kann, legt er fachkundig für die betreffenden Tätigkeiten eine abweichende Gefahrgruppe fest. Ist der Arbeitgeber selbst nicht fachkundig, hat er sich fachkundig beraten zu lassen.

(2) Stellt der Arbeitgeber im Rahmen der Gefährdungsbeurteilung nach § 6 fest, dass bei der Herstellung, Be- oder Verarbeitung organischer Peroxide Gemische auftreten können, die detonationsfähig sind oder zur schnellen Deflagration oder heftigen Wärmeexplosion neigen, hat der Arbeitgeber ein Gutachten der Bundesanstalt für Materialforschung und -prüfung einzuholen, das insbesondere auf die zu treffenden Schutzmaßnahmen eingeht. Dies gilt auch, wenn Tätigkeiten mit organischen Peroxiden in ortsfesten Freianlagen, einschließlich der Lagerung in Tanks oder Silos, ausgeübt werden sollen.

2.5 Schutz- und Sicherheitsabstände

(1) Der Arbeitgeber hat für Gebäude und Freianlagen, in oder auf denen Tätigkeiten mit organischen Peroxiden durchgeführt werden, ausreichende Schutzabstände zu Wohnbereichen und öffentlichen Verkehrswegen sowie Sicherheitsabstände zu innerbetrieblichen Gebäuden oder Anlagen festzulegen. Zu Gebäuden, in denen nur Tätigkeiten mit organischen Peroxiden der Gefahrgruppe OP IV durchgeführt werden, sind keine Schutz- und Sicherheitsabstände einzuhalten.

(2) Die Schutz- und Sicherheitsabstände sind in Abhängigkeit von der Gefahrgruppe und der Menge der vorhandenen organischen Peroxide sowie der Lage, Anordnung und Bauart der Gebäude und Anlagen festzulegen.

(3) Beim Aufbewahren von organischen Peroxiden der Gefahrgruppe OP Ia bis zu einer Nettomasse von 100 Kilogramm und der Gefahrgruppen OP Ib, OP II und OP III bis zu einer Nettomasse von 200 Kilogramm sind keine Schutz- und Sicherheitsabstände einzuhalten. Es muss jedoch sichergestellt sein, dass eine nicht bestimmungsgemäße Umsetzung organischer Peroxide nicht nach außen oder nur in ungefährliche Richtung wirken kann.

2.6 Bauliche Anforderungen

Der Arbeitgeber hat Gebäude, in denen Tätigkeiten mit organischen Peroxiden durchgeführt werden, so zu errichten, dass eine Gefährdung der Beschäftigten und anderer Personen bei Betriebsstörungen oder Unfällen auf ein Minimum reduziert wird. Kann durch eine eintretende Zersetzung eine Gefährdung auftreten, hat er sicherzustellen, dass insbesondere Gebäude und Räume zum Herstellen, Bearbeiten, Verarbeiten, Abfüllen oder Vernichten organischer Peroxide
a) in Sicherheitsbauweise errichtet werden,
b) über ausreichend widerstandsfähige Decken und Wände verfügen und
c) über ausreichend bemessene Druckentlastungsflächen in Wänden oder Decken verfügen, die im Explosionsfall einen schnellen Druckabbau ermöglichen; diese müssen aus leichten Baustoffen bestehen und ihre Widerstandsfähigkeit muss deutlich niedriger sein als die anderer Bauteile.

2.7 Zündquellen

Der Arbeitgeber hat die Bereiche, in denen Zündquellen vermieden werden müssen, im Rahmen der Gefährdungsbeurteilung festzulegen und hierfür die erforderlichen Schutzmaßnahmen, einschließlich der Kennzeichnung dieser Bereiche, zu ergreifen.

2.8 Innerbetrieblicher Transport

Zum innerbetrieblichen Transport eines organischen Peroxids dürfen nur Kraftfahrzeuge oder Flurförderzeuge eingesetzt werden, die keine Zündquelle für das organische Peroxid darstellen.

2.9 Anforderungen an das Aufbewahren organischer Peroxide

(1) Organische Peroxide, die dem Sprengstoffgesetz unterfallen, sind aufzubewahren nach Maßgabe der Vorschriften der Zweiten Verordnung zum Sprengstoffgesetz in der Fassung der Bekanntmachung vom 10. September 2002 (BGBl. I S. 3543), die zuletzt durch Artikel 2 der Verordnung vom 26. November 2010 (BGBl. I S. 1643) geändert worden ist. Für das Aufbewahren organischer Peroxide, die nicht dem Sprengstoffgesetz unterfallen, gelten die Absätze 2 bis 5.

(2) Lagergebäude für organische Peroxide der Gefahrgruppen OP I bis OP III müssen in ein-

geschossiger Bauweise errichtet sein. Abweichend von Satz 1 darf ein Lagergebäude auch mehrgeschossig sein, wenn die Gefährdungsbeurteilung ergibt, dass die Gefährdung der Beschäftigten und anderer Personen durch die mehrgeschossige Bauweise nicht erhöht wird.

(3) Lagerräume für organische Peroxide der Gefahrgruppen OP I bis OP III müssen mit Druckentlastungsflächen versehen sein.

(4) Lagerräume müssen so errichtet und ausgerüstet sein, dass die höchstzulässige Aufbewahrungstemperatur für organische Peroxide nicht überschritten wird.

(5) Der Arbeitgeber hat dafür zu sorgen, dass organische Peroxide mit anderen Stoffen, Gemischen oder Erzeugnissen nur zusammen gelagert oder gemeinsam abgestellt werden, wenn hierdurch keine wesentliche Erhöhung der Gefährdung eintreten kann.

2.10 Anforderungen an Betriebsanlagen und -einrichtungen

(1) Betriebsanlagen und -einrichtungen müssen so beschaffen und ausgerüstet sein, dass auch bei Betriebsstörungen oder Unfällen die Sicherheit aufrechterhalten und ein unkontrollierter Austritt von organischen Peroxiden vermieden wird. Sie müssen vollständig und gefahrlos entleert werden können.

(2) Betriebsanlagen müssen so errichtet sein, dass durch sie keine gefährlichen Reaktionen der organischen Peroxide ausgelöst werden. Sie sind mit Kontroll- und Regeleinrichtungen für den sicheren Betrieb auszurüsten.

(3) Gefährliche Einschlüsse organischer Peroxide müssen vermieden werden.

(4) Art und Anzahl der Feuerlöscheinrichtungen müssen für die besonderen Eigenschaften der organischen Peroxide ausgelegt sein.

Gesetz über genetische Untersuchungen bei Menschen (Gendiagnostikgesetz – GenDG)

vom 31. Juli 2009 (BGBl. I 2009, S. 2529)
– zuletzt geändert durch Fünfzigstes Gesetz zur Änderung des Strafgesetzbuches – Verbesserung des Schutzes der sexuellen Selbstbestimmung vom 4. November 2016 (BGBl. I 2016, S. 2460)

Abschnitt 1: Allgemeine Vorschriften

§ 1 Zweck des Gesetzes

Zweck dieses Gesetzes ist es, die Voraussetzungen für genetische Untersuchungen und im Rahmen genetischer Untersuchungen durchgeführte genetische Analysen sowie die Verwendung genetischer Proben und Daten zu bestimmen und eine Benachteiligung auf Grund genetischer Eigenschaften zu verhindern, um insbesondere die staatliche Verpflichtung zur Achtung und zum Schutz der Würde des Menschen und des Rechts auf informationelle Selbstbestimmung zu wahren.

§ 2 Anwendungsbereich

(1) Dieses Gesetz gilt für genetische Untersuchungen und im Rahmen genetischer Untersuchungen durchgeführte genetische Analysen bei geborenen Menschen sowie bei Embryonen und Föten während der Schwangerschaft und den Umgang mit dabei gewonnenen genetischen Proben und genetischen Daten bei genetischen Untersuchungen zu medizinischen Zwecken, zur Klärung der Abstammung sowie im Versicherungsbereich und im Arbeitsleben.

(2) Dieses Gesetz gilt nicht für genetische Untersuchungen und Analysen und den Umgang mit genetischen Proben und Daten
1. zu Forschungszwecken,
2. auf Grund von Vorschriften
    a) über das Strafverfahren, über die internationale Rechtshilfe in Strafsachen, des Bundeskriminalamtgesetzes und der Polizeigesetze der Länder,
    b) des Infektionsschutzgesetzes und der auf Grund des Infektionsschutzgesetzes erlassenen Rechtsverordnungen.

§ 3 Begriffsbestimmungen

Im Sinne dieses Gesetzes
1. ist genetische Untersuchung eine auf den Untersuchungszweck gerichtete
    a) genetische Analyse zur Feststellung genetischer Eigenschaften oder
    b) vorgeburtliche Risikoabklärung
    einschließlich der Beurteilung der jeweiligen Ergebnisse,
2. ist genetische Analyse eine auf die Feststellung genetischer Eigenschaften gerichtete Analyse
    a) der Zahl und der Struktur der Chromosomen (zytogenetische Analyse),
    b) der molekularen Struktur der Desoxyribonukleinsäure oder der Ribonukleinsäure (molekulargenetische Analyse) oder
    c) der Produkte der Nukleinsäuren (Genproduktanalyse),
3. ist vorgeburtliche Risikoabklärung eine Untersuchung des Embryos oder Fötus, mit der die Wahrscheinlichkeit für das Vorliegen bestimmter genetischer Eigenschaften mit Bedeu-

tung für eine Erkrankung oder gesundheitliche Störung des Embryos oder Fötus ermittelt werden soll,
4. sind genetische Eigenschaften ererbte oder während der Befruchtung oder bis zur Geburt erworbene, vom Menschen stammende Erbinformationen,
5. ist verantwortliche ärztliche Person die Ärztin oder der Arzt, die oder der die genetische Untersuchung zu medizinischen Zwecken vornimmt,
6. ist genetische Untersuchung zu medizinischen Zwecken eine diagnostische oder eine prädiktive genetische Untersuchung,
7. ist eine diagnostische genetische Untersuchung eine genetische Untersuchung mit dem Ziel
   a) der Abklärung einer bereits bestehenden Erkrankung oder gesundheitlichen Störung,
   b) der Abklärung, ob genetische Eigenschaften vorliegen, die zusammen mit der Einwirkung bestimmter äußerer Faktoren oder Fremdstoffe eine Erkrankung oder gesundheitliche Störung auslösen können,
   c) der Abklärung, ob genetische Eigenschaften vorliegen, die die Wirkung eines Arzneimittels beeinflussen können, oder
   d) der Abklärung, ob genetische Eigenschaften vorliegen, die den Eintritt einer möglichen Erkrankung oder gesundheitlichen Störung ganz oder teilweise verhindern können,
8. ist prädiktive genetische Untersuchung eine genetische Untersuchung mit dem Ziel der Abklärung
   a) einer erst zukünftig auftretenden Erkrankung oder gesundheitlichen Störung oder
   b) einer Anlageträgerschaft für Erkrankungen oder gesundheitliche Störungen bei Nachkommen,
9. ist genetische Reihenuntersuchung eine genetische Untersuchung zu medizinischen Zwecken, die systematisch der gesamten Bevölkerung oder bestimmten Personengruppen in der gesamten Bevölkerung angeboten wird, ohne dass bei der jeweiligen betroffenen Person notwendigerweise Grund zu der Annahme besteht, sie habe die genetischen Eigenschaften, deren Vorhandensein mit der Untersuchung geklärt werden soll,
10. ist genetische Probe biologisches Material, das zur Verwendung für genetische Analysen vorgesehen ist oder an dem solche Analysen vorgenommen wurden,
11. sind genetische Daten die durch eine genetische Untersuchung oder die im Rahmen einer genetischen Untersuchung durchgeführte genetische Analyse gewonnenen Daten über genetische Eigenschaften,
12. sind Beschäftigte
    a) Arbeitnehmerinnen und Arbeitnehmer,
    b) die zu ihrer Berufsbildung Beschäftigten,
    c) Teilnehmer an Leistungen zur Teilhabe am Arbeitsleben sowie an Abklärungen der beruflichen Eignung oder Arbeitserprobung (Rehabilitanden),
    d) die in anerkannten Werkstätten für behinderte Menschen Beschäftigten,
    e) Personen, die nach dem Jugendfreiwilligendienstegesetz beschäftigt werden,
    f) Personen, die wegen ihrer wirtschaftlichen Unselbstständigkeit als arbeitnehmerähnliche Personen anzusehen sind; zu diesen gehören auch die in Heimarbeit Beschäftigten und die ihnen Gleichgestellten,
    g) Bewerberinnen und Bewerber für ein Beschäftigungsverhältnis sowie Personen, deren Beschäftigungsverhältnis beendet ist,

13. sind Arbeitgeber (Arbeitgeberinnen und Arbeitgeber) natürliche oder juristische Personen oder rechtsfähige Personengesellschaften, die Personen nach Nummer 12 beschäftigen, bei in Heimarbeit Beschäftigten und den ihnen Gleichgestellten die Auftraggeber oder Zwischenmeister oder bei Beschäftigten, die einem Dritten zur Arbeitsleistung überlassen werden, auch die Dritten.

§ 4 Benachteiligungsverbot

(1) Niemand darf wegen seiner oder der genetischen Eigenschaften einer genetisch verwandten Person, wegen der Vornahme oder Nichtvornahme einer genetischen Untersuchung oder Analyse bei sich oder einer genetisch verwandten Person oder wegen des Ergebnisses einer solchen Untersuchung oder Analyse benachteiligt werden.

(2) Die Geltung von Benachteiligungsverboten oder Geboten der Gleichbehandlung nach anderen Vorschriften und Grundsätzen wird durch dieses Gesetz nicht berührt. Dies gilt auch für öffentlich-rechtliche Vorschriften, die dem Schutz bestimmter Personengruppen dienen.

§ 5 Qualitätssicherung genetischer Analysen

(1) Genetische Analysen im Rahmen genetischer Untersuchungen zur Klärung der Abstammung dürfen nur von Einrichtungen vorgenommen werden, die eine Akkreditierung für die Durchführung der genetischen Analysen durch eine hierfür allgemein anerkannte Stelle erhalten haben. Für eine Akkreditierung muss die Einrichtung insbesondere
1. die genetischen Analysen nach dem allgemein anerkannten Stand der Wissenschaft und Technik durchführen und hierfür ein System der internen Qualitätssicherung einrichten,
2. über für die entsprechenden Tätigkeiten qualifiziertes Personal verfügen,
3. die Anforderungen an die Aufbewahrung und Vernichtung der Ergebnisse der genetischen Analysen nach § 12 sowie an die Verwendung und Vernichtung genetischer Proben nach § 13 einhalten und hierfür die erforderlichen organisatorischen und technischen Maßnahmen treffen und
4. die erfolgreiche Teilnahme an geeigneten externen Qualitätssicherungsmaßnahmen nachweisen.

Die Einrichtungen werden für die im Akkreditierungsantrag benannten Analysearten sowie Analyseverfahren akkreditiert. Die Akkreditierung ist auf längstens fünf Jahre zu befristen.

(2) Einrichtungen oder Personen, die genetische Analysen zu medizinischen Zwecken im Rahmen genetischer Untersuchungen vornehmen, müssen die in Absatz 1 Satz 2 Nr. 1 bis 4 genannten Anforderungen erfüllen.

§ 6 Abgabe genetischer Untersuchungsmittel

Das Bundesministerium für Gesundheit kann durch Rechtsverordnung mit Zustimmung des Bundesrates regeln, dass bestimmte, in der Rechtsverordnung zu bezeichnende genetische Untersuchungsmittel, die dazu dienen, genetische Untersuchungen vorzunehmen, zur Endanwendung nur an Personen und Einrichtungen abgegeben werden dürfen, die zu diesen Untersuchungen oder zu genetischen Analysen im Rahmen dieser Untersuchungen nach Maßgabe dieses Gesetzes berechtigt sind.

Abschnitt 2: Genetische Untersuchungen zu medizinischen Zwecken

§ 7 Arztvorbehalt

(1) Eine diagnostische genetische Untersuchung darf nur durch Ärztinnen oder Ärzte und eine prädiktive genetische Untersuchung nur durch Fachärztinnen oder Fachärzte für Humangenetik oder andere Ärztinnen oder Ärzte, die sich beim Erwerb einer Facharzt-, Schwerpunkt- oder Zusatzbezeichnung für genetische Untersuchungen im Rahmen ihres Fachgebietes qualifiziert haben, vorgenommen werden.

(2) Die genetische Analyse einer genetischen Probe darf nur im Rahmen einer genetischen Untersuchung von der verantwortlichen ärztlichen Person oder durch von dieser beauftragte Personen oder Einrichtungen vorgenommen werden.

(3) Eine genetische Beratung nach § 10 darf nur durch in Absatz 1 genannte Ärztinnen oder Ärzte, die sich für genetische Beratungen qualifiziert haben, vorgenommen werden.

§ 8 Einwilligung

(1) Eine genetische Untersuchung oder Analyse darf nur vorgenommen und eine dafür erforderliche genetische Probe nur gewonnen werden, wenn die betroffene Person in die Untersuchung und die Gewinnung der dafür erforderlichen genetischen Probe ausdrücklich und schriftlich gegenüber der verantwortlichen ärztlichen Person eingewilligt hat. Die Einwilligung nach Satz 1 umfasst sowohl die Entscheidung über den Umfang der genetischen Untersuchung als auch die Entscheidung, ob und inwieweit das Untersuchungsergebnis zur Kenntnis zu geben oder zu vernichten ist. Eine nach § 7 Abs. 2 beauftragte Person oder Einrichtung darf die genetische Analyse nur vornehmen, wenn ihr ein Nachweis der Einwilligung vorliegt.

(2) Die betroffene Person kann ihre Einwilligung jederzeit mit Wirkung für die Zukunft schriftlich oder mündlich gegenüber der verantwortlichen ärztlichen Person widerrufen. Erfolgt der Widerruf mündlich, ist dieser unverzüglich zu dokumentieren. Die verantwortliche ärztliche Person hat der nach § 7 Abs. 2 beauftragten Person oder Einrichtung unverzüglich einen Nachweis des Widerrufs zu übermitteln.

§ 9 Aufklärung

(1) Vor Einholung der Einwilligung hat die verantwortliche ärztliche Person die betroffene Person über Wesen, Bedeutung und Tragweite der genetischen Untersuchung aufzuklären. Der betroffenen Person ist nach der Aufklärung eine angemessene Bedenkzeit bis zur Entscheidung über die Einwilligung einzuräumen.

(2) Die Aufklärung umfasst insbesondere

1. Zweck, Art, Umfang und Aussagekraft der genetischen Untersuchung einschließlich der mit dem vorgesehenen genetischen Untersuchungsmittel im Rahmen des Untersuchungszwecks erzielbaren Ergebnisse; dazu gehören auch die Bedeutung der zu untersuchenden genetischen Eigenschaften für eine Erkrankung oder gesundheitliche Störung sowie die Möglichkeiten, sie zu vermeiden, ihr vorzubeugen oder sie zu behandeln,
2. gesundheitliche Risiken, die mit der Kenntnis des Ergebnisses der genetischen Untersuchung und der Gewinnung der dafür erforderlichen genetischen Probe für die betroffene Person verbunden sind, bei Schwangeren auch gesundheitliche Risiken, die mit der vorgeburtlichen genetischen Untersuchung und der Gewinnung der dafür erforderlichen genetischen Probe für den Embryo oder Fötus verbunden sind,
3. die vorgesehene Verwendung der genetischen Probe sowie der Untersuchungs- oder der Analyseergebnisse,

4. das Recht der betroffenen Person, die Einwilligung jederzeit zu widerrufen,
5. das Recht der betroffenen Person auf Nichtwissen einschließlich des Rechts, das Untersuchungsergebnis oder Teile davon nicht zur Kenntnis zu nehmen, sondern vernichten zu lassen,
6. bei einer genetischen Reihenuntersuchung die Unterrichtung der betroffenen Personen über das Ergebnis der Bewertung der Untersuchung durch die Gendiagnostik-Kommission nach § 16 Abs. 2.

(3) Die verantwortliche ärztliche Person hat den Inhalt der Aufklärung vor der genetischen Untersuchung zu dokumentieren.

§ 10 Genetische Beratung

(1) Bei einer diagnostischen genetischen Untersuchung soll die verantwortliche ärztliche Person nach Vorliegen des Untersuchungsergebnisses der betroffenen Person eine genetische Beratung durch eine Ärztin oder einen Arzt, die oder der die Voraussetzungen nach § 7 Abs. 1 und 3 erfüllt, anbieten. Wird bei der betroffenen Person eine genetische Eigenschaft mit Bedeutung für eine Erkrankung oder gesundheitliche Störung festgestellt, die nach dem allgemein anerkannten Stand der Wissenschaft und Technik nicht behandelbar ist, gilt Satz 1 mit der Maßgabe, dass die verantwortliche ärztliche Person die Beratung anzubieten hat.

(2) Bei einer prädiktiven genetischen Untersuchung ist die betroffene Person vor der genetischen Untersuchung und nach Vorliegen des Untersuchungsergebnisses durch eine Ärztin oder einen Arzt, die oder der die Voraussetzungen nach § 7 Abs. 1 und 3 erfüllt, genetisch zu beraten, soweit diese nicht im Einzelfall nach vorheriger schriftlicher Information über die Beratungsinhalte auf die genetische Beratung schriftlich verzichtet. Der betroffenen Person ist nach der Beratung eine angemessene Bedenkzeit bis zur Untersuchung einzuräumen.

(3) Die genetische Beratung erfolgt in allgemein verständlicher Form und ergebnisoffen. Sie umfasst insbesondere die eingehende Erörterung der möglichen medizinischen, psychischen und sozialen Fragen im Zusammenhang mit einer Vornahme oder Nichtvornahme der genetischen Untersuchung und ihren vorliegenden oder möglichen Untersuchungsergebnissen sowie der Möglichkeiten zur Unterstützung bei physischen und psychischen Belastungen der betroffenen Person durch die Untersuchung und ihr Ergebnis. Mit Zustimmung der betroffenen Person kann eine weitere sachverständige Person mitberatend hinzugezogen werden. Ist anzunehmen, dass genetisch Verwandte der betroffenen Person Träger der zu untersuchenden genetischen Eigenschaften mit Bedeutung für eine vermeidbare oder behandelbare Erkrankung oder gesundheitliche Störung sind, umfasst die genetische Beratung auch die Empfehlung, diesen Verwandten eine genetische Beratung zu empfehlen. Soll die genetische Untersuchung bei einem Embryo oder Fötus vorgenommen werden, gilt Satz 4 entsprechend.

(4) Die verantwortliche ärztliche Person oder die Ärztin oder der Arzt, die oder der die Beratung angeboten oder vorgenommen hat, hat den Inhalt der Beratung zu dokumentieren.

§ 11 Mitteilung der Ergebnisse genetischer Untersuchungen und Analysen

(1) Das Ergebnis einer genetischen Untersuchung darf vorbehaltlich der Absätze 2 und 3 nur der betroffenen Person und nur durch die verantwortliche ärztliche Person oder die Ärztin oder den Arzt, die oder der die genetische Beratung durchgeführt hat, mitgeteilt werden.

(2) Eine nach § 7 Abs. 2 mit der genetischen Analyse beauftragte Person oder Einrichtung darf das Ergebnis der genetischen Analyse nur der ärztlichen Person mitteilen, die sie mit der genetischen Analyse beauftragt hat.

(3) Die verantwortliche ärztliche Person darf das Ergebnis der genetischen Untersuchung oder Analyse anderen nur mit ausdrücklicher und schriftlicher Einwilligung der betroffenen Person mitteilen.
(4) Das Ergebnis der genetischen Untersuchung darf der betroffenen Person nicht mitgeteilt werden, soweit diese Person nach § 8 Abs. 1 Satz 1 in Verbindung mit Satz 2 entschieden hat, dass das Ergebnis der genetischen Untersuchung zu vernichten ist oder diese Person nach § 8 Abs. 2 ihre Einwilligung widerrufen hat.

§ 12 Aufbewahrung und Vernichtung der Ergebnisse genetischer Untersuchungen und Analysen

(1) Die Ergebnisse genetischer Untersuchungen und Analysen hat die verantwortliche ärztliche Person zehn Jahre in den Untersuchungsunterlagen über die betroffene Person aufzubewahren. Die verantwortliche ärztliche Person hat die Ergebnisse genetischer Untersuchungen und Analysen unverzüglich in den Untersuchungsunterlagen über die betroffene Person zu vernichten,
1. wenn die Aufbewahrungsfrist nach Satz 1 abgelaufen ist oder
2. soweit diese Person nach § 8 Abs. 1 Satz 1 in Verbindung mit Satz 2 entschieden hat, dass die Ergebnisse der genetischen Untersuchungen und Analysen zu vernichten sind.

Soweit Grund zu der Annahme besteht, dass durch eine Vernichtung schutzwürdige Interessen der betroffenen Person beeinträchtigt würden oder wenn die betroffene Person eine längere Aufbewahrung schriftlich verlangt, hat die verantwortliche ärztliche Person die Ergebnisse anstelle einer Vernichtung nach Satz 2 Nr. 1 zu sperren und dies der nach § 7 Abs. 2 beauftragten Person oder Einrichtung mitzuteilen. Satz 2 Nr. 2 gilt auch, wenn die betroffene Person ihre Einwilligung nach § 8 Abs. 2 widerrufen hat, soweit ihr die Ergebnisse nicht bereits bekannt sind.
(2) Absatz 1 gilt für die Aufbewahrung, Vernichtung und Sperrung des Ergebnisses einer genetischen Analyse durch die nach § 7 Abs. 2 beauftragte Person oder Einrichtung entsprechend.

§ 13 Verwendung und Vernichtung genetischer Proben

(1) Eine genetische Probe darf nur für die Zwecke verwendet werden, für die sie gewonnen worden ist. Die verantwortliche ärztliche Person oder die nach § 7 Abs. 2 beauftragte Person oder Einrichtung hat die genetische Probe unverzüglich zu vernichten, sobald sie für diese Zwecke nicht mehr benötigt wird oder die betroffene Person ihre Einwilligung nach § 8 Abs. 2 widerrufen hat.
(2) Abweichend von Absatz 1 darf die genetische Probe zu anderen Zwecken nur verwendet werden, soweit dies nach anderen gesetzlichen Vorschriften zulässig ist oder wenn zuvor die Person, von der die genetische Probe stammt, nach Unterrichtung über die anderen Zwecke in die Verwendung ausdrücklich und schriftlich eingewilligt hat.
(3) Wer eine genetische Probe verwendet, hat die erforderlichen technischen und organisatorischen Maßnahmen zu treffen, um eine unzulässige Verwendung der Probe auszuschließen.

§ 14 Genetische Untersuchungen bei nicht einwilligungsfähigen Personen

(1) Bei einer Person, die nicht in der Lage ist, Wesen, Bedeutung und Tragweite der genetischen Untersuchung zu erkennen und ihren Willen hiernach auszurichten, dürfen eine genetische Untersuchung zu medizinischen Zwecken sowie die Gewinnung der dafür erforderlichen genetischen Probe nur vorgenommen werden, wenn

1. die Untersuchung nach dem allgemein anerkannten Stand der Wissenschaft und Technik erforderlich ist, um bei der Person eine genetisch bedingte Erkrankung oder gesundheitliche Störung zu vermeiden oder zu behandeln oder dieser vorzubeugen, oder wenn eine Behandlung mit einem Arzneimittel vorgesehen ist, dessen Wirkung durch genetische Eigenschaften beeinflusst wird,
2. die Untersuchung zuvor der Person in einer ihr gemäßen Weise so weit wie möglich verständlich gemacht worden ist und sie die Untersuchung oder die Gewinnung der dafür erforderlichen genetischen Probe nicht ablehnt,
3. die Untersuchung für die Person mit möglichst wenig Risiken und Belastungen verbunden ist und
4. der Vertreter der Person nach § 9 aufgeklärt worden ist, die Vorschriften über die genetische Beratung nach § 10 gegenüber dem Vertreter eingehalten worden sind und dieser nach § 8 Abs. 1 eingewilligt hat.

(2) Eine genetische Untersuchung darf bei einer in Absatz 1 bezeichneten Person abweichend von Absatz 1 auch vorgenommen werden, wenn
1. sich bei einer genetisch verwandten Person im Hinblick auf eine geplante Schwangerschaft nach dem allgemein anerkannten Stand der Wissenschaft und Technik auf andere Weise nicht klären lässt, ob eine bestimmte genetisch bedingte Erkrankung oder gesundheitliche Störung bei einem künftigen Abkömmling der genetisch verwandten Person auftreten kann,
2. die Voraussetzungen nach Absatz 1 Nr. 2 und 4 vorliegen,
3. die Person voraussichtlich allenfalls geringfügig und nicht über die mit der Gewinnung der dafür erforderlichen genetischen Probe in der Regel verbundenen Risiken hinaus gesundheitlich beeinträchtigt wird und
4. die Person durch das Untersuchungsergebnis voraussichtlich weder physisch noch psychisch belastet wird.

(3) Es dürfen nur die für den jeweiligen Untersuchungszweck erforderlichen Untersuchungen der genetischen Probe vorgenommen werden. ²Andere Feststellungen dürfen nicht getroffen werden. Die §§ 1627 und 1901 Abs. 2 und 3 des Bürgerlichen Gesetzbuchs finden Anwendung.

§ 15 Vorgeburtliche genetische Untersuchungen

(1) Eine genetische Untersuchung darf vorgeburtlich nur zu medizinischen Zwecken und nur vorgenommen werden, soweit die Untersuchung auf bestimmte genetische Eigenschaften des Embryos oder Fötus abzielt, die nach dem allgemein anerkannten Stand der Wissenschaft und Technik seine Gesundheit während der Schwangerschaft oder nach der Geburt beeinträchtigen, oder wenn eine Behandlung des Embryos oder Fötus mit einem Arzneimittel vorgesehen ist, dessen Wirkung durch bestimmte genetische Eigenschaften beeinflusst wird und die Schwangere nach § 9 aufgeklärt worden ist und diese nach § 8 Abs. 1 eingewilligt hat. Wird anlässlich einer Untersuchung nach Satz 1 oder einer sonstigen vorgeburtlichen Untersuchung das Geschlecht eines Embryos oder Fötus festgestellt, kann dies der Schwangeren mit ihrer Einwilligung nach Ablauf der zwölften Schwangerschaftswoche mitgeteilt werden.

(2) Eine vorgeburtliche genetische Untersuchung, die darauf abzielt, genetische Eigenschaften des Embryos oder des Fötus für eine Erkrankung festzustellen, die nach dem allgemein anerkannten Stand der medizinischen Wissenschaft und Technik erst nach Vollendung des 18. Lebensjahres ausbricht, darf nicht vorgenommen werden.

(3) Vor einer vorgeburtlichen genetischen Untersuchung und nach Vorliegen des Untersuchungsergebnisses ist die Schwangere entsprechend § 10 Abs. 2 und 3 genetisch zu beraten und ergänzend auf den Beratungsanspruch nach § 2 des Schwangerschaftskonfliktgesetzes hinzuweisen; der Inhalt der Beratung ist zu dokumentieren.
(4) Wird die vorgeburtliche genetische Untersuchung bei einer Schwangeren vorgenommen, die nicht in der Lage ist, Wesen, Bedeutung und Tragweite der vorgeburtlichen genetischen Untersuchung zu erkennen und ihren Willen hiernach auszurichten, findet § 14 Abs. 1 Nr. 2 und 3 Anwendung. Die genetische Untersuchung darf nur vorgenommen werden, wenn zuvor
1. der Vertreter der Schwangeren nach § 9 aufgeklärt worden ist,
2. eine Ärztin oder ein Arzt, die oder der die Voraussetzungen nach § 7 Abs. 1 und 3 erfüllt, den Vertreter entsprechend Absatz 2 genetisch beraten und
3. der Vertreter nach § 8 Abs. 1 eingewilligt hat.
Die §§ 1627 und 1901 Abs. 2 und 3 des Bürgerlichen Gesetzbuchs finden Anwendung.

§ 16 Genetische Reihenuntersuchungen
(1) Eine genetische Reihenuntersuchung darf nur vorgenommen werden, wenn mit der Untersuchung geklärt werden soll, ob die betroffenen Personen genetische Eigenschaften mit Bedeutung für eine Erkrankung oder gesundheitliche Störung haben, die nach dem allgemein anerkannten Stand der Wissenschaft und Technik vermeidbar oder behandelbar ist oder der vorgebeugt werden kann.
(2) Mit einer genetischen Reihenuntersuchung nach Absatz 1 darf nur begonnen werden, wenn die Gendiagnostik-Kommission die Untersuchung in einer schriftlichen Stellungnahme bewertet hat. Die Gendiagnostik-Kommission prüft und bewertet anhand der ihr vorgelegten Unterlagen, ob die Voraussetzungen nach Absatz 1 vorliegen, das Anwendungskonzept für die Durchführung der Untersuchung dem allgemein anerkannten Stand der Wissenschaft und Technik entspricht und die Untersuchung in diesem Sinne ethisch vertretbar ist.

Abschnitt 3: Genetische Untersuchungen zur Klärung der Abstammung

§ 17 Genetische Untersuchungen zur Klärung der Abstammung
(1) Eine genetische Untersuchung zur Klärung der Abstammung darf nur vorgenommen werden, wenn die Person, deren genetische Probe untersucht werden soll, zuvor über die Untersuchung aufgeklärt worden ist und in die Untersuchung und die Gewinnung der dafür erforderlichen genetischen Probe eingewilligt hat; für die Einwilligung gilt § 8 entsprechend. Die Aufklärung muss durch die für die Vornahme der Untersuchung verantwortliche Person erfolgen; für die Aufklärung gilt § 9 Abs. 2 Nr. 1 erster Halbsatz, Nr. 2 bis 5 und Abs. 3 entsprechend. Es dürfen nur die zur Klärung der Abstammung erforderlichen Untersuchungen an der genetischen Probe vorgenommen werden. Feststellungen über andere Tatsachen dürfen nicht getroffen werden.
(2) Absatz 1 gilt entsprechend für Personen, die eine genetische Untersuchung zur Klärung der Abstammung vornehmen lassen.
(3) Bei einer Person, die nicht in der Lage ist, Wesen, Bedeutung und Tragweite der genetischen Untersuchung zu erkennen und ihren Willen hiernach auszurichten, darf eine genetische Untersuchung zur Klärung der Abstammung vorgenommen werden, wenn
1. die Untersuchung der Person zuvor in einer ihr gemäßen Weise so weit wie möglich verständlich gemacht worden ist und sie die Untersuchung oder die Gewinnung der dafür erforderlichen genetischen Probe nicht ablehnt,

2. der Vertreter der Person zuvor über die Untersuchung aufgeklärt worden ist und dieser in die Untersuchung und die Gewinnung der dafür erforderlichen genetischen Probe eingewilligt hat und
3. die Person voraussichtlich allenfalls geringfügig und nicht über die mit der Untersuchung und der Gewinnung der dafür erforderlichen genetischen Probe in der Regel verbundenen Risiken hinaus gesundheitlich beeinträchtigt wird.

Für die Aufklärung und die Einwilligung des Vertreters gelten Absatz 1 Satz 1 und 2 und Absatz 2 entsprechend. Die §§ 1627 und 1901 Abs. 2 und 3 des Bürgerlichen Gesetzbuchs finden Anwendung.

(4) Genetische Untersuchungen zur Klärung der Abstammung dürfen nur durch Ärztinnen oder Ärzte oder durch auf dem Gebiet der Abstammungsbegutachtung erfahrene nichtärztliche Sachverständige mit abgeschlossener naturwissenschaftlicher Hochschulausbildung vorgenommen werden. § 7 Abs. 2 gilt entsprechend.

(5) § 11 Abs. 2 bis 4 über die Mitteilung der Ergebnisse und § 13 über die Verwendung und Vernichtung der Proben gelten entsprechend; § 12 über die Aufbewahrung und Vernichtung der Ergebnisse gilt entsprechend mit der Maßgabe, dass die Ergebnisse der genetischen Untersuchung 30 Jahre aufzubewahren sind.

(6) Eine vorgeburtliche genetische Untersuchung zur Klärung der Abstammung darf abweichend von § 15 Abs. 1 Satz 1 nur durch Ärztinnen oder Ärzte vorgenommen werden, wenn nach ärztlicher Erkenntnis an der Schwangeren eine rechtswidrige Tat nach den §§ 176 bis 178 des Strafgesetzbuchs begangen worden ist und dringende Gründe für die Annahme sprechen, dass die Schwangerschaft auf der Tat beruht.

(7) Der nach den Absätzen 1, 2 und 3 Satz 1 Nr. 2 erforderlichen Einwilligung steht eine rechtskräftige gerichtliche Entscheidung nach § 1598a Abs. 2 des Bürgerlichen Gesetzbuchs gleich. In diesem Falle ist eine Ablehnung nach Absatz 3 Satz 1 Nr. 1 unbeachtlich. Die Vorschriften über die Feststellung der Abstammung im Rahmen eines gerichtlichen Verfahrens bleiben unberührt.

(8) Auf genetische Untersuchungen an einem Mundschleimhautabstrich, die zum Nachweis eines Verwandtschaftsverhältnisses im Verfahren nach dem Pass- oder Personalausweisgesetz und im Verfahren der Auslandsvertretungen und der Ausländerbehörden zum Familiennachzug nach dem Aufenthaltsgesetz beigebracht werden, finden keine Anwendung
1. Absatz 1 Satz 1 zweiter Halbsatz, soweit er auf die Entscheidung, ob und inwieweit das Untersuchungsergebnis zur Kenntnis zu geben oder zu vernichten ist, nach § 8 Abs. 1 Satz 2 verweist,
2. Absatz 1 Satz 2 zweiter Halbsatz, soweit er auf § 9 Abs. 2 Nr. 2 und 5 verweist, und
3. Absatz 5, soweit er auf § 12 Abs. 1 Satz 1 verweist.

Auf die Aufklärung und die Einwilligung des Vertreters nach Absatz 3 Satz 1 Nr. 2 findet Absatz 3 Satz 2 in Verbindung mit Absatz 1 Satz 1 und 2 keine Anwendung, soweit er auf die Entscheidung, ob und inwieweit das Untersuchungsergebnis zur Kenntnis zu geben oder zu vernichten ist, nach § 8 Abs. 1 Satz 2 und auf § 9 Abs. 2 Nr. 2 und 5 verweist. Die Aufklärung nach den Absätzen 1 und 3 kann abweichend von Absatz 1 Satz 2 erster Halbsatz im Verfahren vor einer Auslandsvertretung von einer anderen als der für die Untersuchung verantwortlichen Person vorgenommen werden, die nicht die Anforderungen nach Absatz 4 erfüllen muss. Ergibt sich der Verdacht einer Straftat, dürfen abweichend von Absatz 5 das Ergebnis der genetischen Untersuchung und die genetische Probe auch nach einem Widerruf der Einwilligung zum Zwecke der Strafverfolgung übermittelt werden; § 11 Abs. 4, § 12 Abs. 1 Satz 4 und § 13 Abs. 1 finden in diesem Fall keine Anwendung.

Abschnitt 4: Genetische Untersuchungen im Versicherungsbereich

§ 18 Genetische Untersuchungen und Analysen im Zusammenhang mit dem Abschluss eines Versicherungsvertrages

(1) Der Versicherer darf von Versicherten weder vor noch nach Abschluss des Versicherungsvertrages
1. die Vornahme genetischer Untersuchungen oder Analysen verlangen oder
2. die Mitteilung von Ergebnissen oder Daten aus bereits vorgenommenen genetischen Untersuchungen oder Analysen verlangen oder solche Ergebnisse oder Daten entgegennehmen oder verwenden.

Für die Lebensversicherung, die Berufsunfähigkeitsversicherung, die Erwerbsunfähigkeitsversicherung und die Pflegerentenversicherung gilt Satz 1 Nr. 2 nicht, wenn eine Leistung von mehr als 300 000 Euro oder mehr als 30 000 Euro Jahresrente vereinbart wird.

(2) Vorerkrankungen und Erkrankungen sind anzuzeigen; insoweit sind die §§ 19 bis 22 und 47 des Versicherungsvertragsgesetzes anzuwenden.

Abschnitt 5: Genetische Untersuchungen im Arbeitsleben

§ 19 Genetische Untersuchungen und Analysen vor und nach Begründung des Beschäftigungsverhältnisses

Der Arbeitgeber darf von Beschäftigten weder vor noch nach Begründung des Beschäftigungsverhältnisses
1. die Vornahme genetischer Untersuchungen oder Analysen verlangen oder
2. die Mitteilung von Ergebnissen bereits vorgenommener genetischer Untersuchungen oder Analysen verlangen, solche Ergebnisse entgegennehmen oder verwenden.

§ 20 Genetische Untersuchungen und Analysen zum Arbeitsschutz

(1) Im Rahmen arbeitsmedizinischer Vorsorgeuntersuchungen dürfen weder
1. genetische Untersuchungen oder Analysen vorgenommen werden noch
2. die Mitteilung von Ergebnissen bereits vorgenommener genetischer Untersuchungen oder Analysen verlangt, solche Ergebnisse entgegengenommen oder verwendet werden.

(2) Abweichend von Absatz 1 sind im Rahmen arbeitsmedizinischer Vorsorgeuntersuchungen diagnostische genetische Untersuchungen durch Genproduktanalyse zulässig, soweit sie zur Feststellung genetischer Eigenschaften erforderlich sind, die für schwerwiegende Erkrankungen oder schwerwiegende gesundheitliche Störungen, die bei einer Beschäftigung an einem bestimmten Arbeitsplatz oder mit einer bestimmten Tätigkeit entstehen können, ursächlich oder mitursächlich sind. Als Bestandteil arbeitsmedizinischer Vorsorgeuntersuchungen sind genetische Untersuchungen nachrangig zu anderen Maßnahmen des Arbeitsschutzes.

(3) Die Bundesregierung kann durch Rechtsverordnung mit Zustimmung des Bundesrates regeln, dass abweichend von den Absätzen 1 und 2 im Rahmen arbeitsmedizinischer Vorsorgeuntersuchungen diagnostische genetische Untersuchungen durch zytogenetische und molekulargenetische Analysen bei bestimmten gesundheitsgefährdenden Tätigkeiten von Beschäftigten vorgenommen werden dürfen, soweit nach dem allgemein anerkannten Stand der Wissenschaft und Technik
1. dadurch genetische Eigenschaften festgestellt werden können, die für bestimmte, in der Rechtsverordnung zu bezeichnende schwerwiegende Erkrankungen oder schwerwiegende gesundheitliche Störungen, die bei einer Beschäftigung an einem bestimmten Arbeits-

platz oder mit einer bestimmten Tätigkeit entstehen können, ursächlich oder mitursächlich sind,
2. die Wahrscheinlichkeit, dass die Erkrankung oder gesundheitliche Störung bei der Beschäftigung an dem bestimmten Arbeitsplatz oder mit der bestimmten Tätigkeit entsteht, hoch ist und
3. die jeweilige genetische Untersuchung eine geeignete und die für die Beschäftigte oder den Beschäftigten schonendste Untersuchungsmethode ist, um die genetischen Eigenschaften festzustellen.
Absatz 2 Satz 2 gilt entsprechend.
(4) Die §§ 7 bis 16 gelten entsprechend.

§ 21 Arbeitsrechtliches Benachteiligungsverbot

(1) Der Arbeitgeber darf Beschäftigte bei einer Vereinbarung oder Maßnahme, insbesondere bei der Begründung des Beschäftigungsverhältnisses, beim beruflichen Aufstieg, bei einer Weisung oder der Beendigung des Beschäftigungsverhältnisses nicht wegen ihrer oder der genetischen Eigenschaften einer genetisch verwandten Person benachteiligen. Dies gilt auch, wenn sich Beschäftigte weigern, genetische Untersuchungen oder Analysen bei sich vornehmen zu lassen oder die Ergebnisse bereits vorgenommener genetischer Untersuchungen oder Analysen zu offenbaren.
(2) Die §§ 15 und 22 des Allgemeinen Gleichbehandlungsgesetzes gelten entsprechend.

§ 22 Öffentlich-rechtliche Dienstverhältnisse

Es gelten entsprechend
1. für Beamtinnen, Beamte, Richterinnen und Richter des Bundes, Soldatinnen und Soldaten sowie Zivildienstleistende die für Beschäftigte geltenden Vorschriften,
2. für Bewerberinnen und Bewerber für ein öffentlichrechtliches Dienstverhältnis oder Personen, deren öffentlich-rechtliches Dienstverhältnis beendet ist, die für Bewerberinnen und Bewerber für ein Beschäftigungsverhältnis oder Personen, deren Beschäftigungsverhältnis beendet ist, geltenden Vorschriften und
3. für den Bund und sonstige bundesunmittelbare Körperschaften, Anstalten und Stiftungen des öffentlichen Rechts, die Dienstherrnfähigkeit besitzen, die für Arbeitgeber geltenden Vorschriften.

Abschnitt 6: Allgemein anerkannter Stand der Wissenschaft und Technik

§ 23 Richtlinien

(1) Beim Robert Koch-Institut wird eine interdisziplinär zusammengesetzte, unabhängige Gendiagnostik-Kommission eingerichtet, die sich aus 13 Sachverständigen aus den Fachrichtungen Medizin und Biologie, zwei Sachverständigen aus den Fachrichtungen Ethik und Recht sowie drei Vertretern der für die Wahrnehmung der Interessen der Patientinnen und Patienten, der Verbraucherinnen und Verbraucher und der Selbsthilfe behinderter Menschen auf Bundesebene maßgeblichen Organisationen zusammensetzt. Die Mitglieder und stellvertretenden Mitglieder der Gendiagnostik-Kommission werden vom Bundesministerium für Gesundheit für die Dauer von drei Jahren berufen. Die Kommission gibt sich eine Geschäftsordnung, in der das Nähere über das Verfahren der Gendiagnostik-Kommission und die Heranziehung externer Sachverständiger festgelegt wird; die Geschäftsordnung bedarf der Zustimmung des Bundesministeriums für Gesundheit. Vertreter des Bundesministeriums für

Gesundheit sowie weitere Vertreter von Bundes- und Landesbehörden können mit beratender Stimme an den Sitzungen teilnehmen.

(2) Die Gendiagnostik-Kommission erstellt in Bezug auf den allgemein anerkannten Stand der Wissenschaft und Technik Richtlinien insbesondere für
1. die Beurteilung genetischer Eigenschaften hinsichtlich
    a) ihrer Bedeutung für Erkrankungen oder gesundheitliche Störungen sowie die Möglichkeiten, sie zu vermeiden, ihnen vorzubeugen oder sie zu behandeln,
    b) ihrer Bedeutung für die Wirkung eines Arzneimittels bei einer Behandlung,
    c) der Erforderlichkeit einer genetischen Untersuchung nach § 14 Abs. 1 Nr. 1, um eine genetisch bedingte Erkrankung oder gesundheitliche Störung zu vermeiden oder zu behandeln oder dieser vorzubeugen, oder nach § 14 Abs. 2 Nr. 1 zur Klärung, ob eine bestimmte genetisch bedingte Erkrankung oder gesundheitliche Störung bei einem künftigen Abkömmling der genetisch verwandten Person auftreten kann,
    d) ihrer Bedeutung nach § 15 Abs. 1 Satz 1 für eine Beeinträchtigung der Gesundheit des Embryos oder des Fötus während der Schwangerschaft oder nach der Geburt,
    e) ihrer Bedeutung für die nach § 20 Abs. 3 maßgeblichen Voraussetzungen für den Erlass einer Rechtsverordnung,
2. die Anforderungen an die Qualifikation
    a) zur genetischen Beratung nach § 7 Abs. 3,
    b) der auf dem Gebiet der Abstammungsbegutachtung erfahrenen ärztlichen und nichtärztlichen Sachverständigen nach § 17 Abs. 4,
3. die Anforderungen an die Inhalte der Aufklärung und der genetischen Beratung,
4. die Anforderungen an die Durchführung genetischer Analysen genetischer Proben, insbesondere an die Eignung und Zuverlässigkeit der Analysemethoden, die Verlässlichkeit der Analyseergebnisse und den Befundbericht sowie an die erforderlichen Maßnahmen zur Qualitätssicherung einschließlich Art, Umfang und Häufigkeit externer Qualitätssicherungsmaßnahmen,
5. die Anforderungen an die Durchführung der vorgeburtlichen Risikoabklärung sowie an die insoweit erforderlichen Maßnahmen zur Qualitätssicherung,
6. die Anforderungen an die Durchführung genetischer Reihenuntersuchungen.

(3) Das Robert Koch-Institut veröffentlicht die Richtlinien der Gendiagnostik-Kommission sowie ihre Stellungnahmen nach § 16 Abs. 2 zu den genetischen Reihenuntersuchungen.

(4) Die Gendiagnostik-Kommission bewertet in einem Tätigkeitsbericht die Entwicklung in der genetischen Diagnostik. Der Bericht ist im Abstand von drei Jahren, erstmals zum Ablauf des Jahres 2012, zu erstellen und durch das Robert Koch-Institut zu veröffentlichen.

(5) Die Gendiagnostik-Kommission kann auf Anfrage von Personen oder Einrichtungen, die genetische Untersuchungen oder Analysen vornehmen, gutachtliche Stellungnahmen zu Einzelfragen der Auslegung und Anwendung ihrer Richtlinien abgeben.

§ 24 Gebühren und Auslagen

(1) Das Robert Koch-Institut erhebt für Stellungnahmen der Gendiagnostik-Kommission nach § 16 Abs. 2 und § 23 Abs. 5 zur Deckung des Verwaltungsaufwandes Gebühren und Auslagen.

(2) Das Bundesministerium für Gesundheit wird ermächtigt, durch Rechtsverordnung ohne Zustimmung des Bundesrates die gebührenpflichtigen Tatbestände und die Höhe der Gebühren zu bestimmen und dabei feste Sätze oder Rahmensätze vorzusehen. In der Rechtsverordnung können Ermäßigungen und Befreiungen von Gebühren und Auslagen zugelassen und die Erstattung von Auslagen auch abweichend vom Bundesgebührengesetz geregelt werden.

Abschnitt 7: Straf- und Bußgeldvorschriften

§ 25 Strafvorschriften

(1) Mit Freiheitsstrafe bis zu einem Jahr oder mit Geldstrafe wird bestraft, wer
1. entgegen § 8 Abs. 1 Satz 1, auch in Verbindung mit § 14 Abs. 1 Nr. 4 oder Abs. 2 Nr. 2, oder § 15 Abs. 1 Satz 1 oder Abs. 4 Satz 2 Nr. 3 eine genetische Untersuchung oder Analyse ohne die erforderliche Einwilligung vornimmt,
2. entgegen § 14 Abs. 1 Nr. 1 eine genetische Untersuchung vornimmt,
3. entgegen § 15 Abs. 1 Satz 1 eine vorgeburtliche genetische Untersuchung vornimmt, die nicht medizinischen Zwecken dient oder die nicht auf die dort genannten genetischen Eigenschaften des Embryos oder des Fötus abzielt,
4. entgegen § 14 Abs. 3 Satz 1 oder 2 oder § 17 Abs. 1 Satz 3 oder 4, jeweils auch in Verbindung mit Abs. 2, eine weitergehende Untersuchung vornimmt oder vornehmen lässt oder eine Feststellung trifft oder treffen lässt oder
5. entgegen § 18 Abs. 1 Satz 1 Nr. 2, § 19 Nr. 2 oder § 20 Abs. 1 Nr. 2 dort genannte Daten oder ein dort genanntes Ergebnis verwendet.

(2) Mit Freiheitsstrafe bis zu zwei Jahren oder mit Geldstrafe wird bestraft, wer eine in Absatz 1 bezeichnete Handlung gegen Entgelt oder in der Absicht begeht, sich oder einen Anderen zu bereichern oder einen Anderen zu schädigen.

(3) Die Tat wird nur auf Antrag verfolgt. Antragsberechtigt ist in den Fällen des Absatzes 1 Nr. 1 in Verbindung mit § 15 Abs. 1 Satz 1 und des Absatzes 1 Nr. 3 die Schwangere.

§ 26 Bußgeldvorschriften

(1) Ordnungswidrig handelt, wer
1. entgegen § 7 Abs. 1, entgegen Abs. 2, auch in Verbindung mit § 17 Abs. 4 Satz 2, oder entgegen § 17 Abs. 4 Satz 1 oder § 20 Abs. 1 Nr. 1 eine genetische Untersuchung oder Analyse vornimmt,
2. entgegen § 12 Abs. 1 Satz 2 oder 3, jeweils auch in Verbindung mit Abs. 2 oder § 17 Abs. 5, das Ergebnis einer genetischen Untersuchung oder Analyse nicht oder nicht rechtzeitig vernichtet oder nicht oder nicht rechtzeitig sperrt,
3. entgegen § 13 Abs. 1 Satz 1 oder Abs. 2, jeweils auch in Verbindung mit § 17 Abs. 5, eine genetische Probe verwendet,
4. entgegen § 13 Abs. 1 Satz 2, auch in Verbindung mit § 17 Abs. 5, eine genetische Probe nicht oder nicht rechtzeitig vernichtet,
5. entgegen § 16 Abs. 2 Satz 1 mit einer genetischen Reihenuntersuchung beginnt,
6. entgegen § 17 Abs. 1 Satz 1 erster Halbsatz, auch in Verbindung mit Abs. 3 Satz 2, eine genetische Untersuchung ohne Einwilligung der dort genannten Person vornimmt,
7. entgegen § 17 Abs. 2 in Verbindung mit Abs. 1 Satz 1 erster Halbsatz, jeweils auch in Verbindung mit Abs. 3 Satz 2,
   a) als Vater oder Mutter des Kindes, dessen Abstammung geklärt werden soll,
   b) als Kind, das seine Abstammung klären lassen will, oder
   c) als sonstige Person
   eine genetische Untersuchung ohne die erforderliche Einwilligung vornehmen lässt,
8. entgegen § 18 Abs. 1 Satz 1, § 19 oder § 20 Abs. 1 Nr. 2 die Vornahme einer genetischen Untersuchung oder Analyse oder die Mitteilung dort genannter Daten oder eines dort genannten Ergebnisses verlangt,
9. entgegen § 18 Abs. 1 Satz 1 Nr. 2, § 19 Nr. 2 oder § 20 Abs. 1 Nr. 2 dort genannte Daten oder ein dort genanntes Ergebnis entgegennimmt oder

10. einer Rechtsverordnung nach § 6 zuwiderhandelt, soweit sie für einen bestimmten Tatbestand auf diese Bußgeldvorschrift verweist.

(2) Die Ordnungswidrigkeit kann in den Fällen des Absatzes 1 Nr. 3, 6 und 9 mit einer Geldbuße bis zu dreihunderttausend Euro, in den Fällen des Absatzes 1 Nr. 7 Buchstabe a und b mit einer Geldbuße bis zu fünftausend Euro und in den übrigen Fällen mit einer Geldbuße bis zu fünfzigtausend Euro geahndet werden.

(3) Die Verwaltungsbehörde soll in den Fällen des Absatzes 1 Nr. 7 Buchstabe a und b von einer Ahndung absehen, wenn die Personen, deren genetische Proben zur Klärung der Abstammung untersucht wurden, der Untersuchung und der Gewinnung der dafür erforderlichen genetischen Probe nachträglich zugestimmt haben.

Abschnitt 8: Schlussvorschriften

§ 27 Inkrafttreten

(1) Dieses Gesetz tritt am 1. Februar 2010 in Kraft, soweit in den folgenden Absätzen nichts Abweichendes bestimmt ist.
(2) Die §§ 6, 20 Abs. 3, die §§ 23 und 24 treten am Tag nach der Verkündung in Kraft.
(3) § 5 tritt am 1. Februar 2011 in Kraft.
(4) § 7 Abs. 3 tritt am 1. Februar 2012 in Kraft.

Heimarbeitsgesetz (HAG)

vom 14. März 1951 (BGBl. I 1951, S. 191)
- zuletzt geändert durch Gesetz zur Stärkung der Chancen für Qualifizierung und für mehr Schutz in der Arbeitslosenversicherung (Qualifizierungschancengesetz) vom 18. Dezember 2018 (BGBl. I 2018, S. 2651)

Erster Abschnitt: Allgemeine Vorschriften

§ 1 Geltungsbereich

(1) In Heimarbeit Beschäftigte sind
a) die Heimarbeiter (§ 2 Abs. 1);
b) die Hausgewerbetreibenden (§ 2 Abs. 2).

(2) Ihnen können, wenn dieses wegen ihrer Schutzbedürftigkeit gerechtfertigt erscheint, gleichgestellt werden
a) Personen, die in der Regel allein oder mit ihren Familienangehörigen (§ 2 Abs. 5) in eigener Wohnung oder selbstgewählter Betriebsstätte eine sich in regelmäßigen Arbeitsvorgängen wiederholende Arbeit im Auftrage eines anderen gegen Entgelt ausüben, ohne dass ihre Tätigkeit als gewerblich anzusehen oder dass der Auftraggeber ein Gewerbetreibender oder Zwischenmeister (§ 2 Abs. 3) ist;
b) Hausgewerbetreibende, die mit mehr als zwei fremden Hilfskräften (§ 2 Abs. 6) oder Heimarbeitern (§ 2 Abs. 1) arbeiten;
c) andere im Lohnauftrag arbeitende Gewerbetreibende, die infolge ihrer wirtschaftlichen Abhängigkeit eine ähnliche Stellung wie Hausgewerbetreibende einnehmen;
d) Zwischenmeister (§ 2 Abs. 3).
Für die Feststellung der Schutzbedürftigkeit ist das Ausmaß der wirtschaftlichen Abhängigkeit maßgebend. Dabei sind insbesondere die Zahl der fremden Hilfskräfte, die Abhängigkeit von einem oder mehreren Auftraggebern, die Möglichkeiten des unmittelbaren Zugangs zum Absatzmarkt, die Höhe und die Art der Eigeninvestitionen sowie der Umsatz zu berücksichtigen.

(3) Die Gleichstellung erstreckt sich, wenn in ihr nichts anderes bestimmt ist, auf die allgemeinen Schutzvorschriften und die Vorschriften über die Entgeltregelung, den Entgeltschutz und die Auskunftspflicht über Entgelte (Dritter, Sechster, Siebenter und Achter Abschnitt). Die Gleichstellung kann auf einzelne dieser Vorschriften beschränkt oder auf weitere Vorschriften des Gesetzes ausgedehnt werden. Sie kann für bestimmte Personengruppen oder Gewerbezweige oder Beschäftigungsarten allgemein oder räumlich begrenzt ergehen; auch bestimmte einzelne Personen können gleichgestellt werden.

(4) Die Gleichstellung erfolgt durch widerrufliche Entscheidung des zuständigen Heimarbeitsausschusses (§ 4) nach Anhörung der Beteiligten. Sie ist vom Vorsitzenden zu unterschreiben und bedarf der Zustimmung der zuständigen Arbeitsbehörde (§ 3 Abs. 1) und der Veröffentlichung im Wortlaut an der von der zuständigen Arbeitsbehörde bestimmten Stelle. Sie tritt am Tage nach der Veröffentlichung in Kraft, wenn in ihr nicht ein anderer Zeitpunkt bestimmt ist. Die Veröffentlichung kann unterbleiben, wenn die Gleichstellung nur bestimmte einzelne Personen betrifft; in diesem Falle ist in der Gleichstellung der Zeitpunkt ihres Inkrafttretens festzusetzen.

(5) Besteht ein Heimarbeitsausschuss für den Gewerbezweig oder die Beschäftigungsart nicht, so entscheidet über die Gleichstellung die zuständige Arbeitsbehörde nach Anhörung der Beteiligten. Die Entscheidung ergeht unter Mitwirkung der zuständigen Gewerkschaften

und Vereinigungen der Auftraggeber, soweit diese zur Mitwirkung bereit sind. Die Vorschriften des Absatzes 4 über die Veröffentlichung und das Inkrafttreten finden entsprechende Anwendung.
(6) Gleichgestellte haben bei Entgegennahme von Heimarbeit auf Befragen des Auftraggebers ihre Gleichstellung bekanntzugeben.

§ 2 Begriffe
(1) Heimarbeiter im Sinne dieses Gesetzes ist, wer in selbstgewählter Arbeitsstätte (eigener Wohnung oder selbstgewählter Betriebsstätte) allein oder mit seinen Familienangehörigen (Absatz 5) im Auftrag von Gewerbetreibenden oder Zwischenmeistern erwerbsmäßig arbeitet, jedoch die Verwertung der Arbeitsergebnisse dem unmittelbar oder mittelbar auftraggebenden Gewerbetreibenden überlässt. Beschafft der Heimarbeiter die Roh- und Hilfsstoffe selbst, so wird hierdurch seine Eigenschaft als Heimarbeiter nicht beeinträchtigt.
(2) Hausgewerbetreibender im Sinne dieses Gesetzes ist, wer in eigener Arbeitsstätte (eigener Wohnung oder Betriebsstätte) mit nicht mehr als zwei fremden Hilfskräften (Absatz 6) oder Heimarbeitern (Absatz 1) im Auftrag von Gewerbetreibenden oder Zwischenmeistern Waren herstellt, bearbeitet oder verpackt, wobei er selbst wesentlich am Stück mitarbeitet, jedoch die Verwertung der Arbeitsergebnisse dem unmittelbar oder mittelbar auftraggebenden Gewerbetreibenden überlässt. Beschafft der Hausgewerbetreibende die Roh- und Hilfsstoffe selbst oder arbeitet er vorübergehend unmittelbar für den Absatzmarkt, so wird hierdurch seine Eigenschaft als Hausgewerbetreibender nicht beeinträchtigt.
(3) Zwischenmeister im Sinne dieses Gesetzes ist, wer, ohne Arbeitnehmer zu sein, die ihm von Gewerbetreibenden übertragene Arbeit an Heimarbeiter oder Hausgewerbetreibende weitergibt.
(4) Die Eigenschaft als Heimarbeiter, Hausgewerbetreibender und Zwischenmeister ist auch dann gegeben, wenn Personen, Personenvereinigungen oder Körperschaften des privaten oder öffentlichen Rechts, welche die Herstellung, Bearbeitung oder Verpackung von Waren nicht zum Zwecke der Gewinnerzielung betreiben, die Auftraggeber sind.
(5) Als Familienangehörige im Sinne dieses Gesetzes gelten, wenn sie Mitglieder der häuslichen Gemeinschaft sind:
a) Ehegatten und Lebenspartner der in Heimarbeit Beschäftigten (§ 1 Abs.1) oder der nach § 1 Abs. 2 Buchstabe a Gleichgestellten;
b) Personen, die mit dem in Heimarbeit Beschäftigten oder nach § 1 Abs. 2 Buchstabe a Gleichgestellten oder deren Ehegatten oder Lebenspartner bis zum dritten Grade verwandt oder verschwägert sind;
c) Mündel, Betreute und Pflegekinder des in Heimarbeit Beschäftigten oder nach § 1 Abs. 2 Buchstabe a Gleichgestellten oder deren Ehegatten oder Lebenspartner sowie Mündel, Betreute und Pflegekinder des Ehegatten oder Lebenspartners des in Heimarbeit Beschäftigten oder nach § 1 Absatz 2 Buchstabe a Gleichgestellten.
(6) Fremde Hilfskraft im Sinne dieses Gesetzes ist, wer als Arbeitnehmer eines Hausgewerbetreibenden oder nach § 1 Abs. 2 Buchstaben b und c Gleichgestellten in deren Arbeitsstätte beschäftigt ist.

Zweiter Abschnitt: Zuständige Arbeitsbehörde, Heimarbeitsausschüsse

§ 3 Zuständige Arbeitsbehörde
(1) Zuständige Arbeitsbehörde im Sinne dieses Gesetzes ist die Oberste Arbeitsbehörde des Landes. Für Angelegenheiten (§§ 1, 4, 5, 11, 19 und 22), die nach Umfang, Auswirkung

oder Bedeutung den Zuständigkeitsbereich mehrerer Länder umfassen, wird die Zuständigkeit durch die Obersten Arbeitsbehörden der beteiligten Länder nach näherer Vereinbarung gemeinsam im Einvernehmen mit dem Bundesministerium für Arbeit und Soziales wahrgenommen. Betrifft eine Angelegenheit nach Umfang, Auswirkung oder Bedeutung das gesamte Bundesgebiet oder kommt eine Vereinbarung nach Satz 2 nicht zustande, so ist das Bundesministerium für Arbeit und Soziales zuständig.
(2) Den Obersten Arbeitsbehörden der Länder und den von ihnen bestimmten Stellen obliegt die Aufsicht über die Durchführung dieses Gesetzes. Die Vorschriften des § 139b der Gewerbeordnung über die Aufsicht gelten für die Befugnisse der mit der Aufsicht über die Durchführung dieses Gesetzes beauftragten Stellen auch hinsichtlich der Arbeitsstätten der in Heimarbeit Beschäftigten entsprechend.

§ 4 Heimarbeitsausschüsse

(1) Die zuständige Arbeitsbehörde errichtet zur Wahrnehmung der in den §§ 1, 10, 11, 18 und 19 genannten Aufgaben Heimarbeitsausschüsse für die Gewerbezweige und Beschäftigungsarten, in denen Heimarbeit in nennenswertem Umfang geleistet wird. Erfordern die unterschiedlichen Verhältnisse innerhalb eines Gewerbezweiges gesonderte Regelungen auf einzelnen Gebieten, so sind zu diesem Zweck jeweils besondere Heimarbeitsausschüsse zu errichten. Die Heimarbeitsausschüsse können innerhalb ihres sachlichen Zuständigkeitsbereichs Unterausschüsse bilden, wenn dies erforderlich erscheint. Für Heimarbeit, für die nach den Sätzen 1 und 2 dieses Absatzes Heimarbeitsausschüsse nicht errichtet werden, ist ein gemeinsamer Heimarbeitsausschuss zu errichten.
(2) Der Heimarbeitsausschuss besteht aus je drei Beisitzern aus Kreisen der Auftraggeber und Beschäftigten seines Zuständigkeitsbereichs und einem von der zuständigen Arbeitsbehörde bestimmten Vorsitzenden. Weitere sachkundige Personen können zugezogen werden; sie haben kein Stimmrecht. Die Beisitzer haben Stellvertreter, für die Satz 1 entsprechend gilt.
(3) Der Heimarbeitsausschuss ist beschlussfähig, wenn außer dem Vorsitzenden mindestens mehr als die Hälfte der Beisitzer anwesend sind. Die Beschlüsse des Heimarbeitsausschusses bedürfen der Mehrheit der Stimmen seiner anwesenden Mitglieder. Bei der Beschlussfassung hat sich der Vorsitzende zunächst der Stimme zu enthalten; kommt eine Stimmenmehrheit nicht zustande, so übt nach weiterer Beratung der Vorsitzende sein Stimmrecht aus.
(4) Der Heimarbeitsausschuss kann sonstige Bestimmungen über die Geschäftsführung in einer schriftlichen Geschäftsordnung treffen. Für die Beschlussfassung über die Geschäftsordnung gilt Absatz 3.

§ 5 Beisitzer

(1) Als Beisitzer oder Stellvertreter werden von der zuständigen Arbeitsbehörde geeignete Personen unter Berücksichtigung der Gruppen der Beschäftigten (§ 1 Abs. 1 und 2) auf Grund von Vorschlägen der fachlich und räumlich zuständigen Gewerkschaften und Vereinigungen der Auftraggeber oder, soweit solche nicht bestehen oder keine Vorschläge einreichen, auf Grund von Vorschlägen der Zusammenschlüsse von Gewerkschaften und von Vereinigungen von Arbeitgebern (Spitzenorganisationen) für die Dauer von drei Jahren berufen. Soweit eine Spitzenorganisation keine Vorschläge einreicht, werden die Beisitzer oder Stellvertreter dieser Seite nach Anhörung geeigneter Personen aus den Kreisen der Auftraggeber oder Beschäftigten des Zuständigkeitsbereichs, für den der Heimarbeitsausschuss errichtet ist, berufen.
(2) Auf die Voraussetzungen für das Beisitzeramt, die Besonderheiten für Beisitzer aus Kreisen der Auftraggeber und der Beschäftigten, die Ablehnung des Beisitzeramtes und den

Schutz der Beschäftigtenbeisitzer finden die für die ehrenamtlichen Richter der Arbeitsgerichte geltenden Vorschriften mit den sich aus Absatz 3 ergebenden Abweichungen entsprechend Anwendung.

(3) Wird das Fehlen einer Voraussetzung für die Berufung nachträglich bekannt oder fällt eine Voraussetzung nachträglich fort oder verletzt ein Beisitzer gröblich seine Amtspflichten, so kann ihn die zuständige Arbeitsbehörde seines Amtes entheben. Über die Berechtigung zur Ablehnung des Beisitzeramtes entscheidet die zuständige Arbeitsbehörde.

(4) Das Amt des Beisitzers ist ein Ehrenamt. Die Beisitzer erhalten eine angemessene Entschädigung für den ihnen aus der Wahrnehmung ihrer Tätigkeit erwachsenden Verdienstausfall und Aufwand sowie Ersatz der Fahrkosten entsprechend den für die ehrenamtlichen Richter der Arbeitsgerichte geltenden Vorschriften. Die Entschädigung und die erstattungsfähigen Fahrkosten setzt im Einzelfall der Vorsitzende des Heimarbeitsausschusses fest.

Dritter Abschnitt: Allgemeine Schutzvorschriften

§ 6 Listenführung

Wer Heimarbeit ausgibt oder weitergibt, hat jeden, den er mit Heimarbeit beschäftigt oder dessen er sich zur Weitergabe von Heimarbeit bedient, in Listen auszuweisen. Die Listen sind in den Ausgaberäumen an gut sichtbarer Stelle auszuhängen. Je drei Abschriften sind halbjährlich der Obersten Arbeitsbehörde des Landes oder der von ihr bestimmten Stelle einzusenden. Die Oberste Arbeitsbehörde des Landes oder die von ihr bestimmte Stelle hat der zuständigen Gewerkschaft und der zuständigen Vereinigung der Auftraggeber auf Verlangen jederzeit Abschriften zu übersenden.

§ 7 Mitteilungspflicht

Wer erstmalig Personen mit Heimarbeit beschäftigen will, hat dies der Obersten Arbeitsbehörde des Landes oder der von ihr bestimmten Stelle mitzuteilen. Der Mitteilung sind zwei Abschriften beizufügen; § 6 Satz 4 gilt entsprechend.

§ 7a Unterrichtungspflicht

Wer Heimarbeit ausgibt oder weitergibt, hat die Personen, die die Arbeit entgegennehmen, vor Aufnahme der Beschäftigung über die Art und Weise der zu verrichtenden Arbeit, die Unfall- und Gesundheitsgefahren, denen diese bei der Beschäftigung ausgesetzt sind, sowie über die Maßnahmen und Einrichtungen zur Abwendung dieser Gefahren zu unterrichten. Der Auftraggeber hat sich von der Person, die von ihm Arbeit entgegennimmt, schriftlich bestätigen zu lassen, dass sie entsprechend dieser Vorschrift unterrichtet worden ist.

§ 8 Entgeltverzeichnisse

(1) Wer Heimarbeit ausgibt oder abnimmt, hat in den Räumen der Ausgabe und Abnahme Entgeltverzeichnisse und Nachweise über die sonstigen Vertragsbedingungen offen auszulegen. Soweit Musterbücher Verwendung finden, sind sie den Entgeltverzeichnissen beizufügen. Wird Heimarbeit den Beschäftigten in die Wohnung oder Betriebsstätte gebracht, so hat der Auftraggeber dafür zu sorgen, dass das Entgeltverzeichnis zur Einsichtnahme vorgelegt wird.

(2) Die Entgeltverzeichnisse müssen die Entgelte für jedes einzelne Arbeitsstück enthalten. Die Preise für mitzuliefernde Roh- und Hilfsstoffe sind besonders auszuweisen. Können die Entgelte für das einzelne Arbeitsstück nicht aufgeführt werden, so ist eine zuverlässige und klare Berechnungsgrundlage einzutragen.

(3) Bei Vorliegen einer Entgeltregelung gemäß den §§ 17 bis 19 ist diese auszulegen. Hierbei ist für die Übersichtlichkeit dadurch zu sorgen, dass nur der Teil der Entgeltregelung ausgelegt wird, der für die Beschäftigten in Betracht kommt.

(4) Die Vorschriften der Absätze 1 bis 3 gelten nicht für neue Muster, die als Einzelstücke erst auszuarbeiten sind.

§ 9 Entgeltbelege

(1) Wer Heimarbeit ausgibt oder weitergibt, hat den Personen, welche die Arbeit entgegennehmen, auf seine Kosten Entgeltbücher für jeden Beschäftigten (§ 1 Abs. 1 und 2) auszuhändigen. In die Entgeltbücher, die bei den Beschäftigten verbleiben, sind bei jeder Ausgabe und Abnahme von Arbeit ihre Art und ihr Umfang, die Entgelte und die Tage der Ausgabe und der Lieferung einzutragen. Diese Vorschrift gilt nicht für neue Muster, die als Einzelstücke erst auszuarbeiten sind.

(2) An Stelle von Entgeltbüchern (Absatz 1) können auch Entgelt- oder Arbeitszettel mit den zu einer ordnungsmäßigen Sammlung geeigneten Heften ausgegeben werden, falls die Oberste Arbeitsbehörde des Landes oder die von ihr bestimmte Stelle dieses genehmigt hat.

(3) Die in Heimarbeit Beschäftigten haben für die ordnungsmäßige Aufbewahrung der Entgeltbelege zu sorgen. Sie haben sie den von der Obersten Arbeitsbehörde des Landes bestimmten Stellen auf Verlangen vorzulegen. Diese Verpflichtung gilt auch für die Auftraggeber, in deren Händen sich die Entgeltbelege befinden.

Vierter Abschnitt: Arbeitszeitschutz

§ 10 Schutz vor Zeitversäumnis

Wer Heimarbeit ausgibt oder abnimmt, hat dafür zu sorgen, dass unnötiges Zeitversäumnis bei der Ausgabe oder Abnahme vermieden wird. Die Oberste Arbeitsbehörde des Landes oder die von ihr bestimmte Stelle kann im Benehmen mit dem Heimarbeitsausschuss die zur Vermeidung unnötiger Zeitversäumnis bei der Abfertigung erforderlichen Maßnahmen anordnen. Bei Anordnungen gegenüber einem einzelnen Auftraggeber kann die Beteiligung des Heimarbeitsausschusses unterbleiben.

§ 11 Verteilung der Heimarbeit

(1) Wer Heimarbeit an mehrere in Heimarbeit Beschäftigte ausgibt, soll die Arbeitsmenge auf die Beschäftigten gleichmäßig unter Berücksichtigung ihrer und ihrer Mitarbeiter Leistungsfähigkeit verteilen.

(2) Der Heimarbeitsausschuss kann zur Beseitigung von Missständen, die durch ungleichmäßige Verteilung der Heimarbeit entstehen, für einzelne Gewerbezweige oder Arten von Heimarbeit die Arbeitsmenge festsetzen, die für einen bestimmten Zeitraum auf einen Entgeltbeleg (§ 9) ausgegeben werden darf. Die Arbeitsmenge ist so zu bemessen, dass sie durch eine vollwertige Arbeitskraft ohne Hilfskräfte in der für vergleichbare Betriebsarbeiter üblichen Arbeitszeit bewältigt werden kann. Für jugendliche Heimarbeiter ist eine Arbeitsmenge festzusetzen, die von vergleichbaren jugendlichen Betriebsarbeitern in der für sie üblichen Arbeitszeit bewältigt werden kann. Die Festsetzung erfolgt durch widerrufliche Entscheidung nach Anhörung der Beteiligten. Sie ist vom Vorsitzenden zu unterschreiben und bedarf der Zustimmung der zuständigen Arbeitsbehörde und der Veröffentlichung im Wortlaut an der von der zuständigen Arbeitsbehörde bestimmten Stelle. Sie tritt am Tage nach der Veröffentlichung in Kraft, wenn in ihr nicht ein anderer Zeitpunkt bestimmt ist. Die Vorschriften des § 8 Abs. 1 für die Auslegung und Vorlegung von Entgeltverzeichnissen gelten entsprechend.

Heimarbeitsgesetz §§ 12–14

(3) Soweit für einzelne Gewerbezweige oder Arten von Heimarbeit Bestimmungen nach Absatz 2 getroffen sind, darf an einen in Heimarbeit Beschäftigten eine größere Menge nicht ausgegeben werden. Die Ausgabe einer größeren Menge ist zulässig, wenn Hilfskräfte (Familienangehörige oder fremde Hilfskräfte) zur Mitarbeit herangezogen werden. Für diese Hilfskräfte sind dann weitere Entgeltbelege nach § 9 auszustellen.

(4) Aus wichtigen Gründen, insbesondere wenn nach Auskunft der Agentur für Arbeit geeignete unbeschäftigte Heimarbeiter und Hausgewerbetreibende nicht oder nicht in ausreichender Zahl vorhanden sind oder wenn besondere persönliche Verhältnisse eines in Heimarbeit Beschäftigten es rechtfertigen, kann der Vorsitzende des Heimarbeitsausschusses einem Auftraggeber die Ausgabe größerer Arbeitsmengen auf einen Entgeltbeleg gestatten. Die Erlaubnis kann jeweils nur für einen bestimmten Zeitraum, der sechs Monate nicht überschreiten darf, erteilt werden.

Fünfter Abschnitt: Gefahrenschutz (Arbeitsschutz und öffentlicher Gesundheitsschutz)

§ 12 Grundsätze des Gefahrenschutzes

(1) Die Arbeitsstätten der in Heimarbeit Beschäftigten einschließlich der Maschinen, Werkzeuge und Geräte müssen so beschaffen, eingerichtet und unterhalten und Heimarbeit muss so ausgeführt werden, dass keine Gefahren für Leben, Gesundheit und Sittlichkeit der Beschäftigten und ihrer Mitarbeiter sowie für die öffentliche Gesundheit im Sinne des § 14 entstehen.

(2) Werden von Hausgewerbetreibenden oder Gleichgestellten fremde Hilfskräfte beschäftigt, so gelten auch die sonstigen Vorschriften über den Betriebsschutz und die sich daraus ergebenden Verpflichtungen des Arbeitgebers seinen Arbeitnehmern gegenüber.

§ 13 Arbeitsschutz

(1) Die Bundesregierung kann mit Zustimmung des Bundesrates für einzelne Gewerbezweige oder bestimmte Arten von Beschäftigungen oder Arbeitsstätten Rechtsverordnungen zur Durchführung des Arbeitsschutzes durch die in Heimarbeit Beschäftigten und ihre Auftraggeber erlassen.

(2) Die Bundesregierung kann mit Zustimmung des Bundesrates Heimarbeit, die mit erheblichen Gefahren für Leben, Gesundheit oder Sittlichkeit der Beschäftigten verbunden ist, durch Rechtsverordnung verbieten.

§ 14 Schutz der öffentlichen Gesundheit

(1) Die Bundesregierung kann mit Zustimmung des Bundesrates für einzelne Gewerbezweige oder bestimmte Arten von Beschäftigungen oder Arbeitsstätten Rechtsverordnungen zum Schutze der Öffentlichkeit gegen gemeingefährliche und übertragbare Krankheiten und gegen Gefahren, die beim Verkehr mit Arznei-, Heil- und Betäubungsmitteln, Giften, Lebens- und Genussmitteln sowie Bedarfsgegenständen entstehen können, erlassen.

(2) Die Polizeibehörde kann im Benehmen mit dem Gewerbeaufsichtsamt und dem Gesundheitsamt für einzelne Arbeitsstätten Verfügungen zur Durchführung des öffentlichen Gesundheitsschutzes im Sinne des Absatzes 1 treffen, insbesondere zur Verhütung von Gefahren für die öffentliche Gesundheit, die sich bei der Herstellung, Verarbeitung oder Verpackung von Lebens- und Genussmitteln ergeben.

(3) Die Bundesregierung kann mit Zustimmung des Bundesrates Heimarbeit, die mit erheblichen Gefahren für die öffentliche Gesundheit im Sinne des Absatzes 1 verbunden ist, durch Rechtsverordnung verbieten.

§ 15 Anzeigepflicht

Wer Heimarbeit ausgibt, für die zur Durchführung des Gefahrenschutzes besondere Vorschriften gelten, hat dem Gewerbeaufsichtsamt und der Polizeibehörde Namen und Arbeitsstätte der von ihm mit Heimarbeit Beschäftigten anzuzeigen.

§ 16 Fürsorgepflicht

(1) Wer Heimarbeit ausgibt oder weitergibt, hat dafür zu sorgen, dass Leben oder Gesundheit der in der Heimarbeit Beschäftigten durch technische Arbeitsmittel und Arbeitsstoffe, die er ihnen zur Verwendung überlässt, nicht gefährdet werden.
(2) Die zur Durchführung des Gefahrenschutzes erforderlichen Maßnahmen, die sich auf Räume oder Betriebseinrichtungen beziehen, hat der zu treffen, der die Räume und Betriebseinrichtungen unterhält.

§ 16a Anordnungen

Das Gewerbeaufsichtsamt kann in Einzelfällen anordnen, welche Maßnahmen zur Durchführung der §§ 12, 13 und 16 sowie der auf § 13 und § 34 Abs. 2 gestützten Rechtsverordnungen zu treffen sind. Neben den auf Grund von § 3 Abs. 2 bestimmten Stellen nimmt das Gewerbeaufsichtsamt die Aufsichtsbefugnisse nach § 139b der Gewerbeordnung wahr.

Sechster Abschnitt: Entgeltregelung

§ 17 Tarifverträge, Entgeltregelungen

(1) Als Tarifverträge gelten auch schriftliche Vereinbarungen zwischen Gewerkschaften einerseits und Auftraggebern oder deren Vereinigungen andererseits über Inhalt, Abschluss oder Beendigung von Vertragsverhältnissen der in Heimarbeit Beschäftigten oder Gleichgestellten mit ihren Auftraggebern.
(2) Entgeltregelungen im Sinne dieses Gesetzes sind Tarifverträge, bindende Festsetzungen von Entgelten und sonstigen Vertragsbedingungen (§ 19) und von Mindestarbeitsbedingungen für fremde Hilfskräfte (§ 22).

§ 18 Aufgaben des Heimarbeitsausschusses auf dem Gebiete der Entgeltregelung

Der Heimarbeitsausschuss hat die Aufgaben:
a) auf das Zustandekommen von Tarifverträgen hinzuwirken;
b) zur Vermeidung und Beendigung von Gesamtstreitigkeiten zwischen den in § 17 Abs. 1 genannten Parteien diesen auf Antrag einer Partei Vorschläge für den Abschluss eines Tarifvertrages zu unterbreiten; wird ein schriftlich abgefasster Vorschlag von allen Parteien durch Erklärung gegenüber dem Heimarbeitsausschuss angenommen, so hat er die Wirkung eines Tarifvertrages;
c) bindende Festsetzungen für Entgelte und sonstige Vertragsbedingungen nach Maßgabe des § 19 zu treffen.

§ 19 Bindende Festsetzungen

(1) Bestehen Gewerkschaften oder Vereinigungen der Auftraggeber für den Zuständigkeitsbereich eines Heimarbeitsausschusses nicht oder umfassen sie nur eine Minderheit der Auftraggeber oder Beschäftigten, so kann der Heimarbeitsausschuss nach Anhörung der Auf-

traggeber und Beschäftigten, für die eine Regelung getroffen werden soll, Entgelte und sonstige Vertragsbedingungen mit bindender Wirkung für alle Auftraggeber und Beschäftigten seines Zuständigkeitsbereichs festsetzen, wenn unzulängliche Entgelte gezahlt werden oder die sonstigen Vertragsbedingungen unzulänglich sind. Als unzulänglich sind insbesondere Entgelte und sonstige Vertragsbedingungen anzusehen, die unter Berücksichtigung der sozialen und wirtschaftlichen Eigenart der Heimarbeit unter den tarifvertraglichen Löhnen oder sonstigen durch Tarifvertrag festgelegten Arbeitsbedingungen für gleiche oder gleichwertige Betriebsarbeit liegen. Soweit im Zuständigkeitsbereich eines Heimarbeitsausschusses Entgelte und sonstige Vertragsbedingungen für Heimarbeit derselben Art tarifvertraglich vereinbart sind, sollen in der bindenden Festsetzung keine für die Beschäftigten günstigeren Entgelte oder sonstigen Vertragsbedingungen festgesetzt werden.
(2) Die bindende Festsetzung bedarf der Zustimmung der zuständigen Arbeitsbehörde und der Veröffentlichung im Wortlaut an der von der zuständigen Arbeitsbehörde bestimmten Stelle. Der persönliche Geltungsbereich der bindenden Festsetzung ist unter Berücksichtigung der Vorschriften des § 1 zu bestimmen. Sie tritt am Tage nach der Veröffentlichung in Kraft, wenn in ihr nicht ein anderer Zeitpunkt bestimmt ist. Beabsichtigt die zuständige Arbeitsbehörde die Zustimmung zu einer bindenden Festsetzung insbesondere wegen Unzulänglichkeit der Entgelte oder der sonstigen Vertragsbedingungen (Absatz 1 Satz 2) zu versagen, so hat sie dies dem Heimarbeitsausschuss unter Angabe von Gründen mitzuteilen und ihm vor ihrer Entscheidung über die Zustimmung Gelegenheit zu geben, die bindende Festsetzung zu ändern.
(3) Die bindende Festsetzung hat die Wirkung eines allgemeinverbindlichen Tarifvertrages und ist in das beim Bundesministerium für Arbeit und Soziales geführte Tarifregister einzutragen. Von den Vorschriften einer bindenden Festsetzung kann nur zugunsten des Beschäftigten abgewichen werden. Ein Verzicht auf Rechte, die auf Grund einer bindenden Festsetzung eines Beschäftigten entstanden sind, ist nur in einem von der Obersten Arbeitsbehörde des Landes oder der von ihr bestimmten Stelle gebilligten Vergleich zulässig. Die Verwirkung solcher Rechte ist ausgeschlossen. Ausschlussfristen für ihre Geltendmachung können nur durch eine bindende Festsetzung vorgesehen werden; das Gleiche gilt für die Abkürzung von Verjährungsfristen. Im Übrigen gelten für die bindende Festsetzung die gesetzlichen Vorschriften über den Tarifvertrag sinngemäß, soweit sich aus dem Fehlen der Vertragsparteien nicht etwas anderes ergibt.
(4) Der Heimarbeitsausschuss kann nach Anhörung der Auftraggeber und Beschäftigten bindende Festsetzungen ändern oder aufheben. Die Absätze 1 bis 3 gelten entsprechend.
(5) Die Absätze 1 bis 4 gelten entsprechend für die Festsetzung von vermögenswirksamen Leistungen im Sinne des Fünften Vermögensbildungsgesetzes.

§ 20 Art der Entgelte
Die Entgelte für Heimarbeit sind in der Regel als Stückentgelte, und zwar möglichst auf der Grundlage von Stückzeiten zu regeln. Ist dieses nicht möglich, so sind Zeitentgelte festzusetzen, die der Stückentgeltberechnung im Einzelfall zugrunde gelegt werden können.

§ 21 Entgeltregelung für Zwischenmeister, Mithaftung des Auftraggebers
(1) Für Zwischenmeister, die nach § 1 Abs. 2 Buchstabe d den in Heimarbeit Beschäftigten gleichgestellt sind, können im Verhältnis zu ihren Auftraggebern durch Entgeltregelungen gemäß den §§ 17 bis 19 Zuschläge festgelegt werden.
(2) Zahlt ein Auftraggeber an einen Zwischenmeister ein Entgelt, von dem er weiß oder den Umständen nach wissen muss, dass es zur Zahlung der in der Entgeltregelung festgelegten

Entgelte an die Beschäftigten nicht ausreicht, oder zahlt er an einen Zwischenmeister, dessen Unzuverlässigkeit er kennt oder kennen muss, so haftet er neben dem Zwischenmeister für diese Entgelte.

§ 22 Mindestarbeitsbedingungen für fremde Hilfskräfte

(1) Für fremde Hilfskräfte, die von Hausgewerbetreibenden oder Gleichgestellten beschäftigt werden, können Mindestarbeitsbedingungen festgesetzt werden. Voraussetzung ist, dass die Entgelte der Hausgewerbetreibenden oder Gleichgestellten durch eine Entgeltregelung (§§ 17 bis 19) festgelegt sind.
(2) Für die Festsetzung gilt § 19 entsprechend mit der Maßgabe, dass an die Stelle der Heimarbeitsausschüsse Entgeltausschüsse für fremde Hilfskräfte der Heimarbeit treten. Für die Auslegung der Mindestarbeitsbedingungen gilt § 8 Abs. 3 entsprechend.
(3) Die Entgeltausschüsse werden im Bedarfsfalle durch die zuständige Arbeitsbehörde errichtet. Für ihre Zusammensetzung und das Verfahren vor ihnen gelten § 4 Abs. 2 bis 4 und § 5 entsprechend. Die Beisitzer und Stellvertreter sind aus Kreisen der beteiligten Arbeitnehmer einerseits sowie der Hausgewerbetreibenden und Gleichgestellten andererseits auf Grund von Vorschlägen der fachlich und räumlich zuständigen Gewerkschaften und Vereinigungen der Hausgewerbetreibenden oder Gleichgestellten, soweit solche nicht bestehen oder keine Vorschläge einreichen, nach Anhörung der Beteiligten jeweils zu berufen.

Siebenter Abschnitt: Entgeltschutz

§ 23 Entgeltprüfung

(1) Die Oberste Arbeitsbehörde des Landes hat für eine wirksame Überwachung der Entgelte und sonstigen Vertragsbedingungen durch Entgeltprüfer Sorge zu tragen.
(2) Die Entgeltprüfer haben die Innehaltung der Vorschriften des Dritten Abschnittes dieses Gesetzes und der gemäß den §§ 17 bis 19, 21 und 22 geregelten Entgelte und sonstigen Vertragsbedingungen zu überwachen sowie auf Antrag bei der Errechnung der Stückentgelte Berechnungshilfe zu leisten.
(3) Die Oberste Arbeitsbehörde des Landes kann die Aufgaben der Entgeltprüfer anderen Stellen übertragen, insbesondere für Bezirke, in denen Heimarbeit nur in geringem Umfange geleistet wird.

§ 24 Aufforderung zur Nachzahlung der Minderbeträge

Hat ein Auftraggeber oder Zwischenmeister einem in Heimarbeit Beschäftigten oder einem Gleichgestellten ein Entgelt gezahlt, das niedriger ist als das in einer Entgeltregelung gemäß den §§ 17 bis 19 festgesetzte oder das in § 29 Abs. 5 oder 6 bestimmte, so kann ihn die Oberste Arbeitsbehörde des Landes oder die von ihr bestimmte Stelle auffordern, innerhalb einer in der Aufforderung festzusetzenden Frist den Minderbetrag nachzuzahlen und den Zahlungsnachweis vorzulegen. Satz 1 gilt entsprechend für sonstige Vertragsbedingungen, die gemäß den §§ 17 bis 19 festgesetzt sind und die Geldleistungen an einen in Heimarbeit Beschäftigten oder einen Gleichgestellten zum Inhalt haben. Die Oberste Arbeitsbehörde des Landes soll von einer Maßnahme nach Satz 1 absehen, wenn glaubhaft gemacht worden ist, dass ein Gleichgestellter im Falle des § 1 Abs. 6 nicht oder wahrheitswidrig geantwortet hat.

§ 25 Klagebefugnis der Länder

Das Land, vertreten durch die Oberste Arbeitsbehörde oder die von ihr bestimmte Stelle, kann im eigenen Namen den Anspruch auf Nachzahlung des Minderbetrages an den Berechtigten gerichtlich geltend machen. Das Urteil wirkt auch für und gegen den in Heimarbeit Beschäftigten oder den Gleichgestellten. § 24 Satz 3 gilt entsprechend.

§ 26 Entgeltschutz für fremde Hilfskräfte

(1) Hat ein Hausgewerbetreibender oder Gleichgestellter einer fremden Hilfskraft ein Entgelt gezahlt, das niedriger ist als das durch Mindestarbeitsbedingungen (§ 22) festgesetzte, so gelten die Vorschriften der §§ 24 und 25 über die Aufforderung zur Nachzahlung der Minderbeträge und über die Klagebefugnis der Länder sinngemäß.

(2) Das gleiche gilt, wenn ein Hausgewerbetreibender oder Gleichgestellter eine fremde Hilfskraft nicht nach der einschlägigen tariflichen Regelung entlohnt. Voraussetzung ist, dass die Entgelte des Hausgewerbetreibenden oder Gleichgestellten durch eine Entgeltregelung (§§ 17 bis 19) festgelegt sind.

§ 27 Pfändungsschutz

Für das Entgelt, das den in Heimarbeit Beschäftigten oder den Gleichgestellten gewährt wird, gelten die Vorschriften über den Pfändungsschutz für Vergütungen, die auf Grund eines Arbeits- oder Dienstverhältnisses geschuldet werden, entsprechend.

Achter Abschnitt: Auskunfts- und Aufklärungspflicht über Entgelte

§ 28

(1) Auftraggeber, Zwischenmeister, Beschäftigte und fremde Hilfskräfte haben den mit der Entgeltfestsetzung oder Entgeltprüfung beauftragten Stellen auf Verlangen Auskunft über alle die Entgelte berührenden Fragen zu erteilen und hierbei auch außer den Entgeltbelegen (§ 9) Arbeitsstücke, Stoffproben und sonstige Unterlagen für die Entgeltfestsetzung oder Entgeltprüfung vorzulegen. Die mit der Entgeltfestsetzung oder Entgeltprüfung beauftragten Stellen können Erhebungen über Arbeitszeiten für einzelne Arbeitsstücke anstellen oder anstellen lassen.

(2) Der in Heimarbeit Beschäftigte und Gleichgestellte kann von seinem Auftraggeber verlangen, dass ihm die Berechnung und Zusammensetzung seines Entgelts erläutert wird.

Neunter Abschnitt: Kündigung

§ 29 Allgemeiner Kündigungsschutz

(1) Das Beschäftigungsverhältnis eines in Heimarbeit Beschäftigten kann beiderseits an jedem Tag für den Ablauf des folgenden Tages gekündigt werden.

(2) Wird ein in Heimarbeit Beschäftigter von einem Auftraggeber oder Zwischenmeister länger als vier Wochen beschäftigt, so kann das Beschäftigungsverhältnis beiderseits nur mit einer Frist von zwei Wochen gekündigt werden.

(3) Wird ein in Heimarbeit Beschäftigter überwiegend von einem Auftraggeber oder Zwischenmeister beschäftigt, so kann das Beschäftigungsverhältnis mit einer Frist von vier Wochen zum Fünfzehnten oder zum Ende eines Kalendermonats gekündigt werden. Während einer vereinbarten Probezeit, längstens für die Dauer von sechs Monaten, beträgt die Kündigungsfrist zwei Wochen.

(4) Unter der in Absatz 3 Satz 1 genannten Voraussetzung beträgt die Frist für eine Kündigung durch den Auftraggeber oder Zwischenmeister, wenn das Beschäftigungsverhältnis
1. zwei Jahre bestanden hat, einen Monat zum Ende eines Kalendermonats,
2. fünf Jahre bestanden hat, zwei Monate zum Ende eines Kalendermonats,
3. acht Jahre bestanden hat, drei Monate zum Ende eines Kalendermonats,
4. zehn Jahre bestanden hat, vier Monate zum Ende eines Kalendermonats,
5. zwölf Jahre bestanden hat, fünf Monate zum Ende eines Kalendermonats,
6. fünfzehn Jahre bestanden hat, sechs Monate zum Ende eines Kalendermonats,
7. zwanzig Jahre bestanden hat, sieben Monate zum Ende eines Kalendermonats.

(5) § 622 Abs. 4 bis 6 des Bürgerlichen Gesetzbuchs gilt entsprechend.

(6) Für die Kündigung aus wichtigem Grund gilt § 626 des Bürgerlichen Gesetzbuches entsprechend.

(7) Für die Dauer der Kündigungsfrist nach den Absätzen 2 bis 5 hat der Beschäftigte auch bei Ausgabe einer geringeren Arbeitsmenge Anspruch auf Arbeitsentgelt in Höhe von einem Zwölftel bei einer Kündigungsfrist von zwei Wochen, zwei Zwölfteln bei einer Kündigungsfrist von vier Wochen, drei Zwölfteln bei einer Kündigungsfrist von einem Monat, vier Zwölfteln bei einer Kündigungsfrist von zwei Monaten, sechs Zwölfteln bei einer Kündigungsfrist von drei Monaten, acht Zwölfteln bei einer Kündigungsfrist von vier Monaten, zehn Zwölfteln bei einer Kündigungsfrist von fünf Monaten, zwölf Zwölfteln bei einer Kündigungsfrist von sechs Monaten und vierzehn Zwölfteln bei einer Kündigungsfrist von sieben Monaten des Gesamtbetrages, den er in den dem Zugang der Kündigung vorausgegangenen 24 Wochen als Entgelt erhalten hat. Bei Entgelterhöhungen während des Berechnungszeitraums oder der Kündigungsfrist ist von dem erhöhten Entgelt auszugehen. Zeiten des Bezugs von Krankengeld oder Kurzarbeitergeld sind in den Berechnungszeitraum nicht mit einzubeziehen.

(8) Absatz 7 gilt entsprechend, wenn ein Auftraggeber oder Zwischenmeister die Arbeitsmenge, die er mindestens ein Jahr regelmäßig an einen Beschäftigten, auf den die Voraussetzungen der Absätze 2, 3, 4 oder 5 zutreffen, ausgegeben hat, um mindestens ein Viertel verringert, es sei denn, dass die Verringerung auf einer Festsetzung gemäß § 11 Abs. 2 beruht. Hat das Beschäftigungsverhältnis im Falle des Absatzes 2 ein Jahr noch nicht erreicht, so ist von der während der Dauer des Beschäftigungsverhältnisses ausgegebenen Arbeitsmenge auszugehen. Die Sätze 1 und 2 finden keine Anwendung, wenn die Verringerung der Arbeitsmenge auf rechtswirksam eingeführter Kurzarbeit beruht.

(9) Teilt ein Auftraggeber einem Zwischenmeister, der überwiegend für ihn Arbeit weitergibt, eine künftige Herabminderung der regelmäßig zu verteilenden Arbeitsmenge nicht rechtzeitig mit, so kann dieser vom Auftraggeber Ersatz der durch Einhaltung der Kündigungsfrist verursachten Aufwendungen insoweit verlangen, als während der Kündigungsfrist die Beschäftigung wegen des Verhaltens des Auftraggebers nicht möglich war.

§ 29a Kündigungsschutz im Rahmen der Betriebsverfassung

(1) Die Kündigung des Beschäftigungsverhältnisses eines in Heimarbeit beschäftigten Mitglieds eines Betriebsrats oder einer Jugend- und Auszubildendenvertretung ist unzulässig, es sei denn, dass Tatsachen vorliegen, die einen Arbeitgeber zur Kündigung eines Arbeitsverhältnisses aus wichtigem Grund ohne Einhaltung einer Kündigungsfrist berechtigen würden, und dass die nach § 103 des Betriebsverfassungsgesetzes erforderliche Zustimmung vorliegt oder durch gerichtliche Entscheidung ersetzt ist. Nach Beendigung der Amtszeit ist die Kündigung innerhalb eines Jahres jeweils vom Zeitpunkt der Beendigung der Amtszeit an

gerechnet, unzulässig, es sei denn, dass Tatsachen vorliegen, die einen Arbeitgeber zur Kündigung eines Arbeitsverhältnisses aus wichtigem Grund ohne Einhaltung einer Kündigungsfrist berechtigen würden; dies gilt nicht, wenn die Beendigung der Mitgliedschaft auf einer gerichtlichen Entscheidung beruht.
(2) Die Kündigung eines in Heimarbeit beschäftigten Mitglieds eines Wahlvorstands ist vom Zeitpunkt seiner Bestellung an, die Kündigung eines in Heimarbeit beschäftigten Wahlbewerbers vom Zeitpunkt der Aufstellung des Wahlvorschlags an jeweils bis zur Bekanntgabe des Wahlergebnisses unzulässig, es sei denn, dass Tatsachen vorliegen, die einen Arbeitgeber zur Kündigung eines Arbeitsverhältnisses aus wichtigem Grund ohne Einhaltung einer Kündigungsfrist berechtigen würden, und dass die nach § 103 des Betriebsverfassungsgesetzes erforderliche Zustimmung vorliegt oder durch eine gerichtliche Entscheidung ersetzt ist. Innerhalb von sechs Monaten nach Bekanntgabe des Wahlergebnisses ist die Kündigung unzulässig, es sei denn, dass Tatsachen vorliegen, die einen Arbeitgeber zur Kündigung eines Arbeitsverhältnisses aus wichtigem Grund ohne Einhaltung einer Kündigungsfrist berechtigen würden; dies gilt nicht für Mitglieder des Wahlvorstands, wenn dieser nach § 18 Abs. 1 des Betriebsverfassungsgesetzes durch gerichtliche Entscheidung durch einen anderen Wahlvorstand ersetzt worden ist.
(3) Wird die Vergabe von Heimarbeit eingestellt, so ist die Kündigung des Beschäftigungsverhältnisses der in den Absätzen 1 und 2 genannten Personen frühestens zum Zeitpunkt der Einstellung der Vergabe zulässig, es sei denn, dass die Kündigung zu einem früheren Zeitpunkt durch zwingende betriebliche Erfordernisse bedingt ist.

Zehnter Abschnitt: Ausgabeverbot

§ 30 Verbot der Ausgabe von Heimarbeit

Die Oberste Arbeitsbehörde des Landes oder die von ihr bestimmte Stelle kann einer Person, die
1. in den letzten fünf Jahren wiederholt wegen eines Verstoßes gegen die Vorschriften dieses Gesetzes rechtskräftig verurteilt oder mit Geldbuße belegt worden ist,
2. der Obersten Arbeitsbehörde des Landes oder der von ihr bestimmten Stelle falsche Angaben gemacht oder falsche Unterlagen vorgelegt hat, um sich der Pflicht zur Nachzahlung von Minderbeträgen (§ 24) zu entziehen, oder
3. der Aufforderung der Obersten Arbeitsbehörde des Landes oder der von ihr bestimmten Stelle zur Nachzahlung von Minderbeträgen (§ 24) wiederholt nicht nachgekommen ist oder die Minderbeträge nach Aufforderung zwar nachgezahlt, jedoch weiter zu niedrige Entgelte gezahlt hat,

die Aus- und Weitergabe von Heimarbeit verbieten.

Elfter Abschnitt: Straftaten und Ordnungswidrigkeiten

§ 31 Ausgabe verbotener Heimarbeit

(1) Wer Heimarbeit, die nach einer zur Durchführung des Gefahrenschutzes erlassenen Rechtsvorschrift (§ 13 Abs. 2, § 14 Abs. 3, § 34 Abs. 2 Satz 2) verboten ist, ausgibt oder weitergibt, wird mit Freiheitsstrafe bis zu einem Jahr oder mit Geldstrafe bestraft.
(2) Handelt der Täter fahrlässig, so ist die Strafe Freiheitsstrafe bis zu sechs Monaten oder Geldstrafe bis zu einhundertachtzig Tagessätzen.

§ 32 Straftaten und Ordnungswidrigkeiten im Bereich des Arbeits- und Gefahrenschutzes

(1) Ordnungswidrig handelt, wer, abgesehen von den Fällen des § 31, vorsätzlich oder fahrlässig
1. einer zur Durchführung des Gefahrenschutzes erlassenen Rechtsvorschrift (§ 13, § 14 Abs. 1, 3, § 34 Abs. 2 Satz 2), soweit sie für einen bestimmten Tatbestand auf diese Bußgeldvorschrift verweist, oder
2. einer vollziehbaren Verfügung nach § 14 Abs. 2 oder § 16a

zuwiderhandelt. Die in Satz 1 Nr. 1 vorgeschriebene Verweisung ist nicht erforderlich, soweit die dort genannten Rechtsvorschriften vor Inkrafttreten dieses Gesetzes erlassen sind.
(2) Die Ordnungswidrigkeit kann mit einer Geldbuße bis zu zehntausend Euro geahndet werden.
(3) Wer vorsätzlich eine der in Absatz 1 bezeichneten Handlungen begeht und dadurch in Heimarbeit Beschäftigte in ihrer Arbeitskraft oder Gesundheit gefährdet, wird mit Freiheitsstrafe bis zu einem Jahr oder mit Geldstrafe bestraft.
(4) Wer in den Fällen des Absatzes 3 die Gefahr fahrlässig verursacht, wird mit Freiheitsstrafe bis zu sechs Monaten oder mit Geldstrafe bis zu einhundertachtzig Tagessätzen bestraft.

§ 32a Sonstige Ordnungswidrigkeiten

(1) Ordnungswidrig handelt, wer vorsätzlich oder fahrlässig einem nach § 30 ergangenen vollziehbaren Verbot der Ausgabe oder Weitergabe von Heimarbeit zuwiderhandelt.
(2) Ordnungswidrig handelt auch, wer vorsätzlich oder fahrlässig
1. einer Vorschrift über die Listenführung (§ 6), die Mitteilung oder Anzeige von Heimarbeit (§§ 7, 15), die Unterrichtungspflicht (§ 7a), die Offenlegung der Entgeltverzeichnisse (§ 8), die Entgeltbelege (§ 9) oder die Auskunftspflicht über die Entgelte (§ 28 Abs. 1) zuwiderhandelt,
2. einer vollziehbaren Anordnung zum Schutze der Heimarbeiter vor Zeitversäumnis (§ 10) zuwiderhandelt,
3. einer Regelung zur Verteilung der Heimarbeit nach § 11 Abs. 2 zuwiderhandelt, soweit sie für einen bestimmten Tatbestand auf diese Bußgeldvorschrift verweist oder
4. als in Heimarbeit Beschäftigter (§ 1 Abs. 1) oder diesem Gleichgestellter (§ 1 Abs. 2) duldet, dass ein mitarbeitender Familienangehöriger eine Zuwiderhandlung nach § 32 begeht.

(3) Die Ordnungswidrigkeit nach Absatz 1 kann mit einer Geldbuße bis zu zehntausend Euro, die Ordnungswidrigkeit nach Absatz 2 mit einer Geldbuße bis zu zweitausendfünfhundert Euro geahndet werden.

Zwölfter Abschnitt: Schlussvorschriften

§ 33 Durchführungsvorschriften

(1) Das Bundesministerium für Wirtschaft und Arbeit wird ermächtigt, mit Zustimmung des Bundesrates und nach Anhörung der Spitzenverbände der Gewerkschaften und der Vereinigungen der Arbeitgeber die zur Durchführung dieses Gesetzes erforderlichen Rechtsverordnungen zu erlassen über
a) das Verfahren bei der Gleichstellung (§ 1 Abs. 2 bis 5);

b) die Errichtung von Heimarbeitsausschüssen und von Entgeltausschüssen für fremde Hilfskräfte der Heimarbeit und das Verfahren vor ihnen (§ 4, 5, 11, 18 bis 22);
c) Form, Inhalt und Einsendung der Listen und der Anzeige bei erstmaliger Ausgabe von Heimarbeit (§§ 6 und 7);
d) Form, Inhalt, Ausgabe und Aufbewahrung von Entgeltbelegen (§ 9).

(2) Der Bundesminister für Arbeit und Sozialordnung kann mit Zustimmung des Bundesrates und nach Anhörung der Spitzenverbände der Gewerkschaften und der Vereinigungen der Arbeitgeber allgemeine Verwaltungsvorschriften für die Durchführung dieses Gesetzes erlassen.

§ 34 Inkrafttreten

(1) Das Gesetz tritt einen Monat nach seiner Verkündung, der § 33 am Tage nach der Verkündung in Kraft.

(2) Mit dem Inkrafttreten dieses Gesetzes treten das Gesetz über die Heimarbeit in der Fassung der Bekanntmachung vom 30. Oktober 1939 (Reichsgesetzbl. I S. 2145) und die Verordnung zur Durchführung des Gesetzes über die Heimarbeit vom 30. Oktober 1939 (Reichsgesetzbl. I S. 2152) außer Kraft. Die auf Grund der bisherigen gesetzlichen Vorschriften zur Durchführung des Gefahrenschutzes erlassenen Verordnungen bleiben mit der Maßgabe in Kraft, dass anstelle der in ihnen erwähnten Vorschriften des Gesetzes über die Heimarbeit in der Fassung vom 30. Oktober 1939 und des Hausarbeitsgesetzes in der Fassung vom 30. Juni 1923 (Reichsgesetzbl. S. 472/730) die entsprechenden Vorschriften dieses Gesetzes treten.

Gesetz zum Schutze der arbeitenden Jugend (Jugendarbeitsschutzgesetz –JArbSchG)

vom 12. April 1976 (BGBl. I 1976, S. 965)
– zuletzt geändert durch Gesetz zur Auflösung der Bundesmonopolverwaltung für Branntwein und zur Änderung weiterer Gesetze (Branntweinmonopolverwaltung-Auflösungsgesetz – BfBAG) vom 10. März 2017 (BGBl. I 2017, S. 420)

Erster Abschnitt: Allgemeine Vorschriften

§ 1 Geltungsbereich

(1) Dieses Gesetz gilt in der Bundesrepublik Deutschland und in der ausschließlichen Wirtschaftszone für die Beschäftigung von Personen, die noch nicht 18 Jahre alt sind,
1. in der Berufsausbildung,
2. als Arbeitnehmer oder Heimarbeiter,
3. mit sonstigen Dienstleistungen, die der Arbeitsleistung von Arbeitnehmern oder Heimarbeitern ähnlich sind,
4. in einem der Berufsausbildung ähnlichen Ausbildungsverhältnis.

(2) Dieses Gesetz gilt nicht
1. für geringfügige Hilfeleistungen, soweit sie gelegentlich
   a) aus Gefälligkeit,
   b) auf Grund familienrechtlicher Vorschriften,
   c) in Einrichtungen der Jugendhilfe,
   d) in Einrichtungen zur Eingliederung Behinderter
   erbracht werden,
2. für die Beschäftigung durch die Personensorgeberechtigten im Familienhaushalt.

§ 2 Kind, Jugendlicher

(1) Kind im Sinne dieses Gesetzes ist, wer noch nicht 15 Jahre alt ist.
(2) Jugendlicher im Sinne dieses Gesetzes ist, wer 15, aber noch nicht 18 Jahre alt ist.
(3) Auf Jugendliche, die der Vollzeitschulpflicht unterliegen, finden die für Kinder geltenden Vorschriften Anwendung.

§ 3 Arbeitgeber

Arbeitgeber im Sinne dieses Gesetzes ist, wer ein Kind oder einen Jugendlichen gemäß § 1 beschäftigt.

§ 4 Arbeitszeit

(1) Tägliche Arbeitszeit ist die Zeit vom Beginn bis zum Ende der täglichen Beschäftigung ohne die Ruhepausen (§ 11).
(2) Schichtzeit ist die tägliche Arbeitszeit unter Hinzurechnung der Ruhepausen (§ 11).
(3) Im Bergbau unter Tage gilt die Schichtzeit als Arbeitszeit. Sie wird gerechnet vom Betreten des Förderkorbes bei der Einfahrt bis zum Verlassen des Förderkorbes bei der Ausfahrt oder vom Eintritt des einzelnen Beschäftigten in das Stollenmundloch bis zu seinem Wiederaustritt.

(4) Für die Berechnung der wöchentlichen Arbeitszeit ist als Woche die Zeit von Montag bis einschließlich Sonntag zugrunde zu legen. Die Arbeitszeit, die an einem Werktag infolge eines gesetzlichen Feiertages ausfällt, wird auf die wöchentliche Arbeitszeit angerechnet.
(5) Wird ein Kind oder ein Jugendlicher von mehreren Arbeitgebern beschäftigt, so werden die Arbeits- und Schichtzeiten sowie die Arbeitstage zusammengerechnet.

Zweiter Abschnitt: Beschäftigung von Kindern

§ 5 Verbot der Beschäftigung von Kindern

(1) Die Beschäftigung von Kindern (§ 2 Abs. 1) ist verboten.
(2) Das Verbot des Absatzes 1 gilt nicht für die Beschäftigung von Kindern
1. zum Zwecke der Beschäftigungs- und Arbeitstherapie,
2. im Rahmen des Betriebspraktikums während der Vollzeitschulpflicht,
3. in Erfüllung einer richterlichen Weisung.
Auf die Beschäftigung finden § 7 Satz 1 Nr. 2 und die §§ 9 bis 46 entsprechende Anwendung.
(3) Das Verbot des Absatzes 1 gilt ferner nicht für die Beschäftigung von Kindern über 13 Jahre mit Einwilligung des Personensorgeberechtigten, soweit die Beschäftigung leicht und für Kinder geeignet ist. Die Beschäftigung ist leicht, wenn sie auf Grund ihrer Beschaffenheit und der besonderen Bedingungen, unter denen sie ausgeführt wird,
1. die Sicherheit, Gesundheit und Entwicklung der Kinder,
2. ihren Schulbesuch, ihre Beteiligung an Maßnahmen zur Berufswahlvorbereitung oder Berufsausbildung, die von der zuständigen Stelle anerkannt sind, und
3. ihre Fähigkeit, dem Unterricht mit Nutzen zu folgen,
nicht nachteilig beeinflußt. Die Kinder dürfen nicht mehr als zwei Stunden täglich, in landwirtschaftlichen Familienbetrieben nicht mehr als drei Stunden täglich, nicht zwischen 18 und 8 Uhr, nicht vor dem Schulunterricht und nicht während des Schulunterrichts beschäftigt werden. Auf die Beschäftigung finden die §§ 15 bis 31 entsprechende Anwendung.
(4) Das Verbot des Absatzes 1 gilt ferner nicht für die Beschäftigung von Jugendlichen (§ 2 Abs. 3) während der Schulferien für höchstens vier Wochen im Kalenderjahr. Auf die Beschäftigung finden die §§ 8 bis 31 entsprechende Anwendung.
(4a) Die Bundesregierung hat durch Rechtsverordnung mit Zustimmung des Bundesrates die Beschäftigung nach Absatz 3 näher zu bestimmen.
(4b) Der Arbeitgeber unterrichtet die Personensorgeberechtigten der von ihm beschäftigten Kinder über mögliche Gefahren sowie über alle zu ihrer Sicherheit und ihrem Gesundheitsschutz getroffenen Maßnahmen.
(5) Für Veranstaltungen kann die Aufsichtsbehörde Ausnahmen gemäß § 6 bewilligen.

§ 6 Behördliche Ausnahmen für Veranstaltungen

(1) Die Aufsichtsbehörde kann auf Antrag bewilligen, dass
1. bei Theatervorstellungen Kinder über sechs Jahre bis zu vier Stunden täglich in der Zeit von 10 bis 23 Uhr,
2. bei Musikaufführungen und anderen Aufführungen, bei Werbeveranstaltungen sowie bei Aufnahmen im Rundfunk (Hörfunk und Fernsehen), auf Ton- und Bildträger sowie bei Film- und Fotoaufnahmen
   a) Kinder über drei bis sechs Jahre bis zu zwei Stunden täglich in der Zeit von 8 bis 17 Uhr,
   b) Kinder über sechs Jahre bis zu drei Stunden täglich in der Zeit von 8 bis 22 Uhr

gestaltend mitwirken und an den erforderlichen Proben teilnehmen. Eine Ausnahme darf nicht bewilligt werden für die Mitwirkung in Kabaretts, Tanzlokalen und ähnlichen Betrieben sowie auf Vergnügungsparks, Kirmessen, Jahrmärkten und bei ähnlichen Veranstaltungen, Schaustellungen oder Darbietungen.
(2) Die Aufsichtsbehörde darf nach Anhörung des zuständigen Jugendamtes die Beschäftigung nur bewilligen, wenn
1. die Personensorgeberechtigten in die Beschäftigung schriftlich eingewilligt haben,
2. der Aufsichtsbehörde eine nicht länger als vor drei Monaten ausgestellte ärztliche Bescheinigung vorgelegt wird, nach der gesundheitliche Bedenken gegen die Beschäftigung nicht bestehen,
3. die erforderlichen Vorkehrungen und Maßnahmen zum Schutze des Kindes gegen Gefahren für Leben und Gesundheit sowie zur Vermeidung einer Beeinträchtigung der körperlichen oder seelisch-geistigen Entwicklung getroffen sind,
4. Betreuung und Beaufsichtigung des Kindes bei der Beschäftigung sichergestellt sind,
5. nach Beendigung der Beschäftigung eine ununterbrochene Freizeit von mindestens 14 Stunden eingehalten wird,
6. das Fortkommen in der Schule nicht beeinträchtigt wird.
(3) Die Aufsichtsbehörde bestimmt,
1. wie lange, zu welcher Zeit und an welchem Tag das Kind beschäftigt werden darf,
2. Dauer und Lage der Ruhepausen,
3. die Höchstdauer des täglichen Aufenthalts an der Beschäftigungsstätte.
(4) Die Entscheidung der Aufsichtsbehörde ist dem Arbeitgeber schriftlich bekanntzugeben. Er darf das Kind erst nach Empfang des Bewilligungsbescheides beschäftigen.

§ 7 Beschäftigung von nicht vollzeitschulpflichtigen Kindern
Kinder, die der Vollzeitschulpflicht nicht mehr unterliegen, dürfen
1. im Berufsausbildungsverhältnis,
2. außerhalb eines Berufsausbildungsverhältnisses nur mit leichten und für sie geeigneten Tätigkeiten bis zu sieben Stunden täglich und 35 Stunden wöchentlich
beschäftigt werden. Auf die Beschäftigung finden die §§ 8 bis 46 entsprechende Anwendung.

Dritter Abschnitt: Beschäftigung Jugendlicher
Erster Titel: Arbeitszeit und Freizeit

§ 8 Dauer der Arbeitszeit
(1) Jugendliche dürfen nicht mehr als acht Stunden täglich und nicht mehr als 40 Stunden wöchentlich beschäftigt werden.
(2) Wenn in Verbindung mit Feiertagen an Werktagen nicht gearbeitet wird, damit die Beschäftigten eine längere zusammenhängende Freizeit haben, so darf die ausfallende Arbeitszeit auf die Werktage von fünf zusammenhängenden, die Ausfalltage einschließenden Wochen nur dergestalt verteilt werden, dass die Wochenarbeitszeit im Durchschnitt dieser fünf Wochen 40 Stunden nicht überschreitet. Die tägliche Arbeitszeit darf hierbei achteinhalb Stunden nicht überschreiten.
(2a) Wenn an einzelnen Werktagen die Arbeitszeit auf weniger als acht Stunden verkürzt ist, können Jugendliche an den übrigen Werktagen derselben Woche achteinhalb Stunden beschäftigt werden.

Jugendarbeitsschutzgesetz §§ 9–11

(3) In der Landwirtschaft dürfen Jugendliche über 16 Jahre während der Erntezeit nicht mehr als neun Stunden täglich und nicht mehr als 85 Stunden in der Doppelwoche beschäftigt werden.

§ 9 Berufsschule

(1) Der Arbeitgeber hat den Jugendlichen für die Teilnahme am Berufsschulunterricht freizustellen. Er darf den Jugendlichen nicht beschäftigen
1. vor einem vor 9 Uhr beginnenden Unterricht; dies gilt auch für Personen, die über 18 Jahre alt und noch berufsschulpflichtig sind,
2. an einem Berufsschultag mit mehr als fünf Unterrichtsstunden von mindestens je 45 Minuten, einmal in der Woche,
3. in Berufsschulwochen mit einem planmäßigen Blockunterricht von mindestens 25 Stunden an mindestens fünf Tagen; zusätzliche betriebliche Ausbildungsveranstaltungen bis zu zwei Stunden wöchentlich sind zulässig.

(2) Auf die Arbeitszeit werden angerechnet
1. Berufsschultage nach Absatz 1 Nr. 2 mit acht Stunden,
2. Berufsschulwochen nach Absatz 1 Nr. 3 mit 40 Stunden,
3. im übrigen die Unterrichtszeit einschließlich der Pausen.

(3) Ein Entgeltausfall darf durch den Besuch der Berufsschule nicht eintreten.

§ 10 Prüfungen und außerbetriebliche Ausbildungsmaßnahmen

(1) Der Arbeitgeber hat den Jugendlichen
1. für die Teilnahme an Prüfungen und Ausbildungsmaßnahmen, die auf Grund öffentlich-rechtlicher oder vertraglicher Bestimmungen außerhalb der Ausbildungsstätte durchzuführen sind,
2. an dem Arbeitstag, der der schriftlichen Abschlußprüfung unmittelbar vorangeht, freizustellen.

(2) Auf die Arbeitszeit werden angerechnet
1. die Freistellung nach Absatz 1 Nr. 1 mit der Zeit der Teilnahme einschließlich der Pausen,
2. die Freistellung nach Absatz 1 Nr. 2 mit acht Stunden.
Ein Entgeltausfall darf nicht eintreten.

§ 11 Ruhepausen, Aufenthaltsräume

(1) Jugendlichen müssen im voraus feststehende Ruhepausen von angemessener Dauer gewährt werden. Die Ruhepausen müssen mindestens betragen
1. 30 Minuten bei einer Arbeitszeit von mehr als viereinhalb bis zu sechs Stunden,
2. 60 Minuten bei einer Arbeitszeit von mehr als sechs Stunden.
Als Ruhepause gilt nur eine Arbeitsunterbrechung von mindestens 15 Minuten.

(2) Die Ruhepausen müssen in angemessener zeitlicher Lage gewährt werden, frühestens eine Stunde nach Beginn und spätestens eine Stunde vor Ende der Arbeitszeit. Länger als viereinhalb Stunden hintereinander dürfen Jugendliche nicht ohne Ruhepause beschäftigt werden.

(3) Der Aufenthalt während der Ruhepausen in Arbeitsräumen darf den Jugendlichen nur gestattet werden, wenn die Arbeit in diesen Räumen während dieser Zeit eingestellt ist und auch sonst die notwendige Erholung nicht beeinträchtigt wird.

(4) Absatz 3 gilt nicht für den Bergbau unter Tage.

§ 12 Schichtzeit
Bei der Beschäftigung Jugendlicher darf die Schichtzeit (§ 4 Abs. 2) 10 Stunden, im Bergbau unter Tage 8 Stunden, im Gaststättengewerbe, in der Landwirtschaft, in der Tierhaltung, auf Bau- und Montagestellen 11 Stunden nicht überschreiten.

§ 13 Tägliche Freizeit
Nach Beendigung der täglichen Arbeitszeit dürfen Jugendliche nicht vor Ablauf einer ununterbrochenen Freizeit von mindestens 12 Stunden beschäftigt werden.

§ 14 Nachtruhe
(1) Jugendliche dürfen nur in der Zeit von 6 bis 20 Uhr beschäftigt werden.
(2) Jugendliche über 16 Jahre dürfen
1. im Gaststätten- und Schaustellergewerbe bis 22 Uhr,
2. in mehrschichtigen Betrieben bis 23 Uhr,
3. in der Landwirtschaft ab 5 Uhr oder bis 21 Uhr,
4. in Bäckereien und Konditoreien ab 5 Uhr beschäftigt werden.
(3) Jugendliche über 17 Jahre dürfen in Bäckereien ab 4 Uhr beschäftigt werden.
(4) An dem einem Berufsschultag unmittelbar vorangehenden Tag dürfen Jugendliche auch nach Absatz 2 Nr. 1 bis 3 nicht nach 20 Uhr beschäftigt werden, wenn der Berufsschulunterricht am Berufsschultag vor 9 Uhr beginnt.
(5) Nach vorheriger Anzeige an die Aufsichtsbehörde dürfen in Betrieben, in denen die übliche Arbeitszeit aus verkehrstechnischen Gründen nach 20 Uhr endet, Jugendliche bis 21 Uhr beschäftigt werden, soweit sie hierdurch unnötige Wartezeiten vermeiden können. Nach vorheriger Anzeige an die Aufsichtsbehörde dürfen ferner in mehrschichtigen Betrieben Jugendliche über 16 Jahre ab 5.30 Uhr oder bis 23.30 Uhr beschäftigt werden, soweit sie hierdurch unnötige Wartezeiten vermeiden können.
(6) Jugendliche dürfen in Betrieben, in denen die Beschäftigten in außergewöhnlichem Grade der Einwirkung von Hitze ausgesetzt sind, in der warmen Jahreszeit ab 5 Uhr beschäftigt werden. Die Jugendlichen sind berechtigt, sich vor Beginn der Beschäftigung und danach in regelmäßigen Zeitabständen arbeitsmedizinisch untersuchen zu lassen. Die Kosten der Untersuchungen hat der Arbeitgeber zu tragen, sofern er diese nicht kostenlos durch einen Betriebsarzt oder einen überbetrieblichen Dienst von Betriebsärzten anbietet.
(7) Jugendliche dürfen bei Musikaufführungen, Theatervorstellungen und anderen Aufführungen, bei Aufnahmen im Rundfunk (Hörfunk und Fernsehen), auf Ton- und Bildträger sowie bei Film- und Fotoaufnahmen bis 23 Uhr gestaltend mitwirken. Eine Mitwirkung ist nicht zulässig bei Veranstaltungen, Schaustellungen oder Darbietungen, bei denen die Anwesenheit Jugendlicher nach den Vorschriften des Jugendschutzgesetzes verboten ist. Nach Beendigung der Tätigkeit dürfen Jugendliche nicht vor Ablauf einer ununterbrochenen Freizeit von mindestens 14 Stunden beschäftigt werden.

§ 15 Fünf-Tage-Woche
Jugendliche dürfen nur an fünf Tagen in der Woche beschäftigt werden. Die beiden wöchentlichen Ruhetage sollen nach Möglichkeit aufeinander folgen.

§ 16 Samstagsruhe
(1) An Samstagen dürfen Jugendliche nicht beschäftigt werden.
(2) Zulässig ist die Beschäftigung Jugendlicher an Samstagen nur
  1. in Krankenanstalten sowie in Alten-, Pflege- und Kinderheimen,

2. in offenen Verkaufsstellen, in Betrieben mit offenen Verkaufsstellen, in Bäckereien und Konditoreien, im Friseurhandwerk und im Marktverkehr,
3. im Verkehrswesen,
4. in der Landwirtschaft und Tierhaltung,
5. im Familienhaushalt,
6. im Gaststätten- und Schaustellergewerbe,
7. bei Musikaufführungen, Theatervorstellungen und anderen Aufführungen, bei Aufnahmen im Rundfunk (Hörfunk und Fernsehen), auf Ton- und Bildträger sowie bei Film- und Fotoaufnahmen,
8. bei außerbetrieblichen Ausbildungsmaßnahmen,
9. beim Sport,
10. im ärztlichen Notdienst,
11. in Reparaturwerkstätten für Kraftfahrzeuge.

Mindestens zwei Samstage im Monat sollen beschäftigungsfrei bleiben.

(3) Werden Jugendliche am Samstag beschäftigt, ist ihnen die Fünf-Tage-Woche (§ 15) durch Freistellung an einem anderen berufsschulfreien Arbeitstag derselben Woche sicherzustellen. In Betrieben mit einem Betriebsruhetag in der Woche kann die Freistellung auch an diesem Tage erfolgen, wenn die Jugendlichen an diesem Tag keinen Berufsschulunterricht haben.

(4) Können Jugendliche in den Fällen des Absatzes 2 Nr. 2 am Samstag nicht acht Stunden beschäftigt werden, kann der Unterschied zwischen der tatsächlichen und der nach § 8 Abs. 1 höchstzulässigen Arbeitszeit an dem Tage bis 13 Uhr ausgeglichen werden, an dem die Jugendlichen nach Absatz 3 Satz 1 freizustellen sind.

§ 17 Sonntagsruhe

(1) An Sonntagen dürfen Jugendliche nicht beschäftigt werden.

(2) Zulässig ist die Beschäftigung Jugendlicher an Sonntagen nur
1. in Krankenanstalten sowie in Alten-, Pflege- und Kinderheimen,
2. in der Landwirtschaft und Tierhaltung mit Arbeiten, die auch an Sonn- und Feiertagen naturnotwendig vorgenommen werden müssen,
3. im Familienhaushalt, wenn der Jugendliche in die häusliche Gemeinschaft aufgenommen ist,
4. im Schaustellergewerbe,
5. bei Musikaufführungen, Theatervorstellungen und anderen Aufführungen sowie bei Direktsendungen im Rundfunk (Hörfunk und Fernsehen),
6. beim Sport,
7. im ärztlichen Notdienst,
8. im Gaststättengewerbe.

Jeder zweite Sonntag soll, mindestens zwei Sonntage im Monat müssen beschäftigungsfrei bleiben.

(3) Werden Jugendliche am Sonntag beschäftigt, ist ihnen die Fünf-Tage-Woche (§ 15) durch Freistellung an einem anderen berufsschulfreien Arbeitstag derselben Woche sicherzustellen. In Betrieben mit einem Betriebsruhetag in der Woche kann die Freistellung auch an diesem Tage erfolgen, wenn die Jugendlichen an diesem Tage keinen Berufsschulunterricht haben.

§ 18 Feiertagsruhe

(1) Am 24. und 31. Dezember nach 14 Uhr und an gesetzlichen Feiertagen dürfen Jugendliche nicht beschäftigt werden.

(2) Zulässig ist die Beschäftigung Jugendlicher an gesetzlichen Feiertagen in den Fällen des § 17 Abs. 2, ausgenommen am 25. Dezember, am 1. Januar, am ersten Osterfeiertag und am 1. Mai.
(3) Für die Beschäftigung an einem gesetzlichen Feiertag, der auf einen Werktag fällt, ist der Jugendliche an einem anderen berufsschulfreien Arbeitstag derselben oder der folgenden Woche freizustellen. In Betrieben mit einem Betriebsruhetag in der Woche kann die Freistellung auch an diesem Tage erfolgen, wenn die Jugendlichen an diesem Tage keinen Berufsschulunterricht haben.

§ 19 Urlaub
(1) Der Arbeitgeber hat Jugendlichen für jedes Kalenderjahr einen bezahlten Erholungsurlaub zu gewähren.
(2) Der Urlaub beträgt jährlich
1. mindestens 30 Werktage, wenn der Jugendliche zu Beginn des Kalenderjahres noch nicht 16 Jahre alt ist,
2. mindestens 27 Werktage, wenn der Jugendliche zu Beginn des Kalenderjahres noch nicht 17 Jahre alt ist,
3. mindestens 25 Werktage, wenn der Jugendliche zu Beginn des Kalenderjahres noch nicht 18 Jahre alt ist.
Jugendliche, die im Bergbau unter Tage beschäftigt werden, erhalten in jeder Altersgruppe einen zusätzlichen Urlaub von drei Werktagen.
(3) Der Urlaub soll Berufsschülern in der Zeit der Berufsschulferien gegeben werden. Soweit er nicht in den Berufsschulferien gegeben wird, ist für jeden Berufsschultag, an dem die Berufsschule während des Urlaubs besucht wird, ein weiterer Urlaubstag zu gewähren.
(4) Im übrigen gelten für den Urlaub der Jugendlichen § 3 Abs. 2, §§ 4 bis 12 und § 13 Abs. 3 des Bundesurlaubsgesetzes. Der Auftraggeber oder Zwischenmeister hat jedoch abweichend von § 12 Nr. 1 des Bundesurlaubsgesetzes den jugendlichen Heimarbeitern für jedes Kalenderjahr einen bezahlten Erholungsurlaub entsprechend Absatz 2 zu gewähren; das Urlaubsentgelt der jugendlichen Heimarbeiter beträgt bei einem Urlaub von 30 Werktagen 11,6 vom Hundert, bei einem Urlaub von 27 Werktagen 10,3 vom Hundert und bei einem Urlaub von 25 Werktagen 9,5 vom Hundert.

§ 20 Binnenschiffahrt
(1) In der Binnenschiffahrt gelten folgende Abweichungen:
1. Abweichend von § 12 darf die Schichtzeit Jugendlicher über 16 Jahre während der Fahrt bis auf 14 Stunden täglich ausgedehnt werden, wenn ihre Arbeitszeit sechs Stunden täglich nicht überschreitet. Ihre tägliche Freizeit kann abweichend von § 13 der Ausdehnung der Schichtzeit entsprechend bis auf 10 Stunden verkürzt werden.
2. Abweichend von § 14 Abs. 1 dürfen Jugendliche über 16 Jahre während der Fahrt bis 22 Uhr beschäftigt werden.
3. Abweichend von §§ 15, 16 Abs. 1, § 17 Abs. 1 und § 18 Abs. 1 dürfen Jugendliche an jedem Tag der Woche beschäftigt werden, jedoch nicht am 24. Dezember, an den Weihnachtsfeiertagen, am 31. Dezember, am 1. Januar, an den Osterfeiertagen und am 1. Mai. Für die Beschäftigung an einem Samstag, Sonntag und an einem gesetzlichen Feiertag, der auf einen Werktag fällt, ist ihnen je ein freier Tag zu gewähren. Diese freien Tage sind den Jugendlichen in Verbindung mit anderen freien Tagen zu gewähren, spätestens, wenn ihnen 10 freie Tage zustehen.

Jugendarbeitsschutzgesetz §§ 21–21a

(2) In der gewerblichen Binnenschifffahrt hat der Arbeitgeber Aufzeichnungen nach Absatz 3 über die tägliche Arbeits- oder Freizeit jedes Jugendlichen zu führen, um eine Kontrolle der Einhaltung der §§ 8 bis 21a dieses Gesetzes zu ermöglichen. Die Aufzeichnungen sind in geeigneten Zeitabständen, spätestens bis zum nächsten Monatsende, gemeinsam vom Arbeitgeber oder seinem Vertreter und von dem Jugendlichen zu prüfen und zu bestätigen. Im Anschluss müssen die Aufzeichnungen für mindestens zwölf Monate an Bord aufbewahrt werden und dem Jugendlichen ist eine Kopie der bestätigten Aufzeichnungen auszuhändigen. Der Jugendliche hat die Kopien daraufhin zwölf Monate für eine Kontrolle bereitzuhalten.

(3) Die Aufzeichnungen nach Absatz 2 müssen mindestens folgende Angaben enthalten:
1. Name des Schiffes,
2. Name des Jugendlichen,
3. Name des verantwortlichen Schiffsführers,
4. Datum des jeweiligen Arbeits- oder Ruhetages,
5. für jeden Tag der Beschäftigung, ob es sich um einen Arbeits- oder um einen Ruhetag handelt sowie
6. Beginn und Ende der täglichen Arbeitszeit oder der täglichen Freizeit.

§ 21 Ausnahmen in besonderen Fällen
(1) Die §§ 8 und 11 bis 18 finden keine Anwendung auf die Beschäftigung Jugendlicher mit vorübergehenden und unaufschiebbaren Arbeiten in Notfällen, soweit erwachsene Beschäftigte nicht zur Verfügung stehen.

(2) Wird in den Fällen des Absatzes 1 über die Arbeitszeit des § 8 hinaus Mehrarbeit geleistet, so ist sie durch entsprechende Verkürzung der Arbeitszeit innerhalb der folgenden drei Wochen auszugleichen.

(3) (weggefallen)

§ 21a Abweichende Regelungen
(1) In einem Tarifvertrag oder auf Grund eines Tarifvertrages in einer Betriebsvereinbarung kann zugelassen werden
1. abweichend von den §§ 8, 15, 16 Abs. 3 und 4, § 17 Abs. 3 und § 18 Abs. 3 die Arbeitszeit bis zu neun Stunden täglich, 44 Stunden wöchentlich und bis zu fünfeinhalb Tagen in der Woche anders zu verteilen, jedoch nur unter Einhaltung einer durchschnittlichen Wochenarbeitszeit von 40 Stunden in einem Ausgleichszeitraum von zwei Monaten,
2. abweichend von § 11 Abs. 1 Satz 2 Nr. 2 und Abs. 2 die Ruhepausen bis zu 15 Minuten zu kürzen und die Lage der Pausen anders zu bestimmen,
3. abweichend von § 12 die Schichtzeit mit Ausnahme des Bergbaus unter Tage bis zu einer Stunde täglich zu verlängern,
4. abweichend von § 16 Abs. 1 und 2 Jugendliche an 26 Samstagen im Jahr oder an jedem Samstag zu beschäftigen, wenn statt dessen der Jugendliche an einem anderen Werktag derselben Woche von der Beschäftigung freigestellt wird,
5. abweichend von den §§ 15, 16 Abs. 3 und 4, § 17 Abs. 3 und § 18 Abs. 3 Jugendliche bei einer Beschäftigung an einem Samstag oder an einem Sonn- oder Feiertag unter vier Stunden an einem anderen Arbeitstag derselben oder der folgenden Woche vor- oder nachmittags von der Beschäftigung freizustellen,
6. abweichend von § 17 Abs. 2 Satz 2 Jugendliche im Gaststätten- und Schaustellergewerbe sowie in der Landwirtschaft während der Saison oder der Erntezeit an drei Sonntagen im Monat zu beschäftigen.

(2) Im Geltungsbereich eines Tarifvertrages nach Absatz 1 kann die abweichende tarifvertragliche Regelung im Betrieb eines nicht tarifgebundenen Arbeitgebers durch Betriebsvereinbarung oder, wenn ein Betriebsrat nicht besteht, durch schriftliche Vereinbarung zwischen dem Arbeitgeber und dem Jugendlichen übernommen werden.

(3) Die Kirchen und die öffentlich-rechtlichen Religionsgesellschaften können die in Absatz 1 genannten Abweichungen in ihren Regelungen vorsehen.

§ 21b Ermächtigung

Das Bundesministerium für Arbeit und Soziales kann im Interesse der Berufsausbildung oder der Zusammenarbeit von Jugendlichen und Erwachsenen durch Rechtsverordnung mit Zustimmung des Bundesrates Ausnahmen von den Vorschriften
1. des § 8, der §§ 11 und 12, der §§ 15 und 16, des § 17 Abs. 2 und 3 sowie des § 18 Abs. 3 im Rahmen des § 21a Abs. 1,
2. des § 14, jedoch nicht vor 5 Uhr und nicht nach 23 Uhr, sowie
3. des § 17 Abs. 1 und des § 18 Abs. 1 an höchstens 26 Sonn- und Feiertagen im Jahr

zulassen, soweit eine Beeinträchtigung der Gesundheit oder der körperlichen oder seelisch-geistigen Entwicklung der Jugendlichen nicht zu befürchten ist.

Zweiter Titel: Beschäftigungsverbote und -beschränkungen

§ 22 Gefährliche Arbeiten

(1) Jugendliche dürfen nicht beschäftigt werden,
1. mit Arbeiten, die ihre physische oder psychische Leistungsfähigkeit übersteigen,
2. mit Arbeiten, bei denen sie sittlichen Gefahren ausgesetzt sind,
3. mit Arbeiten, die mit Unfallgefahren verbunden sind, von denen anzunehmen ist, dass Jugendliche sie wegen mangelnden Sicherheitsbewußtseins oder mangelnder Erfahrung nicht erkennen oder nicht abwenden können,
4. mit Arbeiten, bei denen ihre Gesundheit durch außergewöhnliche Hitze oder Kälte oder starke Nässe gefährdet wird,
5. mit Arbeiten, bei denen sie schädlichen Einwirkungen von Lärm, Erschütterungen oder Strahlen ausgesetzt sind,
6. mit Arbeiten, bei denen sie schädlichen Einwirkungen von Gefahrstoffen im Sinne des der Gefahrstoffverordnung ausgesetzt sind,
7. mit Arbeiten, bei denen sie schädlichen Einwirkungen von biologischen Arbeitsstoffen im Sinne der Biostoffverordnung ausgesetzt sind.

(2) Absatz 1 Nr. 3 bis 7 gilt nicht für die Beschäftigung Jugendlicher, soweit
1. dies zur Erreichung ihres Ausbildungszieles erforderlich ist,
2. ihr Schutz durch die Aufsicht eines Fachkundigen gewährleistet ist und
3. der Luftgrenzwert bei gefährlichen Stoffen (Absatz 1 Nr. 6) unterschritten wird.

Satz 1 findet keine Anwendung auf gezielte Tätigkeiten mit biologischen Arbeitsstoffen der Risikogruppen 3 und 4 im Sinne der Biostoffverordnung sowie auf nicht gezielte Tätigkeiten, die nach der Biostoffverordnung der Schutzstufe 3 oder 4 zuzuordnen sind.

(3) Werden Jugendliche in einem Betrieb beschäftigt, für den ein Betriebsarzt oder eine Fachkraft für Arbeitssicherheit verpflichtet ist, muss ihre betriebsärztliche oder sicherheitstechnische Betreuung sichergestellt sein.

§ 23 Akkordarbeit; tempoabhängige Arbeiten
(1) Jugendliche dürfen nicht beschäftigt werden
1. mit Akkordarbeit und sonstigen Arbeiten, bei denen durch ein gesteigertes Arbeitstempo ein höheres Entgelt erzielt werden kann,
2. in einer Arbeitsgruppe mit erwachsenen Arbeitnehmern, die mit Arbeiten nach Nummer 1 beschäftigt werden,
3. mit Arbeiten, bei denen ihr Arbeitstempo nicht nur gelegentlich vorgeschrieben, vorgegeben oder auf andere Weise erzwungen wird.

(2) Absatz 1 Nr. 2 gilt nicht für die Beschäftigung Jugendlicher,
1. soweit dies zur Erreichung ihres Ausbildungszieles erforderlich ist oder
2. wenn sie eine Berufsausbildung für diese Beschäftigung abgeschlossen haben

und ihr Schutz durch die Aufsicht eines Fachkundigen gewährleistet ist.

§ 24 Arbeiten unter Tage
(1) Jugendliche dürfen nicht mit Arbeiten unter Tage beschäftigt werden.
(2) Absatz 1 gilt nicht für die Beschäftigung Jugendlicher über 16 Jahre,
1. soweit dies zur Erreichung ihres Ausbildungszieles erforderlich ist,
2. wenn sie eine Berufsausbildung für die Beschäftigung unter Tage abgeschlossen haben oder
3. wenn sie an einer von der Bergbehörde genehmigten Ausbildungsmaßnahme für Bergjungarbeiter teilnehmen oder teilgenommen haben

und ihr Schutz durch die Aufsicht eines Fachkundigen gewährleistet ist.

§ 25 Verbot der Beschäftigung durch bestimmte Personen
(1) Personen, die
1. wegen eines Verbrechens zu einer Freiheitsstrafe von mindestens zwei Jahren,
2. wegen einer vorsätzlichen Straftat, die sie unter Verletzung der ihnen als Arbeitgeber, Ausbildender oder Ausbilder obliegenden Pflichten zum Nachteil von Kindern oder Jugendlichen begangen haben, zu einer Freiheitsstrafe von mehr als drei Monaten,
3. wegen einer Straftat nach den §§ 109h, 171, 174 bis 184i, 225, 232 bis 233a des Strafgesetzbuches,
4. wegen einer Straftat nach dem Betäubungsmittelgesetz oder
5. wegen einer Straftat nach dem Jugendschutzgesetz oder nach dem Gesetz über die Verbreitung jugendgefährdender Schriften wenigstens zweimal

rechtskräftig verurteilt worden sind, dürfen Jugendliche nicht beschäftigen sowie im Rahmen eines Rechtsverhältnisses im Sinne des § 1 nicht beaufsichtigen, nicht anweisen, nicht ausbilden und nicht mit der Beaufsichtigung, Anweisung oder Ausbildung von Jugendlichen beauftragt werden. Eine Verurteilung bleibt außer Betracht, wenn seit dem Tage ihrer Rechtskraft fünf Jahre verstrichen sind. Die Zeit, in welcher der Täter auf behördliche Anordnung in einer Anstalt verwahrt worden ist, wird nicht eingerechnet.

(2) Das Verbot des Absatzes 1 Satz 1 gilt auch für Personen, gegen die wegen einer Ordnungswidrigkeit nach § 58 Abs. 1 bis 4 wenigstens dreimal eine Geldbuße rechtskräftig festgesetzt worden ist. Eine Geldbuße bleibt außer Betracht, wenn seit dem Tage ihrer rechtskräftigen Festsetzung fünf Jahre verstrichen sind.

(3) Das Verbot des Absatzes 1 und 2 gilt nicht für die Beschäftigung durch die Personensorgeberechtigten.

§ 26 Ermächtigungen

Das Bundesministerium für Arbeit und Soziales kann zum Schutze der Jugendlichen gegen Gefahren für Leben und Gesundheit sowie zur Vermeidung einer Beeinträchtigung der körperlichen oder seelisch-geistigen Entwicklung durch Rechtsverordnung mit Zustimmung des Bundesrates
1. die für Kinder, die der Vollzeitschulpflicht nicht mehr unterliegen, geeigneten und leichten Tätigkeiten nach § 7 Satz 1 Nr. 2 und die Arbeiten nach § 22 Abs. 1 und den §§ 23 und 24 näher bestimmen,
2. über die Beschäftigungsverbote in den §§ 22 bis 25 hinaus die Beschäftigung Jugendlicher in bestimmten Betriebsarten oder mit bestimmten Arbeiten verbieten oder beschränken, wenn sie bei diesen Arbeiten infolge ihres Entwicklungsstandes in besonderem Maße Gefahren ausgesetzt sind oder wenn das Verbot oder die Beschränkung der Beschäftigung infolge der technischen Entwicklung oder neuer arbeitsmedizinischer oder sicherheitstechnischer Erkenntnisse notwendig ist.

§ 27 Behördliche Anordnungen und Ausnahmen

(1) Die Aufsichtsbehörde kann in Einzelfällen feststellen, ob eine Arbeit unter die Beschäftigungsverbote oder -beschränkungen der §§ 22 bis 24 oder einer Rechtsverordnung nach § 26 fällt. Sie kann in Einzelfällen die Beschäftigung Jugendlicher mit bestimmten Arbeiten über die Beschäftigungsverbote und -beschränkungen der §§ 22 bis 24 und einer Rechtsverordnung nach § 26 hinaus verbieten oder beschränken, wenn diese Arbeiten mit Gefahren für Leben, Gesundheit oder für die körperliche oder seelisch-geistige Entwicklung der Jugendlichen verbunden sind.
(2) Die zuständige Behörde kann
1. den Personen, die die Pflichten, die ihnen kraft Gesetzes zugunsten der von ihnen beschäftigten, beaufsichtigten, angewiesenen oder auszubildenden Kinder und Jugendlichen obliegen, wiederholt oder gröblich verletzt haben,
2. den Personen, gegen die Tatsachen vorliegen, die sie in sittlicher Beziehung zur Beschäftigung, Beaufsichtigung, Anweisung oder Ausbildung von Kindern und Jugendlichen ungeeignet erscheinen lassen,
verbieten, Kinder und Jugendliche zu beschäftigen oder im Rahmen eines Rechtsverhältnisses im Sinne des § 1 zu beaufsichtigen, anzuweisen oder auszubilden.
(3) Die Aufsichtsbehörde kann auf Antrag Ausnahmen von § 23 Abs. 1 Nr. 2 und 3 für Jugendliche über 16 Jahre bewilligen,
1. wenn die Art der Arbeit oder das Arbeitstempo eine Beeinträchtigung der Gesundheit oder der körperlichen oder seelisch-geistigen Entwicklung des Jugendlichen nicht befürchten lassen und
2. wenn eine nicht länger als vor drei Monaten ausgestellte ärztliche Bescheinigung vorgelegt wird, nach der gesundheitliche Bedenken gegen die Beschäftigung nicht bestehen.

Dritter Titel: Sonstige Pflichten des Arbeitgebers

§ 28 Menschengerechte Gestaltung der Arbeit

(1) Der Arbeitgeber hat bei der Einrichtung und der Unterhaltung der Arbeitsstätte einschließlich der Maschinen, Werkzeuge und Geräte und bei der Regelung der Beschäftigung die Vorkehrungen und Maßnahmen zu treffen, die zum Schutze der Jugendlichen gegen Gefahren für Leben und Gesundheit sowie zur Vermeidung einer Beeinträchtigung der körperlichen oder seelisch-geistigen Entwicklung der Jugendlichen erforderlich sind. Hierbei sind

das mangelnde Sicherheitsbewußtsein, die mangelnde Erfahrung und der Entwicklungsstand der Jugendlichen zu berücksichtigen und die allgemein anerkannten sicherheitstechnischen und arbeitsmedizinischen Regeln sowie die sonstigen gesicherten arbeitswissenschaftlichen Erkenntnisse zu beachten.
(2) Das Bundesministerium für Arbeit und Soziales kann durch Rechtsverordnung mit Zustimmung des Bundesrates bestimmen, welche Vorkehrungen und Maßnahmen der Arbeitgeber zur Erfüllung der sich aus Absatz 1 ergebenden Pflichten zu treffen hat.
(3) Die Aufsichtsbehörde kann in Einzelfällen anordnen, welche Vorkehrungen und Maßnahmen zur Durchführung des Absatzes 1 oder einer vom Bundesministerium für Arbeit und Soziales gemäß Absatz 2 erlassenen Verordnung zu treffen sind.

§ 28a Beurteilung der Arbeitsbedingungen
Vor Beginn der Beschäftigung Jugendlicher und bei wesentlicher Änderung der Arbeitsbedingungen hat der Arbeitgeber die mit der Beschäftigung verbundenen Gefährdungen Jugendlicher zu beurteilen. Im übrigen gelten die Vorschriften des Arbeitsschutzgesetzes.

§ 29 Unterweisung über Gefahren
(1) Der Arbeitgeber hat die Jugendlichen vor Beginn der Beschäftigung und bei wesentlicher Änderung der Arbeitsbedingungen über die Unfall- und Gesundheitsgefahren, denen sie bei der Beschäftigung ausgesetzt sind, sowie über die Einrichtungen und Maßnahmen zur Abwendung dieser Gefahren zu unterweisen. Er hat die Jugendlichen vor der erstmaligen Beschäftigung an Maschinen oder gefährlichen Arbeitsstellen oder mit Arbeiten, bei denen sie mit gesundheitsgefährdenden Stoffen in Berührung kommen, über die besonderen Gefahren dieser Arbeiten sowie über das bei ihrer Verrichtung erforderliche Verhalten zu unterweisen.
(2) Die Unterweisungen sind in angemessenen Zeitabständen, mindestens aber halbjährlich, zu wiederholen.
(3) Der Arbeitgeber beteiligt die Betriebsärzte und die Fachkräfte für Arbeitssicherheit an der Planung, Durchführung und Überwachung der für die Sicherheit und den Gesundheitsschutz bei der Beschäftigung Jugendlicher geltenden Vorschriften.

§ 30 Häusliche Gemeinschaft
(1) Hat der Arbeitgeber einen Jugendlichen in die häusliche Gemeinschaft aufgenommen, so muss er
1. ihm eine Unterkunft zur Verfügung stellen und dafür sorgen, dass sie so beschaffen, ausgestattet und belegt ist und so benutzt wird, dass die Gesundheit des Jugendlichen nicht beeinträchtigt wird, und
2. ihm bei einer Erkrankung, jedoch nicht über die Beendigung der Beschäftigung hinaus, die erforderliche Pflege und ärztliche Behandlung zuteil werden lassen, soweit diese nicht von einem Sozialversicherungsträger geleistet wird.

(2) Die Aufsichtsbehörde kann im Einzelfall anordnen, welchen Anforderungen die Unterkunft (Absatz 1 Nr. 1) und die Pflege bei Erkrankungen (Absatz 1 Nr. 2) genügen müssen.

§ 31 Züchtigungsverbot; Verbot der Abgabe von Alkohol und Tabak
(1) Wer Jugendliche beschäftigt oder im Rahmen eines Rechtsverhältnisses im Sinne des § 1 beaufsichtigt, anweist oder ausbildet, darf sie nicht körperlich züchtigen.
(2) Wer Jugendliche beschäftigt, muss sie vor körperlicher Züchtigung und Mißhandlung und vor sittlicher Gefährdung durch andere bei ihm Beschäftigte und durch Mitglieder sei-

nes Haushalts an der Arbeitsstätte und in seinem Hause schützen. Er darf Jugendlichen keine Tabakwaren und andere nikotinhaltige Erzeugnisse und deren Behältnisse, Jugendlichen unter 16 Jahren keine alkoholischen Getränke und Jugendlichen über 16 Jahre keinen Branntwein geben. Das Abgabeverbot in Satz 2 für Tabakwaren und andere nikotinhaltige Erzeugnisse und deren Behältnisse gilt auch für nikotinfreie Erzeugnisse, wie elektronische Zigaretten oder elektronische Shishas, in denen Flüssigkeit durch ein elektronisches Heizelement verdampft und die entstehenden Aerosole mit dem Mund eingeatmet werden, sowie für deren Behältnisse.

Vierter Titel: Gesundheitliche Betreuung

§ 32 Erstuntersuchung

(1) Ein Jugendlicher, der in das Berufsleben eintritt, darf nur beschäftigt werden, wenn
1. er innerhalb der letzten vierzehn Monate von einem Arzt untersucht worden ist (Erstuntersuchung) und
2. dem Arbeitgeber eine von diesem Arzt ausgestellte Bescheinigung vorliegt.

(2) Absatz 1 gilt nicht für eine nur geringfügige oder eine nicht länger als zwei Monate dauernde Beschäftigung mit leichten Arbeiten, von denen keine gesundheitlichen Nachteile für den Jugendlichen zu befürchten sind.

§ 33 Erste Nachuntersuchung

(1) Ein Jahr nach Aufnahme der ersten Beschäftigung hat sich der Arbeitgeber die Bescheinigung eines Arztes darüber vorlegen zu lassen, dass der Jugendliche nachuntersucht worden ist (erste Nachuntersuchung). Die Nachuntersuchung darf nicht länger als drei Monate zurückliegen. Der Arbeitgeber soll den Jugendlichen neun Monate nach Aufnahme der ersten Beschäftigung nachdrücklich auf den Zeitpunkt, bis zu dem der Jugendliche ihm die ärztliche Bescheinigung nach Satz 1 vorzulegen hat, hinweisen und ihn auffordern, die Nachuntersuchung bis dahin durchführen zu lassen.

(2) Legt der Jugendliche die Bescheinigung nicht nach Ablauf eines Jahres vor, hat ihn der Arbeitgeber innerhalb eines Monats unter Hinweis auf das Beschäftigungsverbot nach Absatz 3 schriftlich aufzufordern, ihm die Bescheinigung vorzulegen. Je eine Durchschrift des Aufforderungsschreibens hat der Arbeitgeber dem Personensorgeberechtigten und dem Betriebs- oder Personalrat zuzusenden.

(3) Der Jugendliche darf nach Ablauf von 14 Monaten nach Aufnahme der ersten Beschäftigung nicht weiterbeschäftigt werden, solange er die Bescheinigung nicht vorgelegt hat.

§ 34 Weitere Nachuntersuchungen

Nach Ablauf jedes weiteren Jahres nach der ersten Nachuntersuchung kann sich der Jugendliche erneut nachuntersuchen lassen (weitere Nachuntersuchungen). Der Arbeitgeber soll ihn auf diese Möglichkeit rechtzeitig hinweisen und darauf hinwirken, dass der Jugendliche ihm die Bescheinigung über die weitere Nachuntersuchung vorlegt.

§ 35 Außerordentliche Nachuntersuchung

(1) Der Arzt soll eine außerordentliche Nachuntersuchung anordnen, wenn eine Untersuchung ergibt, dass
1. ein Jugendlicher hinter dem seinem Alter entsprechenden Entwicklungsstand zurückgeblieben ist,
2. gesundheitliche Schwächen oder Schäden vorhanden sind,

3. die Auswirkungen der Beschäftigung auf die Gesundheit oder Entwicklung des Jugendlichen noch nicht zu übersehen sind.
(2) Die in § 33 Abs. 1 festgelegten Fristen werden durch die Anordnung einer außerordentlichen Nachuntersuchung nicht berührt.

§ 36 Ärztliche Untersuchungen und Wechsel des Arbeitgebers
Wechselt der Jugendliche den Arbeitgeber, so darf ihn der neue Arbeitgeber erst beschäftigen, wenn ihm die Bescheinigung über die Erstuntersuchung (§ 32 Abs. 1) und, falls seit der Aufnahme der Beschäftigung ein Jahr vergangen ist, die Bescheinigung über die erste Nachuntersuchung (§ 33) vorliegen.

§ 37 Inhalt und Durchführung der ärztlichen Untersuchungen
(1) Die ärztlichen Untersuchungen haben sich auf den Gesundheits- und Entwicklungsstand und die körperliche Beschaffenheit, die Nachuntersuchungen außerdem auf die Auswirkungen der Beschäftigung auf Gesundheit und Entwicklung des Jugendlichen zu erstrecken.
(2) Der Arzt hat unter Berücksichtigung der Krankheitsvorgeschichte des Jugendlichen auf Grund der Untersuchungen zu beurteilen,
1. ob die Gesundheit oder die Entwicklung des Jugendlichen durch die Ausführung bestimmter Arbeiten oder durch die Beschäftigung während bestimmter Zeiten gefährdet wird,
2. ob besondere der Gesundheit dienende Maßnahmen einschließlich Maßnahmen zur Verbesserung des Impfstatus erforderlich sind,
3. ob eine außerordentliche Nachuntersuchung (§ 35 Abs. 1) erforderlich ist.
(3) Der Arzt hat schriftlich festzuhalten:
1. den Untersuchungsbefund,
2. die Arbeiten, durch deren Ausführung er die Gesundheit oder die Entwicklung des Jugendlichen für gefährdet hält,
3. die besonderen der Gesundheit dienenden Maßnahmen einschließlich Maßnahmen zur Verbesserung des Impfstatus,
4. die Anordnung einer außerordentlichen Nachuntersuchung (§ 35 Abs. 1).

§ 38 Ergänzungsuntersuchung
Kann der Arzt den Gesundheits- und Entwicklungsstand des Jugendlichen nur beurteilen, wenn das Ergebnis einer Ergänzungsuntersuchung durch einen anderen Arzt oder einen Zahnarzt vorliegt, so hat er die Ergänzungsuntersuchung zu veranlassen und ihre Notwendigkeit schriftlich zu begründen.

§ 39 Mitteilung, Bescheinigung
(1) Der Arzt hat dem Personensorgeberechtigten schriftlich mitzuteilen:
1. das wesentliche Ergebnis der Untersuchung,
2. die Arbeiten, durch deren Ausführung er die Gesundheit oder die Entwicklung des Jugendlichen für gefährdet hält,
3. die besonderen der Gesundheit dienenden Maßnahmen einschließlich Maßnahmen zur Verbesserung des Impfstatus,
4. die Anordnung einer außerordentlichen Nachuntersuchung (§ 35 Abs. 1).
(2) Der Arzt hat eine für den Arbeitgeber bestimmte Bescheinigung darüber auszustellen, dass die Untersuchung stattgefunden hat und darin die Arbeiten zu vermerken, durch deren Ausführung er die Gesundheit oder die Entwicklung des Jugendlichen für gefährdet hält.

§ 40 Bescheinigung mit Gefährdungsvermerk

(1) Enthält die Bescheinigung des Arztes (§ 39 Abs. 2) einen Vermerk über Arbeiten, durch deren Ausführung er die Gesundheit oder die Entwicklung des Jugendlichen für gefährdet hält, so darf der Jugendliche mit solchen Arbeiten nicht beschäftigt werden.

(2) Die Aufsichtsbehörde kann die Beschäftigung des Jugendlichen mit den in der Bescheinigung des Arztes (§ 39 Abs. 2) vermerkten Arbeiten im Einvernehmen mit einem Arzt zulassen und die Zulassung mit Auflagen verbinden.

§ 41 Aufbewahren der ärztlichen Bescheinigungen

(1) Der Arbeitgeber hat die ärztlichen Bescheinigungen bis zur Beendigung der Beschäftigung, längstens jedoch bis zur Vollendung des 18. Lebensjahres des Jugendlichen aufzubewahren und der Aufsichtsbehörde sowie der Berufsgenossenschaft auf Verlangen zur Einsicht vorzulegen oder einzusenden.

(2) Scheidet der Jugendliche aus dem Beschäftigungsverhältnis aus, so hat ihm der Arbeitgeber die Bescheinigungen auszuhändigen.

§ 42 Eingreifen der Aufsichtsbehörde

Die Aufsichtsbehörde hat, wenn die dem Jugendlichen übertragenen Arbeiten Gefahren für seine Gesundheit befürchten lassen, dies dem Personensorgeberechtigten und dem Arbeitgeber mitzuteilen und den Jugendlichen aufzufordern, sich durch einen von ihr ermächtigten Arzt untersuchen zu lassen.

§ 43 Freistellung für Untersuchungen

Der Arbeitgeber hat den Jugendlichen für die Durchführung der ärztlichen Untersuchungen nach diesem Abschnitt freizustellen. Ein Entgeltausfall darf hierdurch nicht eintreten.

§ 44 Kosten der Untersuchungen

Die Kosten der Untersuchungen trägt das Land.

§ 45 Gegenseitige Unterrichtung der Ärzte

(1) Die Ärzte, die Untersuchungen nach diesem Abschnitt vorgenommen haben, müssen, wenn der Personensorgeberechtigte und der Jugendliche damit einverstanden sind,
1. dem staatlichen Gewerbearzt,
2. dem Arzt, der einen Jugendlichen nach diesem Abschnitt nachuntersucht,
auf Verlangen die Aufzeichnungen über die Untersuchungsbefunde zur Einsicht aushändigen.

(2) Unter den Voraussetzungen des Absatzes 1 kann der Amtsarzt des Gesundheitsamtes einem Arzt, der einen Jugendlichen nach diesem Abschnitt untersucht, Einsicht in andere in seiner Dienststelle vorhandene Unterlagen über Gesundheit und Entwicklung des Jugendlichen gewähren.

§ 46 Ermächtigungen

(1) Das Bundesministerium für Arbeit und Soziales kann zum Zwecke einer gleichmäßigen und wirksamen gesundheitlichen Betreuung durch Rechtsverordnung mit Zustimmung des Bundesrates Vorschriften über die Durchführung der ärztlichen Untersuchungen und über die für die Aufzeichnungen der Untersuchungsbefunde, die Bescheinigungen und Mitteilungen zu verwendenden Vordrucke erlassen.

(2) Die Landesregierung kann durch Rechtsverordnung

1. zur Vermeidung von mehreren Untersuchungen innerhalb eines kurzen Zeitraumes aus verschiedenen Anlässen bestimmen, dass die Untersuchungen nach den §§ 32 bis 34 zusammen mit Untersuchungen nach anderen Vorschriften durchzuführen sind, und hierbei von der Frist des § 32 Abs. 1 Nr. 1 bis zu drei Monaten abweichen,
2. zur Vereinfachung der Abrechnung
   a) Pauschbeträge für die Kosten der ärztlichen Untersuchungen im Rahmen der geltenden Gebührenordnungen festsetzen,
   b) Vorschriften über die Erstattung der Kosten beim Zusammentreffen mehrerer Untersuchungen nach Nummer 1 erlassen.

Vierter Abschnitt: Durchführung des Gesetzes
Erster Titel: Aushänge und Verzeichnisse

§ 47 Bekanntgabe des Gesetzes und der Aufsichtsbehörde
Arbeitgeber, die regelmäßig mindestens einen Jugendlichen beschäftigen, haben einen Abdruck dieses Gesetzes und die Anschrift der zuständigen Aufsichtsbehörde an geeigneter Stelle im Betrieb zur Einsicht auszulegen oder auszuhängen.

§ 48 Aushang über Arbeitszeit und Pausen
Arbeitgeber, die regelmäßig mindestens drei Jugendliche beschäftigen, haben einen Aushang über Beginn und Ende der regelmäßigen täglichen Arbeitszeit und der Pausen der Jugendlichen an geeigneter Stelle im Betrieb anzubringen.

§ 49 Verzeichnisse der Jugendlichen
Arbeitgeber haben Verzeichnisse der bei ihnen beschäftigten Jugendlichen unter Angabe des Vor- und Familiennamens, des Geburtsdatums und der Wohnanschrift zu führen, in denen das Datum des Beginns der Beschäftigung bei ihnen, bei einer Beschäftigung unter Tage auch das Datum des Beginns dieser Beschäftigung, enthalten ist.

§ 50 Auskunft; Vorlage der Verzeichnisse
(1) Der Arbeitgeber ist verpflichtet, der Aufsichtsbehörde auf Verlangen
1. die zur Erfüllung ihrer Aufgaben erforderlichen Angaben wahrheitsgemäß und vollständig zu machen,
2. die Verzeichnisse gemäß § 49, die Unterlagen, aus denen Name, Beschäftigungsart und -zeiten der Jugendlichen sowie Lohn- und Gehaltszahlungen ersichtlich sind, und alle sonstigen Unterlagen, die sich auf die nach Nummer 1 zu machenden Angaben beziehen, zur Einsicht vorzulegen oder einzusenden.

(2) Die Verzeichnisse und Unterlagen sind mindestens bis zum Ablauf von zwei Jahren nach der letzten Eintragung aufzubewahren.

Zweiter Titel: Aufsicht

§ 51 Aufsichtsbehörde; Besichtigungsrechte und Berichtspflicht
(1) Die Aufsicht über die Ausführung dieses Gesetzes und der auf Grund dieses Gesetzes erlassenen Rechtsverordnungen obliegt der nach Landesrecht zuständigen Behörde (Aufsichtsbehörde). Die Landesregierung kann durch Rechtsverordnung die Aufsicht über die Ausführung dieser Vorschriften in Familienhaushalten auf gelegentliche Prüfungen beschränken.

(2) Die Beauftragten der Aufsichtsbehörde sind berechtigt, die Arbeitsstätten während der üblichen Betriebs- und Arbeitszeit zu betreten und zu besichtigen; außerhalb dieser Zeit oder wenn sich die Arbeitsstätten in einer Wohnung befinden, dürfen sie nur zur Verhütung von dringenden Gefahren für die öffentliche Sicherheit und Ordnung betreten und besichtigt werden. Der Arbeitgeber hat das Betreten und Besichtigen der Arbeitsstätten zu gestatten. Das Grundrecht der Unverletzlichkeit der Wohnung (Artikel 13 des Grundgesetzes) wird insoweit eingeschränkt.
(3) Die Aufsichtsbehörden haben im Rahmen der Jahresberichte nach § 139b Abs. 3 der Gewerbeordnung über ihre Aufsichtstätigkeit gemäß Absatz 1 zu berichten.

§ 52 (weggefallen)

§ 53 Mitteilung über Verstöße
Die Aufsichtsbehörde teilt schwerwiegende Verstöße gegen die Vorschriften dieses Gesetzes oder gegen die auf Grund dieses Gesetzes erlassenen Rechtsverordnungen der nach dem Berufsbildungsgesetz oder der Handwerksordnung zuständigen Stelle mit. Die zuständige Agentur für Arbeit erhält eine Durchschrift dieser Mitteilung.

§ 54 Ausnahmebewilligungen
(1) Ausnahmen, die die Aufsichtsbehörde nach diesem Gesetz oder den auf Grund dieses Gesetzes erlassenen Rechtsverordnungen bewilligen kann, sind zu befristen. Die Ausnahmebewilligungen können
1. mit einer Bedingung erlassen werden,
2. mit einer Auflage oder mit einem Vorbehalt der nachträglichen Aufnahme, Änderung oder Ergänzung einer Auflage verbunden werden und
3. jederzeit widerrufen werden.
(2) Ausnahmen können nur für einzelne Beschäftigte, einzelne Betriebe oder einzelne Teile des Betriebs bewilligt werden.
(3) Ist eine Ausnahme für einen Betrieb oder einen Teil des Betriebs bewilligt worden, so hat der Arbeitgeber hierüber an geeigneter Stelle im Betrieb einen Aushang anzubringen.

Dritter Titel: Ausschüsse für Jugendarbeitsschutz

§ 55 Bildung des Landesausschusses für Jugendarbeitsschutz
(1) Bei der von der Landesregierung bestimmten obersten Landesbehörde wird ein Landesausschuß für Jugendarbeitsschutz gebildet.
(2) Dem Landesausschuß gehören als Mitglieder an:
1. je sechs Vertreter der Arbeitgeber und der Arbeitnehmer,
2. ein Vertreter des Landesjugendringes,
3. ein von der Bundesagentur für Arbeit benannter Vertreter und je ein Vertreter des Landesjugendamtes, der für das Gesundheitswesen zuständigen obersten Landesbehörde und der für die berufsbildenden Schulen zuständigen obersten Landesbehörde und
4. ein Arzt.
(3) Die Mitglieder des Landesausschusses werden von der von der Landesregierung bestimmten obersten Landesbehörde berufen, die Vertreter der Arbeitgeber und Arbeitnehmer auf Vorschlag der auf Landesebene bestehenden Arbeitgeberverbände und Gewerkschaften, der Arzt auf Vorschlag der Landesärztekammer, die übrigen Vertreter auf Vorschlag der in Absatz 2 Nr. 2 und 3 genannten Stellen.

(4) Die Tätigkeit im Landesausschuß ist ehrenamtlich. Für bare Auslagen und für Entgeltausfall ist, soweit eine Entschädigung nicht von anderer Seite gewährt wird, eine angemessene Entschädigung zu zahlen, deren Höhe nach Landesrecht oder von der von der Landesregierung bestimmten obersten Landesbehörde festgesetzt wird.
(5) Die Mitglieder können nach Anhören der an ihrer Berufung beteiligten Stellen aus wichtigem Grund abberufen werden.
(6) Die Mitglieder haben Stellvertreter. Die Absätze 2 bis 5 gelten für die Stellvertreter entsprechend.
(7) Der Landesausschuß wählt aus seiner Mitte einen Vorsitzenden und dessen Stellvertreter. Der Vorsitzende und sein Stellvertreter sollen nicht derselben Mitgliedergruppe angehören.
(8) Der Landesausschuß gibt sich eine Geschäftsordnung. Die Geschäftsordnung kann die Bildung von Unterausschüssen vorsehen und bestimmen, dass ihnen ausnahmsweise nicht nur Mitglieder des Landesausschusses angehören. Absatz 4 Satz 2 gilt für die Unterausschüsse hinsichtlich der Entschädigung entsprechend. An den Sitzungen des Landesausschusses und der Unterausschüsse können Vertreter der beteiligten obersten Landesbehörden teilnehmen.

§ 56 Bildung des Ausschusses für Jugendarbeitsschutz bei der Aufsichtsbehörde
(1) Bei der Aufsichtsbehörde wird ein Ausschuß für Jugendarbeitsschutz gebildet. In Städten, in denen mehrere Aufsichtsbehörden ihren Sitz haben, wird ein gemeinsamer Ausschuß für Jugendarbeitsschutz gebildet. In Ländern, in denen nicht mehr als zwei Aufsichtsbehörden eingerichtet sind, übernimmt der Landesausschuß für Jugendarbeitsschutz die Aufgaben dieses Ausschusses.
(2) Dem Ausschuß gehören als Mitglieder an:
1. je sechs Vertreter der Arbeitgeber und der Arbeitnehmer,
2. ein Vertreter des im Bezirk der Aufsichtsbehörde wirkenden Jugendringes,
3. je ein Vertreter eines Arbeits-, Jugend- und Gesundheitsamtes,
4. ein Arzt und ein Lehrer an einer berufsbildenden Schule.
(3) Die Mitglieder des Jugendarbeitsschutzausschusses werden von der Aufsichtsbehörde berufen, die Vertreter der Arbeitgeber und Arbeitnehmer auf Vorschlag der im Aufsichtsbezirk bestehenden Arbeitgeberverbände und Gewerkschaften, der Arzt auf Vorschlag der Ärztekammer, der Lehrer auf Vorschlag der nach Landesrecht zuständigen Behörde, die übrigen Vertreter auf Vorschlag der in Absatz 2 Nr. 2 und 3 genannten Stellen. § 55 Abs. 4 bis 8 gilt mit der Maßgabe entsprechend, dass die Entschädigung von der Aufsichtsbehörde mit Genehmigung der von der Landesregierung bestimmten obersten Landesbehörde festgesetzt wird.

§ 57 Aufgaben der Ausschüsse
(1) Der Landesausschuß berät die oberste Landesbehörde in allen allgemeinen Angelegenheiten des Jugendarbeitsschutzes und macht Vorschläge für die Durchführung dieses Gesetzes. Er klärt über Inhalt und Ziel des Jugendarbeitsschutzes auf.
(2) Die oberste Landesbehörde beteiligt den Landesausschuß in Angelegenheiten von besonderer Bedeutung, insbesondere vor Erlass von Rechtsvorschriften zur Durchführung dieses Gesetzes.
(3) Der Landesausschuß hat über seine Tätigkeit im Zusammenhang mit dem Bericht der Aufsichtsbehörden nach § 51 Abs. 3 zu berichten.
(4) Der Ausschuß für Jugendarbeitsschutz bei der Aufsichtsbehörde berät diese in allen allgemeinen Angelegenheiten des Jugendarbeitsschutzes und macht dem Landesausschuß

Vorschläge für die Durchführung dieses Gesetzes. Er klärt über Inhalt und Ziel des Jugendarbeitsschutzes auf.

Fünfter Abschnitt: Straf- und Bußgeldvorschriften
§ 58 Bußgeld- und Strafvorschriften
(1) Ordnungswidrig handelt, wer als Arbeitgeber vorsätzlich oder fahrlässig
1. entgegen § 5 Abs. 1, auch in Verbindung mit § 2 Abs. 3, ein Kind oder einen Jugendlichen, der der Vollzeitschulpflicht unterliegt, beschäftigt,
2. entgegen § 5 Abs. 3 Satz 1 oder Satz 3, jeweils auch in Verbindung mit § 2 Abs. 3, ein Kind über 13 Jahre oder einen Jugendlichen, der der Vollzeitschulpflicht unterliegt, in anderer als der zugelassenen Weise beschäftigt,
3. (weggefallen)
4. entgegen § 7 Satz 1 Nr. 2, auch in Verbindung mit einer Rechtsverordnung nach § 26 Nr. 1, ein Kind, das der Vollzeitschulpflicht nicht mehr unterliegt, in anderer als der zugelassenen Weise beschäftigt,
5. entgegen § 8 einen Jugendlichen über die zulässige Dauer der Arbeitszeit hinaus beschäftigt,
6. entgegen § 9 Abs. 1 eine dort bezeichnete Person an Berufsschultagen oder in Berufsschulwochen nicht freistellt,
7. entgegen § 10 Abs. 1 einen Jugendlichen für die Teilnahme an Prüfungen oder Ausbildungsmaßnahmen oder an dem Arbeitstag, der der schriftlichen Abschlußprüfung unmittelbar vorangeht, nicht freistellt,
8. entgegen § 11 Abs. 1 oder 2 Ruhepausen nicht, nicht mit der vorgeschriebenen Mindestdauer oder nicht in der vorgeschriebenen zeitlichen Lage gewährt,
9. entgegen § 12 einen Jugendlichen über die zulässige Schichtzeit hinaus beschäftigt,
10. entgegen § 13 die Mindestfreizeit nicht gewährt,
11. entgegen § 14 Abs. 1 einen Jugendlichen außerhalb der Zeit von 6 bis 20 Uhr oder entgegen § 14 Abs. 7 Satz 3 vor Ablauf der Mindestfreizeit beschäftigt,
12. entgegen § 15 einen Jugendlichen an mehr als fünf Tagen in der Woche beschäftigt,
13. entgegen § 16 Abs. 1 einen Jugendlichen an Samstagen beschäftigt oder entgegen § 16 Abs. 3 Satz 1 den Jugendlichen nicht freistellt,
14. entgegen § 17 Abs. 1 einen Jugendlichen an Sonntagen beschäftigt oder entgegen § 17 Abs. 2 Satz 2 Halbsatz 2 oder Abs. 3 Satz 1 den Jugendlichen nicht freistellt,
15. entgegen § 18 Abs. 1 einen Jugendlichen am 24. oder 31. Dezember nach 14 Uhr oder an gesetzlichen Feiertagen beschäftigt oder entgegen § 18 Abs. 3 nicht freistellt,
16. entgegen § 19 Abs. 1, auch in Verbindung mit Abs. 2 Satz 1 oder 2, oder entgegen § 19 Abs. 3 Satz 2 oder Abs. 4 Satz 2 Urlaub nicht oder nicht mit der vorgeschriebenen Dauer gewährt,
17. entgegen § 21 Abs. 2 die geleistete Mehrarbeit durch Verkürzung der Arbeitszeit nicht ausgleicht,
18. entgegen § 22 Abs. 1, auch in Verbindung mit einer Rechtsverordnung nach § 26 Nr. 1, einen Jugendlichen mit den dort genannten Arbeiten beschäftigt,
19. entgegen § 23 Abs. 1, auch in Verbindung mit einer Rechtsverordnung nach § 26 Nr. 1, einen Jugendlichen mit Arbeiten mit Lohnanreiz, in einer Arbeitsgruppe mit Erwachsenen, deren Entgelt vom Ergebnis ihrer Arbeit abhängt, oder mit tempoabhängigen Arbeiten beschäftigt,

20. entgegen § 24 Abs. 1, auch in Verbindung mit einer Rechtsverordnung nach § 26 Nr. 1, einen Jugendlichen mit Arbeiten unter Tage beschäftigt,
21. entgegen § 31 Abs. 2 Satz 2, auch in Verbindung mit Satz 3, einem Jugendlichen ein dort genanntes Getränk oder ein dort genanntes Produkt gibt,
22. entgegen § 32 Abs. 1 einen Jugendlichen ohne ärztliche Bescheinigung über die Erstuntersuchung beschäftigt,
23. entgegen § 33 Abs. 3 einen Jugendlichen ohne ärztliche Bescheinigung über die erste Nachuntersuchung weiterbeschäftigt,
24. entgegen § 36 einen Jugendlichen ohne Vorlage der erforderlichen ärztlichen Bescheinigungen beschäftigt,
25. entgegen § 40 Abs. 1 einen Jugendlichen mit Arbeiten beschäftigt, durch deren Ausführung der Arzt nach der von ihm erteilten Bescheinigung die Gesundheit oder die Entwicklung des Jugendlichen für gefährdet hält,
26. einer Rechtsverordnung nach
    a) § 26 Nr. 2 oder
    b) § 28 Abs. 2
    zuwiderhandelt, soweit sie für einen bestimmten Tatbestand auf diese Bußgeldvorschrift verweist,
27. einer vollziehbaren Anordnung der Aufsichtsbehörde nach § 6 Abs. 3, § 27 Abs. 1 Satz 2 oder Abs. 2, § 28 Abs. 3 oder § 30 Abs. 2 zuwiderhandelt,
28. einer vollziehbaren Auflage der Aufsichtsbehörde nach § 6 Abs. 1, § 14 Abs. 7, § 27 Abs. 3 oder § 40 Abs. 2, jeweils in Verbindung mit § 54 Abs. 1, zuwiderhandelt,
29. einer vollziehbaren Anordnung oder Auflage der Aufsichtsbehörde auf Grund einer Rechtsverordnung nach § 26 Nr. 2 oder § 28 Abs. 2 zuwiderhandelt, soweit die Rechtsverordnung für einen bestimmten Tatbestand auf die Bußgeldvorschrift verweist.

(2) Ordnungswidrig handelt, wer vorsätzlich oder fahrlässig entgegen § 25 Abs. 1 Satz 1 oder Abs. 2 Satz 1 einen Jugendlichen beschäftigt, beaufsichtigt, anweist oder ausbildet, obwohl ihm dies verboten ist, oder einen anderen, dem dies verboten ist, mit der Beaufsichtigung, Anweisung oder Ausbildung eines Jugendlichen beauftragt.

(3) Absatz 1 Nr. 4, 6 bis 29 und Absatz 2 gelten auch für die Beschäftigung von Kindern (§ 2 Abs. 1) oder Jugendlichen, die der Vollzeitschulpflicht unterliegen (§ 2 Abs. 3), nach § 5 Abs. 2. Absatz 1 Nr. 6 bis 29 und Absatz 2 gelten auch für die Beschäftigung von Kindern, die der Vollzeitschulpflicht nicht mehr unterliegen, nach § 7.

(4) Die Ordnungswidrigkeit kann mit einer Geldbuße bis zu fünfzehntausend Euro geahndet werden.

(5) Wer vorsätzlich eine in Absatz 1, 2 oder 3 bezeichnete Handlung begeht und dadurch ein Kind, einen Jugendlichen oder im Falle des Absatzes 1 Nr. 6 eine Person, die noch nicht 21 Jahre alt ist, in ihrer Gesundheit oder Arbeitskraft gefährdet, wird mit Freiheitsstrafe bis zu einem Jahr oder mit Geldstrafe bestraft. Ebenso wird bestraft, wer eine in Absatz 1, 2 oder 3 bezeichnete Handlung beharrlich wiederholt.

(6) Wer in den Fällen des Absatzes 5 Satz 1 die Gefahr fahrlässig verursacht, wird mit Freiheitsstrafe bis zu sechs Monaten oder mit Geldstrafe bis zu einhundertachtzig Tagessätzen bestraft.

§ 59 Bußgeldvorschriften

(1) Ordnungswidrig handelt, wer als Arbeitgeber vorsätzlich oder fahrlässig
1. entgegen § 6 Abs. 4 Satz 2 ein Kind vor Erhalt des Bewilligungsbescheides beschäftigt,
2. entgegen § 11 Abs. 3 den Aufenthalt in Arbeitsräumen gestattet,

2a. entgegen § 20 Absatz 2 Satz 1 eine Aufzeichnung nicht oder nicht richtig führt,
2b. entgegen § 20 Absatz 2 Satz 3 eine Aufzeichnung nicht oder nicht mindestens zwölf Monate aufbewahrt,
3. entgegen § 29 einen Jugendlichen über Gefahren nicht, nicht richtig oder nicht rechtzeitig unterweist,
4. entgegen § 33 Abs. 2 Satz 1 einen Jugendlichen nicht oder nicht rechtzeitig zur Vorlage einer ärztlichen Bescheinigung auffordert,
5. entgegen § 41 die ärztliche Bescheinigung nicht aufbewahrt, vorlegt, einsendet oder aushändigt,
6. entgegen § 43 Satz 1 einen Jugendlichen für ärztliche Untersuchungen nicht freistellt,
7. entgegen § 47 einen Abdruck des Gesetzes oder die Anschrift der zuständigen Aufsichtsbehörde nicht auslegt oder aushängt,
8. entgegen § 48 Arbeitszeit und Pausen nicht oder nicht in der vorgeschriebenen Weise aushängt,
9. entgegen § 49 ein Verzeichnis nicht oder nicht in der vorgeschriebenen Weise führt,
10. entgegen § 50 Abs. 1 Angaben nicht, nicht richtig oder nicht vollständig macht oder Verzeichnisse oder Unterlagen nicht vorlegt oder einsendet oder entgegen § 50 Abs. 2 Verzeichnisse oder Unterlagen nicht oder nicht vorschriftsmäßig aufbewahrt,
11. entgegen § 51 Abs. 2 Satz 2 das Betreten oder Besichtigen der Arbeitsstätten nicht gestattet,
12. entgegen § 54 Abs. 3 einen Aushang nicht anbringt.

(2) Absatz 1 Nr. 2 bis 6 gilt auch für die Beschäftigung von Kindern (§ 2 Abs. 1 und 3) nach § 5 Abs. 2 Satz 1.

(3) Die Ordnungswidrigkeit kann mit einer Geldbuße bis zu zweitausendfünfhundert Euro geahndet werden.

§ 60 Verwaltungsvorschriften für die Verfolgung und Ahndung von Ordnungswidrigkeiten

Der Bundesminister für Arbeit und Sozialordnung kann mit Zustimmung des Bundesrates allgemeine Verwaltungsvorschriften für die Verfolgung und Ahndung von Ordnungswidrigkeiten nach §§ 58 und 59 durch die Verwaltungsbehörde (§ 35 des Gesetzes über Ordnungswidrigkeiten) und über die Erteilung einer Verwarnung (§§ 56, 58 Abs. 2 des Gesetzes über Ordnungswidrigkeiten) wegen einer Ordnungswidrigkeit nach §§ 58 und 59 erlassen.

Sechster Abschnitt: Schlußvorschriften

§ 61 Beschäftigung von Jugendlichen auf Kauffahrteischiffen

Für die Beschäftigung von Jugendlichen als Besatzungsmitglieder auf Kauffahrteischiffen im Sinne des § 3 des Seearbeitsgesetzes gilt anstelle dieses Gesetzes das Seearbeitsgesetz.

§ 62 Beschäftigung im Vollzug einer Freiheitsentziehung

(1) Die Vorschriften dieses Gesetzes gelten für die Beschäftigung Jugendlicher (§ 2 Abs. 2) im Vollzuge einer gerichtlich angeordneten Freiheitsentziehung entsprechend, soweit es sich nicht nur um gelegentliche, geringfügige Hilfeleistungen handelt und soweit in den Absätzen 2 bis 4 nichts anderes bestimmt ist.

(2) Im Vollzug einer gerichtlich angeordneten Freiheitsentziehung finden § 19, §§ 47 bis 50 keine Anwendung.

(3) Die §§ 13, 14, 15, 16, 17 und 18 Abs. 1 und 2 gelten im Vollzug einer gerichtlich angeordneten Freiheitsentziehung nicht für die Beschäftigung jugendlicher Anstaltsinsassen mit der Zubereitung und Ausgabe der Anstaltsverpflegung.
(4) § 18 Abs. 1 und 2 gilt nicht für die Beschäftigung jugendlicher Anstaltsinsassen in landwirtschaftlichen Betrieben der Vollzugsanstalten mit Arbeiten, die auch an Sonn- und Feiertagen naturnotwendig vorgenommen werden müssen.

§§ 63 bis 70 (weggefallen)

§ 71 Berlin-Klausel
(gegenstandslos)

§ 72 Inkrafttreten
(1) Dieses Gesetz tritt am 1. Mai 1976 in Kraft.
(2) (gegenstandslos)
(3) Die auf Grund des § 37 Abs. 2 und des § 53 des Jugendarbeitsschutzgesetzes vom 9. August 1960, des § 20 Abs. 1 des Jugendschutzgesetzes vom 30. April 1938 und des § 120e der Gewerbeordnung erlassenen Vorschriften bleiben unberührt. Sie können, soweit sie den Geltungsbereich dieses Gesetzes betreffen, durch Rechtsverordnungen auf Grund des § 26 oder des § 46 geändert oder aufgehoben werden.
(4) Vorschriften in Rechtsverordnungen, die durch § 69 dieses Gesetzes geändert werden, können vom Bundesministerium für Arbeit und Soziales im Rahmen der bestehenden Ermächtigungen geändert oder aufgehoben werden.
(5) Verweisungen auf Vorschriften des Jugendarbeitsschutzgesetzes vom 9. August 1960 gelten als Verweisungen auf die entsprechenden Vorschriften dieses Gesetzes oder der auf Grund dieses Gesetzes erlassenen Rechtsverordnungen.

Verordnung über die ärztlichen Untersuchungen nach dem Jugendarbeitsschutzgesetz (Jugendarbeitsschutzuntersuchungs-Verordnung – JarbSchUV)

vom 16. Oktober 1990 (BGBl. I 1990, S. 2221)

§ 1 Durchführung der Untersuchungen

(1) Der Arzt, der einen Jugendlichen nach den §§ 32 bis 35 oder nach § 42 des Jugendarbeitsschutzgesetzes untersucht, hat unter Berücksichtigung der Krankheitsvorgeschichte des Jugendlichen auf Grund der Untersuchungen zu beurteilen, ob dessen Gesundheit und Entwicklung durch die Ausführung bestimmter Arbeiten oder durch die Beschäftigung während bestimmter Zeiten gefährdet wird, ob eine außerordentliche Nachuntersuchung oder eine Ergänzungsuntersuchung erforderlich ist oder ob besondere der Gesundheit dienende Maßnahmen nötig sind (§ 37 Jugendarbeitsschutzgesetz).

(2) Als Tag der Untersuchung (§ 32 Abs. 1 Nr. 1, § 33 Abs. 1 und § 34 Jugendarbeitsschutzgesetz) gilt der Tag der abschließenden Beurteilung.

§ 2 Untersuchungsberechtigungsschein

Die Kosten einer Untersuchung werden vom Land (§ 44 Jugendarbeitsschutzgesetz) nur erstattet, wenn der Arzt der Kostenforderung einen von der nach Landesrecht zuständigen Stelle ausgegebenen Untersuchungsberechtigungsschein beifügt.

§ 3 Erhebungsbogen

Zur Vorbereitung einer Untersuchung nach § 32 Abs. 1 des Jugendarbeitsschutzgesetzes (Erstuntersuchung) erhält der Jugendliche von der nach Landesrecht zuständigen Stelle einen Erhebungsbogen nach dem Muster der Anlage 1 in weißer Farbe, zur Vorbereitung einer Untersuchung nach § 33 Abs. 1, §§ 34, 35 Abs. 1 oder § 42 des Jugendarbeitsschutzgesetzes (Nachuntersuchung) einen Erhebungsbogen nach dem Muster der Anlage 1a in roter Farbe. Der Erhebungsbogen soll, vom Personensorgeberechtigten ausgefüllt und von diesem und dem Jugendlichen unterschrieben, dem Arzt bei der Untersuchung vorgelegt werden.

§ 4 Untersuchungsbogen

(1) Für die Aufzeichnung der Ergebnisse einer Erstuntersuchung hat der Arzt einen Untersuchungsbogen nach dem Muster der Anlage 2 in weißer Farbe, für die Aufzeichnung der Ergebnisse einer Nachuntersuchung einen Untersuchungsbogen nach dem Muster der Anlage 2a in roter Farbe zu verwenden.

(2) Der Arzt hat die Untersuchungsbogen 10 Jahre aufzubewahren.

§ 5 Ärztliche Mitteilung an den Personensorgeberechtigten

Für die ärztliche Mitteilung an den Personensorgeberechtigten nach § 39 Abs. 1 des Jugendarbeitsschutzgesetzes hat der Arzt bei einer Erstuntersuchung einen Vordruck nach dem Muster der Anlage 3 in weißer Farbe, bei einer Nachuntersuchung einen Vordruck nach dem Muster der Anlage 3a in roter Farbe zu verwenden.

§ 6 Ärztliche Bescheinigung für den Arbeitgeber

Für die ärztliche Bescheinigung für den Arbeitgeber nach § 39 Abs. 2 des Jugendarbeitsschutzgesetzes hat der Arzt bei einer Erstuntersuchung einen Vordruck nach dem Muster der

Anlage 4 in weißer Farbe, bei einer Nachuntersuchung einen Vordruck nach dem Muster der Anlage 4a in roter Farbe zu verwenden.

§ 7 Berlin-Klausel
(gegenstandslos)

§ 8 Inkrafttreten, abgelöste Vorschrift
Diese Verordnung tritt am ersten Tage des auf die Verkündung folgenden vierten Kalendermonats in Kraft. Gleichzeitig tritt die Verordnung über die ärztlichen Untersuchungen nach dem Jugendarbeitsschutzgesetz vom 2. Oktober 1961 (BGBl. I S.1789), geändert durch Verordnung vom 5. September 1968 (BGBl. I S.1013), außer Kraft.

Kündigungsschutzgesetz (KSchG)

vom 10. August 1951 (BGBl. I 1951, S. 499) in der Neufassung vom 25. August 1969 (BGBl. I 1969, S. 1317),
- zuletzt geändert durch Gesetz zur Verbesserung der Leistungen bei Renten wegen verminderter Erwerbsfähigkeit und zur Änderung anderer Gewsetze (EM-Leistungsverbesserungsgesetz) vom 17. Juli 2017 (BGBl. I 2017, S. 2509)

Erster Abschnitt: Allgemeiner Kündigungsschutz

§ 1 Sozial ungerechtfertigte Kündigungen

(1) Die Kündigung des Arbeitsverhältnisses gegenüber einem Arbeitnehmer, dessen Arbeitsverhältnis in demselben Betrieb oder Unternehmen ohne Unterbrechung länger als sechs Monate bestanden hat, ist rechtsunwirksam, wenn sie sozial ungerechtfertigt ist.

(2) Sozial ungerechtfertigt ist die Kündigung, wenn sie nicht durch Gründe, die in der Person oder in dem Verhalten des Arbeitnehmers liegen, oder durch dringende betriebliche Erfordernisse, die einer Weiterbeschäftigung des Arbeitnehmers in diesem Betrieb entgegenstehen, bedingt ist. Die Kündigung ist auch sozial ungerechtfertigt, wenn
1. in Betrieben des privaten Rechts
   a) die Kündigung gegen eine Richtlinie nach § 95 des Betriebsverfassungsgesetzes verstößt,
   b) der Arbeitnehmer an einem anderen Arbeitsplatz in demselben Betrieb oder in einem anderen Betrieb des Unternehmens weiterbeschäftigt werden kann
   und der Betriebsrat oder eine andere nach dem Betriebsverfassungsgesetz insoweit zuständige Vertretung des Arbeitnehmers aus einem dieser Gründe der Kündigung innerhalb der Frist des § 102 Abs. 2 Satz 1 des Betriebsverfassungsgesetzes schriftlich widersprochen hat,
2. in Betrieben und Verwaltungen des öffentlichen Rechts
   a) die Kündigung gegen eine Richtlinie über die personelle Auswahl bei Kündigungen verstößt,
   b) der Arbeitnehmer an einem anderen Arbeitsplatz in derselben Dienststelle oder in einer anderen Dienststelle desselben Verwaltungszweiges an demselben Dienstort einschließlich seines Einzugsgebietes weiterbeschäftigt werden kann
   und die zuständige Personalvertretung aus einem dieser Gründe fristgerecht gegen die Kündigung Einwendungen erhoben hat, es sei denn, dass die Stufenvertretung in der Verhandlung mit der übergeordneten Dienststelle die Einwendungen nicht aufrechterhalten hat.

Satz 2 gilt entsprechend, wenn die Weiterbeschäftigung des Arbeitnehmers nach zumutbaren Umschulungs- oder Fortbildungsmaßnahmen oder eine Weiterbeschäftigung des Arbeitnehmers unter geänderten Arbeitsbedingungen möglich ist und der Arbeitnehmer sein Einverständnis hiermit erklärt hat. Der Arbeitgeber hat die Tatsachen zu beweisen, die die Kündigung bedingen.

(3) Ist einem Arbeitnehmer aus dringenden betrieblichen Erfordernissen im Sinne des Absatzes 2 gekündigt worden, so ist die Kündigung trotzdem sozial ungerechtfertigt, wenn der Arbeitgeber bei der Auswahl des Arbeitnehmers die Dauer der Betriebszugehörigkeit, das Lebensalter, die Unterhaltspflichten und die Schwerbehinderung des Arbeitnehmers nicht oder nicht ausreichend berücksichtigt hat; auf Verlangen des Arbeitnehmers hat der Arbeitgeber dem Arbeitnehmer die Gründe anzugeben, die zu der getroffenen sozialen Auswahl geführt

haben. Satz 1 gilt nicht, wenn betriebstechnische, wirtschaftliche oder sonstige berechtigte betriebliche Bedürfnisse die Weiterbeschäftigung eines oder mehrerer bestimmter Arbeitnehmer bedingen und damit der Auswahl nach sozialen Gesichtspunkten entgegenstehen. In die soziale Auswahl nach Satz 1 sind Arbeitnehmer nicht einzubeziehen, deren Weiterbeschäftigung, insbesondere wegen ihrer Kenntnisse, Fähigkeiten und Leistungen oder zur Sicherung einer ausgewogenen Personalstruktur des Betriebes, im berechtigten betrieblichen Interesse liegt.
(4) Ist in einem Tarifvertrag, in einer Betriebsvereinbarung nach § 95 des Betriebsverfassungsgesetzes oder in einer entsprechenden Richtlinie nach den Personalvertretungsgesetzen festgelegt, wie die sozialen Gesichtspunkte nach Absatz 3 Satz 1 im Verhältnis zueinander zu bewerten sind, so kann die Bewertung nur auf grobe Fehlerhaftigkeit überprüft werden.
(5) Sind bei einer Kündigung auf Grund einer Betriebsänderung nach § 111 des Betriebsverfassungsgesetzes die Arbeitnehmer, denen gekündigt werden soll, in einem Interessenausgleich zwischen Arbeitgeber und Betriebsrat namentlich bezeichnet, so wird vermutet, dass die Kündigung durch dringende betriebliche Erfordernisse im Sinne des Absatzes 2 bedingt ist. Die soziale Auswahl der Arbeitnehmer kann nur auf grobe Fehlerhaftigkeit überprüft werden. Die Sätze 1 und 2 gelten nicht, soweit sich die Sachlage nach Zustandekommen des Interessenausgleichs wesentlich geändert hat. Der Interessenausgleich nach Satz 1 ersetzt die Stellungnahme des Betriebsrates nach § 17 Abs. 3 Satz 2.

§ 1a Abfindungsanspruch bei betriebsbedingter Kündigung
(1) Kündigt der Arbeitgeber wegen dringender betrieblicher Erfordernisse nach § 1 Abs. 2 Satz 1 und erhebt der Arbeitnehmer bis zum Ablauf der Frist des § 4 Satz 1 keine Klage auf Feststellung, dass das Arbeitsverhältnis durch die Kündigung nicht aufgelöst ist, hat der Arbeitnehmer mit dem Ablauf der Kündigungsfrist Anspruch auf eine Abfindung. Der Anspruch setzt den Hinweis des Arbeitgebers in der Kündigungserklärung voraus, dass die Kündigung auf dringende betriebliche Erfordernisse gestützt ist und der Arbeitnehmer bei Verstreichenlassen der Klagefrist die Abfindung beanspruchen kann.
(2) Die Höhe der Abfindung beträgt 0,5 Monatsverdienste für jedes Jahr des Bestehens des Arbeitsverhältnisses. § 10 Abs. 3 gilt entsprechend. Bei der Ermittlung der Dauer des Arbeitsverhältnisses ist ein Zeitraum von mehr als sechs Monaten auf ein volles Jahr aufzurunden.

§ 2 Änderungskündigung
Kündigt der Arbeitgeber das Arbeitsverhältnis und bietet er dem Arbeitnehmer im Zusammenhang mit der Kündigung die Fortsetzung des Arbeitsverhältnisses zu geänderten Arbeitsbedingungen an, so kann der Arbeitnehmer dieses Angebot unter dem Vorbehalt annehmen, dass die Änderung der Arbeitsbedingungen nicht sozial ungerechtfertigt ist (§ 1 Abs. 2 Satz 1 bis 3, Abs. 3 Satz 1 und 2). Diesen Vorbehalt muss der Arbeitnehmer dem Arbeitgeber innerhalb der Kündigungsfrist, spätestens jedoch innerhalb von drei Wochen nach Zugang der Kündigung erklären.

§ 3 Kündigungseinspruch
Hält der Arbeitnehmer eine Kündigung für sozial ungerechtfertigt, so kann er binnen einer Woche nach der Kündigung Einspruch beim Betriebsrat einlegen. Erachtet der Betriebsrat den Einspruch für begründet, so hat er zu versuchen, eine Verständigung mit dem Arbeitgeber herbeizuführen. Er hat seine Stellungnahme zu dem Einspruch dem Arbeitnehmer und dem Arbeitgeber auf Verlangen schriftlich mitzuteilen.

§ 4 Anrufung des Arbeitsgerichtes

Will ein Arbeitnehmer geltend machen, dass eine Kündigung sozial ungerechtfertigt oder aus anderen Gründen rechtsunwirksam ist, so muss er innerhalb von drei Wochen nach Zugang der schriftlichen Kündigung Klage beim Arbeitsgericht auf Feststellung erheben, dass das Arbeitsverhältnis durch die Kündigung nicht aufgelöst ist. Im Falle des § 2 ist die Klage auf Feststellung zu erheben, dass die Änderung der Arbeitsbedingungen sozial ungerechtfertigt oder aus anderen Gründen rechtsunwirksam ist. Hat der Arbeitnehmer Einspruch beim Betriebsrat eingelegt (§ 3), so soll er der Klage die Stellungnahme des Betriebsrates beifügen. Soweit die Kündigung der Zustimmung einer Behörde bedarf, läuft die Frist zur Anrufung des Arbeitsgerichtes erst von der Bekanntgabe der Entscheidung der Behörde an den Arbeitnehmer ab.

§ 5 Zulassung verspäteter Klagen

(1) War ein Arbeitnehmer nach erfolgter Kündigung trotz Anwendung aller ihm nach Lage der Umstände zuzumutenden Sorgfalt verhindert, die Klage innerhalb von drei Wochen nach Zugang der schriftlichen Kündigung zu erheben, so ist auf seinen Antrag die Klage nachträglich zuzulassen. Gleiches gilt, wenn eine Frau von ihrer Schwangerschaft aus einem von ihr nicht zu vertretenden Grund erst nach Ablauf der Frist des § 4 Satz 1 Kenntnis erlangt hat.
(2) Mit dem Antrag ist die Klageerhebung zu verbinden; ist die Klage bereits eingereicht, so ist auf sie im Antrag Bezug zu nehmen. Der Antrag muss ferner die Angabe der die nachträgliche Zulassung begründenden Tatsachen und der Mittel für deren Glaubhaftmachung enthalten.
(3) Der Antrag ist nur innerhalb von zwei Wochen nach Behebung des Hindernisses zulässig. Nach Ablauf von sechs Monaten, vom Ende der versäumten Frist an gerechnet, kann der Antrag nicht mehr gestellt werden.
(4) Das Verfahren über den Antrag auf nachträgliche Zulassung ist mit dem Verfahren über die Klage zu verbinden. Das Arbeitsgericht kann das Verfahren zunächst auf die Verhandlung und Entscheidung über den Antrag beschränken. In diesem Fall ergeht die Entscheidung durch Zwischenurteil, das wie ein Endurteil angefochten werden kann.
(5) Hat das Arbeitsgericht über einen Antrag auf nachträgliche Klagezulassung nicht entschieden oder wird ein solcher Antrag erstmals vor dem Landesarbeitsgericht gestellt, entscheidet hierüber die Kammer des Landesarbeitsgerichts. Absatz 4 gilt entsprechend.

§ 6 Verlängerte Anrufungsfrist

Hat ein Arbeitnehmer innerhalb von drei Wochen nach Zugang der schriftlichen Kündigung im Klagewege geltend gemacht, dass eine rechtswirksame Kündigung nicht vorliege, so kann er sich in diesem Verfahren bis zum Schluss der mündlichen Verhandlung erster Instanz zur Begründung der Unwirksamkeit der Kündigung auch auf innerhalb der Klagefrist nicht geltend gemachte Gründe berufen. Das Arbeitsgericht soll ihn hierauf hinweisen.

§ 7 Wirksamwerden der Kündigung

Wird die Rechtsunwirksamkeit einer Kündigung nicht rechtzeitig geltend gemacht (§ 4 Satz 1, §§ 5 und 6), so gilt die Kündigung als von Anfang an rechtswirksam; ein vom Arbeitnehmer nach § 2 erklärter Vorbehalt erlischt.

§ 8 Wiederherstellung der früheren Arbeitsbedingungen

Stellt das Gericht im Falle des § 2 fest, dass die Änderung der Arbeitsbedingungen sozial ungerechtfertigt ist, so gilt die Änderungskündigung als von Anfang an rechtsunwirksam.

§ 9 Auflösung des Arbeitsverhältnisses durch Urteil des Gerichts; Abfindung des Arbeitnehmers

(1) Stellt das Gericht fest, dass das Arbeitsverhältnis durch die Kündigung nicht aufgelöst ist, ist jedoch dem Arbeitnehmer die Fortsetzung des Arbeitsverhältnisses nicht zuzumuten, so hat das Gericht auf Antrag des Arbeitnehmers das Arbeitsverhältnis aufzulösen und den Arbeitgeber zur Zahlung einer angemessenen Abfindung zu verurteilen. Die gleiche Entscheidung hat das Gericht auf Antrag des Arbeitgebers zu treffen, wenn Gründe vorliegen, die eine den Betriebszwecken dienliche weitere Zusammenarbeit zwischen Arbeitgeber und Arbeitnehmer nicht erwarten lassen. Arbeitnehmer und Arbeitgeber können den Antrag auf Auflösung des Arbeitsverhältnisses bis zum Schluss der letzten mündlichen Verhandlung in der Berufungsinstanz stellen.
(2) Das Gericht hat für die Auflösung des Arbeitsverhältnisses den Zeitpunkt festzusetzen, an dem es bei sozial gerechtfertigter Kündigung geendet hätte.

§ 10 Höhe der Abfindung

(1) Als Abfindung ist ein Betrag bis zu zwölf Monatsverdiensten festzusetzen.
(2) Hat der Arbeitnehmer das fünfzigste Lebensjahr vollendet und hat das Arbeitsverhältnis mindestens fünfzehn Jahre bestanden, so ist ein Betrag bis zu fünfzehn Monatsverdiensten, hat der Arbeitnehmer das fünfundfünfzigste Lebensjahr vollendet und hat das Arbeitsverhältnis mindestens zwanzig Jahre bestanden, so ist ein Betrag bis zu achtzehn Monatsverdiensten festzusetzen. Dies gilt nicht, wenn der Arbeitnehmer in dem Zeitpunkt, den das Gericht nach § 9 Abs. 2 für die Auflösung des Arbeitsverhältnisses festsetzt, das in der Vorschrift des Sechsten Buches Sozialgesetzbuch über die Regelaltersrente bezeichnete Lebensalter erreicht hat.
(3) Als Monatsverdienst gilt, was dem Arbeitnehmer bei der für ihn maßgebenden regelmäßigen Arbeitszeit in dem Monat, in dem das Arbeitsverhältnis endet (§ 9 Abs. 2), an Geld und Sachbezügen zusteht.

§ 11 Anrechnung auf entgangenen Zwischenverdienst

Besteht nach der Entscheidung des Gerichts das Arbeitsverhältnis fort, so muss sich der Arbeitnehmer auf das Arbeitsentgelt, das ihm der Arbeitgeber für die Zeit nach der Entlassung schuldet, anrechnen lassen,
1. was er durch anderweitige Arbeit verdient hat,
2. was er hätte verdienen können, wenn er es nicht böswillig unterlassen hätte, eine ihm zumutbare Arbeit anzunehmen,
3. was ihm an öffentlich-rechtlichen Leistungen infolge Arbeitslosigkeit aus der Sozialversicherung, der Arbeitslosenversicherung, der Sicherung des Lebensunterhalts nach dem Zweiten Buch Sozialgesetzbuch oder der Sozialhilfe für die Zwischenzeit gezahlt worden ist. Diese Beträge hat der Arbeitgeber der Stelle zu erstatten, die sie geleistet hat.

§ 12 Neues Arbeitsverhältnis des Arbeitnehmers; Auflösung des alten Arbeitsverhältnisses

Besteht nach der Entscheidung des Gerichts das Arbeitsverhältnis fort, ist jedoch der Arbeitnehmer inzwischen ein neues Arbeitsverhältnis eingegangen, so kann er binnen einer Woche nach der Rechtskraft des Urteils durch Erklärung gegenüber dem alten Arbeitgeber die Fortsetzung des Arbeitsverhältnisses bei diesem verweigern. Die Frist wird auch durch eine vor ihrem Ablauf zur Post gegebene schriftliche Erklärung gewahrt. Mit dem Zugang der Erklärung erlischt das Arbeitsverhältnis. Macht der Arbeitnehmer von seinem Verweigerungsrecht Gebrauch, so ist ihm entgangener Verdienst nur für die Zeit zwischen der Entlassung und dem Tage des Eintritts in das neue Arbeitsverhältnis zu gewähren. § 11 findet entsprechende Anwendung.

§ 13 Außerordentliche, sittenwidrige und sonstige Kündigungen
(1) Die Vorschriften über das Recht zur außerordentlichen Kündigung eines Arbeitsverhältnisses werden durch das vorliegende Gesetz nicht berührt. Die Rechtsunwirksamkeit einer außerordentlichen Kündigung kann jedoch nur nach Maßgabe des § 4 Satz 1 und der §§ 5 bis 7 geltend gemacht werden. Stellt das Gericht fest, dass die außerordentliche Kündigung unbegründet ist, ist jedoch dem Arbeitnehmer die Fortsetzung des Arbeitsverhältnisses nicht zuzumuten, so hat auf seinen Antrag das Gericht das Arbeitsverhältnis aufzulösen und den Arbeitgeber zur Zahlung einer angemessenen Abfindung zu verurteilen. Das Gericht hat für die Auflösung des Arbeitsverhältnisses den Zeitpunkt festzulegen, zu dem die außerordentliche Kündigung ausgesprochen wurde. Die Vorschriften der §§ 10 bis 12 gelten entsprechend.
(2) Verstößt eine Kündigung gegen die guten Sitten, so finden die Vorschriften des § 9 Abs. 1 Satz 1 und Abs. 2 und der §§ 10 bis 12 entsprechende Anwendung.
(3) Im Übrigen finden die Vorschriften dieses Abschnitts mit Ausnahme der §§ 4 bis 7 auf eine Kündigung, die bereits aus anderen als den in § 1 Abs. 2 und 3 bezeichneten Gründen rechtsunwirksam ist, keine Anwendung.

§ 14 Angestellte in leitender Stellung
(1) Die Vorschriften dieses Abschnitts gelten nicht
1. in Betrieben einer juristischen Person für die Mitglieder des Organs, das zur gesetzlichen Vertretung der juristischen Person berufen ist,
2. in Betrieben einer Personengesamtheit für die durch Gesetz, Satzung oder Gesellschaftsvertrag zur Vertretung der Personengesamtheit berufenen Personen.
(2) Auf Geschäftsführer, Betriebsleiter und ähnlich leitende Angestellte, soweit diese zur selbständigen Einstellung oder Entlassung von Arbeitnehmern berechtigt sind, finden die Vorschriften dieses Abschnitts mit Ausnahme des § 3 Anwendung. § 9 Abs. 1 Satz 2 findet mit der Maßgabe Anwendung, dass der Antrag des Arbeitgebers auf Auflösung des Arbeitsverhältnisses keiner Begründung bedarf.

Zweiter Abschnitt: Kündigungsschutz im Rahmen der Betriebsverfassung und Personalvertretung

§ 15 Unzulässigkeit der Kündigung
(1) Die Kündigung eines Mitglieds eines Betriebsrats, einer Jugend- und Auszubildendenvertretung, einer Bordvertretung oder eines Seebetriebsrats ist unzulässig, es sei denn, dass Tatsachen vorliegen, die den Arbeitgeber zur Kündigung aus wichtigem Grund ohne Einhaltung einer Kündigungsfrist berechtigen, und dass die nach § 103 des Betriebsverfassungsgesetzes erforderliche Zustimmung vorliegt oder durch gerichtliche Entscheidung ersetzt ist. Nach Beendigung der Amtszeit ist die Kündigung eines Mitglieds eines Betriebsrats, einer Jugend- und Auszubildendenvertretung oder eines Seebetriebsrats innerhalb eines Jahres, die Kündigung eines Mitglieds einer Bordvertretung innerhalb von sechs Monaten, jeweils vom Zeitpunkt der Beendigung der Amtszeit an gerechnet, unzulässig, es sei denn, dass Tatsachen vorliegen, die den Arbeitgeber zur Kündigung aus wichtigem Grund ohne Einhaltung einer Kündigungsfrist berechtigen; dies gilt nicht, wenn die Beendigung der Mitgliedschaft auf einer gerichtlichen Entscheidung beruht.

(2) Die Kündigung eines Mitglieds einer Personalvertretung, einer Jugend- und Auszubildendenvertretung oder einer Jugendvertretung ist unzulässig, es sei denn, dass Tatsachen vorliegen, die den Arbeitgeber zur Kündigung aus wichtigem Grund ohne Einhaltung einer Kündigungsfrist berechtigen, und dass die nach dem Personalvertretungsrecht erforderliche Zustimmung vorliegt oder durch gerichtliche Entscheidung ersetzt ist. Nach Beendigung der Amtszeit der in Satz 1 genannten Personen ist ihre Kündigung innerhalb eines Jahres, vom Zeitpunkt der Beendigung der Amtszeit an gerechnet, unzulässig, es sei denn, dass Tatsachen vorliegen, die den Arbeitgeber zur Kündigung aus wichtigem Grund ohne Einhaltung einer Kündigungsfrist berechtigen; dies gilt nicht, wenn die Beendigung der Mitgliedschaft auf einer gerichtlichen Entscheidung beruht.

(3) Die Kündigung eines Mitglieds eines Wahlvorstands ist vom Zeitpunkt seiner Bestellung an, die Kündigung eines Wahlbewerbers vom Zeitpunkt der Aufstellung des Wahlvorschlags an, jeweils bis zur Bekanntgabe des Wahlergebnisses unzulässig, es sei denn, dass Tatsachen vorliegen, die den Arbeitgeber zur Kündigung aus wichtigem Grund ohne Einhaltung einer Kündigungsfrist berechtigen, und dass die nach § 103 des Betriebsverfassungsgesetzes oder nach dem Personalvertretungsrecht erforderliche Zustimmung vorliegt oder durch eine gerichtliche Entscheidung ersetzt ist. Innerhalb von sechs Monaten nach Bekanntgabe des Wahlergebnisses ist die Kündigung unzulässig, es sei denn, dass Tatsachen vorliegen, die den Arbeitgeber zur Kündigung aus wichtigem Grund ohne Einhaltung einer Kündigungsfrist berechtigen; dies gilt nicht für Mitglieder des Wahlvorstands, wenn dieser durch gerichtliche Entscheidung durch einen anderen Wahlvorstand ersetzt worden ist.

(3a) Die Kündigung eines Arbeitnehmers, der zu einer Betriebs-, Wahl- oder Bordversammlung nach § 17 Abs. 3, § 17a Nr. 3 Satz 2, § 115 Abs. 2 Nr. 8 Satz 1 des Betriebsverfassungsgesetzes einlädt oder die Bestellung eines Wahlvorstands nach § 16 Abs. 2 Satz 1, § 17 Abs. 4, § 17a Nr. 4, § 63 Abs. 3, § 115 Abs. 2 Nr. 8 Satz 2 oder § 116 Abs. 2 Nr. 7 Satz 5 des Betriebsverfassungsgesetzes beantragt, ist vom Zeitpunkt der Einladung oder Antragstellung an bis zur Bekanntgabe des Wahlergebnisses unzulässig, es sei denn, dass Tatsachen vorliegen, die den Arbeitgeber zur Kündigung aus wichtigem Grund ohne Einhaltung einer Kündigungsfrist berechtigen; der Kündigungsschutz gilt für die ersten drei in der Einladung oder Antragstellung aufgeführten Arbeitnehmer. Wird ein Betriebsrat, eine Jugend- und Auszubildendenvertretung, eine Bordvertretung oder ein Seebetriebsrat nicht gewählt, besteht der Kündigungsschutz nach Satz 1 vom Zeitpunkt der Einladung oder Antragstellung an drei Monate.

(4) Wird der Betrieb stillgelegt, so ist die Kündigung der in den Absätzen 1 bis 3 genannten Personen frühestens zum Zeitpunkt der Stilllegung zulässig, es sei denn, dass ihre Kündigung zu einem früheren Zeitpunkt durch zwingende betriebliche Erfordernisse bedingt ist.

(5) Wird eine der in den Absätzen 1 bis 3 genannten Personen in einer Betriebsabteilung beschäftigt, die stillgelegt wird, so ist sie in eine andere Betriebsabteilung zu übernehmen. Ist dies aus betrieblichen Gründen nicht möglich, so findet auf ihre Kündigung die Vorschrift des Absatzes 4 über die Kündigung bei Stilllegung des Betriebs sinngemäß Anwendung.

§ 16 Neues Arbeitsverhältnis; Auflösung des alten Arbeitsverhältnisses

Stellt das Gericht die Unwirksamkeit der Kündigung einer der in § 15 Abs. 1 bis 3a genannten Personen fest, so kann diese Person, falls sie inzwischen ein neues Arbeitsverhältnis eingegangen ist, binnen einer Woche nach Rechtskraft des Urteils durch Erklärung gegenüber dem alten Arbeitgeber die Weiterbeschäftigung bei diesem verweigern. Im Übrigen finden die Vorschriften des § 11 und des § 12 Satz 2 bis 4 entsprechende Anwendung.

Dritter Abschnitt: Anzeigepflichtige Entlassungen

§ 17 Anzeigepflicht

(1) Der Arbeitgeber ist verpflichtet, der Agentur für Arbeit Anzeige zu erstatten, bevor er
1. in Betrieben mit in der Regel mehr als 20 und weniger als 60 Arbeitnehmern mehr als 5 Arbeitnehmer,
2. in Betrieben mit in der Regel mindestens 60 und weniger als 500 Arbeitnehmern 10 vom Hundert der im Betrieb regelmäßig beschäftigten Arbeitnehmer oder aber mehr als 25 Arbeitnehmer,
3. in Betrieben mit in der Regel mindestens 500 Arbeitnehmern mindestens 30 Arbeitnehmer innerhalb von 30 Kalendertagen entlässt. Den Entlassungen stehen andere Beendigungen des Arbeitsverhältnisses gleich, die vom Arbeitgeber veranlasst werden.

(2) Beabsichtigt der Arbeitgeber, nach Absatz 1 anzeigepflichtige Entlassungen vorzunehmen, hat er dem Betriebsrat rechtzeitig die zweckdienlichen Auskünfte zu erteilen und ihn schriftlich insbesondere zu unterrichten über
1. die Gründe für die geplanten Entlassungen,
2. die Zahl und die Berufsgruppen der zu entlassenden Arbeitnehmer,
3. die Zahl und die Berufsgruppen der in der Regel beschäftigten Arbeitnehmer,
4. den Zeitraum, in dem die Entlassungen vorgenommen werden sollen,
5. die vorgesehenen Kriterien für die Auswahl der zu entlassenden Arbeitnehmer,
6. die für die Berechnung etwaiger Abfindungen vorgesehenen Kriterien.
Arbeitgeber und Betriebsrat haben insbesondere die Möglichkeiten zu beraten, Entlassungen zu vermeiden oder einzuschränken und ihre Folgen zu mildern.

(3) Der Arbeitgeber hat gleichzeitig der Agentur für Arbeit eine Abschrift der Mitteilung an den Betriebsrat zuzuleiten; sie muss zumindest die in Absatz 2 Satz 1 Nr. 1 bis 5 vorgeschriebenen Angaben enthalten. Die Anzeige nach Absatz 1 ist schriftlich unter Beifügung der Stellungnahme des Betriebsrates zu den Entlassungen zu erstatten. Liegt eine Stellungnahme des Betriebsrates nicht vor, so ist die Anzeige wirksam, wenn der Arbeitgeber glaubhaft macht, dass er den Betriebsrat mindestens zwei Wochen vor Erstattung der Anzeige nach Absatz 2 Satz 1 unterrichtet hat, und er den Stand der Beratungen darlegt. Die Anzeige muss Angaben über den Namen des Arbeitgebers, den Sitz und die Art des Betriebes enthalten, ferner die Gründe für die geplanten Entlassungen, die Zahl und die Berufsgruppen der zu entlassenden und der in der Regel beschäftigten Arbeitnehmer, den Zeitraum, in dem die Entlassungen vorgenommen werden sollen und die vorgesehenen Kriterien für die Auswahl der zu entlassenden Arbeitnehmer. In der Anzeige sollen ferner im Einvernehmen mit dem Betriebsrat für die Arbeitsvermittlung Angaben über Geschlecht, Alter, Beruf und Staatsangehörigkeit der zu entlassenden Arbeitnehmer gemacht werden. Der Arbeitgeber hat dem Betriebsrat eine Abschrift der Anzeige zuzuleiten. Der Betriebsrat kann gegenüber der Agentur für Arbeit weitere Stellungnahmen abgeben. Er hat dem Arbeitgeber eine Abschrift der Stellungnahme zuzuleiten.

(3a) Die Auskunfts-, Beratungs- und Anzeigepflichten nach den Absätzen 1 bis 3 gelten auch dann, wenn die Entscheidung über die Entlassungen von einem den Arbeitgeber beherrschenden Unternehmen getroffen wurde. Der Arbeitgeber kann sich nicht darauf berufen, dass das für die Entlassungen verantwortliche Unternehmen die notwendigen Auskünfte nicht übermittelt hat.

(4) Das Recht zur fristlosen Entlassung bleibt unberührt. Fristlose Entlassungen werden bei der Berechnung der Mindestzahl der Entlassungen nach Absatz 1 nicht mitgerechnet.

(5) Als Arbeitnehmer im Sinne dieser Vorschrift gelten nicht

1. in Betrieben einer juristischen Person die Mitglieder des Organs, das zur gesetzlichen Vertretung der juristischen Person berufen ist,
2. in Betrieben einer Personengesamtheit die durch Gesetz, Satzung oder Gesellschaftsvertrag zur Vertretung der Personengesamtheit berufenen Personen,
3. Geschäftsführer, Betriebsleiter und ähnliche leitende Personen, soweit diese zur selbständigen Einstellung oder Entlassung von Arbeitnehmern berechtigt sind.

§ 18 Entlassungssperre

(1) Entlassungen, die nach § 17 anzuzeigen sind, werden vor Ablauf eines Monats nach Eingang der Anzeige bei der Agentur für Arbeit nur mit deren Zustimmung wirksam; die Zustimmung kann auch rückwirkend bis zum Tage der Antragstellung erteilt werden.
(2) Die Agentur für Arbeit kann im Einzelfall bestimmen, dass die Entlassungen nicht vor Ablauf von längstens zwei Monaten nach Eingang der Anzeige bei der Agentur für Arbeit wirksam werden.
(3) (außer Kraft)
(4) Soweit die Entlassungen nicht innerhalb von 90 Tagen nach dem Zeitpunkt, zu dem sie nach den Absätzen 1 und 2 zulässig sind, durchgeführt werden, bedarf es unter den Voraussetzungen des § 17 Abs. 1 einer erneuten Anzeige.

§ 19 Zulässigkeit von Kurzarbeit

(1) Ist der Arbeitgeber nicht in der Lage, die Arbeitnehmer bis zu dem in § 18 Abs. 1 und 2 bezeichneten Zeitpunkt voll zu beschäftigen, so kann die Bundesagentur für Arbeit zulassen, dass der Arbeitgeber für die Zwischenzeit Kurzarbeit einführt.
(2) Der Arbeitgeber ist im Falle der Kurzarbeit berechtigt, Lohn oder Gehalt der mit verkürzter Arbeitszeit beschäftigten Arbeitnehmer entsprechend zu kürzen; die Kürzung des Arbeitsentgelts wird jedoch erst von dem Zeitpunkt an wirksam, an dem das Arbeitsverhältnis nach den allgemeinen gesetzlichen oder den vereinbarten Bestimmungen enden würde.
(3) Tarifvertragliche Bestimmungen über die Einführung, das Ausmaß und die Bezahlung von Kurzarbeit werden durch die Absätze 1 und 2 nicht berührt.

§ 20 Entscheidungen der Agentur für Arbeit

(1) Die Entscheidungen der Agentur für Arbeit nach § 18 Abs. 1 und 2 trifft deren Geschäftsführung oder ein Ausschuss (Entscheidungsträger). Die Geschäftsführung darf nur dann entscheiden, wenn die Zahl der Entlassungen weniger als 50 beträgt.
(2) Der Ausschuss setzt sich aus dem Geschäftsführer, der Geschäftsführerin oder der Vorsitzenden der Geschäftsführung der Agentur für Arbeit oder einem von ihm oder ihr beauftragten Angehörigen der Agentur für Arbeit als Vorsitzenden und je zwei Vertretern der Arbeitnehmer, der Arbeitgeber und der öffentlichen Körperschaften zusammen, die von dem Verwaltungsausschuss der Agentur für Arbeit benannt werden. Er trifft seine Entscheidungen mit Stimmenmehrheit.
(3) Der Entscheidungsträger hat vor seiner Entscheidung den Arbeitgeber und den Betriebsrat anzuhören. Dem Entscheidungsträger sind, insbesondere vom Arbeitgeber und Betriebsrat, die von ihm für die Beurteilung des Falles erforderlich gehaltenen Auskünfte zu erteilen.
(4) Der Entscheidungsträger hat sowohl das Interesse des Arbeitgebers als auch das der zu entlassenen Arbeitnehmer, das öffentliche Interesse und die Lage des gesamten Arbeitsmarktes unter besonderer Beachtung des Wirtschaftszweiges, dem der Betrieb angehört, zu berücksichtigen.

§§ 21–24 Kündigungsschutzgesetz

§ 21 Entscheidungen der Zentrale der Bundesagentur für Arbeit
Für Betriebe, die zum Geschäftsbereich des Bundesministers für Verkehr oder des Bundesministers für Post und Telekommunikation gehören, trifft, wenn mehr als 500 Arbeitnehmer entlassen werden sollen, ein gemäß § 20 Abs. 1 bei der Zentrale der Bundesagentur für Arbeit zu bildender Ausschuss die Entscheidungen nach § 18 Abs. 1 und 2. Der zuständige Bundesminister kann zwei Vertreter mit beratender Stimme in den Ausschuss entsenden. Die Anzeigen nach § 17 sind in diesem Falle an die Zentrale der Bundesagentur für Arbeit zu erstatten. Im Übrigen gilt § 20 Abs. 1 bis 3 entsprechend.

§ 22 Ausnahmebetriebe
(1) Auf Saisonbetriebe und Kampagne-Betriebe finden die Vorschriften dieses Abschnitts bei Entlassungen, die durch diese Eigenart der Betriebe bedingt sind, keine Anwendung.
(2) Keine Saisonbetriebe oder Kampagne-Betriebe sind Betriebe des Baugewerbes, in denen die ganzjährige Beschäftigung nach dem Dritten Buch Sozialgesetzbuch gefördert wird. Das Bundesministerium für Arbeit und Soziales wird ermächtigt, durch Rechtsverordnung Vorschriften zu erlassen, welche Betriebe als Saisonbetriebe oder Kampagne-Betriebe im Sinne des Absatzes 1 gelten.

§ 22a (außer Kraft)

Vierter Abschnitt: Schlussbestimmungen

§ 23 Geltungsbereich
(1) Die Vorschriften des Ersten und Zweiten Abschnitts gelten für Betriebe und Verwaltungen des privaten und des öffentlichen Rechts, vorbehaltlich der Vorschriften des § 24 für die Seeschifffahrts-, Binnenschifffahrts- und Luftverkehrsbetriebe. Die Vorschriften des Ersten Abschnitts gelten mit Ausnahme der §§ 4 bis 7 und des § 13 Abs. 1 Satz 1 und 2 nicht für Betriebe und Verwaltungen, in denen in der Regel fünf oder weniger Arbeitnehmer ausschließlich der zu ihrer Berufsbildung Beschäftigten beschäftigt werden. In Betrieben und Verwaltungen, in denen in der Regel zehn oder weniger Arbeitnehmer ausschließlich der zu ihrer Berufsbildung Beschäftigten beschäftigt werden, gelten die Vorschriften des Ersten Abschnitts mit Ausnahme der §§ 4 bis 7 und des § 13 Abs. 1 Satz 1 und 2 nicht für Arbeitnehmer, deren Arbeitsverhältnis nach dem 31. Dezember 2003 begonnen hat; diese Arbeitnehmer sind bei der Feststellung der Zahl der beschäftigten Arbeitnehmer nach Satz 2 bis zur Beschäftigung von in der Regel zehn Arbeitnehmern nicht zu berücksichtigen. Bei der Feststellung der Zahl der beschäftigten Arbeitnehmer nach den Sätzen 2 und 3 sind teilzeitbeschäftigte Arbeitnehmer mit einer regelmäßigen wöchentlichen Arbeitszeit von nicht mehr als 20 Stunden mit 0,5 und nicht mehr als 30 Stunden mit 0,75 zu berücksichtigen.
(2) Die Vorschriften des Dritten Abschnitts gelten für Betriebe und Verwaltungen des privaten Rechts sowie für Betriebe, die von einer öffentlichen Verwaltung geführt werden, soweit sie wirtschaftliche Zwecke verfolgen.

§ 24 Anwendung des Gesetzes auf Betriebe der Schifffahrt und des Luftverkehrs
(1) Die Vorschriften des Ersten und Zweiten Abschnitts finden nach Maßgabe der Absätze 2 bis 4 auf Arbeitsverhältnisse der Besatzung von Seeschiffen, Binnenschiffen und Luftfahrzeugen Anwendung.
(2) Als Betrieb im Sinne dieses Gesetzes gilt jeweils die Gesamtheit der Seeschiffe oder der Binnenschiffe eines Schifffahrtsbetriebs oder der Luftfahrzeuge eines Luftverkehrsbetriebs.

(3) Dauert die erste Reise eines Besatzungsmitglieds eines Seeschiffes oder eines Binnenschiffes länger als sechs Monate, so verlängert sich die Sechsmonatsfrist des § 1 Absatz 1 bis drei Tage nach Beendigung dieser Reise.

(4) Die Klage nach § 4 ist binnen drei Wochen zu erheben, nachdem die Kündigung dem Besatzungsmitglied an Land zugegangen ist. Geht dem Besatzungsmitglied eines Seeschiffes oder eines Binnenschiffes die Kündigung während der Fahrt des Schiffes zu, ist die Klage innerhalb von sechs Wochen nach dem Dienstende an Bord zu erheben. An die Stelle der Dreiwochenfrist in § 5 Absatz 1 und § 6 treten die hier in den Sätzen 1 und 2 genannten Fristen.

(5) Die Vorschriften des Dritten Abschnitts finden nach Maßgabe der folgenden Sätze Anwendung auf die Besatzungen von Seeschiffen. Bei Schiffen nach § 114 Abs. 1 des Betriebsverfassungsgesetzes tritt, soweit sie nicht als Teil des Landbetriebs gelten, an die Stelle des Betriebsrats der Seebetriebsrat. Betrifft eine anzeigepflichtige Entlassung die Besatzung eines Seeschiffes, welches unter der Flagge eines anderen Mitgliedstaates der Europäischen Union fährt, so ist die Anzeige an die Behörde des Staates zu richten, unter dessen Flagge das Schiff fährt.

§ 25 Kündigung in Arbeitskämpfen
Die Vorschriften dieses Gesetzes finden keine Anwendung auf Kündigungen und Entlassungen, die lediglich als Maßnahmen in wirtschaftlichen Kämpfen zwischen Arbeitgebern und Arbeitnehmern vorgenommen werden.

§ 25a (gegenstandslos)

§ 26 Inkrafttreten
Dieses Gesetz tritt am Tage nach seiner Verkündung in Kraft.

Gesetz über den Ladenschluss (LSchlG)

vom 2. Juni 2003 (BGBl. I 2003, S. 744)
– zuletzt geändert durch Zehnte Zuständigkeitsanpassungsverordnung vom 31. August 2015 (BGBl. I 2015, S. 1474)

Erster Abschnitt: Begriffsbestimmungen

§ 1 Verkaufsstellen

(1) Verkaufsstellen im Sinne dieses Gesetzes sind
1. Ladengeschäfte aller Art, Apotheken, Tankstellen und Bahnhofsverkaufsstellen,
2. sonstige Verkaufsstände und -buden, Kioske, Basare und ähnliche Einrichtungen, falls in ihnen ebenfalls von einer festen Stelle aus ständig Waren zum Verkauf an jedermann feilgehalten werden. Dem Feilhalten steht das Zeigen von Mustern, Proben und ähnlichem gleich, wenn Warenbestellungen in der Einrichtung entgegengenommen werden,
3. Verkaufsstellen von Genossenschaften.
(2) Zur Herbeiführung einer einheitlichen Handhabung des Gesetzes kann das Bundesministerium für Arbeit und Soziales im Einvernehmen mit dem Bundesministerium für Wirtschaft und Energie durch Rechtsverordnung mit Zustimmung des Bundesrates bestimmen, welche Einrichtungen Verkaufsstellen gemäß Absatz 1 sind.

§ 2 Begriffsbestimmungen

(1) Feiertage im Sinne dieses Gesetzes sind die gesetzlichen Feiertage.
(2) Reisebedarf im Sinne dieses Gesetzes sind Zeitungen, Zeitschriften, Straßenkarten, Stadtpläne, Reiselektüre, Schreibmaterialien, Tabakwaren, Schnittblumen, Reisetoilettenartikel, Filme, Tonträger, Bedarf für Reiseapotheken, Reiseandenken und Spielzeug geringeren Wertes, Lebens- und Genussmittel in kleineren Mengen sowie ausländische Geldsorten.

Zweiter Abschnitt: Ladenschlusszeiten

§ 3

Verkaufsstellen müssen zu folgenden Zeiten für den geschäftlichen Verkehr mit Kunden geschlossen sein:
1. an Sonn- und Feiertagen,
2. montags bis samstags bis 6 Uhr und ab 20 Uhr,
3. am 24. Dezember, wenn dieser Tag auf einen Werktag fällt, bis 6 Uhr und ab 14 Uhr.
Verkaufsstellen für Bäckerwaren dürfen abweichend von Satz 1 den Beginn der Ladenöffnungszeit an Werktagen auf 5.30 Uhr vorverlegen. ³Die beim Ladenschluss anwesenden Kunden dürfen noch bedient werden.

§ 4 Apotheken

(1) Abweichend von den Vorschriften des § 3 dürfen Apotheken an allen Tagen während des ganzen Tages geöffnet sein. An Werktagen während der allgemeinen Ladenschlusszeiten (§ 3) und an Sonn- und Feiertagen ist nur die Abgabe von Arznei-, Krankenpflege-, Säuglingspflege- und Säuglingsnährmitteln, hygienischen Artikeln sowie Desinfektionsmitteln gestattet.

Ladenschlussgesetz §§ 5–9

(2) Die nach Landesrecht zuständige Verwaltungsbehörde hat für eine Gemeinde oder für benachbarte Gemeinden mit mehreren Apotheken anzuordnen, dass während der allgemeinen Ladenschlusszeiten (§ 3) abwechselnd ein Teil der Apotheken geschlossen sein muss. An den geschlossenen Apotheken ist an sichtbarer Stelle ein Aushang anzubringen, der die zur Zeit offenen Apotheken bekannt gibt. ³Dienstbereitschaft der Apotheken steht der Offenhaltung gleich.

§ 5 Zeitungen und Zeitschriften
Abweichend von den Vorschriften des § 3 dürfen Kioske für den Verkauf von Zeitungen und Zeitschriften an Sonn- und Feiertagen von 11 bis 13 Uhr geöffnet sein.

§ 6 Tankstellen
(1) Abweichend von den Vorschriften des § 3 dürfen Tankstellen an allen Tagen während des ganzen Tages geöffnet sein.
(2) An Werktagen während der allgemeinen Ladenschlusszeiten (§ 3) und an Sonn- und Feiertagen ist nur die Abgabe von Ersatzteilen für Kraftfahrzeuge, soweit dies für die Erhaltung oder Wiederherstellung der Fahrbereitschaft notwendig ist, sowie die Abgabe von Betriebsstoffen und von Reisebedarf gestattet.

§ 7 *(weggefallen)*

§ 8 Verkaufsstellen auf Personenbahnhöfen
(1) Abweichend von den Vorschriften des § 3 dürfen Verkaufsstellen auf Personenbahnhöfen von Eisenbahnen und Magnetschwebebahnen, soweit sie den Bedürfnissen des Reiseverkehrs zu dienen bestimmt sind, an allen Tagen während des ganzen Tages geöffnet sein, am 24. Dezember jedoch nur bis 17 Uhr. Während der allgemeinen Ladenschlusszeiten ist der Verkauf von Reisebedarf zulässig.
(2) Das Bundesministerium für Verkehr und digitale Infrastruktur wird ermächtigt, im Einvernehmen mit den Bundesministerien für Wirtschaft und Energie und für Arbeit und Soziales durch Rechtsverordnung mit Zustimmung des Bundesrates Ladenschlusszeiten für die Verkaufsstellen auf Personenbahnhöfen vorzuschreiben, die sicherstellen, dass die Dauer der Offenhaltung nicht über das von den Bedürfnissen des Reiseverkehrs geforderte Maß hinausgeht; es kann ferner die Abgabe von Waren in den genannten Verkaufsstellen während der allgemeinen Ladenschlusszeiten (§ 3) auf bestimmte Waren beschränken.
(2a) Die Landesregierungen werden ermächtigt, durch Rechtsverordnung zu bestimmen, dass in Städten mit über 200 000 Einwohnern zur Versorgung der Berufspendler und der anderen Reisenden mit Waren des täglichen Ge- und Verbrauchs sowie mit Geschenkartikeln
1. Verkaufsstellen auf Personenbahnhöfen des Schienenfernverkehrs und
2. Verkaufsstellen innerhalb einer baulichen Anlage, die einen Personenbahnhof des Schienenfernverkehrs mit einem Verkehrsknotenpunkt des Nah- und Stadtverkehrs verbindet,

an Werktagen von 6 bis 22 Uhr geöffnet sein dürfen; sie haben dabei die Größe der Verkaufsfläche auf das für diesen Zweck erforderliche Maß zu begrenzen.
(3) Für Apotheken bleibt es bei den Vorschriften des § 4.

§ 9 Verkaufsstellen auf Flughäfen und in Fährhäfen
(1) Abweichend von den Vorschriften des § 3 dürfen Verkaufsstellen auf Flughäfen an allen Tagen während des ganzen Tages geöffnet sein, am 24. Dezember jedoch nur bis 17 Uhr. An Werktagen während der allgemeinen Ladenschlusszeiten (§ 3) und an Sonn- und Feiertagen ist nur die Abgabe von Reisebedarf an Reisende gestattet.

(2) Das Bundesministerium für Verkehr und digitale Infrastruktur wird ermächtigt, im Einvernehmen mit den Bundesministerien für Wirtschaft und Energie und für Arbeit und Soziales durch Rechtsverordnung mit Zustimmung des Bundesrates Ladenschlusszeiten für die in Absatz 1 genannten Verkaufsstellen vorzuschreiben und die Abgabe von Waren näher zu regeln.
(3) Die Landesregierungen werden ermächtigt, durch Rechtsverordnung abweichend von Absatz 1 Satz 2 zu bestimmen, dass auf internationalen Verkehrsflughäfen und in internationalen Fährhäfen Waren des täglichen Ge- und Verbrauchs sowie Geschenkartikel an Werktagen während der allgemeinen Ladenschlusszeiten (§ 3) und an Sonn- und Feiertagen auch an andere Personen als an Reisende abgegeben werden dürfen; sie haben dabei die Größe der Verkaufsflächen auf das für diesen Zweck erforderliche Maß zu begrenzen.

§ 10 Kur- und Erholungsorte

(1) Die Landesregierungen können durch Rechtsverordnung bestimmen, dass und unter welchen Voraussetzungen und Bedingungen in Kurorten und in einzeln aufzuführenden Ausflugs-, Erholungs- und Wallfahrtsorten mit besonders starkem Fremdenverkehr, Badegegenstände, Devotionalien, frische Früchte, alkoholfreie Getränke, Milch und Milcherzeugnisse im Sinne des § 4 Abs. 2 des Milch- und Fettgesetzes in der im Bundesgesetzblatt Teil III, Gliederungsnummer 7842-1, veröffentlichten bereinigten Fassung, Süßwaren, Tabakwaren, Blumen und Zeitungen sowie Waren, die für diese Orte kennzeichnend sind, abweichend von den Vorschriften des § 3 Abs. 1 Nr. 1 an jährlich höchstens 40 Sonn- und Feiertagen bis zur Dauer von acht Stunden verkauft werden dürfen. Sie können durch Rechtsverordnung die Festsetzung der zugelassenen Öffnungszeiten auf andere Stellen übertragen. ³Bei der Festsetzung der Öffnungszeiten ist auf die Zeit des Hauptgottesdienstes Rücksicht zu nehmen.
(2) In den nach Absatz 1 erlassenen Rechtsverordnungen kann die Offenhaltung auf bestimmte Ortsteile beschränkt werden.

§ 11 Verkauf in ländlichen Gebieten an Sonntagen

Die Landesregierungen oder die von ihnen bestimmten Stellen können durch Rechtsverordnung bestimmen, dass und unter welchen Voraussetzungen und Bedingungen in ländlichen Gebieten während der Zeit der Feldbestellung und der Ernte abweichend von den Vorschriften des § 3 alle oder bestimmte Arten von Verkaufsstellen an Sonn- und Feiertagen bis zur Dauer von zwei Stunden geöffnet sein dürfen, falls dies zur Befriedigung dringender Kaufbedürfnisse der Landbevölkerung erforderlich ist.

§ 12 Verkauf bestimmter Waren an Sonntagen

(1) Das Bundesministerium für Arbeit und Soziales bestimmt im Einvernehmen mit den Bundesministerien für Wirtschaft und Energie und für Ernährung und Landwirtschaft durch Rechtsverordnung mit Zustimmung des Bundesrates, dass und wie lange an Sonn- und Feiertagen abweichend von der Vorschrift des § 3 Abs. 1 Nr. 1 Verkaufsstellen für die Abgabe von Milch- und Milcherzeugnissen im Sinne des § 4 Abs. 2 des Milch- und Fettgesetzes in der im Bundesgesetzblatt Teil III, Gliederungsnummer 7842-1, veröffentlichten bereinigten Fassung, Bäcker- und Konditorwaren, frischen Früchten, Blumen und Zeitungen geöffnet sein dürfen.
(2) In den nach Absatz 1 erlassenen Rechtsverordnungen kann die Offenhaltung auf bestimmte Sonn- und Feiertage oder Jahreszeiten sowie auf bestimmte Arten von Verkaufsstellen beschränkt werden. Eine Offenhaltung am 2. Weihnachts-, Oster- und Pfingstfeiertag soll nicht zugelassen werden. ³Die Lage der zugelassenen Öffnungszeiten wird unter Berück-

Ladenschlussgesetz §§ 13–17

sichtigung der Zeit des Hauptgottesdienstes von den Landesregierungen oder den von ihnen bestimmten Stellen durch Rechtsverordnung festgesetzt.

§ 13 *(weggefallen)*

§ 14 Weitere Verkaufssonntage

(1) Abweichend von der Vorschrift des § 3 Abs. 1 Nr. 1 dürfen Verkaufsstellen aus Anlass von Märkten, Messen oder ähnlichen Veranstaltungen an jährlich höchstens vier Sonn- und Feiertagen geöffnet sein. Diese Tage werden von den Landesregierungen oder den von ihnen bestimmten Stellen durch Rechtsverordnung freigegeben.
(2) Bei der Freigabe kann die Offenhaltung auf bestimmte Bezirke und Handelszweige beschränkt werden. Der Zeitraum, während dessen die Verkaufsstellen geöffnet sein dürfen, ist anzugeben. ³Er darf fünf zusammenhängende Stunden nicht überschreiten, muss spätestens um 18 Uhr enden und soll außerhalb der Zeit des Hauptgottesdienstes liegen.
(3) Sonn- und Feiertage im Dezember dürfen nicht freigegeben werden. In Orten, für die eine Regelung nach § 10 Abs. 1 Satz 1 getroffen ist, dürfen Sonn- und Feiertage nach Absatz 1 nur freigegeben werden, soweit die Zahl dieser Tage zusammen mit den nach § 10 Abs. 1 Nr. 1 freigegebenen Sonn- und Feiertagen 40 nicht übersteigt.

§ 15 Sonntagsverkauf am 24. Dezember

Abweichend von der Vorschrift des § 3 Abs. 1 Nr. 1 dürfen, wenn der 24. Dezember auf einen Sonntag fällt,
1. Verkaufsstellen, die gemäß § 12 oder den hierauf gestützten Vorschriften an Sonn- und Feiertagen geöffnet sein dürfen,
2. Verkaufsstellen, die überwiegend Lebens- und Genussmittel feilhalten,
3. alle Verkaufsstellen für die Abgabe von Weihnachtsbäumen
während höchstens drei Stunden bis längstens 14 Uhr geöffnet sein.

§ 16 *(weggefallen)*

Dritter Abschnitt: Besonderer Schutz der Arbeitnehmer

§ 17 Arbeitszeit an Sonn- und Feiertagen

(1) In Verkaufsstellen dürfen Arbeitnehmer an Sonn- und Feiertagen nur während der ausnahmsweise zugelassenen Öffnungszeiten (§§ 4 bis 15 und die hierauf gestützten Vorschriften) und, falls dies zur Erledigung von Vorbereitungs- und Abschlussarbeiten unerlässlich ist, während insgesamt weiterer 30 Minuten beschäftigt werden.
(2) Die Dauer der Beschäftigungszeit des einzelnen Arbeitnehmers an Sonn- und Feiertagen darf acht Stunden nicht überschreiten.
(2a) In Verkaufsstellen, die gemäß § 10 oder den hierauf gestützten Vorschriften an Sonn- und Feiertagen geöffnet sein dürfen, dürfen Arbeitnehmer an jährlich höchstens 22 Sonn- und Feiertagen beschäftigt werden. Ihre Arbeitszeit an Sonn- und Feiertagen darf vier Stunden nicht überschreiten.
(3) Arbeitnehmer, die an Sonn- und Feiertagen in Verkaufsstellen gemäß §§ 4 bis 6, 8 bis 12, 14 und 15 und den hierauf gestützten Vorschriften beschäftigt werden, sind, wenn die Beschäftigung länger als drei Stunden dauert, an einem Werktage derselben Woche ab 13 Uhr, wenn sie länger als sechs Stunden dauert, an einem ganzen Werktage derselben Woche von der Arbeit freizustellen; mindestens jeder dritte Sonntag muss beschäftigungsfrei bleiben. Werden sie bis zu drei Stunden beschäftigt, so muss jeder zweite Sonntag oder in

jeder zweiten Woche ein Nachmittag ab 13 Uhr beschäftigungsfrei bleiben. Statt an einem Nachmittag darf die Freizeit am Sonnabend- oder Montagvormittag bis 14 Uhr gewährt werden. Während der Zeiten, zu denen die Verkaufsstelle geschlossen sein muss, darf die Freizeit nicht gegeben werden.
(4) Arbeitnehmerinnen und Arbeitnehmer in Verkaufsstellen können verlangen, in jedem Kalendermonat an einem Samstag von der Beschäftigung frei gestellt zu werden.
(5) Mit dem Beschicken von Warenautomaten dürfen Arbeitnehmer außerhalb der Öffnungszeiten, die für die mit dem Warenautomaten in räumlichem Zusammenhang stehende Verkaufsstelle gelten, nicht beschäftigt werden.
(6) (weggefallen)
(7) Das Bundesministerium für Arbeit und Soziales wird ermächtigt, zum Schutze der Arbeitnehmer in Verkaufsstellen vor übermäßiger Inanspruchnahme ihrer Arbeitskraft oder sonstiger Gefährdung ihrer Gesundheit durch Rechtsverordnung mit Zustimmung des Bundesrates zu bestimmen,
1. dass während der ausnahmsweise zugelassenen Öffnungszeiten (§§ 4 bis 16 und die hierauf gestützten Vorschriften) bestimmte Arbeitnehmer nicht oder die Arbeitnehmer nicht mit bestimmten Arbeiten beschäftigt werden dürfen,
2. dass den Arbeitnehmern für Sonn- und Feiertagsarbeit über die Vorschriften des Absatzes 3 hinaus ein Ausgleich zu gewähren ist,
3. dass die Arbeitnehmer während der Ladenschlusszeiten an Werktagen (§ 3 Abs. 1 Nr. 2, §§ 5, 6, 8 bis 10 und die hierauf gestützten Vorschriften) nicht oder nicht mit bestimmten Arbeiten beschäftigt werden dürfen.
(8) Das Gewerbeaufsichtsamt kann in begründeten Einzelfällen Ausnahmen von den Vorschriften der Absätze 1 bis 5 bewilligen. Die Bewilligung kann jederzeit widerrufen werden.
(9) Die Vorschriften der Absätze 1 bis 8 finden auf pharmazeutisch vorgebildete Arbeitnehmer in Apotheken keine Anwendung.

Vierter Abschnitt: Bestimmungen für einzelne Gewerbezweige und für den Marktverkehr

§§ 18 bis 18a *(weggefallen)*

§ 19 Marktverkehr

(1) Während der allgemeinen Ladenschlusszeiten (§ 3) dürfen auf behördlich genehmigten Groß- und Wochenmärkten Waren zum Verkauf an den letzten Verbraucher nicht feilgehalten werden; jedoch kann die nach Landesrecht zuständige Verwaltungsbehörde in den Grenzen einer gemäß §§ 10 bis 15 oder den hierauf gestützten Vorschriften zulässigen Offenhaltung der Verkaufsstellen einen geschäftlichen Verkehr auf Groß- und Wochenmärkten zulassen.
(2) Am 24. Dezember dürfen nach 14 Uhr Waren auch im sonstigen Marktverkehr nicht feilgehalten werden.
(3) Im Übrigen bleibt es bei den Vorschriften der §§ 64 bis 71a der Gewerbeordnung, insbesondere bei den auf Grund des § 69 Abs. 1 Satz 1 der Gewerbeordnung festgesetzten Öffnungszeiten für Messen, Ausstellungen und Märkte.

§ 20 Sonstiges gewerbliches Feilhalten

(1) Während der allgemeinen Ladenschlusszeiten (§ 3) ist auch das gewerbliche Feilhalten von Waren zum Verkauf an jedermann außerhalb von Verkaufsstellen verboten; dies gilt

Ladenschlussgesetz §§ 21–22

nicht für Volksbelustigungen, die den Vorschriften des Titels III der Gewerbeordnung unterliegen und von der nach Landesrecht zuständigen Behörde genehmigt worden sind, sowie für das Feilhalten von Tageszeitungen an Werktagen. Dem Feilhalten steht das Zeigen von Mustern, Proben und ähnlichem gleich, wenn dazu Räume benutzt werden, die für diesen Zweck besonders bereitgestellt sind, und dabei Warenbestellungen entgegengenommen werden.
(2) Soweit für Verkaufsstellen gemäß §§ 10 bis 15 oder den hierauf gestützten Vorschriften Abweichungen von den Ladenschlusszeiten des § 3 zugelassen sind, gelten diese Abweichungen unter denselben Voraussetzungen und Bedingungen auch für das Feilhalten gemäß Absatz 1.
(2a) Die nach Landesrecht zuständige Verwaltungsbehörde kann abweichend von den Vorschriften der Absätze 1 und 2 Ausnahmen für das Feilhalten von leichtverderblichen Waren und Waren zum sofortigen Verzehr, Gebrauch oder Verbrauch zulassen, sofern dies zur Befriedigung örtlich auftretender Bedürfnisse notwendig ist und diese Ausnahmen im Hinblick auf den Arbeitsschutz unbedenklich sind.
(3) Die Vorschriften des § 17 Abs. 1 bis 3 gelten entsprechend.
(4) Das Bundesministerium für Arbeit und Soziales kann durch Rechtsverordnung mit Zustimmung des Bundesrates zum Schutze der Arbeitnehmer vor übermäßiger Inanspruchnahme ihrer Arbeitskraft oder sonstiger Gefährdung ihrer Gesundheit Vorschriften, wie in § 17 Abs. 7 genannt, erlassen.

Fünfter Abschnitt: Durchführung des Gesetzes

§ 21 Auslage des Gesetzes, Verzeichnisse

(1) Der Inhaber einer Verkaufsstelle, in der regelmäßig mindestens ein Arbeitnehmer beschäftigt wird, ist verpflichtet,
1. einen Abdruck dieses Gesetzes und der auf Grund dieses Gesetzes erlassenen Rechtsverordnungen mit Ausnahme der Vorschriften, die Verkaufsstellen anderer Art betreffen, an geeigneter Stelle in der Verkaufsstelle auszulegen oder auszuhängen,
2. ein Verzeichnis über Namen, Tag, Beschäftigungsart und -dauer der an Sonn- und Feiertagen beschäftigten Arbeitnehmer und über die diesen gemäß § 17 Abs. 3 als Ersatz für die Beschäftigung an diesen Tagen gewährte Freizeit zu führen; dies gilt nicht für die pharmazeutisch vorgebildeten Arbeitnehmer in Apotheken. ²Die Landesregierungen können durch Rechtsverordnung eine einheitliche Form für das Verzeichnis vorschreiben.
(2) Die Verpflichtung nach Absatz 1 Nr. 2 obliegt auch den in § 20 genannten Gewerbetreibenden.

§ 22 Aufsicht und Auskunft

(1) Die Aufsicht über die Ausführung der Vorschriften dieses Gesetzes und der auf Grund dieses Gesetzes erlassenen Vorschriften üben, soweit es sich nicht um Wochenmärkte (§ 19) handelt, die nach Landesrecht für den Arbeitsschutz zuständigen Verwaltungsbehörden aus; ob und inwieweit andere Dienststellen an der Aufsicht beteiligt werden, bestimmen die obersten Landesbehörden.
(2) Auf die Befugnisse und Obliegenheiten der in Absatz 1 genannten Behörden finden die Vorschriften des § 139b der Gewerbeordnung entsprechend Anwendung.
(3) Die Inhaber von Verkaufsstellen und die in § 20 genannten Gewerbetreibenden sind verpflichtet, den Behörden, denen auf Grund des Absatzes 1 die Aufsicht obliegt, auf Verlangen

1. die zur Erfüllung der Aufgaben dieser Behörden erforderlichen Angaben wahrheitsgemäß und vollständig zu machen,
2. das Verzeichnis gemäß § 21 Abs. 1 Nr. 2, die Unterlagen, aus denen Namen, Beschäftigungsart und -zeiten der Arbeitnehmer sowie Lohn- und Gehaltszahlungen ersichtlich sind, und alle sonstigen Unterlagen, die sich auf die nach Nummer 1 zu machenden Angaben beziehen, vorzulegen oder zur Einsicht einzusenden. ²Die Verzeichnisse und Unterlagen sind mindestens bis zum Ablauf eines Jahres nach der letzten Eintragung aufzubewahren.

(4) Die Auskunftspflicht nach Absatz 3 Nr. 1 obliegt auch den in Verkaufsstellen oder beim Feilhalten gemäß § 20 beschäftigten Arbeitnehmern.

§ 23 Ausnahmen im öffentlichen Interesse

(1) Die obersten Landesbehörden können in Einzelfällen befristete Ausnahmen von den Vorschriften der §§ 3 bis 15 und 19 bis 21 dieses Gesetzes bewilligen, wenn die Ausnahmen im öffentlichen Interesse dringend nötig werden. Die Bewilligung kann jederzeit widerrufen werden. Die Landesregierungen werden ermächtigt, durch Rechtsverordnung die zuständigen Behörden abweichend von Satz 1 zu bestimmen. Sie können diese Ermächtigung auf oberste Landesbehörden übertragen.

(2) Das Bundesministerium für Arbeit und Soziales kann im Einvernehmen mit dem Bundesministerium für Wirtschaft und Energie durch Rechtsverordnung mit Zustimmung des Bundesrates Vorschriften über die Voraussetzungen und Bedingungen für die Bewilligung von Ausnahmen im Sinne des Absatzes 1 erlassen.

Sechster Abschnitt: Straftaten und Ordnungswidrigkeiten

§ 24 Ordnungswidrigkeiten

(1) Ordnungswidrig handelt, wer vorsätzlich oder fahrlässig
1. als Inhaber einer Verkaufsstelle oder als Gewerbetreibender im Sinne des § 20
   a) einer Vorschrift des § 17 Abs. 1 bis 3 über die Beschäftigung an Sonn- und Feiertagen, die Freizeit oder den Ausgleich,
   b) einer Vorschrift einer Rechtsverordnung nach § 17 Abs. 7 oder § 20 Abs. 4, soweit sie für einen bestimmten Tatbestand auf diese Bußgeldvorschrift verweist,
   c) einer Vorschrift des § 21 Abs. 1 Nr. 2 über Verzeichnisse oder des § 22 Abs. 3 Nr. 2 über die Einsicht, Vorlage oder Aufbewahrung der Verzeichnisse,
2. als Inhaber einer Verkaufsstelle
   a) einer Vorschrift der §§ 3, 4 Abs. 1 Satz 2, des § 6 Abs. 2, des § 9 Abs. 1 Satz 2, des § 17 Abs. 5 oder einer nach § 4 Abs. 2 Satz 1, § 8 Abs. 2, § 9 Abs. 2 oder nach § 10 oder § 11 erlassenen Rechtsvorschrift über die Ladenschlusszeiten,
   b) einer sonstigen Vorschrift einer Rechtsverordnung nach § 10 oder § 11, soweit sie für einen bestimmten Tatbestand auf diese Bußgeldvorschrift verweist,
   c) der Vorschrift des § 21 Abs. 1 Nr. 1 über Auslagen und Aushänge,
3. als Gewerbetreibender im Sinne des § 19 oder des § 20 einer Vorschrift des § 19 Abs. 1, 2 oder des § 20 Abs. 1, 2 über das Feilhalten von Waren im Marktverkehr oder außerhalb einer Verkaufsstelle oder
4. einer Vorschrift des § 22 Abs. 3 Nr. 1 oder Abs. 4 über die Auskunft zuwiderhandelt.

(2) Die Ordnungswidrigkeit nach Absatz 1 Nr. 1 Buchstabe a und b kann mit einer Geldbuße bis zu zweitausendfünfhundert Euro, die Ordnungswidrigkeit nach Absatz 1 Nr. 1 Buchstabe c und Nr. 2 bis 4 mit einer Geldbuße bis zu fünfhundert Euro geahndet werden.

§ 25 Straftaten
Wer vorsätzlich als Inhaber einer Verkaufsstelle oder als Gewerbetreibender im Sinne des § 20 eine der in § 24 Abs. 1 Nr. 1 Buchstabe a und b bezeichneten Handlungen begeht und dadurch vorsätzlich oder fahrlässig Arbeitnehmer in ihrer Arbeitskraft oder Gesundheit gefährdet, wird mit Freiheitsstrafe bis zu sechs Monaten oder mit Geldstrafe bis zu 180 Tagessätzen bestraft.

§ 26 (weggefallen)

Siebenter Abschnitt: Schlussbestimmungen

§ 27 Vorbehalt für die Landesgesetzgebung
Unberührt bleiben die landesrechtlichen Vorschriften, durch die der Gewerbebetrieb und die Beschäftigung von Arbeitnehmern in Verkaufsstellen an anderen Festtagen als an Sonn- und Feiertagen beschränkt werden.

§ 28 Bestimmung der zuständigen Behörden
Soweit in diesem Gesetz auf die nach Landesrecht zuständige Verwaltungsbehörde verwiesen wird, bestimmt die Landesregierung durch Verordnung, welche Behörden zuständig sind.

§§ 29 bis 31 (weggefallen)

Verordnung über Sicherheit und Gesundheitsschutz bei der manuellen Handhabung von Lasten bei der Arbeit (Lastenhandhabungsverordnung – LasthandhabV)

vom 4. Dezember 1996 (BGBl. I 1996, S. 1841)

– zuletzt geändert durch Verordnung zur Änderung der Gesundheitsschutz-Bergverordnung sowie weiterer berg- und arbeitsschutzrechtlicher Verordnungen vom 18. Oktober 2017 (BGBl. I 2017, S. 3584)

Auf Grund des § 19 des Arbeitsschutzgesetzes vom 7. August 1996 (BGBl. I S. 1246) verordnet die Bundesregierung:

§ 1 Anwendungsbereich

(1) Diese Verordnung gilt für die manuelle Handhabung von Lasten, die aufgrund ihrer Merkmale oder ungünstiger ergonomischer Bedingungen für die Beschäftigten eine Gefährdung für Sicherheit und Gesundheit, insbesondere der Lendenwirbelsäule, mit sich bringt.

(2) Manuelle Handhabung im Sinne dieser Verordnung ist jedes Befördern oder Abstützen einer Last durch menschliche Kraft, unter anderem das Heben, Absetzen, Schieben, Ziehen, Tragen oder Bewegen einer Last.

(3) Das Bundeskanzleramt, das Bundesministerium des Innern, das Bundesministerium für Verkehr und digitale Infrastruktur, das Bundesministerium der Verteidigung oder das Bundesministerium der Finanzen können, soweit sie hierfür jeweils zuständig sind, im Einvernehmen mit dem Bundesministerium für Arbeit und Soziales und, soweit nicht das Bundesministerium des Innern selbst zuständig ist, im Einvernehmen mit dem Bundesministerium des Innern bestimmen, dass für bestimmte Tätigkeiten im öffentlichen Dienst des Bundes, insbesondere bei der Bundeswehr, der Polizei, den Zivil- und Katastrophenschutzdiensten, dem Zoll oder den Nachrichtendiensten, Vorschriften dieser Verordnung ganz oder zum Teil nicht anzuwenden sind, soweit öffentliche Belange dies zwingend erfordern, insbesondere zur Aufrechterhaltung oder Wiederherstellung der öffentlichen Sicherheit. In diesem Fall ist gleichzeitig festzulegen, wie die Sicherheit und der Gesundheitsschutz der Beschäftigten nach dieser Verordnung auf andere Weise gewährleistet werden.

§ 2 Maßnahmen

(1) Der Arbeitgeber hat unter Zugrundelegung des Anhangs geeignete organisatorische Maßnahmen zu treffen oder geeignete Arbeitsmittel, insbesondere mechanische Ausrüstungen, einzusetzen, um manuelle Handhabungen von Lasten, die für die Beschäftigten eine Gefährdung für Sicherheit und Gesundheit, insbesondere der Lendenwirbelsäule mit sich bringen, zu vermeiden.

(2) Können diese manuellen Handhabungen von Lasten nicht vermieden werden, hat der Arbeitgeber bei der Beurteilung der Arbeitsbedingungen nach § 5 des Arbeitsschutzgesetzes die Arbeitsbedingungen insbesondere unter Zugrundelegung des Anhangs zu beurteilen. Aufgrund der Beurteilung hat der Arbeitgeber geeignete Maßnahmen zu treffen, damit eine Gefährdung von Sicherheit und Gesundheit der Beschäftigten möglichst gering gehalten wird.

§ 3 Übertragung von Aufgaben

Bei der Übertragung von Aufgaben der manuellen Handhabung von Lasten, die für die Beschäftigten zu einer Gefährdung für Sicherheit und Gesundheit führen, hat der Arbeitgeber die körperliche Eignung der Beschäftigten zur Ausführung der Aufgaben zu berücksichtigen.

§ 4 Unterweisung

Bei der Unterweisung nach § 12 des Arbeitsschutzgesetzes hat der Arbeitgeber insbesondere den Anhang und die körperliche Eignung der Beschäftigten zu berücksichtigen. Er hat den Beschäftigten, soweit dies möglich ist, genaue Angaben zu machen über die sachgemäße manuelle Handhabung von Lasten und über die Gefahren, denen die Beschäftigten insbesondere bei unsachgemäßer Ausführung der Tätigkeit ausgesetzt sind.

Anhang

Merkmale, aus denen sich eine Gefährdung von Sicherheit und Gesundheit, insbesondere der Lendenwirbelsäule, der Beschäftigten ergeben kann:
(1) Im Hinblick auf die zu handhabende Last insbesondere
1. ihr Gewicht, ihre Form und Größe,
2. die Lage der Zugriffsstellen,
3. die Schwerpunktlage und
4. die Möglichkeit einer unvorhergesehenen Bewegung.
(2) Im Hinblick auf die von den Beschäftigten zu erfüllende Arbeitsaufgabe insbesondere
1. die erforderliche Körperhaltung oder Körperbewegung, insbesondere Drehbewegung,
2. die Entfernung der Last vom Körper,
3. die durch das Heben, Senken oder Tragen der Last zu überbrückende Entfernung,
4. das Ausmaß, die Häufigkeit und die Dauer des erforderlichen Kraftaufwandes,
5. die erforderliche persönliche Schutzausrüstung,
6. das Arbeitstempo infolge eines nicht durch die Beschäftigten zu ändernden Arbeitsablaufs und
7. die zur Verfügung stehende Erholungs- oder Ruhezeit.
(3) Im Hinblick auf die Beschaffenheit des Arbeitsplatzes und der Arbeitsumgebung insbesondere
1. der in vertikaler Richtung zur Verfügung stehende Platz und Raum,
2. der Höhenunterschied über verschiedene Ebenen,
3. die Temperatur, Luftfeuchtigkeit und Luftgeschwindigkeit,
4. die Beleuchtung,
5. die Ebenheit, Rutschfestigkeit oder Stabilität der Standfläche und
6. die Bekleidung, insbesondere das Schuhwerk.

Verordnung zur Abwandlung der Pflicht zur Arbeitszeitaufzeichnung nach dem Mindestlohngesetz und dem Arbeitnehmer-Entsendegesetz (Mindestlohnaufzeichnungsverordnung – MiLoAufzV)

vom 26. November 2014 (BGBl. I 2014, S. 1824)

§ 1 Vereinfachung und Abwandlung der Pflicht zur Arbeitszeitaufzeichnung

(1) Abweichend von § 17 Absatz 1 Satz 1 des Mindestlohngesetzes und § 19 Absatz 1 Satz 1 des Arbeitnehmer-Entsendegesetzes genügt ein Arbeitgeber,
1. soweit er Arbeitnehmerinnen und Arbeitnehmer mit ausschließlich mobilen Tätigkeiten beschäftigt,
2. diese keinen Vorgaben zur konkreten täglichen Arbeitszeit (Beginn und Ende) unterliegen und
3. sich ihre tägliche Arbeitszeit eigenverantwortlich einteilen,

seiner Aufzeichnungspflicht, wenn für diese Arbeitnehmerinnen und Arbeitnehmer nur die Dauer der tatsächlichen täglichen Arbeitszeit aufgezeichnet wird.

(2) Bei einer ausschließlich mobilen Tätigkeit im Sinne des Absatzes 1 handelt es sich um eine Tätigkeit, die nicht an Beschäftigungsorte gebunden ist. Eine ausschließlich mobile Tätigkeit liegt insbesondere bei der Zustellung von Briefen, Paketen und Druckerzeugnissen, der Abfallsammlung, der Straßenreinigung, dem Winterdienst, dem Gütertransport und der Personenbeförderung vor. Arbeitnehmerinnen und Arbeitnehmer unterliegen im Sinne des Absatzes 1 keinen Vorgaben zur konkreten täglichen Arbeitszeit, wenn die Arbeit lediglich innerhalb eines bestimmten zeitlichen Rahmens geleistet werden muss, ohne dass die konkrete Lage (Beginn und Ende) der Arbeitszeit durch den Arbeitgeber festgelegt wird. Eine eigenverantwortliche Einteilung der Arbeitszeit im Sinne des Absatzes 1 liegt vor, wenn Arbeitnehmerinnen oder Arbeitnehmer während ihrer täglichen Arbeitszeit regelmäßig nicht durch ihren Arbeitgeber oder Dritte Arbeitsaufträge entgegennehmen oder für entsprechende Arbeitsaufträge zur Verfügung stehen müssen. Die zeitliche Ausführung des täglichen Arbeitsauftrages muss in der Verantwortung der Arbeitnehmerinnen und Arbeitnehmer liegen.

§ 2 Inkrafttreten

Diese Verordnung tritt am 1. Januar 2015 in Kraft.

Verordnung zu den Dokumentationspflichten nach den §§ 16 und 17 des Mindestlohngesetzes und den §§ 18 und 19 des Arbeitnehmer-Entsendegesetzes in Bezug auf bestimmte Arbeitnehmergruppen (Mindestlohndokumentationspflichtenverordnung – MiLoDokV)

vom 29. Juli 2015 (BAnz 31. Juli 2015, S. V1)

§ 1

(1) Die Pflicht zur Abgabe einer schriftlichen Anmeldung nach § 16 Absatz 1 oder 3 des Mindestlohngesetzes, die Pflicht zur Abgabe einer Versicherung nach § 16 Absatz 2 oder 4 des Mindestlohngesetzes sowie die Pflicht zum Erstellen und Bereithalten von Dokumenten nach § 17 Absatz 1 und 2 des Mindestlohngesetzes werden vorbehaltlich des Absatzes 3 dahingehend eingeschränkt, dass sie nicht gelten für Arbeitnehmer und Arbeitnehmerinnen, deren verstetigtes regelmäßiges Monatsentgelt brutto 2 958 Euro überschreitet. Für die Ermittlung des verstetigten Monatsentgelts sind ungeachtet ihrer Anrechenbarkeit auf den gesetzlichen Mindestlohnanspruch nach den §§ 1 und 20 des Mindestlohngesetzes sämtliche verstetigte monatliche Zahlungen des Arbeitgebers zu berücksichtigen, die regelmäßiges monatliches Arbeitsentgelt sind. Satz 1 und Satz 2 gelten entsprechend für Arbeitnehmer und Arbeitnehmerinnen, deren verstetigtes regelmäßiges Monatsentgelt brutto 2 000 Euro überschreitet, wenn der Arbeitgeber dieses Monatsentgelt für die letzten vollen zwölf Monate nachweislich gezahlt hat; Zeiten ohne Anspruch auf Arbeitsentgelt bleiben bei der Berechnung des Zeitraums von zwölf Monaten unberücksichtigt.

(2) Die in Absatz 1 Satz 1 genannten Pflichten nach § 16 Absatz 1 bis 4 und § 17 Absatz 1 und 2 des Mindestlohngesetzes sowie die entsprechenden Pflichten nach § 18 Absatz 1 bis 4 und nach § 19 Absatz 1 und 2 des Arbeitnehmer-Entsendegesetzes werden vorbehaltlich des Absatzes 3 dahingehend eingeschränkt, dass sie nicht gelten für im Betrieb des Arbeitgebers arbeitende Ehegatten, eingetragene Lebenspartner, Kinder und Eltern des Arbeitgebers oder, wenn der Arbeitgeber eine juristische Person oder eine rechtsfähige Personengesellschaft ist, des vertretungsberechtigten Organs der juristischen Person oder eines Mitglieds eines solchen Organs oder eines vertretungsberechtigten Gesellschafters der rechtsfähigen Personengesellschaft.

(3) In Bezug auf die in Absatz 1 oder 2 genannten Arbeitnehmer und Arbeitnehmerinnen hat deren Arbeitgeber diejenigen Unterlagen im Inland in deutscher Sprache bereit zu halten, aus denen sich die Erfüllung der in Absatz 1 oder 2 genannten Voraussetzungen ergibt.

§ 2

Diese Verordnung tritt am 1. August 2015 in Kraft. Gleichzeitig tritt die Mindestlohndokumentationspflichten-Verordnung vom 18. Dezember 2014 (BAnz AT 29.12.2014 V1) außer Kraft.

Gesetz zur Regelung eines allgemeinen Mindestlohns (Mindestlohngesetz – MiLoG)

vom 11. August 2014 (BGBl. I 2014, S. 1348)
Amtl. Gliederungsnummer: 802-5

- zuletzt geändert durch Gesetz zur Einführung eines Wettbewerbsregisters und zur Änderung des Gesetzes gegen Wettbewerbsbeschränkungen vom 18. Juli 2017 (BGBl. I 2017, S. 2739)

Abschnitt 1: Festsetzung des allgemneinen Mindestlohns
Unterabschnitt 1: Inhalt des Mindestlohns

§ 1 Mindestlohn

(1) Jede Arbeitnehmerin und jeder Arbeitnehmer hat Anspruch auf Zahlung eines Arbeitsentgelts mindestens in Höhe des Mindestlohns durch den Arbeitgeber.
(2) Die Höhe des Mindestlohns beträgt ab dem 1. Januar 2015 brutto 8,50 Euro je Zeitstunde. Die Höhe des Mindestlohns kann auf Vorschlag einer ständigen Kommission der Tarifpartner (Mindestlohnkommission) durch Rechtsverordnung der Bundesregierung geändert werden.
(3) Die Regelungen des Arbeitnehmer-Entsendegesetzes, des Arbeitnehmerüberlassungsgesetzes und der auf ihrer Grundlage erlassenen Rechtsverordnungen gehen den Regelungen dieses Gesetzes vor, soweit die Höhe der auf ihrer Grundlage festgesetzten Branchenmindestlöhne die Höhe des Mindestlohns nicht unterschreitet. Der Vorrang nach Satz 1 gilt entsprechend für einen auf der Grundlage von § 5 des Tarifvertragsgesetzes für allgemeinverbindlich erklärten Tarifvertrag im Sinne von § 4 Absatz 1 Nummer 1 sowie §§ 5 und 6 Absatz 2 des Arbeitnehmer-Entsendegesetzes.

§ 2 Fälligkeit des Mindestlohns

(1) Der Arbeitgeber ist verpflichtet, der Arbeitnehmerin oder dem Arbeitnehmer den Mindestlohn
1. zum Zeitpunkt der vereinbarten Fälligkeit,
2. spätestens am letzten Bankarbeitstag (Frankfurt am Main) des Monats, der auf den Monat folgt, in dem die Arbeitsleistung erbracht wurde,
zu zahlen. Für den Fall, dass keine Vereinbarung über die Fälligkeit getroffen worden ist, bleibt § 614 des Bürgerlichen Gesetzbuchs unberührt.
(2) Abweichend von Absatz 1 Satz 1 sind bei Arbeitnehmerinnen und Arbeitnehmern die über die vertraglich vereinbarte Arbeitszeit hinausgehenden und auf einem schriftlich vereinbarten Arbeitszeitkonto eingestellten Arbeitsstunden spätestens innerhalb von zwölf Kalendermonaten nach ihrer monatlichen Erfassung durch bezahlte Freizeitgewährung oder Zahlung des Mindestlohns auszugleichen, soweit der Anspruch auf den Mindestlohn für die geleisteten Arbeitsstunden nach § 1 Absatz 1 nicht bereits durch Zahlung des verstetigten Arbeitsentgelts erfüllt ist. Im Falle der Beendigung des Arbeitsverhältnisses hat der Arbeitgeber nicht ausgeglichene Arbeitsstunden spätestens in dem auf die Beendigung des Arbeitsverhältnisses folgenden Kalendermonat auszugleichen. Die auf das Arbeitszeitkonto eingestellten Arbeitsstunden dürfen monatlich jeweils 50 Prozent der vertraglich vereinbarten Arbeitszeit nicht übersteigen.

(3) Die Absätze 1 und 2 gelten nicht für Wertguthabenvereinbarungen im Sinne des Vierten Buches Sozialgesetzbuch. Satz 1 gilt entsprechend für eine im Hinblick auf den Schutz der Arbeitnehmerinnen und Arbeitnehmer vergleichbare ausländische Regelung.

§ 3 Unabdingbarkeit des Mindestlohns

Vereinbarungen, die den Anspruch auf Mindestlohn unterschreiten oder seine Geltendmachung beschränken oder ausschließen, sind insoweit unwirksam. Die Arbeitnehmerin oder der Arbeitnehmer kann auf den entstandenen Anspruch nach § 1 Absatz 1 nur durch gerichtlichen Vergleich verzichten; im Übrigen ist ein Verzicht ausgeschlossen. Die Verwirkung des Anspruchs ist ausgeschlossen.

Unterabschnitt 2: Mindestlohnkommission

§ 4 Aufgabe und Zusammensetzung

(1) Die Bundesregierung errichtet eine ständige Mindestlohnkommission, die über die Anpassung der Höhe des Mindestlohns befindet.
(2) Die Mindestlohnkommission wird alle fünf Jahre neu berufen. Sie besteht aus einer oder einem Vorsitzenden, sechs weiteren stimmberechtigten ständigen Mitgliedern und zwei Mitgliedern aus Kreisen der Wissenschaft ohne Stimmrecht (beratende Mitglieder).

§ 5 Stimmberechtigte Mitglieder

(1) Die Bundesregierung beruft je drei stimmberechtigte Mitglieder auf Vorschlag der Spitzenorganisationen der Arbeitgeber und der Arbeitnehmer aus Kreisen der Vereinigungen von Arbeitgebern und Gewerkschaften. Die Spitzenorganisationen der Arbeitgeber und Arbeitnehmer sollen jeweils mindestens eine Frau und einen Mann als stimmberechtigte Mitglieder vorschlagen. Werden auf Arbeitgeber- oder auf Arbeitnehmerseite von den Spitzenorganisationen mehr als drei Personen vorgeschlagen, erfolgt die Auswahl zwischen den Vorschlägen im Verhältnis zur Bedeutung der jeweiligen Spitzenorganisationen für die Vertretung der Arbeitgeber- oder Arbeitnehmerinteressen im Arbeitsleben des Bundesgebietes. Übt eine Seite ihr Vorschlagsrecht nicht aus, werden die Mitglieder dieser Seite durch die Bundesregierung aus Kreisen der Vereinigungen von Arbeitgebern oder Gewerkschaften berufen.
(2) Scheidet ein Mitglied aus, wird nach Maßgabe des Absatzes 1 Satz 1 und 4 ein neues Mitglied berufen.

§ 6 Vorsitz

(1) Die Bundesregierung beruft die Vorsitzende oder den Vorsitzenden auf gemeinsamen Vorschlag der Spitzenorganisationen der Arbeitgeber und der Arbeitnehmer.
(2) Wird von den Spitzenorganisationen kein gemeinsamer Vorschlag unterbreitet, beruft die Bundesregierung jeweils eine Vorsitzende oder einen Vorsitzenden auf Vorschlag der Spitzenorganisationen der Arbeitgeber und der Arbeitnehmer. Der Vorsitz wechselt zwischen den Vorsitzenden nach jeder Beschlussfassung nach § 9. Über den erstmaligen Vorsitz entscheidet das Los. § 5 Absatz 1 Satz 3 und 4 gilt entsprechend.
(3) Scheidet die Vorsitzende oder der Vorsitzende aus, wird nach Maßgabe der Absätze 1 und 2 eine neue Vorsitzende oder ein neuer Vorsitzender berufen.

§ 7 Beratende Mitglieder
(1) Die Bundesregierung beruft auf Vorschlag der Spitzenorganisationen der Arbeitgeber und Arbeitnehmer zusätzlich je ein beratendes Mitglied aus Kreisen der Wissenschaft. Die Bundesregierung soll darauf hinwirken, dass die Spitzenorganisationen der Arbeitgeber und Arbeitnehmer eine Frau und einen Mann als beratendes Mitglied vorschlagen. Das beratende Mitglied soll in keinem Beschäftigungsverhältnis stehen zu
1. einer Spitzenorganisation der Arbeitgeber oder Arbeitnehmer,
2. einer Vereinigung der Arbeitgeber oder einer Gewerkschaft oder
3. einer Einrichtung, die von den in der Nummer 1 oder Nummer 2 genannten Vereinigungen getragen wird.
§ 5 Absatz 1 Satz 3 und 4 und Absatz 2 gilt entsprechend.
(2) Die beratenden Mitglieder unterstützen die Mindestlohnkommission insbesondere bei der Prüfung nach § 9 Absatz 2 durch die Einbringung wissenschaftlichen Sachverstands. Sie haben das Recht, an den Beratungen der Mindestlohnkommission teilzunehmen.

§ 8 Rechtsstellung der Mitglieder
(1) Die Mitglieder der Mindestlohnkommission unterliegen bei der Wahrnehmung ihrer Tätigkeit keinen Weisungen.
(2) Die Tätigkeit der Mitglieder der Mindestlohnkommission ist ehrenamtlich.
(3) Die Mitglieder der Mindestlohnkommission erhalten eine angemessene Entschädigung für den ihnen bei der Wahrnehmung ihrer Tätigkeit erwachsenden Verdienstausfall und Aufwand sowie Ersatz der Fahrtkosten entsprechend den für ehrenamtliche Richterinnen und Richter der Arbeitsgerichte geltenden Vorschriften. Die Entschädigung und die erstattungsfähigen Fahrtkosten setzt im Einzelfall die oder der Vorsitzende der Mindestlohnkommission fest.

§ 9 Beschluss der Mindestlohnkommission
(1) Die Mindestlohnkommission hat über eine Anpassung der Höhe des Mindestlohns erstmals bis zum 30. Juni 2016 mit Wirkung zum 1. Januar 2017 zu beschließen. Danach hat die Mindestlohnkommission alle zwei Jahre über Anpassungen der Höhe des Mindestlohns zu beschließen.
(2) Die Mindestlohnkommission prüft im Rahmen einer Gesamtabwägung, welche Höhe des Mindestlohns geeignet ist, zu einem angemessenen Mindestschutz der Arbeitnehmerinnen und Arbeitnehmer beizutragen, faire und funktionierende Wettbewerbsbedingungen zu ermöglichen sowie Beschäftigung nicht zu gefährden. Die Mindestlohnkommission orientiert sich bei der Festsetzung des Mindestlohns nachlaufend an der Tarifentwicklung.
(3) Die Mindestlohnkommission hat ihren Beschluss schriftlich zu begründen.
(4) Die Mindestlohnkommission evaluiert laufend die Auswirkungen des Mindestlohns auf den Schutz der Arbeitnehmerinnen und Arbeitnehmer, die Wettbewerbsbedingungen und die Beschäftigung im Bezug auf bestimmte Branchen und Regionen sowie die Produktivität und stellt ihre Erkenntnisse der Bundesregierung in einem Bericht alle zwei Jahre gemeinsam mit ihrem Beschluss zur Verfügung.

§ 10 Verfahren der Mindestlohnkommission
(1) Die Mindestlohnkommission ist beschlussfähig, wenn mindestens die Hälfte ihrer stimmberechtigten Mitglieder anwesend ist.
(2) Die Beschlüsse der Mindestlohnkommission werden mit einfacher Mehrheit der Stimmen der anwesenden Mitglieder gefasst. Bei der Beschlussfassung hat sich die oder der Vorsit-

zende zunächst der Stimme zu enthalten. Kommt eine Stimmenmehrheit nicht zustande, macht die oder der Vorsitzende einen Vermittlungsvorschlag. Kommt nach Beratung über den Vermittlungsvorschlag keine Stimmenmehrheit zustande, übt die oder der Vorsitzende ihr oder sein Stimmrecht aus.
(3) Die Mindestlohnkommission kann Spitzenorganisationen der Arbeitgeber und Arbeitnehmer, Vereinigungen von Arbeitgebern und Gewerkschaften, öffentlichrechtliche Religionsgesellschaften, Wohlfahrtsverbände, Verbände, die wirtschaftliche und soziale Interessen organisieren, sowie sonstige von der Anpassung des Mindestlohns Betroffene vor Beschlussfassung anhören. Sie kann Informationen und fachliche Einschätzungen von externen Stellen einholen.
(4) Die Sitzungen der Mindestlohnkommission sind nicht öffentlich; der Inhalt ihrer Beratungen ist vertraulich. Die übrigen Verfahrensregelungen trifft die Mindestlohnkommission in einer Geschäftsordnung.

§ 11 Rechtsverordnung
(1) Die Bundesregierung kann die von der Mindestlohnkommission vorgeschlagene Anpassung des Mindestlohns durch Rechtsverordnung ohne Zustimmung des Bundesrates für alle Arbeitgeber sowie Arbeitnehmerinnen und Arbeitnehmer verbindlich machen. Die Rechtsverordnung tritt am im Beschluss der Mindestlohnkommission bezeichneten Tag, frühestens aber am Tag nach Verkündung in Kraft. Die Rechtsverordnung gilt, bis sie durch eine neue Rechtsverordnung abgelöst wird.
(2) Vor Erlass der Rechtsverordnung erhalten die Spitzenorganisationen der Arbeitgeber und Arbeitnehmer, die Vereinigungen von Arbeitgebern und Gewerkschaften, die öffentlichrechtlichen Religionsgesellschaften, die Wohlfahrtsverbände sowie die Verbände, die wirtschaftliche und soziale Interessen organisieren, Gelegenheit zur schriftlichen Stellungnahme. Die Frist zur Stellungnahme beträgt drei Wochen; sie beginnt mit der Bekanntmachung des Verordnungsentwurfs.

§ 12 Geschäfts- und Informationsstelle für den Mindestlohn; Kostenträgerschaft
(1) Die Mindestlohnkommission wird bei der Durchführung ihrer Aufgaben von einer Geschäftsstelle unterstützt. Die Geschäftsstelle untersteht insoweit fachlich der oder dem Vorsitzenden der Mindestlohnkommission.
(2) Die Geschäftsstelle wird bei der Bundesanstalt für Arbeitsschutz und Arbeitsmedizin als selbstständige Organisationeinheit eingerichtet.
(3) Die Geschäftsstelle informiert und berät als Informationsstelle für den Mindestlohn Arbeitnehmerinnen und Arbeitnehmer sowie Unternehmen zum Thema Mindestlohn.
(4) Die durch die Tätigkeit der Mindestlohnkommission und der Geschäftsstelle anfallenden Kosten trägt der Bund.

Abschnitt 2: Zivilrechtliche Durchsetzung
§ 13 Haftung des Auftraggebers
§ 14 des Arbeitnehmer-Entsendegesetzes findet entsprechende Anwendung.

Abschnitt 3: Kontrolle und Durchsetzung durch staatliche Behörden

§ 14 Zuständigkeit
Für die Prüfung der Einhaltung der Pflichten eines Arbeitgebers nach § 20 sind die Behörden der Zollverwaltung zuständig.

§ 15 Befugnisse der Behörden der Zollverwaltung und anderer Behörden; Mitwirkungspflichten des Arbeitgebers
Die §§ 2 bis 6, 14, 15, 20, 22 und 23 des Schwarzarbeitsbekämpfungsgesetzes sind entsprechend anzuwenden mit der Maßgabe, dass
1. die dort genannten Behörden auch Einsicht in Arbeitsverträge, Niederschriften nach § 2 des Nachweisgesetzes und andere Geschäftsunterlagen nehmen können, die mittelbar oder unmittelbar Auskunft über die Einhaltung des Mindestlohns nach § 20 geben, und
2. die nach § 5 Absatz 1 des Schwarzarbeitsbekämpfungsgesetzes zur Mitwirkung Verpflichteten diese Unterlagen vorzulegen haben.

§ 6 Absatz 3 sowie die §§ 16 bis 19 des Schwarzarbeitsbekämpfungsgesetzes finden entsprechende Anwendung.

§ 16 Meldepflicht
(1) Ein Arbeitgeber mit Sitz im Ausland, der eine Arbeitnehmerin oder einen Arbeitnehmer oder mehrere Arbeitnehmerinnen oder Arbeitnehmer in den in § 2a des Schwarzarbeitsbekämpfungsgesetzes genannten Wirtschaftsbereichen oder Wirtschaftszweigen im Anwendungsbereich dieses Gesetzes beschäftigt, ist verpflichtet, vor Beginn jeder Werk- oder Dienstleistung eine schriftliche Anmeldung in deutscher Sprache bei der zuständigen Behörde der Zollverwaltung nach Absatz 6 vorzulegen, die die für die Prüfung wesentlichen Angaben enthält. Wesentlich sind die Angaben über
1. den Familiennamen, den Vornamen und das Geburtsdatum der von ihm im Geltungsbereich dieses Gesetzes beschäftigten Arbeitnehmerinnen und Arbeitnehmer,
2. den Beginn und die voraussichtliche Dauer der Beschäftigung,
3. den Ort der Beschäftigung,
4. den Ort im Inland, an dem die nach § 17 erforderlichen Unterlagen bereitgehalten werden,
5. den Familiennamen, den Vornamen, das Geburtsdatum und die Anschrift in Deutschland der oder des verantwortlich Handelnden und
6. den Familiennamen, den Vornamen und die Anschrift in Deutschland einer oder eines Zustellungsbevollmächtigten, soweit diese oder dieser nicht mit der oder dem in Nummer 5 genannten verantwortlich Handelnden identisch ist.

Änderungen bezüglich dieser Angaben hat der Arbeitgeber im Sinne des Satzes 1 unverzüglich zu melden.
(2) Der Arbeitgeber hat der Anmeldung eine Versicherung beizufügen, dass er die Verpflichtungen nach § 20 einhält.
(3) Überlässt ein Verleiher mit Sitz im Ausland eine Arbeitnehmerin oder einen Arbeitnehmer oder mehrere Arbeitnehmerinnen oder Arbeitnehmer zur Arbeitsleistung einem Entleiher, hat der Entleiher in den in § 2a des Schwarzarbeitsbekämpfungsgesetzes genannten Wirtschaftsbereichen oder Wirtschaftszweigen unter den Voraussetzungen des Absatzes 1 Satz 1 vor Beginn jeder Werk- oder Dienstleistung der zuständigen Behörde der Zollverwaltung eine schriftliche Anmeldung in deutscher Sprache mit folgenden Angaben zuzuleiten:

1. den Familiennamen, den Vornamen und das Geburtsdatum der überlassenen Arbeitnehmerinnen und Arbeitnehmer,
2. den Beginn und die Dauer der Überlassung,
3. den Ort der Beschäftigung,
4. den Ort im Inland, an dem die nach § 17 erforderlichen Unterlagen bereitgehalten werden,
5. den Familiennamen, den Vornamen und die Anschrift in Deutschland einer oder eines Zustellungsbevollmächtigten des Verleihers,
6. den Familiennamen, den Vornamen oder die Firma sowie die Anschrift des Verleihers.

Absatz 1 Satz 3 gilt entsprechend.

(4) Der Entleiher hat der Anmeldung eine Versicherung des Verleihers beizufügen, dass dieser die Verpflichtungen nach § 20 einhält.

(5) Das Bundesministerium der Finanzen kann durch Rechtsverordnung im Einvernehmen mit dem Bundesministerium für Arbeit und Soziales ohne Zustimmung des Bundesrates bestimmen,
1. dass, auf welche Weise und unter welchen technischen und organisatorischen Voraussetzungen eine Anmeldung, eine Änderungsmeldung und die Versicherung abweichend von Absatz 1 Satz 1 und 3, Absatz 2 und 3 Satz 1 und 2 und Absatz 4 elektronisch übermittelt werden kann,
2. unter welchen Voraussetzungen eine Änderungsmeldung ausnahmsweise entfallen kann, und
3. wie das Meldeverfahren vereinfacht oder abgewandelt werden kann, sofern die entsandten Arbeitnehmerinnen und Arbeitnehmer im Rahmen einer regelmäßig wiederkehrenden Werk- oder Dienstleistung eingesetzt werden oder sonstige Besonderheiten der zu erbringenden Werk- oder Dienstleistungen dies erfordern.

(6) Das Bundesministerium der Finanzen kann durch Rechtsverordnung ohne Zustimmung des Bundesrates die zuständige Behörde nach Absatz 1 Satz 1 und Absatz 3 Satz 1 bestimmen.

§ 17 Erstellen und Bereithalten von Dokumenten

(1) Ein Arbeitgeber, der Arbeitnehmerinnen und Arbeitnehmer nach § 8 Absatz 1 des Vierten Buches Sozialgesetzbuch oder in den in § 2a des Schwarzarbeitsbekämpfungsgesetzes genannten Wirtschaftsbereichen oder Wirtschaftszweigen beschäftigt, ist verpflichtet, Beginn, Ende und Dauer der täglichen Arbeitszeit dieser Arbeitnehmerinnen und Arbeitnehmer spätestens bis zum Ablauf des siebten auf den Tag der Arbeitsleistung folgenden Kalendertages aufzuzeichnen und diese Aufzeichnungen mindestens zwei Jahre beginnend ab dem für die Aufzeichnung maßgeblichen Zeitpunkt aufzubewahren. Satz 1 gilt entsprechend für einen Entleiher, dem ein Verleiher eine Arbeitnehmerin oder einen Arbeitnehmer oder mehrere Arbeitnehmerinnen oder Arbeitnehmer zur Arbeitsleistung in einem der in § 2a des Schwarzarbeitsbekämpfungsgesetzes genannten Wirtschaftszweige überlässt. Satz 1 gilt nicht für Beschäftigungsverhältnisse nach § 8a des Vierten Buches Sozialgesetzbuch.

(2) Arbeitgeber im Sinne des Absatzes 1 haben die für die Kontrolle der Einhaltung der Verpflichtungen nach § 20 in Verbindung mit § 2 erforderlichen Unterlagen im Inland in deutscher Sprache für die gesamte Dauer der tatsächlichen Beschäftigung der Arbeitnehmerinnen und Arbeitnehmer im Geltungsbereich dieses Gesetzes, mindestens für die Dauer der gesamten Werk- oder Dienstleistung, insgesamt jedoch nicht länger als zwei Jahre, bereitzuhalten. Auf Verlangen der Prüfbehörde sind die Unterlagen auch am Ort der Beschäftigung bereitzuhalten.

(3) Das Bundesministerium für Arbeit und Soziales kann durch Rechtsverordnung ohne Zustimmung des Bundesrates die Verpflichtungen des Arbeitgebers oder eines Entleihers nach § 16 und den Absätzen 1 und 2 hinsichtlich bestimmter Gruppen von Arbeitnehmerinnen und Arbeitnehmern oder der Wirtschaftsbereiche oder den Wirtschaftszweigen einschränken oder erweitern.

(4) Das Bundesministerium der Finanzen kann durch Rechtsverordnung im Einvernehmen mit dem Bundesministerium für Arbeit und Soziales ohne Zustimmung des Bundesrates bestimmen, wie die Verpflichtung des Arbeitgebers, die tägliche Arbeitszeit bei ihm beschäftigter Arbeitnehmerinnen und Arbeitnehmer aufzuzeichnen und diese Aufzeichnungen aufzubewahren, vereinfacht oder abgewandelt werden kann, sofern Besonderheiten der zu erbringenden Werk- oder Dienstleistungen oder Besonderheiten des jeweiligen Wirtschaftsbereiches oder Wirtschaftszweiges dies erfordern.

§ 18 Zusammenarbeit der in- und ausländischen Behörden

(1) Die Behörden der Zollverwaltung unterrichten die zuständigen örtlichen Landesfinanzbehörden über Meldungen nach § 16 Absatz 1 und 3.

(2) Die Behörden der Zollverwaltung und die übrigen in § 2 des Schwarzarbeitsbekämpfungsgesetzes genannten Behörden dürfen nach Maßgabe der datenschutzrechtlichen Vorschriften auch mit Behörden anderer Vertragsstaaten des Abkommens über den Europäischen Wirtschaftsraum zusammenarbeiten, die diesem Gesetz entsprechende Aufgaben durchführen oder für die Bekämpfung illegaler Beschäftigung zuständig sind oder Auskünfte geben können, ob ein Arbeitgeber seine Verpflichtungen nach § 20 erfüllt. Die Regelungen über die internationale Rechtshilfe in Strafsachen bleiben hiervon unberührt.

(3) Die Behörden der Zollverwaltung unterrichten das Gewerbezentralregister über rechtskräftige Bußgeldentscheidungen nach § 21 Absatz 1 bis 3, sofern die Geldbuße mehr als zweihundert Euro beträgt.

§ 19 Ausschluss von der Vergabe öffentlicher Aufträge

(1) Von der Teilnahme an einem Wettbewerb um einen Liefer-, Bau- oder Dienstleistungsauftrag der in den §§ 99 und 100 des Gesetzes gegen Wettbewerbsbeschränkungen genannten Auftraggeber sollen Bewerberinnen oder Bewerber für eine angemessene Zeit bis zur nachgewiesenen Wiederherstellung ihrer Zuverlässigkeit ausgeschlossen werden, die wegen eines Verstoßes nach § 21 mit einer Geldbuße von wenigstens zweitausendfünfhundert Euro belegt worden sind.

(2) Die für die Verfolgung oder Ahndung der Ordnungswidrigkeiten nach § 21 zuständigen Behörden dürfen öffentlichen Auftraggebern nach § 99 des Gesetzes gegen Wettbewerbsbeschränkungen und solchen Stellen, die von öffentlichen Auftraggebern zugelassene Präqualifikationsverzeichnisse oder Unternehmer- und Lieferantenverzeichnisse führen, auf Verlangen die erforderlichen Auskünfte geben.

(3) Öffentliche Auftraggeber nach Absatz 2 fordern im Rahmen ihrer Tätigkeit beim Gewerbezentralregister Auskünfte über rechtskräftige Bußgeldentscheidungen wegen einer Ordnungswidrigkeit nach § 21 Absatz 1 oder Absatz 2 an oder verlangen von Bewerberinnen oder Bewerbern eine Erklärung, dass die Voraussetzungen für einen Ausschluss nach Absatz 1 nicht vorliegen. Im Falle einer Erklärung der Bewerberin oder des Bewerbers können öffentliche Auftraggeber nach Absatz 2 jederzeit zusätzlich Auskünfte des Wettbewerbsregisters anfordern.

(4) Bei Aufträgen ab einer Höhe von 30 000 Euro fordert der öffentliche Auftraggeber nach Absatz 2 für die Bewerberin oder den Bewerber, die oder der den Zuschlag erhalten soll, vor der Zuschlagserteilung eine Auskunft aus dem Wettbewerbsregister.
(5) Vor der Entscheidung über den Ausschluss ist die Bewerberin oder der Bewerber zu hören.

§ 20 Pflichten des Arbeitgebers zur Zahlung des Mindestlohns

Arbeitgeber mit Sitz im In- oder Ausland sind verpflichtet, ihren im Inland beschäftigten Arbeitnehmerinnen und Arbeitnehmern ein Arbeitsentgelt mindestens in Höhe des Mindestlohns nach § 1 Absatz 2 spätestens zu dem in § 2 Absatz 1 Satz 1 Nummer 2 genannten Zeitpunkt zu zahlen.

§ 21 Bußgeldvorschriften

(1) Ordnungswidrig handelt, wer vorsätzlich oder fahrlässig
1. entgegen § 15 Satz 1 in Verbindung mit § 5 Absatz 1 Satz 1 des Schwarzarbeitsbekämpfungsgesetzes eine Prüfung nicht duldet oder bei einer Prüfung nicht mitwirkt,
2. entgegen § 15 Satz 1 in Verbindung mit § 5 Absatz 1 Satz 2 des Schwarzarbeitsbekämpfungsgesetzes das Betreten eines Grundstücks oder Geschäftsraums nicht duldet,
3. entgegen § 15 Satz 1 in Verbindung mit § 5 Absatz 3 Satz 1 des Schwarzarbeitsbekämpfungsgesetzes Daten nicht, nicht richtig, nicht vollständig, nicht in der vorgeschriebenen Weise oder nicht rechtzeitig übermittelt,
4. entgegen § 16 Absatz 1 Satz 1 oder Absatz 3 Satz 1 eine Anmeldung nicht, nicht richtig, nicht vollständig, nicht in der vorgeschriebenen Weise oder nicht rechtzeitig vorlegt oder nicht, nicht richtig, nicht vollständig, nicht in der vorgeschriebenen Weise oder nicht rechtzeitig zuleitet,
5. entgegen § 16 Absatz 1 Satz 3, auch in Verbindung mit Absatz 3 Satz 2, eine Änderungsmeldung nicht, nicht richtig, nicht vollständig, nicht in der vorgeschriebenen Weise oder nicht rechtzeitig macht,
6. entgegen § 16 Absatz 2 oder 4 eine Versicherung nicht, nicht richtig oder nicht rechtzeitig beifügt,
7. entgegen § 17 Absatz 1 Satz 1, auch in Verbindung mit Satz 2, eine Aufzeichnung nicht, nicht richtig, nicht vollständig oder nicht rechtzeitig erstellt oder nicht oder nicht mindestens zwei Jahre aufbewahrt,
8. entgegen § 17 Absatz 2 eine Unterlage nicht, nicht richtig, nicht vollständig oder nicht in der vorgeschriebenen Weise bereithält oder
9. entgegen § 20 das dort genannte Arbeitsentgelt nicht oder nicht rechtzeitig zahlt.
(2) Ordnungswidrig handelt, wer Werk- oder Dienstleistungen in erheblichem Umfang ausführen lässt, indem er als Unternehmer einen anderen Unternehmer beauftragt, von dem er weiß oder fahrlässig nicht weiß, dass dieser bei der Erfüllung dieses Auftrags
1. entgegen § 20 das dort genannte Arbeitsentgelt nicht oder nicht rechtzeitig zahlt oder
2. einen Nachunternehmer einsetzt oder zulässt, dass ein Nachunternehmer tätig wird, der entgegen § 20 das dort genannte Arbeitsentgelt nicht oder nicht rechtzeitig zahlt.
(3) Die Ordnungswidrigkeit kann in den Fällen des Absatzes 1 Nummer 9 und des Absatzes 2 mit einer Geldbuße bis zu fünfhunderttausend Euro, in den übrigen Fällen mit einer Geldbuße bis zu dreißigtausend Euro geahndet werden.
(4) Verwaltungsbehörden im Sinne des § 36 Absatz 1 Nummer 1 des Gesetzes über Ordnungswidrigkeiten sind die in § 14 genannten Behörden jeweils für ihren Geschäftsbereich.

(5) Für die Vollstreckung zugunsten der Behörden des Bundes und der bundesunmittelbaren juristischen Personen des öffentlichen Rechts sowie für die Vollziehung des Vermögensarrestes nach § 111e der Strafprozessordnung in Verbindung mit § 46 des Gesetzes über Ordnungswidrigkeiten durch die in § 14 genannten Behörden gilt das Verwaltungs-Vollstreckungsgesetz des Bundes.

Abschnitt 4: Schlussvorschriften

§ 22 Persönlicher Anwendungsbereich

(1) Dieses Gesetz gilt für Arbeitnehmerinnen und Arbeitnehmer. Praktikantinnen und Praktikanten im Sinne des § 26 des Berufsbildungsgesetzes gelten als Arbeitnehmerinnen und Arbeitnehmer im Sinne dieses Gesetzes, es sei denn, dass sie
1. ein Praktikum verpflichtend auf Grund einer schulrechtlichen Bestimmung, einer Ausbildungsordnung, einer hochschulrechtlichen Bestimmung oder im Rahmen einer Ausbildung an einer gesetzlich geregelten Berufsakademie leisten,
2. ein Praktikum von bis zu drei Monaten zur Orientierung für eine Berufsausbildung oder für die Aufnahme eines Studiums leisten,
3. ein Praktikum von bis zu drei Monaten begleitend zu einer Berufs- oder Hochschulausbildung leisten, wenn nicht zuvor ein solches Praktikumsverhältnis mit demselben Ausbildenden bestanden hat, oder
4. an einer Einstiegsqualifizierung nach § 54a des Dritten Buches Sozialgesetzbuch oder an einer Berufsausbildungsvorbereitung nach §§ 68 bis 70 des Berufsbildungsgesetzes teilnehmen.

Praktikantin oder Praktikant ist unabhängig von der Bezeichnung des Rechtsverhältnisses, wer sich nach der tatsächlichen Ausgestaltung und Durchführung des Vertragsverhältnisses für eine begrenzte Dauer zum Erwerb praktischer Kenntnisse und Erfahrungen einer bestimmten betrieblichen Tätigkeit zur Vorbereitung auf eine berufliche Tätigkeit unterzieht, ohne dass es sich dabei um eine Berufsausbildung im Sinne des Berufsbildungsgesetzes oder um eine damit vergleichbare praktische Ausbildung handelt.

(2) Personen im Sinne von § 2 Absatz 1 und 2 des Jugendarbeitsschutzgesetzes ohne abgeschlossene Berufsausbildung gelten nicht als Arbeitnehmerinnen und Arbeitnehmer im Sinne dieses Gesetzes.

(3) Von diesem Gesetz nicht geregelt wird die Vergütung von zu ihrer Berufsausbildung Beschäftigten sowie ehrenamtlich Tätigen.

(4) Für Arbeitsverhältnisse von Arbeitnehmerinnen und Arbeitnehmern, die unmittelbar vor Beginn der Beschäftigung langzeitarbeitslos im Sinne des § 18 Absatz 1 des Dritten Buches Sozialgesetzbuch waren, gilt der Mindestlohn in den ersten sechs Monaten der Beschäftigung nicht. Die Bundesregierung hat den gesetzgebenden Körperschaften zum 1. Juni 2016 darüber zu berichten, inwieweit die Regelung nach Satz 1 die Wiedereingliederung von Langzeitarbeitslosen in den Arbeitsmarkt gefördert hat, und eine Einschätzung darüber abzugeben, ob diese Regelung fortbestehen soll.

§ 23 Evaluation

Dieses Gesetz ist im Jahr 2020 zu evaluieren.

§ 24 Übergangsregelung

(1) Bis zum 31. Dezember 2017 gehen abweichende Regelungen eines Tarifvertrages repräsentativer Tarifvertragsparteien dem Mindestlohn vor, wenn sie für alle unter den Gel-

Mindestlohngesetz § 24

tungs12 bereich des Tarifvertrages fallenden Arbeitgeber mit Sitz im In- oder Ausland sowie deren Arbeitnehmerinnen und Arbeitnehmer verbindlich gemacht worden sind; ab dem 1. Januar 2017 müssen abweichende Regelungen in diesem Sinne mindestens ein Entgelt von brutto 8,50 Euro je Zeitstunde vorsehen. Satz 1 gilt entsprechend für Rechtsverordnungen, die auf der Grundlage von § 11 des Arbeitnehmer-Entsendegesetzes sowie § 3a des Arbeitnehmerüberlassungsgesetzes erlassen worden sind.

(2) Zeitungszustellerinnen und Zeitungszusteller haben ab dem 1. Januar 2015 einen Anspruch auf 75 Prozent und ab dem 1. Januar 2016 auf 85 Prozent des Mindestlohns nach § 1 Absatz 2 Satz 1. Vom 1. Januar 2017 bis zum 31. Dezember 2017 beträgt der Mindestlohn für Zeitungszustellerinnen und Zeitungszusteller brutto 8,50 Euro je Zeitstunde. Zeitungszustellerinnen und Zeitungszusteller im Sinne der Sätze 1 und 2 sind Personen, die in einem Arbeitsverhältnis ausschließlich periodische Zeitungen oder Zeitschriften an Endkunden zustellen; dies umfasst auch Zustellerinnen und Zusteller von Anzeigenblättern mit redaktionellem Inhalt.

Zweite Verordnung zur Anpassung der Höhe des Mindestlohns

vom 13. November 2018 (BGBl. I 2018, S. 1876)

§ 1 Höhe des Mindestlohns
Der Mindestlohn beträgt ab
a) 1. Januar 2019   9,19 Euro brutto je Zeitstunde
b) 1. Januar 2020   9,35 Euro brutto je Zeitstunde.

§ 2 Inkrafttreten, Außerkrafttreten
Diese Verordnung tritt am 1. Januar 2019 in Kraft. Gleichzeitig tritt die Mindestlohnanpassungsverordnung vom 15. November 2016 (BGBl. I S. 2530) außer Kraft.

Gesetz zum Schutz von Müttern bei der Arbeit, in der Ausbildung und im Studium

Vom 23. Mai 2017 (BGBl. I 2017, S. 1228)

– zuletzt geändert durch Gesetz zur Neuregelung des Mutterschutzrechts vom 23.05.2017 (BGBl. I 2017, S. 1228)

Abschnitt 1: Allgemeine Vorschriften

§ 1 Anwendungsbereich, Ziel des Mutterschutzes

(1) Dieses Gesetz schützt die Gesundheit der Frau und ihres Kindes am Arbeits-, Ausbildungs- und Studienplatz während der Schwangerschaft, nach der Entbindung und in der Stillzeit. Das Gesetz ermöglicht es der Frau, ihre Beschäftigung oder sonstige Tätigkeit in dieser Zeit ohne Gefährdung ihrer Gesundheit oder der ihres Kindes fortzusetzen und wirkt Benachteiligungen während der Schwangerschaft, nach der Entbindung und in der Stillzeit entgegen. Regelungen in anderen Arbeitsschutzgesetzen bleiben unberührt.

(2) Dieses Gesetz gilt für Frauen in einer Beschäftigung im Sinne von § 7 Absatz 1 des Vierten Buches Sozialgesetzbuch. Unabhängig davon, ob ein solches Beschäftigungsverhältnis vorliegt, gilt dieses Gesetz auch für

1. Frauen in betrieblicher Berufsbildung und Praktikantinnen im Sinne von § 26 des Berufsbildungsgesetzes,
2. Frauen mit Behinderung, die in einer Werkstatt für behinderte Menschen beschäftigt sind,
3. Frauen, die als Entwicklungshelferinnen im Sinne des Entwicklungshelfer-Gesetzes tätig sind, jedoch mit der Maßgabe, dass die §§ 18 bis 22 auf sie nicht anzuwenden sind,
4. Frauen, die als Freiwillige im Sinne des Jugendfreiwilligendienstegesetzes oder des Bundesfreiwilligendienstgesetzes tätig sind,
5. Frauen, die als Mitglieder einer geistlichen Genossenschaft, Diakonissen oder Angehörige einer ähnlichen Gemeinschaft auf einer Planstelle oder aufgrund eines Gestellungsvertrages für diese tätig werden, auch während der Zeit ihrer dortigen außerschulischen Ausbildung,
6. Frauen, die in Heimarbeit beschäftigt sind, und ihnen Gleichgestellte im Sinne von § 1 Absatz 1 und 2 des Heimarbeitsgesetzes, soweit sie am Stück mitarbeiten, jedoch mit der Maßgabe, dass die §§ 10 und 14 auf sie nicht anzuwenden sind und § 9 Absatz 1 bis 5 auf sie entsprechend anzuwenden ist,
7. Frauen, die wegen ihrer wirtschaftlichen Unselbstständigkeit als arbeitnehmerähnliche Person anzusehen sind, jedoch mit der Maßgabe, dass die §§ 18, 19 Absatz 2 und § 20 auf sie nicht anzuwenden sind, und
8. Schülerinnen und Studentinnen, soweit die Ausbildungsstelle Ort, Zeit und Ablauf der Ausbildungsveranstaltung verpflichtend vorgibt oder die ein im Rahmen der schulischen oder hochschulischen Ausbildung verpflichtend vorgegebenes Praktikum ableisten, jedoch mit der Maßgabe, dass die §§ 17 bis 24 auf sie nicht anzuwenden sind.

3) Das Gesetz gilt nicht für Beamtinnen und Richterinnen. Das Gesetz gilt ebenso nicht für Soldatinnen, auch soweit die Voraussetzungen des Absatzes 2 erfüllt sind, es sei denn, sie werden aufgrund dienstlicher Anordnung oder Gestattung außerhalb des Geschäftsbereiches des Bundesministeriums der Verteidigung tätig.

(4) Dieses Gesetz gilt für jede Person, die schwanger ist, ein Kind geboren hat oder stillt. Die Absätze 2 und 3 gelten entsprechend.

§ 2 Begriffsbestimmungen

(1) Arbeitgeber im Sinne dieses Gesetzes ist die natürliche oder juristische Person oder die rechtsfähige Personengesellschaft, die Personen nach § 1 Absatz 2 Satz 1 beschäftigt. Dem Arbeitgeber stehen gleich:
1. die natürliche oder juristische Person oder die rechtsfähige Personengesellschaft, die Frauen im Fall von § 1 Absatz 2 Satz 2 Nummer 1 ausbildet oder für die Praktikantinnen im Fall von § 1 Absatz 2 Satz 2 Nummer 1 tätig sind,
2. der Träger der Werkstatt für behinderte Menschen im Fall von § 1 Absatz 2 Satz 2 Nummer 2,
3. der Träger des Entwicklungsdienstes im Fall von § 1 Absatz 2 Satz 2 Nummer 3,
4. die Einrichtung, in der der Freiwilligendienst nach dem Jugendfreiwilligendienstegesetz oder nach dem Bundesfreiwilligendienstgesetz im Fall von § 1 Absatz 2 Satz 2 Nummer 4 geleistet wird,
5. die geistliche Genossenschaft und ähnliche Gemeinschaft im Fall von § 1 Absatz 2 Satz 2 Nummer 5,
6. der Auftraggeber und der Zwischenmeister von Frauen im Fall von § 1 Absatz 2 Satz 2 Nummer 6,
7. die natürliche oder juristische Person oder die rechtsfähige Personengesellschaft, für die Frauen im Sinne von § 1 Absatz 2 Satz 2 Nummer 7 tätig sind, und
8. die natürliche oder juristische Person oder die rechtsfähige Personengesellschaft, mit der das Ausbildungs- oder Praktikumsverhältnis im Fall von § 1 Absatz 2 Satz 2 Nummer 8 besteht (Ausbildungsstelle).

(2) Eine Beschäftigung im Sinne der nachfolgenden Vorschriften erfasst jede Form der Betätigung, die eine Frau im Rahmen eines Beschäftigungsverhältnisses nach § 1 Absatz 2 Satz 1 oder die eine Frau im Sinne von § 1 Absatz 2 Satz 2 im Rahmen ihres Rechtsverhältnisses zu ihrem Arbeitgeber nach § 2 Absatz 1 Satz 2 ausübt.

(3) Ein Beschäftigungsverbot im Sinne dieses Gesetzes ist nur ein Beschäftigungsverbot nach den §§ 3 bis 6, 10 Absatz 3, § 13 Absatz 1 Nummer 3 und § 16. Für eine in Heimarbeit beschäftigte Frau und eine ihr Gleichgestellte tritt an die Stelle des Beschäftigungsverbots das Verbot der Ausgabe von Heimarbeit nach den §§ 3, 8, 13 Absatz 2 und § 16. Für eine Frau, die wegen ihrer wirtschaftlichen Unselbstständigkeit als arbeitnehmerähnliche Person anzusehen ist, tritt an die Stelle des Beschäftigungsverbots nach Satz 1 die Befreiung von der vertraglich vereinbarten Leistungspflicht; die Frau kann sich jedoch gegenüber der dem Arbeitgeber gleichgestellten Person oder Gesellschaft im Sinne von Absatz 1 Satz 2 Nummer 7 dazu bereit erklären, die vertraglich vereinbarte Leistung zu erbringen.

(4) Alleinarbeit im Sinne dieses Gesetzes liegt vor, wenn der Arbeitgeber eine Frau an einem Arbeitsplatz in seinem räumlichen Verantwortungsbereich beschäftigt, ohne dass gewährleistet ist, dass sie jederzeit den Arbeitsplatz verlassen oder Hilfe erreichen kann.

(5) Arbeitsentgelt im Sinne dieses Gesetzes ist das Arbeitsentgelt, das nach § 14 des Vierten Buches Sozialgesetzbuch in Verbindung mit einer aufgrund des § 17 des Vierten Buches Sozialgesetzbuch erlassenen Verordnung bestimmt wird. Für Frauen im Sinne von § 1 Absatz 2 Satz 2 gilt als Arbeitsentgelt ihre jeweilige Vergütung.

Abschnitt 2: Gesundheitsschutz
Unterabschnitt 1: Arbeitszeitlicher Gesundheitsschutz

§ 3 Schutzfristen vor und nach der Entbindung

(1) Der Arbeitgeber darf eine schwangere Frau in den letzten sechs Wochen vor der Entbindung nicht beschäftigen (Schutzfrist vor der Entbindung), soweit sie sich nicht zur Arbeitsleistung ausdrücklich bereit erklärt. Sie kann die Erklärung nach Satz 1 jederzeit mit Wirkung für die Zukunft widerrufen. Für die Berechnung der Schutzfrist vor der Entbindung ist der voraussichtliche Tag der Entbindung maßgeblich, wie er sich aus dem ärztlichen Zeugnis oder dem Zeugnis einer Hebamme oder eines Entbindungspflegers ergibt. Entbindet eine Frau nicht am voraussichtlichen Tag, verkürzt oder verlängert sich die Schutzfrist vor der Entbindung entsprechend.

(2) Der Arbeitgeber darf eine Frau bis zum Ablauf von acht Wochen nach der Entbindung nicht beschäftigen (Schutzfrist nach der Entbindung). Die Schutzfrist nach der Entbindung verlängert sich auf zwölf Wochen
1. bei Frühgeburten,
2. bei Mehrlingsgeburten und,
3. wenn vor Ablauf von acht Wochen nach der Entbindung bei dem Kind eine Behinderung im Sinne von § 2 Absatz 1 Satz 1 des Neunten Buches Sozialgesetzbuch ärztlich festgestellt wird.

Bei vorzeitiger Entbindung verlängert sich die Schutzfrist nach der Entbindung nach Satz 1 oder nach Satz 2 um den Zeitraum der Verkürzung der Schutzfrist vor der Entbindung nach Absatz 1 Satz 4. Nach Satz 2 Nummer 3 verlängert sich die Schutzfrist nach der Entbindung nur, wenn die Frau dies beantragt.

(3) Die Ausbildungsstelle darf eine Frau im Sinne von § 1 Absatz 2 Satz 2 Nummer 8 bereits in der Schutzfrist nach der Entbindung im Rahmen der schulischen oder hochschulischen Ausbildung tätig werden lassen, wenn die Frau dies ausdrücklich gegenüber ihrer Ausbildungsstelle verlangt. Die Frau kann ihre Erklärung jederzeit mit Wirkung für die Zukunft widerrufen.

(4) Der Arbeitgeber darf eine Frau nach dem Tod ihres Kindes bereits nach Ablauf der ersten zwei Wochen nach der Entbindung beschäftigen, wenn
1. die Frau dies ausdrücklich verlangt und
2. nach ärztlichem Zeugnis nichts dagegen spricht.

Sie kann ihre Erklärung nach Satz 1 Nummer 1 jederzeit mit Wirkung für die Zukunft widerrufen.

§ 4 Verbot der Mehrarbeit; Ruhezeit

(1) Der Arbeitgeber darf eine schwangere oder stillende Frau, die 18 Jahre oder älter ist, nicht mit einer Arbeit beschäftigen, die die Frau über achteinhalb Stunden täglich oder über 90 Stunden in der Doppelwoche hinaus zu leisten hat. Eine schwangere oder stillende Frau unter 18 Jahren darf der Arbeitgeber nicht mit einer Arbeit beschäftigen, die die Frau über acht Stunden täglich oder über 80 Stunden in der Doppelwoche hinaus zu leisten hat. In die Doppelwoche werden die Sonntage eingerechnet. Der Arbeitgeber darf eine schwangere oder stillende Frau nicht in einem Umfang beschäftigen, der die vertraglich vereinbarte wöchentliche Arbeitszeit im Durchschnitt des Monats übersteigt. Bei mehreren Arbeitgebern sind die Arbeitszeiten zusammenzurechnen.

(2) Der Arbeitgeber muss der schwangeren oder stillenden Frau nach Beendigung der täglichen Arbeitszeit eine ununterbrochene Ruhezeit von mindestens elf Stunden gewähren.

§ 5 Verbot der Nachtarbeit

(1) Der Arbeitgeber darf eine schwangere oder stillende Frau nicht zwischen 20 Uhr und 6 Uhr beschäftigen. Er darf sie bis 22 Uhr beschäftigen, wenn die Voraussetzungen des § 28 erfüllt sind.

(2) Die Ausbildungsstelle darf eine schwangere oder stillende Frau im Sinne von § 1 Absatz 2 Satz 2 Nummer 8 nicht zwischen 20 Uhr und 6 Uhr im Rahmen der schulischen oder hochschulischen Ausbildung tätig werden lassen. Die Ausbildungsstelle darf sie an Ausbildungsveranstaltungen bis 22 Uhr teilnehmen lassen, wenn
1. sich die Frau dazu ausdrücklich bereit erklärt,
2. die Teilnahme zu Ausbildungszwecken zu dieser Zeit erforderlich ist und
3. insbesondere eine unverantwortbare Gefährdung für die schwangere Frau oder ihr Kind durch Alleinarbeit ausgeschlossen ist.

Die schwangere oder stillende Frau kann ihre Erklärung nach Satz 2 Nummer 1 jederzeit mit Wirkung für die Zukunft widerrufen.

§ 6 Verbot der Sonn- und Feiertagsarbeit

(1) Der Arbeitgeber darf eine schwangere oder stillende Frau nicht an Sonn- und Feiertagen beschäftigen. Er darf sie an Sonn- und Feiertagen nur dann beschäftigen, wenn
1. sich die Frau dazu ausdrücklich bereit erklärt,
2. eine Ausnahme vom allgemeinen Verbot der Arbeit an Sonn- und Feiertagen nach § 10 des Arbeitszeitgesetzes zugelassen ist,
3. der Frau in jeder Woche im Anschluss an eine ununterbrochene Nachtruhezeit von mindestens elf Stunden ein Ersatzruhetag gewährt wird und
4. insbesondere eine unverantwortbare Gefährdung für die schwangere Frau oder ihr Kind durch Alleinarbeit ausgeschlossen ist.

Die schwangere oder stillende Frau kann ihre Erklärung nach Satz 2 Nummer 1 jederzeit mit Wirkung für die Zukunft widerrufen.

(2) Die Ausbildungsstelle darf eine schwangere oder stillende Frau im Sinne von § 1 Absatz 2 Satz 2 Nummer 8 nicht an Sonn- und Feiertagen im Rahmen der schulischen oder hochschulischen Ausbildung tätig werden lassen. Die Ausbildungsstelle darf sie an Ausbildungsveranstaltungen an Sonn- und Feiertagen teilnehmen lassen, wenn
1. sich die Frau dazu ausdrücklich bereit erklärt,
2. die Teilnahme zu Ausbildungszwecken zu dieser Zeit erforderlich ist,
3. der Frau in jeder Woche im Anschluss an eine ununterbrochene Nachtruhezeit von mindestens elf Stunden ein Ersatzruhetag gewährt wird und
4. insbesondere eine unverantwortbare Gefährdung für die schwangere Frau oder ihr Kind durch Alleinarbeit ausgeschlossen ist.

Die schwangere oder stillende Frau kann ihre Erklärung nach Satz 2 Nummer 1 jederzeit mit Wirkung für die Zukunft widerrufen.

§ 7 Freistellung für Untersuchungen und zum Stillen

(1) Der Arbeitgeber hat eine Frau für die Zeit freizustellen, die zur Durchführung der Untersuchungen im Rahmen der Leistungen der gesetzlichen Krankenversicherung bei Schwangerschaft und Mutterschaft erforderlich sind. Entsprechendes gilt zugunsten einer Frau, die nicht in der gesetzlichen Krankenversicherung versichert ist.

(2) Der Arbeitgeber hat eine stillende Frau auf ihr Verlangen während der ersten zwölf Monate nach der Entbindung für die zum Stillen erforderliche Zeit freizustellen, mindestens aber zweimal täglich für eine halbe Stunde oder einmal täglich für eine Stunde. Bei einer zu-

sammenhängenden Arbeitszeit von mehr als acht Stunden soll auf Verlangen der Frau zweimal eine Stillzeit von mindestens 45 Minuten oder, wenn in der Nähe der Arbeitsstätte keine Stillgelegenheit vorhanden ist, einmal eine Stillzeit von mindestens 90 Minuten gewährt werden. Die Arbeitszeit gilt als zusammenhängend, wenn sie nicht durch eine Ruhepause von mehr als zwei Stunden unterbrochen wird.

§ 8 Beschränkung von Heimarbeit
(1) Der Auftraggeber oder Zwischenmeister darf Heimarbeit an eine schwangere in Heimarbeit beschäftigte Frau oder an eine ihr Gleichgestellte nur in solchem Umfang und mit solchen Fertigungsfristen ausgeben, dass die Arbeit werktags während einer achtstündigen Tagesarbeitszeit ausgeführt werden kann.
(2) Der Auftraggeber oder Zwischenmeister darf Heimarbeit an eine stillende in Heimarbeit beschäftigte Frau oder an eine ihr Gleichgestellte nur in solchem Umfang und mit solchen Fertigungsfristen ausgeben, dass die Arbeit werktags während einer siebenstündigen Tagesarbeitszeit ausgeführt werden kann.

Unterabschnitt 2: Betrieblicher Gesundheitsschutz

§ 9 Gestaltung der Arbeitsbedingungen; unverantwortbare Gefährdung
(1) Der Arbeitgeber hat bei der Gestaltung der Arbeitsbedingungen einer schwangeren oder stillenden Frau alle aufgrund der Gefährdungsbeurteilung nach § 10 erforderlichen Maßnahmen für den Schutz ihrer physischen und psychischen Gesundheit sowie der ihres Kindes zu treffen. Er hat die Maßnahmen auf ihre Wirksamkeit zu überprüfen und erforderlichenfalls den sich ändernden Gegebenheiten anzupassen. Soweit es nach den Vorschriften dieses Gesetzes verantwortbar ist, ist der Frau auch während der Schwangerschaft, nach der Entbindung und in der Stillzeit die Fortführung ihrer Tätigkeiten zu ermöglichen. Nachteile aufgrund der Schwangerschaft, der Entbindung oder der Stillzeit sollen vermieden oder ausgeglichen werden.
(2) Der Arbeitgeber hat die Arbeitsbedingungen so zu gestalten, dass Gefährdungen einer schwangeren oder stillenden Frau oder ihres Kindes möglichst vermieden werden und eine unverantwortbare Gefährdung ausgeschlossen wird. Eine Gefährdung ist unverantwortbar, wenn die Eintrittswahrscheinlichkeit einer Gesundheitsbeeinträchtigung angesichts der zu erwartenden Schwere des möglichen Gesundheitsschadens nicht hinnehmbar ist. Eine unverantwortbare Gefährdung gilt als ausgeschlossen, wenn der Arbeitgeber alle Vorgaben einhält, die aller Wahrscheinlichkeit nach dazu führen, dass die Gesundheit einer schwangeren oder stillenden Frau oder ihres Kindes nicht beeinträchtigt wird.
(3) Der Arbeitgeber hat sicherzustellen, dass die schwangere oder stillende Frau ihre Tätigkeit am Arbeitsplatz, soweit es für sie erforderlich ist, kurz unterbrechen kann. Er hat darüber hinaus sicherzustellen, dass sich die schwangere oder stillende Frau während der Pausen und Arbeitsunterbrechungen unter geeigneten Bedingungen hinlegen, hinsetzen und ausruhen kann.
(4) Alle Maßnahmen des Arbeitgebers nach diesem Unterabschnitt sowie die Beurteilung der Arbeitsbedingungen nach § 10 müssen dem Stand der Technik, der Arbeitsmedizin und der Hygiene sowie den sonstigen gesicherten wissenschaftlichen Erkenntnissen entsprechen. Der Arbeitgeber hat bei seinen Maßnahmen die vom Ausschuss für Mutterschutz ermittelten und nach § 30 Absatz 4 im Gemeinsamen Ministerialblatt veröffentlichten Regeln und Erkenntnisse zu berücksichtigen; bei Einhaltung dieser Regeln und bei Beachtung dieser Er-

kenntnisse ist davon auszugehen, dass die in diesem Gesetz gestellten Anforderungen erfüllt sind

(5) Der Arbeitgeber kann zuverlässige und fachkundige Personen schriftlich damit beauftragen, ihm obliegende Aufgaben nach diesem Unterabschnitt in eigener Verantwortung wahrzunehmen.

(6) Kosten für Maßnahmen nach diesem Gesetz darf der Arbeitgeber nicht den Personen auferlegen, die bei ihm beschäftigt sind. Die Kosten für Zeugnisse und Bescheinigungen, die die schwangere oder stillende Frau auf Verlangen des Arbeitgebers vorzulegen hat, trägt der Arbeitgeber.

§ 10 Beurteilung der Arbeitsbedingungen; Schutzmaßnahmen

(1) Im Rahmen der Beurteilung der Arbeitsbedingungen nach § 5 des Arbeitsschutzgesetzes hat der Arbeitgeber für jede Tätigkeit
1. die Gefährdungen nach Art, Ausmaß und Dauer zu beurteilen, denen eine schwangere oder stillende Frau oder ihr Kind ausgesetzt ist oder sein kann, und
2. unter Berücksichtigung des Ergebnisses der Beurteilung der Gefährdung nach Nummer 1 zu ermitteln, ob für eine schwangere oder stillende Frau oder ihr Kind voraussichtlich
   a) keine Schutzmaßnahmen erforderlich sein werden,
   b) eine Umgestaltung der Arbeitsbedingungen nach § 13 Absatz 1 Nummer 1 erforderlich sein wird oder
   c) eine Fortführung der Tätigkeit der Frau an diesem Arbeitsplatz nicht möglich sein wird.

Bei gleichartigen Arbeitsbedingungen ist die Beurteilung eines Arbeitsplatzes oder einer Tätigkeit ausreichend.

(2) Sobald eine Frau dem Arbeitgeber mitgeteilt hat, dass sie schwanger ist oder stillt, hat der Arbeitgeber unverzüglich die nach Maßgabe der Gefährdungsbeurteilung nach Absatz 1 erforderlichen Schutzmaßnahmen festzulegen. Zusätzlich hat der Arbeitgeber der Frau ein Gespräch über weitere Anpassungen ihrer Arbeitsbedingungen anzubieten.

(3) Der Arbeitgeber darf eine schwangere oder stillende Frau nur diejenigen Tätigkeiten ausüben lassen, für die er die erforderlichen Schutzmaßnahmen nach Absatz 2 Satz 1 getroffen hat.

§ 11 Unzulässige Tätigkeiten und Arbeitsbedingungen für schwangere Frauen

(1) Der Arbeitgeber darf eine schwangere Frau keine Tätigkeiten ausüben lassen und sie keinen Arbeitsbedingungen aussetzen, bei denen sie in einem Maß Gefahrstoffen ausgesetzt ist oder sein kann, dass dies für sie oder für ihr Kind eine unverantwortbare Gefährdung darstellt. Eine unverantwortbare Gefährdung im Sinne von Satz 1 liegt insbesondere vor, wenn die schwangere Frau Tätigkeiten ausübt oder Arbeitsbedingungen ausgesetzt ist, bei denen sie folgenden Gefahrstoffen ausgesetzt ist oder sein kann:
1. Gefahrstoffen, die nach den Kriterien des Anhangs I zur Verordnung (EG) Nr. 1272/2008 des Europäischen Parlaments und des Rates vom 16. Dezember 2008 über die Einstufung, Kennzeichnung und Verpackung von Stoffen und Gemischen, zur Änderung und Aufhebung der Richtlinien 67/548/EWG und 1999/45/EG und zur Änderung der Verordnung (EG) Nr. 1907/2006 (ABl. L 353 vom 31.12.2008, S. 1) zu bewerten sind
   a) als reproduktionstoxisch nach der Kategorie 1A, 1B oder 2 oder nach der Zusatzkategorie für Wirkungen auf oder über die Laktation,
   b) als keimzellmutagen nach der Kategorie 1A oder 1B,
   c) als karzinogen nach der Kategorie 1A oder 1B,

Mutterschutzgesetz § 11

d) als spezifisch zielorgantoxisch nach einmaliger Exposition nach der Kategorie 1 oder
e) als akut toxisch nach der Kategorie 1, 2 oder 3,
2. Blei und Bleiderivaten, soweit die Gefahr besteht, dass diese Stoffe vom menschlichen Körper aufgenommen werden, oder
3. Gefahrstoffen, die als Stoffe ausgewiesen sind, die auch bei Einhaltung der arbeitsplatzbezogenen Vorgaben möglicherweise zu einer Fruchtschädigung führen können.

Eine unverantwortbare Gefährdung im Sinne von Satz 1 oder 2 gilt insbesondere als ausgeschlossen,
1. wenn
   a) für den jeweiligen Gefahrstoff die arbeitsplatzbezogenen Vorgaben eingehalten werden und es sich um einen Gefahrstoff handelt, der als Stoff ausgewiesen ist, der bei Einhaltung der arbeitsplatzbezogenen Vorgaben hinsichtlich einer Fruchtschädigung als sicher bewertet wird, oder
   b) der Gefahrstoff nicht in der Lage ist, die Plazentaschranke zu überwinden, oder aus anderen Gründen ausgeschlossen ist, dass eine Fruchtschädigung eintritt, und
2. wenn der Gefahrstoff nach den Kriterien des Anhangs I zur Verordnung (EG) Nr. 1272/2008 nicht als reproduktionstoxisch nach der Zusatzkategorie für Wirkungen auf oder über die Laktation zu bewerten ist.

Die vom Ausschuss für Mutterschutz ermittelten wissenschaftlichen Erkenntnisse sind zu beachten.

(2) Der Arbeitgeber darf eine schwangere Frau keine Tätigkeiten ausüben lassen und sie keinen Arbeitsbedingungen aussetzen, bei denen sie in einem Maß mit Biostoffen der Risikogruppe 2, 3 oder 4 im Sinne von § 3 Absatz 1 der Biostoffverordnung in Kontakt kommt oder kommen kann, dass dies für sie oder für ihr Kind eine unverantwortbare Gefährdung darstellt. Eine unverantwortbare Gefährdung im Sinne von Satz 1 liegt insbesondere vor, wenn die schwangere Frau Tätigkeiten ausübt oder Arbeitsbedingungen ausgesetzt ist, bei denen sie mit folgenden Biostoffen in Kontakt kommt oder kommen kann:
1. mit Biostoffen, die in die Risikogruppe 4 im Sinne von § 3 Absatz 1 der Biostoffverordnung einzustufen sind, oder
2. mit Rötelnvirus oder mit Toxoplasma.

Die Sätze 1 und 2 gelten auch, wenn der Kontakt mit Biostoffen im Sinne von Satz 1 oder 2 therapeutische Maßnahmen erforderlich macht oder machen kann, die selbst eine unverantwortbare Gefährdung darstellen. Eine unverantwortbare Gefährdung im Sinne von Satz 1 oder 2 gilt insbesondere als ausgeschlossen, wenn die schwangere Frau über einen ausreichenden Immunschutz verfügt.

(3) Der Arbeitgeber darf eine schwangere Frau keine Tätigkeiten ausüben lassen und sie keinen Arbeitsbedingungen aussetzen, bei denen sie physikalischen Einwirkungen in einem Maß ausgesetzt ist oder sein kann, dass dies für sie oder für ihr Kind eine unverantwortbare Gefährdung darstellt. Als physikalische Einwirkungen im Sinne von Satz 1 sind insbesondere zu berücksichtigen:
1. ionisierende und nicht ionisierende Strahlungen,
2. Erschütterungen, Vibrationen und Lärm sowie
3. Hitze, Kälte und Nässe.

(4) Der Arbeitgeber darf eine schwangere Frau keine Tätigkeiten ausüben lassen und sie keinen Arbeitsbedingungen aussetzen, bei denen sie einer belastenden Arbeitsumgebung in einem Maß ausgesetzt ist oder sein kann, dass dies für sie oder für ihr Kind eine unverantwortbare Gefährdung darstellt. Der Arbeitgeber darf eine schwangere Frau insbesondere keine Tätigkeiten ausüben lassen

1. in Räumen mit einem Überdruck im Sinne von § 2 der Druckluftverordnung,
2. in Räumen mit sauerstoffreduzierter Atmosphäre oder
3. im Bergbau unter Tage.

(5) Der Arbeitgeber darf eine schwangere Frau keine Tätigkeiten ausüben lassen und sie keinen Arbeitsbedingungen aussetzen, bei denen sie körperlichen Belastungen oder mechanischen Einwirkungen in einem Maß ausgesetzt ist oder sein kann, dass dies für sie oder für ihr Kind eine unverantwortbare Gefährdung darstellt. Der Arbeitgeber darf eine schwangere Frau insbesondere keine Tätigkeiten ausüben lassen, bei denen
1. sie ohne mechanische Hilfsmittel regelmäßig Lasten von mehr als 5 Kilogramm Gewicht oder gelegentlich Lasten von mehr als 10 Kilogramm Gewicht von Hand heben, halten, bewegen oder befördern muss,
2. sie mit mechanischen Hilfsmitteln Lasten von Hand heben, halten, bewegen oder befördern muss und dabei ihre körperliche Beanspruchung der von Arbeiten nach Nummer 1 entspricht,
3. sie nach Ablauf des fünften Monats der Schwangerschaft überwiegend bewegungsarm ständig stehen muss und wenn diese Tätigkeit täglich vier Stunden überschreitet,
4. sie sich häufig erheblich strecken, beugen, dauernd hocken, sich gebückt halten oder sonstige Zwangshaltungen einnehmen muss,
5. sie auf Beförderungsmitteln eingesetzt wird, wenn dies für sie oder für ihr Kind eine unverantwortbare Gefährdung darstellt,
6. Unfälle, insbesondere durch Ausgleiten, Fallen oder Stürzen, oder Tätlichkeiten zu befürchten sind, die für sie oder für ihr Kind eine unverantwortbare Gefährdung darstellen,
7. sie eine Schutzausrüstung tragen muss und das Tragen eine Belastung darstellt oder
8. eine Erhöhung des Drucks im Bauchraum zu befürchten ist, insbesondere bei Tätigkeiten mit besonderer Fußbeanspruchung.

(6) Der Arbeitgeber darf eine schwangere Frau folgende Arbeiten nicht ausüben lassen:
1. Akkordarbeit oder sonstige Arbeiten, bei denen durch ein gesteigertes Arbeitstempo ein höheres Entgelt erzielt werden kann,
2. Fließarbeit oder
3. getaktete Arbeit mit vorgeschriebenem Arbeitstempo, wenn die Art der Arbeit oder das Arbeitstempo für die schwangere Frau oder für ihr Kind eine unverantwortbare Gefährdung darstellt.

§ 12 Unzulässige Tätigkeiten und Arbeitsbedingungen für stillende Frauen

(1) Der Arbeitgeber darf eine stillende Frau keine Tätigkeiten ausüben lassen und sie keinen Arbeitsbedingungen aussetzen, bei denen sie in einem Maß Gefahrstoffen ausgesetzt ist oder sein kann, dass dies für sie oder für ihr Kind eine unverantwortbare Gefährdung darstellt. Eine unverantwortbare Gefährdung im Sinne von Satz 1 liegt insbesondere vor, wenn die stillende Frau Tätigkeiten ausübt oder Arbeitsbedingungen ausgesetzt ist, bei denen sie folgenden Gefahrstoffen ausgesetzt ist oder sein kann:
1. Gefahrstoffen, die nach den Kriterien des Anhangs I zur Verordnung (EG) Nr. 1272/2008 als reproduktionstoxisch nach der Zusatzkategorie für Wirkungen auf oder über die Laktation zu bewerten sind oder
2. Blei und Bleiderivaten, soweit die Gefahr besteht, dass diese Stoffe vom menschlichen Körper aufgenommen werden.

(2) Der Arbeitgeber darf eine stillende Frau keine Tätigkeiten ausüben lassen und sie keinen Arbeitsbedingungen aussetzen, bei denen sie in einem Maß mit Biostoffen der Risikogruppe 2, 3 oder 4 im Sinne von § 3 Absatz 1 der Biostoffverordnung in Kontakt kommt oder kommen

kann, dass dies für sie oder für ihr Kind eine unverantwortbare Gefährdung darstellt. Eine unverantwortbare Gefährdung im Sinne von Satz 1 liegt insbesondere vor, wenn die stillende Frau Tätigkeiten ausübt oder Arbeitsbedingungen ausgesetzt ist, bei denen sie mit Biostoffen in Kontakt kommt oder kommen kann, die in die Risikogruppe 4 im Sinne von § 3 Absatz 1 der Biostoffverordnung einzustufen sind. Die Sätze 1 und 2 gelten auch, wenn der Kontakt mit Biostoffen im Sinne von Satz 1 oder 2 therapeutische Maßnahmen erforderlich macht oder machen kann, die selbst eine unverantwortbare Gefährdung darstellen. Eine unverantwortbare Gefährdung im Sinne von Satz 1 oder 2 gilt als ausgeschlossen, wenn die stillende Frau über einen ausreichenden Immunschutz verfügt.

(3) Der Arbeitgeber darf eine stillende Frau keine Tätigkeiten ausüben lassen und sie keinen Arbeitsbedingungen aussetzen, bei denen sie physikalischen Einwirkungen in einem Maß ausgesetzt ist oder sein kann, dass dies für sie oder für ihr Kind eine unverantwortbare Gefährdung darstellt. Als physikalische Einwirkungen im Sinne von Satz 1 sind insbesondere ionisierende und nicht ionisierende Strahlungen zu berücksichtigen.

(4) Der Arbeitgeber darf eine stillende Frau keine Tätigkeiten ausüben lassen und sie keinen Arbeitsbedingungen aussetzen, bei denen sie einer belastenden Arbeitsumgebung in einem Maß ausgesetzt ist oder sein kann, dass dies für sie oder für ihr Kind eine unverantwortbare Gefährdung darstellt. Der Arbeitgeber darf eine stillende Frau insbesondere keine Tätigkeiten ausüben lassen
1. in Räumen mit einem Überdruck im Sinne von § 2 der Druckluftverordnung oder
2. im Bergbau unter Tage.

(5) Der Arbeitgeber darf eine stillende Frau folgende Arbeiten nicht ausüben lassen:
1. Akkordarbeit oder sonstige Arbeiten, bei denen durch ein gesteigertes Arbeitstempo ein höheres Entgelt erzielt werden kann,
2. Fließarbeit oder
3. getaktete Arbeit mit vorgeschriebenem Arbeitstempo, wenn die Art der Arbeit oder das Arbeitstempo für die stillende Frau oder für ihr Kind eine unverantwortbare Gefährdung darstellt.

§ 13 Rangfolge der Schutzmaßnahmen: Umgestaltung der Arbeitsbedingungen, Arbeitsplatzwechsel und betriebliches Beschäftigungsverbot

(1) Werden unverantwortbare Gefährdungen im Sinne von § 9, § 11 oder § 12 festgestellt, hat der Arbeitgeber für jede Tätigkeit einer schwangeren oder stillenden Frau Schutzmaßnahmen in folgender Rangfolge zu treffen:
1. Der Arbeitgeber hat die Arbeitsbedingungen für die schwangere oder stillende Frau durch Schutzmaßnahmen nach Maßgabe des § 9 Absatz 2 umzugestalten.
2. Kann der Arbeitgeber unverantwortbare Gefährdungen für die schwangere oder stillende Frau nicht durch die Umgestaltung der Arbeitsbedingungen nach Nummer 1 ausschließen oder ist eine Umgestaltung wegen des nachweislich unverhältnismäßigen Aufwandes nicht zumutbar, hat der Arbeitgeber die Frau an einem anderen geeigneten Arbeitsplatz einzusetzen, wenn er einen solchen Arbeitsplatz zur Verfügung stellen kann und dieser Arbeitsplatz der schwangeren oder stillenden Frau zumutbar ist.
3. Kann der Arbeitgeber unverantwortbare Gefährdungen für die schwangere oder stillende Frau weder durch Schutzmaßnahmen nach Nummer 1 noch durch einen Arbeitsplatzwechsel nach Nummer 2 ausschließen, darf er die schwangere oder stillende Frau nicht weiter beschäftigen.

(2) Der Auftraggeber oder Zwischenmeister darf keine Heimarbeit an schwangere oder stillende Frauen ausgeben, wenn unverantwortbare Gefährdungen nicht durch Schutzmaßnahmen nach Absatz 1 Nummer 1 ausgeschlossen werden können.

§ 14 Dokumentation und Information durch den Arbeitgeber
(1) Der Arbeitgeber hat die Beurteilung der Arbeitsbedingungen nach § 10 durch Unterlagen zu dokumentieren, aus denen Folgendes ersichtlich ist:
1. das Ergebnis der Gefährdungsbeurteilung nach § 10 Absatz 1 Satz 1 Nummer 1 und der Bedarf an Schutzmaßnahmen nach § 10 Absatz 1 Satz 1 Nummer 2,
2. die Festlegung der erforderlichen Schutzmaßnahmen nach § 10 Absatz 2 Satz 1 sowie das Ergebnis ihrer Überprüfung nach § 9 Absatz 1 Satz 2 und
3. das Angebot eines Gesprächs mit der Frau über weitere Anpassungen ihrer Arbeitsbedingungen nach § 10 Absatz 2 Satz 2 oder der Zeitpunkt eines solchen Gesprächs.

Wenn die Beurteilung nach § 10 Absatz 1 ergibt, dass die schwangere oder stillende Frau oder ihr Kind keiner Gefährdung im Sinne von § 9 Absatz 2 ausgesetzt ist oder sein kann, reicht es aus, diese Feststellung in einer für den Arbeitsplatz der Frau oder für die Tätigkeit der Frau bereits erstellten Dokumentation der Beurteilung der Arbeitsbedingungen nach § 5 des Arbeitsschutzgesetzes zu vermerken.
(2) Der Arbeitgeber hat alle Personen, die bei ihm beschäftigt sind, über das Ergebnis der Gefährdungsbeurteilung nach § 10 Absatz 1 Satz 1 Nummer 1 und über den Bedarf an Schutzmaßnahmen nach § 10 Absatz 1 Satz 1 Nummer 2 zu informieren.
(3) Der Arbeitgeber hat eine schwangere oder stillende Frau über die Gefährdungsbeurteilung nach § 10 Absatz 1 Satz 1 Nummer 1 und über die damit verbundenen für sie erforderlichen Schutzmaßnahmen nach § 10 Absatz 2 Satz 1 in Verbindung mit § 13 zu informieren.

§ 15 Mitteilungen und Nachweise der schwangeren und stillenden Frauen
(1) Eine schwangere Frau soll ihrem Arbeitgeber ihre Schwangerschaft und den voraussichtlichen Tag der Entbindung mitteilen, sobald sie weiß, dass sie schwanger ist. Eine stillende Frau soll ihrem Arbeitgeber so früh wie möglich mitteilen, dass sie stillt.
(2) Auf Verlangen des Arbeitgebers soll eine schwangere Frau als Nachweis über ihre Schwangerschaft ein ärztliches Zeugnis oder das Zeugnis einer Hebamme oder eines Entbindungspflegers vorlegen. Das Zeugnis über die Schwangerschaft soll den voraussichtlichen Tag der Entbindung enthalten.

Unterabschnitt 3: Ärztlicher Gesundheitsschutz

§ 16 Ärztliches Beschäftigungsverbot
(1) Der Arbeitgeber darf eine schwangere Frau nicht beschäftigen, soweit nach einem ärztlichen Zeugnis ihre Gesundheit oder die ihres Kindes bei Fortdauer der Beschäftigung gefährdet ist.
(2) Der Arbeitgeber darf eine Frau, die nach einem ärztlichen Zeugnis in den ersten Monaten nach der Entbindung nicht voll leistungsfähig ist, nicht mit Arbeiten beschäftigen, die ihre Leistungsfähigkeit übersteigen.

Abschnitt 3: Kündigungsschutz

§ 17 Kündigungsverbot

(1) Die Kündigung gegenüber einer Frau ist unzulässig
1. während ihrer Schwangerschaft,
2. bis zum Ablauf von vier Monaten nach einer Fehlgeburt nach der zwölften Schwangerschaftswoche und
3. bis zum Ende ihrer Schutzfrist nach der Entbindung, mindestens jedoch bis zum Ablauf von vier Monaten nach der Entbindung,

wenn dem Arbeitgeber zum Zeitpunkt der Kündigung die Schwangerschaft, die Fehlgeburt nach der zwölften Schwangerschaftswoche oder die Entbindung bekannt ist oder wenn sie ihm innerhalb von zwei Wochen nach Zugang der Kündigung mitgeteilt wird. Das Überschreiten dieser Frist ist unschädlich, wenn die Überschreitung auf einem von der Frau nicht zu vertretenden Grund beruht und die Mitteilung unverzüglich nachgeholt wird. Die Sätze 1 und 2 gelten entsprechend für Vorbereitungsmaßnahmen des Arbeitgebers, die er im Hinblick auf eine Kündigung der Frau trifft.

(2) Die für den Arbeitsschutz zuständige oberste Landesbehörde oder die von ihr bestimmte Stelle kann in besonderen Fällen, die nicht mit dem Zustand der Frau in der Schwangerschaft, nach einer Fehlgeburt nach der zwölften Schwangerschaftswoche oder nach der Entbindung in Zusammenhang stehen, ausnahmsweise die Kündigung für zulässig erklären. Die Kündigung bedarf der Schriftform und muss den Kündigungsgrund angeben.

(3) Der Auftraggeber oder Zwischenmeister darf eine in Heimarbeit beschäftigte Frau in den Fristen nach Absatz 1 Satz 1 nicht gegen ihren Willen bei der Ausgabe von Heimarbeit ausschließen; die §§ 3, 8, 11, 12, 13 Absatz 2 und § 16 bleiben unberührt. Absatz 1 gilt auch für eine Frau, die der in Heimarbeit beschäftigten Frau gleichgestellt ist und deren Gleichstellung sich auch auf § 29 des Heimarbeitsgesetzes erstreckt. Absatz 2 gilt für eine in Heimarbeit beschäftigte Frau und eine ihr Gleichgestellte entsprechend.

Abschnitt 4: Leistungen

§ 18 Mutterschutzlohn

Eine Frau, die wegen eines Beschäftigungsverbots außerhalb der Schutzfristen vor oder nach der Entbindung teilweise oder gar nicht beschäftigt werden darf, erhält von ihrem Arbeitgeber Mutterschutzlohn. Als Mutterschutzlohn wird das durchschnittliche Arbeitsentgelt der letzten drei abgerechneten Kalendermonate vor dem Eintritt der Schwangerschaft gezahlt. Dies gilt auch, wenn wegen dieses Verbots die Beschäftigung oder die Entlohnungsart wechselt. Beginnt das Beschäftigungsverhältnis erst nach Eintritt der Schwangerschaft, ist das durchschnittliche Arbeitsentgelt aus dem Arbeitsentgelt der ersten drei Monate der Beschäftigung zu berechnen.

§ 19 Mutterschaftsgeld

(1) Eine Frau, die Mitglied einer gesetzlichen Krankenkasse ist, erhält für die Zeit der Schutzfristen vor und nach der Entbindung sowie für den Entbindungstag Mutterschaftsgeld nach den Vorschriften des Fünften Buches Sozialgesetzbuch oder nach Vorschriften des Zweiten Gesetzes über die Krankenversicherung der Landwirte.

(2) Eine Frau, die nicht Mitglied einer gesetzlichen Krankenkasse ist, erhält für die Zeit der Schutzfristen vor und nach der Entbindung sowie für den Entbindungstag Mutterschaftsgeld zu Lasten des Bundes in entsprechender Anwendung der Vorschriften des Fünften Buches So-

zialgesetzbuch über das Mutterschaftsgeld, jedoch insgesamt höchstens 210 Euro. Das Mutterschaftsgeld wird dieser Frau auf Antrag vom Bundesversicherungsamt gezahlt. Endet das Beschäftigungsverhältnis nach Maßgabe von § 17 Absatz 2 durch eine Kündigung, erhält die Frau Mutterschaftsgeld in entsprechender Anwendung der Sätze 1 und 2 für die Zeit nach dem Ende des Beschäftigungsverhältnisses.

§ 20 Zuschuss zum Mutterschaftsgeld

(1) Eine Frau erhält während ihres bestehenden Beschäftigungsverhältnisses für die Zeit der Schutzfristen vor und nach der Entbindung sowie für den Entbindungstag von ihrem Arbeitgeber einen Zuschuss zum Mutterschaftsgeld. Als Zuschuss zum Mutterschaftsgeld wird der Unterschiedsbetrag zwischen 13 Euro und dem um die gesetzlichen Abzüge verminderten durchschnittlichen kalendertäglichen Arbeitsentgelt der letzten drei abgerechneten Kalendermonate vor Beginn der Schutzfrist vor der Entbindung gezahlt. Einer Frau, deren Beschäftigungsverhältnis während der Schutzfristen vor oder nach der Entbindung beginnt, wird der Zuschuss zum Mutterschaftsgeld von Beginn des Beschäftigungsverhältnisses an gezahlt.

(2) Ist eine Frau für mehrere Arbeitgeber tätig, sind für die Berechnung des Arbeitgeberzuschusses nach Absatz 1 die durchschnittlichen kalendertäglichen Arbeitsentgelte aus diesen Beschäftigungsverhältnissen zusammenzurechnen. Den sich daraus ergebenden Betrag zahlen die Arbeitgeber anteilig im Verhältnis der von ihnen gezahlten durchschnittlichen kalendertäglichen Arbeitsentgelte.

(3) Endet das Beschäftigungsverhältnis nach Maßgabe von § 17 Absatz 2 durch eine Kündigung, erhält die Frau für die Zeit nach dem Ende des Beschäftigungsverhältnisses den Zuschuss zum Mutterschaftsgeld nach Absatz 1 von der für die Zahlung des Mutterschaftsgeldes zuständigen Stelle. Satz 1 gilt entsprechend, wenn der Arbeitgeber wegen eines Insolvenzereignisses im Sinne von § 165 Absatz 1 Satz 2 des Dritten Buches Sozialgesetzbuch den Zuschuss nach Absatz 1 nicht zahlen kann.

§ 21 Ermittlung des durchschnittlichen Arbeitsentgelts

(1) Bei der Bestimmung des Berechnungszeitraumes für die Ermittlung des durchschnittlichen Arbeitsentgelts für die Leistungen nach den §§ 18 bis 20 bleiben Zeiten unberücksichtigt, in denen die Frau infolge unverschuldeter Fehlzeiten kein Arbeitsentgelt erzielt hat. War das Beschäftigungsverhältnis kürzer als drei Monate, ist der Berechnung der tatsächliche Zeitraum des Beschäftigungsverhältnisses zugrunde zu legen.

(2) Für die Ermittlung des durchschnittlichen Arbeitsentgelts für die Leistungen nach den §§ 18 bis 20 bleiben unberücksichtigt:
1. einmalig gezahltes Arbeitsentgelt im Sinne von § 23a des Vierten Buches Sozialgesetzbuch,
2. Kürzungen des Arbeitsentgelts, die im Berechnungszeitraum infolge von Kurzarbeit, Arbeitsausfällen oder unverschuldetem Arbeitsversäumnis eintreten, und
3. im Fall der Beendigung der Elternzeit nach dem Bundeselterngeld- und Elternzeitgesetz das Arbeitsentgelt aus Teilzeitbeschäftigung, das vor der Beendigung der Elternzeit während der Elternzeit erzielt wurde, soweit das durchschnittliche Arbeitsentgelt ohne die Berücksichtigung der Zeiten, in denen dieses Arbeitsentgelt erzielt wurde, höher ist.

(3) Ist die Ermittlung des durchschnittlichen Arbeitsentgelts entsprechend den Absätzen 1 und 2 nicht möglich, ist das durchschnittliche kalendertägliche Arbeitsentgelt einer vergleichbar beschäftigten Person zugrunde zu legen.

Mutterschutzgesetz §§ 22–26

(4) Bei einer dauerhaften Änderung der Arbeitsentgelthöhe ist die geänderte Arbeitsentgelthöhe bei der Ermittlung des durchschnittlichen Arbeitsentgelts für die Leistungen nach den §§ 18 bis 20 zugrunde zu legen, und zwar
1. für den gesamten Berechnungszeitraum, wenn die Änderung während des Berechnungszeitraums wirksam wird,
2. ab Wirksamkeit der Änderung der Arbeitsentgelthöhe, wenn die Änderung der Arbeitsentgelthöhe nach dem Berechnungszeitraum wirksam wird.

§ 22 Leistungen während der Elternzeit
Während der Elternzeit sind Ansprüche auf Leistungen nach den §§ 18 und 20 aus dem wegen der Elternzeit ruhenden Arbeitsverhältnis ausgeschlossen. Übt die Frau während der Elternzeit eine Teilzeitarbeit aus, ist für die Ermittlung des durchschnittlichen Arbeitsentgelts nur das Arbeitsentgelt aus dieser Teilzeitarbeit zugrunde zu legen.

§ 23 Entgelt bei Freistellung für Untersuchungen und zum Stillen
(1) Durch die Gewährung der Freistellung nach § 7 darf bei der schwangeren oder stillenden Frau kein Entgeltausfall eintreten. Freistellungszeiten sind weder vor- noch nachzuarbeiten. Sie werden nicht auf Ruhepausen angerechnet, die im Arbeitszeitgesetz oder in anderen Vorschriften festgelegt sind.
(2) Der Auftraggeber oder Zwischenmeister hat einer in Heimarbeit beschäftigten Frau und der ihr Gleichgestellten für die Stillzeit ein Entgelt zu zahlen, das nach der Höhe des durchschnittlichen Stundenentgelts für jeden Werktag zu berechnen ist. Ist eine Frau für mehrere Auftraggeber oder Zwischenmeister tätig, haben diese das Entgelt für die Stillzeit zu gleichen Teilen zu zahlen. Auf das Entgelt finden die Vorschriften der §§ 23 bis 25 des Heimarbeitsgesetzes über den Entgeltschutz Anwendung.

§ 24 Fortbestehen des Erholungsurlaubs bei Beschäftigungsverboten
Für die Berechnung des Anspruchs auf bezahlten Erholungsurlaub gelten die Ausfallzeiten wegen eines Beschäftigungsverbots als Beschäftigungszeiten. Hat eine Frau ihren Urlaub vor Beginn eines Beschäftigungsverbots nicht oder nicht vollständig erhalten, kann sie nach dem Ende des Beschäftigungsverbots den Resturlaub im laufenden oder im nächsten Urlaubsjahr beanspruchen.

§ 25 Beschäftigung nach dem Ende des Beschäftigungsverbots
Mit dem Ende eines Beschäftigungsverbots im Sinne von § 2 Absatz 3 hat eine Frau das Recht, entsprechend den vertraglich vereinbarten Bedingungen beschäftigt zu werden.

Abschnitt 5: Durchführung des Gesetzes

§ 26 Aushang des Gesetzes
(1) In Betrieben und Verwaltungen, in denen regelmäßig mehr als drei Frauen beschäftigt werden, hat der Arbeitgeber eine Kopie dieses Gesetzes an geeigneter Stelle zur Einsicht auszulegen oder auszuhängen. Dies gilt nicht, wenn er das Gesetz für die Personen, die bei ihm beschäftigt sind, in einem elektronischen Verzeichnis jederzeit zugänglich gemacht hat.
(2) Für eine in Heimarbeit beschäftigte Frau oder eine ihr Gleichgestellte muss der Auftraggeber oder Zwischenmeister in den Räumen der Ausgabe oder Abnahme von Heimarbeit eine Kopie dieses Gesetzes an geeigneter Stelle zur Einsicht auslegen oder aushängen. Absatz 1 Satz 2 gilt entsprechend.

§ 27 Mitteilungs- und Aufbewahrungspflichten des Arbeitgebers, Offenbarungsverbot der mit der Überwachung beauftragten Personen

(1) Der Arbeitgeber hat die Aufsichtsbehörde unverzüglich zu benachrichtigen,
1. wenn eine Frau ihm mitgeteilt hat,
   a) dass sie schwanger ist oder
   b) dass sie stillt, es sei denn, er hat die Aufsichtsbehörde bereits über die Schwangerschaft dieser Frau benachrichtigt, oder
2. wenn er beabsichtigt, eine schwangere oder stillende Frau zu beschäftigen
   a) bis 22 Uhr nach den Vorgaben des § 5 Absatz 2 Satz 2 und 3,
   b) an Sonn- und Feiertagen nach den Vorgaben des § 6 Absatz 1 Satz 2 und 3 oder Absatz 2 Satz 2 und 3 oder
   c) mit getakteter Arbeit im Sinne von § 11 Absatz 6 Nummer 3 oder § 12 Absatz 5 Nummer 3.

Er darf diese Informationen nicht unbefugt an Dritte weitergeben.

(2) Der Arbeitgeber hat der Aufsichtsbehörde auf Verlangen die Angaben zu machen, die zur Erfüllung der Aufgaben dieser Behörde erforderlich sind. Er hat die Angaben wahrheitsgemäß, vollständig und rechtzeitig zu machen.

(3) Der Arbeitgeber hat der Aufsichtsbehörde auf Verlangen die Unterlagen zur Einsicht vorzulegen oder einzusenden, aus denen Folgendes ersichtlich ist:
1. die Namen der schwangeren oder stillenden Frauen, die bei ihm beschäftigt sind,
2. die Art und der zeitliche Umfang ihrer Beschäftigung,
3. die Entgelte, die an sie gezahlt worden sind,
4. die Ergebnisse der Beurteilung der Arbeitsbedingungen nach § 10 und
5. alle sonstigen nach Absatz 2 erforderlichen Angaben.

(4) Die auskunftspflichtige Person kann die Auskunft auf solche Fragen oder die Vorlage derjenigen Unterlagen verweigern, deren Beantwortung oder Vorlage sie selbst oder einen ihrer in § 383 Absatz 1 Nummer 1 bis 3 der Zivilprozessordnung bezeichneten Angehörigen der Gefahr der Verfolgung wegen einer Straftat oder Ordnungswidrigkeit aussetzen würde. Die auskunftspflichtige Person ist darauf hinzuweisen.

(5) Der Arbeitgeber hat die in Absatz 3 genannten Unterlagen mindestens bis zum Ablauf von zwei Jahren nach der letzten Eintragung aufzubewahren.

(6) Die mit der Überwachung beauftragten Personen der Aufsichtsbehörde dürfen die ihnen bei ihrer Überwachungstätigkeit zur Kenntnis gelangten Geschäfts- und Betriebsgeheimnisse nur in den gesetzlich geregelten Fällen oder zur Verfolgung von Rechtsverstößen oder zur Erfüllung von gesetzlich geregelten Aufgaben zum Schutz der Umwelt den dafür zuständigen Behörden offenbaren. Soweit es sich bei Geschäfts- und Betriebsgeheimnissen um Informationen über die Umwelt im Sinne des Umweltinformationsgesetzes handelt, richtet sich die Befugnis zu ihrer Offenbarung nach dem Umweltinformationsgesetz.

§ 28 Behördliches Genehmigungsverfahren für eine Beschäftigung zwischen 20 Uhr und 22 Uhr

(1) Die Aufsichtsbehörde kann abweichend von § 5 Absatz 1 Satz 1 auf Antrag des Arbeitgebers genehmigen, dass eine schwangere oder stillende Frau zwischen 20 Uhr und 22 Uhr beschäftigt wird, wenn
1. sich die Frau dazu ausdrücklich bereit erklärt,
2. nach ärztlichem Zeugnis nichts gegen die Beschäftigung der Frau bis 22 Uhr spricht und
3. insbesondere eine unverantwortbare Gefährdung für die schwangere Frau oder ihr Kind durch Alleinarbeit ausgeschlossen ist.

Dem Antrag ist die Dokumentation der Beurteilung der Arbeitsbedingungen nach § 14 Absatz 1 beizufügen. Die schwangere oder stillende Frau kann ihre Erklärung nach Satz 1 Nummer 1 jederzeit mit Wirkung für die Zukunft widerrufen.

(2) Solange die Aufsichtsbehörde den Antrag nicht ablehnt oder die Beschäftigung zwischen 20 Uhr und 22 Uhr nicht vorläufig untersagt, darf der Arbeitgeber die Frau unter den Voraussetzungen des Absatzes 1 beschäftigen. Die Aufsichtsbehörde hat dem Arbeitgeber nach Eingang des Antrags unverzüglich eine Mitteilung zu machen, wenn die für den Antrag nach Absatz 1 erforderlichen Unterlagen unvollständig sind. Die Aufsichtsbehörde kann die Beschäftigung vorläufig untersagen, soweit dies erforderlich ist, um den Schutz der Gesundheit der Frau oder ihres Kindes sicherzustellen.

(3) Lehnt die Aufsichtsbehörde den Antrag nicht innerhalb von sechs Wochen nach Eingang des vollständigen Antrags ab, gilt die Genehmigung als erteilt. Auf Verlangen ist dem Arbeitgeber der Eintritt der Genehmigungsfiktion (§ 42a des Verwaltungsverfahrensgesetzes) zu bescheinigen.

(4) Im Übrigen gelten die Vorschriften des Verwaltungsverfahrensgesetzes.

§ 29 Zuständigkeit und Befugnisse der Aufsichtsbehörden, Jahresbericht

(1) Die Aufsicht über die Ausführung der Vorschriften dieses Gesetzes und der aufgrund dieses Gesetzes erlassenen Vorschriften obliegt den nach Landesrecht zuständigen Behörden (Aufsichtsbehörden).

(2) Die Aufsichtsbehörden haben dieselben Befugnisse wie die nach § 22 Absatz 2 und 3 des Arbeitsschutzgesetzes mit der Überwachung beauftragten Personen. Das Grundrecht der Unverletzlichkeit der Wohnung (Artikel 13 des Grundgesetzes) wird insoweit eingeschränkt.

(3) Die Aufsichtsbehörde kann in Einzelfällen die erforderlichen Maßnahmen anordnen, die der Arbeitgeber zur Erfüllung derjenigen Pflichten zu treffen hat, die sich aus Abschnitt 2 dieses Gesetzes und aus den aufgrund des § 31 Nummer 1 bis 5 erlassenen Rechtsverordnungen ergeben. Insbesondere kann die Aufsichtsbehörde:

1. in besonders begründeten Einzelfällen Ausnahmen vom Verbot der Mehrarbeit nach § 4 Absatz 1 Satz 1, 2 oder 4 sowie vom Verbot der Nachtarbeit auch zwischen 22 Uhr und 6 Uhr nach § 5 Absatz 1 Satz 1 oder Absatz 2 Satz 1 bewilligen, wenn
   a) sich die Frau dazu ausdrücklich bereit erklärt,
   b) nach ärztlichem Zeugnis nichts gegen die Beschäftigung spricht und
   c) in den Fällen des § 5 Absatz 1 Satz 1 oder Absatz 2 Satz 1 insbesondere eine unverantwortbare Gefährdung für die schwangere Frau oder ihr Kind durch Alleinarbeit ausgeschlossen ist,
2. verbieten, dass ein Arbeitgeber eine schwangere oder stillende Frau
   a) nach § 5 Absatz 2 Satz 2 zwischen 20 Uhr und 22 Uhr beschäftigt oder
   b) nach § 6 Absatz 1 Satz 2 oder nach § 6 Absatz 2 Satz 2 an Sonn- und Feiertagen beschäftigt,
3. Einzelheiten zur Freistellung zum Stillen nach § 7 Absatz 2 und zur Bereithaltung von Räumlichkeiten, die zum Stillen geeignet sind, anordnen,
4. Einzelheiten zur zulässigen Arbeitsmenge nach § 8 anordnen,
5. Schutzmaßnahmen nach § 9 Absatz 1 bis 3 und nach § 13 anordnen,
6. Einzelheiten zu Art und Umfang der Beurteilung der Arbeitsbedingungen nach § 10 anordnen,
7. bestimmte Tätigkeiten oder Arbeitsbedingungen nach § 11 oder nach § 12 verbieten,

8. Ausnahmen von den Vorschriften des § 11 Absatz 6 Nummer 1 und 2 und des § 12 Absatz 5 Nummer 1 und 2 bewilligen, wenn die Art der Arbeit und das Arbeitstempo keine unverantwortbare Gefährdung für die schwangere oder stillende Frau oder für ihr Kind darstellen, und
9. Einzelheiten zu Art und Umfang der Dokumentation und Information nach § 14 anordnen.

Die schwangere oder stillende Frau kann ihre Erklärung nach Satz 2 Nummer 1 Buchstabe a jederzeit mit Wirkung für die Zukunft widerrufen.

(4) Die Aufsichtsbehörde berät den Arbeitgeber bei der Erfüllung seiner Pflichten nach diesem Gesetz sowie die bei ihm beschäftigten Personen zu ihren Rechten und Pflichten nach diesem Gesetz; dies gilt nicht für die Rechte und Pflichten nach den §§ 18 bis 22.

(5) Für Betriebe und Verwaltungen im Geschäftsbereich des Bundesministeriums der Verteidigung wird die Aufsicht nach Absatz 1 durch das Bundesministerium der Verteidigung oder die von ihm bestimmte Stelle in eigener Zuständigkeit durchgeführt.

(6) Die zuständigen obersten Landesbehörden haben über die Überwachungstätigkeit der ihnen unterstellten Behörden einen Jahresbericht zu veröffentlichen. Der Jahresbericht umfasst auch Angaben zur Erfüllung von Unterrichtungspflichten aus internationalen Übereinkommen oder Rechtsakten der Europäischen Union, soweit sie den Mutterschutz betreffen.

§ 30 Ausschuss für Mutterschutz

(1) Beim Bundesministerium für Familie, Senioren, Frauen und Jugend wird ein Ausschuss für Mutterschutz gebildet, in dem geeignete Personen vonseiten der öffentlichen und privaten Arbeitgeber, der Ausbildungsstellen, der Gewerkschaften, der Studierendenvertretungen und der Landesbehörden sowie weitere geeignete Personen, insbesondere aus der Wissenschaft, vertreten sein sollen. Dem Ausschuss sollen nicht mehr als 15 Mitglieder angehören. Für jedes Mitglied ist ein stellvertretendes Mitglied zu benennen. Die Mitgliedschaft im Ausschuss für Mutterschutz ist ehrenamtlich.

(2) Das Bundesministerium für Familie, Senioren, Frauen und Jugend beruft im Einvernehmen mit dem Bundesministerium für Arbeit und Soziales, dem Bundesministerium für Gesundheit und dem Bundesministerium für Bildung und Forschung die Mitglieder des Ausschusses für Mutterschutz und die stellvertretenden Mitglieder. Der Ausschuss gibt sich eine Geschäftsordnung und wählt die Vorsitzende oder den Vorsitzenden aus seiner Mitte. Die Geschäftsordnung und die Wahl der oder des Vorsitzenden bedürfen der Zustimmung des Bundesministeriums für Familie, Senioren, Frauen und Jugend. Die Zustimmung erfolgt im Einvernehmen mit dem Bundesministerium für Arbeit und Soziales und dem Bundesministerium für Gesundheit.

(3) Zu den Aufgaben des Ausschusses für Mutterschutz gehört es,
1. Art, Ausmaß und Dauer der möglichen unverantwortbaren Gefährdungen einer schwangeren oder stillenden Frau und ihres Kindes nach wissenschaftlichen Erkenntnissen zu ermitteln und zu begründen,
2. sicherheitstechnische, arbeitsmedizinische und arbeitshygienische Regeln zum Schutz der schwangeren oder stillenden Frau und ihres Kindes aufzustellen und
3. das Bundesministerium für Familie, Senioren, Frauen und Jugend in allen mutterschutzbezogenen Fragen zu beraten.

Der Ausschuss arbeitet eng mit den Ausschüssen nach § 18 Absatz 2 Nummer 5 des Arbeitsschutzgesetzes zusammen.

(4) Nach Prüfung durch das Bundesministerium für Familie, Senioren, Frauen und Jugend, durch das Bundesministerium für Arbeit und Soziales, durch das Bundesministerium für Gesundheit und durch das Bundesministerium für Bildung und Forschung kann das Bundesminis-

terium für Familie, Senioren, Frauen und Jugend im Einvernehmen mit den anderen in diesem Absatz genannten Bundesministerien die vom Ausschuss für Mutterschutz nach Absatz 3 aufgestellten Regeln und Erkenntnisse im Gemeinsamen Ministerialblatt veröffentlichen.

(5) Die Bundesministerien sowie die obersten Landesbehörden können zu den Sitzungen des Ausschusses für Mutterschutz Vertreterinnen oder Vertreter entsenden. Auf Verlangen ist ihnen in der Sitzung das Wort zu erteilen.

(6) Die Geschäfte des Ausschusses für Mutterschutz werden vom Bundesamt für Familie und zivilgesellschaftliche Aufgaben geführt.

§ 31 Erlass von Rechtsverordnungen

Die Bundesregierung wird ermächtigt, durch Rechtsverordnung mit Zustimmung des Bundesrates Folgendes zu regeln:
1. nähere Bestimmungen zum Begriff der unverantwortbaren Gefährdung nach § 9 Absatz 2 Satz 2 und 3,
2. nähere Bestimmungen zur Durchführung der erforderlichen Schutzmaßnahmen nach § 9 Absatz 1 und 2 und nach § 13,
3. nähere Bestimmungen zu Art und Umfang der Beurteilung der Arbeitsbedingungen nach § 10,
4. Festlegungen von unzulässigen Tätigkeiten und Arbeitsbedingungen im Sinne von § 11 oder § 12 oder von anderen nach diesem Gesetz unzulässigen Tätigkeiten und Arbeitsbedingungen,
5. nähere Bestimmungen zur Dokumentation und Information nach § 14,
6. nähere Bestimmungen zur Ermittlung des durchschnittlichen Arbeitsentgelts im Sinne der §§ 18 bis 22 und
7. nähere Bestimmungen zum erforderlichen Inhalt der Benachrichtigung, ihrer Form, der Art und Weise der Übermittlung sowie die Empfänger der vom Arbeitgeber nach § 27 zu meldenden Informationen.

Abschnitt 6: Bußgeldvorschriften, Strafvorschriften

§ 32 Bußgeldvorschriften

(1) Ordnungswidrig handelt, wer vorsätzlich oder fahrlässig
1. entgegen § 3 Absatz 1 Satz 1, auch in Verbindung mit Satz 4, entgegen § 3 Absatz 2 Satz 1, auch in Verbindung mit Satz 2 oder 3, entgegen § 3 Absatz 3 Satz 1, § 4 Absatz 1 Satz 1, 2 oder 4 oder § 5 Absatz 1 Satz 1, § 6 Absatz 1 Satz 1, § 13 Absatz 1 Nummer 3 oder § 16 eine Frau beschäftigt,
2. entgegen § 4 Absatz 2 eine Ruhezeit nicht, nicht richtig oder nicht rechtzeitig gewährt,
3. entgegen § 5 Absatz 2 Satz 1 oder § 6 Absatz 2 Satz 1 eine Frau tätig werden lässt,
4. entgegen § 7 Absatz 1 Satz 1, auch in Verbindung mit Satz 2, oder entgegen § 7 Absatz 2 Satz 1 eine Frau nicht freistellt,
5. entgegen § 8 oder § 13 Absatz 2 Heimarbeit ausgibt,
7. entgegen § 10 Absatz 2 Satz 1, auch in Verbindung mit einer Rechtsverordnung nach § 31 Nummer 3, eine Schutzmaßnahme nicht, nicht richtig oder nicht rechtzeitig festlegt,
8. entgegen § 10 Absatz 3 eine Frau eine andere als die dort bezeichnete Tätigkeit ausüben lässt,
9. entgegen § 14 Absatz 1 Satz 1 in Verbindung mit einer Rechtsverordnung nach § 31 Nummer 5 eine Dokumentation nicht, nicht richtig, nicht vollständig oder nicht rechtzeitig erstellt,

10. entgegen § 14 Absatz 2 oder 3, jeweils in Verbindung mit einer Rechtsverordnung nach § 31 Nummer 5, eine Information nicht, nicht richtig, nicht vollständig oder nicht rechtzeitig gibt,
11. entgegen § 27 Absatz 1 Satz 1 die Aufsichtsbehörde nicht, nicht richtig oder nicht rechtzeitig benachrichtigt,
12. entgegen § 27 Absatz 1 Satz 2 eine Information weitergibt,
13. entgegen § 27 Absatz 2 eine Angabe nicht, nicht richtig, nicht vollständig oder nicht rechtzeitig macht,
14. entgegen § 27 Absatz 3 eine Unterlage nicht, nicht richtig oder nicht rechtzeitig vorlegt oder nicht oder nicht rechtzeitig einsendet,
15. entgegen § 27 Absatz 5 eine Unterlage nicht oder nicht mindestens zwei Jahre aufbewahrt,
16. einer vollziehbaren Anordnung nach § 29 Absatz 3 Satz 1 zuwiderhandelt oder
17. einer Rechtsverordnung nach § 31 Nummer 4 oder einer vollziehbaren Anordnung aufgrund einer solchen Rechtsverordnung zuwiderhandelt, soweit die Rechtsverordnung für einen bestimmten Tatbestand auf diese Bußgeldvorschrift verweist.

(2) Die Ordnungswidrigkeit kann in den Fällen des Absatzes 1 Nummer 1 bis 5, 8, 16 und 17 mit einer Geldbuße bis zu dreißigtausend Euro, in den übrigen Fällen mit einer Geldbuße bis zu fünftausend Euro geahndet werden.

§ 33 Strafvorschriften

Wer eine in § 32 Absatz 1 Nummer 1 bis 5, 8, 16 und 17 bezeichnete vorsätzliche Handlung begeht und dadurch die Gesundheit der Frau oder ihres Kindes gefährdet, wird mit Freiheitsstrafe bis zu einem Jahr oder mit Geldstrafe bestraft.

Abschnitt 7: Schlussvorschriften

§ 34 Evaluationsbericht

Die Bundesregierung legt dem Deutschen Bundestag zum 1. Januar 2021 einen Evaluationsbericht über die Auswirkungen des Gesetzes vor. Schwerpunkte des Berichts sollen die Handhabbarkeit der gesetzlichen Regelung in der betrieblichen und behördlichen Praxis, die Wirksamkeit und die Auswirkungen des Gesetzes im Hinblick auf seinen Anwendungsbereich, die Auswirkungen der Regelungen zum Verbot der Mehr- und Nachtarbeit sowie zum Verbot der Sonn- und Feiertagsarbeit und die Arbeit des Ausschusses für Mutterschutz sein. Der Bericht darf keine personenbezogenen Daten enthalten.

Gesetz über den Nachweis der für ein Arbeitsverhältnis geltenden wesentlichen Bedingungen (Nachweisgesetz – NachwG)

vom 20. Juli 1995 (BGBl. I 1995, S. 946)
– zuletzt geändert durch Gesetz zur Stärkung der Tarifautonomie (Tarifautonomiestärkungsgesetz) vom 11. August 2014 (BGBl. I 2014, S. 1348)

§ 1 Anwendungsbereich

Dieses Gesetz gilt für alle Arbeitnehmer, es sei denn, dass sie nur zur vorübergehenden Aushilfe von höchstens einem Monat eingestellt werden. Praktikanten, die gemäß § 22 Absatz 1 des Mindestlohngesetzes als Arbeitnehmer gelten, sind Arbeitnehmer im Sinne dieses Gesetzes.

§ 2 Nachweispflicht

(1) Der Arbeitgeber hat spätestens einen Monat nach dem vereinbarten Beginn des Arbeitsverhältnisses die wesentlichen Vertragsbedingungen schriftlich niederzulegen, die Niederschrift zu unterzeichnen und dem Arbeitnehmer auszuhändigen. In die Niederschrift sind mindestens aufzunehmen:
1. der Name und die Anschrift der Vertragsparteien,
2. der Zeitpunkt des Beginns des Arbeitsverhältnisses,
3. bei befristeten Arbeitsverhältnissen: die vorhersehbare Dauer des Arbeitsverhältnisses,
4. der Arbeitsort oder, falls der Arbeitnehmer nicht nur an einem bestimmten Arbeitsort tätig sein soll, ein Hinweis darauf, dass der Arbeitnehmer an verschiedenen Orten beschäftigt werden kann,
5. eine kurze Charakterisierung oder Beschreibung der vom Arbeitnehmer zu leistenden Tätigkeit,
6. die Zusammensetzung und die Höhe des Arbeitsentgelts einschließlich der Zuschläge, der Zulagen, Prämien und Sonderzahlungen sowie anderer Bestandteile des Arbeitsentgelts und deren Fälligkeit,
7. die vereinbarte Arbeitszeit,
8. die Dauer des jährlichen Erholungsurlaubs,
9. die Fristen für die Kündigung des Arbeitsverhältnisses,
10. ein in allgemeiner Form gehaltener Hinweis auf die Tarifverträge, Betriebs- oder Dienstvereinbarungen, die auf das Arbeitsverhältnis anzuwenden sind.

Der Nachweis der wesentlichen Vertragsbedingungen in elektronischer Form ist ausgeschlossen.

(1a) Wer einen Praktikanten einstellt, hat unverzüglich nach Abschluß des Praktikumsvertrages, spätestens vor Aufnahme der Praktikantentätigkeit, die wesentlichen Vertragsbedingungen schriftlich niederzulegen, die Niederschrift zu unterzeichnen und dem Praktikanten auszuhändigen. In der Niederschrift sind mindestens aufzunehmen:
1. der Name und die Anschrift der Vertragsparteien,
2. die mit dem Praktikum verfolgten Lern- und Ausbildungsziele,
3. Beginn und Dauer des Praktikums,
4. Dauer der regelmäßigen täglichen Praktikumszeit,
5. Zahlung und Höhe der Vergütung,

6. Dauer des Urlaubs,
7. ein in allgemeiner Form gehaltener Hinweis auf die Tarifverträge, Betriebs- oder Dienstvereinbarungen, die auf das Praktikumsverhältnis anzuwenden sind.
Absatz 1 Satz 3 gilt entsprechend.

(2) Hat der Arbeitnehmer seine Arbeitsleistung länger als einen Monat außerhalb der Bundesrepublik Deutschland zu erbringen, so muss die Niederschrift dem Arbeitnehmer vor seiner Abreise ausgehändigt werden und folgende zusätzliche Angaben enthalten:
1. die Dauer der im Ausland auszuübenden Tätigkeit,
2. die Währung, in der das Arbeitsentgelt ausgezahlt wird,
3. ein zusätzliches mit dem Auslandsaufenthalt verbundenes Arbeitsentgelt und damit verbundene zusätzliche Sachleistungen,
4. die vereinbarten Bedingungen für die Rückkehr des Arbeitnehmers.

(3) Die Angaben nach Absatz 1 Satz 2 Nr. 6 bis 9 und Absatz 2 Nr. 2 und 3 können ersetzt werden durch einen Hinweis auf die einschlägigen Tarifverträge, Betriebs- oder Dienstvereinbarungen und ähnlichen Regelungen, die für das Arbeitsverhältnis gelten. Ist in den Fällen des Absatzes 1 Satz 2 Nr. 8 und 9 die jeweilige gesetzliche Regelung maßgebend, so kann hierauf verwiesen werden.

(4) Wenn dem Arbeitnehmer ein schriftlicher Arbeitsvertrag ausgehändigt worden ist, entfällt die Verpflichtung nach den Absätzen 1 und 2, soweit der Vertrag die in den Absätzen 1 bis 3 geforderten Angaben enthält.

§ 3 Änderung der Angaben

Eine Änderung der wesentlichen Vertragsbedingungen ist dem Arbeitnehmer spätestens einen Monat nach der Änderung schriftlich mitzuteilen. Satz 1 gilt nicht bei einer Änderung der gesetzlichen Vorschriften, Tarifverträge, Betriebs- oder Dienstvereinbarungen und ähnlichen Regelungen, die für das Arbeitsverhältnis gelten.

§ 4 Übergangsvorschrift

Hat das Arbeitsverhältnis bereits bei Inkrafttreten dieses Gesetzes bestanden, so ist dem Arbeitnehmer auf sein Verlangen innerhalb von zwei Monaten eine Niederschrift im Sinne des § 2 auszuhändigen. Soweit eine früher ausgestellte Niederschrift oder ein schriftlicher Arbeitsvertrag die nach diesem Gesetz erforderlichen Angaben enthält, entfällt diese Verpflichtung.

§ 5 Unabdingbarkeit

Von den Vorschriften dieses Gesetzes kann nicht zuungunsten des Arbeitnehmers abgewichen werden.

Gesetz über die Pflegezeit (Pflegezeitgesetz – PflegeZG)

vom 28. Mai 2008 (BGBl. I 2008, S. 874)

– zuletzt geändert durch Zweites Gesetz zur Stärkung der pflegerischen Versorgung und zur Änderung weiterer Vorschriften vom 21. Dezember 2015 (Zweites Pflegestärkungsgesetz – PSG II, BGBl. I 2015, S. 2424)

§ 1 Ziel des Gesetzes

Ziel des Gesetzes ist, Beschäftigten die Möglichkeit zu eröffnen, pflegebedürftige nahe Angehörige in häuslicher Umgebung zu pflegen und damit die Vereinbarkeit von Beruf und familiärer Pflege zu verbessern.

§ 2 Kurzzeitige Arbeitsverhinderung

(1) Beschäftigte haben das Recht, bis zu zehn Arbeitstage der Arbeit fernzubleiben, wenn dies erforderlich ist, um für einen pflegebedürftigen nahen Angehörigen in einer akut aufgetretenen Pflegesituation eine bedarfsgerechte Pflege zu organisieren oder eine pflegerische Versorgung in dieser Zeit sicherzustellen.
(2) Beschäftigte sind verpflichtet, dem Arbeitgeber ihre Verhinderung an der Arbeitsleistung und deren voraussichtliche Dauer unverzüglich mitzuteilen. Dem Arbeitgeber ist auf Verlangen eine ärztliche Bescheinigung über die Pflegebedürftigkeit des nahen Angehörigen und die Erforderlichkeit der in Absatz 1 genannten Maßnahmen vorzulegen.
(3) Der Arbeitgeber ist zur Fortzahlung der Vergütung nur verpflichtet, soweit sich eine solche Verpflichtung aus anderen gesetzlichen Vorschriften oder auf Grund einer Vereinbarung ergibt. Ein Anspruch der Beschäftigten auf Zahlung von Pflegeunterstützungsgeld richtet sich nach § 44a Absatz 3 des Elften Buches Sozialgesetzbuch.

§ 3 Pflegezeit und sonstige Freistellungen

(1) Beschäftigte sind von der Arbeitsleistung vollständig oder teilweise freizustellen, wenn sie einen pflegebedürftigen nahen Angehörigen in häuslicher Umgebung pflegen (Pflegezeit). ²Der Anspruch nach Satz 1 besteht nicht gegenüber Arbeitgebern mit in der Regel 15 oder weniger Beschäftigten.
(2) Die Beschäftigten haben die Pflegebedürftigkeit des nahen Angehörigen durch Vorlage einer Bescheinigung der Pflegekasse oder des Medizinischen Dienstes der Krankenversicherung nachzuweisen. Bei in der privaten Pflege-Pflichtversicherung versicherten Pflegebedürftigen ist ein entsprechender Nachweis zu erbringen.
(3) Wer Pflegezeit beanspruchen will, muss dies dem Arbeitgeber spätestens zehn Arbeitstage vor Beginn schriftlich ankündigen und gleichzeitig erklären, für welchen Zeitraum und in welchem Umfang die Freistellung von der Arbeitsleistung in Anspruch genommen werden soll. Wenn nur teilweise Freistellung in Anspruch genommen wird, ist auch die gewünschte Verteilung der Arbeitszeit anzugeben. Enthält die Ankündigung keine eindeutige Festlegung, ob die oder der Beschäftigte Pflegezeit oder Familienpflegezeit nach § 2 des Familienpflegezeitgesetzes in Anspruch nehmen will, und liegen die Voraussetzungen beider Freistellungsansprüche vor, gilt die Erklärung als Ankündigung von Pflegezeit. Beansprucht die oder der Beschäftigte nach der Pflegezeit Familienpflegezeit oder eine Freistellung nach § 2 Absatz 5 des Familienpflegezeitgesetzes zur Pflege oder Betreuung desselben pflegebedürftigen Angehörigen, muss sich die Familienpflegezeit oder die Freistellung nach § 2 Absatz 5 des Familienpflegezeitgesetzes unmittelbar an die Pflegezeit anschließen. In diesem Fall soll

die oder der Beschäftigte möglichst frühzeitig erklären, ob sie oder er Familienpflegezeit oder eine Freistellung nach § 2 Absatz 5 des Familienpflegezeitgesetzes in Anspruch nehmen wird; abweichend von § 2a Absatz 1 Satz 1 des Familienpflegezeitgesetzes muss die Ankündigung spätestens drei Monate vor Beginn der Familienpflegezeit erfolgen. Wird Pflegezeit nach einer Familienpflegezeit oder einer Freistellung nach § 2 Absatz 5 des Familienpflegezeitgesetzes in Anspruch genommen, ist die Pflegezeit in unmittelbarem Anschluss an die Familienpflegezeit oder die Freistellung nach § 2 Absatz 5 des Familienpflegezeitgesetzes zu beanspruchen und abweichend von Satz 1 dem Arbeitgeber spätestens acht Wochen vor Beginn der Pflegezeit schriftlich anzukündigen.

(4) Wenn nur teilweise Freistellung in Anspruch genommen wird, haben Arbeitgeber und Beschäftigte über die Verringerung und die Verteilung der Arbeitszeit eine schriftliche Vereinbarung zu treffen. ²Hierbei hat der Arbeitgeber den Wünschen der Beschäftigten zu entsprechen, es sei denn, dass dringende betriebliche Gründe entgegenstehen.

(5) Beschäftigte sind von der Arbeitsleistung vollständig oder teilweise freizustellen, wenn sie einen minderjährigen pflegebedürftigen nahen Angehörigen in häuslicher oder außerhäuslicher Umgebung betreuen. ²Die Inanspruchnahme dieser Freistellung ist jederzeit im Wechsel mit der Freistellung nach Absatz 1 im Rahmen der Gesamtdauer nach § 4 Absatz 1 Satz 4 möglich. ³Absatz 1 Satz 2 und die Absätze 2 bis 4 gelten entsprechend. ⁴Beschäftigte können diesen Anspruch wahlweise statt des Anspruchs auf Pflegezeit nach Absatz 1 geltend machen.

(6) Beschäftigte sind zur Begleitung eines nahen Angehörigen von der Arbeitsleistung vollständig oder teilweise freizustellen, wenn dieser an einer Erkrankung leidet, die progredient verläuft und bereits ein weit fortgeschrittenes Stadium erreicht hat, bei der eine Heilung ausgeschlossen und eine palliativmedizinische Behandlung notwendig ist und die lediglich eine begrenzte Lebenserwartung von Wochen oder wenigen Monaten erwarten lässt. Beschäftigte haben diese gegenüber dem Arbeitgeber durch ein ärztliches Zeugnis nachzuweisen. Absatz 1 Satz 2, Absatz 3 Satz 1 und 2 und Absatz 4 gelten entsprechend. ⁴§ 45 des Fünften Buches Sozialgesetzbuch bleibt unberührt.

(7) Ein Anspruch auf Förderung richtet sich nach den §§ 3, 4, 5 Absatz 1 Satz 1 und Absatz 2 sowie den §§ 6 bis 10 des Familienpflegezeitgesetzes.

§ 4 Dauer der Inanspruchnahme

(1) Die Pflegezeit nach § 3 beträgt für jeden pflegebedürftigen nahen Angehörigen längstens sechs Monate (Höchstdauer). Für einen kürzeren Zeitraum in Anspruch genommene Pflegezeit kann bis zur Höchstdauer verlängert werden, wenn der Arbeitgeber zustimmt. Eine Verlängerung bis zur Höchstdauer kann verlangt werden, wenn ein vorgesehener Wechsel in der Person des Pflegenden aus einem wichtigen Grund nicht erfolgen kann. Pflegezeit und Familienpflegezeit nach § 2 des Familienpflegezeitgesetzes dürfen gemeinsam die Gesamtdauer von 24 Monaten je pflegebedürftigem nahen Angehörigen nicht überschreiten. Die Pflegezeit wird auf Berufsbildungszeiten nicht angerechnet.

(2) Ist der nahe Angehörige nicht mehr pflegebedürftig oder die häusliche Pflege des nahen Angehörigen unmöglich oder unzumutbar, endet die Pflegezeit vier Wochen nach Eintritt der veränderten Umstände. Der Arbeitgeber ist über die veränderten Umstände unverzüglich zu unterrichten. Im Übrigen kann die Pflegezeit nur vorzeitig beendet werden, wenn der Arbeitgeber zustimmt.

(3) Für die Betreuung nach § 3 Absatz 5 gelten die Absätze 1 und 2 entsprechend. Für die Freistellung nach § 3 Absatz 6 gilt eine Höchstdauer von drei Monaten je nahem Angehörigen. Für die Freistellung nach § 3 Absatz 6 gelten Absatz 1 Satz 2, 3 und 5 sowie Absatz 2

entsprechend; bei zusätzlicher Inanspruchnahme von Pflegezeit oder einer Freistellung nach § 3 Absatz 5 oder Familienpflegezeit oder einer Freistellung nach § 2 Absatz 5 des Familienpflegezeitgesetzes dürfen die Freistellungen insgesamt 24 Monate je nahem Angehörigen nicht überschreiten.
(4) Der Arbeitgeber kann den Erholungsurlaub, der der oder dem Beschäftigten für das Urlaubsjahr zusteht, für jeden vollen Kalendermonat der vollständigen Freistellung von der Arbeitsleistung um ein Zwölftel kürzen.

§ 5 Kündigungsschutz

(1) Der Arbeitgeber darf das Beschäftigungsverhältnis von der Ankündigung, höchstens jedoch zwölf Wochen vor dem angekündigten Beginn, bis zur Beendigung der kurzzeitigen Arbeitsverhinderung nach § 2 oder der Freistellung nach § 3 nicht kündigen.
(2) In besonderen Fällen kann eine Kündigung von der für den Arbeitsschutz zuständigen obersten Landesbehörde oder der von ihr bestimmten Stelle ausnahmsweise für zulässig erklärt werden. Die Bundesregierung kann hierzu mit Zustimmung des Bundesrates allgemeine Verwaltungsvorschriften erlassen.

§ 6 Befristete Verträge

(1) Wenn zur Vertretung einer Beschäftigten oder eines Beschäftigten für die Dauer der kurzzeitigen Arbeitsverhinderung nach § 2 oder der Freistellung nach § 3 eine Arbeitnehmerin oder ein Arbeitnehmer eingestellt wird, liegt hierin ein sachlicher Grund für die Befristung des Arbeitsverhältnisses. Über die Dauer der Vertretung nach Satz 1 hinaus ist die Befristung für notwendige Zeiten einer Einarbeitung zulässig.
(2) Die Dauer der Befristung des Arbeitsvertrages muss kalendermäßig bestimmt oder bestimmbar sein oder den in Absatz 1 genannten Zwecken zu entnehmen sein.
(3) Der Arbeitgeber kann den befristeten Arbeitsvertrag unter Einhaltung einer Frist von zwei Wochen kündigen, wenn die Freistellung nach § 4 Abs. 2 Satz 1 vorzeitig endet. Das Kündigungsschutzgesetz ist in diesen Fällen nicht anzuwenden. ³Satz 1 gilt nicht, soweit seine Anwendung vertraglich ausgeschlossen ist.
(4) Wird im Rahmen arbeitsrechtlicher Gesetze oder Verordnungen auf die Zahl der beschäftigten Arbeitnehmerinnen und Arbeitnehmer abgestellt, sind bei der Ermittlung dieser Zahl Arbeitnehmerinnen und Arbeitnehmer, die nach § 2 kurzzeitig an der Arbeitsleistung verhindert oder nach § 3 freigestellt sind, nicht mitzuzählen, solange für sie auf Grund von Absatz 1 eine Vertreterin oder ein Vertreter eingestellt ist. Dies gilt nicht, wenn die Vertreterin oder der Vertreter nicht mitzuzählen ist. Die Sätze 1 und 2 gelten entsprechend, wenn im Rahmen arbeitsrechtlicher Gesetze oder Verordnungen auf die Zahl der Arbeitsplätze abgestellt wird.

§ 7 Begriffsbestimmungen

(1) Beschäftigte im Sinne dieses Gesetzes sind
1. Arbeitnehmerinnen und Arbeitnehmer,
2. die zu ihrer Berufsbildung Beschäftigten,
3. Personen, die wegen ihrer wirtschaftlichen Unselbstständigkeit als arbeitnehmerähnliche Personen anzusehen sind; zu diesen gehören auch die in Heimarbeit Beschäftigten und die ihnen Gleichgestellten.
(2) Arbeitgeber im Sinne dieses Gesetzes sind natürliche und juristische Personen sowie rechtsfähige Personengesellschaften, die Personen nach Absatz 1 beschäftigen. Für die arbeitnehmerähnlichen Personen, insbesondere für die in Heimarbeit Beschäftigten und die ih-

nen Gleichgestellten, tritt an die Stelle des Arbeitgebers der Auftraggeber oder Zwischenmeister.

(3) Nahe Angehörige im Sinne dieses Gesetzes sind
1. Großeltern, Eltern, Schwiegereltern, Stiefeltern,
2. Ehegatten, Lebenspartner, Partner einer eheähnlichen oder lebenspartnerschaftsähnlichen Gemeinschaft, Geschwister, Ehegatten der Geschwister und Geschwister der Ehegatten, Lebenspartner der Geschwister und Geschwister der Lebenspartner,
3. Kinder, Adoptiv- oder Pflegekinder, die Kinder, Adoptiv- oder Pflegekinder des Ehegatten oder Lebenspartners, Schwiegerkinder und Enkelkinder.

(4) Pflegebedürftig im Sinne dieses Gesetzes sind Personen, die die Voraussetzungen nach den §§ 14 und 15 des Elften Buches Sozialgesetzbuch erfüllen. Pflegebedürftig im Sinne von § 2 sind auch Personen, die die Voraussetzungen nach den §§ 14 und 15 des Elften Buches Sozialgesetzbuch voraussichtlich erfüllen.

§ 8 Unabdingbarkeit

Von den Vorschriften dieses Gesetzes kann nicht zuungunsten der Beschäftigten abgewichen werden.

PSA-Benutzungsverordnung (Verordnung über Sicherheit und Gesundheitsschutz bei der Benutzung persönlicher Schutzausrüstungen bei der Arbeit, PSA-BenutzungsVO)

vom 4. Dezember 1996 (BGBl. I 1996, S. 1841)

§ 1 Anwendungsbereich

(1) Diese Verordnung gilt für die Bereitstellung persönlicher Schutzausrüstungen durch Arbeitgeber sowie für die Benutzung persönlicher Schutzausrüstungen durch Beschäftigte bei der Arbeit.

(2) Persönliche Schutzausrüstung im Sinne dieser Verordnung ist jede Ausrüstung, die dazu bestimmt ist, von den Beschäftigten benutzt oder getragen zu werden, um sich gegen eine Gefährdung für ihre Sicherheit und Gesundheit zu schützen, sowie jede mit demselben Ziel verwendete und mit der persönlichen Schutzausrüstung verbundene Zusatzausrüstung.

(3) Als persönliche Schutzausrüstungen im Sinne des Absatzes 2 gelten nicht:
1. Arbeitskleidung und Uniformen, die nicht speziell der Sicherheit und dem Gesundheitsschutz der Beschäftigten dienen,
2. Ausrüstungen für Not- und Rettungsdienste,
3. persönliche Schutzausrüstungen für die Bundeswehr, den Zivil- und Katastrophenschutz, die Polizeien des Bundes und der Länder sowie sonstige Einrichtungen, die der öffentlichen Sicherheit oder der öffentlichen Ordnung dienen,
4. persönliche Schutzausrüstungen für den Straßenverkehr, soweit sie verkehrsrechtlichen Vorschriften unterliegen,
5. Sportausrüstungen,
6. Selbstverteidigungs- und Abschreckungsmittel,
7. tragbare Geräte zur Feststellung und Signalisierung von Gefahren und Gefahrstoffen.

(4) Die Verordnung gilt nicht in Betrieben, die dem Bundesberggesetz unterliegen.

§ 2 Bereitstellung und Benutzung

(1) Unbeschadet seiner Pflichten nach den §§ 3, 4 und 5 des Arbeitsschutzgesetzes darf der Arbeitgeber nur persönliche Schutzausrüstungen auswählen und den Beschäftigten bereitstellen, die
1. den Anforderungen der Verordnung über das Inverkehrbringen von persönlichen Schutzausrüstungen entsprechen,
2. Schutz gegenüber der zu verhütenden Gefährdung bieten, ohne selbst eine größere Gefährdung mit sich zu bringen,
3. für die am Arbeitsplatz gegebenen Bedingungen geeignet sind und
4. den ergonomischen Anforderungen und den gesundheitlichen Erfordernissen der Beschäftigten entsprechen.

(2) Persönliche Schutzausrüstungen müssen den Beschäftigten individuell passen. Sie sind grundsätzlich für den Gebrauch durch eine Person bestimmt. Erfordern die Umstände eine Benutzung durch verschiedene Beschäftigte, hat der Arbeitgeber dafür zu sorgen, dass Gesundheitsgefahren oder hygienische Probleme nicht auftreten.

(3) Werden mehrere persönliche Schutzausrüstungen gleichzeitig von einer oder einem Beschäftigten benutzt, muss der Arbeitgeber diese Schutzausrüstungen so aufeinander abstimmen, dass die Schutzwirkung der einzelnen Ausrüstungen nicht beeinträchtigt wird.

(4) Durch Wartungs-, Reparatur- und Ersatzmaßnahmen sowie durch ordnungsgemäße Lagerung trägt der Arbeitgeber dafür Sorge, dass die persönlichen Schutzausrüstungen während der gesamten Benutzungsdauer gut funktionieren und sich in einem hygienisch einwandfreien Zustand befinden.

§ 3 Unterweisung

(1) Bei der Unterweisung nach § 12 des Arbeitsschutzgesetzes hat der Arbeitgeber die Beschäftigten darin zu unterweisen, wie die persönlichen Schutzausrüstungen sicherheitsgerecht benutzt werden. Soweit erforderlich, führt er eine Schulung in der Benutzung durch.

(2) Für jede bereitgestellte persönliche Schutzausrüstung hat der Arbeitgeber erforderliche Informationen für die Benutzung in für die Beschäftigten verständlicher Form und Sprache bereitzuhalten.

Sozialgesetzbuch (SGB) Neuntes Buch (IX) – Rehabilitation und Teilhabe von Menschen mit Behinderungen – Auszug

Vom 23. Dezember 2016 (BGBl. I 2016, S. 3234)

– zuletzt geändert durch Gesetz über Leistungsverbesserungen und Stabilisierung in der gesetzlichen Rentenversicherung (RV-Leistungsverbesserungs- und -Stabilisierungsgesetz) vom 28. November 2018 (BGBl. I 2018, S. 2016)

Teil 3: Besondere Regelungen zur Teilhabe schwerbehinderter Menschen (Schwerbehindertenrecht)

Kapitel 1: Geschützter Personenkreis

§ 151 Geltungsbereich

(1) Die Regelungen dieses Teils gelten für schwerbehinderte und diesen gleichgestellte behinderte Menschen.

(2) Die Gleichstellung behinderter Menschen mit schwerbehinderten Menschen (§ 2 Absatz 3) erfolgt auf Grund einer Feststellung nach § 152 auf Antrag des behinderten Menschen durch die Bundesagentur für Arbeit. Die Gleichstellung wird mit dem Tag des Eingangs des Antrags wirksam. Sie kann befristet werden.

(3) Auf gleichgestellte behinderte Menschen werden die besonderen Regelungen für schwerbehinderte Menschen mit Ausnahme des § 208 und des Kapitels 13 angewendet.

(4) Schwerbehinderten Menschen gleichgestellt sind auch behinderte Jugendliche und junge Erwachsene (§ 2 Absatz 1) während der Zeit ihrer Berufsausbildung in Betrieben und Dienststellen oder einer beruflichen Orientierung, auch wenn der Grad der Behinderung weniger als 30 beträgt oder ein Grad der Behinderung nicht festgestellt ist. Der Nachweis der Behinderung wird durch eine Stellungnahme der Agentur für Arbeit oder durch einen Bescheid über Leistungen zur Teilhabe am Arbeitsleben erbracht. Die Gleichstellung gilt nur für Leistungen des Integrationsamtes im Rahmen der beruflichen Orientierung und der Berufsausbildung im Sinne des § 185 Absatz 3 Nummer 2 Buchstabe c.

§ 152 Feststellung der Behinderung, Ausweise

(1) Auf Antrag des behinderten Menschen stellen die für die Durchführung des Bundesversorgungsgesetzes zuständigen Behörden das Vorliegen einer Behinderung und den Grad der Behinderung zum Zeitpunkt der Antragstellung fest. Auf Antrag kann festgestellt werden, dass ein Grad der Behinderung oder gesundheitliche Merkmale bereits zu einem früheren Zeitpunkt vorgelegen haben, wenn dafür ein besonderes Interesse glaubhaft gemacht wird. Beantragt eine erwerbstätige Person die Feststellung der Eigenschaft als schwerbehinderter Mensch (§ 2 Absatz 2), gelten die in § 14 Absatz 2 Satz 2 und 3 sowie § 17 Absatz 1 Satz 1 und Absatz 2 Satz 1 genannten Fristen sowie § 60 Absatz 1 des Ersten Buches entsprechend. Das Gesetz über das Verwaltungsverfahren der Kriegsopferversorgung ist entsprechend anzuwenden, soweit nicht das Zehnte Buch Anwendung findet. Die Auswirkungen auf die Teilhabe am Leben in der Gesellschaft werden als Grad der Behinderung nach Zehnergraden abgestuft festgestellt. Eine Feststellung ist nur zu treffen, wenn ein Grad der Behinderung von wenigstens 20 vorliegt. Durch Landesrecht kann die Zuständigkeit abweichend von Satz 1 geregelt werden.

(2) Feststellungen nach Absatz 1 sind nicht zu treffen, wenn eine Feststellung über das Vorliegen einer Behinderung und den Grad der auf ihr beruhenden Erwerbsminderung schon in einem Rentenbescheid, einer entsprechenden Verwaltungs- oder Gerichtsentscheidung

oder einer vorläufigen Bescheinigung der für diese Entscheidungen zuständigen Dienststellen getroffen worden ist, es sei denn, dass der behinderte Mensch ein Interesse an anderweitiger Feststellung nach Absatz 1 glaubhaft macht. Eine Feststellung nach Satz 1 gilt zugleich als Feststellung des Grades der Behinderung.
(3) Liegen mehrere Beeinträchtigungen der Teilhabe am Leben in der Gesellschaft vor, so wird der Grad der Behinderung nach den Auswirkungen der Beeinträchtigungen in ihrer Gesamtheit unter Berücksichtigung ihrer wechselseitigen Beziehungen festgestellt. Für diese Entscheidung gilt Absatz 1, es sei denn, dass in einer Entscheidung nach Absatz 2 eine Gesamtbeurteilung bereits getroffen worden ist.
(4) Sind neben dem Vorliegen der Behinderung weitere gesundheitliche Merkmale Voraussetzung für die Inanspruchnahme von Nachteilsausgleichen, so treffen die zuständigen Behörden die erforderlichen Feststellungen im Verfahren nach Absatz 1.
(5) Auf Antrag des behinderten Menschen stellen die zuständigen Behörden auf Grund einer Feststellung der Behinderung einen Ausweis über die Eigenschaft als schwerbehinderter Mensch, den Grad der Behinderung sowie im Falle des Absatzes 4 über weitere gesundheitliche Merkmale aus. Der Ausweis dient dem Nachweis für die Inanspruchnahme von Leistungen und sonstigen Hilfen, die schwerbehinderten Menschen nach diesem Teil oder nach anderen Vorschriften zustehen. Die Gültigkeitsdauer des Ausweises soll befristet werden. Er wird eingezogen, sobald der gesetzliche Schutz schwerbehinderter Menschen erloschen ist. Der Ausweis wird berichtigt, sobald eine Neufeststellung unanfechtbar geworden ist.

§ 153 Verordnungsermächtigung

(1) Die Bundesregierung wird ermächtigt, durch Rechtsverordnung mit Zustimmung des Bundesrates nähere Vorschriften über die Gestaltung der Ausweise, ihre Gültigkeit und das Verwaltungsverfahren zu erlassen.
(2) Das Bundesministerium für Arbeit und Soziales wird ermächtigt, durch Rechtsverordnung mit Zustimmung des Bundesrates die Grundsätze aufzustellen, die für die Bewertung des Grades der Behinderung, die Kriterien für die Bewertung der Hilflosigkeit und die Voraussetzungen für die Vergabe von Merkzeichen maßgebend sind, die nach Bundesrecht im Schwerbehindertenausweis einzutragen sind.

Kapitel 2: Beschäftigungspflicht der Arbeitgeber

§ 154 Pflicht der Arbeitgeber zur Beschäftigung schwerbehinderter Menschen

(1) Private und öffentliche Arbeitgeber (Arbeitgeber) mit jahresdurchschnittlich monatlich mindestens 20 Arbeitsplätzen im Sinne des § 156 haben auf wenigstens 5 Prozent der Arbeitsplätze schwerbehinderte Menschen zu beschäftigen. Dabei sind schwerbehinderte Frauen besonders zu berücksichtigen. Abweichend von Satz 1 haben Arbeitgeber mit jahresdurchschnittlich monatlich weniger als 40 Arbeitsplätzen jahresdurchschnittlich je Monat einen schwerbehinderten Menschen, Arbeitgeber mit jahresdurchschnittlich monatlich weniger als 60 Arbeitsplätzen jahresdurchschnittlich je Monat zwei schwerbehinderte Menschen zu beschäftigen.
(2) Als öffentliche Arbeitgeber im Sinne dieses Teils gelten
1. jede oberste Bundesbehörde mit ihren nachgeordneten Dienststellen, das Bundespräsidialamt, die Verwaltungen des Deutschen Bundestages und des Bundesrates, das Bundesverfassungsgericht, die obersten Gerichtshöfe des Bundes, der Bundesgerichtshof jedoch zusammengefasst mit dem Generalbundesanwalt, sowie das Bundeseisenbahnvermögen,

2. jede oberste Landesbehörde und die Staats- und Präsidialkanzleien mit ihren nachgeordneten Dienststellen, die Verwaltungen der Landtage, die Rechnungshöfe (Rechnungskammern), die Organe der Verfassungsgerichtsbarkeit der Länder und jede sonstige Landesbehörde, zusammengefasst jedoch diejenigen Behörden, die eine gemeinsame Personalverwaltung haben,
3. jede sonstige Gebietskörperschaft und jeder Verband von Gebietskörperschaften,
4. jede sonstige Körperschaft, Anstalt oder Stiftung des öffentlichen Rechts.

§ 155 Beschäftigung besonderer Gruppen schwerbehinderter Menschen

(1) Im Rahmen der Erfüllung der Beschäftigungspflicht sind in angemessenem Umfang zu beschäftigen:
1. schwerbehinderte Menschen, die nach Art oder Schwere ihrer Behinderung im Arbeitsleben besonders betroffen sind, insbesondere solche,
    a) die zur Ausübung der Beschäftigung wegen ihrer Behinderung nicht nur vorübergehend einer besonderen Hilfskraft bedürfen oder
    b) deren Beschäftigung infolge ihrer Behinderung nicht nur vorübergehend mit außergewöhnlichen Aufwendungen für den Arbeitgeber verbunden ist oder
    c) die infolge ihrer Behinderung nicht nur vorübergehend offensichtlich nur eine wesentlich verminderte Arbeitsleistung erbringen können oder
    d) bei denen ein Grad der Behinderung von wenigstens 50 allein infolge geistiger oder seelischer Behinderung oder eines Anfallsleidens vorliegt oder
    e) die wegen Art oder Schwere der Behinderung keine abgeschlossene Berufsbildung im Sinne des Berufsbildungsgesetzes haben,
2. schwerbehinderte Menschen, die das 50. Lebensjahr vollendet haben.

(2) Arbeitgeber mit Stellen zur beruflichen Bildung, insbesondere für Auszubildende, haben im Rahmen der Erfüllung der Beschäftigungspflicht einen angemessenen Anteil dieser Stellen mit schwerbehinderten Menschen zu besetzen. Hierüber ist mit der zuständigen Interessenvertretung im Sinne des § 176 und der Schwerbehindertenvertretung zu beraten.

§ 156 Begriff des Arbeitsplatzes

(1) Arbeitsplätze im Sinne dieses Teils sind alle Stellen, auf denen Arbeitnehmerinnen und Arbeitnehmer, Beamtinnen und Beamte, Richterinnen und Richter sowie Auszubildende und andere zu ihrer beruflichen Bildung Eingestellte beschäftigt werden.

(2) Als Arbeitsplätze gelten nicht die Stellen, auf denen beschäftigt werden:
1. behinderte Menschen, die an Leistungen zur Teilhabe am Arbeitsleben nach § 49 Absatz 3 Nummer 4 in Betrieben oder Dienststellen teilnehmen,
2. Personen, deren Beschäftigung nicht in erster Linie ihrem Erwerb dient, sondern vorwiegend durch Beweggründe karitativer oder religiöser Art bestimmt ist, und Geistliche öffentlich-rechtlicher Religionsgemeinschaften,
3. Personen, deren Beschäftigung nicht in erster Linie ihrem Erwerb dient und die vorwiegend zu ihrer Heilung, Wiedereingewöhnung oder Erziehung erfolgt,
4. Personen, die an Arbeitsbeschaffungsmaßnahmen nach dem Dritten Buch teilnehmen,
5. Personen, die nach ständiger Übung in ihre Stellen gewählt werden,
6. Personen, deren Arbeits-, Dienst- oder sonstiges Beschäftigungsverhältnis wegen Wehr- oder Zivildienst, Elternzeit, unbezahlten Urlaubs, wegen Bezuges einer Rente auf Zeit oder bei Altersteilzeitarbeit in der Freistellungsphase (Verblockungsmodell) ruht, solange für sie eine Vertretung eingestellt ist.

(3) Als Arbeitsplätze gelten ferner nicht Stellen, die nach der Natur der Arbeit oder nach den zwischen den Parteien getroffenen Vereinbarungen nur auf die Dauer von höchstens acht Wochen besetzt sind, sowie Stellen, auf denen Beschäftigte weniger als 18 Stunden wöchentlich beschäftigt werden.

§ 157 Berechnung der Mindestzahl von Arbeitsplätzen und der Pflichtarbeitsplatzzahl

(1) Bei der Berechnung der Mindestzahl von Arbeitsplätzen und der Zahl der Arbeitsplätze, auf denen schwerbehinderte Menschen zu beschäftigen sind (§ 154), zählen Stellen, auf denen Auszubildende beschäftigt werden, nicht mit. Das Gleiche gilt für Stellen, auf denen Rechts- oder Studienreferendarinnen und -referendare beschäftigt werden, die einen Rechtsanspruch auf Einstellung haben.
(2) Bei der Berechnung sich ergebende Bruchteile von 0,5 und mehr sind aufzurunden, bei Arbeitgebern mit jahresdurchschnittlich weniger als 60 Arbeitsplätzen abzurunden.

§ 158 Anrechnung Beschäftigter auf die Zahl der Pflichtarbeitsplätze für schwerbehinderte Menschen

(1) Ein schwerbehinderter Mensch, der auf einem Arbeitsplatz im Sinne des § 156 Absatz 1 oder Absatz 2 Nummer 1 oder 4 beschäftigt wird, wird auf einen Pflichtarbeitsplatz für schwerbehinderte Menschen angerechnet.
(2) Ein schwerbehinderter Mensch, der in Teilzeitbeschäftigung kürzer als betriebsüblich, aber nicht weniger als 18 Stunden wöchentlich beschäftigt wird, wird auf einen Pflichtarbeitsplatz für schwerbehinderte Menschen angerechnet. Bei Herabsetzung der wöchentlichen Arbeitszeit auf weniger als 18 Stunden infolge von Altersteilzeit gilt Satz 1 entsprechend. Wird ein schwerbehinderter Mensch weniger als 18 Stunden wöchentlich beschäftigt, lässt die Bundesagentur für Arbeit die Anrechnung auf einen dieser Pflichtarbeitsplätze zu, wenn die Teilzeitbeschäftigung wegen Art oder Schwere der Behinderung notwendig ist.
(3) Ein schwerbehinderter Mensch, der im Rahmen einer Maßnahme zur Förderung des Übergangs aus der Werkstatt für behinderte Menschen auf den allgemeinen Arbeitsmarkt (§ 5 Absatz 4 Satz 1 der Werkstättenverordnung) beschäftigt wird, wird auch für diese Zeit auf die Zahl der Pflichtarbeitsplätze angerechnet.
(4) Ein schwerbehinderter Arbeitgeber wird auf einen Pflichtarbeitsplatz für schwerbehinderte Menschen angerechnet.
(5) Der Inhaber eines Bergmannsversorgungsscheins wird, auch wenn er kein schwerbehinderter oder gleichgestellter behinderter Mensch im Sinne des § 2 Absatz 2 oder 3 ist, auf einen Pflichtarbeitsplatz angerechnet.

§ 159 Mehrfachanrechnung

(1) Die Bundesagentur für Arbeit kann die Anrechnung eines schwerbehinderten Menschen, besonders eines schwerbehinderten Menschen im Sinne des § 155 Absatz 1 auf mehr als einen Pflichtarbeitsplatz, höchstens drei Pflichtarbeitsplätze für schwerbehinderte Menschen zulassen, wenn dessen Teilhabe am Arbeitsleben auf besondere Schwierigkeiten stößt. Satz 1 gilt auch für schwerbehinderte Menschen im Anschluss an eine Beschäftigung in einer Werkstatt für behinderte Menschen und für teilzeitbeschäftigte schwerbehinderte Menschen im Sinne des § 158 Absatz 2.
(2) Ein schwerbehinderter Mensch, der beruflich ausgebildet wird, wird auf zwei Pflichtarbeitsplätze für schwerbehinderte Menschen angerechnet. Satz 1 gilt auch während der Zeit einer Ausbildung im Sinne des § 51 Absatz 2, die in einem Betrieb oder einer Dienststelle durchgeführt wird. Die Bundesagentur für Arbeit kann die Anrechnung auf drei Pflichtar-

beitsplätze für schwerbehinderte Menschen zulassen, wenn die Vermittlung in eine berufliche Ausbildungsstelle wegen Art oder Schwere der Behinderung auf besondere Schwierigkeiten stößt. Bei Übernahme in ein Arbeitsoder Beschäftigungsverhältnis durch den ausbildenden oder einen anderen Arbeitgeber im Anschluss an eine abgeschlossene Ausbildung wird der schwerbehinderte Mensch im ersten Jahr der Beschäftigung auf zwei Pflichtarbeitsplätze angerechnet; Absatz 1 bleibt unberührt.
(3) Bescheide über die Anrechnung eines schwerbehinderten Menschen auf mehr als drei Pflichtarbeitsplätze für schwerbehinderte Menschen, die vor dem 1. August 1986 erlassen worden sind, gelten fort.

§ 160 Ausgleichsabgabe

(1) Solange Arbeitgeber die vorgeschriebene Zahl schwerbehinderter Menschen nicht beschäftigen, entrichten sie für jeden unbesetzten Pflichtarbeitsplatz für schwerbehinderte Menschen eine Ausgleichsabgabe. Die Zahlung der Ausgleichsabgabe hebt die Pflicht zur Beschäftigung schwerbehinderter Menschen nicht auf. Die Ausgleichsabgabe wird auf der Grundlage einer jahresdurchschnittlichen Beschäftigungsquote ermittelt.
(2) Die Ausgleichsabgabe beträgt je unbesetztem Pflichtarbeitsplatz
1. 125 Euro bei einer jahresdurchschnittlichen Beschäftigungsquote von 3 Prozent bis weniger als dem geltenden Pflichtsatz,
2. 220 Euro bei einer jahresdurchschnittlichen Beschäftigungsquote von 2 Prozent bis weniger als 3 Prozent,
3. 320 Euro bei einer jahresdurchschnittlichen Beschäftigungsquote von weniger als 2 Prozent.
Abweichend von Satz 1 beträgt die Ausgleichsabgabe je unbesetztem Pflichtarbeitsplatz für schwerbehinderte Menschen
1. für Arbeitgeber mit jahresdurchschnittlich weniger als 40 zu berücksichtigenden Arbeitsplätzen bei einer jahresdurchschnittlichen Beschäftigung von weniger als einem schwerbehinderten Menschen 125 Euro und
2. für Arbeitgeber mit jahresdurchschnittlich weniger als 60 zu berücksichtigenden Arbeitsplätzen bei einer jahresdurchschnittlichen Beschäftigung von weniger als zwei schwerbehinderten Menschen 125 Euro und bei einer jahresdurchschnittlichen Beschäftigung von weniger als einem schwerbehinderten Menschen 220 Euro.
(3) Die Ausgleichsabgabe erhöht sich entsprechend der Veränderung der Bezugsgröße nach § 18 Absatz 1 des Vierten Buches. Sie erhöht sich zum 1. Januar eines Kalenderjahres, wenn sich die Bezugsgröße seit der letzten Neubestimmung der Beträge der Ausgleichsabgabe um wenigstens 10 Prozent erhöht hat. Die Erhöhung der Ausgleichsabgabe erfolgt, indem der Faktor für die Veränderung der Bezugsgröße mit dem jeweiligen Betrag der Ausgleichsabgabe vervielfältigt wird. Die sich ergebenden Beträge sind auf den nächsten durch fünf teilbaren Betrag abzurunden. Das Bundesministerium für Arbeit und Soziales gibt den Erhöhungsbetrag und die sich nach Satz 3 ergebenden Beträge der Ausgleichsabgabe im Bundesanzeiger bekannt.
(4) Die Ausgleichsabgabe zahlt der Arbeitgeber jährlich zugleich mit der Erstattung der Anzeige nach § 163 Absatz 2 an das für seinen Sitz zuständige Integrationsamt. Ist ein Arbeitgeber mehr als drei Monate im Rückstand, erlässt das Integrationsamt einen Feststellungsbescheid über die rückständigen Beträge und zieht diese ein. Für rückständige Beträge der Ausgleichsabgabe erhebt das Integrationsamt nach dem 31. März Säumniszuschläge nach Maßgabe des § 24 Absatz 1 des Vierten Buches; für ihre Verwendung gilt Absatz 5 entsprechend. Das Integrationsamt kann in begründeten Ausnahmefällen von der Erhebung von

Säumniszuschlägen absehen. Widerspruch und Anfechtungsklage gegen den Feststellungsbescheid haben keine aufschiebende Wirkung. Gegenüber privaten Arbeitgebern wird die Zwangsvollstreckung nach den Vorschriften über das Verwaltungszwangsverfahren durchgeführt. Bei öffentlichen Arbeitgebern wendet sich das Integrationsamt an die Aufsichtsbehörde, gegen deren Entscheidung es die Entscheidung der obersten Bundes oder Landesbehörde anrufen kann. Die Ausgleichsabgabe wird nach Ablauf des Kalenderjahres, das auf den Eingang der Anzeige bei der Bundesagentur für Arbeit folgt, weder nachgefordert noch erstattet.

(5) Die Ausgleichsabgabe darf nur für besondere Leistungen zur Förderung der Teilhabe schwerbehinderter Menschen am Arbeitsleben einschließlich begleitender Hilfe im Arbeitsleben (§ 185 Absatz 1 Nummer 3) verwendet werden, soweit Mittel für denselben Zweck nicht von anderer Seite zu leisten sind oder geleistet werden. Aus dem Aufkommen an Ausgleichsabgabe dürfen persönliche und sächliche Kosten der Verwaltung und Kosten des Verfahrens nicht bestritten werden. Das Integrationsamt gibt dem Beratenden Ausschuss für behinderte Menschen bei dem Integrationsamt (§ 186) auf dessen Verlangen eine Übersicht über die Verwendung der Ausgleichsabgabe.

(6) Die Integrationsämter leiten den in der Rechtsverordnung nach § 162 bestimmten Prozentsatz des Aufkommens an Ausgleichsabgabe an den Ausgleichsfonds (§ 161) weiter. Zwischen den Integrationsämtern wird ein Ausgleich herbeigeführt. Der auf das einzelne Integrationsamt entfallende Anteil am Aufkommen an Ausgleichsabgabe bemisst sich nach dem Mittelwert aus dem Verhältnis der Wohnbevölkerung im Zuständigkeitsbereich des Integrationsamtes zur Wohnbevölkerung im Geltungsbereich dieses Gesetzbuches und dem Verhältnis der Zahl der im Zuständigkeitsbereich des Integrationsamtes in den Betrieben und Dienststellen beschäftigungspflichtiger Arbeitgeber auf Arbeitsplätzen im Sinne des § 156 beschäftigten und der bei den Agenturen für Arbeit arbeitslos gemeldeten schwerbehinderten und diesen gleichgestellten behinderten Menschen zur entsprechenden Zahl der schwerbehinderten und diesen gleichgestellten behinderten Menschen im Geltungsbereich dieses Gesetzbuchs.

(7) Die bei den Integrationsämtern verbleibenden Mittel der Ausgleichsabgabe werden von diesen gesondert verwaltet. Die Rechnungslegung und die formelle Einrichtung der Rechnungen und Belege regeln sich nach den Bestimmungen, die für diese Stellen allgemein maßgebend sind.

(8) Für die Verpflichtung zur Entrichtung einer Ausgleichsabgabe (Absatz 1) gelten hinsichtlich der in § 154 Absatz 2 Nummer 1 genannten Stellen der Bund und hinsichtlich der in § 154 Absatz 2 Nummer 2 genannten Stellen das Land als ein Arbeitgeber.

§ 161 Ausgleichsfonds

Zur besonderen Förderung der Einstellung und Beschäftigung schwerbehinderter Menschen auf Arbeitsplätzen und zur Förderung von Einrichtungen und Maßnahmen, die den Interessen mehrerer Länder auf dem Gebiet der Förderung der Teilhabe schwerbehinderter Menschen am Arbeitsleben dienen, ist beim Bundesministerium für Arbeit und Soziales als zweckgebundene Vermögensmasse ein Ausgleichsfonds für überregionale Vorhaben zur Teilhabe schwerbehinderter Menschen am Arbeitsleben gebildet. Das Bundesministerium für Arbeit und Soziales verwaltet den Ausgleichsfonds.

§ 162 Verordnungsermächtigungen

Die Bundesregierung wird ermächtigt, durch Rechtsverordnung mit Zustimmung des Bundesrates

Sozialgesetzbuch IX § 163

1. die Pflichtquote nach § 154 Absatz 1 nach dem jeweiligen Bedarf an Arbeitsplätzen für schwerbehinderte Menschen zu ändern, jedoch auf höchstens 10 Prozent zu erhöhen oder bis auf 4 Prozent herabzusetzen; dabei kann die Pflichtquote für öffentliche Arbeitgeber höher festgesetzt werden als für private Arbeitgeber,
2. nähere Vorschriften über die Verwendung der Ausgleichsabgabe nach § 160 Absatz 5 und die Gestaltung des Ausgleichsfonds nach § 161, die Verwendung der Mittel durch ihn für die Förderung der Teilhabe schwerbehinderter Menschen am Arbeitsleben und das Vergabe- und Verwaltungsverfahren des Ausgleichsfonds zu erlassen,
3. in der Rechtsverordnung nach Nummer 2
   a) den Anteil des an den Ausgleichsfonds weiterzuleitenden Aufkommens an Ausgleichsabgabe entsprechend den erforderlichen Aufwendungen zur Erfüllung der Aufgaben des Ausgleichsfonds und der Integrationsämter,
   b) den Ausgleich zwischen den Integrationsämtern auf Vorschlag der Länder oder einer Mehrheit der Länder abweichend von § 160 Absatz 6 Satz 3 sowie
   c) die Zuständigkeit für die Förderung von Einrichtungen nach § 30 der Schwerbehinderten-Ausgleichsabgabeverordnung abweichend von § 41 Absatz 2 Nummer 1 dieser Verordnung und von Inklusionsbetrieben und -abteilungen abweichend von § 41 Absatz 1 Nummer 3 dieser Verordnung
   zu regeln,
4. die Ausgleichsabgabe bei Arbeitgebern, die über weniger als 30 Arbeitsplätze verfügen, für einen bestimmten Zeitraum allgemein oder für einzelne Bundesländer herabzusetzen oder zu erlassen, wenn die Zahl der unbesetzten Pflichtarbeitsplätze für schwerbehinderte Menschen die Zahl der zu beschäftigenden schwerbehinderten Menschen so erheblich übersteigt, dass die Pflichtarbeitsplätze für schwerbehinderte Menschen dieser Arbeitgeber nicht in Anspruch genommen zu werden brauchen.

Kapitel 3: Sonstige Pflichten der Arbeitgeber; Rechte der schwerbehinderten Menschen

§ 163 Zusammenwirken der Arbeitgeber mit der Bundesagentur für Arbeit und den Integrationsämtern

(1) Die Arbeitgeber haben, gesondert für jeden Betrieb und jede Dienststelle, ein Verzeichnis der bei ihnen beschäftigten schwerbehinderten, ihnen gleichgestellten behinderten Menschen und sonstigen anrechnungsfähigen Personen laufend zu führen und dieses den Vertretern oder Vertreterinnen der Bundesagentur für Arbeit und des Integrationsamtes, die für den Sitz des Betriebes oder der Dienststelle zuständig sind, auf Verlangen vorzulegen.

(2) Die Arbeitgeber haben der für ihren Sitz zuständigen Agentur für Arbeit einmal jährlich bis spätestens zum 31. März für das vorangegangene Kalenderjahr, aufgegliedert nach Monaten, die Daten anzuzeigen, die zur Berechnung des Umfangs der Beschäftigungspflicht, zur Überwachung ihrer Erfüllung und der Ausgleichsabgabe notwendig sind. Der Anzeige sind das nach Absatz 1 geführte Verzeichnis sowie eine Kopie der Anzeige und des Verzeichnisses zur Weiterleitung an das für ihren Sitz zuständige Integrationsamt beizufügen. Dem Betriebs-, Personal-, Richter-, Staatsanwalts- und Präsidialrat, der Schwerbehindertenvertretung und dem Inklusionsbeauftragten des Arbeitgebers ist je eine Kopie der Anzeige und des Verzeichnisses zu übermitteln.

(3) Zeigt ein Arbeitgeber die Daten bis zum 30. Juni nicht, nicht richtig oder nicht vollständig an, erlässt die Bundesagentur für Arbeit nach Prüfung in tatsächlicher sowie in rechtlicher Hinsicht einen Feststellungsbescheid über die zur Berechnung der Zahl der Pflichtar-

377

beitsplätze für schwerbehinderte Menschen und der besetzten Arbeitsplätze notwendigen Daten.

(4) Die Arbeitgeber, die Arbeitsplätze für schwerbehinderte Menschen nicht zur Verfügung zu stellen haben, haben die Anzeige nur nach Aufforderung durch die Bundesagentur für Arbeit im Rahmen einer repräsentativen Teilerhebung zu erstatten, die mit dem Ziel der Erfassung der in Absatz 1 genannten Personengruppen, aufgegliedert nach Bundesländern, alle fünf Jahre durchgeführt wird.

(5) Die Arbeitgeber haben der Bundesagentur für Arbeit und dem Integrationsamt auf Verlangen die Auskünfte zu erteilen, die zur Durchführung der besonderen Regelungen zur Teilhabe schwerbehinderter und ihnen gleichgestellter behinderter Menschen am Arbeitsleben notwendig sind.

(6) Für das Verzeichnis und die Anzeige des Arbeitgebers sind die mit der Bundesarbeitsgemeinschaft der Integrationsämter und Hauptfürsorgestellen abgestimmten Vordrucke der Bundesagentur für Arbeit zu verwenden. Die Bundesagentur für Arbeit soll zur Durchführung des Anzeigeverfahrens in Abstimmung mit der Bundesarbeitsgemeinschaft ein elektronisches Übermittlungsverfahren zulassen.

(7) Die Arbeitgeber haben den Beauftragten der Bundesagentur für Arbeit und des Integrationsamtes auf Verlangen Einblick in ihren Betrieb oder ihre Dienststelle zu geben, soweit es im Interesse der schwerbehinderten Menschen erforderlich ist und Betriebs- oder Dienstgeheimnisse nicht gefährdet werden.

(8) Die Arbeitgeber haben die Vertrauenspersonen der schwerbehinderten Menschen (§ 177 Absatz 1 Satz 1 bis 3 und § 180 Absatz 1 bis 5) unverzüglich nach der Wahl und ihren Inklusionsbeauftragten für die Angelegenheiten der schwerbehinderten Menschen (§ 181 Satz 1) unverzüglich nach der Bestellung der für den Sitz des Betriebes oder der Dienststelle zuständigen Agentur für Arbeit und dem Integrationsamt zu benennen.

§ 164 Pflichten des Arbeitgebers und Rechte schwerbehinderter Menschen

(1) Die Arbeitgeber sind verpflichtet zu prüfen, ob freie Arbeitsplätze mit schwerbehinderten Menschen, insbesondere mit bei der Agentur für Arbeit arbeitslos oder arbeitsuchend gemeldeten schwerbehinderten Menschen, besetzt werden können. Sie nehmen frühzeitig Verbindung mit der Agentur für Arbeit auf. Die Bundesagentur für Arbeit oder ein Integrationsfachdienst schlägt den Arbeitgebern geeignete schwerbehinderte Menschen vor. Über die Vermittlungsvorschläge und vorliegende Bewerbungen von schwerbehinderten Menschen haben die Arbeitgeber die Schwerbehindertenvertretung und die in § 176 genannten Vertretungen unmittelbar nach Eingang zu unterrichten. Bei Bewerbungen schwerbehinderter Richterinnen und Richter wird der Präsidialrat unterrichtet und gehört, soweit dieser an der Ernennung zu beteiligen ist. Bei der Prüfung nach Satz 1 beteiligen die Arbeitgeber die Schwerbehindertenvertretung nach § 178 Absatz 2 und hören die in § 176 genannten Vertretungen an. Erfüllt der Arbeitgeber seine Beschäftigungspflicht nicht und ist die Schwerbehindertenvertretung oder eine in § 176 genannte Vertretung mit der beabsichtigten Entscheidung des Arbeitgebers nicht einverstanden, ist diese unter Darlegung der Gründe mit ihnen zu erörtern. Dabei wird der betroffene schwerbehinderte Mensch angehört. Alle Beteiligten sind vom Arbeitgeber über die getroffene Entscheidung unter Darlegung der Gründe unverzüglich zu unterrichten. Bei Bewerbungen schwerbehinderter Menschen ist die Schwerbehindertenvertretung nicht zu beteiligen, wenn der schwerbehinderte Mensch die Beteiligung der Schwerbehindertenvertretung ausdrücklich ablehnt.

(2) Arbeitgeber dürfen schwerbehinderte Beschäftigte nicht wegen ihrer Behinderung benachteiligen. Im Einzelnen gelten hierzu die Regelungen des Allgemeinen Gleichbehandlungsgesetzes.

(3) Die Arbeitgeber stellen durch geeignete Maßnahmen sicher, dass in ihren Betrieben und Dienststellen wenigstens die vorgeschriebene Zahl schwerbehinderter Menschen eine möglichst dauerhafte behinderungsgerechte Beschäftigung finden kann. Absatz 4 Satz 2 und 3 gilt entsprechend.

(4) Die schwerbehinderten Menschen haben gegenüber ihren Arbeitgebern Anspruch auf
1. Beschäftigung, bei der sie ihre Fähigkeiten und Kenntnisse möglichst voll verwerten und weiterentwickeln können,
2. bevorzugte Berücksichtigung bei innerbetrieblichen Maßnahmen der beruflichen Bildung zur Förderung ihres beruflichen Fortkommens,
3. Erleichterungen im zumutbaren Umfang zur Teilnahme an außerbetrieblichen Maßnahmen der beruflichen Bildung,
4. behinderungsgerechte Einrichtung und Unterhaltung der Arbeitsstätten einschließlich der Betriebsanlagen, Maschinen und Geräte sowie der Gestaltung der Arbeitsplätze, des Arbeitsumfelds, der Arbeitsorganisation und der Arbeitszeit, unter besonderer Berücksichtigung der Unfallgefahr,
5. Ausstattung ihres Arbeitsplatzes mit den erforderlichen technischen Arbeitshilfen unter Berücksichtigung der Behinderung und ihrer Auswirkungen auf die Beschäftigung. Bei der Durchführung der Maßnahmen nach Satz 1 Nummer 1, 4 und 5 unterstützen die Bundesagentur für Arbeit und die Integrationsämter die Arbeitgeber unter Berücksichtigung der für die Beschäftigung wesentlichen Eigenschaften der schwerbehinderten Menschen. Ein Anspruch nach Satz 1 besteht nicht, soweit seine Erfüllung für den Arbeitgeber nicht zumutbar oder mit unverhältnismäßigen Aufwendungen verbunden wäre oder soweit die staatlichen oder berufsgenossenschaftlichen Arbeitsschutzvorschriften oder beamtenrechtliche Vorschriften entgegenstehen.

(5) Die Arbeitgeber fördern die Einrichtung von Teilzeitarbeitsplätzen. Sie werden dabei von den Integrationsämtern unterstützt. Schwerbehinderte Menschen haben einen Anspruch auf Teilzeitbeschäftigung, wenn die kürzere Arbeitszeit wegen Art oder Schwere der Behinderung notwendig ist; Absatz 4 Satz 3 gilt entsprechend.

§ 165 Besondere Pflichten der öffentlichen Arbeitgeber

Die Dienststellen der öffentlichen Arbeitgeber melden den Agenturen für Arbeit frühzeitig nach einer erfolglosen Prüfung zur internen Besetzung des Arbeitsplatzes frei werdende und neu zu besetzende sowie neue Arbeitsplätze (§ 156). Mit dieser Meldung gilt die Zustimmung zur Veröffentlichung der Stellenangebote als erteilt. Haben schwerbehinderte Menschen sich um einen solchen Arbeitsplatz beworben oder sind sie von der Bundesagentur für Arbeit oder einem von dieser beauftragten Integrationsfachdienst vorgeschlagen worden, werden sie zu einem Vorstellungsgespräch eingeladen. Eine Einladung ist entbehrlich, wenn die fachliche Eignung offensichtlich fehlt. Einer Inklusionsvereinbarung nach § 166 bedarf es nicht, wenn für die Dienststellen dem § 166 entsprechende Regelungen bereits bestehen und durchgeführt werden.

§ 166 Inklusionsvereinbarung

(1) Die Arbeitgeber treffen mit der Schwerbehindertenvertretung und den in § 176 genannten Vertretungen in Zusammenarbeit mit dem Inklusionsbeauftragten des Arbeitgebers (§ 181) eine verbindliche Inklusionsvereinbarung. Auf Antrag der Schwerbehindertenvertre-

tung wird unter Beteiligung der in § 176 genannten Vertretungen hierüber verhandelt. Ist eine Schwerbehindertenvertretung nicht vorhanden, steht das Antragsrecht den in § 176 genannten Vertretungen zu. Der Arbeitgeber oder die Schwerbehindertenvertretung kann das Integrationsamt einladen, sich an den Verhandlungen über die Inklusionsvereinbarung zu beteiligen. Das Integrationsamt soll dabei insbesondere darauf hinwirken, dass unterschiedliche Auffassungen überwunden werden. Der Agentur für Arbeit und dem Integrationsamt, die für den Sitz des Arbeitgebers zuständig sind, wird die Vereinbarung übermittelt.
(2) Die Vereinbarung enthält Regelungen im Zusammenhang mit der Eingliederung schwerbehinderter Menschen, insbesondere zur Personalplanung, Arbeitsplatzgestaltung, Gestaltung des Arbeitsumfelds, Arbeitsorganisation, Arbeitszeit sowie Regelungen über die Durchführung in den Betrieben und Dienststellen. Dabei ist die gleichberechtigte Teilhabe schwerbehinderter Menschen am Arbeitsleben bei der Gestaltung von Arbeitsprozessen und Rahmenbedingungen von Anfang an zu berücksichtigen. Bei der Personalplanung werden besondere Regelungen zur Beschäftigung eines angemessenen Anteils von schwerbehinderten Frauen vorgesehen.
(3) In der Vereinbarung können insbesondere auch Regelungen getroffen werden
1. zur angemessenen Berücksichtigung schwerbehinderter Menschen bei der Besetzung freier, frei werdender oder neuer Stellen,
2. zu einer anzustrebenden Beschäftigungsquote, einschließlich eines angemessenen Anteils schwerbehinderter Frauen,
3. zu Teilzeitarbeit,
4. zur Ausbildung behinderter Jugendlicher,
5. zur Durchführung der betrieblichen Prävention (betriebliches Eingliederungsmanagement) und zur Gesundheitsförderung,
6. über die Hinzuziehung des Werks- oder Betriebsarztes auch für Beratungen über Leistungen zur Teilhabe sowie über besondere Hilfen im Arbeitsleben.
(4) In den Versammlungen schwerbehinderter Menschen berichtet der Arbeitgeber über alle Angelegenheiten im Zusammenhang mit der Eingliederung schwerbehinderter Menschen.

§ 167 Prävention

(1) Der Arbeitgeber schaltet bei Eintreten von personen-, verhaltens- oder betriebsbedingten Schwierigkeiten im Arbeits- oder sonstigen Beschäftigungsverhältnis, die zur Gefährdung dieses Verhältnisses führen können, möglichst frühzeitig die Schwerbehindertenvertretung und die in § 176 genannten Vertretungen sowie das Integrationsamt ein, um mit ihnen alle Möglichkeiten und alle zur Verfügung stehenden Hilfen zur Beratung und mögliche finanzielle Leistungen zu erörtern, mit denen die Schwierigkeiten beseitigt werden können und das Arbeits- oder sonstige Beschäftigungsverhältnis möglichst dauerhaft fortgesetzt werden kann.
(2) Sind Beschäftigte innerhalb eines Jahres länger als sechs Wochen ununterbrochen oder wiederholt arbeitsunfähig, klärt der Arbeitgeber mit der zuständigen Interessenvertretung im Sinne des § 176, bei schwerbehinderten Menschen außerdem mit der Schwerbehindertenvertretung, mit Zustimmung und Beteiligung der betroffenen Person die Möglichkeiten, wie die Arbeitsunfähigkeit möglichst überwunden werden und mit welchen Leistungen oder Hilfen erneuter Arbeitsunfähigkeit vorgebeugt und der Arbeitsplatz erhalten werden kann (betriebliches Eingliederungsmanagement). Soweit erforderlich, wird der Werks- oder Betriebsarzt hinzugezogen. Die betroffene Person oder ihr gesetzlicher Vertreter ist zuvor auf die Ziele des betrieblichen Eingliederungsmanagements sowie auf Art und Umfang der hierfür erhobenen und verwendeten Daten hinzuweisen. Kommen Leistungen zur Teilhabe oder

begleitende Hilfen im Arbeitsleben in Betracht, werden vom Arbeitgeber die Rehabilitationsträger oder bei schwerbehinderten Beschäftigten das Integrationsamt hinzugezogen. Diese wirken darauf hin, dass die erforderlichen Leistungen oder Hilfen unverzüglich beantragt und innerhalb der Frist des § 14 Absatz 2 Satz 2 erbracht werden. Die zuständige Interessenvertretung im Sinne des § 176, bei schwerbehinderten Menschen außerdem die Schwerbehindertenvertretung, können die Klärung verlangen. Sie wachen darüber, dass der Arbeitgeber die ihm nach dieser Vorschrift obliegenden Verpflichtungen erfüllt.
(3) Die Rehabilitationsträger und die Integrationsämter können Arbeitgeber, die ein betriebliches Eingliederungsmanagement einführen, durch Prämien oder einen Bonus fördern.

Kapitel 4: Kündigungsschutz

§ 168 Erfordernis der Zustimmung
Die Kündigung des Arbeitsverhältnisses eines schwerbehinderten Menschen durch den Arbeitgeber bedarf der vorherigen Zustimmung des Integrationsamtes.

§ 169 Kündigungsfrist
Die Kündigungsfrist beträgt mindestens vier Wochen.

§ 170 Antragsverfahren
(1) Die Zustimmung zur Kündigung beantragt der Arbeitgeber bei dem für den Sitz des Betriebes oder der Dienststelle zuständigen Integrationsamt schriftlich oder elektronisch. Der Begriff des Betriebes und der Begriff der Dienststelle im Sinne dieses Teils bestimmen sich nach dem Betriebsverfassungsgesetz und dem Personalvertretungsrecht.
(2) Das Integrationsamt holt eine Stellungnahme des Betriebsrates oder Personalrates und der Schwerbehindertenvertretung ein und hört den schwerbehinderten Menschen an.
(3) Das Integrationsamt wirkt in jeder Lage des Verfahrens auf eine gütliche Einigung hin.

§ 171 Entscheidung des Integrationsamtes
(1) Das Integrationsamt soll die Entscheidung, falls erforderlich, auf Grund mündlicher Verhandlung, innerhalb eines Monats vom Tag des Eingangs des Antrages an treffen.
(2) Die Entscheidung wird dem Arbeitgeber und dem schwerbehinderten Menschen zugestellt. Der Bundesagentur für Arbeit wird eine Abschrift der Entscheidung übersandt.
(3) Erteilt das Integrationsamt die Zustimmung zur Kündigung, kann der Arbeitgeber die Kündigung nur innerhalb eines Monats nach Zustellung erklären.
(4) Widerspruch und Anfechtungsklage gegen die Zustimmung des Integrationsamtes zur Kündigung haben keine aufschiebende Wirkung.
(5) In den Fällen des § 172 Absatz 1 Satz 1 und Absatz 3 gilt Absatz 1 mit der Maßgabe, dass die Entscheidung innerhalb eines Monats vom Tag des Eingangs des Antrages an zu treffen ist. Wird innerhalb dieser Frist eine Entscheidung nicht getroffen, gilt die Zustimmung als erteilt. Die Absätze 3 und 4 gelten entsprechend.

§ 172 Einschränkungen der Ermessensentscheidung
(1) Das Integrationsamt erteilt die Zustimmung bei Kündigungen in Betrieben und Dienststellen, die nicht nur vorübergehend eingestellt oder aufgelöst werden, wenn zwischen dem Tag der Kündigung und dem Tag, bis zu dem Gehalt oder Lohn gezahlt wird, mindestens drei Monate liegen. Unter der gleichen Voraussetzung soll es die Zustimmung auch bei Kündigungen in Betrieben und Dienststellen erteilen, die nicht nur vorübergehend wesentlich ein-

geschränkt werden, wenn die Gesamtzahl der weiterhin beschäftigten schwerbehinderten Menschen zur Erfüllung der Beschäftigungspflicht nach § 154 ausreicht. Die Sätze 1 und 2 gelten nicht, wenn eine Weiterbeschäftigung auf einem anderen Arbeitsplatz desselben Betriebes oder derselben Dienststelle oder auf einem freien Arbeitsplatz in einem anderen Betrieb oder einer anderen Dienststelle desselben Arbeitgebers mit Einverständnis des schwerbehinderten Menschen möglich und für den Arbeitgeber zumutbar ist.

(2) Das Integrationsamt soll die Zustimmung erteilen, wenn dem schwerbehinderten Menschen ein anderer angemessener und zumutbarer Arbeitsplatz gesichert ist.

(3) Ist das Insolvenzverfahren über das Vermögen des Arbeitgebers eröffnet, soll das Integrationsamt die Zustimmung erteilen, wenn
1. der schwerbehinderte Mensch in einem Interessenausgleich namentlich als einer der zu entlassenden Arbeitnehmer bezeichnet ist (§ 125 der Insolvenzordnung),
2. die Schwerbehindertenvertretung beim Zustandekommen des Interessenausgleichs gemäß § 178 Absatz 2 beteiligt worden ist,
3. der Anteil der nach dem Interessenausgleich zu entlassenden schwerbehinderten Menschen an der Zahl der beschäftigten schwerbehinderten Menschen nicht größer ist als der Anteil der zu entlassenden übrigen Arbeitnehmer an der Zahl der beschäftigten übrigen Arbeitnehmer und
4. die Gesamtzahl der schwerbehinderten Menschen, die nach dem Interessenausgleich bei dem Arbeitgeber verbleiben sollen, zur Erfüllung der Beschäftigungspflicht nach § 154 ausreicht.

§ 173 Ausnahmen

(1) Die Vorschriften dieses Kapitels gelten nicht für schwerbehinderte Menschen,
1. deren Arbeitsverhältnis zum Zeitpunkt des Zugangs der Kündigungserklärung ohne Unterbrechung noch nicht länger als sechs Monate besteht oder
2. die auf Stellen im Sinne des § 156 Absatz 2 Nummer 2 bis 5 beschäftigt werden oder
3. deren Arbeitsverhältnis durch Kündigung beendet wird, sofern sie
    a) das 58. Lebensjahr vollendet haben und Anspruch auf eine Abfindung, Entschädigung oder ähnliche Leistung auf Grund eines Sozialplanes haben oder
    b) Anspruch auf Knappschaftsausgleichsleistung nach dem Sechsten Buch oder auf Anpassungsgeld für entlassene Arbeitnehmer des Bergbaus haben.

Satz 1 Nummer 3 (Buchstabe a und b) finden Anwendung, wenn der Arbeitgeber ihnen die Kündigungsabsicht rechtzeitig mitgeteilt hat und sie der beabsichtigten Kündigung bis zu deren Ausspruch nicht widersprechen.

(2) Die Vorschriften dieses Kapitels finden ferner bei Entlassungen, die aus Witterungsgründen vorgenommen werden, keine Anwendung, sofern die Wiedereinstellung der schwerbehinderten Menschen bei Wiederaufnahme der Arbeit gewährleistet ist.

(3) Die Vorschriften dieses Kapitels finden ferner keine Anwendung, wenn zum Zeitpunkt der Kündigung die Eigenschaft als schwerbehinderter Mensch nicht nachgewiesen ist oder das Versorgungsamt nach Ablauf der Frist des § 152 Absatz 1 Satz 3 eine Feststellung wegen fehlender Mitwirkung nicht treffen konnte.

(4) Der Arbeitgeber zeigt Einstellungen auf Probe und die Beendigung von Arbeitsverhältnissen schwerbehinderter Menschen in den Fällen des Absatzes 1 Nummer 1 unabhängig von der Anzeigepflicht nach anderen Gesetzen dem Integrationsamt innerhalb von vier Tagen an.

§ 174 Außerordentliche Kündigung

(1) Die Vorschriften dieses Kapitels gelten mit Ausnahme von § 169 auch bei außerordentlicher Kündigung, soweit sich aus den folgenden Bestimmungen nichts Abweichendes ergibt.
(2) Die Zustimmung zur Kündigung kann nur innerhalb von zwei Wochen beantragt werden; maßgebend ist der Eingang des Antrages bei dem Integrationsamt. Die Frist beginnt mit dem Zeitpunkt, in dem der Arbeitgeber von den für die Kündigung maßgebenden Tatsachen Kenntnis erlangt.
(3) Das Integrationsamt trifft die Entscheidung innerhalb von zwei Wochen vom Tag des Eingangs des Antrages an. Wird innerhalb dieser Frist eine Entscheidung nicht getroffen, gilt die Zustimmung als erteilt.
(4) Das Integrationsamt soll die Zustimmung erteilen, wenn die Kündigung aus einem Grund erfolgt, der nicht im Zusammenhang mit der Behinderung steht.
(5) Die Kündigung kann auch nach Ablauf der Frist des § 626 Absatz 2 Satz 1 des Bürgerlichen Gesetzbuchs erfolgen, wenn sie unverzüglich nach Erteilung der Zustimmung erklärt wird.
(6) Schwerbehinderte Menschen, denen lediglich aus Anlass eines Streiks oder einer Aussperrung fristlos gekündigt worden ist, werden nach Beendigung des Streiks oder der Aussperrung wieder eingestellt.

§ 175 Erweiterter Beendigungsschutz

Die Beendigung des Arbeitsverhältnisses eines schwerbehinderten Menschen bedarf auch dann der vorherigen Zustimmung des Integrationsamtes, wenn sie im Falle des Eintritts einer teilweisen Erwerbsminderung, der Erwerbsminderung auf Zeit, der Berufsunfähigkeit oder der Erwerbsunfähigkeit auf Zeit ohne Kündigung erfolgt. Die Vorschriften dieses Kapitels über die Zustimmung zur ordentlichen Kündigung gelten entsprechend.

Kapitel 5: Betriebs-, Personal-, Richter-, Staatsanwalts- und Präsidialrat, Schwerbehindertenvertretung, Inklusionsbeauftragter des Arbeitgebers

§ 176 Aufgaben des Betriebs-, Personal-, Richter-, Staatsanwalts- und Präsidialrates

Betriebs-, Personal-, Richter-, Staatsanwalts- und Präsidialrat fördern die Eingliederung schwerbehinderter Menschen. Sie achten insbesondere darauf, dass die dem Arbeitgeber nach den §§ 154, 155 und 164 bis 167 obliegenden Verpflichtungen erfüllt werden; sie wirken auf die Wahl der Schwerbehindertenvertretung hin.

§ 177 Wahl und Amtszeit der Schwerbehindertenvertretung

(1) In Betrieben und Dienststellen, in denen wenigstens fünf schwerbehinderte Menschen nicht nur vorübergehend beschäftigt sind, werden eine Vertrauensperson und wenigstens ein stellvertretendes Mitglied gewählt, das die Vertrauensperson im Falle der Verhinderung vertritt. Ferner wählen bei Gerichten, denen mindestens fünf schwerbehinderte Richter oder Richterinnen angehören, diese einen Richter oder eine Richterin zu ihrer Schwerbehindertenvertretung. Satz 2 gilt entsprechend für Staatsanwälte oder Staatsanwältinnen, soweit für sie keine besondere Personalvertretung gebildet wird. Betriebe oder Dienststellen, die die Voraussetzungen des Satzes 1 nicht erfüllen, können für die Wahl mit räumlich nahe liegenden Betrieben des Arbeitgebers oder gleichstufigen Dienststellen derselben Verwaltung zusammengefasst werden; soweit erforderlich, können Gerichte unterschiedlicher Gerichtszweige und Stufen zusammengefasst werden. Über die Zusammenfassung entscheidet der

§ 177

Arbeitgeber im Benehmen mit dem für den Sitz der Betriebe oder Dienststellen einschließlich Gerichten zuständigen Integrationsamt.

(2) Wahlberechtigt sind alle in dem Betrieb oder der Dienststelle beschäftigten schwerbehinderten Menschen.

(3) Wählbar sind alle in dem Betrieb oder der Dienststelle nicht nur vorübergehend Beschäftigten, die am Wahltag das 18. Lebensjahr vollendet haben und dem Betrieb oder der Dienststelle seit sechs Monaten angehören; besteht der Betrieb oder die Dienststelle weniger als ein Jahr, so bedarf es für die Wählbarkeit nicht der sechsmonatigen Zugehörigkeit. Nicht wählbar ist, wer kraft Gesetzes dem Betriebs-, Personal-, Richter-, Staatsanwalts- oder Präsidialrat nicht angehören kann.

(4) In Dienststellen der Bundeswehr sind auch schwerbehinderte Soldatinnen und Soldaten wahlberechtigt und auch Soldatinnen und Soldaten wählbar.

(5) Die regelmäßigen Wahlen finden alle vier Jahre in der Zeit vom 1. Oktober bis 30. November statt. Außerhalb dieser Zeit finden Wahlen statt, wenn
1. das Amt der Schwerbehindertenvertretung vorzeitig erlischt und ein stellvertretendes Mitglied nicht nachrückt,
2. die Wahl mit Erfolg angefochten worden ist oder
3. eine Schwerbehindertenvertretung noch nicht gewählt ist.

Hat außerhalb des für die regelmäßigen Wahlen festgelegten Zeitraumes eine Wahl der Schwerbehindertenvertretung stattgefunden, wird die Schwerbehindertenvertretung in dem auf die Wahl folgenden nächsten Zeitraum der regelmäßigen Wahlen neu gewählt. Hat die Amtszeit der Schwerbehindertenvertretung zum Beginn des für die regelmäßigen Wahlen festgelegten Zeitraums noch nicht ein Jahr betragen, wird die Schwerbehindertenvertretung im übernächsten Zeitraum für regelmäßige Wahlen neu gewählt.

(6) Die Vertrauensperson und das stellvertretende Mitglied werden in geheimer und unmittelbarer Wahl nach den Grundsätzen der Mehrheitswahl gewählt. Im Übrigen sind die Vorschriften über die Wahlanfechtung, den Wahlschutz und die Wahlkosten bei der Wahl des Betriebs-, Personal-, Richter-, Staatsanwalts- oder Präsidialrates sinngemäß anzuwenden. In Betrieben und Dienststellen mit weniger als 50 wahlberechtigten schwerbehinderten Menschen wird die Vertrauensperson und das stellvertretende Mitglied im vereinfachten Wahlverfahren gewählt, sofern der Betrieb oder die Dienststelle nicht aus räumlich weit auseinanderliegenden Teilen besteht. Ist in einem Betrieb oder einer Dienststelle eine Schwerbehindertenvertretung nicht gewählt, so kann das für den Betrieb oder die Dienststelle zuständige Integrationsamt zu einer Versammlung schwerbehinderter Menschen zum Zwecke der Wahl eines Wahlvorstandes einladen.

(7) Die Amtszeit der Schwerbehindertenvertretung beträgt vier Jahre. Sie beginnt mit der Bekanntgabe des Wahlergebnisses oder, wenn die Amtszeit der bisherigen Schwerbehindertenvertretung noch nicht beendet ist, mit deren Ablauf. Das Amt erlischt vorzeitig, wenn die Vertrauensperson es niederlegt, aus dem Arbeits-, Dienst- oder Richterverhältnis ausscheidet oder die Wählbarkeit verliert. Scheidet die Vertrauensperson vorzeitig aus dem Amt aus, rückt das mit der höchsten Stimmenzahl gewählte stellvertretende Mitglied für den Rest der Amtszeit nach; dies gilt für das stellvertretende Mitglied entsprechend. Auf Antrag eines Viertels der wahlberechtigten schwerbehinderten Menschen kann der Widerspruchsausschuss bei dem Integrationsamt (§ 202) das Erlöschen des Amtes einer Vertrauensperson wegen grober Verletzung ihrer Pflichten beschließen.

(8) In Betrieben gilt § 21a des Betriebsverfassungsgesetzes entsprechend.

§ 178 Aufgaben der Schwerbehindertenvertretung

(1) Die Schwerbehindertenvertretung fördert die Eingliederung schwerbehinderter Menschen in den Betrieb oder die Dienststelle, vertritt ihre Interessen in dem Betrieb oder der Dienststelle und steht ihnen beratend und helfend zur Seite. Sie erfüllt ihre Aufgaben insbesondere dadurch, dass sie
1. darüber wacht, dass die zugunsten schwerbehinderter Menschen geltenden Gesetze, Verordnungen, Tarifverträge, Betriebs- oder Dienstvereinbarungen und Verwaltungsanordnungen durchgeführt, insbesondere auch die dem Arbeitgeber nach den §§ 154, 155 und 164 bis 167 obliegenden Verpflichtungen erfüllt werden,
2. Maßnahmen, die den schwerbehinderten Menschen dienen, insbesondere auch präventive Maßnahmen, bei den zuständigen Stellen beantragt,
3. Anregungen und Beschwerden von schwerbehinderten Menschen entgegennimmt und, falls sie berechtigt erscheinen, durch Verhandlung mit dem Arbeitgeber auf eine Erledigung hinwirkt; sie unterrichtet die schwerbehinderten Menschen über den Stand und das Ergebnis der Verhandlungen.

Die Schwerbehindertenvertretung unterstützt Beschäftigte auch bei Anträgen an die nach § 152 Absatz 1 zuständigen Behörden auf Feststellung einer Behinderung, ihres Grades und einer Schwerbehinderung sowie bei Anträgen auf Gleichstellung an die Agentur für Arbeit. In Betrieben und Dienststellen mit in der Regel mehr als 100 beschäftigten schwerbehinderten Menschen kann sie nach Unterrichtung des Arbeitgebers das mit der höchsten Stimmenzahl gewählte stellvertretende Mitglied zu bestimmten Aufgaben heranziehen. Ab jeweils 100 weiteren beschäftigten schwerbehinderten Menschen kann jeweils auch das mit der nächsthöheren Stimmenzahl gewählte Mitglied herangezogen werden. Die Heranziehung zu bestimmten Aufgaben schließt die Abstimmung untereinander ein.

(2) Der Arbeitgeber hat die Schwerbehindertenvertretung in allen Angelegenheiten, die einen einzelnen oder die schwerbehinderten Menschen als Gruppe berühren, unverzüglich und umfassend zu unterrichten und vor einer Entscheidung anzuhören; er hat ihr die getroffene Entscheidung unverzüglich mitzuteilen. Die Durchführung oder Vollziehung einer ohne Beteiligung nach Satz 1 getroffenen Entscheidung ist auszusetzen, die Beteiligung ist innerhalb von sieben Tagen nachzuholen; sodann ist endgültig zu entscheiden. Die Kündigung eines schwerbehinderten Menschen, die der Arbeitgeber ohne eine Beteiligung nach Satz 1 ausspricht, ist unwirksam. Die Schwerbehindertenvertretung hat das Recht auf Beteiligung am Verfahren nach § 164 Absatz 1 und bei Vorliegen von Vermittlungsvorschlägen der Bundesagentur für Arbeit nach § 164 Absatz 1 oder von Bewerbungen schwerbehinderter Menschen das Recht auf Einsicht in die entscheidungsrelevanten Teile der Bewerbungsunterlagen und Teilnahme an Vorstellungsgesprächen.

(3) Der schwerbehinderte Mensch hat das Recht, bei Einsicht in die über ihn geführte Personalakte oder ihn betreffende Daten des Arbeitgebers die Schwerbehindertenvertretung hinzuzuziehen. Die Schwerbehindertenvertretung bewahrt über den Inhalt der Daten Stillschweigen, soweit sie der schwerbehinderte Mensch nicht von dieser Verpflichtung entbunden hat.

(4) Die Schwerbehindertenvertretung hat das Recht, an allen Sitzungen des Betriebs-, Personal-, Richter-, Staatsanwalts- oder Präsidialrates und deren Ausschüssen sowie des Arbeitsschutzausschusses beratend teilzunehmen; sie kann beantragen, Angelegenheiten, die einzelne oder die schwerbehinderten Menschen als Gruppe besonders betreffen, auf die Tagesordnung der nächsten Sitzung zu setzen. Erachtet sie einen Beschluss des Betriebs-, Personal-, Richter-, Staatsanwalts- oder Präsidialrates als eine erhebliche Beeinträchtigung wichtiger Interessen schwerbehinderter Menschen oder ist sie entgegen Absatz 2 Satz 1

nicht beteiligt worden, wird auf ihren Antrag der Beschluss für die Dauer von einer Woche vom Zeitpunkt der Beschlussfassung an ausgesetzt; die Vorschriften des Betriebsverfassungsgesetzes und des Personalvertretungsrechts über die Aussetzung von Beschlüssen gelten entsprechend. Durch die Aussetzung wird eine Frist nicht verlängert. In den Fällen des § 21e Absatz 1 und 3 des Gerichtsverfassungsgesetzes ist die Schwerbehindertenvertretung, außer in Eilfällen, auf Antrag einer betroffenen schwerbehinderten Richterin oder eines schwerbehinderten Richters vor dem Präsidium des Gerichtes zu hören.
(5) Die Schwerbehindertenvertretung wird zu Besprechungen nach § 74 Absatz 1 des Betriebsverfassungsgesetzes, § 66 Absatz 1 des Bundespersonalvertretungsgesetzes sowie den entsprechenden Vorschriften des sonstigen Personalvertretungsrechts zwischen dem Arbeitgeber und den in Absatz 4 genannten Vertretungen hinzugezogen.
(6) Die Schwerbehindertenvertretung hat das Recht, mindestens einmal im Kalenderjahr eine Versammlung schwerbehinderter Menschen im Betrieb oder in der Dienststelle durchzuführen. Die für Betriebs- und Personalversammlungen geltenden Vorschriften finden entsprechende Anwendung.
(7) Sind in einer Angelegenheit sowohl die Schwerbehindertenvertretung der Richter und Richterinnen als auch die Schwerbehindertenvertretung der übrigen Bediensteten beteiligt, so handeln sie gemeinsam.
(8) Die Schwerbehindertenvertretung kann an Betriebs- und Personalversammlungen in Betrieben und Dienststellen teilnehmen, für die sie als Schwerbehindertenvertretung zuständig ist, und hat dort ein Rederecht, auch wenn die Mitglieder der Schwerbehindertenvertretung nicht Angehörige des Betriebes oder der Dienststelle sind.

§ 179 Persönliche Rechte und Pflichten der Vertrauenspersonen der schwerbehinderten Menschen

(1) Die Vertrauenspersonen führen ihr Amt unentgeltlich als Ehrenamt.
(2) Die Vertrauenspersonen dürfen in der Ausübung ihres Amtes nicht behindert oder wegen ihres Amtes nicht benachteiligt oder begünstigt werden; dies gilt auch für ihre berufliche Entwicklung.
(3) Die Vertrauenspersonen besitzen gegenüber dem Arbeitgeber die gleiche persönliche Rechtsstellung, insbesondere den gleichen Kündigungs-, Versetzungsund Abordnungsschutz, wie ein Mitglied des Betriebs-, Personal-, Staatsanwalts- oder Richterrates. Das stellvertretende Mitglied besitzt während der Dauer der Vertretung und der Heranziehung nach § 178 Absatz 1 Satz 4 und 5 die gleiche persönliche Rechtsstellung wie die Vertrauensperson, im Übrigen die gleiche Rechtsstellung wie Ersatzmitglieder der in Satz 1 genannten Vertretungen.
(4) Die Vertrauenspersonen werden von ihrer beruflichen Tätigkeit ohne Minderung des Arbeitsentgelts oder der Dienstbezüge befreit, wenn und soweit es zur Durchführung ihrer Aufgaben erforderlich ist. Sind in den Betrieben und Dienststellen in der Regel wenigstens 100 schwerbehinderte Menschen beschäftigt, wird die Vertrauensperson auf ihren Wunsch freigestellt; weitergehende Vereinbarungen sind zulässig. Satz 1 gilt entsprechend für die Teilnahme der Vertrauensperson und des mit der höchsten Stimmenzahl gewählten stellvertretenden Mitglieds sowie in den Fällen des § 178 Absatz 1 Satz 5 auch des jeweils mit der nächsthöheren Stimmenzahl gewählten weiteren stellvertretenden Mitglieds an Schulungs- und Bildungsveranstaltungen, soweit diese Kenntnisse vermitteln, die für die Arbeit der Schwerbehindertenvertretung erforderlich sind.
(5) Freigestellte Vertrauenspersonen dürfen von inner- oder außerbetrieblichen Maßnahmen der Berufsförderung nicht ausgeschlossen werden. Innerhalb eines Jahres nach Beendi-

gung ihrer Freistellung ist ihnen im Rahmen der Möglichkeiten des Betriebes oder der Dienststelle Gelegenheit zu geben, eine wegen der Freistellung unterbliebene berufliche Entwicklung in dem Betrieb oder der Dienststelle nachzuholen. Für Vertrauenspersonen, die drei volle aufeinander folgende Amtszeiten freigestellt waren, erhöht sich der genannte Zeitraum auf zwei Jahre.

(6) Zum Ausgleich für ihre Tätigkeit, die aus betriebsbedingten oder dienstlichen Gründen außerhalb der Arbeitszeit durchzuführen ist, haben die Vertrauenspersonen Anspruch auf entsprechende Arbeits- oder Dienstbefreiung unter Fortzahlung des Arbeitsentgelts oder der Dienstbezüge.

(7) Die Vertrauenspersonen sind verpflichtet,
1. ihnen wegen ihres Amtes anvertraute oder sonst bekannt gewordene fremde Geheimnisse, namentlich zum persönlichen Lebensbereich gehörende Geheimnisse, nicht zu offenbaren und
2. ihnen wegen ihres Amtes bekannt gewordene und vom Arbeitgeber ausdrücklich als geheimhaltungsbedürftig bezeichnete Betriebs- oder Geschäftsgeheimnisse nicht zu offenbaren und nicht zu verwerten.

Diese Pflichten gelten auch nach dem Ausscheiden aus dem Amt. Sie gelten nicht gegenüber der Bundesagentur für Arbeit, den Integrationsämtern und den Rehabilitationsträgern, soweit deren Aufgaben den schwerbehinderten Menschen gegenüber es erfordern, gegenüber den Vertrauenspersonen in den Stufenvertretungen (§ 180) sowie gegenüber den in § 79 Absatz 1 des Betriebsverfassungsgesetzes und den in den entsprechenden Vorschriften des Personalvertretungsrechts genannten Vertretungen, Personen und Stellen.

(8) Die durch die Tätigkeit der Schwerbehindertenvertretung entstehenden Kosten trägt der Arbeitgeber; für öffentliche Arbeitgeber gelten die Kostenregelungen für Personalvertretungen entsprechend. Das Gleiche gilt für die durch die Teilnahme der stellvertretenden Mitglieder an Schulungs- und Bildungsveranstaltungen nach Absatz 4 Satz 3 entstehenden Kosten. Satz 1 umfasst auch eine Bürokraft für die Schwerbehindertenvertretung in erforderlichem Umfang.

(9) Die Räume und der Geschäftsbedarf, die der Arbeitgeber dem Betriebs-, Personal-, Richter-, Staatsanwalts- oder Präsidialrat für dessen Sitzungen, Sprechstunden und laufende Geschäftsführung zur Verfügung stellt, stehen für die gleichen Zwecke auch der Schwerbehindertenvertretung zur Verfügung, soweit ihr hierfür nicht eigene Räume und sächliche Mittel zur Verfügung gestellt werden.

§ 180 Konzern-, Gesamt-, Bezirksund Hauptschwerbehindertenvertretung

(1) Ist für mehrere Betriebe eines Arbeitgebers ein Gesamtbetriebsrat oder für den Geschäftsbereich mehrerer Dienststellen ein Gesamtpersonalrat errichtet, wählen die Schwerbehindertenvertretungen der einzelnen Betriebe oder Dienststellen eine Gesamtschwerbehindertenvertretung. Ist eine Schwerbehindertenvertretung nur in einem der Betriebe oder in einer der Dienststellen gewählt, nimmt sie die Rechte und Pflichten der Gesamtschwerbehindertenvertretung wahr.

(2) Ist für mehrere Unternehmen ein Konzernbetriebsrat errichtet, wählen die Gesamtschwerbehindertenvertretungen eine Konzernschwerbehindertenvertretung. Besteht ein Konzernunternehmen nur aus einem Betrieb, für den eine Schwerbehindertenvertretung gewählt ist, hat sie das Wahlrecht wie eine Gesamtschwerbehindertenvertretung.

(3) Für den Geschäftsbereich mehrstufiger Verwaltungen, bei denen ein Bezirks- oder Hauptpersonalrat gebildet ist, gilt Absatz 1 sinngemäß mit der Maßgabe, dass bei den Mittelbehörden von deren Schwerbehindertenvertretung und den Schwerbehindertenvertretun-

gen der nachgeordneten Dienststellen eine Bezirksschwerbehindertenvertretung zu wählen ist. Bei den obersten Dienstbehörden ist von deren Schwerbehindertenvertretung und den Bezirksschwerbehindertenvertretungen des Geschäftsbereichs eine Hauptschwerbehindertenvertretung zu wählen; ist die Zahl der Bezirksschwerbehindertenvertretungen niedriger als zehn, sind auch die Schwerbehindertenvertretungen der nachgeordneten Dienststellen wahlberechtigt.

(4) Für Gerichte eines Zweiges der Gerichtsbarkeit, für die ein Bezirks- oder Hauptrichterrat gebildet ist, gilt Absatz 3 entsprechend. Sind in einem Zweig der Gerichtsbarkeit bei den Gerichten der Länder mehrere Schwerbehindertenvertretungen nach § 177 zu wählen und ist in diesem Zweig kein Hauptrichterrat gebildet, ist in entsprechender Anwendung von Absatz 3 eine Hauptschwerbehindertenvertretung zu wählen. Die Hauptschwerbehindertenvertretung nimmt die Aufgabe der Schwerbehindertenvertretung gegenüber dem Präsidialrat wahr.

(5) Für jede Vertrauensperson, die nach den Absätzen 1 bis 4 neu zu wählen ist, wird wenigstens ein stellvertretendes Mitglied gewählt.

(6) Die Gesamtschwerbehindertenvertretung vertritt die Interessen der schwerbehinderten Menschen in Angelegenheiten, die das Gesamtunternehmen oder mehrere Betriebe oder Dienststellen des Arbeitgebers betreffen und von den Schwerbehindertenvertretungen der einzelnen Betriebe oder Dienststellen nicht geregelt werden können, sowie die Interessen der schwerbehinderten Menschen, die in einem Betrieb oder einer Dienststelle tätig sind, für die eine Schwerbehindertenvertretung nicht gewählt ist; dies umfasst auch Verhandlungen und den Abschluss entsprechender Inklusionsvereinbarungen. Satz 1 gilt entsprechend für die Konzern-, Bezirks- und Hauptschwerbehindertenvertretung sowie für die Schwerbehindertenvertretung der obersten Dienstbehörde, wenn bei einer mehrstufigen Verwaltung Stufenvertretungen nicht gewählt sind. Die nach Satz 2 zuständige Schwerbehindertenvertretung ist auch in persönlichen Angelegenheiten schwerbehinderter Menschen, über die eine übergeordnete Dienststelle entscheidet, zuständig; sie gibt der Schwerbehindertenvertretung der Dienststelle, die den schwerbehinderten Menschen beschäftigt, Gelegenheit zur Äußerung. Satz 3 gilt nicht in den Fällen, in denen der Personalrat der Beschäftigungsbehörde zu beteiligen ist.

(7) § 177 Absatz 3 bis 8, § 178 Absatz 1 Satz 4 und 5, Absatz 2, 4, 5 und 7 und § 179 gelten entsprechend, § 177 Absatz 5 mit der Maßgabe, dass die Wahl der Gesamt- und Bezirksschwerbehindertenvertretungen in der Zeit vom 1. Dezember bis 31. Dezember, die der Konzern- und Hauptschwerbehindertenvertretungen in der Zeit vom 1. Februar bis 31. März stattfindet, § 177 Absatz 6 mit der Maßgabe, dass bei den Wahlen zu überörtlichen Vertretungen der zweite Halbsatz des Satzes 3 nicht gilt.

(8) § 178 Absatz 6 gilt für die Durchführung von Versammlungen der Vertrauens- und der Bezirksvertrauenspersonen durch die Gesamt-, Bezirks- oder Hauptschwerbehindertenvertretung entsprechend.

§ 181 Inklusionsbeauftragter des Arbeitgebers

Der Arbeitgeber bestellt einen Inklusionsbeauftragten, der ihn in Angelegenheiten schwerbehinderter Menschen verantwortlich vertritt; falls erforderlich, können mehrere Inklusionsbeauftragte bestellt werden. Der Inklusionsbeauftragte soll nach Möglichkeit selbst ein schwerbehinderter Mensch sein. Der Inklusionsbeauftragte achtet vor allem darauf, dass dem Arbeitgeber obliegende Verpflichtungen erfüllt werden.

§ 182 Zusammenarbeit

(1) Arbeitgeber, Inklusionsbeauftragter des Arbeitgebers, Schwerbehindertenvertretung und Betriebs-, Personal-, Richter-, Staatsanwalts- oder Präsidialrat arbeiten zur Teilhabe schwerbehinderter Menschen am Arbeitsleben in dem Betrieb oder der Dienststelle eng zusammen.

(2) Die in Absatz 1 genannten Personen und Vertretungen, die mit der Durchführung dieses Teils beauftragten Stellen und die Rehabilitationsträger unterstützen sich gegenseitig bei der Erfüllung ihrer Aufgaben. Vertrauenspersonen und Inklusionsbeauftragter des Arbeitgebers sind Verbindungspersonen zur Bundesagentur für Arbeit und zu dem Integrationsamt.

§ 183 Verordnungsermächtigung

Die Bundesregierung wird ermächtigt, durch Rechtsverordnung mit Zustimmung des Bundesrates nähere Vorschriften über die Vorbereitung und Durchführung der Wahl der Schwerbehindertenvertretung und ihrer Stufenvertretungen zu erlassen.

Kapitel 6: Durchführung der besonderen Regelungen zur Teilhabe schwerbehinderter Menschen

§ 184 Zusammenarbeit der Integrationsämter und der Bundesagentur für Arbeit

(1) Soweit die besonderen Regelungen zur Teilhabe schwerbehinderter Menschen am Arbeitsleben nicht durch freie Entschließung der Arbeitgeber erfüllt werden, werden sie
1. in den Ländern von dem Amt für die Sicherung der Integration schwerbehinderter Menschen im Arbeitsleben (Integrationsamt) und
2. von der Bundesagentur für Arbeit
in enger Zusammenarbeit durchgeführt.

(2) Die den Rehabilitationsträgern nach den geltenden Vorschriften obliegenden Aufgaben bleiben unberührt.

§ 185 Aufgaben des Integrationsamtes

(1) Das Integrationsamt hat folgende Aufgaben:
1. die Erhebung und Verwendung der Ausgleichsabgabe,
2. den Kündigungsschutz,
3. die begleitende Hilfe im Arbeitsleben,
4. die zeitweilige Entziehung der besonderen Hilfen für schwerbehinderte Menschen (§ 200).

Die Integrationsämter werden so ausgestattet, dass sie ihre Aufgaben umfassend und qualifiziert erfüllen können. Hierfür wird besonders geschultes Personal mit Fachkenntnissen des Schwerbehindertenrechts eingesetzt.

(2) Die begleitende Hilfe im Arbeitsleben wird in enger Zusammenarbeit mit der Bundesagentur für Arbeit und den übrigen Rehabilitationsträgern durchgeführt. Sie soll dahingehend wirken, dass die schwerbehinderten Menschen in ihrer sozialen Stellung nicht absinken, auf Arbeitsplätzen beschäftigt werden, auf denen sie ihre Fähigkeiten und Kenntnisse voll verwerten und weiterentwickeln können sowie durch Leistungen der Rehabilitationsträger und Maßnahmen der Arbeitgeber befähigt werden, sich am Arbeitsplatz und im Wettbewerb mit nichtbehinderten Menschen zu behaupten. Dabei gelten als Arbeitsplätze auch Stellen, auf denen Beschäftigte befristet oder als Teilzeitbeschäftigte in einem Umfang von mindestens 15 Stunden, in Inklusionsbetrieben mindestens zwölf Stunden wöchentlich be-

schäftigt werden. Die begleitende Hilfe im Arbeitsleben umfasst auch die nach den Umständen des Einzelfalles notwendige psychosoziale Betreuung schwerbehinderter Menschen. Das Integrationsamt kann bei der Durchführung der begleitenden Hilfen im Arbeitsleben Integrationsfachdienste einschließlich psychosozialer Dienste freier gemeinnütziger Einrichtungen und Organisationen beteiligen. Das Integrationsamt soll außerdem darauf Einfluss nehmen, dass Schwierigkeiten im Arbeitsleben verhindert oder beseitigt werden; es führt hierzu auch Schulungs- und Bildungsmaßnahmen für Vertrauenspersonen, Inklusionsbeauftragte der Arbeitgeber, Betriebs-, Personal-, Richter-, Staatsanwalts- und Präsidialräte durch. Das Integrationsamt benennt in enger Abstimmung mit den Beteiligten des örtlichen Arbeitsmarktes Ansprechpartner, die in Handwerks- sowie in Industrie- und Handelskammern für die Arbeitgeber zur Verfügung stehen, um sie über Funktion und Aufgaben der Integrationsfachdienste aufzuklären, über Möglichkeiten der begleitenden Hilfe im Arbeitsleben zu informieren und Kontakt zum Integrationsfachdienst herzustellen.

(3) Das Integrationsamt kann im Rahmen seiner Zuständigkeit für die begleitende Hilfe im Arbeitsleben aus den ihm zur Verfügung stehenden Mitteln auch Geldleistungen erbringen, insbesondere

1. an schwerbehinderte Menschen
   a) für technische Arbeitshilfen,
   b) zum Erreichen des Arbeitsplatzes,
   c) zur Gründung und Erhaltung einer selbstständigen beruflichen Existenz,
   d) zur Beschaffung, Ausstattung und Erhaltung einer behinderungsgerechten Wohnung,
   e) zur Teilnahme an Maßnahmen zur Erhaltung und Erweiterung beruflicher Kenntnisse und Fertigkeiten und
   f) in besonderen Lebenslagen,
2. an Arbeitgeber
   a) zur behinderungsgerechten Einrichtung von Arbeits- und Ausbildungsplätzen für schwerbehinderte Menschen,
   b) für Zuschüsse zu Gebühren, insbesondere Prüfungsgebühren, bei der Berufsausbildung besonders betroffener schwerbehinderter Jugendlicher und junger Erwachsener,
   c) für Prämien und Zuschüsse zu den Kosten der Berufsausbildung behinderter Jugendlicher und junger Erwachsener, die für die Zeit der Berufsausbildung schwerbehinderten Menschen nach § 151 Absatz 4 gleichgestellt worden sind,
   d) für Prämien zur Einführung eines betrieblichen Eingliederungsmanagements und
   e) für außergewöhnliche Belastungen, die mit der Beschäftigung schwerbehinderter Menschen im Sinne des § 155 Absatz 1 Nummer 1 Buchstabe a bis d, von schwerbehinderten Menschen im Anschluss an eine Beschäftigung in einer anerkannten Werkstatt für behinderte Menschen oder im Sinne des § 158 Absatz 2 verbunden sind, vor allem, wenn ohne diese Leistungen das Beschäftigungsverhältnis gefährdet würde,
3. an Träger von Integrationsfachdiensten einschließlich psychosozialer Dienste freier gemeinnütziger Einrichtungen und Organisationen sowie an Träger von Inklusionsbetrieben,
4. zur Durchführung von Aufklärungs-, Schulungs- und Bildungsmaßnahmen,
5. nachrangig zur beruflichen Orientierung,
6. zur Deckung eines Teils der Aufwendungen für ein Budget für Arbeit.

(4) Schwerbehinderte Menschen haben im Rahmen der Zuständigkeit des Integrationsamtes aus den ihm aus der Ausgleichsabgabe zur Verfügung stehenden Mitteln Anspruch auf Übernahme der Kosten einer Berufsbegleitung nach § 55 Absatz 3.

(5) Schwerbehinderte Menschen haben im Rahmen der Zuständigkeit des Integrationsamtes für die begleitende Hilfe im Arbeitsleben aus den ihm aus der Ausgleichsabgabe zur Verfü-

gung stehenden Mitteln Anspruch auf Übernahme der Kosten einer notwendigen Arbeitsassistenz.
(6) Verpflichtungen anderer werden durch die Absätze 3 bis 5 nicht berührt. Leistungen der Rehabilitationsträger nach § 6 Absatz 1 Nummer 1 bis 5 dürfen, auch wenn auf sie ein Rechtsanspruch nicht besteht, nicht deshalb versagt werden, weil nach den besonderen Regelungen für schwerbehinderte Menschen entsprechende Leistungen vorgesehen sind; eine Aufstockung durch Leistungen des Integrationsamtes findet nicht statt.
(7) Die §§ 14, 15 Absatz 1, die §§ 16 und 17 gelten sinngemäß, wenn bei dem Integrationsamt eine Leistung zur Teilhabe am Arbeitsleben beantragt wird. Das Gleiche gilt, wenn ein Antrag bei einem Rehabilitationsträger gestellt und der Antrag von diesem nach § 16 Absatz 2 des Ersten Buches an das Integrationsamt weitergeleitet worden ist. Ist die unverzügliche Erbringung einer Leistung zur Teilhabe am Arbeitsleben erforderlich, so kann das Integrationsamt die Leistung vorläufig erbringen. Hat das Integrationsamt eine Leistung erbracht, für die ein anderer Träger zuständig ist, so erstattet dieser die auf die Leistung entfallenden Aufwendungen.
(8) Auf Antrag führt das Integrationsamt seine Leistungen zur begleitenden Hilfe im Arbeitsleben als Persönliches Budget aus. § 29 gilt entsprechend.

§ 186 Beratender Ausschuss für behinderte Menschen bei dem Integrationsamt

(1) Bei jedem Integrationsamt wird ein Beratender Ausschuss für behinderte Menschen gebildet, der die Teilhabe der behinderten Menschen am Arbeitsleben fördert, das Integrationsamt bei der Durchführung der besonderen Regelungen für schwerbehinderte Menschen zur Teilhabe am Arbeitsleben unterstützt und bei der Vergabe der Mittel der Ausgleichsabgabe mitwirkt. Soweit die Mittel der Ausgleichsabgabe zur institutionellen Förderung verwendet werden, macht der Beratende Ausschuss Vorschläge für die Entscheidungen des Integrationsamtes.
(2) Der Ausschuss besteht aus zehn Mitgliedern, und zwar aus
1. zwei Mitgliedern, die die Arbeitnehmerinnen und Arbeitnehmer vertreten,
2. zwei Mitgliedern, die die privaten und öffentlichen Arbeitgeber vertreten,
3. vier Mitgliedern, die die Organisationen behinderter Menschen vertreten,
4. einem Mitglied, das das jeweilige Land vertritt,
5. einem Mitglied, das die Bundesagentur für Arbeit vertritt.
(3) Für jedes Mitglied ist eine Stellvertreterin oder ein Stellvertreter zu berufen. Mitglieder und Stellvertreterinnen oder Stellvertreter sollen im Bezirk des Integrationsamtes ihren Wohnsitz haben.
(4) Das Integrationsamt beruft auf Vorschlag
1. der Gewerkschaften des jeweiligen Landes zwei Mitglieder,
2. der Arbeitgeberverbände des jeweiligen Landes ein Mitglied,
3. der zuständigen obersten Landesbehörde oder der von ihr bestimmten Behörde ein Mitglied,
4. der Organisationen behinderter Menschen des jeweiligen Landes, die nach der Zusammensetzung ihrer Mitglieder dazu berufen sind, die behinderten Menschen in ihrer Gesamtheit zu vertreten, vier Mitglieder.
Die zuständige oberste Landesbehörde oder die von ihr bestimmte Behörde und die Bundesagentur für Arbeit berufen je ein Mitglied.

§ 187 Aufgaben der Bundesagentur für Arbeit

(1) Die Bundesagentur für Arbeit hat folgende Aufgaben:
1. die Berufsberatung, Ausbildungsvermittlung und Arbeitsvermittlung schwerbehinderter Menschen einschließlich der Vermittlung von in Werkstätten für behinderte Menschen Beschäftigten auf den allgemeinen Arbeitsmarkt,
2. die Beratung der Arbeitgeber bei der Besetzung von Ausbildungs- und Arbeitsplätzen mit schwerbehinderten Menschen,
3. die Förderung der Teilhabe schwerbehinderter Menschen am Arbeitsleben auf dem allgemeinen Arbeitsmarkt, insbesondere von schwerbehinderten Menschen,
   a) die wegen Art oder Schwere ihrer Behinderung oder sonstiger Umstände im Arbeitsleben besonders betroffen sind (§ 155 Absatz 1),
   b) die langzeitarbeitslos im Sinne des § 18 des Dritten Buches sind,
   c) die im Anschluss an eine Beschäftigung in einer anerkannten Werkstatt für behinderte Menschen, bei einem anderen Leistungsanbieter (§ 60) oder einem Inklusionsbetrieb eingestellt werden,
   d) die als Teilzeitbeschäftigte eingestellt werden oder
   e) die zur Aus- oder Weiterbildung eingestellt werden,
4. im Rahmen von Arbeitsbeschaffungsmaßnahmen die besondere Förderung schwerbehinderter Menschen,
5. die Gleichstellung, deren Widerruf und Rücknahme,
6. die Durchführung des Anzeigeverfahrens (§ 163 Absatz 2 und 4),
7. die Überwachung der Erfüllung der Beschäftigungspflicht,
8. die Zulassung der Anrechnung und der Mehrfachanrechnung (§ 158 Absatz 2, § 159 Absatz 1 und 2),
9. die Erfassung der Werkstätten für behinderte Menschen, ihre Anerkennung und die Aufhebung der Anerkennung.

(2) Die Bundesagentur für Arbeit übermittelt dem Bundesministerium für Arbeit und Soziales jährlich die Ergebnisse ihrer Förderung der Teilhabe schwerbehinderter Menschen am Arbeitsleben auf dem allgemeinen Arbeitsmarkt nach dessen näherer Bestimmung und fachlicher Weisung. Zu den Ergebnissen gehören Angaben über die Zahl der geförderten Arbeitgeber und schwerbehinderten Menschen, die insgesamt aufgewandten Mittel und die durchschnittlichen Förderungsbeträge. Die Bundesagentur für Arbeit veröffentlicht diese Ergebnisse.

(3) Die Bundesagentur für Arbeit führt befristete überregionale und regionale Arbeitsmarktprogramme zum Abbau der Arbeitslosigkeit schwerbehinderter Menschen, besonderer Gruppen schwerbehinderter Menschen, insbesondere schwerbehinderter Frauen, sowie zur Förderung des Ausbildungsplatzangebots für schwerbehinderte Menschen durch, die ihr durch Verwaltungsvereinbarung gemäß § 368 Absatz 3 Satz 2 und Absatz 4 des Dritten Buches unter Zuweisung der entsprechenden Mittel übertragen werden. Über den Abschluss von Verwaltungsvereinbarungen mit den Ländern ist das Bundesministerium für Arbeit und Soziales zu unterrichten.

(4) Die Bundesagentur für Arbeit richtet zur Durchführung der ihr in diesem Teil und der ihr im Dritten Buch zur Teilhabe behinderter und schwerbehinderter Menschen am Arbeitsleben übertragenen Aufgaben in allen Agenturen für Arbeit besondere Stellen ein; bei der personellen Ausstattung dieser Stellen trägt sie dem besonderen Aufwand bei der Beratung und Vermittlung des zu betreuenden Personenkreises sowie bei der Durchführung der sonstigen Aufgaben nach Absatz 1 Rechnung.

(5) Im Rahmen der Beratung der Arbeitgeber nach Absatz 1 Nummer 2 hat die Bundesagentur für Arbeit
1. dem Arbeitgeber zur Besetzung von Arbeitsplätzen geeignete arbeitslose oder arbeitssuchende schwerbehinderte Menschen unter Darlegung der Leistungsfähigkeit und der Auswirkungen der jeweiligen Behinderung auf die angebotene Stelle vorzuschlagen,
2. ihre Fördermöglichkeiten aufzuzeigen, soweit möglich und erforderlich, auch die entsprechenden Hilfen der Rehabilitationsträger und der begleitenden Hilfe im Arbeitsleben durch die Integrationsämter.

§ 188 Beratender Ausschuss für behinderte Menschen bei der Bundesagentur für Arbeit

(1) Bei der Zentrale der Bundesagentur für Arbeit wird ein Beratender Ausschuss für behinderte Menschen gebildet, der die Teilhabe der behinderten Menschen am Arbeitsleben durch Vorschläge fördert und die Bundesagentur für Arbeit bei der Durchführung der in diesem Teil und im Dritten Buch zur Teilhabe behinderter und schwerbehinderter Menschen am Arbeitsleben übertragenen Aufgaben unterstützt.
(2) Der Ausschuss besteht aus elf Mitgliedern, und zwar aus
1. zwei Mitgliedern, die die Arbeitnehmerinnen und Arbeitnehmer vertreten,
2. zwei Mitgliedern, die die privaten und öffentlichen Arbeitgeber vertreten,
3. fünf Mitgliedern, die die Organisationen behinderter Menschen vertreten,
4. einem Mitglied, das die Integrationsämter vertritt,
5. einem Mitglied, das das Bundesministerium für Arbeit und Soziales vertritt.
(3) Für jedes Mitglied ist eine Stellvertreterin oder ein Stellvertreter zu berufen.
(4) Der Vorstand der Bundesagentur für Arbeit beruft die Mitglieder, die Arbeitnehmer und Arbeitgeber vertreten, auf Vorschlag ihrer Gruppenvertreter im Verwaltungsrat der Bundesagentur für Arbeit. Er beruft auf Vorschlag der Organisationen behinderter Menschen, die nach der Zusammensetzung ihrer Mitglieder dazu berufen sind, die behinderten Menschen in ihrer Gesamtheit auf Bundesebene zu vertreten, die Mitglieder, die Organisationen der behinderten Menschen vertreten. Auf Vorschlag der Bundesarbeitsgemeinschaft der Integrationsämter und Hauptfürsorgestellen beruft er das Mitglied, das die Integrationsämter vertritt, und auf Vorschlag des Bundesministeriums für Arbeit und Soziales das Mitglied, das dieses vertritt.

§ 189 Gemeinsame Vorschriften

(1) Die Beratenden Ausschüsse für behinderte Menschen (§§ 186, 188) wählen aus den ihnen angehörenden Mitgliedern von Seiten der Arbeitnehmer, Arbeitgeber oder Organisationen behinderter Menschen jeweils für die Dauer eines Jahres eine Vorsitzende oder einen Vorsitzenden und eine Stellvertreterin oder einen Stellvertreter. Die Gewählten dürfen nicht derselben Gruppe angehören. Die Gruppen stellen in regelmäßig jährlich wechselnder Reihenfolge die Vorsitzende oder den Vorsitzenden und die Stellvertreterin oder den Stellvertreter. Die Reihenfolge wird durch die Beendigung der Amtszeit der Mitglieder nicht unterbrochen. Scheidet die Vorsitzende oder der Vorsitzende oder die Stellvertreterin oder der Stellvertreter aus, wird sie oder er neu gewählt.
(2) Die Beratenden Ausschüsse für behinderte Menschen sind beschlussfähig, wenn wenigstens die Hälfte der Mitglieder anwesend ist. Die Beschlüsse und Entscheidungen werden mit einfacher Stimmenmehrheit getroffen.
(3) Die Mitglieder der Beratenden Ausschüsse für behinderte Menschen üben ihre Tätigkeit ehrenamtlich aus. Ihre Amtszeit beträgt vier Jahre.

§ 190 Übertragung von Aufgaben

(1) Die Landesregierung oder die von ihr bestimmte Stelle kann die Verlängerung der Gültigkeitsdauer der Ausweise nach § 152 Absatz 5, für die eine Feststellung nach § 152 Absatz 1 nicht zu treffen ist, auf andere Behörden übertragen. Im Übrigen kann sie andere Behörden zur Aushändigung der Ausweise heranziehen.

(2) Die Landesregierung oder die von ihr bestimmte Stelle kann Aufgaben und Befugnisse des Integrationsamtes nach diesem Teil auf örtliche Fürsorgestellen übertragen oder die Heranziehung örtlicher Fürsorgestellen zur Durchführung der den Integrationsämtern obliegenden Aufgaben bestimmen.

§ 191 Verordnungsermächtigung

Die Bundesregierung wird ermächtigt, durch Rechtsverordnung mit Zustimmung des Bundesrates das Nähere über die Voraussetzungen des Anspruchs nach § 49 Absatz 8 Nummer 3 und § 185 Absatz 5 sowie über die Höhe, Dauer und Ausführung der Leistungen zu regeln.

Kapitel 7: Integrationsfachdienste

§ 192 Begriff und Personenkreis

(1) Integrationsfachdienste sind Dienste Dritter, die bei der Durchführung der Maßnahmen zur Teilhabe schwerbehinderter Menschen am Arbeitsleben beteiligt werden.

(2) Schwerbehinderte Menschen im Sinne des Absatzes 1 sind insbesondere
1. schwerbehinderte Menschen mit einem besonderen Bedarf an arbeitsbegleitender Betreuung,
2. schwerbehinderte Menschen, die nach zielgerichteter Vorbereitung durch die Werkstatt für behinderte Menschen am Arbeitsleben auf dem allgemeinen Arbeitsmarkt teilhaben sollen und dabei auf aufwendige, personalintensive, individuelle arbeitsbegleitende Hilfen angewiesen sind sowie
3. schwerbehinderte Schulabgänger, die für die Aufnahme einer Beschäftigung auf dem allgemeinen Arbeitsmarkt auf die Unterstützung eines Integrationsfachdienstes angewiesen sind.

(3) Ein besonderer Bedarf an arbeits- und berufsbegleitender Betreuung ist insbesondere gegeben bei schwerbehinderten Menschen mit geistiger oder seelischer Behinderung oder mit einer schweren Körper-, Sinnes- oder Mehrfachbehinderung, die sich im Arbeitsleben besonders nachteilig auswirkt und allein oder zusammen mit weiteren vermittlungshemmenden Umständen (Alter, Langzeitarbeitslosigkeit, unzureichende Qualifikation, Leistungsminderung) die Teilhabe am Arbeitsleben auf dem allgemeinen Arbeitsmarkt erschwert.

(4) Der Integrationsfachdienst kann im Rahmen der Aufgabenstellung nach Absatz 1 auch zur beruflichen Eingliederung von behinderten Menschen, die nicht schwerbehindert sind, tätig werden. Hierbei wird den besonderen Bedürfnissen seelisch behinderter oder von einer seelischen Behinderung bedrohter Menschen Rechnung getragen.

§ 193 Aufgaben

(1) Die Integrationsfachdienste können zur Teilhabe schwerbehinderter Menschen am Arbeitsleben (Aufnahme, Ausübung und Sicherung einer möglichst dauerhaften Beschäftigung) beteiligt werden, indem sie
1. die schwerbehinderten Menschen beraten, unterstützen und auf geeignete Arbeitsplätze vermitteln,
2. die Arbeitgeber informieren, beraten und ihnen Hilfe leisten.

(2) Zu den Aufgaben des Integrationsfachdienstes gehört es,
1. die Fähigkeiten der zugewiesenen schwerbehinderten Menschen zu bewerten und einzuschätzen und dabei ein individuelles Fähigkeits-, Leistungs- und Interessenprofil zur Vorbereitung auf den allgemeinen Arbeitsmarkt in enger Kooperation mit den schwerbehinderten Menschen, dem Auftraggeber und der abgebenden Einrichtung der schulischen oder beruflichen Bildung oder Rehabilitation zu erarbeiten,
2. die Bundesagentur für Arbeit auf deren Anforderung bei der Berufsorientierung und Berufsberatung in den Schulen einschließlich der auf jeden einzelnen Jugendlichen bezogenen Dokumentation der Ergebnisse zu unterstützen,
3. die betriebliche Ausbildung schwerbehinderter, insbesondere seelisch und lernbehinderter, Jugendlicher zu begleiten,
4. geeignete Arbeitsplätze (§ 156) auf dem allgemeinen Arbeitsmarkt zu erschließen,
5. die schwerbehinderten Menschen auf die vorgesehenen Arbeitsplätze vorzubereiten,
6. die schwerbehinderten Menschen, solange erforderlich, am Arbeitsplatz oder beim Training der berufspraktischen Fähigkeiten am konkreten Arbeitsplatz zu begleiten,
7. mit Zustimmung des schwerbehinderten Menschen die Mitarbeiter im Betrieb oder in der Dienststelle über Art und Auswirkungen der Behinderung und über entsprechende Verhaltensregeln zu informieren und zu beraten,
8. eine Nachbetreuung, Krisenintervention oder psychosoziale Betreuung durchzuführen sowie
9. als Ansprechpartner für die Arbeitgeber zur Verfügung zu stehen, über die Leistungen für die Arbeitgeber zu informieren und für die Arbeitgeber diese Leistungen abzuklären,
10. in Zusammenarbeit mit den Rehabilitationsträgern und den Integrationsämtern die für den schwerbehinderten Menschen benötigten Leistungen zu klären und bei der Beantragung zu unterstützen.

§ 194 Beauftragung und Verantwortlichkeit

(1) Die Integrationsfachdienste werden im Auftrag der Integrationsämter oder der Rehabilitationsträger tätig. Diese bleiben für die Ausführung der Leistung verantwortlich.
(2) Im Auftrag legt der Auftraggeber in Abstimmung mit dem Integrationsfachdienst Art, Umfang und Dauer des im Einzelfall notwendigen Einsatzes des Integrationsfachdienstes sowie das Entgelt fest.
(3) Der Integrationsfachdienst arbeitet insbesondere mit
1. den zuständigen Stellen der Bundesagentur für Arbeit,
2. dem Integrationsamt,
3. dem zuständigen Rehabilitationsträger, insbesondere den Berufshelfern der gesetzlichen Unfallversicherung,
4. dem Arbeitgeber, der Schwerbehindertenvertretung und den anderen betrieblichen Interessenvertretungen,
5. der abgebenden Einrichtung der schulischen oder beruflichen Bildung oder Rehabilitation mit ihren begleitenden Diensten und internen Integrationsfachkräften oder -diensten zur Unterstützung von Teilnehmenden an Leistungen zur Teilhabe am Arbeitsleben,
6. den Handwerks-, den Industrie- und Handelskammern sowie den berufsständigen Organisationen,
7. wenn notwendig, auch mit anderen Stellen und Personen,
eng zusammen.
(4) Näheres zur Beauftragung, Zusammenarbeit, fachlichen Leitung, Aufsicht sowie zur Qualitätssicherung und Ergebnisbeobachtung wird zwischen dem Auftraggeber und dem

Träger des Integrationsfachdienstes vertraglich geregelt. Die Vereinbarungen sollen im Interesse finanzieller Planungssicherheit auf eine Dauer von mindestens drei Jahren abgeschlossen werden.
(5) Die Integrationsämter wirken darauf hin, dass die berufsbegleitenden und psychosozialen Dienste bei den von ihnen beauftragten Integrationsfachdiensten konzentriert werden.

§ 195 Fachliche Anforderungen
(1) Die Integrationsfachdienste müssen
1. nach der personellen, räumlichen und sächlichen Ausstattung in der Lage sein, ihre gesetzlichen Aufgaben wahrzunehmen,
2. über Erfahrungen mit dem zu unterstützenden Personenkreis (§ 192 Absatz 2) verfügen,
3. mit Fachkräften ausgestattet sein, die über eine geeignete Berufsqualifikation, eine psychosoziale oder arbeitspädagogische Zusatzqualifikation und ausreichende Berufserfahrung verfügen, sowie
4. rechtlich oder organisatorisch und wirtschaftlich eigenständig sein.

(2) Der Personalbedarf eines Integrationsfachdienstes richtet sich nach den konkreten Bedürfnissen unter Berücksichtigung der Zahl der Betreuungs- und Beratungsfälle, des durchschnittlichen Betreuungs- und Beratungsaufwands, der Größe des regionalen Einzugsbereichs und der Zahl der zu beratenden Arbeitgeber. Den besonderen Bedürfnissen besonderer Gruppen schwerbehinderter Menschen, insbesondere schwerbehinderter Frauen, und der Notwendigkeit einer psychosozialen Betreuung soll durch eine Differenzierung innerhalb des Integrationsfachdienstes Rechnung getragen werden.

(3) Bei der Stellenbesetzung des Integrationsfachdienstes werden schwerbehinderte Menschen bevorzugt berücksichtigt. Dabei wird ein angemessener Anteil der Stellen mit schwerbehinderten Frauen besetzt.

§ 196 Finanzielle Leistungen
(1) Die Inanspruchnahme von Integrationsfachdiensten wird vom Auftraggeber vergütet. Die Vergütung für die Inanspruchnahme von Integrationsfachdiensten kann bei Beauftragung durch das Integrationsamt aus Mitteln der Ausgleichsabgabe erbracht werden.
(2) Die Bezahlung tarifvertraglich vereinbarter Vergütungen sowie entsprechender Vergütungen nach kirchlichen Arbeitsrechtsregelungen kann bei der Beauftragung von Integrationsfachdiensten nicht als unwirtschaftlich abgelehnt werden.
(3) Die Bundesarbeitsgemeinschaft der Integrationsämter und Hauptfürsorgestellen vereinbart mit den Rehabilitationsträgern nach § 6 Absatz 1 Nummer 2 bis 5 unter Beteiligung der maßgeblichen Verbände, darunter der Bundesarbeitsgemeinschaft, in der sich die Integrationsfachdienste zusammengeschlossen haben, eine gemeinsame Empfehlung zur Inanspruchnahme der Integrationsfachdienste durch die Rehabilitationsträger, zur Zusammenarbeit und zur Finanzierung der Kosten, die dem Integrationsfachdienst bei der Wahrnehmung der Aufgaben der Rehabilitationsträger entstehen. § 26 Absatz 7 und 8 gilt entsprechend.

§ 197 Ergebnisbeobachtung
(1) Der Integrationsfachdienst dokumentiert Verlauf und Ergebnis der jeweiligen Bemühungen um die Förderung der Teilhabe am Arbeitsleben. Er erstellt jährlich eine zusammenfassende Darstellung der Ergebnisse und legt diese den Auftraggebern nach deren näherer gemeinsamer Maßgabe vor. Diese Zusammenstellung soll insbesondere geschlechtsdifferenzierte Angaben enthalten zu
1. den Zu- und Abgängen an Betreuungsfällen im Kalenderjahr,

2. dem Bestand an Betreuungsfällen,
3. der Zahl der abgeschlossenen Fälle, differenziert nach Aufnahme einer Ausbildung, einer befristeten oder unbefristeten Beschäftigung, einer Beschäftigung in einem Integrationsprojekt oder in einer Werkstatt für behinderte Menschen.

(2) Der Integrationsfachdienst dokumentiert auch die Ergebnisse seiner Bemühungen zur Unterstützung der Bundesagentur für Arbeit und die Begleitung der betrieblichen Ausbildung nach § 193 Absatz 2 Nummer 4 und 5 unter Einbeziehung geschlechtsdifferenzierter Daten und Besonderheiten sowie der Art der Behinderung.

§ 198 Verordnungsermächtigung

(1) Das Bundesministerium für Arbeit und Soziales wird ermächtigt, durch Rechtsverordnung mit Zustimmung des Bundesrates das Nähere über den Begriff und die Aufgaben des Integrationsfachdienstes, die für sie geltenden fachlichen Anforderungen und die finanziellen Leistungen zu regeln.

(2) Vereinbaren die Bundesarbeitsgemeinschaft der Integrationsämter und Hauptfürsorgestellen und die Rehabilitationsträger nicht innerhalb von sechs Monaten, nachdem das Bundesministerium für Arbeit und Soziales sie dazu aufgefordert hat, eine gemeinsame Empfehlung nach § 196 Absatz 3 oder ändern sie die unzureichend gewordene Empfehlung nicht innerhalb dieser Frist, kann das Bundesministerium für Arbeit und Soziales Regelungen durch Rechtsverordnung mit Zustimmung des Bundesrates erlassen.

Kapitel 8: Beendigung der Anwendung der besonderen Regelungen zur Teilhabe schwerbehinderter und gleichgestellter behinderter Menschen

§ 199 Beendigung der Anwendung der besonderen Regelungen zur Teilhabe schwerbehinderter Menschen

(1) Die besonderen Regelungen für schwerbehinderte Menschen werden nicht angewendet nach dem Wegfall der Voraussetzungen nach § 2 Absatz 2; wenn sich der Grad der Behinderung auf weniger als 50 verringert, jedoch erst am Ende des dritten Kalendermonats nach Eintritt der Unanfechtbarkeit des die Verringerung feststellenden Bescheides.

(2) Die besonderen Regelungen für gleichgestellte behinderte Menschen werden nach dem Widerruf oder der Rücknahme der Gleichstellung nicht mehr angewendet. Der Widerruf der Gleichstellung ist zulässig, wenn die Voraussetzungen nach § 2 Absatz 3 in Verbindung mit § 151 Absatz 2 weggefallen sind. Er wird erst am Ende des dritten Kalendermonats nach Eintritt seiner Unanfechtbarkeit wirksam.

(3) Bis zur Beendigung der Anwendung der besonderen Regelungen für schwerbehinderte Menschen und ihnen gleichgestellte behinderte Menschen werden die behinderten Menschen dem Arbeitgeber auf die Zahl der Pflichtarbeitsplätze für schwerbehinderte Menschen angerechnet.

§ 200 Entziehung der besonderen Hilfen für schwerbehinderte Menschen

(1) Einem schwerbehinderten Menschen, der einen zumutbaren Arbeitsplatz ohne berechtigten Grund zurückweist oder aufgibt oder sich ohne berechtigten Grund weigert, an einer Maßnahme zur Teilhabe am Arbeitsleben teilzunehmen, oder sonst durch sein Verhalten seine Teilhabe am Arbeitsleben schuldhaft vereitelt, kann das Integrationsamt im Benehmen mit der Bundesagentur für Arbeit die besonderen Hilfen für schwerbehinderte Menschen zeitweilig entziehen. Dies gilt auch für gleichgestellte behinderte Menschen.

(2) Vor der Entscheidung über die Entziehung wird der schwerbehinderte Mensch gehört. In der Entscheidung wird die Frist bestimmt, für die sie gilt. Die Frist läuft vom Tag der Entscheidung an und beträgt nicht mehr als sechs Monate. Die Entscheidung wird dem schwerbehinderten Menschen bekannt gegeben.

Kapitel 9:   Widerspruchsverfahren

§ 201   Widerspruch

(1) Den Widerspruchsbescheid nach § 73 der Verwaltungsgerichtsordnung erlässt bei Verwaltungsakten der Integrationsämter und bei Verwaltungsakten der örtlichen Fürsorgestellen (§ 190 Absatz 2) der Widerspruchsausschuss bei dem Integrationsamt (§ 202). Des Vorverfahrens bedarf es auch, wenn den Verwaltungsakt ein Integrationsamt erlassen hat, das bei einer obersten Landesbehörde besteht.
(2) Den Widerspruchsbescheid nach § 85 des Sozialgerichtsgesetzes erlässt bei Verwaltungsakten, welche die Bundesagentur für Arbeit auf Grund dieses Teils erlässt, der Widerspruchsausschuss der Bundesagentur für Arbeit.

§ 202   Widerspruchsausschuss bei dem Integrationsamt

(1) Bei jedem Integrationsamt besteht ein Widerspruchsausschuss aus sieben Mitgliedern, und zwar aus zwei Mitgliedern, die schwerbehinderte Arbeitnehmer oder Arbeitnehmerinnen sind, zwei Mitgliedern, die Arbeitgeber sind, einem Mitglied, das das Integrationsamt vertritt, einem Mitglied, das die Bundesagentur für Arbeit vertritt, einer Vertrauensperson schwerbehinderter Menschen.
(2) Für jedes Mitglied wird ein Stellvertreter oder eine Stellvertreterin berufen.
(3) Das Integrationsamt beruft auf Vorschlag der Organisationen behinderter Menschen des jeweiligen Landes die Mitglieder, die Arbeitnehmer sind, auf Vorschlag der jeweils für das Land zuständigen Arbeitgeberverbände die Mitglieder, die Arbeitgeber sind, sowie die Vertrauensperson. Die zuständige oberste Landesbehörde oder die von ihr bestimmte Behörde beruft das Mitglied, das das Integrationsamt vertritt. Die Bundesagentur für Arbeit beruft das Mitglied, das sie vertritt. Entsprechendes gilt für die Berufung des Stellvertreters oder der Stellvertreterin des jeweiligen Mitglieds.
(4) In Kündigungsangelegenheiten schwerbehinderter Menschen, die bei einer Dienststelle oder in einem Betrieb beschäftigt sind, der zum Geschäftsbereich des Bundesministeriums der Verteidigung gehört, treten an die Stelle der Mitglieder, die Arbeitgeber sind, Angehörige des öffentlichen Dienstes. Dem Integrationsamt werden ein Mitglied und sein Stellvertreter oder seine Stellvertreterin von den von der Bundesregierung bestimmten Bundesbehörden benannt. Eines der Mitglieder, die schwerbehinderte Arbeitnehmer oder Arbeitnehmerinnen sind, muss dem öffentlichen Dienst angehören.
(5) Die Amtszeit der Mitglieder der Widerspruchsausschüsse beträgt vier Jahre. Die Mitglieder der Ausschüsse üben ihre Tätigkeit unentgeltlich aus.

§ 203   Widerspruchsausschüsse der Bundesagentur für Arbeit

(1) Die Bundesagentur für Arbeit richtet Widerspruchsausschüsse ein, die aus sieben Mitgliedern bestehen, und zwar aus zwei Mitgliedern, die schwerbehinderte Arbeitnehmer oder Arbeitnehmerinnen sind, zwei Mitgliedern, die Arbeitgeber sind, einem Mitglied, das das Integrationsamt vertritt, einem Mitglied, das die Bundesagentur für Arbeit vertritt, einer Vertrauensperson schwerbehinderter Menschen.
(2) Für jedes Mitglied wird ein Stellvertreter oder eine Stellvertreterin berufen.

(3) Die Bundesagentur für Arbeit beruft
1. die Mitglieder, die Arbeitnehmer oder Arbeitnehmerinnen sind, auf Vorschlag der jeweils zuständigen Organisationen behinderter Menschen, der im Benehmen mit den jeweils zuständigen Gewerkschaften, die für die Vertretung der Arbeitnehmerinteressen wesentliche Bedeutung haben, gemacht wird,
2. die Mitglieder, die Arbeitgeber sind, auf Vorschlag der jeweils zuständigen Arbeitgeberverbände, soweit sie für die Vertretung von Arbeitgeberinteressen wesentliche Bedeutung haben, sowie
3. das Mitglied, das die Bundesagentur für Arbeit vertritt, und
4. die Vertrauensperson.

Die zuständige oberste Landesbehörde oder die von ihr bestimmte Behörde beruft das Mitglied, das das Integrationsamt vertritt. Entsprechendes gilt für die Berufung des Stellvertreters oder der Stellvertreterin des jeweiligen Mitglieds.
(4) § 202 Absatz 5 gilt entsprechend.

§ 204   Verfahrensvorschriften
(1) Für den Widerspruchsausschuss bei dem Integrationsamt (§ 202) und die Widerspruchsausschüsse bei der Bundesagentur für Arbeit (§ 203) gilt § 189 Absatz 1 und 2 entsprechend.
(2) Im Widerspruchsverfahren nach Kapitel 4 werden der Arbeitgeber und der schwerbehinderte Mensch vor der Entscheidung gehört; in den übrigen Fällen verbleibt es bei der Anhörung des Widerspruchsführers.
(3) Die Mitglieder der Ausschüsse können wegen Besorgnis der Befangenheit abgelehnt werden. Über die Ablehnung entscheidet der Ausschuss, dem das Mitglied angehört.

Kapitel 10:   Sonstige Vorschriften

§ 205   Vorrang der schwerbehinderten Menschen
Verpflichtungen zur bevorzugten Einstellung und Beschäftigung bestimmter Personenkreise nach anderen Gesetzen entbinden den Arbeitgeber nicht von der Verpflichtung zur Beschäftigung schwerbehinderter Menschen nach den besonderen Regelungen für schwerbehinderte Menschen.

§ 206   Arbeitsentgelt und Dienstbezüge
(1) Bei der Bemessung des Arbeitsentgelts und der Dienstbezüge aus einem bestehenden Beschäftigungsverhältnis werden Renten und vergleichbare Leistungen, die wegen der Behinderung bezogen werden, nicht berücksichtigt. Die völlige oder teilweise Anrechnung dieser Leistungen auf das Arbeitsentgelt oder die Dienstbezüge ist unzulässig.
(2) Absatz 1 gilt nicht für Zeiträume, in denen die Beschäftigung tatsächlich nicht ausgeübt wird und die Vorschriften über die Zahlung der Rente oder der vergleichbaren Leistung eine Anrechnung oder ein Ruhen vorsehen, wenn Arbeitsentgelt oder Dienstbezüge gezahlt werden.

§ 207   Mehrarbeit
Schwerbehinderte Menschen werden auf ihr Verlangen von Mehrarbeit freigestellt.

§ 208   Zusatzurlaub
(1) Schwerbehinderte Menschen haben Anspruch auf einen bezahlten zusätzlichen Urlaub von fünf Arbeitstagen im Urlaubsjahr; verteilt sich die regelmäßige Arbeitszeit des schwer-

behinderten Menschen auf mehr oder weniger als fünf Arbeitstage in der Kalenderwoche, erhöht oder vermindert sich der Zusatzurlaub entsprechend. Soweit tarifliche, betriebliche oder sonstige Urlaubsregelungen für schwerbehinderte Menschen einen längeren Zusatzurlaub vorsehen, bleiben sie unberührt.
(2) Besteht die Schwerbehinderteneigenschaft nicht während des gesamten Kalenderjahres, so hat der schwerbehinderte Mensch für jeden vollen Monat der im Beschäftigungsverhältnis vorliegenden Schwerbehinderteneigenschaft einen Anspruch auf ein Zwölftel des Zusatzurlaubs nach Absatz 1 Satz 1. Bruchteile von Urlaubstagen, die mindestens einen halben Tag ergeben, sind auf volle Urlaubstage aufzurunden. Der so ermittelte Zusatzurlaub ist dem Erholungsurlaub hinzuzurechnen und kann bei einem nicht im ganzen Kalenderjahr bestehenden Beschäftigungsverhältnis nicht erneut gemindert werden.
(3) Wird die Eigenschaft als schwerbehinderter Mensch nach § 152 Absatz 1 und 2 rückwirkend festgestellt, finden auch für die Übertragbarkeit des Zusatzurlaubs in das nächste Kalenderjahr die dem Beschäftigungsverhältnis zugrunde liegenden urlaubsrechtlichen Regelungen Anwendung.

§ 209 Nachteilsausgleich

(1) Die Vorschriften über Hilfen für behinderte Menschen zum Ausgleich behinderungsbedingter Nachteile oder Mehraufwendungen (Nachteilsausgleich) werden so gestaltet, dass sie unabhängig von der Ursache der Behinderung der Art oder Schwere der Behinderung Rechnung tragen.
(2) Nachteilsausgleiche, die auf Grund bisher geltender Rechtsvorschriften erfolgen, bleiben unberührt.

§ 210 Beschäftigung schwerbehinderter Menschen in Heimarbeit

(1) Schwerbehinderte Menschen, die in Heimarbeit beschäftigt oder diesen gleichgestellt sind (§ 1 Absatz 1 und 2 des Heimarbeitsgesetzes) und in der Hauptsache für den gleichen Auftraggeber arbeiten, werden auf die Arbeitsplätze für schwerbehinderte Menschen dieses Auftraggebers angerechnet.
(2) Für in Heimarbeit beschäftigte und diesen gleichgestellte schwerbehinderte Menschen wird die in § 29 Absatz 2 des Heimarbeitsgesetzes festgelegte Kündigungsfrist von zwei Wochen auf vier Wochen erhöht; die Vorschrift des § 29 Absatz 7 des Heimarbeitsgesetzes ist sinngemäß anzuwenden. Der besondere Kündigungsschutz schwerbehinderter Menschen im Sinne des Kapitels 4 gilt auch für die in Satz 1 genannten Personen.
(3) Die Bezahlung des zusätzlichen Urlaubs der in Heimarbeit beschäftigten oder diesen gleichgestellten schwerbehinderten Menschen erfolgt nach den für die Bezahlung ihres sonstigen Urlaubs geltenden Berechnungsgrundsätzen. Sofern eine besondere Regelung nicht besteht, erhalten die schwerbehinderten Menschen als zusätzliches Urlaubsgeld 2 Prozent des in der Zeit vom 1. Mai des vergangenen bis zum 30. April des laufenden Jahres verdienten Arbeitsentgelts ausschließlich der Unkostenzuschläge.
(4) Schwerbehinderte Menschen, die als fremde Hilfskräfte eines Hausgewerbetreibenden oder eines Gleichgestellten beschäftigt werden (§ 2 Absatz 6 des Heimarbeitsgesetzes) können auf Antrag eines Auftraggebers auch auf dessen Pflichtarbeitsplätze für schwerbehinderte Menschen angerechnet werden, wenn der Arbeitgeber in der Hauptsache für diesen Auftraggeber arbeitet. Wird einem schwerbehinderten Menschen im Sinne des Satzes 1, dessen Anrechnung die Bundesagentur für Arbeit zugelassen hat, durch seinen Arbeitgeber gekündigt, weil der Auftraggeber die Zuteilung von Arbeit eingestellt oder die regelmäßige Arbeitsmenge erheblich herabgesetzt hat, erstattet der Auftraggeber dem Arbeitgeber die

Aufwendungen für die Zahlung des regelmäßigen Arbeitsverdienstes an den schwerbehinderten Menschen bis zur rechtmäßigen Beendigung seines Arbeitsverhältnisses.

(5) Werden fremde Hilfskräfte eines Hausgewerbetreibenden oder eines Gleichgestellten (§ 2 Absatz 6 des Heimarbeitsgesetzes) einem Auftraggeber gemäß Absatz 4 auf seine Arbeitsplätze für schwerbehinderte Menschen angerechnet, erstattet der Auftraggeber die dem Arbeitgeber nach Absatz 3 entstehenden Aufwendungen.

(6) Die den Arbeitgeber nach § 163 Absatz 1 und 5 treffenden Verpflichtungen gelten auch für Personen, die Heimarbeit ausgeben.

§ 211 Schwerbehinderte Beamtinnen und Beamte, Richterinnen und Richter, Soldatinnen und Soldaten

(1) Die besonderen Vorschriften und Grundsätze für die Besetzung der Beamtenstellen sind unbeschadet der Geltung dieses Teils auch für schwerbehinderte Beamtinnen und Beamte so zu gestalten, dass die Einstellung und Beschäftigung schwerbehinderter Menschen gefördert und ein angemessener Anteil schwerbehinderter Menschen unter den Beamten und Beamtinnen erreicht wird.

(2) Absatz 1 gilt für Richterinnen und Richter entsprechend.

(3) Für die persönliche Rechtsstellung schwerbehinderter Soldatinnen und Soldaten gelten die §§ 2, 152, 176 bis 182, 199 Absatz 1 sowie die §§ 206, 208, 209 und 228 bis 230. Im Übrigen gelten für Soldatinnen und Soldaten die Vorschriften über die persönliche Rechtsstellung der schwerbehinderten Menschen, soweit sie mit den Besonderheiten des Dienstverhältnisses vereinbar sind.

§ 212 Unabhängige Tätigkeit

Soweit zur Ausübung einer unabhängigen Tätigkeit eine Zulassung erforderlich ist, soll schwerbehinderten Menschen, die eine Zulassung beantragen, bei fachlicher Eignung und Erfüllung der sonstigen gesetzlichen Voraussetzungen die Zulassung bevorzugt erteilt werden.

§ 213 Geheimhaltungspflicht

(1) Die Beschäftigten der Integrationsämter, der Bundesagentur für Arbeit, der Rehabilitationsträger sowie der von diesen Stellen beauftragten Integrationsfachdienste und die Mitglieder der Ausschüsse und des Beirates für die Teilhabe von Menschen mit Behinderungen (§ 86) und ihre Stellvertreterinnen oder Stellvertreter sowie zur Durchführung ihrer Aufgaben hinzugezogene Sachverständige sind verpflichtet,
1. über ihnen wegen ihres Amtes oder Auftrages bekannt gewordene persönliche Verhältnisse und Angelegenheiten von Beschäftigten auf Arbeitsplätzen für schwerbehinderte Menschen, die ihrer Bedeutung oder ihrem Inhalt nach einer vertraulichen Behandlung bedürfen, Stillschweigen zu bewahren und
2. ihnen wegen ihres Amtes oder Auftrages bekannt gewordene und vom Arbeitgeber ausdrücklich als geheimhaltungsbedürftig bezeichnete Betriebsoder Geschäftsgeheimnisse nicht zu offenbaren und nicht zu verwerten.

(2) Diese Pflichten gelten auch nach dem Ausscheiden aus dem Amt oder nach Beendigung des Auftrages. Sie gelten nicht gegenüber der Bundesagentur für Arbeit, den Integrationsämtern und den Rehabilitationsträgern, soweit deren Aufgaben gegenüber schwerbehinderten Menschen es erfordern, gegenüber der Schwerbehindertenvertretung sowie gegenüber den in § 79 Absatz 1 des Betriebsverfassungsgesetzes und den in den entsprechenden Vorschriften des Personalvertretungsrechts genannten Vertretungen, Personen und Stellen.

§ 214 Statistik

(1) Über schwerbehinderte Menschen wird alle zwei Jahre eine Bundesstatistik durchgeführt. Sie umfasst die folgenden Erhebungsmerkmale:
1. die Zahl der schwerbehinderten Menschen mit gültigem Ausweis,
2. die schwerbehinderten Menschen nach Geburtsjahr, Geschlecht, Staatsangehörigkeit und Wohnort,
3. Art, Ursache und Grad der Behinderung.

(2) Hilfsmerkmale sind:
1. Name, Anschrift, Telefonnummer und Adresse für elektronische Post der nach Absatz 3 Satz 2 auskunftspflichtigen Behörden,
2. Name und Kontaktdaten der für Rückfragen zur Verfügung stehenden Personen,
3. die Signiernummern für das Versorgungsamt und für das Berichtsland.

(3) Für die Erhebung besteht Auskunftspflicht. Auskunftspflichtig sind die nach § 152 Absatz 1 und 5 zuständigen Behörden. Die Angaben zu Absatz 2 Nummer 2 sind freiwillig.

Kapitel 11: Inklusionsbetriebe

§ 215 Begriff und Personenkreis

(1) Inklusionsbetriebe sind rechtlich und wirtschaftlich selbstständige Unternehmen oder unternehmensinterne oder von öffentlichen Arbeitgebern im Sinne des § 154 Absatz 2 geführte Betriebe oder Abteilungen zur Beschäftigung schwerbehinderter Menschen auf dem allgemeinen Arbeitsmarkt, deren Teilhabe an einer sonstigen Beschäftigung auf dem allgemeinen Arbeitsmarkt auf Grund von Art oder Schwere der Behinderung oder wegen sonstiger Umstände voraussichtlich trotz Ausschöpfens aller Fördermöglichkeiten und des Einsatzes von Integrationsfachdiensten auf besondere Schwierigkeiten stößt.

(2) Schwerbehinderte Menschen nach Absatz 1 sind insbesondere
1. schwerbehinderte Menschen mit geistiger oder seelischer Behinderung oder mit einer schweren Körper-, Sinnes- oder Mehrfachbehinderung, die sich im Arbeitsleben besonders nachteilig auswirkt und allein oder zusammen mit weiteren vermittlungshemmenden Umständen die Teilhabe am allgemeinen Arbeitsmarkt außerhalb eines Inklusionsbetriebes erschwert oder verhindert,
2. schwerbehinderte Menschen, die nach zielgerichteter Vorbereitung in einer Werkstatt für behinderte Menschen oder in einer psychiatrischen Einrichtung für den Übergang in einen Betrieb oder eine Dienststelle auf dem allgemeinen Arbeitsmarkt in Betracht kommen und auf diesen Übergang vorbereitet werden sollen,
3. schwerbehinderte Menschen nach Beendigung einer schulischen Bildung, die nur dann Aussicht auf eine Beschäftigung auf dem allgemeinen Arbeitsmarkt haben, wenn sie zuvor in einem Inklusionsbetrieb an berufsvorbereitenden Bildungsmaßnahmen teilnehmen und dort beschäftigt und weiterqualifiziert werden, sowie
4. schwerbehinderte Menschen, die langzeitarbeitslos im Sinne des § 18 des Dritten Buches sind.

(3) Inklusionsbetriebe beschäftigen mindestens 30 Prozent schwerbehinderte Menschen im Sinne von Absatz 1. Der Anteil der schwerbehinderten Menschen soll in der Regel 50 Prozent nicht übersteigen.

(4) Auf die Quoten nach Absatz 3 wird auch die Anzahl der psychisch kranken beschäftigten Menschen angerechnet, die behindert oder von Behinderung bedroht sind und deren Teilhabe an einer sonstigen Beschäftigung auf dem allgemeinen Arbeitsmarkt auf Grund von

Art oder Schwere der Behinderung oder wegen sonstiger Umstände auf besondere Schwierigkeiten stößt.

§ 216 Aufgaben

Die Inklusionsbetriebe bieten den schwerbehinderten Menschen Beschäftigung, Maßnahmen der betrieblichen Gesundheitsförderung und arbeitsbegleitende Betreuung an, soweit erforderlich auch Maßnahmen der beruflichen Weiterbildung oder Gelegenheit zur Teilnahme an entsprechenden außerbetrieblichen Maßnahmen und Unterstützung bei der Vermittlung in eine sonstige Beschäftigung in einem Betrieb oder einer Dienststelle auf dem allgemeinen Arbeitsmarkt sowie geeignete Maßnahmen zur Vorbereitung auf eine Beschäftigung in einem Inklusionsbetrieb. Satz 1 gilt entsprechend für psychisch kranke Menschen im Sinne des § 215 Absatz 4.

§ 217 Finanzielle Leistungen

(1) Inklusionsbetriebe können aus Mitteln der Ausgleichsabgabe Leistungen für Aufbau, Erweiterung, Modernisierung und Ausstattung einschließlich einer betriebswirtschaftlichen Beratung und für besonderen Aufwand erhalten.

(2) Die Finanzierung von Leistungen nach § 216 Satz 2 erfolgt durch den zuständigen Rehabilitationsträger.

§ 218 Verordnungsermächtigung

Das Bundesministerium für Arbeit und Soziales wird ermächtigt, durch Rechtsverordnung mit Zustimmung des Bundesrates das Nähere über den Begriff und die Aufgaben der Inklusionsbetriebe, die für sie geltenden fachlichen Anforderungen, die Aufnahmevoraussetzungen und die finanziellen Leistungen zu regeln.

Kapitel 12: Werkstätten für behinderte Menschen

§ 219 Begriff und Aufgaben der Werkstatt für behinderte Menschen

(1) Die Werkstatt für behinderte Menschen ist eine Einrichtung zur Teilhabe behinderter Menschen am Arbeitsleben im Sinne des Kapitels 10 des Teils 1 und zur Eingliederung in das Arbeitsleben. Sie hat denjenigen behinderten Menschen, die wegen Art oder Schwere der Behinderung nicht, noch nicht oder noch nicht wieder auf dem allgemeinen Arbeitsmarkt beschäftigt werden können,
1. eine angemessene berufliche Bildung und eine Beschäftigung zu einem ihrer Leistung angemessenen Arbeitsentgelt aus dem Arbeitsergebnis anzubieten und
2. zu ermöglichen, ihre Leistungs- oder Erwerbsfähigkeit zu erhalten, zu entwickeln, zu erhöhen oder wiederzugewinnen und dabei ihre Persönlichkeit weiterzuentwickeln.

Sie fördert den Übergang geeigneter Personen auf den allgemeinen Arbeitsmarkt durch geeignete Maßnahmen. Sie verfügt über ein möglichst breites Angebot an Berufsbildungs- und Arbeitsplätzen sowie über qualifiziertes Personal und einen begleitenden Dienst. Zum Angebot an Berufsbildungs- und Arbeitsplätzen gehören ausgelagerte Plätze auf dem allgemeinen Arbeitsmarkt. Die ausgelagerten Arbeitsplätze werden zum Zwecke des Übergangs und als dauerhaft ausgelagerte Plätze angeboten.

(2) Die Werkstatt steht allen behinderten Menschen im Sinne des Absatzes 1 unabhängig von Art oder Schwere der Behinderung offen, sofern erwartet werden kann, dass sie spätestens nach Teilnahme an Maßnahmen im Berufsbildungsbereich wenigstens ein Mindestmaß wirtschaftlich verwertbarer Arbeitsleistung erbringen werden. Dies ist nicht der Fall bei be-

hinderten Menschen, bei denen trotz einer der Behinderung angemessenen Betreuung eine erhebliche Selbst- oder Fremdgefährdung zu erwarten ist oder das Ausmaß der erforderlichen Betreuung und Pflege die Teilnahme an Maßnahmen im Berufsbildungsbereich oder sonstige Umstände ein Mindestmaß wirtschaftlich verwertbarer Arbeitsleistung im Arbeitsbereich dauerhaft nicht zulassen.
(3) Behinderte Menschen, die die Voraussetzungen für eine Beschäftigung in einer Werkstatt nicht erfüllen, sollen in Einrichtungen oder Gruppen betreut und gefördert werden, die der Werkstatt angegliedert sind. Die Betreuung und Förderung kann auch gemeinsam mit den Werkstattbeschäftigten in der Werkstatt erfolgen. Die Betreuung und Förderung soll auch Angebote zur Orientierung auf Beschäftigung enthalten.

§ 220 Aufnahme in die Werkstätten für behinderte Menschen

(1) Anerkannte Werkstätten nehmen diejenigen behinderten Menschen aus ihrem Einzugsgebiet auf, die die Aufnahmevoraussetzungen gemäß § 219 Absatz 2 erfüllen, wenn Leistungen durch die Rehabilitationsträger gewährleistet sind; die Möglichkeit zur Aufnahme in eine andere anerkannte Werkstatt nach Maßgabe des § 9 des Zwölften Buches oder entsprechender Regelungen bleibt unberührt. Die Aufnahme erfolgt unabhängig von
1. der Ursache der Behinderung,
2. der Art der Behinderung, wenn in dem Einzugsgebiet keine besondere Werkstatt für behinderte Menschen für diese Behinderungsart vorhanden ist, und
3. der Schwere der Behinderung, der Minderung der Leistungsfähigkeit und einem besonderen Bedarf an Förderung, begleitender Betreuung oder Pflege.
(2) Behinderte Menschen werden in der Werkstatt beschäftigt, solange die Aufnahmevoraussetzungen nach Absatz 1 vorliegen.
(3) Leistungsberechtigte Menschen mit Behinderungen, die aus einer Werkstatt für behinderte Menschen auf den allgemeinen Arbeitsmarkt übergegangen sind oder bei einem anderen Leistungsanbieter oder mit Hilfe des Budgets für Arbeit am Arbeitsleben teilnehmen, haben einen Anspruch auf Aufnahme in eine Werkstatt für behinderte Menschen.

§ 221 Rechtsstellung und Arbeitsentgelt behinderter Menschen

(1) Behinderte Menschen im Arbeitsbereich anerkannter Werkstätten stehen, wenn sie nicht Arbeitnehmer sind, zu den Werkstätten in einem arbeitnehmerähnlichen Rechtsverhältnis, soweit sich aus dem zugrunde liegenden Sozialleistungsverhältnis nichts anderes ergibt.
(2) Die Werkstätten zahlen aus ihrem Arbeitsergebnis an die im Arbeitsbereich beschäftigten behinderten Menschen ein Arbeitsentgelt, das sich aus einem Grundbetrag in Höhe des Ausbildungsgeldes, das die Bundesagentur für Arbeit nach den für sie geltenden Vorschriften behinderten Menschen im Berufsbildungsbereich zuletzt leistet, und einem leistungsangemessenen Steigerungsbetrag zusammensetzt. Der Steigerungsbetrag bemisst sich nach der individuellen Arbeitsleistung der behinderten Menschen, insbesondere unter Berücksichtigung von Arbeitsmenge und Arbeitsgüte.
(3) Der Inhalt des arbeitnehmerähnlichen Rechtsverhältnisses wird unter Berücksichtigung des zwischen den behinderten Menschen und dem Rehabilitationsträger bestehenden Sozialleistungsverhältnisses durch Werkstattverträge zwischen den behinderten Menschen und dem Träger der Werkstatt näher geregelt.
(4) Hinsichtlich der Rechtsstellung der Teilnehmer an Maßnahmen im Eingangsverfahren und im Berufsbildungsbereich gilt § 52 entsprechend.
(5) Ist ein volljähriger behinderter Mensch gemäß Absatz 1 in den Arbeitsbereich einer anerkannten Werkstatt für behinderte Menschen im Sinne des § 219 aufgenommen worden

und war er zu diesem Zeitpunkt geschäftsunfähig, so gilt der von ihm geschlossene Werkstattvertrag in Ansehung einer bereits bewirkten Leistung und deren Gegenleistung, soweit diese in einem angemessenen Verhältnis zueinander stehen, als wirksam.

(6) War der volljährige behinderte Mensch bei Abschluss eines Werkstattvertrages geschäftsunfähig, so kann der Träger einer Werkstatt das Werkstattverhältnis nur unter den Voraussetzungen für gelöst erklären, unter denen ein wirksamer Vertrag seitens des Trägers einer Werkstatt gekündigt werden kann.

(7) Die Lösungserklärung durch den Träger einer Werkstatt bedarf der schriftlichen Form und ist zu begründen.

§ 222 Mitbestimmung, Mitwirkung, Frauenbeauftragte

(1) Die in § 221 Absatz 1 genannten behinderten Menschen bestimmen und wirken unabhängig von ihrer Geschäftsfähigkeit durch Werkstatträte in den ihre Interessen berührenden Angelegenheiten der Werkstatt mit. Die Werkstatträte berücksichtigen die Interessen der im Eingangsverfahren und im Berufsbildungsbereich der Werkstätten tätigen behinderten Menschen in angemessener und geeigneter Weise, solange für diese eine Vertretung nach § 52 nicht besteht.

(2) Ein Werkstattrat wird in Werkstätten gewählt; er setzt sich aus mindestens drei Mitgliedern zusammen.

(3) Wahlberechtigt zum Werkstattrat sind alle in § 221 Absatz 1 genannten behinderten Menschen; von ihnen sind die behinderten Menschen wählbar, die am Wahltag seit mindestens sechs Monaten in der Werkstatt beschäftigt sind.

(4) Die Werkstätten für behinderte Menschen unterrichten die Personen, die behinderte Menschen gesetzlich vertreten oder mit ihrer Betreuung beauftragt sind, einmal im Kalenderjahr in einer Eltern- und Betreuerversammlung in angemessener Weise über die Angelegenheiten der Werkstatt, auf die sich die Mitwirkung erstreckt, und hören sie dazu an. In den Werkstätten kann im Einvernehmen mit dem Träger der Werkstatt ein Eltern- und Betreuerbeirat errichtet werden, der die Werkstatt und den Werkstattrat bei ihrer Arbeit berät und durch Vorschläge und Stellungnahmen unterstützt.

(5) Behinderte Frauen im Sinne des § 221 Absatz 1 wählen in jeder Werkstatt eine Frauenbeauftragte und eine Stellvertreterin. In Werkstätten mit mehr als 700 wahlberechtigten Frauen wird eine zweite Stellvertreterin gewählt, in Werkstätten mit mehr als 1 000 wahlberechtigten Frauen werden bis zu drei Stellvertreterinnen gewählt.

§ 223 Anrechnung von Aufträgen auf die Ausgleichsabgabe

(1) Arbeitgeber, die durch Aufträge an anerkannte Werkstätten für behinderte Menschen zur Beschäftigung behinderter Menschen beitragen, können 50 Prozent des auf die Arbeitsleistung der Werkstatt entfallenden Rechnungsbetrages solcher Aufträge (Gesamtrechnungsbetrag abzüglich Materialkosten) auf die Ausgleichsabgabe anrechnen. Dabei wird die Arbeitsleistung des Fachpersonals zur Arbeits- und Berufsförderung berücksichtigt, nicht hingegen die Arbeitsleistung sonstiger nichtbehinderter Arbeitnehmerinnen und Arbeitnehmer. Bei Weiterveräußerung von Erzeugnissen anderer anerkannter Werkstätten für behinderte Menschen wird die von diesen erbrachte Arbeitsleistung berücksichtigt. Die Werkstätten bestätigen das Vorliegen der Anrechnungsvoraussetzungen in der Rechnung.

(2) Voraussetzung für die Anrechnung ist, dass

1. die Aufträge innerhalb des Jahres, in dem die Verpflichtung zur Zahlung der Ausgleichsabgabe entsteht, von der Werkstatt für behinderte Menschen ausgeführt und vom Auftraggeber bis spätestens 31. März des Folgejahres vergütet werden und

2. es sich nicht um Aufträge handelt, die Träger einer Gesamteinrichtung an Werkstätten für behinderte Menschen vergeben, die rechtlich unselbstständige Teile dieser Einrichtung sind.

(3) Bei der Vergabe von Aufträgen an Zusammenschlüsse anerkannter Werkstätten für behinderte Menschen gilt Absatz 2 entsprechend.

§ 224 Vergabe von Aufträgen durch die öffentliche Hand

(1) Aufträge der öffentlichen Hand, die von anerkannten Werkstätten für behinderte Menschen ausgeführt werden können, werden bevorzugt diesen Werkstätten angeboten. Die Bundesregierung erlässt mit Zustimmung des Bundesrates hierzu allgemeine Verwaltungsvorschriften.

(2) Absatz 1 gilt auch für Inklusionsbetriebe.

§ 225 Anerkennungsverfahren

Werkstätten für behinderte Menschen, die eine Vergünstigung im Sinne dieses Kapitels in Anspruch nehmen wollen, bedürfen der Anerkennung. Die Entscheidung über die Anerkennung trifft auf Antrag die Bundesagentur für Arbeit im Einvernehmen mit dem Träger der Eingliederungshilfe. Die Bundesagentur für Arbeit führt ein Verzeichnis der anerkannten Werkstätten für behinderte Menschen. In dieses Verzeichnis werden auch Zusammenschlüsse anerkannter Werkstätten für behinderte Menschen aufgenommen.

§ 226 Blindenwerkstätten

Die §§ 223 und 224 sind auch zugunsten von auf Grund des Blindenwarenvertriebsgesetzes anerkannten Blindenwerkstätten anzuwenden.

§ 227 Verordnungsermächtigungen

(1) Die Bundesregierung bestimmt durch Rechtsverordnung mit Zustimmung des Bundesrates das Nähere über den Begriff und die Aufgaben der Werkstatt für behinderte Menschen, die Aufnahmevoraussetzungen, die fachlichen Anforderungen, insbesondere hinsichtlich der Wirtschaftsführung, sowie des Begriffs und der Verwendung des Arbeitsergebnisses sowie das Verfahren zur Anerkennung als Werkstatt für behinderte Menschen.

(2) Das Bundesministerium für Arbeit und Soziales bestimmt durch Rechtsverordnung mit Zustimmung des Bundesrates im Einzelnen die Errichtung, Zusammensetzung und Aufgaben des Werkstattrats, die Fragen, auf die sich Mitbestimmung und Mitwirkung erstrecken, einschließlich Art und Umfang der Mitbestimmung und Mitwirkung, die Vorbereitung und Durchführung der Wahl, einschließlich der Wahlberechtigung und der Wählbarkeit, die Amtszeit sowie die Geschäftsführung des Werkstattrats einschließlich des Erlasses einer Geschäftsordnung und der persönlichen Rechte und Pflichten der Mitglieder des Werkstattrats und der Kostentragung. In der Rechtsverordnung werden auch Art und Umfang der Beteiligung von Frauenbeauftragten, die Vorbereitung und Durchführung der Wahl einschließlich der Wahlberechtigung und der Wählbarkeit, die Amtszeit, die persönlichen Rechte und die Pflichten der Frauenbeauftragten und ihrer Stellvertreterinnen sowie die Kostentragung geregelt. Die Rechtsverordnung kann darüber hinaus bestimmen, dass die in ihr getroffenen Regelungen keine Anwendung auf Religionsgemeinschaften und ihre Einrichtungen finden, soweit sie eigene gleichwertige Regelungen getroffen haben.

Kapitel 13: Unentgeltliche Beförderung schwerbehinderter Menschen im öffentlichen Personenverkehr

§ 228 Unentgeltliche Beförderung, Anspruch auf Erstattung der Fahrgeldausfälle

(1) Schwerbehinderte Menschen, die infolge ihrer Behinderung in ihrer Bewegungsfähigkeit im Straßenverkehr erheblich beeinträchtigt oder hilflos oder gehörlos sind, werden von Unternehmern, die öffentlichen Personenverkehr betreiben, gegen Vorzeigen eines entsprechend gekennzeichneten Ausweises nach § 152 Absatz 5 im Nahverkehr im Sinne des § 230 Absatz 1 unentgeltlich befördert; die unentgeltliche Beförderung verpflichtet zur Zahlung eines tarifmäßigen Zuschlages bei der Benutzung zuschlagpflichtiger Züge des Nahverkehrs. Voraussetzung ist, dass der Ausweis mit einer gültigen Wertmarke versehen ist.

(2) Die Wertmarke wird gegen Entrichtung eines Betrages von 80 Euro für ein Jahr oder 40 Euro für ein halbes Jahr ausgegeben. Der Betrag erhöht sich in entsprechender Anwendung des § 160 Absatz 3 jeweils zu dem Zeitpunkt, zu dem die nächste Neubestimmung der Beträge der Ausgleichsabgabe erfolgt. Liegt dieser Zeitpunkt innerhalb der Gültigkeitsdauer einer bereits ausgegebenen Wertmarke, ist der höhere Betrag erst im Zusammenhang mit der Ausgabe der darauffolgenden Wertmarke zu entrichten. Abweichend von § 160 Absatz 3 Satz 4 sind die sich ergebenden Beträge auf den nächsten vollen Eurobetrag aufzurunden. Das Bundesministerium für Arbeit und Soziales gibt den Erhöhungsbetrag und die sich nach entsprechender Anwendung des § 160 Absatz 3 Satz 3 ergebenden Beträge im Bundesanzeiger bekannt.

(3) Wird die für ein Jahr ausgegebene Wertmarke vor Ablauf eines halben Jahres ihrer Gültigkeitsdauer zurückgegeben, wird auf Antrag die Hälfte der Gebühr erstattet. Entsprechendes gilt für den Fall, dass der schwerbehinderte Mensch vor Ablauf eines halben Jahres der Gültigkeitsdauer der für ein Jahr ausgegebenen Wertmarke verstirbt.

(4) Auf Antrag wird eine für ein Jahr gültige Wertmarke, ohne dass der Betrag nach Absatz 2 in seiner jeweiligen Höhe zu entrichten ist, an schwerbehinderte Menschen ausgegeben,
1. die blind im Sinne des § 72 Absatz 5 des Zwölften Buches oder entsprechender Vorschriften oder hilflos im Sinne des § 33b des Einkommensteuergesetzes oder entsprechender Vorschriften sind oder
2. die Leistungen zur Sicherung des Lebensunterhalts nach dem Zweiten Buch oder für den Lebensunterhalt laufende Leistungen nach dem Dritten und Vierten Kapitel des Zwölften Buches, dem Achten Buch oder den §§ 27a und 27d des Bundesversorgungsgesetzes erhalten oder
3. die am 1. Oktober 1979 die Voraussetzungen nach § 2 Absatz 1 Nummer 1 bis 4 und Absatz 3 des Gesetzes über die unentgeltliche Beförderung von Kriegs- und Wehrdienstbeschädigten sowie von anderen Behinderten im Nahverkehr vom 27. August 1965 (BGBl. I S. 978), das zuletzt durch Artikel 41 des Zuständigkeitsanpassungs-Gesetzes vom 18. März 1975 (BGBl. I S. 705) geändert worden ist, erfüllten, solange ein Grad der Schädigungsfolgen von mindestens 70 festgestellt ist oder von mindestens 50 festgestellt ist und sie infolge der Schädigung erheblich gehbehindert sind; das Gleiche gilt für schwerbehinderte Menschen, die diese Voraussetzungen am 1. Oktober 1979 nur deshalb nicht erfüllt haben, weil sie ihren Wohnsitz oder ihren gewöhnlichen Aufenthalt zu diesem Zeitpunkt in dem in Artikel 3 des Einigungsvertrages genannten Gebiet hatten.

(5) Die Wertmarke wird nicht ausgegeben, solange eine Kraftfahrzeugsteuerermäßigung nach § 3a Absatz 2 des Kraftfahrzeugsteuergesetzes in Anspruch genommen wird. Die Ausgabe der Wertmarken erfolgt auf Antrag durch die nach § 152 Absatz 5 zuständigen Behör-

den. Die Landesregierung oder die von ihr bestimmte Stelle kann die Aufgaben nach den Absätzen 2 bis 4 ganz oder teilweise auf andere Behörden übertragen. Für Streitigkeiten in Zusammenhang mit der Ausgabe der Wertmarke gilt § 51 Absatz 1 Nummer 7 des Sozialgerichtsgesetzes entsprechend.

(6) Absatz 1 gilt im Nah- und Fernverkehr im Sinne des § 230, ohne dass die Voraussetzung des Absatzes 1 Satz 2 erfüllt sein muss, für die Beförderung
1. einer Begleitperson eines schwerbehinderten Menschen im Sinne des Absatzes 1, wenn die Berechtigung zur Mitnahme einer Begleitperson nachgewiesen und dies im Ausweis des schwerbehinderten Menschen eingetragen ist, und
2. des Handgepäcks, eines mitgeführten Krankenfahrstuhles, soweit die Beschaffenheit des Verkehrsmittels dies zulässt, sonstiger orthopädischer Hilfsmittel und eines Führhundes; das Gleiche gilt für einen Hund, den ein schwerbehinderter Mensch mitführt, in dessen Ausweis die Berechtigung zur Mitnahme einer Begleitperson nachgewiesen ist.

(7) Die durch die unentgeltliche Beförderung nach den Absätzen 1 bis 6 entstehenden Fahrgeldausfälle werden nach Maßgabe der §§ 231 bis 233 erstattet. Die Erstattungen sind aus dem Anwendungsbereich der Verordnung (EG) Nr. 1370/2007 des Europäischen Parlaments und des Rates vom 23. Oktober 2007 über öffentliche Personenverkehrsdienste auf Schiene und Straße und zur Aufhebung der Verordnungen (EWG) Nr. 1191/69 und (EWG) Nr. 1107/70 des Rates (ABl. L 315 vom 3.12.2007, S. 1) ausgenommen.

§ 229 Persönliche Voraussetzungen

(1) In seiner Bewegungsfähigkeit im Straßenverkehr erheblich beeinträchtigt ist, wer infolge einer Einschränkung des Gehvermögens (auch durch innere Leiden oder infolge von Anfällen oder von Störungen der Orientierungsfähigkeit) nicht ohne erhebliche Schwierigkeiten oder nicht ohne Gefahren für sich oder andere Wegstrecken im Ortsverkehr zurückzulegen vermag, die üblicherweise noch zu Fuß zurückgelegt werden. Der Nachweis der erheblichen Beeinträchtigung in der Bewegungsfähigkeit im Straßenverkehr kann bei schwerbehinderten Menschen mit einem Grad der Behinderung von wenigstens 80 nur mit einem Ausweis mit halbseitigem orangefarbenem Flächenaufdruck und eingetragenem Merkzeichen „G" geführt werden, dessen Gültigkeit frühestens mit dem 1. April 1984 beginnt, oder auf dem ein entsprechender Änderungsvermerk eingetragen ist.

(2) Zur Mitnahme einer Begleitperson sind schwerbehinderte Menschen berechtigt, die bei der Benutzung von öffentlichen Verkehrsmitteln infolge ihrer Behinderung regelmäßig auf Hilfe angewiesen sind. Die Feststellung bedeutet nicht, dass die schwerbehinderte Person, wenn sie nicht in Begleitung ist, eine Gefahr für sich oder für andere darstellt.

(3) Schwerbehinderte Menschen mit außergewöhnlicher Gehbehinderung sind Personen mit einer erheblichen mobilitätsbezogenen Teilhabebeeinträchtigung, die einem Grad der Behinderung von mindestens 80 entspricht. Eine erhebliche mobilitätsbezogene Teilhabebeeinträchtigung liegt vor, wenn sich die schwerbehinderten Menschen wegen der Schwere ihrer Beeinträchtigung dauernd nur mit fremder Hilfe oder mit großer Anstrengung außerhalb ihres Kraftfahrzeuges bewegen können. Hierzu zählen insbesondere schwerbehinderte Menschen, die auf Grund der Beeinträchtigung der Gehfähigkeit und Fortbewegung – dauerhaft auch für sehr kurze Entfernungen – aus medizinischer Notwendigkeit auf die Verwendung eines Rollstuhls angewiesen sind. Verschiedenste Gesundheitsstörungen (insbesondere Störungen bewegungsbezogener, neuromuskulärer oder mentaler Funktionen, Störungen des kardiovaskulären oder Atmungssystems) können die Gehfähigkeit erheblich beeinträchtigen. Diese sind als außergewöhnliche Gehbehinderung anzusehen, wenn nach versorgungsärztlicher Feststellung die Auswirkung der Gesundheitsstörungen sowie deren Kombi-

nation auf die Gehfähigkeit dauerhaft so schwer ist, dass sie der unter Satz 1 genannten Beeinträchtigung gleich kommt.

§ 230 Nah- und Fernverkehr

(1) Nahverkehr im Sinne dieses Gesetzes ist der öffentliche Personenverkehr mit
1. Straßenbahnen und Obussen im Sinne des Personenbeförderungsgesetzes,
2. Kraftfahrzeugen im Linienverkehr nach den §§ 42 und 43 des Personenbeförderungsgesetzes auf Linien, bei denen die Mehrzahl der Beförderungen eine Strecke von 50 Kilometern nicht übersteigt, es sei denn, dass bei den Verkehrsformen nach § 43 des Personenbeförderungsgesetzes die Genehmigungsbehörde auf die Einhaltung der Vorschriften über die Beförderungsentgelte gemäß § 45 Absatz 3 des Personenbeförderungsgesetzes ganz oder teilweise verzichtet hat,
3. S-Bahnen in der 2. Wagenklasse,
4. Eisenbahnen in der 2. Wagenklasse in Zügen und auf Strecken und Streckenabschnitten, die in ein von mehreren Unternehmern gebildetes, mit den unter Nummer 1, 2 oder 7 genannten Verkehrsmitteln zusammenhängendes Liniennetz mit einheitlichen oder verbundenen Beförderungsentgelten einbezogen sind,
5. Eisenbahnen des Bundes in der 2. Wagenklasse in Zügen, die überwiegend dazu bestimmt sind, die Verkehrsnachfrage im Nahverkehr zu befriedigen (Züge des Nahverkehrs),
6. sonstigen Eisenbahnen des öffentlichen Verkehrs im Sinne von § 2 Absatz 1 und § 3 Absatz 1 des Allgemeinen Eisenbahngesetzes in der 2. Wagenklasse auf Strecken, bei denen die Mehrzahl der Beförderungen eine Strecke von 50 Kilometern nicht überschreitet,
7. Wasserfahrzeugen im Linien-, Fähr- und Übersetzverkehr, wenn dieser der Beförderung von Personen im Orts- und Nachbarschaftsbereich dient und Ausgangs- und Endpunkt innerhalb dieses Bereiches liegen; Nachbarschaftsbereich ist der Raum zwischen benachbarten Gemeinden, die, ohne unmittelbar aneinander grenzen zu müssen, durch einen stetigen, mehr als einmal am Tag durchgeführten Verkehr wirtschaftlich und verkehrsmäßig verbunden sind.

(2) Fernverkehr im Sinne dieses Gesetzes ist der öffentliche Personenverkehr mit
1. Kraftfahrzeugen im Linienverkehr nach § 42a Satz 1 des Personenbeförderungsgesetzes,
2. Eisenbahnen, ausgenommen der Sonderzugverkehr,
3. Wasserfahrzeugen im Fähr- und Übersetzverkehr, sofern keine Häfen außerhalb des Geltungsbereiches dieses Buches angelaufen werden, soweit der Verkehr nicht Nahverkehr im Sinne des Absatzes 1 ist.

(3) Die Unternehmer, die öffentlichen Personenverkehr betreiben, weisen im öffentlichen Personenverkehr nach Absatz 1 Nummer 2, 5, 6 und 7 im Fahrplan besonders darauf hin, inwieweit eine Pflicht zur unentgeltlichen Beförderung nach § 228 Absatz 1 nicht besteht.

§ 231 Erstattung der Fahrgeldausfälle im Nahverkehr

(1) Die Fahrgeldausfälle im Nahverkehr werden nach einem Prozentsatz der von den Unternehmern oder den Nahverkehrsorganisationen im Sinne des § 233 Absatz 2 nachgewiesenen Fahrgeldeinnahmen im Nahverkehr erstattet.

(2) Fahrgeldeinnahmen im Sinne dieses Kapitels sind alle Erträge aus dem Fahrkartenverkauf. Sie umfassen auch Erträge aus der Beförderung von Handgepäck, Krankenfahrstühlen, sonstigen orthopädischen Hilfsmitteln, Tieren sowie aus erhöhten Beförderungsentgelten.

(3) Werden in einem von mehreren Unternehmern gebildeten zusammenhängenden Liniennetz mit einheitlichen oder verbundenen Beförderungsentgelten die Erträge aus dem Fahr-

kartenverkauf zusammengefasst und dem einzelnen Unternehmer anteilmäßig nach einem vereinbarten Verteilungsschlüssel zugewiesen, so ist der zugewiesene Anteil Ertrag im Sinne des Absatzes 2.
(4) Der Prozentsatz im Sinne des Absatzes 1 wird für jedes Land von der Landesregierung oder der von ihr bestimmten Behörde für jeweils ein Jahr bekannt gemacht. Bei der Berechnung des Prozentsatzes ist von folgenden Zahlen auszugehen:
1. der Zahl der in dem Land in dem betreffenden Kalenderjahr ausgegebenen Wertmarken und der Hälfte der in dem Land am Jahresende in Umlauf befindlichen gültigen Ausweise im Sinne des § 228 Absatz 1 von schwerbehinderten Menschen, die das sechste Lebensjahr vollendet haben und bei denen die Berechtigung zur Mitnahme einer Begleitperson im Ausweis eingetragen ist; Wertmarken mit einer Gültigkeitsdauer von einem halben Jahr und Wertmarken für ein Jahr, die vor Ablauf eines halben Jahres ihrer Gültigkeitsdauer zurückgegeben werden, werden zur Hälfte gezählt,
2. der in den jährlichen Veröffentlichungen des Statistischen Bundesamtes zum Ende des Vorjahres nachgewiesenen Zahl der Wohnbevölkerung in dem Land abzüglich der Zahl der Kinder, die das sechste Lebensjahr noch nicht vollendet haben, und der Zahlen nach Nummer 1.

Der Prozentsatz ist nach folgender Formel zu berechnen:

$$\frac{\text{nach Nummer 1 errechnete Zahl}}{\text{nach Nummer 2 errechnete Zahl}} \times 100$$

Bei der Festsetzung des Prozentsatzes sich ergebende Bruchteile von 0,005 und mehr werden auf ganze Hundertstel aufgerundet, im Übrigen abgerundet.
(5) Weist ein Unternehmen durch Verkehrszählung nach, dass das Verhältnis zwischen den nach diesem Kapitel unentgeltlich beförderten Fahrgästen und den sonstigen Fahrgästen den nach Absatz 4 festgesetzten Prozentsatz um mindestens ein Drittel übersteigt, wird neben dem sich aus der Berechnung nach Absatz 4 ergebenden Erstattungsbetrag auf Antrag der nachgewiesene, über dem Drittel liegende Anteil erstattet. Die Länder können durch Rechtsverordnung bestimmen, dass die Verkehrszählung durch Dritte auf Kosten des Unternehmens zu erfolgen hat.
(6) Absatz 5 gilt nicht in Fällen des § 233 Absatz 2.

§ 232 Erstattung der Fahrgeldausfälle im Fernverkehr

(1) Die Fahrgeldausfälle im Fernverkehr werden nach einem Prozentsatz der von den Unternehmern nachgewiesenen Fahrgeldeinnahmen im Fernverkehr erstattet.
(2) Der maßgebende Prozentsatz wird vom Bundesministerium für Arbeit und Soziales im Einvernehmen mit dem Bundesministerium der Finanzen und dem Bundesministerium für Verkehr und digitale Infrastruktur für jeweils zwei Jahre bekannt gemacht. Bei der Berechnung des Prozentsatzes ist von folgenden, für das letzte Jahr vor Beginn des Zweijahreszeitraumes vorliegenden Zahlen auszugehen:
1. der Zahl der im Geltungsbereich dieses Gesetzes am Jahresende in Umlauf befindlichen gültigen Ausweise nach § 228 Absatz 1, auf denen die Berechtigung zur Mitnahme einer Begleitperson eingetragen ist, abzüglich 25 Prozent,
2. der in den jährlichen Veröffentlichungen des Statistischen Bundesamtes zum Jahresende nachgewiesenen Zahl der Wohnbevölkerung im Geltungsbereich dieses Gesetzes abzüglich der Zahl der Kinder, die das vierte Lebensjahr noch nicht vollendet haben, und der nach Nummer 1 ermittelten Zahl.

Der Prozentsatz ist nach folgender Formel zu berechnen:

$$\frac{\text{nach Nummer 1 errechnete Zahl}}{\text{nach Nummer 2 errechnete Zahl}} \times 100$$

§ 231 Absatz 4 letzter Satz gilt entsprechend.

§ 233 Erstattungsverfahren

(1) Die Fahrgeldausfälle werden auf Antrag des Unternehmers erstattet. Bei einem von mehreren Unternehmern gebildeten zusammenhängenden Liniennetz mit einheitlichen oder verbundenen Beförderungsentgelten können die Anträge auch von einer Gemeinschaftseinrichtung dieser Unternehmer für ihre Mitglieder gestellt werden. Der Antrag ist innerhalb von drei Jahren nach Ablauf des Abrechnungsjahres zu stellen, und zwar für den Nahverkehr nach § 234 Satz 1 Nummer 1 und für den Fernverkehr an das Bundesverwaltungsamt, für den übrigen Nahverkehr bei den in Absatz 4 bestimmten Behörden.

(2) Haben sich in einem Bundesland mehrere Aufgabenträger des öffentlichen Personennahverkehrs auf lokaler oder regionaler Ebene zu Verkehrsverbünden zusammengeschlossen und erhalten die im Zuständigkeitsbereich dieser Aufgabenträger öffentlichen Personennahverkehr betreibenden Verkehrsunternehmen für ihre Leistungen ein mit diesen Aufgabenträgern vereinbartes Entgelt (Bruttoprinzip), können anstelle der antrags- und erstattungsberechtigten Verkehrsunternehmen auch die Nahverkehrsorganisationen Antrag auf Erstattung der in ihrem jeweiligen Gebiet entstandenen Fahrgeldausfälle stellen, sofern die Verkehrsunternehmen hierzu ihr Einvernehmen erteilt haben.

(3) Die Unternehmer oder die Nahverkehrsorganisationen im Sinne des Absatzes 2 erhalten auf Antrag Vorauszahlungen für das laufende Kalenderjahr in Höhe von insgesamt 80 Prozent des zuletzt für ein Jahr festgesetzten Erstattungsbetrages. Die Vorauszahlungen werden je zur Hälfte am 15. Juli und am 15. November gezahlt. Der Antrag auf Vorauszahlungen gilt zugleich als Antrag im Sinne des Absatzes 1. Die Vorauszahlungen sind zurückzuzahlen, wenn Unterlagen, die für die Berechnung der Erstattung erforderlich sind, nicht bis zum 31. Dezember des dritten auf die Vorauszahlung folgenden Kalenderjahres vorgelegt sind. In begründeten Ausnahmefällen kann die Rückforderung der Vorauszahlungen ausgesetzt werden.

(4) Die Landesregierung oder die von ihr bestimmte Stelle legt die Behörden fest, die über die Anträge auf Erstattung und Vorauszahlung entscheiden und die auf den Bund und das Land entfallenden Beträge auszahlen. § 11 Absatz 2 bis 4 des Personenbeförderungsgesetzes gilt entsprechend.

(5) Erstreckt sich der Nahverkehr auf das Gebiet mehrerer Länder, entscheiden die nach Landesrecht zuständigen Landesbehörden dieser Länder darüber, welcher Teil der Fahrgeldeinnahmen jeweils auf den Bereich ihres Landes entfällt.

(6) Die Unternehmen im Sinne des § 234 Satz 1 Nummer 1 legen ihren Anträgen an das Bundesverwaltungsamt den Anteil der nachgewiesenen Fahrgeldeinnahmen im Nahverkehr zugrunde, der auf den Bereich des jeweiligen Landes entfällt; für den Nahverkehr von Eisenbahnen des Bundes im Sinne des § 230 Absatz 1 Satz 1 Nummer 5 bestimmt sich dieser Teil nach dem Anteil der Zugkilometer, die von einer Eisenbahn des Bundes mit Zügen des Nahverkehrs im jeweiligen Land erbracht werden.

(7) Hinsichtlich der Erstattungen gemäß § 231 für den Nahverkehr nach § 234 Satz 1 Nummer 1 und gemäß § 232 sowie der entsprechenden Vorauszahlungen nach Absatz 3 wird dieses Kapitel in bundeseigener Verwaltung ausgeführt. Die Verwaltungsaufgaben des Bun-

des erledigt das Bundesverwaltungsamt nach fachlichen Weisungen des Bundesministeriums für Arbeit und Soziales in eigener Zuständigkeit.
(8) Für das Erstattungsverfahren gelten das Verwaltungsverfahrensgesetz und die entsprechenden Gesetze der Länder. Bei Streitigkeiten über die Erstattungen und die Vorauszahlungen ist der Verwaltungsrechtsweg gegeben.

§ 234 Kostentragung
Der Bund trägt die Aufwendungen für die unentgeltliche Beförderung
1. im Nahverkehr, soweit Unternehmen, die sich überwiegend in der Hand des Bundes oder eines mehrheitlich dem Bund gehörenden Unternehmens befinden (auch in Verkehrsverbünden), erstattungsberechtigte Unternehmer sind sowie
2. im Fernverkehr für die Begleitperson und die mitgeführten Gegenstände im Sinne des § 228 Absatz 6.

Die Länder tragen die Aufwendungen für die unentgeltliche Beförderung im übrigen Nahverkehr.

§ 235 Einnahmen aus Wertmarken
Von den durch die Ausgabe der Wertmarken erzielten jährlichen Einnahmen erhält der Bund einen Anteil von 27 Prozent. Dieser ist unter Berücksichtigung der in der Zeit vom 1. Januar bis 30. Juni eines Kalenderjahres eingegangenen Einnahmen zum 15. Juli und unter Berücksichtigung der vom 1. Juli bis 31. Dezember eines Kalenderjahres eingegangenen Einnahmen zum 15. Januar des darauffolgenden Kalenderjahres an den Bund abzuführen.

§ 236 Erfassung der Ausweise
Die für die Ausstellung der Ausweise nach § 152 Absatz 5 zuständigen Behörden erfassen
1. die am Jahresende im Umlauf befindlichen gültigen Ausweise, getrennt nach Art und besonderen Eintragungen,
2. die im Kalenderjahr ausgegebenen Wertmarken, unterteilt nach der jeweiligen Gültigkeitsdauer und die daraus erzielten Einnahmen

als Grundlage für die nach § 231 Absatz 4 Satz 2 Nummer 1 und § 232 Absatz 2 Satz 2 Nummer 1 zu ermittelnde Zahl der Ausweise und Wertmarken. Die zuständigen obersten Landesbehörden teilen dem Bundesministerium für Arbeit und Soziales das Ergebnis der Erfassung nach Satz 1 spätestens bis zum 31. März des Jahres mit, in dem die Prozentsätze festzusetzen sind.

§ 237 Verordnungsermächtigungen
(1) Die Bundesregierung wird ermächtigt, in der Rechtsverordnung auf Grund des § 153 Absatz 1 nähere Vorschriften über die Gestaltung der Wertmarken, ihre Verbindung mit dem Ausweis und Vermerke über ihre Gültigkeitsdauer zu erlassen.
(2) Das Bundesministerium für Arbeit und Soziales und das Bundesministerium für Verkehr und digitale Infrastruktur werden ermächtigt, durch Rechtsverordnung festzulegen, welche Zuggattungen von Eisenbahnen des Bundes zu den Zügen des Nahverkehrs im Sinne des § 230 Absatz 1 Nummer 5 und zu den zuschlagpflichtigen Zügen des Nahverkehrs im Sinne des § 228 Absatz 1 Satz 1 zweiter Halbsatz zählen.

Kapitel 14: Straf-, Bußgeld- und Schlussvorschriften

§ 237a Strafvorschriften

(1) Mit Freiheitsstrafe bis zu zwei Jahren oder mit Geldstrafe wird bestraft, wer entgegen § 179 Absatz 7 Satz 1 Nummer 2, auch in Verbindung mit Satz 2 oder § 180 Absatz 7, ein Betriebs- oder Geschäftsgeheimnis verwertet.

(2) Die Tat wird nur auf Antrag verfolgt.

§ 237b Strafvorschriften

(1) Mit Freiheitsstrafe bis zu einem Jahr oder mit Geldstrafe wird bestraft, wer entgegen § 179 Absatz 7 Satz 1, auch in Verbindung mit Satz 2 oder § 180 Absatz 7, ein dort genanntes Geheimnis offenbart.

(2) Handelt der Täter gegen Entgelt oder in der Absicht, sich oder einen anderen zu bereichern oder einen anderen zu schädigen, so ist die Strafe Freiheitsstrafe bis zu zwei Jahren oder Geldstrafe.

(3) Die Tat wird nur auf Antrag verfolgt.

§ 238 Bußgeldvorschriften

(1) Ordnungswidrig handelt, wer vorsätzlich oder fahrlässig
1. entgegen § 154 Absatz 1 Satz 1, auch in Verbindung mit einer Rechtsverordnung nach § 162 Nummer 1, oder entgegen § 154 Absatz 1 Satz 3 einen schwerbehinderten Menschen nicht beschäftigt,
2. entgegen § 163 Absatz 1 ein Verzeichnis nicht, nicht richtig, nicht vollständig oder nicht in der vorgeschriebenen Weise führt oder nicht oder nicht rechtzeitig vorlegt,
3. entgegen § 163 Absatz 2 Satz 1 oder Absatz 4 eine Anzeige nicht, nicht richtig, nicht vollständig, nicht in der vorgeschriebenen Weise oder nicht rechtzeitig erstattet,
4. entgegen § 163 Absatz 5 eine Auskunft nicht, nicht richtig, nicht vollständig oder nicht rechtzeitig erteilt,
5. entgegen § 163 Absatz 7 Einblick in den Betrieb oder die Dienststelle nicht oder nicht rechtzeitig gibt,
6. entgegen § 163 Absatz 8 eine dort bezeichnete Person nicht oder nicht rechtzeitig benennt,
7. entgegen § 164 Absatz 1 Satz 4 oder 9 eine dort bezeichnete Vertretung oder einen Beteiligten nicht, nicht richtig, nicht vollständig oder nicht rechtzeitig unterrichtet oder
8. entgegen § 178 Absatz 2 Satz 1 erster Halbsatz die Schwerbehindertenvertretung nicht, nicht richtig, nicht vollständig oder nicht rechtzeitig unterrichtet oder nicht oder nicht rechtzeitig anhört.

(2) Die Ordnungswidrigkeit kann mit einer Geldbuße bis zu zehntausend Euro geahndet werden.

(3) Verwaltungsbehörde im Sinne des § 36 Absatz 1 Nummer 1 des Gesetzes über Ordnungswidrigkeiten ist die Bundesagentur für Arbeit.

(4) Die Geldbußen fließen in die Kasse der Verwaltungsbehörde, die den Bußgeldbescheid erlassen hat. § 66 des Zehnten Buches gilt entsprechend.

(5) Die nach Absatz 4 Satz 1 zuständige Kasse trägt abweichend von § 105 Absatz 2 des Gesetzes über Ordnungswidrigkeiten die notwendigen Auslagen. Sie ist auch ersatzpflichtig im Sinne des § 110 Absatz 4 des Gesetzes über Ordnungswidrigkeiten.

§ 239 Stadtstaatenklausel

(1) Der Senat der Freien und Hansestadt Hamburg wird ermächtigt, die Schwerbehindertenvertretung für Angelegenheiten, die mehrere oder alle Dienststellen betreffen, in der Weise zu regeln, dass die Schwerbehindertenvertretungen aller Dienststellen eine Gesamtschwerbehindertenvertretung wählen. Für die Wahl gilt § 177 Absatz 2, 3, 6 und 7 entsprechend.

(2) § 180 Absatz 6 Satz 1 gilt entsprechend.

§ 240 Sonderregelung für den Bundesnachrichtendienst und den Militärischen Abschirmdienst

(1) Für den Bundesnachrichtendienst gilt dieses Gesetz mit folgenden Abweichungen:
1. Der Bundesnachrichtendienst gilt vorbehaltlich der Nummer 3 als einheitliche Dienststelle.
2. Für den Bundesnachrichtendienst gelten die Pflichten zur Vorlage des nach § 163 Absatz 1 zu führenden Verzeichnisses, zur Anzeige nach § 163 Absatz 2 und zur Gewährung von Einblick nach § 163 Absatz 7 nicht. Die Anzeigepflicht nach § 173 Absatz 4 gilt nur für die Beendigung von Probearbeitsverhältnissen.
3. Als Dienststelle im Sinne des Kapitels 5 gelten auch Teile und Stellen des Bundesnachrichtendienstes, die nicht zu seiner Zentrale gehören. § 177 Absatz 1 Satz 4 und 5 sowie § 180 sind nicht anzuwenden. In den Fällen des § 180 Absatz 6 ist die Schwerbehindertenvertretung der Zentrale des Bundesnachrichtendienstes zuständig. Im Falle des § 177 Absatz 6 Satz 4 lädt der Leiter oder die Leiterin der Dienststelle ein. Die Schwerbehindertenvertretung ist in den Fällen nicht zu beteiligen, in denen die Beteiligung der Personalvertretung nach dem Bundespersonalvertretungsgesetz ausgeschlossen ist. Der Leiter oder die Leiterin des Bundesnachrichtendienstes kann anordnen, dass die Schwerbehindertenvertretung nicht zu beteiligen ist, Unterlagen nicht vorgelegt oder Auskünfte nicht erteilt werden dürfen, wenn und soweit dies aus besonderen nachrichtendienstlichen Gründen geboten ist. Die Rechte und Pflichten der Schwerbehindertenvertretung ruhen, wenn die Rechte und Pflichten der Personalvertretung ruhen. § 179 Absatz 7 Satz 3 ist nach Maßgabe der Sicherheitsbestimmungen des Bundesnachrichtendienstes anzuwenden. § 182 Absatz 2 gilt nur für die in § 182 Absatz 1 genannten Personen und Vertretungen der Zentrale des Bundesnachrichtendienstes.
4. Im Widerspruchsausschuss bei dem Integrationsamt (§ 202) und in den Widerspruchsausschüssen bei der Bundesagentur für Arbeit (§ 203) treten in Angelegenheiten schwerbehinderter Menschen, die beim Bundesnachrichtendienst beschäftigt sind, an die Stelle der Mitglieder, die Arbeitnehmer oder Arbeitnehmerinnen und Arbeitgeber sind (§ 202 Absatz 2 und § 203 Absatz 1), Angehörige des Bundesnachrichtendienstes, an die Stelle der Schwerbehindertenvertretung die Schwerbehindertenvertretung der Zentrale des Bundesnachrichtendienstes. Sie werden dem Integrationsamt und der Bundesagentur für Arbeit vom Leiter oder von der Leiterin des Bundesnachrichtendienstes benannt. Die Mitglieder der Ausschüsse müssen nach den dafür geltenden Bestimmungen ermächtigt sein, Kenntnis von Verschlusssachen des in Betracht kommenden Geheimhaltungsgrades zu erhalten.
5. Über Rechtsstreitigkeiten, die auf Grund dieses Buches im Geschäftsbereich des Bundesnachrichtendienstes entstehen, entscheidet im ersten und letzten Rechtszug der oberste Gerichtshof des zuständigen Gerichtszweiges.

(2) Der Militärische Abschirmdienst mit seinem Geschäftsbereich gilt als einheitliche Dienststelle.

§ 241 Übergangsregelung

(1) Abweichend von § 154 Absatz 1 beträgt die Pflichtquote für die in § 154 Absatz 2 Nummer 1 und 4 genannten öffentlichen Arbeitgeber des Bundes weiterhin 6 Prozent, wenn sie am 31. Oktober 1999 auf mindestens 6 Prozent der Arbeitsplätze schwerbehinderte Menschen beschäftigt hatten.
(2) Eine auf Grund des Schwerbehindertengesetzes getroffene bindende Feststellung über das Vorliegen einer Behinderung, eines Grades der Behinderung und das Vorliegen weiterer gesundheitlicher Merkmale gelten als Feststellungen nach diesem Buch.
(3) Die nach § 56 Absatz 2 des Schwerbehindertengesetzes erlassenen allgemeinen Richtlinien sind bis zum Erlass von allgemeinen Verwaltungsvorschriften nach § 224 weiter anzuwenden.
(4) Auf Erstattungen nach Kapitel 13 dieses Teils ist § 231 für bis zum 31. Dezember 2004 entstandene Fahrgeldausfälle in der bis zu diesem Zeitpunkt geltenden Fassung anzuwenden.
(5) Soweit noch keine Verordnung nach § 153 Absatz 2 erlassen ist, gelten die Maßstäbe des § 30 Absatz 1 des Bundesversorgungsgesetzes und der auf Grund des § 30 Absatz 16 des Bundesversorgungsgesetzes erlassenen Rechtsverordnungen entsprechend.
(6) Bestehende Integrationsvereinbarungen im Sinne des § 83 in der bis zum 30. Dezember 2016 geltenden Fassung gelten als Inklusionsvereinbarungen fort.
(7) Die nach § 22 in der am 31. Dezember 2017 geltenden Fassung bis zu diesem Zeitpunkt errichteten gemeinsamen Servicestellen bestehen längstens bis zum 31. Dezember 2018. Für die Aufgaben der nach Satz 1 im Jahr 2018 bestehenden gemeinsamen Servicestellen gilt § 22 in der am 31. Dezember 2017 geltenden Fassung entsprechend.
(8) Bis zum 31. Dezember 2019 treten an die Stelle der Träger der Eingliederungshilfe als Rehabilitationsträger im Sinne dieses Buches die Träger der Sozialhilfe nach § 3 des Zwölften Buches, soweit sie zur Erbringung von Leistungen der Eingliederungshilfe für Menschen mit Behinderungen nach § 8 Nummer 4 des Zwölften Buches bestimmt sind.

Gesetz über Teilzeitarbeit und befristete Arbeitsverträge (Teilzeit- und Befristungsgesetz – TzBfG)

vom 21. Dezember 2000 (BGBl. I 2000, S. 1966)
– zuletzt geändert durch Gesetz zur Weiterentwicklung des Teilzeitrechts – Einführung einer Brückenteilzeit vom 11. Dezember 2018 (BGBl. I 2018, S. 2384)

Erster Abschnitt: Allgemeine Vorschriften

§ 1   Zielsetzung

Ziel des Gesetzes ist, Teilzeitarbeit zu fördern, die Voraussetzungen für die Zulässigkeit befristeter Arbeitsverträge festzulegen und die Diskriminierung von teilzeitbeschäftigten und befristet beschäftigten Arbeitnehmern zu verhindern.

§ 2   Begriff des teilzeitbeschäftigten Arbeitnehmers

(1) Teilzeitbeschäftigt ist ein Arbeitnehmer, dessen regelmäßige Wochenarbeitszeit kürzer ist als die eines vergleichbaren vollzeitbeschäftigten Arbeitnehmers. Ist eine regelmäßige Wochenarbeitszeit nicht vereinbart, so ist ein Arbeitnehmer teilzeitbeschäftigt, wenn seine regelmäßige Arbeitszeit im Durchschnitt eines bis zu einem Jahr reichenden Beschäftigungszeitraums unter der eines vergleichbarn vollzeitbeschäftigten Arbeitnehmers liegt. Vergleichbar ist ein vollzeitbeschäftigter Arbeitnehmer des Betriebes mit derselben Art des Arbeitsverhältnisses und der gleichen oder einer ähnlichen Tätigkeit. Gibt es im Betrieb keinen vergleichbaren vollzeitbeschäftigten Arbeitnehmer, so ist der vergleichbare vollzeitbeschäftigte Arbeitnehmer auf Grund des anwendbaren Tarifvertrages zu bestimmen; in allen anderen Fällen ist darauf abzustellen, wer im jeweiligen Wirtschaftszweig üblicherweise als vergleichbarer vollzeitbeschäftigter Arbeitnehmer anzusehen ist.
(2) Teilzeitbeschäftigt ist auch ein Arbeitnehmer, der eine geringfügige Beschäftigung nach § 8 Abs. 1 Nr. 1 des Vierten Buches Sozialgesetzbuch ausübt.

§ 3   Begriff des befristet beschäftigten Arbeitnehmers

(1) Befristet beschäftigt ist ein Arbeitnehmer mit einem auf bestimmte Zeit geschlossenen Arbeitsvertrag. Ein auf bestimmte Zeit geschlossener Arbeitsvertrag (befristeter Arbeitsvertrag) liegt vor, wenn seine Dauer kalendermäßig bestimmt ist (kalendermäßig befristeter Arbeitsvertrag) oder sich aus Art, Zweck oder Beschaffenheit der Arbeitsleistung ergibt (zweckbefristeter Arbeitsvertrag).
(2) Vergleichbar ist ein unbefristet beschäftigter Arbeitnehmer des Betriebes mit der gleichen oder einer ähnlichen Tätigkeit. Gibt es im Betrieb keinen vergleichbaren unbefristet beschäftigten Arbeitnehmer, so ist der vergleichbare unbefristet beschäftigte Arbeitnehmer auf Grund des anwendbaren Tarifvertrages zu bestimmen; in allen anderen Fällen ist darauf abzustellen, wer im jeweiligen Wirtschaftszweig üblicherweise als vergleichbarer unbefristet beschäftigter Arbeitnehmer anzusehen ist.

§ 4   Verbot der Diskriminierung

(1) Ein teilzeitbeschäftigter Arbeitnehmer darf wegen der Teilzeitarbeit nicht schlechter behandelt werden als ein vergleichbarer vollzeitbeschäftigter Arbeitnehmer, es sei denn, dass sachliche Gründe eine unterschiedliche Behandlung rechtfertigen. Einem teilzeitbeschäftigten Arbeitnehmer ist Arbeitsentgelt oder eine andere teilbare geldwerte Leistung mindestens in dem Umfang zu gewähren, der dem Anteil seiner Arbeitszeit an der Arbeitszeit eines vergleichbaren vollzeitbeschäftigten Arbeitnehmers entspricht.

(2) Ein befristet beschäftigter Arbeitnehmer darf wegen der Befristung des Arbeitsvertrages nicht schlechter behandelt werden als ein vergleichbarer unbefristet beschäftigter Arbeitnehmer, es sei denn, dass sachliche Gründe eine unterschiedliche Behandlung rechtfertigen. Einem befristet beschäftigten Arbeitnehmer ist Arbeitsentgelt oder eine andere teilbare geldwerte Leistung, die für einen bestimmten Bemessungszeitraum gewährt wird, mindestens in dem Umfang zu gewähren, der dem Anteil seiner Beschäftigungsdauer am Bemessungszeitraum entspricht. Sind bestimmte Beschäftigungsbedingungen von der Dauer des Bestehens des Arbeitsverhältnisses in demselben Betrieb oder Unternehmen abhängig, so sind für befristet beschäftigte Arbeitnehmer dieselben Zeiten zu berücksichtigen wie für unbefristet beschäftigte Arbeitnehmer, es sei denn, dass eine unterschiedliche Berücksichtigung aus sachlichen Gründen gerechtfertigt ist.

§ 5 Benachteiligungsverbot
Der Arbeitgeber darf einen Arbeitnehmer nicht wegen der Inanspruchnahme von Rechten nach diesem Gesetz benachteiligen.

Zweiter Abschnitt: Teilzeitarbeit

§ 6 Förderung von Teilzeitarbeit
Der Arbeitgeber hat den Arbeitnehmern, auch in leitenden Positionen, Teilzeitarbeit nach Maßgabe dieses Gesetzes zu ermöglichen.

§ 7 Ausschreibung; Erörterung; Information über freie Arbeitsplätze
(1) Der Arbeitgeber hat einen Arbeitsplatz, den er öffentlich oder innerhalb des Betriebes ausschreibt, auch als Teilzeitarbeitsplatz auszuschreiben, wenn sich der Arbeitsplatz hierfür eignet.
(2) Der Arbeitgeber hat mit dem Arbeitnehmer dessen Wunsch nach Veränderung von Dauer oder Lage oder von Dauer und Lage seiner vertraglich vereinbarten Arbeitszeit zu erörtern. Dies gilt unabhängig vom Umfang der Arbeitszeit. Der Arbeitnehmer kann ein Mitglied der Arbeitnehmervertretung zur Unterstützung oder Vermittlung hinzuziehen.
(3) Der Arbeitgeber hat einen Arbeitnehmer, der ihm den Wunsch nach einer Veränderung von Dauer oder Lage oder von Dauer und Lage seiner vertraglich vereinbarten Arbeitszeit angezeigt hat, über entsprechende Arbeitsplätze zu informieren, die im Betrieb oder Unternehmen besetzt werden sollen.
(4) Der Arbeitgeber hat die Arbeitnehmervertretung über angezeigte Arbeitszeitwünsche nach Absatz 2 sowie über Teilzeitarbeit im Betrieb und Unternehmen zu informieren, insbesondere über vorhandene oder geplante Teilzeitarbeitsplätze und über die Umwandlung von Teilzeitarbeitsplätzen in Vollzeitarbeitsplätze oder umgekehrt. Der Arbeitnehmervertretung sind auf Verlangen die erforderlichen Unterlagen zur Verfügung zu stellen; § 92 des Betriebsverfassungsgesetzes bleibt unberührt.

§ 8 Zeitlich nicht begrenzte Verringerung der Arbeitszeit
(1) Ein Arbeitnehmer, dessen Arbeitsverhältnis länger als sechs Monate bestanden hat, kann verlangen, dass seine vertraglich vereinbarte Arbeitszeit verringert wird.
(2) Der Arbeitnehmer muss die Verringerung seiner Arbeitszeit und den Umfang der Verringerung spätestens drei Monate vor deren Beginn in Textform geltend machen. Er soll dabei die gewünschte Verteilung der Arbeitszeit angeben.

(3) Der Arbeitgeber hat mit dem Arbeitnehmer die gewünschte Verringerung der Arbeitszeit mit dem Ziel zu erörtern, zu einer Vereinbarung zu gelangen. Er hat mit dem Arbeitnehmer Einvernehmen über die von ihm festzulegende Verteilung der Arbeitszeit zu erzielen.

(4) Der Arbeitgeber hat der Verringerung der Arbeitszeit zuzustimmen und ihre Verteilung entsprechend den Wünschen des Arbeitnehmers festzulegen, soweit betriebliche Gründe nicht entgegenstehen. Ein betrieblicher Grund liegt insbesondere vor, wenn die Verringerung der Arbeitszeit die Organisation, den Arbeitsablauf oder die Sicherheit im Betrieb wesentlich beeinträchtigt oder unverhältnismäßige Kosten verursacht. Die Ablehnungsgründe können durch Tarifvertrag festgelegt werden. Im Geltungsbereich eines solchen Tarifvertrages können nicht tarifgebundene Arbeitgeber und Arbeitnehmer die Anwendung der tariflichen Regelungen über die Ablehnungsgründe vereinbaren.

(5) Die Entscheidung über die Verringerung der Arbeitszeit und ihre Verteilung hat der Arbeitgeber dem Arbeitnehmer spätestens einen Monat vor dem gewünschten Beginn der Verringerung schriftlich mitzuteilen. Haben sich Arbeitgeber und Arbeitnehmer nicht nach Absatz 3 Satz 1 über die Verringerung der Arbeitszeit geeinigt und hat der Arbeitgeber die Arbeitszeitverringerung nicht spätestens einen Monat vor deren gewünschtem Beginn schriftlich abgelehnt, verringert sich die Arbeitszeit in dem vom Arbeitnehmer gewünschten Umfang. Haben Arbeitgeber und Arbeitnehmer über die Verteilung der Arbeitszeit kein Einvernehmen nach Absatz 3 Satz 2 erzielt und hat der Arbeitgeber nicht spätestens einen Monat vor dem gewünschten Beginn der Arbeitszeitverringerung die gewünschte Verteilung der Arbeitszeit schriftlich abgelehnt, gilt die Verteilung der Arbeitszeit entsprechend den Wünschen des Arbeitnehmers als festgelegt. Der Arbeitgeber kann die nach Satz 3 oder Absatz 3 Satz 2 festgelegte Verteilung der Arbeitszeit wieder ändern, wenn das betriebliche Interesse daran das Interesse des Arbeitnehmers an der Beibehaltung erheblich überwiegt und der Arbeitgeber die Änderung spätestens einen Monat vorher angekündigt hat.

(6) Der Arbeitnehmer kann eine erneute Verringerung der Arbeitszeit frühestens nach Ablauf von zwei Jahren verlangen, nachdem der Arbeitgeber einer Verringerung zugestimmt oder sie berechtigt abgelehnt hat.

(7) Für den Anspruch auf Verringerung der Arbeitszeit gilt die Voraussetzung, dass der Arbeitgeber, unabhängig von der Anzahl der Personen in Berufsbildung, in der Regel mehr als 15 Arbeitnehmer beschäftigt.

§ 9 Verlängerung der Arbeitszeit

Der Arbeitgeber hat einen teilzeitbeschäftigten Arbeitnehmer, der ihm in Textform den Wunsch nach einer Verlängerung seiner vertraglich vereinbarten Arbeitszeit angezeigt hat, bei der Besetzung eines Arbeitsplatzes bevorzugt zu berücksichtigen, es sei denn, dass
1. es sich dabei nicht um einen entsprechenden freien Arbeitsplatz handelt oder
2. der teilzeitbeschäftigte Arbeitnehmer nicht mindestens gleich geeignet ist wie ein anderer vom Arbeitgeber bevorzugter Bewerber oder
3. Arbeitszeitwünsche anderer teilzeitbeschäftigter Arbeitnehmer oder
4. dringende betriebliche Gründe entgegenstehen.

Ein freier zu besetzender Arbeitsplatz liegt vor, wenn der Arbeitgeber die Organisationsentscheidung getroffen hat, diesen zu schaffen oder einen unbesetzten Arbeitsplatz neu zu besetzen.

§ 9a Zeitlich begrenzte Verringerung der Arbeitszeit

(1) Ein Arbeitnehmer, dessen Arbeitsverhältnis länger als sechs Monate bestanden hat, kann verlangen, dass seine vertraglich vereinbarte Arbeitszeit für einen im Voraus zu bestim-

menden Zeitraum verringert wird. Der begehrte Zeitraum muss mindestens ein Jahr und darf höchstens fünf Jahre betragen. Der Arbeitnehmer hat nur dann einen Anspruch auf zeitlich begrenzte Verringerung der Arbeitszeit, wenn der Arbeitgeber in der Regel mehr als 45 Arbeitnehmer beschäftigt.

(2) Der Arbeitgeber kann das Verlangen des Arbeitnehmers nach Verringerung der Arbeitszeit ablehnen, soweit betriebliche Gründe entgegenstehen; § 8 Absatz 4 gilt entsprechend. Ein Arbeitgeber, der in der Regel mehr als 45, aber nicht mehr als 200 Arbeitnehmer beschäftigt, kann das Verlangen eines Arbeitnehmers auch ablehnen, wenn zum Zeitpunkt des begehrten Beginns der verringerten Arbeitszeit bei einer Arbeitnehmerzahl von in der Regel

1. mehr als 45 bis 60 bereits mindestens vier,
2. mehr als 60 bis 75 bereits mindestens fünf,
3. mehr als 75 bis 90 bereits mindestens sechs,
4. mehr als 90 bis 105 bereits mindestens sieben,
5. mehr als 105 bis 120 bereits mindestens acht,
6. mehr als 120 bis 135 bereits mindestens neun,
7. mehr als 135 bis 150 bereits mindestens zehn,
8. mehr als 150 bis 165 bereits mindestens elf,
9. mehr als 165 bis 180 bereits mindestens zwölf,
10. mehr als 180 bis 195 bereits mindestens 13,
11. mehr als 195 bis 200 bereits mindestens 14

andere Arbeitnehmer ihre Arbeitszeit nach Absatz 1 verringert haben.

(3) Im Übrigen gilt für den Umfang der Verringerung der Arbeitszeit und für die gewünschte Verteilung der Arbeitszeit § 8 Absatz 2 bis 5. Für den begehrten Zeitraum der Verringerung der Arbeitszeit sind § 8 Absatz 2 Satz 1, Absatz 3 Satz 1, Absatz 4 sowie Absatz 5 Satz 1 und 2 entsprechend anzuwenden.

(4) Während der Dauer der zeitlich begrenzten Verringerung der Arbeitszeit kann der Arbeitnehmer keine weitere Verringerung und keine Verlängerung seiner Arbeitszeit nach diesem Gesetz verlangen; § 9 findet keine Anwendung.

(5) Ein Arbeitnehmer, der nach einer zeitlich begrenzten Verringerung der Arbeitszeit nach Absatz 1 zu seiner ursprünglichen vertraglich vereinbarten Arbeitszeit zurückgekehrt ist, kann eine erneute Verringerung der Arbeitszeit nach diesem Gesetz frühestens ein Jahr nach der Rückkehr zur ursprünglichen Arbeitszeit verlangen. Für einen erneuten Antrag auf Verringerung der Arbeitszeit nach berechtigter Ablehnung auf Grund entgegenstehender betrieblicher Gründe nach Absatz 2 Satz 1 gilt § 8 Absatz 6 entsprechend. Nach berechtigter Ablehnung auf Grund der Zumutbarkeitsregelung nach Absatz 2 Satz 2 kann der Arbeitnehmer frühestens nach Ablauf von einem Jahr nach der Ablehnung erneut eine Verringerung der Arbeitszeit verlangen.

(6) Durch Tarifvertrag kann der Rahmen für den Zeitraum der Arbeitszeitverringerung abweichend von Absatz 1 Satz 2 auch zuungunsten des Arbeitnehmers festgelegt werden.

(7) Bei der Anzahl der Arbeitnehmer nach Absatz 1 Satz 3 und Absatz 2 sind Personen in Berufsbildung nicht zu berücksichtigen.

§ 10 Aus- und Weiterbildung

Der Arbeitgeber hat Sorge zu tragen, dass auch teilzeitbeschäftigte Arbeitnehmer an Aus- und Weiterbildungsmaßnahmen zur Förderung der beruflichen Entwicklung und Mobilität teilnehmen können, es sei denn, dass dringende betriebliche Gründe oder Aus- und Weiterbildungswünsche anderer teilzeit- oder vollzeitbeschäftigter Arbeitnehmer entgegenstehen.

§ 11 Kündigungsverbot

Die Kündigung eines Arbeitsverhältnisses wegen der Weigerung eines Arbeitnehmers, von einem Vollzeit- in ein Teilzeitarbeitsverhältnis oder umgekehrt zu wechseln, ist unwirksam. Das Recht zur Kündigung des Arbeitsverhältnisses aus anderen Gründen bleibt unberührt.

§ 12 Arbeit auf Abruf

(1) Arbeitgeber und Arbeitnehmer können vereinbaren, dass der Arbeitnehmer seine Arbeitsleistung entsprechend dem Arbeitsanfall zu erbringen hat (Arbeit auf Abruf). Die Vereinbarung muss eine bestimmte Dauer der wöchentlichen und täglichen Arbeitszeit festlegen. Wenn die Dauer der wöchentlichen Arbeitszeit nicht festgelegt ist, gilt eine Arbeitszeit von 20 Stunden als vereinbart. Wenn die Dauer der täglichen Arbeitszeit nicht festgelegt ist, hat der Arbeitgeber die Arbeitsleistung des Arbeitnehmers jeweils für mindestens drei aufeinander folgende Stunden in Anspruch zu nehmen.
(2) Ist für die Dauer der wöchentlichen Arbeitszeit nach Absatz 1 Satz 2 eine Mindestarbeitszeit vereinbart, darf der Arbeitgeber nur bis zu 25 Prozent der wöchentlichen Arbeitszeit zusätzlich abrufen. Ist für die Dauer der wöchentlichen Arbeitszeit nach Absatz 1 Satz 2 eine Höchstarbeitszeit vereinbart, darf der Arbeitgeber nur bis zu 20 Prozent der wöchentlichen Arbeitszeit weniger abrufen.
(3) Der Arbeitnehmer ist nur zur Arbeitsleistung verpflichtet, wenn der Arbeitgeber ihm die Lage seiner Arbeitszeit jeweils mindestens vier Tage im Voraus mitteilt.
(4) Zur Berechnung der Entgeltfortzahlung im Krankheitsfall ist die maßgebende regelmäßige Arbeitszeit im Sinne von § 4 Absatz 1 des Entgeltfortzahlungsgesetzes die durchschnittliche Arbeitszeit der letzten drei Monate vor Beginn der Arbeitsunfähigkeit (Referenzzeitraum). Hat das Arbeitsverhältnis bei Beginn der Arbeitsunfähigkeit keine drei Monate bestanden, ist der Berechnung des Entgeltfortzahlungsanspruchs die durchschnittliche Arbeitszeit dieses kürzeren Zeitraums zugrunde zu legen. Zeiten von Kurzarbeit, unverschuldeter Arbeitsversäumnis, Arbeitsausfällen und Urlaub im Referenzzeitraum bleiben außer Betracht. Für den Arbeitnehmer günstigere Regelungen zur Berechnung der Entgeltfortzahlung im Krankheitsfall finden Anwendung.
(5) Für die Berechnung der Entgeltzahlung an Feiertagen nach § 2 Absatz 1 des Entgeltfortzahlungsgesetzes gilt Absatz 4 entsprechend.
(6) Durch Tarifvertrag kann von den Absätzen 1 und 3 auch zuungunsten des Arbeitnehmers abgewichen werden, wenn der Tarifvertrag Regelungen über die tägliche und wöchentliche Arbeitszeit und die Vorankündigungsfrist vorsieht. Im Geltungsbereich eines solchen Tarifvertrages können nicht tarifgebundene Arbeitgeber und Arbeitnehmer die Anwendung der tariflichen Regelungen über die Arbeit auf Abruf vereinbaren.

§ 13 Arbeitsplatzteilung

(1) Arbeitgeber und Arbeitnehmer können vereinbaren, dass mehrere Arbeitnehmer sich die Arbeitszeit an einem Arbeitsplatz teilen (Arbeitsplatzteilung). Ist einer dieser Arbeitnehmer an der Arbeitsleistung verhindert, sind die anderen Arbeitnehmer zur Vertretung verpflichtet, wenn sie der Vertretung im Einzelfall zugestimmt haben. Eine Pflicht zur Vertretung besteht auch, wenn der Arbeitsvertrag bei Vorliegen dringender betrieblicher Gründe eine Vertretung vorsieht und diese im Einzelfall zumutbar ist.
(2) Scheidet ein Arbeitnehmer aus der Arbeitsplatzteilung aus, so ist die darauf gestützte Kündigung des Arbeitsverhältnisses eines anderen in die Arbeitsplatzteilung einbezogenen Arbeitnehmers durch den Arbeitgeber unwirksam. Das Recht zur Änderungskündigung aus diesem Anlass und zur Kündigung des Arbeitsverhältnisses aus anderen Gründen bleibt unberührt.

(3) Die Absätze 1 und 2 sind entsprechend anzuwenden, wenn sich Gruppen von Arbeitnehmern auf bestimmten Arbeitsplätzen in festgelegten Zeitabschnitten abwechseln, ohne dass eine Arbeitsplatzteilung im Sinne des Absatzes 1 vorliegt.

(4) Durch Tarifvertrag kann von den Absätzen 1 und 3 auch zuungunsten des Arbeitnehmers abgewichen werden, wenn der Tarifvertrag Regelungen über die Vertretung der Arbeitnehmer enthält. Im Geltungsbereich eines solchen Tarifvertrages können nicht tarifgebundene Arbeitgeber und Arbeitnehmer die Anwendung der tariflichen Regelungen über die Arbeitsplatzteilung vereinbaren.

Dritter Abschnitt: Befristete Arbeitsverträge

§ 14 Zulässigkeit der Befristung

(1) Die Befristung eines Arbeitsvertrages ist zulässig, wenn sie durch einen sachlichen Grund gerechtfertigt ist. Ein sachlicher Grund liegt insbesondere vor, wenn
1. der betriebliche Bedarf an der Arbeitsleistung nur vorübergehend besteht,
2. die Befristung im Anschluss an eine Ausbildung oder ein Studium erfolgt, um den Übergang des Arbeitnehmers in eine Anschlussbeschäftigung zu erleichtern,
3. der Arbeitnehmer zur Vertretung eines anderen Arbeitnehmers beschäftigt wird,
4. die Eigenart der Arbeitsleistung die Befristung rechtfertigt,
5. die Befristung zur Erprobung erfolgt,
6. in der Person des Arbeitnehmers liegende Gründe die Befristung rechtfertigen,
7. der Arbeitnehmer aus Haushaltsmitteln vergütet wird, die haushaltsrechtlich für eine befristete Beschäftigung bestimmt sind, und er entsprechend beschäftigt wird oder
8. die Befristung auf einem gerichtlichen Vergleich beruht.

(2) Die kalendermäßige Befristung eines Arbeitsvertrages ohne Vorliegen eines sachlichen Grundes ist bis zur Dauer von zwei Jahren zulässig; bis zu dieser Gesamtdauer von zwei Jahren ist auch die höchstens dreimalige Verlängerung eines kalendermäßig befristeten Arbeitsvertrages zulässig. Eine Befristung nach Satz 1 ist nicht zulässig, wenn mit demselben Arbeitgeber bereits zuvor ein befristetes oder unbefristetes Arbeitsverhältnis bestanden hat. []Durch Tarifvertrag kann die Anzahl der Verlängerungen oder die Höchstdauer der Befristung abweichend von Satz 1 festgelegt werden. Im Geltungsbereich eines solchen Tarifvertrages können nicht tarifgebundene Arbeitgeber und Arbeitnehmer die Anwendung der tariflichen Regelungen vereinbaren.

(2a) In den ersten vier Jahren nach der Gründung eines Unternehmens ist die kalendermäßige Befristung eines Arbeitsvertrages ohne Vorliegen eines sachlichen Grundes bis zur Dauer von vier Jahren zulässig; bis zu dieser Gesamtdauer von vier Jahren ist auch die mehrfache Verlängerung eines kalendermäßig befristeten Arbeitsvertrages zulässig. Dies gilt nicht für Neugründungen im Zusammenhang mit der rechtlichen Umstrukturierung von Unternehmen und Konzernen. Maßgebend für den Zeitpunkt der Gründung des Unternehmens ist die Aufnahme einer Erwerbstätigkeit, die nach § 138 der Abgabenordnung der Gemeinde oder dem Finanzamt mitzuteilen ist. Auf die Befristung eines Arbeitsvertrages nach Satz 1 findet Absatz 2 Satz 2 bis 4 entsprechende Anwendung.

(3) Die kalendermäßige Befristung eines Arbeitsvertrages ohne Vorliegen eines sachlichen Grundes ist bis zu einer Dauer von fünf Jahren zulässig, wenn der Arbeitnehmer bei Beginn des befristeten Arbeitsverhältnisses das 52. Lebensjahr vollendet hat und unmittelbar vor Beginn des befristeten Arbeitsverhältnisses mindestens vier Monate beschäftigungslos im Sinne des § 138 Absatz 1 Nummer 1 des Dritten Buches Sozialgesetzbuch gewesen ist, Transferkurzarbeitergeld bezogen oder an einer öffentlich geförderten Beschäftigungsmaß-

nahme nach dem Zweiten oder Dritten Buch Sozialgesetzbuch teilgenommen hat. Bis zu der Gesamtdauer von fünf Jahren ist auch die mehrfache Verlängerung des Arbeitsvertrages zulässig.
(4) Die Befristung eines Arbeitsvertrages bedarf zu ihrer Wirksamkeit der Schriftform.

§ 15 Ende des befristeten Arbeitsvertrages
(1) Ein kalendermäßig befristeter Arbeitsvertrag endet mit Ablauf der vereinbarten Zeit.
(2) Ein zweckbefristeter Arbeitsvertrag endet mit Erreichen des Zwecks, frühestens jedoch zwei Wochen nach Zugang der schriftlichen Unterrichtung des Arbeitnehmers durch den Arbeitgeber über den Zeitpunkt der Zweckerreichung.
(3) Ein befristetes Arbeitsverhältnis unterliegt nur dann der ordentlichen Kündigung, wenn dies einzelvertraglich oder im anwendbaren Tarifvertrag vereinbart ist.
(4) Ist das Arbeitsverhältnis für die Lebenszeit einer Person oder für längere Zeit als fünf Jahre eingegangen, so kann es von dem Arbeitnehmer nach Ablauf von fünf Jahren gekündigt werden. Die Kündigungsfrist beträgt sechs Monate.
(5) Wird das Arbeitsverhältnis nach Ablauf der Zeit, für die es eingegangen ist, oder nach Zweckerreichung mit Wissen des Arbeitgebers fortgesetzt, so gilt es als auf unbestimmte Zeit verlängert, wenn der Arbeitgeber nicht unverzüglich widerspricht oder dem Arbeitnehmer die Zweckerreichung nicht unverzüglich mitteilt.

§ 16 Folgen unwirksamer Befristung
Ist die Befristung rechtsunwirksam, so gilt der befristete Arbeitsvertrag als auf unbestimmte Zeit geschlossen; er kann vom Arbeitgeber frühestens zum vereinbarten Ende ordentlich gekündigt werden, sofern nicht nach § 15 Abs. 3 die ordentliche Kündigung zu einem früheren Zeitpunkt möglich ist. Ist die Befristung nur wegen des Mangels der Schriftform unwirksam, kann der Arbeitsvertrag auch vor dem vereinbarten Ende ordentlich gekündigt werden.

§ 17 Anrufung des Arbeitsgerichts
Will der Arbeitnehmer geltend machen, dass die Befristung eines Arbeitsvertrages rechtsunwirksam ist, so muss er innerhalb von drei Wochen nach dem vereinbarten Ende des befristeten Arbeitsvertrages Klage beim Arbeitsgericht auf Feststellung erheben, dass das Arbeitsverhältnis auf Grund der Befristung nicht beendet ist. Die §§ 5 bis 7 des Kündigungsschutzgesetzes gelten entsprechend. Wird das Arbeitsverhältnis nach dem vereinbarten Ende fortgesetzt, so beginnt die Frist nach Satz 1 mit dem Zugang der schriftlichen Erklärung des Arbeitgebers, dass das Arbeitsverhältnis auf Grund der Befristung beendet sei.

§ 18 Information über unbefristete Arbeitsplätze
Der Arbeitgeber hat die befristet beschäftigten Arbeitnehmer über entsprechende unbefristete Arbeitsplätze zu informieren, die besetzt werden sollen. Die Information kann durch allgemeine Bekanntgabe an geeigneter, den Arbeitnehmern zugänglicher Stelle im Betrieb und Unternehmen erfolgen.

§ 19 Aus- und Weiterbildung
Der Arbeitgeber hat Sorge zu tragen, dass auch befristet beschäftigte Arbeitnehmer an angemessenen Aus- und Weiterbildungsmaßnahmen zur Förderung der beruflichen Entwicklung und Mobilität teilnehmen können, es sei denn, dass dringende betriebliche Gründe oder Aus- und Weiterbildungswünsche anderer Arbeitnehmer entgegenstehen.

§ 20 Information der Arbeitnehmervertretung
Der Arbeitgeber hat die Arbeitnehmervertretung über die Anzahl der befristet beschäftigten Arbeitnehmer und ihren Anteil an der Gesamtbelegschaft des Betriebes und des Unternehmens zu informieren.

§ 21 Auflösend bedingte Arbeitsverträge
Wird der Arbeitsvertrag unter einer auflösenden Bedingung geschlossen, gelten § 4 Abs. 2, § 5, § 14 Abs. 1 und 4, § 15 Abs. 2, 3 und 5 sowie die §§ 16 bis 20 entsprechend.

Vierter Abschnitt: Gemeinsame Vorschriften

§ 22 Abweichende Vereinbarungen
(1) Außer in den Fällen des § 9a Absatz 6, § 12 Absatz 6, § 13 Absatz 4 und § 14 Absatz 2 Satz 3 und 4 kann von den Vorschriften dieses Gesetzes nicht zuungunsten des Arbeitnehmers abgewichen werden.
(2) Enthält ein Tarifvertrag für den öffentlichen Dienst Bestimmungen im Sinne des § 8 Absatz 4 Satz 3 und 4, auch in Verbindung mit § 9a Absatz 2, des § 9a Absatz 6, § 12 Absatz 6, § 13 Absatz 4, § 14 Absatz 2 Satz 3 und 4 oder § 15 Absatz 3, so gelten diese Bestimmungen auch zwischen nicht tarifgebundenen Arbeitgebern und Arbeitnehmern außerhalb des öffentlichen Dienstes, wenn die Anwendung der für den öffentlichen Dienst geltenden tarifvertraglichen Bestimmungen zwischen ihnen vereinbart ist und die Arbeitgeber die Kosten des Betriebes überwiegend mit Zuwendungen im Sinne des Haushaltsrechts decken.

§ 23 Besondere gesetzliche Regelungen
Besondere Regelungen über Teilzeitarbeit und über die Befristung von Arbeitsverträgen nach anderen gesetzlichen Vorschriften bleiben unberührt.

DGUV Vorschrift 1: Grundsätze der Prävention

Erstes Kapitel: Allgemeine Vorschriften

§ 1 Geltungsbereich von Unfallverhütungsvorschriften

(1) Unfallverhütungsvorschriften gelten für Unternehmer und Versicherte; sie gelten auch
- für Unternehmer und Beschäftigte von ausländischen Unternehmen, die eine Tätigkeit im Inland ausüben, ohne einem Unfallversicherungsträger anzugehören;
- soweit in dem oder für das Unternehmen Versicherte tätig werden, für die ein anderer Unfallversicherungsträger zuständig ist.

(2) Für Unternehmer mit Versicherten nach § 2 Absatz 1 Nummer 8 Buchstabe b Sozialgesetzbuch Siebtes Buch (SGB VII) gilt diese Unfallverhütungsvorschrift nur, soweit nicht der innere Schulbereich betroffen ist.

Zweites Kapitel: Pflichten des Unternehmers

§ 2 Grundpflichten des Unternehmers

(1) Der Unternehmer hat die erforderlichen Maßnahmen zur Verhütung von Arbeitsunfällen, Berufskrankheiten und arbeitsbedingten Gesundheitsgefahren sowie für eine wirksame Erste Hilfe zu treffen. Die zu treffenden Maßnahmen sind insbesondere in staatlichen Arbeitsschutzvorschriften (Anlage 1), dieser Unfallverhütungsvorschrift und in weiteren Unfallverhütungsvorschriften näher bestimmt. Die in staatlichem Recht bestimmten Maßnahmen gelten auch zum Schutz von Versicherten, die keine Beschäftigten sind.

(2) Der Unternehmer hat bei den Maßnahmen nach Absatz 1 von den allgemeinen Grundsätzen nach § 4 Arbeitsschutzgesetz auszugehen und dabei insbesondere das staatliche und berufsgenossenschaftliche Regelwerk heranzuziehen.

(3) Der Unternehmer hat die Maßnahmen nach Absatz 1 entsprechend den Bestimmungen des § 3 Abs. 1 Sätze 2 und 3 und Absatz 2 Arbeitsschutzgesetz zu planen, zu organisieren, durchzuführen und erforderlichenfalls an veränderte Gegebenheiten anzupassen.

(4) Der Unternehmer darf keine sicherheitswidrigen Weisungen erteilen.

(5) Kosten für Maßnahmen nach dieser Unfallverhütungsvorschrift und den für ihn sonst geltenden Unfallverhütungsvorschriften darf der Unternehmer nicht den Versicherten auferlegen.

§ 3 Beurteilung der Arbeitsbedingungen, Dokumentation, Auskunftspflichten

(1) Der Unternehmer hat durch eine Beurteilung der für die Versicherten mit ihrer Arbeit verbundenen Gefährdungen entsprechend § 5 Abs. 2 und 3 Arbeitsschutzgesetz zu ermitteln, welche Maßnahmen nach § 2 Abs. 1 erforderlich sind.

(2) Der Unternehmer hat Gefährdungsbeurteilungen insbesondere dann zu überprüfen, wenn sich die betrieblichen Gegebenheiten hinsichtlich Sicherheit und Gesundheitsschutz verändert haben.

(3) Der Unternehmer hat entsprechend § 6 Abs. 1 Arbeitsschutzgesetz das Ergebnis der Gefährdungsbeurteilung nach Absatz 1, die von ihm festgelegten Maßnahmen und das Ergebnis ihrer Überprüfung zu dokumentieren.

(4) Der Unternehmer hat der Berufsgenossenschaft alle Informationen über die im Betrieb getroffenen Maßnahmen des Arbeitsschutzes auf Wunsch zur Kenntnis zu geben.

(5) Für Personen, die in Unternehmen zur Hilfe bei Unglücksfällen oder im Zivilschutz unentgeltlich tätig werden, hat der Unternehmer, der für die vorgenannten Personen zuständig ist, Maßnahmen zu ergreifen, die denen nach Absatz 1 bis 4 gleichwertig sind.

§ 4 Unterweisung der Versicherten

(1) Der Unternehmer hat die Versicherten über Sicherheit und Gesundheitsschutz bei der Arbeit, insbesondere über die mit ihrer Arbeit verbundenen Gefährdungen und die Maßnahmen zu ihrer Verhütung, entsprechend § 12 Abs. 1 Arbeitsschutzgesetz sowie bei einer Arbeitnehmerüberlassung entsprechend § 12 Abs. 2 Arbeitsschutzgesetz zu unterweisen; die Unterweisung muss erforderlichenfalls wiederholt werden, mindestens aber einmal jährlich erfolgen; sie muss dokumentiert werden.

(2) Der Unternehmer hat den Versicherten die für ihren Arbeitsbereich oder für ihre Tätigkeit relevanten Inhalte der geltenden Unfallverhütungsvorschriften und Regeln der Unfallversicherungsträger sowie des einschlägigen staatlichen Vorschriften- und Regelwerks in verständlicher Weise zu vermitteln.

(3) Der Unternehmer nach § 136 Absatz 3 Nummer 3 Alternative 2 Sozialgesetzbuch Siebtes Buch (SGB VII) hat den Schulhoheitsträger hinsichtlich Unterweisungen für Versicherte nach § 2 Absatz 1 Nummer 8 Buchstabe b SGB VII zu unterstützen.

§ 5 Vergabe von Aufträgen

(1) Erteilt der Unternehmer den Auftrag,
1. Einrichtungen zu planen, herzustellen, zu ändern oder in Stand zu setzen,
2. Arbeitsverfahren zu planen oder zu gestalten,
so hat er dem Auftragnehmer schriftlich aufzugeben, die in § 2 Abs. 1 und 2 genannten, für die Durchführung des Auftrags maßgeblichen Vorgaben zu beachten.

(2) Erteilt der Unternehmer den Auftrag, Arbeitsmittel, Ausrüstungen oder Arbeitsstoffe zu liefern, so hat er dem Auftragnehmer schriftlich aufzugeben, im Rahmen seines Auftrags die für Sicherheit und Gesundheitsschutz einschlägigen Anforderungen einzuhalten.

(3) Bei der Erteilung von Aufträgen an ein Fremdunternehmen hat der den Auftrag erteilende Unternehmer den Fremdunternehmer bei der Gefährdungsbeurteilung bezüglich der betriebsspezifischen Gefahren zu unterstützen. Der Unternehmer hat ferner sicherzustellen, dass Tätigkeiten mit besonderen Gefahren durch Aufsichtführende überwacht werden, die die Durchführung der festgelegten Schutzmaßnahmen sicherstellen. Der Unternehmer hat ferner mit dem Fremdunternehmen Einvernehmen herzustellen, wer den Aufsichtführenden zu stellen hat.

§ 6 Zusammenarbeit mehrerer Unternehmer

(1) Werden Beschäftigte mehrerer Unternehmen oder selbstständige Einzelunternehmer an einem Arbeitsplatz tätig, haben die Unternehmer hinsichtlich der Sicherheit und des Gesundheitsschutzes der Beschäftigten, insbesondere hinsichtlich der Maßnahmen nach § 2 Abs. 1, entsprechend § 8 Abs. 1 Arbeitsschutzgesetz zusammenzuarbeiten. Insbesondere haben sie, soweit es zur Vermeidung einer möglichen gegenseitigen Gefährdung erforderlich ist, eine Person zu bestimmen, die die Arbeiten aufeinander abstimmt; zur Abwehr besonderer Gefahren ist sie mit entsprechender Weisungsbefugnis auszustatten.

(2) Der Unternehmer hat sich je nach Art der Tätigkeit zu vergewissern, dass Personen, die in seinem Betrieb tätig werden, hinsichtlich der Gefahren für ihre Sicherheit und Gesundheit während ihrer Tätigkeit in seinem Betrieb angemessene Anweisungen erhalten haben.

§ 7 Befähigung für Tätigkeiten

(1) Bei der Übertragung von Aufgaben auf Versicherte hat der Unternehmer je nach Art der Tätigkeiten zu berücksichtigen, ob die Versicherten befähigt sind, die für die Sicherheit und den Gesundheitsschutz bei der Aufgabenerfüllung zu beachtenden Bestimmungen und Maßnahmen einzuhalten. Der Unternehmer hat die für bestimmte Tätigkeiten festgelegten Qualifizierungsanforderungen zu berücksichtigen.

(2) Der Unternehmer darf Versicherte, die erkennbar nicht in der Lage sind, eine Arbeit ohne Gefahr für sich oder andere auszuführen, mit dieser Arbeit nicht beschäftigen.

§ 8 Gefährliche Arbeiten

(1) Wenn eine gefährliche Arbeit von mehreren Personen gemeinschaftlich ausgeführt wird und sie zur Vermeidung von Gefahren eine gegenseitige Verständigung erfordert, hat der Unternehmer dafür zu sorgen, dass eine zuverlässige, mit der Arbeit vertraute Person die Aufsicht führt.

(2) Wird eine gefährliche Arbeit von einer Person allein ausgeführt, so hat der Unternehmer über die allgemeinen Schutzmaßnahmen hinaus für geeignete technische oder organisatorische Personenschutzmaßnahmen zu sorgen.

§ 9 Zutritts- und Aufenthaltsverbote

Der Unternehmer hat dafür zu sorgen, dass Unbefugte Betriebsteile nicht betreten, wenn dadurch eine Gefahr für Sicherheit und Gesundheit entsteht.

§ 10 Besichtigung des Unternehmens, Erlass einer Anordnung, Auskunftspflicht

(1) Der Unternehmer hat den Aufsichtspersonen des Unfallversicherungsträgers die Besichtigung seines Unternehmens zu ermöglichen und sie auf ihr Verlangen zu begleiten oder durch einen geeigneten Vertreter begleiten zu lassen.

(2) Erlässt die Aufsichtsperson des Unfallversicherungsträgers eine Anordnung und setzt sie hierbei eine Frist, innerhalb der die verlangten Maßnahmen zu treffen sind, so hat der Unternehmer nach Ablauf der Frist unverzüglich mitzuteilen, ob er die verlangten Maßnahmen getroffen hat.

(3) Der Unternehmer hat den Aufsichtspersonen des Unfallversicherungsträgers auf Verlangen die zur Durchführung ihrer Überwachungsaufgabe erforderlichen Auskünfte zu erteilen. Er hat die Aufsichtspersonen zu unterstützen, soweit dies zur Erfüllung ihrer Aufgaben erforderlich ist.

§ 11 Maßnahmen bei Mängeln

Tritt bei einem Arbeitsmittel, einer Einrichtung, einem Arbeitsverfahren bzw. Arbeitsablauf ein Mangel auf, durch den für die Versicherten sonst nicht abzuwendende Gefahren entstehen, hat der Unternehmer das Arbeitsmittel oder die Einrichtung der weiteren Benutzung zu entziehen oder stillzulegen bzw. das Arbeitsverfahren oder den Arbeitsablauf abzubrechen, bis der Mangel behoben ist.

§ 12 Zugang zu Vorschriften und Regeln

(1) Der Unternehmer hat den Versicherten die für sein Unternehmen geltenden Unfallverhütungsvorschriften und Regeln der Unfallversicherungsträger sowie die einschlägigen staatlichen Vorschriften und Regeln an geeigneter Stelle zugänglich zu machen.

(2) Der Unternehmer hat den mit der Durchführung und Unterstützung von Maßnahmen nach § 2 Absatz 1 betrauten Personen die nach dem Ergebnis der Gefährdungsbeurteilung

(§ 3 Absatz 1 und 2) für ihren Zuständigkeitsbereich geltenden Vorschriften und Regeln zur Verfügung zu stellen.

§ 13 Pflichtenübertragung
Der Unternehmer kann zuverlässige und fachkundige Personen schriftlich damit beauftragen, ihm nach Unfallverhütungsvorschriften obliegende Aufgaben in eigener Verantwortung wahrzunehmen. Die Beauftragung muss den Verantwortungsbereich und Befugnisse festlegen und ist vom Beauftragten zu unterzeichnen. Eine Ausfertigung der Beauftragung ist ihm auszuhändigen.

§ 14 Ausnahmen
(1) Der Unternehmer kann bei dem Unfallversicherungsträger im Einzelfall Ausnahmen von Unfallverhütungsvorschriften schriftlich beantragen. Dem Antrag ist eine Stellungnahme der betrieblichen Arbeitnehmervertretung beizufügen; im Falle eines Antrages durch eine Kindertageseinrichtung, eine allgemein bildende oder berufsbildende Schule oder eine Hochschule ist zusätzlich der Leitung der Einrichtung Gelegenheit zur Stellungnahme zu geben.
(2) Der Unfallversicherungsträger kann dem Antrag nach Absatz 1 entsprechen, wenn
1. der Unternehmer eine andere, ebenso wirksame Maßnahme trifft
oder
2. die Durchführung der Vorschriften im Einzelfall zu einer unverhältnismäßigen Härte führen würde und die Abweichung mit dem Schutz der Versicherten vereinbar ist.
(3) Betrifft der Antrag nach Absatz 1 Regelungen in Unfallverhütungsvorschriften, die zugleich Gegenstand staatlicher Arbeitsschutzvorschriften sind, hat der Unfallversicherungsträger eine Stellungnahme der für die Durchführung der staatlichen Arbeitsschutzvorschriften zuständigen staatlichen Arbeitsschutzbehörde einzuholen und zu berücksichtigen.
(4) In staatlichen Arbeitsschutzvorschriften enthaltene Verfahrensvorschriften, insbesondere über Genehmigungen, Erlaubnisse, Ausnahmen, Anzeigen und Vorlagepflichten, bleiben von dieser Unfallverhütungsvorschrift unberührt; die nach diesen Bestimmungen zu treffenden behördlichen Maßnahmen obliegen den zuständigen Arbeitsschutzbehörden.

Drittes Kapitel: Pflichten der Versicherten
§ 15 Allgemeine Unterstützungspflichten und Verhalten
(1) Die Versicherten sind verpflichtet, nach ihren Möglichkeiten sowie gemäß der Unterweisung und Weisung des Unternehmers für ihre Sicherheit und Gesundheit bei der Arbeit sowie für Sicherheit und Gesundheitsschutz derjenigen zu sorgen, die von ihren Handlungen oder Unterlassungen betroffen sind. Die Versicherten haben die Maßnahmen zur Verhütung von Arbeitsunfällen, Berufskrankheiten und arbeitsbedingten Gesundheitsgefahren sowie für eine wirksame Erste Hilfe zu unterstützen. Versicherte haben die entsprechenden Anweisungen des Unternehmers zu befolgen. Die Versicherten dürfen erkennbar gegen Sicherheit und Gesundheit gerichtete Weisungen nicht befolgen.
(2) Versicherte dürfen sich durch den Konsum von Alkohol, Drogen oder anderen berauschenden Mitteln nicht in einen Zustand versetzen, durch den sie sich selbst oder andere gefährden können.
(3) Absatz 2 gilt auch für die Einnahme von Medikamenten.

§ 16 Besondere Unterstützungspflichten
(1) Die Versicherten haben dem Unternehmer oder dem zuständigen Vorgesetzten jede von ihnen festgestellte unmittelbare erhebliche Gefahr für die Sicherheit und Gesundheit sowie

jeden an den Schutzvorrichtungen und Schutzsystemen festgestellten Defekt unverzüglich zu melden. Unbeschadet dieser Pflicht sollen die Versicherten von ihnen festgestellte Gefahren für Sicherheit und Gesundheit und Mängel an den Schutzvorrichtungen und Schutzsystemen auch der Fachkraft für Arbeitssicherheit, dem Betriebsarzt oder dem Sicherheitsbeauftragten mitteilen.
(2) Stellt ein Versicherter fest, dass im Hinblick auf die Verhütung von Arbeitsunfällen, Berufskrankheiten und arbeitsbedingten Gesundheitsgefahren
- ein Arbeitsmittel oder eine sonstige Einrichtung einen Mangel aufweist,
- Arbeitsstoffe nicht einwandfrei verpackt, gekennzeichnet oder beschaffen sind oder
- ein Arbeitsverfahren oder Arbeitsabläufe Mängel aufweisen,
hat er, soweit dies zu seiner Arbeitsaufgabe gehört und er über die notwendige Befähigung verfügt, den festgestellten Mangel unverzüglich zu beseitigen. Andernfalls hat er den Mangel dem Vorgesetzten unverzüglich zu melden.

§ 17 Benutzung von Einrichtungen, Arbeitsmitteln und Arbeitsstoffen
Versicherte haben Einrichtungen, Arbeitsmittel und Arbeitsstoffe sowie Schutzvorrichtungen bestimmungsgemäß und im Rahmen der ihnen übertragenen Arbeitsaufgaben zu benutzen.

§ 18 Zutritts- und Aufenthaltsverbote
Versicherte dürfen sich an gefährlichen Stellen nur im Rahmen der ihnen übertragenen Aufgaben aufhalten.

Viertes Kapitel: Organisation des betriebliche Arbeitsschutzes
Erster Abschnitt: Sicherheitstechnische und betriebsärztliche Betreuung, Sicherheitsbeauftragte

§ 19 Bestellung von Fachkräften für Arbeitssicherheit und Betriebsärzten
(1) Der Unternehmer hat nach Maßgabe des Gesetzes über Betriebsärzte, Sicherheitsingenieure und andere Fachkräfte für Arbeitssicherheit (Arbeitssicherheitsgesetz) und der hierzu erlassenen Unfallverhütungsvorschriften Fachkräfte für Arbeitssicherheit und Betriebsärzte zu bestellen.
(2) Der Unternehmer hat die Zusammenarbeit der Fachkräfte für Arbeitssicherheit und der Betriebsärzte zu fördern.

§ 20 Bestellung und Aufgaben von Sicherheitsbeauftragten
(1) In Unternehmen mit regelmäßig mehr als 20 Beschäftigten hat der Unternehmer unter Berücksichtigung der im Unternehmen bestehenden Verhältnisse hinsichtlich der Arbeitsbedingungen, der Arbeitsumgebung sowie der Arbeitsorganisation Sicherheitsbeauftragte in der erforderlichen Anzahl zu bestellen. Kriterien für die Anzahl der Sicherheitsbeauftragten sind:
- Im Unternehmen bestehende Unfall- und Gesundheitsgefahren,
- Räumliche Nähe der zuständigen Sicherheitsbeauftragten zu den Beschäftigten,
- Zeitliche Nähe der zuständigen Sicherheitsbeauftragten zu den Beschäftigten,
- Fachliche Nähe der zuständigen Sicherheitsbeauftragten zu den Beschäftigten,
- Anzahl der Beschäftigten.

(2) Die Sicherheitsbeauftragten haben den Unternehmer bei der Durchführung der Maßnahmen zur Verhütung von Arbeitsunfällen, Berufskrankheiten und arbeitsbedingten Gesundheitsgefahren zu unterstützen, insbesondere sich von dem Vorhandensein und der ord-

nungsgemäßen Benutzung der vorgeschriebenen Schutzeinrichtungen und persönlichen Schutzausrüstungen zu überzeugen und auf Unfall- und Gesundheitsgefahren für die Versicherten aufmerksam zu machen.

(3) Der Unternehmer hat den Sicherheitsbeauftragten Gelegenheit zu geben, ihre Aufgaben zu erfüllen, insbesondere in ihrem Bereich an den Betriebsbesichtigungen sowie den Untersuchungen von Unfällen und Berufskrankheiten durch die Aufsichtspersonen der Unfallversicherungsträger teilzunehmen; den Sicherheitsbeauftragten sind die hierbei erzielten Ergebnisse zur Kenntnis zu geben.

(4) Der Unternehmer hat sicherzustellen, dass die Fachkräfte für Arbeitssicherheit und Betriebsärzte mit den Sicherheitsbeauftragten eng zusammenwirken.

(5) Die Sicherheitsbeauftragten dürfen wegen der Erfüllung der ihnen übertragenen Aufgaben nicht benachteiligt werden.

(6) Der Unternehmer hat den Sicherheitsbeauftragten Gelegenheit zu geben, an Aus- und Fortbildungsmaßnahmen des Unfallversicherungsträgers teilzunehmen, soweit dies im Hinblick auf die Betriebsart und die damit für die Versicherten verbundenen Unfall- und Gesundheitsgefahren sowie unter Berücksichtigung betrieblicher Belange erforderlich ist.

Zweiter Abschnitt: Maßnahmen bei besonderen Gefahren

§ 21 Allgemeine Pflichten des Unternehmers

(1) Der Unternehmer hat Vorkehrungen zu treffen, dass alle Versicherten, die einer unmittelbaren erheblichen Gefahr ausgesetzt sind oder sein können, möglichst frühzeitig über diese Gefahr und die getroffenen oder zu treffenden Schutzmaßnahmen unterrichtet sind. Bei unmittelbarer erheblicher Gefahr für die eigene Sicherheit oder die Sicherheit anderer Personen müssen die Versicherten die geeigneten Maßnahmen zur Gefahrenabwehr und Schadensbegrenzung selbst treffen können, wenn der zuständige Vorgesetzte nicht erreichbar ist; dabei sind die Kenntnisse der Versicherten und die vorhandenen technischen Mittel zu berücksichtigen.

(2) Der Unternehmer hat Maßnahmen zu treffen, die es den Versicherten bei unmittelbarer erheblicher Gefahr ermöglichen, sich durch sofortiges Verlassen der Arbeitsplätze in Sicherheit zu bringen.

§ 22 Notfallmaßnahmen

(1) Der Unternehmer hat entsprechend § 10 Arbeitsschutzgesetz die Maßnahmen zu planen, zu treffen und zu überwachen, die insbesondere für den Fall des Entstehens von Bränden, von Explosionen, des unkontrollierten Austretens von Stoffen und von sonstigen gefährlichen Störungen des Betriebsablaufs geboten sind.

(2) Der Unternehmer hat eine ausreichende Anzahl von Versicherten durch Unterweisung und Übung im Umgang mit Feuerlöscheinrichtungen zur Bekämpfung von Entstehungsbränden vertraut zu machen.

§ 23 Maßnahmen gegen Einflüsse des Wettergeschehens

Beschäftigt der Unternehmer Versicherte im Freien und bestehen infolge des Wettergeschehens Unfall- und Gesundheitsgefahren, so hat er geeignete Maßnahmen am Arbeitsplatz vorzusehen, geeignete organisatorische Schutzmaßnahmen zu treffen oder erforderlichenfalls persönliche Schutzausrüstungen zur Verfügung zu stellen.

Dritter Abschnitt: Erste Hilfe

§ 24 Allgemeine Pflichten des Unternehmers

(1) Der Unternehmer hat dafür zu sorgen, dass zur Ersten Hilfe und zur Rettung aus Gefahr die erforderlichen Einrichtungen und Sachmittel sowie das erforderliche Personal zur Verfügung stehen.

(2) Der Unternehmer hat dafür zu sorgen, dass nach einem Unfall unverzüglich Erste Hilfe geleistet und eine erforderliche ärztliche Versorgung veranlasst wird.

(3) Der Unternehmer hat dafür zu sorgen, dass Verletzte sachkundig transportiert werden.

(4) Der Unternehmer hat im Rahmen seiner Möglichkeiten darauf hinzuwirken, dass Versicherte
1. einem Durchgangsarzt vorgestellt werden, es sei denn, dass der erstbehandelnde Arzt festgestellt hat, dass die Verletzung nicht über den Unfalltag hinaus zur Arbeitsunfähigkeit führt oder die Behandlungsbedürftigkeit voraussichtlich nicht mehr als eine Woche beträgt,
2. bei einer schweren Verletzung einem der von den Unfallversicherungsträgern bezeichneten Krankenhäuser zugeführt werden,
3. bei Vorliegen einer Augen- oder Hals-, Nasen-, Ohrenverletzung dem nächsterreichbaren Arzt des entsprechenden Fachgebiets zugeführt werden, es sei denn, dass sich die Vorstellung durch eine ärztliche Erstversorgung erübrigt hat.

(5) Der Unternehmer hat dafür zu sorgen, dass den Versicherten durch Aushänge der Unfallversicherungsträger oder in anderer geeigneter schriftlicher Form Hinweise über die Erste Hilfe und Angaben über Notruf, Erste-Hilfe- und Rettungs-Einrichtungen, über das Erste-Hilfe-Personal sowie über herbeizuziehende Ärzte und anzufahrende Krankenhäuser gemacht werden. Die Hinweise und die Angaben sind aktuell zu halten.

(6) Der Unternehmer hat dafür zu sorgen, dass jede Erste-Hilfe-Leistung dokumentiert und diese Dokumentation fünf Jahre lang verfügbar gehalten wird. Die Dokumente sind vertraulich zu behandeln.

(7) Der Schulsachkostenträger als Unternehmer nach § 136 Absatz 3 Nummer 3 Alternative 2 Sozialgesetzbuch Siebtes Buch (SGB VII) hat den Schulhoheitsträger bei der Durchführung von Maßnahmen zur Sicherstellung einer wirksamen Ersten Hilfe für Versicherte nach § 2 Absatz 1 Nummer 8 Buchstabe b SGB VII zu unterstützen.

§ 25 Erforderliche Einrichtungen und Sachmittel

(1) Der Unternehmer hat unter Berücksichtigung der betrieblichen Verhältnisse durch Meldeeinrichtungen und organisatorische Maßnahmen dafür zu sorgen, dass unverzüglich die notwendige Hilfe herbeigerufen und an den Einsatzort geleitet werden kann.

(2) Der Unternehmer hat dafür zu sorgen, dass das Mittel zur Ersten Hilfe jederzeit schnell erreichbar und leicht zugänglich in geeigneten Behältnissen, gegen schädigende Einflüsse geschützt, in ausreichender Menge bereitgehalten sowie rechtzeitig ergänzt und erneuert werden.

(3) Der Unternehmer hat dafür zu sorgen, dass unter Berücksichtigung der betrieblichen Verhältnisse Rettungsgeräte und Rettungstransportmittel bereit gehalten werden.

(4) Der Unternehmer hat dafür zu sorgen, dass mindestens ein mit Rettungstransportmitteln leicht erreichbarer Erster-Hilfe-Raum oder eine vergleichbare Einrichtung
1. in einer Betriebsstätte mit mehr als 1000 dort beschäftigten Versicherten,
2. in einer Betriebsstätte mit 1000 oder weniger, aber mehr als 100 dort beschäftigten Versicherten, wenn ihre Art und das Unfallgeschehen nach Art, Schwere und Zahl der Unfälle einen gesonderten Raum für die Erste Hilfe erfordern,

3. auf einer Baustelle mit mehr als 50 dort beschäftigten Versicherten vorhanden ist. Nummer 3 gilt auch, wenn der Unternehmer zur Erbringung einer Bauleistung aus einem von ihm übernommenen Auftrag Arbeiten an andere Unternehmer vergeben hat und insgesamt mehr als 50 Versicherte gleichzeitig tätig werden.

(5) In Kindertageseinrichtungen, allgemein bildenden und berufsbildenden Schulen sowie Hochschulen hat der Unternehmer geeignete Liegemöglichkeiten oder geeignete Räume mit Liegemöglichkeit zur Erstversorgung von Verletzten in der erforderlichen Anzahl vorzuhalten.

§ 26 Zahl und Ausbildung der Ersthelfer

(1) Der Unternehmer hat dafür zu sorgen, dass für die Erste-Hilfe-Leistung Ersthelfer mindestens in folgender Zahl zur Verfügung stehen:
1. Bei 2 bis zu 20 anwesenden Versicherten ein Ersthelfer,
2. bei mehr als 20 anwesenden Versicherten
   a) in Verwaltungs- und Handelsbetrieben 5 %,
   b) in sonstigen Betrieben 10 %,
   c) in Kindertageseinrichtungen ein Ersthelfer je Kindergruppe,
   d) in Hochschulen 10 % der Versicherten nach § 2 Absatz 1 Nummer 1 Sozialgesetzbuch Siebtes Buch (SGB VII).

Von der Zahl der Ersthelfer nach Nummer 2 kann im Einvernehmen mit dem Unfallversicherungsträger unter Berücksichtigung der Organisation des betrieblichen Rettungswesens und der Gefährdung abgewichen werden.

(2) Der Unternehmer darf als Ersthelfer nur Personen einsetzen, die bei einer von dem Unfallversicherungsträger für die Ausbildung zur Ersten Hilfe ermächtigten Stelle ausgebildet worden sind oder über eine sanitätsdienstliche/rettungsdienstliche Ausbildung oder eine abgeschlossene Ausbildung in einem Beruf des Gesundheitswesens verfügen. Die Voraussetzungen für die Ermächtigung sind in der Anlage 2 zu dieser Unfallverhütungsvorschrift geregelt.

(3) Der Unternehmer hat dafür zu sorgen, dass die Ersthelfer in der Regel in Zeitabständen von zwei Jahren fortgebildet werden. Für die Fortbildung gilt Absatz 2 entsprechend. Personen mit einer sanitätsdienstlichen/rettungsdienstlichen Ausbildung oder einer entsprechenden Qualifikation in einem Beruf des Gesundheitswesens gelten als fortgebildet, wenn sie an vergleichbaren Fortbildungsveranstaltungen regelmäßig teilnehmen oder bei ihrer beruflichen oder ehrenamtlich sanitätsdienstlichen/rettungsdienstlichen Tätigkeit regelmäßig Erste-Hilfe-Maßnahmen durchführen. Der Unternehmer hat sich Nachweise über die Fortbildung vorlegen zu lassen.

(4) Ist nach Art des Betriebes, insbesondere auf Grund des Umganges mit Gefahrstoffen, damit zu rechnen, dass bei Unfällen Maßnahmen erforderlich werden, die nicht Gegenstand der allgemeinen Ausbildung zum Ersthelfer gemäß Absatz 2 sind, hat der Unternehmer für die erforderliche zusätzliche Aus- und Fortbildung zu sorgen.

(5) Die Absätze 1 bis 4 gelten nicht für Unternehmer hinsichtlich der nach § 2 Absatz 1 Nummer 8 Buchstabe b Sozialgesetzbuch Siebtes Buch (SGB VII) Versicherten.

§ 27 Zahl und Ausbildung der Betriebssanitäter

(1) Der Unternehmer hat dafür zu sorgen, dass mindestens ein Betriebssanitäter zur Verfügung steht, wenn
1. in einer Betriebsstätte mehr als 1500 Versicherte nach § 2 Absatz 1 Nummer 1 Sozialgesetzbuch Siebtes Buch (SGB VII) anwesend sind,
2. in einer Betriebsstätte 1500 oder weniger, aber mehr als 250 Versicherte nach § 2 Absatz 1 Nummer 1 SGB VII anwesend sind und Art, Schwere und Zahl der Unfälle den Einsatz von Sanitätspersonal erfordern,

3. auf einer Baustelle mehr als 100 Versicherte nach § 2 Absatz 1 Nummer 1 SGB VII anwesend sind.

Nummer 3 gilt auch, wenn der Unternehmer zur Erbringung einer Bauleistung aus einem von ihm übernommenen Auftrag Arbeiten an andere Unternehmer vergibt und insgesamt mehr als 100 Versicherte gleichzeitig tätig werden.

(2) In Betrieben nach Absatz 1 Satz 1 Nummer 1 kann im Einvernehmen mit dem Unfallversicherungsträger von Betriebssanitätern abgesehen werden, sofern nicht nach Art, Schwere und Zahl der Unfälle ihr Einsatz erforderlich ist. Auf Baustellen nach Absatz 1 Satz 1 Nummer 3 kann im Einvernehmen mit dem Unfallversicherungsträger unter Berücksichtigung der Erreichbarkeit des Unfallortes und der Anbindung an den öffentlichen Rettungsdienst von Betriebssanitätern abgesehen werden.

(3) Der Unternehmer darf als Betriebssanitäter nur Personen einsetzen, die von Stellen ausgebildet worden sind, welche von dem Unfallversicherungsträger in personeller, sachlicher und organisatorischer Hinsicht als geeignet beurteilt werden.

(4) Der Unternehmer darf als Betriebssanitäter nur Personen einsetzen, die
1. an einer Grundausbildung
und
2. an einem Aufbaulehrgang

für den betrieblichen Sanitätsdienst teilgenommen haben.
Als Grundausbildung gilt auch eine mindestens gleichwertige Ausbildung oder eine die Sanitätsaufgaben einschließende Berufsausbildung.

(5) Für die Teilnahme an dem Aufbaulehrgang nach Absatz 4 Satz 1 Nummer 2 darf die Teilnahme an der Ausbildung nach Absatz 4 Satz 1 Nummer 1 nicht mehr als zwei Jahre zurückliegen; soweit auf Grund der Ausbildung eine entsprechende berufliche Tätigkeit ausgeübt wurde, ist die Beendigung derselben maßgebend.

(6) Der Unternehmer hat dafür zu sorgen, dass die Betriebssanitäter regelmäßig innerhalb von drei Jahren fortgebildet werden. Für die Fortbildung gilt Absatz 3 entsprechend.

§ 28 Unterstützungspflichten der Versicherten

(1) Im Rahmen ihrer Unterstützungspflichten nach § 15 Abs. 1 haben sich Versicherte zum Ersthelfer ausbilden und in der Regel in Zeitabständen von zwei Jahren fortbilden zu lassen. Sie haben sich nach der Ausbildung für Erste-Hilfe-Leistungen zur Verfügung zu stellen. Die Versicherten brauchen den Verpflichtungen nach den Sätzen 1 und 2 nicht nachzukommen, soweit persönliche Gründe entgegenstehen.

(2) Versicherte haben unverzüglich jeden Unfall der zuständigen betrieblichen Stelle zu melden; sind sie hierzu nicht im Stande, liegt die Meldepflicht bei dem Betriebsangehörigen, der von dem Unfall zuerst erfährt.

Vierter Abschnitt: Persönliche Schutzausrüstungen

§ 29 Bereitstellung

(1) Der Unternehmer hat gemäß § 2 der PSA-Benutzungsverordnung den Versicherten geeignete persönliche Schutzausrüstungen bereitzustellen; vor der Bereitstellung hat er die Versicherten anzuhören.

(2) Der Unternehmer hat dafür zu sorgen, dass die persönlichen Schutzausrüstungen den Versicherten in ausreichender Anzahl zur persönlichen Verwendung für die Tätigkeit am Arbeitsplatz zur Verfügung gestellt werden. Für die bereitgestellten persönlichen Schutzaus-

rüstungen müssen EG-Konformitätserklärungen vorliegen. Satz 2 gilt nicht für Hautschutzmittel.

§ 30 Benutzung
(1) Der Unternehmer hat dafür zu sorgen, dass persönliche Schutzausrüstungen entsprechend bestehender Tragezeitbegrenzungen und Gebrauchsdauern bestimmungsgemäß benutzt werden.

(2) Die Versicherten haben die persönlichen Schutzausrüstungen bestimmungsgemäß zu benutzen, regelmäßig auf ihren ordnungsgemäßen Zustand zu prüfen und festgestellte Mängel dem Unternehmer unverzüglich zu melden.

§ 31 Besondere Unterweisungen
Für persönliche Schutzausrüstungen, die gegen tödliche Gefahren oder bleibende Gesundheitsschäden schützen sollen, hat der Unternehmer die nach § 3 Abs. 2 der PSA-Benutzungsverordnung bereitzuhaltende Benutzungsinformation den Versicherten im Rahmen von Unterweisungen mit Übungen zu vermitteln.

Fünftes Kapitel: Ordnungswidrigkeiten

§ 32 Ordnungswidrigkeiten
Ordnungswidrig im Sinne des § 209 Abs. 1 Nr. 1 Siebtes Sozialgesetzbuch (SGB VII) handelt, wer vorsätzlich oder fahrlässig den Bestimmungen der
§ 2 Abs. 5,
§ 12 Abs. 2,
§ 15 Abs. 2,
§ 20 Abs. 1,
§ 24 Abs. 6,
§ 25 Abs. 1, 4 Nr. 1 oder 3,
§ 26 Abs. 1 Satz 1 oder Abs. 2 Satz 1,
§ 27 Abs. 1 Satz 1 Nr. 1 oder 3, Abs. 3,
§ 29 Abs. 2 Satz 2 oder
§ 30
zuwiderhandelt.

Sechstes Kapitel: Aufhebung von Unfallverhütungsvorschriften

§ 33 Aufhebung von Unfallverhütungsvorschriften
Folgende Unfallverhütungsvorschrift wird mit Wirkung zum 31. Juli 2014 aufgehoben:
„Grundsätze der Prävention" (BGV A1) vom 1. Januar 2014.

Siebtes Kapitel: Inkrafttreten

§ 34 Inkrafttreten
Diese Unfallverhütungsvorschrift tritt am 1. August 2014 in Kraft.

Anmerkung der Redaktion:
Auf den Abdruck der Anhänge zur Verordnung wurde verzichtet

Verordnung über den Verkauf bestimmter Waren an Sonn- und Feiertagen (SonntVerkV)

vom 21. Dezember 1957 (BGBl. I 1957, S. 1881), zuletzt geändert durch Gesetz zur Änderung des Gesetzes über den Ladenschluss und zur Neuregelung der Arbeitszeit in Bäckereien und Konditoreien vom 30. Juli 1996 (BGBl. I 1996, S. 1186)

§ 1

(1) Abweichend von der Vorschrift des § 3 Abs. 1 Nr. 1 des Gesetzes über den Ladenschluss dürfen an Sonn- und Feiertagen geöffnet sein für die Abgabe
1. von frischer Milch:
   Verkaufsstellen für die Dauer von zwei Stunden,
2. von Bäcker- oder Konditorwaren:
   Verkaufsstellen von Betrieben, die Bäcker- oder Konditorwaren herstellen, für die Dauer von drei Stunden,
3. von Blumen:
   Verkaufsstellen, in denen in erheblichem Umfange Blumen feilgehalten werden, für die Dauer von zwei Stunden, jedoch am 1. November (Allerheiligen), am Volkstrauertag, am Buß- und Bettag, am Totensonntag und am 1. Adventssonntag für die Dauer von sechs Stunden,
4. von Zeitungen:
   Verkaufsstellen für Zeitungen für die Dauer von fünf Stunden.

(2) Absatz 1 Nr. 1 bis 3 gilt nicht für die Abgabe am 2. Weihnachts-, Oster- und Pfingstfeiertag.

(3) Die Vorschriften der §§ 5, 10, 11, 13 bis 15 des Gesetzes über den Ladenschluss bleiben unberührt.

§ 2 (außer Kraft)

§ 3

Diese Verordnung tritt am 1. Januar 1958 in Kraft.

Verordnung zur arbeitsmedizinischen Vorsorge (ArbMedVV)

vom 18. Dezember 2008 (BGBl. I 2008, S. 2768)
Zuletzt geändert durch Verordnung zur Umsetzung der Richtlinie 2014/27/EU und zur Änderung von Arbeitsschutzverordnungen vom 15. November 2016 (BGBl. I 2016, S. 2549)

§ 1 Ziel und Anwendungsbereich

(1) Ziel der Verordnung ist es, durch Maßnahmen der arbeitsmedizinischen Vorsorge arbeitsbedingte Erkrankungen einschließlich Berufskrankheiten frühzeitig zu erkennen und zu verhüten. Arbeitsmedizinische Vorsorge soll zugleich einen Beitrag zum Erhalt der Beschäftigungsfähigkeit und zur Fortentwicklung des betrieblichen Gesundheitsschutzes leisten.
(2) Diese Verordnung gilt für die arbeitsmedizinische Vorsorge im Geltungsbereich des Arbeitsschutzgesetzes.
(3) Diese Verordnung lässt sonstige arbeitsmedizinische Präventionsmaßnahmen, insbesondere nach dem Arbeitsschutzgesetz und dem Gesetz über Betriebsärzte, Sicherheitsingenieure und andere Fachkräfte für Arbeitssicherheit (Arbeitssicherheitsgesetz), unberührt.

§ 2 Begriffsbestimmungen

(1) Arbeitsmedizinische Vorsorge im Sinne dieser Verordnung
1. ist Teil der arbeitsmedizinischen Präventionsmaßnahmen im Betrieb;
2. dient der Beurteilung der individuellen Wechselwirkungen von Arbeit und physischer und psychischer Gesundheit und der Früherkennung arbeitsbedingter Gesundheitsstörungen sowie der Feststellung, ob bei Ausübung einer bestimmten Tätigkeit eine erhöhte gesundheitliche Gefährdung besteht;
3. beinhaltet ein ärztliches Beratungsgespräch mit Anamnese einschließlich Arbeitsanamnese sowie körperliche oder klinische Untersuchungen, soweit diese für die individuelle Aufklärung und Beratung erforderlich sind und der oder die Beschäftigte diese Untersuchungen nicht ablehnt;
4. umfasst die Nutzung von Erkenntnissen aus der Vorsorge für die Gefährdungsbeurteilung und für sonstige Maßnahmen des Arbeitsschutzes;
5. umfasst nicht den Nachweis der gesundheitlichen Eignung für berufliche Anforderungen nach sonstigen Rechtsvorschriften oder individual- oder kollektivrechtlichen Vereinbarungen.

(2) Pflichtvorsorge ist arbeitsmedizinische Vorsorge, die bei bestimmten besonders gefährdenden Tätigkeiten veranlasst werden muss.
(3) Angebotsvorsorge ist arbeitsmedizinische Vorsorge, die bei bestimmten gefährdenden Tätigkeiten angeboten werden muss.
(4) Wunschvorsorge ist arbeitsmedizinische Vorsorge, die bei Tätigkeiten, bei denen ein Gesundheitsschaden nicht ausgeschlossen werden kann, auf Wunsch des oder der Beschäftigten ermöglicht werden muss.

§ 3 Allgemeine Pflichten des Arbeitgebers

(1) Der Arbeitgeber hat auf der Grundlage der Gefährdungsbeurteilung für eine angemessene arbeitsmedizinische Vorsorge zu sorgen. Dabei hat er die Vorschriften dieser Verordnung einschließlich des Anhangs zu beachten und die nach § 9 Abs. 4 bekannt gegebenen Regeln und Erkenntnisse zu berücksichtigen. Bei Einhaltung der Regeln und Erkenntnisse nach Satz 2 ist davon auszugehen, dass die gestellten Anforderungen erfüllt sind. Arbeits-

medizinische Vorsorge kann auch weitere Maßnahmen der Gesundheitsvorsorge umfassen.
(2) Der Arbeitgeber hat zur Durchführung der arbeitsmedizinischen Vorsorge einen Arzt oder eine Ärztin nach § 7 zu beauftragen. Ist ein Betriebsarzt oder eine Betriebsärztin nach § 2 des Arbeitssicherheitsgesetzes bestellt, soll der Arbeitgeber vorrangig diesen oder diese auch mit der arbeitsmedizinischen Vorsorge beauftragen. Dem Arzt oder der Ärztin sind alle erforderlichen Auskünfte über die Arbeitsplatzverhältnisse, insbesondere über den Anlass der arbeitsmedizinischen Vorsorge und die Ergebnisse der Gefährdungsbeurteilung, zu erteilen und die Begehung des Arbeitsplatzes zu ermöglichen. Ihm oder ihr ist auf Verlangen Einsicht in die Unterlagen nach Absatz 4 Satz 1 zu gewähren.
(3) Arbeitsmedizinische Vorsorge soll während der Arbeitszeit stattfinden. Sie soll nicht zusammen mit Untersuchungen, die dem Nachweis der gesundheitlichen Eignung für berufliche Anforderungen dienen, durchgeführt werden, es sei denn, betriebliche Gründe erfordern dies; in diesem Fall hat der Arbeitgeber den Arzt oder die Ärztin zu verpflichten, die unterschiedlichen Zwecke von arbeitsmedizinischer Vorsorge und Eignungsuntersuchung gegenüber dem oder der Beschäftigten offenzulegen.
(4) Der Arbeitgeber hat eine Vorsorgekartei zu führen mit Angaben, dass, wann und aus welchen Anlässen arbeitsmedizinische Vorsorge stattgefunden hat; die Kartei kann automatisiert geführt werden. Die Angaben sind bis zur Beendigung des Beschäftigungsverhältnisses aufzubewahren und anschließend zu löschen, es sei denn, dass Rechtsvorschriften oder die nach § 9 Absatz 4 bekannt gegebenen Regeln etwas anderes bestimmen. Der Arbeitgeber hat der zuständigen Behörde auf Anordnung eine Kopie der Vorsorgekartei zu übermitteln. Bei Beendigung des Beschäftigungsverhältnisses hat der Arbeitgeber der betroffenen Person eine Kopie der sie betreffenden Angaben auszuhändigen; § 34 des Bundesdatenschutzgesetzes bleibt unberührt.

§ 4 Pflichtvorsorge

(1) Der Arbeitgeber hat nach Maßgabe des Anhangs Pflichtvorsorge für die Beschäftigten zu veranlassen. Pflichtvorsorge muss vor Aufnahme der Tätigkeit und anschließend in regelmäßigen Abständen veranlasst werden.
(2) Der Arbeitgeber darf eine Tätigkeit nur ausüben lassen, wenn der oder die Beschäftigte an der Pflichtvorsorge teilgenommen hat.
(3) (weggefallen)

§ 5 Angebotsvorsorge

(1) Der Arbeitgeber hat den Beschäftigten Angebotsvorsorge nach Maßgabe des Anhangs anzubieten. Angebotsvorsorge muss vor Aufnahme der Tätigkeit und anschließend in regelmäßigen Abständen angeboten werden. Das Ausschlagen eines Angebots entbindet den Arbeitgeber nicht von der Verpflichtung, weiter regelmäßig Angebotsvorsorge anzubieten.
(2) Erhält der Arbeitgeber Kenntnis von einer Erkrankung, die im ursächlichen Zusammenhang mit der Tätigkeit des oder der Beschäftigten stehen kann, so hat er ihm oder ihr unverzüglich Angebotsvorsorge anzubieten. Dies gilt auch für Beschäftigte mit vergleichbaren Tätigkeiten, wenn Anhaltspunkte dafür bestehen, dass sie ebenfalls gefährdet sein können.
(3) Der Arbeitgeber hat Beschäftigten sowie ehemals Beschäftigten nach Maßgabe des Anhangs nach Beendigung bestimmter Tätigkeiten, bei denen nach längeren Latenzzeiten Gesundheitsstörungen auftreten können, nachgehende Vorsorge anzubieten. Am Ende des Beschäftigungsverhältnisses überträgt der Arbeitgeber diese Verpflichtung auf den zuständigen gesetzlichen Unfallversicherungsträger und überlässt ihm die erforderlichen Unterlagen in Kopie, sofern der oder die Beschäftigte eingewilligt hat.

§ 5a Wunschvorsorge

Über die Vorschriften des Anhangs hinaus hat der Arbeitgeber den Beschäftigten auf ihren Wunsch hin regelmäßig arbeitsmedizinische Vorsorge nach § 11 des Arbeitsschutzgesetzes zu ermöglichen, es sei denn, auf Grund der Beurteilung der Arbeitsbedingungen und der getroffenen Schutzmaßnahmen ist nicht mit einem Gesundheitsschaden zu rechnen.

§ 6 Pflichten des Arztes oder der Ärztin

(1) Bei der arbeitsmedizinischen Vorsorge hat der Arzt oder die Ärztin die Vorschriften dieser Verordnung einschließlich des Anhangs zu beachten und die dem Stand der Arbeitsmedizin entsprechenden Regeln und Erkenntnisse zu berücksichtigen. Vor Durchführung der arbeitsmedizinischen Vorsorge muss er oder sie sich die notwendigen Kenntnisse über die Arbeitsplatzverhältnisse verschaffen.Vor Durchführung körperlicher oder klinischer Untersuchungen hat der Arzt oder die Ärztin deren Erforderlichkeit nach pflichtgemäßem ärztlichen Ermessen zu prüfen und den oder die Beschäftigte über die Inhalte, den Zweck und die Risiken der Untersuchung aufzuklären. Untersuchungen nach Satz 3 dürfen nicht gegen den Willen des oder der Beschäftigten durchgeführt werden. Der Arzt oder die Ärztin hat die ärztliche Schweigepflicht zu beachten.
(2) Biomonitoring ist Bestandteil der arbeitsmedizinischen Vorsorge, soweit dafür arbeitsmedizinisch anerkannte Analyseverfahren und geeignete Werte zur Beurteilung zur Verfügung stehen. Biomonitoring darf nicht gegen den Willen der oder des Beschäftigten durchgeführt werden. Impfungen sind Bestandteil der arbeitsmedizinischen Vorsorge und den Beschäftigten anzubieten, soweit das Risiko einer Infektion tätigkeitsbedingt und im Vergleich zur Allgemeinbevölkerung erhöht ist. Satz 3 gilt nicht, wenn der oder die Beschäftigte bereits über einen ausreichenden Immunschutz verfügt.
(3) Der Arzt oder die Ärztin hat
1. das Ergebnis sowie die Befunde der arbeitsmedizinischen Vorsorge schriftlich festzuhalten und den oder die Beschäftigte darüber zu beraten,
2. dem oder der Beschäftigten auf seinen oder ihren Wunsch hin das Ergebnis zur Verfügung zu stellen sowie
3. der oder dem Beschäftigten und dem Arbeitgeber eine Vorsorgebescheinigung darüber auszustellen, dass, wann und aus welchem Anlass ein arbeitsmedizinischer Vorsorgetermin stattgefunden hat; die Vorsorgebescheinigung enthält auch die Angabe, wann eine weitere arbeitsmedizinische Vorsorge aus ärztlicher Sicht angezeigt ist.

(4) Der Arzt oder die Ärztin hat die Erkenntnisse arbeitsmedizinischer Vorsorge auszuwerten. Ergeben sich Anhaltspunkte dafür, dass die Maßnahmen des Arbeitsschutzes für den Beschäftigten oder die Beschäftigte oder andere Beschäftigte nicht ausreichen, so hat der Arzt oder die Ärztin dies dem Arbeitgeber mitzuteilen und Maßnahmen des Arbeitsschutzes vorzuschlagen.3Hält der Arzt oder die Ärztin aus medizinischen Gründen, die ausschließlich in der Person des oder der eschäftigten liegen, einen Tätigkeitswechsel für erforderlich, so bedarf diese Mitteilung an den Arbeitgeber der Einwilligung des oder der Beschäftigten.

§ 7 Anforderungen an den Arzt oder die Ärztin

(1) Unbeschadet anderer Bestimmungen im Anhang für einzelne Anlässe arbeitsmedizinischer Vorsorge muss der Arzt oder die Ärztin berechtigt sein, die Gebietsbezeichnung „Arbeitsmedizin" oder die Zusatzbezeichnung „Betriebsmedizin" zu führen. Er oder sie darf selbst keine Arbeitgeberfunktion gegenüber dem oder der Beschäftigten ausüben. Verfügt der Arzt oder die Ärztin nach Satz 1 für bestimmte Untersuchungsmethoden nicht über die erforderlichen Fachkenntnisse oder die speziellen Anerkennungen oder Ausrüstungen, so

hat er oder sie Ärzte oder Ärztinnen hinzuzuziehen, die diese Anforderungen erfüllen.
(2) Die zuständige Behörde kann für Ärzte oder Ärztinnen in begründeten Einzelfällen Ausnahmen von Absatz 1 Satz 1 zulassen.

§ 8 Maßnahmen nach der arbeitsmedizinischen Vorsorge
(1) Im Fall von § 6 Absatz 4 Satz 2 hat der Arbeitgeber die Gefährdungsbeurteilung zu überprüfen und unverzüglich die erforderlichen Maßnahmen des Arbeitsschutzes zu treffen. Wird ein Tätigkeitswechsel vorgeschlagen, so hat der Arbeitgeber nach Maßgabe der dienst- und arbeitsrechtlichen Regelungen dem oder der Beschäftigten eine andere Tätigkeit zuzuweisen.
(2) Dem Betriebs- oder Personalrat und der zuständigen Behörde sind die getroffenen Maßnahmen mitzuteilen.
(3) Halten der oder die Beschäftigte oder der Arbeitgeber das Ergebnis der Auswertung nach § 6 Absatz 4 für unzutreffend, so entscheidet auf Antrag die zuständige Behörde.

§ 9 Ausschuss für Arbeitsmedizin
(1) Beim Bundesministerium für Arbeit und Soziales wird ein Ausschuss für Arbeitsmedizin gebildet, in dem fachkundige Vertreter der Arbeitgeber, der Gewerkschaften, der Länderbehörden, der gesetzlichen Unfallversicherung und weitere fachkundige Personen, insbesondere der Wissenschaft, vertreten sein sollen. Die Gesamtzahl der Mitglieder soll zwölf Personen nicht überschreiten. Für jedes Mitglied ist ein stellvertretendes Mitglied zu benennen. Die Mitgliedschaft im Ausschuss für Arbeitsmedizin ist ehrenamtlich.
(2) Das Bundesministerium für Arbeit und Soziales beruft die Mitglieder des Ausschusses und die stellvertretenden Mitglieder. Der Ausschuss gibt sich eine Geschäftsordnung und wählt den Vorsitzenden oder die Vorsitzende aus seiner Mitte. Die Geschäftsordnung und die Wahl des oder der Vorsitzenden bedürfen der Zustimmung des Bundesministeriums für Arbeit und Soziales.
(3) Zu den Aufgaben des Ausschusses gehört es,
1. dem Stand der Arbeitsmedizin entsprechende Regeln und sonstige gesicherte arbeitsmedizinische Erkenntnisse zu ermitteln,
2. Regeln und Erkenntnisse zu ermitteln, wie die in dieser Verordnung gestellten Anforderungen insbesondere zu Inhalt und Umfang von Pflicht-, Angebots- oder Wunschvorsorge erfüllt werden können,
3. Empfehlungen zur arbeitsmedizinischen Vorsorge aufzustellen,
4. Empfehlungen für weitere Maßnahmen der Gesundheitsvorsorge auszusprechen, insbesondere für betriebliche Gesundheitsprogramme,
5. Regeln und Erkenntnisse zu sonstigen arbeitsmedizinischen Präventionsmaßnahmen nach § 1 Abs. 3 zu ermitteln, insbesondere zur allgemeinen arbeitsmedizinischen Beratung der Beschäftigten,
6. das Bundesministerium für Arbeit und Soziales in allen Fragen der arbeitsmedizinischen Vorsorge sowie zu sonstigen Fragen des medizinischen Arbeitsschutzes zu beraten.

Das Arbeitsprogramm des Ausschusses für Arbeitsmedizin wird mit dem Bundesministerium für Arbeit und Soziales abgestimmt. Der Ausschuss arbeitet eng mit den anderen Ausschüssen beim Bundesministerium für Arbeit und Soziales zusammen.
(4) Das Bundesministerium für Arbeit und Soziales kann die vom Ausschuss für Arbeitsmedizin ermittelten Regeln und Erkenntnisse sowie Empfehlungen im Gemeinsamen Ministerialblatt bekannt geben.

(5) Die Bundesministerien sowie die obersten Landesbehörden können zu den Sitzungen des Ausschusses Vertreter entsenden. Auf Verlangen ist diesen in der Sitzung das Wort zu erteilen.
(6) Die Geschäfte des Ausschusses führt die Bundesanstalt für Arbeitsschutz und Arbeitsmedizin.

§ 10 Ordnungswidrigkeiten und Straftaten

(1) Ordnungswidrig im Sinne des § 25 Abs. 1 Nr. 1 des Arbeitsschutzgesetzes handelt, wer vorsätzlich oder fahrlässig
1. entgegen § 4 Abs. 1 eine Pflichtvorsorge nicht oder nicht rechtzeitig veranlasst,
2. entgegen § 4 Abs. 2 eine Tätigkeit ausüben lässt,
3. entgegen § 3 Absatz 4 Satz 1 Halbsatz 1 eine Vorsorgekartei nicht, nicht richtig oder nicht vollständig führt oder
4. entgegen § 5 Abs. 1 Satz 1 eine Angebotsvorsorge nicht oder nicht rechtzeitig anbietet.

(2) Wer durch eine in Absatz 1 bezeichnete vorsätzliche Handlung Leben oder Gesundheit eines oder einer Beschäftigten gefährdet, ist nach § 26 Nr. 2 des Arbeitsschutzgesetzes strafbar.

Anhang Arbeitsmedizinische Pflicht- und Angebotsvorsorge

Anmerkung der Redaktion:
Auf den Abdruck des Anhangs zur Verordnung wurde verzichtet.

1. Gesetz für die Gleichstellung von Frauen und Männern in der Bundesverwaltung und in den Unternehmen und Gerichten des Bundes (Bundesgleichstellungsgesetz – BGleichG)

vom 24. April 2015 (BGBl. I 2015, S. 643), zuletzt geändert durch Drittes Gesetz zur Stärkung der pflegerischen Versorgung und zur Änderung weiterer Vorschriften (Drittes Pflegestärkungsgesetz, BGBl. 2016, S. 3191)

Abschnitt 1: Allgemeine Bestimmungen

§ 1 Ziel des Gesetzes

(1) Ziel des Gesetzes ist es,
1. die Gleichstellung von Frauen und Männern zu verwirklichen,
2. bestehende Benachteiligungen auf Grund des Geschlechts, insbesondere Benachteiligungen von Frauen, zu beseitigen und künftige Benachteiligungen zu verhindern sowie
3. die Familienfreundlichkeit sowie die Vereinbarkeit von Familie, Pflege und Berufstätigkeit für Frauen und Männer zu verbessern.

(2) Nach Maßgabe dieses Gesetzes wird die tatsächliche Durchsetzung der Gleichberechtigung von Frauen und Männern gefördert. Strukturelle Benachteiligungen von Frauen sind durch deren gezielte Förderung zu beheben.

(3) ¹Bei der Erreichung der Ziele sind die besonderen Belange behinderter und von Behinderung bedrohter Frauen im Sinne von § 2 Absatz 1 des Neunten Buches Sozialgesetzbuch zu berücksichtigen. ²Im Übrigen gilt § 2 Satz 2 des Gesetzes zur Gleichstellung behinderter Menschen.

§ 2 Geltungsbereich

¹Dieses Gesetz gilt für die Dienststellen nach § 3 Nummer 5. ²Unternehmen nach § 3 Nummer 9 sollen auf die entsprechende Anwendung dieses Gesetzes hinwirken.

§ 3 Begriffsbestimmungen

Im Sinne dieses Gesetzes sind:
1. Arbeitsplätze: Ausbildungsplätze, Stellen, Planstellen sowie Dienstposten, die mit Beschäftigten im Sinne dieses Gesetzes besetzbar sind und für deren personelle Ausführung lediglich finanzielle Mittel benötigt werden, unabhängig davon, ob die Beschäftigung aus für Stellen und Planstellen bereitgestellten oder sonstigen Haushaltsmitteln finanziert wird;
2. Bereiche: Besoldungs- und Entgeltgruppen oder Laufbahngruppen, Laufbahnen und Fachrichtungen, Berufsausbildungen einschließlich des Vorbereitungsdienstes sowie Ebenen mit Vorgesetzten- oder Leitungsaufgaben einschließlich der Stellen und Planstellen Vorsitzender Richterinnen und Vorsitzender Richter;
3. beruflicher Aufstieg: Beförderungen, Höhergruppierungen, Höherreihungen sowie Übertragungen höher bewerteter Dienstposten und Arbeitsplätze;
4. Beschäftigte: Beamtinnen und Beamte, Arbeitnehmerinnen und Arbeitnehmer einschließlich Auszubildender, Richterinnen und Richter sowie Inhaberinnen und Inhaber öffentlich-rechtlicher Ämter;

5. Dienststellen:
   a) Bundesgerichte,
   b) Behörden und Verwaltungsstellen der unmittelbaren Bundesverwaltung einschließlich solcher im Bereich der Streitkräfte sowie
   c) Körperschaften, Anstalten und Stiftungen des öffentlichen Rechts des Bundes; maßgebend ist § 6 Absatz 1, 2 und 4 des Bundespersonalvertretungsgesetzes;
6. Familienaufgaben: die tatsächliche Betreuung von mindestens einem Kind unter 18 Jahren durch Beschäftigte; dies schließt auch die Inspruchnahme einer Elternzeit nach dem Bundeselterngeld- und Elternzeitgesetz ein;
7. Pflegeaufgaben: die tatsächliche, nicht erwerbsmäßige häusliche Pflege oder Betreuung einer im Sinne des Siebten Kapitels des Zwölften Buches Sozialgesetzbuch pflegebedürftigen Person durch Beschäftigte; dies schließt auch die Inspruchnahme einer Pflegezeit nach dem Pflegezeitgesetz sowie die Inspruchnahme einer Familienpflegezeit nach dem Familienpflegezeitgesetz ein;
8. Qualifikation: Eignung, Befähigung und fachliche Leistung;
9. Unternehmen:
   a) Einrichtungen und Institutionen der mittelbaren Bundesverwaltung mit Ausnahme der Körperschaften, Anstalten und Stiftungen sowie
   b) Unternehmen, die aus bundeseigener Verwaltung künftig in ein Unternehmen des privaten Rechts umgewandelt werden, mit Ausnahme von Tochterunternehmen;
10. unterrepräsentiert: Status von Frauen oder Männern, wenn ihr jeweiliger Anteil an den Beschäftigten in einem einzelnen Bereich nach Nummer 2 unter 50 Prozent liegt; bei einer ungeraden Anzahl an Beschäftigten sind Frauen oder Männer unterrepräsentiert, wenn das Ungleichgewicht zwischen beiden Geschlechtern mindestens zwei Personen des gleichen Geschlechts betrifft; maßgeblich für die Bestimmung einer Unterrepräsentanz ist die aktuelle Situation in demjenigen Bereich, auf den sich die angestrebte Maßnahme oder Entscheidung hauptsächlich bezieht.

§ 4 Allgemeine Pflichten

(1) ¹Die Beschäftigten, insbesondere solche mit Vorgesetzten- oder Leitungsaufgaben, die Leitung der Dienststelle sowie die Personalverwaltung haben die Erreichung der Ziele dieses Gesetzes zu fördern. ²Diese Verpflichtung ist als durchgängiges Leitprinzip bei allen Aufgabenbereichen und Entscheidungen der Dienststellen sowie bei der Zusammenarbeit von Dienststellen zu berücksichtigen.

(2) ¹Gewähren Dienststellen Zuwendungen nach § 23 der Bundeshaushaltsordnung als institutionelle Förderungen, so sollen sie durch Nebenbestimmung zum Zuwendungsbescheid oder vertragliche Vereinbarung sicherstellen, dass die institutionellen Zuwendungsempfängerinnen und -empfänger die Grundzüge dieses Gesetzes anwenden. ²Aus der Nebenbestimmung zum Zuwendungsbescheid oder der vertraglichen Vereinbarung muss hervorgehen, welche Vorschriften anzuwenden sind. ³Die Sätze 1 und 2 gelten auch für den Fall, dass Stellen außerhalb der Bundesverwaltung mit Bundesmitteln im Wege der Zuweisung institutionell gefördert werden.

(3) ¹Rechts- und Verwaltungsvorschriften des Bundes sollen die Gleichstellung von Frauen und Männern auch sprachlich zum Ausdruck bringen. ²Dies gilt auch für den dienstlichen Schriftverkehr.

Abschnitt 2: Maßnahmen zur Gleichstellung von Frauen und Männern

§ 5 Grundsatz; Anwendungshinweis

(1) Die Vorschriften dieses Abschnitts sind nur dann nicht anzuwenden, wenn die Zugehörigkeit zu einem bestimmten Geschlecht unverzichtbare Voraussetzung für die auszuübende Tätigkeit ist.

(2) Die Beteiligungsrechte der Personalvertretung und die der Schwerbehindertenvertretung bleiben unberührt.

§ 6 Arbeitsplatzausschreibung

(1) ¹Ausschreibungen von Arbeitsplätzen müssen geschlechtsneutral erfolgen. ²Es ist insbesondere unzulässig, Arbeitsplätze nur für Männer oder nur für Frauen auszuschreiben. ³Der Ausschreibungstext muss so formuliert sein, dass er Angehörige beider Geschlechter in gleicher Weise anspricht und Angehörige des in dem jeweiligen Bereich unterrepräsentierten Geschlechts verstärkt zur Bewerbung auffordert. ⁴Jede Ausschreibung hat den Hinweis zu enthalten, dass der ausgeschriebene Arbeitsplatz in Teilzeit besetzt werden kann, es sei denn, zwingende dienstliche Belange stehen dem entgegen. ⁵Satz 4 gilt auch für die Besetzung von Arbeitsplätzen mit Vorgesetzten- oder Leitungsaufgaben ungeachtet der Hierarchieebene.

(2) ¹Wenn in einem Bereich Frauen oder Männer unterrepräsentiert sind, soll ein freier Arbeitsplatz ausgeschrieben werden, um die Zahl der Bewerberinnen oder der Bewerber zu erhöhen. ²Der Arbeitsplatz soll öffentlich ausgeschrieben werden, wenn dieses Ziel weder mit einer hausinternen noch mit einer dienststellenübergreifenden Ausschreibung erreicht werden kann. ³Ausnahmen nach § 8 Absatz 1 Satz 3 des Bundesbeamtengesetzes bleiben unberührt.

(3) Arbeitsplatzausschreibungen müssen die Anforderungen des zu besetzenden Arbeitsplatzes festlegen und im Hinblick auf mögliche künftige Funktionen der Bewerberinnen und Bewerber auch das vorausgesetzte Anforderungs- und Qualifikationsprofil der Laufbahn oder des Funktionsbereichs enthalten.

§ 7 Bewerbungsgespräche

(1) ¹Liegen in ausreichender Zahl Bewerbungen von Frauen vor, die das in der Ausschreibung vorgegebene Anforderungs- und Qualifikationsprofil aufweisen, müssen bei der Besetzung von Arbeitsplätzen in einem Bereich, in dem Frauen unterrepräsentiert sind, mindestens ebenso viele Frauen wie Männer zu Vorstellungsgesprächen oder besonderen Auswahlverfahren eingeladen werden. ²§ 82 Satz 2 und 3 des Neunten Buches Sozialgesetzbuch bleibt unberührt. ³Für die Besetzung von Arbeitsplätzen in einem Bereich, in dem Männer auf Grund struktureller Benachteiligung unterrepräsentiert sind, gelten die Sätze 1 und 2 entsprechend.

(2) In Vorstellungsgesprächen und besonderen Auswahlverfahren sind insbesondere Fragen nach dem Familienstand, einer bestehenden oder geplanten Schwangerschaft sowie nach bestehenden oder geplanten Familien- oder Pflegeaufgaben unzulässig.

(3) ¹Auswahlkommissionen sollen geschlechterparitätisch besetzt sein. ²Ist eine paritätische Besetzung aus triftigen Gründen nicht möglich, sind die jeweiligen Gründe aktenkundig zu machen.

§ 8 Auswahlentscheidungen bei Einstellung, beruflichem Aufstieg und der Vergabe von Ausbildungsplätzen

(1) ¹Sind Frauen in einem bestimmten Bereich nach § 3 Nummer 2 unterrepräsentiert, hat die Dienststelle sie bei der Vergabe von Ausbildungsplätzen, bei Einstellung und beruflichem Aufstieg bevorzugt zu berücksichtigen. ²Dies gilt auch bei der Abordnung, Versetzung und Umsetzung für jeweils mehr als drei Monate, wenn diesen ein Ausschreibungsverfahren vorausgeht. ³Voraussetzung für die Bevorzugung ist, dass Bewerberinnen die gleiche Qualifikation aufweisen wie ihre männlichen Mitbewerber. ⁴Die Bevorzugung ist ausgeschlossen, wenn rechtlich schützenswerte Gründe überwiegen, die in der Person eines männlichen Mitbewerbers liegen. ⁵Sind Männer strukturell benachteiligt und in dem jeweiligen Bereich unterrepräsentiert, gelten die Sätze 1 bis 4 entsprechend.
(2) Absatz 1 gilt insbesondere für
1. die Besetzung von Stellen von Beamtinnen und Beamten, von Arbeitnehmerinnen und Arbeitnehmern, von Auszubildenden sowie von Richterinnen und Richtern, es sei denn, für die Berufung von Richterinnen und Richtern ist eine Wahl oder die Mitwirkung eines Wahlausschusses vorgeschrieben;
2. den beruflichen Aufstieg, es sei denn, die Entscheidung über diesen Aufstieg erfolgt durch eine Wahl oder unter Mitwirkung eines Wahlausschusses.

⁶Satz 1 schließt auch Arbeitsplätze mit Vorgesetzten- oder Leitungsaufgaben ungeachtet der Hierarchieebene ein.
(3) Die Ausnahmeregelung in Absatz 2 Satz 1 Nummer 1 gilt entsprechend für die Stellen von Mitgliedern des Bundesrechnungshofes, für deren Ernennung nach § 5 Absatz 2 Satz 2 des Bundesrechnungshofgesetzes vom 11. Juli 1985 (BGBl. I S. 1445), das zuletzt durch Artikel 15 Absatz 82 des Gesetzes vom 5. Februar 2009 (BGBl. I S. 160) geändert worden ist, der Ständige Ausschuss des Großen Senats des Bundesrechnungshofes zu hören ist.

§ 9 Qualifikation von Bewerberinnen und Bewerbern

(1) ¹Die Qualifikation einer Bewerberin oder eines Bewerbers wird anhand der Anforderungen des zu besetzenden Arbeitsplatzes ermittelt, insbesondere aus der hierfür erforderlichen Ausbildung, dem Qualifikationsprofil der Laufbahn oder des Funktionsbereichs sowie aus den beruflichen Erfahrungen. ²Das Dienstalter und der Zeitpunkt der letzten Beförderung von Bewerberinnen und Bewerbern dürfen nur insoweit berücksichtigt werden, wie sie für die Qualifikation für den betreffenden Arbeitsplatz von Bedeutung sind. ³Spezifische, durch Familien- oder Pflegeaufgaben erworbene Erfahrungen und Fähigkeiten sind zu berücksichtigen, soweit sie für die Ausübung der jeweiligen Tätigkeit von Bedeutung sind.
(2) Folgende Umstände dürfen nicht Teil der vergleichenden Bewertung sein:
1. durch die Wahrnehmung von Familien- oder Pflegeaufgaben bedingte
   a) Unterbrechungen der Berufstätigkeit,
   b) geringere Anzahl aktiver Dienst- oder Beschäftigungsjahre,
   c) Reduzierungen der Arbeitszeit oder Verzögerungen beim Abschluss einzelner Ausbildungsgänge,
   d) zeitliche Belastungen,
2. die Einkommenssituation des Ehegatten, der Lebenspartnerin oder des Lebenspartners, der Lebensgefährtin oder des Lebensgefährten,
3. die Absicht, von der Möglichkeit der Arbeitszeitreduzierung oder einer Beurlaubung zur Wahrnehmung von Familien- oder Pflegeaufgaben Gebrauch zu machen,
4. organisatorische und personalwirtschaftliche Erwägungen.

§ 10 Fortbildung, Dienstreisen

(1) ¹Die Dienststelle hat die Teilnahme der Beschäftigten an Fortbildungen zu unterstützen. ²Bei der Einführungs-, Förderungs- und Anpassungsfortbildung sind Frauen mindestens entsprechend ihrem Anteil an der jeweiligen Zielgruppe der Fortbildung zu berücksichtigen. ³Satz 2 gilt auch für Männer, wenn diese unterrepräsentiert sind.

(2) ¹Die Dienststelle muss Beschäftigten mit Familien- oder Pflegeaufgaben im Rahmen der dienstlichen Möglichkeiten die Teilnahme an dienstlichen Fortbildungen sowie an Dienstreisen ermöglichen. ²Soweit erforderlich, sind im Rahmen der dienstlichen Möglichkeiten zusätzliche Veranstaltungen oder alternative Dienstreisezeiträume anzubieten, die den räumlichen und zeitlichen Bedürfnissen von Beschäftigten mit Familien- oder Pflegeaufgaben entsprechen. ³Darüber hinaus kann die Dienststelle Beschäftigten mit Familien- oder Pflegeaufgaben im Rahmen der dienstlichen Möglichkeiten die Teilnahme an dienstlichen Ausbildungen anbieten. ⁴Für die Dauer der Teilnahme an
1. Maßnahmen nach Satz 1 kann im Bedarfsfall die Betreuung von Kindern oder pflegebedürftigen Personen angeboten werden,
2. Maßnahmen nach den Sätzen 1 und 3 können auf Antrag zusätzlich anfallende, unabwendbare Betreuungskosten für Kinder oder pflegebedürftige Personen erstattet werden.

(3) ¹Die Dienststelle soll in ausreichendem Maße Fortbildungen anbieten, die den beruflichen Aufstieg und den beruflichen Wiedereinstieg nach einer Unterbrechung der Berufstätigkeit zur Wahrnehmung von Familien- oder Pflegeaufgaben erleichtern. ²Absatz 2 gilt entsprechend.

(4) ¹Die Beschäftigten der Personalverwaltung und die Beschäftigten mit Vorgesetzten- oder Leitungsaufgaben sind verpflichtet, sich über Maßnahmen zur Gleichstellung von Frauen und Männern sowie zur Vereinbarkeit von Familie, Pflege und Berufstätigkeit zu informieren. ²Sie sollen entsprechende Fortbildungen besuchen.

(5) Der Gleichstellungsbeauftragten und ihren Stellvertreterinnen ist zu Beginn und während ihrer Amtszeit Gelegenheit zur Fortbildung, insbesondere auf den Gebieten des Gleichstellungsrechts, des Rechts des öffentlichen Dienstes sowie des Personalvertretungs-, Organisations- und des Haushaltsrechts, zu geben.

Abschnitt 3: Gleichstellungsplan

§ 11 Zweck

¹Der Gleichstellungsplan dient der Erreichung der Ziele dieses Gesetzes und ist ein wesentliches Instrument der Personalplanung, insbesondere der Personalentwicklung. ²Seine Umsetzung ist besondere Verpflichtung der Personalverwaltung, der Beschäftigten mit Vorgesetzten- oder Leitungsaufgaben sowie der Dienststellenleitung.

§ 12 Erstellung

(1) ¹Jede Dienststelle hat einen Gleichstellungsplan für jeweils vier Jahre zu erstellen, der nach zwei Jahren den aktuellen Gegebenheiten angepasst werden kann. ²Die Rechte der Personalvertretung und die der Schwerbehindertenvertretung bleiben unberührt.

(2) ¹Der Gleichstellungsplan ist bis zum 31. Dezember zu erstellen und tritt am 1. Januar des Folgejahres in Kraft. ²Für Dienststellen mit einem großen Geschäftsbereich sowie im Falle umfassender organisatorischer Änderungen in der Dienststelle können abweichend von Satz 1 im Einvernehmen mit der Gleichstellungsbeauftragten andere Stichtage festgelegt werden.

§ 13 Inhalt

(1) ¹Der Gleichstellungsplan muss eine Bestandsaufnahme vornehmen, indem er die bestehende Situation der Frauen und Männer in der Dienststelle zum 30. Juni des Jahres seiner Erstellung beschreibt und die bisherige Förderung der Beschäftigten in den einzelnen Bereichen nach § 3 Nummer 2 für die vergangenen vier Jahre auswertet. ²Zur Bestandsaufnahme gehört auch eine Darstellung, die zeigt, wie Frauen und Männer die Maßnahmen zur besseren Vereinbarkeit von Familie, Pflege und Berufstätigkeit in Anspruch genommen haben und wie sich ihr beruflicher Aufstieg darstellt im Vergleich zu Frauen und Männern, die solche Maßnahmen nicht in Anspruch genommen haben. ³Sind die Zielvorgaben des vorherigen Gleichstellungsplans nicht umgesetzt worden, so sind im aktuellen Gleichstellungsplan die Gründe für die Zielverfehlung darzulegen.

(2) ¹Der Gleichstellungsplan legt fest, wie bis zum Ende seiner Geltungsdauer
1. die Unterrepräsentanz von Frauen oder Männern in den einzelnen Bereichen nach § 3 Nummer 2 möglichst abgebaut werden soll,
2. die Vereinbarkeit von Familie, Pflege und Berufstätigkeit verbessert werden soll und wie insbesondere Männer motiviert werden sollen, entsprechende Vereinbarkeitsangebote stärker in Anspruch zu nehmen.

²Dazu sind konkrete Zielvorgaben insbesondere zum Frauen- und Männeranteil für jede einzelne Vorgesetzten- und Leitungsebene zu benennen, soweit es sich hierbei um Arbeitsplätze nach § 3 Nummer 1 handelt. ³Soweit Zielvorgaben zur Besetzung von Arbeitsplätzen zu entwickeln sind, über deren Besetzung die Dienststelle nicht entscheidet, sind die Vorgaben in Absprache mit der für die Arbeitsplatzbesetzung zuständigen Stelle zu entwickeln.

(3) ¹Der Gleichstellungsplan hat für jede Zielvorgabe konkrete Maßnahmen personeller, sozialer oder organisatorischer Art zur Erreichung der jeweiligen Zielvorgabe zu benennen. ²Er enthält insbesondere auch Maßnahmen zur Förderung der Vereinbarkeit von Familie, Pflege und Berufstätigkeit.

(4) Sofern personalwirtschaftliche Maßnahmen vorgesehen sind, durch die Stellen oder Planstellen gesperrt werden oder wegfallen, ist im Gleichstellungsplan vorzusehen, dass der Anteil des unterrepräsentierten Geschlechts in den betreffenden Bereichen nach § 3 Nummer 2 zumindest nicht sinkt.

(5) Der Gleichstellungsplan darf keine personenbezogenen Daten enthalten.

§ 14 Bekanntmachung, Veröffentlichung

¹Der Gleichstellungsplan ist innerhalb eines Monats nach Beginn seiner Geltungsdauer im Intranet der Dienststellen zu veröffentlichen und den Beschäftigten unverzüglich zur Kenntnis zu geben. ²Die Beschäftigten mit Vorgesetzten- oder Leitungsaufgaben erhalten ihn in Textform.

Abschnitt 4: Vereinbarkeit von Familie, Pflege und Berufstätigkeit für Frauen und Männer

§ 15 Arbeitszeiten und sonstige Rahmenbedingungen

¹Die Dienststellen haben Arbeitszeiten und sonstige Rahmenbedingungen anzubieten, die Frauen und Männern die Vereinbarkeit von Familie, Pflege und Berufstätigkeit erleichtern, soweit zwingende dienstliche Belange nicht entgegenstehen. ²Zu den sonstigen Rahmenbedingungen im Sinne von Satz 1 können Möglichkeiten zur Betreuung von Kindern oder pflegebedürftigen Personen einschließlich entsprechender Beratungs- und Vermittlungsleistungen gehören.

§ 16 Teilzeitbeschäftigung, Telearbeit, mobiles Arbeiten und Beurlaubung zur Wahrnehmung von Familien- oder Pflegeaufgaben

(1) ¹Die Dienststellen haben Anträgen von Beschäftigten mit Familien- oder Pflegeaufgaben auf familien- oder pflegebedingte Teilzeitbeschäftigung oder Beurlaubung zu entsprechen, soweit zwingende dienstliche Belange nicht entgegenstehen; dies gilt auch bei Arbeitsplätzen mit Vorgesetzten- oder Leitungsaufgaben ungeachtet der Hierarchieebene. ²Im Rahmen der dienstlichen Möglichkeiten haben die Dienststellen den Beschäftigten mit Familien- oder Pflegeaufgaben auch Telearbeitsplätze, mobile Arbeitsplätze oder familien- oder pflegefreundliche Arbeits- und Präsenzzeitmodelle anzubieten. ³Die Ablehnung von Anträgen muss im Einzelnen schriftlich begründet werden.
(2) Die Dienststellen müssen Beschäftigte, die einen Antrag auf Teilzeitbeschäftigung, familien- oder pflegefreundliche Arbeitszeitmodelle oder Beurlaubung zur Wahrnehmung von Familien- oder Pflegeaufgaben stellen, frühzeitig in Textform hinweisen auf:
1. die Folgen einer Bewilligung, insbesondere in beamten-, arbeits-, versorgungs- und rentenrechtlicher Hinsicht, sowie
2. die Möglichkeit einer Befristung mit Verlängerungsoption und deren Folgen.
(3) Die Dienststellen haben darauf zu achten, dass
1. Beschäftigte, deren Antrag auf Teilzeitbeschäftigung, familien- oder pflegefreundliche Arbeitszeitmodelle oder Beurlaubung zur Wahrnehmung von Familien- oder Pflegeaufgaben positiv entschieden wurde, eine ihrer ermäßigten Arbeitszeit entsprechende Entlastung von ihren dienstlichen Aufgaben erhalten und
2. sich aus der ermäßigten Arbeitszeit keine dienstlichen Mehrbelastungen für andere Beschäftigte der Dienststelle ergeben.
(4) Die Vorschriften des Teilzeit- und Befristungsgesetzes zur Teilzeitbeschäftigung sowie sonstige gesetzliche Regelungen zur Teilzeitbeschäftigung oder zur Beurlaubung bleiben von den Absätzen 1 bis 3 unberührt.

§ 17 Wechsel zur Vollzeitbeschäftigung, beruflicher Wiedereinstieg

(1) Bei Vorliegen der gleichen Qualifikation müssen im Rahmen der Besetzung von Arbeitsplätzen vorrangig berücksichtigt werden:
1. Teilzeitbeschäftigte mit Familien- oder Pflegeaufgaben, die eine Vollzeitbeschäftigung oder eine Erhöhung ihrer wöchentlichen Arbeitszeit beantragen, sowie
2. beurlaubte Beschäftigte, die während der Beurlaubung Familien- oder Pflegeaufgaben wahrgenommen haben und eine vorzeitige Rückkehr aus der Beurlaubung beantragen.
(2) ¹Die Dienststellen haben den auf Grund von Familien- oder Pflegeaufgaben beurlaubten Beschäftigten die Verbindung zum Beruf und den beruflichen Wiedereinstieg zu erleichtern. ²Als Maßnahmen hierfür kommen insbesondere in Betracht:
1. die Möglichkeit der Teilzeitbeschäftigung nach dem Bundeselterngeld- und Elternzeitgesetz,
2. die Möglichkeit der Teilzeitbeschäftigung nach dem Teilzeit- und Befristungsgesetz, soweit die Art der Tätigkeit eine Teilzeitbeschäftigung nicht ausschließt,
3. die rechtzeitige Unterrichtung über Fortbildungsangebote,
4. das Angebot zur Teilnahme an Fortbildungen während oder nach der Beurlaubung sowie
5. das Angebot von Urlaubs- und Krankheitsvertretungen.
(3) ¹Die Teilnahme an einer Fortbildung während der Beurlaubung zur Wahrnehmung von Familien- oder Pflegeaufgaben begründet einen Anspruch auf bezahlte Dienst- oder Arbeitsbefreiung nach dem Ende der Beurlaubung. ²Die Dauer der bezahlten Dienst- oder Arbeitsbefreiung richtet sich nach der Dauer der Fortbildung.

(4) Die Dienststelle hat rechtzeitig vor Ablauf einer Beurlaubung zur Wahrnehmung von Familien- oder Pflegeaufgaben Personalgespräche mit den betroffenen Beschäftigten zu führen, in denen deren weitere berufliche Entwicklung zu erörtern ist.

§ 18 Verbot von Benachteiligungen

(1) ¹Folgende Umstände dürfen die Einstellung sowie die berufliche Entwicklung einschließlich des beruflichen Aufstiegs nicht beeinträchtigen und sich insbesondere nicht nachteilig auf die dienstliche Beurteilung auswirken:
1. Teilzeitbeschäftigung,
2. Telearbeit, mobiles Arbeiten sowie die Teilnahme an flexiblen Arbeits- oder Präsenzzeiten,
3. eine bestehende Schwangerschaft,
4. schwangerschafts- oder mutterschaftsbedingte Abwesenheiten auf Grund mutterschutzrechtlicher Beschäftigungsverbote,
5. Beurlaubungen auf Grund von Familien- oder Pflegeaufgaben.

²Dies schließt nicht aus, dass Zeiten nach Satz 1 Nummer 1 anders behandelt werden als Zeiten nach Satz 1 Nummer 4 und 5.
(2) ¹Eine unterschiedliche Behandlung von Teilzeitbeschäftigung im Verhältnis zu Vollzeitbeschäftigung ist nur zulässig, wenn zwingende sachliche Gründe dies rechtfertigen. ²Dies gilt für Telearbeit, mobiles Arbeiten und Beurlaubungen auf Grund von Familien- oder Pflegeaufgaben mit Ausnahme der Elternzeit entsprechend.
(3) Schwangerschafts- und mutterschaftsbedingte Abwesenheiten auf Grund mutterschutzrechtlicher Beschäftigungsverbote sowie Beurlaubungen auf Grund von Familien- oder Pflegeaufgaben sind bei der Anrechnung von Wartezeiten für eine Beförderung nach § 22 Absatz 4 des Bundesbeamtengesetzes zu berücksichtigen.

Abschnitt 5: Gleichstellungsbeauftragte, Stellvertreterin und Vertrauensfrau

§ 19 Wahl, Verordnungsermächtigung

(1) ¹In jeder Dienststelle mit in der Regel mindestens 100 Beschäftigten werden eine Gleichstellungsbeauftragte und eine Stellvertreterin gewählt. ²Satz 1 gilt auch für oberste Bundesbehörden mit in der Regel weniger als 100 Beschäftigten. ³Die Wahl der Gleichstellungsbeauftragten und der Stellvertreterin findet in getrennten Wahlgängen nach Maßgabe der allgemeinen Wahlrechtsgrundsätze statt. ⁴Wiederwahlen sind zulässig. ⁵Wahlberechtigt und wählbar sind die weiblichen Beschäftigten der Dienststelle.
(2) Die weiblichen Beschäftigten einer Dienststelle ohne eigene Gleichstellungsbeauftragte sind bei der nächsthöheren Dienststelle wahlberechtigt.
(3) Verwaltungen mit einem großen Geschäftsbereich können abweichend von Absatz 1 Satz 1 weniger Gleichstellungsbeauftragte wählen lassen, sofern sichergestellt ist, dass die Beschäftigten des gesamten Geschäftsbereichs angemessen durch eine Gleichstellungsbeauftragte vertreten werden.
(4) ¹In Dienststellen mit großen Zuständigkeits- oder komplexen Aufgabenbereichen werden bis zu drei Stellvertreterinnen gewählt. ²Dies gilt auch für Verwaltungen mit einem großen Geschäftsbereich, die von der Ausnahmeregelung nach Absatz 3 Gebrauch machen.
(5) Die Bundesregierung regelt durch Rechtsverordnung ohne Zustimmung des Bundesrates das Verfahren der Wahl nach den Absätzen 1 bis 4.

§ 20 Bestellung

(1) ¹Die Dienststellen bestellen die gewählten Beschäftigten für jeweils vier Jahre zur Gleichstellungsbeauftragten oder zur Stellvertreterin. ²Die Bestellung setzt voraus, dass die gewählten Beschäftigten weder der Personal- noch der Schwerbehindertenvertretung angehören.
(2) ¹Findet sich für die Wahl der Gleichstellungsbeauftragten keine Kandidatin oder ist nach der Wahl keine Kandidatin gewählt, bestellt die Dienststellenleitung die Gleichstellungsbeauftragte aus dem Kreis der weiblichen Beschäftigten von Amts wegen. ²Hierzu bedarf es der Zustimmung der zu bestellenden Beschäftigten.
(3) ¹Finden sich für die Wahl der Stellvertreterinnen nicht genügend Kandidatinnen oder sind nach der Wahl nicht genügend Kandidatinnen gewählt, bestellt die Dienststellenleitung die Stellvertreterinnen auf Vorschlag der Gleichstellungsbeauftragten von Amts wegen. ²Hierzu bedarf es der Zustimmung der zu bestellenden Beschäftigten.
(4) ¹Für kleine Dienststellen nach § 19 Absatz 2 sowie für Nebenstellen und Teile einer Dienststelle, die räumlich weit von dieser entfernt liegen, ist auf Vorschlag der zuständigen Gleichstellungsbeauftragten eine Vertrauensfrau zu bestellen. ²Die Bestellung der Vertrauensfrauen bedarf der Zustimmung der zu bestellenden weiblichen Beschäftigten. ³Die Vertrauensfrau muss Beschäftigte der jeweiligen Dienststelle, Nebenstelle der Dienststelle oder des jeweiligen Dienststellenteils sein.

§ 21 Anfechtung der Wahl

(1) ¹Die Wahl kann angefochten werden, wenn gegen wesentliche Vorschriften zur Wahl verstoßen worden und der Verstoß nicht berichtigt worden ist. ²Eine Anfechtung der Wahl scheidet aus, wenn das Wahlergebnis durch einen Verstoß gegen wesentliche Vorschriften zur Wahl nicht geändert oder beeinflusst werden konnte.
(2) Anfechtungsberechtigt sind eine Gruppe von mindestens drei Wahlberechtigten und die Dienststellenleitung.
(3) Die Anfechtung muss vor dem Verwaltungsgericht innerhalb von zwölf Arbeitstagen nach Bekanntgabe des Wahlergebnisses erfolgen.

§ 22 Vorzeitiges Ausscheiden

(1) ¹Scheidet die Gleichstellungsbeauftragte vorzeitig aus ihrem Amt aus oder ist sie nicht nur vorübergehend verhindert, ihr Amt auszuüben, hat die Dienststelle für die restliche Amtszeit unverzüglich eine neue Gleichstellungsbeauftragte zu bestellen. ²§ 19 findet keine Anwendung, wenn die Dauer der restlichen Amtszeit zwei Jahre oder weniger beträgt.
(2) ¹Scheidet eine Stellvertreterin oder eine Vertrauensfrau vorzeitig aus ihrem Amt aus oder ist sie nicht nur vorübergehend verhindert, ihr Amt auszuüben, hat die Dienststelle auf Vorschlag der Gleichstellungsbeauftragten für die restliche Amtszeit eine neue Stellvertreterin oder eine neue Vertrauensfrau zu bestellen. ²Absatz 1 Satz 2 gilt entsprechend.
(3) Scheiden sowohl die Gleichstellungsbeauftragte als auch all ihre Stellvertreterinnen vorzeitig aus ihrem Amt aus oder sind sie nicht nur vorübergehend verhindert, ihr Amt auszuüben, finden Neuwahlen nach § 19 statt.
(4) Eine Verhinderung ist nicht nur vorübergehend, wenn das Amt auf Grund krankheitsbedingter Arbeits- oder Dienstunfähigkeit für mehr als sechs Monate ununterbrochen nicht ausgeübt werden konnte.

§ 23 Zusammenlegung, Aufspaltung und Eingliederung

(1) ¹Bei der Zusammenlegung von Dienststellen zu einer neuen Dienststelle endet die Amtszeit der Gleichstellungsbeauftragten und die der Stellvertreterinnen spätestens ein Jahr nach Zusammenlegung der Dienststellen. ²Bis zu diesem Zeitpunkt erfolgt die Aufgabenaufteilung und -wahrnehmung in gegenseitigem Einvernehmen zwischen den Gleichstellungsbeauftragten und Stellvertreterinnen. ³Neuwahlen nach § 19 müssen rechtzeitig vor Ablauf eines Jahres nach Zusammenlegung der Dienststellen abgeschlossen sein.

(2) ¹Im Falle der Teilung oder Aufspaltung einer Dienststelle in zwei oder mehrere Dienststellen endet die Amtszeit der Gleichstellungsbeauftragten und die der Stellvertreterinnen spätestens ein Jahr nach dem Vollzug des Organisationsaktes. ²Absatz 1 Satz 3 gilt entsprechend.

(3) Wird eine Dienststelle in eine andere Dienststelle eingegliedert, endet die Amtszeit der Gleichstellungsbeauftragten und die der Stellvertreterinnen der eingegliederten Dienststelle mit Vollzug des Organisationsaktes der Eingliederung.

§ 24 Rechtsstellung

(1) ¹Die Gleichstellungsbeauftragte gehört der Personalverwaltung an und wird unmittelbar der Dienststellenleitung zugeordnet. ²Bei obersten Bundesbehörden ist auch eine Zuordnung zur Leitung der Zentralabteilung möglich.

(2) ¹Die Gleichstellungsbeauftragte ist in der Ausübung ihrer Tätigkeit weisungsfrei. ²Sie darf nur in ihrer Eigenschaft als Gleichstellungsbeauftragte mit Personalangelegenheiten befasst sein. ³Ihre Befugnis zur Erstellung dienstlicher Beurteilungen für die ihr zugeordneten Mitarbeiterinnen und Mitarbeiter (§ 29 Absatz 2) bleibt von Satz 2 unberührt.

(3) Die Rechte und Pflichten der Gleichstellungsbeauftragten nach den Absätzen 1 und 2 sowie nach den §§ 28 bis 35 gelten auch für die Stellvertreterinnen, soweit dieses Gesetz nichts anderes bestimmt.

§ 25 Aufgaben, Rechte und Pflichten der Gleichstellungsbeauftragten

(1) ¹Die Gleichstellungsbeauftragte hat die Aufgabe, den Vollzug dieses Gesetzes sowie des Allgemeinen Gleichbehandlungsgesetzes im Hinblick auf den Schutz der Beschäftigten vor Benachteiligungen wegen ihres Geschlechts, insbesondere bei Benachteiligungen von Frauen, zu fördern und zu überwachen. ²Dies umfasst auch den Schutz von Frauen, die behindert oder von einer Behinderung bedroht sind, sowie den Schutz vor sexueller Belästigung am Arbeitsplatz.

(2) Zu den Aufgaben der Gleichstellungsbeauftragten zählen insbesondere:
1. die Dienststelle dabei zu unterstützen, die Ziele dieses Gesetzes zu erreichen und die Erfüllung der allgemeinen Pflichten nach § 4 zu fördern,
2. bei allen personellen, organisatorischen und sozialen Maßnahmen der Dienststelle mitzuwirken, die die Gleichstellung von Frauen und Männern, die Beseitigung von Unterrepräsentanzen, die Vereinbarkeit von Familie, Pflege und Berufstätigkeit sowie den Schutz vor sexueller Belästigung am Arbeitsplatz betreffen,
3. einzelne Beschäftigte bei Bedarf zu beraten und zu unterstützen, insbesondere in den Bereichen der beruflichen Entwicklung und Förderung sowie der Vereinbarkeit von Familie, Pflege und Berufstätigkeit sowie in Bezug auf den Schutz vor Benachteiligungen, und
4. die Fortbildungsangebote nach § 10 Absatz 5 wahrzunehmen.

(3) ¹Die Gleichstellungsbeauftragte kann Sprechstunden durchführen und jährliche Versammlungen der weiblichen Beschäftigten einberufen. ²Sie unterrichtet die Dienststellenlei-

tung im Vorfeld über die Einberufung einer Versammlung nach Satz 1. ³Die Gleichstellungsbeauftragte kann an Personalversammlungen teilnehmen und hat dort ein Rederecht.

(4) ¹Im Falle des § 19 Absatz 2 nimmt die Gleichstellungsbeauftragte der nächsthöheren Dienststelle die ihr nach den Absätzen 1 und 2 zugewiesenen Aufgaben auch für nachgeordnete Dienststellen wahr. ²Absatz 3 gilt entsprechend.

(5) Die Gleichstellungsbeauftragte der obersten Bundesbehörde ist für den Informations- und Erfahrungsaustausch der Gleichstellungsbeauftragten, Stellvertreterinnen und Vertrauensfrauen in ihrem Geschäftsbereich verantwortlich.

(6) Die Gleichstellungsbeauftragte eines obersten Gerichts hat das Recht, an den Sitzungen des Präsidialrates und dessen Ausschüssen teilzunehmen.

(7) Die Aufgabenwahrnehmung als Gleichstellungsbeauftragte hat Vorrang vor der Wahrnehmung anderer Aufgaben.

§ 26 Aufgaben der Stellvertreterin und der Vertrauensfrau

(1) Die Stellvertreterin wird grundsätzlich im Vertretungsfall tätig.

(2) ¹Abweichend von Absatz 1 kann die Gleichstellungsbeauftragte der Stellvertreterin mit deren Einverständnis einen Teil der Aufgaben nach § 25 zur eigenständigen Erledigung übertragen. ²Im Falle des § 19 Absatz 4 erfolgt die Aufgabenaufteilung zwischen der Gleichstellungsbeauftragten und den Stellvertreterinnen in gegenseitigem Einvernehmen. ³Eine Änderung oder Aufhebung der Delegationsentscheidung nach den Sätzen 1 und 2 kann die Gleichstellungsbeauftragte jederzeit ohne Zustimmung der Stellvertreterin oder der Stellvertreterinnen vornehmen. ⁴§ 24 Absatz 2 Satz 2 gilt entsprechend.

(3) ¹Die Stellvertreterin hat die von der Gleichstellungsbeauftragten vorgegebenen Leitlinien der Gleichstellungsarbeit zu beachten. ²Die Gesamtverantwortung für die Aufgabenerledigung verbleibt bei der Gleichstellungsbeauftragten.

(4) ¹Die Vertrauensfrau ist Ansprechpartnerin für die Beschäftigten der jeweiligen Dienststelle, Nebenstelle oder des jeweiligen Dienststellenteils sowie für die zuständige Gleichstellungsbeauftragte. ²Ihr obliegt die Vermittlung von Informationen zwischen den Beschäftigten und der Gleichstellungsbeauftragten. ³Sind sowohl die Gleichstellungsbeauftragte als auch ihre Stellvertreterinnen verhindert, kann die Vertrauensfrau im Auftrag der Gleichstellungsbeauftragten an Vorstellungsgesprächen, besonderen Auswahlverfahren oder Sitzungen von Auswahlkommissionen teilnehmen; die Ausübung des Mitwirkungsrechts nach § 32 bleibt in diesem Fall weiterhin der Gleichstellungsbeauftragten vorbehalten. ⁴Macht die Dienststelle von der Möglichkeit in § 19 Absatz 3 Gebrauch, kann die Gleichstellungsbeauftragte der Vertrauensfrau mit deren Einverständnis auch Aufgaben zur eigenständigen Erledigung bei der örtlichen Dienststelle, Nebenstelle oder des Dienststellenteils übertragen.

§ 27 Beteiligung und Unterstützung der Gleichstellungsbeauftragten

(1) Die Dienststelle beteiligt die Gleichstellungsbeauftragten frühzeitig, insbesondere bei
1. personellen Angelegenheiten; dies betrifft die Vorbereitung und Entscheidung über
   a) die Vergabe von Ausbildungsplätzen,
   b) die Einstellung sowie die Abordnung, Versetzung und Umsetzung von Beschäftigten für jeweils mehr als drei Monate,
   c) die Fortbildung und den beruflichen Aufstieg von Beschäftigten,
   d) die Abmahnung, die Einleitung und den Abschluss eines Disziplinarverfahrens einschließlich der vorläufigen Dienstenthebung,

e) Kündigung sowie Aufhebungsvertrag, Entlassung, Versetzung in den Ruhestand und vergleichbare Entscheidungen,
2. organisatorischen und sozialen Angelegenheiten,
3. der Abfassung von Beurteilungsrichtlinien sowie bei Besprechungen, die die einheitliche Anwendung dieser Richtlinien in der Dienststelle sicherstellen sollen,
4. Verfahren zur Besetzung von Gremien nach Maßgabe des Bundesgremienbesetzungsgesetzes, sofern keine Organisationseinheit zur Gleichstellung von Frauen und Männern in der Dienststelle eingerichtet ist, sowie
5. der Erstellung des Gleichstellungsplans.
(2) Eine frühzeitige Beteiligung nach Absatz 1 liegt vor, wenn die Gleichstellungsbeauftragte mit Beginn des Entscheidungsprozesses auf Seiten der Dienststelle beteiligt wird und die jeweilige Entscheidung oder Maßnahme noch gestaltungsfähig ist.
(3) ¹Die Beteiligung der Gleichstellungsbeauftragten geht einem Beteiligungsverfahren nach dem Bundespersonalvertretungsgesetz und dem Neunten Buch Sozialgesetzbuch voraus; das Verfahren nach § 32 Absatz 3 muss abgeschlossen sein. ²Erfolgt entgegen Satz 1 eine parallele Beteiligung von Personal- oder Schwerbehindertenvertretung, ist die Gleichstellungsbeauftragte über die Gründe zu informieren.

§ 28 Schutzrechte

(1) ¹Die Gleichstellungsbeauftragte darf bei der Erfüllung ihrer Pflichten nicht behindert und wegen ihrer Tätigkeit als Gleichstellungsbeauftragte in ihrer beruflichen Entwicklung nicht benachteiligt oder begünstigt werden. ²Insbesondere übt sie ihr Amt ohne Minderung ihrer bisherigen Bezüge oder ihres bisherigen Arbeitsentgelts aus und nimmt am beruflichen Aufstieg so teil, wie dieser ohne die Übernahme des Amtes erfolgt wäre.
(2) ¹Die Gleichstellungsbeauftragte wird von anderweitigen Tätigkeiten in dem Ausmaß entlastet, wie dies zur ordnungsgemäßen Wahrnehmung ihrer Aufgaben als Gleichstellungsbeauftragte erforderlich ist. ²In Dienststellen mit in der Regel weniger als 600 Beschäftigten beträgt die Entlastung mindestens die Hälfte der regelmäßigen Arbeitszeit einer Vollzeitkraft. ³Bei einer Beschäftigtenzahl von in der Regel mindestens 600 Beschäftigten wird die Gleichstellungsbeauftragte im Umfang der Regelarbeitszeit einer Vollzeitkraft entlastet. ⁴Übt die Gleichstellungsbeauftragte eine Teilzeitbeschäftigung aus, ist der Entlastungsumfang der Stellvertreterin oder der Stellvertreterinnen entsprechend zu erhöhen; dies gilt unabhängig von den Vorgaben zur Entlastung der Stellvertreterin in Absatz 5. ⁵Ist die Gleichstellungsbeauftragte gemäß § 19 Absatz 2 für mehr als eine Dienststelle zuständig, ist für die Höhe der Entlastung die Gesamtzahl der Beschäftigten aller Dienststellen maßgebend.
(3) ¹Die Dienststellen haben die berufliche Entwicklung der Gleichstellungsbeauftragten von Amts wegen fiktiv nachzuzeichnen. ²Diese Pflicht gilt ungeachtet des Entlastungsumfangs der Gleichstellungsbeauftragten. ³Die fiktive Nachzeichnung dient als Grundlage für Personalauswahlentscheidungen. ⁴Der Anspruch auf fiktive Nachzeichnung der dienstlichen Beurteilung nach § 33 Absatz 3 der Bundeslaufbahnverordnung bleibt unberührt. ⁵Die Dienststellen haben der Gleichstellungsbeauftragten auf deren Antrag hin eine Aufgabenbeschreibung als Nachweis über ihre Tätigkeit als Gleichstellungsbeauftragte zu erteilen.
(4) Vor Kündigung, Versetzung und Abordnung ist die Gleichstellungsbeauftragte wie ein Mitglied der Personalvertretung geschützt.
(5) ¹Wird die Stellvertreterin nach § 26 Absatz 1 im Vertretungsfall tätig, ist sie anstelle der Gleichstellungsbeauftragten mit Beginn der Vertretungstätigkeit in dem Ausmaß ihrer Tätigkeit als Stellvertreterin von anderweitigen Tätigkeiten zu entlasten. ²Im Falle des § 26 Absatz 2 Satz 1 wird die Stellvertreterin anstelle der Gleichstellungsbeauftragten im Umfang von

bis zu einem Viertel der regelmäßigen Arbeitszeit einer Vollzeitkraft entlastet. [3]Im Falle des § 26 Absatz 2 Satz 2 beträgt die Entlastung der Stellvertreterinnen jeweils bis zur Hälfte der regelmäßigen Arbeitszeit einer Vollzeitkraft; die Höhe der Entlastung der Gleichstellungsbeauftragten bleibt hiervon unberührt.
(6) [1]Vertrauensfrauen werden von anderweitigen Tätigkeiten in dem Ausmaß entlastet, wie dies zur ordnungsgemäßen Wahrnehmung ihrer Aufgaben als Informationsvermittlerin erforderlich ist. [2]Die Entlastung beträgt mindestens ein Zehntel und bis zu einem Viertel der regelmäßigen Arbeitszeit einer Vollzeitkraft.

§ 29 Ausstattung

(1) Der Gleichstellungsbeauftragten ist mit Beginn und bis zum Ende ihrer Amtszeit die notwendige personelle, räumliche und sachliche Ausstattung zur Verfügung zu stellen.
(2) [1]Bei einer Beschäftigtenzahl von in der Regel weniger als 1 000 kann der Gleichstellungsbeauftragten eine Mitarbeiterin oder ein Mitarbeiter zugeordnet werden. [2]In einer Dienststelle mit in der Regel mindestens 1 000 Beschäftigten ist der Gleichstellungsbeauftragten mindestens eine Mitarbeiterin oder ein Mitarbeiter zuzuordnen.
(3) [1]Die Aufgabe der Mitarbeiterinnen und Mitarbeiter beschränkt sich auf die Unterstützung der Gleichstellungsbeauftragten. [2]§ 26 Absatz 4 Satz 3 gilt entsprechend.
(4) [1]Die Gleichstellungsbeauftragte erhält einen monatlichen Verfügungsfonds. [2]Die Höhe des Verfügungsfonds der vollständig von anderweitigen Aufgaben entlasteten Gleichstellungsbeauftragten entspricht der Höhe der Aufwandsentschädigung für ganz von ihrer dienstlichen Tätigkeit freigestellte Mitglieder von Personalräten, Gesamtpersonalräten, Bezirkspersonalräten und Hauptpersonalräten. [3]Die teilweise von anderweitigen Aufgaben entlastete Gleichstellungsbeauftragte erhält einen Verfügungsfonds, der dem Anteil ihrer Entlastung entspricht. [4]Die Verordnung über die Höhe der Aufwandsentschädigung für vom Dienst freigestellte Personalvertretungsmitglieder vom 18. Juli 1974 (BGBl. I S. 1499), die durch Artikel 7 des Gesetzes vom 3. Dezember 2001 (BGBl. I S. 3306) geändert worden ist, gilt entsprechend.

§ 30 Zusammenarbeit und Information

(1) Die Dienststellenleitung und die Gleichstellungsbeauftragte arbeiten zum Wohle der Beschäftigten und zur Erfüllung der in § 1 genannten Ziele eng zusammen.
(2) [1]Die Dienststellenleitung unterstützt die Gleichstellungsbeauftragte bei der Wahrnehmung ihrer Aufgaben und der Ausübung ihrer Mitwirkungsrechte, indem sie die Gleichstellungsbeauftragte insbesondere unverzüglich und umfassend informiert. [2]Die zur Wahrnehmung ihrer Aufgaben erforderlichen Unterlagen, insbesondere Bewerbungsunterlagen, vergleichende Übersichten und Auswahlvermerke, sind ihr frühestmöglich vorzulegen und die erbetenen Auskünfte zu erteilen. [3]Die Dienststellenleitung soll der Gleichstellungsbeauftragten Gelegenheit zur aktiven Teilnahme an allen Entscheidungsprozessen zu personellen, organisatorischen und sozialen Angelegenheiten geben und den Informations- und Erfahrungsaustausch der Gleichstellungsbeauftragten mit anderen Gleichstellungsbeauftragten unterstützen.
(3) Die Gleichstellungsbeauftragte hat das Recht, Einsicht in die entscheidungsrelevanten Teile von Personalakten zu nehmen, soweit die Kenntnis des Akteninhalts zur Erfüllung ihrer Aufgaben erforderlich ist.

§ 31 Verschwiegenheitspflicht

Die Gleichstellungsbeauftragte und ihre Stellvertreterinnen, die Mitarbeiterinnen und Mitarbeiter sowie die Vertrauensfrauen sind hinsichtlich persönlicher Verhältnisse der Beschäftigten und anderer vertraulicher Angelegenheiten in der Dienststelle ab dem Zeitpunkt ihrer Bestellung sowie über die Zeit ihrer Bestellung hinaus zum Stillschweigen verpflichtet.

§ 32 Form der Mitwirkung und Stufenbeteiligung

(1) ¹Die Gleichstellungsbeauftragte hat das Recht und die Pflicht, unmittelbar bei der Dienststellenleitung vorzutragen. ²Sie hat in allen Angelegenheiten, die nach § 25 Absatz 1 und § 27 Absatz 1 ihrer Mitwirkung unterliegen, ein Initiativrecht. ³Die Dienststelle hat über einen Initiativantrag innerhalb angemessener Zeit, spätestens nach einem Monat, zu entscheiden. ⁴In Ausnahmefällen ist die endgültige Entscheidung nach drei Monaten vorzunehmen. ⁵Die Entscheidung ist der Gleichstellungsbeauftragten in Textform mitzuteilen.

(2) ¹Die Mitwirkung der Gleichstellungsbeauftragten erfolgt regelmäßig durch Votum, das zu den Akten zu nehmen ist. ²Das Votum ist innerhalb von zehn Arbeitstagen ab Zugang der Mitteilung über die beabsichtigte Maßnahme oder Entscheidung in Textform abzugeben; von dieser Frist kann im Einvernehmen mit der Gleichstellungsbeauftragten abgewichen werden. ³Nur in besonders dringenden Fällen darf die Frist zur Abgabe des Votums ausnahmsweise auf drei Arbeitstage verkürzt werden. ⁴Hat die Gleichstellungsbeauftragte innerhalb von zehn Arbeitstagen oder im Falle des Satzes 3 innerhalb von drei Arbeitstagen kein Votum abgegeben, so gilt die beabsichtigte Maßnahme oder Entscheidung als gebilligt.

(3) ¹Folgt die Dienststelle dem Votum der Gleichstellungsbeauftragten nicht, hat sie der Gleichstellungsbeauftragten die Gründe für die Nichtbefolgung mitzuteilen, wenn die Gleichstellungsbeauftragte dies bei der Abgabe des Votums verlangt hat. ²Die Mitteilung durch die Dienststelle hat in Textform innerhalb von 15 Arbeitstagen ab Zugang des Votums zu erfolgen.

(4) ¹Soweit in Dienststellen Entscheidungen für nachgeordnete Dienststellen getroffen werden, hat jede beteiligte Dienststelle die für sie zuständige Gleichstellungsbeauftragte nach Maßgabe der §§ 25, 27 und 30 sowie nach den Absätzen 1 und 2 an dem bei ihr anhängigen Teilverfahren zu beteiligen. ²Das in Textform verfasste Votum der Gleichstellungsbeauftragten der nachgeordneten Dienststelle ist zusammen mit den weiteren entscheidungsrelevanten Unterlagen der nächsthöheren Dienststelle und von dieser der bei ihr bestellten Gleichstellungsbeauftragten vorzulegen. ³Bei personellen Angelegenheiten gelten die Sätze 1 bis 3 für den Fall, dass personalbearbeitende Dienststelle und Beschäftigungsdienststelle nicht identisch sind, entsprechend. ⁴Satz 1 gilt auch, wenn Vorgänge, die Aufgaben der Gleichstellungsbeauftragten nach Absatz 1 betreffen, mit Wirkung für eine andere Dienststelle bearbeitet werden, die nicht nachgeordnete Dienststelle nach § 25 Absatz 4 ist.

§ 33 Einspruchsrecht und Einspruchsverfahren

(1) Die Gleichstellungsbeauftragte hat ein Einspruchsrecht gegenüber der Dienststellenleitung, wenn sie geltend macht, die Dienststelle habe
1. entgegen § 12 Absatz 1 einen Gleichstellungsplan nicht erstellt oder die Frist nach § 12 Absatz 2 erheblich verletzt,
2. einen Gleichstellungsplan erstellt, der nicht den Vorgaben des § 13 entspricht,
3. entgegen § 27 Absatz 1 Nummer 5 die Gleichstellungsbeauftragte bei der Erstellung des Gleichstellungsplans nicht beteiligt,
4. entgegen § 14 den Gleichstellungsplan nicht bekannt gegeben,

5. Rechte der Gleichstellungsbeauftragten verletzt oder
6. gegen weitere Vorschriften dieses Gesetzes oder gegen andere Vorschriften über die Gleichstellung von Frauen und Männern verstoßen.

(2) ¹Der Einspruch ist innerhalb einer Woche ab Zugang der Begründung nach § 32 Absatz 3 schriftlich bei der Dienststellenleitung einzulegen. ²Er hat aufschiebende Wirkung. ³§ 80 Absatz 2 Satz 1 Nummer 4 und Absatz 3 der Verwaltungsgerichtsordnung gilt entsprechend. ⁴Im Falle der sofortigen Vollziehung unterrichtet die Dienststellenleitung die Gleichstellungsbeauftragte unverzüglich.

(3) ¹Die Dienststellenleitung soll über den Einspruch innerhalb eines Monats nach Zugang des Einspruchs entscheiden. ²Hält sie den Einspruch für begründet, sind die betreffenden Maßnahmen und ihre Folgen zu berichtigen sowie die Ergebnisse des Einspruchs bei weiteren vergleichbaren Fällen zu berücksichtigen.

(4) ¹Hält die Dienststellenleitung den Einspruch für unbegründet, legt sie diesen der nächsthöheren Dienststellenleitung unverzüglich vor. ²Bei selbstständigen bundesunmittelbaren Körperschaften, Anstalten und Stiftungen ohne mehrstufigen Verwaltungsaufbau wird der Einspruch entsprechend deren Vorstand oder Geschäftsführung vorgelegt. ³Die Entscheidung der nächsthöheren Dienststellenleitung, des Vorstandes oder der Geschäftsführung erfolgt entsprechend Absatz 3.

(5) Die Entscheidung über den Einspruch ist schriftlich zu begründen und der Gleichstellungsbeauftragten unverzüglich zu übermitteln.

§ 34 Gerichtliches Verfahren

(1) ¹Bleibt der Einspruch nach § 33 erfolglos, kann die Gleichstellungsbeauftragte das Verwaltungsgericht anrufen. ²Zuvor hat die Gleichstellungsbeauftragte oder die Dienststelle einen nochmaligen außergerichtlichen Einigungsversuch zu unternehmen. ³Das Gericht ist innerhalb eines Monats anzurufen, nachdem die Gleichstellungsbeauftragte oder die Dienststelle das Scheitern des außergerichtlichen Einigungsversuchs schriftlich festgestellt hat. ⁴Die Anrufung hat keine aufschiebende Wirkung.

(2) Die Anrufung des Gerichts kann nur darauf gestützt werden, dass die Dienststelle
1. Rechte der Gleichstellungsbeauftragten verletzt hat oder
2. einen Gleichstellungsplan erstellt hat, der nicht den Vorgaben der §§ 12 bis 14 entspricht.

(3) ¹Abweichend von Absatz 1 Satz 3 ist die Anrufung des Gerichts auch zulässig, wenn über den Einspruch ohne zureichenden Grund in angemessener Frist sachlich nicht entschieden worden ist. ²§ 75 Satz 2 bis 4 der Verwaltungsgerichtsordnung gilt entsprechend.

(4) Die Dienststelle trägt die Kosten, die der Gleichstellungsbeauftragten auf Grund von Rechtsbehelfen nach den Absätzen 1 oder 2 entstehen.

§ 35 Fragerecht

(1) ¹Zur Klärung von Fragen grundsätzlicher Bedeutung, insbesondere zur Auslegung dieses Gesetzes, können sich die Gleichstellungsbeauftragte und die Stellvertreterinnen unmittelbar an das Bundesministerium für Familie, Senioren, Frauen und Jugend wenden. ²Personenbezogene Daten von Beschäftigten dürfen dem Bundesministerium für Familie, Senioren, Frauen und Jugend nur mit Einwilligung der betroffenen Beschäftigten übermittelt werden.

(2) ¹Anfragen nach Absatz 1 sollen innerhalb eines Monats beantwortet werden. ²Das Bundesministerium für Familie, Senioren, Frauen und Jugend leitet seine Antwort der jeweils zuständigen obersten Bundesbehörde nachrichtlich zu.

§ 36 Interministerieller Arbeitskreis der Gleichstellungsbeauftragten

¹Die Gleichstellungsbeauftragten der obersten Bundesbehörden bilden zusammen den Interministeriellen Arbeitskreis der Gleichstellungsbeauftragten der obersten Bundesbehörden. ²Der Arbeitskreis informiert die Gleichstellungsbeauftragten aus den Geschäftsbereichen regelmäßig über seine Tätigkeit. ³Die Möglichkeit, im Geltungsbereich dieses Gesetzes weitere Arbeitskreise zur Koordinierung der Arbeit von Gleichstellungsbeauftragten einzurichten, bleibt von den Sätzen 1 und 2 unberührt.

Abschnitt 6: Sonderregelungen, Statistik, Bericht und Übergangsbestimmungen

§ 37 Sonderregelungen für den Bundesnachrichtendienst

Für den Bundesnachrichtendienst gilt dieses Gesetz mit folgenden Abweichungen:
1. der Bundesnachrichtendienst gilt als einheitliche Dienststelle, in der keine Vertrauensfrauen bestellt werden,
2. § 6 Absatz 2 Satz 2 ist nicht anzuwenden,
3. § 14 Satz 1 gilt nicht; die Beschäftigten des Bundesnachrichtendienstes sind berechtigt, den Gleichstellungsplan bei den von der Personalverwaltung bezeichneten Stellen einzusehen,
4. beim Bundesnachrichtendienst beschäftigte Soldatinnen sind gemäß § 19 Absatz 1 aktiv wahlberechtigt,
5. beim Bundesnachrichtendienst tätige Soldatinnen und Soldaten gelten hinsichtlich der Zuständigkeit der dort bestellten Gleichstellungsbeauftragten als Beschäftigte des Bundesnachrichtendienstes, soweit dessen Leitung oder das Bundeskanzleramt für die Entscheidung in personellen, sozialen oder organisatorischen Angelegenheiten dieses Personenkreises zuständig ist,
6. beim Informations- und Erfahrungsaustausch der Gleichstellungsbeauftragten gemäß § 25 Absatz 5 sind die für den Bundesnachrichtendienst geltenden Sicherheitsbestimmungen zu beachten,
7. ein Votum der Gleichstellungsbeauftragten des Bundesnachrichtendienstes, das diese gemäß den §§ 25, 27 und 32 abgegeben hat, ist dem Bundeskanzleramt vorzulegen, soweit im Bundeskanzleramt Entscheidungen für den Bundesnachrichtendienst getroffen werden und die Gleichstellungsbeauftragte des Bundeskanzleramtes insoweit nicht zu beteiligen ist,
8. § 32 Absatz 4 und § 38 Absatz 1 Satz 4 sind nicht anzuwenden,
9. die Gleichstellungsbeauftragte bedarf des Einvernehmens der Dienststelle, soweit im Falle des § 35 eine Angelegenheit behandelt werden soll, die als Verschlusssache eingestuft ist,
10. bei Vorliegen besonderer Sicherheitsvorfälle oder einer besonderen Einsatzsituation, von der der Bundesnachrichtendienst ganz oder teilweise betroffen ist, ruhen die Rechte und Pflichten der Gleichstellungsbeauftragten; Beginn und Ende des Ruhens werden jeweils von der Leitung des Bundesnachrichtendienstes im Einvernehmen mit der Chefin oder dem Chef des Bundeskanzleramtes festgestellt.

§ 38 Statistik, Verordnungsermächtigung

(1) ¹Jede Dienststelle erfasst alle zwei Jahre die Zahl aller in der Dienststelle beschäftigten Frauen und Männer sowie die Zahl der Frauen und Männer nach folgenden weiteren Kriterien:

OD 1 – Bundesgleichstellungsgesetz § 39

1. einzelne Bereiche nach § 3 Nummer 2,
2. Voll- und Teilzeitbeschäftigung,
3. Inanspruchnahme einer Beurlaubung auf Grund von Familien- oder Pflegeaufgaben,
4. Bewerbung, Einstellung sowie beruflicher Aufstieg,
5. beruflicher Aufstieg von Beschäftigten, die eine Beurlaubung auf Grund von Familien- oder Pflegeaufgaben in Anspruch genommen haben, und von solchen Beschäftigten, die solche Maßnahmen nicht in Anspruch genommen haben,
6. die Anzahl von Vorgesetzten- oder Leitungsfunktionen in Voll- und Teilzeitbeschäftigung.

²Die Daten nach Satz 1 Nummer 1 bis 3 und 6 sind zum 30. Juni des Berichtsjahres zu erfassen, die Daten nach Satz 1 Nummer 4 und 5 für den Zeitraum vom 1. Juli des vorletzten Jahres bis zum 30. Juni des Berichtsjahres. ³Die Daten der nachgeordneten Bundesbehörden sowie die des mittelbaren Bundesdienstes sind bis zum 30. September der obersten Bundesbehörde oder der obersten Aufsichtsbehörde zu melden. ⁴Die obersten Bundesbehörden melden dem Statistischen Bundesamt bis zum 31. Dezember ihre eigenen Daten, die zusammengefassten Daten des jeweiligen Geschäftsbereichs sowie die zusammengefassten Daten der ihrer Rechtsaufsicht unterstehenden mittelbaren Bundesverwaltung.

(2) ¹Jede oberste Bundesbehörde erfasst jährlich die Zahl aller in der obersten Bundesbehörde beschäftigten Frauen und Männer sowie die Zahl der Frauen und Männer nach folgenden weiteren Kriterien:
1. Laufbahngruppe des höheren Dienstes,
2. einzelne Ebenen mit Vorgesetzten- oder Leitungsaufgaben einschließlich der politischen Leitungsämter,
3. Voll- und Teilzeitbeschäftigung, auch für Beschäftigte mit Vorgesetzten- oder Leitungsaufgaben,
4. Inanspruchnahme einer Beurlaubung auf Grund von Familien- oder Pflegeaufgaben,
5. beruflicher Aufstieg.

²Die Daten nach Satz 1 Nummer 1 bis 4 sind zum 30. Juni des Berichtsjahres zu erfassen, die Daten nach Satz 1 Nummer 5 für den Zeitraum vom 1. Juli des Vorjahres bis zum 30. Juni des Berichtsjahres. ³Die Meldung an das Statistische Bundesamt hat bis zum 30. September zu erfolgen.

(3) Das Statistische Bundesamt erstellt im Auftrag des Bundesministeriums für Familie, Senioren, Frauen und Jugend
1. alle zwei Jahre eine Statistik zu den nach Absatz 1 erhobenen Daten der Dienststellen (Gleichstellungsstatistik) und leitet diese den obersten Bundesbehörden zu,
2. jährlich einen Index aus den nach Absatz 2 erhobenen Daten der obersten Bundesbehörden (Gleichstellungsindex) und veröffentlicht diesen jeweils bis zum 31. Dezember.

(4) ¹Die Bundesregierung regelt durch Rechtsverordnung ohne Zustimmung des Bundesrates die einzelnen Vorgaben für die Erfassung und Mitteilung der statistischen Daten. ²Die Personalstandstatistik nach dem Finanz- und Personalstatistikgesetz in der Fassung der Bekanntmachung vom 22. Februar 2006 (BGBl. I S. 438), das zuletzt durch Artikel 1 des Gesetzes vom 22. Mai 2013 (BGBl. I S. 1312) geändert worden ist, ist zu berücksichtigen. ³Die Rechtsverordnung nach Satz 1 beschränkt den Kreis der mitteilungspflichtigen Dienststellen auf das Notwendige. ⁴In der Rechtsverordnung können auch Bestimmungen zu Inhalt, Ausarbeitung und zur jährlichen Aktualisierung der Anlagen zur Rechtsverordnung getroffen werden.

§ 39 Bericht

(1) ¹Die Bundesregierung legt dem Deutschen Bundestag alle vier Jahre einen Bericht über die Situation der Frauen und Männer in den Dienststellen nach § 3 Nummer 5 (Bericht zum

Bundesgleichstellungsgesetz) vor. ²Grundlage des Berichts sind die nach § 38 Absatz 1 und 2 erhobenen Daten. ³Die obersten Bundesbehörden haben die dazu erforderlichen Angaben zu machen.

(2) ¹Der Bericht legt dar, inwieweit die Ziele dieses Gesetzes erreicht sind und das Gesetz angewendet worden ist. ²Er weist vorbildhafte Gleichstellungsmaßnahmen einzelner Dienststellen aus. ³Der Bericht darf keine personenbezogenen Daten enthalten.

(3) An der Erstellung des Berichts ist der Interministerielle Arbeitskreis der Gleichstellungsbeauftragten der obersten Bundesbehörden zu beteiligen.

§ 40 Übergangsbestimmungen

(1) ¹Der Gleichstellungsplan nach Abschnitt 3 ist erstmals zum 31. Dezember 2015 zu erstellen. ²Dies gilt nicht, wenn die Geltungsdauer des Gleichstellungsplans am 1. Mai 2015 noch mehr als zwei Jahre beträgt.

(2) ¹Die für die Gleichstellungsstatistik erstmalig zu erhebenden Daten nach § 38 Absatz 1 Satz 1 Nummer 1 bis 3 und 6 haben den Stichtag 30. Juni 2015, die Daten nach § 38 Absatz 1 Satz 1 Nummer 4 und 5 beziehen sich auf den Zeitraum vom 1. Juli 2013 bis zum 30. Juni 2015. ²Die für den Gleichstellungsindex erstmalig zu erhebenden Daten nach § 38 Absatz 2 Satz 1 Nummer 1 bis 4 haben den Stichtag 30. Juni 2015, die Daten nach § 38 Absatz 2 Satz 1 Nummer 5 beziehen sich auf den Zeitraum vom 1. Juli 2014 bis zum 30. Juni 2015.

(3) ¹Vor dem 1. Mai 2015 bestellte Gleichstellungsbeauftragte, Stellvertreterinnen und Vertrauensfrauen bleiben auch danach als Gleichstellungsbeauftragte, Stellvertreterinnen und Vertrauensfrauen im Amt. ²In Dienststellen mit großen Zuständigkeits- oder komplexen Aufgabenbereichen finden unverzüglich Neuwahlen für die nicht besetzten Ämter der Stellvertreterinnen gemäß § 19 Absatz 4 statt.

2. Gesetz zur Verwirklichung der Chancengleichheit von Frauen und Männern im öffentlichen Dienst in Baden-Württemberg

vom 23.2.2016 (GVBl Nummer 4 2016, S. 108)

Abschnitt 1: Allgemeine Bestimmungen

§ 1 Gesetzesziele

(1) Mit diesem Gesetz wird in Erfüllung des Verfassungsauftrags nach Artikel 3 Absatz 2 des Grundgesetzes (GG) die tatsächliche Durchsetzung der Gleichberechtigung von Frauen und Männern in dem in § 3 genannten Geltungsbereich gefördert.
(2) Die tatsächliche Durchsetzung der Gleichberechtigung von Frauen und Männern erfolgt mit dem Ziel ihrer Gleichstellung und der Beseitigung bestehender sowie der Verhinderung künftiger Diskriminierungen wegen des Geschlechts und des Familienstandes. Dadurch sollen auch bestehende Nachteile für Frauen abgebaut oder ausgeglichen werden, unter Wahrung des Vorrangs von Eignung, Befähigung und fachlicher Leistung nach Artikel 33 Absatz 2 GG. Zu diesem Zweck werden Frauen nach Maßgabe dieses Gesetzes gezielt gefördert, insbesondere, um Zugangs- und Aufstiegschancen für Frauen zu verbessern sowie eine deutliche Erhöhung des Anteils der Frauen in Bereichen, in denen sie unterrepräsentiert sind, zu erreichen.
(3) Ziel des Gesetzes ist darüber hinaus die paritätische Vertretung von Frauen und Männern in Gremien, soweit das Land Mitglieder für diese bestimmen kann.
(4) Ziel des Gesetzes ist es zudem, die Vereinbarkeit von Familie, Pflege und Beruf für Frauen und Männer zu verbessern.

§ 2 Besondere Verantwortung

Alle Beschäftigten, insbesondere diejenigen mit Vorgesetzten- und Leitungsaufgaben, sowie die Dienststellenleitungen und die Personalvertretungen, fördern die tatsächliche Verwirklichung der Gleichberechtigung von Frauen und Männern und berücksichtigen Chancengleichheit als durchgängiges Leitprinzip in allen Aufgabenbereichen der Dienststelle. Dies gilt insbesondere bei Personalwirtschafts- und Personalentwicklungsmaßnahmen.

§ 3 Geltungsbereich

(1) Dieses Gesetz gilt für
1. die Behörden des Landes,
2. die Körperschaften, Anstalten und Stiftungen des öffentlichen Rechts, die der alleinigen Aufsicht des Landes unterstehen, mit Ausnahme der außeruniversitären wissenschaftlichen Einrichtungen, der kommunalen Stiftungen, der sozialkaritativen Stiftungen, der Landesbank Baden-Württemberg, der Landeskreditbank, der Sparkassen sowie ihrer Verbände und Verbundunternehmen, des Badischen Gemeinde-VersicherungsVerbands, der Selbstverwaltungskörperschaften der Wirtschaft und der freien Berufe, der Sozialversicherungsträger sowie der Landesverbände der Betriebskrankenkassen und Innungskrankenkassen, des Medizinischen Dienstes der Krankenversicherung, der Kassenärztlichen Vereinigung Baden-Württemberg und der Kassenzahnärztlichen Vereinigung Baden-Württemberg,
3. die Hochschulen sowie das Karlsruher Institut für Technologie, soweit nicht das Landeshochschulgesetz (LHG) und das KIT-Gesetz (KITG) eigene Regelungen enthalten,
4. die Gerichte des Landes und

5. den Südwestrundfunk dem Sinne nach.

(2) Auf die Gemeinden, die Stadt- und Landkreise, die Zweckverbände, die Gemeindeverwaltungsverbände, den Kommunalverband für Jugend und Soziales, die Gemeindeprüfungsanstalt Baden-Württemberg, die Datenzentrale Baden-Württemberg, den Kommunalen Versorgungsverband Baden-Württemberg, die Nachbarschaftsverbände, die Regionalverbände und den Verband Region Stuttgart finden ausschließlich Absatz 3 und die Vorschriften der Abschnitte 4 und 6 Anwendung.

(3) Soweit das Land oder eine kommunale Gebietskörperschaft ein Unternehmen in Rechtsformen des Privatrechts gründet oder umwandelt, soll die Anwendung dieses Gesetzes im Gesellschaftsvertrag oder in der Satzung vereinbart werden. Die kommunale Gebietskörperschaft soll ihre Gesellschafterrechte in Unternehmen des Privatrechts, auf die sie durch mehrheitliche Beteiligung oder in sonstiger Weise direkt oder indirekt bestimmenden Einfluss nehmen kann, so ausüben, dass die Vorschriften dieses Gesetzes entsprechende Anwendung finden. Verfügt das Land oder die kommunale Gebietskörperschaft nicht über eine Mehrheitsbeteiligung an einem Unternehmen in der Rechtsform einer juristischen Person des Privatrechts oder einer Personengesellschaft, hält aber mindestens einen Geschäftsanteil von 25 Prozent, soll das Land oder die kommunale Gebietskörperschaft darauf hinwirken, dass die Vorschriften dieses Gesetzes entsprechende Anwendung finden.

§ 4 Begriffsbestimmungen

(1) Beschäftigte im Sinne dieses Gesetzes sind Arbeitnehmerinnen und Arbeitnehmer, Beamtinnen und Beamte, Auszubildende sowie Richterinnen und Richter. Beschäftigte im Sinne dieses Gesetzes sind ferner Personen des Südwestrundfunks, die arbeitnehmerähnliche Personen nach § 12 a des Tarifvertragsgesetzes sind.

(2) Familienaufgaben im Sinne dieses Gesetzes bestehen, wenn eine beschäftigte Person mindestens ein Kind unter 18 Jahren tatsächlich betreut.

(3) Pflegeaufgaben im Sinne dieses Gesetzes bestehen, wenn eine beschäftigte Person eine nach § 14 Absatz 1 des Elften Buches Sozialgesetzbuch (SGB XI) pflegebedürftige nahe angehörige Person nach § 7 Absatz 3 des Pflegezeitgesetzes (PflegeZG) tatsächlich und nicht erwerbsmäßig häuslich pflegt oder betreut.

(4) Dienststellen im Sinne dieses Gesetzes sind die einzelnen Behörden, Verwaltungsstellen der in § 3 genannten Körperschaften, Anstalten und Stiftungen sowie die Gerichte, die Hochschulen und die Schulen.

(5) Beförderung im Sinne dieses Gesetzes ist auch die Verleihung eines anderen Amtes mit höherem Grundgehalt ohne Änderung der Amtsbezeichnung, die Übertragung eines anderen Amtes mit gleichem Grundgehalt und anderer Amtsbezeichnung unter gleichzeitigem Wechsel der Laufbahngruppe, die Verleihung eines Richteramtes mit höherem Grundgehalt und die Übertragung einer höher zu bewertenden Tätigkeit sowie die Gewährung einer Amtszulage.

(6) Eine Unterrepräsentanz von Frauen im Sinne dieses Gesetzes liegt dort vor, wo innerhalb eines Geltungsbereichs eines Chancengleichheitsplans in einer Entgelt- oder Besoldungsgruppe einer Laufbahn oder in den Funktionen mit Vorgesetzten- und Leitungsaufgaben einschließlich der Stellen und Planstellen Vorsitzender Richterinnen und Vorsitzender Richter weniger Frauen als Männer beschäftigt sind.

(7) Frühzeitige Beteiligung im Sinne dieses Gesetzes bedeutet, dass die Beauftragte für Chancengleichheit an der Entscheidungsfindung gestaltend mitwirken und Einfluss nehmen kann. Die Beteiligung der Beauftragten für Chancengleichheit soll vor der Beteiligung der Personalvertretung erfolgen.

Abschnitt 2: Maßnahmen zur Gleichstellung von Frauen und Männern

§ 5 Erstellung des Chancengleichheitsplans

(1) Jede personalverwaltende Dienststelle, deren Personalverwaltungsbefugnis 50 und mehr Beschäftigte umfasst, erstellt mindestens einen Chancengleichheitsplan. In den anderen Dienststellen kann ein Chancengleichheitsplan erstellt werden. Für die Ministerien ist jeweils ein gesonderter Chancengleichheitsplan zu erstellen. Soweit Gleichstellungspläne für alle Beschäftigten gemäß § 4 Absatz 5 LHG aufgestellt werden, entfällt die Pflicht zur Erstellung eines Chancengleichheitsplans nach diesem Gesetz.

(2) Ist die personalverwaltende Dienststelle, deren Personalverwaltungsbefugnis Beschäftigte einer nachgeordneten Dienststelle umfasst, an der Personalplanung und der Personalauswahl der nachgeordneten Dienststelle nicht unmittelbar beteiligt, kann sie von der Erstellung eines Chancengleichheitsplans für diese Beschäftigten der nachgeordneten Dienststelle absehen. Diese Beschäftigten sind in den Chancengleichheitsplan der nachgeordneten Dienststelle aufzunehmen und bei der Berechnung nach Absatz 1 Satz 1 zu berücksichtigen.

(3) In besonders gelagerten Einzelfällen kann mit Genehmigung des jeweiligen Fachministeriums und des für Frauenfragen zuständigen Ministeriums von der Erstellung eines Chancengleichheitsplans abgesehen werden.

(4) Der Chancengleichheitsplan ist für die Dauer von sechs Jahren zu erstellen und soll bei erheblichen strukturellen Änderungen angepasst werden. Bei der Erstellung des Chancengleichheitsplans und seiner Anpassung ist die Beauftragte für Chancengleichheit mit dem Ziel einer einvernehmlichen Regelung frühzeitig zu beteiligen. Gegen die Entscheidungen der Dienststellenleitung steht der Beauftragten für Chancengleichheit das Recht der Beanstandung nach § 21 zu.

(5) Die Chancengleichheitspläne und ihre Anpassung sind der Dienstaufsichtsbehörde, die ihre Beauftragte für Chancengleichheit informiert, vorzulegen. Chancengleichheitspläne der übrigen, der alleinigen Aufsicht des Landes unterstehenden Körperschaften, Anstalten und Stiftungen des öffentlichen Rechts sind der Dienststelle, die die Rechtsaufsicht ausübt und ihre Beauftragte für Chancengleichheit informiert, vorzulegen.

(6) Zusammen mit dem Chancengleichheitsplan ist alle sechs Jahre eine Übersicht über die Beschäftigtenstruktur der einzelnen Dienststellen zu erstellen und in der jeweiligen Dienststelle in geeigneter Weise bekannt zu machen.

§ 6 Inhalt des Chancengleichheitsplans

(1) Der Chancengleichheitsplan hat eine Bestandsaufnahme und beschreibende Auswertung der Beschäftigtenstruktur seines jeweiligen Geltungsbereichs zu enthalten. Im Chancengleichheitsplan ist darzustellen, in welchen Bereichen die Frauen unterrepräsentiert sind. Hierfür sind alle sechs Jahre folgende Daten jeweils getrennt nach Geschlecht zu erheben und auszuwerten:
1. die Zahl der Beschäftigten, gegliedert nach Voll- und Teilzeittätigkeit, Besoldungs-, Entgeltgruppen, Laufbahnen und Berufsgruppen,
2. die Zahl der Beurlaubten,
3. die Zahl der Beschäftigten in Positionen mit Vorgesetzten- und Leitungsaufgaben,
4. die Zahl der Auszubildenden, gegliedert nach Laufbahnen und Ausbildungsberufen, sowie
5. die Gremienbesetzung nach § 13.

Stichtag ist der 30. Juni des Berichtsjahres.

(2) Der Chancengleichheitsplan hat die Zielvorgabe zu enthalten, mindestens die Hälfte der durch Einstellung zu besetzenden Stellen in Bereichen, in denen Frauen unterrepräsen-

tiert sind, zur Besetzung durch Frauen vorzusehen. Sind in Bereichen der Unterrepräsentanz von Frauen voraussichtlich nicht genügend Frauen mit der notwendigen Qualifikation zu gewinnen, können entsprechend weniger Stellen zur Besetzung mit Frauen vorgesehen werden. Dies ist im Chancengleichheitsplan darzulegen. Bei Beförderung und bei Übertragung höher wertiger Tätigkeiten ist der Anteil der Frauen in Be reichen, in denen sie in geringerer Zahl beschäftigt sind als Männer, deutlich zu erhöhen. Der Vorrang von Eignung, Befähigung und fachlicher Leistung nach Artikel 33 Absatz 2 GG ist zu beachten.

(3) Im Chancengleichheitsplan ist festzulegen, mit welchen personellen, organisatorischen, fortbildenden und qualifizierenden Maßnahmen die Frauenanteile auf allen Ebenen sowie allen Positionen mit Vorgesetzten- und Leitungsaufgaben in unterrepräsentierten Bereichen erhöht werden, bis eine Beseitigung der Unterrepräsentanz erreicht ist. Zur Erreichung dessen kann sich die Zielvorgabe an dem Geschlechteranteil der vorangegangenen Entgelt- oder Besoldungsgruppe einer Laufbahn orientieren.

§ 7 Bekanntmachung, Veröffentlichung

(1) Der Chancengleichheitsplan ist innerhalb eines Monats nach Ausfertigung durch die Dienststellenleitung in den vom Geltungsbereich des Chancengleichheitsplans erfassten Dienststellen an geeigneter Stelle zur Einsicht auszulegen, auszuhängen oder in sonstiger geeigneter Weise bekannt zu machen.

(2) Die Chancengleichheitspläne und die Zwischenberichte nach § 8 Absatz 1 sind jeweils im Internet zu veröffentlichen. Die Chancengleichheitspläne und Zwischenberichte der Ministerien sind darüber hinaus auf der Webseite der Landesregierung im Internet zu veröffentlichen. Da ten, die auf einer Datenbasis von weniger als sechs Personen beruhen, sind nicht zu veröffentlichen.

§ 8 Erfüllung des Chancengleichheitsplans

(1) Nach drei Jahren (Zwischenbericht) und im nächsten Chancengleichheitsplan stellt jede Dienststelle, die den Chancengleichheitsplan erstellt, den Stand der Erfüllung der im Chancengleichheitsplan festgelegten Zielvorgaben fest. Die jeweils zuständige Beauftragte für Chancengleichheit ist frühzeitig zu beteiligen. Werden die Zielvorgaben nicht erreicht, ist darzulegen, weshalb von den Zielvorgaben des Chancengleichheitsplans abgewichen wird und welche Gegenmaßnahmen ergriffen werden. Hierfür sind folgende Daten jeweils getrennt nach Geschlecht zu erheben und auszuwerten:
1. die Zahl der Beschäftigten, gegliedert nach Voll- und Teilzeittätigkeit, Besoldungs-, Entgeltgruppen, Laufbahnen und Berufsgruppen,
2. die Zahl der Stellenausschreibungen, Bewerbungen, Einstellungen, Beförderungen und Höhergruppierungen,
3. die Anzahl der Teilnehmerinnen und Teilnehmer an Fortbildungen in Bereichen, in denen Frauen unterrepräsentiert sind, und
4. die Gremienbesetzung nach § 13.

Stichtag ist der 30. Juni des Berichtsjahres.

(2) Der Zwischenbericht ist der Dienstaufsichtsbehörde, die ihre Beauftragte für Chancengleichheit informiert, vorzulegen. Bei den der alleinigen Aufsicht des Landes unterstehenden Körperschaften, Anstalten und Stiftungen des öffentlichen Rechts berichtet die Dienststelle der Rechtsaufsichtsbehörde, die ihre Beauftragte für Chancengleichheit informiert.

(3) Auf die Erfüllung des Chancengleichheitsplans achtet die nach Absatz 2 aufsichtführende Behörde, die ihre Beauftragte für Chancengleichheit beteiligt. Soweit Verstöße festgestellt werden und sie nicht im Rahmen der im Gesetz gegebenen Möglichkeiten behoben

werden können, sind die Gründe hierfür bei der Aufstellung des nächsten Chancengleichheitsplans darzulegen.
(4) Bei erheblichen Abweichungen von den Zielvorgaben des Chancengleichheitsplans kann sich die Dienstaufsichtsbehörde unter frühzeitiger Beteiligung ihrer Beauftragten für Chancengleichheit in begründeten Fällen die Zustimmung bei jeder weiteren Einstellung oder Beförderung vorbehalten.

§ 9 Ausschreibung von Stellen
(1) In Bereichen, in denen Frauen unterrepräsentiert sind, sind alle Stellen grundsätzlich in der Dienststelle sowie öffentlich auszuschreiben. Ausschreibungen müssen geschlechtsneutral erfolgen, es sei denn, ein bestimmtes Geschlecht ist unverzichtbare Voraussetzung für die Tätigkeit. Die Ausschreibung ist so abzufassen, dass Frauen ausdrücklich zur Bewerbung aufgefordert werden.
(2) Soweit zwingende dienstliche Belange nicht entgegenstehen, ist in der Ausschreibung darauf hinzuweisen, dass Vollzeitstellen grundsätzlich teilbar sind. Dies gilt auch für Stellen mit Vorgesetzten- und Leitungsaufgaben.
(3) Die Beauftragte für Chancengleichheit soll bei allen Ausschreibungen frühzeitig beteiligt werden. Bei Ausnahmen von den Grundsätzen nach Absatz 1 Satz 1 und Absatz 2 ist die Beauftragte für Chancengleichheit frühzeitig zu beteiligen.
(4) § 11 Absätze 2 und 3 des Landesbeamtengesetzes gilt entsprechend.

§ 10 Bewerbungs- und Personalauswahlgespräche
(1) Soweit möglich sind in Bereichen, in denen Frauen unterrepräsentiert sind, mindestens ebenso viele Frauen wie Männer oder alle Bewerberinnen zum Bewerbungsgespräch zu laden, soweit sie das in der Ausschreibung vorgegebene Anforderungs- und Qualifikationsprofil aufweisen.
(2) Insbesondere Fragen nach dem Familienstand, nach einer bestehenden oder geplanten Schwangerschaft oder geplanten Elternzeit sowie danach, wie bestehende oder geplante Familien- oder Pflegeaufgaben neben dem Beruf gewährleistet werden können, sind unzulässig.
(3) Bei der Stellenbesetzung kann die Beauftragte für Chancengleichheit an den Bewerbungs- und Personalauswahlgesprächen teilnehmen.

§ 11 Einstellung, beruflicher Aufstieg und Vergabe von Ausbildungsplätzen
(1) In Bereichen, in denen Frauen unterrepräsentiert sind, hat die Dienststelle unter Wahrung des Vorrangs von Eignung, Befähigung und fachlicher Leistung nach Artikel 33 Absatz 2 GG sowie nach Maßgabe der Zielvorgaben des Chancengleichheitsplans und entsprechender Personalplanung Frauen bei der Besetzung von Stellen, insbesondere mit Vorgesetzten- und Leitungsaufgaben, sowie von Stellen für die Berufsausbildung und bei der Beförderung vorrangig zu berücksichtigen, soweit nicht in der Person des Mitbewerbers liegende Gründe überwiegen.
(2) Bei der Beurteilung der Eignung sind die in den Familien- und Pflegeaufgaben und in ehrenamtlicher Tätigkeit erworbenen überfachlichen Kompetenzen einzubeziehen, soweit sie für die vorgesehene Tätigkeit von Bedeutung sind und in das Bewerbungsverfahren eingebracht werden.
(3) Bei gleicher Eignung, Befähigung und fachlicher Leistung können Frauenförderung und Behinderteneigenschaft als zusätzliche Hilfskriterien berücksichtigt werden. Bei Vorliegen gleicher Eignung, Befähigung und fachlicher Leistung von Frauen und Männern dürfen geringere aktive Dienst- oder Beschäftigungszeiten, Inanspruchnahme von Elternzeit, Familien-

pflegezeit, Pflegezeit, Telearbeit und flexiblen Arbeitszeitmodellen sowie Reduzierungen der Arbeitszeit, Beurlaubungen oder Verzögerungen beim Abschluss einzelner Ausbildungsgänge auf Grund der Betreuung von Kindern oder pflegebedürftigen Personen nicht berücksichtigt werden. Ferner sind Familienstand oder Einkommen der Partnerin oder des Partners nicht zu berücksichtigen.
(4) Die Dienststelle hat die Beauftragte für Chancengleichheit an der Entscheidung über jede Einstellung und Beförderung frühzeitig zu beteiligen. Ihr sind die entscheidungsrelevanten Daten mitzuteilen und die erforderlichen Bewerbungsunterlagen frühzeitig zur Einsicht vorzulegen. Hiervon erfasst sind auch die Bewerbungsunterlagen männlicher Mitbewerber, die die vorgesehenen Voraussetzungen für die Besetzung der Personalstelle oder des zu vergebenden Amtes erfüllen. Andere Personalaktendaten darf die Beauftragte für Chancengleichheit nur mit Zustimmung der Betroffenen einsehen.

§ 12 Fort- und Weiterbildung

(1) Die berufliche Fort- und Weiterbildung weiblicher Beschäftigter wird gefördert. Insbesondere sollen dazu Fort- und Weiterbildungsmaßnahmen angeboten werden, die eine Weiterqualifikation ermöglichen oder auf die Übernahme von Tätigkeiten in Bereichen der Unterrepräsentanz von Frauen vorbereiten. Bei der Planung und Gestaltung der Fort- und Weiterbildungsmaßnahmen ist der Beauftragten für Chancengleichheit Gelegenheit zur Beteiligung zu geben.
(2) Bei innerbehördlichen Dienstbesprechungen und bei geeigneten Veranstaltungen der beruflichen Fort- und Weiterbildung, insbesondere auch bei Fort- und Weiterbildungsmaßnahmen für Führungskräfte, sind Themen zur Chancengleichheit von Frauen und Männern vorzusehen.
(3) Bei allen beruflichen Fort- und Weiterbildungsmaßnahmen sollen Frauen entsprechend ihrem Anteil an der Zielgruppe der Fort- und Weiterbildungsmaßnahme berücksichtigt werden. Frauen sollen verstärkt als Leiterinnen und Referentinnen für Fort- und Weiterbildungsveranstaltungen eingesetzt werden. Die Beauftragte für Chancengleichheit ist bei der Auswahl der Teilnehmerinnen und Teilnehmer an Fort- und Weiterbildungsmaßnahmen, die eine Weiterqualifikation ermöglichen oder auf die Übernahme von Tätigkeiten in Bereichen der Unterrepräsentanz von Frauen vorbereiten, zu beteiligen.
(4) Bei der Ausgestaltung und Durchführung von beruflichen Fort- und Weiterbildungsveranstaltungen soll auch darauf geachtet werden, dass den Beschäftigten mit zu betreuenden Kindern oder pflegebedürftigen nahen angehörigen Personen eine Teilnahme möglich ist. Möglichkeiten der Betreuung sollen im Bedarfsfall angeboten werden.

§ 13 Gremien

(1) In Gremien, für die dem Land ein Berufungs-, Entsende- oder Vorschlagsrecht zusteht, müssen ab 1. Januar 2017 mindestens 40 Prozent der durch das Land zu bestimmenden Mitglieder Frauen sein, soweit nicht eine Ausnahme aus besonderen Gründen nach Absatz 5 vorliegt. Der Mindestanteil ist bei erforderlich werdenden Berufungen, Entsendungen oder Vorschlägen zur Besetzung einzelner oder mehrerer Sitze zu beachten und im Wege einer sukzessiven Steigerung zu erreichen. Bestehende Mandate können bis zu ihrem vorgesehenen Ende wahrgenommen werden. Stehen dem Land insgesamt höchstens zwei Gremiensitze zu, sind die Sätze 1 bis 3 nicht anzuwenden.
(2) Wird ein Gremium gebildet oder wiederbesetzt von einer Stelle, die nicht zur unmittelbaren Landesverwaltung gehört, ist auf eine Besetzung des Gremiums mit mindestens 40 Prozent Frauen hinzuwirken.

(3) Es ist das Ziel, ab dem 1. Januar 2019 die in Absatz 1 genannten Anteile auf 50 Prozent zu erhöhen. Steht dem Land insgesamt eine ungerade Anzahl an Gremiensitzen zu, darf das Ungleichgewicht zwischen Frauen und Männern nur einen Sitz betragen.
(4) Gremien im Sinne von Absatz 1 sind solche, die auf gesetzlicher Grundlage beruhen, insbesondere Beiräte, Kommissionen, Verwaltungs- und Aufsichtsräte sowie sonstige Kollegialorgane und vergleichbare Mitwirkungsgremien, unabhängig von ihrer Bezeichnung.
(5) Ausnahmen sind nur aus besonderen Gründen zulässig, die aktenkundig zu machen sind. Besondere Gründe sind insbesondere dann gegeben, wenn die Ausübung des Mandats in einem Gremium an einen bestimmten Dienstposten geknüpft ist, der einen fachlichen Bezug zum auszuübenden Mandat hat.
(6) Bei der Gremienbesetzung ist die Beauftragte für Chancengleichheit in den einzelnen Dienststellen frühzeitig zu beteiligen.
(7) Absatz 1 gilt nicht, soweit die Mitgliedschaft in Gremien durch eine auf einer Rechtsnorm oder Satzung beruhenden Wahl begründet wird.

§ 14 Beseitigen der Unterrepräsentanz
(1) Soweit das Gesetzesziel der weitgehenden Beseitigung der Unterrepräsentanz in allen Entgelt- oder Besoldungsgruppen einer Laufbahn und in den Funktionen mit Vorgesetzten- und Leitungsaufgaben einschließlich der Stellen und Planstellen Vorsitzender Richterinnen und Vorsitzender Richter erreicht ist, ist die jeweilige Dienststelle von folgenden Vorschriften entbunden:
1. Erstellung eines Chancengleichheitsplans nach § 5,
2. Erstellung eines Zwischenberichts nach § 8 und
3. Aufforderung zur Bewerbung von Frauen nach § 9 Absatz 1 Satz 3.
(2) Die Dienststelle hat unter frühzeitiger Beteiligung ihrer Beauftragten für Chancengleichheit im Abstand von zwei Jahren zu prüfen, ob das Gesetzesziel nach Absatz 1 weiterhin gewahrt ist und sie von den Vorschriften des Absatzes 1 entbunden bleibt. Die Beauftragte für Chancengleichheit kann die Entscheidung der Dienststelle nach § 21 beanstanden.

Abschnitt 3: Beauftragte für Chancengleichheit, Stellvertreterin

§ 15 Bestellung
(1) In jeder Dienststelle mit 50 und mehr Beschäftigten und in jeder personalverwaltenden Dienststelle, deren Personalverwaltungsbefugnis 50 und mehr Beschäftigte umfasst, ist eine Beauftragte für Chancengleichheit und ihre Stellvertreterin nach vorheriger Wahl zu bestellen. Bei den Hochschulen gelten die Angehörigen des wissenschaftlichen und künstlerischen Personals nach § 44 LHG nicht als Beschäftigte im Sinne dieser Bestimmung. Die regelmäßige Amtszeit beträgt fünf Jahre. In allen anderen Dienststellen ist eine Ansprechpartnerin für die weiblichen Beschäftigten und die zuständige Beauftragte für Chancengleichheit zu bestellen. Eine Ansprechpartnerin kann auch für einen Teil der Dienststelle bestellt werden, der räumlich von dem Hauptsitz der Dienststelle entfernt seinen Sitz hat.
(2) Zuständig für eine Dienststelle nach Absatz 1 Satz 4 ist die Beauftragte für Chancengleichheit der nächsthöheren Dienststelle.
(3) In jedem Staatlichen Schulamt ist für den Bereich der Lehrkräfte an Grund-, Werkreal-, Haupt-, Real-, Gemeinschaftsschulen und Sonderpädagogischen Bildungs- und Beratungszentren aus deren Kreis nach vorheriger Ausschreibung eine Beauftragte für Chancengleichheit zu bestellen.

(4) In jedem Regierungspräsidium ist zusätzlich zur Beauftragten für Chancengleichheit eine fachliche Beraterin aus dem Bereich Schule zu bestellen. Absatz 1 Satz 3 gilt entsprechend. Die fachliche Beraterin nimmt in Abstimmung mit der Beauftragten für Chancengleichheit deren Aufgaben und Rechte wahr, soweit Maßnahmen der Dienststelle ausschließlich die Schulen betreffen.

§ 16 Verfahren zur Bestellung

(1) Wahlberechtigt sind alle weiblichen Beschäftigten der Dienststelle, es sei denn, dass sie am Wahltag seit mehr als zwölf Monaten ohne Dienstbezüge oder Arbeitsentgelt beurlaubt sind.
(2) Wählbar für das Amt der Beauftragten für Chancengleichheit und der Stellvertreterin sind die weiblichen Beschäftigten der Dienststelle. Wer zu einer anderen Dienststelle abgeordnet ist, ist für das Amt der Beauftragten für Chancengleichheit und der Stellvertreterin nicht wählbar. Satz 2 gilt nicht bei Abordnungen zur Teilnahme an Lehrgängen.
(3) Die Beauftragte für Chancengleichheit und ihre Stellvertreterin werden in einem Wahlverfahren in getrennten Wahlgängen nach den Grundsätzen der Mehrheitswahl gewählt. Die Wahl hat den Grundsätzen der allgemeinen, unmittelbaren, freien, gleichen und geheimen Wahl zu entsprechen. Das Verfahren für die Durchführung der Wahl wird durch Rechtsverordnung der Landesregierung geregelt.
(4) Findet sich nur eine zur Ausübung des Amtes bereite Beschäftigte, kann die Dienststelle von der weiteren Durchführung des Wahlverfahrens absehen und diese zur Beauftragten für Chancengleichheit bestellen. Findet sich aus dem Kreis der weiblichen Beschäftigten keine zur Ausübung des Amtes bereite Person, kann die Dienststelle auch einen zur Ausübung bereiten männlichen Beschäftigten zum Beauftragten für Chancengleichheit bestellen. Anderenfalls hat die Dienststelle das Wahlverfahren nach sechs Monaten zu wiederholen. Gleiches gilt für die Stellvertretung.
(5) Die Wahl der Beauftragten für Chancengleichheit und ihrer Stellvertreterin kann beim Verwaltungsgericht angefochten werden, wenn gegen wesentliche Vorschriften über das Wahlrecht, die Wählbarkeit oder das Wahlverfahren verstoßen worden und eine Berichtigung nicht erfolgt ist, es sei denn, dass durch den Verstoß das Wahlergebnis nicht geändert oder beeinflusst werden konnte. Zur Anfechtung berechtigt sind mindestens drei Wahlberechtigte, alle Bewerberinnen oder die Dienststellenleitung. Die Anfechtung ist nur binnen einer Frist von zwei Wochen, von dem Tag der Bekanntgabe des Wahlergebnisses an gerechnet, zulässig.

§ 17 Erlöschen der Bestellung, Widerruf, Neubestellung

(1) Die Bestellung zur Beauftragten für Chancengleichheit erlischt mit Ablauf der Amtszeit, der Niederlegung des Amtes, ihrem Ausscheiden aus der Dienststelle oder ihrer nicht nur vorübergehenden Verhinderung von mehr als sechs Monaten.
(2) Die Dienststellenleitung darf die Bestellung zur Beauftragten für Chancengleichheit nur auf deren Verlangen oder wegen grober Verletzung ihrer gesetzlichen Verpflichtungen widerrufen.
(3) Ist die Bestellung erloschen oder widerrufen worden, ist die Stellvertreterin mit ihrem Einverständnis bis zum Ende der laufenden Amtszeit zur Beauftragten für Chancengleichheit zu bestellen. Anderenfalls hat die Dienststellenleitung aus der Liste der für das Amt der Beauftragten für Chancengleichheit nicht gewählten Beschäftigten die Person mit der nächsthöheren Stimmenzahl bis zum Ende der laufenden Amtszeit zur Beauftragten für Chancengleichheit zu bestellen. Ist eine solche nicht vorhanden, hat die Dienststelle aus dem Kreis

der weiblichen Beschäftigten die Beauftragte für Chancengleichheit bis zum Ende der laufenden Amtszeit zu bestellen. § 16 Absatz 4 Satz 2 findet entsprechende Anwendung. Die Bestellung ist nur mit Einverständnis der zu bestellenden Beschäftigten vorzunehmen.
(4) Die Absätze 1 und 2 gelten für die Stellvertreterin entsprechend. Ist die Bestellung zur Stellvertreterin erloschen oder widerrufen worden, findet Absatz 3 Sätze 2 bis 5 entsprechende Anwendung. Gleiches gilt bei Nachrücken der Stellvertreterin in das Amt der Beauftragten für Chancengleichheit nach Absatz 3 Satz 1.

§ 18 Rechtsstellung

(1) Die Beauftragte für Chancengleichheit ist der Dienststellenleitung unmittelbar zugeordnet und hat ein unmittelbares Vortragsrecht. Sie ist in der Ausübung ihrer Tätigkeit nicht an Weisungen gebunden.
(2) Die Beauftragte für Chancengleichheit ist mit den zur Erfüllung ihrer Aufgaben notwendigen räumlichen, personellen und sachlichen Mitteln auszustatten. Ihr und ihrer Stellvertreterin ist die Teilnahme an spezifischen Fortbildungsveranstaltungen zu ermöglichen, soweit diese für ihre Tätigkeit erforderlich sind.
(3) Die Dienststellenleitung hat die Beauftragte für Chancengleichheit im erforderlichen Umfang von ihren anderweitigen dienstlichen Verpflichtungen zu entlasten. Unter Berücksichtigung der Struktur der jeweiligen Dienststelle und sofern keine anderweitige Vereinbarung zwischen Dienststelle und Beauftragter für Chancengleichheit getroffen wird, beträgt die Entlastung in der Regel in personalverwaltenden Dienststellen mit mehr als 300 Beschäftigten mindestens 50 Prozent der vollen regelmäßigen Arbeitszeit. Bei einer Beschäftigtenzahl von mehr als 600 Beschäftigten wird die Beauftragte für Chancengleichheit in der Regel im Umfang der Regelarbeitszeit einer Vollzeitkraft entlastet. § 15 Absatz 1 Satz 2 gilt entsprechend. Soweit die Beauftragte für Chancengleichheit eine Teilzeitbeschäftigung ausübt, wird auf die Möglichkeit der Aufgabendelegation nach § 22 Absatz 2 verwiesen.
(4) Bei Uneinigkeit über den Umfang der Entlastung kann die Dienststelle oder die Beauftragte für Chancengleichheit eine Schlichtungsstelle anrufen. Die Schlichtungsstelle besteht aus einer Vertreterin oder einem Vertreter des für Frauenfragen zuständigen Ministeriums als Vorsitzende oder Vorsitzender, einer Vertreterin oder einem Vertreter des betroffenen Fachministeriums und einer dritten Person mit Befähigung zum Richteramt, die der baden-württembergischen Arbeits- oder Verwaltungsgerichtsbarkeit angehört und von dem für Frauenfragen zuständigen Landtagsausschuss zu benennen ist. Das Nähere wird durch Rechtsverordnung des für Frauenfragen zuständigen Ministeriums geregelt.
(5) Die Beauftragte für Chancengleichheit darf wegen ihrer Tätigkeit weder allgemein noch in ihrer beruflichen Entwicklung benachteiligt werden. Sie darf gegen ihren Willen nur umgesetzt, versetzt oder abgeordnet werden, wenn dies aus dringenden dienstlichen Gründen, auch unter Berücksichtigung ihrer Funktion als Beauftragte für Chancengleichheit, unvermeidbar ist. In diesem Fall ist die Zustimmung der vorgesetzten Dienststelle, die ihre Beauftragte für Chancengleichheit beteiligt, notwendig. § 15 Absätze 2 und 4 des Kündigungsschutzgesetzes gilt entsprechend.
(6) Die Beauftragte für Chancengleichheit und ihre Stellvertreterin sind verpflichtet, über die persönlichen Verhältnisse von Beschäftigten und andere vertrauliche Angelegenheiten in der Dienststelle auch über die Zeit ihrer Bestellung hinaus Stillschweigen zu bewahren. Die Verschwiegenheitspflicht gilt auch für die Ansprechpartnerinnen und für die fachlichen Beraterinnen.

§ 19 Grundsätze für die Zusammenarbeit

(1) Die Dienststellenleitung legt zu Beginn der Amtszeit der Beauftragten für Chancengleichheit im Einvernehmen mit ihr die näheren Einzelheiten der Zusammenarbeit fest.
(2) Die Beauftragte für Chancengleichheit ist in dem für die sachgerechte Wahrnehmung ihrer Aufgaben und Beteiligungsrechte erforderlichen Umfang frühzeitig und umfassend zu unterrichten. Ihr sind die hierfür erforderlichen Unterlagen frühzeitig vorzulegen und alle erforderlichen Informationen und Auskünfte zu erteilen.
(3) Die Beauftragte für Chancengleichheit kann an der regelmäßig stattfindenden Besprechung der Dienststellenleitung mit den anderen Führungskräften der Dienststelle teilnehmen. Dies gilt nicht, soweit die Dienststelle einen Bezug zu den der Beauftragten für Chancengleichheit nach diesem Gesetz zugewiesenen Aufgaben ausschließt.

§ 20 Sonstige Aufgaben und Rechte

(1) Die Beauftragte für Chancengleichheit achtet auf die Durchführung und Einhaltung dieses Gesetzes und unterstützt die Dienststellenleitung bei dessen Umsetzung. Sie ist an sonstigen allgemeinen personellen sowie sozialen und organisatorischen Maßnahmen ihrer Dienststelle, soweit diese Auswirkungen auf die berufliche Situation weiblicher Beschäftigter haben können, frühzeitig zu beteiligen.
(2) Die Beauftragte für Chancengleichheit hat ein Initiativrecht für Maßnahmen zur gezielten beruflichen Förderung von Frauen. Sie kann sich innerhalb ihrer Dienststelle zu fachlichen Fragen der Gleichberechtigung von Frauen und Männern, der beruflichen Förderung von Frauen und der Vereinbarkeit von Familie, Pflege und Beruf äußern. Sie kann während der Arbeitszeit Sprechstunden durchführen und einmal im Jahr eine Versammlung der weiblichen Beschäftigten der Dienststelle einberufen.
(3) Weibliche Beschäftigte können sich in ihren Angelegenheiten ohne Einhaltung des Dienstwegs an die Beauftragte für Chancengleichheit ihrer Dienststelle wenden.
(4) Den Beauftragten für Chancengleichheit ist Gelegenheit zum Erfahrungsaustausch untereinander zu geben.
(5) Die Rechte der Personalvertretungen und Schwerbehindertenvertretungen bleiben unberührt.

§ 21 Beanstandungsrecht

(1) Hält die Beauftragte für Chancengleichheit eine Maßnahme für unvereinbar mit diesem Gesetz oder mit anderen Vorschriften über die Gleichbehandlung von Frauen und Männern, hat sie das Recht, diese Maßnahme innerhalb von einer Woche nach ihrer Unterrichtung schriftlich zu beanstanden. Bei unaufschiebbaren Maßnahmen kann die Dienststelle die Frist auf zwei Arbeitstage verkürzen. Im Fall der fristgerechten Beanstandung hat die Dienststellenleitung unter Beachtung der Einwände neu zu entscheiden. Die Ablehnung der Beanstandung ist gegenüber der Beauftragten für Chancengleichheit schriftlich zu begründen.
(2) Die beanstandete Maßnahme soll vor Ablauf der Frist und vor der Entscheidung der Dienststellenleitung nach Absatz 1 Satz 3 nicht vollzogen werden.
(3) Wird die Beauftragte für Chancengleichheit nicht oder nicht rechtzeitig nach Maßgabe dieses Gesetzes beteiligt, soll der Vollzug bis zum Ablauf von einer Woche nach Unterrichtung der Beauftragten für Chancengleichheit ausgesetzt werden. Bei unaufschiebbaren Maßnahmen kann die Dienststelle die Frist auf zwei Arbeitstage verkürzen.
(4) Die Beauftragte für Chancengleichheit kann sich unter Einhaltung des Dienstwegs über die jeweils nächsthöhere Behörde an die oberste Dienstbehörde wenden und insbesondere

Beanstandungen, denen auch die nächst höhere Behörde nicht abhilft, binnen einer Woche nach Unterrichtung zur Klärung vorlegen.
(5) Bei Fragen von allgemeiner frauenpolitischer Bedeutung kann sich die Beauftragte für Chancengleichheit an das für Frauenfragen zuständige Ministerium wenden.

§ 22 Aufgaben der Stellvertreterin
(1) Die Stellvertreterin wird grundsätzlich im Vertretungsfall tätig.
(2) Abweichend von Absatz 1 kann die Beauftragte für Chancengleichheit der Stellvertreterin mit deren Einverständnis Aufgaben zur eigenständigen Erledigung übertragen. Eine Änderung oder Aufhebung der Delegationsentscheidung nach Satz 1 kann die Beauftragte für Chancengleichheit jederzeit ohne Zustimmung der Stellvertreterin vornehmen. § 18 Absatz 1 Satz 2 gilt entsprechend. Eine Aufgabendelegation ist gegenüber der Dienststelle und der Personalvertretung anzuzeigen.
(3) Die Stellvertreterin hat die von der Beauftragten für Chancengleichheit vorgegebenen Leitlinien der Chancengleichheitsarbeit zu beachten. Die Gesamtverantwortung für die Aufgabenerledigung verbleibt bei der Beauftragten für Chancengleichheit.
(4) Wird die Stellvertreterin nach Absatz 1 tätig, ist sie anstelle der Beauftragten für Chancengleichheit mit Beginn der Vertretungstätigkeit in dem Ausmaß ihrer Tätigkeit als Stellvertreterin von anderweitigen Tätigkeiten nach § 18 Absatz 3 zu entlasten. Im Falle des Absatzes 2 Satz 1 wird die Stellvertreterin anstelle der Beauftragten für Chancengleichheit entsprechend der Aufgabendelegation entlastet.

§ 23 Arbeitskreis der Beauftragten für Chancengleichheit der Ministerien und des Rechnungshofs
(1) Die Beauftragten für Chancengleichheit der Ministerien und des Rechnungshofs bilden den Arbeitskreis Chancengleichheit (AKC). Dieser tritt regelmäßig zusammen. Der AKC gibt sich eine Geschäftsordnung.
(2) An den Sitzungen des AKC können nach Maßgabe der Geschäftsordnung teilnehmen:
1. eine Vertreterin oder ein Vertreter des für Frauenfragen zuständigen Ministeriums,
2. die Beauftragten für Chancengleichheit der Regierungspräsidien und
3. weitere Personen.
(3) Der AKC kann grundsätzliche Angelegenheiten, die für die weiblichen Beschäftigten von allgemeiner Bedeutung sind, beraten sowie Vorschläge unterbreiten und Stellungnahmen hierzu abgeben.
(4) Die Möglichkeit, weitere Arbeitskreise zur Koordinierung der Arbeit der Beauftragten für Chancengleichheit einzurichten, bleibt unberührt.
(5) Näheres regelt die Geschäftsordnung.

Abschnitt 4: Regelungen für Gemeinden, Stadt- und Landkreise sowie sonstige Körperschaften und Anstalten

§ 24 Kommunale Gleichstellungspolitik
Die Verwirklichung des Verfassungsgebots der Gleichberechtigung von Frauen und Männern ist auch eine kommunale Aufgabe. Die Gemeinden sowie Stadt- und Landkreise wirken auf die Chancengleichheit und Gleichstellung von Frauen in allen kommunalen Bereichen, insbesondere in Beruf, öffentlichem Leben, Bildung und Ausbildung, Familie, sowie in den Bereichen der sozialen Sicherheit hin. Sie stellen durch geeignete Maßnahmen sicher, dass Frauen gefördert und gestärkt werden und Chancengleichheit als durchgängiges Leitprinzip in

allen kommunalen Aufgabenbereichen berücksichtigt sowie inhaltlich und fachlich begleitet wird.

§ 25 Beauftragte

(1) In jedem Stadt- und Landkreis sowie in Gemeinden mit einer Einwohnerzahl ab 50 000 ist eine hauptamtliche Gleichstellungsbeauftragte zu bestellen, die die Frauenförderung und gesellschaftliche Gleichstellung von Frauen und Männern wahrnimmt. Sie ist in der Ausübung ihrer behördeninternen Aufgaben nicht an Weisungen gebunden.
(2) Gemeinden mit einer Einwohnerzahl unter 50 000 benennen jeweils eine Person oder eine Organisationseinheit, die die Aufgaben der Frauenförderung und der Chancengleichheit in der Gemeinde wahrnimmt.

§ 26 Aufgaben und Rechte

(1) Die Beauftragten nach § 25 Absätze 1 und 2 wirken behördenintern auf die Gleichberechtigung von Frauen und Männern in Familie, Beruf und Verwaltung hin. Neben diesen behördeninternen Aufgaben obliegt es darüber hinaus den Beauftragten nach § 25 Absatz 1 auch, die gesellschaftliche Position der Frauen zu stärken und zu fördern. Die Gemeinden, Stadt- und Landkreise werden von ihrer Beauftragten nach § 25 Absätze 1 und 2 in Fragen der Gleichstellungspolitik beraten. Die Beauftragten arbeiten mit der Verwaltung zusammen. Zudem nehmen die Gleichstellungsbeauftragten der Landkreise neben ihren eigenen Aufgaben die Koordination der mit den Gleichstellungsfragen befassten Personen oder Organisationseinheiten bei den kreisangehörigen Gemeinden wahr.
(2) Die Gemeinden, Stadt- und Landkreise beteiligen ihre Beauftragte nach § 25 Absätze 1 und 2 bei allen Vorhaben, soweit die spezifischen Belange von Frauen betroffen sind, frühzeitig. Über die jeweilige Stellungnahme informiert die Bürgermeisterin oder der Bürgermeister den Gemeinderat sowie die Landrätin oder der Landrat den Kreistag.
(3) Den Beauftragten nach § 25 Absätze 1 und 2 stehen zur Wahrnehmung der behördeninternen Frauenförderung insbesondere folgende Rechte zu:
1. In Angelegenheiten der behördeninternen Frauenförderung haben sie ein unmittelbares Vortragsrecht bei der Behördenleitung,
2. bei Stellenbesetzungen können sie an Vorstellungs- und Auswahlgesprächen teilnehmen,
3. bei der Planung und Gestaltung von Fort- und Weiterbildungsmaßnahmen ist ihnen Gelegenheit zur Beteiligung zu geben und
4. sie besitzen ein Initiativrecht für Maßnahmen zur gezielten beruflichen Förderung von Frauen.

§ 27 Chancengleichheitspläne

(1) Die Gemeinden mit mehr als 8.000 Einwohnerinnen und Einwohnern sowie Stadt- und Landkreise sollen Chancengleichheitspläne erstellen.
(2) Der Kommunalverband für Jugend und Soziales Baden-Württemberg soll einen Chancengleichheitsplan erstellen.
(3) Für die Zweckverbände, den Kommunalen Versorgungsverband Baden-Württemberg, die Gemeindeprüfungsanstalt Baden-Württemberg, die Datenzentrale Baden-Württemberg, die Nachbarschaftsverbände, die Regionalverbände und den Verband Region Stuttgart gilt, soweit sie 50 und mehr Personen beschäftigen, Absatz 1 entsprechend.
(4) Die vorstehend bezeichneten Stellen regeln in eigener Verantwortung die Erstellung der Chancengleichheitspläne und das Verfahren.

Abschnitt 5: Vereinbarkeit von Familie, Pflege und Beruf für Frauen und Männer

§ 28 Verpflichtete

Die Dienststelle ist verpflichtet, die Vereinbarkeit von Familie, Pflege und Beruf für Frauen und Männer zu fördern und geeignete Maßnahmen zur Verbesserung der Rahmenbedingungen vorzunehmen. Die Personalvertretung hat im Rahmen ihrer allgemeinen Aufgaben nach § 70 des Landespersonalvertretungsgesetzes auf die bessere Vereinbarkeit von Familie, Pflege und Beruf hinzuwirken.

§ 29 Familien- und pflegegerechte Arbeitszeit

Die Dienststellen können auf Antrag über die gleitende Arbeitszeit hinaus eine familien- oder pflegegerechte Gestaltung der täglichen und wöchentlichen Arbeitszeit einräumen, wenn dies nachweislich zur Betreuung von mindestens einem Kind unter 18 Jahren oder einer nach § 14 Absatz 1 SGB XI pflegebedürftigen nahen angehörigen Person nach § 7 Absatz 3 PflegeZG erforderlich ist und dienstliche Belange nicht entgegenstehen. Ist beabsichtigt, dem Antrag einer oder eines Beschäftigten nicht zu entsprechen, ist die Beauftragte für Chancengleichheit zu beteiligen. Die Ablehnung des Antrags ist von der Dienststelle schriftlich zu begründen.

§ 30 Teilzeitbeschäftigung, Telearbeit und Beurlaubung zur Wahrnehmung von Familien- oder Pflegeaufgaben

(1) Die Dienststelle hat unter Einbeziehung der Beauftragten für Chancengleichheit für die Beschäftigten in allen Bereichen, auch bei Stellen mit Vorgesetzten- und Leitungsaufgaben, ein ausreichendes Angebot an Teilzeitarbeitsplätzen zu schaffen, soweit zwingende dienstliche Belange nicht entgegenstehen. Die Wahrnehmung von Vorgesetzten- und Leitungsaufgaben steht der Reduzierung der Arbeitszeit grundsätzlich nicht entgegen.

(2) Im Rahmen der dienstlichen Möglichkeiten sollen die Dienststellen den Beschäftigten auch Telearbeitsplätze anbieten. Diese sollen bevorzugt durch Beschäftigte mit Familien- oder Pflegeaufgaben besetzt werden.

(3) Teilzeitbeschäftigung, Telearbeit und Beurlaubung zur Wahrnehmung von Familien- oder Pflegeaufgaben dürfen sich nicht nachteilig auf den beruflichen Werdegang, insbesondere auf die dienstliche Beurteilung, auswirken. Teilzeitbeschäftigten sind die gleichen beruflichen Aufstiegsmöglichkeiten und Fortbildungschancen einzuräumen wie Vollzeitbeschäftigten. Entsprechendes gilt für Beschäftigte an Telearbeitsplätzen. Teilzeit, Telearbeit und Beurlaubung zur Wahrnehmung von Familien- oder Pflegearbeiten dürfen nicht dazu führen, dass den Beschäftigten geringerwertige Aufgaben übertragen werden.

(4) Die Dienststellen sind verpflichtet, Beschäftigte, die einen Antrag auf Teilzeitbeschäftigung oder Beurlaubung zur Wahrnehmung von Familien- oder Pflegeaufgaben stellen, ausdrücklich auf die allgemeinen beamten- und versorgungsrechtlichen, sozialversicherungs-, arbeits- und tarifrechtlichen Folgen hinzuweisen.

(5) Beabsichtigt die Dienststelle, dem Antrag einer oder eines Beschäftigten mit Familien- oder Pflegeaufgaben auf Teilzeitbeschäftigung, Teilnahme an der Telearbeit oder Beurlaubung nicht zu entsprechen, ist die Beauftragte für Chancengleichheit zu beteiligen. Die Ablehnung des Antrags ist von der Dienststelle schriftlich zu begründen.

§ 31 Wechsel zur Vollzeitbeschäftigung, beruflicher Wiedereinstieg

(1) Bei Vorliegen der gleichen Eignung, Befähigung und fachlicher Leistung müssen im Rahmen der Besetzung von Vollzeitstellen vorrangig berücksichtigt werden:

1. Teilzeitbeschäftigte mit Familien- oder Pflegeaufgaben, die eine Vollzeitbeschäftigung oder eine Erhöhung ihrer wöchentlichen Arbeitszeit beantragen, sowie
2. beurlaubte Beschäftigte, die während der Beurlaubung Familien- oder Pflegeaufgaben wahrgenommen haben und eine vorzeitige Rückkehr aus der Beurlaubung beantragen.

(2) Die Dienststelle hat insbesondere den aus familien- oder pflegebedingten Gründen Beurlaubten durch geeignete Maßnahmen die Verbindung zum Beruf und den beruflichen Wiedereinstieg zu erleichtern.

(3) Beurlaubten soll in geeigneten Fällen Gelegenheit gegeben werden, Urlaubs- oder Krankheitsvertretungen wahrzunehmen.

(4) Beurlaubte sind auf Verlangen über Fortbildungsmaßnahmen zu unterrichten. Eine Teilnahme an Fortbildungsveranstaltungen soll ihnen im Rahmen der zur Verfügung stehenden Plätze und der allgemeinen Grundsätze über die Auswahl der dafür in Frage kommenden Beschäftigten ermöglicht werden. Ihnen sind auf Verlangen Fortbildungsmaßnahmen anzubieten, die den beruflichen Wiedereinstieg erleichtern. § 12 Absatz 1 Satz 3 und Absatz 4 findet entsprechende Anwendung.

(5) Mit den Beurlaubten sind auf Antrag Beratungsgespräche zu führen, in denen sie über Einsatzmöglichkeiten während und nach der Beurlaubung informiert werden.

Abschnitt 6: Übergangs- und Schlussvorschriften

§ 32 Übergangsvorschrift

(1) Gleichstellungsbeauftragte nach § 25 Absatz 1 sind, soweit nicht bereits bestellt, innerhalb eines Jahres nach Inkrafttreten dieses Gesetzes, aber vor Erstellung eines Chancengleichheitsplans, zu bestellen.

(2) In den Gemeinden unter 50 000 Einwohnerinnen und Einwohnern sind Personen oder Organisationseinheiten nach § 25 Absatz 2, soweit nicht bereits benannt, innerhalb eines Jahres nach Inkrafttreten dieses Gesetzes, aber vor Erstellung eines Chancengleichheitsplans, zu benennen.

(3) Vor Inkrafttreten dieses Gesetzes bestellte hauptamtliche Gleichstellungsbeauftragte bleiben mit deren Zustimmung bis zum Ablauf ihrer derzeitigen Bestellung im Amt. Sie führen ihr Amt mit den Rechten und Pflichten einer Gleichstellungsbeauftragten nach diesem Gesetz fort.

§ 33 Evaluation

Die Neuregelungen dieses Gesetzes sind drei Jahre nach dem Inkrafttreten zu evaluieren.

3. Bayerisches Gesetz zur Gleichstellung von Frauen und Männern (Bayerisches Gleichstellungsgesetz – BayGlG –)

vom 24. Mai 1996 (GVBl 1996, S. 186), zuletzt geändert am 23.5.2006 (GVBl 2006, S. 292)

Erster Teil: Allgemeine Vorschriften

Art. 1 Geltungsbereich

(1) Dieses Gesetz gilt, soweit gesetzlich nichts anderes bestimmt ist, für die Behörden, Gerichte und sonstigen öffentlichen Stellen des Freistaates Bayern, die Gemeinden, Gemeindeverbände und die sonstigen der Aufsicht des Freistaates Bayern unterstehenden juristischen Personen des öffentlichen Rechts. Es ist darauf hinzuwirken, dass Vereinigungen, Einrichtungen und Unternehmen, deren Anteile sich unmittelbar oder mittelbar ganz oder überwiegend in öffentlicher Hand befinden, die Ziele dieses Gesetzes berücksichtigen.
(2) Dieses Gesetz findet keine Anwendung auf die Religionsgemeinschaften sowie ihre erzieherischen und karitativen Einrichtungen ohne Rücksicht auf ihre Rechtsform.
(3) Die Vorschriften dieses Gesetzes sind nicht anzuwenden, wenn die Gleichstellung in besonderen Rechtsvorschriften geregelt ist.

Art. 2 Ziele des Gesetzes

(1) Die Verwirklichung der Gleichstellung von Frauen und Männern im öffentlichen Dienst in Bayern wird nach Maßgabe dieses Gesetzes unter Wahrung des Vorrangs von Eignung, Befähigung und fachlicher Leistung (Art. 94 Abs. 2 der Verfassung) gefördert. Ziel der Förderung ist insbesondere
– die Erhöhung der Anteile der Frauen in Bereichen, in denen sie in erheblich geringerer Zahl beschäftigt sind als Männer, um eine ausgewogene Beteiligung von Frauen zu erreichen,
– die Chancengleichheit von Frauen und Männern zu sichern,
– auf eine bessere Vereinbarkeit von Familie und Erwerbstätigkeit für Frauen und Männer hinzuwirken.
(2) Weiteres Ziel ist es, auf die gleichberechtigte Teilhabe von Frauen und Männern in Gremien hinzuwirken.
(3) Ziel ist ferner, dass alle Beschäftigten, besonders in Vorgesetzten- und Leitungsfunktionen,
– die tatsächliche Durchsetzung der Gleichberechtigung von Frauen und Männern fördern,
– auf die Beseitigung bestehender Nachteile hinwirken,
– die Chancengleichheit in allen Aufgabenbereichen als durchgängiges Leitprinzip berücksichtigen.
(4) Der Rahmen der verfügbaren Haushaltsmittel ist zu beachten.

Art. 3 Begriffsbestimmungen

(1) Beschäftigte im Sinn dieses Gesetzes sind alle Bediensteten unabhängig davon, ob der Beschäftigung ein Beamten-, Richter-, Arbeits- oder Ausbildungsverhältnis zugrunde liegt, es sei denn, das Beschäftigungsverhältnis beruht auf einer Wahl.
(2) Dienststellen im Sinn dieses Gesetzes sind die Dienststellen im Sinn des Art. 6 Abs. 1 des Bayerischen Personalvertretungsgesetzes (BayPVG); Art. 6 Abs. 2, 4, 5 Satz 1 und Abs. 6 BayPVG gelten entsprechend. Soweit Dienststellen für andere Dienststellen Befugnisse zur Vornahme von Einstellungen, Ernennungen, Beförderungen oder Übertragungen höher zu

bewertender Tätigkeiten ausüben, haben sie insoweit die Aufgaben der ihr unterstellten Dienststellen nach diesem Gesetz wahrzunehmen; die Aufgaben der Ansprechpartnerinnen und Ansprechpartner bleiben hiervon unberührt.

(3) Gremien im Sinn dieses Gesetzes sind Vorstände, Beiräte, Kommissionen, Ausschüsse, Verwaltungs- und Aufsichtsräte sowie vergleichbare Organe. Dies gilt nicht für die Mitglieder der Staatsregierung, für den Landtag, für die Gerichtsbarkeit und für die Mitgliedschaft in Gremien, soweit hierfür durch Rechtsnormen oder Vereinssatzungen ein Wahlverfahren vorgeschrieben ist.

Zweiter Teil: Gleichstellungsförderung
Abschnitt I: Gleichstellungskonzept

Art. 4 Aufstellung von Gleichstellungskonzepten

(1) Die Dienststellen erstellen alle fünf Jahre nach Maßgabe ihrer dienst- oder arbeitsrechtlichen Zuständigkeit unter frühzeitiger Mitwirkung der Gleichstellungsbeauftragten, soweit solche nicht bestellt sind, der Ansprechpartnerinnen und Ansprechpartner, ein Gleichstellungskonzept. Die Dienststelle kann von der Erstellung von Gleichstellungskonzepten absehen, soweit nur geringfügige Befugnisse zur Vornahme von Einstellungen, Ernennungen, Beförderungen oder Übertragungen höher zu bewertender Tätigkeiten bestehen oder weniger als regelmäßig 100 Beschäftigte betroffen sind; dies gilt nicht für oberste Landesbehörden. Dienststellen, die nach Art. 3 Abs. 2 Satz 2 die Aufgaben anderer Dienststellen wahrnehmen, erstellen für den gesamten Bereich, für den sie zuständig sind, ein Gleichstellungskonzept. Ändern sich wesentliche Voraussetzungen des Gleichstellungskonzepts, so ist dieses an die Entwicklung anzupassen.

(2) Die Dienststellen erstellen nach der halben Laufzeit der Gleichstellungskonzepte eine tabellarische Datenübersicht über die Anteile von Frauen und Männern bei Voll- und Teilzeittätigkeit, Einstellung, Beförderung sowie Höhergruppierung. Abs. 1 Sätze 2 und 3 gelten entsprechend.

(3) Kreisangehörige Gemeinden können im Rahmen ihrer Leistungsfähigkeit ein Gleichstellungskonzept erstellen.

Art. 5 Inhalt des Gleichstellungskonzepts

(1) Grundlage des Gleichstellungskonzepts ist eine Beschreibung der Situation der weiblichen Beschäftigten im Vergleich zu den männlichen Beschäftigten. Hierfür sind jeweils zum Stichtag 30. Juni des Berichtsjahres die bisherigen Gleichstellungsmaßnahmen und gleichstellungsrelevante Daten auszuwerten.

(2) Die vorhandenen Unterschiede im Vergleich der Anteile von Frauen und Männern, insbesondere bei Voll- und Teilzeittätigkeit, Beurlaubung, Einstellung, Bewerbung, Fortbildung, Beförderung, Höhergruppierung und Leistungsbesoldung, sind darzustellen und zu erläutern.

(3) Zur Erhöhung des Frauenanteils in Bereichen, in denen sie in erheblich geringerer Zahl beschäftigt sind als Männer, sind Maßnahmen zur Durchsetzung personeller und organisatorischer Verbesserungen anhand von auch zeitbezogenen Zielvorgaben zu entwickeln.

(4) Darüber hinaus sind Initiativen zur Sicherung der Chancengleichheit von Frauen und Männern und der Vereinbarkeit von Familie und Erwerbstätigkeit, insbesondere strukturelle Maßnahmen zu entwickeln und darzustellen.

(5) Die kostenmäßigen Auswirkungen sind darzustellen.

(6) Die Gemeinden und Gemeindeverbände können, unbeschadet von Art. 4 Abs. 2, durch Satzung den Inhalt des Gleichstellungskonzepts zur Erreichung der Ziele des Gesetzes nach Art. 2 abweichend von den Absätzen 1 bis 5 regeln.

Art. 6 Bekanntgabe des Gleichstellungskonzepts und Begründungspflichten

(1) Das Gleichstellungskonzept sowie die Aktualisierungen sind in den betroffenen Dienststellen in geeigneter Form bekanntzugeben.

(2) Wenn das Gleichstellungskonzept nicht umgesetzt worden ist, sind die Gründe hierfür sowohl im Rahmen einer Aktualisierung als auch bei der Aufstellung des nächsten Gleichstellungskonzepts darzulegen und entsprechend Absatz 1 bekanntzugeben.

Abschnitt II: Sonstige Maßnahmen zur Förderung der Gleichstellung

Art. 7 Stellenausschreibung

(1) Ein Arbeitsplatz darf nicht nur für Frauen oder nur für Männer ausgeschrieben werden, es sei denn, ein bestimmtes Geschlecht ist unverzichtbare Voraussetzung für die ausgeschriebene Tätigkeit.

(2) Bei der Ausschreibung von Stellen, auch bei Vorgesetzten- und Leitungsfunktionen, ist auf eine Teilzeitbeschäftigungsmöglichkeit hinzuweisen.

(3) In Bereichen, in denen Frauen in erheblich geringerer Zahl beschäftigt sind als Männer, sind Frauen besonders aufzufordern, sich zu bewerben.

Art. 8 Einstellung und beruflicher Aufstieg

(1) Unter Wahrung des Vorrangs von Eignung, Befähigung und fachlicher Leistung, der dienst- oder tarifrechtlichen Vorschriften und sonstiger rechtlicher Vorgaben hat die Dienststelle nach Maßgabe der dem Gleichstellungskonzept entsprechenden Personalplanung den Anteil von Frauen in den Bereichen, in denen sie in erheblich geringerer Zahl beschäftigt sind als Männer,
1. bei der Besetzung von Beamten-, Richter-, Angestellten- und Arbeiterstellen, auch mit Vorgesetzten- und Leitungsfunktionen sowie von Stellen für die Berufsausbildung,
2. bei der Beförderung und Übertragung höher zu bewertender Tätigkeiten, auch mit Vorgesetzten- und Leitungsfunktionen zu erhöhen.

(2) Bei der Besetzung von Beamten-, Richter-, Angestellten- und Arbeiterstellen, von Stellen für die Berufsausbildung sowie bei der Beförderung und Übertragung höher zu bewertender Tätigkeiten auch mit Vorgesetzten- und Leitungsfunktionen sind dienstlich feststellbare soziale Erfahrungen und Fähigkeiten aus der Betreuung von Kindern oder Pflegebedürftigen und aus ehrenamtlicher Tätigkeit mit zu berücksichtigen.

Art. 9 Fortbildung

(1) Frauen sind bei der Auswahl der Teilnehmenden an Fortbildungsveranstaltungen im Regelfall entsprechend ihrem Anteil an der jeweiligen Zielgruppe der Fortbildung zu berücksichtigen.Unter den Voraussetzungen des Art. 7 Abs. 3 sind Frauen besonders zur Teilnahme einzuladen.

(2) Auch Beschäftigten mit Familienpflichten und Teilzeitbeschäftigten ist die Teilnahme an Fortbildungsveranstaltungen in geeigneter Weise zu ermöglichen.

(3) Fortbildungskurse, die den Beschäftigten den beruflichen Aufstieg, insbesondere auch aus den unteren Einkommensgruppen, erleichtern, sind in ausreichendem Umfang anzubieten; Absatz 1 gilt entsprechend.

(4) Im Rahmen der Fortbildung sind auch die Themen Chancengleichheit, geschlechtersensible Sichtweise, Gleichstellung und Benachteiligung von Frauen am Arbeitsplatz vorzusehen. Diese Themen sind insbesondere bei Fortbildungsmaßnahmen für Beschäftigte, die im Organisations- und Personalwesen tätig sind, sowie für Beschäftigte in Vorgesetzten- und Leitungsfunktionen vorzusehen.
(5) Frauen sollen für Fortbildungsveranstaltungen verstärkt als Referentinnen und Leiterinnen gewonnen werden.

Art. 10   Flexible Arbeitszeiten
Soweit dienstliche Belange nicht entgegenstehen, soll im Rahmen der gesetzlichen, tarifvertraglichen und sonstigen Regelungen der Arbeitszeit im Einzelfall Beschäftigten mit Familienpflichten bei Notwendigkeit über die gleitende Arbeitszeit hinaus eine flexible Gestaltung der Arbeitszeit ermöglicht werden.

Art. 11   Teilzeit-, Wohnraum- und Telearbeit
(1) Unter Berücksichtigung der Funktionsfähigkeit der Verwaltung und der personalwirtschaftlichen und organisatorischen Möglichkeiten ist ein ausreichendes Angebot an Teilzeitarbeitsplätzen zu schaffen. [2]Dies gilt auch für Stellen mit Vorgesetzten-oder Leitungsaufgaben. Es ist darauf hinzuwirken, dass sich daraus für die Teilzeitbeschäftigten und die übrigen Beschäftigten keine Mehrbelastungen ergeben. Die Sätze 1 und 3 gelten entsprechend für Wohnraum- und Telearbeit.
(2) Streben Beschäftigte, die aus familiären Gründen teilzeitbeschäftigt sind, wieder eine Vollzeitbeschäftigung an, sollen sie bei der Neubesetzung eines gleichwertigen Arbeitsplatzes, unter Wahrung des Vorrangs von Eignung, Befähigung und fachlicher Leistung sowie der personalwirtschaftlichen Möglichkeiten vorrangig berücksichtigt werden.

Art. 12   Beurlaubung
(1) Beschäftigten, die aus familiären Gründen beurlaubt sind, soll durch organisatorische Maßnahmen, insbesondere durch das Angebot von Fort- und Weiterbildungsmaßnahmen, die Möglichkeit eingeräumt werden, die Verbindung zum Beruf aufrechtzuerhalten. Sie sind über das Angebot an Fort- und Weiterbildungsveranstaltungen zu informieren. [3]Ihnen soll die Teilnahme ermöglicht werden.
(2) Notwendige Auslagen für die Teilnahme werden in entsprechender Anwendung des Reisekostengesetzes erstattet, wenn die jeweilige Bildungsmaßnahme in Abstimmung mit der Dienststelle erfolgt und sie unmittelbar auf die Wiederaufnahme der beruflichen Tätigkeit vorbereitet.
(3) In geeigneten Fällen sind Urlaubs- und Krankheitsvertretungen sowie sonstige zulässig befristete Beschäftigungsmöglichkeiten im Einvernehmen mit der Dienststelle auf Antrag vorrangig Beschäftigten anzubieten, die aus familiären Gründen beurlaubt sind, soweit nicht der Zweck der Beurlaubung oder dienstliche Belange entgegenstehen.
(4) Streben Beschäftigte, die aus familiären Gründen beurlaubt sind, vorzeitig wieder eine Vollzeit- oder Teilzeitbeschäftigung an, sollen sie bei der Neubesetzung eines gleichwertigen Arbeitsplatzes unter Wahrung der Eignung, Befähigung und fachlichen Leistung vorrangig berücksichtigt werden.
(5) Mit den Beurlaubten sollen Beratungsgespräche geführt werden, in denen sie über Einsatzmöglichkeiten während und nach der Beurlaubung informiert werden.

Art. 13 Wiedereinstellung

Beschäftigte, die aus familiären Gründen aus dem Dienst- oder Arbeitsverhältnis ausgeschieden sind, sollen unter Wahrung von Eignung, Befähigung und fachlicher Leistung, soweit gesetzlich nichts anderes bestimmt ist, nach Möglichkeit wieder eingestellt werden.

Art. 14 Benachteiligungsverbot bei Teilzeitbeschäftigung und Beurlaubung

(1) Teilzeitbeschäftigung darf das berufliche Fortkommen nicht beeinträchtigen; eine unterschiedliche Behandlung von Teilzeitbeschäftigten gegenüber Vollzeitbeschäftigten ist nur zulässig, wenn sachliche Gründe sie rechtfertigen. Teilzeitbeschäftigung darf sich nicht nachteilig auf die dienstliche Beurteilung und Beförderung auswirken.
(2) Entsprechendes gilt für die Beurlaubung von Beschäftigten mit Familienpflichten; eine regelmäßige Gleichbehandlung von Zeiten der Beurlaubung mit der Teilzeitbeschäftigung ist damit nicht verbunden.

Dritter Teil: Gleichstellungsbeauftragte – Ansprechpartnerinnen und Ansprechpartner

Art. 15 Bestellung

(1) Bei den obersten Landesbehörden und bei Dienststellen, die über die Befugnis verfügen, Einstellungen, Beförderungen oder Übertragungen höher zu bewertender Tätigkeiten vorzunehmen, werden Gleichstellungsbeauftragte mit deren Einverständnis nach vorheriger interner Ausschreibung bestellt. [2]Die Dienststelle kann von der Bestellung von Gleichstellungsbeauftragten absehen, soweit nur geringfügige Befugnisse zur Vornahme von Einstellungen, Ernennungen, Beförderungen oder Übertragungen höher zu bewertender Tätigkeiten bestehen oder weniger als regelmäßig 100 Beschäftigte betroffen sind. [3]Der Aufsicht des Freistaates Bayern unterstehende juristische Personen des öffentlichen Rechts können Gleichstellungsbeauftragte bestellen; Art. 20 bleibt unberührt.
(2) Soweit auf Grund des Absatzes 1 Sätze 1 und 2 Gleichstellungsbeauftragte nicht zu bestellen sind oder von einer Bestellung abgesehen wird, werden in den Dienststellen Ansprechpartnerinnen und Ansprechpartner für die Beschäftigten und die zuständigen Gleichstellungsbeauftragten bestellt. [2]Diese nehmen für ihre Dienststelle die Aufgaben nach Art. 16 Abs. 2 Satz 2, Art. 17 Abs. 2 und 3, Art. 18 Abs. 1 wahr. [3]Die übrigen Aufgaben der Gleichstellungsbeauftragten nehmen in diesem Fall die Gleichstellungsbeauftragten der jeweils zuständigen Dienststelle wahr.
(3) Die Bestellung der Gleichstellungsbeauftragten erfolgt für die Dauer von drei Jahren mit der Möglichkeit der Verlängerung. Die Bestellung kann in beiderseitigem Einverständnis vorzeitig aufgehoben, im übrigen nur aus wichtigem Grund widerrufen werden. In diesen Fällen erfolgt bis zum Ende der laufenden Periode eine unverzügliche Neubestellung; beginnt die Amtszeit innerhalb des letzten Jahres der laufenden Periode, endet sie mit Ablauf der darauf folgenden Periode.

Art. 16 Rechtsstellung

(1) Die Gleichstellungsbeauftragten sind grundsätzlich der Dienststellenleitung oder deren ständiger Vertretung unmittelbar zu unterstellen. Bei obersten Landesbehörden und bei Mittelbehörden ist auch die Zuordnung zur Leitung der Verwaltungs- oder Personalabteilung und bei Hochschulen die Zuordnung für das nichtwissenschaftliche Personal zur Leitung der Hochschulverwaltung oder zur Leitung der Personalabteilung möglich.

(2) Die Gleichstellungsbeauftragten, die Personalvertretungen und die Dienststellen arbeiten vertrauensvoll zusammen. Die Gleichstellungsbeauftragten nehmen an den regelmäßig stattfindenden Besprechungen zwischen Dienststelle und Personalvertretung teil.
(3) Die Gleichstellungsbeauftragten sind in der Erfüllung ihrer Aufgaben weisungsfrei. Eine dienstliche Beurteilung der Tätigkeit erfolgt nur auf Antrag der Gleichstellungsbeauftragten.
(4) Die Gleichstellungsbeauftragten können sich ohne Einhaltung des Dienstwegs an andere Gleichstellungsbeauftragte und an die Frauenbeauftragte der Staatsregierung wenden, sich mit ihnen beraten und Informationen austauschen, soweit nicht ohne Einwilligung der Betroffenen personenbezogene Daten übermittelt werden.
(5) Die Gleichstellungsbeauftragten dürfen nicht behindert, benachteiligt oder begünstigt werden; dies gilt auch für die berufliche Entwicklung. Sie besitzen die gleiche persönliche Rechtsstellung, insbesondere den gleichen Kündigungs-, Versetzungs- und Abordnungsschutz, wie ein Mitglied des Personalrats, ungeachtet der unterschiedlichen Aufgabenstellung.
(6) Die Gleichstellungsbeauftragten sind von ihrer sonstigen dienstlichen Tätigkeit freizustellen, wenn und soweit es nach Art und Umfang der Dienststelle zur ordnungsgemäßen Wahrnehmung ihrer Aufgaben notwendig ist. Hierzu gehört auch die Teilnahme an Fortbildungsveranstaltungen, soweit diese Kenntnisse vermitteln, die für ihre Tätigkeit erforderlich sind; dabei sind die dienstlichen Interessen angemessen zu berücksichtigen. Eine Änderung in der Höhe der Dienstbezüge oder des Arbeitsentgelts ist mit den Freistellungen nach den Sätzen 1 und 2 nicht verbunden.
(7) Die Gleichstellungsbeauftragten sind mit den zur Erfüllung ihrer Aufgaben notwendigen und angemessenen personellen und sachlichen Mitteln auszustatten. ²Dazu gehört auch eine Vertretung in der Funktion als Gleichstellungsbeauftragte.

Art. 17 Aufgaben

(1) Die Gleichstellungsbeauftragten fördern und überwachen den Vollzug dieses Gesetzes und des Gleichstellungskonzepts und unterstützen dessen Umsetzung. Die Gleichstellungsbeauftragten fördern zusätzlich mit eigenen Initiativen die Durchführung dieses Gesetzes und die Verbesserung der Situation von Frauen sowie die Vereinbarkeit von Familie und Erwerbstätigkeit für Frauen und Männer.
(2) Die Gleichstellungsbeauftragten wirken im Rahmen ihrer Zuständigkeit an allen Angelegenheiten des Geschäftsbereichs mit, die grundsätzliche Bedeutung für die Gleichstellung von Frauen und Männern, die Vereinbarkeit von Familie und Erwerbstätigkeit und die Sicherung der Chancengleichheit haben können.
(3) Zu den Aufgaben der Gleichstellungsbeauftragten gehört auch die Beratung zu Gleichstellungsfragen und Unterstützung der Beschäftigten in Einzelfällen. ²Die Beschäftigten können sich unmittelbar an die Gleichstellungsbeauftragten wenden.

Art. 18 Rechte und Pflichten

(1) Die Gleichstellungsbeauftragten haben ein unmittelbares Vortragsrecht bei der Dienststellenleitung und werden von dieser bei der Durchführung ihrer Aufgaben unterstützt. Die Gleichstellungsbeauftragten können sich unmittelbar an den Bayerischen Landesbeauftragten für den Datenschutz wenden.
(2) Die Gleichstellungsbeauftragten sind zur Durchführung ihrer Aufgaben rechtzeitig und umfassend zu unterrichten, bei Personalangelegenheiten spätestens gleichzeitig mit der Einleitung eines personalvertretungsrechtlichen Beteiligungsverfahrens. Die hierfür erforderlichen Unterlagen sind frühzeitig vorzulegen und die erbetenen Auskünfte zu erteilen.

(3) Die Gleichstellungsbeauftragten sind frühzeitig an wichtigen gleichstellungsrelevanten Vorhaben zu beteiligen. Eine Beteiligung in Personalangelegenheiten findet auf Antrag der Betroffenen statt; die Gleichstellungsbeauftragten sind auf Antrag ferner zu beteiligen, wenn sie hinreichende Anhaltspunkte dafür vortragen, dass die Ziele dieses Gesetzes nicht beachtet werden. Eine Beteiligung an Vorstellungsgesprächen findet nur auf Antrag der Betroffenen statt. Die Personalakten dürfen nur mit Zustimmung der Betroffenen eingesehen werden.
(4) Die Gleichstellungsbeauftragten, ihre Vertretungen sowie die ihnen zur Aufgabenerfüllung zugewiesenen Beschäftigten sind hinsichtlich personenbezogener Daten und anderer vertraulicher Angelegenheiten auch über die Zeit ihrer Bestellung hinaus zum Stillschweigen verpflichtet. ²Satz 1 gilt für die Ansprechpartnerinnen und Ansprechpartner im Sinn des Art. 15 Abs. 2 entsprechend.
(5) Die Rechte und Pflichten des Personalrats bleiben unberührt.
(6) Die Gleichstellungsbeauftragten können Informationsveranstaltungen sowie sonstige Aufklärungsarbeit im Einvernehmen mit der Dienststelle durchführen.
(7) Die Gleichstellungsbeauftragten dürfen sich in Ausübung ihres Amtes nicht parteipolitisch betätigen.

Art. 19 Beanstandungsrecht

(1) Bei Verstößen gegen dieses Gesetz, das Gleichstellungskonzept und andere Vorschriften über die Gleichbehandlung von Frauen und Männern haben die Gleichstellungsbeauftragten das Recht, diese Verstöße zu beanstanden. Für die Beanstandung ist eine Frist von zehn Arbeitstagen nach Unterrichtung der Gleichstellungsbeauftragten einzuhalten.
(2) Über die Beanstandung entscheidet die Dienststellenleitung oder die für sie handelnde Stelle. Sie soll die beanstandete Maßnahme und ihre Durchführung so lange aufschieben. Hält sie die Beanstandung für begründet, sind die Maßnahme und ihre Folgen soweit möglich zu berichtigen sowie die Ergebnisse der Beanstandung für Wiederholungsfälle zu berücksichtigen. Hält sie die Beanstandung nicht für begründet, so ist die Ablehnung der Beanstandung zu begründen.
(3) Das Beanstandungsverfahren bedarf keiner Form.

Art. 20 Kommunale Gleichstellungsbeauftragte

(1) Die Bezirke, die Landkreise und kreisfreien Gemeinden bestellen, in der Regel nach vorheriger Ausschreibung, hauptamtliche oder teilhauptamtliche Gleichstellungsbeauftragte mit deren Einverständnis. Die Gleichstellungsbeauftragten wirken im Rahmen der Zuständigkeit und finanziellen Leistungsfähigkeit des Bezirks, des Landkreises und der Gemeinde auf die Gleichstellung von Frauen und Männern in Familie, Beruf und Gesellschaft hin. Die Einzelheiten der Bestellung richten sich nach Art. 15 Abs. 3, die Aufgaben, Rechte und Pflichten der Gleichstellungsbeauftragten nach Art. 16 bis 19, soweit nicht durch Satzung etwas anderes bestimmt wird. Die Satzung kann auch bestimmen, dass die Gleichstellungsbeauftragten hierzu beratend tätig werden, Anregungen vorbringen, Initiativen entwickeln, sonstige öffentlichkeitswirksame Maßnahmen sowie gleichstellungsbezogene Projekte durchführen und mit allen für die Umsetzung der Gleichberechtigung relevanten gesellschaftlichen Gruppen, insbesondere den Frauengruppen und Frauenorganisationen, zusammenarbeiten können.
(2) Kreisangehörige Gemeinden können Gleichstellungsbeauftragte mit deren Einverständnis bestellen; Absatz 1 gilt entsprechend.

Vierter Teil: Gremien

Art. 21 Vertretung von Frauen und Männern in Gremien

Alle an Besetzungsverfahren von Gremien Beteiligten, auch wenn es sich dabei um gesellschaftliche Institutionen, Organisationen, Verbände und Gruppen handelt, die nicht Träger öffentlicher Verwaltung sind, haben nach Maßgabe dieses Gesetzes auf eine gleichberech

4. Landesgleichstellungsgesetz Berlin

vom 21.12.1990 (GVBl. 1991, S. 8), zuletzt geändert durch Berliner E-Government-Gesetz vom 30.5.2016 (GVBl. Nummer 14 2016, S. 282, 287)

§ 1 Geltungsbereich
Dieses Gesetz gilt für die Berliner Verwaltung (§ 2 des Allgemeinen Zuständigkeitsgesetzes), für landesunmittelbare öffentlichrechtliche Körperschaften, Anstalten und Stiftungen (§ 28 des Allgemeinen Zuständigkeitsgesetzes), für die Gerichte des Landes Berlin, für den Präsidenten des Abgeordnetenhauses von Berlin, den Rechnungshof von Berlin und den Berliner Beauftragten für Datenschutz und Informationsfreiheit.

§ 1a Geltung bei Beteiligungen des Landes
(1) ¹Soweit das Land Berlin unmittelbar oder mittelbar Mehrheitsbeteiligungen an juristischen Personen des Privatrechts oder Personengesellschaften hält oder erwirbt, stellt es sicher, dass die Regelungen dieses Gesetzes auch von diesen entsprechend angewendet werden. ²Das gilt insbesondere für die Erstellung eines Frauenförderplans, für Stellenbesetzungsverfahren einschließlich der Besetzung von Vorstands- und Geschäftsführungspositionen sowie für die Wahl von Frauenvertreterinnen.
(2) Einzelheiten sind mit Inkrafttreten dieses Gesetzes im Rahmen der jeweiligen Rechtsgrundlage zu regeln.
(3) Soweit das Land Berlin keine Mehrheitsbeteiligungen an juristischen Personen des privaten Rechts oder Personengesellschaften unmittelbar oder mittelbar hält oder erwirbt, wirkt es darauf hin, dass Maßnahmen entsprechend den Regelungen dieses Gesetzes auch von den juristischen Personen des privaten Rechts und Personengesellschaften angewendet werden.

§ 1b Geltung bei Umwandlung, Errichtung und Veräußerung von Einrichtungen des Landes
(1) Wandelt das Land Berlin Teile der Berliner Verwaltung, eine Körperschaft oder Anstalt des öffentlichen Rechts oder eine andere Einrichtung, die in den Geltungsbereich von § 1 dieses Gesetzes fällt, oder einen Teil davon in eine juristische Person des privaten Rechts oder eine Personengesellschaft um oder errichtet es juristische Personen des privaten Rechts oder Personengesellschaften, so ist in den Umwandlungs- oder Errichtungsrechtsakten und in den jeweiligen Rechtsgrundlagen festzulegen und sicherzustellen, dass die Regelungen dieses Gesetzes auch zukünftig Anwendung finden.
(2) Erfolgt eine teilweise oder vollständige Veräußerung einer juristischen Person oder Personengesellschaft, sind Erwerbende zu verpflichten, die entsprechende Anwendung der Vorschriften dieses Gesetzes zu gewährleisten und eine entsprechende Verpflichtung bei etwaigen Weiterveräußerungen auch späteren Erwerbenden aufzuerlegen.

§ 2 Grundsatz
(1) ¹Frauen und Männer sind gleichzustellen. ²Zur Verwirklichung der Gleichstellung werden nach Maßgabe dieses Gesetzes Frauen gefördert und bestehende Benachteiligungen von Frauen abgebaut.
(2) Frauen und Männer dürfen wegen ihres Geschlechts oder ihres Familienstandes nicht diskriminiert werden.

§ 3 Gleichstellungsverpflichtung

(1) ¹Die Einrichtungen nach § 1 sind verpflichtet, aktiv auf die Gleichstellung von Männern und Frauen in der Beschäftigung und auf die Beseitigung bestehender Unterrepräsentanzen hinzuwirken. ²Die Erfüllung dieser Verpflichtung ist besondere Aufgabe der Beschäftigten mit Vorgesetzten- und Leitungsfunktionen. ³Sie ist in den jeweiligen vertraglichen Vereinbarungen als Leistungskriterium festzuschreiben sowie bei der Beurteilung ihrer Leistung einzubeziehen.
(2) Frauen sind unterrepräsentiert, wenn in Vorgesetzten- oder Leitungsfunktionen, in einer Besoldungs-, Vergütungs-, Entgelt- oder Lohngruppe einer Laufbahn bzw. Berufsfachrichtung in einer Einrichtung nach § 1 mehr Männer als Frauen beschäftigt sind.
(3) ¹Führen personalwirtschaftliche Maßnahmen zu einem Stellenabbau, so ist sicherzustellen, dass sich der Anteil von Frauen in Bereichen, in denen sie unterrepräsentiert sind, nicht verringert. ²Dies gilt auch für den Fall, dass personalwirtschaftliche Maßnahmen eine Unterrepräsentanz von Frauen begründen und für Vorgesetzten- und Leitungspositionen.
(4) Besteht eine Einrichtung nach § 1 aus mehreren Dienststellen im Sinne des Personalvertretungsgesetzes, so gelten die Absätze 1 bis 3 in diesen entsprechend.
(5) Soweit in übergeordneten Dienststellen Entscheidungen für nachgeordnete Dienststellen getroffen werden, hat jede beteiligte Dienststelle die Aufgaben nach diesem Gesetz wahrzunehmen.

§ 4 Frauenförderplan

(1) ¹Jede Einrichtung nach § 1 erstellt auf der Grundlage einer Bestandsaufnahme und Analyse der Beschäftigtenstruktur sowie der zu erwartenden Fluktuation oder Einsparungsmaßnahmen einen Frauenförderplan. ²Bestehen in einer Einrichtung nach § 1 mehrere Dienststellen im Sinne des Personalvertretungsgesetzes, so können diese Frauenförderpläne erlassen. ³Der Frauenförderplan ist für einen Zeitraum von sechs Jahren zu erstellen und danach fortzuschreiben. ⁴Spätestens nach zwei Jahren ist er an die aktuelle Entwicklung anzupassen.
(2) ¹Im Frauenförderplan ist mindestens festzulegen, in welcher Zeit und mit welchen personellen, organisatorischen und fortbildenden Maßnahmen die Gleichstellungsverpflichtung nach § 3 innerhalb der jeweiligen Einrichtung oder Dienststelle gefördert werden kann. ²Dazu ist für jede einzelne Besoldungs-, Vergütungs-, Entgelt- und Lohngruppe sowie jede Vorgesetzten- und Leitungsebene festzustellen, ob Frauen unterrepräsentiert sind. ³Für jeweils zwei Jahre sind verbindliche Zielvorgaben zur Erhöhung des Frauenanteils in den einzelnen Besoldungs-, Vergütungs-, Entgelt- oder Lohngruppen der einzelnen Laufbahn oder Berufsfachrichtung sowie auf den Vorgesetzten- und Leitungsebenen festzulegen. ⁴Bei der Festlegung von Zielvorgaben ist festzustellen, welche für die Besetzung von Stellen in Bereichen, in denen Frauen unterrepräsentiert sind, erforderlichen Qualifikationen die beschäftigten Frauen bereits aufweisen, erwerben oder erwerben können (Personalentwicklungsplanung). ⁵Dabei sind insbesondere solche Stellen zu berücksichtigen, die voraussichtlich neu zu besetzen sind. ⁶Es ist festzulegen, wie viele Frauen an Qualifikationsmaßnahmen teilnehmen, die für die Besetzung einer Stelle in Bereichen, in denen Frauen unterrepräsentiert sind, förderlich sind.
(3) Die Zahl der Auszubildenden, getrennt nach Geschlechtern, Laufbahn oder Berufsfachrichtung und Ausbildungsberuf ist darzustellen und in die Personalentwicklungsplanung einzubeziehen.
(4) Im Zentralen Personalüberhangmanagement (Stellenpool) sind durch die besonderen Aufgaben und Strukturen Ausnahmen von den Vorgaben der Absätze 2 und 3 zulässig.

(5) ¹Besteht eine Einrichtung nach § 1 aus mehreren Dienststellen im Sinne des Personalvertretungsgesetzes, so sind an der Erstellung, Fortschreibung und Anpassung des dienststellenübergreifenden Frauenförderplans alle betroffenen Frauenvertreterinnen mit dem Ziel einer einvernehmlichen Regelung frühzeitig zu beteiligen; die Rechte der Personalräte bleiben unberührt. ²Dies gilt auch für die Entscheidung gemäß Absatz 1 Satz 2.
(6) Frauenförderpläne sowie deren Fortschreibungen oder Anpassungen sind dem für Frauenpolitik zuständigen Mitglied des Senats zur Kenntnis zu geben.
(7) Die Festlegungen im Frauenförderplan sind Bestandteil der Personalentwicklungsplanung.
(8) Wird ein Frauenförderplan nicht erstellt, angepasst oder fortgeschrieben oder ein bestehender nicht umgesetzt, so kann die zuständige Frauenvertreterin das unmittelbar gegenüber dem für Frauenpolitik zuständigen Senatsmitglied beanstanden.

§ 5 Stellen- und Funktionsausschreibungen, öffentliche Bekanntmachungen

(1) ¹Alle Stellen und Funktionen sind intern auszuschreiben. ²In Bereichen oberhalb der Besoldungsgruppe A 9 bzw. der entsprechenden tarifvertraglichen Regelungen, in denen Frauen unterrepräsentiert sind, sind Stellen und Funktionen öffentlich auszuschreiben.
(2) Zur gezielten Ansprache von Frauen kann zusätzlich in der Tagespresse oder in anderen geeigneten Publikationsorganen ausgeschrieben werden.
(3) ¹Zu besetzende Vorstands- und Geschäftsleitungspositionen der Anstalten, Körperschaften und Stiftungen des öffentlichen Rechts sind in Form einer Ausschreibung öffentlich bekannt zu machen, sofern eine Unterrepräsentanz von Frauen besteht. ²Entsprechendes gilt nach § 1a für solche Positionen der juristischen Personen des privaten Rechts und Personengesellschaften mit Mehrheitsbeteiligungen des Landes Berlin.
(4) ¹Die öffentliche Bekanntmachung für die in Absatz 3 genannten Positionen erfolgt überregional in der Tages- und Wochenpresse oder in anderen geeigneten Publikationsorganen wie Fachzeitschriften und im Internet. ²Sie erfolgt auf der Grundlage eines Anforderungsprofils zu den fachlichen und persönlichen Voraussetzungen für die zu besetzenden Positionen.
(5) ¹Bei Stellen- und Funktionsausschreibungen und öffentlichen Bekanntmachungen ist sowohl die männliche als auch die weibliche Sprachform zu verwenden, es sei denn, ein bestimmtes Geschlecht ist unverzichtbare Voraussetzung für die Tätigkeit. ²Sofern eine Einrichtung im Sinne des § 1 oder Dienststelle nach dem Personalvertretungsgesetz verpflichtet ist, den Anteil von Frauen zu erhöhen, ist das in der Ausschreibung oder Bekanntmachung zu erwähnen und darauf hinzuweisen, dass Bewerbungen von Frauen ausdrücklich erwünscht sind.
(6) ¹Von der Verpflichtung zur Bekanntmachung können Wiederbestellungen von Vorständen und Geschäftsleitungen ausgenommen werden. ²Von der Verpflichtung zur Bekanntmachung oder Ausschreibung werden ebenfalls herausragende künstlerische Positionen ausgenommen sowie Arbeitsbereiche im Leitungsbereich der Einrichtungen gemäß § 1, die regelmäßig an die laufende Legislatur oder Bestellung gebunden sind und ein besonderes persönliches Vertrauensverhältnis erfordern, insbesondere persönliche Referentinnen und Referenten sowie Pressesprecherinnen und Pressesprecher.
(7) Ausschreibungspflichten und Ausnahmen hiervon aufgrund beamtenrechtlicher Vorschriften bleiben von den vorstehenden Regelungen unberührt.

§ 6 Auswahlverfahren

(1) In Bereichen, in denen Frauen unterrepräsentiert sind, sind entweder alle Bewerberinnen oder mindestens ebenso viele Frauen wie Männer zum Vorstellungsgespräch einzuladen, sofern sie die in der Ausschreibung vorgegebene Qualifikation für die Stelle oder Funktion besitzen und Bewerbungen von Frauen in ausreichender Zahl vorliegen.
(2) Entsprechendes gilt für die Besetzung von Vorstands- und Geschäftsleitungspositionen der Anstalten, Körperschaften und Stiftungen des öffentlichen Rechts und der juristischen Personen des privaten Rechts und Personengesellschaften mit Mehrheitsbeteiligungen des Landes Berlin.
(3) Die Berücksichtigung von Frauen im Auswahlverfahren ist in Bereichen, in denen sie unterrepräsentiert sind, in geeigneter Form zu dokumentieren und den an der Personalfindung Beteiligten rechtzeitig vor der Auswahlentscheidung zur Kenntnis zu bringen.
(4) Soweit Dritte mit der Personalfindung beauftragt werden, ist sicherzustellen, dass die Regelungen dieses Gesetzes Beachtung finden.

§ 7 Ausbildung

(1) Der Zugang zu Ausbildungsplätzen muss diskriminierungsfrei gestaltet sein.
(2) Ausbildungsplätze sind in Bereichen, in denen Frauen unterrepräsentiert sind, in jeder Einrichtung nach § 1 oder Dienststelle im Sinne des Personalvertretungsgesetzes je Ausbildungsgang und Vergaberunde mindestens zur Hälfte an Frauen zu vergeben.
(3) ¹Wenn für die Besetzung von Ausbildungsplätzen nicht genügend Bewerbungen von Frauen vorliegen, die die in der Ausschreibung vorgegebene Qualifikation besitzen, ist die Ausschreibung zu wiederholen. ²Haben sich nach einer erneuten Ausschreibung nicht genügend geeignete Kandidatinnen beworben, so werden die Ausbildungsplätze nach der Bewerbungslage vergeben.
(4) Frauen, die in einem Beruf ausgebildet wurden, in dem der Frauenanteil bisher unter 20 vom Hundert liegt (Männerberuf), sind vorrangig in ein Beschäftigungsverhältnis im erlernten Beruf zu übernehmen.

§ 8 Einstellungen und Beförderungen

(1) Frauen, die eine zur Ausfüllung der Stelle oder Funktion gleichwertige Qualifikation (Eignung, Befähigung und fachliche Leistung) besitzen wie männliche Mitbewerber, sind diesen gegenüber unter Wahrung der Einzelfallgerechtigkeit solange bevorzugt einzustellen oder zu übernehmen, bis der Anteil der Frauen in der betreffenden Laufbahn, Berufsfachrichtung, Vorgesetzten- oder Leitungsebene und Funktionsstelle der jeweiligen Einrichtung nach § 1 oder Dienststelle im Sinne des Personalvertretungsgesetzes mindestens 50 vom Hundert beträgt.
(2) Frauen, deren Qualifikation der der männlichen Mitbewerber gleichwertig ist, sind gegenüber männlichen Mitbewerbern unter Wahrung der Einzelfallgerechtigkeit solange bevorzugt zu befördern, bis in den jeweils höheren Besoldungs-, Vergütungs-, Lohn- oder Entgeltgruppen der betreffenden Laufbahn, Berufsfachrichtung, Vorgesetzten- oder Leitungsebene und Funktionsstelle der Einrichtung nach § 1 oder Dienststelle im Sinne des Personalvertretungsgesetzes der Anteil der Frauen mindestens 50 vom Hundert beträgt.
(3) ¹Die Qualifikation ist ausschließlich an den Anforderungen des Berufs, der zu besetzenden Stelle, Funktion oder der Laufbahn zu messen. ²Spezifische, zum Beispiel durch Familienarbeit, durch soziales Engagement oder ehrenamtliche Tätigkeit erworbene Erfahrungen und Fähigkeiten sind Teil der Qualifikation im Sinne der Absätze 1 und 2.

(4) ¹Bei der Auswahlentscheidung ist unbeschadet sozialer Kriterien dem Recht der Frauen auf Gleichstellung im Erwerbsleben Rechnung zu tragen. ²Folgende und ähnliche Kriterien dürfen daher nicht herangezogen werden:
1. Unterbrechungen der Erwerbstätigkeit, Reduzierungen der Arbeitszeit oder Verzögerungen beim Abschluss einzelner Ausbildungsgänge aufgrund der Betreuung von Kindern oder pflegebedürftigen Angehörigen oder wegen Haushaltsführung,
2. Lebensalter oder Familienstand,
3. eigene Einkünfte des Partners oder der Partnerin einer Bewerberin oder die Einkommenslosigkeit der Partnerin oder des Partners eines Bewerbers, sofern sie nicht auf Arbeitslosigkeit beruht,
4. zeitliche Belastungen durch die Betreuung von Kindern oder pflegebedürftigen Angehörigen und die Absicht, von der Möglichkeit der Arbeitszeitreduzierung Gebrauch zu machen.

(5) Für die Besetzung von Vorstands- und Geschäftsleitungspositionen der Anstalten, Körperschaften und Stiftungen des öffentlichen Rechts gilt Absatz 1 entsprechend.

§ 9 Fort- und Weiterbildung

(1) Beschäftigte mit Vorgesetzten- und Leitungsfunktionen sind verpflichtet, Frauen auf Maßnahmen, die für das berufliche Fortkommen förderlich sind, aufmerksam zu machen und ihnen die Teilnahme entsprechend dem Frauenförderplan zu ermöglichen.

(2) Auf die Auswahl von Beschäftigten zur Teilnahme an Fortbildungsveranstaltungen, die zur Übernahme höherwertiger und Leitungspositionen qualifizieren, ist § 8 Absatz 1 durch die entsendenden Einrichtungen nach § 1 oder Dienststellen im Sinne des Personalvertretungsgesetzes entsprechend anzuwenden.

(3) Die Fortbildungsgrundsätze und -angebote der Verwaltungsakademie werden regelmäßig daraufhin überprüft, wie frauenspezifische Inhalte besser berücksichtigt und die Förderung von Frauen verbessert werden können.

(4) ¹Die Themen Frauendiskriminierung und Frauenförderung sind Teil des Fortbildungsprogramms und gehen auch in passende Fortbildungsveranstaltungen ein. ²Sie sind insbesondere Bestandteil der Fortbildungsmaßnahmen für Beschäftigte mit Vorgesetzten- und Leitungsfunktionen. ³Für diese Themenkreise werden bevorzugt Referentinnen eingesetzt.

(5) ¹Fort- und Weiterbildungsmaßnahmen finden nach Möglichkeit während der regelmäßigen Arbeitszeit der Dienststellen statt. ²Fortbildungsmaßnahmen sollen so angeboten werden, dass auch Beschäftigte mit betreuungsbedürftigen Kindern oder pflegebedürftigen Angehörigen und Teilzeitbeschäftigte teilnehmen können. ³Liegt die Teilnahme an Fort- und Weiterbildungsmaßnahmen außerhalb der vereinbarten Arbeitszeit, so ist hierfür entsprechender Freizeitausgleich zu gewähren.

(6) ¹Entstehen durch die Teilnahme an Fort- und Weiterbildungsmaßnahmen unvermeidlich erhöhte Kosten für die Betreuung von Kindern unter zwölf Jahren oder pflegebedürftigen Angehörigen, so sind diese Aufwendungen zu erstatten. ²Falls erforderlich, sollen sich die Fort- und Weiterbildungseinrichtungen um eine Kinderbetreuungsmöglichkeit in den städtischen Kindertagesstätten oder um andere Kinderbetreuungsmöglichkeiten für die Dauer der Maßnahme bemühen.

§ 10 Arbeitszeit und Rahmenbedingungen

(1) ¹Unter Beachtung der dienstlichen Belange soll das Interesse der Beschäftigten an flexibler, auf die individuellen Bedürfnisse zugeschnittener Gestaltung der Arbeitszeit sowie familienfreundlichen Rahmenbedingungen berücksichtigt werden. ²Vorgesetztenverhalten

soll darauf ausgerichtet sein, den Beschäftigten familienfreundliche Arbeitszeiten und Rahmenbedingungen zu ermöglichen. ³Sofern ein ordnungsgemäßer Ablauf des Schichtdienstes gewährleistet werden kann, soll diese Regelung auch für Beschäftigte im Schichtdienst Anwendung finden. ⁴Teilzeitarbeitsverhältnisse unterhalb der Grenze des § 8 Absatz 1 des Vierten Buches Sozialgesetzbuch werden in der Regel nicht begründet. ⁵Ausnahmen sind bei Einstellungen in befristete Arbeitsverhältnisse für eine Dauer von nicht mehr als drei Monaten zulässig.
(2) Wird eine Reduzierung der Arbeitszeit beantragt, so sind die Beschäftigten auf die Folgen reduzierter Arbeitszeit hinzuweisen, insbesondere auf die Folgen für Ansprüche aus der Sozialversicherung und aufgrund beamten- und tarifrechtlicher Regelungen.
(3) Die Reduzierung der wöchentlichen Arbeitszeit zur Betreuung von Kindern oder pflegebedürftigen Angehörigen steht der Wahrnehmung von gehobenen und Leitungspositionen nicht entgegen.
(4) ¹Bei befristeten Arbeitszeitverkürzungen zur Betreuung von Kindern oder pflegebedürftigen Angehörigen ist den Beschäftigten nach Ablauf der Frist ein gleichwertiger Vollzeitarbeitsplatz anzubieten. ²Unbefristet Teilzeitbeschäftigte sind bei der Neubesetzung von Vollzeitarbeitsplätzen vorrangig zu berücksichtigen. ³Besteht bei befristeter Arbeitszeitverkürzung vor Ablauf der Frist der Wunsch nach Rückkehr auf einen Vollzeitarbeitsplatz, so gilt Satz 2 entsprechend.
(5) Bei individueller Arbeitszeitreduzierung werden die Dienstaufgaben nach dem Maß der für die Zukunft festgesetzten Arbeitszeit neu bemessen.
(6) Die Rechte des Personalrats bleiben unberührt.

§ 11 Beurlaubung aus familiären Gründen

(1) ¹Aus familiären Gründen beurlaubten Beschäftigten ist die Teilnahme an Fort- und Weiterbildungsveranstaltungen von der jeweiligen Einrichtung nach § 1 oder Dienststelle im Sinne des Personalvertretungsgesetzes anzubieten. ²Ihnen sind, sofern sie es nicht selbst für bestimmte Zeit ausgeschlossen haben, Urlaubs- und Krankheitsvertretungen vorrangig anzubieten.
(2) Aus familiären Gründen beurlaubten Beschäftigten, die in die Beschäftigung zurückkehren wollen, sind die Ausschreibungen der jeweiligen Einrichtungen nach § 1 oder Dienststellen im Sinne des Personalvertretungsgesetzes auf Wunsch bekannt zu geben.

§ 12 Sexuelle Belästigung am Arbeitsplatz

(1) ¹Sexuelle Belästigungen sind Diskriminierungen. ²Es gehört zur Dienstpflicht von Beschäftigten mit Vorgesetzten- und Leitungsfunktionen, sexuellen Belästigungen von Beschäftigten entgegenzuwirken und bekannt gewordenen Fällen sexueller Belästigung nachzugehen.
(2) Sexuelle Belästigungen sind insbesondere unerwünschter Körperkontakt, unerwünschte Bemerkungen, Kommentare und Witze sexuellen Inhalts, Zeigen pornographischer Darstellungen am Arbeitsplatz sowie die Aufforderung zu sexuellen Handlungen, die bezwecken oder bewirken, dass die Würde der betreffenden Person verletzt wird, insbesondere wenn ein von Einschüchterungen, Anfeindungen, Erniedrigungen, Entwürdigungen oder Beleidigungen gekennzeichnetes Umfeld geschaffen wird.
(3) Sexuelle Belästigungen sind Dienstpflichtverletzungen.
(4) Die Beschwerde von Betroffenen darf nicht zu Benachteiligungen führen.

§ 13 Frauenförderung durch öffentliche Auftragsvergabe

(1) ¹Beim Abschluss von Verträgen über Leistungen mit einem Auftragswert von voraussichtlich mindestens 25 000 Euro oder über Bauleistungen mit einem Auftragswert von voraussichtlich mindestens 200 000 Euro sind in den jeweiligen Verträgen die Verpflichtungen der Auftragnehmenden festzuschreiben, Maßnahmen zur Frauenförderung und zur Förderung der Vereinbarkeit von Beruf und Familie im eigenen Unternehmen durchzuführen sowie das geltende Gleichbehandlungsrecht zu beachten. ²Diese Regelung gilt nicht für Auftragnehmende, die in der Regel zehn oder weniger Arbeitnehmer und Arbeitnehmerinnen, ausschließlich der zu ihrer Berufsbildung Beschäftigten, beschäftigen.
(2) Die Vergabestellen der in § 1 genannten Einrichtungen oder Dienststellen im Sinne des Personalvertretungsgesetzes erfassen regelmäßig die im Zusammenhang mit der Durchführung der Maßnahmen zur Frauenförderung und zur Förderung der Vereinbarkeit von Beruf und Familie anfallenden Daten.
(3) Der Senat wird ermächtigt, durch Rechtsverordnung insbesondere den Inhalt der Maßnahmen zur Frauenförderung und zur Förderung der Vereinbarkeit von Beruf und Familie, die Kontrolle der Durchführung, die Folgen der Nichterfüllung von Verpflichtungen sowie den Kreis der betroffenen Unternehmen zu regeln.

§ 14 Frauenförderung bei staatlicher Leistungsgewährung

(1) ¹Die Gewährung von Leistungen aus Landesmitteln, auf die kein Anspruch besteht, ist ab einem Betrag von 25 000 Euro von der Verpflichtung des Leistungsempfangenden zur Durchführung von Maßnahmen zur aktiven Förderung der Beschäftigung von Frauen im Sinne des Grundsatzes von § 3 Absatz 1 abhängig zu machen. ²Von dieser Bedingung können Leistungsempfangende ausgenommen werden, bei denen die Beschäftigung von Männern aus rechtlichen oder tatsächlichen Gründen unabdingbar ist. ³Satz 1 gilt nicht für Leistungsempfangende, die in der Regel zehn oder weniger Arbeitnehmer und Arbeitnehmerinnen, ausschließlich der zu ihrer Berufsbildung Beschäftigten, beschäftigen.
(2) Der Bewilligungsbescheid ist mit einer entsprechenden Auflage zu versehen.
(3) § 13 Absatz 2 und 3 gilt entsprechend.

§ 15 Gremien

(1) Gremien sind geschlechtsparitätisch zu besetzen, soweit für deren Zusammensetzung keine besonderen gesetzlichen Vorgaben gelten.
(2) ¹Werden bei Einrichtungen nach § 1 oder Dienststellen im Sinne des Personalvertretungsgesetzes Gremien gebildet, benennen die entsendenden Einrichtungen oder Dienststellen mindestens ebenso viele Frauen wie Männer. ²Dürfen sie nur eine Person benennen, ist für das Mandat nach Ablauf der Amtsperiode eine dem jeweils anderen Geschlecht angehörende Person zu benennen.
(3) Absatz 2 gilt für die Entsendung von Vertreterinnen und Vertretern in Aufsichtsräte und andere Gremien außerhalb der Verwaltung entsprechend.

§ 16 Frauenvertreterin

(1) ¹In jeder Dienststelle im Sinne des Personalvertretungsgesetzes mit Ausnahme der Hochschulen im Sinne des § 1 des Berliner Hochschulgesetzes in der Fassung vom 13. Februar 2003 (GVBl. S. 82), das zuletzt durch Artikel XII Nummer 29 des Gesetzes vom 19. März 2009 (GVBl. S. 70) geändert worden ist, wird eine Frauenvertreterin und eine Stellvertreterin gewählt. ²In den Hochschulen ist die Frauenbeauftragte nach § 59 des Berliner Hochschul-

gesetzes gleichzeitig die Frauenvertreterin. ³Es findet eine geheime, unmittelbare Mehrheitswahl statt. ⁴Frauenvertreterin und Stellvertreterin werden die Kandidatinnen mit der jeweils höchsten Stimmenzahl. ⁵Die Stellvertreterin rückt mit allen Rechten und Pflichten in das Amt der Frauenvertreterin nach, wenn die Frauenvertreterin vor Ablauf der Wahlperiode aus dem Amt scheidet. ⁶Scheidet die stellvertretende Frauenvertreterin vorzeitig aus, so rückt die mit der nächsthöheren Stimmenzahl gewählte Stellvertreterin mit allen Rechten und Pflichten nach. ⁷Sofern das Amt der Frauenvertreterin und der Stellvertreterin nach den für die Wahl der Frauenvertreterin geltenden Vorschriften nicht besetzt werden kann, bestellt die Dienststelle auf Vorschlag von drei volljährigen Wahlberechtigten die Amtsinhaberinnen aus dem Kreis der in § 16a Absatz 1 und 2 genannten weiblichen Beschäftigten für die Zeit bis zur nächsten regelmäßigen Wahl.

(2) ¹Ist die Frauenvertreterin an der Ausübung ihres Amtes durch Abwesenheit oder sonstige Gründe gehindert, so wird sie von der Stellvertreterin vertreten. ²Diese hat in diesem Fall die gleichen Rechte und Pflichten wie die Frauenvertreterin.

(3) ¹Die Frauenvertreterin ist im erforderlichen Umfang von ihren Dienstgeschäften freizustellen und mit den zur Erfüllung ihrer Aufgaben notwendigen personellen und sachlichen Mitteln auszustatten; unter Berücksichtigung der jeweiligen Struktur der Dienststelle beträgt die Freistellung in der Regel
- in Dienststellen mit mehr als 200 Beschäftigten mindestens die Hälfte der regelmäßigen Arbeitszeit,
- in Dienststellen mit mehr als 500 Beschäftigten die volle regelmäßige Arbeitszeit;

für die Freistellung im Hochschulbereich gilt § 59 Absatz 10 des Berliner Hochschulgesetzes. ²Satz 1 erster Halbsatz gilt entsprechend für die Teilnahme an Schulungs- und Bildungsveranstaltungen, soweit diese Kenntnisse vermitteln, die für die Wahrnehmung des Amtes der Frauenvertreterin erforderlich sind. ³Überschreitet der erforderliche Umfang der Freistellung die vereinbarte Arbeitszeit, so ist die Stellvertreterin ergänzend ebenfalls freizustellen. ⁴Unabhängig von der Anzahl der Beschäftigten, ist die Stellvertreterin mindestens einen Tag im Monat freizustellen, damit der erforderliche Informationsaustausch mit der Frauenvertreterin gewährleistet werden kann.

(4) ¹Die Frauenvertreterin darf in der Ausübung ihres Amtes nicht behindert und wegen ihres Amtes nicht benachteiligt oder begünstigt werden; dies gilt auch für ihre berufliche Entwicklung. ²Sie wird vor Kündigung, Versetzung und Abordnung in gleicher Weise geschützt wie ein Mitglied des Personalrats. ³Im Rahmen ihrer Aufgabenstellung und der damit zusammenhängenden Erledigung ist sie von Weisungen frei.

(5) ¹Die Frauenvertreterin und ihre Stellvertreterin sind verpflichtet, über die persönlichen Verhältnisse von Beschäftigten, die ihnen aufgrund ihres Amtes bekannt geworden sind, sowie über Angelegenheiten, die ihrer Bedeutung oder ihrem Inhalt nach einer vertraulichen Behandlung bedürfen, Stillschweigen zu bewahren. ²Dies gilt auch über ihre Amtszeit hinaus. ³Diese Verpflichtung besteht bei Einwilligung der Beschäftigten nicht gegenüber der Dienststellenleitung, der Personalvertretung und der Gesamtfrauenvertreterin.

(6) Das für Frauenpolitik zuständige Mitglied des Senats koordiniert und organisiert den Informationsaustausch und die Fortbildung der Frauenvertreterinnen und Gesamtfrauenvertreterinnen.

§ 16a Wahl

(1) ¹Wahlberechtigt sind alle weiblichen Beschäftigten der Dienststelle. ²Abgeordnete oder nach § 20 des Beamtenstatusgesetzes zugewiesene Beschäftigte, Beamtinnen im Vorbereitungsdienst und Beschäftigte in entsprechender Ausbildung sind nur bei ihrer Stammbehörde wahlberechtigt.

(2) ¹Wählbar sind alle weiblichen Beschäftigten, die am Wahltag das 18. Lebensjahr vollendet haben, seit einem Jahr im öffentlichen Dienst und seit drei Monaten im Dienst des Landes Berlin oder einer landesunmittelbaren Körperschaft, Anstalt oder Stiftung des öffentlichen Rechts beschäftigt sind. ²Nicht wählbar sind Beschäftigte, die infolge Richterspruchs die Fähigkeit, Rechte aus öffentlichen Wahlen zu erlangen, nicht besitzen, sowie
1. Leiterinnen von Einrichtungen nach § 1 oder Dienststellen im Sinne des Personalvertretungsgesetzes sowie deren ständige Vertreterinnen,
2. Beschäftigte, die zu selbstständigen Entscheidungen in Personalangelegenheiten von nicht untergeordneter Bedeutung befugt sind,
3. Beschäftigte, die sich ausschließlich zum Zweck einer über- und außerbetrieblichen Ausbildung in einer Einrichtung des öffentlichen Dienstes befinden und
4. die Mitglieder des Wahlvorstands.

³Satz 1 dritter Halbsatz findet keine Anwendung
1. auf Referendarinnen und Lehramtsanwärterinnen,
2. wenn die Dienststelle weniger als drei Jahre besteht,
3. wenn nicht mindestens fünf wählbare Dienstkräfte vorhanden sind.

(3) ¹Die regelmäßigen Wahlen finden entsprechend den Regelungen im Personalvertretungsgesetz alle vier Jahre statt. ²Außerhalb dieses Zeitraums finden Wahlen statt, wenn
1. das Amt der Frauenvertreterin vorzeitig erlischt und keine Stellvertreterin nachrückt oder
2. die jeweilige Wahl mit Erfolg angefochten worden ist oder
3. Dienststellen ganz oder wesentliche Teile von Dienststellen zu einer neuen Dienststelle zusammengeschlossen werden oder in einer neuen Dienststelle keine Frauenvertreterin vorhanden ist.

(4) ¹In den Fällen des Absatzes 3 Satz 2 Nummer 3 führen die bisherigen Frauenvertreterinnen unter Beibehaltung ihrer Freistellung die Geschäfte gemeinsam weiter bis zur Bekanntgabe des Wahlergebnisses der Neuwahl und der Annahmeerklärung der jeweils neu gewählten Frauenvertreterinnen, längstens jedoch bis zur Dauer von sechs Monaten. ²Der Wahlvorstand wird von den Frauenvertreterinnen gemeinsam bestellt. ³Im Falle der Schaffung einer neuen Dienststelle im Sinne des Absatzes 3 Satz 2 Nummer 3 führt die Frauenvertreterin der abgebenden Dienststelle die Geschäfte weiter und bestellt den Wahlvorstand; Satz 1 gilt entsprechend. ⁴Die Neuwahl der Frauenvertreterinnen soll jeweils zeitgleich mit der Personalratswahl durchgeführt werden.

(5) ¹Hat außerhalb der Wahlen des für die regelmäßigen Wahlen der Frauenvertreterinnen festgelegten Zeitraums eine Wahl zur Frauenvertreterin stattgefunden, so ist die Frauenvertreterin in dem auf die Wahl folgenden nächsten Zeitraum der regelmäßigen Wahlen der Frauenvertreterinnen neu zu wählen. ²Hat die Amtszeit der Frauenvertreterin zu Beginn des für die regelmäßigen Wahlen der Frauenvertreterinnen festgelegten Zeitraums noch nicht ein Jahr betragen, so ist die Frauenvertreterin in dem übernächsten Zeitraum der regelmäßigen Wahlen der Frauenvertreterinnen neu zu wählen.

(6) ¹Die Amtszeit der Frauenvertreterin beträgt entsprechend den Regelungen im Personalvertretungsgesetz vier Jahre. ²Sie beginnt mit dem Ablauf der Amtszeit der Vorgängerin, jedoch nicht vor Bekanntgabe des Wahlergebnisses der Neuwahl und der Annahmeerklärung der neu gewählten Frauenvertreterin. ³Das Amt erlischt vorzeitig, wenn die Frauenvertreterin

es niederlegt, aus dem Arbeits- oder Dienstverhältnis ausscheidet oder die Wählbarkeit verliert. ⁴Auf Antrag eines Viertels der Wahlberechtigten kann das Verwaltungsgericht das Erlöschen des Amtes der Frauenvertreterin wegen grober Verletzung ihrer Pflichten beschließen.
(7) ¹Die Wahl kann durch mindestens drei Wahlberechtigte beim Verwaltungsgericht angefochten werden, wenn gegen wesentliche Vorschriften über das Wahlrecht, die Wählbarkeit oder das Wahlverfahren verstoßen worden ist und eine Berichtigung nicht erfolgt ist, es sei denn, dass durch den Verstoß das Wahlergebnis nicht geändert oder beeinflusst werden konnte. ²Die Wahlanfechtung ist nur binnen einer Frist von zwei Wochen, vom Tage der Bekanntgabe des Wahlergebnisses an gerechnet, zulässig. ³Bis zur rechtskräftigen Entscheidung über die Anfechtung bleibt die Frauenvertreterin, deren Wahl angefochten ist, im Amt. ⁴Wird die Ungültigkeit der Wahl festgestellt, so sind unverzüglich Neuwahlen anzuberaumen.
(8) Der Senat wird ermächtigt, durch Rechtsverordnung nähere Vorschriften über die Vorbereitung und Durchführung der Wahl oder Bestellung der Frauenvertreterin und der Gesamtfrauenvertreterin sowie ihrer Vertreterinnen zu erlassen, in denen insbesondere die Bestellung eines Wahlvorstands, die Aufgaben des Wahlvorstands, die Durchführung einer Wahlausschreibung und die Möglichkeit einer Briefwahl geregelt werden.

§ 17 Aufgaben und Rechte der Frauenvertreterin
(1) Die Frauenvertreterin ist bei allen sozialen, organisatorischen und personellen Maßnahmen, sowie bei allen Vorlagen, Berichten und Stellungnahmen zu Fragen der Frauenförderung zu beteiligen.
(2) ¹Dazu hat sie insbesondere die folgenden Rechte:
- Beteiligung an Stellenausschreibungen,
- Beteiligung am Auswahlverfahren,
- Teilnahme an Bewerbungsgesprächen,
- Beteiligung an Beurteilungen,
- Einsicht in die Personalakten, sofern und soweit auf deren Inhalt zur Begründung von Entscheidungen Bezug genommen wird oder die Einwilligung von den betroffenen Beschäftigten vorliegt,
- Einsicht in Bewerbungsunterlagen einschließlich der Unterlagen von Bewerberinnen und Bewerbern, die nicht in die engere Auswahl einbezogen wurden.

²Die Frauenvertreterin hat ein Recht auf Auskunft in allen mit ihren Aufgaben in Zusammenhang stehenden Angelegenheiten, einschließlich des Rechts auf entsprechende Akteneinsicht. ³Das Recht auf Beteiligung umfasst über die in Satz 1 genannten Rechte hinaus die frühzeitige und umfassende Unterrichtung der Frauenvertreterin durch die Dienststelle in allen in Absatz 1 genannten Angelegenheiten sowie die Gewährung einer Gelegenheit zur Stellungnahme durch die Frauenvertreterin vor Entscheidungen. ⁴Die Beteiligung der Frauenvertreterin erfolgt vor dem Personalrat, in dringenden Fällen zeitgleich.
(3) ¹Wird die Frauenvertreterin nicht oder nicht rechtzeitig beteiligt, so ist die Entscheidung über eine Maßnahme für zwei Wochen auszusetzen und die Beteiligung nachzuholen. ²In dringenden Fällen ist die Frist auf eine Woche, bei außerordentlichen Kündigungen auf drei Arbeitstage zu verkürzen.
(4) ¹Bei der Besetzung von Vorstands- und Geschäftsleitungspositionen der Anstalten, Körperschaften und Stiftungen des öffentlichen Rechts, prüft die jeweils zuständige Frauenvertreterin, ob die Vorgaben dieses Gesetzes in Bezug auf
- das Erfordernis sowie die Art und den Inhalt der öffentlichen Bekanntmachung (§ 5 Absatz 3, § 5 Absatz 4 und 5),

- die Anzahl der zu einem Vorstellungsgespräch einzuladenden Bewerberinnen (§ 6 Absatz 2 in Verbindung mit § 6 Absatz 1),
- die Dokumentation des Verfahrens (§ 6 Absatz 3) sowie
- die Einbeziehung von Dritten in das Personalfindungsverfahren (§ 6 Absatz 4)

eingehalten wurden.

²Dazu sind ihr alle hierfür wesentlichen, anonymisierten Informationen rechtzeitig in geeigneter Form zur Verfügung zu stellen. ³Sie legt das Ergebnis ihrer Prüfung innerhalb einer Woche vor der Besetzungsentscheidung dem dafür zuständigen Organ vor.

(5) ¹Die Frauenvertreterin kann Sprechstunden während der Arbeitszeit einrichten. ²Zeit und Ort bestimmt sie im Einvernehmen mit der Dienststellenleitung. ³Sie führt einmal jährlich eine Versammlung der weiblichen Beschäftigten durch (Frauenversammlung). ⁴Bei dieser Gelegenheit erstattet sie einen Tätigkeitsbericht. ⁵Auf die Frauenversammlung sind die Regelungen des Personalvertretungsgesetzes zur Personalversammlung entsprechend anzuwenden.

(6) ¹Unbeschadet der Rechte auf Beteiligung ist die Frauenvertreterin in allen mit ihren Aufgaben in Zusammenhang stehenden Angelegenheiten durch die Dienststellenleitung frühzeitig zu informieren. ²Geschieht dies nicht, so findet Absatz 3 entsprechend Anwendung.

(7) Die Frauenvertreterin nimmt Beschwerden über sexuelle Belästigungen entgegen, berät die Betroffenen und leitet Mitteilungen über sexuelle Belästigungen mit Einverständnis der Betroffenen der Dienststellenleitung zu.

(8) Die Vorschriften des § 92a Absatz 1 des Personalvertretungsgesetzes in der Fassung vom 14. Juli 1994 (GVBl. S. 337, 1995 S. 24), das zuletzt durch Artikel III des Gesetzes vom 25. Januar 2010 (GVBl. S. 22) geändert worden ist, über die Behandlung der Verschlusssachen der Verfassungsschutzbehörde gelten für die Frauenvertreterin der Verfassungsschutzabteilung bei der für Inneres zuständigen Senatsverwaltung entsprechend.

§ 18 Beanstandungen

(1) ¹Beanstandet die Frauenvertreterin bei personellen oder sonstigen Maßnahmen einen Verstoß gegen dieses Gesetz, ist der Vorgang von der Dienststellenleitung unverzüglich erneut zu entscheiden. ²Die Beanstandung erfolgt spätestens 14 Tage, nachdem die Frauenvertreterin durch die Dienststelle schriftlich von der Maßnahme unterrichtet wurde. ³§ 17 Absatz 3 Satz 2 gilt entsprechend.

(2) ¹Die Frauenvertreterin kann die erneute Entscheidung innerhalb von 14 Tagen nach schriftlicher Unterrichtung durch die Dienststelle bei dem für Frauenpolitik zuständigen Mitglied des Senats beanstanden. ²Dieses legt der Dienststellenleitung einen Entscheidungsvorschlag vor. ³§ 17 Absatz 3 Satz 2 gilt entsprechend.

(3) ¹Bis zur Entscheidung durch die Dienststellenleitung und bis zur Vorlage des Entscheidungsvorschlags durch das für Frauenpolitik zuständige Mitglied des Senats wird die Entscheidung über die Maßnahme ausgesetzt. ²Der Vollzug der beanstandeten Maßnahme vor Ablauf der in Absatz 1 und 2 genannten Beanstandungsfristen ist unzulässig. ³Bei der Versetzung einer Personalüberhangkraft vom Ehemaligen Zentralen Personalüberhangmanagement (EZeP) zu der gesetzlich bestimmten aufnehmenden Dienststelle im Zusammenhang mit der Auflösung des Zentralen Personalüberhangmanagements (Stellenpool) sowie den Beschäftigungseinsätzen wird die Maßnahme bis zur Vorlage des Entscheidungsvorschlags, längstens jedoch vierzehn Tage nach Eingang der Beanstandung nach Absatz 2 bei dem für Frauenpolitik zuständigen Mitglied des Senats ausgesetzt.

(4) ¹Hält im Bereich der Berliner Hauptverwaltung (§ 2 Absatz 1 und 2 des Allgemeinen Zuständigkeitsgesetzes) eine Dienststellenleitung trotz gegenteiligen Entscheidungsvorschlags des für Frauenpolitik zuständigen Mitglieds des Senats an einer beanstandeten Maßnahme

fest, so hat diese unverzüglich Mitteilung an das für Frauenpolitik zuständige Mitglied des Senats zu erstatten. ²Dieses legt den Vorgang dem Senat zur Beratung und Beschlussfassung vor. ³Die Beratung und Beschlussfassung erfolgt durch die Personalkommission des Senats. ⁴Bis zur Beschlussfassung der Personalkommission wird die Entscheidung über die Maßnahme weiterhin ausgesetzt.
(5) Die Absätze 1 bis 4 gelten nicht in den von § 17 Absatz 4 erfassten Fällen.
(6) Das für Frauenpolitik zuständige Mitglied des Senats ist Mitglied der Personalkommission des Senats.

§ 18a Gesamtfrauenvertreterin

(1) ¹Für diejenigen Dienststellen im Sinne des Personalvertretungsgesetzes mit Ausnahme der Hochschulen im Sinne des § 1 des Berliner Hochschulgesetzes, die einen Gesamtpersonalrat bilden, ist eine Gesamtfrauenvertreterin zu wählen. ²Für die Wahl, das aktive und passive Wahlrecht, den Wahlzeitraum, die Amtszeit, die Wahlanfechtung sowie die Vorbereitung und Durchführung der Wahl gelten § 16a sowie die Verordnung über die Wahl zur Frauenvertreterin vom 3. Juni 1993 (GVBl. S. 246) in der jeweiligen Fassung entsprechend.
(2) Der Gesamtwahlvorstand wird, wenn keine Gesamtfrauenvertreterin gewählt ist, von den Frauenvertreterinnen der zuständigen Dienststellen gemeinsam bestellt.
(3) ¹Die Freistellung und die Vertretung der Gesamtfrauenvertreterin richten sich nach den für die Frauenvertreterin geltenden Vorschriften. ²Die gleichzeitige Ausübung des Amtes der Frauenvertreterin und des Amtes der Gesamtfrauenvertreterin ist ausgeschlossen.
(4) ¹Die Gesamtfrauenvertreterin ist zuständig für die Beteiligung an den Angelegenheiten, an denen der Gesamtpersonalrat zu beteiligen ist, sowie für die Beteiligung bei allen sozialen, organisatorischen und personellen Maßnahmen, für die die Zuständigkeit einer Frauenvertreterin nicht gegeben ist, sowie für Angelegenheiten, für die die Zuständigkeit des Hauptpersonalrats begründet wurde. ²Die §§ 17, 18 und 20 gelten entsprechend.

§ 19 Berichtspflicht

(1) Der Senat berichtet dem Abgeordnetenhaus im Abstand von zwei Jahren über die Durchführung dieses Gesetzes.
(2) Die Berichtspflicht umfasst die bisherigen und geplanten Maßnahmen zur Durchführung dieses Gesetzes, insbesondere die Auskunft über die Entwicklung des Frauenanteils in den Besoldungs-, Vergütungs-, Entgelt- und Lohngruppen der einzelnen Laufbahn- und Berufsfachgruppen im öffentlichen Dienst, die Maßnahmen zur Frauenförderung und zur Förderung der Vereinbarkeit von Beruf und Familie bei der öffentlichen Auftragsvergabe und staatlichen Leistungsgewährung sowie die Dokumentation der Besetzungsverfahren von Vorstands- und Geschäftsleitungspositionen der Anstalten, Körperschaften und Stiftungen des öffentlichen Rechts.
(3) ¹Die Einrichtungen nach § 1 oder Dienststellen im Sinne des Personalvertretungsgesetzes erstellen als Grundlage des Berichts des Senats eine Analyse der Beschäftigtenstruktur und erheben dazu insbesondere Angaben über
1. die Zahl der Beschäftigten,
2. ie Einstellungen, Beförderungen und Höhergruppierungen sowie die Positionen mit Vorgesetzten- und Leitungsfunktionen, jeweils gegliedert nach Geschlecht sowie Voll- und Teilzeittätigkeit, und
3. a) die Gremien der Einrichtungen
   b) die Gremienmitglieder sowie die in Gremien außerhalb der Verwaltung des Landes Berlin entsandten Mitglieder jeweils getrennt nach Geschlecht.

²Die Anstalten, Körperschaften und Stiftungen des öffentlichen Rechts erheben bei der Besetzung von Vorstands- und Geschäftsleitungspositionen die Art der öffentlichen Bekanntmachung, die Einbeziehung von Dritten in den Personalfindungsprozess, die Anzahl der Bewerbungen von Frauen und Männern sowie die Anzahl der zu einem Vorstellungsgespräch eingeladenen Bewerberinnen und Bewerber. ³Die statistischen Angaben sowie die Analyse der Beschäftigtenstruktur sind alle zwei Jahre jeweils sechs Monate vor Abgabe des Berichts an das Abgeordnetenhaus der für Frauenpolitik zuständigen Senatsverwaltung zu übermitteln.
(4) Der Senat wird ermächtigt, durch Rechtsverordnung die einzelnen Vorgaben für die Erhebung der statistischen Angaben sowie die Berichterstattung zur Analyse der Beschäftigtenstruktur und zur Besetzung von Gremien zu regeln.

§ 20 Gerichtliches Verfahren
¹Die Frauenvertreterin kann das Verwaltungsgericht anrufen, um geltend zu machen, dass die Dienststelle ihre Rechte aus diesem Gesetz verletzt hat oder keinen oder einen nicht den Vorschriften dieses Gesetzes entsprechenden Frauenförderplan aufgestellt hat. ²Die Anrufung hat keine aufschiebende Wirkung.

§ 21 Verwirklichung des Gleichstellungsgebots in den Bezirken
(1) ¹Der Verfassungsauftrag der Gleichstellung und der gleichberechtigten Teilhabe von Frauen und Männern ist bei der Wahrnehmung von Aufgaben und der Planung von Vorhaben in der Verwaltung zu beachten und gehört zu den Aufgaben der Berliner Bezirksverwaltungen. ²Ausschließlich dazu bestellen die Bezirksämter eine hauptamtlich tätige Frauen- oder Gleichstellungsbeauftragte. ³Die Dienstaufsicht über die Frauen- oder Gleichstellungsbeauftragte übt die Bezirksbürgermeisterin oder der Bezirksbürgermeister aus. ⁴Zur Erfüllung ihrer Aufgaben ist die Frauen- oder Gleichstellungsbeauftragte mit den notwendigen personellen und sachlichen Mitteln auszustatten.
(2) Das Bezirksamt informiert die Frauen- oder Gleichstellungsbeauftragte unverzüglich über Vorhaben, Programme, Maßnahmen und Entscheidungen, die ihre Aufgaben berühren, und gibt ihr vor einer Entscheidung innerhalb einer angemessenen Frist Gelegenheit zur Stellungnahme.
(3) ¹Die Frauen- oder Gleichstellungsbeauftragte regt Vorhaben und Maßnahmen zur Verbesserung der Arbeits- und Lebensbedingungen von Frauen im Bezirk an. ²Sie arbeitet insbesondere mit gesellschaftlich relevanten Gruppen, Behörden und Betrieben zusammen. ³Die Frauen- oder Gleichstellungsbeauftragte informiert die Öffentlichkeit über Angelegenheiten ihres Aufgabenbereichs.
(4) ¹Die Frauen- oder Gleichstellungsbeauftragte gibt dem Bezirksamt Empfehlungen zur Verwirklichung des Gebots zur Gleichstellung von Frauen und Männern. ²Dazu kann sie das Bezirksamt innerhalb einer angemessenen Frist zur Stellungnahme auffordern.
(5) In Angelegenheiten, die frauenpolitische Belange oder Fragen der Gleichstellung berühren, kann die Frauen- oder Gleichstellungsbeauftragte über das Bezirksamt Vorlagen zur Kenntnisnahme in die Bezirksverordnetenversammlung einbringen.

§ 22 Verwaltungsvorschriften
Die zur Durchführung dieses Gesetzes erforderlichen Verwaltungsvorschriften erlässt das für Frauenpolitik zuständige Mitglied des Senats.

§ 23 Inkrafttreten
Dieses Gesetz tritt am Tage nach der Verkündung im Gesetz- und Verordnungsblatt für Berlin in Kraft.

5. Gesetz zur Gleichstellung von Frauen und Männern im öffentlichen Dienst im Land Brandenburg

vom 4. Juli 1994 (GVBl. 1994, S. 254), zuletzt geändert durch das Gesetz zur Anpassung des bereichsspezifischen Datenschutzrechts an die Verordnung (EU) 2016/679 vom 8. Mai 2018 (GVBl. Teil I Nummer 8 2018, S. 1, 18)

1. Abschnitt   Allgemeine Vorschriften

§ 1   Ziel des Gesetzes

Ziel dieses Gesetzes ist es, die tatsächliche Gleichstellung von Frauen und Männern im öffentlichen Dienst zu erreichen, die Vereinbarkeit von Beruf und Familie für Frauen und Männer zu fördern sowie die berufliche Situation von Frauen auch in der Privatwirtschaft zu verbessern.

§ 2   Geltungsbereich

(1) ¹Dieses Gesetz gilt für die Verwaltung des Landes, für die der Aufsicht des Landes unterstehenden Körperschaften, Anstalten und Stiftungen des öffentlichen Rechts sowie für die Gerichte, den Landesrechnungshof und die Verwaltung des Landtages. ²Es gilt auch für die Landesbeauftragte oder den Landesbeauftragten für den Datenschutz und für das Recht auf Akteneinsicht Brandenburg sowie für die Landesbeauftragte oder den Landesbeauftragten zur Aufarbeitung der Folgen der kommunistischen Diktatur.
(2) Dieses Gesetz gilt für die Verwaltung der Gemeinden, Ämter und Landkreise nach Maßgabe des § 25 sowie für die Eigenbetriebe, Krankenhäuser, Zweckverbände und der Aufsicht der Gemeinden, Ämter und Landkreise unterstehenden Stellen.
(3) ¹Soweit das Land Mehrheitsbeteiligungen an privatrechtlichen Unternehmen unmittelbar oder mittelbar hält oder erwirbt, hat es im Rahmen des geltenden Rechts dafür Sorge zu tragen, dass die Maßnahmen der Gleichstellung von Frauen und Männern entsprechend den Regelungen dieses Gesetzes auch in den privatrechtlichen Unternehmen umgesetzt werden. ²Bei Beteiligungen an privatrechtlichen Unternehmen ohne Mehrheit des Landes wirkt das Land auf die Anwendung dieses Gesetzes hin. ³Das Ziel der Gleichstellung und die entsprechenden Regelungen dieses Gesetzes gelten auch insbesondere im Bereich der Vorstands- und Geschäftsführungspositionen.
(4) Dieses Gesetz gilt nicht für die Hochschulen.

§ 3   Begriffsbestimmungen

(1) ¹Dienststellen im Sinne dieses Gesetzes sind die Behörden und Einrichtungen des Landes und die in § 2 Absatz 1 und 2 genannten Stellen. ²Für die Schulen sind die Staatlichen Schulämter Dienststellen im Sinne dieses Gesetzes. ³Dienststelle im Sinne dieses Gesetzes sind auch die nach § 6 Absatz 2 des Landespersonalvertretungsgesetzes zu Dienststellen erklärten Nebenstellen und Dienststellenteile, soweit deren Leitung Entscheidungsbefugnisse in Personalangelegenheiten hat.
(2) ¹Beschäftigte im Sinne dieses Gesetzes sind Arbeitnehmerinnen und Arbeitnehmer, Beamtinnen und Beamte, Richterinnen und Richter sowie Auszubildende. ²Beschäftigte im Sinne dieses Gesetzes sind auch die Beschäftigten nach § 4 Abs. 1 bis 3 des Landespersonalvertretungsgesetzes. ³Auf den von § 4 Abs. 4 des Landespersonalvertretungsgesetzes ausgenommenen Personenkreis findet auch dieses Gesetz keine Anwendung. ⁴Das gleiche gilt für Wahlbeamtinnen und -beamte auf Zeit.

§ 4 Grundsätze

(1) Zur Verwirklichung der tatsächlichen Gleichstellung von Frauen und Männern im öffentlichen Dienst sind Frauen nach Maßgabe dieses Gesetzes unter Berücksichtigung des verfassungsrechtlichen Vorranges von Eignung, Befähigung und fachlicher Leistung (Artikel 33 Abs. 2 Grundgesetz) zu fördern.

(2) ¹Die Dienststellen sind verpflichtet, durch Gleichstellungspläne und sonstige Maßnahmen der Förderung auf die Gleichstellung von Frauen und Männern im öffentlichen Dienst und auf die Beseitigung bestehender Unterrepräsentanzen hinzuwirken. ²Die Einzelfallgerechtigkeit ist zu wahren. ³Die Erfüllung dieser Verpflichtung ist besondere Aufgabe der Dienstkräfte mit Leitungsfunktionen und bei der Beurteilung ihrer Leistung einzubeziehen.

(3) Unterrepräsentanz nach Absatz 2 liegt dann vor, wenn in Besoldungsgruppen innerhalb einer Laufbahn oder in Entgeltgruppen sowie zusätzlich in Funktionen mit Vorgesetzten- und Leitungsaufgaben in der jeweiligen Dienststelle weniger Frauen als Männer beschäftigt sind.

2. Abschnitt Frauenförderung im öffentlichen Dienst

§ 5 Erstellung von Gleichstellungsplänen

(1) ¹Für jede Dienststelle mit mehr als zwanzig Beschäftigten ist ein Gleichstellungsplan zu erstellen, der die Förderung der Gleichstellung und den Abbau von Unterrepräsentanz von Frauen zum Gegenstand hat. ²Er enthält Maßnahmen zur Personalentwicklung für die Übernahme von Führungspositionen durch Frauen. ³In Dienststellen mit weniger als zwanzig Beschäftigten kann ein Gleichstellungsplan aufgestellt werden. ⁴Der Gleichstellungsplan ist einvernehmlich von der Leitung der Dienststelle und der Gleichstellungsbeauftragten zu erstellen. ⁵Ist in einer Dienststelle eine Gleichstellungsbeauftragte nicht bestellt, ist die nächsthöhere Dienststelle zuständig.

(2) ¹Wird zwischen der Leitung der Dienststelle und der Gleichstellungsbeauftragten kein Einvernehmen erzielt, entscheidet auf Verlangen der Gleichstellungsbeauftragten die nächsthöhere Dienststelle. ²Wird zwischen der Leitung einer obersten Landesbehörde und der Gleichstellungsbeauftragten kein Einvernehmen erzielt, entscheidet die Leitung. ³Die Entscheidung soll innerhalb von drei Wochen ergehen.

(3) Nächsthöhere Dienststelle nach Absatz 2 ist die Dienststelle, die die Dienstaufsicht ausübt.

(4) ¹In den Gemeinden mit eigener Verwaltung, Ämtern und Landkreisen sind Gleichstellungspläne von den für Personalangelegenheiten zuständigen Stellen und den kommunalen Gleichstellungsbeauftragten einvernehmlich zu erstellen. ²Wird auf diese Weise kein Einverständnis erzielt, entscheidet nach Anhörung der kommunalen Gleichstellungsbeauftragten die Vertretung der kommunalen Körperschaft.

(5) ¹In den Eigenbetrieben, Krankenhäusern, Zweckverbänden und der Aufsicht der Gemeinden, Ämter und Landkreise unterstehenden Stellen sind Gleichstellungspläne von den für Personalangelegenheiten zuständigen Stellen und den nach diesem Gesetz zu bestellenden Gleichstellungsbeauftragten zu erstellen. ²Wird auf diese Weise kein Einverständnis erzielt, gilt Absatz 4 Satz 2 zweiter Halbsatz entsprechend.

(6) ¹In den der Rechtsaufsicht unterstehenden Körperschaften, Anstalten und Stiftungen des öffentlichen Rechts sowie für die Landesbeauftragte oder den Landesbeauftragten für den Datenschutz und für das Recht auf Akteneinsicht Brandenburg sowie für die Landesbeauftragte oder den Landesbeauftragten zur Aufarbeitung der Folgen der kommunistischen Diktatur gilt Absatz 5 Satz 1 entsprechend. ²Wird auf diese Weise kein Einverständnis erzielt,

entscheidet im Fall der in Satz 1 genannten juristischen Personen des öffentlichen Rechts das geschäftsführende Organ. ³ Im Fall der in Satz 1 genannten Landesbeauftragten entscheidet der Präsident oder die Präsidentin des Landtages.

(7) ¹ In der Verwaltung des Landtages wird der Gleichstellungsplan von dem Direktor oder der Direktorin des Landtages im Einvernehmen mit der Gleichstellungsbeauftragten erstellt. ² Wird auf diese Weise kein Einverständnis erzielt, entscheidet der Präsident oder die Präsidentin des Landtages.

(8) ¹ Das Verfahren nach Absatz 1 Satz 3 und Absatz 2 geht dem Verfahren über die Mitbestimmung des Personalrates bei organisatorischen Angelegenheiten nach dem Landespersonalvertretungsgesetz voraus. ² Dies gilt auch für die Verfahren nach den Absätzen 4 bis 7.

(9) Der Gleichstellungsplan ist in der Dienststelle, für die er erstellt ist, bekanntzumachen.

§ 6 Mindestinhalt des Gleichstellungsplanes

(1) ¹ Der Gleichstellungsplan ist für jeweils vier Jahre zu erstellen und nach jeweils zwei Jahren der aktuellen Entwicklung anzupassen. ² Die Anpassung erfolgt entsprechend § 5.

(2) ¹ Grundlagen des Gleichstellungsplanes sind eine Bestandsaufnahme und Analyse der Beschäftigtenstruktur sowie eine Schätzung der im Geltungszeitraum zu besetzenden Stellen und möglichen Beförderungen und Höhergruppierungen. ² Für diese Analyse sind folgende Angaben zu erheben:
1. die Zahl der in der Dienststelle beschäftigten Frauen und Männer, getrennt nach Besoldungsgruppen innerhalb einer Laufbahn und Entgeltgruppen sowie für alle Funktionen mit Vorgesetzten- und Leitungsaufgaben,
2. die Zahl der teilzeitbeschäftigten Männer und Frauen getrennt nach Besoldungsgruppen innerhalb einer Laufbahn und Entgeltgruppen sowie für alle Funktionen mit Vorgesetzten- und Leitungsaufgaben in der Dienststelle,
3. die Zahl der Auszubildenden, getrennt nach Geschlecht, Laufbahn und Ausbildungsberuf,
4. die Zahl der voraussichtlich neu zu besetzenden Stellen oder möglichen Höhergruppierungen und Beförderungen,
5. die Zahl der Tarifbeschäftigten ohne Lehrkräfte und sonstiges pädagogisches Personal an Schulen ab Entgeltgruppe 13 mit Verträgen, die für ein Jahr und länger befristet sind, getrennt nach Geschlecht,
6. die Zahl der Beschäftigten, die altersbedingt ausscheiden, getrennt nach Geschlecht, Besoldungs- und Entgeltgruppen sowie gesondert für alle Funktionen mit Vorgesetzten- und Leitungsaufgaben in einer Dienststelle,
7. die Nachbesetzungsmöglichkeiten bei den Beratungs- und Entscheidungsgremien nach § 12.

(3) ¹ Der Gleichstellungsplan enthält für jeweils zwei Jahre verbindliche Zielvorgaben bezogen auf den Anteil der Frauen bei Einstellungen, Beförderungen und Höhergruppierungen mit dem Ziel, den Frauenanteil in Bereichen zu erhöhen, in denen sie unterrepräsentiert sind. ² Wenn personalwirtschaftliche Regelungen vorgesehen sind, die Stellen sperren oder zum Wegfall bringen, sind die Zielvorgaben des Gleichstellungsplanes einzuhalten.

(4) Der Gleichstellungsplan soll ferner enthalten:
1. Maßnahmen zur Verbesserung der Arbeitsbedingungen, die insbesondere die Vereinbarkeit von Familie und Beruf erleichtern,
2. Maßnahmen zur Aufwertung der Tätigkeit auf Arbeitsplätzen, die überwiegend mit Frauen besetzt sind, jedoch nur im Rahmen des Stellenplanes der Dienststelle,
3. Vorgaben für Fortbildungsmaßnahmen.

4. Regelungen zur umfassenden Unterrichtung der Beschäftigten über Gleichstellungsthemen.

(5) Wird der Gleichstellungsplan in bezug auf die Einstellung und Beförderung von Frauen innerhalb des vorgesehenen Zeitraums nicht erfüllt, bedarf es bis zu seiner Erfüllung bei jeder weiteren Einstellung oder Beförderung eines Mannes in einem Bereich, in dem Frauen unterrepräsentiert sind, der Zustimmung der Stelle, die bei fehlendem Einvernehmen über den Gleichstellungsplan entscheidet.

§ 7 Ausschreibung von Stellen und Funktionen

(1) ¹Alle Stellen und Funktionen sind grundsätzlich auszuschreiben. ²In Bereichen, in denen Frauen unterrepräsentiert sind, hat die Ausschreibung in der Landesverwaltung mindestens landesweit intern und in den Gemeinden, Ämtern und Landkreisen öffentlich zu erfolgen. ³Soweit eine Personalmaßnahme nur vorläufig ist, kann bei einer Dauer von bis zu einem Jahr von einer Ausschreibung abgesehen werden. ⁴Im Einvernehmen mit der Gleichstellungsbeauftragten kann bei Vorliegen besonderer Gründe von einer öffentlichen Ausschreibung abgesehen werden. ⁵Für Stellen und Funktionen, die nur von Beschäftigten der Dienststelle besetzt werden können, ist eine hausinterne Ausschreibung ausreichend. ⁶Die Richtlinie des Landes Brandenburg zur Besetzung von Arbeitsplätzen und Dienstposten vom 4. Mai 2010 (ABl. S. 803) bleibt unberührt.

(2) Bei Stellenausschreibungen ist sowohl die männliche als auch die weibliche Form zu verwenden, es sei denn, ein bestimmtes Geschlecht ist unverzichtbare Voraussetzung für die Tätigkeit.

(3) ¹Auf bestehende Möglichkeiten zur Teilzeitbeschäftigung ist in der Ausschreibung hinzuweisen. ²Das gilt auch für Vorgesetzten- und Leitungsaufgaben.

(4) ¹In allen Bereichen, in denen Frauen unterrepräsentiert sind, sind sie besonders aufzufordern, sich zu bewerben. ²Liegen nach der ersten Ausschreibung keine Bewerbungen von Frauen vor, die die geforderten Qualifikationen nachweisen, muss die Stelle erneut ausgeschrieben werden.

§ 8 Auswahlverfahren

In Bereichen, in denen Frauen unterrepräsentiert sind, sind alle Bewerberinnen oder mindestens ebensoviele Frauen wie Männer zum Vorstellungsgespräch zu laden, sofern sie die für die Stelle erforderliche Qualifikation besitzen.

§ 9 Einstellung und beruflicher Aufstieg

(1) ¹Beträgt der Anteil von Frauen in einer Besoldungsgruppe innerhalb einer Laufbahn, in einer Entgeltgruppe oder in Funktionen mit Vorgesetzten- und Leitungsaufgaben nicht mindestens 50 Prozent, sind Frauen, die eine zur Ausfüllung der Stelle oder Funktion gleichwertige Qualifikation (Eignung, Befähigung und fachliche Leistung) besitzen wie Mitbewerber, bevorzugt einzustellen, höher zu gruppieren und zu befördern, sofern nicht in der Person des Mitbewerbers liegende Gründe überwiegen. ²Dies gilt nicht, wenn für die Besetzung einer Richterstelle die Mitwirkung des Richterwahlausschusses vorgeschrieben ist.

(2) Bei Einstellung, Beförderung, Höhergruppierung und Übertragung höherbewerteter Dienstposten und Arbeitsplätze dürfen zum Nachteil der Betroffenen nicht berücksichtigt werden,
1. der Familienstand,
2. die zeitliche Belastung durch Elternschaft, durch die Betreuung pflegebedürftiger Angehöriger oder die Absicht, von der Möglichkeit einer Ermäßigung der Arbeitszeit Gebrauch zu machen,

3. die Einkommenssituation des Partners oder der Partnerin,
4. die Unterbrechung der Erwerbstätigkeit, die Reduzierung der Arbeitszeit oder die Verzögerung des Abschlusses einzelner Ausbildungsgänge aufgrund der Betreuung von Kindern oder pflegebedürftigen Angehörigen.

(3) In der Familie und im Ehrenamt erworbene Erfahrungen und Fähigkeiten sind bei der Qualifikation zu berücksichtigen, wenn sie für die vorgesehenen Tätigkeiten dienlich sind.

(4) Fragen nach Vorliegen einer Schwangerschaft, nach der Familienplanung oder danach, wie die Betreuung von Kindern oder pflegebedürftigen Angehörigen neben der Berufstätigkeit gewährleistet werden kann, sind unzulässig.

§ 9a Sexuelle Belästigung am Arbeitsplatz

(1) [1]Sexuelle Belästigungen sind Diskriminierungen und Dienstpflichtverletzungen. [2]Es gehört zur Dienstpflicht von Beschäftigten mit Vorgesetzten- und Leitungsfunktionen, sexuellen Belästigungen von Beschäftigten entgegenzuwirken und bekannt gewordenen Fällen sexueller Belästigung nachzugehen.

(2) Die Beschwerde von Betroffenen darf nicht zu Benachteiligungen führen.

§ 10 Ausbildung

[1]Ausbildungsplätze sollen in beruflichen Bereichen, in denen Frauen unterrepräsentiert sind, mindestens zur Hälfte an Frauen vergeben werden. [2]In diesen Bereichen sind Frauen zusätzlich zur Ausschreibung besonders zu motivieren, sich um Ausbildungsplätze zu bewerben.

§ 11 Fortbildung

(1) [1]Die Teilnahmeplätze für Fortbildungsveranstaltungen sollen zur Hälfte mit Frauen besetzt werden. [2]Für weibliche Beschäftigte sind besondere Fortbildungsveranstaltungen anzubieten, die eine weitere Qualifizierung ermöglichen und auf die Übernahme von Tätigkeiten vorbereiten, bei denen Frauen unterrepräsentiert sind.

(2) Die Teilnahme an Fortbildungsveranstaltungen ist auch Beschäftigten mit Familienpflichten und Teilzeitbeschäftigten sowie Beschäftigten in Eltern- oder Pflegezeit zu ermöglichen.

(3) Fortbildungsprogramme, insbesondere für Beschäftigte mit Vorgesetzten- und Leitungsaufgaben und solche im Personalwesen, haben dieses Gesetz als Unterrichtsgegenstand vorzusehen.

(4) Frauen sind verstärkt als Dozentinnen bei Fortbildungsmaßnahmen einzusetzen.

§ 12 Gremien

(1) [1]In allen Beratungs- und Entscheidungsgremien im Bereich der unmittelbaren und mittelbaren Landesverwaltung, soweit es sich nicht um ein öffentliches Amt im Sinne des Artikels 21 Absatz 2 der Verfassung des Landes Brandenburg handelt, sind die auf Veranlassung des Landes zu besetzenden Mandate zur Hälfte mit Frauen zu besetzen. [2]Gremien im Sinne von Satz 1 sind insbesondere Beiräte, Kommissionen, Ausschüsse, Verwaltungs- und Aufsichtsräte sowie sonstige Kollegialorgane und vergleichbare Mitwirkungsgremien unabhängig von ihrer Bezeichnung und davon, ob die Mitglieder gewählt werden. [3]Mitglieder kraft Amtes sind von dieser Regelung ausgenommen. [4]Besteht das Gremium sowohl aus Mitgliedern kraft Amtes als auch aus vom Land zu bestellenden Mitgliedern, so soll die Gesamtanzahl dieser Mitglieder zur Hälfte Frauen sein.

(2) [1]Bei der Bestellung, Berufung oder Ernennung von Gremienmitgliedern im Bereich der unmittelbaren oder mittelbaren Landesverwaltung sind die Vorschläge oder Vorschlagsrechte der entsendenden Organe, Behörden, Dienststellen oder sonstigen Einrichtungen des

Landes so auszugestalten, dass bei der Bildung neuer Gremien oder bei der Entsendung mehrerer Personen zur Hälfte Frauen vorzuschlagen oder zu benennen sind. ²Wenn aus einem bestehenden Gremium Mitglieder ausscheiden, sind grundsätzlich solange Frauen vorzuschlagen, bis der Frauenanteil 50 Prozent beträgt. ³Ausnahmen sind zulässig, wenn eine Besetzung mit einer Frau aus rechtlichen und tatsächlichen Gründen nicht möglich ist.
(3) Absatz 2 gilt entsprechend für die Entsendung von Vertreterinnen und Vertretern in Gremien außerhalb der Landesverwaltung durch Organe, Behörden, Dienststellen oder sonstige Einrichtungen des Landes.

§ 13 Sprache
(1) Gesetze und andere Rechtsvorschriften haben sprachlich der Gleichstellung von Frauen und Männern Rechnung zu tragen.
(2) Im dienstlichen Schriftverkehr ist bei der Formulierung besonders auf die Gleichbehandlung von Frauen und Männern zu achten.
(3) ¹In Vordrucken sind geschlechtsneutrale Personenbezeichnungen zu verwenden. ²Sofern diese nicht gefunden werden können, ist die weibliche und männliche Sprachform zu verwenden.

3. Abschnitt   Frauenförderung durch öffentliche Auftragsvergabe und staatliche Leistungsgewährung

§ 14 Auftragsvergabe
(1) Beim Abschluss von Verträgen über Leistungen mit einem geschätzten Auftragswert von über 50 000 Euro soll bei gleichwertigen Angeboten bevorzugt werden, wer sich der Gleichstellung von Frauen im Erwerbsleben nachweisbar angenommen hat.
(2) Das Nähere regelt eine Rechtsverordnung der Landesregierung.

§ 15 Staatliche Leistungsgewährung
(1) Bei der Gewährung von freiwilligen Leistungen nach Landesrecht an Arbeitgeber ist in geeigneten Fällen die Förderung der Beschäftigung von Frauen zu berücksichtigen.
(2) Das Nähere regelt eine Rechtsverordnung der Landesregierung.

4. Abschnitt   Familiengerechte Arbeitszeit

§ 16 Familie und Lebensgemeinschaften
Die Regelungen nach § 11 Abs. 2, §§ 17 und 19 gelten unabhängig vom Familienstand für Lebensgemeinschaften mit Kindern oder pflegebedürftigen Angehörigen.

§ 17 Beurlaubung
(1) ¹Arbeitnehmerinnen und Arbeitnehmer haben in entsprechender Anwendung des § 80 Abs. 1 Nr. 2 des Landesbeamtengesetzes Anspruch auf Beurlaubung aus familiären Gründen ohne Entgelt. ²Weitergehende tarifvertragliche Regelungen bleiben unberührt. ³Nach Beendigung der Beurlaubung ist anzustreben, die Beurlaubten wieder an ihrem alten Dienstort einzusetzen. ⁴Frauen in der Mutterschutzfrist und Frauen und Männer in der Elternzeit haben nach Ablauf dieser Zeiten Anspruch darauf, an ihren früheren oder einen gleichwertigen Arbeitsplatz zurückzukehren unter Bedingungen, die für sie nicht weniger günstig sind.

(2) ¹Eine Beurlaubung aus familiären Gründen steht der Übertragung einer höherbewerteten Tätigkeit, soweit es mit dienstlichen Belangen vereinbar ist, nicht entgegen. ²Die Dienststelle hat eine beurlaubte Person in die engere Entscheidung über eine Maßnahme nach Satz 1 dieses Absatzes einzubeziehen, wenn die zuletzt erreichten Leistungen und der Zeitpunkt der letzten vor der Beurlaubung liegenden Maßnahme nach Satz 1 dieses Absatzes dies rechtfertigen.
(3) ¹Während der Beurlaubung besteht die Möglichkeit der Teilnahme an Fortbildungsveranstaltungen. ²Beurlaubte sind in geeigneter Weise über die Fortbildungsprogramme zu informieren. ³Die Fortbildungsveranstaltungen sind dienstliche Veranstaltungen. ⁴Arbeitsentgelt wird den Beurlaubten aus Anlass der Teilnahme nicht gewährt; eine Anrechnung auf die Beschäftigungs- und Dienstzeiten erfolgt nicht. ⁵Es besteht kein Anspruch auf Reisekosten- und Trennungsgeld.
(4) Beschäftigungsverhältnisse zur Überbrückung von dienstlichen Engpässen sind vorrangig Beschäftigten anzubieten, die aus familiären Gründen beurlaubt sind.
(5) Mit den Beurlaubten sind auf Antrag Beratungsgespräche zu führen, in denen sie über Einsatzmöglichkeiten während und nach der Beurlaubung informiert werden.

§ 18 Teilzeitbeschäftigte
(1) ¹Teilzeitbeschäftigten sind die gleichen beruflichen Chancen wie Vollzeitbeschäftigten einzuräumen. ²Teilzeitbeschäftigung darf sich nicht nachteilig auf die dienstliche Beurteilung auswirken.
(2) ¹Anträgen von Arbeitnehmerinnen und Arbeitnehmern auf Teilzeitbeschäftigung ist zu entsprechen, soweit nicht besondere dienstliche Belange entgegenstehen. ²Die Reduzierung der Arbeitszeit steht der Wahrnehmung von Vorgesetzten- und Leitungsaufgaben grundsätzlich nicht entgegen.
(3) ¹Nach Ablauf einer befristeten Teilzeitbeschäftigung im Rahmen eines unbefristeten Beschäftigungsverhältnisses besteht ein Anspruch auf Rückkehr zur Vollzeitbeschäftigung unter Wahrung der Belange von anderen Teilzeitbeschäftigten. ²Teilzeitbeschäftigte aus familiären Gründen, die eine vorzeitige Rückkehr zur Vollzeitbeschäftigung vor oder diese erstmals anstreben, sind unter Beachtung ihrer Qualifikation vorrangig zu berücksichtigen.
(4) Wird eine Reduzierung der Arbeitszeit oder eine Beurlaubung ohne Entgelt beantragt, sind die Dienststellen verpflichtet, auf die allgemeinen sozial- und krankenversicherungs-, arbeits- und tarifrechtlichen Folgen hinzuweisen.

§ 19 Individuelle Arbeitszeit- und Arbeitsortgestaltung
Im Rahmen der gesetzlichen, tarifvertraglichen oder sonstigen Regelungen der Arbeitszeit und der dienstlichen Möglichkeiten sind im Einzelfall Beschäftigten mit Familienpflichten auf begründeten Antrag geänderte tägliche und wöchentliche Arbeitszeiten und die Wahl des Arbeitsortes]einzuräumen.

5. Abschnitt Gleichstellungsbeauftragte

§ 19a Landesgleichstellungsbeauftragte
¹Das für die Gleichstellung von Frauen und Männern zuständige Mitglied der Landesregierung bestellt in seinem Geschäftsbereich für die Dauer der Legislaturperiode auf Grundlage eines Beschlusses der Landesregierung eine Landesbeauftragte für die Gleichstellung von Frauen und Männern (Landesgleichstellungsbeauftragte). ²Die Verlängerung der Bestellung ist zulässig.

§ 19b Aufgaben und Rechte der Landesgleichstellungsbeauftragten

(1) ¹Die Landesgleichstellungsbeauftragte berät und unterstützt die nach diesem Gesetz und die nach der Kommunalverfassung des Landes Brandenburg bestellten Gleichstellungsbeauftragten sowie alle Dienststellen im Geltungsbereich dieses Gesetzes. ²Bei Meinungsverschiedenheiten zwischen der Gleichstellungsbeauftragten einer obersten Landesbehörde und der Leitung der Dienststelle kann sie beratend hinzugezogen werden. ³Sie ist unabhängig und keinen Weisungen unterworfen.

(2) ¹Die Landesgleichstellungsbeauftragte trägt dazu bei, die Öffentlichkeit über die Gleichstellung von Frauen und Männern zu informieren. ²Sie kooperiert mit Frauenverbänden und anderen öffentlichen und nicht öffentlichen Stellen.

§ 20 Bestellung der Gleichstellungsbeauftragten

(1) ¹In jeder Dienststelle mit mehr als zwanzig Beschäftigten ist aus dem Kreis der Beschäftigten eine Gleichstellungsbeauftragte zu bestellen. ²Dies gilt nicht, soweit die Gemeinden mit eigener Verwaltung, Ämter und Landkreise nach § 18 der Kommunalverfassung des Landes Brandenburg in Verbindung mit den §§ 131 und 140 der Kommunalverfassung des Landes Brandenburg kommunale Gleichstellungsbeauftragte zu bestellen haben.

(2) ¹Die Bestellung erfolgt durch die jeweilige Leitung nach mehrheitlichem Vorschlag der weiblichen Beschäftigten. ²Es sollen mindestens zwei Kandidatinnen vorgeschlagen werden.

(3) ¹Ist aufgrund der zu geringen Anzahl der Beschäftigten eine Gleichstellungsbeauftragte nicht zu bestellen, ist die Gleichstellungsbeauftragte der nächsthöheren Dienststelle oder der Dienststelle zuständig, die die Dienstaufsicht ausübt. ²Die Leitung der Dienststelle ohne Gleichstellungsbeauftragte bestellt eine Vertrauensperson als Ansprechpartnerin für die Gleichstellungsbeauftragte der nächsthöheren Dienststelle.

(4) ¹Die Gleichstellungsbeauftragte wird für vier Jahre mit der Möglichkeit der Verlängerung bestellt. ²Vor der Entscheidung über die Verlängerung muss das Votum der weiblichen Beschäftigten eingeholt werden.

(5) ¹Für jede Gleichstellungsbeauftragte ist mindestens eine Vertreterin zu bestellen, die sie in ihrer Arbeit unterstützt und sie bei Abwesenheit und bei sonstiger Verhinderung vertritt. ²Die Absätze 2 und 4 gelten entsprechend.

(6) ¹Werden Dienststellen im Sinne dieses Gesetzes ganz oder teilweise in eine andere Dienststelle eingegliedert oder zu einer neuen Dienststelle zusammengeschlossen oder bilden sie durch Ausgliederung eine neue Dienststelle, so sind die Gleichstellungsbeauftragten und ihre Stellvertreterinnen neu zu bestellen. ²Die bisherigen Gleichstellungsbeauftragten führen die Geschäfte so lange gemeinsam weiter, bis die Neubestellung erfolgt ist, längstens jedoch für die Dauer von sechs Monaten. ³Sie können aus ihrer Mitte eine Gleichstellungsbeauftragte wählen, die von der Dienststelle kommissarisch bestellt wird. ⁴Diese führt die Geschäfte, die übrigen Gleichstellungsbeauftragten nehmen Vertreterinnenfunktionen wahr.

(7) Bei Abwesenheit der Gleichstellungsbeauftragten oder ihrer Stellvertreterin von mehr als sechs Monaten kann die Dienststelle die Bestellung widerrufen und eine Nachbestellung nach Absatz 2 vornehmen.

§ 21 Widerruf der Bestellung

(1) ¹Die Leitung der Dienststelle kann die Bestellung der Gleichstellungsbeauftragten widerrufen, wenn die Gleichstellungsbeauftragte ihre gesetzlichen Pflichten grob vernachlässigt hat. ²Auf Antrag der Mehrheit der weiblichen Beschäftigten oder auf Antrag der Gleichstellungsbeauftragten ist die Bestellung zu widerrufen.

(2) Absatz 1 gilt für die Vertreterin entsprechend.

§ 22 Aufgaben und Kompetenzen der Gleichstellungsbeauftragten

(1) ¹Die Gleichstellungsbeauftragte unterstützt die Dienststelle bei der Durchführung und Einhaltung dieses Gesetzes. ²Ihr ist bei allen personellen, organisatorischen und sozialen Angelegenheiten der Dienststelle mit Auswirkung auf die Gleichstellung von Frauen und Männern während des gesamten Verfahrens Gelegenheit zur aktiven Teilnahme zu geben, insbesondere bei
1. Einstellungen, Beförderungen, Eingruppierungen, Höhergruppierungen, Versetzungen und Umsetzungen von mehr als sechs Monaten, bei Abordnungen von mehr als drei Monaten sowie Übertragungen höherwertiger Tätigkeiten einschließlich der Formulierung von Stellenausschreibungen, beim gesamten Auswahlverfahren sowie bei Vorstellungsgesprächen,
2. sozialen, baulichen und organisatorischen Maßnahmen, die weibliche Beschäftigte in besonderem Maße oder anders als männliche Beschäftigte betreffen,
3. Fortbildungs- und Personalentwicklungsmaßnahmen,
4. Arbeitsplatzgestaltung,
5. Analyse der Beschäftigtenstruktur sowie Erstellung des Gleichstellungsplanes,
6. der Besetzung von Gremien,
7. der Entwicklung einheitlicher Beurteilungsmaßstäbe und bei Beurteilungskonferenzen.
³Die Wahrnehmung der Aufgaben nach Satz 1 setzt eine Einwilligung der Betroffenen nicht voraus.
(2) ¹Die Gleichstellungsbeauftragte ist frühzeitig über die Maßnahmen zu unterrichten und anzuhören. ²Ihr ist innerhalb einer angemessenen Frist, die in der Regel eine Woche nicht unterschreiten darf, Gelegenheit zur Stellungnahme zu geben. ³Soweit die Maßnahme nach § 5 Abs. 2, 4, 5 und 6 oder § 23 Abs. 2 einer anderen Dienststelle zur Entscheidung vorgelegt wird, kann sie eine schriftliche Stellungnahme beifügen.⁴Die Beteiligung der Gleichstellungsbeauftragten erfolgt vor dem Personalrat, in dringenden Fällen zeitgleich.
(3) ¹Wird die Gleichstellungsbeauftragte nicht in der nach Absatz 2 vorgeschriebenen Weise an einer Maßnahme beteiligt, ist die Entscheidung über die Maßnahme auf Antrag der Gleichstellungsbeauftragten für eine Woche auszusetzen und die Beteiligung nachzuholen. ²Der Antrag der Gleichstellungsbeauftragten auf Nachholung der Beteiligung geht der Klage nach § 23a voraus, wenn die Entscheidung der Dienststellenleitung noch nicht getroffen ist.
(4) ¹Die Gleichstellungsbeauftragte erhält Einsicht in alle Akten, die Maßnahmen betreffen, an denen sie zu beteiligen ist. ²Soweit dies zur Erfüllung der Aufgaben nach Absatz 1 erforderlich ist, ist die Dienststelle verpflichtet und berechtigt, der Gleichstellungsbeauftragten dabei auch personenbezogene Daten zu übermitteln. ³Bei Personalentscheidungen gilt dies auch für Bewerbungsunterlagen, einschließlich der von Bewerberinnen und Bewerbern, die nicht in die engere Auswahl einbezogen wurden, sowie für Personalakten.
(5) ¹Der Gleichstellungsbeauftragten ist Gelegenheit zur aktiven Teilnahme an Besprechungen der Leitung der Dienststelle sowie an Sitzungen und Konferenzen ihrer Dienststelle und Führungsklausuren zu geben, sofern diese die Planung oder Vorbereitung von Maßnahmen in Angelegenheiten ihres Aufgabenbereiches betreffen. ²Absatz 4 Satz 2 gilt entsprechend.
(6) ¹Die Gleichstellungsbeauftragte kann Sprechstunden durchführen und einmal im Jahr eine Versammlung der weiblichen Beschäftigten einberufen. ²Beschäftigte können sich ohne Einhaltung des Dienstweges an die Gleichstellungsbeauftragte wenden. ³Die Gleichstellungsbeauftragte kann sich unmittelbar an die Leitung ihrer Dienststelle wenden.

(7) ¹Die Gleichstellungsbeauftragte ist berechtigt, personenbezogene Daten zu verarbeiten, soweit und solange dies zur Erfüllung der ihr durch dieses Gesetz zugewiesenen Aufgaben erforderlich ist. ²In den Fällen des Absatz 4 Satz 3 sind die Daten spätestens sechs Wochen nach Abschluß der Maßnahme zu löschen. ³Für die Einhaltung der Vorschriften über den Datenschutz durch die Gleichstellungsbeauftragte ist auch die Dienststelle verantwortlich. ⁴§ 24 Absatz 1 Satz 1 und 3 bleibt unberührt.

§ 23 Widerspruchsrecht

(1) ¹Soweit bei Maßnahmen, an denen die Gleichstellungsbeauftragte zu beteiligen ist, gegen dieses Gesetz verstoßen oder durch Maßnahmen die Erfüllung des Gleichstellungsplanes der Dienststelle gefährdet wird, kann die Gleichstellungsbeauftragte der Maßnahme innerhalb einer Woche nach Kenntnis widersprechen. ²Die Leitung der Dienststelle hat erneut über den Vorgang zu entscheiden. ³Bis zur erneuten Entscheidung ist der Vollzug der Maßnahme auszusetzen. ⁴Die Entscheidung soll innerhalb von zehn Arbeitstagen ergehen.
(2) ¹Wird dem Widerspruch der Gleichstellungsbeauftragten nicht abgeholfen, so ist auf ihren Antrag die Entscheidung der Stelle einzuholen, die nach § 5 Absatz 2 und Absatz 5 Satz 2, Absatz 6 Satz 2 und 3 und Absatz 7 Satz 2 zur Entscheidung befugt ist. ²Absatz 1 Satz 3 und 4 gilt entsprechend. ³Der Antrag ist innerhalb von drei Tagen ab Kenntnis der Widerspruchsentscheidung durch die Gleichstellungsbeauftragte geltend zu machen.
(3) Das Verfahren gemäß Absätze 1 und 2 geht einem Beteiligungsverfahren nach dem Landespersonalvertretungsgesetz voraus.

§ 23a Gerichtliches Verfahren

(1) ¹Bleiben ihr Widerspruch nach § 23 Absatz 1 und ihr Antrag nach § 23 Absatz 2 erfolglos, kann die Gleichstellungsbeauftragte das Verwaltungsgericht mit dem Antrag anrufen, festzustellen, dass die Dienststelle ihre Rechte aus diesem Gesetz verletzt hat. ²Dies gilt auch, wenn die Dienststelle keinen oder einen nicht den Vorschriften dieses Gesetzes entsprechenden Gleichstellungsplan aufgestellt hat. ³Die Anrufung hat keine aufschiebende Wirkung.
(2) Die Kosten für das verwaltungsrechtliche Verfahren, einschließlich der anwaltlichen Vertretung trägt die Dienststelle.

§ 24 Dienstliche Stellung

(1) ¹Die Gleichstellungsbeauftragte und ihre Stellvertreterin sind Teil der Dienststelle und üben ihre Aufgaben als dienstliche Tätigkeit aus. ²Die Regelungen über die Verschwiegenheitspflicht gemäß § 37 des Beamtenstatusgesetzes und den tarifrechtlichen Bestimmungen gelten auch für die Tätigkeit als Gleichstellungsbeauftragte oder als stellvertretende Gleichstellungsbeauftragte. ³Im Rahmen ihrer rechtmäßigen Aufgabenerfüllung sind sie von Weisungen frei. ⁴Sie sind im erforderlichen Umfang von den übrigen dienstlichen Aufgaben zu entlasten. ⁵Unter Berücksichtigung der Struktur der jeweiligen Dienststelle beträgt die Freistellung in der Regel in Dienststellen mit mehr als 250 Beschäftigten mindestens 30 Prozent der vollen regelmäßigen Arbeitszeit, in Dienststellen mit mehr als 500 Beschäftigten mindestens 60 Prozent der vollen regelmäßigen Arbeitszeit, in Dienststellen mit mehr als 850 Beschäftigten die volle regelmäßige Arbeitszeit.
(2) ¹Die Gleichstellungsbeauftragte und ihre Stellvertreterin dürfen wegen ihrer Tätigkeit nicht benachteiligt werden. ²Das gilt auch für die berufliche Entwicklung. ³Durch die Tätigkeit als Gleichstellungsbeauftragte erworbene besondere Kenntnisse und Fähigkeiten sind bei der beruflichen Entwicklung zu berücksichtigen.

(3) Die Entlastung der Gleichstellungsbeauftragten wird durch organisatorische Maßnahmen im Rahmen der verfügbaren Planstellen und Stellen innerhalb der Dienststelle geregelt.
(4) Die Gleichstellungsbeauftragte und ihre Stellvertreterin sind vor Kündigung, Versetzung und Abordnung in gleicher Weise geschützt wie ein Mitglied des Personalrats.

§ 25 Kommunale Gleichstellungsbeauftragte

¹Die Regelungen der Kommunalverfassung des Landes Brandenburg über die Gleichberechtigung von Frau und Mann werden durch dieses Gesetz nicht berührt. ²Für die kommunalen Gleichstellungsbeauftragten in Gemeinden, Ämtern und Landkreisen finden die §§ 20 bis 24 dieses Gesetzes keine Anwendung.³In den Hauptsatzungen ist festzulegen, welche Rechte, Aufgaben, Kompetenzen und dienstliche Stellung die kommunalen Gleichstellungsbeauftragten nach §§ 22 bis 24 haben.

6. Abschnitt Berichtspflicht, Übergangs- und Schlußvorschriften

§ 26 Berichtspflicht

(1) Die Landesregierung berichtet dem Landtag einmal in der Legislaturperiode über die Durchführung des Gesetzes.
(2) ¹Der Bericht gibt Auskunft über die bisherigen und geplanten Maßnahmen zur Durchführung dieses Gesetzes, insbesondere über die Entwicklung des Frauenanteils in den Besoldungsgruppen innerhalb einer Laufbahn, den Entgeltgruppen sowie über die Entwicklung des Anteils von Frauen in Funktionen mit Vorgesetzen- und Leitungsaufgaben in der Landesverwaltung. ²Der Bericht gibt auch Auskunft über Erfahrungen bei der Anwendung dieses Gesetzes.
(3) ¹Als Grundlage des Berichts der Landesregierung erstellt jede Dienststelle der Landesverwaltung sechs Monate vor Abgabe des Berichts eine Analyse der Beschäftigtenstruktur. ²Für die Analyse sind die nach § 6 Abs. 2 zu erhebenden Angaben maßgebend.
(4) ¹Im Bereich der Kommunalverwaltung hat die Verwaltungsleitung eine Berichtspflicht gegenüber ihren gewählten Vertretungen. ²Die Absätze 1 bis 3 gelten entsprechend.

§ 27 Inkrafttreten

Dieses Gesetz tritt am Tage nach der Verkündung in Kraft.

6. Gesetz zur Gleichstellung von Frau und Mann im öffentlichen Dienst des Landes Bremen

vom 20.11.1990 (GVBl. 1990, S. 433), zuletzt geändert durch Gesetz zur Änderung dienstrechtlicher Vorschriften vom 16.5.2017 (GVBl. 2017, S. 225, 249)

Abschnitt I: Allgemeine Vorschriften

§ 1 Ziel des Gesetzes

Zur Verwirklichung der Gleichstellung von Frauen und Männern werden Frauen im bremischen öffentlichen Dienst nach Maßgabe dieses Gesetzes gefördert.

§ 2 Geltungsbereich

Dieses Gesetz gilt für die Verwaltungen des Landes Bremen und der Stadtgemeinde Bremen und Bremerhaven und die sonstigen nicht bundesunmittelbaren Körperschaften, Anstalten und Stiftungen des öffentlichen Rechts im Lande Bremen sowie die Gerichte des Landes Bremen.

Abschnitt II: Quotierung

§ 3 Ausbildungsplatzquoten

(1) Bei der Vergabe von Ausbildungsplätzen sind Frauen mindestens zur Hälfte je Ausbildungsgang zu berücksichtigen.
(2) Bei der Besetzung von Ausbildungsplätzen für Berufe, die auch außerhalb des öffentlichen Dienstes ausgeübt werden und für die nur innerhalb des öffentlichen Dienstes ausgebildet wird, findet eine vorrangige Berücksichtigung von Bewerberinnen nicht statt.

§ 4 Einstellung, Übertragung eines Dienstpostens und Beförderung

(1) Bei der Einstellung, einschließlich der Begründung eines Beamten- und Richterverhältnisses, die nicht zum Zwecke der Ausbildung erfolgt, sind Frauen bei gleicher Qualifikation wie ihre männlichen Mitbewerber in den Bereichen vorrangig zu berücksichtigen, in denen sie unterrepräsentiert sind, sofern nicht in der Person eines Mitbewerbers liegende Gründe überwiegen.
(2) ¹Bei der Übertragung einer Tätigkeit in einer höheren Entgelt- und Besoldungsgruppe sind Frauen bei gleicher Qualifikation wie ihre männlichen Mitbewerber vorrangig zu berücksichtigen, wenn sie unterrepräsentiert sind, sofern nicht in der Person eines Mitbewerbers liegende Gründe überwiegen. ²Das gilt auch bei der Übertragung eines anderen Dienstpostens und bei Beförderung.
(3) Unbeschadet dienstrechtlicher Regelungen dürfen bei Bewerbungen um eine andere Stelle den Bediensteten keine Nachteile aus einer Beurlaubung, Ermäßigung der Arbeitszeit oder Teilzeitbeschäftigung erwachsen.
(4) ¹Die Qualifikation ist ausschließlich an den Anforderungen des Berufes, der zu besetzenden Stelle oder der Laufbahn zu messen. ²Spezifische, zum Beispiel durch Familienarbeit, durch soziales Engagement oder ehrenamtliche Tätigkeit erworbene Erfahrungen und Fähigkeiten sind Teil der Qualifikation im Sinne des Absatzes 1 und 2, wenn sie bei der Ausübung der jeweiligen Tätigkeit dienlich sind.

(5) ¹Eine Unterrepräsentation liegt vor, wenn in den einzelnen Entgeltgruppen der jeweiligen Personalgruppe einer Dienststelle nicht mindestens zur Hälfte Frauen vertreten sind. ²Dies gilt auch für die nach dem Geschäftsverteilungsplan vorgesehenen Funktionsebenen.

§ 5 Benennung und Entsendung

Bei Benennungen für und Entsendungen in Gremien, öffentliche Ämter, Delegationen, Kommissionen, Konferenzen, repräsentative Funktionen, Veranstaltungen und Personalauswahlgremien sollen Frauen zur Hälfte berücksichtigt werden.

Abschnitt III: Fördermaßnahmen

§ 6 Frauenförderpläne

(1) ¹Die Behörden und Dienststellen haben für ihren Bereich geeignete Maßnahmen zu ergreifen, um Frauen gezielt zu fördern. ²Es sind in jeder Dienststelle Daten zur Erstellung einer Analyse über die Beschäftigungsstruktur zu erheben. ³Die Analyse ist jährlich fortzuschreiben. ⁴Zum Abbau der Unterrepräsentation der Frauen sind Frauenförderpläne in den Dienststellen aufzustellen, die Zielvorgaben und einen Zeitrahmen enthalten sollen. ⁵Für die Erstellung der Analyse sind die diesem Gesetz als Anlage beigefügten Vorgaben für die Datenerhebung maßgebend.

(2) Wenn Aufgaben des Personalwesens, insbesondere Personalentwicklungsplanung, -förderung, -einsatz, Ausbildung und berufliche Weiterbildung zentral von einer Behörde für mehrere Behörden wahrgenommen werden, erstellt diese, gegebenenfalls in Abstimmung mit der abgebenden Behörde, einen behörden- und dienststellenübergreifenden Frauenförderplan nach Absatz 1.

(3) Die Frauenförderpläne nach Absatz 2 sind der Zentralstelle für die Verwirklichung der Gleichberechtigung der Frau zur Stellungnahme vorzulegen.

§ 7 Stellenausschreibungen

(1) ¹Stellenausschreibungen müssen in weiblicher und männlicher Form der Stellenbezeichnung erfolgen. ²In Bereichen, in denen Frauen unterrepräsentiert sind, ist der Ausschreibungstext so zu gestalten, dass Frauen aufgefordert werden, sich zu bewerben. ³Dabei ist auf die Zielsetzung dieses Gesetzes, die Unterrepräsentation der Frauen zu beseitigen, hinzuweisen.

(2) Absatz 1 gilt auch für Ausschreibungen von Ausbildungsplätzen.

(3) Stellenausschreibungen müssen mit den Anforderungen der zu besetzenden Stelle übereinstimmen.

(4) Fragen nach einer bestehenden Schwangerschaft sind im Einstellungsverfahren unzulässig.

§ 8 Familiengerechte Arbeitsplatzgestaltung

(1) ¹Grundsätzlich sind Vollzeitarbeitsplätze zur Verfügung zu stellen. ²Im übrigen sind Arbeitsplätze so zu gestalten, dass sie auch vorübergehend in der Form der Teilzeitbeschäftigung oder bei Ermäßigung der Arbeitszeit wahrgenommen werden können. ³Dies gilt insbesondere auch auf der Funktionsebene des gehobenen und höheren Dienstes sowie für entsprechende Positionen bei Arbeitnehmerinnen und Arbeitnehmern.

(2) ¹Die Regelung des § 62 des Bremischen Beamtengesetzes gilt auch für Arbeitnehmerinnen und Arbeitnehmer im Geltungsbereich dieses Gesetzes (§ 2). ²In einem Tarifvertrag zugunsten der Arbeitnehmerinnen und Arbeitnehmer getroffene Regelungen bleiben unberührt.

(3) Dem Wunsch von Teilzeitbeschäftigten nach Aufstockung ihrer wöchentlichen Arbeitszeit ist im Rahmen der stellenplanmäßigen Möglichkeiten zu entsprechen.

§ 9 Fort- und Weiterbildung
(1) ¹In die Fort- und Weiterbildungsangebote ist die Thematik „Gleichberechtigung von Mann und Frau" aufzunehmen. ²Das gilt insbesondere für solche Bildungsveranstaltungen, die auf die Übernahme von Vorgesetztenpositionen vorbereiten.
(2) Frauen sind vermehrt als Leiterinnen und Referentinnen von Fortbildungsveranstaltungen einzusetzen.
(3) Es sind Veranstaltungen anzubieten, die gezielt der Fort- und Weiterbildung von Frauen dienen, insbesondere auch solche, die Frauen auf die Übernahme höherwertiger Stellen vorbereiten.
(4) ¹Fort- und Weiterbildungsangebote sind so zu gestalten, dass Frauen besonders zur Teilnahme motiviert werden. ²Die Veranstaltungen sind so zu planen, dass Bedienstete mit Familienarbeit an ihnen teilnehmen können.

§ 10 Berufstätigkeitsunterbrechung
(1) ¹Beurlaubten Bediensteten ist die Möglichkeit zu eröffnen, Kontakte zum Beruf aufrechtzuerhalten. ²Ihnen sollen zeitlich befristete Beschäftigungsmöglichkeiten (Aushilfen, Urlaubs- und Krankheitsvertretungen) angeboten werden.
(2) ¹Fortbildungsveranstaltungen sind für beurlaubte Bedienstete kostenfrei zu öffnen. ²Auch die beurlaubten Bediensteten sind regelmäßig über das Fortbildungsangebot zu informieren.
(3) Für beurlaubte Bedienstete sind besondere Fortbildungsveranstaltungen anzubieten, die geeignet sind, einen Wiedereinstieg in den Beruf zu erleichtern.
(4) ¹Die Forbildungsveranstaltungen nach Absatz 2 und 3 sind dienstliche Veranstaltungen. ²Besoldung oder Arbeitsentgelt werden den beurlaubten Bediensteten aus Anlass der Teilnahme jedoch nicht gewährt; eine Anrechnung auf die ruhegehaltsfähige Dienstzeit erfolgt nicht.

Abschnitt IV: Frauenbeauftragte

§ 11 Wahl
(1) ¹Ist in einer Dienststelle ein Personalrat zu wählen, wird eine Frauenbeauftragte und ihre Stellvertreterin gewählt. ²Ist ein Richterrat zu wählen, wird für den richterlichen Bereich eine Frauenbeauftragte und ihre Stellvertreterin gewählt.
(2) Wahlberechtigt sind die Frauen, die nach dem Bremschen Personalvertretungsgesetz oder nach dem Bremischen Richtergesetz für die Wahl des Personalrates oder des Richterrates wahlberechtigt sind.
(3) Wählbar sind die Frauen, die nach dem Bremischen Personalvertretungsgesetz oder dem Bremischen Richtergesetz für die Wahl des Personalrates oder Richterrates wählbar sind.
(4) ¹Die Wahlen finden alle vier Jahre zeitgleich mit den Personalratswahlen oder Richterratswahlen statt. ²Außerhalb des regelmäßigen Wahlzeitraumes finden die Wahlen statt, wenn
1. das Amt der Frauenbeauftragten vorzeitig erlischt und keine Stellvertreterin nachrückt,
2. die Wahl mit Erfolg angefochten worden ist oder
3. eine Frauenbeauftragte noch nicht gewählt ist.

³Hat eine Wahl außerhalb des regelmäßigen Wahlzeitraumes stattgefunden, ist die Frauenbeauftragte im nächsten regelmäßigen Wahlzeitraum neu zu wählen. ⁴Ist die Frauenbeauftragte zu Beginn des nächsten regelmäßigen Wahlzeitraumes noch nicht ein Jahr im Amt, findet die Neuwahl im übernächsten Wahlzeitraum statt.
(5) ¹Die Frauenbeauftragte und ihre Stellvertreterin werden in geheimer und unmittelbarer Wahl nach den Grundsätzen der Mehrheitswahl gewählt. ²Im übrigen sind die Vorschriften über die Wahlvorschläge, die Bestellung des Wahlvorstandes durch die Dienststelle, die Aufgaben des Wahlvorstandes, den Schutz der Wahl, die Wahlkosten und die Wahlanfechtung für die Wahl des Personalrates oder Richterrates in ihrer jeweils geltenden Fassung sinngemäß anzuwenden.
(6) ¹Die Kandidatin, auf die die meisten Stimmen entfallen sind, ist als Frauenbeauftragte gewählt. ²Stellvertreterin ist die Kandidatin mit der zweithöchsten Stimmenzahl.
(7) Der Senat wird ermächtigt, durch Rechtsverordnung eine Regelung über die Vorbereitung und Durchführung der Wahl der Frauenbeauftragten und ihrer Stellvertreterin zu erlassen.

§ 12 Amtszeit

¹Die regelmäßige Amtszeit der Frauenbeauftragten beträgt vier Jahre. ²Die Amtszeit beginnt mit der Bekanntgabe des Wahlergebnisses oder, wenn die Amtszeit der bisherigen Frauenbeauftragten noch nicht beendet ist, mit deren Ablauf. ³Sie endet spätestens am 15. April des Jahres, in dem nach § 11 Abs. 4 Satz 1 die regelmäßigen Wahlen oder nach § 11 Abs. 4 Satz 3 oder 4 die Neuwahlen stattfinden. ⁴Das Amt erlischt vorzeitig, wenn die Frauenbeauftragte es niederlegt, aus dem Beschäftigungsverhältnis oder aus der Dienststelle ausscheidet oder die Wählbarkeit verliert. ⁵Die Stellvertreterin rückt für den Rest der Amtszeit nach. ⁶Die Sätze 3 und 4 gelten für das Amt der Stellvertreterin entsprechend. ⁷Ist die Liste erschöpft, bleibt das Amt unbesetzt.

§ 13 Aufgaben der Frauenbeauftragten

(1) ¹Die Frauenbeauftragte hat die Aufgabe, den Vollzug dieses Gesetzes in der Dienststelle zu fördern. ²Im Rahmen dieser Aufgabe ist sie von der Dienststellenleitung sowohl an der Planung als auch bei der Entscheidung der Dienststellenleitung, insbesondere bei personellen, sozialen und organisatorischen Maßnahmen, mitberatend zu beteiligen. ³Das gilt auch bei Vorstellungsgesprächen. ⁴Zur Erfüllung dieser Aufgaben ist der Frauenbeauftragten Einsicht in Akten, Planungs- und Bewerbungsunterlagen zu gewähren. ⁵Personalakten darf die Beauftragte nur mit Zustimmung der betroffenen Beschäftigten einsehen. ⁶An der Aufstellung des Frauenförderplanes ist sie zu beteiligen.
(2) ¹Hält die Frauenbeauftragte eine beabsichtigte Maßnahme nach Absatz 1 oder eine Personalentscheidung im Sinne der §§ 3 und 4 oder eine Entscheidung über die Zulassung zu Fort- und Weiterbildungsveranstaltungen, Aufstiegslehrgängen, Arbeitszeitreduzierung oder Beurlaubung für unvereinbar mit den Bestimmungen dieses Gesetzes, so kann sie binnen einer Woche nach ihrer Unterrichtung widersprechen. ²Das gilt auch, wenn sie sich in ihren Rechten nach den Absätzen 7, 8 oder 9 oder nach § 14 verletzt sieht. ³Über diesen Widerspruch entscheidet, auch bei Maßnahmen nachgeordneter Dienststellen, die zuständige Senatorin oder der zuständige Senator. ⁴Beabsichtigt das zuständige Senatsmitglied dem Widerspruch nicht abzuhelfen, ist dieses gegenüber der Landesbeauftragten für die Verwirklichung der Gleichberechtigung der Frau schriftlich zu begründen. ⁵Diese kann sich binnen zwei Wochen äußern. ⁶Danach kann die Maßnahme der zuständigen Personalvertretung nach § 58 des Bremischen Personalvertretungsgesetzes vorgelegt werden.

(3) ¹Beantragt der Personalrat eine Maßnahme, wie sie im vorstehenden Absatz benannt ist, nach § 58 Abs. 4 des Bremischen Personalvertretungsgesetzes, so hat die Dienststellenleitung die Frauenbeauftragte unverzüglich zu unterrichten. ²Die Frauenbeauftragte kann der beantragten Maßnahme binnen einer Woche der Dienststellenleitung gegenüber widersprechen. ³Schließt sich die Dienststellenleitung den Bedenken der Frauenbeauftragten nicht an, so gilt für die Entscheidung der Dienststellenleitung das im Absatz 2 geregelte Verfahren entsprechend. ⁴Läßt sich eine Entscheidung der zuständigen Senatorin oder des zuständigen Senators innerhalb der Frist des § 58 Abs. 4 Satz 2 Bremisches Personalvertretungsgesetz unter Darlegung der Bedenken der Frauenbeauftragten nicht herbeiführen, so ist dem Antrag des Personalrates von seiten der Dienststelle zu widersprechen. ⁵Das weitere Verfahren ergibt sich aus den §§ 59, 60 ff. des Bremischen Personalvertretungsgesetzes.

(4) Bei der Stadtgemeinde Bremerhaven tritt an die Stelle der Senatorin oder des Senators die Oberbürgermeisterin oder der Oberbürgermeister, bei der Bremischen Bürgerschaft der Vorstand, bei den sonstigen Körperschaften, Anstalten und Stiftungen das zuständige Vertretungsorgan.

(5) ¹Bei Maßnahmen, die der Natur der Sache nach keinen Aufschub dulden, kann die Dienststellenleitung bis zur endgültigen Entscheidung vorläufige Regelungen treffen. ²Diese sind der Frauenbeauftragten gegenüber als solche zu bezeichnen. ³Die Frauenbeauftragte ist von der vorläufigen Regelung unverzüglich zu benachrichtigen.

(6) ¹Die Frauenbeauftragte ist verpflichtet, mit den Personalräten in Angelegenheiten, die die Zielvorstellungen dieses Gesetzes betreffen, eng zusammenzuarbeiten. ²Die Frauenbeauftragte hat das Recht, an allen Sitzungen des Personalrates mit beratender Stimme teilzunehmen.

(7) Die Frauenbeauftragte hat das Recht, in regelmäßigen Abständen Einladungen der Zentralstelle für die Verwirklichung der Gleichberechtigung der Frau zu folgen, um gemeinsame Belange zu koordinieren.

(8) Die Frauenbeauftragte ist berechtigt, Sprechstunden abzuhalten, die Beschäftigten zu unterrichten und zu beraten sowie Wünsche, Anregungen und Beschwerden entgegenzunehmen.

(9) ¹Die Frauenbeauftragte hat das Recht, mindestens einmal im Kalenderjahr eine Versammlung der in der Dienststelle beschäftigten Frauen durchzuführen. ²Die für die Personalversammlung geltenden Vorschriften des Bremischen Personalvertretungsgesetzes sind entsprechend anzuwenden.

(10) ¹Im Einvernehmen mit der stellvertretenden Frauenbeauftragten kann die Frauenbeauftragte dieser Aufgaben zur eigenständigen Wahrnehmung übertragen. ²Dies ist der Dienststellenleitung zur Kenntnis zu geben.

§ 13a Beteiligung der Frauenbeauftragten in Disziplinarverfahren

¹Werden gegen eine Beamtin oder einen Beamten Beschuldigungen erhoben, die zu disziplinarrechtlichen Ermittlungen führen, ist der Frauenbeauftragten davon Kenntnis zu geben. ²Vor jeder weiteren Maßnahme im Disziplinarverfahren hat die Frauenbeauftragte Stellung zu nehmen.

§ 14 Kosten der Tätigkeit der Frauenbeauftragten

(1) Die durch die Tätigkeit der Frauenbeauftragten entstehenden Kosten trägt die Dienststelle.

(2) Die Dienststelle hat der Frauenbeauftragten in dem zur Wahrnehmung ihrer Aufgaben notwendigen Umfange Räume, sachliche Mittel und Büropersonal bereitzustellen.

§ 14a Rechtsschutz

(1) ¹Bleibt in den Fällen des § 13 Absatz 2 ein Widerspruch wegen Nichtbeteiligung erfolglos, kann die Frauenbeauftragte binnen eines Monats das Verwaltungsgericht anrufen. ²Das gilt auch, wenn einem Widerspruch wegen Verletzung ihrer Rechte nach § 13 Absatz 7 bis 9, § 13a oder § 14 nicht abgeholfen wird.
(2) ¹Ist über den Widerspruch ohne zureichenden Grund nicht in angemessener Frist sachlich entschieden, so ist die Anrufung abweichend von Absatz 1 zulässig. ²§ 75 Satz 2 bis 4 der Verwaltungsgerichtsordnung gilt entsprechend.
(3) Die Anrufung des Gerichts kann nur darauf gestützt werden, dass die Dienststellenleitung die Rechte der Frauenbeauftragten verletzt hat.
(4) Die Klage hat keine aufschiebende Wirkung.
(5) Die Dienststelle trägt die der Frauenbeauftragten entstehenden Kosten.

§ 15 Persönliche Rechte und Pflichten der Frauenbeauftragten

(1) Die Frauenbeauftragte führt ihr Amt unentgeltlich als Ehrenamt.
(2) Sie darf in Ausübung ihres Amtes nicht behindert und wegen ihres Amtes nicht benachteiligt oder begünstigt werden; dies gilt auch für ihre berufliche Entwicklung.
(3) Sie besitzt die gleiche persönliche Rechtsstellung, insbesondere den gleichen Kündigungs-, Versetzungs- und Abordnungsschutz, wie ein Mitglied des Personalrates oder Richterrates, die Stellvertreterin wie ein stellvertretender Personalrat.
(4) ¹Die Frauenbeauftragte ist ohne Minderung der Bezüge oder des Arbeitsentgelts von der dienstlichen Tätigkeit zu befreien, soweit es nach Art und Umfang der Dienststelle zur Wahrnehmung ihrer Aufgaben notwendig ist. ²Satz 1 gilt entsprechend für die Teilnahme an Schulungs- und Bildungsveranstaltungen, soweit diese Kenntnisse vermitteln, die für die Arbeit der Frauenbeauftragten erforderlich sind. ³Wird die Frauenbeauftragte durch die Wahrnehmung ihrer Aufgaben über die regelmäßige Arbeitszeit hinaus beansprucht, gilt die Mehrbeanspruchung als Leistung von Mehrarbeit oder Überstunden.
(5) ¹Die Frauenbeauftragte und ihre Stellvertreterin sind verpflichtet, über die persönlichen Verhältnisse von Beschäftigten, die ihnen aufgrund ihres Amtes bekannt geworden sind, sowie bei Angelegenheiten, die ihrer Bedeutung oder ihrem Inhalt nach einer vertraulichen Behandlung bedürfen, auch nach dem Erlöschen des Amtes Stillschweigen zu bewahren. ²Die Verpflichtung besteht bei Einwilligung der Beschäftigten nicht gegenüber der Dienststelle und dem Personalrat oder dem Richterrat.

§ 16 Berichtspflicht

(1) Der Senat berichtet der Bürgerschaft im Abstand von zwei Jahren über die Durchführung dieses Gesetzes.
(2) Der Bericht wird auf der Grundlage der Analyse der Dienststellen erstellt und gibt Auskunft über die bisherigen und geplanten Maßnahmen zur Durchführung dieses Gesetzes.
(3) ¹Die Bremische Zentralstelle für die Verwirklichung der Gleichberechtigung der Frau kann eine Stellungnahme zu dem Bericht abgeben. ²Die Stellungnahme ist mit dem Bericht des Senats an die Bürgerschaft weiterzuleiten.

§ 17 Leistungsbeurteilung

Im öffentlichen Dienst sind Erfolge und Mißerfolge bei der Umsetzung dieses Gesetzes im Rahmen der Leistungsbeurteilung der in den Dienststellen für die Umsetzung dieses Gesetzes verantwortlichen leitenden Personen zu berücksichtigen.

§ 18 Übergangsvorschriften
(1) Die Frauenbeauftragte und ihre Stellvertreterin werden erstmals spätestens ein halbes Jahr nach Inkrafttreten dieses Gesetzes gewählt.
(2) Die erste Analyse nach § 6 Abs. 1 ist mit Stichtag vom 1. des 3. Monats nach Inkrafttreten dieses Gesetzes zu erstellen.

Art. 2 bis 7
(hier nicht abgedruckt)

Art. 8 Inkrafttreten
Dieses Gesetz tritt am Tage nach seiner Verkündung in Kraft.

Anlage zu Artikel 1 § 6 des Gesetzes zur Gleichstellung von Frau und Mann im Öffentlichen Dienst des Landes Bremen
Zur Erstellung der Analyse nach § 6 Abs. 1 sind folgende Daten zu erheben:
1. Die Zahl der in einer Dienststelle beschäftigten Männer und Frauen der jeweiligen Personalgruppe, getrennt nach Entgelt- und Besoldungsgruppe.
2. Die Zahl der mit Teilzeitbeschäftigten besetzten Stellen, getrennt nach Geschlecht, Personalgruppe, Entgelt- und Besoldungsgruppe.
3. Zahl der beantragten und abgelehnten Anträge auf Arbeitszeitreduzierungen und Aufstockung der Arbeitszeit, getrennt nach Geschlecht, Personalgruppe, Entgelt- und Besoldungsgruppe, Art des personellen Ausgleichs.
4. Bei Stellenbesetzungen Angaben zur
   - Entgelt- und Besoldungsgruppe,
   - Personalgruppe
   - bisherige Besetzung mit Ganztags- oder Teilzeitkraft, getrennt nach Geschlechtern,
   - Ausschreibung (ob sie als Vollzeit- oder Teilzeitstelle, ob sie in der betreffenden Behörde oder Dienststelle, ob sie im Amtsblatt oder extern oder ob keine Ausschreibung erfolgte),
   - Anzahl der Bewerbungen getrennt nach Geschlechtern,
   - Besetzung durch Einstellung, Umsetzung, Versetzung mit Vollzeit- oder Teilzeitkraft, nach Geschlecht getrennt,
   - Befristung.
5. Bei Umsetzung Angaben zur bisherigen Entgelt-, Besoldungsgruppe, Personalgruppe, Teilzeit-, Vollzeitbeschäftigung.
6. Zahl der Auszubildenden, getrennt nach Geschlecht und Personalgruppe.
7. Zahl der beförderten oder höhergruppierten Männer und Frauen, getrennt nach Personalgruppe, Entgelt- und Besoldungsgruppe und gesonderter Ausweisung der Beförderungen, die einen Aufstieg in die nächsthöhere Laufbahngruppe darstellen.
8. – Zahl der Bediensteten, die an Veranstaltungen der Fort- und Weiterbildung teilgenommen haben, getrennt nach Veranstaltungsart und Geschlecht,
   – Zahl der jeweils gestellten und genehmigten Anträge.
9. Entsendung in Gremien
   – Zahl der Benennungen und Entsendungen nach Geschlechtern getrennt.

7. Hamburgisches Gesetz zur Gleichstellung von Frauen und Männern im öffentlichen Dienst (Gleichstellungsgesetz Hamburg)

vom 2. Dezember 2014 (GVBl Nummer 61 2014, S. 495)

Abschnitt 1: Allgemeine Vorschriften

§ 1 Ziel des Gesetzes

Dieses Gesetz dient der Gleichstellung von Frauen und Männern sowie der Beseitigung bestehender und der Verhinderung künftiger Nachteile auf Grund des Geschlechts im Geltungsbereich dieses Gesetzes. In allen Bereichen gemäß § 3 Absatz 3 des hamburgischen öffentlichen Dienstes ist eine gleiche Teilhabe von Frauen und Männern zu verwirklichen.

§ 2 Geltungsbereich

(1) Dieses Gesetz gilt für die Dienststellen im Sinne des § 6 des Hamburgischen Personalvertretungsgesetzes (HmbPersVG) vom 8. Juli 2014 (HmbGVBl. S. 299) mit Ausnahme der auf Bundesrecht beruhenden juristischen Personen des öffentlichen Rechts sowie für deren Beschäftigte, insbesondere für solche mit Vorgesetzten- und Leitungsaufgaben.

(2) Soweit die Freie und Hansestadt Hamburg oder ihre staatlichen Hochschulen unmittelbar oder mittelbar Mehrheitsbeteiligungen an juristischen Personen des Privatrechts oder an Personengesellschaften halten oder erwerben, stellen sie sicher, dass dieses Gesetz sinngemäß angewendet wird. Bei Mehrheitsbeteiligungen an Aktiengesellschaften wirken sie darauf hin, dass dieses Gesetz sinngemäß angewendet wird.

(3) Soweit die Freie und Hansestadt Hamburg oder ihre staatlichen Hochschulen Minderheitsbeteiligungen an juristischen Personen des privaten Rechts oder an Personengesellschaften unmittelbar oder mittelbar halten oder erwerben, wirken sie darauf hin, dass dieses Gesetz sinngemäß angewendet wird.

§ 3 Begriffsbestimmungen

(1) Unterrepräsentanz im Sinne dieses Gesetzes liegt vor, wenn der Frauen- oder Männeranteil innerhalb einer Dienststelle in einem Bereich nach Absatz 3 unter 40 vom Hundert liegt.

(2) Beschäftigte im Sinne dieses Gesetzes sind Beamtinnen und Beamte, Arbeitnehmerinnen und Arbeitnehmer einschließlich der zur Berufsausbildung Beschäftigten sowie Richterinnen und Richter.

(3) Bereiche im Sinne dieses Gesetzes beziehen sich auf die einzelne Dienststelle, die Laufbahn, die Fachrichtung und die jeweilige Besoldungs- und Entgeltgruppe. Innerhalb eines Bereichs bilden die Funktionen mit Vorgesetzten- und Leitungsaufgaben oder die Stellen Vorsitzender Richterinnen und Vorsitzender Richter einen eigenen Bereich. Bereiche sind auch die Berufsausbildungsgänge einer Dienststelle.

(4) Arbeitsplätze im Sinne dieses Gesetzes sind alle Dienstposten und vergleichbaren Positionen, auf denen Beschäftigte ihren Dienst oder ihre Arbeit verrichten, sowie die Ausbildungsplätze.

(5) Familienaufgaben bestehen, wenn eine beschäftigte Person mindestens ein Kind unter 18 Jahren oder eine nach ärztlichem Gutachten pflegebedürftige Angehörige oder einen nach ärztlichem Gutachten pflegebedürftigen Angehörigen tatsächlich betreut oder pflegt.

(6) Vorgesetzten- und Leitungsaufgaben nehmen diejenigen Beschäftigten wahr, die weisungsbefugt sind.

§ 4 Erfahrungsbericht
Der Senat legt der Bürgerschaft im Abstand von vier Jahren einen Erfahrungsbericht über die Umsetzung des Gesetzes vor.

Abschnitt 2:   Maßnahmen zur Gleichstellung von Frauen und Männern

§ 5   Vorrang des unterrepräsentierten Geschlechts
(1) Bei der Begründung eines Dienst-, Arbeits-, oder Ausbildungsverhältnisses, der Übertragung höherwertiger Tätigkeiten, der Übertragung eines Beförderungsdienstpostens oder der Beförderung in einem Bereich, in dem ein Geschlecht unterrepräsentiert ist, sind Personen dieses Geschlechts bei gleicher Eignung, Befähigung und fachlicher Leistung vorrangig zu berücksichtigen, bis die Unterrepräsentanz beseitigt ist.
(2) Wenn ein Bereich gemäß § 3 Absatz 3 zu wenige Beschäftigte umfasst und damit als Bezugsgröße für Beförderungs- und Auswahlentscheidungen nicht geeignet ist, ist er mit der darunterliegenden Besoldungs- und Entgeltgruppe beziehungsweise den darunterliegenden Besoldungs- und Entgeltgruppen zusammen zu fassen, solange die Summe der Beschäftigten fünf - einschließlich der zu besetzenden Position -nicht übersteigt. Abweichend von Satz 1 können zur Wahrung der Zielsetzung dieses Gesetzes ausnahmsweise auch vergleichbare Arbeitsplätze dienststellenübergreifend zu einem Bereich zusammengefasst werden.

§ 6   Ausnahmen
(1) Ausnahmen von § 5 Absatz 1 sind nur zulässig, wenn im Einzelfall soziale Gründe, die schwerer wiegen als der Ausgleich der Unterrepräsentanz, für die vorrangige Berücksichtigung einer Person des überrepräsentierten Geschlechts /sprechen.
(2) § 5 Absatz 1 gilt nicht bei der Besetzung von Ausbildungsplätzen für Berufe, die auch außerhalb des öffentlichen Dienstes ausgeübt werden und für die nur innerhalb des öffentlichen Dienstes ausgebildet wird.

§ 7   Stellenausschreibungen
(1) In Stellenausschreibungen ist das jeweils unterrepräsentierte Geschlecht ausdrücklich anzusprechen. Es ist darauf hinzuweisen, dass Personen des unterrepräsentierten Geschlechts bei gleicher Eignung, Befähigung und fachlicher Leistung vorrangig berücksichtigt werden. § 5 Absatz 2 gilt entsprechend.
(2) Die Arbeitsplätze sind einschließlich der Funktionen mit Vorgesetzten- und Leitungsaufgaben zur Besetzung auch in Teilzeit auszuschreiben, soweit zwingende dienstliche Belange nicht entgegenstehen.
(3) Jede ausschreibende Behörde hat eine nach dem Geschlecht aufgeschlüsselte Bewerbungs- und Besetzungsstatistik zu führen.

§ 8   Auswahlkommission
Auswahlkommissionen sollen möglichst zu gleichen Teilen mit Frauen und Männern besetzt sein.

§ 9 Qualifikation, Benachteiligungsverbote

(1) Bei der Bewertung der Eignung, Befähigung und fachlichen Leistung sind auch durch Familienaufgaben erworbene Fähigkeiten und Erfahrungen einzubeziehen, soweit sie Rückschlüsse auf die Erfüllung des Anforderungsprofils der jeweiligen Stelle erlauben.
(2) Unterbrechungen der Erwerbstätigkeit, Reduzierungen der Arbeitszeit oder Verzögerungen beim Abschluss einzelner Ausbildungsgänge jeweils auf Grund der Wahrnehmung von Familienaufgaben sind bei der Bewertung der Eignung, Befähigung und fachlichen Leistung nicht zu berücksichtigen.

§ 10 Fortbildung

(1) Die Fortbildung ist so zu gestalten, dass die Teilnahme auch für Beschäftigte mit Familienaufgaben ermöglicht wird.
(2) Frauen und Männer sollen im gleichen Umfang als Dozentinnen und Dozenten bei Fortbildungsveranstaltungen eingesetzt werden. Sie sollen, ebenso wie die für die Fortbildung zuständigen Beschäftigten der Dienststellen, über Kompetenzen im Hinblick auf die Berücksichtigung von Geschlechteraspekten bei der Gestaltung und Durchführung der Fortbildungen verfügen.
(3) Bei der Fortbildung zu den Inhalten Führung, Personal- oder Organisationsangelegenheiten ist die Thematik „Gleichstellung von Frauen und Männern" in die Programme einzubeziehen. Dies gilt insbesondere bei Veranstaltungen für die Wahrnehmung von Vorgesetzten- und Leitungsaufgaben.
(4) In die Fortbildungsprogramme der Freien und Hansestadt Hamburg sind Veranstaltungen für Beschäftigte in Beurlaubung oder Elternzeit zur Vorbereitung auf den beruflichen Wiedereinstieg aufzunehmen. Beschäftigte in Beurlaubung oder Elternzeit sind von der Dienststelle rechtzeitig und umfassend über Fortbildungsmaßnahmen zu unterrichten.
(5) In das Fortbildungsprogramm der Freien und Hansestadt Hamburg sind Veranstaltungen für Gleichstellungsbeauftragte aufzunehmen.

§ 11 Sprache

Insbesondere in Rechts- und Verwaltungsvorschriften, bei der Gestaltung von Vordrucken und in amtlichen Schreiben der Dienststellen ist der Grundsatz der sprachlichen Gleichbehandlung von Frauen und Männern zu beachten. Das Nähere regelt eine Verwaltungsvorschrift.

Abschnitt 3: Vereinbarkeit von Beruf und Familie

§ 12 Familiengerechte Arbeitsgestaltung

Im Rahmen der dienstlichen Möglichkeiten und der geltenden Bestimmungen des Dienst- und Arbeitsrechts soll jede Dienststelle Arbeitszeiten und sonstige Arbeitsbedingungen anbieten, die Frauen und Männern die Vereinbarkeit von Beruf und Familie erleichtern. Beschäftigten mit Familienaufgaben sollen auch Telearbeit oder eine individuelle Verteilung der Arbeitszeit ermöglicht werden.

§ 13 Teilzeitbeschäftigung und Beurlaubung

(1) Alle Arbeitsplätze, einschließlich derjenigen mit Vorgesetzten- und Leitungsaufgaben, sind grundsätzlich für die Wahrnehmung in Teilzeit geeignet.
(2) Die Dienststellen sollen die organisatorischen Voraussetzungen für eine Verminderung der regelmäßigen durchschnittlichen wöchentlichen Arbeitszeit, auch auf Arbeitsplätzen in

höheren Besoldungs- und Entgeltgruppen sowie mit Vorgesetzten- und Leitungsaufgaben, schaffen.
(3) Anträgen auf Teilzeitbeschäftigung oder Beurlaubung ohne Bezüge zur Wahrnehmung von Familienaufgaben ist im Rahmen der beamten-, richter- oder tarifrechtlichen Vorschriften zu entsprechen, soweit nicht zwingende dienstliche Belange entgegenstehen. Satz 1 gilt entsprechend für Positionen mit Vorgesetzten- und Leitungsaufgaben.
(4) Beschäftigte, die einen Antrag auf Teilzeitbeschäftigung oder Beurlaubung stellen, sind vor einer Entscheidung auf beamten-, arbeits- und versorgungsrechtliche Folgen sowie auf die Befristungsmöglichkeiten einer Teilzeittätigkeit hinzuweisen.

§ 14 Erhöhung der Arbeitszeit, beruflicher Wiedereinstieg

(1) Anträgen von Teilzeitbeschäftigten mit Familienaufgaben auf Aufstockung ihrer individuellen durchschnittlichen wöchentlichen Arbeitszeit soll entsprochen werden. Sie sollen bei gleicher Eignung, Befähigung und fachlicher Leistung bei der Besetzung von entsprechenden Arbeitsplätzen vorrangig berücksichtigt werden. Satz 2 gilt entsprechend für beurlaubte Beschäftigte mit Familienaufgaben, die eine vorzeitige Rückkehr aus der Beurlaubung beantragen.
(2) Befristete Beschäftigungsmöglichkeiten (Aushilfen, Urlaubs- und Krankheitsvertretungen) sind auf Antrag vorrangig aus familiären Gründen beurlaubten Beschäftigten und Teilzeitbeschäftigten mit Familienaufgaben anzubieten, soweit sie dem Zweck der

§ 15 Benachteiligungsverbot für Teilzeitbeschäftigung und Beurlaubung

(1) Teilzeitbeschäftigung und Beurlaubung aus familiären Gründen dürfen das berufliche Fortkommen nicht beeinträchtigen. Sie dürfen sich nicht nachteilig auf die dienstliche Beurteilung auswirken.
(2) Teilzeitbeschäftigten sind die gleichen Chancen zur beruflichen Entwicklung einzuräumen wie Vollzeitbeschäftigten. Eine unterschiedliche Behandlung von Teilzeitbeschäftigten gegenüber Vollzeitbeschäftigten ist nur zulässig, sofern zwingende sachliche Gründe dies erfordern.
(3) Absätze 1 und 2 gelten entsprechend für Beschäftigte an Telearbeitsplätzen und Beschäftigte mit individueller Verteilung der wöchentlichen Arbeitszeit.

Abschnitt 4: Gleichstellungsplan

§ 16 Erstellung und Inhalt

(1) Jede Dienststelle hat jeweils für vier Jahre einen Gleichstellungsplan zu erstellen.
(2) Der Gleichstellungsplan umfasst folgende Inhalte:
1. Analyse der Beschäftigtenstruktur einschließlich der zu erwartenden Fluktuation sowie eine Analyse der Geschlechterverteilung bei der bisherigen Inanspruchnahme von Fortbildungsmaßnahmen,
2. Analyse der bisherigen Ziele und Maßnahmen des ablaufenden Gleichstellungsplans,
3. Ziele und Zielvorgaben bezogen auf den Anteil des unterrepräsentierten Geschlechts in den strategisch wichtigen Bereichen sowie
4. die personellen, organisatorischen und fortbildenden Maßnahmen zur Erreichung dieser Ziele und Zielvorgaben.

Satz 1 Nummern 3 und 4 bezieht sich auf die Geltungsdauer des neuen Gleichstellungsplans.

(3) Nähere Ausführungen zum Gleichstellungsplan bestimmt die für die Gleichstellung im öffentlichen Dienst zuständige Behörde in Abstimmung mit den Behörden und Ämtern.
(4) Abweichend von Absatz 1 erstellt die für das Schulwesen zuständige Behörde einen schulformübergreifenden Gleichstellungsplan für die Beschäftigten an den staatlichen Schulen und einen Gleichstellungsplan für die übrigen Beschäftigten ihrer eigenen und der ihr nachgeordneten Dienststellen.

§ 17 Verfahren

(1) Spätestens drei Monate vor Ablauf der Geltungsdauer eines Gleichstellungsplans ist der Gleichstellungsplan für den nächsten Vierjahreszeitraum der für die Gleichstellung im öffentlichen Dienst zuständigen Behörde vorzulegen.
(2) Die für die Gleichstellung im öffentlichen Dienst zuständige Behörde prüft die in den vorgelegten Gleichstellungsplänen enthaltenen strategischen Zielvorgaben der Dienststellen daraufhin, inwieweit in ihnen ein über die Dienststellen hinweg vergleichbares Maß an Bemühungen bei der Festsetzung der Zielvorgaben zum Ausdruck kommt.
(3) Die Gleichstellungspläne treten zum gemeinsamen Stichtag nach § 23 Absatz 1 Satz 1 in Kraft. Äußert die für die Gleichstellung im öffentlichen Dienst zuständige Behörde Bedenken gegen eine oder mehrere Zielvorgaben einer Dienststelle, tritt der Gleichstellungsplan dieser Dienststelle erst in Kraft, wenn Einvernehmen erzielt worden ist. Satz 2 gilt nicht für die Bürgerschaft und den Rechnungshof der Freien und Hansestadt Hamburg.
(4) Mit Inkrafttreten der Gleichstellungspläne nach Absatz 3 gibt die Dienststelle den Gleichstellungsplan ihren Beschäftigten zur Kenntnis.
(5) Abweichend von den Absätzen 1 bis 3 legen
1. die Dienststellen im Sinne des § 6 Absatz 1 Nummer 14 HmbPersVG ihre Gleichstellungspläne der jeweils die Aufsicht ausübenden Behörde,
2. die juristischen Personen des Privatrechts und die Personengesellschaften im Sinne des § 2 Absätze 2 und 3 ihre Gleichstellungspläne der jeweils für die Wahrnehmung der Beteiligung zuständigen Behörde
zur Kenntnis vor.
(6) Die neuen Gleichstellungspläne treten jeweils nach Ablauf der bisherigen Gleichstellungspläne in Kraft.

Abschnitt 5 Gleichstellungsbeauftragte

§ 18 Bestellung von Gleichstellungsbeauftragten

(1) Jede Dienststelle hat mindestens eine Gleichstellungsbeauftragte oder einen Gleichstellungsbeauftragten sowie deren beziehungsweise dessen Stellvertretung zu bestellen. Mindestens die Hälfte der bestellten Gleichstellungsbeauftragten und Stellvertretungen der jeweiligen Dienststelle muss dem weiblichen Geschlecht angehören.
(2) Abweichend von Absatz 1 Satz 1 bestellt die für das Schulwesen zuständige Behörde mindestens eine Gleichstellungsbeauftragte oder einen Gleichstellungsbeauftragten für das pädagogische Personal und mindestens eine Gleichstellungsbeauftragte oder einen Gleichstellungsbeauftragten für das Verwaltungspersonal sowie deren Stellvertretungen. § 18 Absatz 1 Satz 2 findet entsprechende Anwendung.
(3) Die Gleichstellungsbeauftragten werden für die Dauer von vier Jahren bestellt. Ihre Amtszeit endet mit Ablauf von vier Jahren oder mit dem Ausscheiden aus der Dienststelle. Die Bestellung kann auf Antrag oder mit dem Einverständnis der Gleichstellungsbeauftrag-

ten durch die Dienststelle aufgehoben werden. Im Übrigen kann sie nur aus wichtigem Grund widerrufen werden.
(4) Den Bestellungen geht ein Interessenbekundungsverfahren voraus. Die Beschäftigten der Dienststelle sind vor der Bestellung der Gleichstellungsbeauftragten von der Dienststelle anzuhören.
(5) Die Bestellungen sowie das Ergebnis der Anhörung sind den Beschäftigten der Dienststelle unverzüglich bekannt zu geben.

§ 19 Rechtsstellung

(1) Die Gleichstellungsbeauftragten sind in dieser Funktion der Leitung der Dienststelle unmittelbar zugeordnet. Sie dürfen nicht dem Personalrat angehören.
(2) Die Gleichstellungsbeauftragten sind in Ausübung der ihnen nach diesem Gesetz übertragenen Aufgaben und Rechte weisungsunabhängig. Eine dienstliche Beurteilung durch die Leitung der Dienststelle für die Tätigkeit als Gleichstellungsbeauftragte oder Gleichstellungsbeauftragter erfolgt nur auf Antrag der Gleichstellungsbeauftragten.
(3) Die Gleichstellungsbeauftragten dürfen bei der Wahrnehmung ihrer Aufgaben nicht behindert und wegen ihrer Tätigkeit weder benachteiligt noch begünstigt werden.
(4) Die Gleichstellungsbeauftragten sind von ihren sonstigen dienstlichen Aufgaben im angemessenen Umfang zu entlasten.
(5) Die Gleichstellungsbeauftragten sind mit den zur Erfüllung ihrer Aufgaben notwendigen räumlichen und sachlichen Mitteln auszustatten.
(6) Den Gleichstellungsbeauftragten ist im angemessenen Umfang die Teilnahme an Fortbildungen zu allen für ihre Aufgabenerfüllung notwendigen Fachkenntnissen und Kompetenzen zu ermöglichen.
(7) Die Gleichstellungsbeauftragten und ihre Stellvertretungen sind verpflichtet, über die ihnen auf Grund ihres Amtes bekannt gewordenen Informationen auch nach der Abgabe des Amtes zu schweigen, sofern nicht die Betroffenen sie von der Pflicht zur Verschwiegenheit entbinden.

§ 20 Aufgaben

(1) Die Gleichstellungsbeauftragten unterstützen, fördern und begleiten die Anwendung dieses Gesetzes in den Dienststellen. Sie werden an der Erstellung des Gleichstellungsplans beteiligt.
(2) Die Gleichstellungsbeauftragten beraten die Beschäftigten in allen Angelegenheiten, die die Gleichstellung von Frauen und Männern und die Vereinbarkeit von Beruf und Familie betreffen. Sie können hierzu Sprechstunden während der Dienstzeit einrichten.
(3) Die Gleichstellungsbeauftragten erstatten den Beschäftigten ihrer Dienststelle gegenüber einmal jährlich einen Tätigkeitsbericht. Sie können hierzu eine Versammlung der Beschäftigten der Dienststelle durchführen. Für die Teilnahme an der Versammlung gilt § 57 Absatz 2 HmbPersVG entsprechend.
(4) Die Gleichstellungsbeauftragten können innerhalb der Dienstzeit Informationsveranstaltungen zu dienststellenbezogenen, gleichstellungsrelevanten Themen durchführen.

§ 21 Rechte

(1) Die Gleichstellungsbeauftragten sind über alle anstehenden personellen, sozialen und organisatorischen Maßnahmen, die die Gleichstellung von Frauen und Männern und die Vereinbarkeit von Erwerbs- und Familienarbeit betreffen, unverzüglich und umfassend zu un-

terrichten, ihnen ist die Möglichkeit zur Stellungnahme zu diesen Maßnahmen zu geben. Sie sind berechtigt, an Personalauswahlgesprächen teilzunehmen.

(2) Halten die Gleichstellungsbeauftragten eine beabsichtigte Maßnahme für unvereinbar mit diesem Gesetz, können sie diese Maßnahme binnen einer Woche nach Unterrichtung in Textform gegenüber der Leitung der Dienststelle beanstanden. Bei dringenden Maßnahmen kann die Dienststelle die Frist verkürzen. Eine Maßnahme darf außer in Fällen, in denen sie der Natur der Sache nach keinen Aufschub duldet, nicht vollzogen werden, solange die Gleichstellungsbeauftragten sie noch beanstanden können. Im Fall der fristgerechten Beanstandung hat die Dienststelle die Einwände zu prüfen und gegebenenfalls neu zu entscheiden. Die Maßnahme darf erst dann vollzogen werden, wenn eine der Beanstandung nicht folgende Entscheidung gegenüber den Gleichstellungsbeauftragten in Textform begründet worden ist. Wurden die Gleichstellungsbeauftragten nicht oder nicht rechtzeitig über eine Maßnahme unterrichtet, so können sie verlangen, dass das beschriebene Verfahren nach den Sätzen 1 bis 5 nachgeholt wird.

(3) Die Gleichstellungsbeauftragten können Maßnahmen zur Verwirklichung der Gleichstellung von Frauen und Männern und zur besseren Vereinbarkeit von Beruf und Familie in der Dienststelle vorschlagen. Die Dienststelle prüft die Vorschläge und teilt die Ergebnisse den Gleichstellungsbeauftragten in Textform mit.

(4) Den Gleichstellungsbeauftragten ist in dem für die Wahrnehmung ihrer Aufgaben erforderlichen Umfang Einsicht in die Akten und Bewerbungsunterlagen zu gewähren. Personalakten dürfen die Gleichstellungsbeauftragten nur einsehen, wenn und soweit die betroffene Person im Einzelfall eingewilligt hat.

(5) Die Gleichstellungsbeauftragten können ihre Stellvertretung mit bestimmten Aufgaben betrauen.

(6) Die Gleichstellungsbeauftragten haben das Recht auf dienststellenübergreifende Zusammenarbeit. Sie können sich unmittelbar an die für die Gleichstellung im öffentlichen Dienst zuständige Behörde wenden.

Abschnitt 6: Übergangs- und Schlussvorschriften

§ 22 Sonderregelungen für den Hochschulbereich

Die Zuständigkeit der oder des Gleichstellungsbeauftragten nach § 18 erstreckt sich in den staatlichen Hochschulen gemäß § 1 Absatz 1 Nummern 1 bis 6 des Hamburgischen Hochschulgesetzes vom 18. Juli 2001 (HmbGVBl. S. 171), zuletzt geändert am 8. Juli 2014 (HmbGVBl. S. 269), nur auf das Technische, Bibliotheks- und Verwaltungspersonal. Im Übrigen findet dieses Gesetz auf die staatlichen Hochschulen der Freien und Hansestadt Hamburg Anwendung, soweit das Hamburgische Hochschulgesetz in der jeweils geltenden Fassung nichts anderes bestimmt.

§ 23 Übergangsbestimmungen

(1) Gleichstellungspläne nach § 16 treten erstmals zum 1. Januar 2017 in Kraft; die zum Zeitpunkt des Inkrafttretens dieses Gesetzes bestehenden Gleichstellungspläne gelten bis zum 31. Dezember 2016 fort. Abweichend hiervon können für einzelne Dienststellen im Einvernehmen zwischen der für die Gleichstellung im öffentlichen Dienst zuständigen Behörde und der betroffenen Dienststelle Gleichstellungspläne bereits vor dem gemeinsamen Stichtag 1. Januar 2017 in Kraft treten und bestehende Gleichstellungspläne ablösen. In diesem Fall ist die Geltungsdauer der Gleichstellungspläne abweichend von § 16 Absatz 1 begrenzt bis zum 31. Dezember 2016.

(2) Die Gleichstellungsbeauftragten sind innerhalb von drei Monaten nach Inkrafttreten dieses Gesetzes zu bestellen. Frauenbeauftragte, die nach § 14 des Gleichstellungsgesetzes vom 19. März 1991 (HmbGVBl. S. 75) in der bis zum 31. Dezember 2014 geltenden Fassung innerhalb der letzten zwölf Monate vor Inkrafttreten dieses Gesetzes benannt wurden, führen ihr Amt als Gleichstellungsbeauftragte nach Abschnitt 5 weiter. Ihre Amtszeit endet nach Ablauf von vier Jahren nach Inkrafttreten dieses Gesetzes.

(3) Gleichstellungsbeauftragte nach Absatz 2 Satz 2, die einem Personalrat angehören, sind innerhalb von drei Monaten nach Inkrafttreten des Gesetzes abzuberufen, wenn sie ihr Personalratsmandat weiterhin ausüben wollen.

§ 24 Erfahrungsbericht
Der Erfahrungsbericht nach § 4 ist erstmals zum 1. Juli 2017 zu erstellen.

8. Hessisches Gesetz über die Gleichberechtigung von Frauen und Männern und zum Abbau von Diskriminierungen von Frauen in der öffentlichen Verwaltung

vom 20.12.2015 (GVBl. Nr. 33 2015, S. 637)

Erster Abschnitt: Allgemeines

§ 1 Ziele des Gesetzes

(1) Ziele des Gesetzes sind die Verwirklichung der Chancengleichheit von Frauen und Männern, die Verbesserung der Vereinbarkeit von Familie und Beruf für Frauen und Männer sowie die Beseitigung bestehender Unterrepräsentanz von Frauen im öffentlichen Dienst. Bis zur Erreichung dieser Ziele werden durch berufliche Förderung auf der Grundlage von Frauenförder- und Gleichstellungsplänen mit verbindlichen Zielvorgaben die Zugangs- und Aufstiegsbedingungen für Frauen sowie die Arbeitsbedingungen für Frauen und Männer verbessert. Dabei wird den besonderen Belangen behinderter und von Behinderung bedrohter Frauen Rechnung getragen.

(2) Rechts- und Verwaltungsvorschriften sollen die Gleichstellung von Frauen und Männern sprachlich zum Ausdruck bringen. Dies gilt auch für den dienstlichen Schriftverkehr.

§ 2 Geltungsbereich

(1) Dieses Gesetz gilt für
1. die Landesverwaltung einschließlich der Kanzlei des Hessischen Landtages, des Hessischen Datenschutzbeauftragten und des Hessischen Rechnungshofes,
2. die Gerichte des Landes,
3. die Gemeinden und Gemeindeverbände,
4. die kommunalen Zweckverbände, den Landeswohlfahrtsverband Hessen und den Regionalverband FrankfurtRheinMain,
5. die übrigen der alleinigen Aufsicht des Landes unterstehenden juristischen Personen des öffentlichen Rechts mit fünfzig oder mehr Beschäftigten mit Ausnahme der Selbstverwaltungskörperschaften der Wirtschaft und der freien Berufe und
6. den Hessischen Rundfunk.

(2) Die der alleinigen Aufsicht des Landes unterstehenden juristischen Personen des öffentlichen Rechts, für die das Gesetz nicht gilt, sollen bei ihrer Personalwirtschaft die Grundsätze nach § 4 eigenverantwortlich anwenden.

(3) Soweit das Land, die Gemeinden, Gemeindeverbände und kommunalen Zweckverbände Beteiligungen an privatrechtlichen Unternehmen, Vereinigungen und Einrichtungen unmittelbar oder mittelbar halten oder erwerben, haben sie darauf hinzuwirken, dass bei der Personalwirtschaft die Grundsätze nach § 4 angewendet werden.

§ 3 Begriffsbestimmungen

(1) Dienststellen im Sinne dieses Gesetzes sind die einzelnen Behörden, Verwaltungsstellen und Betriebe der in § 2 Abs. 1 genannten Verwaltungen und die Gerichte. Gemeinden, Gemeindeverbände und kommunale Zweckverbände bilden unter Ausschluss der Eigenbetriebe und Krankenanstalten eine Dienststelle im Sinne dieses Gesetzes. Dienststellen im Sinne dieses Gesetzes sind auch

1. Eigenbetriebe und Krankenanstalten,
2. der Hessische Rundfunk einschließlich seiner Studios und Sendeanlagen,
3. jede Hochschule und jedes Universitätsklinikum in öffentlicher Trägerschaft,
4. die in § 86 Abs. 1 des Hessischen Personalvertretungsgesetzes vom 24. März 1988 (GVBl. I S. 103), zuletzt geändert durch Gesetz vom 24. März 2015 (GVBl. S. 118), genannten Dienststellen der Polizei und der Berufsfeuerwehr,
5. die Staatlichen Schulämter für alle allgemeinbildenden und beruflichen Schulen sowie die Schulen für Erwachsene und
6. die Hessische Lehrkräfteakademie für die Studienseminare.

(2) Beschäftigte im Sinne dieses Gesetzes sind Beamtinnen und Beamte, Richterinnen und Richter, Arbeitnehmerinnen und Arbeitnehmer sowie Auszubildende. Hauptamtliche Wahlbeamtinnen und Wahlbeamte sowie Beamtinnen und Beamte, die nach § 7 des Hessischen Beamtengesetzes jederzeit in den einstweiligen Ruhestand versetzt werden können, sind keine Beschäftigten im Sinne dieses Gesetzes.

(3) Personalstellen im Sinne dieses Gesetzes sind Planstellen und Stellen im Sinne von § 17 der Hessischen Landeshaushaltsordnung in der Fassung vom 15. März 1999 (GVBl. I S. 248), zuletzt geändert durch Gesetz vom 26. Juni 2013 (GVBl. S. 447).

(4) Beförderung im Sinne dieses Gesetzes sind auch die Verleihung eines Richteramtes mit einem höheren Endgrundgehalt und die Übertragung einer höher zu bewertenden Tätigkeit.

(5) Eine Unterrepräsentanz von Frauen liegt vor, wenn innerhalb des Geltungsbereichs eines Frauenförder- und Gleichstellungsplanes in einer Entgeltgruppe oder Besoldungsgruppe einer Laufbahn oder in den Funktionen mit Vorgesetzten- und Leitungsaufgaben weniger Frauen als Männer beschäftigt sind. In den Eingangsämtern der Laufbahnen gelten Frauen als unterrepräsentiert, wenn in der gesamten Laufbahn weniger Frauen als Männer beschäftigt sind. Satz 2 gilt entsprechend für das Eingangsamt des richterlichen und staatsanwaltlichen Dienstes. Innerhalb des Geltungsbereichs eines Frauenförder- und Gleichstellungsplanes bilden jede Besoldungsgruppe einer Laufbahn und jede Entgeltgruppe sowie die Funktionen mit Vorgesetzten- und Leitungsaufgaben einen Bereich. Die Stelle, die den Frauenförder- und Gleichstellungsplan aufstellt, kann weitere Unterteilungen vornehmen.

(6) Familienaufgabe im Sinne dieses Gesetzes ist die tatsächliche Betreuung von Kindern unter 18 Jahren sowie von nach ärztlichem Zeugnis pflegebedürftigen Angehörigen.

§ 4 Grundsätze

(1) Alle Beschäftigten, insbesondere solche mit Vorgesetzten- oder Leitungsaufgaben, sowie die Leitungen der Dienststellen haben die Erreichung der Ziele dieses Gesetzes zu fördern. Sie haben bei allen Entscheidungen, die Auswirkungen auf die Beschäftigten haben können, sowie bei der Zusammenarbeit mit anderen Dienststellen, die Förderung der Chancengleichheit von Frauen und Männern als durchgängiges Leitprinzip zugrunde zu legen.

(2) Die Dienststellen sind verpflichtet, durch Frauenförder- und Gleichstellungspläne nach den §§ 5 bis 7 und sonstige Maßnahmen der Förderung nach den §§ 8 bis 14 auf die Gleichstellung von Frauen und Männern im öffentlichen Dienst, auf die Gewährleistung der Entgeltgleichheit und die Beseitigung der Unterrepräsentanz von Frauen hinzuwirken und Diskriminierungen wegen des Geschlechts und des Familienstandes zu beheben.

(3) Frauen und Männer dürfen wegen ihres Geschlechts oder ihres Familienstandes nicht diskriminiert werden. Eine Diskriminierung liegt auch vor, wenn eine Regelung oder Maßnahme sich bei geschlechtsneutraler Fassung auf ein Geschlecht wesentlich seltener vorteilhaft oder wesentlich häufiger nachteilig auswirkt als auf das andere, ohne dass dies durch zwin-

gende Gründe gerechtfertigt ist. Maßnahmen zur Förderung von Frauen mit dem Ziel, tatsächlich bestehende Ungleichheiten zu beseitigen, bleiben hiervon unberührt.

Zweiter Abschnitt: Gleichstellung von Frauen und Männern

§ 5 Aufstellen von Frauenförder- und Gleichstellungsplänen

(1) Frauenförder- und Gleichstellungspläne werden für jeweils sechs Jahre für jede Dienststelle aufgestellt. Personalstellen mehrerer Dienststellen können nach Maßgabe der Abs. 2 bis 4 in einem Frauenförder- und Gleichstellungsplan zusammengefasst werden.

(2) In der Landesverwaltung kann für Personalstellen mehrerer Dienststellen ein gemeinsamer Frauenförder- und Gleichstellungsplan aufgestellt werden. Die Personalstellen von Dienststellen mit weniger als fünfzig Beschäftigten sollen für die Aufstellung von Frauenförder- und Gleichstellungsplänen mit anderen Dienststellen zusammengefasst werden. Über die Zusammenfassung von Personalstellen mehrerer Dienststellen in einem Frauenförder- und Gleichstellungsplan und darüber, welche Dienststelle diesen Frauenförder- und Gleichstellungsplan aufstellt, entscheidet die oberste Dienstbehörde durch Anordnung, die im Staatsanzeiger für das Land Hessen oder im Amtsblatt des zuständigen Ministeriums zu veröffentlichen ist. Im Übrigen stellt die Dienststelle die Frauenförder- und Gleichstellungspläne auf. Für Personalstellen der Richterinnen und Richter und für Personalstellen der Staatsanwältinnen und Staatsanwälte werden durch das Ministerium der Justiz besondere Frauenförder- und Gleichstellungspläne aufgestellt. Frauenförder- und Gleichstellungspläne sind jeweils im Einvernehmen mit der für die erfassten Personalstellen personalentscheidenden Dienststelle aufzustellen.

(3) Für jede Gemeinde, jeden Gemeindeverband und jeden kommunalen Zweckverband ausschließlich der Eigenbetriebe und Krankenanstalten wird mindestens je ein Frauenförder- und Gleichstellungsplan aufgestellt. Durch Satzung kann geregelt werden, dass mehrere Eigenbetriebe oder mehrere Krankenanstalten einer Gemeinde einen gemeinsamen Frauenförder- und Gleichstellungsplan aufstellen. Gemeinden, Gemeindeverbände, Eigenbetriebe, Krankenanstalten und kommunale Zweckverbände mit weniger als fünfzig Beschäftigten können von der Aufstellung eines Frauenförder- und Gleichstellungsplanes absehen.

(4) Bei den übrigen der Aufsicht des Landes unterstehenden juristischen Personen des öffentlichen Rechts nach § 2 Abs. 1 Nr. 5 sowie beim Hessischen Rundfunk wird jeweils mindestens ein Frauenförderund Gleichstellungsplan aufgestellt.

(5) Im Einvernehmen mit der Frauen- und Gleichstellungsbeauftragten und einer nach § 15 Abs. 1 Satz 4 oder 5 bestellten Frauen- und Gleichstellungsbeauftragten kann der Frauenförder- und Gleichstellungsplan für die jeweilige Dienststelle auch als Frauenförderplan oder als Gleichstellungsplan bezeichnet werden.

§ 6 Inhalt des Frauenförder- und Gleichstellungsplanes

(1) Gegenstand des Frauenförder- und Gleichstellungsplanes sind die Förderung der Gleichstellung von Frauen und Männern, die Verbesserung der Vereinbarkeit von Familie und Beruf für Frauen und Männer sowie die Beseitigung der Unterrepräsentanz von Frauen innerhalb des Geltungsbereiches des Frauenförder- und Gleichstellungsplanes.

(2) Der Frauenförder- und Gleichstellungsplan besteht mindestens aus
1. einer Bestandsaufnahme und Analyse der Beschäftigtenstruktur,
2. einer Schätzung der im Geltungsbereich des Frauenförder- und Gleichstellungsplanes zu besetzenden Personalstellen und möglichen Beförderungen,

3. verbindlichen Zielvorgaben für jeweils drei Jahre in Prozent bezogen auf den Anteil der Frauen bei Einstellungen und Beförderungen zur Erhöhung des Frauenanteils in Bereichen, in denen Frauen unterrepräsentiert sind,
4. Maßnahmen zur Verbesserung der Arbeitsbedingungen und zur Vereinbarkeit von Familie und Beruf für Frauen und Männer sowie zur Aufwertung von Tätigkeiten an überwiegend mit Frauen besetzten Arbeitsplätzen, soweit dies erforderlich ist, um einen dem Gleichberechtigungsgrundsatz widersprechenden Zustand zu beseitigen, und
5. konkreten Maßnahmen der geschlechtergerechten Personalentwicklung.

Für die Festlegung der Zielvorgaben und Maßnahmen sind die Besonderheiten in den jeweiligen Bereichen und Dienststellen maßgebend.

(3) Für die Bestandsaufnahme und Analyse der Beschäftigtenstruktur nach Abs. 2 Nr. 1 sind folgende Daten zu erheben:
1. die Zahl der befristet und unbefristet Beschäftigten in Vollzeit getrennt nach Frauen und Männern sowie Besoldungs- und Entgeltgruppen,
2. die Zahl der befristet und unbefristet Beschäftigten in Teilzeit sowie die mit ihnen besetzten Personalstellen und die entsprechenden Stellenanteile getrennt nach Frauen und Männern sowie Besoldungs- und Entgeltgruppen,
3. die Zahl der Auszubildenden sowie der Anwärterinnen und Anwärter, getrennt nach Frauen und Männern sowie Berufsgruppen,
4. die Zahl der in der Dienststelle beschäftigten Führungskräfte mit Vorgesetzten- und Leitungsaufgaben getrennt nach Frauen und Männern und
5. die Zahl der durch Erreichen der gesetzlichen Altersgrenze und vorgesehenen Wechsel des Aufgabengebietes oder Arbeitsplatzes voraussichtlich frei werdenden Personalstellen sowie der voraussichtlich zu besetzenden Personalstellen und möglichen Beförderungen.

(4) Unter Maßnahmen der geschlechtergerechten Personalentwicklung nach Abs. 2 Nr. 5 können insbesondere fallen:
1. Potenzialerkennung und -förderung,
2. die Entwicklung von Personalauswahlkriterien,
3. Fortbildungsmaßnahmen,
4. die Übertragung von qualifizierenden Aufgaben, wie Leitungen von Arbeitsgruppen und Stellvertretungsfunktionen,
5. die Erprobung und Weiterentwicklung von Teilzeitbeschäftigung in Führungsfunktionen,
6. familienfreundliche Rotationsmöglichkeiten,
7. die Verbesserung der Integration während und nach der Rückkehr aus Beurlaubungen zur Wahrnehmung von Familienaufgaben,
8. eine geschlechtergerechte Personalkostenbudgetierung,
9. die Einflussnahme auf die Führungskultur zugunsten der Chancengleichheit von Frauen und Männern und
10. die Veränderung des Beurteilungswesens unter Anerkennung der Unterschiede in den Erwerbsbiografien von Frauen und Männern.

(5) In jedem Frauenförder- und Gleichstellungsplan sind jeweils mehr als die Hälfte der zu besetzenden Personalstellen eines Bereichs, in dem Frauen unterrepräsentiert sind, zur Besetzung durch Frauen vorzusehen. Dies gilt nicht, wenn ein bestimmtes Geschlecht unverzichtbare Voraussetzung für eine Tätigkeit ist. Ist glaubhaft dargelegt, dass nicht genügend Frauen mit der notwendigen Qualifikation zu gewinnen sind, können entsprechend weniger Personalstellen zur Besetzung durch Frauen vorgesehen werden. Bei Beförderungen ohne Stellenbesetzungen sowie Höhergruppierungen in Bereichen, in denen Frauen unterreprä-

sentiert sind, ist ein Frauenanteil vorzusehen, der mindestens dem Anteil der Frauen an der nächstniedrigeren Besoldungs- oder Entgeltgruppe in dem Bereich entspricht. Satz 3 gilt entsprechend. Wenn personalwirtschaftliche Maßnahmen vorgesehen sind, die Stellen sperren oder zum Wegfall bringen, bei Eintritt oder Versetzungen in den Ruhestand, bei Verrentungen sowie bei Gewährung von Altersteilzeit ist durch den Frauenförder- und Gleichstellungsplan zu gewährleisten, dass der Frauenanteil in den betroffenen Bereichen mindestens gleich bleibt.
(6) Stellen des wissenschaftlichen Dienstes, die nach § 65 Abs. 2 des Hessischen Hochschulgesetzes vom 14. Dezember 2009 (GVBl. I S. 666), zuletzt geändert durch Gesetz vom 28. September 2014 (GVBl. S. 218), befristet besetzt werden, sind mindestens mit dem Anteil an Frauen zu besetzen, den sie an den Absolventinnen und Absolventen des jeweiligen Fachbereiches stellen. Stellen des wissenschaftlichen Dienstes, die nach § 64 Abs. 4 und 5 des Hessischen Hochschulgesetzes befristet besetzt werden, sind mindestens mit dem Anteil an Frauen zu besetzen, den sie an den an dem jeweiligen Fachbereich Promovierten stellen. Die zur Beschäftigung von wissenschaftlichen Hilfskräften ohne Abschluss angesetzten Mittel müssen mindestens mit dem Anteil für Frauen verwendet werden, den sie an den Studierenden des jeweiligen Fachbereiches stellen.
(7) Der Frauenförder- und Gleichstellungsplan ist nach drei Jahren zu überprüfen und der aktuellen Entwicklung anzupassen. Bei dieser Anpassung sind ergänzende Maßnahmen aufzunehmen, wenn erkennbar ist, dass die Zielvorgaben des Frauenförder- und Gleichstellungsplanes nach Abs. 2 Nr. 3 sonst nicht erreicht werden können. Mit Zustimmung der Frauen- und Gleichstellungsbeauftragten kann der Frauenförder- und Gleichstellungsplan bei Bedarf auch zu einem anderen Zeitpunkt angepasst werden.

§ 7 Verfahren zur Aufstellung von Frauenförder- und Gleichstellungsplänen, Bekanntmachung, Berichte

(1) In der Landesverwaltung bedürfen Frauenförder- und Gleichstellungspläne der Zustimmung der Dienststelle, die die unmittelbare Dienstaufsicht über die in dem Frauenförder- und Gleichstellungsplan erfassten Personalstellen ausübt. Die Zustimmung gilt als erteilt, sofern die zuständige Dienststelle nicht innerhalb von drei Monaten entscheidet.
(2) Frauenförder- und Gleichstellungspläne, die beim Hessischen Landtag, beim Hessischen Datenschutzbeauftragten und beim Hessischen Rechnungshof aufgestellt werden, bedürfen der Zustimmung der Präsidentin oder des Präsidenten des Landtages im Benehmen mit dem Präsidium des Landtages.
(3) Frauenförder- und Gleichstellungspläne sind in den Gemeinden der Gemeindevertretung und in den Gemeindeverbänden dem Kreistag zur Beratung und Beschlussfassung vorzulegen. Frauenförder- und Gleichstellungspläne der kommunalen Zweckverbände und des Landeswohlfahrtsverbandes Hessen sind der Verbandsversammlung, Frauenförderund Gleichstellungspläne des Regionalverbandes FrankfurtRheinMain der Verbandskammer zur Beratung und Beschlussfassung vorzulegen.
(4) Frauenförder- und Gleichstellungspläne der Hochschulen des Landes und der übrigen der Aufsicht des Landes unterstehenden juristischen Personen des öffentlichen Rechts nach § 2 Abs. 1 Nr. 5 werden im Benehmen mit der Dienststelle, die die Rechtsaufsicht ausübt, aufgestellt. Rechtsaufsichtliche Beziehungen bleiben unberührt.
(5) Frauenförder- und Gleichstellungspläne des Hessischen Rundfunks bedürfen der Zustimmung des Verwaltungsrates.
(6) Bei Änderungen des Frauenförderund Gleichstellungsplanes nach § 6 Abs. 7 gelten Abs. 1 bis 5 entsprechend.

(7) Frauenförder- und Gleichstellungspläne sind in den Dienststellen, deren Personalstellen sie betreffen, bekannt zu machen. Die Dienststelle, die den Frauenförder- und Gleichstellungsplan aufstellt, berichtet der nach Abs. 1 bis 5 zuständigen Stelle alle drei Jahre über den Umsetzungsstand der im Frauenförder- und Gleichstellungsplan enthaltenen Zielvorgaben und Maßnahmen sowie über sonstige Maßnahmen der Förderung nach den §§ 8 bis 14.
(8) Soweit der Frauenförder- und Gleichstellungsplan nicht umgesetzt worden ist, sind die Gründe hierfür sowohl im Rahmen der Anpassung an die aktuelle Entwicklung nach § 6 Abs. 7 als auch bei der Aufstellung des nächsten Frauenförder- und Gleichstellungsplanes darzulegen und in der Dienststelle bekannt zu geben.
(9) Die Landesregierung berichtet dem Landtag alle fünf Jahre über die Entwicklung des Frauenanteils an den Beschäftigten sowie über Maßnahmen nach § 6 Abs. 4 und sonstige Maßnahmen der Förderung aufgrund von Frauenförder- und Gleichstellungsplänen im Geltungsbereich dieses Gesetzes nach § 2 Abs. 1.

§ 8 Vergabe von Ausbildungsplätzen

(1) In Ausbildungsberufen, in denen Frauen unterrepräsentiert sind, sind sie bei der Vergabe von Ausbildungsplätzen mindestens zur Hälfte zu berücksichtigen. Satz 1 gilt nicht für Ausbildungsgänge, in denen der Staat ausschließlich ausbildet.
(2) Es sind geeignete Maßnahmen zu ergreifen, um Frauen auf freie Ausbildungsplätze in Berufen im Sinne von Abs. 1 Satz 1 aufmerksam zu machen und sie zur Bewerbung zu veranlassen. Liegen trotz solcher Maßnahmen nicht genügend Bewerbungen von Frauen vor, können entgegen Abs. 1 Satz 1 mehr als die Hälfte der Ausbildungsplätze mit Männern besetzt werden.

§ 9 Ausschreibungen

(1) In allen Bereichen, in denen Frauen unterrepräsentiert sind, sind zu besetzende Personalstellen grundsätzlich auszuschreiben. Art und Inhalt der Ausschreibung haben sich ausschließlich an den Anforderungen der zu besetzenden Personalstelle oder des zu vergebenden Amtes zu orientieren. In der Ausschreibung ist darauf hinzuweisen, dass Bewerbungen von Frauen besonders erwünscht sind.
(2) In Ausschreibungen ist grundsätzlich darauf hinzuweisen, dass der ausgeschriebene Arbeitsplatz in Teilzeit besetzt werden kann. Dies gilt auch für Funktionen mit Vorgesetzten- und Leitungsaufgaben aller Hierarchieebenen. Ausnahmen von Satz 1 sind nur zulässig, soweit einer Besetzung in Teilzeit zwingende Belange entgegenstehen. Soweit eine Verpflichtung zur Erhöhung des Frauenanteils aufgrund eines Frauenförder- und Gleichstellungsplanes besteht, ist dies in der Ausschreibung zu erwähnen. Die Ausschreibung soll dienststellenübergreifend erfolgen, wenn abzusehen ist, dass die Verpflichtung zur Erhöhung des Frauenanteils mit einer internen Ausschreibung nicht erfüllt werden kann.
(3) Ausnahmen von den Grundsätzen des Abs. 1 Satz 1 und Abs. 2 Satz 1 bedürfen der Zustimmung der Frauen- und Gleichstellungsbeauftragten, welche das Benehmen mit einer nach § 15 Abs. 1 Satz 4 oder 5 bestellten Frauen- und Gleichstellungsbeauftragten herzustellen hat.

§ 10 Bewerbungsgespräche

(1) In Bereichen, in denen Frauen unterrepräsentiert sind, werden mindestens ebenso viele Frauen wie Männer oder alle Bewerberinnen zum Bewerbungsgespräch eingeladen, soweit ein solches durchgeführt wird, wenn sie die gesetzlich oder sonst vorgesehenen Voraussetzungen für die Besetzung der Personalstelle oder des zu vergebenden Amtes erfüllen.

(2) Fragen nach dem Familienstand, einer bestehenden oder geplanten Schwangerschaft oder geplanten Elternzeit und danach, wie Familienaufgaben neben der Berufstätigkeit gewährleistet werden können, sind unzulässig.

§ 11 Auswahlentscheidungen

(1) Um die Chancengleichheit von Frauen und Männern bei Einstellung, Beförderung und Höhergruppierung sowie die Erfüllung der Zielvorgaben der Frauenförder- und Gleichstellungspläne zu gewährleisten, sind Eignung, Befähigung und fachliche Leistung (Qualifikation) entsprechend den Anforderungen der zu besetzenden Stelle oder des zu vergebenden Amtes zu beurteilen. Bei der Qualifikationsbeurteilung sind Fähigkeiten und Erfahrungen, die durch die Wahrnehmung von Familienaufgaben oder in ehrenamtlicher Tätigkeit erworben wurden, zu berücksichtigen, soweit ihnen für die Eignung, Leistung und Befähigung der Bewerberinnen und Bewerber Bedeutung zukommt. Dies gilt auch, wenn Familienaufgaben neben der Erwerbsarbeit wahrgenommen wurden.
(2) Dienstalter, Lebensalter und der Zeitpunkt der letzten Beförderung oder Höhergruppierung dürfen nur insoweit Berücksichtigung finden, als ihnen für die Eignung, Leistung und Befähigung der Bewerberinnen und Bewerber Bedeutung zukommt.
(3) Familienstand oder Einkommen des Partners oder der Partnerin dürfen nicht berücksichtigt werden. Teilzeitbeschäftigungen, Beurlaubungen zur Wahrnehmung von Familienaufgaben, die Inanspruchnahme von Elternzeit, Familienpflegezeit, Pflegezeit, Telearbeit und flexiblen Arbeitszeitmodellen sowie Verzögerungen beim Abschluss der Ausbildung aufgrund der Wahrnehmung von Familienaufgaben dürfen sich nicht nachteilig auf die dienstliche Beurteilung und die Auswahlentscheidung auswirken sowie das berufliche Fortkommen nicht beeinträchtigen. Eine regelmäßige Gleichbehandlung von Teilzeitbeschäftigung, Beurlaubung, Elternzeit, Familienpflegezeit, Pflegezeit und Vollzeitbeschäftigung ist damit nicht verbunden.
(4) Werden die Zielvorgaben des Frauen- und Gleichstellungsplanes nach § 6 Abs. 2 Nr. 3 für jeweils drei Jahre nicht erfüllt, bedarf bis zu ihrer Erfüllung jede weitere Einstellung oder Beförderung eines Mannes in einem Bereich, in dem Frauen unterrepräsentiert sind, der Zustimmung der Stelle, die dem Frauen- und Gleichstellungsplan zugestimmt hat, im Geltungsbereich der Frauen- und Gleichstellungspläne der Ministerien und der Staatskanzlei der Zustimmung der Landesregierung. Im Geltungsbereich der bei den Hochschulen aufgestellten Frauen- und Gleichstellungspläne ist die Zustimmung der Präsidentin, des Präsidenten, der Rektorin oder des Rektors erforderlich. In Gemeinden ist die Beschlussfassung des Gemeindevorstandes, in Gemeindeverbänden die Beschlussfassung des Kreisausschusses, bei kommunalen Zweckverbänden die Beschlussfassung des Verbandsvorstandes, beim Landeswohlfahrtsverband Hessen die Beschlussfassung des Verwaltungsausschusses und beim Regionalverband FrankfurtRhein- Main die Zustimmung des Regionalvorstandes erforderlich. Bei den übrigen der Aufsicht des Landes unterstehenden juristischen Personen des öffentlichen Rechts nach § 2 Abs. 1 Nr. 5 ist die Zustimmung des Organs, welches die Geschäftsführung wahrnimmt, erforderlich; die Angelegenheit ist der Aufsichtsbehörde zur Kenntnis zu geben. Ist ein in Satz 3 oder 4 genanntes Organ bereits nach anderen Rechtsvorschriften mit der Angelegenheit zu befassen, so ist vor der ersten Beschlussfassung unter Beifügung einer Stellungnahme der Frauen- und Gleichstellungsbeauftragten darauf hinzuweisen, dass der Frauenförder- und Gleichstellungsplan in diesem Bereich nicht erfüllt wurde; eine weitere Beschlussfassung nach Satz 3 oder 4 entfällt. Satz 1 findet keine Anwendung in Fällen des Art. 127 Abs. 3 der Hessischen Verfassung.

(5) Solange kein Frauenförder- und Gleichstellungsplan aufgestellt ist, dürfen in Bereichen, in denen Frauen unterrepräsentiert sind, keine Einstellungen und Beförderungen vorgenommen werden. Ist der Frauenförder- und Gleichstellungsplan wegen eines Verfahrens nach den §§ 70 oder 71 des Hessischen Personalvertretungsgesetzes noch nicht in Kraft, dürfen keine Einstellungen und Beförderungen vorgenommen werden, die dem bereits aufgestellten Frauenförder- und Gleichstellungsplan zuwiderlaufen.

(6) Unter Beachtung von § 10 des Hessischen Beamtengesetzes sind Bewerberinnen und Bewerber bevorzugt einzustellen, die wegen der Wahrnehmung von Familienaufgaben aus dem öffentlichen Dienst ausgeschieden sind oder nach Ableistung eines Vorbereitungsdienstes keinen Antrag auf Übernahme in den öffentlichen Dienst stellen konnten. Beschäftigte, die bei unbefristeter Teilzeitbeschäftigung oder vor Ablauf einer befristeten Teilzeitbeschäftigung oder Ermäßigung der Arbeitszeit zur Wahrnehmung von Familienaufgaben wieder zur regelmäßigen Arbeitszeit zurückkehren wollen, sind bei der Besetzung von Vollzeitstellen unter Beachtung von § 10 des Hessischen Beamtengesetzes bevorzugt zu berücksichtigen.

§ 12 Personalentwicklung

(1) Die Dienststellen haben bei Maßnahmen zur Personalentwicklung die Chancengleichheit von Frauen und Männern und die Vereinbarkeit von Familie und Beruf als Leitprinzipien zugrunde zu legen. Dieses gilt insbesondere für Fortbildungsmaßnahmen, für die dauernde oder zeitlich befristete Übertragung anderer Aufgaben und Funktionen, für die Abordnung zu anderen Dienststellen (Rotation) und für sonstige Maßnahmen, die auf die Übernahme höherwertiger Tätigkeiten vorbereiten.

(2) In Maßnahmen zur Fortbildung, die sich an Verantwortliche für Personalentwicklung, Personalverwaltung sowie für Organisations- und Leitungsaufgaben richten, sind die Leitprinzipien zur Chancengleichheit von Frauen und Männern und zur Vereinbarkeit von Familie und Beruf zu behandeln.

(3) Für weibliche Beschäftigte werden besondere Fortbildungsmaßnahmen angeboten, die eine Weiterqualifikation ermöglichen und auf die Übernahme von Tätigkeiten, bei denen Frauen unterrepräsentiert sind, vorbereiten. Solange Frauen in Personalstellen mit Vorgesetzten- und Leitungsaufgaben unterrepräsentiert sind, ist ihnen mindestens ihrem Anteil an den Beschäftigten der Dienststelle entsprechend die Teilnahme an Führungskräftefortbildungen einzuräumen. Dies ist in den Frauenförder- und Gleichstellungsplan aufzunehmen.

(4) Entstehen durch die Teilnahme an dienstlichen Fortbildungsmaßnahmen unvermeidliche Kosten für die Betreuung von Kindern unter 15 Jahren oder von nach ärztlichem Zeugnis pflegebedürftigen Angehörigen, so werden diese erstattet. Die Kosten sind innerhalb einer Ausschlussfrist von einem Monat bei der Beschäftigungsbehörde schriftlich zu beantragen. Die Frist beginnt mit dem Tage nach Beendigung der Fortbildungsmaßnahme.

(5) Maßnahmen zur Personalentwicklung sind im Rahmen der dienstlichen Möglichkeiten so anzubieten, dass auch Beschäftigten mit Familienaufgaben die Teilnahme möglich ist. Soweit erforderlich, sind im Rahmen der dienstlichen Möglichkeiten zusätzliche Maßnahmen anzubieten, die den zeitlichen und räumlichen Bedürfnissen von Beschäftigten mit Familienaufgaben entsprechen.

§ 13 Gremien

Alle Dienststellen sollen bei der Besetzung von Kommissionen, Beiräten, Verwaltungs- und Aufsichtsräten sowie sonstigen Gremien, soweit sie ein Entsendungs-, Bestellungs- oder Vorschlagsrecht haben, mindestens zur Hälfte Frauen berücksichtigen. Ausnahmen sind nur aus erheblichen Gründen zulässig, die aktenkundig zu machen sind.

Dritter Abschnitt: Vereinbarkeit von Familie und Beruf

§ 14 Arbeitsbedingungen, Teilzeitbeschäftigung und Beurlaubung

(1) Die Dienststellen haben Arbeitszeiten und sonstige Rahmenbedingungen anzubieten, die Frauen und Männern die Vereinbarkeit von Familie und Beruf erleichtern, soweit zwingende dienstliche Belange nicht entgegenstehen.

(2) Anträgen von Arbeitnehmerinnen und Arbeitnehmern auf Teilzeitbeschäftigung und Beurlaubung zur Wahrnehmung von Familienaufgaben ist zu entsprechen, soweit nicht zwingende dienstliche Belange entgegenstehen. Die §§ 63, 64 und 66 des Hessischen Beamtengesetzes werden auf Arbeitnehmerinnen und Arbeitnehmer entsprechend angewandt.

(3) Anträgen der Beschäftigten auf flexible Ausgestaltung der Arbeitszeit und auf Telearbeit zur Wahrnehmung von Familienaufgaben ist im Rahmen der dienstlichen Möglichkeiten zu entsprechen. Die Ablehnung von schriftlichen Anträgen muss im Einzelnen schriftlich begründet werden.

(4) Bei Teilzeitbeschäftigung und Beurlaubung zur Wahrnehmung von Familienaufgaben sowie für die Zeit des Beschäftigungsverbotes nach § 6 des Mutterschutzgesetzes in der Fassung vom 20. Juni 2002 (BGBl. I S. 2318), zuletzt geändert durch Gesetz vom 23. Oktober 2012 (BGBl. I S. 2246), und § 1 Abs. 1 Satz 1 Nr. 2 der Hessischen Mutterschutz- und Elternzeitverordnung vom 8. Dezember 2011 (GVBl. I S. 758, 2012, S. 10, 340), geändert durch Gesetz vom 27. Mai 2013 (GVBl. S. 218), ist ein personeller Ausgleich vorzunehmen; wenn dies auch bei Ausschöpfung aller Mittel unmöglich ist, ist ein organisatorischer Ausgleich vorzunehmen.

(5) Beschäftigten, die zur Wahrnehmung von Familienaufgaben beurlaubt sind, werden von ihrer Beschäftigungsdienststelle und der Dienststelle, die den sie betreffenden Frauenförder- und Gleichstellungsplan aufgestellt hat, kurzfristige Beschäftigungsverhältnisse bei vorübergehendem Personalbedarf der Dienststelle vorrangig angeboten. Die Dienststelle soll durch geeignete Maßnahmen den aus familiären Gründen beurlaubten Beschäftigten die Verbindung zum Beruf und den beruflichen Wiedereinstieg erleichtern. Soweit in dem jeweiligen Beruf erforderlich, werden ihnen auch Fortbildungen angeboten, die zur Erhaltung und Anpassung ihrer Qualifikation geeignet sind.

(6) Beschäftigte, die eine Teilzeitbeschäftigung oder eine Beurlaubung beantragen, sind auf die Folgen, insbesondere in Bezug auf renten-, arbeitslosenversicherungs- und versorgungsrechtliche Ansprüche, in allgemeiner Form hinzuweisen.

(7) Teilzeitbeschäftigten sind die gleichen beruflichen Aufstiegsmöglichkeiten und Fortbildungschancen einzuräumen wie Vollzeitbeschäftigten. Sie werden bei der Gewährung freiwilliger sozialer Leistungen Vollzeitbeschäftigten gleichgestellt. Die Wahrnehmung von Vorgesetzten- und Leitungsaufgaben aller Hierarchieebenen steht der Teilzeitbeschäftigung grundsätzlich nicht entgegen.

(8) Abs. 7 gilt entsprechend für Beschäftigte, die flexible Arbeitszeitmodelle oder Telearbeit in Anspruch nehmen.

Vierter Abschnitt: Frauen- und Gleichstellungsbeauftragte

§ 15 Bestellung von Frauen- und Gleichstellungsbeauftragten

(1) Jede Dienststelle mit 50 oder mehr Beschäftigten bestellt mindestens eine Frauen- und Gleichstellungsbeauftragte; Dienststellen mit weniger als 50 Beschäftigten können eine Frauen- und Gleichstellungsbeauftragte bestellen. In den Gemeinden und Gemeindeverbänden kann die Aufgabe dem Frauenbüro oder einer vergleichbaren Stelle nach § 4b der Hessischen Gemeindeordnung oder § 4a der Hessischen Landkreisordnung zugeordnet wer-

den. In diesem Falle soll eine entsprechende personelle Verstärkung des Frauenbüros oder der ähnlichen Stelle vorgenommen werden. Gilt für Personalstellen mehrerer Dienststellen ein gemeinsamer Frauenförder- und Gleichstellungsplan, so wird bei der hierfür zuständigen Dienststelle zusätzlich eine Frauen- und Gleichstellungsbeauftragte bestellt. Für den Geltungsbereich mehrerer gemeinsamer Frauenförder- und Gleichstellungspläne kann eine einzige Frauen- und Gleichstellungsbeauftragte bestellt werden, wenn die Frauenförder- und Gleichstellungspläne zusammen nicht mehr als 2 000 Personalstellen betreffen.

(2) Zur Frauen- und Gleichstellungsbeauftragten darf nur eine Frau bestellt werden. Die Funktion der Frauen- und Gleichstellungsbeauftragten ist grundsätzlich teilbar. Ein Interessenwiderstreit mit ihren sonstigen dienstlichen Aufgaben ist auszuschließen. Die Frauen- und Gleichstellungsbeauftragte darf keiner Personalvertretung angehören. Sie muss die zur Erfüllung ihrer Aufgabe erforderliche Sachkenntnis und Zuverlässigkeit besitzen und in einem unbefristeten Beschäftigungsverhältnis stehen. An den Hochschulen ist es zulässig, bei Teilung der Funktion einen Teil mit einer Beschäftigten aus dem Wissenschaftsbereich zu besetzen, die in einem befristeten Beschäftigungsverhältnis steht.

(3) Die Bestellung von Frauen- und Gleichstellungsbeauftragten erfolgt aufgrund einer Ausschreibung in der Dienststelle unter Beachtung der Vorgaben des Abs. 2. Zur Bestellung ist die Zustimmung der zu bestellenden Bediensteten erforderlich.

(4) Im Benehmen mit der Frauen- und Gleichstellungsbeauftragten ist mindestens eine Stellvertreterin zu bestellen, die sie bei Abwesenheit und bei sonstiger Verhinderung vertritt; Abs. 2 und Abs. 3 Satz 2 gelten entsprechend. Die Frauen- und Gleichstellungsbeauftragte kann der Stellvertreterin mit deren Zustimmung Aufgaben zur eigenständigen Erledigung übertragen.

(5) An den Hochschulen können an den Fachbereichen zusätzlich Fachbereichsbeauftragte bestellt werden. Näheres regeln die Hochschulen durch Satzung.

(6) Bei den Gerichten sind für Angelegenheiten des richterlichen und des nicht richterlichen Personals, bei den Staatsanwaltschaften für Angelegenheiten des staatsanwaltlichen und des nicht staatsanwaltlichen Personals jeweils gesonderte Frauen- und Gleichstellungsbeauftragte zu bestellen. Die Vorschrift des Abs. 1 Satz 1 über die Mindestzahl der Beschäftigten gilt entsprechend für die jeweilige Gruppe.

(7) Im Einvernehmen mit der Dienststellenleitung kann die Frauen- und Gleichstellungsbeauftragte auch die Amtsbezeichnung Frauenbeauftragte oder Gleichstellungsbeauftragte verwenden.

§ 16 Dauer der Bestellung und Abberufung

(1) Die Frauen- und Gleichstellungsbeauftragte wird für sechs Jahre bestellt. Im Einvernehmen mit der zu bestellenden Beschäftigten kann die Bestellung für weniger als sechs Jahre erfolgen. Mit Zustimmung der Amtsinhaberin sind Verlängerungen der Bestellung um jeweils bis zu sechs Jahre möglich.

(2) Die Frauen- und Gleichstellungsbeauftragte kann nur wegen grober Vernachlässigung der gesetzlichen Pflichten oder grober Verletzung der gesetzlichen Befugnisse als Frauen- und Gleichstellungsbeauftragte von dieser Funktion abberufen werden. Allgemeine dienstrechtliche und tarifvertragliche Regelungen bleiben unberührt.

(3) Die Bestellung der Frauen- und Gleichstellungsbeauftragten erlischt durch die Beendigung des Dienst- oder Arbeitsverhältnisses, die Versetzung an eine andere Dienststelle, den Eintritt oder die Versetzung in den Ruhestand, bei der Wahl in eine Personalvertretung oder durch Rücktritt.

(4) Abs. 1 bis 3 gelten entsprechend für die Stellvertreterin.

§ 17 Aufgaben und Rechte der Frauen- und Gleichstellungsbeauftragten

(1) Die Frauen- und Gleichstellungsbeauftragte überwacht die Durchführung dieses Gesetzes und, soweit es um das Verbot von Benachteiligungen aufgrund des Geschlechts einschließlich des Verbots von sexuellen Belästigungen geht, des Allgemeinen Gleichbehandlungsgesetzes vom 14. August 2006 (BGBl. I S. 1897), zuletzt geändert durch Gesetz vom 3. April 2013 (BGBl. I S. 610), und unterstützt die Dienststellenleitung bei der Umsetzung dieser Gesetze. Sie hat das Recht, frühzeitig an allen personellen, organisatorischen und sozialen Maßnahmen beteiligt zu werden, welche die Gleichstellung von Frauen und Männern sowie die Vereinbarkeit von Familie und Beruf betreffen. Dies betrifft insbesondere
1. die Aufstellung und Änderung des Frauenförder- und Gleichstellungsplanes, der Personalstellen ihrer Dienststelle betrifft, sowie Maßnahmen nach § 7,
2. personelle Maßnahmen im Sinne der §§ 63, 77 und 78 des Hessischen Personalvertretungsgesetzes, soziale Maßnahmen im Sinne des § 74 des Hessischen Personalvertretungsgesetzes und organisatorische Maßnahmen im Sinne des § 81 des Hessischen Personalvertretungsgesetzes mit Auswirkungen auf Personalstellen der Dienststelle, für die sie bestellt wurde,
3. Stellenausschreibungen und Auswahlverfahren für Personalstellen der Dienststellen, für die sie bestellt wurde,
4. Maßnahmen zum Schutz vor sexueller Belästigung,
5. die Besetzung von Gremien nach § 13 sowie
6. sonstige Maßnahmen zur Durchführung des Frauenförder- und Gleichstellungsplanes.

(2) Frauen- und Gleichstellungsbeauftragte nach § 15 Abs. 1 Satz 4 und 5 haben das Recht, an der Aufstellung des Frauenförder- und Gleichstellungsplanes, für den sie bestellt wurden, sowie an personellen Maßnahmen im Sinne der §§ 63, 77 und 78 des Hessischen Personalvertretungsgesetzes, Stellenausschreibungen und Auswahlverfahren, welche die in diesem Frauenförder- und Gleichstellungsplan erfassten Personalstellen betreffen, beteiligt zu werden. Im Rahmen der Beteiligungsrechte nach Satz 1 finden für die Frauen- und Gleichstellungsbeauftragten nach § 15 Abs. 1 Satz 4 und 5 die für die übrigen Frauen- und Gleichstellungsbeauftragten geltenden Vorschriften Anwendung, soweit nichts anderes bestimmt ist.

(3) In der Landesverwaltung ist bei organisatorischen Maßnahmen, die für die Beschäftigten mehrerer Dienststellen von Bedeutung sind, die Frauen- und Gleichstellungsbeauftragte der obersten Landesbehörde anstelle der Frauen- und Gleichstellungsbeauftragten der betroffenen Dienststelle zu beteiligen. Bei organisatorischen Maßnahmen, die für die Beschäftigten mehrerer Geschäftsbereiche von Bedeutung sind oder über die die Landesregierung entscheidet, wird anstelle der Frauen- und Gleichstellungsbeauftragten nach Satz 1 die Frauen- und Gleichstellungsbeauftragte der zuständigen obersten Landesbehörde beteiligt.

(4) Von einer beabsichtigten Maßnahme ist sie rechtzeitig, mindestens zwei Wochen vor der Entscheidung, zu unterrichten und anzuhören. In dringenden Fällen kann die Frist auf eine Woche abgekürzt werden; vor fristlosen Entlassungen und außerordentlichen Kündigungen beträgt die Frist drei Arbeitstage. Hat die Frauen- und Gleichstellungsbeauftragte Bedenken gegen die beabsichtigte Maßnahme, so hat sie dies unter Angabe der Gründe unverzüglich der Dienststellenleitung mitzuteilen. Das Votum ist zu den Akten zu nehmen. Soweit die Maßnahme einer anderen Dienststelle zur Entscheidung vorgelegt wird, kann die Frauen- und Gleichstellungsbeauftragte eine schriftliche Stellungnahme beifügen. Folgt die Dienststelle dem Votum der Frauen- und Gleichstellungsbeauftragten nicht, hat sie ihr die Gründe hierfür auf Verlangen schriftlich mitzuteilen.

(5) Wird die Frauen- und Gleichstellungsbeauftragte nicht ordnungsgemäß an einer Maßnahme beteiligt, ist die Entscheidung über die Maßnahme auszusetzen, bis die Beteiligung

nachgeholt wurde. Der Frauen- und Gleichstellungsbeauftragten ist hierfür eine Frist von zwei Wochen zu gewähren. In dringenden Fällen ist die Frist auf eine Woche, bei außerordentlichen Kündigungen und fristlosen Entlassungen auf drei Arbeitstage zu verkürzen.
(6) Die Frauen- und Gleichstellungsbeauftragte hat in allen Angelegenheiten, die ihrer Beteiligung unterliegen, ein Initiativrecht. Die Dienststelle hat über einen Initiativantrag in angemessener Zeit zu entscheiden. Die Entscheidung über einen schriftlich gestellten Initiativantrag ist der Frauen- und Gleichstellungsbeauftragten schriftlich mitzuteilen.
(7) Die Frauen- und Gleichstellungsbeauftragte erhält auf Verlangen Einsicht in alle Akten, die Maßnahmen, an denen sie zu beteiligen ist, betreffen. Bei Personalentscheidungen erhält sie auf Verlangen auch Einsicht in Bewerbungsunterlagen einschließlich derer von Bewerberinnen und Bewerbern, die nicht in die engere Auswahl einbezogen wurden.

§ 18 Information und Austausch

(1) Der Frauen- und Gleichstellungsbeauftragten ist Gelegenheit zur Teilnahme an Besprechungen nach § 60 Abs. 4 des Hessischen Personalvertretungsgesetzes zu geben.
(2) Die Frauen- und Gleichstellungsbeauftragte kann sich unmittelbar an die Dienststellenleitung wenden. Sie kann sich auf dem Dienstweg an die oberste Dienstbehörde wenden.
(3) Zur Beratung von Fragen grundsätzlicher Bedeutung nach § 1 Abs. 1 Satz 1, insbesondere zur Auslegung dieses Gesetzes, kann sich die Frauen- und Gleichstellungsbeauftragte unmittelbar an das für das Hessische Gleichberechtigungsgesetz zuständige Ministerium wenden. Personenbezogene Daten von Beschäftigten dürfen dabei nicht ohne Einwilligung der Betroffenen übermittelt werden.
(4) Die Frauen- und Gleichstellungsbeauftragte soll Sprechstunden durchführen und einmal im Jahr eine Versammlung der weiblichen Beschäftigten einberufen. Weibliche Beschäftigte können sich ohne Einhaltung des Dienstweges an die Frauen- und Gleichstellungsbeauftragte ihrer Dienststelle wenden. Satz 1 und 2 gelten nicht für Frauen- und Gleichstellungsbeauftragte nach § 15 Abs. 1 Satz 4 und 5.
(5) Das für das Hessische Gleichberechtigungsgesetz zuständige Ministerium koordiniert und organisiert den Informations- und Erfahrungsaustausch der Frauen- und Gleichstellungsbeauftragten.
(6) Der Frauen- und Gleichstellungsbeauftragten und ihrer Stellvertreterin sind regelmäßig Gelegenheiten zu Fortbildungen, die der Ausübung ihres Amtes dienen, zu gewähren. Dies gilt insbesondere für Fortbildungen im Bereich des Gleichstellungsrechts sowie des öffentlichen Dienst-, Personalvertretungs-, Organisations- und Haushaltsrechts.
(7) Die Frauen- und Gleichstellungsbeauftragte und ihre Stellvertreterin sowie ihre Mitarbeiterinnen und Mitarbeiter nach § 21 Abs. 2 Satz 2 sind hinsichtlich der persönlichen Verhältnisse der Beschäftigten und anderer vertraulicher Angelegenheiten in der Dienststelle über die Zeit ihrer Bestellung hinaus zur Verschwiegenheit verpflichtet.

§ 19 Widerspruchsrecht

(1) Ist die Frauen- und Gleichstellungsbeauftragte der Auffassung, dass Maßnahmen oder ihre Unterlassung gegen dieses Gesetz verstoßen oder infolge von solchen Maßnahmen die Erfüllung des Frauenförder- und Gleichstellungsplanes gefährdet ist, kann sie innerhalb einer Frist von zwei Wochen ab Kenntnis bei der Dienststellenleitung schriftlich und unter Darlegung der Gründe widersprechen; bei außerordentlichen Kündigungen und fristlosen Entlassungen ist der Widerspruch unverzüglich einzulegen.
(2) Die Dienststellenleitung entscheidet innerhalb von drei Wochen nach Zugang des Widerspruchs erneut über den Vorgang. Soweit die Dienststelle dem Widerspruch nicht abhilft,

hat sie dies gegenüber der Frauen- und Gleichstellungsbeauftragten schriftlich zu begründen.
(3) Soweit die Dienststelle einem Widerspruch der Frauen- und Gleichstellungsbeauftragten nicht abhilft, kann die Frauen- und Gleichstellungsbeauftragte in der Landesverwaltung die Entscheidung der Stelle, die dem Frauen- und Gleichstellungsplan zugestimmt hat, beantragen. Bei Dienststellen der Gemeinden kann die Frauen- und Gleichstellungsbeauftragte die Entscheidung des Gemeindevorstandes, bei Dienststellen der Gemeindeverbände die Entscheidung des Kreisausschusses beantragen, bei Dienststellen der kommunalen Zweckverbände die Entscheidung des Verbandsvorstandes, beim Landeswohlfahrtsverband Hessen die Entscheidung des Verwaltungsausschusses, beim Regionalverband FrankfurtRheinMain die Entscheidung des Regionalvorstandes. Bei den übrigen der Aufsicht des Landes unterstehenden juristischen Personen des öffentlichen Rechts kann die Frauen- und Gleichstellungsbeauftragte die Entscheidung des Organs, welches die Geschäftsführung wahrnimmt, beantragen, beim Hessischen Rundfunk die Entscheidung des Verwaltungsrates. Die Entscheidung der Stelle nach Satz 1 bis 3 ist innerhalb einer Frist von zwei Wochen nach der erneuten Entscheidung der Dienststelle oder nach Ablauf der Entscheidungsfrist nach Abs. 2 Satz 1 schriftlich und unter Darlegung der Gründe zu beantragen. Bei außerordentlichen Kündigungen und fristlosen Entlassungen ist die Entscheidung unverzüglich zu beantragen.
(4) Die Stelle nach Abs. 3 Satz 1 bis 3 entscheidet innerhalb eines Monats, bei außerordentlichen Kündigungen und fristlosen Entlassungen innerhalb von drei Tagen, schriftlich und unter Darlegung der Gründe über den Widerspruch.
(5) Bis zur erneuten Entscheidung der Dienststelle nach Abs. 2 oder der Entscheidung nach Abs. 4 wird der Vollzug der Maßnahme ausgesetzt.

§ 20 Rechtsschutz
(1) Bleibt der Widerspruch nach § 19 erfolglos, kann die Frauen- und Gleichstellungsbeauftragte innerhalb eines Monats das zuständige Verwaltungsgericht anrufen.
(2) Die Anrufung des Gerichts kann nur darauf gestützt werden, dass die Dienststelle
1. Rechte der Frauen- und Gleichstellungsbeauftragten aus diesem Gesetz verletzt hat oder
2. einen den Bestimmungen dieses Gesetzes nicht entsprechenden Frauenförder- und Gleichstellungsplan aufgestellt hat.

(3) Abweichend von Abs. 1 ist die Anrufung des Gerichts auch zulässig, wenn über den Widerspruch von der Stelle nach § 19 Abs. 3 innerhalb der Frist nach § 19 Abs. 3 Satz 4 oder 5 sachlich nicht entschieden worden ist und eine Nachfrist von mindestens zwei Wochen unter Androhung der Beschreitung des Rechtswegs fruchtlos abgelaufen ist. Soweit eine Stelle nach § 19 Abs. 3 nicht vorgesehen ist, gilt Satz 1 entsprechend, wenn die Dienststelle innerhalb der Frist nach § 19 Abs. 2 Satz 1 nicht entschieden hat. § 75 Satz 2 bis 4 der Verwaltungsgerichtsordnung gilt entsprechend.
(4) Die Anrufung hat keine aufschiebende Wirkung.
(5) Die Dienststelle trägt die der Frauen- und Gleichstellungsbeauftragten entstehenden Kosten.

§ 21 Dienstliche Stellung
(1) Die Frauen- und Gleichstellungsbeauftragte ist unmittelbar der Dienststellenleitung zugeordnet. Sie nimmt ihre Aufgaben und Befugnisse als dienstliche Tätigkeit wahr. Dabei ist sie von fachlichen Weisungen frei. Sie ist im erforderlichen Umfang von den übrigen dienstlichen Aufgaben zu entlasten und mit den zur Erfüllung ihrer Aufgaben notwendigen räumlichen, personellen und sachlichen Mitteln auszustatten.

(2) Für die Tätigkeit der Frauen- und Gleichstellungsbeauftragten ist mindestens eine Stelle zur Verfügung zu stellen, in Dienststellen mit
1. 150 bis 300 Beschäftigten mit 25 Prozent,
2. mehr als 300 Beschäftigten mit 50 Prozent und
3. mehr als 600 Beschäftigten mit 100 Prozent der regelmäßigen Arbeitszeit. Im Benehmen mit der Frauen- und Gleichstellungsbeauftragten ist in Dienststellen mit mehr als 1 000 Beschäftigten eine Mitarbeiterin oder ein Mitarbeiter mit der Hälfte der regelmäßigen Arbeitszeit zuzuordnen, in Dienststellen mit mehr als 1 200 Beschäftigten eine Mitarbeiterin oder ein Mitarbeiter mit der vollen Regelarbeitszeit. In Dienststellen mit mehr als 2 000 Beschäftigten sind, falls erforderlich, zudem Stellenanteile für eine weitere Frauen- und Gleichstellungsbeauftragte oder eine Stellvertreterin zur Verfügung zu stellen. Für die Tätigkeit von Frauen- und Gleichstellungsbeauftragten nach § 15 Abs. 1 Satz 4 und 5 ist bei einer Zuständigkeit für weniger als 500 Personalstellen eine Stelle mit der Hälfte der regelmäßigen Arbeitszeit und darüber hinaus eine volle Stelle zur Verfügung zu stellen. In der Landesverwaltung sind bei der Entlastung der Frauen- und Gleichstellungsbeauftragten in den obersten Landesbehörden die Aufgaben nach § 17 Abs. 3 entsprechend zu berücksichtigen. In den Hochschulen sind bei der Entlastung der Frauen- und Gleichstellungsbeauftragten die Aufgaben nach § 5 Abs. 4 Satz 2 des Hessischen Hochschulgesetzes zu berücksichtigen.

(3) Bei ununterbrochener Abwesenheit der Frauen- und Gleichstellungsbeauftragten über drei Monate hinaus ist ihre Stellvertreterin in dem gleichen Umfang wie die Frauen- und Gleichstellungsbeauftragte zu entlasten. Soweit der Stellvertreterin nach § 15 Abs. 4 Satz 2 Aufgaben zur eigenständigen Erledigung übertragen worden sind, ist die Dienststelle auf gemeinsamen Antrag der Frauen- und Gleichstellungsbeauftragten und ihrer Stellvertreterin verpflichtet, die Entlastung auf die Frauen- und Gleichstellungsbeauftragte und die Stellvertreterin aufzuteilen.

(4) Die Frauen- und Gleichstellungsbeauftragte und ihre Stellvertreterin dürfen wegen ihrer Tätigkeit nicht benachteiligt werden; dies gilt insbesondere für die berufliche Entwicklung. Frauen- und Gleichstellungsbeauftragte, denen für ihre Tätigkeit eine Stelle mit 100 Prozent zur Verfügung gestellt wurde, haben bei sie betreffenden Personalentscheidungen einen Anspruch auf fiktive Nachzeichnung ihres beruflichen Werdegangs. Die Dienststelle hat auf Antrag der Frauen- und Gleichstellungsbeauftragten eine Aufgabenbeschreibung als Nachweis über ihre Tätigkeit vorzunehmen. Die Frauen- und Gleichstellungsbeauftragte und ihre Stellvertreterin dürfen gegen ihren Willen nur versetzt oder abgeordnet werden, wenn dies aus zwingenden dienstlichen Gründen auch unter Berücksichtigung ihrer Funktion als Frauen- und Gleichstellungsbeauftragte oder Stellvertreterin unvermeidbar ist und die Stelle, die bei einem Widerspruch der Frauen- und Gleichstellungsbeauftragten nach § 19 Abs. 3 entscheidet, zugestimmt hat. Auf eine Frauen- und Gleichstellungsbeauftragte oder ihre Stellvertreterin, mit der ein Arbeitsverhältnis besteht, findet § 15 Abs. 2 und 4 des Kündigungsschutzgesetzes in der Fassung vom 25. August 1969 (BGBl. I S. 1317), zuletzt geändert durch Gesetz vom 20. April 2013 (BGBl. I S. 868), entsprechend Anwendung mit der Maßgabe, dass zusätzlich zur personalvertretungsrechtlich erforderlichen Zustimmung nach § 15 Abs. 2 des Kündigungsschutzgesetzes die Zustimmung der Stelle vorliegen muss, die bei einem Widerspruch der Frauen- und Gleichstellungsbeauftragten nach § 19 Abs. 3 entscheidet.

Fünfter Abschnitt: Übergangs- und Schlussvorschriften

§ 22 Neuerrichtung, Auflösung und Eingliederung von Dienststellen

(1) In neu errichteten Dienststellen sind innerhalb von sechs Monaten Frauenförder- und Gleichstellungspläne aufzustellen. § 11 Abs. 5 gilt insoweit nicht. In Dienststellen, in denen die Zahl der regelmäßig Beschäftigten um mehr als zwanzig Prozent steigt oder sinkt, sind Frauenförder- und Gleichstellungspläne entsprechend § 6 Abs. 7 innerhalb von sechs Monaten anzupassen.

(2) In neu errichteten Dienststellen bestellt die Dienststelle innerhalb von zehn Arbeitstagen eine kommissarische Frauen- und Gleichstellungsbeauftragte für die Dauer von sechs Monaten; § 74 Abs. 1 Nr. 3 des Hessischen Personalvertretungsgesetzes gilt in diesen Fällen nicht. Innerhalb dieser Frist ist die Stelle der Frauen- und Gleichstellungsbeauftragten auszuschreiben und neu zu besetzen.

(3) Geht eine Dienststelle durch Auflösung oder Eingliederung unter, so endet gleichzeitig das Amt der für diese Einheit bestellten Frauen- und Gleichstellungsbeauftragten sowie deren Stellvertreterin.

§ 23 Übergangsvorschrift

Innerhalb von zwei Jahren nach Inkrafttreten dieses Gesetzes sind unter Mitwirkung der Frauen- und Gleichstellungsbeauftragten alle Frauenförder- und Gleichstellungspläne an die Voraussetzungen des § 6 anzupassen. Soweit eine Dienststelle von der Möglichkeit eines Modellvorhabens nach § 5 Abs. 8 des Hessischen Gleichberechtigungsgesetzes in der Fassung vom 31. August 2007 (GVBl. I S. 586), zuletzt geändert durch Gesetz vom 24. März 2015 (GVBl. S. 118), in der am 31. Dezember 2015 geltenden Fassung Gebrauch gemacht hat, können diese Vorhaben noch bis zum Ende ihrer Laufzeit weitergeführt werden. Insoweit finden § 5 Abs. 8, 11 und 12 des Hessischen Gleichberechtigungsgesetzes in der am 31. Dezember 2015 geltenden Fassung weiter Anwendung.

§ 24 Rechte der Menschen mit Behinderung

Die Rechte der Menschen mit Behinderung werden durch dieses Gesetz nicht berührt.

§ 25 Rechte der Menschen mit Behinderung

Die Aufgaben der Gemeinden nach § 4b der Hessischen Gemeindeordnung und nach § 4a der Hessischen Landkreisordnung werden durch dieses Gesetz nicht berührt.

§ 26 Inkrafttreten, Außerkrafttreten

Das Gesetz tritt am 1. Januar 2016 in Kraft. Es tritt mit Ablauf des 31. Dezember 2023 außer Kraft.

9. Gesetz zur Gleichstellung von Frauen und Männern im öffentlichen Dienst des Landes Mecklenburg-Vorpommern

vom 11. Juli 2016 (GVBl 2016, S. 550)

Abschnitt 1 Allgemeine Vorschriften

§ 1 Ziele des Gesetzes

(1) Ziel des Gesetzes ist es,
1. die Gleichstellung von Frauen und Männern in der Landesverwaltung Mecklenburg-Vorpommern zu verwirklichen und bestehende Benachteiligungen aufgrund des Geschlechts zu beseitigen und künftige Benachteiligungen zu verhindern sowie
2. die Vereinbarkeit von Familie, Pflege und Berufstätigkeit für Frauen und Männer zu verbessern.

(2) Alle Einrichtungen im Geltungsbereich dieses Gesetzes haben die tatsächliche Durchsetzung der Gleichberechtigung von Frauen und Männern zu fördern. Insbesondere die Personalverwaltung hat die Verwirklichung der Ziele dieses Gesetzes als durchgängiges Leitprinzip bei allen Aufgaben und Entscheidungen der Dienststelle sowie in der Zusammenarbeit mit anderen Dienststellen zu berücksichtigen. Die Dienststellenleitungen sowie Beschäftigte mit Vorgesetzten- oder Leitungsaufgaben sind verantwortlich für die berufliche Förderung von Frauen und Männern in Bereichen, in denen diese aufgrund struktureller Benachteiligung unterrepräsentiert sind, und für die Verbesserung der Vereinbarkeit von Familie, Pflege und Berufstätigkeit. Strukturelle Benachteiligungen von Frauen oder Männern sind durch gezielte Förderung zu beheben.

§ 2 Geltungsbereich

(1) Dieses Gesetz gilt für
1. die Behörden, Gerichte und Eigenbetriebe des Landes,
2. die Präsidentin oder den Präsidenten des Landtages, die Bürgerbeauftragte oder den Bürgerbeauftragten des Landes Mecklenburg- Vorpommern und die Landesbeauftragte oder den Landesbeauftragten für Datenschutz und Informationsfreiheit Mecklenburg-Vorpommern,
3. den Landesrechnungshof,
4. die Landesbeauftragte oder den Landesbeauftragten für Mecklenburg- Vorpommern für die Unterlagen des Staatssicherheitsdienstes der ehemaligen Deutschen Demokratischen Republik,
5. die staatlichen Schulen,
6. die staatlichen Hochschulen des Landes sowie die Universitätsmedizinen, soweit im Landeshochschulgesetz nichts anderes bestimmt ist,
7. die landesunmittelbaren öffentlich-rechtlichen Körperschaften, Anstalten und Stiftungen des öffentlichen Rechts.

(2) Die
1. sonstigen juristischen Personen des öffentlichen Rechts, die der alleinigen Aufsicht des Landes unterstehen, ohne die Gemeinden, Ämter, Landkreise, Zweckverbände und den Kommunalen Sozialverband,
2. juristischen Personen und Gesellschaften des privaten Rechts, an denen das Land unmittelbar oder mittelbar mit Mehrheit beteiligt ist,

3. Schulen in freier Trägerschaft und staatlich anerkannten Hochschulen sollen auf die entsprechende Anwendung dieses Gesetzes hinwirken.

§ 3 Begriffsbestimmungen
Im Sinne dieses Gesetzes sind:
1. Unterrepräsentiert: Frauen oder Männer, wenn ihr Anteil an den Führungspositionen der jeweiligen Besoldungs- und Entgeltgruppe innerhalb einer Beschäftigungsgruppe nach Nummer 4 unter 50 Prozent liegt, obwohl in den Eingangsämtern ihr Anteil über 50 Prozent liegt.
2. Strukturelle Benachteiligung: Ist das Ergebnis einer Diskriminierung von Frauen oder Männern aufgrund von vorherrschenden Strukturen der Gesamtgesellschaft und damit einhergehenden Rollenbildern und Vorurteilen gegenüber Beschäftigten des unterrepräsentierten Geschlechts. Ist in einer Beschäftigungsgruppe der Anteil des einen Geschlechts in den Eingangsämtern deutlich höher als in der entsprechenden Führungsebene, so kann auf eine strukturelle Benachteiligung dieses Geschlechts rückgeschlossen werden.
3. Beschäftigte: Alle Bediensteten unabhängig davon, ob der Beschäftigung ein Beamten-, Richter-, Arbeits- oder Ausbildungsverhältnis zugrunde liegt, es sei denn, das Beschäftigungsverhältnis beruht auf einer Wahl.
4. Beschäftigungsgruppen: Laufbahngruppen 1 und 2, und zwar untergliedert in die Bereiche der jeweiligen beiden Einstiegsämter; im Bereich des zweiten Einstiegsamtes der Laufbahngruppe 2 jeweils die Besoldungsordnungen A und B, die Besoldungsordnung W, sämtlich nebst ve.rgleichbaren Entgeltgruppen, sowie in der Besoldungsordnung R jeweils für die Bereiche Eingangsamt mit erstem Beförderungsamt und höhere Besoldungsgruppen ab dem zweiten Beförderungsamt, Berufsausbildungen einschließlich des Vorbereitungsdienstes.
5. Arbeitsplätze: Ausbildungsplätze, Stellen, Planstellen, Dienstposten sowie sonstige Organisationseinheiten, für deren personelle Ausführung lediglich finanzielle Mittel benötigt werden. Ohne Bedeutung ist, ob die Beschäftigung aus für Stellen oder Planstellen bereitgestellten oder sonstigen Haushaltsmitteln finanziert wird.
6. Führungspositionen: Arbeitsplätze mit Vorgesetztenfunktion, also mit fachlicher Weisungsbefugnis gegenüber mindestens einer Mitarbeiterin oder einem Mitarbeiter.
7. Beruflicher Aufstieg: Höhergruppierungen, Übertragung höher bewerteter Dienstposten und Arbeitsplätze, Beförderungen, Aufstieg in eine höhere Laufbahngruppe, Verleihung eines anderen Amtes mit höherem Endgrundgehalt ohne Änderung der Amtsbezeichnung, Gewährung einer Amtszulage.
8. Qualifikation: Eignung, Befähigung und fachliche Leistung.
9. Familienaufgaben: Die Betreuung von mindestens einem Kind unter 18 Jahren.
10. Pflegeaufgaben: Die nicht erwerbsmäßige Pflege oder Betreuung einer im Sinne von § 61 Absatz 1 des Zwölften Buches Sozialgesetzbuch pflegebedürftigen Person. Die Nachweispflicht für die Pflegebedürftigkeit der betreuten Person obliegt den Beschäftigten. Der Nachweis wird jedenfalls durch die entsprechende Bescheinigung des Medizinischen Dienstes der Krankenkassen oder der Pflegekassen zu erbringen sein.
11. Dienststellen und Dienststellenleitung: Dienststellen im Sinne dieses Gesetzes sind die Behörden, Verwaltungsstellen und Betriebe gemäß § 8 des Personalvertretungsgesetzes. Für die Dienststelle handelt ihre Leiterin oder ihr Leiter.
12. Dienstliche Belange: Öffentliche Interessen jeglicher Art an sachgemäßer und reibungsloser Aufgabenerfüllung durch die Dienststelle.

13. Zwingende dienstliche Belange: Dienstliche Belange von besonderem Gewicht, wobei besonders hohe Anforderungen an die zu erwartenden Nachteile für den Dienstbetrieb sowohl hinsichtlich deren Schwere als auch den Grad der Wahrscheinlichkeit ihres Eintretens zu stellen sind.

§ 4 Allgemeine Pflichten

(1) Gewähren Dienststellen Zuwendungen als institutionelle Förderungen, so sollen sie durch Nebenbestimmungen zum Zuwendungsbescheid oder vertragliche Vereinbarung sicherstellen, dass die Zuwendungsempfänger einer institutionellen Förderung die Grundzüge dieses Gesetzes anwenden.
(2) Rechts- und Verwaltungsvorschriften sollen die Gleichstellung von Frauen und Männern auch sprachlich zum Ausdruck bringen. Dies gilt auch für den dienstlichen Schriftverkehr.

Abschnitt 2 Förderung der Gleichstellung, Vereinbarkeit

§ 5 Zielvereinbarungen

(1) Das für die Gleichstellung zuständige Ministerium schließt mit den obersten Landesbehörden Zielvereinbarungen ab. Diese gelten auch für die nachgeordneten Geschäftsbereiche einer obersten Landesbehörde. Die Präsidentin oder der Präsident des Landtages, die oder der Bürgerbeauftragte des Landes MecklenburgVorpommern sowie die oder der Landesbeauftragte für Datenschutz und Informationsfreiheit Mecklenburg-Vorpommern formulieren eigenverantwortlich Ziele und Maßnahmen der jeweiligen Dienststellen zur Umsetzung dieses Gesetzes. Die Zielvereinbarungen beziehungsweise die Ziele und Maßnahmen werden jeweils für einen Zeitraum von vier Jahren abgeschlossen. Sie haben das Ziel, langfristig auf eine gleichmäßige Verteilung von Frauen und Männern in Führungspositionen hinzuwirken, vorhandene Unterrepräsentanzen aufgrund von struktureller Benachteiligung zu beseitigen, neue zu verhindern und die Voraussetzungen für eine Übertragung höherwertiger Arbeitsplätze für Frauen und Männer gleichermaßen zu schaffen.
(2) In den Zielvereinbarungen verpflichten sich die obersten Landesbehörden, innerhalb des Geltungszeitraums eine bestimmte Anzahl von freien oder planbar freiwerdenden Planstellen und Stellen in Führungspositionen unter Berücksichtigung der Qualifikation vorrangig mit Beschäftigten des unterrepräsentierten Geschlechts zu besetzen, soweit eine strukturelle Benachteiligung zugrunde liegt. Für nicht planbar freiwerdende Planstellen und Stellen in Führungspositionen sollen entsprechend unter Berücksichtigung der Qualifikation Beschäftigte des unterrepräsentierten Geschlechts eingestellt oder befördert werden, bis eine Geschlechterparität erreicht ist. Die obersten Landesbehörden sollen in den Zielvereinbarungen auch vereinbaren, mit welchen Maßnahmen die Zielerreichung begleitend unterstützt werden soll.
(3) Die Präsidentin oder der Präsident des Landtages unterrichtet das für die Gleichstellung zuständige Ministerium jährlich über die Ziele und Maßnahmen des Landtages und seiner Dienststellen zur Umsetzung dieses Gesetzes. Die für die Gleichstellung zuständige Ministerin oder der für die Gleichstellung zuständige Minister berichtet einmal jährlich dem Kabinett über den Stand der Umsetzung der Zielvereinbarungen mit den obersten Landesbehörden.

§ 6 Begleitmaßnahmen

Das für die Gleichstellung zuständige Ministerium entwickelt Begleitmaßnahmen zu den Zielvereinbarungen nach § 5, die geeignet sind, qualifizierten Mitarbeiterinnen und Mitarbeitern die Chance einzuräumen, in eine Führungsposition zu gelangen. Soweit erforderlich, sind gezielte Fördermaßnahmen für ein Geschlecht zu entwickeln. Dies sind insbesondere Fortbildungen, Netzwerken und Mentoring. § 1 Absatz 2 bleibt unberührt.

§ 7 Ausschreibungen

(1) Freie Arbeitsplätze sollen ausgeschrieben werden. Bei Vorliegen besonderer Gründe kann im Einvernehmen mit der Gleichstellungsbeauftragten hiervon abgewichen werden. § 59 Absatz 1 des Landeshochschulgesetzes, § 9 Absatz 1 des Landesbeamtengesetzes und die auf dessen Grundlage erlassenen Rechtsverordnungen bleiben unberührt.

(2) Soweit zwingende dienstliche Gründe nicht entgegenstehen, hat jede Ausschreibung den Hinweis zu enthalten, dass der ausgeschriebene Arbeitsplatz in Teilzeit besetzt werden kann. Dies gilt auch für die Besetzung von Arbeitsplätzen mit Vorgesetzten- oder Leitungsaufgaben.

(3) Der Ausschreibungstext ist so zu formulieren, dass er Frauen wie Männer in gleicher Weise anspricht und bei einer Unterrepräsentanz aufgrund struktureller Benachteiligung die Angehörigen dieses Geschlechts verstärkt zur Bewerbung auffordert.

§ 8 Vorstellungsgespräche

(1) Bei der Besetzung von Arbeitsplätzen in einem Bereich mit Unterrepräsentanz eines Geschlechts aufgrund struktureller Benachteiligung müssen ebenso viele Frauen wie Männer zu Vorstellungsgesprächen oder besonderen Auswahlverfahren eingeladen werden, die das in der Ausschreibung vorgegebene Anforderungs- und Qualifikationsprofil aufweisen, sofern entsprechende Bewerbungen in ausreichender Zahl vorliegen. § 82 Satz 2 und 3 des Neunten Buches Sozialgesetzbuch bleibt unberührt.

(2) Auswahlkommissionen sollen geschlechterparitätisch besetzt sein. Ist dies aus triftigen Gründen nicht möglich, sind die jeweiligen Gründe aktenkundig zu machen. Die Gleichstellungsbeauftragte ist grundsätzlich Mitglied der Auswahlkommission.

§ 9 Auswahlentscheidungen

(1) In einer Beschäftigungsgruppe, in der ein Geschlecht aufgrund von struktureller Benachteiligung unterrepräsentiert ist, sind Bewerberinnen oder Bewerber des unterrepräsentierten Geschlechts bevorzugt einzustellen oder zu befördern, soweit sie im Wesentlichen die gleiche Qualifikation aufweisen wie Bewerberinnen oder Bewerber des nicht unterrepräsentierten Geschlechts. Die Bevorzugung ist ausgeschlossen, wenn rechtlich schützenswerte Gründe überwiegen, die in der Person einer Bewerberin oder eines Bewerbers des nicht unterrepräsentierten Geschlechts liegen.

(2) Die Qualifikation einer Bewerberin oder eines Bewerbers ist anhand der Anforderungen des zu besetzenden Arbeitsplatzes zu ermitteln, insbesondere aus der hierfür erforderlichen Ausbildung, dem Qualifikationsprofil der Laufbahn oder des Funktionsbereichs. Das Dienstalter und der Zeitpunkt der letzten Beförderung von Bewerberinnen und Bewerbern dürfen nur insoweit berücksichtigt werden, wie sie für die Qualifikation für den betreffenden Arbeitsplatz entscheidend sind. Spezifische, durch Familien- und Pflegeaufgaben sowie im Ehrenamt erworbene überfachliche Kompetenzen sind zu berücksichtigen, soweit sie für die vorgesehene Tätigkeit von Bedeutung sind und in das Verfahren eingebracht worden sind.

§ 10 Fortbildungen

(1) In das Fortbildungsangebot sind regelmäßig vor allem für Beschäftigte mit Vorgesetzten- oder Leitungsaufgaben, Beschäftigte im Personal- und Organisationswesen sowie Gleichstellungsbeauftragte und Personalratsmitglieder die Themen Gleichstellung von Frauen und

Männern sowie Vereinbarkeit von Familie, Pflege und Berufstätigkeit für Frauen und Männer aufzunehmen. Bei Fortbildungsmaßnahmen, die zur Vorbereitung auf die Wahrnehmung von Führungsaufgaben dienen können, soll der Teilnehmerkreis geschlechterparitätisch ausgestaltet sein.
(2) Fortbildungsmaßnahmen sollen so durchgeführt werden, dass Beschäftigten mit Familien- oder Pflegeaufgaben sowie Teilzeitbeschäftigten die Teilnahme möglich ist.
(3) Beschäftigte mit Vorgesetzten- oder Leitungsaufgaben machen Beschäftigte des unterrepräsentierten Geschlechts auf Maßnahmen aufmerksam, die für ihren beruflichen Aufstieg förderlich sind.
(4) Für die Leitung und Durchführung von Fortbildungsmaßnahmen sollen Frauen und Männer möglichst paritätisch eingesetzt werden.

§ 11 Arbeitszeit
(1) Die Dienststellen haben Arbeitszeiten anzubieten und Rahmenbedingungen zu schaffen, die Frauen und Männern die Vereinbarkeit von Familien- und Pflegeaufgaben mit der Berufstätigkeit erleichtern, soweit zwingende dienstliche Belange nicht entgegenstehen.
(2) Soweit dienstliche Belange nicht entgegenstehen, soll Frauen und Männern mit Familien- und Pflegeaufgaben über die gleitende Arbeitszeit hinaus eine flexible Gestaltung der Arbeitszeit ermöglicht werden.

§ 12 Teilzeitarbeit
(1) Beschäftigten kann auf Antrag und im Rahmen der gesetzlichen und tariflichen Bestimmungen Teilzeitarbeit mit mindestens der Hälfte der regelmäßigen Arbeitszeit gewährt werden, soweit dienstliche Belange nicht entgegenstehen. Beschäftigten mit Familienaufgaben oder Pflegeaufgaben gegenüber Angehörigen ist auf Antrag Teilzeitbeschäftigung mit mindestens einem Viertel der regelmäßigen Arbeitszeit zu bewilligen, soweit zwingende dienstliche Gründe nicht entgegenstehen. Unter den Voraussetzungen des Satzes 1 und 2 sind die erforderlichen Voraussetzungen für die Einrichtung eines Teilzeitarbeitsplatzes zu schaffen. Dies gilt auch für Arbeitsplätze mit Vorgesetzten- oder Leitungsaufgaben.
(2) Teilzeitbeschäftigten sind die gleichen Chancen zur beruflichen Entwicklung einzuräumen wie Vollzeitbeschäftigten.
(3) Durch Teilzeitbeschäftigung freiwerdende Stellenanteile sollen dazu genutzt werden, Mehrbelastungen der anderen Beschäftigten zu vermeiden.
(4) § 13 Absatz 1 Satz 1 und Satz 2 Teilzeit- und Befristungsgesetz ist für Beamtinnen und Beamte entsprechend anzuwenden.
(5) Streben Teilzeitbeschäftigte eine Vollzeitbeschäftigung an, sollen sie bei der Neubesetzung eines gleichwertigen Arbeitsplatzes unter Wahrung der Qualifikation sowie der personalwirtschaftlichen Möglichkeiten vorrangig berücksichtigt werden.

§ 13 Telearbeit
Frauen und Männern mit Familien- oder Pflegeaufgaben soll auf Antrag Telearbeit bis höchstens zur Hälfte der allgemeinen regelmäßigen Arbeitszeit gewährt werden, soweit dienstliche Belange nicht entgegenstehen. Ein Anspruch auf Bereitstellung der Informations- und Kommunikationstechnologie am häuslichen Arbeitsplatz besteht nicht. Durch dienststelleninterne Regelungen können darüber hinausgehende Anlässe für die Gewährung von Telearbeit und Arbeit an mobilen Arbeitsplätzen vorgesehen werden.

§ 14 Arbeitsplatzwechsel
Beschäftigte mit Familien- oder Pflegeaufgaben sollen auf Antrag auf einem Arbeitsplatz eingesetzt werden, der für die Wahrnehmung der Familien- und Pflegeaufgaben besser geeignet ist, soweit dienstliche Belange nicht entgegenstehen.

§ 15 Dienstliche Besprechungen, Dienstreisen
(1) Die zeitliche Festlegung von Besprechungen und anderen dienstlichen Anlässen soll nach Möglichkeit so erfolgen, dass Familien- und Pflegeaufgaben der Teilnehmenden berücksichtigt werden. Besprechungen sollen grundsätzlich in der Kernarbeitszeit stattfinden. Alle Beschäftigten sollen möglichst frühzeitig über ihre Teilnahme an Besprechungen und anderen dienstlichen Anlässen informiert werden.
(2) Dienstreisen sind auf das Notwendige zu beschränken.

§ 16 Beurlaubung
(1) Beschäftigten, die Familien- oder Pflegeaufgaben wahrnehmen, ist auf Antrag Urlaub unter Wegfall der Bezüge zu gewähren, soweit zwingende dienstliche Belange nicht entgegenstehen.
(2) Beschäftigten, die wegen Familien- oder Pflegeaufgaben beurlaubt sind, soll durch organisatorische Maßnahmen, insbesondere durch das Angebot von Fort- und Weiterbildungsmaßnahmen, die Möglichkeit eingeräumt werden, die Verbindung zum Beruf aufrechtzuerhalten. Sie werden außerdem über alle an die übrigen Beschäftigten der Dienststelle gerichteten wesentlichen Informationen wie insbesondere Hausmitteilungen oder Stellenausschreibungen unterrichtet. § 12 Absatz 2 gilt entsprechend.
(3) Streben Beschäftigte, die wegen Familien- oder Pflegeaufgaben beurlaubt sind, vorzeitig wieder eine Vollzeit- oder Teilzeitbeschäftigung an, sollen sie bei der Neubesetzung eines gleichwertigen Arbeitsplatzes unter Berücksichtigung der Qualifikation vorrangig berücksichtigt werden.
(4) Mit beurlaubten Beschäftigten sollen Beratungsgespräche geführt werden, in denen sie über Einsatzmöglichkeiten während und nach der Beurlaubung informiert werden. Ein Beratungsgespräch ist spätestens einen Monat vor Ablauf einer Beurlaubung anzubieten.

§ 17 Gremien
(1) Kommissionen, Beiräte, Verwaltungs- und Aufsichtsräte sowie sonstige Gremien sind geschlechterparitätisch zu besetzen, soweit für deren Zusammensetzung keine besonderen gesetzlichen Regelungen gelten.
(2) Bei der Besetzung von Gremien nach Absatz 1 sollen die entsendenden Stellen ebenso viele Frauen wie Männer benennen. Besteht das Entsende- oder Vorschlagsrecht nur für eine Person oder eine ungerade Zahl an Personen, sollen Frauen und Männer alternierend berücksichtigt werden. Satz 1 und Satz 2 gelten entsprechend für die Entsendung in Gremien außerhalb des Geltungsbereichs dieses Gesetzes.

Abschnitt 3 Gleichstellungsbeauftragte

§ 18 Aufgaben
(1) In jeder Dienststelle, in der eine Personalvertretung, ein Richterrat oder ein Staatsanwaltsrat zu wählen ist, wird von den weiblichen Beschäftigten eine Gleichstellungsbeauftragte sowie eine Stellvertreterin gewählt und von der Dienststelle bestellt. Die Gleichstel-

lungsbeauftragte unterstützt die Dienststelle bei der Gleichstellung und der Vereinbarkeit von Familie, Pflege und Berufstätigkeit für Frauen und Männer. Sie gibt Hinweise zur Umsetzung dieses Gesetzes sowie anderer Vorschriften zur Gleichstellung von Frauen und Männern. Sie fördert zusätzlich mit eigenen Initiativen die Durchführung dieses Gesetzes und steht den Beschäftigten als Ansprechpartnerin zur Verfügung. Zu ihren Aufgaben gehört insbesondere
1. die Mitwirkung bei allen personellen, organisatorischen und sozialen Maßnahmen ihrer Dienststelle, die die Gleichstellung von Frauen und Männern, die Vereinbarkeit von Familie, Pflege und Berufstätigkeit für beide Geschlechter sowie den Schutz vor sexueller Belästigung am Arbeitsplatz betreffen,
2. die Beratung und Unterstützung aller Beschäftigten bei der beruflichen Förderung, Beseitigung von Benachteiligungen und Fragen der Vereinbarkeit von Familie, Pflege und Berufstätigkeit,
3. die Begleitung des Vollzugs des Allgemeinen Gleichbehandlungsgesetzes im Hinblick auf den Schutz vor Benachteiligungen wegen des Geschlechts und sexueller Belästigung in der Dienststelle.
(2) Zu den personellen Maßnahmen gehören insbesondere
1. die Vorbereitung und Entscheidung über Ausschreibungen, Einstellungen, Abordnungen und Umsetzungen mit einer Dauer von über drei Monaten, Versetzungen, Fortbildungen, beruflicher Aufstieg und vorzeitige Beendigung der Beschäftigung,
2. die Vorbereitung und Umsetzung von Zielvereinbarungen (§ 5),
3. die Einführung und Umsetzung von Begleitmaßnahmen (§ 6),
4. das Verfahren zur Besetzung von Gremien (§ 17).
(3) Die Gleichstellungsbeauftragte ist frühzeitig zu beteiligen. Eine frühzeitige Beteiligung liegt vor, wenn die Gleichstellungsbeauftragte mit Beginn des Entscheidungsprozesses auf Seiten der Dienststelle beteiligt wird und die jeweilige Entscheidung oder Maßnahme noch gestaltungsfähig ist.
(4) Die Gleichstellungsbeauftragte ist bei der Mitwirkung und Durchführung ihrer Aufgaben unverzüglich und umfassend zu unterrichten. Ihr sind die hierfür erforderlichen Unterlagen einschließlich der Bewerbungsunterlagen und vergleichende Übersichten so früh wie möglich vorzulegen und die von ihr erbetenen Auskünfte zu erteilen. Im Rahmen der gesetzlichen Aufgaben hat sie ein Einsichtsrecht in die entscheidungsrelevanten Teile von Personalakten. Die vollständigen Personalakten darf die Gleichstellungsbeauftragte nur mit Zustimmung der Betroffenen einsehen.
(5) Trifft eine übergeordnete Dienststelle Entscheidungen im Sinne des Absatzes 1 für nachgeordnete Dienststellen, beteiligt die übergeordnete Dienststelle die Gleichstellungsbeauftragte der nachgeordneten Dienststelle. Die Gleichstellungsbeauftragte auf der Ebene der staatlichen Schulämter beteiligt die Gleichstellungsbeauftragte der jeweiligen öffentlichen Schule, für die im zuständigen staatlichen Schulamt eine Entscheidung getroffen wird. Die Gleichstellungsbeauftragte für den Bereich der öffentlichen Schulen auf der Ebene der obersten Landesbehörde beteiligt die Gleichstellungsbeauftragte der Behörde, für die in der zuständigen obersten Landesbehörde eine Entscheidung getroffen wird.
(6) Im Bereich der Landespolizei sollen auf der Ebene der obersten Dienstbehörde und auf der Ebene der Polizeipräsidien aus dem jeweiligen Kreis der Gleichstellungsbeauftragten von diesen Koordinierungsbeauftragte eingesetzt werden. Diese beteiligen die gesetzlich zuständigen Gleichstellungsbeauftragten im Rahmen ihrer Koordinierungstätigkeit.

(7) Die Mitwirkung erfolgt nicht in den Verfahren der Begründung und Beendigung der Amts- oder Arbeitsverhältnisse von Wahlbeamtinnen oder Wahlbeamten und den in § 37 des Landesbeamtengesetzes genannten Beamtinnen oder Beamten und vergleichbaren Arbeitnehmerinnen oder Arbeitnehmern.

§ 19 Rechtsstellung

(1) Die Gleichstellungsbeauftragte nimmt ihre Aufgabe als Angehörige der Dienststelle wahr. Sie ist der Dienststellenleitung unmittelbar zugeordnet. Die Dienststelle und die Gleichstellungsbeauftragte beraten mindestens zweimal jährlich über die Umsetzung der Ziele dieses Gesetzes. Die Gleichstellungsbeauftragte ist hinsichtlich der persönlichen Verhältnisse von Beschäftigten sowie anderer vertraulicher Angelegenheiten der Dienststelle über ihre Amtszeit hinaus zum Stillschweigen verpflichtet.

(2) Die Gleichstellungsbeauftragte ist bei der Ausübung ihrer Tätigkeit nicht an Weisungen gebunden und unterliegt insoweit auch nicht der dienstlichen Beurteilung.

(3) Die Gleichstellungsbeauftragte darf bei der Erfüllung ihrer Aufgaben nicht behindert werden. Die Aufgaben als Gleichstellungsbeauftragte gehen anderen Aufgaben vor. Sie darf wegen ihrer Tätigkeit weder allgemein noch in ihrer beruflichen Entwicklung benachteiligt werden. Die Vorschriften des Personalvertretungsgesetzes über den Schutz der Mitglieder des Personalrates bei Kündigungen, Versetzungen und Abordnungen gelten entsprechend.

(4) Die Gleichstellungsbeauftragte ist mit den notwendigen räumlichen und sachlichen Mitteln auszustatten. Die Gleichstellungsbeauftragte ist von anderweitigen dienstlichen Tätigkeiten soweit zu entlasten, wie es nach Art und Größe der Dienststelle zur ordnungsgemäßen Erfüllung der Aufgaben erforderlich ist. Die Gleichstellungsbeauftragte ist in Dienststellen mit 150 bis 300 Beschäftigten mit mindestens einem Viertel und in Dienststellen mit mehr als 300 Beschäftigten mit mindestens der Hälfte der regelmäßigen Arbeitszeit zu ent – lasten. Bei mehr als 600 Beschäftigten hat die Entlastung die volle regelmäßige Arbeitszeit zu betragen. Die Gleichstellungsbeauftragten auf der Ebene der staatlichen Schulämter werden mit jeweils einer viertel Stelle freigestellt. Die Gleichstellungsbeauftragte für den Bereich der öffentlichen Schulen auf der Ebene einer obersten Landesbehörde wird mit einer Stelle freigestellt. Im Übrigen finden die Vorschriften des Personalvertretungsgesetzes über die Freistellung der Personalratsmitglieder entsprechende Anwendung.

(5) Der Gleichstellungsbeauftragten ist die Teilnahme an spezifischen Fortbildungsmaßnahmen zu ermöglichen, soweit sie diese für die Tätigkeit für erforderlich hält.

(6) Die Gleichstellungsbeauftragten der Einrichtungen in § 2 können dienststellenübergreifend zusammenarbeiten. Sie können sich unmittelbar und ohne Einhaltung des Dienstweges an andere Gleichstellungsbeauftragte sowie an das für die Gleichstellung zuständige Ministerium wenden.

(7) Die Arbeitsgemeinschaft der Gleichstellungsbeauftragten der Landesverwaltung setzt sich aus je einem Mitglied pro Geschäftsbereich der Landesregierung zusammen. Die Gleichstellungsbeauftragten der Dienststellen bei der Präsidentin oder dem Präsidenten des Landtages erhalten Beobachterstatus. Die Arbeitsgemeinschaft vertritt ihre Mitglieder in Angelegenheiten, die von allgemeiner Bedeutung sind und über den Geschäftsbereich einer obersten Landesbehörde hinausgehen, im Wege der Anhörung. Die Gleichstellungsbeauftragten jedes Geschäftsbereiches verständigen sich auf Initiative der Gleichstellungsbeauftragten der obersten Landesbehörden auf ein Mitglied für die Arbeitsgemeinschaft. Für den Fall, dass eine Verständigung nicht möglich ist, wird das Mitglied durch geheime Wahl ermittelt. Die Rechte der Gleichstellungsbeauftragten werden hierdurch nicht berührt.

(8) Die Stellvertreterin hat im Vertretungsfall dieselben Rechte und Pflichten wie die Gleichstellungsbeauftragte. Die Absätze 1 bis 6, mit Ausnahme der Regelungen über die Freistellung der Gleichstellungsbeauftragten nach Absatz 4 Sätze 3 bis 6, gelten für die Stellvertreterin entsprechend.
(9) Die Gleichstellungsbeauftragte kann Sprechstunden durchführen und einmal jährlich die Beschäftigten der Dienststelle zu einer Versammlung einladen.

§ 20 Beanstandungsrecht

(1) Bei Verstößen gegen dieses Gesetz, andere Vorschriften zur Gleichstellung von Frauen und Männern oder die Zielvereinbarungen nach § 5 kann die Gleichstellungsbeauftragte innerhalb von zehn Arbeitstagen nach ihrer Unterrichtung die Maßnahme schriftlich beanstanden. Gleiches gilt bei unterlassener Beteiligung der Gleichstellungsbeauftragten durch die Dienstelle ab Kenntniserlangung von der Maßnahme. Bei Unaufschiebbarkeit kann die Dienststelle die Frist auf fünf Arbeitstage verkürzen. Die Dienststelle hat sodann erneut über die Maßnahme zu entscheiden. Bis zur erneuten Entscheidung wird der Vollzug der Maßnahme ausgesetzt. Die Dienststelle teilt der Gleichstellungsbeauftragten schriftlich mit, wie sie in der Sache entschieden hat und begründet ihre Entscheidung.
(2) Die Gleichstellungsbeauftragte kann eine ihrer Meinung nach fehlerhafte Entscheidung über die Beanstandung nach rechtzeitiger Unterrichtung der Dienststellenleitung der vorgesetzten Dienststelle zur Entscheidung vorlegen. Absatz 1 Satz 5 gilt entsprechend.
(3) Eine Entscheidung über eine Beanstandung durch eine oberste Landesbehörde kann die Gleichstellungsbeauftragte innerhalb von zehn Arbeitstagen bei dem für die Gleichstellung zuständigen Ministerium beanstanden. Absatz 1 Satz 2 gilt entsprechend. Dieses legt der obersten Landesbehörde in eiligen Fällen binnen fünf Arbeitstagen einen Entscheidungsvorschlag vor. Absatz 1 Satz 5 gilt entsprechend. Die abschließende Entscheidung trifft die oberste Landesbehörde. Abweichend davon legt die Gleichstellungsbeauftragte der Landtagsverwaltung der Präsidentin oder dem Präsidenten des Landtages Mecklenburg-Vorpommern nach Beratung durch das für Gleichstellung zuständige Ministerium einen Entscheidungsvorschlag vor. Die Fristen nach Satz 1 bis 3 gelten entsprechend.
(4) Beanstandet die Gleichstellungsbeauftragte einer der alleinigen Aufsicht des Landes unterstehenden Körperschaft, Anstalt oder Stiftung des öffentlichen Rechts einen Verstoß gegen dieses Gesetz und wird der Beanstandung durch die Dienststellenleitung nicht abgeholfen, legt die Dienststellenleitung die Beanstandung dem Vorstand oder dem vergleichbaren Leitungsorgan zur Entscheidung vor. Hilft auch dieses Gremium nicht ab, kann die Gleichstellungsbeauftragte die zuständige Rechtsaufsichtsbehörde unterrichten. Diese beteiligt das für die Gleichstellung zuständige Ministerium, das eine Stellungnahme abgibt. Die abschließende Entscheidung über die Beanstandung trifft die Rechtsaufsichtsbehörde.

§ 21 Wahl

(1) Die regelmäßige Amtszeit der nach § 18 Absatz 1 Satz 1 zu wählenden Gleichstellungsbeauftragten und ihrer Stellvertreterin beträgt vier Jahre mit der Möglichkeit von Wiederwahlen. Findet sich für die Wahl keine Kandidatin, wird die Gleichstellungsbeauftragte durch die Dienststelle aus dem Kreis aller weiblichen Beschäftigten bestellt. Die zu bestellende Beschäftigte darf die Bestellung nur aus wichtigem Grund ablehnen. Entsprechendes gilt für den Fall, dass keine Stellvertreterin gewählt wurde.
(2) Wahlberechtigt sind alle weiblichen Beschäftigten der Dienststelle. Nicht wahlberechtigt sind die unter Wegfall der Bezüge beurlaubten Beschäftigten. Wer länger als drei Monate an eine andere Dienststelle abgeordnet ist, ist allein in der aufnehmenden Dienststelle

wahlberechtigt; dies gilt nicht bei Abordnungen zur Teilnahme an Lehrgängen. Wählbar sind alle weiblichen Beschäftigten der Dienststelle. Die Sätze 2 und 3 gelten für die Wählbarkeit entsprechend.
(3) Grundsätzlich sind an den öffentlichen Schulen Gleichstellungsbeauftragte zu wählen. Ausnahmen sind möglich, wenn kein Geschlecht aufgrund von struktureller Benachteiligung unterrepräsentiert ist und sich die weiblichen Beschäftigten in einer Abstimmung mehrheitlich gegen die Wahl einer Gleichstellungsbeauftragten aussprechen. Für den Bereich der öffentlichen Schulen werden zudem auf der Ebene jedes staatlichen Schulamtes je eine Gleichstellungsbeauftragte und deren Stellvertreterin gewählt und bestellt. Außerdem werden eine Gleichstellungsbeauftragte und deren Stellvertreterin für den Bereich der öffentlichen Schulen auf der Ebene der zuständigen obersten Landesbehörde gewählt und bestellt. Wahlberechtigt für den Bereich der öffentlichen Schulen nach Satz 3 sind die weiblichen Lehrkräfte, das weibliche Personal mit sonderpädagogischer Aufgabenstellung und die sonstigen weiblichen Landesbediensteten an den öffentlichen Schulen im Zuständigkeitsbereich des jeweiligen staatlichen Schulamtes. Wahlberechtigt für den Bereich der öffentlichen Schulen nach Satz 4 sind die weiblichen Lehrkräfte, das weibliche Personal mit sonderpädagogischer Aufgabenstellung und die sonstigen weiblichen Landesbediensteten der beruflichen Schulen und im Zuständigkeitsbereich aller staatlichen Schulämter. Die Sätze 5 und 6 gelten für die Wählbarkeit entsprechend.
(4) Die Gleichstellungsbeauftragte sowie die Stellvertreterin dürfen keiner Personalvertretung angehören und nur in ihrer Eigenschaft als Gleichstellungsbeauftragte mit Personalangelegenheiten befasst sein.
(5) Die Wahlen finden gleichzeitig mit den Wahlen zur Personalvertretung, zum Richterrat oder zum Staatsanwaltsrat statt. Im Übrigen findet das Personalvertretungsgesetz entsprechende Anwendung.
(6) Abweichend vom regelmäßigen Wahlzeitpunkt finden die Wahlen innerhalb eines Monates statt, wenn
1. die Gleichstellungsbeauftragte das Amt niederlegt, aus der Dienststelle ausscheidet oder nicht nur vorübergehend mehr als sechs Monate verhindert ist und keine Stellvertreterin nachrückt,
2. die Wahl erfolgreich angefochten worden ist oder
3. eine Gleichstellungsbeauftragte noch nicht gewählt ist.
Satz 1 gilt entsprechend für die Stellvertreterin der Gleichstellungsbeauftragten. Hat eine Wahl außerhalb des regelmäßigen Wahlzeitpunktes stattgefunden, sind die Gleichstellungsbeauftragte und die Stellvertreterin zum nächsten regelmäßigen Wahlzeitpunkt neu zu wählen. Besteht das Amtsverhältnis zu Beginn des nächsten regelmäßigen Wahlzeitpunktes erst weniger als ein Jahr, findet die Neuwahl zum übernächsten Wahlzeitpunkt statt.
(7) Die Landesregierung wird ermächtigt, durch Rechtsverordnung Näheres über die Vorbereitung und Durchführung der Wahl der Gleichstellungsbeauftragten und ihrer Stellvertreterin zu bestimmen.

Abschnitt 4 Schlussvorschriften

§ 22 Berichtspflicht
Die Landesregierung berichtet dem Landtag im Abstand von fünf Jahren über die Durchführung dieses Gesetzes.

§ 23 Rechte der Menschen mit Behinderungen
Bei der Erreichung der Ziele dieses Gesetzes sind die besonderen Belange behinderter und von Behinderung bedrohter Menschen im Sinne von § 2 Absatz 1 des Neunten Buches Sozialgesetzbuch zu berücksichtigen. Im Übrigen gilt § 4 Landesbehindertengleichstellungsgesetz.

§ 24 Übergangsvorschriften
(1) Vor Inkrafttreten dieses Gesetzes erstellte Frauenförderpläne gelten bis zum Ablauf ihres Geltungszeitraums weiter.
(2) Vor Inkrafttreten dieses Gesetzes bestellte Frauen- und Gleichstellungsbeauftragte und ihre Stellvertreterinnen bleiben für den Zeitraum, für den sie gewählt wurden, im Amt. Gleichstellungsbeauftragte und Stellvertreterinnen, die vor Inkrafttreten dieses Gesetzes Mitglied einer Personalvertretung waren, dürfen – abweichend von § 21 Absatz 4 – bis zum Ende dieser Amtszeit Mitglied der Personalvertretung bleiben.

10. Niedersächsisches Gleichberechtigungsgesetz

vom 9. Dezember 2010 (Nds. GVBl. 2010, S. 558), zuletzt geändert durch Gesetz zur Neuregelung des Beamtenversorgungsrechts sowie zur Änderung dienstrechtlicher Vorschriften (GVBl. 2011, S. 422)

Erster Teil: Allgemeine Vorschriften

§ 1 Zielsetzung

(1) Ziel dieses Gesetzes ist es,
1. für Frauen und Männer in der öffentlichen Verwaltung die Vereinbarkeit von Familien- und Erwerbsarbeit zu fördern und zu erleichtern sowie
2. Frauen und Männern eine gleiche Stellung in der öffentlichen Verwaltung zu verschaffen.

(2) Um die Zielsetzung dieses Gesetzes zu erreichen, sind nach Maßgabe der nachfolgenden Vorschriften
1. Arbeitsbedingungen so zu gestalten, dass Frauen und Männer ihre Erwerbsarbeit mit ihrer Familienarbeit vereinbaren können,
2. das Handeln der Verwaltung stärker durch Frauen zu prägen und weibliche und männliche Sichtweisen und Erfahrungen sowie die Erfahrungen aus einem Leben mit Kindern einzubeziehen,
3. die berufliche Gleichberechtigung von Frauen und Männern zu verwirklichen und gleiche berufliche Chancen herzustellen,
4. Nachteile, die Männer und Frauen aufgrund ihrer geschlechtlichen Unterschiedlichkeit oder ihrer Geschlechterrolle erfahren, zu beseitigen oder auszugleichen und
5. Frauen und Männer in den Vergütungs-, Besoldungs- und Entgeltgruppen einer Dienststelle, in denen sie unterrepräsentiert sind, sowie in Gremien gerecht zu beteiligen.

(3) Alle Dienststellen und die dort Beschäftigten, insbesondere solche mit Vorgesetzten- oder Leitungsaufgaben, sind verpflichtet, die Zielsetzung dieses Gesetzes zu verwirklichen.

§ 2 Geltungsbereich

(1) Dieses Gesetz gilt für
1. die Verwaltungen des Landes, der Gemeinden und der Gemeindeverbände,
2. die Verwaltungen der auf niedersächsischem Landesrecht beruhenden sonstigen Körperschaften, Anstalten und Stiftungen des öffentlichen Rechts mit 30 oder mehr Beschäftigten,
3. die Gerichte und die Hochschulen in staatlicher Verantwortung sowie
4. die öffentlichen Schulen, soweit nicht Besonderheiten dieser Einrichtungen einer Anwendung von Vorschriften dieses Gesetzes entgegenstehen.

(2) [1]Für öffentliche Theater und Orchester sowie für öffentliche außeruniversitäre wissenschaftliche Einrichtungen gelten die Vorschriften dieses Gesetzes nur insoweit, als dem nicht die Eigenart dieser Einrichtungen entgegensteht. [2]Sie gelten insbesondere nicht bei Maßnahmen, die die künstlerische Gestaltung von Aufführungen oder Veranstaltungen wesentlich beeinflussen können.

(3) Das Gesetz gilt nicht für die Selbstverwaltungskörperschaften der Wirtschaft und der freien Berufe.

§ 3 Begriffsbestimmungen

(1) Beschäftigte im Sinne dieses Gesetzes sind Arbeitnehmerinnen und Arbeitnehmer, Beamtinnen und Beamte mit Ausnahme der Ehrenbeamtinnen und Ehrenbeamten sowie Auszubildende.
(2) Dienststellen im Sinne dieses Gesetzes sind
1. die einzelnen Behörden einschließlich der Landesbetriebe nach § 26 der Niedersächsischen Landeshaushaltsordnung,
2. soweit Behörden nicht vorhanden sind, die Verwaltungsstellen der in § 2 Abs. 1 genannten Verwaltungen,
wenn sie befugt sind, Einstellungen, Beförderungen oder Übertragungen höherwertiger Tätigkeiten vorzunehmen.
(3) [1]Unterrepräsentanz im Sinne dieses Gesetzes liegt vor, wenn der Frauen- oder Männeranteil in einem Bereich einer Dienststelle unter 45 vom Hundert liegt. [2]Teilzeitbeschäftigte werden entsprechend ihrer individuellen wöchentlichen Arbeitszeit berücksichtigt.
(4) [1]Bereich im Sinne dieses Gesetzes ist eine Vergütungs-, Besoldungs- oder Entgeltgruppe. [2]Abweichend von Satz 1 bilden in einer Besoldungsgruppe, der auch Einstiegsämter zugeordnet sind, die Einstiegsämter und die übrigen Ämter jeweils einen Bereich.

Zweiter Teil: Vereinbarkeit von Erwerbs- und Familienarbeit

§ 4 Familiengerechte Arbeitsgestaltung

Arbeitsbedingungen einschließlich der Arbeitszeiten in der Dienststelle sind, soweit die Erfüllung der dienstlichen Aufgaben das zulässt, so zu gestalten, dass Frauen und Männer ihre Erwerbsarbeit mit ihrer Familienarbeit vereinbaren können.

§ 5 Arbeitszeitgestaltung bei familiären Betreuungsaufgaben

[1]Beschäftigten, die Kinder unter zwölf Jahren oder pflegebedürftige Angehörige im Sinne des § 14 des Elften Buchs des Sozialgesetzbuchs betreuen, ist auf Verlangen über die für alle Beschäftigten geltenden Regelungen hinaus eine individuelle Gestaltung der täglichen oder wöchentlichen Arbeitszeit zu ermöglichen, soweit nicht dringende dienstliche Belange entgegenstehen. [2]Die Ablehnung des Verlangens ist schriftlich zu begründen.

§ 6 Teilzeitarbeit und Beurlaubung

(1) Die Dienststellen haben dafür zu sorgen, dass sie ihren Beschäftigten, auch für Vorgesetzten- und Leitungsaufgaben, genügend Teilzeitarbeitsplätze anbieten können.
(2) Die Dienststellen sind verpflichtet, Beschäftigte, die eine Beurlaubung oder eine Ermäßigung der Arbeitszeit beantragen, auf die generellen beamten-, arbeits- und versorgungsrechtlichen Folgen hinzuweisen.
(3) Die Ermäßigung von Arbeitszeit ist grundsätzlich personell auszugleichen; dabei sind verbleibende Stellenreste zu vollen Stellen oder Teilzeitstellen zusammenzuführen.
(4) Urlaubs- und Krankheitsvertretungen sowie Aushilfstätigkeiten sind vorrangig denjenigen Beschäftigten der Dienststelle anzubieten, die aus familiären Gründen beurlaubt worden sind und die Interesse an der Übernahme solcher Tätigkeiten bekundet haben.
(5) [1]Teilzeitbeschäftigten sind die gleichen beruflichen Aufstiegs- und Fortbildungschancen einzuräumen wie Vollzeitbeschäftigten. [2]Können Teilzeitbeschäftigte an einer längerfristigen Fortbildungsmaßnahme nur teilnehmen, wenn sie dabei ihre regelmäßige wöchentliche Arbeitszeit überschreiten, so soll für die Dauer der Maßnahme auf Antrag die regelmäßige wöchentliche Arbeitszeit entsprechend erhöht werden.

(6) ¹Den Beschäftigten, die Elternzeit in Anspruch nehmen, dürfen aus diesem Grund keine dienstlichen Nachteile entstehen. ²Eine familienbedingte Beurlaubung darf sich für die betreffenden Beschäftigten nicht nachteilig auf beamtenrechtliche Auswahlentscheidungen oder Höhergruppierungen auswirken.

Dritter Teil: Gleichstellung von Frauen und Männern

Erster Abschnitt: Verbesserung der Entscheidungsfindung, Benachteiligungsverbot

§ 7 Verbesserung der Entscheidungsfindung

Die Dienststelle soll sicherstellen, dass in ihre Entscheidungsprozesse weibliche und männliche Sichtweisen und Erfahrungen sowie die Erfahrungen aus einem Leben mit Kindern einfließen können.

§ 8 Gremien

(1) Werden Kommissionen, Arbeitsgruppen, Vorstände, Beiräte und gleichartige Gremien einschließlich Personalauswahlgremien mit Beschäftigten besetzt, so sollen diese je zur Hälfte Frauen und Männer sein.
(2) Sollen in ein Gremium der öffentlichen Verwaltung durch eine Stelle außerhalb der öffentlichen Verwaltung Personen entsandt werden oder werden Beschäftigte der öffentlichen Verwaltung in Gremien außerhalb der öffentlichen Verwaltung entsandt, so ist auf eine hälftige Besetzung der Gremien mit Frauen und Männern hinzuwirken.

§ 9 Benachteiligungsverbot

(1) Beschäftigte dürfen nicht unmittelbar oder mittelbar wegen des Geschlechts benachteiligt werden.
(2) ¹Eine unmittelbare Benachteiligung liegt vor, wenn eine Person wegen des Geschlechts eine weniger günstige Behandlung erfährt, als eine andere Person in einer vergleichbaren Situation erfährt, erfahren hat oder erfahren würde. ²Eine unmittelbare Benachteiligung wegen des Geschlechts liegt auch im Fall einer ungünstigeren Behandlung einer Frau wegen Schwangerschaft oder Mutterschaft vor.
(3) Eine mittelbare Benachteiligung liegt vor, wenn dem Anschein nach neutrale Vorschriften, Kriterien oder Verfahren Personen wegen des Geschlechts gegenüber anderen Personen in besonderer Weise benachteiligen können, es sei denn, die betreffenden Vorschriften, Kriterien oder Verfahren sind durch ein rechtmäßiges Ziel sachlich gerechtfertigt und die Mittel sind zur Erreichung dieses Ziels angemessen und erforderlich.
(4) Eine unterschiedliche Behandlung wegen des Geschlechts ist zulässig, wenn dieser Grund wegen der Art der auszuübenden Tätigkeit oder der Bedingungen ihrer Ausübung eine wesentliche und entscheidende berufliche Anforderung darstellt, sofern der Zweck rechtmäßig und die Anforderung angemessen ist.
(5) Ungeachtet der in den Absätzen 3 und 4 genannten Gründe ist eine unterschiedliche Behandlung auch zulässig, wenn durch geeignete und angemessene Maßnahmen, insbesondere nach § 13 Abs. 5 dieses Gesetzes, bestehende Nachteile wegen des Geschlechts verhindert oder ausgeglichen werden sollen.

Zweiter Abschnitt: Abbau von Unterrepräsentanz

§ 10 Fördermaßnahmen

(1) Unterrepräsentanz ist durch die Personal- und Organisationsentwicklung und nach Maßgabe der nachfolgenden Vorschriften durch die Förderung des unterrepräsentierten Geschlechts bei der Ausbildung, Einstellung, Beförderung und Übertragung höherwertiger Tätigkeiten abzubauen.
(2) Bei Personalabbau soll darauf geachtet werden, dass sich dadurch die Unterrepräsentanz eines Geschlechts nicht verstärkt.

§ 11 Ausschreibungen

(1) ¹In allen Bereichen, in denen ein Geschlecht unterrepräsentiert ist, sind Stellen grundsätzlich auszuschreiben. ²In der Stellenausschreibung ist das unterrepräsentierte Geschlecht ausdrücklich anzusprechen. ³Außerdem ist darin auf mögliche Teilzeitbeschäftigung hinzuweisen. ⁴Die Sätze 1 bis 3 gelten für die Übertragung einer höherwertigen Tätigkeit und die Besetzung eines Dienstpostens ohne Stelle entsprechend.
(2) Die Gleichstellungsbeauftragte kann eine zweite Ausschreibung verlangen, wenn sich keine Person des unterrepräsentierten Geschlechts beworben hat.

§ 12 Auswahlverfahren

(1) ¹Bei der Besetzung von Stellen in Bereichen, in denen ein Geschlecht unterrepräsentiert ist, sollen mindestens zur Hälfte Personen dieses Geschlechts, die die in der Stellenausschreibung angegebenen Mindestvoraussetzungen erfüllen, in die engere Wahl einbezogen und zu einem Vorstellungsgespräch eingeladen werden. ²Satz 1 gilt für die Übertragung einer höherwertigen Tätigkeit und die Besetzung eines Dienstpostens ohne Stelle entsprechend.
(2) Fragen nach der Familienplanung und Fragen danach, wie die Betreuung von Kindern neben der Berufstätigkeit sichergestellt wird, sind unzulässig.

§ 13 Auswahlkriterien

(1) Im Auswahlverfahren sind für die Beurteilung von Eignung, Befähigung und fachlicher Leistung ausschließlich die Anforderungen der zu besetzenden Stelle, der zu übertragenden Tätigkeit, des zu besetzenden Dienstpostens, der Laufbahn oder des Berufs maßgebend.
(2) ¹Falls ein Mindestdienst- oder -lebensalter in der Ausschreibung oder in anderer Weise vor Beginn des Auswahlverfahrens als Teil der Anforderungen nach Absatz 1 festgelegt worden ist, dürfen nur Personen ausgewählt werden, die diese Anforderung erfüllen. ²Falls mehrere Personen das nach Satz 1 geforderte Mindestdienst- oder -lebensalter haben oder diese Kriterien zwar nicht zu den Anforderungen nach Absatz 1 gehören, ihnen jedoch in anderer Weise Bedeutung für die Beurteilung von Eignung, Befähigung und fachlicher Leistung zukommt, darf das Dienst- oder das Lebensalter nur berücksichtigt werden, wenn weder die Personal- oder Organisationsentwicklung nach § 10 Abs. 1 noch eine Festlegung in einem Gleichstellungsplan nach § 15 Abs. 2 Satz 2 und Abs. 3 Satz 1 entgegensteht.
(3) Für die Beurteilung der Eignung und Befähigung sind auch Erfahrungen und Fähigkeiten aus der familiären oder sozialen Arbeit wie Flexibilität, Kommunikations- und Teamfähigkeit, Tatkraft und Organisationsfähigkeit einzubeziehen, soweit diese Qualifikationen für die zu übertragenden Aufgaben von Bedeutung sind.
(4) ¹Vorangegangene Teilzeitbeschäftigungen und Unterbrechungen der Erwerbstätigkeit zur Betreuung von Kindern oder pflegebedürftigen Angehörigen dürfen nicht nachteilig be-

rücksichtigt werden. ²Hat sich auf eine teilzeitgeeignete Stelle keine zweite Teilzeitkraft beworben, so darf die Bewerbung der einen Teilzeitkraft aus diesem Grund nur abgelehnt werden, wenn dafür zwingende personalwirtschaftliche Gründe vorliegen.
(5) ¹In einem Bereich, in dem ein Geschlecht unterrepräsentiert ist, darf zur Erreichung des in § 1 Abs. 1 Nr. 2 genannten Ziels bei der Einstellung, Beförderung und Übertragung höherwertiger Tätigkeiten eine Person des unterrepräsentierten Geschlechts bei gleicher Eignung, Befähigung und fachlicher Leistung gegenüber einer Person des anderen Geschlechts bevorzugt werden. ²Eine Bevorzugung nach Satz 1 ist nicht zulässig, wenn bei der Person des anderen Geschlechts schwerwiegende persönliche Gründe vorliegen, hinter denen das in Satz 1 genannte Ziel zurücktreten muss und die durch persönliche Gründe, die bei der Person des unterrepräsentierten Geschlechts vorliegen, nicht aufgewogen werden.
(6) ¹Absatz 5 gilt für die Besetzung von Ausbildungsplätzen entsprechend, solange der Frauen- oder Männeranteil bei den Auszubildenden in einer Dienststelle unter 45 vom Hundert liegt. ²Satz 1 gilt nicht bei Ausbildungen für Berufe, die auch außerhalb des öffentlichen Dienstes ausgeübt werden und für die ausschließlich innerhalb des öffentlichen Dienstes ausgebildet wird.

§ 14 Fortbildung
(1) Frauen und Männer sollen im gleichen Umfang als Leiterinnen und Leiter sowie Referentinnen und Referenten bei Fortbildungsveranstaltungen eingesetzt werden.
(2) Beurlaubte Beschäftigte und Beschäftigte in Elternzeit sind rechtzeitig und umfassend über Fortbildungsmaßnahmen zu unterrichten.
(3) Frauen oder Männer sind gezielt anzusprechen, um möglichst eine paritätische Besetzung der Fortbildungsveranstaltungen zu erreichen.
(4) ¹Fortbildungsveranstaltungen sind so durchzuführen, dass Beschäftigte, die Kinder betreuen oder pflegebedürftige Angehörige versorgen, teilnehmen können. ²Im Rahmen der zur Verfügung stehenden Haushaltsmittel werden auf Antrag die angemessenen nachgewiesenen Mehrkosten für die Kinderbetreuung und die Betreuung pflegebedürftiger Angehöriger im Sinne des § 14 des Elften Buchs des Sozialgesetzbuchs erstattet.

Vierter Teil: Durchsetzung der Ziele
Erster Abschnitt: Gleichstellungsplan

§ 15 Erstellung
(1) ¹Jede Dienststelle mit mindestens 50 Beschäftigten hat erstmals bis zum 31. Dezember 2011 jeweils für drei Jahre einen Gleichstellungsplan zu erstellen. ²Außenstellen mit mindestens 50 Beschäftigten, die befugt sind, Einstellungen, Beförderungen oder Übertragungen höherwertiger Tätigkeiten vorzunehmen, müssen jeweils zusätzlich einen eigenen Gleichstellungsplan erstellen.
(2) ¹Als Grundlage des Gleichstellungsplans dient eine Bestandsaufnahme und Analyse der Beschäftigtenstruktur und der zu erwartenden Fluktuation. ²Im Gleichstellungsplan ist für seine Geltungsdauer nach Maßgabe der dienstrechtlichen Befugnisse der ihn erstellenden Stelle und des Absatzes 3 festzulegen, wie eine Unterrepräsentanz abgebaut und die Vereinbarkeit von Erwerbsarbeit und Familienarbeit verbessert werden soll.
(3) ¹Zum Abbau von Unterrepräsentanz muss der Gleichstellungsplan für seine Geltungsdauer Zielvorgaben in Vomhundertsätzen, bezogen auf den Anteil des unterrepräsentierten Geschlechts in den jeweiligen Bereichen, enthalten. ²Für Schulen kann bei den Ämtern der Laufbahn der Laufbahngruppe 2 der Fachrichtung Bildung zwischen den nach dem ersten

Einstiegsamt und den nach dem zweiten Einstiegsamt regelmäßig zu durchlaufenden Ämtern unterschieden werden. ³Die Besonderheiten in den jeweiligen Bereichen, Dienststellen und Außenstellen sind zu berücksichtigen. ⁴Die personellen, organisatorischen und fortbildenden Maßnahmen zur Erreichung der Zielvorgaben nach Satz 1 sind konkret zu benennen. ⁵Zur Verbesserung der Vereinbarkeit von Erwerbs- und Familienarbeit muss der Gleichstellungsplan für seine Geltungsdauer geeignete Bemessungskriterien, Zielvorgaben und Maßnahmen enthalten.
(4) Der Gleichstellungsplan ist den Beschäftigten unverzüglich zur Kenntnis zu geben.

§ 16 Wirkungen und Erfolgskontrolle

(1) ¹Die im Gleichstellungsplan festgelegten Zielvorgaben und Maßnahmen müssen bei der Besetzung von Ausbildungsplätzen, Einstellung, Beförderung oder Übertragung höherwertiger Tätigkeiten, beim Personalabbau sowie bei der Durchführung von Fortbildungsmaßnahmen beachtet werden. ²Bei der Personal- und Organisationsentwicklung sind die im Gleichstellungsplan festgelegten Zielvorgaben zu beachten.
(2) ¹Nach Ablauf der Geltungsdauer eines Gleichstellungsplans ermittelt die Stelle, die ihn erstellt hat, inwieweit Unterrepräsentanz (in Vomhundertsätzen) verringert und die Vereinbarkeit von Erwerbs- und Familienarbeit verbessert worden ist. ²Sie gibt dies den Beschäftigten innerhalb von sechs Monaten nach Ablauf der Geltungsdauer des Gleichstellungsplans zur Kenntnis.

§ 17 Ausbildung

¹Unterrepräsentanz im Sinne der Vorschriften dieses Abschnitts liegt in Bezug auf die Ausbildung vor, wenn der Frauen- oder Männeranteil bei den Auszubildenden in einer Dienststelle unter 45 vom Hundert liegt. ²Bereich im Sinne der Vorschriften dieses Abschnitts ist in Bezug auf die Ausbildung die Gesamtzahl der Auszubildenden in einer Dienststelle.

Zweiter Abschnitt: Gleichstellungsbeauftragte

§ 18 Geltungsbereich

Die Vorschriften dieses Abschnitts gelten nicht für die Verwaltungen der Gemeinden, Gemeindeverbände, gemeinsamen kommunalen Anstalten und Zweckverbände sowie für Hochschulen.

§ 19 Bestellung

(1) ¹Jede Dienststelle und jede Außenstelle, die nach § 15 Abs. 1 Satz 1 oder 2 zur Erstellung eines Gleichstellungsplans verpflichtet ist, hat jeweils eine Gleichstellungsbeauftragte und eine Vertreterin zu bestellen. ²Dienststellen mit weniger als 50 Beschäftigten können, auch gemeinsam mit anderen Dienststellen unter 50 Beschäftigten, eine Gleichstellungsbeauftragte und eine Vertreterin bestellen; dies gilt für Außenstellen im Sinne des § 15 Abs. 1 Satz 2 mit weniger als 50 Beschäftigten entsprechend. ³Die Bestellung weiterer Gleichstellungsbeauftragter oder Vertreterinnen für abgegrenzte Aufgabenbereiche ist zulässig. ⁴Die Dienststelle oder die Außenstelle bestellt die Gleichstellungsbeauftragte und die Vertreterin mit deren Einverständnis. ⁵Vor der Bestellung sind die Beschäftigten anzuhören. ⁶Das Ergebnis der Anhörung ist zu berücksichtigen.
(2) ¹Die Bestellung der Gleichstellungsbeauftragten und ihrer Vertreterin erfolgt für die Dauer von vier Jahren; sie kann mit ihrem Einverständnis aufgehoben werden. ²Im Übrigen kann die Bestellung nur aus wichtigem Grund widerrufen werden.

(3) Hat eine Dienststelle oder eine Außenstelle, die in Personalangelegenheiten der Fachaufsicht unterliegt, zulässigerweise keine Gleichstellungsbeauftragte bestellt, so werden die Aufgaben und Befugnisse der Gleichstellungsbeauftragten durch die Gleichstellungsbeauftragte der Dienststelle wahrgenommen, die in Personalangelegenheiten die Fachaufsicht führt.
(4) Soweit sich die §§ 20, 21, 22 Abs. 1 und 5 bis 7 und § 23 auf Dienststellen beziehen, gelten diese Vorschriften in Bezug auf Gleichstellungsbeauftragte, die von einer Außenstelle bestellt worden sind, mit der Maßgabe entsprechend, dass an die Stelle der Dienststelle die Außenstelle tritt.

§ 20 Aufgaben und Befugnisse

(1) ¹Die Gleichstellungsbeauftragte hat die Aufgabe, den Vollzug dieses Gesetzes sowie des Allgemeinen Gleichbehandlungsgesetzes im Hinblick auf den Schutz vor Benachteiligungen wegen des Geschlechts und sexueller Belästigung in der Dienststelle zu fördern und zu überwachen. ²Sie ist bei allen personellen, sozialen und organisatorischen Maßnahmen, die die Gleichstellung von Frauen und Männern und die Vereinbarkeit von Erwerbs- und Familienarbeit berühren können, rechtzeitig zu beteiligen. ³Zu den Maßnahmen nach Satz 2 gehören insbesondere
1. Arbeitszeitregelungen,
2. organisatorische und individuelle Regelungen zur Teilzeit,
3. Einstellungen, Beförderungen und Höhergruppierungen,
4. Zulassung zum Aufstieg sowie Entscheidung über die Teilnahme an einer Qualifizierung, die Voraussetzung für die Übertragung eines Amtes der Besoldungsgruppe A 7 oder A 14 durch eine Beförderung ist,
5. Versetzungen sowie Abordnungen von mehr als drei Monaten,
6. Planung und Durchführung von Fortbildungsmaßnahmen,
7. Besetzung von Gremien mit und Entsendung von Beschäftigten in Gremien nach § 8,
8. Ausschreibungen und Verzicht auf sie,
9. Maßnahmen der Verwaltungsreform, soweit sie Auswirkungen auf die Arbeitszeit und sonstige Arbeitsbedingungen haben,
10. Auswahlentscheidungen beim Abbau von Personal und
11. die Erstellung des Gleichstellungsplans.
⁴Die Gleichstellungsbeauftragte kann sich darüber hinaus innerhalb ihrer Dienststelle zu fachlichen Fragen mit Relevanz für die Gleichstellung von Frauen und Männern und die Vereinbarkeit von Erwerbs- und Familienarbeit äußern.
(2) Die Aufgaben und Befugnisse der Personalräte, Richtervertretungen und Schwerbehindertenvertretungen bleiben unberührt.
(3) Die Gleichstellungsbeauftragte kann Maßnahmen zur Verwirklichung der Gleichstellung von Frauen und Männern in der Dienststelle und zur Verbesserung der Vereinbarkeit von Erwerbs- und Familienarbeit vorschlagen.
(4) ¹Der Gleichstellungsbeauftragten ist in dem für die sachgerechte Wahrnehmung ihrer Aufgaben erforderlichen Umfang Einsicht in die Akten, Planungs- und Bewerbungsunterlagen zu gewähren. ²Personalakten sowie die anlässlich von Einstellungen getroffenen amtsärztlichen oder psychologischen Feststellungen darf die Gleichstellungsbeauftragte nur einsehen, wenn die betroffene Person im Einzelfall eingewilligt hat. ³Sie ist befugt, an Vorstellungs- und sonstigen Personalauswahlgesprächen teilzunehmen.
(5) Beschäftigte können sich in Gleichstellungsangelegenheiten und in Angelegenheiten der Vereinbarkeit von Erwerbs- und Familienarbeit unmittelbar an die Gleichstellungsbeauftragte wenden.

(6) ¹Die Gleichstellungsbeauftragte richtet bei Bedarf Sprechzeiten ein. ²Sie beruft mindestens einmal jährlich eine Versammlung der weiblichen Beschäftigten der Dienststelle ein (Frauenversammlung). ³Ist sie für mehrere Dienststellen zuständig, so ist in jeder der Dienststellen eine Frauenversammlung einzuberufen. ⁴Sie kann Teilversammlungen abhalten.

§ 21 Beanstandungsrecht
¹Hält die Gleichstellungsbeauftragte eine beabsichtigte Maßnahme nach § 20 Abs. 1 Satz 2 für unvereinbar mit diesem Gesetz, so kann sie diese Maßnahme binnen einer Woche nach ihrer Unterrichtung beanstanden. ²Bei unaufschiebbaren Maßnahmen kann die Dienststelle die Frist verkürzen. ³Eine Maßnahme darf nicht vollzogen werden, solange die Gleichstellungsbeauftragte sie noch beanstanden kann. ⁴Im Fall der fristgerechten Beanstandung hat die Dienststelle unter Beachtung der Einwände neu zu entscheiden. ⁵Bis zu der erneuten Entscheidung darf die Maßnahme nicht vollzogen werden. ⁶Hält die Dienststelle an ihrer Entscheidung fest, so hat sie dieses schriftlich gegenüber der Gleichstellungsbeauftragten zu begründen. ⁷Wird die Gleichstellungsbeauftragte nicht oder nicht rechtzeitig an einer Maßnahme nach § 20 Abs. 1 Satz 2 beteiligt, so kann sie verlangen, dass der Vollzug der Maßnahme bis zum Ablauf einer Woche nach ihrer Unterrichtung ausgesetzt wird.

§ 22 Status
(1) ¹Die Gleichstellungsbeauftragte und ihre Vertreterin sind der Leitung der Dienststelle unmittelbar unterstellt. ²Sie dürfen keiner Personalvertretung angehören und nur in ihrer Eigenschaft als Gleichstellungsbeauftragte oder Vertreterin mit Personalangelegenheiten befasst sein.

(2) ¹Die Gleichstellungsbeauftragte ist von ihrer sonstigen dienstlichen Tätigkeit ohne Minderung der Bezüge, des Arbeitsentgelts oder der sonstigen Vergütungen ganz oder teilweise zu entlasten. ²Die Entlastung beträgt in Dienststellen mit mehr als
1. 200 Beschäftigten die Hälfte der regelmäßigen Wochenarbeitszeit,
2. 600 Beschäftigten drei Viertel der regelmäßigen Wochenarbeitszeit und
3. 1 000 Beschäftigten die volle regelmäßige Wochenarbeitszeit.

³In Dienststellen mit bis zu 200 Beschäftigten ist die Gleichstellungsbeauftragte so zu entlasten, wie es nach Art und Umfang der Dienststelle zur Wahrnehmung ihrer Aufgaben notwendig ist. ⁴Bei Dienststellen mit 50 bis 100 Beschäftigten soll die Entlastung mindestens drei Wochenstunden, bei Dienststellen mit mehr als 100 bis zu 200 Beschäftigten mindestens fünf Wochenstunden betragen. ⁵Die Vertreterin der Gleichstellungsbeauftragten kann im Einvernehmen mit der Gleichstellungsbeauftragten Aufgaben zur eigenständigen Erledigung übernehmen. ⁶Auf den gemeinsamen Antrag der Gleichstellungsbeauftragten und ihrer Vertreterin ist die Dienststelle verpflichtet, die Entlastung auf die Gleichstellungsbeauftragte und ihre Vertreterin aufzuteilen, sofern nicht dringende dienstliche Gründe entgegenstehen.

(3) ¹Die Entlastung der Gleichstellungsbeauftragten von Außenstellen richtet sich nach der Zahl der in der jeweiligen Außenstelle Beschäftigten und die Entlastung der Gleichstellungsbeauftragten der übrigen Dienststelle nach der Zahl der dort Beschäftigten. ²In den Fällen des § 19 Abs. 3 ist der Beschäftigtenzahl der Dienststelle, die die Gleichstellungsbeauftragte bestellt hat, die Hälfte der Beschäftigtenzahl der anderen Dienststelle oder Außenstelle, für die die Gleichstellungsbeauftragte tätig wird, hinzuzurechnen. ³Hat die Dienststelle dienstrechtliche Befugnisse für einen Teil der Beschäftigten nachgeordneter Dienststellen, so ist der Beschäftigtenzahl der übergeordneten Dienststelle die Hälfte der Zahl dieser Be-

schäftigten hinzuzurechnen; die Beschäftigtenzahl der nachgeordneten Dienststelle vermindert sich entsprechend.
(4) ¹Beträgt durch die Anwendung des Absatzes 3 Sätze 2 und 3 die zu berücksichtigende Beschäftigtenzahl mehr als 1 200, so ist im erforderlichen Umfang eine zusätzliche Entlastung zu gewähren. ²Damit können die Vertreterin entlastet oder weitere Gleichstellungsbeauftragte für den nachgeordneten Bereich bestellt werden. ³Absatz 2 Satz 6 gilt entsprechend.
(5) ¹Die Gleichstellungsbeauftragte ist mit den zur Erfüllung ihrer Aufgaben notwendigen räumlichen, personellen und sächlichen Mitteln auszustatten. ²Ihr und ihrer Vertreterin ist im angemessenen Umfang Gelegenheit zur Fortbildung in allen für ihre Aufgabenerfüllung notwendigen Fachthemen zu geben.
(6) Die Gleichstellungsbeauftragte und ihre Vertreterin dürfen bei der Wahrnehmung ihrer Aufgaben nicht behindert und wegen ihrer Tätigkeit nicht benachteiligt werden.
(7) ¹Personen, die als Gleichstellungsbeauftragte tätig sind oder als Frauenbeauftragte oder Gleichstellungsbeauftragte tätig waren, sind verpflichtet, über die ihnen dabei bekannt gewordenen persönlichen Verhältnisse von Beschäftigten Stillschweigen zu bewahren. ²Dies gilt auch für sonstige Angelegenheiten, es sei denn, sie bedürfen ihrer Bedeutung oder ihrem Inhalt nach keiner vertraulichen Behandlung. ³Die Verpflichtung nach Satz 1 entfällt bei schriftlicher Einwilligung der betroffenen Beschäftigten. ⁴Die Verpflichtung nach Satz 2 besteht nicht gegenüber
1. den zuständigen Stellen der Dienststelle,
2. den zuständigen Personalräten und Richtervertretungen,
3. den zuständigen Schwerbehindertenvertretungen und
4. Gleichstellungsbeauftragten übergeordneter Dienststellen.

§ 23 Unabhängigkeit
(1) Bei der Wahrnehmung ihrer Aufgaben sind die Gleichstellungsbeauftragte und ihre Vertreterin an Weisungen nicht gebunden.
(2) ¹Die Gleichstellungsbeauftragten und ihre Vertreterinnen haben das Recht auf dienststellenübergreifende Zusammenarbeit. ²Sie können sich unmittelbar an das für Frauenpolitik und Gleichberechtigung zuständige Ministerium wenden.

§ 24 Gleichstellungsbeauftragte an Schulen
¹Für Schulen gelten § 19 Abs. 1 Satz 3, § 20 Abs. 6 Satz 3 und § 22 Abs. 2 Sätze 2 bis 4, Abs. 3 und 4 nicht. ²Gleichstellungsbeauftragte an Schulen sind so zu entlasten, wie es nach Art und Umfang der jeweiligen Schule zur Wahrnehmung der Aufgaben notwendig ist.

Fünfter Teil: Schlussbestimmungen

§ 25 Berichtspflichten
(1) Die Landesregierung berichtet dem Landtag im zweiten Halbjahr des auf den Beginn der Wahlperiode folgenden Jahres über die Durchführung dieses Gesetzes.
(2) In dem Bericht sind darzustellen
1. die Zahlenverhältnisse der Geschlechter und ihre Entwicklung
    a) in den einzelnen Bereichen (§ 3 Abs. 4) und
    b) in Gremien (§ 8),
2. die Inanspruchnahme von Regelungen zur Vereinbarkeit von Erwerbs- und Familienarbeit durch Frauen und durch Männer (§§ 4 und 5) und ihre Entwicklung,

3. die Altersstruktur der Beschäftigten in den einzelnen Bereichen (§ 3 Abs. 4) und ihre Entwicklung sowie
4. die bereits durchgeführten und die geplanten Maßnahmen zur Herstellung der Gleichberechtigung.

(3) Die Landesregierung hat zum 1. Juli 2013 dem Landtag darüber zu berichten, ob es angesichts der Entwicklung der tatsächlichen Verhältnisse angezeigt ist, auch männliche Gleichstellungsbeauftragte vorzusehen.

§ 26 Inkrafttreten, Aufhebung von Vorschriften und Übergangsvorschriften

(1) [1]Dieses Gesetz tritt am 1. Januar 2011 in Kraft. [2]Gleichzeitig treten das Niedersächsische Gleichberechtigungsgesetz (nachfolgend: NGG 1994) vom 15. Juni 1994 (Nds. GVBl. S. 246), zuletzt geändert durch Artikel 2 des Gesetzes vom 11. Dezember 1997 (Nds. GVBl. S. 503), und die Verordnung über Schulfrauenbeauftragte vom 25. März 1998 (Nds. GVBl. S. 297) außer Kraft.

(2) [1]Bis zum Inkrafttreten von Gleichstellungsplänen nach § 15 bleiben entsprechende Stufenpläne nach § 4 NGG 1994, auch über die Frist nach § 4 Abs. 1 Satz 2 NGG 1994 hinaus, wirksam. [2]Für diese Zeit ist § 5 NGG 1994 weiterhin anzuwenden.

(3) [1]Eine nach § 18 NGG 1994 bestellte Frauenbeauftragte wird, wenn sie gegenüber der für die Bestellung einer Gleichstellungsbeauftragten zuständigen Stelle ihr Einverständnis erklärt, Gleichstellungsbeauftragte. [2]Ihre Amtszeit als Gleichstellungsbeauftragte beginnt an dem Tag, an dem sie ihr Einverständnis erklärt. [3]Erklärt eine Frauenbeauftragte ihr Einverständnis nicht, so endet ihre Amtszeit mit dem Amtsantritt einer nach § 19 bestellten Gleichstellungsbeauftragten, auch wenn die Amtszeit nach § 18 Abs. 2 Satz 1 Halbsatz 1 NGG 1994 vorher oder später abläuft. [4]Bis zu diesem Zeitpunkt behält die Frauenbeauftragte ihre bisherige Bezeichnung, führt ihr Amt jedoch mit den Rechten und Pflichten einer Gleichstellungsbeauftragten nach diesem Gesetz fort. [5]In den Fällen des Satzes 3 ist innerhalb von drei Monaten nach Inkrafttreten dieses Gesetzes eine Gleichstellungsbeauftragte zu bestellen. [6]Die Sätze 1 bis 5 gelten für die Vertreterinnen der nach § 18 NGG 1994 bestellten Frauenbeauftragten entsprechend.

11. Gesetz zur Gleichstellung von Frauen und Männern für das Land Nordrhein-Westfalen

vom 9. November 1999 (GVBl. 1999, S. 590), zuletzt geändert durch Zuständigkeitsbereinigungsgesetz vom 23. Januar 2018 (GVBl. Nummer 5 2018, S. 89)

Abschnitt I: Allgemeine Bestimmungen

§ 1 Gesetzesziele und allgemeine Grundsätze

(1) ¹Dieses Gesetz dient der Verwirklichung des Grundrechts der Gleichberechtigung von Frauen und Männern. ²Nach Maßgabe dieses Gesetzes und anderer Vorschriften zur Gleichstellung von Frauen und Männern werden Frauen gefördert, um bestehende Benachteiligungen abzubauen. ³Ziel des Gesetzes ist es auch, die Vereinbarkeit von Beruf und Familie für Frauen und Männer zu verbessern.

(2) ¹Frauen und Männer dürfen wegen ihres Geschlechts nicht diskriminiert werden. ²Eine Diskriminierung liegt auch dann vor, wenn sich eine geschlechtsneutral formulierte Regelung oder Maßnahme tatsächlich auf ein Geschlecht wesentlich häufiger nachteilig oder seltener vorteilhaft auswirkt und dies nicht durch zwingende Gründe objektiv gerechtfertigt ist. ³Maßnahmen zur Förderung von Frauen mit dem Ziel, tatsächlich bestehende Ungleichheiten zu beseitigen, bleiben unberührt.

(3) Die Erfüllung des Verfassungsauftrages aus Artikel 3 Absatz 2 des Grundgesetzes sowie die Umsetzung dieses Gesetzes sind Aufgaben der Dienststellen und dort besonders, für die Leistungsbeurteilung relevante Aufgaben der Dienstkräfte mit Leitungsfunktionen.

§ 2 Geltungsbereich

(1) ¹Dieses Gesetz gilt, soweit es nichts anderes bestimmt, für
 1. die Verwaltungen des Landes, der Gemeinden und Gemeindeverbände und der sonstigen der alleinigen Aufsicht des Landes unterstehenden Körperschaften, Anstalten und Stiftungen des öffentlichen Rechts,
 2. die Landesbetriebe sowie die Eigenbetriebe und eigenbetriebsähnlichen Einrichtungen der Gemeinden und Gemeindeverbände,
 3. die Gerichte,
 4. die öffentlichen Schulen,
 5. die Universitäten und Fachhochschulen in der Trägerschaft des Landes, die Universitätsklinika, die staatlichen Kunsthochschulen sowie die Fachhochschulen für den öffentlichen Dienst,
 6. den Landesrechnungshof,
 7. die Landesbeauftragte oder den Landesbeauftragten für Datenschutz und Informationsfreiheit,
 8. die Verwaltung des Landtages,
 9. die Sparkassen,
 10. die LBS Westdeutsche Landesbausparkasse und
 11. die NRW.BANK.

²Dieses Gesetz gilt nicht für den Verband öffentlicher Versicherer. ³Auf den Westdeutschen Rundfunk Köln finden die §§ 1 bis 4, § 5 Absatz 1, § 6 Absatz 1, § 7 Absatz 1 und 2, § 13 Absatz 1 bis 7, § 14, § 15 Absatz 1 und 2, § 17 Absatz 1 Satz 1 und Absatz 2 Anwendung. ⁴Die übrigen Vorschriften dieses Gesetzes gelten für den Westdeutschen Rundfunk Köln dem Sinne nach.

(2) ¹Das Land, die Gemeinden und Gemeindeverbände beziehungsweise ihre Vertreterinnen und Vertreter in den Unternehmensgremien haben bei der Gründung von Unternehmen in Rechtsformen des privaten Rechts in unmittelbarer und mittelbarer Beteiligung dafür Sorge zu tragen, dass die entsprechende Anwendung dieses Gesetzes in der Unternehmenssatzung verankert wird. ²Gehört dem Land, einer Gemeinde oder einem Gemeindeverband allein oder gemeinsam mit anderen Gebietskörperschaften die Mehrheit der Anteile eines Unternehmens in einer Rechtsform des privaten Rechts, wirken die Vertreterinnen und Vertreter darauf hin, dass in dem Unternehmen die Ziele dieses Gesetzes beachtet werden. ³Satz 2 gilt sowohl für unmittelbare als auch für mittelbare Beteiligungen. ⁴Satz 1 und 2 gelten nicht für Unternehmen, die auf eine Beendigung ihrer Geschäftstätigkeit ausgerichtet sind, sowie für Beteiligungen der NRW.BANK im Rahmen ihres Förderauftrages.

(3) In dem Vertrag nach § 81 Absatz 3 des Hochschulgesetzes vom 16. September 2014 (GV. NRW. S. 547), das durch Artikel 9 des Gesetzes vom 14. Juni 2016 (GV. NRW. S. 310) geändert worden ist, soll mit der staatlich anerkannten Fachhochschule die entsprechende Anwendung in den Bereichen vereinbart werden, in denen die Fachhochschule Zuschüsse nach § 81 Absatz 1 des Hochschulgesetzes erhält.

§ 3 Begriffsbestimmung

(1) ¹Dienststellen im Sinne dieses Gesetzes sind die Behörden und Einrichtungen des Landes und die in § 2 genannten Stellen. ²Dienststellen für Lehrkräfte und das sonstige im Landesdienst beschäftigte pädagogische Personal an Schulen sind die Bezirksregierungen und Schulämter.

(2) ¹Beschäftigte im Sinne des Gesetzes sind Beamtinnen und Beamte, Richterinnen und Richter, Personen in einem Arbeitsverhältnis sowie Auszubildende. ²Kommunale Wahlbeamtinnen und Wahlbeamte sowie Beamtinnen und Beamte, die nach § 37 des Landesbeamtengesetzes in der Fassung der Bekanntmachung vom 1. Mai 1981 (GV. NRW. S. 234), zuletzt geändert durch Gesetz vom 20. April 1999 (GV. NRW. S. 148) jederzeit in den einstweiligen Ruhestand versetzt werden können, sind keine Beschäftigten im Sinne dieses Gesetzes.

(3) Stellen im Sinne des § 6 Absatz 2 und Absatz 3 Satz 3 und des § 8 Absatz 1 Satz 1 und Absatz 6 und 7 sind Planstellen und andere Stellen im Sinne von § 17 der Landeshaushaltsordnung in der Fassung der Bekanntmachung vom 26. April 1999 (GV. NRW. S. 158, das zuletzt durch Artikel 16 des Gesetzes vom 14. Juni 2016 (GV. NRW. S. 310) geändert worden ist.

§ 4 Sprache

¹Gesetze und andere Rechtsvorschriften tragen sprachlich der Gleichstellung von Frauen und Männern Rechnung. ²In der internen wie externen dienstlichen Kommunikation ist die sprachliche Gleichbehandlung von Frauen und Männern zu beachten. ³In Vordrucken sind geschlechtsneutrale Personenbezeichnungen zu verwenden. ⁴Sofern diese nicht gefunden werden können, sind die weibliche und die männliche Sprachform zu verwenden.

Abschnitt II: Maßnahmen zur Frauenförderung

§ 5 Erstellung, Überprüfung und Fortschreibung von Gleichstellungsplänen

(1) ¹Jede Dienststelle mit mindestens 20 Beschäftigten erstellt im Rahmen ihrer Zuständigkeit für Personalangelegenheiten jeweils für den Zeitraum von drei bis fünf Jahren einen Gleichstellungsplan und schreibt diesen nach Ablauf fort. ²In anderen Dienststellen kann ein Gleichstellungsplan aufgestellt werden. ³In der Hochschule besteht der Gleichstellungs-

plan aus einem Rahmenplan für die gesamte Hochschule und aus den Gleichstellungsplänen der Fachbereiche, der Verwaltung, der zentralen wissenschaftlichen Einrichtungen und der zentralen Betriebseinheiten, soweit mindestens 20 Beschäftigte vorhanden sind. [4]Die Gleichstellungspläne der Fachbereiche können weiter differenziert werden. [5]Mehrere Dienststellen können in einem Gleichstellungsplan zusammengefasst werden. [6]Die Zusammenfassung darf eine erhebliche Unterrepräsentanz von Frauen in einer Dienststelle nicht durch eine erhebliche Überrepräsentanz von Frauen in anderen Dienststellen ausgleichen.

(2) [1]In der Landesverwaltung sind Gleichstellungspläne der Dienststelle vorzulegen, die die unmittelbare allgemeine Dienstaufsicht über die Dienststellen ausübt, für die der Gleichstellungsplan aufgestellt ist. [2]Über die Gleichstellungspläne der Hochschulen beschließt der Senat. [3]Widerspricht die Gleichstellungsbeauftragte einer nachgeordneten Dienststelle dem Gleichstellungsplan, ist der Gleichstellungsplan der Dienststelle nach Satz 1 zur Zustimmung vorzulegen. [4]Widerspricht die Gleichstellungsbeauftragte einer Hochschule dem Gleichstellungsplan, ist der Gleichstellungsplan dem Senat zur erneuten Beschlussfassung vorzulegen. [5]Der Senat beschließt nach Maßgabe eines in der Grundordnung geregelten qualifizierten Quorums von mindestens zwei Dritteln seiner Stimmen.

(3) Der Gleichstellungsplan beim Landtag wird im Benehmen mit dem Landtagspräsidium aufgestellt.

(4) In den Gemeinden und Gemeindeverbänden sind die Gleichstellungspläne durch die Vertretung der kommunalen Körperschaft zu beschließen.

(5) Gleichstellungspläne der sonstigen der Aufsicht des Landes unterstehenden juristischen Personen des öffentlichen Rechts werden im Benehmen mit deren verfassungsmäßig zuständigen obersten Organen aufgestellt.

(6) [1]Abweichend von Absatz 1 kann in begründeten Einzelfällen die Laufzeit der bestehenden Gleichstellungspläne verlängert werden. [2]Der neue Gleichstellungsplan ist spätestens sechs Monate nach Wegfall des Verlängerungsgrundes aufzustellen. [3]Begründete Einzelfälle nach Satz 1 können die Zusammenlegung oder Eingliederung von Dienststellen darstellen.

(7) [1]Nach spätestens zwei Jahren ist die Zielerreichung des Gleichstellungsplans zu überprüfen. [2]Wird erkennbar, dass dessen Ziele nicht erreicht werden, sind Maßnahmen im Gleichstellungsplan entsprechend anzupassen beziehungsweise zu ergänzen. [3]Absätze 2 bis 5 gelten entsprechend.

(8) [1]Solange kein gültiger Gleichstellungsplan vorliegt, sind Einstellungen, Beförderungen und die Übertragung höherwertiger Tätigkeiten bis zum Inkrafttreten des Gleichstellungsplans auszusetzen. [2]Gleiches gilt, sofern von der Möglichkeit eines alternativen Instrumentes nach § 6a Gebrauch gemacht wird. [3]Ausgenommen sind Einstellungen, die aus zwingenden dienstlichen Gründen geboten sind.

(9) Wenn die Zielvorgaben des Gleichstellungsplans im Hinblick auf Einstellungen, Beförderungen von und die Übertragung höherwertiger Tätigkeiten an Frauen innerhalb des vorgesehenen Zeitraumes nicht erfüllt worden sind, ist bis zur Erfüllung der Zielvorgaben bei jeder Einstellung, Beförderung und Höhergruppierung eines Mannes in einem Bereich, in dem Frauen unterrepräsentiert sind, eine besondere Begründung durch die Dienststelle notwendig.

(10) [1]Der Gleichstellungsplan ist ein wesentliches Steuerungsinstrument der Personalplanung, insbesondere der Personalentwicklung der Dienststelle. [2]Seine Umsetzung und Überprüfung ist besondere Verpflichtung der Dienststellenleitung, der Personalverwaltung sowie der Beschäftigten mit Vorgesetzten- oder Leitungsaufgaben

§ 5a Bericht über die Umsetzung des Gleichstellungsplans

(1) ¹Innerhalb von sechs Monaten nach Ablauf des Gleichstellungsplans hat die Dienststelle, die den Gleichstellungsplan aufstellt, einen Bericht über die Personalentwicklung und die durchgeführten Maßnahmen zu erarbeiten und der nach § 5 Absatz 2 bis 5 zuständigen Stelle gemeinsam mit der Fortschreibung des Gleichstellungsplans vorzulegen. ²Sind während der Geltungsdauer des Gleichstellungsplans ergänzende Maßnahmen im Sinne des § 5 Absatz 7 ergriffen worden, sind die Gründe im Bericht darzulegen.
(2) ¹Die Gleichstellungspläne, die Berichte über die Personalentwicklung und die nach Maßgabe des Gleichstellungsplans durchgeführten Maßnahmen sind in den Dienststellen, deren Personal sie betreffen, sowie in den Hochschulen und Schulen bekannt zu machen. ²Sie können darüber hinaus zusätzlich öffentlich bekannt gemacht werden. ³Datenschutzrechtliche Vorschriften bleiben unberührt.

§ 6 Inhalt des Gleichstellungsplans

(1) Gegenstand des Gleichstellungsplans sind Maßnahmen zur Förderung der Gleichstellung, der Vereinbarkeit von Beruf und Familie und zum Abbau der Unterrepräsentanz von Frauen.
(2) Grundlagen des Gleichstellungsplans sind eine Bestandsaufnahme und Analyse der Beschäftigtenstruktur sowie eine Prognose der zu besetzenden Stellen und der möglichen Beförderungen und Höhergruppierungen für den Zeitraum der Geltungsdauer.
(3) ¹Der Gleichstellungsplan enthält für den Zeitraum der Geltungsdauer konkrete Zielvorgaben bezogen auf den Anteil von Frauen bei Einstellungen, Beförderungen und Höhergruppierungen, um diesen in den Bereichen, in denen sie unterrepräsentiert sind, bis auf 50 Prozent zu erhöhen. ²Es ist festzulegen, mit welchen personellen, organisatorischen, sozialen und fortbildenden Maßnahmen die Zielvorgaben nach Satz 1 erreicht werden sollen. ³Ist absehbar, dass auf Grund personalwirtschaftlicher Regelungen Stellen gesperrt werden oder entfallen, soll der Gleichstellungsplan Maßnahmen aufzeigen, die geeignet sind, ein Absinken des Frauenanteils zu verhindern. ⁴Der Gleichstellungsplan enthält auch Maßnahmen zur Aufwertung von Tätigkeiten an überwiegend mit Frauen besetzten Arbeitsplätzen und zur Verbesserung der Arbeitsbedingungen und der Arbeitszeitgestaltung.

§ 6a Experimentierklausel

(1) ¹Der gemäß § 5 Absatz 1 zu erstellende Gleichstellungsplan kann im Einvernehmen mit der Gleichstellungsbeauftragten und mit Zustimmung der gemäß § 5 Absatz 2 bis 5 zuständigen Stelle ganz oder teilweise durch ein neues Instrument zur Erreichung der mit dem Gleichstellungsplan beabsichtigten Ziele ersetzt werden. ²In Fällen des § 5 Absatz 2 Satz 1 ist das Einvernehmen mit der dort zuständigen Gleichstellungsbeauftragten herzustellen. ³Das für die Gleichstellung von Frau und Mann zuständige Ministerium ist hierüber in Kenntnis zu setzen. ⁴§ 5 Absatz 7 und 10 sowie § 5a gelten entsprechend. ⁵Werden die in Satz 1 genannten Ziele nicht erreicht, ist dies in dem Bericht nach § 5a darzulegen.
(2) Das Einvernehmen der Gleichstellungsbeauftragten und die Information des für die Gleichstellung von Frau und Mann zuständigen Ministeriums sind aktenkundig zu machen.
(3) ¹Das für die Gleichstellung von Frau und Mann zuständige Ministerium evaluiert die Auswirkungen dieser Vorschrift auf wissenschaftlicher Grundlage unter Einbeziehung der Erfahrungen der Anwendungspraxis. ²Die Evaluation setzt fünf Kalenderjahre nach Inkrafttreten des Gesetzes ein.

§ 7

(1) ¹Bei gleicher Eignung, Befähigung und fachlicher Leistung sind Frauen bei Begründung eines Beamten- oder Richterverhältnisses nach Maßgabe von § 14 Absatz 2 sowie § 120 Absatz 2 des Landesbeamtengesetzes vom 14. Juni 2016 (GV. NRW. S. 310, ber. S. 642), das durch Artikel 7 des Gesetzes vom 7. April 2017 (GV. NRW. S. 414) geändert worden ist, bevorzugt zu berücksichtigen. ²Für Beförderungen gilt § 19 Absatz 6 des Landesbeamtengesetzes.

(2) ¹Bei gleicher Eignung, Befähigung und fachlicher Leistung sind Frauen bei Begründung eines Arbeitsverhältnisses bevorzugt einzustellen, soweit in dem Zuständigkeitsbereich der für die Personalauswahl zuständigen Dienststelle in der jeweiligen Gruppe der Arbeitnehmerinnen und Arbeitnehmer weniger Frauen als Männer sind, sofern nicht in der Person eines Mitbewerbers liegende Gründe überwiegen. ²Satz 1 gilt auch für die Übertragung höherwertiger Tätigkeiten, soweit in der damit verbundenen Entgeltgruppe der jeweiligen Gruppe der Arbeitnehmerinnen und Arbeitnehmer weniger Frauen als Männer sind.

(3) ¹Gruppen der Arbeitnehmerinnen und Arbeitnehmer sind die Tarifbeschäftigten des Tarifvertrages für den öffentlichen Dienst (TVöD) und des Tarifvertrages für den öffentlichen Dienst der Länder (TV-L) in Tätigkeiten, die im Bereich der Beamtinnen und Beamten in einer Laufbahn erfasst sind und deren Gruppenzugehörigkeit sich im Vergleich von Entgelt- und Besoldungsgruppen unter Berücksichtigung der Anlagen 1 und 2 bestimmen lässt. ²Die Zuordnung in den Anlagen 1 und 2 gilt ausschließlich für die Vergleichsgruppenbestimmung bei Anwendung dieses Gesetzes.
³Zu den Arbeitnehmerinnen und Arbeitnehmern gehören auch die Auszubildenden. ⁴In Bereichen, in denen die genannten Tarifverträge nicht gelten, bilden eine Gruppe der Arbeitnehmerinnen und Arbeitnehmer diejenigen Arbeitnehmerinnen und Arbeitnehmer in artverwandten und in aufeinander aufbauenden Tätigkeitsbereichen, deren Tätigkeiten üblicherweise eine gleiche Vorbildung oder eine gleiche Ausbildung oder eine gleiche Berufserfahrung voraussetzen.

(4) ¹Für Hochschullehrerinnen und Hochschullehrer, wissenschaftliche und künstlerische Mitarbeiterinnen und Mitarbeiter im Beschäftigtenverhältnis sowie für wissenschaftliche, künstlerische und studentische Hilfskräfte gilt als zuständige Dienststelle der Fachbereich oder die Einheit gemäß § 26 Absatz 5 des Hochschulgesetzes vom 16. September 2014 (GV. NRW. S. 547), das zuletzt durch Artikel 3 des Gesetzes vom 7. April 2017 (GV. NRW. S. 414) geändert worden ist oder § 24 Absatz 4 des Kunsthochschulgesetzes vom 13. März 2008 (GV. NRW. S. 195), das zuletzt durch Artikel 10 des Gesetzes vom 14. Juni 2016 (GV. NRW. S. 310) geändert worden ist. ²Soweit Hochschullehrerinnen und Hochschullehrer im Beschäftigtenverhältnis beschäftigt werden sollen, werden Hochschullehrerinnen und Hochschullehrer im Beamtenverhältnis in die Berechnung nach Absatz 2 einbezogen. ³Die Hochschullehrerinnen und Hochschullehrer, die akademischen Mitarbeiterinnen und Mitarbeiter derselben Entgeltgruppe, die wissenschaftlichen und künstlerischen Hilfskräfte und die studentischen Hilfskräfte gelten jeweils als eine Gruppe der Arbeiternehmerinnen und Arbeitnehmer.

(5) Für Versetzungen und Umsetzungen, die mit der Übertragung eines höherbewerteten Dienstpostens oder der erstmaligen Übertragung einer gleich bewerteten Vorgesetzten- oder Leitungsfunktion derselben oder einer anderen Laufbahn verbunden sind, und für die Zulassung zum Aufstieg sowie zur beruflichen Entwicklung innerhalb der Laufbahngruppen sind Absatz 1 Satz 2, Absatz 2 Satz 1 und 2 entsprechend anzuwenden.

§ 8 Ausschreibung

(1) In Bereichen, in denen Frauen nach Maßgabe des § 7 unterrepräsentiert sind, sind zu besetzende Stellen in allen Dienststellen des Dienstherrn beziehungsweise der Arbeitgeberin oder des Arbeitgebers auszuschreiben. ²Im Einvernehmen mit der Gleichstellungsbeauftragten kann von einer dienststellenübergreifenden Ausschreibung abgesehen werden. ³Bei befristeten Beschäftigungsverhältnissen des wissenschaftlichen Personals an Hochschulen kann entsprechend Satz 1 verfahren werden. ⁴Die Vorgaben des Absatzes 4 Satz 1 und der Absätze 5 und 6 gelten unbeschadet der Feststellung einer Unterrepräsentanz und sind bei allen Ausschreibungen der Dienststelle zu berücksichtigen.

(2) ¹Liegen nach einer Ausschreibung in allen Dienststellen des Dienstherrn beziehungsweise der Arbeitgeberin oder des Arbeitgebers keine Bewerbungen von Frauen vor, die die geforderte Qualifikation erfüllen, und ist durch haushaltsrechtliche Bestimmungen eine interne Besetzung nicht zwingend vorgeschrieben, soll die Ausschreibung öffentlich einmal wiederholt werden. ²Im Einvernehmen mit der Gleichstellungsbeauftragten kann von einer wiederholten Ausschreibung abgesehen werden.³Satz 1 findet keine Anwendung, sofern bereits die erste Ausschreibung öffentlich erfolgt ist.

(3) ¹Ausbildungsplätze sind öffentlich auszuschreiben. Beträgt der Frauenanteil in einem Ausbildungsgang weniger als 50 Prozent, ist zusätzlich öffentlich mit dem Ziel zu werben, den Frauenanteil zu erhöhen. ²Im Einvernehmen mit der Gleichstellungsbeauftragten kann von einer öffentlichen Ausschreibung abgesehen werden.

(4) ¹In der Ausschreibung sind sowohl die männliche als auch die weibliche Form zu verwenden, es sei denn, ein bestimmtes Geschlecht ist unverzichtbare Voraussetzung für die Tätigkeit. ²In der Ausschreibung ist darauf hinzuweisen, dass Bewerbungen von Frauen ausdrücklich erwünscht sind und Frauen nach Maßgabe dieses Gesetzes bevorzugt berücksichtigt werden.

(5) Die Ausschreibung hat sich ausschließlich an den Anforderungen des zu besetzenden Arbeitsplatzes oder des zu übertragenden Amtes zu orientieren.

(6) Soweit zwingende dienstliche Belange nicht entgegenstehen, sind die Stellen einschließlich der Funktionen mit Vorgesetzten- und Leitungsaufgaben zur Besetzung auch in Teilzeit auszuschreiben.

(7) Von einer Ausschreibung im Sinne der Absätze 1 und 2 kann abgesehen werden bei
1. Stellen der Beamtinnen und Beamten im Sinne des § 37 des Landesbeamtengesetzes;
2. Stellen, die Anwärterinnen und Anwärtern oder Auszubildenden vorbehalten sein sollen;
3. Stellen, deren Besetzung nicht mit der Übertragung eines höherbewerteten Dienstpostens verbunden sind;
4. Stellen der kommunalen Wahlbeamtinnen und -wahlbeamten.

§ 9 Vorstellungsgespräch

(1) In Bereichen, in denen Frauen unterrepräsentiert sind, sind mindestens ebenso viele Frauen wie Männer oder alle Bewerberinnen zum Vorstellungsgespräch einzuladen, wenn sie die geforderte Qualifikation für die Besetzung des Arbeitsplatzes oder des zu übertragenden Amtes erfüllen.

(2) ¹Auswahlkommissionen sollen zur Hälfte mit Frauen besetzt werden. ²Ist dies aus zwingenden Gründen nicht möglich, sind die Gründe aktenkundig zu machen.

(3) Fragen, die geeignet sind, diskriminierend zu wirken, insbesondere Fragen nach dem Familienstand, einer bestehenden oder geplanten Schwangerschaft oder Elternzeit und danach, wie Familien- und Pflegeaufgaben neben der Berufstätigkeit gewährleistet werden können, sind unzulässig.

§ 10 Auswahlkriterien

(1) ¹Für die Beurteilung von Eignung, Befähigung und fachlicher Leistung sind ausschließlich die Anforderungen des zu besetzenden Arbeitsplatzes oder des zu vergebenden Amtes maßgeblich. ²Bei der Qualifikationsbeurteilung sollen Erfahrungen und Fähigkeiten aus der Betreuung von Kindern und Pflegebedürftigen einbezogen werden, soweit diese für die zu übertragende Aufgabe von Bedeutung sind.
(2) ¹Vorangegangene Teilzeitbeschäftigungen, Unterbrechungen der Erwerbstätigkeit und Verzögerungen beim Abschluss der Ausbildung auf Grund der Betreuung von Kindern oder pflegebedürftiger Angehöriger dürfen nicht nachteilig berücksichtigt werden. ²Die dienstrechtlichen Vorschriften bleiben unberührt. ³Familienstand, Einkommensverhältnisse des Partners oder der Partnerin und die Zahl der unterhaltsberechtigten Personen dürfen nicht berücksichtigt werden.

§ 11 Fortbildung

(1) Bei der Vergabe von Plätzen für Fortbildungsmaßnahmen, insbesondere für Weiterquali fikationen, sind – soweit die erforderlichen Voraussetzungen erfüllt sind – weibliche Beschäftigte mindestens entsprechend ihrem Anteil an den Bewerbungen zu der Fortbildungsmaßnahme zuzulassen.² Liegen mehr Bewerbungen als zu besetzende Plätze vor und bereitet die Fortbildung auf eine Tätigkeit in einer Vorgesetzten- oder Leitungsfunktion vor, bei der Frauen unterrepräsentiert sind, werden Bewerberinnen bis zum Erreichen eines Anteils von 50 Prozent der an der Fortbildung Teilnehmenden bevorzugt berücksichtigt. ³Satz 2 findet keine Anwendung, wenn der Zulassung zur Fortbildung bereits ein anderes Auswahl- oder Zulassungsverfahren vorausgegangen ist.
(2) Für weibliche Beschäftigte werden auch besondere Fortbildungsmaßnahmen angeboten, die auf die Übernahme von Tätigkeiten vorbereiten, bei denen Frauen unterrepräsentiert sind.
(3) ¹Die Fortbildungsmaßnahmen sollen so durchgeführt werden, dass Beschäftigten, die Kinder betreuen oder pflegebedürftige Angehörige versorgen, sowie Teilzeitbeschäftigten die Teilnahme möglich ist. ²Entstehen durch die Teilnahme an Fortbildungsmaßnahmen notwendige Kosten für die Betreuung von Kindern unter zwölf Jahren, so sind diese vom Dienstherrn beziehungsweise von der Arbeitgeberin oder dem Arbeitgeber zu erstatten.
(4) ¹In das Fortbildungsangebot sind regelmäßig die Themen Gleichstellung von Frau und Mann und Schutz vor sexueller Belästigung am Arbeitsplatz aufzunehmen. ²Dies gilt insbesondere für die Fortbildung von Beschäftigten mit Leitungsaufgaben und von Beschäftigten, die im Organisations- und Personalwesen tätig sind.
(5) Frauen sind verstärkt als Leiterinnen und Referentinnen für Fortbildungsmaßnahmen einzusetzen, sofern nicht bereits ein ausgewogenes Verhältnis von Frauen und Männern erreicht wurde.

§ 12 Gremien

(1) ¹In wesentlichen Gremien müssen Frauen mit einem Mindestanteil von 40 Prozent vertreten sein. ²Es ist in allen Fällen auf volle Personenzahlen mathematisch auf- beziehungsweise abzurunden.
(2) ¹Wesentliche Gremien sind Aufsichts- und Verwaltungsräte, vergleichbare Aufsicht führende Organe sowie Gremien von besonderer tatsächlicher und rechtlicher Bedeutung. ²Hierzu zählen regelmäßig Kommissionen, Beiräte, Ausschüsse und Kuratorien. ³Weiterhin zählen dazu Gremien, die durch die obersten Landesbehörden im Rahmen ihrer fachlichen Zuständigkeit als wesentlich bestimmt werden. ⁴Wahlgremien sind Aufsichts- und Verwal-

tungsräte sowie andere wesentliche Gremien, deren Mitglieder ganz oder zum Teil gewählt werden. ⁵Ausgenommen sind die unmittelbar oder mittelbar aus Volkswahlen hervorgegangenen Vertretungskörperschaften der Gemeinden und Gemeindeverbände sowie deren Ausschüsse.

(3) ¹Werden bei Dienststellen im Sinne des § 3 Gremien gemäß Absatz 2 gebildet oder wiederbesetzt, müssen die entsendenden Stellen zu mindestens 40 Prozent Frauen benennen. ²Besteht das Benennungsrecht nur für eine Person, sind Frauen und Männer alternierend zu berücksichtigen. ³Die Sätze 1 und 2 gelten für die Begründung der Mitgliedschaft in einem Gremium durch Berufungsakt einer Dienststelle entsprechend.

(4) Bei der Aufstellung von Listen und Kandidaturen für Wahlgremien mit Ausnahme der in Absatz 2 Satz 5 genannten Gremien soll der Anteil von Frauen mindestens 40 Prozent betragen.

(5) ¹Von den Absätzen 1 und 3 darf nur aus zwingenden Gründen abgewichen werden. ²Zwingende Gründe liegen insbesondere vor, soweit
1. Mitglieder aufgrund einer Wahl ernannt werden,
2. eine für das Gremium geltende Regelung die Besetzung von Mitgliedern Kraft eines Amtes oder einer besonderen Funktion (geborene Mitglieder) vorsieht oder
3. der entsendenden Stelle die Einhaltung der Vorgaben des Absatzes 3 aus tatsächlichen Gründen nicht möglich ist. ³In den Fällen nach Nummer 2 werden die geborenen Mitglieder bei der Berechnung des Mindestanteils von 40 Prozent Frauen nicht einbezogen. ⁴In den Fällen nach Nummer 3 ist von der entsendenden Stelle darzulegen, dass hinreichende Bemühungen getroffen wurden, um die Mindestquote zu erfüllen. ⁵Die Dienststellenleitung der berufenden Stelle stellt fest, ob zwingende Gründe vorliegen, um einen Sitz abweichend zu besetzen und macht ihre Entscheidung aktenkundig. ⁶Liegen keine zwingenden Gründe für die Abweichung vor, bleibt der Sitz bis zur quotenkonformen Nachbenennung frei, es sei denn, die Mindestquote nach Absatz 1 wird anderweitig bereits erfüllt.

(6) ¹Die Öffentlichkeit ist über die Zusammensetzung von Aufsichts- und Verwaltungsräten nach Geschlecht regelmäßig in geeigneter Form zu unterrichten. ²Wird der Mindestanteil gemäß Absatz 1 Satz 1 bei einer Wahl unterschritten, ist dies anzugeben. ³Gremien, die einer obersten Landesbehörde zugeordnet sind, berichten dieser im Abstand von einem Jahr über ihre Zusammensetzung nach Geschlecht. ⁴Wird der Mindestanteil gemäß Absatz 1 unterschritten, ist dies gegenüber der obersten Landesbehörde zu begründen.

(7) Im Übrigen sollen Gremien geschlechtsparitätisch besetzt werden.

(8) ¹Bei der Entsendung von Vertreterinnen und Vertretern durch Dienststellen im Sinne des § 3 in Gremien außerhalb des Geltungsbereiches dieses Gesetzes sollen die entsendenden Stellen ebenso viele Frauen wie Männer benennen. ²Besteht ein Benennungsrecht nur für eine Person, sollen Frauen und Männer alternierend berücksichtigt werden. ³Bei ungerader Personenzahl gilt Satz 2 entsprechend für die letzte Position.

(9) Weitergehende spezialgesetzliche Regelungen zur geschlechtergerechten Gremienbesetzung bleiben unberührt.

Abschnitt III: Maßnahmen zur Vereinbarkeit von Beruf und Familie

§ 13 Arbeitsmodelle und Teilzeit

(1) Im Rahmen der gesetzlichen, tarifvertraglichen oder sonstigen Regelungen der Arbeitszeit sind Beschäftigten, die mindestens ein Kind unter 18 Jahren oder eine pflegebedürftige nahe Angehörige oder einen pflegebedürftigen nahen Angehörigen nach § 7 Absatz 3 des Pflegezeitgesetzes vom 28. Mai 2008 (BGBl. I S. 874, 896) in der jeweils geltenden Fassung

tatsächlich betreuen oder pflegen, Arbeitszeiten zu ermöglichen, die eine Vereinbarkeit von Beruf und Familie erleichtern, soweit zwingende dienstliche Belange nicht entgegenstehen.
(2) ¹Die Dienststellen sollen ihre Beschäftigten über die Möglichkeiten von Teilzeit informieren. ²Sie sollen den Beschäftigten dem Bedarf entsprechend Teilzeitarbeitsplätze anbieten. ³Dies gilt auch für Arbeitsplätze mit Vorgesetzten- und Leitungsaufgaben.
(3) ¹Anträgen von Beschäftigten auf Ermäßigung der regelmäßigen Arbeitszeit bis auf die Hälfte zur tatsächlichen Betreuung oder Pflege mindestens eines Kindes unter 18 Jahren oder einer oder eines nach § 7 Absatz 3 des Pflegezeitgesetzes pflegebedürftigen nahen Angehörigen ist zu entsprechen, soweit zwingende dienstliche Belange nicht entgegenstehen. ²Die Wahrnehmung von Vorgesetzten- und Leitungsaufgaben stellt in der Regel keinen entgegenstehenden zwingenden dienstlichen Belang dar. ³Die Ablehnung von Anträgen ist im Einzelfall schriftlich zu begründen.
(4) ¹Die Ermäßigung der Arbeitszeit darf das berufliche Fortkommen nicht beeinträchtigen. ²Eine unterschiedliche Behandlung von Beschäftigten mit ermäßigter wöchentlicher Arbeitszeit gegenüber Beschäftigten mit regelmäßiger wöchentlicher Arbeitszeit ist nur zulässig, wenn zwingende sachliche Gründe sie rechtfertigen. ³Teilzeitbeschäftigung darf sich nicht nachteilig auf die dienstliche Beurteilung auswirken.
(5) Beschäftigte, die eine Teilzeitbeschäftigung beantragen, sind auf die Folgen der ermäßigten Arbeitszeit, insbesondere auf die beamten-, arbeits-, versorgungs- und rentenrechtlichen Folgen hinzuweisen.
(6) Bei Teilzeitbeschäftigung aus familiären Gründen im Sinne des Absatzes 3 ist unter Ausschöpfen aller haushaltsrechtlichen Möglichkeiten ein personeller, sonst ein organisatorischer Ausgleich vorzunehmen.
(7) Wenn den Beschäftigten die Teilzeitbeschäftigung im bisherigen Umfang nicht mehr zugemutet werden kann und dienstliche Belange nicht entgegenstehen, ist auf Antrag eine Änderung des Umfangs der Teilzeitbeschäftigung oder der Übergang zur Vollzeitbeschäftigung zuzulassen.
(8) Teilzeit, Telearbeit, Jobsharing und andere Arbeitsorganisationsformen stehen der Übernahme und Wahrnehmung von Vorgesetzten- und Leitungsaufgaben grundsätzlich nicht entgegen und sind in Leitungsfunktionen für beide Geschlechter zu fördern.

§ 14 Beurlaubung

(1) ¹Anträgen von Beschäftigten auf Beurlaubung zur tatsächlichen Betreuung oder Pflege mindestens eines Kindes unter 18 Jahren oder einer oder eines nach § 7 Absatz 3 des Pflegezeitgesetzes pflegebedürftigen nahen Angehörigen ist zu entsprechen, soweit zwingende dienstliche Belange nicht entgegenstehen. ²§ 13 Absatz 5 gilt entsprechend.
(2) Nach Beendigung der Beurlaubung oder der Elternzeit sollen die Beschäftigten in der Regel wieder am alten Dienstort oder wohnortnah eingesetzt werden.
(3) Bei Beurlaubungen aus familiären Gründen im Sinne des Absatzes 1 Satz 1 und bei Inanspruchnahme von Elternzeit ist unter Ausschöpfen aller haushaltsrechtlichen Möglichkeiten ein personeller, sonst ein organisatorischer Ausgleich vorzunehmen.
(4) ¹Beschäftigten, die gemäß Absatz 3 eine Beurlaubung oder Elternzeit in Anspruch nehmen, sind insbesondere Urlaubs- und Krankheitsvertretungen vorrangig anzubieten. ²Sie sind über das Fortbildungsangebot zu unterrichten. ³Im Rahmen des bestehenden Angebotes sind ihnen Fortbildungsmaßnahmen anzubieten, die geeignet sind, Status und Qualifikation zu erhalten und einen Wiedereinstieg in den Beruf zu erleichtern.
(5) ¹Mit den Beschäftigten sind rechtzeitig vor Ablauf der Beurlaubung oder der Elternzeit Beratungsgespräche zu führen, in denen sie über die Möglichkeiten ihrer Beschäftigung

nach der Beurlaubung beziehungsweise Elternzeit informiert werden. ²Wird wieder eine Beschäftigung in Vollzeit oder mit reduzierter Arbeitszeit angestrebt, gilt § 13 Absatz 7 entsprechend.

Abschnitt IV: Gleichstellungsbeauftragte

§ 15 Bestellung der Gleichstellungsbeauftragten

(1) Jede Dienststelle mit mindestens 20 Beschäftigten bestellt eine Gleichstellungsbeauftragte und mindestens eine Stellvertreterin. ¹Die Bestellung erfolgt nach vorheriger Ausschreibung oder Durchführung eines Interessenbekundungsverfahrens. ²Die stellvertretenden Gleichstellungsbeauftragten haben im Vertretungsfall dieselben Rechte und Pflichten wie die Gleichstellungsbeauftragte selbst. ³Soweit auf Grund von Satz 1 eine Gleichstellungsbeauftragte nicht zu bestellen ist, nimmt die Gleichstellungsbeauftragte der übergeordneten Dienststelle oder der Dienststelle, die die Rechtsaufsicht ausübt, diese Aufgabe wahr.

(2) Als Gleichstellungsbeauftragte ist eine Frau zu bestellen. ⁴Ihre fachliche Qualifikation soll den umfassenden Anforderungen ihres Aufgabengebietes gerecht werden.

(3) Bei der Zusammenlegung von Dienststellen zu einer neuen Dienststelle endet die Amtszeit der Gleichstellungsbeauftragten und die der Stellvertreterinnen spätestens sechs Monate nach Zusammenlegung der Dienststellen. ⁵Bis zu diesem Zeitpunkt erfolgt die Aufgabenaufteilung und -wahrnehmung in gegenseitigem Einvernehmen zwischen den Gleichstellungsbeauftragten und Stellvertreterinnen. ⁶Die Bestellung nach § 15 Absatz 1 muss rechtzeitig vor Ablauf von sechs Monaten nach Zusammenlegung der Dienststellen abgeschlossen sein.

(4) Im Falle der Teilung oder Aufspaltung einer Dienststelle in zwei oder mehrere Dienststellen endet die Amtszeit der Gleichstellungsbeauftragten und die der Stellvertreterinnen spätestens sechs Monate nach dem Vollzug des Organisationsaktes. ⁷Absatz 3 Satz 3 gilt entsprechend.

(5) Wird eine Dienststelle in eine andere Dienststelle eingegliedert, endet die Amtszeit der Gleichstellungsbeauftragten und die der Stellvertreterinnen der eingegliederten Dienststelle mit Vollzug des Organisationsaktes der Eingliederung.

§ 15a Ansprechpartnerin für Gleichstellungsfragen

(1) ¹An den Schulen wird durch die Leiterin oder den Leiter nach Anhörung der Lehrerkonferenz eine Ansprechpartnerin für Gleichstellungsfragen und mindestens eine Stellvertreterin bestellt. ²Soweit die Ansprechpartnerin für Gleichstellungsfragen für die den Schulleiterinnen und Schulleitern übertragenen Dienstvorgesetztenaufgaben die Pflichtmitwirkungsaufgaben einer Gleichstellungsbeauftragten wahrnimmt, gelten § 15 Absatz 1 Satz 2 und 3 und Absatz 2, § 16 Absatz 1 Satz 1 bis 4, Absatz 2 Satz 2, Absätze 3 und 5, § 17 Absatz 1 Satz 1 und Satz 2 Nummern 1 bis 3 und Absatz 2, § 18 Absatz 1 bis 6 und § 19 entsprechend.

(2) An den Zentren für schulpraktische Lehrerausbildung, an denen die Konferenz des Zentrums dies beschließt, wird eine Ansprechpartnerin für Gleichstellungsfragen bestellt.

(3) Die Ansprechpartnerin für Gleichstellungsfragen und ihre Stellvertreterin haben im Rahmen der verfügbaren Mittel Anspruch auf Teilnahme an Fortbildungen, die die zur Erfüllung ihrer Aufgaben erforderlichen Kenntnisse vermitteln.

§ 16 Dienstliche Stellung der Gleichstellungsbeauftragten und ihrer Stellvertreterinnen

(1) ¹Die Gleichstellungsbeauftragte nimmt ihre Aufgabe als Angehörige der Verwaltung der Dienststelle wahr. ²Dabei ist sie von fachlichen Weisungen frei und entscheidet insbesondere über den Vorrang ihrer Aufgabenwahrnehmung. ³Ein Interessenwiderstreit mit ihren sonstigen dienstlichen Aufgaben soll vermieden werden. ⁴Die Gleichstellungsbeauftragte und ihre Stellvertreterinnen dürfen nicht gleichzeitig dem Personalrat, dem Richterrat oder dem Staatsanwaltschaftsrat angehören.
(2) ¹Die Gleichstellungsbeauftragte ist mit den zur Erfüllung ihrer Aufgaben notwendigen sächlichen Mitteln auszustatten und bei Bedarf personell zu unterstützen. ²Sie ist im erforderlichen Umfang von den sonstigen dienstlichen Aufgaben im Rahmen der verfügbaren Stellen zu entlasten. ³Die Entlastung soll in der Regel betragen
1. in Dienststellen mit mehr als 200 Beschäftigten mindestens die Hälfte der regelmäßigen Arbeitszeit,
2. in Dienststellen mit mehr als 500 Beschäftigten mindestens die volle regelmäßige Arbeitszeit.

⁴In Fällen von § 15 Absatz 1 Satz 4 ist die Zahl der Beschäftigten der nachgeordneten Dienststellen oder der Dienststellen, die der Aufsicht des Landes unterstehen, bei der Entlastungsregelung der zuständigen Gleichstellungsbeauftragten zusätzlich zu berücksichtigen.
(3) Die Gleichstellungsbeauftragte und ihre Stellvertreterinnnen dürfen wegen ihrer Tätigkeit nicht benachteiligt oder begünstigt werden; dies gilt auch für ihre berufliche Entwicklung.
(4) ¹Die Gleichstellungsbeauftragte und ihre Stellvertreterinnen haben das Recht, an mindestens einer Fortbildungsveranstaltung pro Jahr teilzunehmen, die Kenntnisse vermittelt, die zur Erfüllung ihrer Aufgaben erforderlich sind. ²Für die Teilnahme ist die Gleichstellungsbeauftragte von ihren anderen Dienstpflichten freizustellen. ³Ihre anderen Ansprüche auf Fortbildung verringern sich dadurch nicht.
(5) Sie haben auch über die Zeit ihrer Bestellung hinaus Verschwiegenheit über die persönlichen Verhältnisse von Beschäftigten und andere vertrauliche Angelegenheiten zu wahren.

§ 17 Aufgaben der Gleichstellungsbeauftragten

(1) ¹Die Gleichstellungsbeauftragte unterstützt und berät die Dienststelle und wirkt mit bei der Ausführung dieses Gesetzes sowie aller Vorschriften und Maßnahmen, die Auswirkungen auf die Gleichstellung von Frau und Mann haben oder haben können. ²Ihre Mitwirkung bezieht sich insbesondere auf
1. personelle Maßnahmen, einschließlich Stellenausschreibungen, Auswahlverfahren und Vorstellungsgespräche,
2. organisatorische Maßnahmen,
3. soziale Maßnahmen,
4. die Aufstellung und Änderung des Gleichstellungsplans sowie die Erstellung des Berichts über die Umsetzung des Gleichstellungsplans oder die Konzeption von alternativen Modellen nach § 6a und
5. Planungsvorhaben von grundsätzlicher Bedeutung für die Beschäftigungsverhältnisse oder die Arbeitsbedingungen in der Dienststelle.

³Die Gleichstellungsbeauftragte ist gleichberechtigtes Mitglied von Beurteilungsbesprechungen und in der Stellenbewertungskommission.
(2) Zu den Aufgaben der Gleichstellungsbeauftragten gehören auch die Beratung und Unterstützung der Beschäftigten in Fragen der Gleichstellung von Frau und Mann.

§ 18 Rechte der Gleichstellungsbeauftragten

(1) ¹Die Gleichstellungsbeauftragte ist frühzeitig über beabsichtigte Maßnahmen zu unterrichten und anzuhören. ²Ihr sind alle Akten, die Maßnahmen betreffen, an denen sie zu beteiligen ist, vorzulegen. ³Die Sätze 1 und 2 gelten entsprechend, wenn von einer Maßnahme abgesehen werden soll. ⁴Bei Personalentscheidungen gilt dies auch für Bewerbungsunterlagen, einschließlich der von Bewerberinnen und Bewerbern, die nicht in die engere Auswahl einbezogen werden, sowie für Personalakten nach Maßgabe der Grundsätze des § 83 Absatz 2 des Landesbeamtengesetzes.

(2) ¹Der Gleichstellungsbeauftragten ist innerhalb einer angemessenen Frist, die in der Regel eine Woche nicht unterschreiten darf, Gelegenheit zur Stellungnahme zu geben. ²Bei fristlosen Entlassungen und außerordentlichen Kündigungen beträgt die Frist drei Arbeitstage. ³Die Personalvertretung kann in diesen Fällen zeitgleich mit der Unterrichtung der Gleichstellungsbeauftragten beteiligt werden. ⁴Soweit die Maßnahme einer anderen Dienststelle zur Entscheidung vorgelegt wird, kann die Gleichstellungsbeauftragte eine schriftliche Stellungnahme beifügen. ⁵Bei fristlosen Entlassungen und außerordentlichen Kündigungen ist die Angelegenheit unbeschadet des Vorliegens der Stellungnahme unverzüglich der zuständigen Dienststelle vorzulegen. ⁶Aus Gründen der Rechtssicherheit ist die Beteiligung der Gleichstellungsbeauftragten zu dokumentieren. ⁷Sofern die Dienststelle beabsichtigt, eine Entscheidung zu treffen, die dem Inhalt der Stellungnahme entgegen steht, hat sie dies vor Umsetzung der Entscheidung gegenüber der Gleichstellungbeauftragten schriftlich darzulegen.

(3) ¹Wird die Gleichstellungsbeauftragte nicht oder nicht rechtzeitig an einer Maßnahme beteiligt, ist die Maßnahme rechtswidrig. ²§ 46 des Verwaltungsverfahrensgesetzes für das Land Nordrhein-Westfalen in der Fassung der Bekanntmachung vom 12. November 1999 (GV. NRW. S. 602), das zuletzt durch Artikel 2 des Gesetzes vom 15. November 2016 (GV. NRW. S. 934) geändert worden ist, bleibt unberührt. ³Ist eine Maßnahme, an der die Gleichstellungsbeauftragte nicht oder nicht rechtzeitig beteiligt wurde, noch nicht vollzogen, ist sie auszusetzen und die Beteiligung ist nachzuholen. ⁴Die Fristen des Absatzes 2 gelten entsprechend. ⁵Die Dienststellenleitung kann bei Maßnahmen, die der Natur der Sache nach keinen Aufschub dulden, bis zur endgültigen Entscheidung vorläufige Regelungen treffen. ⁶Sie hat der Gleichstellungsbeauftragten die vorläufige Regelung mitzuteilen und zu begründen.

(4) ¹Die Gleichstellungsbeauftragte hat ein unmittelbares Vortragsrecht bei der Dienststellenleitung. ²Ihr ist Gelegenheit zur Teilnahme an allen Besprechungen ihrer Dienststelle zu geben, die Angelegenheiten ihres Aufgabenbereichs betreffen. ³Dies gilt auch für Besprechungen nach § 63 des Landespersonalvertretungsgesetzes vom 3. Dezember 1974 (GV. NRW. S. 1514), das zuletzt durch Artikel 3 des Gesetzes vom 8. Dezember 2015 (GV. NRW. S. 1052) geändert worden ist.

(5) ¹Die Gleichstellungsbeauftragte kann Sprechstunden für die Beschäftigten durchführen und einmal im Jahr eine Versammlung der weiblichen Beschäftigten einberufen. ²Sie kann sich ohne Einhaltung des Dienstweges an andere Gleichstellungsbeauftragte und an die für die Gleichstellung von Frau und Mann zuständige oberste Landesbehörde wenden.

(6) ¹Die Gleichstellungsbeauftragten und die Dienststelle können Vereinbarungen über die Form und das Verfahren der Beteiligung treffen, die zu dokumentieren sind. ²Die Ziele dieses Gesetzes dürfen durch Verfahrensabsprachen nicht unterlaufen werden. ³Gesetzlich vorgegebene Beteiligungspflichten sind nicht abdingbar. ⁴Die gleichstellungsrechtliche Beteiligung, auch die Inanspruchnahme einer gleichstellungsrechtlichen Zustimmungsfiktion, ist zu

dokumentieren. ⁵Die Gleichstellungsbeauftragte kann jederzeit einzelfallbezogen ihre Beteiligung nach Maßgabe dieses Gesetzes verlangen.

(7) ¹Die Gleichstellungsbeauftragte kann zu ihrer Unterstützung externen Sachverstand hinzuziehen, soweit dies zur ordnungsgemäßen Erfüllung ihrer Aufgaben im Einzelfall erforderlich ist. ²Die Kosten trägt die Dienststelle.

(8) Die Rechte der Personal- und Schwerbehindertenvertretungen bleiben unberührt.

§ 19 Widerspruchsrecht

(1) ¹Hält die Gleichstellungsbeauftragte eine Maßnahme für unvereinbar mit diesem Gesetz, anderen Vorschriften zur Gleichstellung von Frau und Mann, mit dem Gleichstellungsplan oder dem alternativen Instrument nach § 6a, kann sie innerhalb einer Woche nach ihrer Unterrichtung der Maßnahme widersprechen. ²Bei außerordentlichen Kündigungen und fristlosen Entlassungen ist der Widerspruch spätestens innerhalb von drei Kalendertagen einzulegen. ³Die Dienststellenleitung entscheidet erneut über die Maßnahme. ⁴Die Entscheidung über den Widerspruch ergeht schriftlich. ⁵Bis zur erneuten Entscheidung ist der Vollzug der Maßnahme auszusetzen. ⁶§ 18 Absatz 3 Satz 3 und 4 gilt entsprechend.

(2) ¹Wird dem Widerspruch der Gleichstellungsbeauftragten einer nachgeordneten Dienststelle nicht abgeholfen, kann sie innerhalb einer Woche nach der erneuten Entscheidung der Dienststelle nach Absatz 1 Satz 2 nach rechtzeitiger Unterrichtung der Dienststellenleitung eine Stellungnahme der übergeordneten Dienststelle einholen. ²Bei fristlosen Entlassungen und außerordentlichen Kündigungen ist die Stellungnahme innerhalb von drei Kalendertagen einzuholen; in diesen Fällen gilt die beabsichtigte Maßnahme als gebilligt, wenn nicht innerhalb von drei Kalendertagen eine Stellungnahme der übergeordneten Dienststelle vorliegt. ³Absatz 1 Satz 3 und 4 gilt entsprechend.

(3) ¹Die Zentrale Gleichstellungsbeauftragte einer Hochschule legt den Widerspruch beim Rektorat ein. ²Im Falle der Nichtabhilfe durch das Rektorat nimmt die Gleichstellungskommission zum Widerspruch Stellung. ³Auf der Grundlage der Stellungnahme entscheidet das Rektorat erneut. ⁴Über den Widerspruch gegen Maßnahmen des Rektorates, mit Ausnahme von Widerspruchentscheidungen nach Satz 3, entscheidet das für die Hochschulen zuständige Ministerium, für die Fachhochschulen nach dem Fachhochschulgesetz öffentlicher Dienst vom 29. Mai 1984 (GV. NRW. S. 303), das zuletzt durch Artikel 12 des Gesetzes vom 2. Oktober 2014 (GV. NRW. S. 622) geändert worden ist, das gemäß § 29 Absatz 2 des Fachhochschulgesetzes öffentlicher Dienst zuständige Ministerium. ⁵Im Übrigen gelten die Regelungen der Absätze 1 und 2.

§ 19a Rechtsschutz

(1) Die Gleichstellungsbeauftragte kann innerhalb eines Monats nach Abschluss des Widerspruchsverfahrens das zuständige Verwaltungsgericht anrufen, wenn die Dienststelle
1. die Rechte der Gleichstellungsbeauftragten verletzt oder
2. einen den Bestimmungen dieses Gesetzes nicht entsprechenden Gleichstellungsplan aufgestellt beziehungsweise ein unzureichendes alternatives Instrument nach § 6a eingesetzt hat.

(2) Die Anrufung des Gerichts hat keine aufschiebende Wirkung.

(3) Die Dienststelle trägt die der Gleichstellungsbeauftragten entstehenden notwendigen Kosten.

§ 20 Anrufungsrecht der Beschäftigten

Die Beschäftigten können sich unmittelbar an die für sie zuständige Gleichstellungsbeauftragte, darüber hinaus an die Gleichstellungsbeauftragten der übergeordneten Dienststellen oder an die für Gleichstellungsfragen zuständige oberste Landesbehörde wenden.

§ 21 Vorschriften für Gleichstellungsbeauftragte der Gemeinden und Gemeindeverbände

[1] Von den Vorschriften des Abschnittes IV finden für die Gleichstellungsbeauftragten der Gemeinden und Gemeindeverbände § 15 Absatz 1 Satz 2 und 3 und Absatz 2, § 16 Absatz 1, Absatz 2 Satz 1 und 2, Absatz 3 bis 5, § 17, § 18, § 19 Absatz 1 und § 19a Anwendung. [2] § 20 findet insofern Anwendung, als dass sich die Beschäftigten unmittelbar an die für sie zuständige Gleichstellungbeauftragte oder an die für Gleichstellungsfragen zuständige oberste Landesbehörde wenden können.

Abschnitt V: Berichtspflicht, Übergangsvorschriften, Schlussvorschriften

§ 22 Berichtspflicht

Die Landesregierung berichtet dem Landtag im Abstand von fünf Jahren über die Umsetzung dieses Gesetzes in der Landesverwaltung.[2] Nach Inkrafttreten des Gesetzes zur Neuregelung des Gleichstellungsrechts vom 6. Dezember 2016 (GV. NRW. S. 1052) erfolgt der nächste Bericht mit dem Stichtag 31. Dezember 2018.

§ 23 Verwaltungsvorschriften

[1] Verwaltungsvorschriften zu diesem Gesetz erlässt das für die Gleichstellung zuständige Ministerium. [2] Die übrigen Ministerien können im Einvernehmen mit dem für die Gleichstellung zuständigen Ministerium ergänzende Regelungen für ihren Zuständigkeitsbereich erlassen. [3] Soweit die Verwaltungsvorschriften sich auch auf die Gemeinden und Gemeindeverbände oder deren verselbstständigte Aufgabenbereiche in öffentlich-rechtlicher oder privatrechtlicher Form erstrecken, bedarf es insoweit des Einvernehmens mit dem für Kommunales zuständigen Ministerium.

§ 24 Übergangsregelungen

[1] Bereits erstellte und in Kraft getretene Frauenförderpläne gelten für den jeweils vorgesehenen Zeitraum fort. [2] Im Anschluss erfolgt eine Fortschreibung als Gleichstellungsplan oder die Einführung eines alternativen Instruments nach § 6a.

12. Landesgleichstellungsgesetz Rheinland-Pfalz

vom 22.12.2015 (GVBl Nr. 17 2015, S. 505)

Teil 1: Allgemeine Bestimmungen

§ 1 Ziele

Ziele des Gesetzes sind,
1. die tatsächliche Durchsetzung der Gleichberechtigung von Frauen und Männern im öffentlichen Dienst zu fördern und bestehende Ungleichheiten aufgrund des Geschlechts auszugleichen, insbesondere unmittelbare und mittelbare Benachteiligungen von Frauen aufgrund des Geschlechts zu beseitigen und zu verhindern, und
2. die Vereinbarkeit von Beruf und Familie für Frauen und Männer im öffentlichen Dienst zu fördern.

§ 2 Geltungsbereich

(1) Dieses Gesetz gilt für das Land, die Gemeinden, die Gemeindeverbände, die öffentlich-rechtlichen Betriebe des Landes und der kommunalen Gebietskörperschaften und für alle sonstigen der alleinigen Aufsicht des Landes unterstehenden juristischen Personen des öffentlichen Rechts.
(2) Für die Hochschulen gelten die besonderen Bestimmungen der Hochschulgesetze. Im Anwendungsbereich des Universitätsmedizingesetzes vom 10. September 2008 (GVBl. S. 205, BS 223-42) in der jeweils geltenden Fassung gilt dieses Gesetz ausschließlich für das nicht wissenschaftliche Personal.
(3) Dieses Gesetz gilt nicht für die Selbstverwaltungskörperschaften der Wirtschaft und der freien Berufe. Diese fördern die berufliche Gleichstellung von Frauen und Männern eigenverantwortlich.

§ 3 Begriffsbestimmungen

(1) Dienststellen im Sinne dieses Gesetzes sind die einzelnen Behörden, Verwaltungsstellen und Einrichtungen sowie die einzelnen öffentlich-rechtlichen Betriebe und die Gerichte.
(2) Nächsthöhere Dienststelle im Sinne dieses Gesetzes ist diejenige Behörde, die die Dienstaufsicht ausübt. Wird keine Dienstaufsicht ausgeübt, ist nächsthöhere Dienststelle diejenige Behörde, die die Rechtsaufsicht ausübt. Im Übrigen ist nächsthöhere Dienststelle im Sinne dieses Gesetzes die Dienststellenleitung.
(3) Eine Umbildung oder Neubildung einer Dienststelle im Sinne dieses Gesetzes liegt vor, wenn
1. Dienststellen ganz oder teilweise in andere Dienststellen eingegliedert werden,
2. Dienststellen zu einer neuen Dienststelle zusammengeschlossen werden oder
3. durch Ausgliederung eine neue Dienststelle entsteht.
(4) Beschäftigte im Sinne dieses Gesetzes sind hauptamtliche Beamtinnen und Beamte, Richterinnen und Richter, Arbeitnehmerinnen und Arbeitnehmer einschließlich der Auszubildenden. Keine Beschäftigten im Sinne dieses Gesetzes sind die kommunalen Wahlbeamtinnen und Wahlbeamten sowie Beamtinnen und Beamte, welche nach § 41 Abs. 1 des Landesbeamtengesetzes in den einstweiligen Ruhestand versetzt werden können.
(5) Positionen im Sinne dieses Gesetzes sind Stellen, Planstellen und Funktionsstellen.
(6) Führungspositionen im Sinne dieses Gesetzes sind Positionen mit Vorgesetzten-, Führungs- oder Leitungsaufgaben.

(7) Bereiche im Sinne dieses Gesetzes sind die einzelnen Besoldungs- oder Entgeltgruppen sowie zusätzlich die Führungspositionen jeweils innerhalb einer Dienststelle. Satz 1 gilt auch für die Berufsausbildung.

(8) Unterrepräsentiert im Sinne dieses Gesetzes sind Frauen, wenn ihr Anteil an der Beschäftigung in jedem Bereich unter 50 vom Hundert liegt und dies nicht durch aufgabenspezifische Abweichungen begründet ist. Bei diesem Vergleich werden Teilzeitbeschäftigte anteilig nach ihrer individuellen Arbeitszeit gezählt.

(9) Familienarbeit im Sinne dieses Gesetzes ist die tatsächliche Betreuung oder Pflege eines Kindes unter 18 Jahren, eines nach ärztlichem Gutachten pflegebedürftigen Kindes über 18 Jahren oder einer oder eines Angehörigen, die oder der nach ärztlichem Gutachten pflegebedürftig ist.

(10) Für den Begriff der unmittelbaren Benachteiligung, der mittelbaren Benachteiligung, der Belästigung und der sexuellen Belästigung gelten die Begriffsbestimmungen des § 3 des Allgemeinen Gleichbehandlungsgesetzes vom 14. August 2006 (BGBl. I S. 1897) in der jeweils geltenden Fassung.

(11) Arbeitszeit im Sinne dieses Gesetzes sind bei Richterinnen und Richtern die entsprechenden Arbeitskraftanteile.

§ 4 Berichtspflichten

(1) Die Landesregierung berichtet dem Landtag einmal in der Legislaturperiode über die Durchführung dieses Gesetzes und veröffentlicht den Bericht im Internet. Zur Vorbereitung des Berichts geben die einzelnen Dienststellen der Landesregierung Auskunft; das Nähere regelt eine Verwaltungsvorschrift.

(2) Die Leitung der Verwaltung einer Gemeinde oder eines Gemeindeverbandes berichtet ihrer Vertretungskörperschaft mindestens einmal in jeder Wahlzeit über die Umsetzung des Gleichstellungsplans sowie über sonstige Maßnahmen zur Verwirklichung der beruflichen Gleichstellung von Frauen und Männern. Die Gemeinden und Gemeindeverbände veröffentlichen die Berichte im Internet.

Teil 2: Fördermaßnahmen

§ 5 Gleichstellung von Frauen und Männern

(1) Alle Dienststellen sind verpflichtet, die Verwirklichung der Gleichstellung von Frauen und Männern zu fördern. Sie müssen Benachteiligungen aufgrund des Geschlechts vermeiden und bestehende Nachteile aufgrund des Geschlechts beseitigen. Sie stellen die Anwendung des Grundsatzes des gleichen Entgelts für Frauen und Männer bei gleicher oder gleichwertiger Arbeit sicher.

(2) Es ist insbesondere Aufgabe der Beschäftigten in Führungspositionen, im Rahmen ihrer Zuständigkeit auf die Ziele dieses Gesetzes hinzuwirken. Wie sie diese Aufgabe erfüllen, ist bei der dienstlichen Beurteilung ihrer Leistungen als Kriterium einzubeziehen.

(3) Alle Dienststellen des Landes müssen die Gleichstellung von Frauen und Männern in allen Phasen der Vorbereitung, Planung, Entscheidung und Durchführung von Maßnahmen berücksichtigen. Dazu zählt auch, in jeder Phase zu prüfen, ob und wie sich die Maßnahmen auf Frauen und Männer unterschiedlich auswirken können. Diese Pflicht besteht vor allem bei folgenden Maßnahmen:
1. Erlass von Rechtsverordnungen und Verwaltungsvorschriften,
2. Erarbeitung von Gesetzentwürfen oder
3. Formulierung von Beurteilungskriterien.

§ 6 Vereinbarkeit von Beruf und Familie

(1) Alle Dienststellen sind verpflichtet, die Vereinbarkeit von Beruf und Familie zu fördern. Sie müssen ihren Beschäftigten Arbeitsbedingungen bieten, die es Frauen und Männern ermöglichen, Beruf und Familie zu vereinbaren, soweit keine zwingenden dienstlichen Gründe entgegenstehen.
(2) Die Dienststellen müssen ihren Beschäftigten bekannt geben, welche Arbeitsbedingungen sie bieten, um die Vereinbarkeit von Beruf und Familie zu fördern.
(3) Teilzeit- und Telearbeit dürfen sich nicht nachteilig auf die Chancen zur beruflichen Entwicklung auswirken. Dies ist auch bei der Formulierung von Beurteilungskriterien zu beachten.

§ 7 Ausschreibung von Positionen

(1) Zu besetzende Positionen sind auszuschreiben, soweit das Beamtenrecht oder das richterliche Dienstrecht nichts anderes bestimmen. Die Ausschreibung muss mit den Anforderungen der zu besetzenden Position übereinstimmen.
(2) Wenn eine Position ausgeschrieben wird, dann ist sie auch in Teilzeitform auszuschreiben, soweit keine zwingenden dienstlichen Gründe entgegenstehen. Dies gilt auch für Führungspositionen.
(3) Ausschreibungen müssen sich gleichermaßen an Frauen und an Männer richten.
(4) In Bereichen, in denen Frauen unterrepräsentiert sind, sollen zu besetzende Positionen öffentlich ausgeschrieben werden, soweit das Beamtenrecht oder das richterliche Dienstrecht nichts anderes bestimmen. Die Ausschreibung ist so zu gestalten, dass Frauen ausdrücklich angesprochen werden. Die für die Ausschreibung zuständige Dienststelle kann nur in begründeten Fällen von einer öffentlichen Ausschreibung absehen und eine interne Ausschreibung vornehmen.
(5) Die Absätze 3 und 4 sind nicht anzuwenden, wenn für die zu besetzende Position ein bestimmtes Geschlecht erforderlich ist.

§ 8 Einstellung und Beförderung

(1) Für die Beurteilung von Eignung, Befähigung und fachlicher Leistung (Qualifikation) sind ausschließlich die Anforderungen der zu besetzenden Position maßgeblich. Wenn diese Position ausgeschrieben wird, dann ergeben sich die Anforderungen in der Regel aus der Ausschreibung. Bei der Beurteilung der Qualifikation sind auch Erfahrungen, Kenntnisse und Fertigkeiten zu berücksichtigen, die durch Familienarbeit oder ehrenamtliche Tätigkeit erworben wurden. Satz 3 gilt nicht, soweit diese Erfahrungen, Kenntnisse und Fertigkeiten für die zu übertragenden Aufgaben ohne Bedeutung sind.
(2) Teilzeitarbeit, Beurlaubungen und Telearbeit dürfen bei Auswahlentscheidungen nicht zu Nachteilen führen. Dies gilt auch für Verzögerungen beim Abschluss der Ausbildung, soweit sie durch Familienarbeit bedingt sind und das Beamtenrecht, das richterliche Dienstrecht oder das Tarifrecht nichts anderes bestimmen.
(3) In Bereichen, in denen Frauen unterrepräsentiert sind, sind zu Vorstellungsgesprächen entweder alle Bewerberinnen einzuladen, die für die zu besetzende Stelle im Sinne des Absatzes 1 Satz 1 qualifiziert sind, oder mindestens ebenso viele Bewerberinnen wie Bewerber. Den Vorstellungsgesprächen stehen andere Auswahlverfahren gleich, für die ebenfalls eine Vorauswahl an Bewerberinnen und Bewerbern getroffen wird.
(4) Bei Einstellungen und Beförderungen sind Frauen bei gleichwertiger Eignung, Befähigung und fachlicher Leistung bevorzugt zu berücksichtigen, soweit und solange eine Unterrepräsentanz (§ 3 Abs. 8) vorliegt. Eine Bevorzugung ist nicht zulässig, wenn in der Person

eines Mitbewerbers so schwerwiegende Gründe vorliegen, dass sie auch unter Beachtung des Gebotes zur Gleichstellung der Frauen überwiegen.

§ 9 Vergabe von Ausbildungsplätzen

Auf die Vergabe von Ausbildungsplätzen ist § 8 Abs. 4 entsprechend anzuwenden. Eine bevorzugte Vergabe von Ausbildungsplätzen erfolgt nicht bei Ausbildungsgängen für Berufe, die auch außerhalb des öffentlichen Dienstes ausgeübt werden und für die ausschließlich innerhalb des öffentlichen Dienstes ausgebildet wird.

§ 10 Besondere Auswahlverfahren

Zu Gunsten von diskriminierungsfreien Verfahren zur Personalauswahl, die Benachteiligungen oder Bevorzugungen aufgrund des Geschlechts verhindern sollen, kann von § 8 Abs. 3 und § 9 abgewichen werden.

§ 11 Teilzeitbeschäftigung

(1) Beschäftigte, die eine Ermäßigung ihrer Arbeitszeit beantragen, müssen schriftlich auf die Möglichkeit hingewiesen werden, die Ermäßigung der Arbeitszeit zu befristen. Sie müssen außerdem in allgemeiner Form schriftlich auf die dienstrechtlichen, arbeitsrechtlichen, versorgungsrechtlichen und sozialversicherungsrechtlichen Folgen einer Ermäßigung der Arbeitszeit hingewiesen werden.

(2) Wenn die Arbeitszeit von einzelnen Beschäftigten ermäßigt wird, dann sind deren Dienstaufgaben entsprechend der Ermäßigung anzupassen.

(3) Die Ablehnung eines Antrags auf Ermäßigung der Arbeitszeit muss schriftlich begründet werden.

(4) Beantragt eine Arbeitnehmerin oder ein Arbeitnehmer zur Familienarbeit Ermäßigung der Arbeitszeit, ist dem Antrag im Rahmen der tarifvertraglichen Bestimmungen zu entsprechen, wenn zwingende dienstliche Gründe nicht entgegenstehen. Über Anträge von Beamtinnen und Beamten sowie Richterinnen und Richtern auf Ermäßigung der Arbeitszeit wird nach den dienstrechtlichen Bestimmungen entschieden.

(5) Mit ihrem Einverständnis sind teilzeitbeschäftigte Arbeitnehmerinnen und Arbeitnehmer, die der Dienststelle ihren Wunsch auf Erhöhung ihrer Arbeitszeit mitgeteilt haben, bei der Besetzung entsprechender Positionen gegenüber Mitbewerberinnen und Mitbewerbern mit gleichwertiger Qualifikation zu bevorzugen. § 8 Abs. 4 Satz 2 gilt entsprechend. Über Anträge von Beamtinnen und Beamten sowie Richterinnen und Richtern auf Erhöhung der Arbeitszeit wird nach den dienstrechtlichen Bestimmungen entschieden.

§ 12 Beurlaubung

(1) Für Anträge auf Beurlaubung gilt § 11 Abs. 1 Satz 2 und Abs. 3 entsprechend.

(2) Für Anträge auf Beurlaubung zur Familienarbeit gilt § 11 Abs. 4 entsprechend. Für Anträge auf vorzeitige Rückkehr aus einer Beurlaubung zur Familienarbeit gilt § 11 Abs. 5 entsprechend.

(3) Beurlaubte werden von ihrer Dienststelle beim Wiedereinstieg in den Beruf unterstützt und haben Anspruch auf folgende Maßnahmen, die von der Dienststelle zu treffen sind:
1. rechtzeitige Beratungsgespräche über die Möglichkeiten der Beschäftigung nach der Beurlaubung,
2. Benachrichtigungen über die Ausschreibungen der Dienststelle,
3. auf Wunsch Informationen über die Fortbildungsangebote der Dienststelle,
4. auf Wunsch Angebote zur Teilnahme an Fortbildungsveranstaltungen, die geeignet sind, einen Wiedereinstieg in den Beruf zu erleichtern.

(4) Fortbildungsveranstaltungen, die geeignet sind, den Beurlaubten den Wiedereinstieg in den Beruf zu erleichtern, sind dienstliche Veranstaltungen im Hinblick auf Arbeits- oder Dienstunfälle und der Erstattung von Auslagen.

§ 13 Fortbildung

(1) Frauen und Männern sowie Teilzeitbeschäftigten und Vollzeitbeschäftigten sind die gleichen Möglichkeiten zur Fortbildung zu geben.
(2) Fortbildungsmaßnahmen sollen so gestaltet werden, dass auch Beschäftigte mit Familienarbeit daran teilnehmen können. Um die Teilnahme zu ermöglichen sollen bei Bedarf insbesondere Kinderbetreuung oder zusätzliche Fortbildungsveranstaltungen angeboten werden.
(3) Fortbildungsprogramme müssen Gleichstellungsthemen enthalten; dies gilt insbesondere für Fortbildungsprogramme für Beschäftigte in Führungspositionen und Beschäftigte im Personalwesen. Gleichstellungsthemen umfassen Themenbereiche wie Gleichberechtigung von Frau und Mann, Vereinbarkeit von Beruf und Familie, Benachteiligung aufgrund des Geschlechts sowie Belästigungen und sexuelle Belästigungen am Arbeitsplatz.
(4) Solange Frauen in einem Bereich von Führungspositionen unterrepräsentiert sind, muss die Dienststelle alle weiblichen Beschäftigten, die geeignet sind, in diesem Bereich in die Führungspositionen aufzusteigen, auf geeignete Fortbildungs- und Qualifizierungsmaßnahmen hinweisen, zum Beispiel auf die Fortbildungsqualifizierung nach § 21 Abs. 3 Satz 1 Nr. 2 des Landesbeamtengesetzes. § 8 Abs. 4 gilt für die Auswahl der Teilnehmerinnen an den Fortbildungs- und Qualifizierungsmaßnahmen entsprechend.

Teil 3: Gleichstellungspläne

§ 14 Erstellung

(1) Gleichstellungspläne müssen von
1. den Obersten Landesbehörden oder den von diesen für ihren Geschäftsbereich bestimmten Dienststellen,
2. den für das Personalwesen zuständigen Stellen der Körperschaften, Anstalten und Stiftungen des öffentlichen Rechts sowie
3. den öffentlich-rechtlichen Betrieben erstellt werden.
Für Dienststellen einer Ortsgemeinde können Gleichstellungspläne erstellt werden.
(2) Gleichstellungspläne müssen alle sechs Jahre für einen Zeitraum von sechs Jahren erstellt werden.
(3) An der Erstellung des Gleichstellungsplans sind die erfassten Dienststellen frühzeitig zu beteiligen.
(4) Für neu errichtete Dienststellen sind innerhalb von 15 Monaten nach der Errichtung Gleichstellungspläne zu erstellen. Wenn Dienststellen umgebildet oder neu gebildet werden, dann sind innerhalb von 15 Monaten nach der Umbildung oder Neubildung die Gleichstellungspläne aller betroffenen Dienststellen anzupassen.
(5) Der Gleichstellungsplan ist den Beschäftigten der erfassten Dienststellen in geeigneter Weise bekannt zu machen.

§ 15 Mindestinhalt

(1) Der Gleichstellungsplan muss eine Analyse und Prognose der Beschäftigungsstruktur der erfassten Dienststellen enthalten. Hierzu hat der Gleichstellungsplan die Beschäftigungssituation der weiblichen Beschäftigten im Vergleich zur Beschäftigungssituation der männlichen Beschäftigten in jeder erfassten Dienststelle zu beschreiben und darzustellen, ob Frauen in einem Bereich unterrepräsentiert sind.

(2) Für jeden Bereich, in dem Frauen unterrepräsentiert sind, muss der Gleichstellungsplan
1. festlegen, mit welchen personellen, organisatorischen und fortbildenden Maßnahmen der Anteil der Frauen an den Beschäftigten in den genannten Bereichen erhöht werden soll;
2. als Ziel angeben, welchen Anteil an der Beschäftigung Frauen am Ende des erfassten Zeitraums in den genannten Bereichen haben sollen; der Anteil ist entsprechend § 3 Abs. 8 Satz 2 zu berechnen; danach werden Teilzeitbeschäftigte anteilig nach ihrer individuellen Arbeitszeit gezählt;
3. als Zwischenziel angeben, welchen Anteil an der Beschäftigung Frauen nach einem Zeitraum von drei Jahren in den genannten Bereichen haben sollen.

(3) Der Gleichstellungsplan muss festlegen, mit welchen personellen, organisatorischen und fortbildenden Maßnahmen die Vereinbarkeit von Beruf und Familie gefördert werden soll.
(4) Der Gleichstellungsplan darf keine personenbezogenen Daten enthalten. Bei der Erhebung, Speicherung oder Verarbeitung von personenbezogenen Daten zur Erstellung des Gleichstellungsplans sind die Bestimmungen des Landesdatenschutzgesetzes sowie andere Vorschriften des Bundes oder des Landes, die auf die Verarbeitung personenbezogener Daten anzuwenden sind, zu beachten.
(5) Das Nähere über den Inhalt der Gleichstellungspläne regelt eine Verwaltungsvorschrift.

§ 16 Umsetzung

(1) Die Umsetzung des Gleichstellungsplans als wichtiges Instrument der Personalplanung und Personalentwicklung ist besondere Aufgabe der Beschäftigten im Personalwesen und der Beschäftigten in Führungspositionen.
(2) Der Gleichstellungsplan ist nach Ablauf von drei Jahren auf das Erreichen der Zwischenziele zu überprüfen. In den Gleichstellungsplan sind ergänzende Maßnahmen aufzunehmen, wenn erkennbar ist, dass die Ziele nicht rechtzeitig erreicht werden können. Die ergänzenden Maßnahmen sind entsprechend § 14 Abs. 5 bekannt zu machen.
(3) Werden die Ziele des Gleichstellungsplans nicht erreicht, sind die Gründe dafür im nächsten Gleichstellungsplan darzustellen.

§ 17 Unterbliebene Erstellung, Mängel, Nicht-Umsetzung

(1) Solange eine Dienststelle, die einen Gleichstellungsplan erstellen muss, den Gleichstellungsplan nicht erstellt hat, darf sie Einstellungen und Beförderungen nur mit der vorherigen Zustimmung der nächsthöheren Dienststelle vornehmen. Die Zustimmung kann nur für den Einzelfall erteilt werden.
(2) Absatz 1 gilt entsprechend, wenn
1. der Gleichstellungsplan nicht den Vorgaben des § 15 entspricht,
2. die Dienststelle nicht nach § 16 Abs. 2 überprüft hat, ob die Zwischenziele des Gleichstellungsplans erreicht wurden.

(3) Die Absätze 1 und 2 gelten nicht für die Gemeinden, die Gemeindeverbände und für die sonstigen der alleinigen Aufsicht des Landes unterstehenden juristischen Personen des öffentlichen Rechts.

Teil 4: Gleichstellungsbeauftragte

§ 18 Bestellung

(1) In Dienststellen mit in der Regel mindestens 30 Beschäftigten muss die Dienststellenleitung eine Gleichstellungsbeauftragte bestellen. In Dienststellen mit in der Regel weniger als 30 Beschäftigten kann sie eine Gleichstellungsbeauftragte bestellen.

(2) Vor der Bestellung soll das Amt der Gleichstellungsbeauftragten in der Dienststelle ausgeschrieben werden.
(3) Zur Gleichstellungsbeauftragten kann nur eine Frau bestellt werden. Diese muss mit ihrer Bestellung einverstanden sein.
(4) Für Dienststellen ohne Gleichstellungsbeauftragte ist die Gleichstellungsbeauftragte der nächsthöheren Dienststelle zuständig.
(5) Die Gemeinden und Gemeindeverbände können die Aufgaben der Gleichstellungsbeauftragten nach diesem Gesetz einer weiblichen Beschäftigten der Gleichstellungsstelle nach § 2 Abs. 6 der Gemeindeordnung oder nach § 2 Abs. 9 der Landkreisordnung übertragen, sofern diese die Funktion hauptamtlich wahrnimmt.
(6) Die Dienststelle hat den Beschäftigten die für sie zuständige Gleichstellungsbeauftragte in geeigneter Weise bekannt zu machen.

§ 19 Dauer und Ende der Bestellung, Neubestellung
(1) Die Gleichstellungsbeauftragte wird für vier Jahre bestellt; Wiederbestellungen sind möglich.
(2) Die Bestellung endet mit dem Ablauf der Amtszeit, durch Widerruf, durch Niederlegung des Amtes, mit dem Ausscheiden aus der Dienststelle oder, wenn die Gleichstellungsbeauftragte ihr Amt aufgrund krankheitsbedingter Arbeits- oder Dienstunfähigkeit länger als sechs Monate nicht wahrnehmen kann. Ohne die vorherige Zustimmung der Gleichstellungsbeauftragten darf die Dienststellenleitung die Bestellung nur aus wichtigem Grund widerrufen.
(3) Bei Ende der Bestellung muss unverzüglich eine neue Gleichstellungsbeauftragte bestellt werden, wenn die Voraussetzungen des § 18 Abs. 1 vorliegen.
(4) Nach Umbildung oder Neubildung von Dienststellen müssen in allen betroffenen Dienststellen innerhalb von sechs Monaten neue Gleichstellungsbeauftragte bestellt werden, soweit die Voraussetzungen des § 18 Abs. 1 vorliegen. Die bisherigen Gleichstellungsbeauftragten bleiben bis zur Neubestellung, längstens jedoch sechs Monate im Amt und führen die Geschäfte gemeinsam weiter. Sie können aus ihrer Mitte eine Gleichstellungsbeauftragte als Sprecherin benennen und diese mit der alleinigen Führung der Geschäfte beauftragen. Die übrigen Gleichstellungsbeauftragten vertreten sie.

§ 20 Rechtsstellung
(1) Die Gleichstellungsbeauftragte ist Teil der Verwaltung. Sie ist bei der Wahrnehmung ihrer Aufgaben der Dienststellenleitung unmittelbar unterstellt. In Obersten Landesbehörden kann sie der Vertretung der Dienststellenleitung unterstellt werden.
(2) Die Gleichstellungsbeauftragte ist in der Ausübung ihres Amtes von fachlichen Weisungen frei. Sie darf in der Ausübung ihres Amtes nicht behindert werden.
(3) Die Gleichstellungsbeauftragte darf wegen ihres Amtes weder benachteiligt noch begünstigt werden. Dies gilt insbesondere für ihre berufliche Entwicklung. Vor Kündigung, Versetzung, Abordnung, Umsetzung und Zuweisung ist sie in gleicher Weise geschützt wie ein Mitglied einer Personalvertretung nach § 70 des Landespersonalvertretungsgesetzes.
(4) In den Dienststellen, die nach § 14 Abs. 1 Gleichstellungspläne erstellen, soll die Gleichstellungsbeauftragte im erforderlichen Umfang ohne Minderung ihrer Bezüge oder ihres Entgelts von ihren sonstigen Dienstpflichten entlastet werden. Sie ist mit den zur Erfüllung ihrer Aufgaben notwendigen Mitteln auszustatten.
(5) Die Gleichstellungsbeauftragte darf nur in ihrer Eigenschaft als Gleichstellungsbeauftragte mit Personalangelegenheiten befasst sein. Sie darf nicht Mitglied einer Personalvertretung sein.

§ 21 Freistellung

(1) Zur Unterstützung der Dienststellen beschließt die Landesregierung eine Empfehlung, unter welchen Voraussetzungen und in welchem Umfang Gleichstellungsbeauftragte freigestellt werden können. Die Empfehlung wird im Staatsanzeiger für Rheinland-Pfalz veröffentlicht.

(2) Durch eine Freistellung von der dienstlichen Tätigkeit dürfen der Gleichstellungsbeauftragten keine Nachteile entstehen.

(3) Wird eine Gleichstellungsbeauftragte von ihren anderen Dienstpflichten freigestellt, muss ihr beruflicher Werdegang ungeachtet ihres Entlastungsumfanges für Entscheidungen über ihre Beförderung oder Höhergruppierung so nachgezeichnet werden, wie er ohne ihre Bestellung zur Gleichstellungsbeauftragten verlaufen wäre.

§ 22 Aufgabenbezogene Fortbildung

(1) Die Dienststelle fördert die persönliche und fachliche Qualifikation der Gleichstellungsbeauftragten.

(2) Die Gleichstellungsbeauftragte hat das Recht, an mindestens einer Fortbildungsveranstaltung pro Jahr teilzunehmen, die Kenntnisse vermittelt, die zur Erfüllung ihrer Aufgaben erforderlich sind. Für die Teilnahme ist die Gleichstellungsbeauftragte von ihren anderen Dienstpflichten freizustellen. Ihre anderen Ansprüche auf Fortbildung verringern sich dadurch nicht.

(3) Die Fortbildungsprogramme des Landes müssen Fortbildungsveranstaltungen für Gleichstellungsbeauftragte enthalten.

§ 23 Aufgaben

(1) Die Gleichstellungsbeauftragte unterstützt die Dienststellenleitung bei der Durchführung dieses Gesetzes und anderer Vorschriften zur Verwirklichung der Gleichstellung von Frauen und Männern.

(2) Weibliche Beschäftigte können sich in allen Angelegenheiten, die im Zusammenhang mit Gleichstellungsthemen stehen, ohne Einhaltung des Dienstweges an die Gleichstellungsbeauftragte ihrer Dienststelle wenden.

(3) Die Gleichstellungsbeauftragte nimmt Beschwerden von weiblichen Beschäftigten über Belästigungen und sexuelle Belästigungen am Arbeitsplatz gemäß § 3 Abs. 3 und 4 des Allgemeinen Gleichbehandlungsgesetzes entgegen. Sie informiert die Betroffenen über Beratungs- und Hilfsangebote. Mit Einverständnis der Betroffenen leitet sie die Beschwerden der Dienststellenleitung zu.

§ 24 Befugnisse und Rechte

(1) Die Gleichstellungsbeauftragte hat das Recht, an allen sozialen, organisatorischen und personellen Maßnahmen, die
1. die Gleichstellung von Frauen und Männern oder
2. die Vereinbarkeit von Beruf und Familie oder
3. den Schutz von weiblichen Beschäftigten vor Belästigungen und sexuellen Belästigungen am Arbeitsplatz

betreffen, mitzuwirken.

(2) Zu den Maßnahmen nach Absatz 1 zählen insbesondere:
1. Einstellungsverfahren,
2. Beförderungen, Höher- oder Herabgruppierungen,
3. Formulierung und Erstellung von Beurteilungskriterien,

4. Versetzungen, Umsetzungen und Abordnungen für mehr als sechs Monate,
5. vorzeitige Beendigung der Beschäftigung, insbesondere durch Kündigung,
6. vorläufige Dienstenthebung, Einbehaltung von Bezügen und Erhebung der Disziplinarklage, wenn die Beamtin die Mitwirkung beantragt,
7. Erteilung schriftlicher Abmahnungen, wenn die Arbeitnehmerin die Mitwirkung beantragt,
8. Regelungen über die Arbeitszeit,
9. Ermäßigungen der Arbeitszeit und Beurlaubungen, einschließlich ablehnender Entscheidungen,
10. Gestaltung von Fortbildungsmaßnahmen und Auswahl über die Teilnahme daran,
11. Besetzung von Gremien,
12. Erstellung von Gleichstellungsplänen,
13. Prüfung, ob die Zwischenziele eines Gleichstellungsplans erreicht wurden,
14. Aufnahme von ergänzenden Maßnahmen in den Gleichstellungsplan,
15. Umbildung oder Neubildung von Dienststellen sowie
16. Privatisierung von Dienststellen oder von Teilen von Dienststellen.

In den Fällen des Satzes 1 Nr. 6 und 7 muss die Dienststelle die betroffenen Personen auf ihr Antragsrecht hinweisen.

(3) Die Gleichstellungsbeauftragte kann der Dienststellenleitung Maßnahmen vorschlagen, um
1. die Gleichstellung von Frauen und Männern zu fördern oder
2. die Vereinbarkeit von Beruf und Familie zu fördern oder
3. den Schutz von weiblichen Beschäftigten vor Belästigungen und sexuellen Belästigungen am Arbeitsplatz zu verbessern.

(4) Die Gleichstellungsbeauftragte kann Sprechstunden anbieten. Sie kann einmal jährlich eine Versammlung der weiblichen Beschäftigten veranstalten. Zeit und Ort der Sprechstunden und der Versammlung stimmt sie mit der Dienststellenleitung ab.

(5) Die Gleichstellungsbeauftragte kann mit anderen Gleichstellungsbeauftragten zusammenarbeiten. Sie darf sich ohne Einhaltung des Dienstweges an Gleichstellungsbeauftragte anderer Dienststellen oder an das fachlich zuständige Ministerium wenden. Gleichstellungsbeauftragte dürfen sich zu Arbeitsgemeinschaften zusammenschließen. Jede Gleichstellungsbeauftragte muss Verschwiegenheit und Datenschutz auch gegenüber anderen Gleichstellungsbeauftragten und gegenüber dem fachlich zuständigen Ministerium wahren.

(6) Befugnisse und Rechte, die die Gleichstellungsbeauftragte nach anderen Rechtsvorschriften hat, bleiben unberührt.

§ 25 Beteiligung

(1) Die Dienststelle hat die Gleichstellungsbeauftragte über alle Maßnahmen zu unterrichten, an denen die Gleichstellungsbeauftragte das Recht zur Mitwirkung hat. Sie muss die Gleichstellungsbeauftragte so rechtzeitig und umfassend unterrichten, dass diese ihre Aufgaben erfüllen und ihre Rechte ausüben kann. Dazu sind der Gleichstellungsbeauftragten alle erforderlichen Unterlagen vorzulegen. Personalakten sind der Gleichstellungsbeauftragten nur vorzulegen, wenn die jeweiligen Beschäftigten dem zuvor schriftlich zugestimmt haben.

(2) Bei Einstellungen, Beförderungen und Höhergruppierungen ist die Gleichstellungsbeauftragte vor Beteiligung der Personalvertretung oder der Schwerbehindertenvertretung zu beteiligen. Der Gleichstellungsbeauftragten sind alle Bewerbungs- und Auswahlunterlagen auf Verlangen vorzulegen. Sie kann an Bewerbungsgesprächen teilnehmen.

(3) Gibt die Dienststelle gegenüber einer anderen Dienststelle eine schriftliche Stellungnahme ab, deren Inhalt die in § 24 Abs. 1 genannten Gleichstellungsthemen berührt, kann die Gleichstellungsbeauftragte eine eigene Stellungnahme hinzufügen.
(4) An der Erstellung von Gleichstellungsplänen ist die Gleichstellungsbeauftragte von Anfang an zu beteiligen.

§ 26 Verschwiegenheit und Datenschutz
(1) Die Gleichstellungsbeauftragte ist in allen Angelegenheiten, die ihrer Bedeutung oder ihrem Inhalt nach einer vertraulichen Behandlung bedürfen zur Verschwiegenheit verpflichtet. Diese Pflicht besteht auch über das Ende ihrer Amtszeit hinaus und auch gegenüber Personen, die ebenfalls zur Verschwiegenheit verpflichtet sind. Die Gleichstellungsbeauftragte muss insbesondere Stillschweigen bewahren über diejenigen persönlichen Verhältnisse von Beschäftigten, die ihr aufgrund ihres Amtes bekannt geworden sind. Die betroffenen Beschäftigten können die Gleichstellungsbeauftragte von dieser Pflicht entbinden.
(2) Die Gleichstellungsbeauftragte ist dem Datenschutz verpflichtet. Sie muss insbesondere Unterlagen mit personenbezogenen Daten, die sie im Rahmen einer Beteiligung erhalten hat, vor unbefugter Einsichtnahme schützen. Ohne die vorherige Zustimmung der Betroffenen darf sie personenbezogene Daten nicht sammeln, kopieren, in Dateien speichern oder weitergeben.

§ 27 Stellvertreterin
(1) Für jede Gleichstellungsbeauftragte wird für den Fall ihrer Verhinderung eine Stellvertreterin bestellt. Die Stellvertreterin hat dieselben Aufgaben, Rechte und Pflichten wie die Gleichstellungsbeauftragte.
(2) Endet die Bestellung der Gleichstellungsbeauftragten, tritt die Stellvertreterin in die Position der Gleichstellungsbeauftragten bis zur Neubestellung einer Gleichstellungsbeauftragten ein und nimmt deren Aufgaben wahr. Wurde nach drei Monaten noch keine neue Gleichstellungsbeauftragte durch die Dienststelle bestellt, ist die Gleichstellungsbeauftragte der nächsthöheren Dienststelle nach § 18 Abs. 4 zuständig.
(3) Auf die Bestellung der Stellvertreterin sind § 18 Abs. 2, 3 und 6und 19 Abs. 1bis3 und Abs. 4 Satz 1und2 entsprechend anzuwenden. In den Fällen des§ 18 Abs. 1 Satz 2 endet die Bestellung der Stellvertreterin mit dem Ende der Bestellung der Gleichstellungsbeauftragten, sofern keine Neubestellung einer Gleichstellungsbeauftragten erfolgt.
(4) Die Gleichstellungsbeauftragte kann der Stellvertreterin mit deren Einverständnis und mit Einverständnis der Dienststellenleitung Aufgaben zur eigenständigen Erledigung übertragen.
(5) Überträgt eine Gleichstellungsbeauftragte, die freigestellt ist, der Stellvertreterin Aufgaben zur eigenständigen Erledigung, wird die Stellvertreterin anteilig anstelle der Gleichstellungsbeauftragten freigestellt. Der Anteil der Freistellung bestimmt sich nach dem Anteil der Aufgaben, die übertragen wurden. ·Für die freigestellte Stellvertreterin gilt § 21 Abs. 2 und 3 entsprechend.
(6) Im Übrigen gelten die §§ 20, 22 und 24 Abs. 5 und § 26 für die Stellvertreterin entsprechend.

§ 28 Ansprechpartnerin
(1) In jeder Außenstelle einer Dienststelle kann eine Ansprechpartnerin bestellt. werden. Anstatt sich an die Gleichstellungsbeauftragte zu wenden, können sich die weiblichen Beschäftigten der Außenstelle auch an die Ansprechpartnerin wenden. Die Ansprechpartnerin

gibt das Anliegen dann an die Gleichstellungsbeauftragte weiter. Darüber hinaus kann die Gleichstellungsbeauftragte die Ansprechpartnerin beauftragen, sie in Einzelfällen in der Außenstelle zu vertreten. § 26 gilt entsprechend.
(2) Den Außenstellen stehen andere Teile der Dienststelle gleich, die räumlich weit entfernt vom Dienstsitz der Gleichstellungsbeauftragten liegen.
(3) Auf die Bestellung der Ansprechpartnerin sind § 18 Abs. 3 und 6, § 19 Abs. 1 und 2 sowie § 27 Abs. 3 Satz 2 entsprechend anzuwenden.

§ 29 Beanstandungsrecht

(1) Die Gleichstellungsbeauftragte kann eine Maßnahme der Dienststelle beanstanden, wenn sie diese für unvereinbar mit diesem Gesetz oder mi; anderen Vorschriften über die Gleichstellung von Frauen und Männern hält. Dies gilt auch1 wenn die Gleichstellungsbeauftragte an einer Maßnahme nicht beteiligt oder über eine Maßnahme nicht rechtzeitig unterrichtet wird.
(2) Die Beanstandung ist der Dienststellenleitung innerhalb einer Woche schriftlich vorzulegen. Entlassungen und außerordentliche Kündigungen können nur innerhalb von drei Werktagen beanstandet werden. Die Frist nach Satz 1 und 2 beginnt jeweils mit Unterrichtung der Gleichstellungsbeauftragten über die Maßnahme.
(3) Beanstandet die Gleichstellungsbeauftragte eine Maßnahme der Dienststelle, muss die Dienststelle über die Maßnahme neu entscheiden. Die Entscheidung soll innerhalb eines Monats nach Kenntnis der Dienststelle von der Beanstandung getroffen werden. Hält die Dienststelle an der Maßnahme fest, muss sie die Beanstandung der Gleichstellungsbeauftragten der nächsthöheren Dienststelle zur endgültigen Entscheidung vorlegen. Anstelle der nächsthöheren Dienststelle entscheiden
1. in Gemeinden und Gemeindeverbänden die Dienststellenleitung,
2. bei sonstigen der alleinigen Aufsicht des Landes unterstehenden juristischen Personen des öffentlichen Rechts der Vorstand oder einem Vorstand vergleichbare Leitungsorgane.
Die Gleichstellungsbeauftragte ist über die endgültige Entscheidung schriftlich zu unterrichten.
(4) Bis zur Entscheidung nach Absatz 3 Satz 1 oder Satz 3 darf die Maßnahme nicht umgesetzt werden. In dringenden Fällen kann die Dienststelle vorläufige Maßnahmen treffen; diese sind der Gleichstellungsbeauftragten bekannt zu geben und allen Betroffenen gegenüber als solche zu kennzeichnen.
(5) Beanstandet die Gleichstellungsbeauftragte, dass sie an einer Maßnahme nicht beteiligt oder darüber nicht rechtzeitig unterrichtet wurde, beginnt die Frist nach Absatz 2 Satz 1 mit Kenntnisnahme der Gleichstellungsbeauftragten von der Maßnahme. Die Beanstandung ist ausgeschlossen, wenn sechs Monate seit Umsetzung der Maßnahme vergangen sind. Wird die Beteiligung oder Unterrichtung der Gleichstellungsbeauftragten nachgeholt, kann die Gleichstellungsbeauftragte die Maßnahme unter den Voraussetzungen der Absätze 1 und 2 erneut beanstanden.

§ 30 Rechtsschutz

(1) Die Gleichstellungsbeauftragte kann das Verwaltungsgericht anrufen, wenn sie sich in ihren Rechten nach diesem Gesetz durch eine Maßnahme der Dienststelle verletzt sieht. Die Anrufung des Gerichts ist nur zulässig, wenn eine Beanstandung der Maßnahme nach § 29 Abs. 3 keinen Erfolg hatte. Die Gleichstellungsbeauftragte kann das Gericht nur innerhalb eines Monats anrufen, nachdem sie über die Entscheidung nach § 29 Abs. 3 Satz 1 oder Satz 3 unterrichtet wurde.

(2) Die Anrufung des Gerichts hat keine aufschiebende Wirkung.
(3) Kosten, die der Gleichstellungsbeauftragten durch das gerichtliche Verfahren entstehen, trägt die Dienststelle.

Teil 5: Gremien, Unternehmensbeteiligungen und Auftragsvergabe

§ 31 Besetzung von Gremien

(1) Gremien im Sinne dieses Gesetzes sind durch Vorschriften einzuberufende oder zu besetzende Ausschüsse, Beiräte, Kommissionen, Verwaltungs- und Aufsichtsräte, Vorstände, Arbeitsgruppen, Jurys, Kuratorien, Schiedsstellen, kollegiale Organe und vergleichbare Einheiten unabhängig von ihrer Bezeichnung, wenn
1. sie auf Dauer, mindestens aber für ein Jahr besetzt werden und
2. Dienststellen mindestens ein Mitglied berufen oder entsenden dürfen.

(2) Gremien sind zu gleichen Anteilen mit Frauen und Männern zu besetzen.
(3) Wer das Recht hat, ein Mitglied für ein Gremium zu entsenden (entsendende Stelle), muss dafür eine Frau und einen Mann vorschlagen. Wer für die Besetzung des Gremiums verantwortlich ist (berufende Stelle), wählt eine der beiden vorgeschlagenen Personen als Mitglied des Gremiums nach einem objektiven, vorab festgelegten und der entsendenden Stelle mitgeteilten Verfahren aus. Die andere vorgeschlagene Person wird zur Stellvertretung dieses Mitglieds berufen, wenn für das Gremium stellvertretende Mitglieder vorgesehen sind.
(4) Bei Gremien mit einer ungeraden Anzahl von Sitzen wird einer der Sitze abwechselnd an Frauen und an Männer vergeben. Dieser Wechsel findet bei jeder Neubesetzung des Gremiums statt.
(5) Wenn vor Ablauf der regulären Amtszeit ein Mitglied aus einem Gremium ausscheidet, dessen Geschlecht dort in der Mehrheit ist, dann muss eine Person des anderen Geschlechts nachfolgen. Wenn vor Ablauf der regulären Amtszeit ein Mitglied aus einem Gremium ausscheidet, dessen Geschlecht dort in der Minderheit ist, dann muss eine Person des gleichen Geschlechts nachfolgen.
(6) Wenn Dienststellen Personen in Gremien außerhalb des Geltungsbereichs dieses Gesetzes entsenden, sind jeweils gleich viele Frauen und Männer zu entsenden. Wenn eine ungerade Anzahl von Personen zu entsenden ist, dann ist Absatz 4 entsprechend anzuwenden.
(7) Von den Absätzen 2 bis 6 darf nur aus zwingenden Gründen abgewichen werden. Zwingende Gründe liegen insbesondere vor, soweit
1. Mitglieder aufgrund einer Wahl ernannt werden,
2. eine für das Gremium geltende Regelung die Besetzung von Mitgliedern Kraft eines Amtes oder einer besonderen Funktion (geborene Mitglieder) vorsieht,
3. eine für das Gremium geltende Regelung ein bestimmtes Geschlecht für ein Mitglied oder mehrere Mitglieder vorsieht oder
4. der entsendenden Stelle die Einhaltung der Vorgaben der Absätze 2 bis 6 aus tatsächlichen Gründen nicht möglich ist.

Die Dienststellenleitung der berufenden Stelle stellt fest, ob zwingende Gründe vorliegen, um einen Sitz abweichend zu besetzen. Wenn keine zwingenden Gründe vorliegen, dann ist der Sitz freizulassen. Satz 4 gilt nicht für die Entsendung von Mitgliedern in Gremien außerhalb des Geltungsbereichs dieses Gesetzes.
(8) In anderen Rechtsvorschriften des Bundes oder des Landes enthaltene vergleichbare oder weitergehende Bestimmungen zur Besetzung von Gremien bleiben unberührt.

§ 32 Beteiligung an privatrechtlichen Unternehmen

(1) Sind die in § 2 Abs. 1 genannten Rechtsträger an einem privatrechtlichen Unternehmen beteiligt, haben sie im Rahmen des Gesellschaftsrechts auf die Verwirklichung der Gleichstellung von Frauen und Männern in diesem Unternehmen hinzuwirken. Insbesondere ist darauf hinzuwirken, dass
1. der Gesellschaftsvertrag Regelungen zur Gleichstellung von Frauen und Männern enthält,
2. die Gremien des Unternehmens zu gleichen Anteilen mit Frauen und Männern besetzt werden sowie
3. zur Unternehmenspolitik Maßnahmen und Entscheidungen zur Gleichstellung von Frauen und Männern gehören.

Außerdem sollen sie die Gleichstellung von Frauen und Männern in dem privatrechtlichen Unternehmen überwachen.

(2) Gehört den in § 2 Abs. 1 genannten Rechtsträgern die Mehrheit der Anteile an dem privatrechtlichen Unternehmen, haben sie auf eine den Bestimmungen dieses Gesetzes entsprechende Förderung der Gleichstellung von Frauen und Männern hinzuwirken. Als Mehrheit im Sinne des Absatzes 1 gilt insbesondere jede Beteiligung des Landes, einer Gemeinde oder eines Gemeindeverbandes an einem privatrechtlichen Unternehmen in einem nach § 53 des Haushaltsgrundsätzegesetzes vom 19. August 1969 (BGBl. I S. 1273) in der jeweils geltenden Fassung bezeichneten Umfang.

(3) Für die Entsendung von Mitgliedern in die Aufsichtsorgane privatrechtlicher Unternehmen gilt § 31 Abs. 6 bis 8.

§ 33 Vergabe öffentlicher Aufträge

Die Förderung der Gleichstellung von Frauen und Männern bei der Vergabe öffentlicher Aufträge regelt die Verwaltungsvorschrift Öffentliches Auftrags- und Beschaffungswesen in Rheinland-Pfalz vom 24. April 2014 (MinBl. S. 48) in der jeweils geltenden Fassung.

Teil 6: Übergangs- und Schlussbestimmungen

§ 34 Übergangsbestimmungen

(1) Vor Inkrafttreten dieses Gesetzes erstellte Frauenförderpläne müssen innerhalb von zwei Jahren nach Inkrafttreten dieses Gesetzes an die Bestimmungen des § 15 angepasst werden.

(2) Die vor Inkrafttreten dieses Gesetzes bestellten Gleichstellungsbeauftragten bleiben abweichend von § 19 Abs. 1 bis zum Ende des Zeitraums im Amt, für den sie bestellt worden sind.

(3) Für die vor Inkrafttreten dieses Gesetzes bestellten Stellvertreterinnen von Gleichstellungsbeauftragten gilt Absatz 2 entsprechend. Waren die Stellvertreterinnen vor Inkrafttreten dieses Gesetzes auch Mitglied einer Personalvertretung, dürfen sie Mitglied dieser Personalvertretung bleiben, bis zum Ende ihrer Bestellung als Stellvertreterin. Eine Wiederbestellung als Stellvertreterin der Gleichstellungsbeauftragten ist jedoch ausgeschlossen, solange sie Mitglied der Personalvertretung sind.

§ 35 Verwaltungsvorschriften

Die zur Durchführung dieses Gesetzes erforderlichen Verwaltungsvorschriften erlässt das fachlich zuständige Ministerium.

13. Landesgleichstellungsgesetz Saarland

vom 24.4.1996 (ABl. 1996, S. 623), zuletzt geändert durch Gesetz Nr. 1905 zur Neuregelung des saarländischen Hochschulrechts vom 30.11.2016 (ABl. 2016, S. 1080, 1124)

Abschnitt 1: Allgemeines

§ 1 Gesetzesziel und allgemeine Grundsätze

(1) Ziel des Gesetzes ist die tatsächliche Durchsetzung der Gleichberechtigung von Frauen und Männern und die Beseitigung bestehender Nachteile (Artikel 3 Absatz 2 Satz 2 des Grundgesetzes) durch die Gewährleistung gleichen Zugangs von Frauen und Männern zu öffentlichen Ämtern, den Abbau bestehender Unterrepräsentanzen von Frauen auf allen Funktions- und Einkommensebenen sowie die Vermeidung von Nachteilen durch die Wahrnehmung von Familien- und Betreuungspflichten.
(2) ¹Um dieses Ziel zu erreichen, sind durch eine gezielte frauenfördernde Personalplanung der Zugang und die Aufstiegschancen von Frauen auf allen Funktions- und Einkommensebenen zu verbessern und Maßnahmen zu ergreifen, um die Arbeitsbedingungen von Frauen und Männern im Hinblick auf die Vereinbarkeit von Beruf und Familie bedürfnisgerecht zu gestalten. ²Keine Maßnahme darf Frauen aufgrund ihres Geschlechts oder Personen, die Familien- und Betreuungspflichten wahrnehmen, unmittelbar oder mittelbar benachteiligen.

§ 2 Geltungsbereich

Dieses Gesetz gilt für die Verwaltungen des Landes, der Gemeinden, der Landkreise, des Regionalverbandes Saarbrücken sowie der sonstigen Körperschaften, Anstalten und Stiftungen des öffentlichen Rechts, die der Aufsicht des Landes unterstehen, für die Gerichte und Staatsanwaltschaften und vom Landtag zu wählende Gremien.

§ 2a Geltungsbereich bei wirtschaftlicher Beteiligung des Landes, der Gemeinden, der Landkreise oder des Regionalverbandes Saarbrücken

(1) ¹Soweit das Land, die Gemeinden, die Landkreise oder der Regionalverband Saarbrücken Mehrheitsbeteiligungen an juristischen Personen des privaten Rechts oder Personengesellschaften halten oder erwerben, stellen sie sicher, dass die Regelungen dieses Gesetzes auch von diesen entsprechend angewendet werden. ²Dies gilt insbesondere für die Erstellung eines Frauenförderplans, für Stellenbesetzungsverfahren einschließlich der Besetzung von Vorstands- oder Geschäftsführungsposten sowie für die Wahl der Frauenbeauftragten.
(2) Für Beteiligungen an juristischen Personen des privaten Rechts oder Personengesellschaften unterhalb der Mehrheitsgrenze sollen das Land, die Gemeinden, die Landkreise oder der Regionalverband Saarbrücken darauf hinwirken, dass Maßnahmen entsprechend den Regelungen dieses Gesetzes auch von den juristischen Personen des privaten Rechts und den Personengesellschaften ergriffen werden.

§ 3 Begriffsbestimmungen

(1) ¹Dienststelle im Sinne dieses Gesetzes ist jede Behörde, Verwaltungsstelle und jeder Betrieb, soweit die Stelle innerhalb des Verwaltungsaufbaus organisatorisch eigenständig ist. ²Eigenbetriebe und Krankenanstalten sind eigene Dienststellen.
(2) ¹Beschäftigte im Sinne dieses Gesetzes sind alle Bediensteten unabhängig davon, ob der Beschäftigung ein Beamten-, Richter-, Arbeits- oder Ausbildungsverhältnis zugrunde liegt. ²Wahlbeamtinnen und Wahlbeamte sowie Beamtinnen und Beamte, die nach § 51 Ab-

satz 1 des Saarländischen Beamtengesetzes vom 11. März 2009 (Amtsbl. S. 514), zuletzt geändert durch das Gesetz vom 12. November 2014 (Amtsbl. I S. 428), jederzeit in den einstweiligen Ruhestand versetzt werden können, sind keine Beschäftigten im Sinne dieses Gesetzes. ³Teilzeitbeschäftigte im Sinne dieses Gesetzes sind Beschäftigte, deren Wochen-, Monats- oder Jahresarbeitszeit die tarifvertraglich vereinbarte oder gesetzlich festgelegte Wochen-, Monats- oder Jahresarbeitszeit unterschreitet.

(3) Personalstellen im Sinne dieses Gesetzes sind Planstellen und andere Stellen im Sinne von § 17 Absatz 5 und 6 des Gesetzes betreffend Haushaltsordnung des Saarlandes in der Fassung der Bekanntmachung vom 5. November 1999 (Amtsbl. 2000 S. 194), zuletzt geändert durch Artikel 5 des Gesetzes vom 1. Dezember 2011 (Amtsbl. I S. 556).

(4) ¹Eine Unterrepräsentanz von Frauen im Sinne dieses Gesetzes liegt vor, wenn in einer Entgeltgruppe oder Besoldungsgruppe einer Laufbahn weniger Frauen als Männer beschäftigt sind. ²Jede Entgeltgruppe und jede Besoldungsgruppe einer Laufbahn bildet einen Bereich. ³Die Dienststellen nach § 7 Absatz 1 sind berechtigt, weitere Unterteilungen vorzunehmen.

(5) Familienpflichten sind die Erziehung eines minderjährigen Kindes, sowie die Betreuung pflegebedürftiger Angehöriger.

§ 4 Benachteiligungsverbote

(1) ¹Frauen und Männer dürfen wegen ihres Geschlechts, ihres Familienstands, der Tatsache, dass sie zusätzlich zum Beruf Familienpflichten wahrnehmen oder in der Vergangenheit wahrgenommen haben, oder aufgrund des Umstands, dass sie aus familiären Gründen teilzeitbeschäftigt oder beurlaubt sind oder waren, nicht benachteiligt werden. ²Insbesondere dürfen die genannten Umstände weder ihrem beruflichen Fortkommen entgegenstehen, noch bei der Einstellung, einer dienstlichen Beurteilung, der Übertragung einer höherwertigen Tätigkeit oder einer Beförderung nachteilig berücksichtigt werden. ³Gleiches gilt für die Tatsache, dass sich die Ausbildung oder Absolvierung einer Fach- oder Laufbahnprüfung durch eine Schwangerschaft oder die Betreuung von Kindern oder Pflegebedürftigen verzögert hat.

(2) ¹Eine Benachteiligung liegt auch vor, wenn eine Regelung sich wesentlich seltener vorteilhaft oder wesentlich häufiger nachteilig auf eine einzelne Personengruppe auswirkt als auf andere, ohne dass dies zwingend gerechtfertigt ist. ²Bestehende Benachteiligungen können durch besondere Förderung ausgeglichen werden.

§ 5 Anrechnungszeiten

Zeiten der Berufsunterbrechung wegen Familienpflichten sind bei Wiedereintritt in den Beruf nach den hierfür geltenden besonderen Vorschriften anzurechnen.

Abschnitt 2: Personalplanung zur Frauenförderung

§ 6 Statistische Erhebung; Verordnungsermächtigung

(1) Jede Dienststelle, die über einen eigenen Stellenplan verfügt, erfasst in den einzelnen Bereichen jährlich mit Stand 30. Juni statistisch die Zahl der Frauen und Männer
1. unter den Beschäftigten, gegliedert nach Entgelt- und Besoldungsgruppen, Voll- und Teilzeittätigkeit sowie die Zahl und Dauer der Beurlaubung differenziert nach familienbedingter Beurlaubung und Beurlaubung aus sonstigen Gründen,
2. in den jeweiligen dienststelleninternen Vorgesetzten- und Leitungsfunktionen,
3. bei Bewerbung, Einstellung, beruflichem Aufstieg und Fortbildung und

4. in Gremien der Dienststelle nach § 29 Absatz 1 sowie die in Gremien außerhalb der Verwaltung (Aufsichtsräte) entsandten Mitglieder.

(2) ¹Im Schulbereich wird die Statistik nach Absatz 1 für die jeweiligen Schulformen Grundschule, Gemeinschaftsschule, Gymnasium und Förderschule sowie für die beruflichen Regelschulformen insgesamt erhoben. ²Zuständig hierfür ist das Ministerium für Bildung und Kultur.

(3) ¹Die statistische Erhebung ist in der Dienststelle öffentlich zu machen sowie an das Statistische Amt, das Ministerium für Soziales, Gesundheit, Frauen und Familie und die Stelle weiterzuleiten, die den Frauenförderplan nach § 8 in Kraft gesetzt hat. ²Die Erhebung ist als Landesstatistik zu führen und mindestens alle drei Jahre zu veröffentlichen.

(4) Die Landesregierung regelt die einzelnen Vorgaben für die Erfassung und Mitteilung der statistischen Angaben unter Berücksichtigung der Personalstandstatistik nach dem Finanz- und Personalstatistikgesetz in der Fassung der Bekanntmachung vom 22. Februar 2006 (BGBl. I S. 438), zuletzt geändert durch Artikel 1 des Gesetzes vom 22. Mai 2013 (BGBl. I S. 1312), durch Rechtsverordnung.

§ 7 Grundsätze eines Frauenförderplanes

(1) ¹Jede Dienststelle mit Ausnahme der Schulen hat für einen Zeitraum von vier Jahren für ihren Zuständigkeitsbereich einen Frauenförderplan vorzulegen. ²Gegenstand des Frauenförderplanes sind die Förderung der Gleichstellung von Frauen und Männern und die Beseitigung der Unterrepräsentanz von Frauen innerhalb des Geltungsbereichs des Frauenförderplanes. ³Für die jeweiligen Schulformen Grundschule, Gemeinschaftsschule, Gymnasium und Förderschule sowie für die beruflichen Regelschulformen insgesamt gelten die Sätze 1 und 2 entsprechend; zuständig für die Aufstellung der Frauenförderpläne ist das Ministerium für Bildung und Kultur. ⁴Zum Abbau von Unterrepräsentanz muss der Frauenförderplan für seine Geltungsdauer verbindliche Zielvorgaben in Prozentsätzen bezogen auf die Unterrepräsentanz von Frauen in den jeweiligen Entgelt- und Besoldungsgruppen sowie auf den Vorgesetzten- und Leitungsebenen enthalten. ⁵Die Zielvorgaben bestimmen, dass in den Bereichen, in denen Frauen unterrepräsentiert sind, diese bei gleicher Eignung, Befähigung und fachlicher Leistung bevorzugt werden, soweit nicht in der Person eines männlichen Mitbewerbers liegende Gründe überwiegen. ⁶Die personellen, organisatorischen und fortbildenden Maßnahmen zur Erreichung der Zielvorgaben nach den Sätzen 4 und 5 sind zu benennen. ⁷Bei der Festlegung der Zielvorgaben ist festzustellen, welche für die Besetzung von Personalstellen erforderlichen Qualifikationen die Beschäftigten bereits aufweisen oder wie sie die geforderte Qualifikation erwerben können (geschlechtergerechte Personalentwicklung).

(2) Grundlage des Frauenförderplanes ist die statistische Erhebung nach § 6 sowie die zu erwartende Fluktuation oder personalwirtschaftliche Einsparmaßnahmen.

(3) Sind in einem Planungszeitraum personalwirtschaftliche Maßnahmen vorgesehen, die Personalstellen sperren oder zum Wegfall bringen, ist im Frauenförderplan vorzugeben, dass der Frauenanteil in den Bereichen, in denen Frauen unterrepräsentiert sind, mindestens gleich bleibt.

(4) ¹Der Frauenförderplan ist nach zwei Jahren zu überprüfen und der aktuellen Entwicklung anzupassen. ²Bei dieser Anpassung sind insbesondere die Gründe sowie ergänzende Maßnahmen aufzunehmen, wenn erkennbar ist, dass die Ziele des Frauenförderplans sonst nicht oder nicht innerhalb der vorgesehenen Zeiträume erreicht werden können. ³Das Gleiche gilt bei Umressortierungen.

(5) ¹Beruht der Frauenförderplan auf unrichtigen Voraussetzungen, so kann er vor Ablauf der Vierjahresfrist mit Zustimmung der Frauenbeauftragten auch zu einem anderen Zeitpunkt geändert werden. ²Tritt die Änderung durch personalwirtschaftliche Maßnahmen nach Absatz 6 ein, so ist bei der Anpassung zu gewährleisten, dass der Frauenanteil in den betroffenen Bereichen mindestens gleich bleibt.

(6) ¹Der Frauenförderplan enthält auch Maßnahmen zur Verbesserung der Arbeitsbedingungen sowie zur Aufwertung von Tätigkeiten an überwiegend mit Frauen besetzten Arbeitsplätzen, soweit dies erforderlich ist, um einen dem Gleichberechtigungsgrundsatz widersprechenden Zustand zu beseitigen. ²Er kann auch Maßnahmen enthalten, die geeignet sind, überwiegend mit Männern besetzte Arbeitsplätze so umzugestalten, dass sie auch mit Frauen besetzt werden können.

(7) ¹Stellen des wissenschaftlichen Dienstes, die gemäß § 1 des Wissenschaftszeitvertragsgesetzes vom 12. April 2007 (BGBl. I S. 506), geändert durch das Gesetz vom 11. März 2016 (BGBl. I S. 442), befristet besetzt werden, sind mindestens mit dem Anteil an Frauen zu besetzen, den sie an den Absolventinnen und Absolventen des jeweiligen Fachbereiches stellen. ²Stellen des Wissenschaftlichen Dienstes, die nach § 42 des Saarländischen Hochschulgesetzes vom 30. November 2016 (Amtsbl. I S. 1080) befristet besetzt werden, sind mindestens mit dem Anteil an Frauen zu besetzen, den sie im jeweiligen Fachbereich an Promovierten stellen. ³Die zur Beschäftigung von wissenschaftlichen Hilfskräften ohne Abschluss angesetzten Mittel müssen mindestens mit dem Anteil für Frauen verwendet werden, den diese an den Studierenden des jeweiligen Fachbereiches stellen.

(8) ¹Bei der Ausbildung für Berufe, in denen Frauen unterrepräsentiert sind, sind Frauen bei jeder Vergaberunde auf mindestens der Hälfte der Ausbildungsplätze zur Einstellung vorzusehen. ²Dies gilt nicht für Ausbildungsgänge, in denen eine staatliche Ausbildung Voraussetzung für die Ausübung eines Berufes außerhalb des öffentlichen Dienstes ist.

(9) Die im Frauenförderplan festgelegten Zielvorgaben und Maßnahmen müssen bei der Personalplanung und -entwicklung, bei der Besetzung von Ausbildungsplätzen, Einstellung, Beförderung oder Übertragung höherwertiger Tätigkeiten sowie bei der Durchführung von Fortbildungsmaßnahmen beachtet werden.

(10) Werden die Zielvorgaben des Frauenförderplans für jeweils vier Jahre nicht erreicht, sind die Gründe hierfür im nächsten Bericht zum Frauenförderplan darzulegen.

(11) Der Frauenförderplan ist den Beschäftigten unverzüglich zur Kenntnis zu geben.

§ 8 Inkraftsetzen des Frauenförderplanes

(1) ¹Frauenförderpläne im Bereich der Landesverwaltung sind durch die oberste Landesbehörde, im Bereich der Gemeinden und Gemeindeverbände durch die Leiterin oder den Leiter der Dienststelle in Kraft zu setzen. ²Über das Inkrafttreten des Frauenförderplanes der Verwaltung des Landtages entscheidet das Landtagspräsidium, über den des Landesrechnungshofes die Präsidentin oder der Präsident des Landesrechnungshofes. ³Über das Inkrafttreten der Frauenförderpläne anderer, der alleinigen Aufsicht des Landes unterstehender juristischer Personen des öffentlichen Rechts, entscheiden diese im Benehmen mit der Dienststelle, die die Rechtsaufsicht ausübt. ⁴Der Frauenförderplan des Saarländischen Rundfunks wird durch die Leiterin oder den Leiter der Dienststelle in Kraft gesetzt. ⁵Maßnahmen der Rechtsaufsicht bleiben unberührt.

(2) Ist der Frauenförderplan drei Monate nach Ablauf des letzten Frauenförderplanes noch nicht formell in Kraft getreten, so dürfen keine Einstellungen, Übertragungen höherwertiger Tätigkeiten und Beförderungen von Männern in Bereichen, in denen Frauen unterrepräsentiert sind, vorgenommen werden.

§ 9 Berichtspflicht

(1) Jede Dienststelle, die einen Frauenförderplan aufgestellt hat, sowie das Ministerium für Bildung und Kultur für die jeweiligen Schulformen Grundschule, Gemeinschaftsschule, Gymnasium und Förderschule sowie für die beruflichen Regelschulformen insgesamt berichten jeweils nach zwei Jahren der Dienststelle, die den Frauenförderplan gemäß § 8 Absatz 1 in Kraft gesetzt hat, über die Umsetzung dieses Gesetzes. Die Berichtspflicht umfasst die bisherigen und geplanten Maßnahmen zur Durchführung dieses Gesetzes, insbesondere die Auskunft über die Entwicklung des Frauenanteils in den Entgelt- und Besoldungsgruppen in den einzelnen Berufsfach- und Laufbahngruppen im öffentlichen Dienst, insbesondere in den Bereichen, in denen Frauen unterrepräsentiert sind, die Maßnahmen zur Frauenförderung, die Umsetzung des Frauenförderplans, die Umsetzung der Zielvorgaben nach § 7 Absatz 1 und 10 sowie nach § 29 Absatz 2 und die Maßnahmen zur Förderung der Vereinbarkeit von Familie und Erwerbstätigkeit. Die Berichte werden den Beschäftigten und dem Ministerium für Soziales, Gesundheit, Frauen und Familie zugänglich gemacht. Im Bereich der Gemeinden und Gemeindeverbände wird der Bericht auch dem Gemeinde- oder Stadtrat und dem Kreistag oder der Regionalversammlung sowie bei den Eigenbetrieben dem Werksausschuss zugänglich gemacht. Die Landesregierung berichtet dem Landtag alle vier Jahre über die Umsetzung dieses Gesetzes für die gesamte Landesverwaltung und legt einen Gesamtbericht über den Geltungsbereich dieses Gesetzes vor. Beim Saarländischen Rundfunk berichtet die Leiterin oder der Leiter der Dienststelle dem Rundfunkrat über die Umsetzung der Zielvorgaben.
(2) Die Landesregierung wird ermächtigt, das Nähere über die Berichterstattung durch Rechtsverordnung zu regeln.

Abschnitt 3: Stellenausschreibung, Auswahlverfahren

§ 10 Stellenausschreibung

(1) [1]In allen Bereichen, in denen Frauen unterrepräsentiert sind, muss ein freier Arbeitsplatz ausgeschrieben werden. [2]Bei der Neubesetzung hat sich die Dienststelle an den Grundsätzen des Frauenförderplanes gemäß § 7 zu orientieren.[3]Die Stellenausschreibung kann öffentlich erfolgen, wenn das Ziel der Beseitigung der Unterrepräsentanz mit einer hausinternen oder dienststellenübergreifenden Stellenausschreibung nicht erreicht werden kann.
(2) Im Einvernehmen mit der Frauenbeauftragten kann von einer Stellenausschreibung abgesehen werden, wenn die Arbeitsplätze
1. für die Rückkehr von Beschäftigten nach einer Beurlaubung oder Abordnung vorgesehen sind oder
2. Anwärtern oder Anwärterinnen beziehungsweise Auszubildenden der Dienststelle vorbehalten sein sollen oder
3. für Beschäftigte vorgesehen sind, deren Arbeitsplätze durch Organisationsentscheidungen der Dienststelle oder aufgrund eines abgestimmten Personalentwicklungskonzeptes des Arbeitgebers oder Dienstherrn entfallen sind oder entfallen sollen oder
4. aufgrund ausreichend vorliegender Bewerbungen insbesondere auch von Frauen eine Stellenausschreibung entbehrlich erscheint.
(3) [1]Vor jeder Stellenausschreibung ist zu prüfen, ob die Stelle oder das zu vergebende Amt auch mit einer verringerten Arbeitszeit oder im Wege der Arbeitsplatzteilung ausgeschrieben werden kann. [2]Das gilt auch für leitende Positionen.
(4) [1]Die Stellenausschreibung muss alle wesentlichen Anforderungen an Eignung, Befähigung und fachliche Leistung enthalten, die bei der Stellenbesetzung herangezogen werden

sollen (Anforderungsprofil). ²Die Anforderungen haben sich ausschließlich an den Erfordernissen der zu besetzenden Stelle oder des zu vergebenden Amtes zu orientieren.
(5) ¹In Bereichen, in denen Frauen unterrepräsentiert sind, hat jede Stellenausschreibung eine ausdrückliche Aufforderung an Frauen zu enthalten, sich zu bewerben. ²Hierbei ist auf das Bestehen eines Frauenförderplanes sowie auf die Zielsetzung dieses Gesetzes, eine bestehende Unterrepräsentanz von Frauen zu beseitigen, hinzuweisen. ³Weiterhin ist die gegebenenfalls die Möglichkeit zur Teilzeitbeschäftigung oder zur flexiblen Gestaltung der Arbeitszeit aufzuführen
(6) Liegen nach der ersten Stellenausschreibung keine Bewerbungen von Frauen vor, die die gesetzlichen oder sonst vorgesehenen Voraussetzungen für die Besetzung der Stelle oder des zu vergebenden Amtes nachweisen, ist auf Verlangen der Frauenbeauftragten die Stellenausschreibung einmal zu wiederholen.
(7) Bei Maßnahmen, die das Personal-Service-Center in Erfüllung seiner Aufgaben vornimmt, ist eine Stellenausschreibung nicht erforderlich.

§ 11 Vorstellungsgespräche

(1) In den Bereichen, in denen Frauen unterrepräsentiert sind, sind bei gleicher Qualifikation mindestens ebenso viele Frauen wie Männer, die die gesetzliche oder durch die Stellenausschreibung vorgegebene Qualifikation aufweisen, zum Vorstellungsgespräch einzuladen, sofern Bewerbungen von Frauen in ausreichender Zahl vorliegen.
(2) In Vorstellungs- oder Auswahlgesprächen sind Fragen nach dem Familienstand, einer bestehenden oder geplanten Schwangerschaft sowie der Sicherstellung der Betreuung von Kindern oder pflegebedürftigen Angehörigen neben der Berufstätigkeit unzulässig.
(3) ¹Auswahlkommissionen sollen zu gleichen Teilen mit Frauen und Männern besetzt sein. ²Ist dies aus sachlichen Gründen nicht möglich, sind die Gründe aktenkundig zu machen.

§ 12 Auswahlentscheidungen

(1) Um die Gleichberechtigung von Frauen und Männern bei Einstellungen, Übertragungen höherwertiger Tätigkeiten und Beförderungen, sowie die Erfüllung der Frauenförderpläne zu gewährleisten, sind Eignung, Befähigung und fachliche Leistung entsprechend der Anforderungen der zu besetzenden Stelle oder des zu vergebenden Amtes zu beurteilen.
(2) ¹Maßgeblich für die Beurteilung der Eignung ist ausschließlich das Anforderungsprofil der zu besetzenden Stelle oder des zu vergebenden Amtes. ²Dies gilt auch bei der Vergabe von Ausbildungsplätzen, es sei denn, es handelt sich um eine staatliche Ausbildung, die Voraussetzung für die Ausübung eines Berufs auch außerhalb des öffentlichen Dienstes ist.
(3) Bei der Qualifikationsbeurteilung sind Fähigkeiten und Erfahrungen, die durch die Übernahme von Familienpflichten erworben wurden, zu berücksichtigen, soweit ihnen für die Eignung, Leistung und Befähigung der Bewerberinnen und Bewerber Bedeutung zukommt.
(4) Dienstalter, Lebensalter und der Zeitpunkt der letzten Höhergruppierung oder Beförderung dürfen nur insoweit als Qualifikationsmerkmal Berücksichtigung finden, als ihnen für Eignung, Leistung und Befähigung eigenständige Bedeutung zukommt.
(5) Werden die Zielvorgaben des Frauenförderplanes für jeweils vier Jahre nicht erfüllt, bedarf bis zu ihrer Erfüllung jede weitere Einstellung, Übertragung einer höherwertigen Tätigkeit oder Beförderung eines Mannes in einem Bereich, in dem Frauen unterrepräsentiert sind, der Zustimmung der Stelle, die den Frauenförderplan in Kraft gesetzt hat, im Geltungsbereich der bei den Ministerien und der Staatskanzlei aufgestellten Frauenförderpläne der Zustimmung der Landesregierung, im Geltungsbereich der Gemeinden und Gemeindeverbände der Zustimmung des Gemeinderates, Kreistages oder der Regionalversammlung , im Gel-

tungsbereich anderer der alleinigen Aufsicht des Landes unterstehender juristischer Personen des öffentlichen Rechts des Benehmens der Dienststelle, die die Rechtsaufsicht ausübt.

§ 13 Einstellungen, Beförderung und Übertragung höherwertiger Tätigkeiten
Frauen sind bei Einstellungen, Beförderung und Übertragung höherwertiger Tätigkeiten bei gleicher Eignung, Befähigung und fachlicher Leistung so lange vorrangig zu berücksichtigen, bis sie in jeder Entgelt- und Besoldungsgruppe der jeweiligen Dienststelle mindestens zu 50 Prozent vertreten sind, sofern nicht in der Person eines Mitbewerbers liegende Gründe überwiegen.

§ 14 Umkehr der Beweislast
Wenn im Streitfall eine Person Tatsachen behauptet, die eine Benachteiligung wegen des Geschlechtes vermuten lassen, tragen Arbeitgeber beziehungsweise Dienstherr die Beweislast dafür, dass nicht auf das Geschlecht bezogene, sondern sachliche Gründe eine unterschiedliche Behandlung rechtfertigen oder das Geschlecht unverzichtbare Voraussetzung für die auszuübende Tätigkeit ist, beziehungsweise die Beweislast dafür, dass die Eignung, Befähigung und Leistung der betroffenen Person geringer ist als die der eingestellten beziehungsweise beförderten Person.

Abschnitt 4: Berufliche Qualifizierung

§ 15 Berufliche Fort- und Weiterbildung
(1) [1] Es werden von den für die Fortbildung zuständigen Stellen im Rahmen der allgemeinen Maßnahmen Fortbildungen angeboten, die gezielt der beruflichen Qualifizierung von Frauen dienen, um sie auf die Übernahme höherwertiger Tätigkeiten in Bereichen, in denen sie unterrepräsentiert sind, vorzubereiten. [2] Frauen sind ausdrücklich zur Teilnahme an beruflichen Fortbildungsveranstaltungen zu ermutigen und aufzufordern. [3] Durch die Dienststelle ist sicherzustellen, dass alle Beschäftigten zeitgerecht Kenntnis von beruflichen Fort- und Weiterbildungsmaßnahmen erhalten. [4] Die Fortbildungsveranstaltungen sollen so angeboten werden, dass die Teilnahme auch für Beschäftigte mit Familienpflichten und für Teilzeitbeschäftigte möglich ist. [5] Bei Bedarf kann eine Kinderbetreuung organisiert werden.
(2) [1] Beurlaubte Beschäftigte können an Fortbildungsmaßnahmen teilnehmen. [2] Sie sind in geeigneter Weise über berufliche Fortbildungsveranstaltungen zu informieren. [3] Die Teilnahme an Fortbildungsveranstaltungen ist Dienst im Sinne des Dienstunfall- und Unfallversicherungsrechts; Ansprüche auf Entgelt oder Bezüge bestehen nicht.
(3) Frauen sind in verstärktem Maße als Leiterinnen, Dozentinnen und Referentinnen von Fortbildungsveranstaltungen heranzuziehen.
(4) Der Frauenbeauftragten und ihrer Stellvertreterin ist in angemessenem Umfang Gelegenheit zur Fortbildung insbesondere im Gleichstellungsrecht und in Fragen des öffentlichen Dienst-, Personalvertretungs-, Organisations- und Haushaltsrechts zu geben.

Abschnitt 5: Vereinbarkeit von Familie und Erwerbstätigkeit für Frauen und Männer

§ 16 Familiengerechte Arbeitszeiten und Arbeitsbedingungen
(1) Die Dienststelle hat Arbeitszeiten und sonstige Rahmenbedingungen anzubieten, die Frauen und Männern die Vereinbarkeit von Familienpflichten und Erwerbstätigkeit erleichtern, wenn zwingende dienstliche Belange nicht entgegenstehen.

(2) ¹Im Interesse dieser Zielsetzung sind die Dienststellen berechtigt, Arbeitszeitmodelle zu erproben. ²Soweit erforderlich sind hierzu im Benehmen mit dem Ministerium für Inneres und Sport Ausnahmen von einzelnen Vorschriften des Saarländischen Beamtengesetzes, der Arbeitszeitverordnung vom 18. Mai 1999 (Amtsbl. S. 854), zuletzt geändert durch die Verordnung vom 24. Januar 2006 (Amtsbl. S. 174) und der Urlaubsverordnung für die saarländischen Beamten und Richter in der Fassung der Bekanntmachung vom 8. Dezember 1970 (Amtsbl. S. 978), zuletzt geändert durch das Gesetz vom 10. Februar 2010 (Amtsbl. I S. 28) zulässig.

§ 17 Teilzeitarbeit; Telearbeit

(1) ¹Anträgen von Beschäftigten mit Familienpflichten auf Teilzeitbeschäftigung ist auch bei Stellen mit Vorgesetzten- oder Leitungsaufgaben zu entsprechen, wenn nicht zwingende dienstliche Belange entgegenstehen. ²Üben Beschäftigte keine Familienpflichten aus, kann ihrem Antrag auf Teilzeitbeschäftigung entsprochen werden, soweit dienstliche Belange nicht entgegenstehen. ³Im Rahmen der dienstlichen Möglichkeiten sind Beschäftigten mit Familienpflichten auch Telearbeitsplätze anzubieten. ⁴Die Ablehnung eines Antrages auf Teilzeitbeschäftigung beziehungsweise Telearbeit ist von der Dienststelle schriftlich zu begründen.

(2) Die Dienststelle hat darauf zu achten, dass die Beschäftigten eine ihrer ermäßigten Arbeitszeit entsprechende Entlastung von ihren dienstlichen Aufgaben erhalten.

(3) ¹Teilzeitstellen sollen so beschaffen sein, dass sie ein – auch im Hinblick auf die Altersversorgung – zur eigenständigen Existenzsicherung geeignetes persönliches Einkommen sicherstellen. ²Beschäftigungsverhältnisse nach § 8 Absatz 1 Nummer 1 des Vierten Buches Sozialgesetzbuch werden in der Regel nicht begründet. ³Ausnahmen sind für Dienstverhältnisse wissenschaftlicher und studentischer Hilfskräfte an saarländischen Hochschulen oder bei Einstellungen in befristete Arbeitsverhältnisse für eine Dauer von nicht mehr als drei Monaten zulässig.

(4) ¹Unbefristet Teilzeitbeschäftigte, die den Wunsch auf einen Vollzeitarbeitsplatz haben, sind bei der Neubesetzung von Vollzeitarbeitsplätzen unter Beachtung von Eignung, Befähigung und fachlicher Leistung vorrangig zu berücksichtigen. ²Dies gilt entsprechend für Beschäftigte mit befristeter Arbeitszeitverkürzung, die vor Ablauf der Frist den Wunsch auf einen Vollzeitarbeitsplatz haben. ³Ihnen ist die Teilnahme an Fort- und Weiterbildungsveranstaltungen anzubieten.

(5) Beschäftigte, die wegen Familienpflichten einen Antrag nach Absatz 1 auf Verringerung der Arbeitszeit für höchstens fünf Jahre stellen, und dabei bereits angeben, dass sie nach Ablauf dieser Zeit wieder Vollzeit arbeiten wollen, haben sodann nach dieser Zeit einen Anspruch auf eine Stelle, die ihnen Vollzeitarbeit wieder ermöglicht.

(6) ¹Teilzeit- und Telearbeit stehen der Übernahme und Wahrnehmung von Leitungsaufgaben nicht entgegen. ²Sie sind in Leitungsfunktionen für beide Geschlechter zu fördern. ³Die Dienststelle sieht dafür eine dienststellenbezogene Zielvorgabe vor, die im Frauenförderplan festzuschreiben ist.

§ 18 Beurlaubung ohne Dienstbezüge

(1) ¹Die Dienststelle soll den wegen Familienpflichten beurlaubten Beschäftigten den beruflichen Wiedereinstieg erleichtern. ²Darüber hinaus sind geeigneten beurlaubten Beschäftigten bei vorübergehendem Personalbedarf der Dienststelle, insbesondere im Rahmen von Urlaubs- und Krankenvertretungen, Beschäftigungsverhältnisse anzubieten. § 17 Absatz 4 Satz 3 gilt entsprechend.

(2) Beschäftigten, die Elternzeit oder eine Beurlaubung ohne Dienstbezüge aus familiären Gründen in Anspruch nehmen, dürfen hieraus keine dienstlichen Nachteile erwachsen.

§ 19 Hinweispflicht
[1]Beschäftigte, die einen Antrag auf Teilzeitbeschäftigung stellen, sind insbesondere auf die arbeits-, beamten-, renten- und versorgungsrechtlichen Folgen sowie auf die Möglichkeit der Befristung mit Verlängerung und deren Folgen hinzuweisen. [2]Satz 1 gilt auch für Beschäftigte, die eine Beurlaubung ohne Dienstbezüge in Anspruch nehmen wollen.

Abschnitt 6: Maßnahmen zur Vorbeugung und Vorgehensweise gegen sexuelle Belästigung

§ 20 Sexuelle Belästigung
(1) [1]Die Dienststelle ist verpflichtet, sexuellen Belästigungen am Arbeitsplatz vorzubeugen und bei bekannt gewordenen sexuellen Belästigungen die erforderlichen dienstrechtlichen, arbeitsrechtlichen und personalwirtschaftlichen Maßnahmen zu ergreifen. [2]Vorgesetzte sind verpflichtet, bekannt gewordene sexuelle Belästigungen der Dienststellenleitung zu melden.
(2) [1]Die zuständige Frauenbeauftragte ist sowohl am behördlichen Disziplinarverfahren als auch am gesamten Verfahren zu beteiligen. [2]Sie ist berechtigt, Beschwerden wegen sexueller Belästigungen von betroffenen Beschäftigten entgegenzunehmen und mit deren Einverständnis weiterzuleiten.
(3) Die Beschwerde über sexuelle Belästigung darf nicht zur Benachteiligung der belästigten Person führen.

Abschnitt 7: Frauenbeauftragte

§ 21 Frauenbeauftragte
(1) [1]Jede Dienststelle mit regelmäßig mindestens zehn Beschäftigten mit Ausnahme der Schulen hat das Amt einer Frauenbeauftragten einzurichten, die die Dienststelle sowie die Bediensteten in allen Fragen der tatsächlichen Durchsetzung der Gleichberechtigung berät und unterstützt. [2]Dienststellen mit weniger als zehn Beschäftigten mit Ausnahme der Schulen können das Amt einer Frauenbeauftragten einrichten. [3]Für die jeweiligen Schulformen Grundschule, Gemeinschaftsschule, Gymnasium und Förderschule sowie für die beruflichen Regelschulformen insgesamt gelten die Sätze 1 und 2 entsprechend.
(2) § 6 des Saarländischen Hochschulgesetzes, § 28 des Musikhochschulgesetzes vom 4. Mai 2010 (Amtsbl. I S.1176), zuletzt geändert durch das Gesetz vom 28. August 2013 (Amtsbl. I S. 274 und § 28 des Kunsthochschulgesetzes vom 4. Mai 2010 (Amtsbl. I S. 1176), zuletzt geändert durch das Gesetz vom 28. August 2013 (Amtsbl. I S. 274), bleiben unberührt.

§ 22 Wahl und Stellung der Frauenbeauftragten; Verordnungsermächtigung
(1) [1]Die Frauenbeauftragte wird von den weiblichen Beschäftigten in geheimer und unmittelbarer Wahl für eine Amtszeit von jeweils vier Jahren gewählt. [2]Sie wird alsdann von dem Arbeitgeber oder Dienstherrn zur Frauenbeauftragten ernannt. [3]Die Wahl der Frauenbeauftragten ist jeweils zeitgleich mit der Personalratswahl durchzuführen. [4]Die Landesregierung regelt das Verfahren durch Rechtsverordnung. [5]Wird gemäß §§ 79a, 186 und 215a des Kommunalselbstverwaltungsgesetzes in der Fassung der Bekanntmachung vom 27. Juni 1997

(Amtsbl. S. 682), zuletzt geändert durch das Gesetz vom 14. Mai 2014 (Amtsbl. I S. 172), eine kommunale Frauenbeauftragte bestellt, so entfällt die Wahl gemäß Satz 1. ⁶In diesen Fällen nimmt die kommunale Frauenbeauftragte die Aufgaben gemäß Abschnitt 7 dieses Gesetzes mit wahr.

(2) ¹Finden sich aus dem Kreis der weiblichen Beschäftigten für die Wahl der Frauenbeauftragten keine Kandidatinnen oder kann das Amt der Frauenbeauftragten nach den für die Wahl geltenden Vorschriften nicht besetzt werden, bestellt die Dienststelle aus dem Kreis der weiblichen Beschäftigten eine Frauenbeauftragte für die Zeit bis zur nächsten regelmäßigen Wahl. ²Hierzu bedarf es der Zustimmung der zu bestellenden Beschäftigten.

(3) ¹Die Frauenbeauftragte wird der Betriebs- oder Dienststellenleitung unmittelbar zugeordnet. ²Die Frauenbeauftragten der jeweiligen Schulformen werden unmittelbar der Dienststellenleitung des für Bildung zuständigen Ministeriums zugeordnet. ³Ihre Tätigkeit ist eine dienstliche Tätigkeit. ⁴Sie ist im Geschäftsverteilungsplan auszuweisen. ⁵Eine Abwesenheitsvertretung ist auf Vorschlag der Frauenbeauftragten und in Abstimmung mit ihr zu bestellen. ⁶Hierzu bedarf es der Zustimmung der zu bestellenden Beschäftigten. ⁷In Dienststellen mit mehr als 1.000 Beschäftigten sind mindestens zwei Stellvertreterinnen nach Satz 5 und 6 zu bestellen.

(4) Die Frauenbeauftragte und ihre Stellvertreterin dürfen keiner Personalvertretung angehören und nur in ihrer Eigenschaft als Frauenbeauftragte mit Personalangelegenheiten befasst sein.

(5) ¹Die Frauenbeauftragte übt ihre Tätigkeit im Rahmen der ihr aus diesem Gesetz zukommenden Aufgaben unabhängig und weisungsfrei aus. ²Sie darf in oder aufgrund der Ausübung ihrer Tätigkeit nicht behindert oder benachteiligt werden. ³Sie ist mit den zur Erfüllung ihrer Aufgaben notwendigen räumlichen, personellen und sachlichen Mitteln auszustatten.

(6) ¹Die Frauenbeauftragte und ihre Stellvertreterin sind verpflichtet, über die persönlichen Verhältnisse von Beschäftigten, die ihnen aufgrund ihres Amtes bekannt geworden sind, sowie über Angelegenheiten, die ihrer Bedeutung oder ihrem Inhalt nach einer vertraulichen Behandlung bedürfen, Stillschweigen zu bewahren. ²Dies gilt auch über ihre Amtszeit hinaus. ³Diese Verpflichtung besteht bei Einwilligung der Beschäftigten nicht gegenüber der Dienststellenleitung, der Personalvertretung sowie der Schlichtungsstelle.

(7) ¹In Dienststellen mit bis zu 100 Beschäftigten ist die Frauenbeauftragte wöchentlich im Umfang von fünf Stunden, in Dienststellen mit bis zu 300 Beschäftigten im Umfang von zehn Stunden von ihren übrigen dienstlichen Aufgaben zu entlasten. ²Bei Vorliegen besonderer Umstände ist der Frauenbeauftragten auf Antrag im erforderlichen Umfang eine über die in Satz 1 jeweils festgesetzte wöchentliche Stundenzahl hinausgehende Entlastung zu gewähren. ³In Dienststellen mit mehr als 300 Beschäftigten ist für die Tätigkeit der Frauenbeauftragten mindestens eine Stelle mit der Hälfte der regelmäßigen Wochenarbeitszeit zur Verfügung zu stellen, in Dienststellen mit mehr als 600 Beschäftigten eine volle Stelle. ⁴In Dienststellen mit mehr als 1.000 Beschäftigten ist der Frauenbeauftragten eine Mitarbeiterin mit der Hälfte der regelmäßigen Arbeitszeit zuzuordnen, in Dienststellen mit mehr als 2.000 Beschäftigten eine Mitarbeiterin mit der vollen Regelarbeitszeit. ⁵Eine vom Dienst freigestellte Frauenbeauftragte ist in ihrer beruflichen Entwicklung so zu behandeln, als wäre eine Freistellung nicht erfolgt. ⁶Für die Tätigkeit der Frauenbeauftragten der Schulformen nach § 21 Absatz 1 Satz 3 stellt das Ministerium für Bildung und Kultur abweichend von Satz 1 bis 5 einen Gesamtfreistellungsumfang von bis zu 1,5 Vollzeitlehrerstellen zur Verfügung. ⁷Die Freistellung erfolgt anteilig unter Berücksichtigung der Gesamtbeschäftigtenanzahl der von der jeweiligen Frauenbeauftragten vertretenen Schulform. ⁸Wird das Amt einer gemeinsamen

Frauenbeauftragten der Schulformen nach § 22b nicht eingerichtet, so erhöht sich der Gesamtfreistellungsumfang nach Satz 6 auf bis zu 2,5 Vollzeitlehrerstellen.

(8) ¹Die Kündigung der Frauenbeauftragten ist unzulässig, es sei denn, dass Tatsachen vorliegen, die den Arbeitgeber oder Dienstherrn zur Kündigung aus wichtigem Grund ohne Einhaltung einer Kündigungsfrist berechtigen, und die nach dem Personalvertretungsrecht erforderliche Zustimmung vorliegt oder durch gerichtliche Entscheidung ersetzt ist. ²Nach Beendigung der Amtszeit der Frauenbeauftragten ist ihre Kündigung innerhalb eines Jahres, vom Zeitpunkt der Beendigung der Amtszeit angerechnet, unzulässig, es sei denn, dass Tatsachen vorliegen, die den Arbeitgeber oder Dienstherrn zur Kündigung aus wichtigem Grund ohne Einhaltung einer Kündigungsfrist berechtigen; dies gilt nicht, wenn die Beendigung des Amtes auf einer gerichtlichen Entscheidung beruht.

(9) ¹Die Frauenbeauftragte darf gegen ihren Willen nur versetzt, abgeordnet oder innerhalb der Dienststelle auf anderen Arbeitsplätzen beschäftigt werden, wenn dies auch unter Berücksichtigung der Funktion als Frauenbeauftragte aus wichtigen dienstlichen Gründen unvermeidbar ist und die Personalvertretung zustimmt. ²Dies gilt nicht für einen dienstlichen Wechsel zum Zweck der Ausbildung.

(10) Die Frauenbeauftragte darf für die Dauer eines Jahres nach ihrem Ausscheiden als Frauenbeauftragte nur mit Aufgaben betraut werden, die mindestens ihrer früher ausgeübten Funktion gleichwertig sind, es sei denn, zwingende dienstliche Notwendigkeiten stehen entgegen.

(11) Die Frauenbeauftragten haben das Recht zur dienststellenübergreifenden Zusammenarbeit.

§ 22a Gesamtfrauenbeauftragte

(1) ¹Bei den obersten Landesbehörden, deren Geschäftsbereich nachgeordnete Dienststellen oder Einrichtungen nach § 14 des Landesorganisationsgesetzes in der Fassung der Bekanntmachung vom 27. März 1997 (Amtsbl. S. 410), zuletzt geändert durch das Gesetz vom 18. November 2010 (Amtsbl. I S. 1420), umfasst, kann das Amt je einer Gesamtfrauenbeauftragten als Stufenvertretung eingerichtet werden. ²Die Gesamtfrauenbeauftragte wird jeweils von den und aus dem Kreis aller gemäß § 21 Absatz 1 im Geschäftsbereich der obersten Landesbehörde gewählten Frauenbeauftragten gewählt. ³Sie kann abweichend hiervon unmittelbar von allen weiblichen Beschäftigten des Geschäftsbereichs gewählt werden. ⁴Sie ist der jeweiligen obersten Landesbehörde zugeordnet.

(2) ¹Die Gesamtfrauenbeauftragte ist zuständig für alle in § 23 bestimmten Aufgaben, die dienststellenübergreifend zu regeln sind. ²Die Frauenbeauftragten der jeweils zuständigen Dienststellen sind zu hören.

(3) ¹Für die Freistellung der Gesamtfrauenbeauftragten ist in entsprechender Anwendung von § 22 Absatz 7 Satz 1 bis 3 die Gesamtzahl der Beschäftigten der von ihr vertretenen Dienststellen zugrunde zu legen. ²Ihr ist keine Mitarbeiterin zuzuordnen.

(4) Soweit in dieser Vorschrift nichts Abweichendes geregelt ist, gelten § 22 sowie die §§ 23 bis 24a entsprechend.

(5) Die Absätze 1 bis 4 finden im Geschäftsbereich des Ministeriums für Bildung und Kultur keine Anwendung.

§ 22b Gemeinsame Frauenbeauftragte der Schulformen

(1) ¹Im Geschäftsbereich des Ministeriums für Bildung und Kultur kann das Amt einer gemeinsamen Frauenbeauftragten der Schulformen als Stufenvertretung für den Schulbereich eingerichtet werden, wenn die Frauenbeauftragten der Schulformen (§ 21 Absatz 1 Satz 3)

aus ihrem Kreis eine solche wählen. ²§ 22a Absatz 1 Satz 4 und Absatz 2 gelten entsprechend.
(2) ¹Die gemeinsame Frauenbeauftragte der Schulformen ist in vollem Umfang von ihren übrigen dienstlichen Aufgaben zu entlasten. ²Ihr wird keine Mitarbeiterin zugeordnet.
(3) Soweit in dieser Vorschrift nichts Abweichendes geregelt ist, gelten § 22 sowie die §§ 23 bis 24a entsprechend.

§ 23 Aufgaben und Rechte der Frauenbeauftragten

(1) ¹Die Frauenbeauftragte ist bei allen personellen, sozialen und organisatorischen Maßnahmen der Dienststelle vollumfänglich und bereits an der Entscheidungsfindung zu beteiligen. ²Sie hat ein Recht auf Auskunft und Akteneinsicht in allen mit ihren Aufgaben in Zusammenhang stehenden Angelegenheiten. ³Das Recht auf Beteiligung umfasst über die in Satz 4 genannten Rechte hinaus die frühzeitige und umfassende Unterrichtung der Frauenbeauftragten durch die Dienststelle in allen in diesem Absatz genannten Angelegenheiten sowie die Gewährung einer Gelegenheit zur Stellungnahme vor Entscheidungen. ⁴Sie unterstützt die Dienststelle bei der Durchführung und Einhaltung dieses Gesetzes, insbesondere der folgenden Maßnahmen:
1. Einstellungen, Eingruppierungen, Höhergruppierungen, Beförderungen, Versetzungen sowie Übertragungen höherwertiger Tätigkeiten einschließlich der Formulierung von Stellenausschreibungen, beim gesamten Auswahlverfahren einschließlich der Einsicht in die Bewerbungsunterlagen und die Unterlagen von Bewerberinnen und Bewerbern, die nicht in die engere Auswahl einbezogen wurden, sowie bei Vorstellungsgesprächen,
2. Erstellung von Beurteilungsrichtlinien,
3. Einsicht in die Personalakten, soweit auf deren Inhalt zur Begründung von Entscheidungen Bezug genommen wird und die Einwilligung der betroffenen Beschäftigten vorliegt,
4. sozialen, baulichen und organisatorischen Maßnahmen, die weibliche Beschäftigte in besonderem Maße oder anders als männliche Beschäftigte betreffen,
5. Fortbildungsmaßnahmen,
6. Arbeitszeitgestaltung,
7. Analyse der Beschäftigtenstruktur, Erstellung des Frauenförderplans und allen Vorlagen, Berichten und Stellungnahmen zu Fragen der Frauenförderung.

⁵Die Wahrnehmung der Aufgaben nach Absatz 1 Satz 4 Nummer 1 setzt eine Einwilligung der oder des Betroffenen nicht voraus.
(2) ¹Die Frauenbeauftragte hat ein unmittelbares Vortragsrecht bei der Dienststelle und wird von dieser bei der Durchführung ihrer Aufgaben unterstützt. ²In allen ihrer Beteiligung unterliegenden Fragen hat die Frauenbeauftragte ein Initiativrecht. ³Die Beteiligung der Frauenbeauftragten erfolgt regelmäßig durch schriftliches Votum, das zu den Akten zu nehmen ist. ⁴Folgt die Dienststelle dem Votum der Frauenbeauftragten nicht, hat sie dieser die Gründe hierfür auf Verlangen schriftlich mitzuteilen.
(3) ¹Bei der Besetzung von Vorstands- und Geschäftsleitungspositionen der Anstalten, Körperschaften und Stiftungen des öffentlichen Rechts ist sicherzustellen, dass die jeweils zuständige Frauenbeauftragte am gesamten Verfahren beteiligt ist. ²Dies gilt nicht, soweit formelle sowie materielle Gesetze ein Wahlverfahren für die Besetzung eines Amtes vorsehen.
(4) Die Frauenbeauftragte kann Sprechstunden und einmal jährlich eine Versammlung der weiblichen Beschäftigten durchführen.
(5) Die Rechte der Personal- und Schwerbehindertenvertretungen bleiben unberührt.

§ 24 Widerspruchs- und Schlichtungsverfahren

(1) ¹Wird die Frauenbeauftragte an einer Maßnahme nach § 23 nicht oder nicht rechtzeitig beteiligt oder informiert, ist die Entscheidung über die Maßnahme für zwei Wochen auszusetzen und die Beteiligung oder Information nachzuholen. ²In dringenden Fällen ist die Frist auf eine Woche, bei außerordentlichen Kündigungen auf drei Arbeitstage zu verkürzen.
(2) ¹Macht die Frauenbeauftragte geltend,
1. durch Maßnahmen, ihre Ablehnung oder Unterlassung vonseiten der Dienststelle in ihren Rechten verletzt zu sein,
2. dass Maßnahmen, ihre Ablehnung oder Unterlassung gegen dieses Gesetz verstoßen,
3. dass die Dienststelle einen gegen die Vorschriften dieses Gesetzes verstoßenden Frauenförderplan aufgestellt hat oder
4. dass Maßnahmen der Dienststelle gegen den Frauenförderplan verstoßen,
kann sie Widerspruch erheben. ²Der Widerspruch ist innerhalb von zwei Wochen ab Kenntnis bei der Dienststellenleitung zu erheben, bei außerordentlichen Kündigungen und fristlosen Entlassungen unverzüglich. ³Die Dienststellenleitung entscheidet erneut über den Vorgang.
(3) Hilft die Dienststellenleitung dem Widerspruch der Frauenbeauftragten innerhalb von zwei Wochen nicht ab oder ist über den Widerspruch ohne zureichenden Grund innerhalb von zwei Wochen sachlich nicht entschieden worden, kann die Frauenbeauftragte nach den Absätzen 4 bis 8 eine Schlichtungsstelle anrufen.
(4) ¹Die Schlichtungsstelle wird von Fall zu Fall bei der Dienststelle gebildet, die den Frauenförderplan gemäß § 8 Absatz 1 in Kraft gesetzt hat. ²Handelt es sich bei der betroffenen Dienststelle um eine oberste Landesbehörde, ist die Schlichtungsstelle bei dem Ministerium für Soziales, Gesundheit zu bilden. ³Ist das Ministerium für Soziales, Gesundheit, Frauen und Familie selbst betroffen, bildet das Ministerium für Inneres und Sport die Schlichtungsstelle. ⁴Sie setzt sich zusammen aus zwei Vertreterinnen oder Vertretern der betroffenen Dienststelle, der Frauenbeauftragten der betroffenen Dienststelle, einer von ihr ausgewählten Vertrauensperson und einer unparteiischen Person als Vorsitz, welche die Befähigung zum Richteramt besitzt oder die Voraussetzungen des § 110 Satz 1 des Deutschen Richtergesetzes in der Fassung der Bekanntmachung vom 19. April 1972 (BGBl. I S. 713), zuletzt geändert durch Artikel 17 des Gesetzes vom 6. Dezember 2011 (BGBl. I S. 2515), erfüllt. ⁵Die Mitglieder der Schlichtungsstelle müssen sich auf die Person der oder des Vorsitzenden einigen.
(5) ¹Die Sitzungen der Schlichtungsstelle sind nicht öffentlich. ²Die oder der Vorsitzende leitet das Verfahren und hilft den Parteien, eine Lösung zu erarbeiten. ³Sie oder er hat zu diesem Zweck den gesamten Sachverhalt unter freier Würdigung aller Umstände zu erörtern.
(6) Die Mitglieder der Schlichtungsstelle behandeln alle erhaltenen Informationen vertraulich.
(7) ¹Die Mitglieder der Schlichtungsstelle sind unabhängig, an Anträge und Weisungen nicht gebunden und nur dem Gesetz unterworfen. ²Sie dürfen wegen ihrer Tätigkeit nicht benachteiligt oder begünstigt werden. ³Die Tätigkeit der oder des unparteiischen Vorsitzenden und der von der Frauenbeauftragten ausgewählten Vertrauensperson ist ehrenamtlich.
(8) ¹Einigt sich die Schlichtungsstelle innerhalb von vier Wochen nach ihrer Anrufung auf eine gemeinsame Lösung, ist der Einigungsvorschlag für die Beteiligten verbindlich. ²Er ist schriftlich zu begründen, von der oder dem Vorsitzenden zu unterschreiben und den Beteiligten zuzustellen. ³Kommt innerhalb von sechs Wochen nach Anrufung der Schlichtungsstelle keine Einigung zustande, kann die Frauenbeauftragte das Verwaltungsgericht nach § 24a anrufen. ⁴Das Scheitern des außergerichtlichen Einigungsversuchs ist den Beteiligten schriftlich mitzuteilen.

(9) ¹Der Widerspruch und die Anrufung der Schlichtungsstelle haben aufschiebende Wirkung. ²§ 54 Absatz 4 des Beamtenstatusgesetzes vom 17. Juni 2008 (BGBl. I S. 1010), zuletzt geändert durch Artikel 15 Absatz 16 des Gesetzes vom 5. Februar 2009 (BGBl. I S. 160), und § 80 Absatz 2 Nummer 4 und Absatz 3 der Verwaltungsgerichtsordnung bleiben unberührt.

§ 24a Gerichtliches Verfahren
(1) ¹Ist der Widerspruch erfolglos und der außergerichtliche Einigungsversuch gescheitert, kann die Frauenbeauftragte innerhalb eines Monats nach schriftlicher Mitteilung des Scheiterns des außergerichtlichen Einigungsversuchs das Verwaltungsgericht anrufen. ²Die Anrufung des Verwaltungsgerichts kann nur darauf gestützt werden, dass die Dienststelle die Rechte der Frauenbeauftragten aus diesem Gesetz verletzt hat oder keinen oder einen nicht den Vorschriften dieses Gesetzes entsprechenden Frauenförderplan erstellt hat.
(2) Die Anrufung des Verwaltungsgerichts hat keine aufschiebende Wirkung.
(3) Die Dienststelle trägt die der Frauenbeauftragten entstehenden Kosten.

§ 25 Zusammenarbeit mit anderen Stellen
Die Dienststelle, insbesondere die Personalverwaltung, die Frauenbeauftragte, die Personalvertretung und an den Hochschulen auch der Beirat für Gleichstellungsfragen, arbeiten mit dem Ziel der tatsächlichen Durchsetzung der Gleichstellung von Frauen und Männern und der Beseitigung bestehender Nachteile eng zusammen und unterstützen sich gegenseitig bei der Erfüllung ihrer Aufgaben.

§ 26
(unbesetzt)

Abschnitt 8: Sonstige Regelungen

§ 27 Auftragsvergabe und staatliche Leistungen
(1) Beim Abschluss von Verträgen über Leistungen sowie bei allen freiwilligen staatlichen und kommunalen Leistungen soll durch vertragliche Vereinbarung beziehungsweise Auflagen sichergestellt werden, dass bei der Ausführung des Auftrages bzw. der Verwendung der Mittel die Grundzüge dieses Gesetzes Beachtung finden.
(2) Soweit Aufträge öffentlich ausgeschrieben werden, ist auf die in Absatz 1 enthaltene gesetzliche Bestimmung hinzuweisen.

§ 28 Sprache
¹Die Dienststellen haben beim Erlass von Rechtsvorschriften, bei der Gestaltung von Vordrucken, in amtlichen Schreiben, in der Öffentlichkeitsarbeit, im Marketing und bei der Stellenausschreibung dem Grundsatz der Gleichberechtigung von Frauen und Männern dadurch Rechnung zu tragen, dass geschlechtsneutrale Bezeichnungen gewählt werden, hilfsweise die weibliche und die männliche Form verwendet wird. ²In Vordrucken, die sich an Ehepaare, Lebenspartnerinnen und Lebenspartner wenden, sind jeweils beide Personen anzusprechen. ³Amts-, Dienst- und Berufsbezeichnungen sind in männlicher und weiblicher Form zu benutzen, abhängig von der Person oder Personengruppe, die sie bezeichnen.

§ 29 Gremien; Verordnungsermächtigung
(1) ¹Die Dienststellen und Einrichtungen nach §§ 2 und 2a haben darauf hinzuwirken, dass eine hälftige Besetzung von Frauen und Männern in Gremien nach § 6 Absatz 1 Nummer 4

geschaffen oder erhalten wird, soweit für deren Zusammensetzung keine besonderen gesetzlichen Vorgaben gelten und entsprechende Entsenderechte bestehen. ²Ausnahmen sind zulässig, wenn andere tatsächliche Gründe von erheblichem Gewicht entgegenstehen. ³Gremien im Sinne dieses Gesetzes sind insbesondere Vorstände, Verwaltungs- und Aufsichtsräte, Beiräte, Kommissionen, Ausschüsse sowie sonstige Kollegialorgane und vergleichbare Mitwirkungsgremien unabhängig von ihrer Bezeichnung. ⁴Mitglieder kraft Amtes sind von dieser Regelung ausgenommen.
(2) ¹Für die Besetzung von Gremien sind im Frauenförderplan quantitative Zielvorgaben festzulegen, um den Anteil des jeweils unterrepräsentierten Geschlechts zu verbessern. ²Diese Zielvorgaben sind in Abstimmung mit der Frauenbeauftragten zu erstellen. ³Die Zielvorgaben werden für die Laufzeit des Frauenförderplans vereinbart. ⁴Über die Umsetzung ist in den nach § 9 Absatz 1 zu erstellenden Berichten gegenüber dem Ministerium für Soziales, Gesundheit, Frauen und Familie zu berichten. ⁵Bei Nichterreichung der Ziele sind die Abweichungen zu begründen und darzulegen, durch welche Maßnahmen einem erneuten Abweichen entgegengewirkt werden soll.
(3) ¹Bei der Bestellung, Berufung oder Ernennung von Gremienmitgliedern bei Einrichtungen nach §§ 2 und 2a (berufende Stelle) sind die Vorschläge oder Vorschlagsrechte der entsendenden Organe, Dienststellen oder sonstigen Einrichtungen des Landes so auszugestalten, dass Frauen und Männer jeweils hälftig vorzuschlagen oder zu benennen sind. ²Bestehen Entsendungsrechte nur für eine Person, sollen Frauen und Männer alternierend berücksichtigt werden, wenn das Gremium für jeweils befristete Zeiträume zusammengesetzt wird.
(4) Absatz 3 gilt entsprechend für die Entsendung von Vertreterinnen und Vertretern in Gremien außerhalb der Landesverwaltung durch Organe, Dienststellen oder sonstige Einrichtungen des Landes.
(5) Die Frauenbeauftragte der einzelnen Dienststellen ist frühzeitig am Auswahl- und Nominierungsverfahren sowie an der Erstellung der Zielvorgaben gemäß Absatz 2 Satz 1 zu beteiligen.
(6) Die Landesregierung wird ermächtigt, Bedingungen über das Nominierungs-, Berufungs-, Vorschlags- und Entsendungsverfahren durch Rechtsverordnung zu regeln.

Abschnitt 9: Übergangs- und Schlussvorschriften

§ 30 Übergangsvorschriften

(1) Die Daten nach § 6 müssen erstmals am 30. Juni 2016 erhoben sein.
(2) ¹Die Frauenförderpläne nach § 7 müssen bis zum 1. Januar 2017 durch die nach § 8 berufenen Stellen in Kraft gesetzt werden. ²Die Frauenförderpläne, die vor Inkrafttreten des Gesetzes zur Änderung des Landesgleichstellungsgesetzes und weiterer Gesetze auslaufen, bleiben bis zu diesem Zeitpunkt wirksam.
(3) ¹Die Frauenbeauftragten, die sich im Zeitpunkt des Inkrafttretens des Gesetzes zur Änderung des Landesgleichstellungsgesetzes und weiterer Gesetze im Amt befinden, bleiben bis zur nächstfolgenden Personalratswahl im Amt. ²Sie sind dann neu zu wählen.
(4) Die Rechte der Schwerbehinderten bleiben unberührt.

§ 31 Inkrafttreten
Dieses Gesetz tritt am 28. Juni 1996 in Kraft.

14. Gesetz zur Förderung von Frauen und der Vereinbarkeit von Familie und Beruf im öffentlichen Dienst im Freistaat Sachsen

vom 31. März 1994 (SächsGVBl. 1994, S. 684), zuletzt geändert durch Gesetz zur Neuordnung des Dienst-, Besoldungs- und Versorgungsrechts im Freistaat Sachsen vom 18. Dezember 2013 (BGBl. 2013, S. 970, 1087)

1. Abschnitt: Allgemeine Bestimmungen

§ 1 Geltungsbereich
Dieses Gesetz gilt für Behörden, Gerichte und sonstige öffentlich-rechtlich organisierte Einrichtungen des Freistaates Sachsen, die kommunalen Träger der Selbstverwaltung sowie die sonstigen der Aufsicht des Landes unterstehenden juristischen Personen des öffentlichen Rechts.

§ 2 Gesetzesziel
¹Zur Durchsetzung der Gleichberechtigung von Frauen und Männern im öffentlichen Dienst im Freistaat Sachsen werden Beschäftigte nach Maßgabe dieses Gesetzes unter Beachtung des Vorrangs von Eignung, Befähigung und fachlicher Leistung (Artikel 33 Abs. 2 des Grundgesetzes) gefördert. ²Ziel der Förderung ist auch, in stärkerem Maße der Unterrepräsentanz von Frauen zu begegnen, soweit sie in einzelnen Bereichen in geringerer Zahl beschäftigt sind als Männer. ³Bei der Verwirklichung der Gleichstellung von Frauen und Männern im öffentlichen Dienst im Freistaat Sachsen sind die besonderen Belange von Frauen mit Behinderung zu berücksichtigen und bestehende Benachteiligungen zu beseitigen. ⁴Hierzu sind Maßnahmen zur Förderung der Gleichstellung von Frauen mit Behinderung, die dem Abbau oder dem Ausgleich bestehender Ungleichheiten dienen, zulässig und zu fördern.

§ 3 Begriffsbestimmungen
(1) ¹Beschäftigte im Sinne dieses Gesetzes sind Richterinnen und Richter, Beamtinnen und Beamte, Angestellte, Arbeiterinnen und Arbeiter sowie zu ihrer Berufsausbildung beschäftigte Personen. ²Als Beschäftigte im Sinne dieses Gesetzes gelten nicht die Beamten auf Zeit, bei denen die Verleihung des Amtes auf einer Wahl beruht.
(2) Familienpflichten im Sinne dieses Gesetzes bestehen, wenn eine beschäftigte Person mindestens ein Kind unter achtzehn Jahren oder einen nach ärztlichem Gutachten pflegebedürftigen sonstigen Angehörigen tatsächlich betreut oder pflegt.
(3) ¹Dienststellen im Sinne dieses Gesetzes sind die einzelnen Behörden und Betriebe der in § 1 genannten Stellen sowie die Gerichte, die Hochschulen und die Schulen. ²Gemeinden, Landkreise und andere Gemeindeverbände bilden unter Ausschluss der Eigenbetriebe jeweils eine Dienststelle im Sinne dieses Gesetzes. ³Eigenbetriebe gelten als selbstständige Dienststellen. ⁴Abweichend von Satz 1 gelten die Stellen der Polizei nach § 68 Abs. 1 des Sächsischen Personalvertretungsgesetzes (SächsPersVG) vom 21. Januar 1993 (SächsGVBl. S. 29) als Dienststellen im Sinne dieses Gesetzes. ⁵Für den Begriff der Dienststellenleitung gilt § 7 des Sächsischen Personalvertretungsgesetzes.
(4) Bereiche im Sinne dieses Gesetzes sind die jeweiligen Lohngruppen, Vergütungsgruppen und Besoldungsgruppen innerhalb einer Laufbahn oder Berufsfachrichtung.

2. Abschnitt: Fördermaßnahmen

§ 4 Frauenförderplan

(1) ¹In jeder Dienststelle, die den eigenen Stellenplan bewirtschaftet und in der mindestens zehn Frauen nicht nur vorübergehend beschäftigt sind, ist für jeweils vier Jahre ein Frauenförderplan zu erstellen, der innerhalb dieses Zeitraums nach zwei Jahren an die aktuelle Entwicklung anzupassen ist. ²Die Personalverwaltung erarbeitet den Frauenförderplan unter frühzeitiger Mitwirkung der Frauenbeauftragten und legt ihn der Dienststellenleitung zur Genehmigung vor. ³Er muss die Situation der weiblichen Beschäftigten beschreiben, die bisherige Förderung der Frauen in den einzelnen Bereichen auswerten und insbesondere zur Erhöhung des Frauenanteils Maßnahmen zur Durchsetzung notwendiger personeller und organisatorischer Verbesserungen im Rahmen von Zielvorgaben und eines zeitlichen Stufenplanes entwickeln. ⁴Personenbezogene Daten darf der Frauenförderplan nicht enthalten.

(2) Der Frauenförderplan muss auch die statistischen Angaben (§ 5) auswerten und vorhandene Unterschiede im Vergleich der Anteile von Frauen und Männern bei Bewerbung, Einstellung, beruflichem Aufstieg und Fortbildung in den einzelnen Bereichen darstellen und begründen.

(3) Der genehmigte vierjährige Frauenförderplan ist in der Dienststelle zu veröffentlichen.

(4) Soweit der Frauenförderplan nicht verwirklicht worden ist, hat die Dienststelle die Gründe dafür im Rahmen der nach zwei Jahren fälligen Anpassung und bei Aufstellung des nächsten Frauenförderplans gegenüber der Frauenbeauftragten darzulegen und in der Dienststelle zu veröffentlichen.

§ 5 Statistische Angaben

(1) Die Dienststelle erfasst in den einzelnen Bereichen jährlich statistisch die Zahl der Frauen und Männer
1. unter den Beschäftigten, gegliedert nach Voll- und Teilzeittätigkeit, nach dem Stand vom 30. Juni,
2. bei Bewerbung, Einstellung, beruflichen Aufstieg und Fortbildung für den Zeitraum vom 1. Juli des Vorjahres bis zum 30. Juni des Berichtsjahres.

(2) Das nach Ziffer VIII Nr. 5 des Beschlusses der Sächsischen Staatsregierung über die Abgrenzung der Geschäftsbereiche der Staatsministerien in der Fassung der Bekanntmachung vom 11. Juli 2002 (SächsGVBl. S. 225), in der jeweils geltenden Fassung, für die Gleichstellung von Frau und Mann zuständige Staatsministerium wird ermächtigt, durch Rechtsverordnung im Einvernehmen mit dem Staatsministerium des Innern Vorschriften zu erlassen über
1. die Datenerhebung (Konkretisierung der Erhebungsmerkmale, Form der Erhebung) unter Berücksichtigung der Personalstandstatistik nach dem Gesetz über die Statistiken der öffentlichen Finanzen und des Personals im öffentlichen Dienst (Finanz- und Personalstatistikgesetz – FPStatG) in der Fassung der Bekanntmachung vom 8. März 2000 (BGBl. I S. 206), zuletzt geändert durch Artikel 55 des Gesetzes vom 23. Dezember 2003 (BGBl. I S. 2848, 2900), in der jeweils geltenden Fassung,
2. die Datenübermittlung zwischen den mit der Durchführung der Statistik betrauten Personen und Stellen sowie
3. die Datenauswertung.

§ 6 Stellenausschreibung

(1) ¹Stellenausschreibungen dürfen sich weder öffentlich noch innerhalb der Dienststelle ausschließlich an Frauen oder an Männer richten, es sei denn, dass ein bestimmtes Geschlecht unverzichtbare Voraussetzung für die ausgeschriebene Tätigkeit ist. ²Es ist grund-

sätzlich die weibliche und die männliche Form der Stellenbezeichnung zu verwenden. ³Die Stellenausschreibungen sind so abzufassen, dass Frauen ausdrücklich zur Bewerbung veranlasst werden.
(2) Auf bestehende Möglichkeiten zur Teilzeitbeschäftigung ist hinzuweisen.
(3) Absatz 1 gilt auch für die Ausschreibung von Ausbildungsplätzen.

§ 7 Vorstellungsgespräch

(1) Soweit in Bereichen Frauen in geringerer Zahl beschäftigt sind als Männer, sollen zum Vorstellungsgespräch auch alle Bewerberinnen eingeladen werden, die nach den eingereichten Bewerbungsunterlagen die für die Stelle erforderlichen Voraussetzungen erfüllen.
(2) Fragen nach einer bestehenden Schwangerschaft und der Bewältigung der Familienaufgaben sind unzulässig.

§ 8 Einstellung, beruflicher Aufstieg

(1) Soweit Frauen in einzelnen Bereichen in geringerer Zahl beschäftigt sind als Männer, hat die Dienststelle nach Maßgabe der Zielvorgaben des Frauenförderplans und entsprechender Personalplanung
1. bei der Besetzung von Beamten-, Richter-, Angestellten- und Arbeiterstellen, auch mit Vorgesetzten- und Leitungsaufgaben, sowie von Stellen für die Berufsausbildung,
2. bei der Beförderung, Höhergruppierung, Übertragung höher bewerteter Dienstposten und Arbeitsplätze, auch in Funktionen mit Vorgesetzten- und Leitungsaufgaben,
um der Unterrepräsentanz der Frauen zu begegnen, deren Anteil zu erhöhen.
(2) Für die Beurteilung der Eignung sind Erfahrungen und Fähigkeiten auch aus ehrenamtlicher Tätigkeit im Sozialbereich und aus der Betreuung von Kindern oder Pflegebedürftigen einzubeziehen, soweit diese Erfahrungen und Fähigkeiten für die zu übertragenden Aufgaben und die fachlichen Leistungen erheblich sind.

§ 9 Fortbildung

(1) Frauen sind bei der Auswahl der Teilnehmer an Fortbildungsveranstaltungen mindestens entsprechend ihrem Anteil an der jeweiligen Zielgruppe der Fortbildung zu berücksichtigen.
(2) Teilzeitbeschäftigten sind die gleichen beruflichen Fortbildungsmöglichkeiten einzuräumen wie Vollzeitbeschäftigten.
(3) ¹Die Themen Frauendiskriminierung und Frauenförderung sind Teil von Fortbildungsprogrammen. ²Sie sind insbesondere bei Veranstaltungen für Beschäftigte mit Leitungsfunktionen vorzusehen.
(4) Frauen sind verstärkt als Leiterinnen und Referentinnen für Fortbildungsveranstaltungen zu gewinnen.
(5) ¹Fortbildungsmaßnahmen sollen räumlich und zeitlich so angeboten werden, dass Beschäftigte mit Familienpflichten und Teilzeitbeschäftigte daran teilnehmen können. ²Möglichkeiten der Kinderbetreuung sollen im Bedarfsfall angeboten werden.

§ 10 Familiengerechte Arbeitszeit

Im Rahmen der gesetzlichen, tarifvertraglichen oder sonstigen Regelungen der Arbeitszeit und nach Maßgabe der dienstlichen Möglichkeiten sind im Einzelfall Beschäftigten mit Familienpflichten bei Bedarf geänderte tägliche und wöchentliche Arbeitszeiten einzuräumen.

§ 11 Teilzeitbeschäftigung

(1) ¹Unter Berücksichtigung der Funktionsfähigkeit der Verwaltung und der personalwirtschaftlichen und organisatorischen Möglichkeiten hat die Dienststelle ein ausreichendes

Angebot an Teilzeitarbeitsplätzen zu schaffen. ²Dies gilt auch für Stellen mit Vorgesetzten- und Leitungsaufgaben. ³Es ist sicherzustellen, dass sich daraus für die Beschäftigten der Dienststelle keine Mehrbelastungen ergeben.

(2) ¹Wird eine Ermäßigung der Arbeitszeit beantragt, so sind die Beschäftigten auf die rechtlichen Folgen hinzuweisen, insbesondere hinsichtlich der Ansprüche aus der Renten- und Arbeitslosenversicherung, sowie auf beamtenrechtliche und tarifrechtliche Regelungen. ²Die Dienststelle hat eine Ablehnung des Antrages schriftlich zu begründen.

(3) Teilzeitarbeitsverhältnisse nach § 8 Abs. 1 Nr. 1 des Sozialgesetzbuches – Viertes Buch – (SGB) – Gemeinsame Vorschriften für die Sozialversicherung – vom 23. Dezember 1976 (BGBl. I S. 3845) zuletzt geändert durch Gesetz vom 24. Juni 1993 (BGBl. I S. 944) werden nicht auf Dauer begründet.

(4) ¹Teilzeitbeschäftigten ist nach Ablauf des Zeitraumes, für den die Ermäßigung der Arbeitszeit gewährt worden ist, ein Vollzeitarbeitsplatz unter Wahrung der bisherigen Funktion anzubieten. ²Teilzeitbeschäftigte, die eine vorzeitige Rückkehr auf einen Vollzeitarbeitsplatz anstreben, sollen bei gleichwertiger Eignung, Befähigung und fachlicher Leistung bei der Besetzung von Vollzeitarbeitsplätzen vorrangig berücksichtigt werden. ³Satz 2 gilt entsprechend für Teilzeitbeschäftigte, die erstmals eine Vollzeitbeschäftigung anstreben.

§ 12 Beurlaubung, Wiedereinstieg

(1) ¹Die Dienststelle hat durch geeignete Maßnahmen den aus familiären Gründen beurlaubten Beschäftigten die Verbindung zum Beruf und den beruflichen Wiedereinstieg zu erleichtern. ²Dazu gehört ihre Unterrichtung über das Fortbildungsprogramm und das Angebot von besonderen Veranstaltungen, die den Wiedereinstieg in den Beruf erleichtern und eine Weiterqualifikation ermöglichen.

(2) ¹Besoldung oder Arbeitsentgelte werden für die Teilnahme an einer Fortbildung während einer Beurlaubung nicht gewährt. ²Notwendige Auslagen werden im Rahmen der verfügbaren Haushaltsmittel in entsprechender Anwendung des § 16 Abs. 1 des Gesetzes über die Reisekostenvergütung der Beamten und Richter (Sächsisches Reisekostengesetz – SächsRKG) vom 12. Dezember 2008 (SächsGVBl. S. 866, 876) erstattet.

(3) Befristete Beschäftigungsmöglichkeiten (Urlaubs- und Krankheitsvertretungen) sollen auf Antrag vorrangig beurlaubten Beschäftigten angeboten werden, soweit eine Beschäftigung während der Beurlaubung zulässig ist und dem Zweck der Beurlaubung nicht widerspricht.

(4) Wird eine Beurlaubung beantragt, so sind die Beschäftigten auf die rechtlichen Folgen hinzuweisen, insbesondere hinsichtlich der Ansprüche aus der Renten- und Arbeitslosenversicherung, sowie auf beamtenrechtliche und tarifrechtliche Regelungen.

(5) ¹Beurlaubten Beschäftigten ist nach Ablauf des Zeitraumes, für den die Beurlaubung gewährt worden ist, ein Vollzeit- oder Teilzeitarbeitsplatz unter Wahrung der bisherigen Funktion anzubieten. ²Beurlaubte Beschäftigte, die eine vorzeitige Rückkehr auf einen Vollzeit- oder Teilzeitarbeitsplatz anstreben, sind bei der Besetzung von Voll- oder Teilzeitarbeitsplätzen bei gleicher Eignung, Befähigung und fachlicher Leistung vorrangig zu berücksichtigen.

§ 13 Benachteiligungsverbot bei Teilzeitbeschäftigung und familienbedingter Beurlaubung

(1) ¹Teilzeitbeschäftigung darf das berufliche Fortkommen nicht beeinträchtigen; eine unterschiedliche Behandlung von Teilzeitbeschäftigten und Vollzeitbeschäftigten ist nur notwendig, wenn zwingende sachliche Gründe sie rechtfertigen. ²Teilzeitbeschäftigung darf sich auch nicht nachteilig auf die dienstliche Beurteilung auswirken.

(2) Entsprechendes gilt für die Beurlaubung von Beschäftigten mit Familienpflichten; eine regelmäßige Gleichbehandlung von Zeiten der Beurlaubung und der Teilzeitbeschäftigung ist damit nicht verbunden.

§ 14 Tarifvertragliche Vereinbarung
Regelungen für Arbeitnehmer entsprechend den §§ 97 bis 99 des Sächsischen Beamtengesetzes (SächsBG) vom 18. Dezember 2013 (SächsGVBl. S. 970, 971), in der jeweils geltenden Fassung bleiben tarifvertraglicher Vereinbarung vorbehalten.

§ 15 Gremien
(1) Die Dienststellen haben bei der Besetzung von Gremien, für die sie ein Entsendungs-, Bestellungs- oder Vorschlagsrecht haben, auf eine gleiche Beteiligung von Frauen und Männern hinzuwirken.
(2) Gremien im Sinne des Absatzes 1 sind insbesondere Beiräte, beratende Ausschüsse, Verwaltungs- und Aufsichtsräte.

§ 16 Sexuelle Belästigung am Arbeitsplatz
(1) Sexuelle Belästigung ist jede erkennbar unerwünschte sexuell bestimmte körperliche oder verbale Verhaltensweise, die die Würde von Beschäftigten am Arbeitsplatz beeinträchtigt.
(2) Die Dienststellen sind verpflichtet, sexuellen Belästigungen durch geeignete Maßnahmen vorzubeugen.
(3) Sexuelle Belästigung am Arbeitsplatz ist ein Dienstvergehen oder eine Verletzung der arbeitsvertraglichen Pflichten.
(4) [1]Beschwerden über sexuelle Belästigungen nimmt die Frauenbeauftragte entgegen. [2]Sie berät und unterstützt die beschwerdeführende Person bei der Bewältigung der Folgen der Belästigung und bei der Wahrnehmung ihrer Rechte. [3]Sie leitet die Beschwerde bei Einwilligung der beschwerdeführenden Person an die Dienststellenleitung weiter. [4]Diese ist verpflichtet, die zur Überprüfung der Beschwerde erforderlichen Ermittlungen zu veranlassen und bei festgestellter sexueller Belästigung die im Einzelfall angemessenen disziplinarrechtlichen oder arbeitsrechtlichen Maßnahmen zu ergreifen.
(5) Beschwerden über sexuelle Belästigungen dürfen nicht zur Benachteiligung der belästigten Person führen.

§ 17 Berichtspflicht
[1]Die Staatsregierung legt dem Landtag alle vier Jahre einen Erfahrungsbericht über die Situation der Frauen in den in § 1 genannten Verwaltungen und über die Anwendung dieses Gesetzes vor. [2]Die Staatsministerien haben dazu die erforderlichen Angaben zu machen. [3]Der Bericht darf keine personenbezogenen Daten enthalten.

3. Abschnitt: Frauenbeauftragte

§ 18 Bestellung, Widerruf
(1) [1]In jeder Dienststelle, in der mindestens zehn Frauen nicht nur vorübergehend beschäftigt sind, hat die Dienststellenleitung auf Vorschlag der weiblichen Beschäftigten eine Frauenbeauftragte zu bestellen. [2]Für eine Dienststelle, bei der die Voraussetzung des Satzes 1 nicht gegeben ist, ist die Frauenbeauftragte der nächsthöheren Dienststelle zuständig. [3]In

den Gemeinden, Landkreisen und anderen Gemeindeverbänden mit mehr als zehn nicht nur vorübergehend beschäftigten Frauen wird je eine Frauenbeauftragte bestellt. ⁴In den Gemeinden und Landkreisen können die Aufgaben der Frauenbeauftragten von der nach § 64 Abs. 2 der Gemeindeordnung für den Freistaat Sachsen (SächsGemO) vom 21. April 1993 (SächsGVBl. S. 301) oder § 60 Abs. 2 der Landkreisordnung für den Freistaat Sachsen (SächsLKrO) vom 19. Juli 1993 (SächsGVBl. S. 577) zu bestellenden Gleichstellungsbeauftragten wahrgenommen werden. ⁵Entsprechendes gilt in den Hochschulen für die Gleichstellungsbeauftragte nach § 55 des Gesetzes über die Freiheit der Hochschulen im Freistaat Sachsen (Sächsisches Hochschulfreiheitsgesetz – SächsHSFG) vom 10. Dezember 2008 (SächsGVBl. S. 900), das zuletzt durch Artikel 1 des Gesetzes vom 18. Oktober 2012 (SächsGVBl. S. 568) geändert worden ist, in der jeweils geltenden Fassung. ⁶Die Bestellung der Frauenbeauftragten darf nur mit ihrer Einwilligung erfolgen.
(2) ¹Für jede Frauenbeauftragte ist eine Stellvertreterin zu bestellen. ²Die Vorschriften über die Frauenbeauftragte gelten für die Stellvertreterin entsprechend, soweit in diesem Gesetz nichts anderes bestimmt ist.
(3) Beschäftigte, die befugt sind, Entscheidungen in Personalangelegenheiten der Dienststelle vorzubereiten oder selbstständig zu treffen, dürfen nicht zur Frauenbeauftragten bestellt werden.
(4) ¹Die Frauenbeauftragte wird für vier Jahre bestellt. ²Die Wiederbestellung ist möglich. ³Die Frauenbeauftragte ist im Geschäftsverteilungsplan zu benennen.
(5) ¹Die Bestellung zur Frauenbeauftragten erlischt durch ihr Ausscheiden aus der Dienststelle oder durch Übernahme einer Tätigkeit nach Absatz 3. ²Die Dienststellenleitung kann die Bestellung zur Frauenbeauftragten nur auf deren Verlangen oder wegen grober Verletzung ihrer gesetzlichen Pflichten widerrufen.

§ 19 Rechtsstellung

(1) ¹Die Frauenbeauftragte gehört der Verwaltung an. ²Sie wird grundsätzlich unmittelbar der Dienststellenleitung zugeordnet. ³Die Frauenbeauftragte ist in der Ausübung ihrer Tätigkeit weisungsfrei.
(2) ¹Die Frauenbeauftragte wird von ihren übrigen dienstlichen Tätigkeiten ganz oder teilweise freigestellt, soweit es nach Art und Größe der Dienststelle zur ordnungsgemäßen Durchführung ihrer Aufgaben erforderlich ist. ²Ihr ist die notwendige personelle und sachliche Ausstattung zur Verfügung zu stellen.
(3) ¹Die Frauenbeauftragte darf bei Erfüllung ihrer Aufgaben nicht behindert und wegen ihrer Tätigkeit nicht benachteiligt oder begünstigt werden; dies gilt auch für ihre berufliche Entwicklung. ²Die Vorschriften des Sächsischen Personalvertretungsgesetzes über den Schutz der Mitglieder des Personalrats bei Kündigung, Versetzung und Abordnung gelten entsprechend.
(4) ¹Die Frauenbeauftragte ist verpflichtet, über die ihr bei der Ausübung ihrer Tätigkeit bekanntgewordenen persönlichen Verhältnisse von Beschäftigten und anderen Angelegenheiten, die ihrer Bedeutung oder ihrem Inhalt nach vertraulich zu behandeln sind, Stillschweigen zu bewahren. ²Diese Pflicht gilt über die Zeit ihrer Bestellung hinaus.

§ 20 Aufgaben

(1) ¹Die Frauenbeauftragte hat die Aufgabe, den Vollzug dieses Gesetzes in der Dienststelle zu fördern und zu überwachen. ²Sie wirkt bei allen Maßnahmen ihrer Dienststelle mit, die Fragen der Gleichstellung von Frauen und Männern, der Vereinbarkeit von Familie und Beruf

und der Verbesserung der beruflichen Situation der in der Dienststelle beschäftigten Frauen betreffen. ³Sie ist frühzeitig zu beteiligen, insbesondere in
1. Personalangelegenheiten an der Vorbereitung und Entscheidung über Einstellung, Umsetzung mit einer Dauer von über sechs Monaten, Versetzung, Fortbildung, beruflichen Aufstieg und vorzeitige Beendigung der Beschäftigung, soweit nicht die Betroffenen diese Beteiligung zu ihrer Unterstüt-zung für sich ausdrücklich ablehnen.
2. sozialen und organisatorischen Angelegenheiten.
⁴Die Rechte des Personalrats, Richterrats und Präsidialrats bleiben unberührt.

(2) ¹Die Frauenbeauftragte entwickelt eigene Initiativen zur Durchführung dieses Gesetzes und zur Verbesserung der beruflichen Situation von Frauen sowie der Vereinbarkeit von Familie und Beruf für Frauen und Männer. ²Zu ihren Aufgaben gehört auch die Beratung und Unterstützung von Frauen in Einzelfällen bei beruflicher Förderung und Beseitigung von Benachteiligung.

§ 21 Befugnisse

(1) ¹Die Frauenbeauftragte ist zur Durchführung ihrer Aufgaben rechtzeitig und umfassend zu unterrichten. ²Ihr sind die hierfür erforderlichen Unterlagen frühzeitig vorzulegen und die erbetenen Auskünfte zu erteilen. ³Personalakten darf die Frauenbeauftragte nur mit Einwilligung der betroffenen Beschäftigten einsehen.
(2) Die Frauenbeauftragte hat ein unmittelbares Vortragsrecht bei der Dienststellenleitung.
(3) ¹Der Frauenbeauftragten ist grundsätzlich die Gelegenheit zur Teilnahme an den Besprechungen nach § 71 Abs. 1 des Sächsischen Personalvertretungsgesetzes zu geben. ²Soweit persönliche Angelegenheiten behandelt werden, ist die Teilnahme nur mit Einwilligung der betroffenen Person zulässig.
(4) Die Frauenbeauftragte ist berechtigt, Sprechstunden und Versammlungen abzuhalten, die Beschäftigten zu unterrichten und zu beraten sowie Wünsche, Anregungen und Beschwerden entgegenzunehmen.

§ 22 Beanstandungsrecht

(1) ¹Verstöße der Dienststelle gegen dieses Gesetz oder gegen andere Vorschriften über die Gleichberechtigung von Frauen und Männern kann die Frauenbeauftragte gegenüber der Dienststellenleitung beanstanden. ²Die Beanstandung soll spätestens eine Woche nach Unterrichtung der Frauenbeauftragten über die Maßnahme erfolgen.
(2) ¹Über die Beanstandung entscheidet die Dienststellenleitung. ²Sie hat die beanstandete Maßnahme oder ihre Durchführung bis zu ihrer Entscheidung aufzuschieben. ³Hält sie die Beanstandung für begründet, sind die Maßnahmen und ihre Folgen zu berichtigen oder die Ergebnisse der Beanstandung für Wiederholungsfälle zu berücksichtigen. ⁴Andernfalls hat die Dienststellenleitung gegenüber der Frauenbeauftragten die Ablehnung der Entscheidung zu begründen.
(3) ¹Die Frauenbeauftragte einer nachgeordneten Dienststelle kann zu einer nach ihrer Auffassung fehlerhaften Entscheidung über die Beanstandung nach rechtzeitiger Unterrichtung ihrer Dienststellenleitung die nächsthöhere Dienststelle um eine rechtliche Stellungnahme bitten und diese in ihrer Dienststelle unter Beachtung des Dienst- und des Datenschutzrechts bekannt geben. ²In beiden Fällen ist die schriftliche Einwilligung der durch die beanstandete Maßnahme unmittelbar Betroffenen erforderlich, soweit personenbezogene Daten mitgeteilt werden. ³Die nächsthöhere Dienststelle hat der Bitte um Rechtsauskunft zu entsprechen. ⁴Deren weitere Entscheidung und die Rechtswirkung der beanstandeten Maßnahme richten sich unabhängig von diesem Verfahren nach den geltenden Vorschriften.

4. Abschnitt: Schlussbestimmungen

§ 23 (weggefallen)

§ 24 In-Kraft-Treten
Dieses Gesetz tritt am Tage nach seiner Verkündung in Kraft.

15. Frauenfördergesetz (FrFG) Sachsen-Anhalt

In der Fassung vom 27. Mai 1997 (GVBl. LSA S. 516), zuletzt geändert durch Gesetz vom 19. Dezember 2005 (GVBl. LSA S. 740)

§ 1 Zielsetzung
Zur Verwirklichung der Gleichstellung von Frauen und Männern werden Frauen in Sachsen-Anhalt entsprechend dem Auftrag des Artikel 34 der Landesverfassung nach Maßgabe dieses Gesetzes gefördert, insbesondere zur Verbesserung ihrer beruflichen Situation und ihrer beruflichen Entwicklung. Gefördert wird ebenso die Vereinbarkeit von Familie und Beruf für Frauen und Männer.

§ 2 Geltungsbereich
Dieses Gesetz gilt für die Dienststellen und Einrichtungen des Landes Sachsen-Anhalt, der kommunalen Gebietskörperschaften und der anderen, der Aufsicht des Landes unterstehenden Körperschaften, Anstalten und Stiftungen des öffentlichen Rechts sowie für ihre Beschäftigten. Für Richterinnen und Richter gilt dieses Gesetz entsprechend, soweit das Deutsche Richtergesetz und das Landesrichtergesetz nichts anderes bestimmen.

§ 3 Stellenausschreibung
Frauen sollen in Stellenausschreibungen besonders aufgefordert werden, sich zu bewerben. Stellenausschreibungen sind so abzufassen, dass sie insbesondere Frauen zu einer Bewerbung auffordern. Dies gilt vor allem für Stellen in Bereichen, in denen Frauen in geringerer Anzahl beschäftigt sind als Männer.

§ 4 Stellenbesetzung
(1) Bewerberinnen, die nach den Bewerbungsunterlagen über die in der Stellenausschreibung geforderten Qualifikationen einschließlich der erforderlichen Berufserfahrung verfügen, sind grundsätzlich zu einem Vorstellungsgespräch einzuladen.
(2) Stellt die Einstellungsbehörde fest, dass eine Bewerberin und ein Bewerber für die auszuübende Tätigkeit nach Eignung, Befähigung und fachlicher Leistung gleichqualifiziert sind, ist die Bewerberin einzustellen, wenn der Anteil der Frauen in der Funktion, in der Vergütungs- oder Besoldungsgruppe geringer ist als der der Männer. Dies gilt nicht, wenn in der Person eines Mitbewerbers liegende Grunde vorliegen, die auch unter Beachtung der Verpflichtung zur Förderung der tatsächlichen Gleichstellung von Frauen und Männern überwiegen.
(3) Wegen einer bestehenden oder gewünschten Schwangerschaft darf niemand von einer Stellenbesetzung ausgeschlossen werden.
(4) Für die Beurteilung der Eignung, Leistung und Befähigung sind Fähigkeiten und Erfahrungen aus der familiären oder sozialen Arbeit zu berücksichtigen, soweit ihnen für die zu übertragenden Aufgaben Bedeutung zukommt. Dies gilt auch, wenn Familienarbeit neben der Erwerbsarbeit geleistet wurde. Sozial und familiär bedingte Ausfallzeiten dürfen sich nicht nachteilig auswirken.

§ 5 Übertragung höherwertiger Tätigkeit, Beförderung, Höhergruppierung
(1) Für die Übertragung höherwertiger Tätigkeiten, bei Beförderung und Höhergruppierung gilt § 4 entsprechend.

(2) Teilzeitbeschäftigten Frauen und Männern sind die gleichen beruflichen Aufstiegschancen wie Vollzeitbeschäftigten einzuräumen.

§ 6 Ausbildung
Für die Berufsausbildungsgänge gelten die §§ 3 und 4 entsprechend.

§ 7 Fort- und Weiterbildung
(1) Frauen ist die Gelegenheit zu geben, sich im Interesse ihrer beruflichen Qualifikation an geeigneten Bildungsmaßnahmen zu beteiligen. Dies gilt besonders für Bereiche, in denen Frauen unterrepräsentiert sind.
(2) Frauen sind als Referentinnen und Lehrgangsleiterinnen für Fort- und Weiterbildungsmaßnahmen verstärkt einzusetzen.
(3) Fort- und Weiterbildungsmaßnahmen sind verstärkt als Möglichkeit zu nutzen, dem Gleichstellungsauftrag mehr Beachtung zu verschaffen. Dies gilt vor allem für Bildungsmaßnahmen, die sich an Beschäftigte der Organisations- und Personalstellen, an Beschäftigte in leitenden Positionen und an Personalräte richten, sowie für Veranstaltungen, die auf Leitungsaufgaben vorbereiten, und für die Lehrerinnen- und Lehrerfortbildung.
(4) Beschäftigten mit Familienaufgaben und Teilzeitbeschäftigten sind Fort- und Weiterbildungsmaßnahmen so anzubieten, dass ihnen eine Teilnahme erleichtert wird.

§ 7a Personalabbau
Der Anteil von Frauen bei Maßnahmen des Personalabbaus innerhalb einer Dienststelle oder Einrichtung darf nicht ihren Anteil an den Beschäftigten innerhalb der Funktion, der Vergütungs- oder Besoldungsgruppe überschreiten. Dabei sind die Belange des Einzelfalles zu berücksichtigen. Als Maßnahmen des Personalabbaus gelten auch Änderungskündigungen unter Vereinbarung einer niedrigeren Vergütung oder einer geringeren Arbeitszeit.

§ 8 Arbeitszeit
(1) Flexible Gestaltung der Arbeitszeit und Teilzeitbeschäftigungen sind zu schaffen, um die Vereinbarkeit von Beruf und Familie zu gewährleisten, soweit zwingende dienstliche Interessen nicht entgegenstehen.
(2) Im Rahmen der gesetzlichen und tarifvertraglichen Regelungen der Arbeitszeit und der dienstlichen Möglichkeiten sind im Einzelfall Beschäftigten mit Familienpflichten bei Bedarf geänderte tägliche und wöchentliche Arbeitszeiten einzuräumen.
(3) Anträgen auf Teilzeitbeschäftigung, auch von Beschäftigten in leitenden Positionen mit Familienpflichten, ist nach Maßgabe des Absatzes 1 zu entsprechen. Die Dienststelle muss die Ablehnung von Anträgen im Einzelnen schriftlich begründen.
(4) Teilzeitbeschäftigte mit Familienpflichten, die eine Vollzeitbeschäftigung anstreben, sollen bei der Besetzung von Vollzeitstellen unter Beachtung von Eignung, Befähigung und fachlicher Leistung vorrangig berücksichtigt werden.
(5) Dem Antrag von Teilzeitbeschäftigten nach Aufstockung ihrer wöchentlichen Arbeitszeit ist im Rahmen der personalwirtschaftlichen Möglichkeit zu entsprechen.

§ 9 Beurlaubung
(1) Beschäftigten, die zur Betreuung von Kindern oder Angehörigen beurlaubt sind, ist durch organisatorische Maßnahmen, insbesondere durch das Angebot von Fort- und Weiterbildungsmaßnahmen, die Möglichkeit einzuräumen, Verbindung zum Beruf aufrechtzuerhalten, um die Wiederaufnahme der beruflichen Tätigkeit zu erleichtern. Die Teilnahme an einer überwiegend in dienstlichem Interesse liegenden Fortbildungsveranstaltung während

der Beurlaubung begründet einen Anspruch auf bezahlte Dienstbefreiung nach Ende der Beurlaubung. Die Dauer der bezahlten Dienstbefreiung richtet sich nach der Dauer der Fortbildung. Mit den Beurlaubten sind rechtzeitig vor Ablauf einer Beurlaubung Beratungsgespräche zu führen, in denen sie über die Möglichkeiten ihrer Beschäftigung nach der Beurlaubung informiert werden.
(2) Den Beurlaubten ist möglichst häufig eine Vertretungs- oder Aushilfstätigkeit anzubieten.
(3) Längerfristig beurlaubten Beschäftigten, die bereits mehr als zwei Jahre beurlaubt sind, ist die Teilnahme an beruflichen Fort- und Weiterbildungsveranstaltungen zu ermöglichen. Die sind über das Bildungsangebot zu informieren. Die Dienststelle kann in besonderen Fällen bei rechtzeitigem Antrag vor Beginn der Bildungsveranstaltung den beurlaubten Beschäftigten die Erstattung der notwendigen Auslagen und Kinderbetreuungskosten bewilligen. Durch die Teilnahme an einer beruflichen Fort- und Weiterbildungsmaßnahme wird die Beurlaubung nicht unterbrochen.
(4) Nach Ende der Beurlaubung ist die Wiederaufnahme der beruflichen Tätigkeit unter Wahrung dienstlicher Interessen durch Teilzeitbeschäftigungsmöglichkeiten, soweit erwünscht, zu fördern.

§ 10 Vertretung von Frauen und Männern in Gremien
Die Dienststellen und Einrichtungen gemäß § 2 haben darauf hinzuwirken, dass eine hälftige Besetzung von Frauen und Männern in Gremien geschaffen oder erhalten wird. Gremien im Sinne dieses Gesetzes sind insbesondere Vorstände, Beiräte, Verwaltungs-und Aufsichtsräte, kollegiale Organe und vergleichbare Gruppierungen unabhängig von ihrer Bezeichnung, soweit die Dienststellen und Einrichtungen für deren Mitglieder Berufungs- und Entsendungsrechte haben.

§ 11 Berufung in Gremien innerhalb des Landes, Vorschlagsrecht
(1) Bei der Berufung von Mitgliedern in Gremien sollen die Dienststellen und Einrichtungen gemäß § 2 (berufende Stelle), die die Mitgliedschaft von Personen in einem Gremium im eigenen oder im Geschäftsbereich einer anderen Dienststelle oder Einrichtung durch Berufungsakt unmittelbar begründen, Frauen und Männer hälftig berücksichtigen. Bestehen Berufungsrechte nur für eine Person, sollen Frauen und Männer alternierend berücksichtigt werden, wenn das Gremium für jeweils befristete Zeiträume zusammengesetzt wird.
(2) Ist für die Berufung ein Beschluss der Landesregierung erforderlich, gilt der Beschluss als die Mitgliedschaft unmittelbar begründender Akt.
(3) Erfolgt eine Berufung auf Grund der Benennung oder des Vorschlags einer vorschlagsberechtigten Stelle, so hat diese für jeden auf sie entfaltenden Sitz jeweils eine Frau und einen Mann mit der persönlichen und fachlichen Eignung und Qualifikation zu benennen oder vorzuschlagen (Doppelbenennung). Sie ist rechtzeitig zur Doppelbenennung von der berufenden Stelle aufzufordern. Sollte eine Doppelbenennung nicht erfolgen, ist dies schriftlich zu begründen. Die Doppelbenennung kann unterbleiben, wenn
1. einer vorschlagsberechtigten Stelle mehrere Sitze in einem Gremium zustehen und sie gleich viele Frauen und Männer benennt oder vorschlägt; bei einer ungeraden Anzahl von Sitzen bleibt für einen Sitz die Pflicht zur Doppelbenennung bestehen,
2. der vorschlagsberechtigten Stelle eine Doppelbenennung aus rechtlichen oder tatsächlichen Gründen nicht möglich oder aus sachlichen, nicht auf das Geschlecht bezogenen Gründen unzumutbar ist; in diesem Fall hat sie der berufenden Stelle die Gründe hierfür schriftlich darzulegen,

3. der berufenden Stelle auf Grund eines Gesetzes ein Auswahlrecht nicht zusteht.
(4) Vorschlagsberechtigte Stellen gemäß Absatz 3 sind
1. gesellschaftliche Institutionen, Organisationen, Verbände und Gruppen,
2. die in § 2 genannten Dienststellen und Einrichtungen,
3. sonstige Stellen, die auf Grund von Rechtsnormen berechtigt sind, Personen als Mitglieder für Gremien zu benennen oder vorzuschlagen.
(5) Benennt eine Stelle Personen als Mitglieder nur ein Gremium, für das sie selbst berufende Stelle ist, so findet an Stelle des Verfahrens nach Absatz 3 das Verfahren nach § 12 Abs. 2 Anwendung.

§ 12 Berufung in Gremien außerhalb des Landes, Entsendung

(1) Die Dienststellen und Einrichtungen gemäß § 2 (entsendende Stelle) sollen bei der Entsendung von Mitgliedern in Gremien außerhalb des Landes Frauen und Männer hälftig berücksichtigen. Bestehen Entsendungsrechte nur für eine Person, sollen Frauen und Männer alternierend berücksichtigt werden, wenn das Gremium für jeweils befristete Zeiträume zusammengesetzt wird.
(2) Bei den Vorschlägen ist für jeden auf die entsendende Stelle entfallenden Sitz jeweils eine Frau und ein Mann zu benennen, soweit Frauen und Männer mit der persönlichen und fachlichen Eignung und Qualifikation zur Verfügung stehen. § 11 Abs. 3 Satz 4 Nrn. 1 und 2 gilt entsprechend. Den für die Entsendung Zuständigen sind durch die Vorschlagsberechtigten schriftliche Vorschläge zu unterbreiten.

§ 13 Durchführungsbestimmungen

Die Landesregierung kann durch Rechtsverordnung Bedingungen über das Berufungs-, Vorschlags- und Entsendungsverfahren erlassen.

§ 14 Hauptamtliche Gleichstellungsbeauftragte

(1) Bei jeder obersten Landesbehörde mit mehr als 300 Beschäftigten im Geschäftsbereich und beim Landesverwaltungsamt ist eine hauptamtliche Gleichstellungsbeauftragte zu bestellen.
(2) Kann bei einer obersten Landesbehörde keine hauptamtliche Gleichstellungsbeauftragte nach Absatz 1 bestellt werden, hat die oberste Landesbehörde geeignete Maßnahmen zu treffen, dass die Aufgaben nach diesem Gesetz wahrgenommen werden. Sie kann insbesondere die Aufgaben der hauptamtlichen Gleichstellungsbeauftragten einer anderen obersten Landesbehörde in deren Einvernehmen zuordnen.
(3) Die Gleichstellungsbeauftragten sind mit den zur Erfüllung ihrer Aufgaben notwendigen sachlichen und personellen Mitteln auszustatten.

§ 15 Aufgaben und Rechte der hauptamtlichen Gleichstellungsbeauftragten in den obersten Landesbehörden

(1) Die hauptamtlichen Gleichstellungsbeauftragten in den obersten Landesbehörden wirken bei der Durchführung dieses Gesetzes mit. Sie arbeiten mit der Leitstelle für Frauenpolitik des Landes Sachsen-Anhalt in Angelegenheiten, die die Zielvorstellung des Gesetzes betreffen, zusammen. Sie sind als Stabsstelle direkt der Behördenleitung nachgeordnet.
(2) Die Gleichstellungsbeauftragten sind bei allen personellen, sozialen und organisatorischen Maßnahmen umfassend und rechtzeitig zu informieren und auf Verlangen zu beteiligen. Sie sind hinsichtlich der Erfüllung ihrer gesetzlichen Aufgabe mit Ausnahme von Satz 3 Nrn. 7 und 8 an fachliche Aufträge und Weisungen nicht gebunden. Die Gleichstellungsbeauftragten haben insbesondere folgende Aufgaben und Rechte:

1. Einbringung frauenrelevanter Anliegen und Forderungen in die Verwaltung.
2. Erarbeitung von Empfehlungen und Initiativen zur Verbesserung der Situation von Frauen.
3. Initiierung von Frauenfördermaßnahmen, Zusammenarbeit mit anderen Organisationen, Beratungsarbeit und Öffentlichkeitsarbeit,
4. Direktes Zugangs- und Vortragsrecht bei der Behördenleitung.
5. Beteiligung bei Vorlagen bereits in der Planungsphase und Mitzeichnungsrecht.
6. Sie sind bei Stellenausschreibungen zu beteiligen.
7. Sie können Bewerbungsunterlagen einsehen.
8. Sie können an Vorstellungsgesprächen teilnehmen.
9. Sie sind über anstehende Beförderungen sowie zu übertragende höherwertige Tätigkeiten zu unterrichten.
10. Sie sind über Maßnahmen zur Qualifikation von Mitarbeiterinnen und Mitarbeitern (zum Beispiel Bildungsmaßnahmen) zu informieren.
11. Sie arbeiten mit den ehrenamtlichen Gleichstellungsbeauftragten zusammen. Sie können diesen auf deren Anforderung bei der Beratung und Unterstützung weiblicher Beschäftigter zu deren beruflicher Förderung und zur Vermeidung und Beseitigung von Benachteiligungen behilflich sein.
12. Sie nehmen Beschwerden über sexuelle Belästigungen entgegen, beraten die Betroffenen und leiten mit deren Einverständnis Mitteilungen über sexuelle Belästigungen der Behördenleitung zu.

(3) Den Gleichstellungsbeauftragten sind auf Verlangen die zur Durchführung ihrer Aufgaben erforderlichen Unterlagen zur Verfügung zu stellen. Aus Personalakten sind ihnen die erforderlichen Auskünfte zu erteilen. Bei Nichteinhaltung ihrer Rechte nach Absatz 2, bei Nichtbeachtung von Formvorschriften dieses Gesetzes oder bei Nichteinhaltung von Zielvorgaben des Frauenförderplanes können die Gleichstellungsbeauftragten bei der Behördenleitung Widerspruch, der aufschiebende Wirkung hat, einlegen. Über den Widerspruch ist innerhalb von zwei Wochen erneut zu beraten und endgültig zu entscheiden.
(4) Die Gleichstellungsbeauftragten sind verpflichtet, über die ihnen bei ihrer Tätigkeit bekannt gewordenen Angelegenheiten und Tatsachen Stillschweigen zu bewahren.

§ 16 Aufgaben und Rechte der hauptamtlichen Gleichstellungsbeauftragten im Landesverwaltungsamt

(1) Die hauptamtlichen Gleichstellungsbeauftragte nimmt innerhalb ihrer Dienststelle die Aufgaben und Rechte entsprechend § 15 wahr.
(2) Sie bringt eigene Initiativen und Anregungen in das Verwaltungshandeln ein und achtet darauf, dass Verwaltungsentscheidungen dem Ziel dieses Gesetzes gerecht werden.
(3) (weggefallen)
(4) Sie steht den kommunalen Gleichstellungsbeauftragten auf deren Anforderung bei Fragen zur Umsetzung und Durchsetzung der Frauenpolitik zur fachlichen Beratung zur Verfügung.
(5) Sie nimmt nach außen gerichtete Tätigkeiten wahr. Dazu gehören insbesondere:
1. die Initiierung von Frauenfördermaßnahmen und
2. die Zusammenarbeit mit anderen Institutionen
(6) Nähere Regelungen zu den Aufgaben der hauptamtlichen Gleichstellungsbeauftragten in den Regierungspräsidien erlässt die Leitstelle für Frauenpolitik des Landes Sachsen-Anhalt.

§ 17 Ehrenamtliche Gleichstellungsbeauftragte

(1) Bei den Dienststellen und Einrichtungen nach § 2 mit mindestens fünf weiblichen Beschäftigten wird eine ehrenamtliche Gleichstellungsbeauftragte oder ein ehrenamtlicher Gleichstellungsbeauftragter sowie deren Stellvertreterin oder Stellvertreter von den weiblichen Beschäftigten gewählt. Auf die Wahl von ehrenamtlichen Gleichstellungsbeauftragten kann in Kommunen und Verwaltungsgemeinschaften, die hauptamtliche Gleichstellungsbeauftragte bestellt haben, verzichtet werden.

(2) Sind bei einer Dienststelle weniger als fünf Frauen beschäftigt, so sind sie bei der übergeordneten Dienststelle wahlberechtigt.

(3) Die Wahlen finden alle vier Jahre statt, erstmals bis spätestens nach Ablauf von drei Monaten nach In-Kraft-Treten dieses Gesetzes.

(4) Die Wahlberechtigung ist für alle weiblichen Beschäftigten gegeben. Wer zu einer Dienststelle abgeordnet ist, wird in ihr wahlberechtigt, sobald die Abordnung länger als drei Monate gedauert hat; im gleichen Zeitpunkt verliert sie das Wahlrecht bei der alten Dienststelle. Dies gilt nicht, wenn die Beschäftigte binnen weiterer sechs Monate in die alte Dienststelle zurückkehren wird.

(5) Wählbar sind alle Beschäftigten im Sinne des § 14 Abs. 1 und 2 des Landespersonalvertretungsgesetzes Sachsen-Anhalt.

(6) Die Dienststelle hat eine Personalversammlung der weiblichen Beschäftigten einzuberufen, in der die Wahlvorschläge formlos eingebracht werden.

(7) Die Dienststelle bestellt zur Durchführung der Wahl spätestens drei Monate vor Ablauf der Amtszeit der Gleichstellungsbeauftragten eine Wahlleiterin oder einen Wahlleiter. Über das Ergebnis der Wahl erstellt die Wahlleitung ein Protokoll, das unverzüglich nach der Wahl für mindestens drei Wochen auszuhängen ist.

(8) Die Gleichstellungsbeauftragten werden in geheimer und unmittelbarer Wahl gewählt. Gewählt ist, wer die meisten Stimmen erhält.

(9) Die regelmäßige Amtszeit der Gleichstellungsbeauftragten beträgt vier Jahre. Die Amtszeit beginnt mit der Bekanntgabe des Wahlergebnisses oder wenn die Amtszeit der bisherigen Gleichstellungsbeauftragten noch nicht beendet ist, mit deren Ablauf.

(10) Die für Personalratsmitglieder geltenden Schutzbestimmungen sind für die ehrenamtlichen Gleichstellungsbeauftragten entsprechend anzuwenden.

(11) Für die Fälle des vorzeitigen Ausscheidens der ehrenamtlichen Gleichstellungsbeauftragten oder ihrer Stellvertreterin, insbesondere bei
1. Bestellung der ehrenamtlichen Gleichstellungsbeauftragten zur hauptamtlichen Gleichstellungsbeauftragten,
2. Anordnung für einen sechs Monate überschreitenden Zeitraum,
3. Rücktritt,
4. Ausscheiden aus der Dienststelle,
sind Nachwahlen durchzuführen. Die Nachwahlen beziehen sich nur auf das freigewordene Amt.

(12) Für die Fälle der Zusammenlegung oder Trennung von Dienststellen sind Neuwahlen durchzuführen.

(13) Für die nach den Absätzen 11 und 12 erforderlichen Wahlen gelten die Absätze 1 bis 9 entsprechend. Nachwahlen erstrecken sich zeitlich auf die verbleibende Wahlperiode.

(14) Von den weiblichen Beschäftigten des Verfassungsschutzes wird in der dafür zuständigen Abteilung im Ministerium des Innern eine ehrenamtliche Gleichstellungsbeauftragte oder ein ehrenamtlicher Gleichstellungsbeauftragter sowie deren Stellvertreterin oder Stellvertreter gewählt.

§ 18 Aufgaben und Rechte der ehrenamtlichen Gleichstellungsbeauftragten

(1) Die ehrenamtlichen Gleichstellungsbeauftragten beraten und unterstützen die weiblichen Beschäftigten in Einzelfällen zur beruflichen Förderung und Beseitigung von Benachteiligungen.

(2) Sie arbeiten mit den hauptamtlichen Gleichstellungsbeauftragten zusammen und unterrichten diese über Missstände und Benachteiligungen in der Dienststelle, die die Gleichberechtigung betreffen.

(3) Ihre Aufgaben und Rechte nach diesem Gesetz nehmen sie während der Dienstzeit wahr. Die ehrenamtlichen Gleichstellungsbeauftragten üben die Aufgaben nach diesem Gesetz unentgeltlich aus. Die Dienststelle hat sie bei der Erfüllung ihrer Aufgaben zu unterstützen. Ihre Tätigkeit darf nicht zur Beeinträchtigung ihres beruflichen Werdeganges führen. Die für Personalratsmitglieder geltenden Entlastungsregelungen sind für die ehrenamtlichen Gleichstellungsbeauftragten entsprechend anzuwenden.

(4) Sie haben während ihrer regelmäßigen Amtszeit Anspruch auf Freistellung vom Dienst unter Fortzahlung der Bezüge für mindestens 1 Woche im Jahr zur Teilnahme an Schulungs- und Bildungsveranstaltungen, die von der Landeszentrale für politische Bildung als geeignet anerkannt sind.

§ 18a Gleichstellungsbeauftragte in den Kommunen

Die gemäß § 74 Gemeindeordnung für das Land Sachsen-Anhalt und § 64 Landkreisordnung für das Land Sachsen-Anhalt zu bestellenden Gleichstellungsbeauftragten nehmen neben den ihnen in den Kommunen übertragenen Aufgaben die Aufgaben und Rechte nach § 15 Abs. 2 wahr. § 15 Abs. 3 und 4 gilt entsprechend.

§ 19 Gleichstellungsbeauftragte an den Hochschulen

Für die Gleichstellungsbeauftragten an den Hochschulen gilt dieses Gesetz, soweit keine besonderen Regelungen vorliegen. Der berufliche Werdegang von Gleichstellungsbeauftragten darf durch die Ausübung ihrer Funktion nicht beeinträchtigt werden.

§ 20 Frauenförderplan

(1) Oberste Landesbehörden sowie Körperschaften, Anstalten und Stiftungen des öffentlichen Rechts mit eigener Verwaltung im Geltungsbereich des § 2, die nicht in den Geschäftsbereich einer obersten Landesbehörde fallen, haben für ihren Geschäftsbereich einen Frauenförderplan zu erstellen

(2) Die haupt- und ehrenamtlichen Gleichstellungsbeauftragten wirken bei der Erstellung und Umsetzung des Frauenförderplanes mit. Mit der bestellten Gleichstellungsbeauftragten ist das Benehmen herzustellen. Auf Verlangen der Gleichstellungsbeauftragten ist ihre Stellungnahme dem Frauenförderplan beizufügen.

(3) Die Frauenförderpläne enthalten für jeweils zwei Jahre verbindliche Zielvorgaben bezogen auf die Erhöhung des Anteils der Frauen bei Einstellungen und Beförderung in den einzelnen Funktionen, Vergütungs- oder Besoldungsgruppen, in denen sie unterrepräsentiert sind. Es sind mehr als die Hälfte der zu besetzenden Stellen innerhalb der Funktionen, Vergütungs- oder Besoldungsgruppen, in denen Frauen unterrepräsentiert sind, zur Besetzung durch Frauen vorzusehen.

§ 20a weggefallen

§ 20b Staatliche Leistungsgewährung
Bei der Gewährung von freiwilligen Leistungen auf der Grundlage von Landesgesetzen und bei der Neuauflage von Förderprogrammen werden Maßnahmen zur Herstellung der Chancengleichheit für Frauen und zur Familienförderung berücksichtigt.

§ 21 Berichterstattung und Fortschreibung
Die Landesregierung legt dem Landtag alle fünf Jahre einen Bericht über die Umsetzung dieses Gesetzes vor.

§ 22 In-Kraft-Treten
Dieses Gesetz tritt am Tage nach seiner Verkündung in Kraft.

16. Gesetz zur Gleichstellung der Frauen im öffentlichen Dienst Schleswig-Holstein

vom 13.12.1994 (GVBl. 1994, S. 562), zuletzt geändert durch die Landesverordnung zur Anpassung von Rechtsvorschriften an geänderte Zuständigkeiten der obersten Landesbehörden und geänderte Ressortbezeichnungen (GVBl. 2013, S. 143, S. 154)

Abschnitt I: Einleitende Vorschriften

§ 1 Gesetzeszweck

¹Dieses Gesetz dient der Verwirklichung des Grundrechtes der Gleichberechtigung von Frauen und Männern. ²Es fördert die Gleichstellung der Frauen im öffentlichen Dienst insbesondere durch
1. die Schaffung von Arbeitsbedingungen, die für beide Geschlechter die Vereinbarkeit von Familie und Beruf ermöglichen,
2. die Kompensation von Nachteilen, die vor allem Frauen als Folge der geschlechtsspezifischen Arbeitsteilung erfahren,
3. die gerechte Beteiligung von Frauen an allen Lohn-, Vergütungs- und Besoldungsgruppen sowie in Gremien.

§ 2 Geltungsbereich

(1) ¹Dieses Gesetz gilt, soweit gesetzlich nichts anderes bestimmt ist, für das Land, die Gemeinden, Kreise und Ämter und für die der Aufsicht des Landes unterstehenden Körperschaften des öffentlichen Rechts ohne Gebietshoheit, die rechtsfähigen Anstalten und Stiftungen des öffentlichen Rechts. ²Es gilt nicht für die gemeinsamen Einrichtungen des Landes Schleswig-Holstein mit anderen Ländern.
(2) ¹Beschäftigte im Sinne dieses Gesetzes sind die Beamtinnen und Beamten, Richterinnen und Richter, Angestellten, Arbeiterinnen und Arbeiter sowie die Auszubildenden der Träger der öffentlichen Verwaltung nach Absatz 1. ²Dieses Gesetz gilt nicht für Ehrenbeamtinnen und Ehrenbeamte und kommunale Wahlbeamtinnen und Wahlbeamte.

Abschnitt II: Maßnahmen zur Gleichstellung

§ 3 Vergabe von Ausbildungsplätzen

(1) Bei gleichwertiger Eignung, Befähigung und fachlicher Leistung sind Ausbildungsplätze vorrangig an Frauen zu vergeben, wenn sich in dem betreffenden Ausbildungsberuf oder in der betreffenden Laufbahn bei dem jeweiligen in § 2 genannten Träger der öffentlichen Verwaltung weniger Frauen als Männer befinden.
(2) Absatz 1 gilt nicht, wenn die Ausbildung Voraussetzung für die Ausübung eines Berufes auch außerhalb des öffentlichen Dienstes ist.

§ 4 Einstellung

(1) ¹Bei gleichwertiger Eignung, Befähigung und fachlicher Leistung sind Frauen bei Begründung eines Beamten- oder Richterverhältnisses vorrangig zu berücksichtigen, wenn sich in der betreffenden Laufbahn im Geschäftsbereich der für die Personalauswahl zuständigen Dienststelle weniger Frauen als Männer befinden; bei laufbahnfreien Ämtern ist auf den An-

teil in der jeweiligen Besoldungsgruppe abzustellen. ²Soweit die Einstellung von einer Dienststelle für mehrere Geschäftsbereiche durchgeführt wird, ist der Frauenanteil in diesen Geschäftsbereichen insgesamt zugrunde zu legen.
(2) ¹Bei Begründung eines Arbeitsverhältnisses sind Frauen bei gleichwertiger Eignung, Befähigung und fachlicher Leistung vorrangig zu berücksichtigen, wenn sich in der betreffenden Fallgruppe einer Vergütungs- oder Lohngruppe im Geschäftsbereich der für die Personalauswahl zuständigen Dienststelle weniger Frauen befinden als Männer. ²Sind mehrere Fallgruppen von Vergütungs- oder Lohngruppen einer Laufbahn vergleichbar, ist der Anteil der Frauen in diesen Fallgruppen insgesamt maßgeblich. ³Absatz 1 Satz 2 gilt entsprechend.
(3) Für Beamtenverhältnisse und Beschäftigungsverhältnisse, die zum Zwecke der Ausbildung begründet werden, gilt § 3.

§ 5 Beförderung und Übertragung höherwertiger Tätigkeiten
(1) ¹Bei gleichwertiger Eignung, Befähigung und fachlicher Leistung sind Frauen vorrangig zu befördern, wenn sich in dem angestrebten Beförderungsamt der Laufbahn im Geschäftsbereich der für die Personalauswahl zuständigen Dienststelle weniger Frauen als Männer befinden. ²Satz 1 gilt entsprechend, wenn, ohne dass sich die Amtsbezeichnung ändert, ein anderes Amt mit höherem Endgrundgehalt übertragen wird.
(2) Bei gleichwertiger Eignung, Befähigung und fachlicher Leistung sind Frauen vorrangig höherwertige Tätigkeiten, die eine Höhergruppierung auslösen, zu übertragen, wenn sich in der damit verbundenen Fallgruppe einer Vergütungs- oder Lohngruppe im Geschäftsbereich der für die Personalauswahl zuständigen Dienststelle weniger Frauen als Männer befinden.
(3) Die Absätze 1 und 2 gelten entsprechend für eine Versetzung, Abordnung oder Umsetzung, für die Zulassung zum Aufstieg oder für sonstige personelle Maßnahmen, die eine künftige Beförderung, eine ihr gleichgestellte Maßnahme oder eine Übertragung höherwertiger Tätigkeiten ermöglichen.

§ 6 Härteklausel
Die §§ 3 bis 5 gelten nicht, wenn in der Person eines Mitbewerbers so schwerwiegende Gründe vorliegen, dass seine Nichtberücksichtigung auch unter Beachtung des Gebotes zur Gleichstellung der Frauen eine unzumutbare Härte bedeuten würde.

§ 7 Arbeitsplatzausschreibung
(1) ¹In Bereichen, in denen Frauen nach Maßgabe der §§ 3 bis 5 unterrepräsentiert sind, müssen freie Arbeitsplätze ausgeschrieben werden. ²In der Ausschreibung sind die Anforderungen des zu besetzenden Arbeitsplatzes anzugeben. ³Sie ist so abzufassen, dass sie durchgängig Frauen und Männer gleichermaßen anspricht. ⁴Es ist darauf hinzuweisen, dass Frauen bei gleichwertiger Eignung, Befähigung und fachlicher Leistung vorrangig berücksichtigt werden.
(2) Freie Arbeitsplätze sind solche, die
1. neu geschaffen worden sind oder
2. besetzbar geworden sind durch
    1. Ausscheiden von Beschäftigten aus dem aktiven Dienst des jeweiligen Trägers der öffentlichen Verwaltung,
    2. Beurlaubung ohne Dienstbezüge oder Teilzeittätigkeit von Beschäftigten für die Dauer dieser Zeit,
    3. Versetzung, Abordnung, Zuweisung oder Umsetzung von Beschäftigten.

(3) Die Ausschreibung muss mindestens dienststellenübergreifend erfolgen, soweit innerhalb des jeweiligen Trägers der öffentlichen Verwaltung Bewerbungen möglich sind, die den Anforderungen des zu besetzenden Arbeitsplatzes entsprechen; bei Führungspositionen soll grundsätzlich eine öffentliche Ausschreibung erfolgen.
(4) Die Absätze 1 bis 3 gelten auch für Ausbildungsplätze, soweit nicht ein Ausbildungsanspruch besteht.
(5) ¹Mit Zustimmung der Gleichstellungsbeauftragten kann
1. von einer Ausschreibung in den Fällen des Absatzes 2 Nr. 2 Buchst. b und c oder
2. von einer öffentlichen Ausschreibung für Führungspositionen abgesehen werden. ²§ 97 des Hochschulgesetzes bleibt unberührt. Bei Verweigerung der Zustimmung durch die Gleichstellungsbeauftragte gilt § 22 Abs. 2 bis 4 entsprechend.
(6) Die Absätze 1 bis 3 gelten nicht für
1. Beamtinnen und Beamte nach § 37 des Landesbeamtengesetzes oder
2. Arbeitsplätze, die für Beschäftigte vorgesehen sind,
   1. die nach einer Beurlaubung, einer Abordnung oder einer Zuweisung zurückkehren,
   2. die für ihr berufliches Fortkommen erfolgreich an einem Auswahlverfahren teilgenommen haben,
   3. die erstmalig einen Arbeitsplatz besetzen, nachdem sie vor Beginn einer bei dem jeweiligen Träger der öffentlichen Verwaltung abgeschlossenen Ausbildung oder vor Einstellung an einem Vorstellungsgespräch oder an einem Auswahlverfahren erfolgreich teilgenommen haben oder
   4. deren bisherige Arbeitsplätze aufgrund von Organisationsentscheidungen entfallen sind bzw. sollen oder
   5. die auf der Grundlage eines mit Gleichstellungsbeauftragter und Personalrat sowie den für ressortübergreifende Personalentwicklungsmaßnahmen zuständigen Stellen abgestimmten Personalentwicklungskonzeptes versetzt, abgeordnet, zugewiesen oder umgesetzt werden.
(7) Für jeden neu besetzten Arbeitsplatz ist festzuhalten,
1. ob er an eine Frau oder einen Mann vergeben wurde,
2. ob eine Ausschreibung erfolgt ist und
3. wenn ja, wie hoch der Anteil von Frauen unter den eingegangenen Bewerbungen und den zum Vorstellungsgespräch eingeladenen Personen war,
4. und mit wie vielen Frauen und Männern das Auswahlgremium besetzt war.

§ 8 Auswahlgrundsätze

(1) Die Qualifikation ist ausschließlich an solchen Eignungs-, Befähigungs- und fachlichen Leistungsmerkmalen zu messen, die den Anforderungen der Laufbahn oder des Berufs oder im Falle eines Personalentwicklungskonzeptes der angestrebten Stelle entsprechen.
(2) Für die Beurteilung der Eignung sind Erfahrungen und Fähigkeiten aus der Betreuung von Kindern oder Pflegebedürftigen einzubeziehen, soweit diese Qualifikationen für die zu übertragenden Aufgaben von Bedeutung sind.
(3) ¹Bei der Feststellung von Eignung, Befähigung und fachlicher Leistung darf das Dienst- oder Lebensalter nur berücksichtigt werden, wenn sich dadurch die beruflichen Kenntnisse erweitert haben. ²Im übrigen können Dienst- oder Lebensalter berücksichtigt werden, soweit die §§ 3 bis 6 nicht entgegenstehen.
(4) Der Familienstand darf nicht nachteilig berücksichtigt werden.
(5) Schwangerschaft und die Möglichkeit einer Schwangerschaft dürfen nicht zum Nachteil einer Frau berücksichtigt werden.

(6) Die Absätze 1 bis 5 gelten entsprechend für Ausbildungsplätze.

§ 9 Höchstaltersgrenzen

(1) ¹Höchstaltersgrenzen für den Zugang zum öffentlichen Dienst, die nicht unmittelbar durch Gesetz bestimmt sind, erhöhen sich für Bewerberinnen und Bewerber, die wegen der Betreuung eines Kindes unter 18 Jahren oder einer oder eines sonstigen pflegebedürftigen Angehörigen von einer Bewerbung vor Erreichen des ansonsten maßgeblichen Höchstalters abgesehen haben, um 4 Jahre, bei Betreuung mehrerer Personen um höchstens 8 Jahre, jedoch nicht über das 50. Lebensjahr hinaus. ²Satz 1 gilt nur insoweit, als nicht bereits aufgrund anderer Rechtsvorschriften eine Überschreitung des regelmäßig geltenden Höchstalters zulässig ist.
(2) ¹Absatz 1 gilt entsprechend für Höchstaltersgrenzen, die das berufliche Fortkommen im öffentlichen Dienst betreffen. ²Eine Höchstaltersgrenze von 58 Jahren für den Aufstieg in nächsthöhere Laufbahngruppen bleibt unberührt.
(3) Gesetze und Verordnungen, die das berufliche Fortkommen im öffentlichen Dienst nach Erreichen eines bestimmten Lebensalters erschweren, sind nicht anzuwenden, wenn Beschäftigte das maßgebliche Lebensalter wegen der Betreuung eines Kindes unter 18 Jahren, einer oder eines sonstigen pflegebedürftigen Angehörigen überschreiten.

§ 10 Fort- und Weiterbildung

(1) ¹Zu beruflichen Fort- und Weiterbildungsveranstaltungen sollen Frauen und Männer im Rahmen des angesprochenen Adressatenkreises zu gleichen Anteilen zugelassen werden; Frauen sind mindestens entsprechend ihrem Anteil an den Bewerbungen zuzulassen. ²Kann nicht nach Satz 1 verfahren werden, weil nur ein Teilnahmeplatz zu vergeben ist, müssen Frauen und Männer alternierend berücksichtigt werden, wenn die Veranstaltung wiederholt angeboten wird; anderenfalls entscheidet das Los.
(2) ¹In Programme zur beruflichen Fort- und Weiterbildung sind Veranstaltungen zum Thema Gleichstellung von Frauen aufzunehmen. ²Bei Veranstaltungen zu Führungsverhalten, Personal- oder Organisationsangelegenheiten ist das Thema Gleichstellung einzubeziehen.

§ 11 Frauenförderplan

(1) ¹Jede einen Stellenplan bewirtschaftende Dienststelle mit regelmäßig mindestens 20 Beschäftigten hat für jeweils vier Jahre einen Frauenförderplan aufzustellen. ²Personalstellen mehrerer Dienststellen können in einem Frauenförderplan zusammengefasst werden.
(2) ¹Personalstellen im Sinne dieses Gesetzes sind Planstellen und Stellen im Sinne von § 17 der Landeshaushaltsordnung Schleswig- Holstein sowie alle Stellen, die in Erläuterungen zu Haushaltsplänen ausgewiesen sind. ²In Dienststellen, in denen keine Planstellen vorhanden sind und in denen § 17 der Landeshaushaltsordnung Schleswig-Holstein keine Wirksamkeit entfaltet, sind Personalstellen im Sinne des Gesetzes alle Stellen, die in Stellenplänen geführt werden.
(3) Grundlage des Frauenförderplans sind eine Bestandsaufnahme und eine Analyse der Beschäftigtenstruktur sowie eine Schätzung der im Geltungsbereich des Frauenförderplans zu besetzenden Personalstellen, möglichen Beförderungen und durch Abbau wegfallenden Stellen.
(4) ¹Der Frauenförderplan enthält für jeweils zwei Jahre verbindliche Zielvorgaben, bezogen auf den Anteil der Frauen bei Einstellungen und Beförderungen zur Erhöhung des Frauenanteils in Bereichen, in denen Frauen unterrepräsentiert sind. ²In den Zielvorgaben ist zumindest ein Frauenanteil vorzusehen, der dem Anteil der Frauen an der nächstniedrigeren

Besoldungs-, Vergütungs- und Lohngruppe entspricht. ³Bei Neueinstellungen sind Frauen zur Hälfte zu berücksichtigen.
(5) ¹In dem Frauenförderplan ist festzulegen, in welcher Zeit und mit welchen personellen, organisatorischen und fortbildenden Maßnahmen die Gleichstellungsverpflichtung nach § 1 gefördert werden soll. ²Wenn personalwirtschaftliche Maßnahmen vorgesehen sind, durch die Stellen gesperrt werden oder wegfallen sollen, hat der Frauenförderplan Zielvorgaben zu enthalten, nach denen der Frauenanteil zumindest gleichbleibt.
(6) ¹An der Erstellung des Frauenförderplans ist die Gleichstellungsbeauftragte von Anfang an zu beteiligen. ²Die Rechte des Personalrats bleiben unberührt.
(7) Die Frauenförderpläne werden von der Dienststellenleitung in den Dienststellen, deren Personalstellen sie betreffen, bekanntgemacht.
(8) ¹Solange kein Frauenförderplan aufgestellt ist, dürfen in Bereichen, in denen Frauen unterrepräsentiert sind, keine Einstellungen und Beförderungen vorgenommen werden. ²Dies gilt nicht für die Übergangszeit nach § 26 Abs. 1. ³Ist der Frauenförderplan wegen eines Verfahrens nach §§ 52 ff des Mitbestimmungsgesetzes noch nicht in Kraft, dürfen keine Einstellungen und Beförderungen vorgenommen werden, die dem bereits aufgestellten Frauenförderplan zuwiderlaufen.
(9) § 12 Abs. 1 Satz 4 des Hochschulgesetzes bleibt unberührt.

§ 12 Teilzeitbeschäftigung

(1) ¹Alle Arbeitsplätze sind grundsätzlich auch mit Teilzeitbeschäftigten besetzbar, wenn nicht zwingende dienstliche Belange die Besetzung mit Vollzeitbeschäftigten erfordern. ²In einer Arbeitsplatzausschreibung ist auf die Möglichkeit zur Teilzeitbeschäftigung hinzuweisen.
(2) ¹Teilzeitbeschäftigung muss mit mindestens der Hälfte der regelmäßigen wöchentlichen Arbeitszeit angeboten werden, soweit nicht durch Rechtsvorschrift etwas anderes bestimmt ist. ²Die reduzierte Stundenzahl von Teilzeitbeschäftigten ist im Rahmen des Haushaltsrechtes personell auszugleichen. ³Von Möglichkeiten zur Zusammenfassung mehrerer Reststellen ist Gebrauch zu machen. ⁴Beschäftigungsverhältnisse, die die sozialversicherungspflichtige Grenze unterschreiten, dürfen nicht begründet werden.
(3) Teilzeitbeschäftigte dürfen in ihrer beruflichen Entwicklung gegenüber Vollzeitbeschäftigten nicht benachteiligt werden.
(4) Streben Beschäftigte, die aus familiären Gründen teilzeitbeschäftigt sind, wieder eine Vollzeitbeschäftigung an, sind sie bei der Neubesetzung eines gleichwertigen Arbeitsplatzes vorrangig zu berücksichtigen.
(5) Als Teilzeitbeschäftigung im Sinne dieses Gesetzes gelten nur auf Dauer angelegte Beschäftigungen.

§ 13 Beurlaubung

(1) Urlaubs- und Krankheitsvertretungen sowie sonstige zulässig befristete Beschäftigungsmöglichkeiten sind vorrangig Beschäftigten anzubieten, die aus familiären Gründen beurlaubt sind, soweit dies nicht dem Zweck der Beurlaubung entgegensteht.
(2) § 12 Abs. 4 gilt entsprechend, sofern aus familiären Gründen beurlaubte Beschäftigte wieder eine Teilzeit- oder eine Vollzeitbeschäftigung anstreben.
(3) Für die Beurlaubung von Arbeitnehmerinnen und Arbeitnehmern ist § 62 des Landesbeamtengesetzes entsprechend anzuwenden.

§ 14 Familiengerechte Arbeitszeit

Im Rahmen der gesetzlichen, tarifvertraglichen oder sonstigen Regelungen der Arbeitszeit und der dienstlichen Möglichkeiten sind im Einzelfall Beschäftigten mit Familienpflichten bei Bedarf geänderte Arbeitszeiten einzuräumen.

§ 15 Gremienbesetzung

(1) ¹Bei Benennungen und Entsendungen von Vertreterinnen und Vertretern für Kommissionen, Beiräte, Ausschüsse, Vorstände, Verwaltungs- und Aufsichtsräte sowie für vergleichbare Gremien, deren Zusammensetzung nicht durch besondere gesetzliche Vorschriften geregelt ist, sollen Frauen und Männer jeweils hälftig berücksichtigt werden. ²Bestehen Benennungs- oder Entsendungsrechte nur für eine Person, sollen Frauen und Männer alternierend berücksichtigt werden, wenn das Gremium für jeweils befristete Zeiträume zusammengesetzt wird; anderenfalls entscheidet das Los. ³Bestehen Benennungs- oder Entsendungsrechte für eine ungerade Personenzahl, gilt Satz 2 entsprechend für die letzte Person.
(2) Sind Organisationen, die nicht Träger der öffentlichen Verwaltung sind, oder sonstige gesellschaftliche Gruppierungen zur Benennung oder Entsendung von Mitgliedern für öffentlich-rechtliche Beschluss- oder Beratungsgremien berechtigt, gilt Absatz 1 entsprechend.

§ 16 Verbot sexueller Belästigung

(1) ¹Sexuelle Belästigung ist verboten. ²Die Dienststellenleitung bzw. die nach dem Landesdisziplinargesetz zuständige Behörde stellt unter Beteiligung der Gleichstellungsbeauftragten sicher, dass in Fällen sexueller Belästigung die gebotenen arbeits- oder dienstrechtlichen Maßnahmen ergriffen werden.
(2) ¹Aus Anlass von Beschwerden über sexuelle Belästigung dürfen den betroffenen Beschäftigten keine Nachteile entstehen. ²Insbesondere die Zuweisung eines anderen Arbeitsplatzes ist nur mit ihrer Zustimmung und mit Zustimmung der Gleichstellungsbeauftragten zulässig. ³Bei Verweigerung der Zustimmung durch die Gleichstellungsbeauftragte gilt § 22 Abs. 2 bis 4 entsprechend.

Abschnitt III: Gleichstellungsbeauftragte

§ 17 Geltungsbereich

Die nachfolgenden Vorschriften über die Gleichstellungsbeauftragte gelten, soweit in § 23 nichts anderes bestimmt ist, nicht für die Gleichstellungsbeauftragten in den Gemeinden, Kreisen und Ämtern an den Hochschulen.

§ 18 Bestellung von Gleichstellungsbeauftragten

(1) ¹In allen Dienststellen mit mindestens fünf ständig Beschäftigten ist eine Gleichstellungsbeauftragte zu bestellen. ²In Dienststellen mit mindestens 20 Beschäftigten ist darüber hinaus eine Stellvertreterin zu bestellen. ³Die Bestellung obliegt der Leiterin oder dem Leiter der Dienststelle und darf nicht ohne Zustimmung der betroffenen Frau erfolgen. ⁴Die weiblichen Beschäftigten haben ein Vorschlagsrecht.
(2) Die Gleichstellungsbeauftragte soll keiner Personalvertretung angehören und nur in ihrer Eigenschaft als Gleichstellungsbeauftragte mit Personalangelegenheiten befasst sein.
(3) ¹Die Gleichstellungsbeauftragte ist der Leiterin oder dem Leiter der Dienststelle unmittelbar zu unterstellen. ²Die anderweitigen dienstlichen Verpflichtungen der Gleichstellungsbeauftragten sind ihrer Aufgabe anzupassen.

(4) Die Gleichstellungsbeauftragte darf bei der Wahrnehmung ihrer Aufgaben nicht behindert und wegen ihrer Tätigkeit weder bevorzugt noch benachteiligt werden.
(5) ¹Die Leiterin oder der Leiter der Dienststelle können die Bestellung im Einverständnis mit der Gleichstellungsbeauftragten aufheben oder aus gewichtigen dienstlichen Gründen widerrufen. ²Unterliegt die Dienststelle der Dienstaufsicht durch eine übergeordnete Dienststelle, kann die Bestellung nur mit Zustimmung der Gleichstellungsbeauftragten der übergeordneten Dienststelle widerrufen werden. ³Die Bestellung einer Gleichstellungsbeauftragten an einer obersten Landesbehörde kann nur mit Zustimmung des Ministeriums für Soziales, Gesundheit, Familie und Gleichstellung widerrufen werden. ⁴Das Arbeitsverhältnis einer Gleichstellungsbeauftragten kann nur unter den Voraussetzungen des § 626 des Bürgerlichen Gesetzbuches gekündigt werden. ⁵Dies gilt auch für die Kündigung des Arbeitsverhältnisses einer ehemaligen Gleichstellungsbeauftragten, wenn seit Beendigung der Bestellung weniger als zwei Jahre verstrichen sind. ⁶Vor Versetzung und Abordnung ist sie ungeachtet der unterschiedlichen Aufgabenstellung in gleicher Weise wie die Mitglieder des Personalrats geschützt.
(6) Kann die Bestellung einer Gleichstellungsbeauftragten nicht erfolgen, weil an der Dienststelle keine Frau oder keine zur Übernahme des Amtes bereite Frau beschäftigt ist, so ist die Gleichstellungsbeauftragte der zuständigen übergeordneten Dienststelle zuständig.
(7) Die Absätze 1 bis 5 gelten entsprechend für die Vertreterin der Gleichstellungsbeauftragten.

§ 19 Aufgaben und Rechte der Gleichstellungsbeauftragten in Fachangelegenheiten
(1) Die Gleichstellungsbeauftragte ist im Rahmen der jeweiligen fachlichen Zuständigkeit ihrer Dienststelle an allen Angelegenheiten des Geschäftsbereiches zu beteiligen, die Auswirkungen auf die Gleichstellung von Frauen haben können.
(2) ¹Die Dienststelle hat die Gleichstellungsbeauftragte so frühzeitig zu beteiligen, dass deren Initiativen, Anregungen, Bedenken oder sonstige Stellungnahmen berücksichtigt werden können. ²Die Gleichstellungsbeauftragte kann in Unterlagen, die zur Erfüllung ihrer Aufgaben erforderlich sind, Einsicht nehmen. ³Ihr sind die erforderlichen Auskünfte zu erteilen. ⁴Die Gleichstellungsbeauftragte kann an Besprechungen, Sitzungen oder Konferenzen teilnehmen, soweit Angelegenheiten beraten werden, die Auswirkungen auf die Gleichstellung von Frauen haben können.

§ 20 Aufgaben und Rechte der Gleichstellungsbeauftragten in Personalangelegenheiten
(1) ¹Die Gleichstellungsbeauftragte hat bei allen personellen, sozialen und organisatorischen Angelegenheiten auf die Gleichstellung von Frauen, insbesondere auf Einhaltung dieses Gesetzes, hinzuwirken. ²Zwischen der Gleichstellungsbeauftragten und den Beschäftigten ist der Dienstweg nicht einzuhalten.
(2) ¹Die Gleichstellungsbeauftragte ist insbesondere bei Stellenausschreibungen, Einstellungen, Beförderungen und Höhergruppierungen, Kündigungen und Entlassungen sowie vorzeitigen Versetzungen in den Ruhestand, einschließlich vorhergehender Planungen, zu beteiligen. ²§ 19 Abs. 2 gilt entsprechend. ³Soweit dies zur Erfüllung ihrer Aufgaben erforderlich ist, ist der Gleichstellungsbeauftragten auch in Personalakten Einsicht zu gewähren. ⁴Die Gleichstellungsbeauftragte ist bei Vorstellungsgesprächen und Auswahlverfahren teilnahmeberechtigt, soweit diese nicht durch ein Gremium geführt werden, dessen Zusammensetzung durch Gesetz geregelt ist. ⁵Sie ist stimmberechtigt, wenn eine Personalentscheidung von einem Gremium, dessen Zusammensetzung nicht durch Gesetz geregelt ist, durch Abstimmung getroffen wird.

(3) ⁶Die Leiterin oder der Leiter der Dienststelle haben die Gleichstellungsbeauftragte über die Beschäftigungsstruktur, insbesondere in den Bereichen, in denen Frauen nach Maßgabe der §§ 3 bis 5 unterrepräsentiert sind, fortlaufend zu unterrichten. ⁷Die Gleichstellungsbeauftragte ist befugt, Beschäftigten und Bewerberinnen und Bewerbern, für deren Personalangelegenheiten die Dienststelle zuständig ist, Auskünfte über die Beschäftigungsstruktur zu erteilen.

§ 21 Fachliche Weisungsfreiheit der Gleichstellungsbeauftragten
(1) ¹Die Gleichstellungsbeauftragte ist in Ausübung der ihr nach diesem Gesetz übertragenen Aufgaben und Rechte von fachlichen Weisungen frei. ²Diese Tätigkeit ist daher nur auf Antrag zu beurteilen.
(2) ¹Die Gleichstellungsbeauftragte kann sich ohne Einhaltung des Dienstweges an andere Gleichstellungsbeauftragte und an Ministerium für Soziales, Gesundheit, Familie und Gleichstellung des Landes Schleswig- Holstein wenden, sich mit ihnen beraten und Informationen austauschen, soweit nicht personenbezogene Daten übermittelt werden. ²Die Regelungen über die Schweigepflicht und die Amtsverschwiegenheit bleiben unberührt.

§ 22 Widerspruchsrecht der Gleichstellungsbeauftragten
(1) ¹Verstößt die Dienststelle nach Auffassung der Gleichstellungsbeauftragten gegen die §§ 3 bis 8, 12, 13, 15 Abs. 1 oder § 16, so kann die Gleichstellungsbeauftragte Widerspruch erheben. ²Sie kann Beschäftigte oder Bewerberinnen und Bewerber davon unterrichten, dass sie Widerspruch erhoben hat.
(2) Widerspricht die Gleichstellungsbeauftragte bei einer obersten Landesbehörde, darf die Maßnahme nur auf ausdrückliche Weisung der Leiterin oder des Leiters der Dienststelle im Benehmen mit dem Ministerium für Soziales, Gesundheit, Familie und Gleichstellung des Landes Schleswig-Holstein weiterverfolgt werden; das Letztentscheidungsrecht bleibt der jeweiligen obersten Landesbehörde.
(3) ¹Widerspricht die Gleichstellungsbeauftragte einer Dienststelle der nachgeordneten Landesverwaltung einer beabsichtigten Personalentscheidung und tritt ihr die Leiterin oder der Leiter der Dienststelle nicht bei, so ist die Entscheidung der Dienststelle einzuholen, die als zuständige übergeordnete Landesbehörde die Dienstaufsicht ausübt. ²Deren Gleichstellungsbeauftragte ist zu beteiligen. ³Ist die übergeordnete Dienststelle eine oberste Landesbehörde, gilt Absatz 2 entsprechend. ⁴Bei dreistufigem Verwaltungsaufbau hat die Leiterin oder der Leiter der übergeordneten Dienststelle die Entscheidung der obersten Landesbehörde einzuholen, wenn sie oder er der Auffassung ihrer Gleichstellungsbeauftragten nicht beitritt; Absatz 2 gilt entsprechend.
(4) ¹Erhebt die Gleichstellungsbeauftragte einer der Aufsicht des Landes unterstehenden Körperschaft des öffentlichen Rechts ohne Gebietshoheit, einer rechtsfähigen Anstalt oder Stiftung des öffentlichen Rechts Widerspruch und tritt ihr die Leiterin oder der Leiter der Dienststelle nicht bei, so kann die Gleichstellungsbeauftragte die zuständige Aufsichtsbehörde unterrichten. ²Die Gleichstellungsbeauftragte bei der Aufsichtsbehörde ist von dieser zu beteiligen.

§ 23 Geltung für die Gleichstellungsbeauftragten der Gemeinden, Kreise, Ämter und Hochschulen
(1) ¹§ 20 sowie § 21 Abs. 1 Satz 2 und Abs. 2 gelten auch für die Gleichstellungsbeauftragten, die nach § 2 Abs. 3 der Gemeindeordnung, § 2 Abs. 3 der Kreisordnung sowie § 22a der Amtsordnung zu bestellen sind. ²In den Gemeinden, Kreisen und Ämtern entscheidet in den

Fällen des § 7 Abs. 5 und des § 16 Abs. 2 bei Verweigerung der Zustimmung durch die Gleichstellungsbeauftragte die jeweilig oberste Dienstbehörde abschließend; § 22 findet keine Anwendung.
(2) § 21gilt auch für die Gleichstellungsbeauftragten in den Hochschulen nach § 27 des Hochschulgesetzes.

Abschnitt IV: Schlussvorschriften

§ 24 Berichtspflicht
(1) Die Landesregierung berichtet dem Landtag alle vier Jahre über die Durchführung dieses Gesetzes.
(2) Im Rahmen des Geltungsbereichs nach § 2 mit Ausnahme der Hochschulen berichten die verwaltungsleitenden Organe den Repräsentativorganen als obersten Entscheidungs- und Überwachungsorganen im Abstand von vier Jahren über die Durchführung dieses Gesetzes in ihren Bereichen.
(3) Der Bericht gibt Auskunft über die bisherigen und geplanten Maßnahmen zur Durchführung dieses Gesetzes, insbesondere über die Entwicklung des Frauenanteils in den Besoldungs-, Vergütungs- und Lohngruppen.

§ 25 Änderung des Landesbeamtengesetzes
Das Landesbeamtengesetz in der Fassung der Bekanntmachung vom 2. Juni 1991 (GVOBl. Schl.-H. S. 275), zuletzt geändert durch Gesetz vom 8. Februar 1994 (GVOBl. Schl.-H. S. 124), wird wie folgt geändert:
1. An § 10 Absatz 3 werden nach dem Wort „Wahlbeamten" die Worte „und das Gesetz über die Gleichstellung der Frauen im öffentlichen Dienst" angefügt.
2. § 222 wird wie folgt geändert:
    1. Absatz 1 wird folgender Satz angefügt: „Von einer Ausschreibung der Stellen kann abgesehen werden."
    2. Absatz 3 wird gestrichen.

§ 26 Übergangsvorschriften
(1) Frauenförderpläne sind innerhalb von einem Jahr nach Inkrafttreten dieses Gesetzes aufzustellen.
(2) Gleichstellungsbeauftragte sind, soweit nicht bereits bestellt, innerhalb der folgenden sechs Monate nach Inkrafttreten dieses Gesetzes zu bestellen.

§ 27 Inkrafttreten
Dieses Gesetz tritt am Tage nach seiner Verkündung in Kraft.

17. Thüringer Gleichstellungsgesetz

vom 6. März 2013 (GVBl Nr. 2 2013, S. 49), zuletzt geändert durch Erstes Gesetz zur Änderung des Thüringer Gleichstellungsgesetzes vom 7. Oktober 2016 (GVBl. Nr. 9 2016, S. 514)

Erster Teil Allgemeines: Gleichstellungsbeauftragte, Vertrauensfrau
Erster Abschnitt: Allgemeine Bestimmungen

§ 1 Geltungsbereich

¹Dieses Gesetz gilt für die Verwaltungen des Landes, unabhängig von ihrer Rechtsform, der kommunalen Gebietskörperschaften und der sonstigen der Aufsicht des Landes unterstehenden Körperschaften, Anstalten und Stiftungen des öffentlichen Rechts. ²Körperschaften, Anstalten und Stiftungen des öffentlichen Rechts, die nicht der alleinigen Aufsicht des Landes unterstehen, sind von den Regelungen dieses Gesetzes ausgenommen. ³Für die Gerichte gilt dieses Gesetz entsprechend, soweit das Deutsche Richtergesetz und das Thüringer Richtergesetz nichts anderes bestimmen. ⁴Für die Hochschulen des Landes gilt es ebenfalls, soweit im Thüringer Hochschulgesetz nichts anderes bestimmt ist.

§ 2 Gesetzesziel

(1) ¹Dieses Gesetz dient der Verwirklichung der in der Verfassung des Freistaats Thüringen festgelegten Verpflichtung des Landes, seiner Gebietskörperschaften und anderer Träger der öffentlichen Verwaltung, die tatsächliche Gleichstellung von Frauen und Männern in allen Bereichen des öffentlichen Lebens durch geeignete Maßnahmen zu fördern und zu sichern. ²Zur Durchsetzung der Gleichstellung werden Frauen und Männer nach Maßgabe dieses Gesetzes gefördert. ³Ziel der Förderung ist insbesondere
1. die Schaffung von Bedingungen, die für beide Geschlechter die Vereinbarkeit von Beruf und Familie ermöglichen,
2. der Ausgleich von Nachteilen, die als Folge einer geschlechtsspezifischen Arbeitsteilung entstehen,
3. die Erhöhung des Anteils von Frauen oder Männern, soweit sie in einzelnen Bereichen unterrepräsentiert sind, sowie
4. die gleichberechtigte Teilhabe von Frauen und Männern in Gremien, für die das Land oder die Verwaltungsbehörden der kommunalen Gebietskörperschaften Berufungs- oder Entsendungsrechte haben.

(2) Maßnahmen der geschlechtsspezifischen Förderung und der Gleichstellung nach diesem Gesetz haben den Grundsatz des Vorrangs von Eignung, Befähigung und fachlicher Leistung zu beachten.

(3) Bei Privatisierung und Ausgliederung von Aufgaben oder Betrieben der öffentlichen Verwaltung ist sicherzustellen, dass die tatsächliche Gleichstellung von Frauen und Männern gewährleistet bleibt.

§ 3 Begriffsbestimmungen

(1) ¹Bedienstete im Sinne dieses Gesetzes sind Beamtinnen und Beamte, Richterinnen und Richter, Arbeitnehmerinnen und Arbeitnehmer, in Berufsausbildung befindliche Personen sowie Angehörige der Hochschulen nach § 20 Abs. 3 Satz 1 Nr. 3 und 5 des Thüringer Hochschulgesetzes. ²Als Bedienstete im Sinne dieses Gesetzes gelten nicht Beamtinnen und Beamte nach den §§ 5 und 6 des Beamtenstatusgesetzes, § 27 des Thüringer Beamtengesetzes (ThürBG) sowie Organmitglieder bei juristischen Personen des öffentlichen Rechts.

(2) Familienpflichten im Sinne dieses Gesetzes bestehen, wenn eine bedienstete Person mindestens ein Kind unter 18 Jahren oder pflegebedürftige sonstige Angehörige im Sinne des § 14 des Elften Buches Sozialgesetzbuch tatsächlich betreut oder pflegt.

(3) ¹Dienststellen im Sinne dieses Gesetzes sind die einzelnen Behörden, Einrichtungen und Betriebe der in § 1 genannten Verwaltungen sowie die Gerichte. ²Für den Bereich der Polizei gilt § 90 Abs. 1 Nr. 1des Thüringer Personalvertretungsgesetzes (ThürPersVG). ³Die Gemeinden, Landkreise und sonstigen Körperschaften, Anstalten und Stiftungen des öffentlichen Rechts bilden je eine Dienststelle im Sinne dieses Gesetzes. ⁴§ 6 Abs. 2 ThürPersVG gilt entsprechend. ⁵Personalführende Dienststellen sind Dienststellen mit Befugnissen insbesondere zur Vornahme von Einstellungen, Ernennungen, Beförderungen oder zur Übertragung höher zu bewertender Tätigkeiten.

(4) ¹Bereiche im Sinne dieses Gesetzes sind die jeweiligen Besoldungs- und Entgeltgruppen, die Laufbahnen, Wertebenen und Fachrichtungen sowie zusätzlich die Funktionen mit Vorgesetzten- und Leitungsaufgaben, wozu auch die Stellen Vorsitzender Richterinnen und Vorsitzender Richter und weiterer aufsichtführender Richterinnen und Richter zählen. ²Bereiche im Sinne dieses Gesetzes sind auch die jeweiligen Berufsausbildungen.

(5) Unterrepäsentanz im Sinne dieses Gesetzes liegt vor, wenn der Frauen- oder Männeranteil in den in Absatz 4 genannten Bereichen jeweils unter 40 vom Hundert liegt.

(6) Gremien im Sinne dieses Gesetzes sind Kommissionen, Beiräte, Verwaltungs-, Stiftungs- und Aufsichtsräte, Vorstände, Kuratorien, Schiedsstellen und gleichartige Einrichtungen, für die ein Bestellungs- oder Vorschlagsrecht besteht und die auf Dauer oder länger als zwölf Monate eingerichtet sind.

(7) ¹Führungspositionen im Sinne dieses Gesetzes sind Dienstposten der Referats- und Abteilungsleitungen und vergleichbare Dienstposten in unteren, oberen und obersten Landesbehörden sowie der Schulleitungen, vergleichbare Dienststellen- oder Behördenleitungen in den Verwaltungen der kommunalen Gebietskörperschaften und der juristischen Personen des öffentlichen Rechts einschließlich der jeweiligen ständigen Vertretung. ²Höhere Besoldungsgruppen sind die Besoldungsgruppe 15 und höher der Besoldungsordnung A, die Besoldungsgruppen der Besoldungsordnung B, die Besoldungsgruppen 2 und höher der Besoldungsordnung R sowie die Besoldungsgruppen W 2 und höher der Besoldungsordnung W. ³Zu den höheren Entgeltgruppen im Sinne dieses Gesetzes gehören die Beschäftigten ab der Entgeltgruppe 15 sowie die außertariflich Beschäftigten mit Tätigkeiten, die höher zu bewerten sind als Tätigkeiten der Entgeltgruppe 15 oder diesen vergleichbare Eingruppierungen. ⁴Im Kommunalbereich gehören zu den höheren Besoldungs- und Entgeltgruppen abweichend von den Sätzen 2 und 3 die Besoldungsgruppen A 13 und höher sowie die vergleichbaren Entgeltgruppen oder diesen vergleichbare Eingruppierungen.

Zweiter Abschnitt: Fördermaßnahmen

§ 4 Gleichstellungsplan

(1) ¹Jede personalführende Dienststelle mit mindestens 50 Bediensteten erstellt unter frühzeitiger Mitwirkung der Gleichstellungsbeauftragten für jeweils sechs Jahre einen Gleichstellungsplan. ²Er ist nach drei Jahren anhand der Statistik nach § 5 Abs. 1 der aktuellen Entwicklung anzupassen. ³Für die Anpassung gilt Satz 1 entsprechend. ⁴Der Zeitraum für die Erstellung von Gleichstellungsplänen und deren Anpassung soll neun Monate ab dem Stichtag für die Erhebung der statistischen Daten nach § 5Abs. 1 nicht überschreiten. ⁵Die personalführende Dienststelle kann die Zuständigkeit für die Erstellung der Pläne für ihren nachgeordneten Zuständigkeitsbereich auf diesen delegieren. ⁶Die Gleichstellungspläne

1. der Landesverwaltung sind der jeweils nächsthöheren Dienststelle zur Genehmigung vorzulegen;
2. der Ministerien und der Staatskanzlei sind im Benehmen mit der Beauftragten für die Gleichstellung von Frau und Mann zu erstellen;
3. der Gemeinden werden dem Gemeinderat, die der Landkreise dem Kreistag zur Kenntnisnahme vorgelegt;
4. der Verwaltungsgemeinschaften sind der Gemeinschaftsversammlung zur Kenntnisnahme vorzulegen;
5. der sonstigen Körperschaften, Anstalten und Stiftungen des öffentlichen Rechts, die der Aufsicht des Landes unterstehen, werden im Benehmen mit den Dienststellen, die die Rechtsaufsicht ausüben, erstellt;
6. der Landesmedienanstalt werden im Benehmen mit der Versammlung erstellt.

Der Gleichstellungsplan darf keine personenbezogenen Daten enthalten.

(2) ¹Der Gleichstellungsplan beinhaltet insbesondere Maßnahmen zur Förderung der Gleichstellung von Frauen und Männern, der Vereinbarkeit von Beruf und Familie, einschließlich Betreuung und Pflege, und zur Erhöhung der Anteile von Frauen oder Männern in Bereichen, in denen sie unterrepräsentiert sind. ²Er hat eine Bestandsaufnahme und eine beschreibende Auswertung der Bedienstetenstruktur seines jeweiligen Geltungsbereichs zu enthalten. ³Dabei sind die Anteile von Frauen und Männern insgesamt bei Bewerbungen, Einstellungen, Höhergruppierungen, Beförderungen, Fortbildung und Gremienbesetzung in den einzelnen Bereichen darzustellen und im Falle von Unterrepräsentanz zu begründen. ⁴Hierzu sind die statistischen Daten nach § 5 Abs. 1 zu erheben und auszuwerten.

(3) ¹Zur Erhöhung der Anteile von Frauen oder Männern in Bereichen, in denen sie unterrepräsentiert sind, ist im Rahmen von Zielvorgaben festzulegen, in welcher Zeit und mit welchen organisatorischen, personellen und fortbildenden Maßnahmen die Förderung der Gleichstellung erfolgen soll. ²Bei der Erstellung der Zielvorgaben ist einzubeziehen, wie viele Stellen frei werden und welche in der Dienststelle tätigen Frauen und Männer die zur Ausfüllung dieser Stellen erforderliche Qualifikation besitzen oder in absehbarer Zeit erwerben können.

(4) Der Gleichstellungsplan sowie seine Anpassung nach Absatz 1 Satz 3 sind in der Dienststelle bekannt zu machen.

(5) Werden die im Gleichstellungsplan vereinbarten Zielvorgaben nicht erreicht, hat die Dienststelle über die Gründe im Rahmen der Anpassung und bei der Aufstellung des nächsten Gleichstellungsplans den nach Absatz 1 Satz 6 jeweils zuständigen Stellen zu berichten.

(6) ¹Werden von den Zielvorgaben des Gleichstellungsplans zu Führungspositionen weniger als 50 vom Hundert erreicht, bedarf es bis zu ihrer Erfüllung bei jeder weiteren Einstellung, Beförderung oder Höhergruppierung in Führungspositionen der Genehmigung der nach Absatz 1 Satz 6 Nr. 1 zuständigen Stelle oder der Herstellung des Benehmens mit den nach Absatz 1 Satz 6 Nr. 5 und 6 jeweils zuständigen Stellen. ²Bei einer obersten Landesbehörde entscheidet die Dienststellenleitung; dies gilt entsprechend für Landtag und Rechnungshof. ³In Gemeinden, Verwaltungsgemeinschaften und Landkreisen entscheidet das vertretungsberechtigte Organ.

§ 5 Statistische Angaben

(1) Jede Dienststelle, die einen Gleichstellungsplan aufstellt, erfasst dafür in den einzelnen Bereichen statistisch:
1. die Zahl der Bediensteten, gegliedert nach Geschlecht, Voll-, Teil- und Altersteilzeittätigkeit, Beurlaubung, Besoldungs- und Entgeltgruppen, Laufbahnen, Werteebenen, Funktio-

nen mit Vorgesetzten- und Leitungsaufgaben nach dem Stand vom 30. Juni des jeweiligen Jahres,
2. die Gremienbesetzung nach § 13, getrennt nach Gremienbezeichnung und nach Geschlecht, nach dem Stand vom 30. Juni des jeweiligen Jahres,
3. Stellenausschreibungen, Bewerbungen, Einstellungen, gegliedert nach Besoldungs- und Entgeltgruppen, Laufbahnen und Wertebenen, getrennt nach Geschlecht für den Zeitraum vom 1. Juli des vorvorvergangenen Jahres bis zum 30. Juni des Berichtsjahres und
4. Beförderungen, Höhergruppierungen und Fortbildungen, gegliedert nach Voll-, Teil- und Altersteilzeittätigkeit, Beurlaubung, Besoldungs- und Entgeltgruppen, Laufbahnen, Wertebenen sowie getrennt nach Geschlecht, für den Zeitraum vom 1. Juli des vorvorvergangenen Jahres bis zum 30. Juni des Berichtsjahres.
Die datenschutzrechtlichen Vorschriften sind zu beachten.
(2) Die Landesregierung wird ermächtigt, durch Rechtsverordnung
1. die Datenerhebung der statistischen Angaben nach Absatz 1 unter Berücksichtigung der fachlichen Definitionen für die Erhebungsmerkmale nach Absatz 1 Satz 1 Nr. 1 entsprechend der Personalstandsstatistik nach dem Finanz- und Personalstatistikgesetz,
2. die Datenübermittlung zwischen den mit der Durchführung der Statistik betrauten Personen und Stellen,
3. die Datenspeicherung und
4. die Einzelheiten der Datenauswertung für den nach § 14 zu erstellenden Erfahrungsbericht für den Landtag
nach Anhörung der oder des Landesbeauftragten für den Datenschutz zu regeln.

§ 6 Stellenausschreibung

(1) ¹Ausschreibungen von Stellen und Ausbildungsplätzen dürfen sich weder ausschließlich an Frauen noch ausschließlich an Männer richten, es sei denn, dass ein bestimmtes Geschlecht unverzichtbare Voraussetzung für die ausgeschriebene Tätigkeit ist. ²Bei Ausschreibungen von Stellen in Bereichen, in denen Frauen oder Männer unterrepräsentiert sind, sollen Frauen beziehungsweise Männer gezielt zur Bewerbung aufgefordert werden.
(2) ¹Stellen, die ausgeschrieben werden, sind auch in Teilzeitform auszuschreiben, wenn sich die Stelle hierfür eignet. ²Dies gilt auch für Stellen mit Vorgesetzten- und Leitungsaufgaben. ³Abweichungen sind nur im Benehmen mit der Gleichstellungsbeauftragten zulässig. ⁴Ausschreibungen, die den vorstehenden Anforderungen nicht genügen, sind von Amts wegen aufzuheben.

§ 7 Auswahlverfahren

(1) In Bereichen, in denen Frauen oder Männer unterrepräsentiert sind, werden mindestens ebenso viele Angehörige der unterrepräsentierten Gruppe, die die in der Ausschreibung vorgegebene Qualifikation aufweisen, zum Vorstellungsgespräch eingeladen oder in ein besonderes Auswahlverfahren einbezogen, sofern Bewerbungen von Frauen beziehungsweise Männern in ausreichender Zahl vorliegen.
(2) Das Auswahlgremium einer Dienststelle soll möglichst zu gleichen Teilen mit Frauen und Männern besetzt sein.

§ 8 Einstellung, beruflicher Aufstieg, Qualifikation

(1) ¹Sind in einzelnen Bereichen Frauen oder Männer unterrepräsentiert, hat die Dienststelle
1. bei der Besetzung von Beamten-, Richter- und Arbeitnehmerstellen, auch mit Vorgesetzten- und Leitungsaufgaben, sowie von Stellen für die Berufsausbildung und

2. bei der Beförderung, Höhergruppierung, vorübergehenden Übertragung einer höher zu bewertenden Tätigkeit, auch in Funktionen mit Vorgesetzten- und Leitungsaufgaben, bei Vorliegen gleicher Eignung, Befähigung und fachlicher Leistung so lange bevorzugt zu berücksichtigen, bis keine Unterrepräsentanz mehr besteht. ²Eine Bevorzugung nach Satz 1 ist nicht zulässig, sofern in der Person eines Mitbewerbers des anderen Geschlechts liegende Grunde für eine Einstellung überwiegen.

(2) Ein Abweichen von Absatz 1 Satz 1 Nr. 1 ist in Einzelfällen nur aus zwingenden und nicht auf einer geschlechterbezogenen Diskriminierung beruhenden Gründen zulässig, die im Einzelnen schriftlich dargelegt werden müssen.

(3) Zur Feststellung der Qualifikation sind spezifische, durch Betreuung oder Pflege von Angehörigen oder durch ehrenamtliche Tätigkeit erworbene Erfahrungen und Fähigkeiten zu berücksichtigen, soweit diese für die zu übertragenden Aufgaben erheblich sind.

§ 9 Fortbildungsmaßnahmen

(1) ¹Die Dienststelle hat durch geeignete Maßnahmen die Fortbildung von Frauen und Männern zu unterstützen. ²Sie sind auf Fortbildungsveranstaltungen hinzuweisen. ³Dem in Führungspositionen unterrepräsentierten Geschlecht ist gezielt die Möglichkeit der Teilnahme an Führungskräftefortbildungen einzuräumen.

(2) ¹Bediensteten in Teilzeit sind die gleichen Möglichkeiten der Fortbildung einzuräumen wie Vollzeitbediensteten. ²Bediensteten in Teilzeit dürfen keine arbeitszeitrechtlichen Nachteile infolge der Teilnahme an Fortbildungsveranstaltungen erwachsen.

(3) Bediensteten mit Familienpflichten sind Fort- und Weiterbildungsmaßnahmen so anzubieten, dass eine Teilnahme erleichtert wird.

(4) In Fortbildungsveranstaltungen, insbesondere für Bedienstete der Personalverwaltungen und für Bedienstete mit Vorgesetzten- und Leitungsaufgaben, sowie in Seminaren zur Mitarbeiterführung sind Fragen der Gleichberechtigung von Frauen und Männern, insbesondere auch die Themen Chancengleichheit, Diskriminierung aufgrund des Geschlechts sowie Probleme der sexuellen Belästigung am Arbeitsplatz, als fester Bestandteil der Schulung aufzunehmen.

§ 10 Familiengerechte Arbeitszeit

(1) ¹Im Rahmen der gesetzlichen, tarifvertraglichen oder sonstigen Regelungen der Arbeitszeit und der dienstlichen Möglichkeiten sind auf Antrag den Bediensteten mit Familienpflichten geänderte tägliche und wöchentliche Arbeitszeiten einzuräumen. ²Dies gilt auch bei Stellen mit Vorgesetzten- und Leitungsaufgaben. ³Möglichkeiten der Gleitzeit, Tele- und Heimarbeit und der Vereinbarung individueller Arbeitszeiten sind dabei verstärkt zu nutzen.

(2) Die Ablehnung von Anträgen auf geänderte tägliche und wöchentliche Arbeitszeiten hat die Dienststelle gegenüber der betroffenen Person und auf Antrag der betroffenen Person auch gegenüber der Gleichstellungsbeauftragten schriftlich zu begründen.

(3) ¹Alle Dienststellen sind verpflichtet, Bediensteten, die eine Reduzierung der Arbeitszeit beantragen, schriftlich auf die sozialversicherungs-, arbeits- und tarifrechtlichen Folgen und die Auswirkungen auf die betriebliche Altersversorgung sowie die besoldungs- und versorgungsrechtlichen Folgen in allgemeiner Form hinzuweisen. ²§ 71 Abs. 1 ThürBG bleibt unberührt.

(4) ¹Bedienstete, deren Arbeitszeit unbefristet verkürzt wurde und die den Wunsch auf Rückkehr auf einen Vollzeitarbeitsplatz haben, sollen bei der Neubesetzung von Vollzeitarbeitsplätzen unter Beachtung von Eignung, Befähigung und fachlicher Leistung sowie von § 8 Abs. 3 vorrangig berücksichtigt werden, sofern andere Vorschriften nicht entgegenstehen. ²Dies

gilt entsprechend für Bedienstete mit befristeter Arbeitszeitverkürzung, die vor Ablauf der Frist den Wunsch nach Rückkehr auf einen Vollzeitarbeitsplatz haben.
(5) ¹Alle Dienststellen haben entsprechend dem Bedarf Teilzeit-, Tele- und Heimarbeitsplätze unter Beachtung der dienstlichen Möglichkeiten zu schaffen. ²Dies gilt gleichfalls für Stellen mit Vorgesetzten- und Leitungsaufgaben.

§ 11 Beurlaubung, Wiedereinstieg

(1) ¹Die Dienststelle hat durch geeignete Maßnahmen insbesondere den aus familiären Gründen beurlaubten Bediensteten die Verbindung zum Beruf und den beruflichen Wiedereinstieg zu erleichtern. ²Dazu gehören die Unterrichtung über Fortbildungsprogramme und das Angebot zur Teilnahme an Fortbildungsmaßnahmen während oder nach der Beurlaubung; über die Genehmigung zur Teilnahme entscheidet die Dienststelle.
(2) ¹Bezüge oder Arbeitsentgelte werden für die Teilnahme an Fortbildungsmaßnahmen während einer Beurlaubung nicht gewährt. ²Notwendige Auslagen sollen in entsprechender Anwendung des § 15 des Thüringer Reisekostengesetzes erstattet werden. ³Dienstlicher Unfallschutz wird nach Maßgabe der sozialversicherungs- sowie beamtenversorgungsrechtlichen Bestimmungen gewährt.
(3) Soweit Anträge auf Beurlaubung gestellt werden, gilt § 10 Abs. 3 entsprechend.
(4) Auf Antrag können beurlaubte Bedienstete im Einvernehmen mit der Dienststelle in geeigneten Fällen Urlaubs- oder Krankheitsvertretungen übernehmen, soweit der Zweck der Beurlaubung nicht gefährdet wird und beamten- oder tarifrechtliche Bestimmungen nicht entgegenstehen.
(5) ¹Beurlaubten Bediensteten ist nach Ablauf der Beurlaubung ein gleichwertiger Arbeitsplatz anzubieten. ²Beurlaubte Bedienstete, die eine vorzeitige Rückkehr auf einen Vollzeit- oder Teilzeitarbeitsplatz anstreben, sind bei der Besetzung von Vollzeit- oder Teilzeitarbeitsplätzen bei gleicher Eignung, Befähigung und fachlicher Leistung vorrangig zu berücksichtigen, soweit andere Vorschriften nicht entgegenstehen. ³Es ist anzustreben, die Beurlaubten wieder an ihrem alten Dienstort einzusetzen.

§ 12 Benachteiligungsverbot bei Teilzeitbeschäftigung, Tele- und Heimarbeit sowie familienbedingter Beurlaubung

(1) ¹Teilzeitbeschäftigung, Tele- und Heimarbeit sowie familienbedingte Beurlaubung dürfen sich nicht nachteilig auf die dienstliche Beurteilung auswirken. ²Beurteilungskriterien sind im Hinblick auf die in Satz 1 genannten Merkmale diskriminierungsfrei auszugestalten. ³Bediensteten in Teilzeitbeschäftigung, an Tele- und Heimarbeitsplätzen sowie familienbedingt Beurlaubten sind die gleichen beruflichen Aufstiegsmöglichkeiten und Fortbildungschancen einzuräumen wie Vollzeitbeschäftigten.
(2) Für Bedienstete, die einen gesamten Beurteilungszeitraum oder darüber hinaus familienbedingt beurlaubt sind, gilt Absatz 1, wenn sie aus der Beurlaubung zurückgekehrt sind.
(3) Die Berücksichtigung von Zeiten einer familienbedingten Beurlaubung bei Beförderung oder Stufenlaufzeit richtet sich nach den einschlägigen beamtenrechtlichen oder für Arbeitnehmerinnen und Arbeitnehmer geltenden Regelungen.

Dritter Abschnitt: Gremien und Berichtspflicht

§ 13 Gremien

¹Alle Dienststellen sollen bei der Besetzung von Gremien, für die sie ein Bestellungs- oder Vorschlagsrecht haben, Frauen und Männer zu gleichen Teilen berücksichtigen. ²Satz 1 gilt

nicht für Gremien, für die durch Gesetz oder Satzung ein Wahlverfahren vorgeschrieben ist.
³Bei der Aufstellung von Listen und Kandidaturen für Wahlgremien und -organe soll auf paritätische Repräsentanz geachtet werden.

§ 14 Berichtspflicht

¹Die Landesregierung legt dem Landtag alle sechs Jahre einen Erfahrungsbericht über die Gleichstellung von Frauen und Männern in den in § 1 genannten Verwaltungen sowie über die Anwendung dieses Gesetzes vor. ²Insbesondere ist die Repräsentanz von Frauen in Führungspositionen und in höheren Besoldungs- und Entgeltgruppen im Sinne des § 3 Abs. 7 darzulegen. ³Der Bericht darf keine personenbezogenen Daten enthalten.

Vierter Abschnitt: Gleichstellungsbeauftragte, Vertrauensfrau

§ 15 Wahl der Gleichstellungsbeauftragten, Bestellung der Vertrauensfrau

(1) ¹In jeder Dienststelle nach § 3 Abs. 3 mit mindestens 50 Bediensteten, mit Ausnahme von Schulen sowie von Gemeinden mit mehr als 20 000 Einwohnern und Landkreisen, sind aus dem Kreis der Bediensteten in geheimer Wahl eine Gleichstellungsbeauftragte sowie deren Stellvertreterin zu wählen. ²Die Kandidatin, auf die die meisten Stimmen entfallen, ist als Gleichstellungsbeauftragte gewählt. ³Stellvertreterin ist die Kandidatin mit der zweithöchsten Stimmenzahl. ⁴Bei Stimmengleichheit entscheidet das Los. ⁵Die Dienststelle bestellt die gewählten Bediensteten zur Gleichstellungsbeauftragten und zur Stellvertreterin.
(2) ¹Die Gleichstellungsbeauftragte und ihre Stellvertreterin werden für vier Jahre gewählt. ²Es besteht die Möglichkeit der Wiederwahl. ³Wahlberechtigt sind alle Bediensteten der Dienststelle. ⁴Dies gilt auch für minderjährige Auszubildende sowie für Bedienstete, die beurlaubt sind. ⁵Bedienstete, die länger als sechs Monate zu einer anderen Dienststelle abgeordnet sind, werden an dieser wahlberechtigt und verlieren das Wahlrecht bei der anderen Dienststelle. ⁶Stichtag ist der Wahltag. ⁷Wählbar sind alle Bediensteten der Dienststelle. ⁸Ausgenommen sind Bedienstete, die vom Wahltag an noch länger als sechs Monate beurlaubt oder zu einer anderen Dienststelle abgeordnet sind. ⁹Das weitere Verfahren für die Durchführung der Wahl regelt das für die Gleichstellung von Frau und Mann zuständige Ministerium durch Rechtsverordnung.
(3) ¹Finden sich aus dem Kreis der Bediensteten für die Wahl der Gleichstellungsbeauftragten oder ihrer Stellvertreterin keine Kandidatinnen oder sind nach der Wahl keine Kandidatinnen gewählt, sind die Gleichstellungsbeauftragte oder ihre Stellvertreterin von der Dienststellenleitung zu bestellen; hierzu bedarf es der Zustimmung der zu bestellenden Bediensteten. ²Die Gleichstellungsbeauftragte ist im Geschäftsverteilungsplan zu benennen.
(4) ¹Mindestens drei Wahlberechtigte oder die Leitung der Dienststelle können binnen einer Frist von zwölf Arbeitstagen, vom Tage der Bekanntgabe des Wahlergebnisses an gerechnet, die Wahl beim Verwaltungsgericht anfechten, wenn gegen wesentliche Vorschriften über das Wahlrecht, die Wählbarkeit oder das Wahlverfahren verstoßen worden und eine Berichtigung nicht erfolgt ist, es sei denn, dass durch den Verstoß das Wahlergebnis nicht geändert oder beeinflusst werden konnte. ²Bis zur rechtskräftigen Entscheidung des Verwaltungsgerichts bleibt die bisher bestellte Gleichstellungsbeauftragte im Amt. ³Erklärt das Verwaltungsgericht die Wahl für ungültig, hat die Dienststelle nach Rechtskraft der Entscheidung unverzüglich eine neue Wahl einzuleiten.
(5) ¹Für Dienststellen der Landesverwaltung, bei denen die Voraussetzungen des Absatzes 1 Satz 1 nicht vorliegen, ist die Gleichstellungsbeauftragte der nächsthöheren Dienststelle zuständig. ²Die nächsthöhere Dienststelle bestellt nach mehrheitlichem Vorschlag der Bediens-

teten der nachgeordneten Dienststelle eine Vertrauensfrau und deren Stellvertreterin. [3]Vertrauensfrau wird diejenige Person, auf die die meisten Vorschläge entfallen, Stellvertreterin wird die Person mit der zweithöchsten Anzahl an Vorschlägen. [4]Bei gleicher Anzahl an Vorschlägen entscheidet das Los.

(6) [1]Die Bestellung der Vertrauensfrau und ihrer Stellvertreterin nach Absatz 5 darf nur mit deren Einverständnis erfolgen. [2]Beide werden für vier Jahre bestellt. [3]Wiederbestellungen sind möglich.

(7) Zur Gleichstellungsbeauftragten, Vertrauensfrau oder jeweiligen Stellvertreterin darf nicht gewählt beziehungsweise bestellt werden, wer Entscheidungen in Personalangelegenheiten der Dienststelle vorbereitet oder selbstständig trifft.

(8) Die Gleichstellungsbeauftragte, die Vertrauensfrau und ihre jeweilige Stellvertreterin dürfen keiner Personalvertretung angehören.

§ 16 Erlöschen und Widerruf

(1) Die Bestellung zur Gleichstellungsbeauftragten nach § 15 Abs. 1 oder die Bestellung zur Vertrauensfrau nach § 15 Abs. 5 erlöschen durch
1. Beendigung des Dienst- oder Arbeitsverhältnisses,
2. Eintritt in die Freistellungsphase einer langfristigen ungleichmäßigen Verteilung der Arbeitszeit, die sich bis zum Eintritt in den Ruhestand erstreckt,
3. Eintritt in den Ruhestand,
4. Übernahme einer Tätigkeit nach § 15 Abs. 7 oder 8,
5. Auflösung der Dienststelle oder
6. nicht nur vorübergehende Verhinderung von mehr als sechs Monaten.

(2) [1]Die Bestellung zur Gleichstellungsbeauftragten oder zur Vertrauensfrau kann nur auf eigenen Antrag oder bei grober Vernachlässigung oder Verletzung ihrer Pflichten widerrufen werden. [2]Der Widerruf erfolgt durch die Dienststellenleitung.

(3) [1]Scheidet die Gleichstellungsbeauftragte vorzeitig aus dem Amt aus, ist die Stellvertreterin für die verbleibende Amtszeit als Gleichstellungsbeauftragte zu bestellen. [2]Als neue stellvertretende Gleichstellungsbeauftragte ist zu bestellen, wer in der Wahlliste die nächsthöhere Stimmenzahl erreicht hat. [3]Ist die Wahlliste erschöpft, gilt § 15 Abs. 3 Satz 1 entsprechend.

(4) [1]Bei Erlöschen oder Widerruf der Bestellung zur Vertrauensfrau ist mit Einverständnis der Stellvertreterin diese bis zum Ende der laufenden Amtszeit als Vertrauensfrau zu bestellen. [2]Als neue stellvertretende Vertrauensfrau ist zu bestellen, wer auf der mehrheitlichen Vorschlagsliste der Bediensteten den nächsten Rang einnimmt. [3]Ist die Vorschlagsliste erschöpft, bleibt die Funktion unbesetzt.

§ 17 Status

(1) [1]Die Gleichstellungsbeauftragte gehört der Verwaltung an und übt die Funktion der Gleichstellungsbeauftragten als dienstliche Tätigkeit aus. [2]Sie ist in dieser Funktion unmittelbar der Dienststellenleitung zugeordnet und in deren Ausübung von fachlicher Weisung frei. [3]Dies gilt entsprechend für die bestellte Vertrauensfrau.

(2) [1]Die Gleichstellungsbeauftragte ist von ihrer sonstigen dienstlichen Tätigkeit ohne Minderung der Bezüge oder des Arbeitsentgelts ganz oder teilweise zu entlasten. [2]Die Entlastung beträgt in Dienststellen mit mehr als
1. 400 Bediensteten die Hälfte der regelmäßigen Wochenarbeitszeit,
2. 800 Bediensteten drei Viertel der regelmäßigen Wochenarbeitszeit,
3. 1 200 Bediensteten die volle regelmäßige Wochenarbeitszeit.

[3] Von Satz 2 kann im gegenseitigen Einvernehmen zwischen der Gleichstellungsbeauftragten und der Dienststellenleitung abgewichen werden. [4] In Dienststellen mit bis zu 400 Bediensteten ist die Gleichstellungsbeauftragte so zu entlasten, wie es nach Art und Größe der Dienststelle zur ordnungsgemäßen Durchführung ihrer Aufgaben notwendig ist. [5] Bei der Entlastung der Gleichstellungsbeauftragten nächsthöherer Dienststellen sind die Bediensteten der nachgeordneten Dienststelle, in denen Vertrauensfrauen nach § 15 Abs. 5 zu bestellen sind, kumulativ zu berücksichtigen. [6] Die Stellvertreterin der Gleichstellungsbeauftragten kann im Einvernehmen mit dieser Aufgaben zur eigenständigen Erledigung übernehmen. [7] Im Fall des Satzes 6 ist die Dienststelle auf gemeinsamen Antrag der Gleichstellungsbeauftragten und ihrer Stellvertreterin verpflichtet, die Entlastung auf beide aufzuteilen.

(3) Der Gleichstellungsbeauftragten ist zur Erfüllung ihrer Aufgaben die notwendige sachliche Ausstattung im Rahmen der vorhandenen Haushaltsmittel zur Verfügung zu stellen.

(4) [1] Die Gleichstellungsbeauftragte darf bei der Erfüllung ihrer Aufgaben nicht behindert und wegen ihrer Tätigkeit nicht benachteiligt werden. [2] Dies gilt auch für ihre berufliche Fortbildung und Entwicklung. [3] Die fiktive Nachzeichnung des beruflichen Werdegangs für vollständig entlastete Gleichstellungsbeauftragte ist im Hinblick auf die Einbeziehung in Personalauswahlentscheidungen zu berücksichtigen. [4] Die Dienststelle hat der Gleichstellungsbeauftragten auf deren Antrag eine Aufgabenbeschreibung als Nachweis über ihre Tätigkeit zu erteilen. [5] Bei Kündigung, Versetzung und Abordnung gelten für Gleichstellungsbeauftragte die Bestimmungen des Thüringer Personalvertretungsgesetzes und des Kündigungsschutzgesetzes über den Schutz der Mitglieder des Personalrats entsprechend. [6] Das Gleiche gilt für die Vertrauensfrau für den Fall der Kündigung.

(5) [1] Die Gleichstellungsbeauftragte ist verpflichtet, über die persönlichen Verhältnisse von Bediensteten, die ihr aufgrund ihrer Tätigkeit bekannt geworden sind, sowie bei Angelegenheiten, die einer vertraulichen Behandlung bedürfen, Stillschweigen zu bewahren. [2] Dies gilt auch über die Zeit der Bestellung hinaus. [3] Die Pflicht zur Verschwiegenheit gilt auch für die Vertrauensfrau. [4] Eine betroffene Person kann die Gleichstellungsbeauftragte oder die Vertrauensfrau von der Schweigepflicht entbinden.

(6) Die stellvertretende Gleichstellungsbeauftragte beziehungsweise die stellvertretende Vertrauensfrau haben im Vertretungsfall dieselben Rechte und Pflichten wie die Gleichstellungsbeauftragte beziehungsweise die Vertrauensfrau.

§ 18 Aufgaben

(1) [1] Die Gleichstellungsbeauftragte fördert und überwacht die Durchführung dieses Gesetzes und unterstützt die Dienststellenleitung bei dessen Umsetzung. [2] Sie ist bei allen personellen, sozialen und organisatorischen Maßnahmen der Dienststelle, die Fragen der Gleichstellung von Frauen und Männern, der Vereinbarkeit von Beruf und Familie und der Verbesserung der beruflichen Situation der in der Dienststelle beschäftigten Frauen und Männer betreffen, rechtzeitig zu beteiligen. [3] Dies gilt insbesondere bei

1. Einstellungsverfahren,
2. Beförderungen, Höhergruppierungen, Herabgruppierungen,
3. Versetzungen, Umsetzungen und Abordnungen für eine Dauer von mehr als sechs Monaten, vorzeitiger Beendigung oder Kündigung der Beschäftigung,
4. Konzeptionen von Fortbildungsmaßnahmen und der diesbezüglichen Teilnahmeentscheidung,
5. der Analyse der Bedienstetenstruktur, Aufstellung, Änderung und Umsetzung des Gleichstellungsplans sowie von Personalentwicklungskonzepten,
6. der Besetzung von Gremien,

7. Arbeitszeitregelungen,
8. Teilzeitbeschäftigung und Beurlaubung aus familiären Gründen sowie
9. Privatisierung, Auflösung, Verlegung oder Zusammenlegung von Dienststellen oder deren wesentlichen Teilen sowie Zuordnung von Bediensteten zu einem Stellenpool.

(2) ¹Die Gleichstellungsbeauftragte hat ein Initiativrecht für Maßnahmen zur Durchführung dieses Gesetzes und zur Verbesserung der Gleichstellung beider Geschlechter sowie zur Vereinbarkeit von Beruf und Familie für Frauen und Männer. ²Zu ihren Aufgaben gehört auch die Beratung und Unterstützung von Frauen und Männern in Einzelfällen bei der beruflichen Förderung und bei der Beseitigung von Benachteiligungen. ³Die Gleichstellungsbeauftragte nimmt Beschwerden über sexuelle Belästigung entgegen, berät die Betroffenen und leitet mit deren Einverständnis die Mitteilungen an die Dienststellenleitung weiter.

(3) ¹Die Gleichstellungsbeauftragte dokumentiert ihre Mitwirkung durch schriftliches Votum, das zu den Akten zu nehmen ist. ²§ 20 Abs. 1 Satz 2 und 3 gilt entsprechend. ³Bei abweichender Entscheidung der Dienststelle hat diese auf Verlangen der Gleichstellungsbeauftragten die Gründe hierfür schriftlich mitzuteilen.

(4) Die Vertrauensfrau ist Ansprechpartnerin für die Bediensteten ihrer Dienststelle und für die Gleichstellungsbeauftragte der nächsthöheren Dienststelle; sie ist für die Vermittlung von Informationen zwischen diesen verantwortlich.

(5) ¹Die Gleichstellungsbeauftragten der obersten Landesbehörden arbeiten dienststellenübergreifend zusammen. ²Sie sind für den Informations- und Erfahrungsaustausch der Gleichstellungsbeauftragten und der Vertrauensfrauen in ihren jeweiligen Geschäftsbereichen verantwortlich.

§ 19 Rechte

(1) ¹Die Gleichstellungsbeauftragte ist zur Durchführung ihrer Aufgaben rechtzeitig und umfassend zu unterrichten. ²Ihr sind die hierfür erforderlichen Unterlagen frühzeitig vorzulegen und jederzeit Auskünfte zu erteilen. ³Ihre Beteiligung soll zeitlich vor der Personalvertretung erfolgen. ⁴Bei Personalentscheidungen erhält sie auf Verlangen in dem zur Erfüllung ihrer Aufgaben erforderlichen Umfang auch Einsicht in Personalakten, soweit die durch die Maßnahme betroffenen Bediensteten ihre schriftliche Einwilligung erteilt haben, oder in Bewerbungsunterlagen einschließlich der von Bewerbern, die nicht in die engere Auswahl einbezogen wurden.

(2) ¹Beabsichtigt eine übergeordnete Dienststelle Entscheidungen nach § 18 Abs. 1 Satz 2 und 3 mit Wirkung für nachgeordnete Dienststellen zu treffen, hat sie rechtzeitig die für die nachgeordneten Dienststellen zuständigen Gleichstellungsbeauftragten zu beteiligen. ²Den zuständigen Gleichstellungsbeauftragten ist Gelegenheit zur Stellungnahme zu geben. ³§ 20 Abs. 1 gilt entsprechend.

(3) Die Gleichstellungsbeauftragte hat ein unmittelbares Vortragsrecht bei der Dienststellenleitung.

(4) Die Gleichstellungsbeauftragte hat das Recht, an allgemeinen Dienstberatungen und Monatsgesprächen der Dienststellenleitung zu personellen, organisatorischen und sozialen Angelegenheiten nach § 18 teilzunehmen.

(5) Gleichstellungsbeauftragte und Personalvertretung arbeiten unter Beachtung ihrer jeweiligen Zuständigkeiten vertrauensvoll zum Wohle der Beschäftigten zusammen.

(6) ¹Die Gleichstellungsbeauftragte ist berechtigt, Sprechstunden in angemessenem Umfang abzuhalten. ²Sie informiert die Bediensteten und nimmt Anregungen und Beschwerden entgegen. ³Bedienstete können sich ohne Einhaltung des Dienstwegs an die Gleichstellungsbeauftragte wenden. ⁴Sie kann im Einvernehmen mit der Dienststellenleitung Versammlungen einberufen und leiten.

(7) Die Dienststellenleitung unterstützt die Gleichstellungsbeauftragte oder die Vertrauensfrau bei der Durchführung ihrer Aufgaben.

(8) Die Gleichstellungsbeauftragte, die Vertrauensfrau sowie deren Stellvertreterinnen haben das Recht, mindestens einmal jährlich an einer Fortbildung, insbesondere zu Fragen des Gleichstellungsrechts, des öffentlichen Dienst-, Tarif-, Personalvertretungs-, Organisations- und Haushaltsrechts, teilzunehmen.

§ 20 Einspruchsrecht

(1) [1]Bei Entscheidungen der Dienststelle, die gegen den Gleichstellungsplan, Bestimmungen dieses Gesetzes oder andere die Gleichstellung von Frauen und Männern betreffenden Vorschriften verstoßen, hat die Gleichstellungsbeauftragte gegenüber der Dienststellenleitung ein Einspruchsrecht. [2]Sie hat hierbei eine Frist von sieben Arbeitstagen nach ihrer Unterrichtung einzuhalten. [3]Danach gilt die Maßnahme als gebilligt.

(2) [1]Über den schriftlichen begründeten Einspruch soll die Dienststellenleitung innerhalb einer Frist von einem Monat nach Zugang des Einspruchs entscheiden. [2]Sie soll die Umsetzung der beanstandeten Maßnahme bis zur Entscheidung über den Einspruch aufschieben. [3]Hält die Dienststellenleitung den Einspruch für begründet, sind die Maßnahme und ihre Folgen zu berichtigen und die Ergebnisse des Einspruchs künftig zu berücksichtigen.

(3) [1]Hält die Dienststellenleitung den Einspruch für unbegründet, hat sie dies gegenüber der Gleichstellungsbeauftragten schriftlich zu begründen. [2]Die Dienststellenleitung einer nachgeordneten Dienststelle legt den Einspruch unter Beifügung einer Stellungnahme der nächsthöheren Dienststellenleitung, bei Körperschaften, Anstalten und Stiftungen deren Vorstand zur Entscheidung vor. [3]Absatz 2 gilt entsprechend.

(4) Auf Gemeinden, Landkreise, Verwaltungsgemeinschaften und Zweckverbände findet Absatz 3 Satz 2 keine Anwendung.

§ 21 Rechtsschutz

(1) [1]Die Gleichstellungsbeauftragte kann das zuständige Verwaltungsgericht anrufen, wenn die Dienststelle
1. die Rechte der Gleichstellungsbeauftragten verletzt oder
2. einen den Bestimmungen dieses Gesetzes nicht entsprechenden Gleichstellungsplan aufgestellt hat. [2]Die Anrufung des Gerichts hat keine aufschiebende Wirkung.

(2) [1]Der Anrufung des Gerichts hat vorauszugehen, dass der Einspruch nach § 20 erfolglos geblieben und ein nochmaliger Versuch, außergerichtlich zu einer einvernehmlichen Lösung zu gelangen, gescheitert ist. [2]Das Gericht ist innerhalb eines Monats nach schriftlicher Feststellung des Scheiterns des außergerichtlichen Einigungsversuchs anzurufen. [3]Die schriftliche Feststellung kann durch die Gleichstellungsbeauftragte oder die Dienststelle getroffen werden.

(3) [1]Ist über den Einspruch nach § 20 ohne zureichenden Grund sachlich nicht entschieden worden, ist eine angemessene Nachfrist von mindestens zwei Wochen unter Androhung der Beschreitung des Rechtsweges zu setzen. [2]Bei fruchtlosem Ablauf der Nachfrist ist die Anrufung abweichend von Absatz 2 zulässig. [3]§ 75 Satz 2 bis 4 der Verwaltungsgerichtsordnung gilt entsprechend.

(4) Die Dienststelle trägt die der Gleichstellungsbeauftragten entstehenden notwendigen Kosten.

Zweiter Teil: Gleichstellungsbeauftragte in Gemeinden mit mehr als 20 000 Einwohnern und Landkreisen

§ 22 Status

(1) ¹Für die nach § 33 Abs. 1 Satz 2 und § 111 Abs. 1 Satz 3 der Thüringer Kommunalordnung (ThürKO) zu bestellenden Gleichstellungsbeauftragten (kommunale Gleichstellungsbeauftragte) gelten die Bestimmungen des Ersten Teils, soweit nichts anderes bestimmt ist. ²Die kommunalen Gleichstellungsbeauftragten gehören der Verwaltung an und üben diese Funktion als dienstliche Tätigkeit aus. ³Sie sind in dieser Funktion unmittelbar der Dienststellenleitung zugeordnet. ⁴In Ausübung ihrer Aufgaben nach § 18 sind die kommunalen Gleichstellungsbeauftragten von fachlicher Weisung frei. ⁵Die kommunalen Gleichstellungsbeauftragten sind mindestens mit drei Vierteln der regelmäßigen Wochenarbeitszeit von anderen dienstlichen Aufgaben zu entlasten. ⁶Von Satz 5 kann im gegenseitigen Einvernehmen zwischen der kommunalen Gleichstellungsbeauftragten und der Dienststellenleitung abgewichen werden. ⁷Die Übernahme dieses Amts durch Wahlbeamte ist nicht zulässig.

(2) Die nach § 33 Abs. 1 Satz 2 und § 111 Abs. 1 Satz 3 ThürKO zu bestellenden Stellvertreterinnen nehmen bei Abwesenheit der kommunalen Gleichstellungsbeauftragten deren Aufgaben wahr.

(3) Die Regelungen der Thüringer Kommunalordnung bleiben im Übrigen unberührt.

§ 23 Aufgaben

(1) ¹Die kommunalen Gleichstellungsbeauftragten haben darauf hinzuwirken, Benachteiligungen abzubauen und das verfassungsrechtliche Gebot der Gleichberechtigung von Frauen und Männern durchzusetzen. ²Zu ihrem Zuständigkeitsbereich gehören alle die Gleichstellung der Geschlechter betreffenden Angelegenheiten. ³Sie fördern die berufliche Entwicklung und Chancengleichheit von Frauen und Männern, die Vereinbarkeit von Beruf und Familie und unterstützen Initiativen gegen Arbeitslosigkeit. ⁴Die kommunalen Gleichstellungsbeauftragten erfüllen Querschnittsaufgaben, die fachübergreifend alle Bereiche der Kommunalpolitik und -verwaltung berühren können.

(2) Zur Förderung der Verwirklichung der tatsächlichen Gleichstellung von Frauen und Männern in den Gemeinden und Landkreisen haben die kommunalen Gleichstellungsbeauftragten insbesondere folgende Aufgaben:
1. Zusammenarbeit mit und Unterstützung von Frauengruppen, -verbänden und -vereinen sowie von Frauenhäusern und -schutzwohnungen,
2. Zusammenarbeit mit gesellschaftlich wichtigen Gruppen von gleichstellungspolitischer Bedeutung,
3. Kontakt mit Stellen des Bundes, der Länder und Kommunen, die für ihren Aufgabenbereich von Belang sind,
4. Initiierung eigener Maßnahmen struktureller und präventiver Art,
5. Mitwirkung bei der Organisation oder Durchführung von Veranstaltungen oder Fortbildungsmaßnahmen,
6. Beratung und Hilfe für Rat suchende Bürgerinnen und Bürger zu Angelegenheiten und Fragen der Chancengleichheit,
7. Unterstützung der Dienststellenleitung bei Maßnahmen zur Förderung von Chancengleichheit und Initiierung von Maßnahmen zum Abbau von Diskriminierung aufgrund des Geschlechts, häuslicher Gewalt, sexualisierter Gewalt, Nachstellen sowie
8. Öffentlichkeitsarbeit im Rahmen ihres dienstlichen Auftrags.

(3) ¹Die kommunalen Gleichstellungsbeauftragten legen alle drei Jahre dem jeweils zuständigen Gemeinderat, Kreistag oder der Gemeinschaftsversammlung einen Tätigkeitsbericht vor. ²Der Tätigkeitsbericht darf keine personenbezogenen Daten enthalten.

§ 24 Rechte

(1) Die kommunale Gleichstellungsbeauftragte hat das Recht, bei der Dienststellenleitung eigene Vorlagen einzubringen.
(2) ¹Die kommunale Gleichstellungsbeauftragte hat das Recht zur Einsicht in Vorlagen, die in die Beschlussorgane der Gemeinden und Landkreise oder deren Ausschüsse eingebracht werden, und zur Stellungnahme, soweit diese Vorlagen in ihren Tätigkeitsbereich nach § 23 fallen. ²Hierfür ist sie rechtzeitig und umfassend zu unterrichten, und es ist ihr Auskunft zu erteilen.
(3) Die kommunale Gleichstellungsbeauftragte arbeitet mit den Fachabteilungen der Dienststellen zusammen und wird bei der Wahrnehmung ihrer Aufgaben von diesen fachlich unterstützt.
(4) Der kommunalen Gleichstellungsbeauftragten ist zur Erfüllung ihrer Aufgaben im jeweiligen Haushalt ein ihrer Verantwortung entsprechender eigener Etat zur Verfügung zu stellen.

Dritter Teil: Beauftragte für die Gleichstellung von Frau und Mann

§ 25 Bestellung

(1) Die Ministerpräsidentin, der Ministerpräsident bestellt auf Vorschlag des zuständigen Ressorts eine Beauftragte für die Gleichstellung von Frau und Mann.
(2) Die Beauftragte ist unabhängig und ressortübergreifend tätig.

§ 26 Aufgaben und Rechte

(1) Aufgabe der Beauftragten für die Gleichstellung von Frau und Mann ist es,
1. darauf hinzuwirken, dass die in § 2 genannten Ziele verwirklicht und die übrigen Bestimmungen dieses Gesetzes, die aufgrund dieses Gesetzes erlassenen Rechtsverordnungen sowie andere Rechtsvorschriften zugunsten der Gleichstellung von Frauen und Männern eingehalten werden,
2. bei der Erstellung von Rechtsvorschriften, die die Belange der Gleichstellung von Frauen und Männer berühren, aktiv mitzuwirken,
3. darauf hinzuwirken, dass geschlechtsspezifische Benachteiligungen abgebaut und verhindert werden,
4. die Verwirklichung des Ziels der tatsächlichen Gleichstellung zu fördern,
5. eng mit den für Gleichstellung zuständigen Stellen des Bundes, der Länder, der Landkreise, der kreisfreien Städte und der Gemeinden zusammenzuarbeiten,
6. in regionalen und überregionalen Gremien mitzuarbeiten und
7. mit Frauen- und Männerorganisationen, -gruppen und -initiativen sowie mit Organisationen, die Interessen von Frauen und Männern vertreten, zusammenzuarbeiten und deren Arbeit zu fördern.

(2) ¹Die in § 1 genannten Stellen unterstützen die Beauftragte bei der Erfüllung ihrer Aufgaben nach Absatz 1. ²Sie erteilen der Beauftragten die erforderlichen Auskünfte und gewähren Akteneinsicht unter Beachtung datenschutzrechtlicher Vorschriften. ³Eine Einsicht in Personalakten ist nur mit schriftlicher Einwilligung der betroffenen Person zulässig.

(3) ¹Stellt die Beauftragte Verstöße gegen Bestimmungen dieses Gesetzes fest, fordert sie zur Stellungnahme innerhalb einer von ihr zu bestimmenden Frist auf und legt bei Verstößen
1. der Landesverwaltung gegenüber der zuständigen obersten Landesbehörde oder
2. sonstiger in § 1 genannter Stellen gegenüber dem vertretungsberechtigten Organ Einspruch ein. ²Mit dem Einspruch können Vorschläge zur Beseitigung der Mängel und zur Umsetzung des Gleichstellungsgebots von Frauen und Männern verbunden werden. ³Soweit dem Einspruch nicht Rechnung getragen wird, haben die zuständige oberste Landesbehörde oder das vertretungsberechtigte Organ der in § 1 genannten Stellen die Gründe hierfür innerhalb von vier Wochen nach dessen Eingang der Beauftragten schriftlich darzulegen.

Vierter Teil: Chancengleichheitsprüfung, geschlechtergerechte Haushaltsführung, Sprache

§ 27 Chancengleichheitsprüfung, geschlechtergerechte Haushaltsführung

¹Die in § 1 genannten Stellen sind verpflichtet, in allen Phasen eines Gesetzgebungsverfahrens sowie beim Erlass von Rechtsverordnungen und Verwaltungsvorschriften auf die Chancengleichheit von Frauen und Männern zu achten. ²Gleiches gilt bei der Haushaltsaufstellung und Haushaltsdurchführung.

§ 28 Sprache

Behörden und Dienststellen haben bei Erlass von Rechtsvorschriften, Verwaltungsvorschriften, bei der Gestaltung von Vordrucken, in amtlichen Schreiben und bei Stellenausschreibungen soweit wie möglich geschlechtsneutrale Bezeichnungen zu wählen.

Fünfter Teil: Übergangs- und Schlussbestimmungen

§ 29 Übergangsbestimmungen

(1) ¹Vor Inkrafttreten dieses Gesetzes erstellte Frauenförderpläne bleiben bis zum Ablauf ihres Geltungszeitraums in Kraft. ²Für diese verbleibende Geltungsdauer sind die §§ 4 und 5 des Thüringer Gleichstellungsgesetzes in der vor dem Inkrafttreten des Gesetzes zur Novellierung des Thüringer Gleichstellungsgesetzes und zur Änderung der Thüringer Kommunalordnung geltenden Fassung weiterhin anzuwenden.
(2) ¹Vor Inkrafttreten dieses Gesetzes bestellte Frauenbeauftragte, Vertrauenspersonen oder Gleichstellungsbeauftragte in Gemeinden mit mehr als 20 000 Einwohnern und Landkreisen und deren Stellvertreterinnen bleiben bis zum Ablauf ihrer derzeitigen Bestellung im Amt. ²Dies gilt auch für Frauenbeauftragte oder Vertrauenspersonen und deren Stellvertreterinnen in Dienststellen mit weniger als 50 Bediensteten sowie für Gleichstellungsbeauftragte in Gemeinden mit mehr als 10 000 und weniger als 20 000 Einwohnern. ³Sie führen ihr Amt mit den Rechten und Pflichten einer Gleichstellungsbeauftragten, kommunalen Gleichstellungsbeauftragten, Vertrauensfrau oder einer Stellvertreterin nach diesem Gesetz fort.
(3) Der nach § 14 zu erstellende Erfahrungsbericht wird nach Inkrafttreten dieses Gesetzes erstmalig in der 6. Legislaturperiode vorgelegt.

§ 30 Gleichstellungsbestimmung

Status- und Funktionsbezeichnungen in diesem Gesetz gelten jeweils in weiblicher und männlicher Form.

18. Gesetz über die förmliche Verpflichtung nichtbeamteter Personen

vom 2.3.1974 (BGBl. I 1974, S. 469, 547), zuletzt geändert durch Gesetz zur Änderung des Einführungsgesetzes zum Strafgesetzbuch vom 15.8.1974 (BGBl. I 1974, S. 1942)

§ 1 [Personenkreis – Vornahme der Verpflichtung]

(1) Auf die gewissenhafte Erfüllung seiner Obliegenheiten soll verpflichtet werden, wer, ohne Amtsträger (§ 11 Abs. 1 Nr. 2 des Strafgesetzbuches) zu sein,
1. bei einer Behörde oder bei einer sonstigen Stelle, die Aufgaben der öffentlichen Verwaltung wahrnimmt, beschäftigt oder für sie tätig ist,
2. bei einem Verband oder sonstigen Zusammenschluss, einem Betrieb oder Unternehmen, die für eine Behörde oder sonstige Stelle Aufgaben der öffentlichen Verwaltung ausführen, beschäftigt oder für sie tätig ist oder
3. als Sachverständiger öffentlich bestellt ist.

(2) [1]Die Verpflichtung wird mündlich vorgenommen. [2]Dabei ist auf die strafrechtlichen Folgen einer Pflichtverletzung hinzuweisen.

(3) [1]Über die Verpflichtung wird eine Niederschrift aufgenommen, die der Verpflichtete mit unterzeichnet. [2]Er erhält eine Abschrift der Niederschrift; davon kann abgesehen werden, wenn dies im Interesse der inneren oder äußeren Sicherheit der Bundesrepublik Deutschland geboten ist.

(4) Welche Stelle für die Verpflichtung zuständig ist, bestimmt
1. in den Fällen des Absatzes 1 Nr. 1 und 2 bei Behörden oder sonstigen Stellen nach Bundesrecht die jeweils zuständige oberste Dienstaufsichtsbehörde oder, soweit eine Dienstaufsicht nicht besteht, die oberste Fachaufsichtsbehörde,
2. in allen übrigen Fällen diejenige Behörde, die von der Landesregierung durch Rechtsverordnung bestimmt wird.

§ 2 [Dem Personenkreis des § 1 gleichstellende Personen]

(1) Wer, ohne Amtsträger zu sein, auf Grund des § 1 der Verordnung gegen Bestechung und Geheimnisverrat nichtbeamteter Personen in der Fassung der Bekanntmachung vom 22. Mai 1943 (Reichsgesetzbl. I S. 351) förmlich verpflichtet worden ist, steht einem nach § 1 Verpflichteten gleich.

(2) Wer, ohne Amtsträger zu sein,
1. als Arbeitnehmer des öffentlichen Dienstes nach einer tarifrechtlichen Regelung oder
2. auf Grund eines Gesetzes oder aus einem sonstigen Rechtsgrund
zur gewissenhaften Erfüllung seiner Obliegenheiten verpflichtet worden ist, steht einem nach § 1 Verpflichteten gleich, wenn die Voraussetzungen des § 1 Abs. 2 erfüllt sind.

§ 3 [Berlin-Klausel]

(gegenstandslos)

§ 4 [Inkrafttreten]

[1]Dieses Gesetz tritt am 1. Januar 1975 in Kraft. [2]§ 1 Abs. 4 tritt am Tage nach der Verkündung in Kraft.[[1]]

Notzen

Notizen